시편주석 1

최 종 태 지음

간 행 사

선교 21세기를 맞이한 한국교회가 하나님의 축복 가운데 놀라운 성장을 이루었지만 우리 손으로 복음주의 입장에서 성경을 해석하는 주석총서를 내지 못한 안타까움을 감출 수 없었습니다. 그리하여 복음주의 신학과 신앙을 같이하는 믿음의 동역자들이 뜻을 모아 한국성경주석총서를 발간하기로 결의하고 집필자와 편집위원들을 선정해 놓았지만 강의와 연구 등에 분주한 나머지 별다른 진전 없이 여러 해를 보내고 말았습니다.

그간 편집위원도 바뀌고 한국복음주의신학회 임원진도 여러 번 교체되었으나 성경주석을 발간해야 하겠다는 결의는 변함없었습니다. 한국교회뿐 아니라 복음적인 세계교회가 함께 지향해야 할 방향을 제시할 필요를 느꼈고 올바른 성경 해석과 적용을 통해 성도들과 교회가 더욱 건실하게 성장하도록 돕기 위하여 성경주석 발간 작업을 계속해 왔습니다. 집필자는 물론 편집위원들의 노고에 감사를 드리며 이익 추구의 차원을 떠나 선교적 사명에 동참하는 뜻으로 본 주석총서의 출판을 맡아주신 횃불측에 깊은 감사를 드립니다.

복음주의 신학의 최근 동향을 고찰하면서 학문적 연구와 자료를 수집하고 비판하면서 복음주의 계통의 교인과 신학생 그리고 목회자들이 마음놓고 펴 들 수 있는 성경주석을 발간하게 된 데 대하여 하나님께 감사를 드립니다.

목회자들과 신학생은 물론 평신도들까지도 이해할 수 있도록 배려한 본 총서가 한국교회 강단을 기름지게 하고 개인의 삶에 부요함을 가져오는 복된 총서가 되리라 기대합니다. 귀한 성경주석총서가 계속되어 출간될 수 있도록 성도 여러분의 기도와 성원을 부탁합니다. 감사합니다.

한국복음주의신학회한국복음주의신학회

편집인 서문

한국복음주의신학회가 한국성경주석총서를 계획한 지 오랜 세월이 흘렀다. 1990년 봄철 모임 때 복음주의 입장의 주석 총서의 필요를 느껴 본격적인 계획을 세워 추진하여 오던 중 여러 가지 이유로 집필과 출판이 지연되었다. 한국성경주석총서는 성경 66권을 하나님의 말씀으로 믿는 학자들에 의해 집필된 것이다.

성경에 대한 입장이 분명하듯이 주석의 내용은 복음주의 신학 입장을 따르게 된다. 따라서 독자들은 한국성경주석총서에 속해 있는 주석을 안심하고 읽을 수 있을 것이다.

본서의 출판을 위해 여러 가지 어려움을 마다하지 않고 수고하신 도서출판 횃불의 여러 직원들과 이형자 원장님께 심심한 감사를 드린다. 아무쪼록 본서를 통해 하나님의 말씀이 많은 사람들에게 밝히 열려져서 하나님을 더 깊이 알 수 있게 되기를 바라며 한국교회가 더 튼튼히 서 갈 수 있게 되기를 기도한다.

구약 편집인 정규남

저자 서문

시편에는 150편의 시가 담겨있지만, 구약 성경에서 시는 시편에만 아니라, 여기저기에 산재해 있다. 더구나 선지서나 성문서의 많은 부분이 히브리시의 가장 현저한 특징인 병행법으로 구성되어 있으므로, 구약 3분지 1이상이 시적인 형식으로 되었다고 말할 수 있다. 그러므로 시편에 대한 바른 이해는 구약 전체의 문학 양식을 이해하는 열쇠이기도 하다. 그래서 어떤 이는 창세기와 시편, 이사야서를 잘 알면 구약 전체를 잘 알 수 있다고 말했다. 이런 의미에서 시편 주석의 의의는 심대하다 아니할 수 없고, 한국 복음주의 신학회에서 시리즈로 엮고 있는 성경 주석 시리즈의 시편을 맡게 된 필자는 무거운 부담감을 지울 수가 없었다. 이러한 마음의 짐을 이제 약간 덜게 되니 감당할 힘을 주신 주님께 감사하기도 하지만, 이것이 완성품이 아니라는 점은 익히 아는 바이다.

본 시편 주석은 세 부분으로 크게 구성되었는데, '본문 주석'에 들어가기 전에, 시편을 전체로서 조망하는 부분이 '서론' 부분에 해당하고, 이 서론 부분에서 히브리 시의 연구 역사, 시에 얼핏 보기에 어떤 원리가 없이 사용되는 듯 보이는 동사 시제들의 용례, 시편의 작시(作詩)와 그것들의 수집, 그리고 그것들의 배열, 개개 시편의 표제들, 시편에 등장하는 전문 용어들, 구약 시편들을 어떻게 설교할지의 문제, 시편을 예배에서 어떻게 활용할지의 문제, 시편의 해석 역사, 시편의 해석 방법론, 시편이 제 2 성전 (스룹바벨 성전) 예배에서 어떻게 사용되었는지, 성경 시편과 쿰란 시편 사본들 간의 관계, 시편과 한국시들의 간략한 비교, 히브리시의 형식 (병행법, 운율, 이미저리, 메타퍼, 인클루지오 등등), 시편들을 주제나 형식별로 분류하는 방식, 시편의 신학 사상 (하나님, 원수, 가난한 자, 감사제사, 다윗의 고난, 메시아 사상 및 종말론, 창조사상, 언약, 일반은총, 서원, 신약의 시편해석 등), 히브리 시 해석의 실제 (시 2편 [In-Textuality, Inner-Textuality, Inter-Textuality, 연 구성 등]) 등을 다루어 시편이나 히브리 시 연구에 도움이 되도록 했다.

다음으로 본문 주석 부분에서는 개개 시편을 다루되, 개개 시편이 생겨난 삶의 자리, 그 역사적 정황에 비추어 본문을 주석한다. 말하자면 신약적 견지에서 시편을 다루는 것이 아니라, 구약 자체의 견지에서 시편을 보게 된다. 마지막으로 제 3부에서는 개개 시편의 본문을 신약 성도의 입장에서 조망한다. 달리 말하면 시편 본문에 비추어 오늘의 문제들을 조망하는 것이다. 목회자들에게나 성도들에게는 이 적용 부분이 본문 주석보다 더 필요할지도 모른다. 그렇지만, 본문을 그 역사적, 문법적, 문학적 정황에서 바로 이해한 이후에나 바른 적용이 가능하다는 점은 잊지 말아야 할 것이다.

이제 21세기를 막 넘어선 이 시점에서 우리 한국교회의 미래를 전망해 볼 때, 대한민국의 앞날만큼이나 험난한 앞길이 예상된다. 근래에 우리 목전에서 일어나고 있는 한국 사회의 온갖 모순된 사건들과 도덕적 가치관이나 가족제도의 붕괴 등은 대한민국에 대한 자긍심을 순식간에 앗아가기에 충분할 만큼 심대한 요인들이다. 사회가 이렇게 무질서하고 혼란스러울수록 사회의 소금과 빛이어야 할 교회의 책임은 심히 막중한 것이지만, 물질주의, 쾌락주의의 덫에 걸린 성도들을 구성원으로 하는 한국 교회 역시 그 혼란과 모순에서 자유로울 수 없다. 지금까지 한국 교회는 성경을 하나님의 말씀으로 절대적으로 신임하고 그 말씀의 약속을 붙잡고 몸부림치며 기도하며 역경을 헤쳐 나올 수 있었지만, 이제 하나님의 말씀의 권위와 완전성을 부인하는 서구 신(新) 신학의 물결이 노도처럼 밀려와, 그렇지 않아도 물질주의, 쾌락주의에 노출되어 힘들어하는 한국 교회를 사정없이 내려치고 있다. 교회사의 흐름에 비추어 볼 때, 한국교회의 쇠퇴 역시 시대의 추세라고 해야 할 현실이지만, 이러한 시점에서 우리 사명자들이 역사의식을 가지고 기도하고, 글을 쓰고 외치지 않는다면, 그 시대가 부과한 시대적 책임을 우리 모두 면키 어려울 터이다. 그런 뜻에서 한국 복음주의 신학회가 발간하는 성경 주석들이 한국 성도들의 21세기 신앙을 확고하게 지도할 수 있는 든든한 안내자가 되길 바라는 마음 간절하다.

필자는 본 주석 시리즈의 구약 편집장으로 수고하시면서 본 주석을 집필하도록 초청해 주시고, 원고를 읽고 수정, 격려해 주신 광신대학교 총장 정규남 박사님께 진심으로 감사를 표하며, 벌써 여러 해 전에 정 박사님과 신약 편집장이신 합동신학 대학원 대학교 박형용 박사님 등과 함께 모여, 본 시편 주석을 모두 세 권으로 발간하기로 협의한 바 있으며, 이제 마침내 빛을 보게 되니 모든 것이 하나님의 은혜였음을 고백하지 않을 수 없다.

끝으로 사랑하는 아내 전혜경과 세 자녀 찬양, 대열, 주열이에게 이 책을 통하여 신앙의 격려가 주어지길 바라며, 바라기는 하나님께서 이 주석을 자신의 교회 유익을 위하여 기쁘게 사용하시기를 기도드린다.

2006년 6월
저자 최종태

약어표

ANET Ancient Near Eastern Texts, ed. J. Pritchard, 3d rev. ed. 1969.
BAG W. Bauer, W. F. Arndt et al., A Greek-English Lexicon of the New Testament., (Chicago, 1971)
BDB Brown, Driver, Briggs, A Hebrew-English Lexicon of the Old Testament, 1905.
EJ Encyclpedia Judaica, 16 vols.
CTA = A. Herdner, 1963. Corpus des tablettes en cunéiformes alphabétiques découvertes à Ras Shamra-Ugarit de 2919 à 1939. MRS 10. Paris.
GKC Gesenius, E. Kautzsch, A. Cowley, Hebrew Grammar, 2d English ed., 1910.
KB³ L. Koehler, W. Baumgartner et al., Hebraeisches und aramaeisches Lexikon zum alten Testament (Leiden, 1967-).
KTU = Keilalphabetischen Texte aus Ugarit, vol. 1, ed. M. Dietrich, O. Loretz, and J. Sanmartié. AOAT 24. Neukirchen-Vluyn, 1976.

ELB Elberfelder 개정역 (1993)
LUT Luther's German Version
LSG (Louis Segond 프랑스어역 1910)
NAB New American Bible
NASB New American Standard Bible
NIV New International Version
NJB New Jerusalem Bible
NRSV New Revised Standard Version
OTS Oudtestamentische Studiën
PIW S. Mowinckel, The Psalms in Israel's Worship.
REB Revised English Bible

TNK TaNaKh (유대인들의 영역 구약성경)
TOB La Traduction oecuménique de la Bible
*기타 약자는 일반적으로 통용되는 방식을 따라 표기함
*간구형 - 완료시상 (Qatal)의 간구형 (precative)이나 3인칭의 간접명령을 표현하는 단축형 (jussive), 그리고 2인칭 명령형 등이 하나님을 대상으로 할 때 해당된다. 명령의 대상이 하나님일 경우에 이는 명령이 아니라, 간구 혹은 기원이 된다.
*본문의 괄호 안에 이탤릭체로 제시된 히브리어 음독은 유대인 랍비의 발음을 따랐고, [ ] 표기는 케레 (Qere) 독법을 지시함; 예: "새처럼 네 산으로 도망가라" (누두 *[누디]* 하르켐 칩포르, 시 11:1).
*참고 도서는 주석 부분에서 사용된 것들로, 주석 본문에서는 저자와 책명만 언급함.

차 례

1. 시편의 작시, 수집, 배열 ....
   1. 시편의 작시 31
   2. 쿰란 시편 사본들 31
2. **시편이란 말, 표제들, 시편에 등장하는 전문용어들** 45
   1. 시편의 제목 45
   2. 시편의 표제들 46
3. **구약 시편들의 설교와 예배에서의 활용** 56
   1. 간구시(탄식시)에서 찾아보는 설교자의 마음 상태 56
   2. 예배시나 삶에서의 말씀 묵상 혹은 암송의 중요성 57
   3. 시편의 형태와 효과적인 예배 59
      탄식시들과 감사의 찬양들 61
      구원을 송축함 63
      교훈적 차원 64
4. **시편 해석사 및 해석 방법론** 66
5. **시편과 성전 예배** 87
6. **히브리 시의 동사 시제들** 88
7. **히브리시의 형식** 104
   1. 문학 형식은 내용 이해에 필수불가결 104
   2. 사 2:16의 "세키욧"의 의미는 무엇인가? 106
   3. 히브리시의 운율 연구사 107
   4. 병행법 (Parallelism) 109
   5. 시의 기교들 129
   6. 히브리시 구성단위들 144
   7. 콜론의 형태들 145
   8. 히브리시의 운율 150
8. **시편의 주제별, 형식상의 분류** 158
9. **시편의 사상** 170
   1. 하나님 170

2. 원수 176
   3. 저주 시편들 180
   4. 가난한 자 (아니) 185
   5. 감사제사 187
   6. 다윗의 고난들 192
   7. 메시아 사상 및 종말론 197
   8. 창조사상 206
   9. 언약과 율법 211
   10. 일반은총 221
   11. 서원 222
   12. 시편과 신약 227
10. 해석의 진행순서 231

시 편 주 석 233
제1권의 서론 233
   시 1편 복되도다! 이 사람 235
   시 2편 메시아 왕을 대적치 말라 250
   시 3편 천만인이 나를 대적해도 274
   시 4편 곤란 중에 구원하소서 286
   시 5편 아침에 내가 기도하리이다 297
   시 6편 주의 진노로 나를 징계하지 마소서 314
   시 7편 주께서 심판을 명하소서 328
   시 8편 사람이 무엇이관대 341
   시 9편 가난한 자의 부르짖음을 기억하소서 354
   시 10편 환난 때에 숨지 마소서 372
   시 11편 여호와는 의인을 감찰하시고 385
   시 12편 경건한 자가 끊어지나이다 392
   시 13편 어느 때까지니이까? 400

시 14편 어리석은 자는 그 마음에 이르기를 406
시 15편 주의 장막에 유할 자 누구오니이까? 414
시 16편 주 밖에는 나의 복이 없나이다 425
시 17편 내 기도에 귀를 기울이소서 436
시 18편 나의 힘이 되신 여호와여! 446
시 19편 하늘이 하나님의 영광을 선포하고 481
시 20편 환난 날에 네게 응답하시고 493
시 21편 왕이 여호와를 의지하오니 501
시 22편 하나님이여 어찌 나를 버리셨나이까? 508
시 23편 여호와는 나의 목자시니 524
시 24편 여호와의 산에 오를 자 누군고? 532
시 25편 나는 외롭고 괴롭사오니 542
시 26편 나를 죄인과 함께 거두지 마소서 560
시 27편 내가 누구를 두려워하리요? 575
시 28편 내게 귀를 막지 마소서 589
시 29편 여호와께서 홍수 전부터 왕이시나이다 598
시 30편 부르짖으매 나를 고치셨나이다 609
시 31편 내 원수에게서 나를 건지소서 621
시 32편 허물의 사함을 얻은 자, 복되도다! 638
시 33편 새 노래로 노래하라 652

참고문헌

주석류

Alexander, J. A. *The Psalms.* 3 vols. New York: Baker and Scribner, 1850.
Allen, Leslie C. *Psalm 101-150.* WBC. Waco: Word, 1983.
Anderson, G. W. "Psalms." in *Peake's Commentary on the Bible.* ed. M. Black and H. H. Rowley. London: Nelson, 1962.
Anderson, A. A. *The Book of Psalms.* 2 volumes. Grand Rapids: Eerdmans, 1972.
Baethgen, F. *Die Psalmen.* Goettingen: Vandenhoeck & Ruprecht, 1904.
Beaucamp, E. *Le Psautier.* 2 vols. Paris: Gabalta, 1976, 1979.
Brande, W. G. *The Midrash on Psalms.* Yale Judaica Series 13. New Haven: Yale University Press, 1959.
Briggs, C. A., and Briggs, E. G. *A Critical and Exegetical Commentary on he Book of Psalms.* ICC. 2 volumes. Edinburgh: T. & T. Clark, 1906-7.
Buttenwieser, M. *The Psalms Chronologically Treated.* New York: KTAV, 1938.
Calvin, John. *Commentary on the Book of Psalms.* Trans. by James Anderson. 3 volumes. Reprint. Grand Rapids: Eerdmans, 1963.
Cheyne, T. K. *The Book of Psalms.* London: Kegan Paul, Trench & Co., 1888.
Cohen, A. *The Psalms: Hebrew Text, English Translation with an Introduction and Commentary.* London: Soncino Press, 1985.
Craigie, Peter C. *Psalms 1-50.* WBC. Waco: Word, 1983.
Dahood, Mitchell. *Psalms.* AB. 3 volumes. Garden City, N. Y.: Doubleday, 1966-70.
Deissler, Alfons, *Psalm 119 (118) und seine Theologie: ein Beitrag zur Erforschung der anthologischen Stilgattung im Alten Testament.* Muenchen: K. Zink, 1955.
_____. *Die Psalmen.* 3 vols. Duesseldorf: Patmos-Verlag, Teil 1, 1971; Teil 2, 1969; Teil 3, 1967.
Delitzsch, Franz. *Biblical Commentary on the Psalms.* Trans. by David Eaton. 3 volumes. London: Hodder and Stoughton, 1902.
Desnoyers, L. *Les Psaumes.* Paris: Desclée, 1935.
Drijvers, Pius. *The Psalms: Their Structure and Meaning.* New York: Herder and Herder, 1964.

Duhm, B. *Die Psalmen*. KHAT. Tuebingen: Mohr, 1922.
Eerdmans, B. D. *The Hebrew Book of Psalms*. Leiden: Brill, 1947.
Ehrlich, A. B. *Die Psalmen Neu uebersetzt und erklaert*. Berlin: M. Poppelauer, 1905.
Ewald, Heinrich A. *A Commentary on the Psalms*. London: Williams and Norgate, 1880.
Goulder, Michael D. *The Psalms of the Sons of Korah*. Sheffield: JSOT, 1982.
Gross, H. and Reinelt, H. *Das Buch der Psalmen*. Geistliche Schriftlesung 9. 2 vols. Duesseldorf: Patmos Verlag, 1982.
Gunkel, H. *Die Psalmen uebersetzt und erklaert*. HKAT II/2. 4th ed. Goettingen: Vandenhoeck und Ruprecht, 1926.
Jacquet, L. *Les Psaumes et le coeur de l'homme. Etude textuelle, littéraire et doctrinale*. 3 vols. Gembloux: J. Duculot, 1975, 1977, 1979.
Heinrich, G., and A. V. Ewald. *Community on the Psalms*. 2 vols., trans. by E. Johnson.. London: Williams & Norgate, 1880.
Hengtenberg, E. W. *Commentary on the Psalms*. 3 vols., Edinburgh: T & T Clark, 1860-1869.
Herkenne, H. *Das Buch der Psalmen*. Bonn: Hanstein, 1936.
Hirsch, Samson Raphael. *The Psalms*. vol. 1, parts 1-2, trans. by Gertrude Hirschler, New York: Philipp Feldheim, 1960.
Kalt, Edmund. *Herder's Commentary on the Psalms*. tr. Bernard Fritz. Westminster, MD: Newman, 1961.
Kidner, Derek. *Psalms 1-72, 73-150*. 2 vols. Downers Grove: InterVarsity, 1973, 1975.
Kimhi, David. *The Commentary of R. D. Kimhi on Psalms 120-150*. Trans. & ed. by Joshua Baker & Ernest W. Nicholson. Cambridge: Cambridge University, 1973.
Kirkpatrick, A. F. *The Book of Psalms*. Cambridge: The University Press, 1902.
Kissane, E. J. *The Book of Psalms*. 2 vols. Dublin: Browne & Nolan, 1953, 1954.
Kittel, R. *Die Psalmen uebersetzt und erklaert*. Leipzig: Deichert-Scholl, 1925.
Knight, G. A. F. *Psalms*. Daily Study Bible. 2 vols. Philadelphia: Westminster Press, 1982.
Kraus, Hans-Joachim. *Psalms. A Commentary*. 2 volumes. Minneapolis: Augsburg Publishing House, 1988.
Lamparter, H. *Das Buch der Psalmen*. Die Botschaft des Alten Testament 14. 2 vols. Stuttgart: Calver Verlag, 1958, 1959.
Leslie, E. A. *Psalms: Translated and Interpreted in the Light of Hebrew Worship*. Nashville: Abingdon Press, 1949.
Leupold. H. C. *Exposition of the Psalms*. 1959; repr. Grand Rapids, MI: Baker Book House,

1969.
Maillot, A. and Lelièvre, A. *Les Psaumes*. 3 vols. Geneve: Labor et fides, 1961, 1966, 1969.
Mays, James. L. *Psalms*. Interpretation. Louisville, KY.: John Knox, 1994.
Moll, C. B. & T. J. Conant. *The Psalms*. Lange's Bible Commentary. New York: Scribner, Armstrong, & Co., 1872.
Morgan, G. Campbell. *Notes on the Psalms*. New York: Fleming H. Revell. 1947.
Murphy, James G. *A Critical and Exegetical Commentary on the Book of Psalms*. Minneapolis: Klock & Klock (reprint), 1977, (orig. 1876).
Neale, J. M. & R. F. Littledale. *A Commentary on the Psalms: From Primitive and Medieval Writers*. 3rd ed., 4 vols. London: Joseph Masters, 1874.
Noetscher, F. *Die Psalmen*. Echter-Bibel 9. Wuerzburg: Echter Verlag, 1947.
Noordtzij, A. *De Psalmen*. Korte Verklaring. 2nd ed. Kampen: Kok, 1934-35.
Oesterley, W. O. E. *The Psalms*. London: SPCK, 1939, 1959.
Perowne, J. J. Stewart. *The Book of Psalms*. 2 volumes. Reprint. Grand Rapids: Zondervan, 1966.
Plummer, W. S. *Psalms: A Critical and Expository Commentary with Doctrinal and Practical Remarks*. Edinburgh: Banner of Truth, 1975 (reprint).
Podechard, E. *Le Psautier*. 2 vols. Lyon: Facultés Catholiques, 1949, 1954.
Rhodes, Arnold B. *The Book of Psalms*. Layman's Bible Commentary, Richmond: John Knox, 1960.
Rodd, Cyril S. *Psalms*. Epworth Preacher's Commentaries. London: Epworth, 1963.
Rogerson, J. W. and McKay, J. W. *Psalms 1-50; Psalms 51-150*. CBC Cambridge: Cambridge UP, 1977.
Ross, Allen P. "Psalms." in *The Bible Knowledge Commentary*. ed. John F. Walvoord and Roy B. Zuck. Wheaton: Victor Books, 1985.
Schmidt, H. *Die Psalmen*. Tuebingen: J. C. B. Mohr, 1934.
Scroggie, W. G. *The Psalms*. 4 vols. London: Pickering & Inglis, rev. 3d. 1948.
Spurgeon, Charles H. *The Treasury of David*. 7 vols. New York: Funk & Wagnalls, 1888-1892.
Stuhlmueller, C. *Psalms*. Old Testament Message: A Biblical-Theologica Commentary, 21, 22. Wilmington, DE: Glazier, 1983.
Taylor, William R. "The Book of Psalms." *The Interpreter's Bible IV*. New York: Abingdon, 1955.

Tholuck, Augustus. *A Translation and Commentary of the Book of Psalms*. Trans. by J. Isidor Mombert. Philadelphia: Wm. S. & Alfred Martien, 1858.

VanGemeren, "The Psalms," in *The Expositor's Bible Commentary*. vol. 5.

Weiser, A. *The Psalms: A Commentary*. OTL. London: SCM, 1959.

Wellhausen, J. *The Book of Psalms*. (with explanatory notes) London: James Clark and Co., 1898.

Williams, D. L. *Psalm 73-150*. The Communicator's Commentary. Dallas: Word, 1989.

김정우. 「시편 주석 I」. 서울: 총신대학 출판부, 1998.

김정준. 「시편 명상」 서울: 한국 신학 연구소, 1987.

박윤선. 「시편 주석 상.중.하」 서울: 영음사, 1966.

이상근. 「구약주해 시편」 서울: 기독교문사, 2003.

일반 연구서

Albright, W. F. "A Catalogue of Early Hebrew Lyric Poems [Psalm LXVIII]," *HUCA* 23 (1950): 1-39.

Allen, Leslie C. "The Value of Rhetorical Criticism in Psalm 69," *JBL* 105 (1986): 577-98.

Alter, R. *The Art of Biblical Poetry*. New York, 1985.

Anderson, George W. "Enemies and Evildoers in the Book of Psalms," *Bulletin of the John Rylands Library* 46 (1965): 18-29.

Anderson, B. W. "Exodus Typology in Second Isaiah," *Israel's Prophetic Heritage*, FS J. Muilenburg. New York: Harper & Brothers, 1962. Pp. 177-95.

_____. "Introduction," *Creation in the Old Testament*. Philadelphia: Fortress Press, 1984.

Arens, A. *Die Psalmen in Gottesdienst des Altes Bundes*. Trier: Paulinus-Verlag, 1968.

Armerding, C. E. "Were David's Sons Really Priests?" in *Current Issues in Biblical and Patristic Interpretation,* ed. G. F. Hawthorne. Grand Rapids: Eerdmans, 1975. Pp. 85-86.

Auffret, Pierre. "Note sur la structure littéraire du Psaume LVII," *Semitica* 27 (1977): 59-73.

_____. "'Pivot Pattern' Nouveaux Examples (Jon. ii 10; Ps. xxxi 13; Is. xxiii 7)," *VT* 28 (1978): 103-12.

_____. "Essai sur la structure littéraire du Psaume 116," *Biblische Notizen* 23 (1984): 32-47.

Bee, R. E. "The Mode of Composition and Statistical Scansion," *JSOT* 6 (1978), 58-68.

Barth, Christoph. *Introduction to the Psalms*. trans. R. A. Wilson. New York: Scribner's Sons, 1966.

Barth, K. *Die Errettung vom Tode in den individuellen Klage- und Dankliedern des Alten Testamentes*. Gtingen: Vandenhoek & Ruprecht, 1947.

Barth, K. *God and Nothingness. Church Dogmatics 3/3, The Doctrine of Creation*. Edinburg: T & T Clark, 1960.

Barre, Michael L. "' rts (h)hyym -' The Land of the Living' ?" *JSOT* 41 (1988): 40-59.

_____. "Psalm 116: Its Structure and Its Enigmas," *JBL* 109/1 (1990): 61-79.

Bauer, Hans & Pontus Leander. *Historische Grammatik der Hebräeischen Sprache des Alten Testaments*. Hildesheim: Georg Olms Verlag, 1962.

Baumann, E. "Struktur-Untersuchungen im Psalter 2," *ZAW* 62 (1949/50): 115-52.

Baumgaertel, F. "Zur Liturgie in der 'Sektenrolle' vom Toten Meer," *ZAW* 65 (1953): 263-265.

Beaucamp, E. "Structure strophique des Psaumes," *RSR* 56 (1968): 199-223.

Becker, J. *Israel deutet seine Psalmen: Urform und Neuinterpretation in den Psalmen*. SBS 18. Stuttgart: Verlag Katholisches Bibelwerk, 1966.

Begrich, J. "Sofer und Mazkir," *Gesammelte Studien zum Alten Testament*. Munich, 1964. Pp. 67-98.

Berlin, Adele. "On the Interpretation of Psalm 133," *Directions in Biblical Hebrew Poetry*. ed. E. R. Follis, (JSOTSup): 141-147.

_____. "Parallelism," in *Anchor Bible Dictionary*, ed. David Noel Freedman. New York: Dooubleday, 1992.

Beyerlin, W. "Wir sind wie Traeumende," in *Studien zur 126 Psalm*. Stuttgart: Verlag Katholisches Bibelwerk, 1978. Pp. 35-37.

Bickell, G. "Die hebraeische Metrik," *Zeitschrift der deutschen morgenlaendischen Gesellschaft* 34 (1880): 557-63.

_____. *Carmina Veteris Testamenti Metrice*. Innsbruck, 1882.

_____. *Beitraege zur hebraeische Metrik I: Das alphabetische Lied in Nahum I, 2-II, 3*. Vienna, 1894.

Birkeland, H. *Die Feinde des Individuums in der Israelitischen Psalmenliteratur*. Oslo: Grndahl & Sons, 1933.

_____. *The Evildoers in the Book of Psalms*. Oslo: Jacob Dybwad, 1955.

Boling, Robert G. "'Synonymous' Parallelism in the Psalms," *JSS* 5 (1960): 221-55.

Bonhoeffer, Dietrich. *Psalms: the Prayer Book of the Bible*. Minneapolis: Augsburg Publishing House, 1970.

Bratcher, Robert G. "Dividing the Psalms Into Strophes," *The Bible Translator* 29 (1978): 425-27.

Bruce, F. F. "The Earliest Old Testament Interpretation," *OTS* 17 (1972): 44-52.

Buss, Martin J. "The Psalms of Asaph and Korah," *JBL* 82 (1963): 382-92.

_____. "The Idea of *Sitz-im-Leben*–History and Critique," *ZAW* 90 (1978): 157-70.

Casey, Jay. "The Exodus Theme in the Book of Revelation Against the Background of the New Testament," in *Exodus*. Pp. 34-43.

Carmignac, J. "L' infinitif placé aprés son object," *Revue de Qumân* 5 (1966): 503-20.

Ceresko, Anthony R. "The Chiastic Word Pattern in Hebrew," *CBQ* 38 (1976): 303-311.

_____. "The Function of Chiasmus in Hebrew Poetry," *CBQ* 40 (1978): 1-10.

Charlesworth, J. H. "Paronomasia and Assonance in the Syriac Text of the Odes of Solomon," *Semitics* 1 (1970): 12-26.

Childs, Brevard S. "Psalm Titles and Midrashic Exegesis," *JSS* 16 (1971): 137-50.

_____. 「성경신학의 위기」 서울: 크리스챤 다이제스트, 1993.

Chyutin, Michael. "The Redaction of the Qumranic and the Traditional Book of Psalms as a Calendar," *RevQ* 16/63 (1994): 367-95.

Clements, R E. *A Century of Old Testament Study*. Rev ed. Guildford: Lutterworth, 1983.

Clifford, R. J. *The Cosmic Mountain in Canaan and the Old Testament*. Cambridge: Harvard University Press, 1972. Pp. 142-44.

_____. "Psalm 89: A Lament Over the Davidic Ruler' s Continued Failure," *HTR* 73 (1980): 35-47.

_____. "In Zion and David a New Beginning: An Interpretation of Psalm 78," in *Traditions in Transformation*, ed. F. M. Cross. Winona Lake: Eisenbrauns, 1981. Pp. 121-41.

Clines, D. J. A. "Psalm Research Since 1955: I. The Psalms and the Cult," *TyndB* 18 (1967): 103-26.

_____. "Psalm Research Since 1955: II. The Literary Genres," *TyndB* 20 (1969): 105-25.

Craigie, P. C. "The Poetry of Ugarit and Israel," *TyndB* 22 (1971) 3-31.

_____. "The Comparison of Hebrew Poetry: Psalm 104 in the Light of Egyptian and Ugaritic Poetry," *Semitics* 4 (1974) 10-21.

Crim, K. R. *The Royal Psalms*. Richmond: John Knox, 1962.

Cruesemann, F. *Studien zur Formgeschichte von Hymnus und Danklied in Israel*. WMANT 32. Neukirchen-Vluyn: Neukirchener Verlag, 1969.

Culley, Robert C. *Oral Formulaic Language in the Biblical Psalms*. Toronto: University of

Toronto Press, 1967.

_____. "Metrical Analysis of Classical Hebrew Poetry," in *Essays on the Ancient Semitic World*. Edited by J. W. Wevers and D. B. Redford. Toronto: University of Toronto Press, 1970. Pp. 12-28.

Dalglish, E. R. *Psalm Fifty-One in the Light of Ancient Near Eastern Patternism*. Leiden: Brill, 1962.

Dahood, M. "The Root GMR in the Psalms," *Theological Studies* 14 (1953): 595-97.

_____. "Zacharia 9,1, `EN 'ADAM," *CBQ* 25 (1963): 123-24.

_____. "Hebrew Poetry," in *Interpreter's Dictionary of the Bible*. Supplementary volume. Edited by K. Crim. Nashville: Abingdon, 1976. Pp. 669-72.

_____. "Ugaritic *mshr*, 'song,' in Psalms 28:7 and 137:3," *Biblica* 58 (1977): 216-17.

Daneil, G. A. *Psalm 139*. UUA 1951:1. Uppsala: A. B. Lundequistka Bokhandeln, 1951.

Davies, G. H. "Psalm 95," *ZAW* 85 (1973): 183-95.

Day, J. *God's Conflict with the Dragon and the Sea: Echoes of a Canaanite Myth in the Old Testament*. Cambridge: Cambridge UP, 1985.

_____. "God and Leviathan in Isaiah 27:1," *BSac* 155 (1998): 423-36.

de Vaux, R. "Titres et fonctionnaires égyptiens à la cour de David et Salomon," *Revue biblique* 48 (1939): 394-405.

Delekat, L. "Probleme der Psalmen Ueberschriften," *ZAW* 76 (1964): 280-97.

de Moor, Johannes C. "The Semitic Pantheon of Ugarit," *Ugarit- Forschungen* 2 (1970): 185-228.

Dictionary of Biblical Imagery. eds. Leland Ryken, James C. Wilhoit, and Tremper Longman III. InterVarsity Press: Downers Grove, IL: 1998.

Diestel, Ludwig. *Geschichte des Alten Testamentes in der christlichen Kirche*. Jena: Mauke's Verlag, 1869.

Dodd, C. H. "hilaskesthai, its Cognates, Derivatives and Synonyms in the Septuagint," *JTS* 32 (1931): 352-60.

_____. *According to Scriptures: The Sub-Structure of the New Testament Theology*. London: Nisbet & Co., 1952.

Donald, Trevor. "The Semantic Field of 'folly' in Proverbs, Job, Psalms, and Ecclesiastes," in *VT* XIII, 285-292.

Driver, G. R. *Canaanite Myths and Legends*. Edinburgh: Clark, 1956.

Driver, S. R. "The Method of Studying the Psalter: Psalm 16," *Expositor* 10 (1910): 26-37.

Dunn, J D G. *The Theology of Paul the Apostel.* Grand Rapids: Eerdmans, 1998.
Eaton, J. H. *Kingship and the Psalms.* Naperville: Allenson, 1976.
Eissfeldt, O. "Psalm 121," *Stat crux, dum volvitur orbis.* H. Lilje Festschrift. Berlin: Lutherisches Verlagschaus, 1959. Pp. 12-13.
_____. "Psalm 80," in *Kleine Schriften,* III, ed. R. Sellheim and F. Maass. Tuebingen: Mohr, 1966. Pp. 227-232.
_____. "Jahwes Verhaeltnis zu 'Eljon und Schaddaj nach Psalm 91," in *Kleine Schriften.* 3권. ed. R. Sellheim and F. Maas. Tuebingen: Mohr, 1966. Pp. 441-47.
Ellenbogen, Maximilian. Foreign Words in the Old Testament: Their Origin and Etymology. London: Luzac, 1962.
Emerton, J. A. "The Meaning of šēnā in Psalm 127:2," *VT* 24 (1974): 15-31.
Fassberg, Steven E. "The Lengthened Imperative Kotlah in *Biblical Hebrew,*" *Hebrew Studies* 40 (1999): 7-11
Fensham, F. C. "The Use of the Suffix Conjugation and the Prefix Conjugation in a few Old Hebrew Poems," *Journal of Northwest Semitic Language* 6 1978): 9-18.
_____. "Father and Son as Terminology for Treaty and Covenant," in *FS W. F. Albright* (1971): 121-35.
Fergusson, E. *Demonology of the early Christian World.* Lewiston: Mellen, 1984.
Fishbane, Michael. *Biblical Interpretation in Ancient Israel.* Oxford: Clalendon Press, 1985.
Fisher, L. R. "Creation at Ugarit and in the Old Testament," *VT* 15 (1965): 313-24.
Fitzmyer, Joseph A. *The Aramaic Inscriptions of Sefire.* Rome: Pontifical Biblical Institute, 1967.
Flint, Peter W. *The Dead Sea Psalms Scroll & the Book of Psalms.* Studies on the Texts of the Desert of Judah 17. Leiden: Brill, 1997.
Frankfort, H. *Kingship and the God.* Chicago: University of Chicago Press, 1948.
Freedman, D. N. "The Structure of Psalm 137," *Near Eastern Studies in Honor of William Foxwell Albright.* Baltimore: Johns Hopkins Univ Press, 1971. Pp. 187-205.
_____. "The Broken Construct Chain," *Bib* 53 (1972): 534-536.
_____. "Divine Names and Titles in Early Hebrew Poetry," in *Pottery, Poetry, and Prophecy: Studies in Early Hebrew Poetry.* Winona Lake, IN: Eisenbrauns, 1980. Pp. 77-129.
_____. "Who Asks (or Tells) God to Repent?" *Bible Review* 1, 4 (1985): 56-59.
Fretheim, T E. "To Say Something ?About God, Evil, and Suffering" , *Word and World* 19(4). (St. Paul: Luther Seminary, 1999) :338-350.

Gadd, J. *Ideas of Divine Rule in the Ancient Near East.* London: OUP, 1948.
Gelin, A. *The Poor of Yahweh.* Collegeville: The Liturgical Press, 1964.
Gerstenberger, Erhard S. "Der klagende Mensch," in *Probleme biblischer Theologie. Gerhard von Rad zum 70. Geburtstag.* Edited by Hans Walter Wolff. Munich: Chr. Kaiser, 1971. Pp. 64-72.
_____. *Psalms Part I with an Introduction to Cultic Poetry.* eds. R. Knierim & Gene M. Tucker. Grand Rapids, MI.: Eerdmans, 1988.
Ginsberg, H. L. "A Phoenician Hymn in the Psalter," in *Atti del XIX Congresso Internazionale degli Orientalisti. Roma, 23-9 Settembre 1935-III.* Rome: Tipografia del Senato, 1938. P. 476.
Girdlestone, Robert B. *Synonyms of the Old Testament.* Grand Rapids: Eerdmans, 1978.
Gnilka, Joachim. "Die Erwartung des messianischen Hohenpriesters in den Schriften von Qumran und im Neuen Testament," *Revue Qumran* 22 (1960): 395-426.
Goppelt, L. 「모형론」 최종태역. 서울: 새순출판사, 1987.
Gordis, R. "Psalm 9-10, A textual and exegetical study," *JPR* 48 (1967/68): 104-122.
Gordon, C. H. *Ugaritic Textbook.* Rome: Pontifical Biblical Institute Press, 1968.
_____. " 'In' of Predication or Equivalence," *JBL* 100 (1981): 612-13.
Goulder, M. D. *The Psalms of the Sons of Korah.* JSOT Sup 20. Sheffield: JSOT Press, 1982.
Gowan, D. E. *Theology in Exodus: Biblical Theology in the Form of a Commentary.* Louisville, KY.: John Knox, 1994.
Gray, J. "Canaanite Mythology and Hebrew Tradition," *Transactions of the Glasgow University Oriental Society* 14 (1953): 47-57.
Gunkel, H. and Begrich, J. *Einleitung in die Psalmen. Die Gattungen der religioesen Lyrik Israels.* Goettingen: Vandenhoeck und Ruprecht, 1933.
_____. *The Psalms. A Form-Critical Introduction.* Tr. T. H. Horner Philadelphia: Fortress Press; 1967.
Gray, G. B. *The Forms of Hebrew Poetry.* New York: KTAV, 1972.
Greenfield, Jonas C. "Some Aspects of Treaty Terminology in the Bible," in *Fourth World Congress of Jewish Studies* (1967): 1:117-19.
Gunn, D. M. "The Hardening of Pharaoh's Heart," in David J. A. Clines et al (eds.). *Art and Meaning: Rhetoric in Biblical Literature.* JSOTSup 19 Sheffield: JSOT, 1982. Pp. 72-96
Haran, Menahem. *Temples and temple-Service in Ancient Israel.* Oxford: Clarendon, 1978.

Harmon, A. M. "Aspects of Paul's Use of the Psalms," *WTJ* 32 (1969): 1-23.
Hetzron, R. "The Evidence of Perfect *y' aqtul* and Jussive *yaqt' ul* in Proto-Semitic," *Journal of Semitic Studies* 14 (1969): 1-21.
Holladay, William L. *Long Ago God Spoke: How Christians May Hear the Old Testament Today.* Minneapolis: Augsburg, 1995.
Hoppe, Leslie. 「성서에 나타난 가난」 나요섭 옮김. 서울: 나눔사, 1987.
Horton, F. L. *Melchizedek Tradition: A Critical Examination of the Sources to the Fifth Century A. D. and in the Epistle to the Hebrews.* Cambridge: CUP, 1976.
Howard, David M. Jr. *The Stucture of Psalms 93-100.* Winona Lake, IN: Eisenbrauns, 1997.
Hunt, I. "Recent Psalm Study," *Worship* 51 (1977): 127-44.
_____. "Recent Psalm Study: Individual Psalms and Verses," *Worship* 52 (1978): 245-58.
Isaacs, E. "The metrical basis of Hebrew poetry," *American Journal of Semitic Languages and Literatures* 35 (1919): 20-54.
Janzen, J. Gerald. "The Character of the Calf and Its Cult in Exodus 32," *CBQ* 52 (1990): 597-607.
Jastrow, Marcus. *A Dictionary of the Targum, The Talmud Babli and Yerushalmi, and the Midrashic Literature.* New York: The Judaica Press, 1989.
Jefferson, H. G. "The Date of Psalm LXVII," *VT* 12 (1962): 201-205.
_____. "Psalm 93," *JBL* 71 (1952): 155-60.
Jenni, Ernst. *Das hebraeische Pi' el: Syntaktisch-semasiologische Untersuchung einer Verbalform im Alten Testament.* Zurich: EVZ, 1968.
Johnson, A. R. *Sacral Kingship in Ancient Israel.* Cardiff: University of Wales Press, 1967.
_____. *The Cultic Prophet and Israel's Psalmody.* Cardiff: University of Wales Press, 1979.
Joueon, Paul and Muraoka, T. *A Grammar of Biblical Hebrew.* 2 vols. Rome: Editrice Pontificio Instituto Biblico, 1996.
Junker, H. "Unite, composition et genre litteraire des Pss 9 et 10," *RB* 60 (1963): 161-169.
Kaiser, W. 「신약의 구약사용」 성기문역. 서울: 크리스챤 다이제스트, 1997.
Kapelrud, A. S. "Scandinavian Research in the Psalms after Mowinckel," *ASTI* 4 (1965): 74-90.
Kaufman, Stephen A. "An Emphatic Plea for Please," *Maarav* 7 (1991): 195-198.
Kautzsch, E. *Die Aramaismen im Alten Testament.* Halle: Max Niemeyer, 1902.
Keel, Othmar. "Kultische Brüderlichkeit - Ps 133," *Freiburer Zeitschrift fuer Theologie und Philosophi* 23 (1976): 68-80.

_____. *The Symbolism of the Biblical World. Ancient Near Eastern Iconography and the Book of Psalms.* Translated by Timothy J. Hallett. New York: Crossroad, 1985.

Keet, C. C. *A Study of the Psalms of Ascents. A Critical and Exegetical Commentary upon Psalms 120-134.* London: Mitre Press, 1969.

Kitchen, K. A. *Ancient Orient and Old Testament.* Downers Grove, IL.: InterVarsity, 1978.

Kline, M. G. 「구약에 나타난 성령의 형상」 서홍종 옮김. 서울: 줄과 추, 1999.

Korpel, Marjo C. A. -Johannes C. de Moor. "Fundamentals of Ugaritic and Hebrew Poetry," in *The Structural Analysis of Biblical and Canaanite Poetry,* eds. Willem van der Meer & Johannes C. de Moor. JSOT Supplement 74. Sheffield: JSOT Press, 1988.

Kosmala, H. "Form and Structure in Ancient Hebrew Poetry," *VT* 16 (1966): 152-180.

Kugel, J. L. *The Idea of Biblical Poetry. Parallelism and Its History.* New Haven and London: Yalel University Press, 1981.

Kraeling, Emil G. *The Old Testament Since The Reformation.* New York: Harper & Brothers, 1955.

Kraus, Hans-Joachim. *Theology of the Psalms.* Translated by Keith Crim. Minneapolis: Augsburg Publishing House, 1979.

_____. *Geschichte der historisch-kritischen Erforschung.* Neukirchen-Vluyn: Neukirchener Verlag, 1982.

Kugel, J. *The Idea of Biblical Poetry. Parallelism and Its History.* New Heaven, Conn.: Yale University Press, 1981.

Kuntz, J. K. "The Canonical Wisdom Psalms of Ancient Israel - Their Rhetorical, Thematic and Formal Dimensions," in *Rhetorical Criticism. Essays in Honor of J. Muilenburg.* Ed. J. J. Jackson and M. Kessler. Pittsburgh: Pickwick Press, 1974.

_____. "The Retribution Motif in Psalmic Wisdom," *ZAW* 89 (1977): 223-33.

Lambert, W. G. *Babylonian Wisdom Literature.* Oxford, Clarendon, 1960.

Laney, J. Carl. "A Fresh Look at the Imprecatory Psalms," *Bibliotheca Sacra* 138 (1981): 37-38.

Lewis, C. S. *Reflections on the Psalms.* New York and London: Harcourt, Brace, Jovanovich, 1958.

Lewis, Theodore J. "The Ancestral Estate [naḥalat ' elohm] in 2 Samuel 14:16," *JBL* 110/4 (1991): 597-612.

Liebreich, L. J. "The Songs of Ascents and the Priestly Blessing," *JBL* 74 (1955): 33-36.

Lindström, F. *Suffering and Sin: Interpretation of Illness in the Individual Complaint Psalms.* Stockholm: Almqvist and Wiksell International, 1994.

Link, H. G. "Reconciliation," in *The New International Dictionary of New Testament Theology*. 3 vols, ed. Colin Brown. Grand Rapids: Zondervan, 1971. 3:151.

Lipinski, E. "Macarismes et psaumes de congratulation," *Revue biblique* 75 (1968): 321-27.

Loewenstamm, Samuel E. "The Trembling of Nature During the Theophany," in *Comparative Studies in Biblical and Ancient Oriental Literatures* (CSBAOL) Neukirchen-Vluyn: Neukirchener Verlag, 1980. Pp. 173-89.

_____. "On Stylistic Patterns in Biblical and Ugaritic Literatures," in *CSBAOL*, 256-61.

_____. "The Expanded Colon in Ugaritic and Biblical Verse," in *CSBAOL*, 281-309.

Lofthouse,W. F. "Hen and Hesed in the Old Testament," *ZAW* 51 (1933): 29-35.

Lohfink, N. *Lobgesaenge der Armen: Studien zum Magnifikat, den Hodajot von Qumran und einigen spaeten Psalmen* Stuttgart: Katholisches Bibelwerk, 1990.

Loretz, O. "Die Ugaritistik in der Psalmeninterpretation," *UF* 4 (1972): 167-69.

_____. *Die Psalmen, Teil II. Beitrag der Ugarit-Texte zum Verstaendnis von Kolometrie und Textologie der Psalmen. Psalm 90-150*. AOAT 207/2. Neukirchen-Vluyn: Neukirchener Verlag, 1979.

Luc, Alex. "Interpreting the Curses in the Psalms," *JETS* 42/3 (1999): 395-410.

Martin, Chalmers. "The Imprecations in the Psalms," *PTR* 1 (1903): 537-533.

Masing, U. "Der Begriff *Hesed* im Alttestamentlichen Sprachgebrauch," in *Charisteria Iohanni Kõpp: Octogenario oblata*. Pp. 27-63. Papers of the Estonian Theological Society in Exile, No. 7 (1954).

McCarter, P. K. "The River Ordeal in Israelite Literature," *HTR* 66 (1973): 403-412.

McCarthy, Carmel. *The Tiqqune Sopherim and Other Theological Corrections in the Masoretic Text of the Old Testament*. Goettingen: Vandenhoeck & Ruprecht, 1981.

McKay, H. A. *Sabbath and Synagogue: The Question of Sabbath Worship in Ancient Judaism.* Leiden, New York, Cologne: Brill, 1994.

Merill, Eugene H. "Royal Priesthood: An Old Testament Messianic Motif," *BSac* 150 (1993): 50-62.

Michel, D. "Studien zu den sogenannten Thronbesteigungspsalmen," *VT* 6 (1956): 40-68.

_____. *Tempora und Satzstellung in den Psalmen*. Abhandlungen zur evangelischen Theologie 1. Bonn: H. Bouvier, 1960.

Millard, M. *Die Komposition des Psalters: Ein formgeschichtlicher Ansatz*. Tuebingen: J. C. B. Mohr, 1994.

Minirth, Frank, Paul Meier et al. eds. *The Complete Life Encyclopedia*. Nashville: Thomas Nelson Publishers, 1995.
Moran, William L. "A Note on Ps 119:28," *CBQ* 15 (1953): 10.
Morgenstern, Julian. "Psalm 121," *JBL* 58 (1939): 323-71.
Morris, L. "The Meaning of hilasterion in Romans iii 25," *NTS* 2 (1955-56): 33-43.
Mosca, Paul G. "Psalm 26: Poetic Strucutre and the Form-Critical Task," *CBQ* 47 (1985): 212-237.
Moscati, S. ed. *An Introduction to the Comparatie Grammar of the Semitic Languages*. Wiesbaden:O.Harrassowitz, 1964.
Mowinckel, S. *Der achtundsechzigste Psalm*. Oslo: Dybwad, 1953.
_____. *The Psalms in Israel's Worship*. Translated by D.R. Ap-Thomas. 2 volumes. Nashville: Abingdon, 1962.
Muilenburg, J. "A Study in Hebrew Rhetoric: Repetition and Style," Supplement to *VT* 1 (1953): 97-111.
_____. "The Linguistic and Rhetorical Usage of the Particle ki in the Old Testament," *HUCA* 32 (1961): 135-60.
Murphy, R. E. *Wisdom Literature: Job, Proverbs, Ruth, Canticles, Ecclesiastes, and Esther*. Grand Rapids: Eerdmans, 1981.
Neale, J. M. & R. F. Littledale. *A Commentary on the Psalms: From Primitive and Medieval Writers*. 3d edition. 4 volumes. London: Joseph Masters, 1979.
Neve, L. "The Common Use of Tradition by Psalm 46 and Isaiah," *Expository Times* 86 (1974/75): 243-46.
O'Connor, M. *Hebrew Verse Structure*. Winona Lake: Eisenbrauns, 1980.
Oehler, Gustav F. *Theology of the Old Testament*. tr. George E. Day. New York: Funk & Wagnalls, 1885.
Ollenburger, B. C. *Zion the City of the Great King*. *JSOT* Sup 41. Sheffield: *JSOT* Press, 1987.
Oppenheim, A. L. *Ancient Mesopotamia*. 2nd ed. Chicago: CUP, 1977.
Oswalt, J. N. "The Myth of the Dragon and Old Testament Faith," *EQ* 49.3 (1977): 163-72.
Pardee, D. "YPH, 'Witness' in Hebrew and Ugaritic," *VT* 28 (1978): 204-13.
Parsons, Michael. "Being Precedes Act: Indicative and Imperative in Paul's Writing," in *Understanding Paul's Ethics*, ed. Brian S. Rosner. Grand Rapids: Eerdmans, 1995. Pp. 217-250.
Paul, M. J. "The Order of Melchizedek," (Ps 110:4 and Heb 7:3)," *WTJ* 49 (1987): 195-211

Pidoux, Pierre, ed. *Le psautier huguenot du XVIe siècle: Mélodies et documents*. 2 vols. Basel: Bärenreiter, 1962.
Pope, Marvin H. *El in the Ugaritic Texts*. Leiden: Brill, 1955.
Pratt, Waldo Selden. *The Music of the Pilgrims: A Description of the Psalm-book brought to Plymouth in 1620*. New York: Russell & Russell, 1921.
Ramaroson, Leonard. "Immortalite et Resurrection dans les Psaumes," *Science et Esprit* 36 (1984): 287-95.
Reventlow, H. G. *Gebet im Alten Testament*. Stuttgart: W. Kohlhammer, 1986.
Ridderbos, Nic. H. "The Psalms: Style-Figures and Structure," *OTS* 13 (1963): 43-76.
_____. *Die Psalmen*. BZAW 117. Leiden: Brill, 1972.
Ringgren, H. *The Messiah in the Old Testament*. London: SCM, 1956.
_____. *Religions of the Ancient Near East*. Philadelphia: Westminster, 1973.
Roberts, J. M. "The Davidic Origin of the Zion Tratidition," *JBL* 92 (1973): 334.
Robertson, D. A. *Linguistic Evidence in the Dating of Early Hebrew Poetry*. Missoula, MT: Scholars Press, 1972.
Robinson, A. "Zion and SAPHON in Psalm 48:3," *VT* 24 (1974): 118-23.
Robinson, H. W. *Inspiration and Revelation in the Old Testamen*. Oxford: Clarendon, 1946.
Robinson, T. H. "Some Principles of Hebrew Meterics," *ZAW* 54 (1936): 28-43.
Ross, J. M. "Epileptic or Moonstruck," *Biblical Theology* 29 (1978): 126-128.
Rowley, H. H. "Melchizedek and Zadok," in *Festschrift fuer A. Bertholet*. Tuebingen: Mohr, 1950. Pp. 461-72
Sabourin, Leopold. *The Psalms. Their Origin and Meaning*. 2 volumes. Staten Island: Alba House, 1969.
Saebo, Magne. "Sigmund Mowinckel and His Relation to the Literary Critical School," *Studia Theologica* 40 (1986): 81-93.
Sanders, James A. *The Dead Sea Psalms Scroll*. Ithaca, N.Y.: Cornell University Press, 1967.
_____. *The Psalms Scroll of Qumran Cave 11 (11QPs^a)*. Discoveries in the Judaean Desert of Jordan. Vol. 4. Oxford: Clarendon Press, 1965.
_____. "Cave 11 Surprises and the Question of Canon," in *New Directions in Biblical Archaeology*. Edited by D. N. Freedman and J. C. Greenfield. Garden City: Doubleday, 1971. Pp. 113-30.
Sarna, N. M. "The Psalm for the Sabbath Day [Ps. 92]," *JBL* 81 (1962): 155-68.
_____. "Psalm 89: A Study in Inner Biblical Exegesis," in *Biblical and Other Studies*, ed. A.

Altman. Cambridge, MA: Harvard University Press, 1963. 29-46
Sawyer, J. F. A. "An Analysis of the Context and Meaning of the Psalm-Headings," *Transactions of Glasgow University Oriental Society* 22 (1967-68): 26-38.
Schildenberger, J. "Bemerkungen zum Strophenbauder Psalmen," *Estudios Eclesiasticos* 34 (1960): 673-87.
Schmidt, H. *Das Gebet der Angeklagten im Alten Testament*. BZAW 49. Giesson: Alfred Topelmann, 1928; 축소판은 *Old Testament Essays*, SOTSMS [Oxford and London: Charles Griffin and Co., 1927], 143-55.
_____. 「역사로 본 구약 신앙」 강성열 역. 서울: 나눔사, 1993.
_____. "Gruesse und Glueckwuensche im Psalter," *Theologische Studien und Kritiken* 103 (1931): 141-50.
Schmitt, Armin. "Psalm 16, 8-11 als Zeugnis der Auferstehung in der Apostelgeschichte," *Biblische Zeitschrift* 17 (1973): 229-48
Schökel, Luis Alonso. *A Manual of Hebrew Poetics*. Roma: Editrice Pontificio Istituto Biblico, 1988.
Shulman, Ahouva. "The Use of Modal Verb Forms in Biblical Hebrew Prose," a doctoral dissertation. University of Toronto, 1996.
Segert, S. "Versbau und Sprachbau in der althebraeischen Poesie," *Mitteilungen der Deutschen Orient-Gesellschaft* 15 (1969): 312-321.
_____. "Problems of Hebrew Prosody," *VTS* 7 (1960): 283-291.
_____. "Die Methoden der althebraeischen Metrik," *Communio Viatorum* 1 (1958): 233-241.
Seux, M.-J. *Épithètes Royales Akkadiennes et Sumériennes*. Paris: Letouzey et Ane, 1967.
Seybold, K. *Das Gebet des Kranken im Alten Testament. Untersuchung zur Bestimmung und Zuordnung der Krankheitsund Heilungspsalmen*. Stuttgart: Kohlhammer, 1973.
_____. *Die Wallfahrtspsalmen. Studien zur Entstehungsgeschichte von Psalm 120-134*. Biblische-Theologische Studien 3. Neukirchen-Vluyn: Neukirchener Verlag, 1978.
_____. "Die Redaktion der Wallfahrtspsalmen," *ZAW* 91 (1979): 247-68.
_____. "Toward an Understanding of the Formation of Historical Titles in the Book of Psalms," *ZAW* 91 (1979): 350-80.
Shafer, B. E. "The Root *bhr* and Pre-Exilic Concepts of Chosenness in the Bible," *ZAW* 89 (1977): 20-42.
Shanks, Hershel. "Everything You Ever Knew About Jerusalem Is Wrong (Well, Almost),"

BAR 25/1 (Nov/Dec 1999): 20-25.

Shiloh, Y. "Jerusalem's Water Supply During Siege. The Rediscovery of Warren's Shaft," BAR 7 (1981): 24-39.

_____. "The City of David Archaeological Project: The Third Season-1980," BA 44 (1981): 161-170.

_____. *Underground Water Systems in Eretz-Israel in the Iron Age. Archaeology and Biblical Interpretation.* Atlanta: J. Knox Press, 1987.

_____. *Underground Water Systems in the Land of Israel in the Iron Age. The Architecture of Ancient Israel: from the Prehistoric to th Persian Periods.* Jerusalem: Israel Exploration Society, 1992.

Skehan, Patrick W. "A Liturgical Complex in 11QPs^a," *CBQ* 34 (1973): 195-205.

Slomovic, E. "Toward an Understanding of the Formation of the Historical Titles of the Book of Psalms," *ZAW* 91 (1979): 350-80.

Smick, Elmer B. "The Bearing of New Philological Data on the Subjects of Resurrection and Immortality in the Old Testament," *WTJ* 31 (1968): 12-21.

_____. "Ugaritic and the Theology of the Psalms." *New Perspectives on the Old Testament.* Edited by J. Barton Payne. Waco: Word, 1970. Pp. 104-16.

_____. "The Mythological Elements in the Book of Job," *WTJ* 40 (1977-78): 213-228.

_____. "Mythopoetic Language in the Psalms," *WTJ* 44 (1982): 88-98.

_____. "Israel's Struggle With the Religions of Canaan," in *Through Christ's Word. A Festschrift for Dr. Philip E. Hughes.* Edited by W. Robert Godfrey and Jesse L. Boyd III. Phillipsburg: Presbyterian and Reformed, 1985, Pp. 108-17.

Smith, M. "The Structure of Psalm LXXXVII," *VT* 38 (1988): 357-58.

Snaith, N. H. *The Distinctive Ideas of the Old Testament.* London: Epworth, 1944.

Speiser, E. A. "The durative hithpa' el: A tan-form," *JAOS* 75 (1955): 118-21.

Stamm, J. J. "Ein Viertel jahrhundert Psalmenforschung," *TRu* 23 (1955): 1-68.

Stendahl, Krister. "The Apostle Paul and the Introspective Conscience of the West," *HTR* 56 (1963): 199-215.

Stuart, Douglas K. *Studies in Early Hebrew Meter.* Missoula: Scholars, 1976.

Sylva, David Michael. "The Changing of Images in Ps 23:5, 6," *ZAW* 102 (1990): 111-116.

Talmon, Shemaryahu. "Emendation of Biblical Texts on the Basis of Ugaritic Parallels," *Scripta Hierosolymitana* 31 (1986): 279-300.

Thomas, D. W. "The Use of *necah* as a Superlative in Hebrew," *JSS* 1 (1956): 106-9.

Thordarson, T. K. "The Mythic Dimension. Hermeneutical Remarks on the Language of the Psalter," *VT* 24 (1974): 212-40.
Tromp, N. J. *Primitive Conceptions of Death and the Nether World in the Old Testament* Rome: Pontifical Biblical Institute, 1969.
Tsevat, Matitiahu. *A Study of the Language of the Biblical Psalms.* SBL Monograph Series Vol. IX. Philadelphia: SBL, 1955.
Van Aarde, A G. "Demonology in New Testament Times," in De Villiers, P G R (ed), *Like a roaring Lion. Essays on the Bible, the Church and Demonic Powers.* Pretoria: C B Powell Bible Centre, 1987. Pp. 22-37.
Van der Kam, J. "*Bhl* in Ps 2:5 and its Etymology," *CBQ* 39 (1977): 245-50.
Volz, P. "Zur Auslegung von Ps. 23 und 121," *NKZ* (1925): 576-85.
von Rad, G. "Das judaeische Koenigsritual," *TLZ* 72 (1947): 211-216.
____. *Theology of Old Testament*, I. tr. D. M. G. Stalker. New York: Harper & Row, 1962.
Wagner, Max. *Die Lexikalischen und grammatikalischen Aramaismen im alttestamentlichen Hebraeisch.* Berlin: Alfred Toepelmann, 1966.
Waltke, Bruce K. & M. O'Connor. *An Introduction to Biblical Hebrew Syntax.* Winona Lake, IN.: Eisenbrauns, 1990.
Wanke, Gunther. *Die Zionstheologie der Korachiten.* Berlin: Toepelmann, 1966.
Watson, Wilfred G. E. "Shared Consonants in Northwest Semitic," *Biblica* 50 (1969): 525-33.
____. "The Pivot Pattern in Hebrew, Ugaritic and Akkadian Poetry," *ZAW* 88 (1976): 239-53.
____. *Classical Hebrew Poetry: A Guide to Its Techniques.* Sheffield: JSOT, 1984.
Watters, William R. *Formula Criticism and the Poetry of the Old Testament.* Berlin: Walter de Gruyter, 1976.
Watts, J. D. W. "Yahweh Malak Psalms," *TZ* 21 (1965): 341-48.
Weinfeld, M. "Sabbath, Temple and the Enthronement of the Lord," in *Melanges biblique et orientaux.* Neukirchen-Vluyn: Neukirchener, 1981. 501-12.
Wenham, G. J. "Were David's Sons Priests?" *ZAW* 87 (1975): 79-82.
Westermann, Claus. "Zur Sammlung des Psalters," in *Forschung am Alten Testament* Munich: Chr. Kaiser Verlag, 1964.
____. *The Praise of God in the Psalms.* Translated by Keith R. Crim. Richmond: Knox, 1965.
____. *The Psalms: Structure, Content, and Message.* Translated by Ralph D. Gehrke. Minneapolis: Augsburg, 1980.

_____. *Praise and Lament in the Psalms*. Translated by Keith R. Crim and Richard N. Soulen. Atlanta: Knox, 1981.

Wilson, Gerald H. "Evidence of Editorial Divisions in the Hebrew Psalter," *VT* 34 (1984): 337-352.

_____. *The Editing of the Hebrew Psalter*. SBLDS 76. Chico, California: Scholars Press, 1985.

_____. *The Dating of the Hebrew Psalter*. Chico, CA: Scholars, 1985.

_____. "The Use of Royal Psalms at the 'Seams' of the Hebrew Psalter," *JSOT* 35 (1986): 85-94.

_____. "Shaping the Psalter: A Consideration of Editorial Linkage in the Book of Psalms," in McCann (ed.), *The Shape and Shaping of the Psalter*. JSOTSup 159; Sheffield: JSOT Press, 1993.

_____. "The Qumran Psalms Scroll (11QPs^a) and the Canonical Psalter: Comparison of Editorial Shaping," *CBQ* 59 (1997): 448-464.

Witvliet, John D. *Worship Seeking Understanding: Windows into Christian Practice*. Grand Rapids: Baker, 2003. [chapter 9, "The Spirituality of the Psalter in Calvin's Geneva," 203-229].

Wood, Leon J. *A Survey of Israel's History*, Revised by David O' Brien. Grand Rapids, MI: Zondervan, 1986.

Wuerthwein, Ernst. *The Text of the Old Testament*. Grand Rapids: Eerdmans, 1979.

Yadin, Y. *The Scroll of the War of the Sons of Light against the Sons of Darkness*. Oxford: University Press, 1962.

_____. "Another Fragment (E) of the Psalms Scroll from Qumran Cave 11 [11QPsa]," *Textus* 5 (1966): 1-10.

Yaron, R. "The Meaning of znh," *VT* 13 (1963): 237-39.

Yeivin, Israel. *Introduction to the Tiberian Masorah*. Missoula, Montana: Scholars Press, 1980.

Zenger, E. "The God of Exodus in the Message of the Prophets as seen in Isaiah," in *Exodus- A Lasting Paradigm*, eds. Bas van Iersel and Anton Weiler. Edinburgh: T. & T. Clark LTD, 1987. Pp. 22-33.

_____. *A God of Vengeance? Understanding the Psalms of Divine Wrath*. Louisville, Ky.: Westminster/John Knox, 1996.

_____. "The Composition and Theology of the Fifth Book of Psalms, Psalms 107-145," *JSOT* 80 (1998), 77-102.

Zimmerli, W. "Zwillings-psalmen," in *Wort, Lied, und Gottespruch*. FS J. Ziegler, ed. J.

Schreiner. Wuezburng: Echter, 1972. Pp. 105-130.

_____. *I Am Yahweh*, tr. D. W. Stott. Atlanta: John Knox, 1982.

강만희. "초대교회 교부들의 음악적 견해: 악기와 시편찬송의 사용을 중심으로."「복음과 실천」24 (1999): 431-.

강사문. "현대의 예전개혁과 시편가."「교회와 신학」27 (1995): 141-151.

김세윤.「바울 복음의 기원」서울: 엠마오, 1996.

김이곤. "사해사본에 나타난 외경시 8편."「기독교 사상」15/5 (1971): 143-159.

_____. "시편 탄원시의 신학." 신학사상 48 (1985): 128-147; 50 (1985): 578-591.

_____. "시편 6편에 나타난 분위기 급전의 동인에 관한 연구."「구약논단」1 (1995): 181-204.

_____. "시편 1편의 'HGH' 와 'LBN' 의 번역 문제."「성경원문 연구」2 (1998): 43-50.

김정우. "박윤선 시편에 나타난 기독론적 해석: 그 기여와 한계."「구약해석학 논문집」서울: 총신대학교, 1995: 64-83.

_____. "시편의 기독론적 설교."「그 말씀」(1998/11): 30-49.

_____. "시편 이해와 설교- 시편의 구조이해."「그 말씀」(1994/1): 120-129.

_____. "시편의 저주와 신약의 예수 그리스도: 시편 69편에 대한 정경적 해석."「신학지남」260 (1999): 102-122.

_____. "알파벳 시편에도 구조가 있는가? 시 37편을 중심으로."「신학지남」263 (2000): 93-103.

김정준. "구약성서 연구 -목자의 노래." 5/4 (1961): 71-77; 5/5, 88-94; 5/6, 80-86; 5/7, 80-86; 6/2 (1962): 16-28.

김형준. "시편 92편에 관한 연구 방법."「국제신학」2 (2000): 294-310.

롱맨, 트렘프. "시편 이해와 설교- 시편연구를 위한 제언."「그 말씀」(1994/1): 234-.

박동현. "시편 이해와 설교- 시편 73, 77, 78편을 통해본 시인의 신앙관."「그 말씀」(1994/1): 143-158.

박은배. "시편 119편 연구."「성결대 논문집」14 (1986): 27-100.

불트만, A.「신약성서 신학」, 허혁 역. 서울: 성광문화사, 1981.

왈키, 브루스, "시편의 정경적 해석법."「성서 사랑방」11 (2000/봄): 66-79.

에드워드, 조나단. "시편을 어떻게 설교할 것인가?"「그 말씀」(1997/1): 118-120; (1994/3): 320-329.

유해무.「개혁 교의학: 송영으로서의 신학」서울: 크리스챤 다이제스트, 1997.

이상현.「조나단 에드워즈의 철학적 신학」노영상, 장경철 옮김. 서울: 한국장로교 출판사, 1999.

이성훈. "헤세드의 의미: 개인 탄원시에서의 헤세드의 특징을 중심으로."「성서사랑방」13

(2000/가을): 52-60.
이종성. "현대의 예전개혁과 시편가." 「교회와 신학」 26 (1994; 장신대): 141-151.
이태훈. "이스라엘 감사시에 대한 소고." 「신학과 경건」 백산 이진태 박사 칠순 기념 논총. 광주: 광신대학 출판부, 2002. 47-62.
이형원. "시편 12편의 문학 비평적 주석." 「기독교 사상」 37/1 (1993): 109-123; 37/2 (1993): 103-123.
서인석. "복수와 저주의 시편." 「신학전망」 23 (1973; 광주 카톨릭 대학): 92-116.
서의선. "초대 교회의 시편과 찬송." 「신학과 신앙」 1 (1986; 루터신학교): 106-122; "중세기 라틴어 시편." 123-136.
송제근. "요나의 기도." 「그 말씀」 (1999/11): 52-57.
정중호. "시편 이해와 설교-시편을 통해본 인간이해." 「그 말씀」 (1994/1): 159-168.
조신권. "시편 이해와 설교-문학 작품으로서의 시편 이해." 「그 말씀」 (1994/1): 130-142.
최종태. "구약을 어떻게 가르칠 것인가?" 「성경과 신학」 22. 서울: 횃불, 1997. 146-163 페이지.
_____. 「예언자에게 물어라」 서울: 기독교 문서 선교회, 2003 (개정판).
함성국. "구약성서 연구1- 시편연구." 「기독교 사상」 16/4 (1972): 162-168; 16/5 (1972): 1526-164; 16/6 (1972): 142-149; 16/7 (1972): 154-161; 16/8 (1972): 152-159; 16/9 (1972): 138-145.
_____. "우가릿 원경과 시편." 「신학논단」 (1972): 145-158.
크림, K. R. "시편연구의 새로운 출발점." 「기독교 사상」 9/10 (1965): 61-63.
홍정수. "한국교회의 예배음악." 「교회와 신학」 25 (1993): 151-174..

제 1 부
시편 서론

1. 시편의 작시, 수집, 배열

1.1. 시편의 작시

다훗이란 학자는 개개 시편의 저작 연대에 대하여 언급하면서 비평가들이 시편과 다른 연대 추정 가능한 성경책들과의 연관성 (사고나 단어 면에서)에 근거하여 시편의 연대를 추정하는 방식이 방법론적으로 얼마나 심각한 문제점을 지니고 있는지 지적한 바 있다 (*Psalms I: 1-50*, XXIX). 예컨대, 다훗에 의하면, 삐에르 보나르 (Pierre Bonnard) 같은 학자는 "마음과 심장을 시험하는 자" (히, *보헨 립봇 우켈라욧*)이란 표현이 나타나는 시편 7편은 예레미야서에 의존했다고 주장한다. 예레미야서에서 그와 같은 표현들이 자주 등장하기 때문이다. 그러나 그런 표현은 주전 15세기경의 것으로 추정되는 유가릿 문헌에서도 나타난다. 그런데 시 7편에서 사용된 여러 개의 난해한 고어(古語)체 단어들은 이 시가 예레미야 이후 시대인 추방시대의 것일 수 없다는 것을 말해준다. 그렇다면 시 7편은 오히려 유가릿 문헌이 사용한 그런 오랜 표현들을 차용한 경우라고 할 수 있을 것이다.

우리는 개개 시편들이 각기 다른 시대, 환경에 처했던 개개인에 의하여 기록되었다고 본다. 즉, 개개 시편은 각기 다른 삶의 자리 (*Sitz im Leben*)에서 생겨난 것이다. 그 시들은 이스라엘 사람들의 입에서 회자되다가 어떤 수집가 혹은 수집가들에 의해서 우리가 보는 한 권의 시편 책으로 엮이게 된 것이다. 물론 최종 편집되기 전에는 작은 시편 모음집들이 있었다는 증거가 시편 자체에서 나타난다. 그런 모음집들은 성전 예배용으로 사용되었을 것이다. 그런데 현재 형태의 시편은 그 최종 편집자(들)의 손에서 나름대로의 원리를 따라 오늘 우리가 보는 순서대로 배열되었다. 시편의 수집, 배열, 편집을 논하기 전에 이 주제와 긴밀히 연관되는 쿰란에서 발굴된 시편 사본들을 먼저 알아 볼 필요가 있다.

1.2. 쿰란 시편 사본들

시편은 전수되는 동안 여러 가지 오류가 개입했을 여지를 배제하기 어렵다. 필사(筆寫)

자들이 원문을 베끼면서 오류가 개입될 여지가 있었다. 이러한 오류의 가능성은 동일한 내용의 시들의 쌍둥이들을 비교해 보면 확인이 된다 (시 14= 53; 시 18=삼하 22; 시 40:14-18= 시 70; 시 57:8-11=시 108:2-5; 시 60:7-14=시 108:7-14). 그럼에도 사해 사본 발견 (1947년)으로, 비평가들이 신빙성 없다고 가정했던 맛소라 사본이 얼마나 신실하게 전달되었는지 확실하게 드러났다. 그리고 북서 셈족어 비문들이나 고대 근동의 여러 문헌들의 발굴로 성경의 시적인 표현들이나 관용어들, 철자법, 어휘, 문법, 구문 등을 이해할 수 있는 광대한 자료들이 나타나게 되었다. 그 결과로 이전에는 본문의 부패로 간주되었던 것들이 정확하게 전달되었다는 확신을 가질 수 있게 되었다 (구약의 사해 사본들을 영역한 책 *The Dead Sea Scrolls Bible*, trans. and with commentary by Martin Abegg, Jr., Peter Flint & Eugene Ulrich [San Francisco: Harper, 1999] 참조).

다른 성경책들과는 달리 현재 우리가 가진 히브리어 시편본문은 헬라어 역본, 라틴어, 아람어, 시리아어 역본들과 비교해 보건대 하나의 본문 전통에 근거한다. 이런 결론은 사해 사본이 보여주는 증거와도 일치한다. 쿰란 동굴에서 발굴된 시편 사본들은 다른 성경 사본들보다 많았다. 사해사본과 현재 히브리어 본문 (맛소라 사본; 이는 '벤 아쉘' 사본이다)과 비교해 보건대, 차이는 대개 철자법에서 나타날 뿐 근본적인 차이가 없다. 이러한 사실은 히브리어 본문의 2천년 전달 역사 (다윗은 주전 10세기 인물)가 얼마나 세심하고 신중한 것이었는지를 말해준다.

현재 우리가 지닌 시편들의 원본(原本)은 이 세상에 없다. 대신 우리는 원본에서 필사해서 만들어진 복사(複寫)본들을 많이 갖고 있다. 이 복사본들은 1947년 전까지만 해도 주후 1008년 이후에 만들어진 맛소라 사본들밖에 없었다. 그러나 1947년 이스라엘의 사해서편, 예루살렘 남동편 쿰란 동굴들에서 사본들이 발견되면서 우리가 가진 구약성경의 복사본의 연대는 적어도 1천년 정도 고대로 거슬러 올라가게 되었다. 왜냐하면 쿰란 동굴에서 발굴된 성경 사본들의 연대는 대략 주전 2세기경의 것으로 추정되었기 때문이다. 이 사본들 (사해死海 사본이라 불린다) 중에는 에스더서를 제한 모든 구약 성경 사본들이 들어 있었고, 이사야서 사본을 제하면 전 성경사본들이 전체가 아닌 파편들로 발견되었다. 그럼에도 이 성경사본들 (특히 이사야서)은 우리가 가진 구약 성경의 맛소라 사본이 얼마나 세심한 주의를 기울여 전해졌는지를 증거해 주었다.

쿰란 동굴들에서 여러 시편 조각들이 담긴 사본들이 발견되었고 (1, 2, 3, 4, 5, 6, 8, 11 동굴들), 세 개의 시편 사본들이 다른 곳들에서 발견되었다 (시 15, 16편의 파편들이 엔게디 남부 지역에서, 시 81-85편, 150편의 파편들이 마사다에서). 쿰란 시편 사본들 중에서 특히 1956년 제11 동굴에서 발굴된 시편 두루마리(11QPs^a)에는 48개 시편 파편들(시 101편에서부터)과 삼하 23:1-7, 네 개의 정경-외 시편들 (151A, 151B, 154, 155), 시락 51:13 이하, 네 개의 다른 성경-외 작품들 ("구원의 호소," "시온이여," "창조주께 바치는 노래," "다윗의 저작들")이 담겨있었다. 여기서 발굴된 시편 사본들은 우리가 현재 원문으로 사용하는 BHS 본문 (레닌그라드 사본)과 알렙포 사본 (Aleppo Codex)과 거의 일치한다. 상이점이 있다면 철자에서 맛소라 사본과 달리 완전 모음 표기 (plene writing)를 보인다는 점이다.

하나의 예외는 시 145편에서 나타난다. 쿰란 사본에서는 "영원히 야웨께서 송축을 받으시고 그의 이름이 송축을 받으실지어다" 란 후렴귀가 모든 절에 나타난다. 그리고 시 145편의 표제는 맛소라의 "테힐라" (찬양 노래) 대신, "테필라" (기도)로 나타나고, 마지막 줄에는 부기 (subscript)가 "이는 기념을 위함이라"고 적혀있다. 순서에 있어서도 맛소라 사본과 상이하게 나타난다. 또한 알파벳 시인 145편은 현재 맛소라 사본에서 21개의 히브리어 알파벳만 나타나고 "눈" 구절이 결여되었다면, 쿰란 사본 11QPsᵃ에서 13절 ("멤" 구절)에는 맛소라 사본의 "멤" 구절만 아니라, 맛소라에 없는 (70인역이나 시리아어역은 포함) "눈" 구절도 포함한 모습으로 나타나고 있다:

멤 행. 당신의 왕권은 영원한 왕권이며, 당신의 통치는 대대에 이르나이다.
여호와를 송축하고 그의 이름을 영원히 송축할지어다
눈 행. 하나님은 (70인역은 "주") 그의 말씀들에서 신실하시며,
그의 모든 행위들에서 은혜로우시다 (LXX, NIV, NRSV, NJB, NAB)
[네에만 야웨 베콜-데바라브 베하시드 베콜-마아사브].

이는 본문의 전달 과정에서 맛소라 본문이 실수로 빠뜨린 구절을 사해 사본이 보존하고 있다는 한 증거이다. 70인역이나 시리아어역 그리고 일부 히브리어 사본이 13절의 "눈" 구절을 포함한다는 점이 사해 사본의 진정(眞正)성을 뒷받침해 준다 (그렇지만, 알파벳의 몇 글자를 결하고 있는 다른 알파벳 시들에 비추어 본다면, 현재 우리가 지닌 맛소라 바본이 원래 것일 가능성도 배제하기 어렵다).

쿰란에서 발굴된 시편 두루마리에 대하여 좀 더 언급하자면 이렇다. 쿰란의 시편 두루마리 (11QPsᵃ = 11Q5)는 1956년에 베두인이 발견한 여섯 개의 시편 사본들 중의 하나로, 나중 분류작업의 편의상 11번 동굴로 표기된다. 두루마리 자체와 네 개의 단편들 (A, B, C, D)이 공적으로 출판되기는, 샌더스 (James A. Sanders)가 "쿰란 제11번 동굴의 시편들 두루마리" (*Discoveries in the Judaean Desert of Jordan*)를, 그리고 단편 E 전체를 야딘 (Yigael Yadin, "Another Fragment (E) of the Psalms Scroll from Qumran Cave 11 [11QPsaʲ")이 발표함으로 되어졌다.

11QPsᵃ는 두루마리 자체와 다섯 단편들로 구성되며, 고문서학적으로 주후 30-50년 어간의 것으로 추정되며, 주목할 사실은 이 두루마리가 "야웨"란 성호를 위해서는 고-히브리어 문자 (paleo-Hebrew script)를 사용한다는 점이다. 이 두루마리는 완전 철자법 (full orthography or plene writing)를 사용한다. 또한 이 두루마리는 두 개의 현저한 특징들을 갖고 있다. 첫째로, 맛소라 사본 시편의 제4권과 5권에서 나온 39개의 시편들 외에, 11QPs2ᵃ에는 성경 시편에 없는 10개의 작품이 담겨있다. 그 중 하나는 산문체의 작품("다윗의 저작들" 칼럼 27)이고 다른 9개는 시들이며, 이 시들 중 하나는 히브리 성경의 다른 곳에서 나왔고 ("다윗의 마지막 말들" 삼하 23:1-7), 하나는 시 118편의 재활용 (Catena 칼럼 16)이며, 네 개는 고대 역본들에서 이전에 존재하던 것들이고 (시 154, 155는 시리아어역에서; 시 151편과 시락서 51:13-30은 70인역, 시리아어역, 라틴어역에서 나타남), 나머지 세 개는 지금까지 알려지지 않은 작품들이다 ("구원의 호소," 칼럼 19; "시온이여!" 칼럼 22; "창조주께 바치는 찬양," 칼럼 26).

두 번째 특징은 시편들을 특이하게 배열하는 순서이다. 열아홉 군데서 맛소라 사본의 시편의 순서를 반영하지만, 가장 많은 시편들을 담고 있는 대 시편 사본 11QPsᵃ에서 연속으로 배열된 시편들의 순서는 맛소라 시편의 순서와 다르다. 11QPsᵃ에서 시편들의 내용은 다음과 같이 배열되었다 (세미콜론은 갭을 지시하고, 좌에서 우로, 그리고 아래 칸 순서로 진행한다):

시 101-103, 112, 109-110;
113-118, 104, 147,
105, 146, 148,
120-132, 119, 135-136 (+118:1, 15, 16, 8, 9, X, 29 [Catena]),
145 [+매 절마다 찬양후렴이 첨가되었고 13절 후반부는 맛소라 사본에 없는 것이며, 마지막에 "이는 기념을 위함이라"는 후기 postscript를 가짐],
154, 구원해 달라는 간구,
139, 137-138,
시락 51, 시온이여! (Apostrophe to Zion),
93, 141, 133,
144, 155, 142-143,
149-150, 창조주에 대한 찬양,
다윗의 마지막 말들, 다윗의 작시 (Davids Composition),
140, 134, 151A,
151B, 공란 (두루마리의 마지막)

그런데 11QPsᵃ의 구조를 분석하는 다양한 방법들이 제안되었다. 초기 제안들은 대개 맛소라 시편과 비교해서 구조를 설명하였다. 예컨대, 스케한 (Skehan, "Liturgical Complex,"

195-205) 은 여러 개의 예배의식들을 고립시킨 후 주장하길, 그 두루마리는 맛소라 시편을 예배 의식상 재배열한 것이라 하였다. 그러나 후에 시편 두루마리에 대한 관심의 증폭으로, 새로운 제안들이 나타났다. 여러 편집 표시들에 근거하여 윌슨 (Gerald Wilson, "Qumran Psalms Scroll," 455-64)은 다윗 후손 메시아의 소망에 점진적으로 초점을 맞추는 다섯 개의 부분들로 나누었다. 플린트 (Peter Flint, 189-198)도 역시 다섯 개의 다른 조직화 요소들에 근거하여 두루마리의 구조적 개요를 제시하였다. 그 중 두 개는 태양력을 반영하려는 것이고, 다윗이 역할을 강조하고자 하는 노력이다. 플린트의 구조는 다음과 같다:

주로 다윗 시들 (5) 101 - 102 - 103; 109 - [110]
유월절 할렐 (찬양) (6) [113 - 114 - 115 - 116 - 117] - 118
할렐루야/호두 (감사시) 시편들 (5) 104 - 147 - 105 - 146 - 148
순례의 시들 (13) 120-121-122-123 -124- 125-126- 127- 128- 129- 130- 131-132
지혜시   119
찬양의 찬송들 (3) 135 - 136 (with Catena) - 145 (with subscript)
구원/ 간구 (4) 154 - 구원해주소서- 139 -137
지혜 혹은 찬양 (4) 138 - 시락 51 - 시온이여- 93
대개 간구 (6) 141 - 133 - 144 - 155 - 142 - 143
의전적 모음 (4) 149 - 150 - 창조주 찬양 -다윗의 마지막 말
대개 다윗 작시들 (5) 140 - 134 -151A - 151B

샌더스는 그 원래 출판 시부터 주장하길, 11QPsᵃ는 주후1세기 이전에 시편의 마지막 세 번째 부분이 (시 101-150편) 정경으로 마감되지 않은 상태에 있었다는 것을 보여준다고 하였다. 그러나 쿰란에서 발굴된 시편 사본들을 종합적으로 검토해 보면, 그 소수만이 성경 시편의 순서와 다른 순서를 보이고, 다른 순서를 보이는 사본들 간에도 서로 일관성을 보이지 못하고 있다. 또한 파편들이긴 하지만, 우리가 볼 수 있는 한도에서 쿰란 시편 사본들은 그 표제나 후기, 송영들 등은 맛소라 사본의 그것을 거의 그대로 따르고 있다 (G. H. Wilson, Editing, 121에 의하면 76군데 중 64군데가 맛소라와 일치한다). 그렇다면 쿰란 공동체에서 자기들만을 위한 시편 정경 (성경 시편과 순서가 다르고 내용이 다른)을 지녔다는 사고는 신빙성이 없을 것이다. 그리고 시편 마지막 부분 배열의 유동성 사고에 대한 가장 결정적인 반대 증거는 시편의 헬라어 역본이다. 70인역은 맛소라 시편의 내용과 순서를 분명히 반영해 주기 때문이다. 헬라어역은 적어도 주전 2세기 전의 작품으로 확인할 수 있다. 더구나 맛소라 시편과 11QPsᵃ을 비교해 보면, 11QPsᵃ의 편집자들이 맛소라 시편의 순서를 알고 있었다는 것을 보여주는 듯 하다.

그렇다면, 쿰란 시편 두루마리는 쿰란 공동체에서 어떤 지위를 점했던가? 플린트는 11QPs^{a}는 참 시편으로 자질이 있고, 맛소라 사본의 150개에 의존하는 부차적 모음 정도가 아니다 라고 주장한다. 앞에서 언급된 대로, 두루마리는 70인역에 반영된 맛소라 시편에 의존한다고 보아야 할 확실한 이유들이 있다. 그 두루마리는 150편까지만 국한된 맛소라 시편에 반대하여, 쿰란 공동체가 주장한 대안적 분파적 시편, 곧 저들 공동체의 시편 정경이란 샌더스의 주장보다는 의식상 필요한 대로 배열하여 사용한 시편 사본이라고 보는 의견이 좋을 듯 하다 (쿰란 시편은 쿰란 공동체의 정경적 지위를 점했다는 샌더스의 주장과 이를 반대하는 스케한의 논쟁에 대한 상세한 검토는 G. H. Wilson, *Editing*, 64 이하 참조).

이제 핵심 본문인 "다윗의 작시들" (11QPs^{a}의 칼럼 27)의 내용을 고려해 보자.

2 이새의 아들 다윗은 지혜로왔고, 태양 빛 같은 빛이었다. 그리고 박식하였다.
3 하나님 앞과 사람들 앞에서 자기 모든 길들에서 슬기롭고 완전하였다
4 주께서는 그에게 슬기롭고 조명된 영을 주셨다; 그래서 그는 3,600개의 시편들을 작시하였다
5, 6 그리고 노래들을 작시하였다. 그것들은 번제, 영구적인 제사를 드리는 제단 앞에서 매일 열년 364일 동안 부를 노래들이었다.
7, 8 그리고 안식일들에 드릴 제사를 위해 52개의 노래들; 그리고 월삭들의 제사를 위한, 성회들을 위한, 그리고 대 속죄일을 위한 30개의 노래들
9, 10 그리고 그가 발한 모든 노래들은 446였고, 고난 당하는 자들을 위한 노래들 4개, 그리고 전체 수는 4천50개였다
11 이 모든 노래들을 다윗은 지존자 앞에서부터 그에게 주어진 예언을 통해 그가 작사하였다

쿰란 공동체 사람들은 이렇게 다윗을 영감 받은 시들의 저자로 이해했다. 시편에 수집된 시들만 아니라 적어도 이 언급에 의하면 예배를 위해 4천 개 이상의 시편들을 작사한 인물로 나타난다. 여기서, 성경 시편에 없는 쿰란 시편 하나를 여기서 소개해 본다 (구원을 호소하는 시로 칼럼 19에 나타난다; *The Dead Sea Scrolls Bible*, 573).

1. 실로 구더기는 당신을 찬양할 수 없고,
무덤의 벌레도 당신의 인자하심을 말할 수 없나이다
2. 그렇지만 산 자는 당신을 찬양할 수 있고,
심지어 발부리가 걸려 비틀거리는 자도 당신을 찬양할 수 있나이다.
3. 당신의 인자하심을 저들에게 드러내심으로,

그리고 당신의 의로써 당신은 저들에게 빛을 비추나이다.
왜냐하면 당신의 손에 모든 산 자의 영혼이 있기 때문입니다
4. 모든 육체의 호흡을 당신께서 주셨나이다.
오 주님, 우리를 5 당신의 선하심에 따라, 당신의 크신 긍휼에 따라,
당신의 수많은 의로운 행위들에 따라 다루소서.
주님은 6 자신의 이름을 사랑하는 자들의 목소리를 들으시고,
자신의 인자하심을 저들에게서 거두지 아니 하셨나이다
7. 의로운 일들을 행하시고,
자기 성도들에게 인자와 긍휼로 관 씌우시는 주님을 송축할지어다
8. 내 영혼이 당신의 이름을 찬양하고,
높은 찬양들을 부르기 위해 부르짖나이다
9. 당신의 사랑스러운 행위들을 인하여,
당신의 신실하심을 선포하기 위하여 --당신을 찬양함에는 끝이 없나이다
10. 내 죄 때문에 나는 죽음에 가까이 있었나이다
나의 죄악들이 나를 무덤에 팔았으나,
당신은 나를 구원하셨나이다 11 오 주님, 당신의 크신 긍휼에 따라,
당신의 수많은 의로운 행위들에 따라
12. 실로 나는 당신의 이름을 사랑했고,
당신의 보호 가운데서 나는 피난처를 발견했나이다
내가 당신의 권능을 기억할 때, 내 마음이 13 용감하고,
당신의 긍휼들에 내가 의지하나이다.
오 주님, 내 죄를 용서하소서
14 나를 내 허물에서 정결케 하소서.
내게 믿음의 영과 지식의 영을 허락하소서
나로 파멸 가운데서 수치를 당케 마소서
15. 사탄이나 더러운 영이 나를 다스리게 마시고,
고통이나 악한 성향이 내 뼈들을 소유치 못하게 하소서.
왜냐하면 오 주님, 당신은 내 찬양이시며,
당신에게 내가 하루 종일 소망을 두기 때문입니다.
17. 내 형제들과 함께 내가 기뻐하게 하소서.
그리고 은혜에 놀라는 내 부친의 집안과 함께 . . .
18. [ ] 영원[히] 내가 당신을 즐거워하리이다

이 시편은 성경에 제시된 것들처럼 병행법을 기본으로 전개되고 있다. 영역본에서 번역하면서 필자는 병행법에 근거해서 새롭게 배열하였다. 내용상 도움을 간구하는 시로, 탄식시의 유형을 보여준다. 모든 표현들이 성경 시편들의 것과 유사하거나 동일하지만, 오직 15절의 표현들은 성경에서 보기 어렵다. 여하간 이런 성경 외 시편들의 발견은 성경에 실린 시편들 외에 다양한 많은 시들이 이스라엘에서 작사되었고, 예배시에 사용되었을 것이라는 추정을 가능케 해준다.

1.3. 시편의 배열과 그 '정경적 틀'이 갖는 신학적 의의
(Theological Significance of the Canonical Frame)

현재 우리가 지닌 시편에 의하면 시편은 다섯 부분으로 구분되어 있다. 이는 오경의 다섯 부분을 본떠 구분된 것이라고 한다. 시 1편에 대한 탈묻 시대의 한 미드라쉬에 의하면, "모세가 이스라엘 백성에게 다섯 책의 율법들을 수여한 것처럼, 다윗도 다섯 권의 시편들을 이스라엘에 주었으니, 그 책 제목들은 각기, '복있는 자는' (시 1:1), '인도자를 위하여: 마스길' (시 42:1), '아삽의 시' (시 73:1), '모세의 기도' (시 90:1), '주의 구속받은 자는 말할지어다' (시 107:2) 등이라" 했다 (William G. Braude, *The Midrash on Psalms*, I, 5).

이 각 부분은 송영 (doxology)이나 축복기도로 끝난다. 이 송영들이나 축복기도들은 시들을 수집하여 편집한 이들이 다섯 권의 각 부분을 구분하고자 삽입시킨 것이라는 의견이 있으나 그런 주장 역시 확실한 것은 못된다. 윌슨이 지적한대로, 각 권의 말미를 구성하는 송영들이 획일적이지 않고 각기 길이나 내용이 다르다 (G. H. Wilson, *Editing*, 183 이하). 송영들에서 "여호와를 송축할지어다" 라는 표현이 공통이며, "이스라엘의 하나님"이란 표현도 세 군데서 나오지만 시 89:53에서는 생략되었다. 시 72:19의 송영은 나머지 송영들 보다 거의 두 배나 길다. 이런 상황에 비추어 보건대, 편집자(들)이 다섯 권의 구분을 표시하기 위해 획일적으로 삽입했다고 말하기는 어렵다. 더구나 마지막 책인 제 오 권에는 송영이 없다. 그래서 송영들을 편집자(들)이 각 권 구분을 위해 삽입한 표지라 보는 이들은 몇 가지 설명을 제시한다. 우선 리델 (L. T. W. Riedel)은 시 135:19-21이 전체 시편의 결론에 합당한 송영이라 제안하고 그 이후에 나오는 시 136-150편은 첨가물이라 추정한다 ("Zur Redaktion des Psalters," *ZAW* 19 [1899], 169-72). 또 다른 제안에 의하면 시 150편은 전체로 하나의 찬양으로 시편 전체의 마지막 송영이다.

이러한 설명을 뒤로하고, 시편 각 책들의 구분 표지로서의 송영들이란 주장은 또 다른 문제를 안고 있다. 즉, 시 106편에서 송영은 "여호와 이스라엘의 하나님을 영원부터 영원까지 찬양할지어다 모든 백성들아 아멘 할지어다" 이지만, 이것 다음에 또 "할렐루야"란 말이 위치한다. 즉, 송영이 결론을 구성하지 못하고 있다. 그래서 어떤 이들은 이 "할렐루야"를 시 107편의 표제라 이해한다 (Riedel, "Redaktion," 170).

표제들 역시 편집자들이 첨가시킨 것인지 확실치 않다. 시편 제1권에서 제3권까지 표제들을 일별해 보면 (시 3-89편) 시편들의 배열이 동일 저자를 축으로 배열되었다는 것이 드러난다. 제1권의 경우 (3-41편) 표제에 의하면, 모든 시는 "다윗의 시"이다. 표제가 없는 시 10편이나 시 33편의 경우, 시 9편과 10편은 원래 하나였을 가능성이 크고 (시 9편은 알렙에서 카프까지, 시 10편은 라멧에서 타브까지 연속되는 알파벳 시들이다; 또한 70인역이나 몇몇 히브리 사본들이 9-10편을 하나로 처리한다), 시 33편의 경우 70인역에서 "다윗의 시" (토 다빗)란 표제를 갖는다.

시 1편의 경우에는 시편 전체의 서론격이며 (행 13:33 D 사본은 시 2:7을 암시하면서 "첫째 시편에 기록되길"이라 언급한다), 시 1편이 다섯 권의 시편들을 함께 편집하면서 전체의 서론으로 첨가된 까닭은 아마도
1) 하나님께서 세상을 도덕적 원리로 통치하신다는 사고와
2) 율법에 대한 강조 등과 같은 요소들

때문이었을 것이다. 이 두 원리는 시편 전체를 총괄할 수 있는 기본 사고이기 때문이다. 그렇다면, 시편 전체는 오경의 언약 법규들에 대한 순종 여부에 따른 상벌 규정을 시적으로 생활에 적용시킨 문학 장르라 해야 할 것이다. 이는 선지서들이 오경의 언약 법규들을 근거로 이스라엘의 생활을 판단하고 심판과 구원을 선포하는 예언 장르라는 점과 비교할 만 하다. 그런데 시 1편은 그 형식면에서 보건대, 시 2, 41편과 사용된 동사들에서 여러 유사점들을 보여 준다 (*아쉬레* [1:1, 2:12], 토라, 영 [1:2, 2:7], 묵상하다 [1:2, 2:1], 길은 망하리라 [1:6, 2:12])(*아쉬레* [1:1, 41:2], 즐거워하다 [1:2, 41:12], 서지 못하다 [1:5, 41:8], 망하다 [1:6, 41:6] 등). 즉, 1, 2편은 인접 배치 할 만 하였고, 1편과 41편은 1권을 앞뒤로 봉함(封緘)하는 역할을 할 수 있었다.

그렇다면 다윗의 표제를 갖지 않는 시 2편이 어찌하여 제1권에 포함되었을까? 아마 1-2편을 하나의 시로 이해했고 (탈뭇 "베라콧" 9b; "시 1편은 '복되도다'로 시작하여 '복되도다'로 끝난다" 즉, 두 시는 하나로 간주되었다; 1:1과 2:12에 각기 "복되도다" [*아쉬레*가 나타난다), 그래서 그것을 시편 전체의 서론으로 취급해서 그랬던가? 그러나 시 1, 2편 사이의 주제나 형식은 아주 상이하여 원래 하나의 시였다고 말하기 아주 곤란하다. 시 1편은 전체 시편의 서론으로 맨 처음에 배치되었고, 시 2편은 시편 제1-3권에서 공히 나타나는 현상, 곧 "왕의 시"를 각 책의 시작과 끝, 그리고 책과 책 사이의 연결부에 (시 2, 41, 72, 89편) 배치하는 편집자들의 의도적인 배열 때문에 1권의 처음에 배치되었다고 할 수 있다. 이렇게 볼 때, 다윗의 시들은 시편의 수집에서 제1 단계를 점했다고 볼 수 있다.

그렇다면 제2권은 어떠한가? 시 42/3-49편은 고라 자손의 시들로 나타나고 시 51-65, 68-70/1편은 다윗의 시로 나타난다. 세 군데 곧 시 50편, 66-67편, 72편 등은 예외이다. 또한 시 73-83편은 아삽의 시로 나타나고 시 84-85, 87-88 (시 86편은 다윗의 시) 등은 고라 자손의 시

로 나타난다. 이렇게 시편 1-3권은 대개 저자 중심으로 배열된 느낌을 지울 수 없다. 시편 제 2권 (42-72편)은 하나님을 "야웨" 대신 "엘로힘"으로 호칭한다. 특별히 시 53, 70편에서 이 점은 분명하게 드러난다. 이 시들은 사실상 시 14편, 시 40:13-17과 동일하지만, "야웨" 대신 "엘로힘"으로 대체하고 있다. 제2권에서 "엘로힘" 신명은 200번이 넘게 나타나지만, "야웨"란 이름은 40번 정도밖에 나타나지 않는다. 그런데 나머지 1, 3, 4, 5권에서는 정반대의 현상이 나타난다. 즉, 엘로힘이란 이름은 약 90번만 나타난다면, 야웨는 580번 정도가 나타난다. 이처럼 제2권은 "엘로힘"이란 칭호를 선호하는 책이다. 한편, 제 2권에서 여섯 개의 시들은 "고라 자손들"과 연관되고 (시 44-49편), 18개는 다윗 (시 51-65, 68-71), 하나는 아삽과 관련을 갖는다 (시 72).

제3권 (시 73-89편)은 제2권처럼 주로 "엘로힘"이란 신명을 사용한다. 그런데 3권에는 아삽의 시들 (73-83), 고라 자손의 시 (84-85, 87-88편), 에단의 시 (시 89편), 다윗의 시 (시 86편) 등이 포함되었다. 시편의 제1-3권은 각기 "왕의 시들"이 처음과 말미를 점하여 (2, 72, 89편), 시편 편집자의 전망을 암시해 준다. 즉, 1-3권은 솔로몬과 다윗 시대에 야웨 하나님께서 언약백성에게 보이신 신실하심을 노래한다고 말할 수 있을 것이다 (Gerald H. Wilson, "The Editing of the Hebrew Psalter," *SBLDS* 76 [1985], 208; idem., "The Use of Royal psalms at the 'Seams' of the Hebrew Psalter," 94-95 참조).

한편, 제4권 (시 90-시 106편)과 제5권 (시 107-150편)에서는 1권이나 2권이 갖는 그런 공통점들을 파악하기 어렵다. 시 90-150편의 61개 시편에서 저자 표제가 붙은 시는 단지 19개밖에 없다. 앞에서 고려한대로 시 1-89편의 경우는 거의 전부 저자 표제를 가졌다는 ([1, 2, 10, 33, 43], 66, 67, 71 등은 예외) 사실에 비추어 본다면 아주 놀라운 일이다. 그런데 저자 표제가 붙은 시들 중에서 17개 시들이 다윗의 시로 나타나고, 이 중에서 오직 6개 시만이 (101, 103, 122, 124, 131, 133 등) 동일 저자 시들과 인접하지 않고 동떨어져 있다. 나머지 11개 다윗 시들은 108-110편, 138-145편 등에서 보듯 동일 저자 시들로 서로 인접 배치되어 여기서도 저자 중심의 배열 원리가 나타남을 볼 수 있다.

그런데 시편 전체를 고려할 때 기이한 일은 어떤 특정 저자 (다윗이건 고라 자손이건)의 시도 전부가 한 시편 모음집에 다 들어가 있지 않다는 점이다. 예컨대, 아삽의 시들은 73-83편에서 볼 수 있지만, 시 50편은 따로 떨어져 있고, 고라 자손의 시는 시 42/3-49편과 시 84-85, 87-88편 등으로 떨어져 있으며, 솔로몬의 두 시 (72편과 127편)도 서로 떨어져 있다. 다윗의 시들 역시 마찬가지로 시편 1, 2권이 다윗의 시들 모음집이라 할 수 있지만, 제3권에서는 시 86편만이 다윗의 시이며, 제4권에서 101, 103편, 5권에서는 108-110, 122, 124, 131, 133, 138-145편 등으로 흩어져 있다.

윌슨은 저자 표제를 갖는 시편들을 분석하면서 주목할 만한 사실을 하나 지적하였다. 그것은 시편 1-3권에서 각 책의 끝과 시작은 다른 저자를 배치하고 있다는 사실이다. 즉, 다윗의 시들인 3-41편의 제1권에 이어 제2권의 시작인 시 42/3편은 고라의 시로 바뀐다. 2권에서 51-70/1편은 다윗의 시들인데, 2권의 끝인 시 72편은 솔로몬의 시로 배열되었고, 제3권은 아삽의 시 (73-83편)로 시작된다. 이런 저자 변화는 제3권에서 4권에로 나아갈 때도 나타난다. 제3권은 고라 자손의 시들 (87-88편)에 이은 에스라인 에단의 마스길로 끝나고 (시 89편), 제4권은 모세의 노래로 시작된다 (시 90편)(G. H. Wilson, *Editing*, 157). 그렇지만, 제4권과 제5권 사이에는 이런 저자 변화가 없다.

다시 4, 5권의 배열 원리에 주목해 보면, 4권의 경우 지상 다윗 왕국의 종말에서 시온에 임하시어 세계적 왕국을 세우실 하나님의 우주적 왕국 비전이 발전되어 현저하게 부각된다. 반면, 제5권에서는 다윗계 메시아 사고가 다시 긍정적인 방식으로 나타나서 그 신정적 메시지를 보강해 주고 있다 (물론 이는 아주 개략적 진술일 뿐, 시 4, 5권의 내용이 이에 반드시 부합된다는 말은 아니다). 더구나 두 다윗 모음집인 시 108-110과 시 138-145는 첫 두 다윗 모음집들인 시 3-41편과 시 51-71편을 되돌아본다. 시 108편은 시 57:8-12와 시 60:7-14의 개작(改作)처럼 보이고, 시 144편은 왕의 시인 시 18편과 8편의 개작으로 보인다. 또한 제5권에는 "할렐루-야"란 말이 대거 (24번) 나타나고 (5권 밖에서는 시 104:35, 105:45, 106:1, 48에서만 나타난다), 이와 사고상 유사한 동사들인 "찬양하다" (*hll*, *ydh*)가 현저하게 많이 나타나서 (*hll*의 경우, 시편 전체에서 71번, 제5권에서 41번 나타나며, *ydh*의 경우 시편 전체에서 64번, 제5권에서 27번 나타난다), 전체적으로 찬양의 분위기를 고조시키고 있다 (Erich Zenger, "The Composition and Theology of the Fifth Book of Psalms, Psalms 107-145," 77-102 참조). 또 제5권에는 다른 네 권처럼 송영이 없다. 시 150편 자체가 송영으로 간주된 것 같다. 이런 송영들은 70인역에도 나타나므로, 송영에 의한 구분은 주전 2세기 이전에 도입되었다는 것이 확실하다. 송영들이 시편 자체의 일부가 아니라는 것은 4개의 송영 중 3개가 시편과 잘 연결되지 않는다는 점에서 드러난다. 그렇다면 이 송영들은 시들의 모음집을 마감하면서 편집자가 첨가했을 것이다 (앞에서 언급된 윌슨의 입장과 달리).

한편, 제4권과 5권에 포함된 시들의 경우, 인접한 시들끼리 어떤 공통점들을 보이기도 한다. 예컨대, 시 93-99편은 "여호와께서 통치하신다"는 주제를 공통으로 노래한다. 그리고 시 100편은 단순한 찬양시라면 105, 106, 111-117, 135, 146-150편은 "할렐루야" 시편들이며, 시 120-134편은 "순례자의 시들"이다 (한역에서 "올라가는 노래"). 또한 시 101, 103, 108-110, 122, 124, 131, 133, 138-145편 등은 "다윗의 시"란 표제를 달고 있다.

여기서 한 가지 지적할 것은, 시 72편 이후에 나타나는 시편들에서 적어도 18개의 다윗 시들이 나타난다는 사실에 비추어 본다면, 2권의 편집자는 3권을 몰랐다고 할 수 있다. 왜냐하면 2권의 편집자가 시 72:20에서 "다윗의 기도들이 끝나다"라고 말했기 때문이다. 즉, 1, 2권의 편집자는 3권의 존재를 몰랐다는 것이다. 그리고 한 사람이 모든 시편들을 편집했다면 같은 시편을 다시 반복해서 실었을 리 만무했다. 예컨대 시 14편, 53편은 같은 시이지만, 각기 1권과 2권에 실려 있는 것이다.

그런데 정경의 배열 형태에서 시편의 신학적 의의를 도출해 내는 방식은 1-3권에서는 그런대로 구색(具色)이 맞는다. 즉 다윗의 시편으로 구성된 제1권이나, 고라 자손들 (시 42/43-49편), 아삽 (시 50편), 다윗 (시 51-65, 68-71편), 그리고 솔로몬 (시 72편)의 시들로 구성된 제2권, 아삽 (시 73-83편), 고라 (시 84-85, 87-88편), 다윗 (시 86편), 에단 (시 89편)의 시로 구성된 제3권 등은 다윗이나 다윗이 성소에서 섬기도록 세웠던 성직자들의 시라는 점에서 다윗 언약에 근거한 시들이라는 데 이의가 있을 수 없다. 그렇다면 문제는 시편 각권의 처음과 마지막을 장식하는 왕의 시의 신학적 배치를 근거로 제1-3권의 시들을 다윗 언약의 틀에서 조망하는 가능하며, 또 그것이 너무나 멋진 시각이라면, 그렇지 못한 시편의 제4-5권은 어떤 신학적 틀에서 조망해야 할 것인가?

조심스럽게 제4권의 신학적 뼈대를 그려 보자면, 다윗 왕국의 멸망 이후에 나타날 (시 89편이 다윗 왕조의 멸망을 노래하는 듯 보인다) 여호와의 통치에 강조점을 두는 것은 마치 출애굽 이후에 여호와께서 친히 구속하신 백성을 통치하시며 인도하셨던 광야 시대를 연상시켜 주는 듯 보인다. 사실 제4권은 오경의 민수기에 해당되며 광야에 관련된 암시가 자주 나타난다. 특히 시 90편이 모세의 시가 아닌가? 그리고 시 93, 96-99편은 여호와의 통치를 노래하는 찬양시가 아닌가? 여기까지는 어느 정도 말할 수 있지만, 여기서 더 나아가기란 어렵다. 시 101, 103편 정도가 다윗의 시일 뿐, 모세의 시로 표제가 붙은 시 90편을 제하면 제4권의 저자에 대한 표제가 없기 때문이다. 제4권이 바벨론 포로 시대를 광야 시대에 빗대어 노래하는 시들의 모음집이라고 가정한다면, 다윗의 시로 표제가 제시된 시 101, 103편이 문제가 된다. 왜 다윗의 시를 이 4권에 배치했던가? 하는 것이다. 시 103편은 하나님의 은총을 노래하므로 4권이 추방 시대를 암시한다고 이해해도 문제가 별로 없을 듯 하다. 그러나 시 101편의 경우에는 다윗이 자기 궁중에 비루한 자, 간사한 자를 들이지 않겠다는 결심을 표명하는 시라면, 이 시가 추방 시대의 정황에 어떤 신학적 의의를 가지겠는가? 추방에서 귀환하여 새롭게 나라를 세우고 부흥시키고자 할 때 관리들에게 이 다윗의 시를 귀감 (龜鑑)으로 삼을 것을 은연 중 암시한 것인가?

제5권의 경우에도 4권과 유사한 상황이 벌어진다. 여기서도 다윗 (시 108-110, 122, 124, 131, 133, 138-145편), 솔로몬 (시 127편) 등을 제하면 시 107, 111-121, 123, 125-126, 128, 130, 132, 134-137편 등은 표제가 없다. 제4권과 비교하자면, 5권에 다윗의 시가 더 많고 (15개), 표제가 붙은 시는 4권이 겨우 2개라면, 5권에서는 그래도 16개나 된다. 그렇지만 거의 표제가 붙은 1-3권에 비하면, 표제가 없는 시가 태반인 셈이다. 제5권의 신학 뼈대를 지적하고자 할 때, 우리는 5권이 신명기에 해당된다는 이전 랍비들의 사고를 활용 할까? 그렇게 비교한다 해도 모압 들에서 언약을 갱신하는 신명기와 5권 사이에 어떤 연결 고리를 찾을 것인가? 윌슨은 4권이 여호와의 통치를, 5권이 다시 다윗계 메시아의 통치를 강조한다고 지적했지만, 이는 시 110, 132, 144:1-11 등 일부에 국한 되고, 5권에서도 왕이신 하나님의 모습이 부각되고 (시 145:1, 149:2), 여러 시편들이 여호와의 통치를 찬양하며 (시 111, 113, 114, 117, 135-136, 145-150편), 탄식시 (개인 -시 109, 120, 130, 140, 141, 142, 143; 공동체 -시 108*, 123, 126*, 137 등), 확신시 (개인 -시 121*, 시 131; 공동체 -시 115*, 126), 감사시 (개인 -시 107*, 116, 138; 공동체 -시 118*, 124), 제의시 (시 134), 율법시 (시 119), 교훈시/ 지혜시 (시 112, 127, 128, 133, 139*), 순례시 (시 120-134) 등 다양한 장르의 시들이 나타나고 있다. 이렇게 볼 때, 5권에서 선명하게 하나의 큰 신학적 틀을 찾는다는 것은 무리일지 모른다. 그래도 조심스럽게 그런 신학적 틀을 찾자면, 시 107편이 선민 이스라엘만 아니라 온 인류를 염두에 둔 시라는 사실과, 여호와의 통치를 노래하는 시편들과 메시아의 통치를 노래하는 시들을 근거로 우리는 시편 제5권이 메시아를 통한 만민의 통치 곧 신약 시대를 대망하는 틀 속에서 움직인다고 말할 수 있을까?

개개 시들은 어떤 원리에 의해서 서로 인접하는 자리에 놓이게 되었을까? 이제까지 진행된 연구결과에 따르면 대략 개개 시들에 사용된 단어나 사고의 유사성에 근거해서 서로 간 인접하도록 배열되었다. 시들이 나타난 시대나 장소에 따른 배치라기보다 그 시들의 주제나 사용된 단어들의 연관성에 의해서 함께 배치되었다고 할 수 있다.

1.4. 시편의 개수(個數)

맛소라 사본과 70인역 시편 사이에 시편 개수 계산에서 차이가 있다. 70인역 시편은 151번째 시편을 실으면서 "이 시는 '그 숫자에는 들지 않으나' 참 다윗의 시로, 그가 골리앗과 홀로 싸울 때 (지은 것이라)"는 표제를 실었다. 여기서 보듯 70인역은 시 151편이 전통적인 시편의 수 (150)에 들지 못한다는 것을 명시하였다. 그리고 70인역은 시 9편과 10편을 하나로 묶는 대신 시 147편을 시 146편과 147편으로 나누었다. 숫자상으로는 맛소라 사본의 150개와 같으나 그 구분법에서 이처럼 차이가 나난다. 그래서 70인역에서는 시 10-147편 사이의 시들은 맛소라 사본의 시편보다 번호가 하나씩 작다. 예컨대 맛소라 본문의 시 11편은 70인역에서 시 10편이 된다.

맛소라 사본	70인역
1-9	1-9 (a)
10-113	9b-112
114-115	113
116:1-9	114
116:10-19	115
117-146	116-145

147:1-11	146
147:12-20	147
148-150	148-150

한편, 유대인 랍비들이나 맛소라 사본들 사이에서도 시편의 구분이 일치하지 않는다. 그래서 시편은 모두 몇 개인가? 하는 질문도 해봄직하다. 예컨대, 예루살렘 탈뭇 "쇠밧" 16:1, 15c; 시편 미드라쉬 22:4, 중세기의 미드라쉬 모음집인 "얄쿳 쉬모니" 초판 등에서는 시편이 147편으로 되었다고 언급한다. 시편이 147편으로 구성된 것은 야곱의 연령에 맞춘 것이라 한다 (시 22:4). 그런데 레닌그라드 사본 B나 브레시아 성경 (Brescia, 1494) 등은 시편을 149개로 제시한다. 또 어떤 사본들은 151, 159, 심지어 170개까지 열거하기도 한다. 그런데 이러한 구분의 다양성은 내용상의 차이는 아니다. 단지 시편들을 어떻게 구분하느냐? 의 차이를 드러낼 뿐이다. 시 1편과 2편이 원래는 하나의 시로 구분된 증거가 여러 구약성경 이후 문헌에서 나타난다 (탈뭇의 "베라콧" 9b-10a; 예루살렘 탈뭇 "베라콧" 4:3, 8a; 탈뭇의 "타아닛" 2:2, 65c; 행 13:33; 4Q 174 col. 1). 알파벳시인 시 9편의 알파벳이 중간에서 끊어지고, 시 10편에서 다시 시작된다는 사실은 원래 시 9-10편이 하나였음을 보여준다. 헬라어역은 그렇게 구분한다. 그리고 예루살렘 탈뭇의 "베라콧" 4:3, 8a, 탈뭇의 "타아닛" 2:2, 65c 등에서 시 20:2을 시 18편이라 부르는 것도 이런 구분상의 차이 때문일 것이다.

언급된 시들 외에 또 구분상의 문제가 암시되는 시들은 시 42-43편 (cf. 42:6, 12, 43:5; 시편 미드라쉬 745); 53-54 (시편 미드라쉬); 70-71 (시편 미드라쉬, 18, 777); 93-94, 94-95, 104-105, 114-115, 116-117, 117-118:4 등이다. 헬라어역 성경이 116편과 147편을 두 개의 시들로 구분하듯, 118편과 119편을 두 개씩 나누는 히브리어 사본들도 나타난다. 이로 보건대 고대에는 시편을 별개의 시들로 구분한 통일되거나 고정된 체계가 아직 도입되고 있지 않았다는 것이 분명하다. 표제가 시들 사이에 끼는 경우를 제하면, 사본들은 시들을 구분하지 않고 그대로 함께 제시해 준다.

그런데 쿰란 사본 (11 QPs^a)에서 모든 시편은 시 119편을 제하고는 모두 산문체로 기록되고 있다. 즉, 쿰란 사본은 시의 모습을 외형상 보여주지 않고 있다. 단지 시 119편의 경우에는 알파벳 순서대로 제시되고 있다. 그럼에도 절 구분은 상당히 일찍 도입되었을 것이다. 쿰란 동굴 4에서 나온 시편 사본은 절 구조를 가진 모습으로 나타난다. 탄나임 랍비들의 보고에 의하면, 시편의 총 절수는 5,896개로 (탈뭇 "키두쉼" 30a), 이는 맛소라 서방 사본 시편 말미에 계수된 2,528개의 절수에 비하면 갑절이 넘는다. 이러한 차이는 탄나임 랍비들과 후대 맛소라 학자들 간에 절들을 계수하는 방식에서 차이가 있었다는 것을 말해준다.

2. 시편이란 말, 표제들, 시편에 등장하는 전문용어들

2.1. 시편의 제목

영어에서 "시편"을 의미하는 말 (Psalms)은 라틴어 성경인 벌게잇의 시편제목인 *Liber Psalmorum or Psalmi*에서 유래한다. 그런데 라틴어의 명칭은 헬라어 역본인 70인역본의 시편 제목인 "살모이" (psalmoi)라는 말에서 유래하였다. 신약에서 시편은 "살모이"란 말로 언급되고 있다 (눅 20:42, 24:44; 행 1:20). 이 헬라어는 "현악기에 맞추어 불리는 노래"라는 의미이다. 이 말은 시편의 제목으로 57번 나타나는 히브리어 "미즈몰"의 번역일 것이다. 또 다른 시편의 명칭도 나타나는 데 그것은 헬라어 "살트리우"로 이는 주후 5세기경의 것으로 추정되는 구약 헬라어 사본인 알렉산드리아 사본에서 시편의 제목으로 나타나며, 이는 라틴어로 *Psalterium*이 되고, 다시 영어로는 "살터" (Psalter)가 된다. 한역의 "시편(詩篇)"이란 한어(漢語) 사전에 의하면, 시의 총칭 곧 시(詩 poetry)를 지시한다.

랍비들은 시편을 "세페르 테힐림" (찬양들의 책; cf. 탈뭇 "바바 바트라" 14b)라 부르고, 간략하게는 "테힐림" (탈뭇의 "아보다 자라" 19a; 예루살렘 탈뭇 "카" 3:12, 53d; 탈뭇 "케투" 12:3, 35a)이나 "틸레-" (*Tille*) 등으로 불리고, 이런 명칭은 교부들도 답습하여, 오리겐은 시편을 헬라어로 "세파르 텔레이메" (in Eusebius, *Historia Ecclesiastica*, 6:25)로 불렀고, 제롬은 "세파르 탈림" (*Sephar Tallim*)(Jerome, *Psalterium juxta Hebraeos*)이라 불렀다.

그런데 문제는 구약성경에서 "테힐림"이란 "테힐라"의 복수형은 나타나지 않고, 여성형 복수형 "테힐롯"으로 나타난다 (시 22:4, 78:4; 출 15:11 참조; 사 60:6, 63:7). 그리고 단수형 "테힐라"는 시 145편의 명칭으로 나타나고, 이 명칭은 쿰란 사본에서 (11QPs^a 16:1, 7) "기도"를 의미하는 "테필라"로 나타난다. 단지, 쿰란 사본에서 "테힐림"이란 말이 나타난다 (11QPs^a 27:1, 4). 여기서 이 말은 "의식을 위한 작시들"이란 의미로 나타난다. 랍비들이 시편을 "테힐림"이라 부른 것은 시편이 찬양의 노래라는 생각을 했기 때문일 것이다. 그러나 시편의 시들이 모두 찬양의 노래라 하기는 어렵다. 그럼에도 시편에서만 볼 수 있는 "할렐루야"란 말들의 사용이나 시편 전체적인 분위기에 비추어 보건대 "찬양 노래들의 책"이란 랍비들의 명칭은 그르다고 보기 어렵다.

유대인들은 구약성경을 율법 (토라), 선지서 (느비임), 성문서 (케투빔) 등으로 삼분하고, 시편을 "케투빔"의 범주에 포함시켰다. 케투빔은 토라 (오경), 선지서 (느비임)에 들지 않는 제 책들을 지칭한다. 그런데 시편은 이 성문서 중에서도 룻 다음에 오던지, 아니면 성문서의 선두자리에 두어졌다. 이는 시편이 성문서에서 점하는 중요한 위치를 암시할 것이다. 신약에서도 유대인의 구약성경 삼분론은 반영되고 있다. 예컨대, 눅 24:44에서 "모세법과 선지자들과 시편"이라 할 때 시편은 "성문서"를 지시하는 말이다.

2.2. 시편의 표제들

150개의 시편들 중에서 126개에 표제들이 붙어있다. 이는 시편 중에서 표제가 없는 것들은 24개이고 나머지는 모두 표제를 갖는다는 말이다 (표제가 없는 시편들: 1, 2, 10, 33, 43, 71, 93-97, 99, 104, 105, 107, 114-119, 136, 137). 그런데 시편의 표제들은 대개가 이해할 수 없는 고어(古語)가 되고 말았다. 표제들이나 후기 (postscript)는 개개 시편들을 수집하여 현재 모습으로 편집한 편집자(들)의 배열 원리를 추정할 수 있는 단서가 될 수 있을 것이다. 그럼에도 표제는 그것이 붙은 개개 시의 성격을 기술해 줄 뿐, 시편들이 함께 어떤 원리로 배열되었는지에 대하여는 전연 암시를 주지 아니 한다. 표제들은 저자, 장르, 연주 방식, 악기 등을 언급하지만 기이하게도 어떻게 시편들이 배열되었는지 그 배열 원리에 대하여는 언급을 아니 하기 때문이다. 오직 시 72:20에서 나타나는 후기 "이새의 아들 다윗의 기도들이 끝나다" 란 표현이 유일하게 시편 배열의 원리를 암시해 주는 듯 보인다.

표제들을 편의상 대별한다면, 전치사 "라멧"을 첨가한 인명들을 포함하는 것들 (예컨대, "다윗의 시"), 예배와 연관된 의전적인 내용을 담은 것들, 음악관련 전문 용어들 등으로 구분될 수 있다. 보다 구체적으로 살펴보면,

1) 사람(들)의 이름을 명기한다

예컨대, 다윗이 시 (시 3, 4, 5 등).

2) 시가 노래하는 내용의 역사적인 정황

특히 다윗의 생애에 있었던 일; 예컨대, 시 3편은 압살롬의 난을 피해 도망할 때 지은 시.

3) 음악에 관한 전문 용어들

시 4편에서 *람낫체아흐 빈기놋*은 보통 "성가대장을 위하여," "현악기 연주를 동반하여"라 이해된다. 이는 아래에서 하나 하나 구체적으로 다룰 것이다.

4) 예배에 관한 정보

시 38, 70편에서 "레하즈키르"는 "기념을 위하여"란 의미이며 (탈굼역은 이를 아람어로 "아즈카라"로 번역), 이는 레 2:2, 9, 16등에 의하면 유향과 함께 소제에 넣었던 분향재료였다. 그래서 이 말은 아마 "분향 예물"을 의미하지 않는가 추정할 수 있다. 한편 탈굼역의 아람어는 "기념," "기도의 낭송," "언급" 등의 의미이다 (Marcus Jastrow, *A Dictionary of the Targum*, 37).

시 30편은 "성전 봉헌" 이란 표제를 갖는다. 이 말은 공적 낭송과 이 시가 연관되었다는 것을 암시해 준다. 그렇지만 정확하게 그 말이 무슨 의미인지는 확실치 않다. 시 100편은 "감사제" (토다)를 바칠 때 동반되는 의전용 시를 암시해 준다 (렘 33:11 참조). 시 92편은 안식일과 연관된 듯 보인다. 70인역은 시 24, 48, 94, 93편 등이 각기 주의 첫째, 둘째, 넷째, 여섯째 날들에 낭송되었다는 것을 표시해 준다 (미쉬나 "타미드" 7:4; 탈뭇 "로쉬 하솨나" 31a 참조). 또한 70인역은 시 38편은 "안식일을 위하여" 필요한 시이고, 시 29편은 "성막의 나아

감"과 연관되는 것으로 제시한다. 그런데 시 29편의 표제는 (70인역의) 초막절의 마지막 날 성회시에 이 시편을 불렀다는 의미일지 모른다. 그렇지만, 이 표현은 시 29편이 다윗이 법궤를 예루살렘으로 옮길 때 지어진 것을 암시하는지도 모를 일이다. 왜냐하면 그 때에 불려졌던 노래 (대상 16:28-29)가 시 29편의 내용과 흡사하기 때문이다. 다른 가능성은 원래 히브리어 표제에 *아제렛*이란 말이 있었는데, 이를 헬라어역 역자들이 오해하여 초막절 여덟째 날과 동일시했을 수도 있다는 가정이다 (레 23:36 참조). 그렇지만 그 말은 랍비들이 오순절을 지시하는 용어였다. 실로, 시 29편은 오순절 때 낭송되었다는 언급이 있다 (소페림 18:3). 시 96편에 대한 70인역의 표제는 "추방 후 성전이 재건된 때"라고 한다. 이는 다른 곳에서는 전연 언급이 없는 정보이다. 그리고 시 97편에 대한 70인역의 표제 ("그 땅이 확립되었을 때")는 전연 의미를 알 수가 없다.

5) 시의 형태에 관한 정보

예컨대 시 32편은 "마스길"이라 칭해진다. 시편의 표제들에 대하여, 모빙켈이나 챠일즈 같은 현대 비평 학자들은 후대인들에 의해 붙여진 "미드라쉬 해석"이라 한다 (S. Mowinckel, *PIW* II. 100; B. S. Childs, "Psalm Titles and Midrashic Exegesis," 137-50). 즉, 시편의 표제들은 후대인들이 시편의 내용과 유사한 역사서의 묘사들을 연관시켜 검토한 후에 추정하여 붙인 것들이라 한다. 이 표제들이 시들이 지어진 그 때에 저자가 붙였는지 아니면 시편을 수집 편집한 편자들이 붙였는지 확실히 알기 어렵다. 그런데 하박국이 부른 노래 (3장)나 다윗이 부른 감사의 노래 (삼하 22:1), 히스기야가 부른 감사의 노래 (사 38:9) 등에도 표제가 붙어있다는 점으로 미루어 보건대, 시가 지어졌을 때 표제가 붙여졌다는 가정을 배제할 수 없다. 그리고 유가릿 문헌들에서 발견되는 예배용 노래에도 시편의 표제와 비슷한 문구를 담고 있는 콜로폰을 갖고 있다. 이 콜로폰에는 이 본문이 노래이며, 특정한 음조로 불러져야하며, 어떤 찬양인지, 필사자의 이름 등도 명기되었다 (Peter C. Craigie, *Psalms 1-50*, 32). 이런 증거도 역시 시편의 시가 작사되었을 때 표제가 붙여졌을 가능성을 말해준다.

표제들은 고대 역본들에서 번역되어 나타나지만, 70인역의 경우 역자들이 그 의미를 제대로 파악하지 못하고 이상하게 번역해 주는 곳도 있다. 이는 70인역이 나타나기 오래 전에 표제가 기록되었다는 것을 입증하는 증거로 취해질 수도 있다. 물론 70인 역자들이 음악의 전문용어를 알지 못했거나 헬라어에 적절한 대응어가 없었다고 가정할 수도 있을 것이지만, 이런 가정은 별로 신빙성이 없다. 왜냐하면 "영장 (성가대장)에 따라" (*람-메낫체아흐*)란 표제는 70인역자들이 의미도 없는 "끝까지" (에이스 토 텔로스) (시 44 -70인역에서 43편)라 번역했기 때문이다. 이들은 아마 이 히브리어 표현을 "레-민-네차흐" (끝에서부터 까지)라 읽었는지 모른다. 70인역의 시편 번역이 대략 주전 250년경에 나타났다면 (이른바 "아리스테아스의 서신"이라 불리는 문헌에 의하면, 구약성경의 헬라어역은 애굽의 알렉산

드리아에서 통치하던 톨레미 2세 [주전 285-246년]의 요청으로 예루살렘에서 파송된 72인의 학자들에 의해 되어졌다 한다), 시편의 표제들은 늦게 잡아도 이스라엘의 추방전후 해서 시들에 붙여졌을 가능성이 있다.

시편들에 붙여진 표제들 다수가 시의 저자나 상황을 잘 반영해 준다. 표제와 내용이 불일치한다고 비평가들이 지적하는 대표적인 예들로는 시 7, 34편들이 있다. 시 7편의 경우에 표제는 "다윗이 베냐민인 구스의 말들에 대하여 주께 노래한 다윗의 식가욘"이다. 성경은 이러한 기사를 언급하지 않는다. 그럼에도 다윗은 사울의 생애동안, 사울왕가 멸망 후에 모두 베냐민 지파의 대적행위를 경험했었다 (삼상 24-26장, 삼하 16:5, 20:1 등). 시 7편이 다윗 생애에 일어났던 사건을 배경으로 작시되었다 해도, 이 시가 후대에 예배용으로 사용되었다는 것은 6절에 사용된 "셀라"라는 용어로 보건대 분명하다.

어떤 후대인이 성경에서 다윗 생애를 연구하고 시편의 내용에 비추어 표제들을 붙였을 것이란 비평가들의 주장은 시 7편의 경우 문제에 봉착한다. 성경에 언급도 없는 "구스"란 사람을 그가 어떤 근거로 붙였겠는가? 하는 것이다.

그리고 시 34편의 경우에 표제는 "다윗이 아비멜렉 앞에서 미친 체하다가 쫓겨나서 지은 시"라 한다. 이는 삼상 21:10-15에 묘사된 내용이다. 비평가들에 의하면 이 표제는 갓의 아기스를 게랄의 아비멜렉 (창 20-21, 26장)과 혼동하고 있다 (William R. Tayper, "The Book of Psalms," 177; Hans-Joachim Kraus, *Psalms 1-59*, 383). 그러나 이런 비평가들의 지적은 온당치 못하다고 볼 수 있다. 왜냐하면 "아비멜렉"(내 부친이 왕이다)이란 말은 블레셋 왕들을 지칭하는 칭호였을 수 있기 때문이다. 왜냐하면 창 20장에서 아브라함 시대의 아비멜렉에 대한 언급이 있고, 한 세기나 지나서 이삭 시대의 아비멜렉이 창 26장에서 다시 나타나기 때문이다. 애굽인들이 바로란 명칭을 사용한 것과 같은 이치이다. 그런데 더욱 문제되는 것은 표제가 내용과 어떻게 상응되는가? 하는 것이다.

요컨대, 우리는 시편의 표제들이 비평가들이 주장하듯 아주 후대에 유대 랍비들이 시편 내용과 역사서 부분을 연결시켜 미드라쉬적으로 표제를 붙였다는 사고에 동의하지 않는다. 표제들은 시편 저자들이 붙였든지 아니면 작사된 얼마 후 바로 붙여졌을 가능성이 크다. 그러므로 현재의 형태로 표제와 내용상의 관계가 불분명하다 해도 어떤 연유로든 원래는 관련이 있었을 것임이 분명하다.

표제들 중에서 사람의 이름이 등장할 때 전통적으로 이것을 시의 저자로 이해해왔다. 예컨대, "다윗의 시"라 하면, "다윗이 지은 시"란 이해가 지배적이었다. 인명 중에는 솔로몬 (시 72, 127), 모세 (시 90), 아삽 (시 50, 73, 74, 75, 76, 77, 78, 79, 80, 81, 82, 83등 모두 12번), 헤만 (시 88), 에단 (시 89), 고라 자손들 (시 42, 44-49, 84, 85, 87, 88등 11번), 성가대장 혹은 지휘자 (50번 이상) 등이 나타난다. 우리가 "다윗의 시"라고 번역해온 히브리어는 "레다빗"으로 전치사 "레"를 "소유"(possession)의 의미로 취할 때 "다윗에게 속한 시"란 의미가 된

다. 그러나 이 전치사는 다양한 뉘앙스를 가질 수 있다:
  1) –위하여 (for; 다윗을 위하여)
  2) –의하여 (by; 다윗에 의하여; 다윗이 저자 [lamedh auctoris] GKC 29c)
  3) –에게 (to; 다윗에게 [헌정])
  4) –에 관하여 (concerning, about; 다윗에 관한 시)(D. Pardee, "The Preposition in Ugaritic," *UF* 8 [1976], 215-322 참조).
  5) –의 사용을 위하여 (for the use of; 다윗[후손 왕들]이 사용하도록)(*PIW*, I, 77).

근년에는 "다윗의 시"라는 표제가 저자됨을 의미하지 않는다는 입장으로 선회하는 경향이 있으나 그런 표제가 붙은 경우 다윗의 저자됨은 다음과 같은 증거들로 인정될 수 있다. 우선, 다윗은 소년시절부터 아주 능숙한 수금 연주자로 명성이 자자했고 (삼상 16:16-23), 그는 악기를 발명한 사람으로 (암 6:5, 느 12:36, 대상 23:5, 대하 29:26-27), 애가들을 작시한 사람으로 (삼하 1:17, 3:33), 이스라엘의 유명한 가수로 (삼하 23:1; 6:5 참조) 알려졌다. 더구나 다윗은 예루살렘을 이스라엘의 민족적, 종교적 중심지로 만든 인물이며 (삼하 6:2-7, 대상 13:3-14, 15:1-16:2), 더 나아가 성전 성가대, 음악가들을 조직했고, 예배 제도를 설정한 인물이었다 (느 12:24; 대상 6:16이하, 16:40-42, 25:1, 5, 대하 7:6, 8:14, 23:18, 29:26-27, 30). 비록 이런 구절들은 추방 이후 저작들이지만 역사적 사실에 근거한 묘사임이 분명하다.

이런 사실들 때문에 "다윗의 시"란 표제는 다윗이 작시한 시라고 이해함이 정당할 것이다. 특히 시 18편과 삼하 22:1을 비교해 보면, 다윗의 저작권은 아주 분명히 확인할 수 있다. 또한 시 72:20에서 "이새의 아들 다윗의 기도들이 끝나다"란 말미의 언급은 "다윗의 시"가 다윗의 저작권을 표시한다는 점을 말해준다. 마카비 2서 2:13에는 시편을 언급하면서 "다윗의 작품들"이라고 언급한다. 그리고 70인역은 히브리 사본이 표시하지 않은 시들에서조차도 (시 33, 43, 71, 91, 93-99, 104, 137편 등) 다윗의 시란 표제를 담고 있다. 또한 쿰란 시편 사본에서 적어도 4천 개 이상의 시들을 다윗이 작시한 것으로 언급하는 대목이 나타난다 (11QPsᵃ, 27:10). 그리고 랍비 문헌에서 시편은 다윗의 저작으로 언급된다. 시편 미드라쉬 등에 의하면 모세가 오경을 저술했듯이, 다윗이 다섯 권의 책을 저술했다고 언급한다 (시 1:2 미드라쉬; 탈뭇 "바바 바트라" 14b, 15a; 탈뭇 "페사힘" 117a 참조).

깃딧 (알-하깃팃)

델리취는 탈굼역에 신빙성을 두고 이 표현을 이해하고자 한다. 탈굼은 시 8편의 표제를, "가드에서 가져온 비파 위에 노래하기 위한, 다윗의 노래"라 번역하였다. 히브리어 "알-학깃티트"는 찬양시들인 시 8, 81, 84편에서 나타난다. 헬라어역은 이 표현을 "포도즙 틀들을 위하여" (휘페르 톤 레논)라 번역하였다. 이 번역이 옳다면, 포도 수확기에 포도즙을 짜면서 부른 노래란 의미일 것이다. 아니면 이는 히브리어에서 포도즙틀 (winepress)이 "갓" 이기 때문에 추정해서 번역했을지 모른다.

네기놋
이 말은 여섯 번 나타난다 (시 4, 6, 54, 55, 67, 76). 이 말은 전치사 "베"와 같이 나타나며, 이 말 앞에는 "람낫체아흐"가 동반된다. 그리고 시 61편에서는 전치사 "알"을 동반하여 단수형으로 나타난다 (알-네기낱). 삼상 16:16, 23 등에 비추어 보건대, 이 말은 현악기들을 지시할 것이다 (시 68:33; 사 23:16; 겔. 33:32 참조).

(하-)네힐롯
시 5편의 표제로 등장한다. 이는 시편의 곡조를 지시한다고 여겨진다. 왕상 1:40에서 "할릴 III"가 "플루트를 연주하다"란 의미로 나타난다. 삼상 10:5에서는 "할릴"이란 말이 "네벨" (harp 비파), "토프" (tambourine 소고), "킨놀" (lyre 수금) 등과 같이 선지자 무리들이 사용한 악기로 나타난다. 이들은 황홀경에 들어가기 위해 음악을 이용하였다. 여기서 대개 "플루트" (flute 피리)로 번역된다. 시 5편에서 표제는 "엘-한네힐롯"이다. 이는 따라서 "피리 연주를 위하여"란 의미일 것이다.

레라메드
시 60편에 등장하며, 신 31:19, 삼하 1:18 등에서 사용된 것과 같은 의미일 것이다 (가르치기 위해서).

레안노트
시 88편의 표제로, "괴롭히다"를 의미하며, 참회 의식과 연관된 시일 것이다 (레 23:27, 29 참조). 아니면 "노래하다" (아나) 동사의 강조형일 수도 있다 (출 15:21, 32:18 참조). 그렇다면, 이는 시편을 연주할 때, 번갈아 부르도록 배열한 형식을 지시할 것이다.

레하즈키르
시 38, 70편의 표제로 나타나며, 모빙켈은 (PIW, II, 212) 시인이 여호와께 자기의 곤고함을 상기시키는 시라 생각한다. 아마 기념 제사와 연관되는지 모른다 (레 2:2, 5:12).

마스길
이 말은 전치사 라멧과 인명과 함께 13개의 시편의 표제로 나타난다 (시 32, 42, 44, 45, 52-55, 74, 78, 88, 89, 142). 70인역은 "교훈"으로 이해한다 (시 32:8 참조). 내용상 그럴 수 있지만, 만일 이 말이 음악과 연관된 용어라고 추정할 수도 있다 (시 47:8 참조). 암 5:13의 문맥에서 마스길과 애도식들과 대조되므로 (45:16-17), 이 말은 아마 노래의 어떤 종류를 지시할 것이다.

메낫체아흐
55개의 시편과 합 3:19에서 나타난다. 에스라 3:8, 9, 대상 15:21, 23:4, 대하 2:1 등에서 부정사 연계형 (레낫체아흐)이 나타난다. 이 용례는 "감독하다," "인도하다"란 의미로 이해된다. 그래서 고려중인 말도 "악장," 혹은 "성가대장"에게 혹은 위하여란 의미로 이해된다.

그러나 정확한 의미는 알기 어렵다. "메낫체아흐"란 말을 "나챠흐" 동사 (빛나다, to shine)의 피엘 분사형으로 본다면, "현저한 자" 곧 지도자 (leader, director)란 의미로 이해될 수 있다. 그래서 "악장, 성가대장을 위하여"란 번역이 나오거나, 아니면 "뛰어난 자에게서" (from him who excels), 곧 다윗이나 왕의 저작이란 의미로 이해한다.

그런데 언급된 동사는 그 명사형 (네챠흐)이 제시하듯, 영원 (everlastingness)의 사고도 포함하고 있다. 그래서 70인역은 "람낫체아흐"란 말을 "끝까지, 끝에 관하여" (에이스 토 텔로스)라 번역한 바 있다.

달글리쉬 (Dalglish)는 또 달리 이해하고 있다 (E. R. Dalglish, *Psalm Fifty-One*, 234-38). 그에 의하면, "메낫체아흐"의 뿌리 (나챠흐)는 "현악기들을 연주하다" (닉겐, "현악기를 연주하다"와 유사)란 의미이며, 따라서 "람메나체아흐"의 의미는 "현악기 악장을 위하여" (for the director of strings)가 된다. 한편, 모빙켈은 사용된 전치사 (레)는 행동의 이행방법이나 목적을 지시하며, "빛나다"란 기본 의미와 함께 고려중인 문구는 그 표제가 붙은 시를 여호와의 얼굴빛이 경배자에게 비추어지도록 연주하다란 의미라고 본다 (PIW, II, 212). 즉 야웨의 은혜로운 처사를 위하여 란 의미로 취한다.

미즈몰

이 말은 시편에서 57번 등장한다. 단독으로는 44번, "쉬르"와 같이는 13번 나타난다. "미즈몰"이란 말은 "노래," "시"란 의미이며, 시편에서만 사용되는 것으로 보아, 신앙적인 노래나 음악을 지시할 것이다. 70인역은 이를 "살모스" (psalmos)라 번역하였다. 여기서 우리는 시편의 명칭의 기원을 갖는다 (영어의 Psalm). "미즈몰"이란 말의 동사형 "자마르"는 음악과 연관하여 현악기를 손가락으로 퉁기다를 의미하여 나중에는 음악을 만들다를 지시했을 것이다. 이 동사는 현악기에 맞추어 노래 부르는 것을 의미하거나 노래와 동반하여 현악기를 연주하는 것을 지시한다. 그러므로 "미즈몰"은 현악기를 동반한 (신앙적) 노래를 지시한다.

믹담

이 말은 "믹담 레다빗" 혹은 "레다빗 믹담"이란 표현으로 여섯 번 등장한다 (시 16, 56:1, 57:1, 58:1, 59:1, 60:1). 이 여섯 개의 시들은 양식 비평적 분류에 의하면 탄식시이며, 그 중 네 개는 다윗이 블레셋 (56편), 사울 (57, 59편), 아람인들 (60편)과 싸울 때의 정황을 지시하는 표제를 갖고 있다. 70인역은 이를 "스텔로그라피아"로 번역했다. 이는 "석판위의 비문"이란 의미이다. 곧 비문에 기록되는 시 정도가 될 것이다. 이 말은 히스기야의 감사 시편에서 사용된 (사 38:9) "믹타브"란 표제와 대동소이한 용어일 것이다. 이것과 연관되는 해석은 "믹담"을 금 (金)을 의미하는 "케템"과 연관시켜 "금 글자로 새겨진 비문의 시로 이해하기도 한다. 이름의 퇴색을 막기 위해 금을 입힌 비문을 가정한 것이다. 다른 해석에 의하면, 믹담은 악카드어에서 "덮는다" (속죄한다)를 의미하는 "카타무"와 연관되어 "속죄시"라 한다

(모빙켈, *PIW*, II, 209).

알 마할랏
시 53, 88 등에서 나타나며, 이는 아마 풍악기 (왕상 1:40 등 참조)를 지시하거나 아니면 안무(按舞) 지시 (삿 21:23 등 참조)를 의미할 것이다. 아니면 "질병을 위하여" (왕상 8:37)를 의미하고, 그런 의식과 연관된 어떤 것을 지시할지 모른다.

알뭇 랍벤
시 9:1에서 나타나며, 문자적으로 해석하면, "아들의 죽음 후에" (혹은 아들이 죽은 때에)가 될 것이다. 그런데 이런 문자적인 해석은 시 9편의 내용과 아무런 상관이 없다. 모빙켈은 이 말을 신년 절기시의 절기 연극이 상연된 때 (만월)를 암시할지 모른다고 제시하나 이것도 역시 확실치 않다. 70인역은 이를 "휘페르 톤 크류피온 투 휘우" (아들의 비밀들에 관하여; Vulgate, *victori pro morte filii* 아들의 죽음에 관하여 승리하는)로 번역한다. 탈굼은 "병사의 죽음"에 부른 노래라 이해한다. 어떤 랍비들은 *lbn*의 글자들을 자리바꿈하여 *nbl*로 읽고 "나발"의 죽음에 부른 노래라 이해한다. 어떤 랍비들은 여기서 "벤"은 대상 15:18에 언급된 음악가를 지칭한다고 이해한다.

알 아엘렛 하-솨하르
시 22편의 표제로 "새벽의 암사슴"이란 곡조에 맞추어 부른 노래란 의미일 것이다.

알-알라못
이 표현은 시 46편에서 표제로 한번 나타난다. 그러나 시 48:15에서 나타나는 "알-뭇"이란 모호한 표현과 같은 말인지 모른다. 대상 15:20에서 이 표현은 공적인 예배와 연관되어 사용되었다. 이는 "알마"가 "처녀"를 의미하므로, 젊은 목소리, 곧 소프라노와 같이 높은 음질을 지시할지 모른다.

알 요낫 엘렘 르호킴
시 56편의 표제로, "아득히 먼 말없는 비둘기 곡조에 맞춘 노래" 혹은 "아득히 먼 상수리나무들의 비둘기 곡조에 맞춘 노래"로 이해된다. 70인역은 "비둘기"를 이스라엘 백성의 별칭으로 이해하고, "엘렘"은 "거룩한 자들" 혹은 "신들"로 이해하였다.

알 쇼솬님
아마 "백합화들 위에" (On the lilies 시 45, 69)로 번역될 수 있을 것이다. 그리고 *al shushan edut*은 "증거의 백합화 위에" (On the lily of testimony 시 60), 그리고 *el-shoshannim edut*는 "증거의 백합화들에 대하여" (To the lilies of testimony 시 80) 등을 의미한다. 이것들은 "백합화는 증거이다. . ." 혹은 "백합화들은 증거들이다. . ."로 시작되는 널리 불려졌던 노래의 첫 소절로, 그 백합화 노래의 곡조를 지시할 것이다. 이 노래 곡조에 맞추어 이 시편을 연주하라는 연주 지시 악절 (cue-words)일 것이다. 아니면 이 표제는 백합화처럼 생긴 여섯 줄로 된 혹은 여섯 개의 종이 달린 악기를 지시할지 모른다. 그런데 모빙켈 (*PIW*, II, 214)은 이 표제는 백합화 꽃이 피거나 피지 않는 그런 방식으로 (민 17:21-25 [한역은 6-10절]에 언급된 아론의 꽃핀 지팡이 방식으로) 계시를 받는 한 예배의식을 지시한 다고 추정했다. 모빙켈에 의하면, 시 45, 60, 69, 80편은 하나님의 응답의 표시를 백합화가 피어나는 것에서 기대하면서 불려졌을 것이라 한다. 모빙켈은 "증거"는 여기서 "계시"를 의미한다고 생각한다. 70인역은 이 표제를 "변화될 자들을 위하여" (토이스 알로이오테소 메노이스)라 읽고 있다. 이는 히브리어를 "알 (전치사) + 쉐 (관계대명사)+ 쇼님" 으로 읽은 것이다.

알 하-쉐미닛 (스미닛)

문자적으로 이 말은 "제 여덟째 위에"를 의미하며, 이는 시 6, 12편 등에서 여덟 개의 줄로 된 현악기를 지시할지 모른다 (탈뭇 "아라킨" 13b). 이 말은 한 옥타브란 의미를 지시했다고 보기 어렵다. 왜냐하면 아직 여덟 음계들로 구분이 되고 있지 않았기 때문이다. 대상 15:21에서 "쉐미닛 위에 수금들을 가지고"란 표현은 20절에서 "알라못 위에 거문고를 가지고"란 표현과 병행되므로, 고려중인 표현은 저음 (베이스) 음성의 질을 지시하는 것이 아닌가 추정할 수 있다.

알 타쉬헷

시 57:1, 58:1, 59:1, 75:1 등에서 네 번 시편의 표제에 나타나며, "멸하지 마소서" 란 의미이다. 그런데 이는 믹담 혹은 미즈모르 (노래, 시)란 말과 함께 나타나므로, 아마 표제를 변경하거나 제하지 말라는 간청일 것이다. 그런데 이 말은 아마 고대 포도 수확의 노래일지 모른다 (사 65:8 참조). 사 65:8에서 우리는 다음과 같은 표현을 본다: "여호와께서 이같이 말씀하시되 포도송이에는 즙이 있으므로 혹이 말하기를 그것을 상하지 말라 (알-타스헷) 거기 복이 있느니라." 이 말씀은 남은 자 사상을 가르친다. 이스라엘은 포도원으로서 나쁜 열매를 맺었다 (사 5:1-4). 그래서 하나님은 저들을 심판하신다. 그런데 이스라엘 중에서 일부 좋은 열매가 맺혔다 (사 65:8). 이들은 바로 하나님의 종들을 지시한다. 9절이 이를 설명해 준다. 따라서 사 65:8에서 "멸하지 말라"는 표현은 남은 자는 심판 중에서도 보호받는다는 것을 암시해 준다. 그렇지만 이런 사고와 시 57:1 등에의 표제가 지시하는 바와 어떻게 연관될지 확실치 않다. 시인은 자신을 남은 자로 생각하고 있는지 모른다.

셀라

이 말은 3:2, 4, 8절에서 나타나기 시작하여 39개의 시편들에서 71번 나타난다. 시편 밖에서는 하박국의 시에서 세 번 나타난다 (3:3, 9, 13). 시 3편에서 사용된 위치를 보면, 1연과 2연, 그리고 제 4연의 마지막에 나타난다. 3연에서는 사용되지 아니했으나, 주목할 사실은 사고의 흐름상 연의 말미에 사용되었다는 점이다. 그럼에도 다른 시편들에서 이런 원리가 통하지 않는다. 예컨대, 셀라가 두 번 사용된 시 4편에서의 위치는 연의 중간 (1절과 2절 사이, 3절과 4절 사이)이다. 또 한 가지 주목할 사실은 몇 개의 예외를 제한다면, 셀라는 표제가 붙은 시편들 (특히 다윗과 레위지파 성가원들)에서 나타나고, 8번의 예외 (시 32, 48, 50, 82, 83, 87, 89, 143편 등)를 제하면, "람낫체아흐" ("영장" [성가대장], 혹은 [지휘자])란 표제가 있는 시편에서 나타난다 (하박국 3장에서는 이 표제가 노래 마지막에 위치 [3:19]). 이 표제가 없어도 "미즈몰" (노래, 시)이란 표제가 붙어 있어 (시 48, 50, 82, 83, 87, 143편), "셀라"는 음악과 연관된 용어임을 드러내 준다.

셀라의 의미를 파악하기 위해 그 어원 (etymology)을 추적하지만 그렇게 확실한 대답은 구하기 어렵다. 제시된 어원들 중에서 중요한 것들로는 첫째, "살랄 II" (쌓아 올리다 [길의 흙, 보리단 묶음 등])에서 추정하여, 음정을 높이라는 의미로 취한다. 둘째로, 아람어 어근 sl' (굽히다, 기도하다)에 근거하여 "기도시에 굽혀라"는 의미라 한다 (PIW, II, 211).

70인역은 이를 "디아살마"로 번역하였다 (심마쿠스, 테오도션, 시리아역도). 이는 아마 현악기들의 간주곡 (interlude) 혹은 기운을 더하여 연주함 등을 의미할 수 있다. 제롬의 라틴어 벌게잇역은 "셈페르" (항상)로 번역하였다. 의미파악과 연관하여 주목되는 부분은 시 9:16로, 여기서 셀라는 "힉가욘"이란 말과 함께 나타난다 (힉가욘 셀라). 힉가욘은 현악기의 소리를 지시하므로 (시 92:3; NIV "the melody of the harp"), 셀라는 악기나 노래하는 자들의 간주곡 (intermezzo)을 지시한다고 파악할 수 있다. 여하간 많은 부분들에서 "휴지" (休止)란 의미가 합당하게 여겨진다.

쉬르

"노래"를 의미하며 "쉬르"와 다음에 고려될 "미즈몰"의 차이는 전자가 사람의 목소리로 노래 부르는 것이라면, 후자는 악기연주를 동반한 노래 (singing)를 지시한다. 이 말은 시편의 표제로는 시 18, 46편에서만 나타난다. 그러나 "미즈몰"과 함께 사용되면서, 5번은 "미즈몰" 앞에 (시 47, 66, 83, 88, 108), 세 번은 "미즈몰" 다음에 (시 67, 68, 87) 사용되었다. 그리고 다섯 번은 "미즈몰"과 사이에 다른 단어(들)을 두고 사용되었다 (시 30, 65, 75, 76, 92). 이로 보건대 어떤 시편은 "쉬르"와 "미즈몰"일 수 있다. 이 두 말은 지금은 알 수 없는 전문적인 음악용어로 사용되었음이 분명하다.

시 30편에서 "집의 재-성별을 위한 '쉬르'"란 표제가 나타난다. 이는 그런 의식시에 사용된 노래라는 의미이다. 시 92편에서 표제는 "안식일을 위한 '쉬르'"라 한다. 이 표제는 시 92편이 안식일에 아침 상번제 (daily morning sacrifice) 때 사용되었다는 의미이다.

쉬르 함마알롯

모빙켈에 의하면, 이 표제는 절기 행렬용 노래들이란 의미이며 시 120-134편에서 "올라가는 노래들"로 나타난다 (PIW, II, 208). "함마알롯"은 "올라가다"를 의미하는 동사 "알라"라 연관되는 단어로, 성전에로 절기 행렬이 올라갈 때 야웨께서 "올라가신다"는 의미일 것이다 (시 47:6). 혹은 절기 행렬이 행진해 올라가는 것을 지시한다 (시 24:3). 이런 연유에서 정관사가 붙은 복수형 "함마알롯"은 행렬 자체를 지시하게 되었다. 모빙켈은 시 84:6 "그 힘이 당신에게 있는 자들, 곧 그 마음에 "메실롯"이 있는 자들은 복되도다"라는 표현에서 "메실라"(메실롯의 단수형)는 성전에 오르는 도로를 의미한다고 이해한다. 이는 은유로서 마음에 성전에 이르는 길이 닦여진 자가 복되다는 것이다. 이를 현대적으로 이해하면 그 마음에 교회로 이르는 대로가 닦여진 사람은 복되다.

쉬르 예디돗
시 45편의 표제로 "사랑 노래"란 의미이며, 왕의 결혼식을 축하하는 노래일 것이다.

식가이온 (시 7)
식가이온은 하박국 3장의 표제로 복수형으로 나타난다. 모빙켈은 이 말을 악카드어 "쉬구"(애가)에 근거하여 탄식시 (Psalm of lamentation)라 이해한다 (*PIW*, II, 209). 모빙켈은 이 표제가 나타나는 시 7편이나 하박국 3장은 모두 왕과 백성이 민족들을 만나기 위해 준비하면서 야웨께 저들을 심판해 달라고 간구하는 행동을 공통적으로 묘사한다고 지적한다. 한편, 이 말의 어원을 히브리어에서 추적하는 경우 "(술로) 비틀거리다"를 의미하는 "솨가"와 연관시킨다. 그러면 이 말은 "비틀거리는 시"란 의미가 되고, 황홀경에서 부르는 노래 정도가 될 것이다. 혹은 아랍어에서 어원을 찾는 경우 "큰 흥분을 야기 시키다"를 의미하는 "사자"와 연관시켜 그것을 연주함으로 큰 흥분을 야기 시키는 노래를 가리킨다 고 본다. 이런 주장들 중에서 어느 것도 확실치 않다.

테필라
이 말은 "기도"란 의미이지만, 시편의 표제로는 시 17, 86, 90, 102, 142, 하박국 3장 등에서만 나타난다. 그런데 시 72:20에 언급된 2권 마지막에 첨가된 부기는 앞에 제시된 시들이 "다윗의 기도들"이라고 이해한다.

테힐라
시 145편의 표제로 나타나고, 이는 "찬송"이란 의미이다. 후대인이 시편 전체를 부른 제목이기도 하다.

힉가이온
시 9:17, 92:4에서 나타나며, 연주하는 동안 그곳에서 특별한 방식으로 강렬한 음악적 효과를 나타내도록 지시하는 음악전문 용어일 것이다 (*PIW*, II, 211). KB^3는 이 말이 시 19:15에서는 기도하는 자의 "묵상"이라 정의하고, 시 92:4, 9:17 등에서는 현악기를 연주함, 그 소리라고 정의한다. 혹은 시 9:17의 경우 설명하기 어려운 음악 전문 용어라는 모빙켈의 입장을 제시하고 있다.

3. 구약 시편들의 설교와 예배에서의 활용
시편은 때로 제2성전의 찬송가라 불린다. 추방 후 귀환한 백성들이 재건된 성전에서 예배드릴 때 사용한 찬양집이란 의미이다. 아니, 솔로몬 성전에서 예배를 드릴 때도, 지금과 같은 150편의 찬양집은 아니지만, 유사한 찬양집이 있었다고도 가정할 수 있다. 시편이 공(公) 예배 시에 사용되었다는 것은 확실하다. 그렇다면 시편은 저들의 예배방식에 대하여 어떤 것을 반영해 줄 것이 분명하다. 교회사를 통해서 시편은 개인의 경건 시간에 광범위하게 사용되어 온 것이 사실이고, 공적 예배 시에 화란 같은 나라에서는 아직도 시편에 곡조를 붙인 찬양만 부른다고 한다. 구약의 시편을 오늘날 공 예배에 사용한다면 어떻게 사용할 수 있을까? 그리하고자 할 때 몇 가지 문제점이 있는 것은 사실이다. 우선, 구약 예배시에 시편을 어떻게 사용하였는지에 대하여는 확실하게 알 길이 없다. 예배 의식을 명확하게 묘사한 책이 없기 때문이다. 그렇지만 구약 여기 저기서 약간씩의 암시는 보여준다. 다음으로, 구약 예배와 오늘날의 예배는 구속 역사의 진전에 따른 시간 차이나, 문화적 차이가 심대하다. 그럼에도 같은 하나님을 찬양하고 경배한다는 공통점에 근거해서 일반적인 제안은 가능할 것이다 (아래에서 3, 4 부분은 Edward M. Curtis, "Ancient Psalms and Modern Worship," *BSac* 154 [1997, 7-9월], 285 이하 참조).

3.1. 간구시 (탄식시)에서 찾아보는 설교자의 마음 상태

설교자는 감정의 제련기를 거쳐서 단에 서야 한다. 우리의 영적인 감성을 검토해 보면, 몇 단계를 거쳐 점차적으로 승리의 확신과 담대함으로 나아가는 것을 알게 된다. 예컨대, 철야기도나 산기도의 전 과정에서 단계별로 영적 감성을 점검해 보면 알 것이다. 첫 단계는 말문이 제대로 열리지 않은 단계이다. 다음 단계는 회개의 단계이다. 이 단계에서는 눈물이 나오고 마음이 감동되기도 하지만, 고백과 용서를 비는 단계이다. 그러다가 어떤 순간에 이르면 갑자기 성령님께서 나를 붙잡으시고, 담대하게 하나님께 말을 발하고 있는 자신을 발견하게 될 것이다. 그 단계는 진실로 승리의 확신과 기쁨과 감동의 물결이 내 마음에 넘치기 시작한다. 이런 상태에서 육신적 피곤이 사라지고, 세상 염려가 해결되고, 할 수 있다는 자신감이 마음에서 우러나오게 된다.

그런데 간구시들을 살펴보면, 기도의 단계들을 드러내 주고 있다. 예컨대, 시 6편을 보면, 처음에는 "여호와여 주의 분으로 나를 견책하지 마옵시며 주의 진노로 나를 징계하지 마옵소서" (1절)라고 탄식하며 간구한다. 시인의 탄식은 7절까지 계속되어 안타까운 자신의 처지와 심정을 묘사하며 애걸한다. 그러다가, 갑자기 시인은 어조를 돌변하여 선언하길, "행악하는 너희는 다 나를 떠나라 여호와께서 내 곡성을 들으셨도다" 라고 한다 (8절). 계속하여 시인은 "여호와께서 내 간구를 들으셨음이여 여호와께서 내 기도를 받으시리로다 내 모든 원수가 부끄러움을 당하고 심히 떨이며 홀연히 부끄러워 물러가리로다" (9-10절)라고 확신을 표명한다. 이 시인은 말하자면, 아직 산 기도에서 내려오지 않은 상태지만, 기도 응답의 확신을 받게 되자, 그 순간부터는 원수를 향하여 담대하게 "떠나갈지어다!" 라고 외칠 수 있게 된 것이다. 그리고 자신을 괴롭히던 모든 문제 원수들이 다 부끄러움을 당하고 물러갈 것을 확신하며 선언하고 있다. 바로 이런 마음 상태는 우리의 삶에서 기도시마다 나타날 수 있다는 것이다.

그렇다면 이것이 설교자의 마음상태라고 가정해 보자. 설교자인 내가 주일 아침 예배시에 단에 올라갈 때 앞서 묘사된 마음 상태들 중에서 어디에 해당되는가? 를 점검해 보아야 한다. 아직 기도의 문도 열지 못한 1단계인가? 아니면 고백하고 확신을 얻지 못한 둘째 단계인가? 아니면 확신을 얻은 승리의 단계인가? 설교자는 1, 2 단계의 마음 상태로 단에 올라가는 경우가 허다하다. 적어도 2단계에서 설교하는 이들이 얼마나 많은지 모른다. 이것은 성도들에게 십중팔구 부담만 안겨주거나 설교가 격려와 용기와 확신과 담력을 주고 문제를 해결해 주지 못하고, 무엇인가 아쉬움을 남기게 된다. 설교 내용이나 조직도 중요하지만, 이것들에 비길 수 없이 중요한 것이 설교자가 단에 설 때에 어떤 마음의 상태인가? 이다. 똑같은 내용이지만, 내가 승리의 확신에 찬 상태에서 선포한다면 그 설교는 성도들의 마음에 감격과 확신을 전달하고도 남는 것이다. 그런데 많은 경우들에 있어서, 설교자들은 기도 시에 이런 마지막 단계의 체험조차 경험하지 못하고 있다는 데 문제의 심각성이 있다. 바로 이런 이유에서 많은 교회들에서 설교가 부담을 주고, 지루하고, 약간은 비관적이고, 듣기가 싫은 것이다. 먼저 설교자들은 자신부터 복음을 체험하고, 기도의 능력을 체험하고, 단에 서기전에 충분히 기도와 은혜로 자신을 적셔서 그리스도로 말미암은 평안과 승리의 확신을 가져야 할 것이다.

3.2. 예배시나 삶에서의 말씀 묵상 혹은 암송의 중요성

라일라스담 (J. Coert Rylaarsdam)은 말하길, 구약 예배에서 선포는 아주 근본적인 요소라 했다 ("The Matrix of Worship in the Old Testament," in *Worship in Scripture and Tradition*, ed. Massey Shepherd [New York: Oxford University Press, 1963], 45). 그런데 여기서 선포는 신 6:6-9의 "쉐마"라 불리는 것과 같은 신앙고백의 선포를 지시한다:

> 신 6:4 이스라엘아 들으라 우리 하나님 여호와는 오직 하나인 여호와시니
> 5 너는 마음을 다하고 성품을 다하고 힘을 다하여 네 하나님 여호와를 사랑하라
> 6 오늘날 내가 네게 명하는 이 말씀을 너는 마음에 새기고
> 7 네 자녀에게 부지런히 가르치며 집에 앉았을 때에든지 길에 행할 때에든지 누웠을 때나 일어날 때에든지 이 말씀을 강론할 것이며
> 8 너는 또 그것을 네 손목에 매어 기호를 삼으며 네 미간에 붙여 표를 삼고
> 9 또 네 집 문설주와 바깥문에 기록할지니라

"쉐마"는 히브리어로, "너희 (이스라엘)는 들으라"이며, 신 6:4에 제시된 이스라엘의 신앙고백의 첫 단어를 딴 것이다. 이 구절은 "이스라엘아 들으라 우리 하나님 여호와는 오직 하나인 여호와시니" (*쉐마- 이스라엘 야웨 엘로헤누 야웨 에하드*)란 말씀이며, 첫 단어의 마지막 글자 (*아인*)와 마지막 단어의 마지막 글자 (*달렛*)를 성경에서 다른 글자들보다 크게 기록하여, 두 글자를 합하면 "증인"이란 말 (*에드*)이 되도록 하였다. 이 증인이란 말은 이 구절을 가지고 유대인들이 이방신들과 달리 자기 하나님은 유일하신 참 하나님이심을 증거해야 할 것을 요청하는 셈이다. 주후 2세기경에는 신 6:4-9, 11:13-21, 민 15:37-41, 그리고 특별 축복기도들로 구성된 "쉐마" 기도를 매일 아침. 저녁으로 낭송하였다 (신 6:7에 근거하여). 그리고 정통 유대교에서는 쉐마를 성구함과 메주자 (phylacteries, mezuzah)에 기록하였다. 임종시에 이스라엘인은 신앙을 고백하는 말들 중에서 이 쉐마를 핵심으로 고백하여 자신들의 신앙을 표현하였다. 그리고 순교할 때도 쉐마를 선포하였다. 그런데 예수님도 이 쉐마를 율법의 첫 계명으로 인정하셨다 (막 12:29).

하나님의 말씀을 항상 기억하고 낭송하고, 그분의 행하신 일들을 항상 묵상할 것을 쉐마가 요청하듯, 시편에서도 그런 요청이 자주 등장한다. 예컨대, 시 1:2-3에서 형통하는 사람은 누구인가를 묘사하면서, 주야로 주님의 말씀을 기뻐하여 묵상하는 자로다 라고 하였다. "묵상하다"는 히브리어에서 "하가"라 한다. 이 말은 자주 등장하지는 않지만, 그 동의어들도 나타난다: "기뻐하다" (*하페츠*; 시 1:2). 말씀을 기뻐하는 것과 그것을 묵상하는 것은 결국 같은 행동이다. 또 다른 동의어는 시 77:12에서 "깊이 생각하다" (*시아흐*)와 "기억하여 진술하다" (*자카르*) 등이다. 그리고 시 77:5-6에서 시인은 "내가 옛날 곧 이전 해를 "생각하였사오며" (*하쇼브*) 밤에 한 나의 노래를 "기억하여" (*자카르*) 마음에 "묵상하며" (*시아흐*; 숙고하다) 심령이 "궁구하기를" (*하파쉬*; 찾다) 라고 한다. 그리고 이런 동의어들에 더하여, 하나님의 행하신 일들을 "찾고자 문의하고" (*다라쉬*) 기쁘게 연구하는 것을 표현하는 말들도 첨가될 수 있다 (시 111:2, 143:5 등). 구약 예배는 하나님의 진리와 그분의 행하신 일들을 기억하고 묵상하고, 선포하는 일들을 동반했을 것이 분명하다.

필자는 개인적으로 기도시간이나 묵상 시간에 시편들이나 여러 성경 구절들을 암송한다. 성경을 암송하거나 며칠 만에 전체를 통독하는 프로그램으로 훈련시키는 모임이 있기도 하지만, 성경 암송만이 참된 말씀 묵상의 길이라 여겨진다. 외우지 않고도 성경 말씀을 묵상할 수 있을 것이지만, 암송하여 버리는 것이 가장 효과적인 묵상 수단이라는 말이다. 혹시 성경을 갖고 다니지 못할 때를 대비하여 머리속에 입력시켜 놓으면 언제든지 되새김질이 가능하여 은혜를 받게 된다.

성경 암송에는 지속적인 관심과 인내가 필요한데, 이를 위하여 시간을 투자하지 않으면 안 된다. 그렇지만 여러 가지 어려움이 있다손 치더라도, 이전에 동양 고전들을 무조건 외우게 하여 동양 고전들의 사고와 표현에 사로잡히게 하였다면, 동양 고전에 비할 수 없이 귀한 생명의 말씀인 성경을 암송하는 데 시간을 투자하고 노력을 경주하는 일이 얼마나 더 요청되는 일인가?

요즈음에는 성경을 손으로 필사(筆寫)하는 일이 성도들 중에 많다. 이것도 고무적인 현상이다. 성경 쓰기 운동을 벌이는 분의 간증을 들으니 필사하는 도중에 큰 은혜를 받고, 서원을 하면서 필사를 끝내면 기도가 응답되는 것을 많이 체험했다고 했다. 말씀은 살았고 운동력이 있기에, 우리가 가까이 할수록 역사를 나타낼 수밖에 없다. 말씀을 그대로 믿는 신앙은 말씀을 입에 가까이 두고, 마음에 늘 소중히 할 때 그 말씀의 위력을 체험함으로 더욱 말씀을 신뢰하게 되고, 하나님의 능력을 더욱 사모하게 될 것이다.

3.3. 시편의 형태와 효과적인 예배

시편은 시의 형태로 제시되고 있다. 시는 감정과 경험을 효과적으로 전달할 수 있는 수단이다. 시들은 시인들의 고통, 좌절, 기쁨을 청중들이 잘 느낄 수 있도록 표현해 준다. 시 137편의 저자는 바벨론에 추방을 당했었기 때문에, 그는 특별한 방식으로 하나님의 임재가 있었던 예루살렘 성전을 향한 향수병에 시달려야 했다. 이 시는 시인의 그 애타게 고향을 그리는 마음을 표현하고 있어 독자들도 자신들의 감정이 꿈틀거리는 것을 느끼게 될 것이다. 그런데 하나님의 은혜로 포로들이 고향으로 귀환했을 때 느꼈던 그 기쁨과 즐거움을 시 126편은 아름답게 표현해 주고 있다. 시편에 사용된 여러 가지 표상들이나 싯적 기교들은 시인들의 경험들을 생생하게 전달하는 효과를 산출해 준다. 시 42:7에서 시편기자는 "주의 폭포 소리에 깊은 바다가 서로 부르며 주의 파도와 물결이 나를 엄몰하도소이다"라 하였다. 여기 사용된 표상은 폭풍우에 휩쓸려 떠 내려가는 사람이 느낄 그런 무기력과 좌절을 생생하게 전달해 주고 있다. 시 42편에서 언급되는 요단 땅, 헤르몬, 미살 산 등 (6절)은 시인이 예루살렘 성전에서 멀리 떠나야 했던 그 소외감을 느끼도록 도와준다. 혹은 시 7:2, 22:12-13 등에서 의인의 원수들을 맹수나 악한 짐승에 비유함으로, 원수들이 얼마나 잔혹한지, 시인이 당해야 했던 그 공포감이 어떠한 것이었는지를 생생하게 묘사해준다.

이런 감정에 호소하는 표상들을 이스라엘 찬양들이 사용한다는 점은 저들의 경배가 단순히 차갑고 냉정한 지적인 설교에 묵묵부답으로 앉아있는 그런 것이 절대 아니었다는 점을 암시해 준다. 그렇다고 지성이 결여된 광적으로 소란스런 그런 예배라는 말도 아니다. 오히려 시편이 반영해주는 예배는 우리의 전인격을 다루었으며, 따라서 감정과 지성과 의지 모두에 호소하는 것이었다. 오늘날의 경배도 이런 점을 잘 고려하지 않으면 안 된다.

성경 시편들은 이스라엘의 예배시에 음악으로 연주되었다. 그 시적인 가사나 음악은 가사가 담고 있는 진리를 더욱 쉽게 기억하도록 도와주었을 것이 분명하다. 성경 진리를 단순한 설교로 전달할 때 얻을 수 없는 효과를 음악을 산출할 수 있는 것이다. 필자는 미국 유학 시절에 미시간주 그랜드 래피즈란 도시에서 성탄절 얼마 전에 열렸던 메시아 연주회에 두 번인가 참석한 적이 있다. 그 연주회에서 영어 가사를 보면서 연주되는 대작(大作)을 들었을 때 가졌던 그 영감을 지금도 잊을 수가 없다. 헨델은 성경 진리를 음악으로 제시했지만, 그 전도효과나 영향력은 수백 명의 명 설교자가 하는 전도설교보다 몇 백 배나 강한 것이라 생각되었다. 알렌과 보러 (Allen & Borror)와 같은 이들의 말을 빌리지 않더라도 (Ronald B. Allen and Gordon Borror, *Worship: Rediscovering the Missing Jewel* [Portland, OR: Multnomah, 1982], 162-63), 좋은 사상이건 나쁜 사상이건 그것이 탁월한 리듬을 가진 음악에 실리기만 하면, 그것은 쉽게 우리 사람의 마음 속 깊이 파고들어 가는 것이다. 음악은 사상을 사람의 마음에 깊이 심어줄 수 있는 효과적이고도 강력한 수단인 것이다. 우리가 노래하는 것은 우리가 기억한다. 왜냐하면 우리는 지성과 감성을 음악으로 함께 결합시켰기 때문이다. 어린아이들이 텔레비전에 등장하는 광고(廣告)송을 곧잘 흥얼거린다거나 성경진리를 담은 주일학교에서 배운 찬송들을 쉽게 노래한다는 사실은 음악의 힘을 말해준다. 우리의 마음과 감성 모두에 효과적으로 와 닿을 수 있는 방식으로 성경진리들을 담아서 예배시에 찬양을 부르게 한다면 더욱 효과적인 성경교육이 이루어질 것이다. 여러 다양한 방식으로 기본 진리들을 예배를 통해 지속적으로 강조한다면 사람들은 예배가 끝난 후에도 그 진리들을 기억하고 묵상하게 될 것이다. 한국에도 널리 알려진 시카고 근교의 윌로우 크릭 커뮤니티 교회에서는 주일날 낮 예배시에 연극과 노래 등을 설교 주제와 맞추어 수준급으로 준비하여 발표한다. 설교도 시청각 교육적으로 전달하기도 하였다. 그래서 필자는 그 교회에 출석하던 때 설교된 설교 내용은 자세히 기억하지 못해도, 연극이나 스크린으로 제시되던 내용들은 지금도 선명하게 머리 속에 남아있다. 이러한 사실은 예배의 형식에서 우리가 여러 가지로 연구할 여지가 대단히 많다는 것을 시사해 준다고 할 수 있다.

시편에서 우리는 그림 언어들이 대단히 많다는 점을 안다. 그런 영상단어들을 사용함으로 시인들은 예배자들의 마음에 하나님에 관한 진리들을 마음 속 깊이 새길 수가 있었다. 예컨대, 시 1편에서 시인은 복 있는 성도가 물가에 심기운 나무처럼 시절을 쫓아 열매를 맺으며 그 잎사귀가 시들지 않는다고 노래함으로, 건조한 팔레스틴에서 가장 기억에 남을 만한 시각적 효과를 나타내고 있는 것이다 라이켄 (Ryken)은 영상이 마음과 행동에 미치는 영향력에 대하여 이렇게 말하고 있다 (Leland Ryken, "The Creative Arts," in *The Making of the Christian Mind*, ed. Arthur Holmes [Downers Grove, IL: InterVarsity, 1985], 106):

> 사람들은 인생의 참된 목적은 돈을 만들어 재산을 축적하는 것이 아니라는 주장에 선뜻 동의할지 모른다. 그렇지만 저들의 마음이 큰집들과 멋진 옷들의 영상들로 가득 차 있다면, 저들의 실제 행동은 물질주의의 방향으로 달려가고야 말 것이다. 사람들은 정결함과 순결한 삶, 그리고 아내나 남편에 대한 지조 있는 삶이 정말로 좋은 것이라 이론적으로는 믿을 수 있을 것이다. 그렇지만 저들의 마음에 멋진 여인들의 나체 사진들이

나 유혹의 가사를 담은 노래들이 가득 차 있다면 저들의 성적인 행동은 탐욕과 성적인 방탕을 벗어나기 어려울 것이다.

오늘날 서구의 문화는 특별히 지성을 일깨우는 설교 혹은 회중이 "아멘"을 연발하도록 하는 설교가 결코 지워 버릴 수 없는 여러 가지 영상들로 성도들의 마음을 채워놓고 있다. 조만간 인터넷 사이트를 천 군데나 기억시킨 인터넷 텔레비전도 등장하리라 한다. 누구나 세상의 각종 모습들을 안방에서 힘들이지 않고 시청할 때가 된 것이다. 라이켄은 지적하길, 시와 음악, 그리고 효과적인 이야기 기법은 사람들의 마음에 그것들이 남기는 영상들에서 오는 힘에서 기인된다고 한다. 그런데 시편에는 그러한 기교들이 여기 저기 나타나고 있는 것이다.

시편에서 보이는 예배는 사람의 관심을 주께로 끌되, 사람의 지성과 감성 모두를 자극하는 방식으로 그리한다. 시편은 진리들이 전달되는 영상들을 결코 망각하지 못하도록 하는 방식들로 주님의 하신 일들이나 주님의 속성을 기억하고, 묵상하며, 곰곰 생각하도록 한다. 그러한 예배는 주님을 영화롭게 하고, 그분의 명성을 높이고, 성도들에게는 강력한 인상을 남겨서, 전달된 진리들이 예배가 끝난 후에도 결코 마음에서 사라지지 않도록 해준다.

3.3.1.탄식시들과 감사의 찬양들

탄식시와 감사 찬양시들을 고려해 보면, 오늘날의 예배에 시사하는 바가 많다. 탄식시들이 시편에서는 다른 형식의 시들보다 훨씬 많다. 탄식시들은 시인들이 곤란 중에 하나님께 도우심을 간구하는 그런 내용들을 담고 있다. 이런 시들은 여러 다양한 환경에서 산출되었다 해도, 대개 유사한 형식을 따르고 있다. 때로 탄식시는 공동체의 문제를 언급하기도 한다. 때로 탄식시들은 개인의 고통을 토해내기도 한다. 탄식시들이 부르짖는 그 문제들이란 다양해서, 정치적 압제, 육신의 질병, 외로움, 학대, 여러 영적인 곤핍함 등 이루 헤아릴 수 없이 많다. 그런데 이상하게도 탄식시들은 대개 찬양의 요소도 담고 있다. 앤더슨이 지적하듯, 탄식시들은 삶을 비관적으로 바라보지 아니한다. 즉, 인생의 고통과 죄책을 음울한 기분으로 관조하는 그런 분위기는 없다. 바르트(Barth)가 지적한대로, 탄식시들은 문제나 고난 그 자체에 관심을 갖는 것이 아니라, 그것들을 해결하실 수 있는 하나님께로 가져가는 것을 다루고 있다 (Christoph Barth, *Introduction to the Psalms*, 38). 시인들은 고난의 깊은 수렁에서 하나님께 부르짖었다. 저들은 그분이 자기들을 자신들이 처한 그 문제의 수렁에서 건지실 것을 확신하였다. 따라서 탄식시들은 하나님의 도우심이 필요한 그러한 상황에서 하나님께 올려진 부르짖음의 모습을 한 찬양이라 할 수 있다. 밀러가 말하듯, 시편은 항상 찬양으로 향한다. 심지어 탄식시들에서 조차도, 찬양과 감사가 마지막으로 울려 퍼지고 있는 것이다.

오늘날 성도들이 드리는 기도들 대부분은 탄식시의 부류에 속한다고 할 수 있다. 그렇지만 성경의 탄식시들은 슬픔이나 좌절, 고난을 표현하는 기도의 모델로 교회에서 사용되는 것 같지가 않다. 오늘날 회중의 필요에 적절한 탄식시들을 택해서 창조적으로 오늘날의 예배에 적응을 시킨다면 우리의 예배의 질이 그만큼 고양될 수 있지 않을까? 감사 찬양시들은 탄식시들과 아주 긴밀하게 연관되고 있다. "토다"(감사의 찬양)는 개인들이 올린 탄식시들과 아주 불가분리의 긴밀한 관련을 지닌다. 어떤 이들은 제안하길, 감사 찬양시들은 탄식시들에 이미 있는 찬양 요소의 확장이라고 한다. 물론 둘 사이에는 차이점이 분명히 있다. 왜냐하면 감사시들은 탄식시들의 기도들이 응답된 이후에 드려진 것들이기 때문이다. 하나님의 구원을 기대하면서 혹은 하나님께서 자신의 기도를 들으셨다고 확신하면서 하나님을 찬양하는 것과, 이미 내가 체험한 은혜에 감사하여 하나님을 찬양하는 일과는 차이가 있는 것이다. 감사시들은 고난 중에 처했던 성도들이 하나님의 기적과 구원을 체험한 후에 하나님의 선하심을 찬양한 시들이다.

탄식시들과 감사시들이 서로 연관되었다는 점은 삼상 1-2장의 한나의 이야기에서 나타난다. 한나는 아이를 낳지 못하여 남편의 다른 첩인 브닌나에게 석녀(石女)라고 심한 조소와 멸시를 받는다. 한나는 성소에서 기도에 몰입하여 그녀의 탄식은 이제 거의 들을 수 없을 정도가 되었다. 그 후에 한나는 사무엘을 낳았고, 사무엘이 젖을 뗀 이후에 한나는 그를 데리고 성소에 가서 주님께 바쳤다. 그 때에 한나는 성소에서 감사의 노래를 하나님께 드렸다. 그것이 삼상 2:1-10에 기록된 한나의 노래인 것이다.

감사시는 공 예배시에 사용되었던 것으로 보인다. 종종 감사 예물을 드리면서 감사시를 불렀을 것이다. 감사시들은 하나님을 찬양하고, 회중들에게 하나님께서 행하신 구원을 간증하는 간증이기도 하였다. 때로 이 감사시들은 탄식시들과 연관하여 드려진 서원과 관련하여 나타난다. 탄식시들에서 서원된 바가 이제 감사시로 시행된 것이다. 아마 이런 시들은 경배자가 자신이 체험한 구원을 송축하기 위해 성전에 감사 예물을 가져올 때 불렀을 것이다. 시 66편은 하나님의 구원에 대한 묘사로 시작한다: "사람들로 우리 머리 위로 타고 가게 하셨나이다 우리가 불과 물을 통행하였더니 주께서 우리를 끌어 내사 풍부한 곳에 들이셨나이다"(12절). 13-14절은 감사를 표현한다: "내가 번제를 가지고 주의 집에 들어가서 나의 서원을 갚으리니 이는 내 입술이 발한 것이요 내 환난 때에 내 입이 말한 것이니라." 이렇게 하는 목적은 16-18절에서 분명히 드러난다: "하나님을 두려워하는 너희들아 다 와서 들으라 하나님 내 영혼을 위하여 행하신 일을 내가 선포하리로다 내가 내 입으로 그에게 부르짖으며 내 혀로 높이 찬송하였도다." 19-20절은 찬양의 말을 덧붙이길, "하나님이 실로 들으셨으며 내 기도 소리에 주의하셨도다. 하나님을 찬송하리로다 저가 내 기도를 물리치지 아니하시고 그 인자하심을 내게서 거두지도 아니하셨도다."

감사를 공 예배시에 선포하는 것은 시 40편에서도 분명히 드러난다. 물론 이 시는 예물에 대한 언급은 하지 않는다. 시인은 기술하길, "내가 대화 중에서 의의 기쁜 소식을 전하였 나이다. 여호와여 내가 내 입술을 닫지 아니할 줄을 주께서 아시나이다. 내가 주의 의를 내 심중에 숨기지 아니하고 주의 성실과 구원을 선포하였으며 내가 주의 인자와 진리를 대회 중에서 은휘치 아니 하였나이다" (9-10절).

시 116편은 다른 예를 보여준다. 3절은 "사망의 줄이 나를 두르고 음부의 고통이 내게 미치므로 내가 환난과 슬픔을 만났을 때에" 라고 시인이 당했던 곤난을 묘사한다. 그리고 4절은 그 곤난 중에 시인이 무엇을 했던지를 말해준다: "내가 여호와의 이름으로 기도하기를 여호와여 주께 구하오니 내 영혼을 건지소서 하였도다." 하나님은 그 기도를 들으시고 응답해 주셨다. 응답받은 시인의 자세는 12-14절에 묘사되고 있다: "여호와께서 내게 주신 모든 은혜를 무엇으로 보답할꼬? 내가 구원의 잔을 들고 여호와의 이름을 부르며 여호와의 모든 백성 앞에서 나의 서원을 여호와께 갚으리로다." 그리고 17-19절에서 시인은 "내가 주께 감사제를 드리고 여호와의 이름을 부르리이다. 내가 여호와의 모든 백성 앞에서 나의 서원을 여호와께 갚을지라. 예루살렘아, 네 가운데서 여호와의 전정에서 내가 갚으리로다 할렐루야!" 이 시는 기도 응답을 체험한 성도의 개인적 헌사인 것이다. 그는 이제 성전에 나와서 온 회중 앞에서 자신에게 무슨 일이 일어났던 지를 간증하였다. 그리고 그는 고난 중에 발했던 그 서원을 이제 하나님께 드리는 것이다. 그런 시들은 많은 사람들의 공감을 얻을 것이며, 저들도 잊어버린 감사의 내용들을 생각하게 될 것이다. 19절과 연관하여 키드너는 기술하길, "우리는 이 시를 특징짓는 아주 강렬한 개인적 신앙과 사랑이 경건의 공적이며 국소(局所)화 된 표현들과 경쟁관계가 아니라는 점을 주목할 수 있다. 이 불꽃은 혼자 외딴 곳에 숨어서 살라져 버린 것이 아니었다. 회중 가운데서 지핀 불꽃이 되어 다른 나무들을 신앙으로 타오르게 할 것이며, 두고두고 사람들의 가슴에서 불타오르게 될 것이다" (Derek Kidner, *Psalms 73-150*, 411).

앤더슨은 이 시에 대하여 말하길, 구약에서 개인 경험과 공 예배는 자주 전체 회중이 유익하도록 하나로 융합된다고 지적하였다 (A. A. Anderson, *Psalms*, 790). 감사시의 중요성은 그것이 시편에서 나타나는 그 빈도수에서 반영되고 있다. 감사는 분명히 이스라엘 예배에서 중요한 요소를 구성하고 있었다. 감사하는 행위 자체는 하나님을 기쁘시게 하고, 성도들이 그분을 영화롭게 하는 한 방식이라고 시편구절들이 증거한다: "내가 노래로 하나님의 이름을 찬송하며 감사함으로 하나님을 광대하시다 하리니 이것이 소 곧 뿔과 굽이 있는 황소를 드림보다 여호와를 더욱 기쁘시게 함이 될 것이라" (시 69:30-31).

3.3.2. 구원을 송축함

감사시들의 두 국면들이 오늘날의 예배에 적용될 수 있다. 그 중 한 가지는 탄식시들과 감사시들의 관계에서 찾을 수 있다. 오늘날 회중들은 어떤 문제나 필요를 위하여 기도하도록 권면을 받는다. 때로 그런 기도 필요들은 성경이 묘사하는 그런 문제들과 흡사하기도 하다. 그렇지만 종종 기도가 응답되었을 때는 공적으로 아무런 간증이나 알림이 없는 것은 성경의 감사시와 판이하게 다르다. 혹시 간증을 하기도 하지만, 감사시들이 하듯 그렇게 성대하게 하나님께서 베풀어 주신 구원을 온 회중이 송축하는 그런 일을 하는 경우는 아주 드물다. 간증이 있다 해도, 교회 예배시에 그런 간증이 비중 있게 다루어지지는 아니한다. 그렇지만 성경의 감사시에서 보건대, 간구와 응답, 그리고 모든 회중 앞에서 감사하는 성도의 반응은 별개의 행동들이 아니라 모두 연관된 것들이며, 아주 현저한 방식으로 이루어졌다.

요나 2장을 보면, 그것은 분명히 탄식시이다. 그런데도 그것은 감사의 시처럼 들린다. 이 시는 의심할 나위 없이 구원을 체험한 후에 기술되었을 것이다. 그 시가 생겨난 그 상황에 비추어 본다면, 선지자의 불순종을 공적으로 드러내고 알릴만한 성격이 아니었다. 그럼에도 이 탄식시는 공적으로 발표되었고, 그가 당한 고난과 그것에서 구원받았을 때에 표현한 감사의 마음이 공적으로 선포되었다.

3.3.3. 교훈적 차원

시 22:22-31에서, 곤경에서 구원받은 시인은 회중 가운데 서서, 주님의 권능을 증거한다(시 35:18, 40:9). 그래서 하나님의 크신 능력과 선하심을 듣는 이스라엘 자손들도 주께 찬양과 영광을 돌리게 될 것이다. 감사시와 지혜시의 특징들을 함께 가지고 있는 시 34편은 교훈적 요소도 잘 예증해 준다. 시인은 하나님께서 자신을 어려운 곤경에서 건져주신 일을 찬양한다. 그런데 시인은 자기 경험을 타인들이 배울 수 있는 하나의 모델로 제시한다. 그는 곤경에서 하나님께 부르짖었고 하나님은 그를 들으시고 응답하시어 구원해 주셨다. 그 체험은 타인들에게 하나의 패턴이 되어, 시인은 성도들에게 주님의 선하심을 맛보아 알지라고 권고한다 (시 34:8). 그리고 그분을 신뢰할 때 오는 축복을 경험하라고 권한다.

이런 노래들에서 시인들은 하나님의 구원을 그분의 은총과 능력의 구체적인 보기로 제시하고, 자기들의 경험이 하나님께서 어떠한 분이신지를 제시하는 좋은 계기가 된다. 하나님의 권능과 속성에 대해서 초점을 맞추면서 이런 시들에서 시인들은 자기들의 경험에서 성도들이 배우고, 하나님께 영광을 돌리는 일에 참여하라고 권한다. 회중은 시인들이 체험한 그 구원들을 묵상할 수 있고, 그 체험들은 그분의 속성을 더욱 깊이 알게 해주는 교훈이 된다. 이런 감사의 표현들은 하나님을 향하며, 그분의 명성을 높인다. 바로 이 점에서 오늘날의 실제 예배현장과 약간 차이를 보인다. 오늘날 예배시 있는 나눔의 시간은 종종 우리 자신들을 찬양하는 계기로 둔갑하곤 한다. 시인은 회중의 시선을 자기가 아니라 하나님께로 향하게 한다는 데서 우리의 모본이 된다.

시 107편은 감사와 찬양의 요소를 모두 담고 있는 바, 이런 감사시들이 어떻게 예배에 활용될 수 있는지를 암시해 준다. 이 시는 하나님께서 어려움에서 구속하신 자들이 그 사실을 인정하라고 요청하는 것으로 시작한다. 4-32절은 주의 선하심을 고난 중에 체험했던 네 그룹의 사람들을 언급한다. 각 경우에 사람들은 말로 할 수 없는 어려운 고난을 당하였다. 그런데 저들은 공통적으로 고난 중에 하나님께 부르짖었다 (6, 13, 19, 28). 각 그룹의 사람들은 구속받은 우리들이 그분의 선하심과 그분이 인생에게 행하신 그 기이하신 일들을 찬양하는 근거를 제시해 주고 있다 (8, 15, 21, 31). 32절에 의하면, 저들은 "백성의 회에서 저를 높이고 장로들의 자리에서 저를 찬송" 하도록 요청 받는다. 이 시는 여러 그룹의 사람들이 자기들의 감사 예물을 드리고 감사 찬양을 드렸던 공동체 감사 예배시에 사용되었을 것이다.

이 감사시들은 이른바 구속사 시들과 전망에서 공통점을 드러낸다. 그 전망은 하나님의 일들을 묵상하고 곰곰 생각하는 것이다. 이런 시각이 이스라엘 예배시에 이런 시들을 사용한 이유가 아닐까 생각된다. 시 78, 105, 106편 등이 이른바 구속사를 노래하는 시들이다. 이런 시들은 이스라엘의 역사상 중요한 사건들을 조망한다. 느 9장은 이런 노래들이 어떻게 사용되었던지를 암시해 준다. 추방 후 예루살렘에 귀환했던 공동체는 자기들의 죄를 고백하기 위해 모였다. 레위인들은 시편에서 발견되는 것과 유사한 구속사를 노래하는 시편을 사용하여 백성의 불신실을 지적하고 하나님의 신실성을 노래하였다. 그 시들은 하나님께서 자기 백성을 다루신 일들을 노래한다. 그 노래는 아브라함의 선택에서 출애굽 사건으로 계속 이어진다. 그리고 광야 여정, 정복 등을 묘사한다. 하나님의 신실하심은 자신의 약속을 지키심에서 여실하게 입증된다. 반면 이스라엘이 얼마나 하나님께 반역하고 불신실 했던지가 여실하게 드러난다. 자기들의 역사에 대한 이런 숙고는 성도들이 하나님의 언약 백성으로 다시금 헌신하도록 만들어 주었다 (느 9:38). 저들은 하나님의 법도대로 행하기로 언약을 맺었던 것이다 (느 10:29). 이처럼 하나님께서 과거에 행하신 일들을 연구하고 묵상함으로, 예배드리는 회중은 하나님이 누구시며, 그분을 왜 찬양하여야 할 이유를 분명하게 발견하게 되는 것이다. 성도들은 미지의 미래로 나아감에 있어서 어떻게 살아야 할지를 무언중에 알게 되는 것이다.

혹자는 개혁주의 혹은 칼빈주의 예배의 장엄함과 엄숙함을 열린 예배가 경박하게 만들어 버렸다고 탄식해 마지않는다. 성령님의 임재가 없는 쿵쾅거림은 소란 자체 외에 아무 것도 아니겠지만, 영적 임재를 동반한 예배는 그것이 청중들의 감정과 의지, 지성이 분출되어 하나님을 경배하는 것이라면 열린 예배건 닫힌 예배건 하나님이 기뻐하실 것이다. 그리고 하나님의 영광과 주권을 선포해야지 병 낫고, 문제 해결하는 설교는 저차원적이고, 인본주의라고 말해서도 안 된다. 접근법이 약간 다를 뿐이다. 사람들은 문제와 질고에 시달린 가운데 치료받고 문제 해결 얻고자 교회를 나올 수 있다. 그런 자들의 질병과 문제를 해결해 주시는 분이 하나님이 아니신가? 사람들은 현실적인 문제부터 해결 받아야 한다. 그 다음에 하나님의 영광과 주권을 알게 될 것이고, 인간의 목적과 사명이 무엇인지도 깨닫게 될 것이다. 은혜는 보이는 현실 문제해결에서 시작되어 점차 추상적이고 이론적인 것에로 진전될 수 있다. 느껴지지도 않는 하나님을 무조건 영광 돌리라 한다고 사람들의 마음이 움직일 것인가? 그러므로 장로교회는 순복음 교회나 성결교회를 경박한 예배, 인본주의 설교라고 비난하기 전에 어떻게 접근하는 것이 궁극적으로 하나님께 보다 효과적으로 사람들을 인도하는 것인지를 숙고해 볼 필요가 있다. 장로교회의 건전한 신학과 순복음 교회의 설교와 살아있는 예배 등을 서로 배우면 좋을 것이다.

4. 시편 해석사 및 해석 방법론

성경해석은 시대마다 강조점이나 해석경향에서 변화를 보이기 마련이다. 시편해석에서도 예외는 아니어서, 교부시대에서 종교개혁 시대까지, 그 이후 역사-비평법의 본격적인 태동기인 19세기까지, 그리고 역사-비평법 이후에서 오늘날까지 몇 개의 시대별로 대분해서 간략하게 시편해석의 흐름을 알아보고자 한다. 시대마다 활동했던 여러 학자들이 있겠지만, 여기서는 대표적인 사람들 중심으로 개괄하고자 한다.

4.1. 교부시대 시편해석: 그리스도에 대한 예언, 모형, 풍유

교부 시대의 시편 연구는 히브리어에 대한 무지와 풍유적, 인위적 해석 때문에 보잘 것이 없었다 (Delitzsch, 48-57). 히브리어에 대한 무지에 대한 한 예는 유세비우스 (시 1-119편 주석)가 시 110:3에 등장하는 *메레헴* (태로부터 from the womb)을 "마리아" (헬, *마리암*)를 지시할 수 있다고 이해한데서 생생하게 예증된다. 한편, 암브로스 (Ambrose)는 바실(Basil)의 글을 차용하여 시편에 대하여 서론적으로 말하길,

> 시편은 실로 백성의 축복이요, 하나님 찬양이며, 백성의 찬양이며, 모든 이의 손뼉이며, 모두의 말이며, 교회의 소리요, 운율 가진 신앙의 고백이며, 온전한 헌신의 권위요, 자유의 행복이며, 기쁨의 외침이요, 기쁨의 반향이다. 격정에서부터 우리는 완화되고, 염려에서 해방되고, 슬픔에서 경감된다. 밤중의 무기요, 낮의 교훈이다. 공포시의 방패이며, 경건함에서의 절기이며, 고요함의 모습이며, 평화와 조화의 상징이요, 여러 다양한 소리지만 하나의 노래를 발하는 리듬의 수금이다. 그것은 태양이 뜨는 낮의 시편을 울려주고, 해 지는 시편도 울려준다.

교부들 중에서 가장 철저하게 시편을 다룬 이는 크리소스톰이었다. 그렇지만 남아있는 것은 시 58편, 60편에 대한 강해뿐이다. 그러나 해석과 실제 적용을 구분하여 역사적-문법적 해석을 처음으로 시편으로 가한 이는 안디옥 학파의 데오도렛 (Theodoret)이었다.

4.2. 어거스틴의 시편 주석

이제 어거스틴의 주석을 고찰해 보기로 한다. 그의 시편 주석은 사실상 설교이다. 그는 구 라틴어역 (제롬역이 아니라)을 본문으로 삼고, 때로는 70인역으로 그것을 교정하기도 한다. 어거스틴의 시편 주석은 그 사고나 풍성함에서 크리소스톰의 그것을 능가하여 후대 중세인들의 시편 강해의 주요한 원천이 되었다. 어거스틴의 시편1편 주석을 처음 대하는 순간 망치로 머리통을 얻어맞는 느낌이었다. 1절의 성경본문인 "복 있는 자는 악인의 꾀를 좇지 아니하고"란 말씀이 제시되고 그의 주석은 곧 바로 선언하길, "이는 신인(神人)이신 우리 주 예수 그리스도로 이해되어야 한다." 그리고 그는 계속 서술하길, "뱀에게 유혹을 받은 자기 아내에게 동의하고, 하나님의 계명을 범했던 흙으로 된 사람이 하듯, 악인의 꾀를 따라가지 아니한 사람이 복이 있다." 그리고 "죄인의 길에 서지도 아니하며"란 말씀에 대하여 어거스틴은 주석하길, "그분은 실로 죄인들이 태어나듯 태어나심으로 죄인들의 길로 오셨지만, 그 안에 서지는 않으셨다; 왜냐하면 세상의 유혹이 그를 붙들지 못했기 때문이다. 그리고 그분은 흑사병의 자리에도 앉지 아니하셨다. 그는 지상 왕국을 꿈꾸지 아니하셨기 때문이다." "흑사병은 널리 전염되는 질병으로 거의 모두에게 침투하지 않는가? 그럼에도 흑사병의 자리는 악독한 질병처럼 퍼지는 해로운 교리를 지시한다고 이해될 수도 있다." 여기서 어거스틴이 "흑사병의 자리" (카떼드란 로이몬; cathedra pestilentiae) 운운하는 것은 그의 주석이 70인역에 의존한다는 것을 보여준다. 교부들은 오리겐이나 제롬을 제하면 히브리어 지식이 별로 없었고, 따라서 70인역에 전적으로 의존했다고 해야 할 것이다 (F. Delitzsch, 48 이하). 여하간 이렇게 어거스틴은 시편의 구절들에서 예외 없이 그리스도를 찾았다. 그런데 곰곰 생각해 보면, 이런 해석법은 시편이 갖는 영적 의미를 곰곰 생각하게 해주는 기이한 마력이 있는 듯도 싶다.

어거스틴은 "그는 시냇가에 심기운 나무와 같이"라고 말씀하는 시 1:3에 이르러는 이렇게 주석하고 있다: "성령님은 말씀하시길 '그는 너희에게 성령으로 세례를 주실 것이라' 하셨고, 또 다른 곳에서는 '목마른 자는 내게 와서 마시라'고 하셨다... 혹은 '시냇물 가'란 표현은 '사람들의 죄들 곁에'를 의미할 수도 있다. 왜냐하면 게시록에서 물들은 '사람들'이라고 말씀하기 때문이다... 이 나무, 곧 우리 주님은 시냇물을 흡수하여, 곧 죄인들을 징계의 뿌리로 흡수하여, 열매 곧 교회들을 세우실 것이다." "'제 때에'란 말씀은 그분이 부활하셔서 승천하신 후를 가리킨다. 그때쯤에는 사도들에게 성령님을 보내시어, 저들이 그리스도를 믿게 하신 후에, 교회들이 '열매를 산출하도록' 하셨기 때문이다. '그 잎사귀도 시들지 않는다'는 표현은 그의 말씀이 헛되지 않다는 의미이다."

구구절절이 그리스도를 보는 어거스틴의 통찰력은 놀랍다. 이런 시편은 그렇다 치고, 시인이 도움을 간구하는 시 7편의 경우는 어떻게 처리하고 있는가? 그는 진술하길, "이 예언을 낳은 이야기는 열왕기하에서 쉽게 찾을 수 있다"라 하여, 이 시편 역시 그리스도에 관한

"예언"임을 암시하고 있다. 계속하여 어거스틴은 이렇게 진술한다:

> 다윗 왕의 친구 후새가 자기 부친에 대하여 반란을 일으킨 압살롬에게 건너가서, 다윗의 친구였던 아히도벨의 부추김을 받아 압살롬이 부친을 대적해서 행하던 반란 사항들을 다윗에게 보고하고자 하였지 않는가? 그렇지만, 이 시편의 주제는 그런 이야기 자체가 아니다. 예언자 (시편기자)는 비밀의 휘장을 그 이야기에서 취하였을 뿐이다. 따라서 만약 우리가 그리스도께 이 시편을 적용시키려면, 그 휘장을 제거해 버려야 한다. 우선 우리는 언급된 이름들의 의미가 무엇인지를 알아야 한다. 이 말들을 문자적으로 해석하지 않고 영적으로 해석한 이들이 있어왔다. 그런 해석가들에 의하면, 쿠시(한역, 구스)는 "침묵"이라 번역되야 한다. 그리고 게미니는 "오른손잡이"를, 아히도벨은 "형제의 파멸"을 지시한다. 이런 해석에서 보면, 압살롬은 배반자 가룟 유다이다. 이런 해석에 의하면, 그의 부친은 자기를 대적하는 아들에 대하여 평안을 심히 기원했으므로 평화의 상징이다. 그런데 복음서에서 우리 주 예수 그리스도의 제자들은 "아들들"이라 불리거나 "형제들"이라고도 불린다. 우리 주님은 부활 후에 "내 형제들에게 가서 말하라"고 하시지 않았던가? 그리고 사도는 그분을 많은 형제들 가운데 처음 나신 자라 불렀다 (롬 8:29). 그렇다면, 그를 배반한 그 제자의 파멸은 형제의 파멸이라 바로 이해된다. 곧 아히도벨의 파멸이 그것이다. 쿠시에 관하여 말하자면, 그는 영적으로 해석하자면 침묵이며, 우리 주님께서 그런 배반에 대하여 침묵으로 처신하셨다는 것을 의미한다.

4.3. 중세기 시편 해석: 풍유 (Allegory)

이러한 신비적, 알레고리적 해석의 틀은 중세기 내내 깨어지지 않고 있었다. 토마스 아퀴나스, 할레의 알렉산더, 보나벤츄라 (1274년 사망), 알베르투스 마그누스 (1280년 사망), 미가엘 애구아누스 (Michael Ayguanus, 1400년경) 등의 시편 주석들은 벌게잇 역에 의존하면서 간접으로 70인역을 참조하여, 자주 히브리 원문의 의미에서 벗어나 미로를 헤매기 일쑤이다. 이들 중세기 작가들에서 문자적 의미는 신비적 이해라는 무덤에 철저히 사장되었다 (F. Delitzsch, "History," 54). 저들은 신약과 구약의 다른 구속사의 차원을 무시하고, 시편을 철저하게 신약적으로 이해하고 있다. 예컨대, 알베르투스 마그누스는 "모든 책은 그리스도에 관한 것이라는데 이견이 없다"는 원리에 따라 시편 전체는 "그리스도와 그의 몸인 교회에 관한" 것이라는 전제를 가지고 주석한다.

4.4. 중세 유대교의 시편해석

한편, 중세기 동안의 유대교 회당측에서 시편 주석에 기여한 바를 살피자면, 저들은 그리스도를 알지 못하므로, 근본적으로 잘못된 해석을 하리라 처음부터 예상되지만, 역사적-

문법적 해석에 대한 기대조차도 할 수 없다는 사실이 놀랍다. 오직 주후 900년경부터 시리아-아랍어 영향을 받은 일부 유대인 학자들이 히브리어 문법에 관심을 갖기 시작하면서 문법적 해석의 한 토대가 놓이기 시작하였다. 여기에는 사아디아 가온 (주후 941년경에 사망), 카라잇파 (Karaites)에 속했던 제펫 (Jefeth) 등이 있었고, 중세 유대인 작가들 중에서 라쉬 (Rashi)야 말로 최고봉이었다 할 수 있다. 그는 역대기서를 제하고 전 구약만 아니라, 전체 탈뭇을 주석한 다작가였다. 그의 주석은 전대의 랍비적 주석들을 참조하면서도 당대에 활용 가능했던 문법적-사전적 도움을 철저히 이용하였다. 한편 이븐-에스라 (주후 1167년 사망)나 다윗 김히 (David Kimchi; 1250년경 사망) 등은 이전 세대의 해석 전통에서 약간 이탈하는 경향을 보여 주었다. 모든 유대인 주석가들 중에서 김히야 말로 가장 문법적-역사적 해석에 충실한 자였다. 이들보다 보다 후대 중세기 작가들이었던 모세 알쉐흐 (1601년 사망), 요엘 쇠브 (1569년 사망), 아바디아 소프르노 (1550년 사망) 등의 작품은 이전 세대의 단순한 문체를 길게 늘인 스콜라주의적 경향을 보인다. 그렇지만 이들의 시편 주석은 당대 기독인들이 갖지 못한 히브리어 지식 때문에 모세의 수건이 아직도 저들 낯을 가리운다 는 근본 오류를 제하면 많은 점에서 진보를 보였다고 할 수 있다.

이런 유대인들의 히브리어 문법 연구는 당대의 기독인들에게 영향을 미쳤다. "영구한 문설주들" (*Postillae perpetuae*)의 저자로 그리고 보통 유대인 개종자로 알려진 니콜라스 (Nicholaus de Lyra; 1340년경 사망; 그러나 *Encyclopaedia Judaica*는 개종설을 강력 부인한다), 부르고스의 폴 드 산타 마리아 대감독 (1435년 사망) 등이 이 점에서 개척자들이었다. 그렇지만 종교개혁 시대 여명기에 히브리 원문에 대한 최고 권위자들은 유스티니아누스, 파그니누스, 그리고 유대인 개종자 펠릭스 (Justinianus, Pagninus, Felix) 등이었다.

4.5. 종교개혁과 시편해석: 역사적 해석

드디어 종교개혁을 통해 중세기의 그 죽은 교회 예배가 개혁되자, 교회에 새로운 빛이 비춰기 시작했다. 그 중에서도 성경에 대한 이해는 이제 인위적인 풍유적 해석에서 벗어날 조건들이 불완전하게나마 갖추어진 상태였다. 독일의 로이힐린 (Reuchlin)이나 프랑스의 파타블루스(Fatablus) 등이 시편에 영적이면서 문법적인 주석을 출판하였다. 시편을 개조하여 만들어진 독일의 찬양들은 발틱해 연안에서 알프스 산맥 발치까지 첫 사랑의 그 신선함으로 울려 퍼지게 되었고 시편의 장미 동산에서 나온 향기가 오월의 그 싱그러움과 함께 교회마다, 가정마다, 직장마다, 시장, 거리, 들판까지 널리 스며들게 되었다. 고대의 시편이 새롭게 독일 찬양으로 변모되어 사용되기 시작한 것이다. 루터, 알비누스 (Albinus), 프랑크 (S. Franck; 한국 찬송가 445장), 게르하르트 (P. Gerhardt; 한국 찬송가 18장), 요나스 (Jonas), 무스쿨루스 (Musculus), 폴리안더 (Poliander), 링발트 (Ringwaldt) 등과 같은 독일 작가들의 노력만 아니라, 클레망 매로 (Clement Marot)는 20 여개의 시편을 찬양으로 바꾸었고, 제네바의 개혁자 칼빈은 1542년경부터 매로의 찬양시를 예배시에 사용하였다. 이리하여 종교개혁 교회들은 시편들에 곡조를 붙여 부르는 찬양 전통을 갖게 되었다. 영국 성공회나 회중 교회도 예배시에 유럽 대륙의 이런 경향을 따라갔다 (F. Delitzsch, "History," 58).

종교 개혁자 루터의 경우, 원칙상으로 풍유적 해석을 배척한다 했지만, 그의 시편 주석은 여전히 구시대의 인위적 해석의 자취들을 보인다. 그리고 구약과 신약 사이의 구속사적 차이에 대하여도 여전히 분명한 이해를 갖지 못하였다. 그렇지만 그의 적용, 특히 참회시에 대한 주석의 영적인 탁월함은 여전히 빛을 발한다. 반면, 델리취에 의하면 칼빈의 시편 주석은 깊은 심리적 통찰력을 보여주며, 시들의 역사적 정황에 대한 아주 자유로운 추측이 풍성하여 많은 오류도 끼어들게 되었다.

4.6. 칼빈의 시편해석

그런데 중세의 신비주의적, 풍유적 해석학적 틀은 칼빈에게서 어느 정도 철저하게 깨어지고 있다고 할 것이다. 칼빈의 라틴어 시편 주석을 영역한 번역자 (James Anderson)는 칼빈 시편 주석의 특징을 이렇게 잘 요약 제시해 주었다:

> 칼빈은 그의 주석에서 첫째가는 사명이 성령님의 마음을 확인하는 일이라고 생각한다. 이를 확인하기 위해, 그는 멜랑히톤이 제시한 그 원리를 중시한다. 그 원리란, 성경은 신학적으로만 아니라, 문법적으로 무엇보다 이해되어야 한다는 원리이다. 칼빈 이전 세대 사람들은 성경을 해석할 때, 신비적, 알레고리적인 방식을 매우 즐겨 애용하였다. 그 방법에 의하면, 시편의 문자적 의미는 거들떠 보지도 않고, 오직 숨겨진, 알레고리적 의미들만을 찾고자 했다. 그렇지만 칼빈은 해석자의 주관에 거의 전적으로 달린 이런 억지해석을 배격하고, 히브리 문법을 검토하고 시편기자의 의도와 경향에 주의를 집중함으로, 문법적, 문자적 의미를 탐구한다. 이런 해석원리는 오늘날의 성경해석에서도 마땅히 존중되어야 할 기본 원리가 아닐 수 없다. 칼빈은 교부들이 즐겨했던 신비적, 알레고리적 해석 방식이 산출한 그런 억지들과 모순들을 너무나도 혐오하였다. 그래서 어떤 측면에서 그는 그리스도와 교회를 지시하는 영적이고 예언적 의미를 담고 있는 부분까지도 과거의 이스라엘 역사에만 국한시키려는 자세를 종종 보이기도 한다. 그런데 시편주석에서 칼빈은 그 당대의 중심적 논쟁 이슈였던 이신칭의(以信稱義)의 교리나 구원에 이르기 위해 개인의 성화가 절대 필요하다는 점을 종종 강조하기도 한다. 그리고 칼빈은 문자적, 문법적 해석을 가하면서도, 실제적인 적용측면에 많은 관심을 기울인다.

이제 칼빈이 시편을 문자적으로 해석하고자 한 실례들을 살펴보자. 시 2:7에 여호와께서 내게 말씀하시길, "너는 내 아들이라; 오늘날 내가 너를 낳았다"는 말씀을 어거스틴이나 다른 저명한 신학자들은 하나님의 아들의 영원한 출생 (eternal generation)의 증거로 보았다. 그렇지만, 칼빈은 행 13:33에서 바울 사도께서 그리스도의 부활에서 성취된 것으로 이해하듯, 영원한 출생 교리를 지지하는 증거구로 보기를 거부하고, 단지 그리스도께서 죽은 자 가운데서 부활하심으로 아들로 세상에 선포되셨다 (곧 세상에 알려진바 되셨다)는 것을 가리킬 뿐이라고 생각한다. 다른 예는 시 8:5에서 "당신은 그를 하나님보다 약간 못하게 만드셨고, 그에게 영광과 존귀로 관을 씌우셨나이다" 라는 말씀은 종종 그리스도의 성육신에서 나타난 일시적 비하와 그 이후의 승귀(昇貴)를 예언한 것이라 이해되었다. 그런데 칼빈은 이 구절은 오로지 인간을 지시한다고 보며, 히 2:7에서 인용될 때, 그것은 오직 적응 (accommodation)의 방식으로만 그리스도께 해당된다고 이해하였다. 다른 예를 들자면, 시 33:6에서 "여호와의 말씀으로 하늘에 세워졌고, 모든 만상이 그 입술의 영으로 생겨났다" 는 구절을 많은 이들은 성부, 성자, 성령의 삼위일체의 증거구로 이해했지만, 칼빈은 여호와의 말씀을 영원한 말씀이라 인정하면서도, "여호와의 입의 영"이란 표현이 구약의 여타 구절들에서 의미하는 바대로, 여기서도 성령님이 아니라 단지 "말씀"을 지시할 뿐이라 주장한다.

칼빈은 자신의 주석 서문에서 기술하길,

> 나는 시편을 "영혼의 모든 부분들의 해부학" (An Anatomy of all the parts of the soul)이라 부르곤 한다. 왜냐하면, 시편에 거울처럼 반영되지 아니한 인간의 감정은 없다고 여겨지기 때문이다. 혹은 달리 말하자면, 성령께서 여기서 모든 슬픔, 근심, 두려움, 의심, 소망, 염려, 당혹감들, 요컨대 인간의 마음이 종종 분기되는 그 여러 가지 혼란스런 감정들을 생생하게 드러내 주시기 때문이다. 성경 다른 부분들은 하나님께서 자기 종들에게 명하셔서 우리에게 선포케 하신 그 계명들을 담고 있지만, 여기서는 선지자들 자신들이 직접 하나님께 말씀하는 것으로 우리에게 제시되고, 자신들의 모든 내적인 생각들과 감정들, 부르짖음들을 드러내 보인다. 이렇게 함으로 우리 각자가 자신을 세세히 분석해 보도록 초청한다. 그렇게 함으로, 우리가 지닌 수많은 약점들과, 우리를 둘러싸고 있는 수많은 죄악들이 은닉된 채로 남겨지지 않도록 만들어 준다. 모든 은신처들이 폭로되고, 마음이 밝은 빛 가운데로 인도되고, 가장 경멸스런 그 외식하는 마음을 떨칠 수 있다는 사실이 얼마나 귀한 이점인지. 요컨대, 하나님을 향해 부르짖음이야말로, 우리의 안전을 확보하는 최상의 방도요, 시편에서보다 더 훌륭하게 우리를 이점에서 지도할 그 어떤 것이 없으므로, 시편을 이해하는 만큼 우리의 신앙도 성숙해 갈 것이다. 진정한, 그리고 간절한 기도는 먼저 우리의 필요에서 나오겠지만, 다음으로는 하나님의 약속에 대한 믿음에서 되어진다. 이 영감된 시들을 고찰해감으로, 우리는

자신의 질병들을 깨닫게 되고, 그것들을 치료할 수 있게 될 것이다. 요컨대, 우리가 하나님께 기도할 때 우리를 격려해 줄 수 있는 것이 그 무엇이건 간에, 그것들이 시편에서 우리를 도와준다. 하나님께서 우리에게 주신 그 약속들만 아니라, 때로 시편은 하나님의 초청과 함께 우리 육신의 연약함을 동시적으로 제시함으로, 우리로 기도할 수 있도록 격려해주고 준비해 준다. 우리는 때로 여러 가지 의심들로 마음이 혼란스러울 때가 있다. 그럴 때 우리는 어떻게 그것들과 싸울 것인가? 우리는 이런 싸움에서 자신을 해방시켰던 시인들의 모습을 봄으로 이 모든 연약함을 극복하고 하나님께 나아갔던 승리를 우리의 경험으로 취할 수 있다. 우리 마음에 의심이 뭉게구름처럼 일어날지라도 우리는 포기하지 말도록 하자. 오히려 믿음이 승리를 선포할 때까지 시인들처럼 기도에서 투쟁하도록 하자.

이러한 칼빈의 이해는 루터의 그것과도 일맥상통(一脈相通)한다: "누구나 어떤 문제를 가지고 있는 사람은 자신의 문제에 맞는 시편이나 말씀을 성경에서 찾을 수 있다. 그리고 이 시편이나 말씀들은 자신의 문제와 너무나 비슷해서 이들이 마치 자신의 문제 때문에 씌어졌다고 생각할 수도 있다" (WA DB 10,I, 103, 23-25; 옷토 카이저, 「구약성서 개론」 381서 재인용).

다시 칼빈의 주석 실례를 시 7편을 들어 살펴보자:

여러 부당한 비방을 받는 다윗은 하나님께 호소하여 자신을 변호해주시고 보호해 주시라 간구한다. 다윗은 자신의 무죄를 하나님의 보호에 맡긴다. 우선, 그는 자기 양심은 부당한 비방에 대하여 아무런 거리낌이 없다고 항의한다. 둘째로, 그는 불의한 자들을 심판하시는 일이 얼마나 하나님의 영광과 연관되는 일인지를 제시한다. 셋째로, 확신을 되찾기 위해, 다윗은 하나님의 선하심과 의로우심을 깊이 묵상하고, 하나님의 약속을 기억한다. 마지막으로, 다윗은 이미 자기 마음의 소망을 이룬 양, 원수들의 헛된 시도들과 어리석음을 조롱한다. 혹은 하나님의 도우심에 의지하면서 다윗은 자신을 치려는 원수들의 모든 시도들이 스스로를 파멸시키고 말 것이라 확신한다.

요컨대, 칼빈의 해석원리 (문법적, 문자적 해석)는 오늘날도 타당하다. 그리고 그가 기독인의 삶에 시편들을 적용시키는 일에 노력을 기울인다는 점도 높이 평가되어야 한다. 그렇다고 해도, 우리는 칼빈도 그 시대의 아들로서 오늘날 우리가 가진 여러 탁월한 연구서들이나 도구들을 갖지 못하였다는 점을 언급해야 한다. 오늘날 컴퓨터 화된 성경연구는 데이터 처리 방식에서 이전에 감히 상상할 수 없었던 신속함과 정확성을 기할 수 있도록 도와주었다. 그리고 고고학이나 여타 성경과 연관된 학문들의 비약적인 발전으로 칼빈의 주석은 당연히 그 시대의 작품으로 남겨져야 할 것이다. 그럼에도 그가 보인 주석에서의 탁월성은 시대가 변해도 가치가 하락하지 않는 그 무엇을 담고 있음이 분명하다. 그것은 성경에 대한 확고한 신뢰감과 경건에서 우러나온 것이며, 그가 가졌던 성경 전체를 꿰뚫어 보는 통찰력 등에 기인했다고 할 수 있다. 우리는 칼빈의 시편 주석에서 당시대에 만연된 잘못된 해석관행을 과감히 탈피하고 시편의 바른 이해로 우리를 한층 이끌어 주었던 칼빈의 용기 있는 시도를 높이 평가하고자 한다. 그의 주석은 그런 면에서 오늘날의 교회들에도 여전히 가치를 지닌다고 할 수 있다.

4.7.종교개혁 이후시대 시편해석

종교개혁 이후 시대의 루터교 목사 라인하르트 바키우스 (Reinhard Bakius)의 시편 주석은 박학다식을 보이지만 단순한 강해를 찾아보기는 어렵다. 역시 루터파 학자 마틴 가이어 (Martin Geier)의 경우에도 종교 개혁가들의 자유로운 정신은 찾기 어렵고, 전통적 교의 신학의 틀에 매여 역사적 문맥을 보지 못하고 있다. 전통적 해석의 틀을 넘어서는 일은 저들에게 이단적으로 간주되었던 것이다. 개혁파 전통에서는 콕세이어스 (Cocceius) (1669년 사망)가 저명하였다. 이렇게 개신교 학자들만 아니라, 1550-1650년 어간의 게네브라르두스, 아겔리우스, 드 무이스 등과 같은 로마교 학자들도 셈족어들에 대한 지식을 가지고 원문을 주해하기 시작하였다. 그렇지만 로마교 학자들 역시 나중에는 스콜라주의로 변질되고 말았다. 1750년 이후, 개신교측에서는 지난 세기에 나타났던 그런 영적이고, 교회적 성격을 지닌 성경 주석이 점차 기운을 상실하고 무감각 상태로 퇴보하고 말았다 (F. Delitzsch, "History," 61). 이런 주석들은 순전히 문학적이고, 시적인 관심만 보일 뿐 영적인 지각력이 없다. 그러다가 헤르더 (Herder)가 맛을 회복시키고, 헹스텐벅 (Hengstenberg)가 교회의 신앙과 영성을 일깨우는 방향으로 지도하기 시작하였다.

4.8.근대적 시편해석: 비평주석의 시작

이런 정황에서 근대적 주석의 시작은 로젠뮬러 (Rosenmueller)의 시편 주해 (Scholia) (1798-1804)였다. 그는 류딩거 (Ruedinger), 부처 (Bucer), 아겔리우스, 유대인 주석가들을 이용했을 뿐 아니라, 분명한 언어로 주석을 제시하였다. 동시에 드 비테 (De Wette)의 시편 주석이 (1811년 초판) 로젠뮬러의 것보다 더 독창적이고, 형태상으로도 훨씬 진보하였다. 그럼에도 그의 불신앙은 시편의 구속사적 위치를 알지 못하고, 그의 주석은 의심을 표출하는 통로로 너무 자주 나타난다. 그는 시편들이 순전히 이스라엘 민족의 애국 정서를 반영하는 것으로 이해하여 신앙적 차원은 제대로 파악치 못하고, 신정적 요소를 빈정대기도 한다. 1835년에 나타난 힛지히 (Hitzig)의 비평 주석은 드 비테의 부정적 부분을 약간 긍정적으로 바꾸는 데 기여하였다. 그는 73개의 다윗 표제가 붙은 시들 중에서 14개를 다윗의 시로 인정했다. 그렇지만, 73편부터는 시 1, 2, 60편과 함께 마카비 시대의 것으로 판단했다 (시 138-141편은 알렉산더의 부친 요한 힐카누스 시대로 판단). 이렇게 비평학파 내에서도 급진 비평파 (드 비테, 휴펠트 Hupfeld), 온건 비평파 (힛지히, 폰 렝게르케, 올하우젠) 등으로 갈리었다.

이런 비평 학자들에 맞서서 1842-1847년 출판된 4권으로 된 헹스텐벅의 주석은 역사적-문법적 이해만 아니라 시편을 무엇보다도 교회의 신앙적 관점에서 이해하고자 하였다. 움브리트 (Umbriet, 1835년 출판), 스티어 (Stier, 1834년 출판) 등의 주석도 그런 자세를 보여 준다.

18세기 계몽사상의 영향으로 성경연구에 불어 닥친 역사-비평적 해석법이 유행한 이래, 성경해석 방법론은 크게 이대분해서 고려할 수 있다. 하나는 **역사-비평법**이요, 다른 하나는 **계시 신앙 방법론**이다. 전자는 성경도 세속적인 고대 (종교) 문헌의 하나로 취급하여 해석하는 방법론이라면 후자는 성경을 하나님의 계시로 믿고 해석하는 방법론이다 (보다 자세한 논의는 최종태, "구약을 어떻게 가르칠 것인가?" 146-163). 역사-비평법이란 일반적인 명칭 하에 여러 갈래의 비평법들이 나타났다. 예컨대, 문헌비평 (source criticism), 양식비평 (form criticism), 편집비평 (redaction criticism), 전승사 비평 (tradition-history criticism) 등등. 이런 역사-비평법들은 하나같이 "방법론적 회의(懷疑)의 원리 (methodological doubt), 유추의 원리 (analogy), 상관성의 원리" 등을 전제로 하고 움직인다. 이런 원리들은 단적으로 말해 하나님의 초자연적인 섭리나 간섭을 역사에서 배제한다. 즉, 성경을 하나의 역사문헌으로 간주하고 그 안에 기록된 내용들에서 초자연적인 성격의 것들을 모조리 배제한다는 전제하에서 역사-비평법은 진행된다. 반면 계시-신앙 방법론은 성경을 하나님의 계시로 신앙하면서 이해하고자 시도하는 방법론이다. 이는 방법론이라 이름 했지만 하나의 전제라 할 수 있다. 이 전제 위에서 우리의 성경 해석 작업은 진행될 것이다.

이상에 언급된 두 방법론을 다른 각도에서 설명한다면, 전자는 통시적 혹은 역사적 (diachronic or chronological) 방법론이라 한다면, 후자는 공시적 (synchronic) 접근법이라 할 수 있다. 이는 성경본문에 대한 자세를 기준으로 구분한 용어들이다. 전자는 어떤 성경 본문을 연구하기 시작할 때, 그 본문이 원래 기록된 대로의 원형이 아니라, 시대를 거치면서 여러 번 수정, 첨삭된 복합체라 간주하고 연구한다. 반면 공시적 방법론은 현재 우리가 지닌 본문의 단일성, 곧 그 본문이 하나님의 영감으로 된 것이라는 확신 가운데서 해석을 진행시킨다. 고고학적으로 비유해서 말하건대, 통시적 방법론은 현재 표면에 드러난 울퉁한 부분 (텔 [언덕]이라 부름)을 파헤쳐 들어가면 저 밑층에 유적 (건물이건 도성이건)의 원형이 나타나리란 사고에서 본문의 발전된 과정을 추적하여 그 원형이나 그 발전 과정들을 근거로 해석한다. 반면 공시적 방법론은 성경은 하나님의 영감으로 주어졌다고 믿는 신앙 가운데서, 우리가 지닌 본문의 현재 모습 그 자체를 놓고 해석을 시도한다. 통시적 방법론은 현재 우리가 지닌 본문 이면에 가정된 여러 이전 단계들 (특히 구전단계)에 초점을 맞춘다면, 공시적 방법론은 현재 가진 본문의 모습에 초점을 맞춘다.

이상의 두 방법론이 시편 해석에 적용될 때 어떤 양상을 띨 것인가? 계시 신앙적 방법론을 따르는 해석은 시편 본문의 영감성을 인정하고 주석하기에 현재 본문의 의미파악에 주력할 것이다. 반면 역사-비평법은 개개 시편들이 어떻게 발전되었는지, 그 발전 과정에 초점을 맞출 것이다. 역사-비평법도 18세기에 본격적으로 태동된 이래, 여러 변천을 겪었다. 그 초기에 역사-비평법은 시편의 형성과정, 저작 연대, 저자, 저작 목적, 자료들 등에 초점을 맞추었다. 19세기에 나타난 시편 주석들은 이러한 경향을 반영해 준다. 1906년에 출판된 찰스 브릭스 (C. A. Briggs)의 시편 주석 (I. C. C. 시리즈)이 이런 경향을 대표한다. 시 7편에 대한 설명에서 브릭스는 다음과 같이 적었다 (*A Critical and Exegetical Commentary on the Book of Psalms*, 51).

시 7편은 개인적인 원수에게서 구원을 호소하는 기도이다:
(1) 자기를 추적하는 사람에게서 구원을 호소한다. 시인은 자기를 정죄하는 그 죄악을 자신이 실제로 행했다면 자신이 저주를 받아야 한다고 선언한다 (2-6절).
(2) 야웨께서 자기를 추적하는 자를 치는 무기들을 준비하신다고 확신한다. 원수의 악행과 궤계는 정당한 보응을 자초할 것이다 (13-17).
후대 편집자들이 궁극적인 세계 심판에서 열방들을 심판할 것을 호소하는 간구 (7-8절), 이스라엘의 악인과 의인 사이의 심판 (9하-12절), 찬양 (18절) 등을 삽입하였다.

여기서 브릭스는 표제를 아예 무시하고 있다. 그리고 이 시편에 편집자의 첨삭이 있었다는 것도 지적하고 있다. 어떤 시편이 원래 저자의 작품 그대로인가? 아니면 그 시들을 수집하고 한 책으로 엮은 편자들의 수정 첨삭이 있었는가? 브릭스는 단지 시의 내용에 근거하여 후대 편집인들의 첨삭이 있었다고 추정한다. 고대 이스라엘에서 수집하여 편집된 시편들이 성전에서 예배용으로 사용되었다는 사실에는 의심의 여지가 있을 수 없다. 그러나 브릭스처럼 원래 시를 편자들이 첨삭 수정하여 (예배용으로) 사용했다는 주장은 오늘날의 찬양시들의 수집과 사용 용례에 비추어 볼 때, 그렇게 개연성이 없어 보인다. 예컨대, 송명희 시인이 지은 찬양시들을 어떤 복음성가 편자가 자기 마음대로 예배를 위한다는 명목에서 첨삭(添削)하여 편집할 수 있는가? 그것은 시인의 작품을 파괴 내지 변질시키는 일일 것이다.

브릭스의 주석에서 또 두드러지게 드러나는 특징은 자신이 생각하는 시의 '운율을 이유로' (*metri causa*) 본문을 제멋대로 변조시킨다는 점이다. 그렇지만 자신이 생각하고 정한 시의 운율이 본문을 바꾸는 기준이 될 수는 없다. 운율은 종종 파격과 불규칙을 동반하기 때문이다. 그런데 브릭스는 시편들은 대다수가 추방 이후 시대에 저술되었다고 본다. 이는 초기 역사-비평가들인 힛지히 (Hitzig), 벨하우젠 (Wlellhausen), 버나드 둠 (Bernhard Duhm) 등이 시 137편과 몇 개의 페르시아 시대의 것을 제외한 대부분의 시편들이 마카비 시대의 저작이라고 주장한 것에 비추어 볼 때 상당히 이른 시기를 책정한 것이다.

초기 비평가들이 이렇게 시편을 늦은 시기로 배정했던 이유는 순수한 유일신 종교는 아주 후대의 생성물이라는 확신과 동시에 시편은 선지자들 이후에 생성되었다는 사고 때문이었다. 왜 시편을 선지자들 이후의 산물이라 보았던가 하면, 시편에 나타나는 여러 표현들이 선지서들에서도 나타나기 때문이다. 이런 표현들의 공유 현상을 설명하면서 초기 비평가들은 시편 기자들이 선지자들이 영향을 받아서 그런 표현들을 채용했다고 하였던 것이다. 그리고 시편에 반영되고 있는 아주 개인주의적인 자의식은 이스라엘의 종교 발전사에서 아주 후대의 고도로 발전된 단계를 입증한다고 생각하였다. 이런 요소들에 근거하여, 초기 비평가들은 시편이 자주 언급하는 원수들은 바로 마카비 시대에 신앙을 탄압하던 그 이방 압제자들이나 저들에 빌붙은 배교자들이라고 쉽게 판단하게 된 것이다. 그렇지만 20세기에 들어서자 여러 정황들이 이런 생각들을 더 이상 견지할 수 없도록 만들고 말았다.

그 정황들이란 우선, 학자들은 70인역이 제공하는 증거들을 새롭게 주목하게 되었던 것이다. 시편은 성문서들 중에서도 타의 추종을 불허하는 탁월한 지위를 점하고 있었다 (마카비 2서 2:13, 필로, 「압비온을 반대하여」 25, 눅 24:44 등). 이런 이유로 인하여 70인역은 시편을 먼저 번역했던 것이다. 더구나 헬라어역은 회당 예배의 필요에 부응하여 생겨났다는 사실은, 알렉산드리아에서 시편은 선지서들의 여타 책들보다 앞서서 헬라어로 번역되었으리라는 추정에 무게를 더해준다. 벤 시라 (Ben Sira)는 이미 시편을 알고 있었으며, 주전 132년경에 글을 썼던 그의 손자가 히브리 성경의 헬라어 번역을 언급하면서 "율법, 예언들, 그리고 그 책들의 나머지라" 했을 때, "나머지"란 말은 헬라어 시편을 염두에 두었을 것이 확실하다. 시편의 헬라어 역본은 히브리어 정경의 순서나 숫자와 동일하므로, 히브리어 정경은 헬라어 역본이 나타난 시기인 주전 2세기 이전이어야 마땅하다. 더구나 확실한 것은, 헬라어 역자들은 히브리어를 번역할 때, 의미를 제대로 파악하지 못한 경우들이 많았다는 사실이다. 특히 더 이상 사용되지 않게 된 음악 전문용어에 있어서 그러했다. 이런 사실로 미루어 볼 때, 시편의 작시나 편집 등은 헬라어 번역이 있기 훨씬 오랜 이전이었음이 분명하다. 의미심장한 사실은 단 3:5이하에 언급된 바벨론-페르시아 시대의 여러 음악 악기들이 하나도 시편에 언급된 10개 이상의 악기와 일치하지 않는다는 점이다.

이런 점들을 종합해 본다면, 시편이 헬라시대의 산물이란 사고는 절대로 가능치 않다. 시편의 사고나 표현도 헬라적인 것은 찾을 수가 없다. 이런 결론은 유다 광야에서 발견된 여러 다양한 형태의 문학작품들을 고려해 보아도 확인될 수 있다. 주전 2세기경이 시편인 4QPs^{a}은 비록 단편이긴 해도, 히브리 시편의 1, 2권은 마카비 시대 오래 전에 고착되었다는 것을 확인해 준다. 사실 시편은 아주 널리 퍼져서 감사 찬양의 형태로 된 하나의 모방 문학을 산출할 정도였다 (4QH). 이 모방문학은 정경 시편의 표현들을 빈번하게 사용한다. 그럼에도, 모방문학과 정경 시편 사이의 언어적, 문체적, 구조적, 주제적, 신학적 차이들은 심대하여, 성경 시편들의 고대성을 의심할 여지가 없게 만들어 준다. 더구나 쿰란과 마사다에서 발굴된 벤 시라의 히브리어 원전의 일부분들은 시편의 문체가 주전 200년경의 교육받은 유대인들의 언어와 비길 수 없이 오랜 옛날 단계의 것임을 확실히 보여준다.

국가적 사건들에 대한 역사적 언급들이 몇몇 시편들에서 나타나긴 해도, 시 126, 137편과 같이 바벨론 추방 사건을 제한다면, 사사기 시대 이후의 어떤 사건들에 대한 언급은 하나도 없다 (시 78, 81, 83, 95, 105, 106, 135). 시편에서 유다 혹은 이스라엘의 왕들에 대한 언급은 다윗만이 나타날 뿐이고 (시 18:51, 89:4, 36, 50, 132:1, 11, 17), 이방인들이 침공한 암시들이 있을 뿐이다 (시 2, 48, 74, 79, 83, 89). 다시 말해, 추방 이후의 사건들에 대한 언급은 찾아보기 어렵다.

민족이 죄악 되다는 사고나, 예배의식보다 도덕이 우월하다는 식의 그런 사고, 혹은 다윗 왕가의 회복이나 포로들의 귀환 같은 사고들은 없지 않은가? 만약 시편기자들이 예언자들의 영향을 받았고 저들의 가르침의 영향권 아래 있었다면, 이런 사고들이 시편에 나타나지 않는다는 것은 아주 이상한 일이 아닐 수 없다.

또한, 아주 고도로 개인주의적이고 개인적인 정신이 시편에 생동하므로 시편의 후대성을 입증한다는 주장도 고대 근동의 많은 시문학들이 발견되면서 그 타당성을 완전히 상실해 버렸다. 고대 근동 시문학들은 이스라엘의 그것보다 연대기적으로 훨씬 이른 시대의 것들이지만, 그 시들은 구약 시편의 그것처럼 개인주의적이고 개인적인 정신으로 충일한 것이다.

한편, 지난 19세기에 출판된 시편 주석 중에서 델리취의 시편 주석은 역사적 비평법을 따르지 않고, 표제가 암시하는 그런 역사적 상황에 비추어 시편을 해석하는 가장 영향력 있는 복음주의 주석이라 할 수 있다. 칼빈이 그 당대의 유대인 주석가들의 문법적 주석에 영향 받은바 크다면 (라쉬 →니콜라 드 리 [Nicholas de Lyre] →루터?), 카일. 델리취 역시 그러한 전통에 서 있다고 할 수 있다. 저들은 개개 시편들이 발전된 과정을 추적하지 않고, 현재 있는 본문의 의미 파악을 위해 단어의 의미나 문법, 그리고 다른 역사서들과의 연관성 파악에 초점을 맞춘다. 이런 측면들에서 저들의 주석은 여전히 가치가 크다고 할 수 있다. 또한 시가 갖는 시적인 특성에 대한 고려도 델리취의 주석에서 적지 않게 언급되고 있다. 델리취는 초기 히브리시는 고정된 운(rhyme)이나 운율 (metre)를 갖지 아니했으나, 주후 7세기 유대인들의 시에서는 차츰 운이 도입되고 나중에는 운율이 도입되었다고 지적한다 ("The Strophe-System of the Psalms," *Psalms*, 23). 그럼에도 그는 불완전한 운이나 운율의 자취가 있다는 점은 인정한다. 그는 액센트에 의한 강약약 운율 (dactylic) 혹은 약약강 운율(anapestic)의 예도 지적한다 (시 2:5, 3 각기). 즉, 델리취는 시리아어 시가에서 보는 아주 규칙적인 운율은 없다 해도, 히브리어 시가에도 부분적인 운율이 존재한다는 점은 인정한 셈이다. 그래서 그는 정당하게 지적하길, 시의 길이가 운율에 따라 엄격하게 규제되는 그런 운율은 없고, 단지 감정들에 따라 달라지는 리듬들이 나타나며 이는 운율이라 하기 어렵다. 이는 어거스틴이 "음악론" (*De Musica*)에서, "모든 운율은 리듬이지만, 모든 리듬이 운율은 아니다" 라고 한 말과 같다. 일정한 리듬이 시 전체에 흐르는 경우는 없고, 단지 사고나 기분에 따라 항상 리듬이 달라지고 있다. 예컨대, 시 4편의 저녁의 노래 말미에서 약약강 운율로 올라가서 (*키앗 타 야웨 레바닷*), 마침내 약강 운율 (iambic)로 조용히 가라앉는다 (*라베타흐 토쉬베니*). 델리취는 이미 이븐-에즈라나 김히 (Kimchi)가 병행법 현상을 '문장의 반복' (*카풀*, *duplicatum*)으로 호칭하고, 표현의 격조 높은 형태라고 말한 바를 지적한다 (Ibid, 25).

4.9 20세기 시편해석: 양식비평과 그 이후

그렇다면 현 20세기 후반의 시편주석들은 어떤 양상을 띠고 있는가? 역사-비평법을 적용한 시편 주석가들은 자신들이 의도한 소기의 성과를 시편 연구에서 거두기 아주 어렵다는 것을 절감하지 않을 수 없었다. 왜냐하면 여러 시들은 그 저작의 연대나 삶의 자리에 대하여 구체적인 사항들을 언급치 않고, 오히려 "일반적인" 표현들을 사용하여 모호하게 처리해 버리기 때문이다. 예컨대, 시 5편에서 "원수"가 등장하지만 그 원수가 구체적으로 어떤 상황에서 시인을 어떻게 괴롭혔는지에 대하여는 언급이 없고, 단지 모호하게 일반적인 말로 "나의 원수들의 목구멍은 열린 무덤 같고 저희 혀로는 아첨하나이다" (9절)라고만 기술한다. 이러한 상황에서 독일의 허만 궁켈 (Hermann Gunkel, 1862-1932)이 양식비평을 시편에 적용함으로 시편연구에 가히 혁명적 변화를 가져오게 되었다. 오늘날 역사-비평법을 따르는 성경학자들 ("비평가들")은 이런 저런 모양으로 시편연구에 궁켈의 양식-비평법을 적용하고 있다. 이 시점부터의 비평적 시편 연구는 옷토 카이저, 「구약성서 개론」 (왜관: 분도출판사, 1995), 380-389가 잘 개괄해 주고 있다.

궁켈이 구약을 연구하면서 관심을 쏟은 분야는 문학형태들 (genre, Gattung)의 분류 (Gattungsforschung)와 그 형태들의 역사 곧, 문학사 (Literaturgeschichte)였다. 궁켈은 모든 문학작품들은 형태들 (장르)로 분류가 되고, 각개의 문학형태는 나름대로의 독특한 내용과 분위기, 특징적인 표현들, 그러한 문학형태 (문학양식)이 생겨난 삶의 정황 (Sitz im Leben) 등이 있다고 보았다. 예컨대 설교는 강단, 동화는 할머니의 사랑방, 애가는 초상집, 판결문은 재판정, 선지자의 메시지는 성전 뜰, 지혜문은 사람들이 모였던 성문 앞 광장 등과 같다. 여하간 궁켈이 문학작품들의 형식이나 그 생겨난 자리들을 중시하고 문학형태별로 분류해서 그 생겨난 자리에 비추어 이해하고자 한 시도는 시편 연구에 혁명적인 변화를 몰고 왔다고 할 수 있다. 물론 그 이전에도 시편들을 유형적으로 분류해서, 여호와를 찬양하는 노래들, 세상의 도덕적 통치에 관한 교훈적 시들, 국가적 시편들, 왕의 시들, 개인시들 등과 같이 데이비슨 (W. T. Davison)은 분류하기도 하였다 (W. T. Davison, "Psalms, Book of," in ed. James Hastings, *A Dictionary of the Bible*, vol. 4, 161). 데이비슨에 의하면, Hupfeld (*Introduction*, 467), Bleek (6th ed. by Wellhausen, 467), Driver (*Introduction to the Literature of the Old Testament*,[6] 368-69) 등이 시편들을 유형별로 분류하고자 했다.

궁켈에 의하면, 이스라엘에서 시들은 일정한 정형들 (types)에 따라 작사되었지만, 세월이 흐름에 따라 약간씩 변화되어 갔다고 한다. 원래는 단순한 형태가 나중에는 복잡한 모양을 띄게 되었고, 시의 형식만 아니라 신학 내용에서도 그러한 발전이 일어났다고 한다. 참회시의 경우를 예로 들자면, 처음에는 질병을 고치고 속죄하기 위해 성소에서 기도하고 간구하는 것이 문자적인 의미로 기술되었지만, 나중에는 상징적인 의미로 이해되게 되었다. 그리고 시가 낭송된 장소도 세월의 흐름에 따라 바뀌었다 한다. 처음에는 성소에서 시가 낭송되었다 한다. 예컨대, 병자의 경우에 성소에 나아가 신앙의 힘으로 질병을 고치고자 하였다는 것이다. 성소에서 씻는다든지, 여러 제사를 드리던지 하는 의식들을 행함으로 치료의 약속이나 예언을 성소에서 기대하였다. 그런 의식들을 행하는 이유는 질병은 특히 생명을 위협하던 그런 질병들은 하나님이나 여타 영적인 세력들에게서 기원했다는 신념 때문이었다 한다. 고대에는 특히 질병의 자연적 이유는 알려진 바 없었기에 그런 생각은 하등 문제될 것이 없었다. 때로 이스라엘 사람들은 질병이 원수들이 발한 저주들 때문에 야기되었다고도 생각했지만, 나중에는 모든 질병이 야웨에게서 직접 온다고 생각했다 한다. 즉 진노하신 하나님께서 질병으로 죄를 징벌하신다는 것이었다. 그 구체적인 예가 욥의 경우이다. 질병의 원인이 여하했건 간에 이스라엘인들은 질병은 야웨만 고치실 수 있다고 믿었다. 성소에서 그러므로 병자가 치유를 위해 찬양의 기도를 발하는 예배의식은 중요한 의식의 하나였다 한다. 그러므로 많은 탄식시들은 이렇게 성소에서 치유나 문제 해결을 기원하는 성도들이 사용할 수 있도록 예배용으로 작사된 것이다.

그런데 후대에는 이 시들이 성소가 아니라 가정에서 낭송되게 되었다 한다. 시편은 이제 선지자들의 영향에 의해서 완전히 신령화 되고 (spiritualized) 미화되어 결국 외적인 형식들은 결정적으로 부차적인 것이 되고 말았다 한다. 궁켈에 의하면, 후대의 시편들은 원래 성소에서 낭송되던 시들의 모방들이라 한다. 궁켈의 이런 성소 기원설과 예배 의식용 작사설은 이미 야콥 (B. Jacob)이나 피터스 (J. P. Peters) 같은 이들이 예기했던 사고였다 (B. Jacob, *ZAW* 17 [1897], 263이하; J. P. Peters, *The Psalms as Liturgies* [New York, 1922]; idem., "Ritual in the Psalms," *JBL* 35 [1916], 143-154 참조).

4.10 예배 의식(Cult)에서 생겨난 시편

등장하여 예배의식용 시편 가설은 크게 힘을 얻었다 (*Psalmenstudien I-VI* [Oslo, 1921-

24]). 그는 시편이 생겨난 자리가 예배 의식이었다고 보고, 그 예배가 어떤 성격의 것이었는지를 재구성하고자 시도하였다. 모빙켈은 그의 첫 작품 (`Awan und die individuellen Klagepsalmen)에서 시편기자들이 불평한 "악행자들"은 병들어 탄식 기도를 올리는 탄원자에게 악한 주문을 발한 주술사들이었다고 이해했다. 탄식시들은 바로 이런 악행자들의 주문을 상쇄하고 제거하기 위한 예배용 기도시였다 한다. 성소에는 제사장들만 아니라, 성소 예언자들이 있어서, 병들거나 문제로 기도하는 탄원자들에게 하나님의 신탁을 선언했는데 그런 신탁들이 시편들 여기저기서 나타난다고 한다. 궁켈은 현재 모습의 시편은 원래 성소의 예배의식용에서 해방되어 그 형식이나 내용에서 아주 신령화 되고 미화(美化)되었다고 한다. 그렇지만 모빙켈은 이런 궁켈의 입장을 비판하면서 성소 예배가 순전히 형식적이요 신령한 은혜가 없는 죽은 화석에 불과했다는 생각은 전연 잘못된 것이었다 한다. 궁켈은 의식에 근거한 형식적 종교와 개인 신앙 사이에 너무 과도한 구분을 했다는 것이다. 그에게 있어서 시편은 거의 전부가 기원이나 의도에 있어서 예배 의식용이다. 시 1편, 117편 (?), 시 127편 등 만이 비-예배 의식용이라 한다 (Psalmenstudien VI. 후에 모빙켈은 시 19 B, 24편, 37편, 49편, 105편, 106편, 119편 등이 비-예배의식용이라 하고, "예배용 시편" [kultische Psalmendichtung]과 대조되는 "학자적 시편" [gelehrte Psalmendichtung]이라 한다 [Offersang og sangoffer, Oslo, 1951, 375]).

크라우스 (J. H. Kraus)는 궁켈이 시편에 가했던 양식-비평법의 약점들을 비판한 후 자신의 입장을 천명한 바 있다 (J. H. Kraus, Psalms 1-59, 39-42). 우선 궁켈이 짧은 시는 고대, 길고, 여러 유형이 혼합된 시는 후대라는 현실에 맞지 않는 전제를 품고 있었다. 둘째로, 양식-비평에 대한 과대 신뢰로 시편기자들의 "경건"에 대한 형식적, 심미안적 판단들이 지속적으로 나타난다. 셋째로, 시편과 예배 (cult)와의 관계에 대한 궁켈의 이해에 문제가 있다. 더 나아가 궁켈과 그의 제자 베그리히가 제시한 유형들의 분류는 (H. Gunkel & J. Begrich, Einleitung in die Psalmen. Die Gattungen der religioesen Lyrik Israels, 1933) 여러 문제들을 품고 있었다고 비판된다. 구체적으로 말해서, 궁켈은 하나의 시 유형 (a type)을 결정하는 데 결정적인 열쇠는 "공통의 문학형태들" (gemeinsame Formensprache)라 하였다 (Einleitung, 22f.). 하지만, "왕의 시들"과 같은 유형을 고찰해 보면, 그러한 공통의 문학 형태란 아무런 역할도 하지 못했다는 것이 나타난다. 이러한 경우에 한 유형을 결정짓는 요소는 "공통적 사고와 분위기"라 한다 (Einleitung, 22). 그러나 이것도 역시 모호하여 유형을 결정짓는 데 결정정적인 기여를 할 수가 없다. 그러므로 크라우스는 시의 유형들을 보다 조직적으로 분류할 판단요소들 (criteria)이 요청된다고 제안한다.

궁켈이 "개인 탄식시"로 분류했던 유형을 예로 들어도 궁켈의 분류가 얼마나 임의대로의 것인지가 드러난다. 우선 "탄식하는 그 개인이 누구인가?" 궁켈에 의하면 한 개인이라 한다. 그러나 크라우스는 "개인"이 공동체를 대표해서 기도한다고 하는 주장을 근거로 궁켈의 입장을 비판한다. 더 나아가 크라우스는 "애가"(lament)라는 명칭이 적절한가? 라고 묻는다. 탄식시로 분류된 시들을 보면 애도하는 것은 없다. 오히려 곤경의 묘사 (곤경에서의 부르짖음), 도움의 호소라는 두 초점이 있을 뿐이다.

궁켈에 의하면 한 유형의 중요한 요소는 공통의 "삶의 자리"라 한다. 이 시점에서 크라우스는 이질적인 어떤 명칭들을 도입할 것이 아니라, 오히려 시편 자체가 제시하는 명칭들을 가지고 유형들을 분류함이 더 합당하다고 제안한다. 그래서 그는 보다 일반적인 명칭을 여섯 개 제시한다: 찬양의 노래 (*테힐라*), 기도의 노래 (*테필라*), 왕의 시들 (*마아사이 레멜렉*, 시 45:1), 시온의 노래 (*쉬르 치온*, 시 137:3), 지혜시들 (교훈시들)(*마스킬*, 시 49:3 이하), 의전시들 혹은 절기시들 (liturgies or festival psalms). 이런 일반적 그룹들로 대별해 놓은 후에 양식 비평적 분석과 분류를 본문이 허락하는 한도에서 한다는 것이 크라우스의 입장이다. 예컨대, "기도의 노래"에는 "개인의 기도 노래"와 "공동체 기도 노래," "개인의 감사 노래" (토다)가 있을 것이다. 여기서 보듯 양식비평적 분석이 아니라 주제별 분류가 요청된다. 궁켈이 사용했던 모호한 "사고와 분위기상의 공통 요소"가 아니라 "주제"라는 말을 사용해야 한다. 주제별로 고려한다면, "개인 기도의 노래"는 "병든 자의 기도 노래," "정죄 당하고 핍박당하는 자의 기도 노래," "죄인의 기도 노래" 등과 같이 분류될 수 있다 (p. 41).

잠시 여기서 궁켈의 양식적 시편 분류와 연관하여, 베스터만 (C. Westermann)의 사고를 언급해 보자 (이태훈, "이스라엘 감사시에 대한 소고" 참조). 궁켈이 시들의 유형들을 분류하면서 "찬양시"와 "감사시"로 분류했던 것을 베스터만은 "서술적 찬양시"와 "보도적 찬양시"로 새롭게 정의했다 (*Lob und Klage in den Psalmen*, 25). 보도적 찬양시는 어떤 개인이나 이스라엘이 자기에게 베풀어 주신 하나님의 은총을 감사 찬양하는 반면, 서술적 찬양시는 하나님의 속성과 그분의 위대하심을 찬양한다. 그 각각의 문장 형태를 본다면, 서술적 찬양시는 "하나님은 . . . 이시다"라고 현재형을 제시 한다면, 보도적 찬양시는 "하나님께서 이렇게 행하셨다"라고 과거형을 사용한다.

비교적 관점에서 말하자면, 메소포타미아 지방에서 발견된 신을 찬양하는 시들의 내용을 보면, 이상하게도 거의 "서술적 찬양" 밖에는 없다. 베스터만에 의하면, 개인의 보도적 찬양은 바빌로니아에서 분명히 독립적 장르가 되지 못했다. 이런 정황은 이해하기 어렵지 않다. 메소포타미아 지방 사람들이 자기 신들을 찬양할 때, 그것은 이미 의도된 제사 의식의 맥락에서 생겨난 것이지, 개인들이 삶에서 실제로 체험한 한 신의 역사에 대하여는 말할 것이 없었던 것이다. 즉, 저들의 찬양시란 것들은 결국 기계적인 것이지, 실제 삶의 현장에서 체험했던 신들의 구원 역사를 말할 것은 거의 없었다. 만약 있었다면, 그것은 오늘날 불교를 신봉하는 이들이, 절에 가서 불공을 드렸더니 아기를 잉태했고, 그래서 부처님에게 감사한다는 식이 될 것이다. 그러나 고대 메소포타미아에서 이런 개인적 신앙체험을 노래하는 시는 거의 없다. 반면, 이스라엘에서는 자기들을 구원해 주신 구원의 하나님께서 행하신 일들은 무궁무진하게 많았다.

  그런데 실제적으로 시편을 읽다보면, 궁켈이 "감사시"라 분류했던 장르에 속하는 시들(베스터만이 "보도적 찬양시"라 분류)은 의외로 수가 많지 않다. 왜 그러한가? 그 이유는 궁켈에 의하면, 구원 받은 이후에는 구원자에게 감사드리는 것을 쉽게 잊어버리기 때문이라 한다. 그러나 그런 설명은 아주 설득력이 약하다. 오히려 실제 이유는 감사시는 여러 면에서 찬양시와 거의 일치하기 때문일 것이다. 히브리어에는 원래 "감사하다"란 단어조차 없었다. 하나님의 구원을 체험하고 감사의 노래를 부르는 대신, 구원의 체험자들은 하나님을 찬양하고 있다. 찬양시는 문법적으로 살피자면, 하나님을 경외하는 너희는 찬양하라! 는 식으로 명령적 형태를 띠고 나타난다. 그래서 감사 찬양시는 "명령형 시"라고도 불린다.

  다시 크라우스에게로 돌아가서, 궁켈의 양식-비평법에 대한 대안을 제시한 크라우스는, 이 주제-중심적 형태 분류와 이스라엘의 예배 사이의 관계를 규명하고자 한다. 여기에는 피해야할 두 극단적인 의견들이 대치 상태에 있다. 한편으로, 해석이 문학-형식에 우선하는 경우로, 여기서는 예배의식이 완전히 뒷전으로 사라진다. 다른 한편으로, 전체를 포괄하는 예배 의식에 여러 다양한 시들이 귀속 분류되었다. 여기에는 모빙켈의 야웨의 신년 즉위식 가정이 속한다. 여기서 크라우스는 궁켈의 가정, 곧 시들이 예배의식에서 생겨났다는 가정의 정당성을 지적한다.

  크라우스에 의하면 (*Theology of the Psalms*), 시편은 원래 매년 가을에 거행되던 신년 축제 예배를 위해 작사된 시들의 모음집이라 한다. 그 예배 사건의 역사를 재구성하면서 크라우스는 네 개의 주요 발전단계를 가정하였다.

  1) 출애굽과 광야 방랑을 기념하던 장막 축제 (Tent Festival)가 있었다.

  2) 왕정 이전에 인보 동맹 (amphictyonic) 언약을 갱신하는 연례의식과 연관된 언약 갱신의 축제

  3) 다윗 왕조가 세워진 후 예루살렘에 도읍을 정하고, 예루살렘 (여부스 족속)의 종교적 전통들과 왕의 사상들을 흡수하는 단계. 이 단계에서 가나안 족속의 신화론적 사고들과 자연관, 창조신화, 왕의 사상 등을 흡수하여, 왕이 신에 대하여 갖는 특수한 관계 등을 정립하고, 다윗 왕조를 야웨께서 택하신 영원한 왕조로 간주하는 다윗 언약 사고를 중심한 궁중신학으로 발전시켰다.

  4) 추방기에 바벨론의 영향 하에, 야웨의 우주적 왕권신학을 흡수하여, 야웨께서 매년 왕으로 즉위하는 의식을 발전시켰다.

  이렇게 크라우스에 의하면, 이스라엘은 역사적 경험들에 초점을 맞추던 신앙에서 야웨께서 우주의 왕으로 즉위하는 신화가 주장하는 종교로 변천되어 갔다. 이런 사고는 모빙켈이 가정한 개념과 정반대되는 것으로, 역사의 신화화로 진전되었다는 주장이다.

한편, 아더 바이져는 언약 갱신의식에서 많은 시들이 생겨났다고 가정했다. 아더 바이져 (Artur Weiser)의 주장을 고찰해 보면 이렇다. 그는 시편이 이스라엘의 추방 이전 예배에서 곧장 우리에게 전달된 기도들과 노래들의 모음집이라고 본다. 그렇지만, 다른 모든 면에서 모빙켈과 대조적인 입장을 취한다. 바이져에 의하면, 초기 이스라엘의 예배의식 전통들은 엄밀하게 자신의 것이었으며, 자신의 독특한 기원들에서 유래하였다. 즉, 출애굽, 가나안 땅의 정복, 야웨와의 언약으로 지파 간 인보 동맹 체결 등과 같이 자신의 존재가 기원한 그 역사적 사건들을 연례적으로 기념하는 의식들이었다. 원래 이스라엘의 예배들은 연례적인 언약 갱신 의식으로 지배되었다. 이를 그는 "야웨의 언약 축제"라 불렀다. 이 의식에서 이스라엘이 야웨와 언약한 지파들 간의 인보 동맹체로서 존재하는 사실이 연례적으로 재확인되었다 한다. 이 의식에는 세 주요 요소들이 동반되었다:

1) 야웨의 현현 (여기에는 언약궤가 중요한 역할을 하였고 야웨의 이름을 송축하였다)
2) 구속사 (Heilsgeschichte)(수 24장에서 보듯, 주요한 구원 사건들을 낭송하거나 성극으로 재현하였다)
3) 언약준수 서약 (토라의 선포, 시내산 전승들의 회상, 언약의 역사회상, 언약에 충실하라는 권고 등).

후에 가나안 종교의 영향 하에 가나안 사람들의 자연관이 많이 흡수되었다. 보다 후대에는 왕정과 차용된 사상들의 영향으로, 야웨를 창조주와 우주의 왕으로 송축하는 예배의식이 발전되었다. 바이져의 주석은 시편에서 언약사상을 대단히 민감하게 다루고 모든 시편들의 이면에는 언약갱신 의식이 자리 잡고 있다고 가정한다.

이렇게 궁켈 이후 현대 비평가들은 모빙켈을 필두로 성소 예배 의식용으로 대다수의 시들이 원래 작시되었다고 본다. 시들이 구체적인 상황 묘사보다는 상황의 "일반화"를 통해 모든 신앙인들의 공통적 사항들을 진술한다는 점을 주목해 볼 때, 개개 시들이 가진 내용이나 분위기 등을 유형별로 분류하여, 같은 유형들끼리 모아서 연구하는 접근법은 상당히 긍정적인 기여를 할 수 있을 것으로 여겨진다. 물론 여기에는 궁켈이나 그 후대의 비평가들이 말하는 양식비평이 토대하는 성경관이나 그 세계관을 수용할 수 있다는 말은 아니다. 여하간 궁켈의 시편 연구로 불어 닥친 새 바람은 시편의 저자와 그 저작 배경 파악에 초점을 맞추던 종전 방식에서 시편이 공 예배나 사적인 경건 생활에서 사용된 용도에 초점을 맞추는 방향으로 사람들을 향하게 만들었다.

양식 비평과 연관하여 분명히 해야 할 것이 하나 있다면, 그것은 개개 시들의 기원에 관한 것이다. 원래 개인들의 신앙체험에서 나타난 것들이 대부분이지만 후에 수집되어 성전에서 성가대가 예배용으로 편곡해서 불렀다는 것을 우리는 인정한다. 성경은 다윗을 이스라엘의 시인이라 부른다. 그와 같이 성령님의 감동을 받아서 음악을 연주하고 시를 작시할 수 있었던 자들이 이스라엘에는 여럿 있었을 것이다.

4.11 문학적 접근법 (Literary Approaches)

이스라엘의 역사 정황에 비추어 시편을 해석하고자 하는 시도는 여러 모로 당대 자료의 부족으로 어려움에 직면할 수밖에 없었다. 그것이 비평법 이전의 역사적 접근법이건, 아니면 계몽시대 이후의 비평적 접근 (예컨대, 모빙켈 등의 예배 의식 재구성)이건, 역사적 상황의 재구성은 실제로 쉽지 않다. 그래서 학자들은 이제 일반 문학 작품으로서 시편을 연구한다. 예컨대, 수사학, 청중-반응 비평, 구조주의 등등. 이런 접근법은 시편 자체의 표현이나 구조에 관심을 쏟고, 과거 시편이 생겨났다 간주된 그 역사적, 문화적 정황에 대하여는 별로 관심을 기울이지 아니한다.

4.12 정경 비평 (Canonical Criticism)

계몽 시대 이후로 등장한 비평적 접근은 본문을 콩가루로 만들기 일쑤였다. 그래서 의도는 좋았다 해도, 결과는 끝없는 미궁에로의 상실로 나타났다. 즉, 쪼개고 또 쪼개도 별로 소득이 없이 본문에 대한 회의만 가중되었다. 그래서 차일즈를 필두로 어떤 이들은 주장하길, 오늘날 구약이 보존되고 여전히 읽혀지는 유일한 이유는 그것이 "정경"이기 때문이므로, 이 점을 고려하지 않는 해석은 어느 것이건 타당치 않다고 했다. 이들은 시편의 생성(生成)사를 연구하는 것은 자체로 의미가 있지만, 그보다 현재의 모습 그대로의 시편 전체의 현재 형태, 그것이 성경 다른 부분들에서 어떻게 재해석되고 활용되는지 (신약에서도)를 세심히 고려한다.

차일즈(B.S. Childs)의 정경 비평적 시편 이해의 단면을 살피자면, 우선 시 1편이 시편들의 서론으로 배치되어 이전에는 사람들의 노래요 기도였던 것들이 이제 하나님의 말씀으로 간주되게 되었다 (B. S. 차일즈, 「구약정경 개론」, 김갑동 옮김 [서울: 대한기독교 출판사, 1987], 489). 그리고 이스라엘이 예배 의식 가운데 기도로 사용하던 시들이 이제 정경으로 자리 매김을 갖게 되었다는 또 다른 암시는 이전의 시들에서 이것저것을 뽑아서 일종의 "명시(名詩) 선집(選集)" 적 형식(anthological style)을 보이는 시들에서도 나타난다. 예컨대 시 57편과 60편이 결합되어 구성된 시 108편이나 다른 시들에서 이것저것을 차용하여 만들어진 시 86편 같은 시들은 모빙켈이 "학문적인 시"라 명명한 것으로 (*PIW* II, 104 이하) 자발적인 경건성의 사실의 표시로 여겨졌지만, 실상은 예배용 시들을 사람들이 골라서 또 다른 시를 만들어 정경적 지위를 부여한 것이다. 이런 예는 대상 16장에서 나타나는 시가 시 105편, 96편, 106편의 일부를 따서 구성되었다는 사실에서도 볼 수 있다.

다른 한편 왕의 시편들이 시편의 여기저기에 분산 배치되어 있다는 사실은, 특히 시 2편이 서론 다음에 바로 배치되어 강조되는 데서 보듯, 예배용 왕의 시편들이 이제 메시아를 대망하는 종말론적 의미를 지니게 되었다 (Ibid., 493-94). 또한 차일즈에 의하면, 열 세편의 시편들이 구체적으로 다윗의 일생의 어느 사건과 연관되도록 표제가 붙여져 역사화된 것은 원래 예배용 시가 다른 기능, 곧 왕도 사람으로서 일반인들과 동일하게 고난과 슬픔을 겪었다는 사실을 제시함으로 온갖 다양한 사람들이 시편들을 자기 문제와 상관시키도록 해 줄 수 있었다 한다 (Ibid., 496).

차일즈는 시편의 기원에 대한 전통적인 이해를 부인하는 비평가이지만, 이렇게 시편이 어떻게 신앙 공동체와 역동적인 관계를 가지고 시대를 거쳐 나왔는지를 주목한다. 즉, 신앙 공동체가 시편을 산출했지만, 이번에는 시편이 신앙공동체에 영향을 끼치고, 이런 사이클이 반복되어 성경의 산출과 그 재해석을 통해 오늘 우리가 가진 성경의 모습으로 정착되었다는 사실을 해석에 적극 활용하자는 것이다.

한편 차일즈의 정경 비평법을 가지고 시편의 정경 형태에 주목한 윌슨은 그의 논문에서 시편 연구 방법론에 대하여 대략 두 가지로 구분할 수 있다고 지적한다. 즉, 하나는 본문의 마지막 형태에 초점을 맞추어 작품 전체의 의의를 탐구하는 방법이라면 다른 하나는 어떤 책을 공통점이 없는 요소들의 집합으로 보고, 각 요소를 분리시켜 개개로 의의를 고찰하는 방법이다 (Gerald H. Wilson, *The Editing of the Hebrew Psalter*, 1). 시편 연구의 경우에 지난 세기에 이 후자의 방법이 크게 강조되었다. 오늘날도 사정은 마찬가지여서 개개 시편의 연구에 초점이 맞추어 지고 기껏해야 시편의 마지막 형태에 포함되어 있는 것으로 파악되는 시편들의 이전 수집물들을 약간 고려할 뿐이다. 궁켈이나 모빙켈 같은 거장들의 영향으로 시편연구에서 이런 개개 시편들에 초점을 맞추는 연구법이 정경의 현재 모습을 고려함 보다 우선되는 것을 부인할 수 없다. 이들은 현재 정경의 모습대로의 시편 배열을 무시하고 자기들이 재구성한 그 어떤 가설에 따라 시편을 다시 재배열 하고 연구하는 방법을 사용한다. 이들은 어떤 편집자(들)이 시편 전체를 현재의 모습대로 배열하고 편집하면서 어떤 일관성 있는 배열의 원리나 계획을 가졌다고 믿지를 아니한다 (Gunkel, *Einleitung*, 436, 447; Mowinckel, *PIW*, II, 196-97). 윌슨은 궁켈이나 모빙켈로 대표되는 양식 비평 (Gattungsforschung)이 유사한 시편들의 장르들에 초점을 맞추다보니, 정경의 순서가 갖는 의의에 대하여는 아주 무시하는 자세를 취했다고 지적한다 (*Editing*, 2). 정경에서 시편들의 배열 순서는 거의 우발적으로 나타난 현상일 뿐이라 저들은 간주한 것이다.

오늘날도 윌슨이 지적하는 그런 시편 연구 경향은 지속된다고 할 것이다. 그렇게 된 데는 그럴만한 이유가 있었다. 그것은 현재의 시편을 통합시키는 배열의 일반 원리를 제시하는데 이전의 연구들이 거의 실패했다는 점이다. 누구도 시편들이 어떤 일관된 원리 하에 배열되었다는 것을 설득력 있게 지적하지 못하였다. 그런 분야의 이전 연구들은 본문에 근거한 것이 아니라 외적인, 그리고 삼자가 보기에 인위적인 원리를 본문에 부과했다는 비난을 면할 수 없었다. 이 분야에 여전히 가장 철저한 연구서라 간주될 수 있는 니메이어 (C. Th. Niemeyer)의 연구서 (*Het Probleem van de rangschikking der psalmen*) 조차도 시편 전체를 총괄하는 일관된 배열 원리를 지적하는데 실패하였다 (Wilson, *Editing*, 4).

윌슨은 "올라가는 노래들," "고라 자손과 아삽의 시들," "야웨 말락" (여호와께서 통치하신다) 시편들, "할렐루야 시편들" 등과 같이 시편 전체의 최종 편집 이전에 이미 존재하던 시편의 수집물들이 있었으므로 시 150편 전체가 한 가지 편집 동기에 의해 전연 새롭게 배열되었다고 말하기는 어렵다 해도, 시 150편들이 전체로 어떤 일관성 있는 편집 의도에 따라 편집되었고, 이런 편집은 공통점이 없는 개개 요소들을 편리한대로 우발적으로 배열한 것에 불과한 것이 아니라 의도적인 편집 계획에 따라 현재 모습으로 구성되었다고 주장한다 (*Editing*, 4).

4.13 종합적 진술

우리는 지난 세기 (20세기)의 시편 연구가 비평 학파나 복음주의 진영을 무론하고 직. 간접으로 궁켈과 모빙켈의 주도하에 이루어진 것을 보았다. 이런 상황은 유가릿 문헌에 근거한 많은 언어학적 새로운 시각을 드러내는 다훗이나 크레이기 같은 학자들에게서도 예외가 아니다. 이는 많은 면에서 궁켈, 모빙켈이 주도한 양식비평, 제의 비평법의 길로 나아가는 크레이기는 차치하고라도, 가히 혁명이라 할 만큼 맛소라 본문에 대한 "새로운 번역"을 시도한 다훗의 주석에서도, 매 시편마다 궁켈의 분류에 준하여, 시의 유형을 언급하는 데서 잘 드러난다. 예컨대, 시 1편은 지혜시, 2편은 왕의 시, 3편은 개인 탄식시 등으로 분류하는 것을 보라. 다훗이 기여한 바는 대단하며, 특히 유가릿 친족어들과의 비교에 근거한 새로운 단어 이해는 많은 시들의 저작 연대를 후대가 아닌 이른 시기로 이끌어 올렸으며, 동시에 "고대 이스라엘이나 초기 유대교 신앙에서 부활신앙이란 없었고, 시편에도 그런 신앙은 표현된 적이 없다" 고 선언했던 모빙켈의 입장을 뒤집어엎을 수 있는 여러 근거들을 제시해 주었다 (M. Dahood, *Psalms 1-50*, xxxvi, xxix 참조).

마지막으로, 우리는 시편의 번역에서 이전의 산문식 조판 체제를 탈피하여 시적 배열을 제시하는 현대 역본들을 반갑게 대할 수 있게 되었다. 그런데 신 개정표준역 (NRSV)은 성경의 남성 중심의 세계를 감추기 위해 많은 노력을 하였다. 예컨대, "조상들" (fathers; 히, *아보테카*)을 "선조들" (ancestors)이라, (창 15:15, 31:3 등) "사람" (man; 히, *하아담*)을 "인간들" (human beings)로 (창 6:7, 7:21 등) 교체한 것 등이 그러하다. 이런 시도는 좋은 의도에서 되어진 것이겠지만, 하나님께서 의도하신 그 계시의 모습을 많이 상실할 수 있을 것이다. 우리의 기준에서 성경을 이해하기 쉽게 번역하는 일도 필요하지만, 성경이 가진 특이한 표상이나 어휘를 살리는 일도 또한 중요할 것이다.

이제 21세기를 막 넘어선 시점에서 20세기 후반의 신학계를 돌아 볼 때, 대중 매체의 발달과 교회간, 교단간의 벽을 허무는 세계적인 학회지들 덕분에 이제 더 이상 비평학파와 복음주의 진영을 예리하게 구분할 수 없는 상황으로 진전되고 말았다. 학적으로 고립 당하지 않으려는 의식적인 노력들이 현금 복음주의 진영 학자들의 모습에서 느껴진다. 이런 정황에 처한 구미 신학계의 분위기는 한국 신학계에도 그대로 반영되고 있다. 그렇지만 우리는 분명한 목소리를 내어서 신앙과 불신앙을 구분해 주어야 한다. 그것이 교회의 앞날을 위해서 필요한 자세일 것이다. 이런 상황에서 교회는 "성경"에 대하여는 "더 이상 아니다" (Non plus ultra)라 해야 하지만, 복음주의적 성경 주석에 관한 한 얼마든지 "더욱 더" (plus ultra) 라고 말해야 한다.

5. 시편과 성전 예배

이교도 예배 의식들 (cults)에서 종교행위들은 기도와 의식 (ritual)이 한데 엉킨 복합체이며, 기도와 의식은 상호간 보충 역할을 해준다. 그렇지만, 오경의 제사규정들에 대한 상세한 묘사들을 보면, 매일 드리는 상번제나 절기 때의 예배 의식들 (rituals)을 집행함에 있어서 제사장이나 경배자가 낭송해야할 기도문 같은 것들에 대하여는 언급치 아니한다. 마찬가지로, 시편에서 우리는 제사를 집행하던 제사장이 이 시편을 어떻게 의식 중에 사용했는지에 대한 언급을 찾을 수가 없다. 이렇게 제사 의식에 관한 규정들은 있으나, 그 의식들을 동반하는 기도문과 같은 진술들에 대한 침묵은 이스라엘의 종교의식이 그 당대 이방세계의 그것과 달랐다는 것을 보여준다. 차이는 이스라엘 제1 성전에서는 발설되는 말 ─이방 종교에서는 필수 불가결한 주술적 요소였다─ 은 필수불가결한 요소는 아니었다는 데 있다. 이는 동시에 시편의 작사는 성전의 제사장이나 성직자들에 의한 것이 아님을 보여준다.

이러한 결론은 역대기나 시편자체를 주목할 때 필연적으로 도출된다. 역대기는 제사제도는 모세에게서 기원하며, 음악과 연관되는 사항들은 다윗에게서 기원한다고 기술한다 (대하 23:18). 시편 자체도 어떤 시편을 아론계 제사장들의 작품으로 언급치 아니한다. 역대기나 에스라서에 실린 족보들에 의하면, 성전의 노래하는 자들은 비-제사장계 후손들이다.

그런데 추방 이전 예배에서 예배 의식에 동반되는 발설되는 말의 중요성에 대한 언급이 아주 없는 것은 아니다. 예컨대, 민수기 6:22-26에 실린 제사장의 축복 기도가 그 한 예이다. 그리고 신 26:1-11의 첫 열매 바칠 때의 의식을 동반하는 신앙 고백도 좋은 예이다. 실로 성소에서 드려진 한나의 개인기도 (삼상 1:10-13)는 일반적인 기도의 모습이라 할 수 있다. 솔로몬의 성전 봉헌 기도는 "기도와 간구"를 여러 번 언급한다 (왕상 8:28 이하). 이사야는 성전이 "기도하는 집"이라 지적한다 (사 1:16, 56:7). 아모스 (5:23)는 벧엘 성전에서 음악 연주가 예배의식의 일부였다고 암시해준다. 벧엘에서만 예배의식에 음악을 연주했다고 가정하기 어렵다. 예레미야는 예루살렘 성전에 감사제 (토다)를 바칠 때 부르는 잘 알려진 후렴구를 묘사해준다 (33:11; 참조 시 100:1, 4, 107:1, 118:1, 29, 136:1 이하).

이 모든 것들은 예배 의식과 그 예배에 사용되는 의전 (cult and liturgy) 사이의 관계를 말해준다. 물론 후자가 전자에 종속되었다. 이와 같은 연관 때문에 시편들은 수집되고 모아져서 하나의 정경문헌으로 자리 잡게 되었을 것이다.

시편이 제사 의식과 확고하게 연관된 데에는 두 가지 중요한 사항들이 기여했다. 무엇보다 개개 시편은 개인이나 공동체의 삶에서 구체적인 정황에서 야기되었다고 해도, 시편들의 분위기나 사용된 문체들에서 그것들을 몇 개의 주요 타입들로 구분할 수 있도록 해준다는 사실은 중앙 성전이나 아니면 지방 성소들에서 낭송을 동반하는 표준화된 의전들이 있었다는 것을 말해준다. 이스라엘의 신앙생활에서 극히 중요했던 민족절기들에 많은 시편들이 공적으로 낭송되었을 것이다.

일단 의전(儀典)적 전통이 이스라엘 예배의식에 있었다고 가정되면, 고대 근동 성전들의 관례들에 비추어 우리는 이스라엘 예배를 이해할 수 있게 된다. 애굽, 메소포타미아, 유가릿, 가나안 등에서 성전과 연관된 노래하는 자들과 음악가들의 집단들이 공적인 지위를 누렸고 잘 조직되어 있었다. 이스라엘에서도 그런 유사한 집단들이 있었을 것이고, 역대기가 묘사하는 대로 그런 조직화는 다윗 시대에 시작되었을 것이다 (대상 6, 15, 16, 25, 29; 대하 35:15).

제 1성전 시대에 이스라엘에 음악과 시편들이 있었다는 확고한 증거는 몇 가지가 있다. 유다왕 히스기야는 앗수르 산헤립에 바친 공물들 중에 남녀 음악가들을 바쳤다 (약 주전 701; 산헤립의 연대기 [Annals of Sennacherib], 3:46-48; *ANET*, 288). 그리고 바벨론 추방에서 스룹바벨이 귀환할 때 200명 이상의 남녀 노래하는 자들이 함께 돌아왔다 (스 2:65, 70). 이들은 아삽 후손 148인과 다르다 (스 2:41; 느 7:44). 아삽 후손들은 몇 개의 시편과 연관되어 나타난다 (50, 73-83). 그리고 아삽계는 다윗 왕이 예루살렘 성전에서 노래하도록 지명한 자들이었다 (대상 6:16, 24). 여하간, 귀환자들 명단에 노래하는 자들이 포함되었다는 사실은 저들이 제1 성전에서 전문적인 가수들로 활동했다는 것을 보여준다. 그리고 제1 성전 시대에 다른 성전 봉사자들 집단은 고라 후손들이다 (대상 6:7 등). 이들의 이름도 몇 개의 시편들의 표제들에서 나타난다 (시 42, 44-49, 84-85, 87-88). 저들이 성전 봉사자들로 왕국 후기시대에 활동했다는 한 증거는 아랏 (Arad) 성전에서 발견된 히브리어가 새겨진 질그릇 조각들 (ostraca)이다 (민 21:1, 33:40 등 참조). 왕국 시대에 성전의 공적예배 시에 음악가 집단들이 관여했다는 것은 의심할 나위가 없다. 따라서 각 집단은 자신의 의전적 연주 목록 (repertoire)를 발전시키고, 히브리어 시편의 제시와 전달에 중요한 기여를 하였을 것이다.

6. 히브리 시의 동사 시제들

[*qtl* /*qatal*–완료형; *yqtl*/ *yiqtol*–미완료형; *vayyiqtol* –바브 접속법]

6.1. 도입하는 말

과거에 비평가들은 시의 한 행에서 혹은 한 절 안에서 다른 두 시제가 나타날 때, 본문비평의 대상으로 인식한 적이 있었다. 그렇지만 유가릿 문헌의 발굴로 동사의 그런 용례는 아주 정상적인 것으로 확인되었다. 고돈 (Cyrus H Gordon)은 유가릿 시 문헌들에서 qtl- yqtl의 짝이나 yqtl- qtl의 등장은 이런 형태들이 단지 시간이나 상 (aspect)의 고려로만 사용되는 것이 아님을 보여준다고 지적했다 (*Ugaritic Textbook: Grammar*, 68).

그리고 또 한 가지 주목할 사실은 유가릿 시들은 Yiqtol이 현재와 미래만 아니라 과거 시제로도 사용될 수 있다는 것을 보여준다. 그래서 고돈은 지적하길 "만약 iqtl을 하나의 시제 (tense)로 불러야 한다면, 그것은 '보편 시제'라고 해야할 것이며, 그 이유는 그 형태가 종종 현재나 미래만 아니라 과거도 가리키기 때문이다" 라 했다 (Ibid.).

악카드어에는 현재형 Yiqtol과 완료형 Qatal형 외에, "과거" (preterite) 시제라 불리는 Yiqtol형이 있다. 악카드어에서 현재시제는 동작동사 (fientive verbs)로 순간적 동작이 아닌, 지속적 동작을 표현한다. 그리고 과거 (preterite) 시제는 과거 순간적인 행동을 묘사한다. 이 과거 시제와 구분되는 것은 완료시제로, 이는 현재 완료된 행동을 표현한다. 어떤 이들은 악카드어의 이런 과거형이 유가릿어를 거쳐 히브리어에 이르렀다는 가정을 한다. 즉, 유가릿어에서 Yiqtol형의 "과거" (preterite) 용례가 악카드어보다 약간 약화되었다면, 히브리어에서는 완전히 소멸된 것으로 본다 (S. Moscati [ed.], *An Introduction to the Comparatie Grammar of the Semitic Languages*; F. C. Fensham, "The Use of the Suffix Conjugation and the Prefix Conjugation," 9-18; R. Hetzron, "The Evidence of Perfect *y'aqtul* and Jussive *yaqt'ul* in Proto-Semitic," 1-21 등 참조). 가정된 이 세 번째 동사형은 히브리어의 Yiqtol형이 두 가지 용례로 사용되었다는 말이나 같다. 하나는 미완료 시상을 표현했다면, 다른 하나는 과거 행동을 묘사했다는 것이다. 특히 Vayyiqtol형에서 나타나는 Yiqtol형이 바로 그 소멸된 혹은 맛소라 학자들이 Yiqtol로 무차별적으로 처리해 버린 과거표시 Yiqtol형의 잔재물일 수 있다는 가정이다.

예컨대, 구약 고어체 시가들에서 (창 49장, 출 15장, 민 23-24장, 삿 5장, 신 32-33장, 시 18, 29, 78편 등), Yiqtol은 접속사 '바브' 가 선행하지 않음에도, 과거를 지시하기도 한다. 더 나아가 이런 현상은 시가들만 아니라 산문체에서도 나타난다. 이 경우에는 특정하게 고정된 구문들에서 나타난다. 예컨대, 아즈 + Yiqtol, 테렘 + Yiqtol 등 (Alviero Niccacci, 171 참조).

Yiqtol은 전통문법에서 "미완료" 시제형이라면, Qatal은 "완료" 시제형이다. Vayyiqtol은 "바브 접속법" (Vav consecutive)라 불리는 동사형이다. 한편 "시제" (tense)라는 말을 사용하긴 해도, 히브리어나 기타 셈족어에서 "시간"을 표시하는 "시제" 는 없다고 볼 때, 적절한 용어로 보기 어렵다. "시제" 는 행동들이나 상태들이 "시간상의 변화" 를 지시하는 말이기 때문이다. 예컨대, 지금 현재 기준으로 "그가 먹었다"와 앞으로 "그가 먹을 것이다"는 각기 과거시제와 미래시제이다. 그런데 히브리어에서 이는 각기 "아칼"과 "요칼"에 해당된다. 그렇지만, 이 두 말은 히브리어에서 각기 '과거에 먹었다,' '미래에 먹을 것이다'와 같이 어떤 시간(time)에 참조점을 둔다기보다, 그 행동의 완료와 미완료 상태에 중점을 둔다. 다시 말하면, 과거에 먹었던지, 현재 먹었던지, 미래에 먹었을 것이던지 상관이 없다. 문맥에 따라서 과거도 될 수 있고, 현재도 될 수 있고, 미래도 될 수 있다. 히브리어에서 동사형은 기본적으로 동사가 묘사하는 행동 양식을 지시한다 (aspect). 이런 용어상의 어려움 때문에 우리는 Yiqtol 혹은 Qatal이란 용어를 사용한다. 혹자는 Yiqtol형을 "접두어가 붙은 동사형" (prefixed-verb)이라 하고, Qatal을 "접미어가 붙은 동사형" (suffixed verb)라고 부르기도 한다.

사정이 이러하므로, 시가서의 번역에서 역본들은 다양한 차이들을 보인다. 한편, 유가릿 연구에 남다른 관심을 가졌던 크레이기 (Peter C. Craigie)는 "히브리 시가의 시제 번역"이란 글에서 ("Excursus II: The Translation of Tenses in Hebrew Poetry," in *Psalms 1-50*, 110-113), 히브리 시가의 번역에 따르는 어려움들을 다음과 같이 몇 가지로 제시했다:

1) 히브리어 동사들은 "시간"이 아니라 "(동작의) 양태" (aspect)에 강조점을 둔다;
2) 중세 맛소라 학자들이 첨가한 모음의 후대성;
3) 초기 히브리어 동사에는 세 형태가 있었을 가능성;
4) 초기 히브리어 시가와 표준 히브리어 시가 (주전 8세기 전후로 작시된 시들)의 차이들;
5) 동사의 형태들이 갖는 다양한 시간 지시 용례들 등이다.

1)과 5)는 사실 연관되는 사항이며, 결국 한 문제라고 여겨진다. 그리고 2)의 문제는 사실 크레이기 자신도 인정하지만, 맛소라 모음은 새로운 창안이라기보다, 전해 내려오던 모음의 고정이라 본다면, 문제라 하기 어렵다. 그렇다면 문제는 다음과 같이 축소될 수 있다: 1) 히브리어 동사들이 갖는 다양한 시간 지시 용례들; 2) 초기 히브리어 동사의 세 형태들, 3) 초기 히브리어 시가와 표준 히브리어 시가 사이의 차이들 등이다.

이 마지막 문제는 라벗슨 (D. A. Robertson)의 주장에 근거하고 있다 (D. A. Robertson, *Linguistic Evidence in the Dating of Early Hebrew Poetry*). 라벗슨에 의하면, 둘 사이의 언어학적 차이 중에서 중요한 것은 과거에 완료된 행동들을 지시하는 동사형들의 분포이다. 표준 시가서는 과거 사건을 묘사할 때, Qatal형이나 Vayyiqtol 형태를 사용하지만, 초기 히브리어 시가는 Qatal이나 Yiqtol이나 모두 사용한다고 한다.

한편, 다훗 (M. Dahood)은 "시편의 문법"이란 글에서 ("Grammar of the Psalter," *Psalms*

III, 361-456), 우리가 방금 언급한 문제 1)에 해당되는 사항에 관하여 말하길, 동사형들은 다양한 시간 지시를 할 수 있는 데 다음과 같은 구분이 가능하다고 했다:

1) 과거를 지시하는 *yqtl* (우리가 말하는 Yiqtol)
2) 과거를 지시하는 *qtl-yqtl* (*qtl*은 우리가 말하는 Qatal)
3) 현재를 지시하는 *qtl-yqtl*
4) 미래를 지시하는 *qtl-yqtl*
4) 과거를 지시하는 *yqtl-qtl*
5) 현재를 지시하는 *yqtl-qtl*
6) 미래를 지시하는 *yqtl-qtl* 등.

우리의 연구에 의하면 (아래 참조), 시가서에서 이런 다양한 동사형의 용례는 일반적으로 인정될 수밖에 없다. 이런 다양한 용례들을 그렇다면 어떤 기준으로 분석하여 번역할 것인가? 그것은 문맥이라고 말할 것이다. 그런데 문제는 시에서 "문맥" 또한 모호하다는 점에 있다. 바로 여기에 시가서의 동사형들의 시제 분석이 더 어렵게 되는 원인이 있다. 이제 시편 1-10편과 욥기 3장, 출 15장의 모세의 노래, 신 32장의 모세의 노래에 국한시켜 동사들의 시제들을 분석해 본다.

6.2. Qatal, Vayyiqtol 순서

욥 3:10절에서 두 동사를 단순한 병치가 아니라 (NRSV), 논리적으로 연관시키는 듯 하다 (NIV, LXX). 전자에 의하면, "그것 (생일)이 내 모친의 태의 문들을 닫지 아니했고, 내 두 눈에서 고통을 숨기지 아니했기 때문이다." 그런데 NIV의 경우, "그것이 내 두 눈에서 고통을 숨기고자, 태의 문들을 내게 닫지 아니했기 때문이다"; 혹 LXX의 경우, "그것이 내 모친의 태의 문들을 닫지 아니하였기 때문이다; 그리했더라면 내 두 눈에서 슬픔을 제거했을 것이기 때문이다." 논리적으로 말해서 70인역의 번역이 NIV보다 합리적이다. NIV의 번역은 내용상 논리 모순이기 때문이다. 왜냐하면, 전반절에서 모태를 닫지 아니했다는 것은 유산시키지 아니했다는 의미이고, 후반절에서 그 날 (생일)이 내 눈에서 슬픔을 숨긴다는 것은 유산게 한다는 의미이기 때문이다. 따라서 70인역이 두 동사의 논리적 연관성을 제시하는 바른 번역이다. 그런데 Qatal과 Vayyiqtol 사이의 논리적 관계를 고려치 않는다면, 단순히 전.후반절의 병행법으로 이해할 수 (NRSV) 있다. 따라서 Qatal과 Vayyiqtol이 연속으로 나타날 때 이해는, 논리적 관계가 있는 것으로 이해한 70인역과 단순한 동의 병행법으로 이해한 번역(NRSV)의 두 방안으로 압축되었다. 이제 다른 예를 살펴보자.

욥 3:26에서 현재상황 묘사를 위해 네 동사가 Qatal, Qatal, Qatal, Vayyiqtol 순서로 나타난다: "(나는) 평강도 없고, 안온도 없고, 안식도 없고, 고난만 임하였구나" (NIV는 현재시제지만 유사); "나는 편치 못하며, 평온치 못하며, 안식도 없으며, 단지 고난이 임한다" (현재시제; NRSV). 앞의 세 동사는 모두 '상태동사'라면, 나머지는 행동표시 동사이다. 상태동사는 Qatal형에서 현재 상태를 표시하므로, 여기 사용된 동사 모두는 시인의 현재상태를 묘사한다. 그런데 마지막 동사는 Vayyiqtol형으로 앞의 상태묘사를 강조하고 있다. Qatal과 Vayyiqtol 사이에 어떤 논리적 인과관계는 없다. Qatal이 묘사한 바를 Vayyiqtol이 강조하고 있다.

시 7:15절에서 악인의 동작을 묘사하면서 Qatal, 두 Vayyiqtol을 사용한다. 저들의 습관적 동작을 묘사하며, 불변 진리적 요소와 연관된다.

이상의 데이터에 근거해서 볼 때, Qatal →Vayyiqtol의 순서가 어떤 논리적 연관성을 표현한다고 보기 어렵다. 후자는 단지 전자의 반복 묘사 내지 강조묘사이다. 그런데 시제는 Qatal이 그 문맥에서 가지는 바에 따라 결정될 것이다.

6.3. Yiqtol, Vayyiqtol의 순서

욥 3:24에서 "나는 먹기 전에 탄식이 나며 나의 앓는 소리는 물이 쏟아지는 것 같구나" (한역); "한숨이 음식 대신 내게 임하고, 내 탄식이 물처럼 쏟아진다" (NIV); "내 한숨이 음식처럼 나오고, 내 탄식이 물처럼 쏟아진다" (NRSV). 여기서 "오다"와 "쏟아지다"가 각기 Yiqtol과 Vayyiqtol형이다. 그런데 여기서 둘 사이의 논리적 고리는 찾기 어렵다. 한숨과 탄식은 인과관계가 아니라 병행어이기 때문이다. 따라서 동의 병행법으로 이해하면 된다. 70인역은 한편 "내 음식 앞에서 내 한숨이 나오고, 공포에 잡힌 나는 운다"라 번역했다. 70인역은 비록 "데" (그러나, 오히려, 그런데, 그래서)란 접속사는 사용했지만, 어떤 논리적 관계로 파악치는 않고 있다.

시 3:4에서 시인은 "내가 나의 목소리로 여호와께 부르짖으니/ 그 성산에서 응답하시는 도다"라 한다. 여기서 "부르짖다"는 Yiqtol 시상이라면, "응답하다"는 Vayyiqtol이다. 영역들 (NIV, NRSV)은 현재 시제로 번역했다면, 70인역은 모두 부정과거시제로 번역했다. 여기서는 전.후반절이 단순한 병행관계가 아니라, 논리적 연관성을 갖는다: 부르짖다 → 응답하다. 후자의 행동은 오직 전자를 전제할 때 가능하다. 그렇다면 Qatal →Vayyiqtol 순서로 했더라면 논리적 연관을 보이는 과거 사건의 묘사에 합당했을 것이다. 그런데 시인은 하필 Yiqtol → Vayyiqtol의 모습을 채용했던가? 우리는 이것이 불변 진리를 묘사하고자 하는 시인의 의도적 용례라 본다. 이런 설명은 2절에서 사람들이 "하나님이 그를 구원치 아니하실 것이라"고 조롱할 때, 여기에 대한 반박으로 3-6절이 하나님을 신뢰하는 성도의 신앙고백이 제시되고 있다는 사실로 뒷받침된다. 이렇게 보아야 할 이유는 7절에서 시인은 "여호와여 일어나소서"라고 간구하고 있기 때문이다. 만약 4절이 70인역처럼 과거 사건 묘사라면, 새삼스레 이렇게 7절에서 기도하지 않을 것이다. 왜냐하면 이미 응답을 받았다고 4절에 제시했기 때문이다.
시 7:17에서 시인의 찬양의지가 표현되고 있다. Yiqtol 다음에 따라온 Vayyiqtol은 앞의 동사 시제와 동일하다. 결국 여기서도 논리적 연관성보다는 단순히 동의 병행법의 조화를 위한 기교로 보아야 한다.

6.4. Yiqtol, VeQatal의 순서

시 7:14에서 시인은 "악인이 죄악을 해산함이여 잔해를 잉태하여 궤휼을 낳았도다"라 한다 (Yiqtol, 두 VeQatal). 여기서 VeQatal은 '바브-접속법'으로 이해하면, Yiqtol과 같이 될 것이다. 영역들 (NIV, NRSV 등)은 그렇게 이해하여, 모두 현재 시제로 번역하고 있다. 반면 70인역은 부정과거로 처리했다. 15-16절이 모두 악인의 습관적 동작이나 상태를 묘사한다면, 14절도 예외가 아니다. 13절도 야웨 하나님이 습관적 동작을 묘사한다. 이렇게 볼 때, 14절의 VeQatal은 '바브-접속법'으로 이해하여, Yiqtol의 한 기능, 곧 불변 진리 묘사의 기능을 감당한다고 해야하겠다.

6.5. Qatal/ Yiqtol 혹은 반대 순서 짝

욥 3:12, 17절이 Qatal, Yiqtol의 순서 짝에 해당된다. 우선 12절에서 "어찌하여 무릎이 나를 받았던가? 어찌하여 유방이 나로 빨게 하였던가?"; "어찌하여 거기 무릎이 있어 나를 받았던가?[어찌하여 거기 있어] 유방이 나로 빨게 하였던가?" (NIV, NRSV); "어찌하여 무릎들이 나를 받쳤던가? 어찌하여 내가 유방을 빨았던가?" (70인역). 의미상으로나 히브리어 원문상으로 70인역 보다는 영역들이 좋다. 욥의 탄식은 자기가 출생했을 때, 자기를 받은 무릎과 자기가 양육될 수 있도록 만들어준 유방을 저주하는 것이지, "자신이 왜 그 때에 유방을 빨았던가?"라는 의미는 아니기 때문이다. 그런데 의미상 이 전.후반절은 동의 병행법을 구성한다. 구문상으로도 유사하다. 히브리 원문의 후반절에서는 NIV가 번역해 주듯 종속절을 도입하는 듯한 접속사 (키)가 있어, 후반절의 Yiqtol은 엄밀히 말해 주절이라기보다 종속절에 나타난다고 해야할지 모른다.

다음으로 17절을 보자: "거기서는 악한 자가 소요를 그치며 거기서는 곤비한 자가 평강을 얻으며." 전. 후반절은 정확하지는 않다 해도, 동의 병행법을 구성한다. 구문상으로도 유사하다. 전.후반절에 각기 Qatal과 Yiqtol을 사용한 이유는 각기 다른 시상을 배치함으로 함께 전체적 평온한 상태를 강조하기 위함일까? 전반절의 Qatal을 의식하지 않았다면, 후반절에서 상태동사라 할 수 있는 "안식하다" (누아흐)를 Yiqtol로 구태어 사용할 이유가 없을 것이다.

시 2:1, 2은 각기 Qatal/ Yiqtol 혹은 그 반대 순서의 짝을 보여주며, 그 용례는 이상에서 설명한 바와 같다.

시 5:5에서 "오만한 자가 주의 목전에 서지 못하리이다 주는 모든 행악자를 미워하시며"라 할 때, 전.후반절은 Yiqtol/ Qatal의 짝이다. 5절의 전반절과 뒤 따르는 6, 7절이 모두 Yiqtol로 야웨나 시인 자신의 행동을 묘사하는 것을 볼 때, 5절 후반절의 Qatal은 과거행동 묘사로 파악하기 어렵다. 결국 5절의 Qatal은 동의 병행법으로 전.후반절의 조화를 위해 의도적으로 사용되었다고 밖에 볼 수 없다. 결국 5절의 Qatal은 결국 Yiqtol이 드러내는 현재 시제를 표현한다고 보아야 한다.

시 6:9에서 야웨의 동작이 Qatal/ Yiqtol로 처리되고 있다. 바로 앞절인 8절에서 그분의 동작이 Qatal로 처리되었으므로, 9절의 시제는 과거로 이해된다. 즉, 전.후반절이 다른 상들 (aspects)을 가질 때, 그 시제는 문맥으로 결정된다.

시 7:13에서 야웨의 동작이 Qatal/ Yiqtol 짝으로 제시된다. NIV는 여기서 각 형태에 충실하게 번역하고 있다: "그가 준비하셨다/ 그가 만드신다" (현재완료/ 현재). 이런 번역은 현재 문맥에서 별로 의미가 없다. NRSV는 후반절 동사를 들러리로 처리했다: "그가 화살을 화전으로 만들면서, 준비하셨다." 일단 과거적 사건으로 본 것이다 (70인역). 그런데 다훗은 모두 기원문으로 처리했다: "오, 그가 준비하시고, 만드시길!" 이렇게 모두가 제각기 번역한다. 그렇지만 우리가 보기에 모든 번역들은 적절치 못하다. 오히려 다음절들 (14-16절)에서 악인의 습관적인 동작이 Yiqtol/ VeQatal, Qatal, Vayyiqto, Vayyiqtol, Yiqtol/ Yiqtol로 제시되었듯, 여기서도 하나님의 동작과 연관된 불변 진리적 묘사로 보아야 한다. 여기서도 앞에서 제시된 원리, 곧 인접 문맥이 동사 형태의 시제를 결정해야 한다는 원리가 적용될 수 있다.

출 15:5, 15, 16, 17에서 Yiqtol-Qatal 동사형들이 사용되었고, 출 15:12, 14에서 Qatal-Yiqtol 동사형들이 나타난다. 그런데 5, 12절은 문맥상 과거를 묘사한다. 그래서 Yiqtol도 과거 시제로 번역해야 한다. 반면 13-15절은 미래적 사건들을 묘사한다. 그런데도 13절에서는 Qatal이, 14절에서는 Qatal, Yiqtol, Qatal 등이 나타나고, 15절에서는 Qatal, Yiqtol, Qatal 등이 나타난다. 즉 아무런 원리가 없이 무차별적으로 동사 시상이 나타나고 있다.

한편 다훗은 qtl- yqtl 짝은 과거 (6:10, 20:7, 10, 26:4, 5, 12, 60:3, 66:6, 71:17, 73:3, 9, 74:14, 77:17, 18, 78:64, 81:7, 92:5, 93:3, 109:23, 111:5, 116:2, 3, 6, 10, 118:10, 11, 12, 131:1, 139:13, 16 143:5, 147:20), 현재 (50:19, 56:2, 63:7, 77:6, 7, 102:15, 139:5, 140:3), 미래 (4:4), 기원법 (7:14) 등의 시제를 가질 수 있다고 지적한다 (Psalms III, 420-422). 반면 yqtl- qtl 짝은 과거 (8:7, 9:8, 54:7, 68:22, 89:44, 99:7, 110:2, 6), 현재 (38:12, 46:5, 10, 55:5, 83:3, 102:5-6), 미래 (73:18, 82:17, 138:4, 146:4), 기원법 (7:13, 68:10) 등을 지시한다고 지적한다 (Psalms III, 422-423). 이러한 그의 지적은 우리가 분석한 바와 기본적으로 일치한다. 즉, 이런 동사형의 짝들은 그것이 나타나는 문맥에 의해서 시제가 결정되어야 한다는 것이다. 바꿔 말하자면, yqtl의 과거적 용례 등으로 처리하기보다 (크레이기 처럼), 병행법의 조화와 변화를 도모하기

위한 시적 기교적 측면에서 보아야 한다는 것이다.

6.6.Vayyiqtol/ Yiqtol

욥 3:25은 "나의 두려워하는 그것이 내게 임하고 나의 무서워하는 그것이 내 몸에 미쳤구나" (현재완료; NIV도 유사); "내가 두려워하는 그것이 내게 임하고, 나의 무서워하는 것이 내게 떨어진다" (현재시제; NRSV). 이 번역들이 드러내 주듯, 전.후반절은 동의 병행법을 구성하며, 구조상으로도 주어+동사+동사목적어/ 주어+동사+전치사구 형식으로 서로 병행된다. 전반절의 Vayyiqtol은 그 이전에 위치한 동사(두려워하다)와 어떤 논리적 연관이 없다. 앞의 동사는 주어를 수식하고 있기 때문이다. 따라서 여기 Vayyiqtol은 단순히 후반절의 Yiqtol에 대칭되는 Qatal의 대용으로 사용되었다고 할 수 있다. 그렇다면 여기서의 시제는 어떻게 처리할까? Qatal의 원래 의미에 부합되도록 욥에게 무서워하던 바가 "임했다"는 그 사실을 드러내도록 완료로 이해해야 할 것이다. 문맥이 시제를 결정한 것이다.

시 8:5-6에서 네 개의 동사들이 사용되고 있다. 이 동사들의 순서는 Vayyiqtol, 두 Yiqtol, Qatal이다. 그런데 역본들은 대개 "과거" (NIV, 70인역), 혹은 "현재완료" (NRSV)로 번역하고 있다.

저를 하나님보다 조금 못하게 하시고/ 영화와 존귀로 관을 씌우셨나이다
주의 손으로 만드신 것을 다스리게 하시고/ 만물을 그 발아래 두셨으니

반면, 시편주석을 쓴 크레이기 (P. Craigie)는 동사들의 상에 따라서 각기 현재완료, 미래, 미래, 현재완료 시제로 처리하고 있다 (Psalms 1-50, 105). 그의 번역에 의하면, 인간은 장차 영광과 존귀로 관을 쓸 것이며, 장차 하나님의 손으로 만드신 것들을 다스릴 것이다. 이런 사고는 과거나, 현재 완료로 번역한 역본과 엄청난 신학적 차이를 야기시킨다. 한편, 인간을 하나님보다 조금 못하게 만드셨다는 사고는 인간을 하나님의 형상대로 만들어진 피조물로 보는 창세기 1:28에 근거한다. 따라서 어떤 역본들은 "천사들" (한역, 70인역, 시리아어역, 탈굼 등)이라 번역했지만, "하나님"이란 번역이 더 합당할 것이다 (히브리 벌게잇, NRSV). 여기서 고려중인 사고는 인간 창조시에 그에게 부여된 "왕적 지위"에 관한 것이다. 그렇다면 시인은 여기서 원래 인간의 지위를 노래하고 있다고 이해할 수 있다. 그런데, 크레이기는 인간의 왕적 지위가 정적인 것이 아니라, 인간의 반응 여부에 따라 얼마든지 가변적으로 바뀔 수 있다는 신학적 사고를 시인이 표현한 것으로 이해했다 (Ibid., 108). 원래는 하나님보다 약간 못하게 만드셨으나, 인간은 범죄하여 타락했으므로, 시인의 견지에서 볼 때, 인간에게 영광과 존귀로 관을 씌우실 때는 미래적 사건이라는 것이다.

시 8:5-6절을 어떻게 이해할 것인가? 하는 신학에 따라 여기서 시제는 결정되어야 할 것

이다. 창 1장에 근거한 인간의 지위를 노래한다고 이해한다면, 당연히 과거 혹은 현재완료 시제로 번역해야 한다. 그러나 4절에서 시인이 말하듯, "사람이 무엇이관대 주께서 저를 생각하시나이까?"라는 질문과 연관시켜 5-6절을 현재 인간의 모습으로 이해한다면, 크레이기의 신학적 이해도 근거가 없는 것이 아니다. 그렇지만 크레이기의 번역에서 결정적인 약점은 6절이 사고상 병행법을 구성하므로, 동의 병행법으로서 그의 번역은 합당치 않다는 점이다. 곧, 이런 지적은 사실 5절에도 해당된다. 따라서 우리는 여기 사용된 Yiqtol이 과거를 표현하는 또 다른 Yiqtol형 (preterite)이라는 주장과 상관없이, 단순하게 시적으로 병행법의 다양성과 조화를 도모하는 기교적 차원에서 사용되었다고 본다. 그 시제는 전체 문맥에 근거하여 과거적 사실 묘사로 이해하면 좋겠다.

한편, 히 2:6-8에서 시 8:4, 5, 6 하반절이 70인역 대로 인용되고 있다. 5, 6절에서 모두 부정과거로 번역한 70인역 대로, 히브리서 기자는 이 구절을 주님의 성육신 시기의 낮아지심과 그 이후의 높아지심에 적용하고 있다. 이런 적용은 시 8편의 엄격한 적용이라고 볼 수는 없지만, 원래적 인간의 지위를 그리스도께서 회복시키신다는 메시아 사고에 비추어 볼 때 표적을 크게 빗 맞춘 것은 아니다. 히브리서 기자가 70인역의 "잠시" (브라쿠 티)를 근거로 히브리어 원문의 원래 의미 (조금, 메아트)를 왜곡 적용시켰다는 차일즈 (B. Childs)의 주장은 ("Psalm 8 in the Context of the Christian Canon," *Interpretation* 23 [1969], 20-31; 차일즈는 신약의 구약 해석이 인위적이고 왜곡시키는 것으로 파악하여, 둘 사이의 '불 연속성'에 강조점을 둔다) 신약의 적용이 원문의 문자적 이해에 의한 것이 아니라는 사실을 고려한다면, 그렇게 심각한 것은 아니다. 오히려 시 8편을 원래적 인간 지위, 곧 메시아께서 회복하시는 그 이상적 모습에 대한 노래로 바로 파악하고 적용한 히브리서 기자의 적용 방식은 그의 해석이 없었더라면 이해하기 어려웠을 시 8편의 신학적 의미를 보다 생생하게 드러내준 것으로 인정받아야 한다. 그의 정경 해석방식에서 현대 기독인들은 설교 적용방식을 배워야 할 것이다.

6.7. 현재상태 묘사에 사용된 Qatal (상태동사)

욥 3:18에서 스올의 현재 상태가 묘사된다: "거기서는 갇힌 자가 다 함께 평안히 있어 감독자의 소리를 듣지 아니하며." 여기서의 사고는 욥이 자기 생일을 저주하면서 유산되어 스올에 내려갔더라면 그곳에서 평안을 누렸을 것이라는 것이다. 여기서 "갇힌 자 혹은 포로된 자"는 노예로 전락한 사람들로 이들도 스올에서 자기 주인들의 압제하는 소리를 더 이상 듣지 않는다는 것이다. 그런데, 전.후반절에 모두 Qatal이 사용되었다. 그런데 이 동사들은 모두 의미상 상태동사이다 (*솨안*의 필렐형, *솨마*-). 따라서 Qatal이 주어의 현재상태를 지시하기 위해 사용된 것은 자연스럽다. 시 2:4도 여기 해당된다.

시 6:2, 3절에서 각기 니팔형 완료상이 현재 시인의 상태를 묘사한다. 이는 2절 후반절이 형용사로 시인의 연약한 상태를 묘사함과 병행된다. 6절에서도 Qatal이 신음하는 연약한 상태를 묘사한다. 반면 현재 시인 자신의 행동 (눈물로 침상을 띄우며, 요를 적심)은 두 Yiqtol로 처리했다. 그런데 7절에서는 두 Qatal이 시인의 연약한 상태를 다시 묘사한다.

시 10:3, 7, 13절에서 상태 타동사 Qatal이 각기 악인의 동작을 묘사하고 있다. 역본들은 하나같이 현재형으로 번역하고 있다 (히브리 벌게잇역[PsH]은 현재완료). 그리고 10절에서 자동사 Qatal은 의인들이 현재 동작을 묘사해준다.

6.8. 보편진리 묘사하는 Qatal (fientive 동사)

시 1:1에서 사용된 Qatal은 일종의 보편진리를 묘사하는 자동사 용례라 할만하다 (Gnomic Perfect). 이런 용례는 시 3:5에서도 확인할 수 있다 (Qatal, VeYiqtol [cohortative], Qatal, Yiqtol [종속절에서 야웨의 동작 묘사]) 순서: "내가 누워 자고 깨었으니 여호와께서 나를 붙드심이로다." 처음 세 동사들은 동작의 연속을 묘사한다: 눕다 → 자다 → 깨다 (왕상 19:5, 욥 3:13, 시 4:8 참조). 그런데 영역본들 (NIV, NRSV)은 네 동사 모두를 현재시제로 번역한 반면, 70인역은 부정과거 시제로 번역하고 있다. 그리고 70인역은 종속절의 야웨의 동작을 미래시제로 번역했다. 눕고, 자고, 깨는 동작을 묘사하는 동사들은 상태동사가 아니다. 그렇다면 왜 Qatal을 사용했는가? 과거 행동을 묘사한 때문인가? (70인역, 히브리 벌게잇) 그렇지 않다고 본다. 그런데, 둘째 동사 VeYiqtol이 자신의 의지를 표명하는 연장형으로 되었다는 사실이나 종속절에 제시된 야웨의 행동이 현재적 보편적 진리를 묘사한다는 사실 등은 그 앞뒤의 Qatal 시상 동사들이 단회적 행동이 아니라, 야웨께서 성도를 붙드신다는 불변진리를 신뢰하는 성도의 변함없는 행동을 역시 묘사한다는 것을 보여준다. 이런 설명이 옳다는 사실은 바로 다음절인 시 3:6에서 시인이 "천만인이 나를 둘러치려 하여도 나는 두려워 아니 하리이다" 라고 고백하는 신앙고백에서 확인된다. 이 고백에서 시인의 결심이 Yiqtol 시상으로 표현되고 있다. 단회적 행동이 아니라, 하나님을 신뢰하면서 "언제나" 두려워 아니하는 성도의 모습을 표현하지 않는가?

4:8에서 "내가 평안히 눕고 자기도 하리니 나를 안전히 거하게 하시는 이는 오직 여호와시니이다" 라 할 때, 역시 3:5이 묘사한 보편진리를 세 개의 Yiqtol을 사용하여 표현하고 있다. 다시 말해서, 비록 Yiqtol을 사용하여 (아주 정상적인 방식이다) 보편진리를 표현하지만 4:8은 3:5과 같은 뉘앙스를 제시하고 있다는 것이다.

6.9. 간구나 소원표시의 Qatal

시 3:7에서 두 개의 간구형(명령법) 다음에 하나님의 행동을 묘사하는 두 Qatal이 나타난다.

여호와여 일어나소서/ 나의 하나님이여 구원하소서

7 주께서 나의 모든 원수의 뺨을 치시며/ 악인의 이를 꺾으셨나이다

전통적인 번역은 고대역 (70인역, 히브리 벌게잇)이나 현대역 (NRSV, 한역 등)은 이 Qatal을 모두 현재완료 시제로 번역하지만, NIV는 간구형으로 이해하고 있다. 다훗 (M. Dahood) 역시 간구형으로 이해한다 (*Psalms I*, 19). 그런데 원문에서는 "치다"란 동사 바로 앞에 접속사 혹은 불변사 (키)가 위치한다. 이는 Qatal을 간구형으로 이해할 때 단순히 강조적 불변사로 간구적 의미를 강조해준다 (영어에서 "O that you would smite")(시 9:5, 10:14, 39:10, 55:10, 61:4, 6, 63:8 등 참조)(James Muilenburg, "The Linguistic and Rhetorical Usage of the Particle ki in the Old Testament," 135-60).

시 4:1에는 세 간구형(명령법)과 하나의 Qatal이 중간에 개입되고 있다.
내 의의 하나님이여 내가 부를 때에 응답하소서
곤란 중에 나를 너그럽게 하셨사오니
나를 긍휼히 여기사 나의 기도를 들으소서

그런데 NIV는 여기 간구형들 가운데 끼인 Qatal을 역시 간구형으로 번역하고 있다: "나를 내 환난에서 구하소서." 다훗 (M. Dahood)도 역시 이 Qatal을 간구형 완료 (precative perfect)로 이해한다 (*Psalms I*, 23). GKC는 Qatal의 이런 용례를 알지 못한다. 반면 쥬옹의 문법서는 시가서나 격앙된 문체에서 Qatal이 이런 간구적 뉴앙스를 갖는다고 지적한다 (대상 17:27=삼하 7:29, 시 57:7, 욥 22:18 등)(Joueon, §112k). 다훗에 의하면, Qatal의 이런 간구적 뉴앙스에 대한 선구자적 주목은 모세 붓텐비져였다고 한다 (Moses Buttenwieser, *The Psalms Chronologically Treated with a New Translation*, 905]; 아랍이나 우가릿에서의 이런 용례는 히브리어의 이런 용례를 뒷받침해 준다; 아랍어에서 완료상은 한 형태만 존재하며, 그것이 직설법, 조건법, 간구법을 모두 지시할 수 있다. 반면, 미완료상은 직설법 외에 가정법, 단축형, 강조형 등이 있다). Qatal이 간구적 뉴앙스를 지닌다는 사실은 주변에 위치한 간구형의 존재로 가장 확실히게 포착할 수 있다. 그렇지만 시 6:8에서 보듯, 간구형 주변에 있다고 모든 Qatal이 간구적 뉴앙스를 갖는 것은 아니다.

시 7:6-9절에서 14개의 동사들 중에서, 하나의 Qatal과 하나의 Yiqtol을 제하면 모두 간구형 (명령법 혹은 단축형 jussive)이다. 8절에서 Yiqtol은 후반절의 간구형(명령법)에 비추어 단축형으로 취할 수 있다 (NIV, 다훗 등). 그렇다면, 세 간구형 다음에 위치한 야웨 동작과 연관된 Qatal도 간구법으로 이해해야 할 것이다 (NIV, 다훗 등).

시 9:4-5절에서 다섯 개의 Qatal과 하나의 분사형이 야웨와 연관하여 나타난다. 이 부분의 앞 뒤 절들 (3, 6절)은 모두 원수에 대한 묘사를 하고 있다. 고대역본들(70인역), 영역본들 (NIV, NRSV 등)은 하나같이 현재완료 시제로 번역하고 있다. 그런데 다훗은 붓텐비져를

따라서 4-6절의 Qatal을 모두 간구법으로 이해한다 (*Psalms I*, 55). 그런데 여기 문맥에서는 명령법이나 단축형이 나타나지 않는다. 그런데도 Qatal을 간구법으로 이해하는 이유는 무엇인가? 우선 4절 초두에 "오!"라고 번역될 수 있는 간구형 도입사 (*키*)가 위치하고, 4-6절을 간구법으로 이해하면, 19, 20절의 간구법과 사고상 병행된다는 이유로 그리한다.

시 9:15-16절에서 각기 악인과 야웨와 연관된 Qatal들이 대개는 현재완료나 상태표시 현재로 번역되지만 (NIV, NRSV, 한역, 70인역) 다훗은 여기서도 간구법으로 번역한다. 다훗은 여기서도 4-6절에서처럼 직관적인 판단에 의존하는 듯 하다.

시 10:14절에서 야웨와 연관하여 세 Qatal이 나타난다. 현대어역들이나 고대어역들 (70인역, 히브리 벌게잇)은 하나같이 현재시제로 번역한다. 반면, 17절에서는 70인역이 부정과거로 (한역), 히브리 벌게잇이 현재시제로 (audit), 영역들이 현재 (NIV) 혹은 미래 (NRSV)로 번역한다. 그런데 14, 17절 모두에서 다훗은 역시 Qatal을 간구법으로 이해한다.

6.10. 보편진리 묘사에 사용된 Yiqtol

욥 3:20에서 동작표시 동사의 Yiqtol형이 현재 동작을 묘사한다: "어찌하여 곤고한 자에게 빛을 주셨으며 마음이 번뇌한 자에게 생명을 주셨는고?" 한역은 현재완료처럼 되었으나 "어찌 그가 곤고한 자에게 빛을 주시는가?"처럼 현재적 진리를 묘사하도록 번역해야 한다. 그리고 시 1:2-3에서는 동일하게 복있는 자의 모습을 묘사하면서 혹은 4-5절에서 악인을 묘사하면서 Yiqtol형을 사용하고 있다. 이는 반복 동작 혹은 진리를 묘사하는 Yiqtol 용례에 해당된다.

시 9:8에서 야웨와 연관하여 사용된 두 Yiqtol은 미래시제로 번역하기 보다 (NIV, 한역), 현재 그리고 영원히 진행되는 진리를 묘사한다고 봄이 좋다 (NRSV, 다훗 등). 즉, 현재 시제로 번역해야 한다. 사실 시 9:7-9절에서 세 절 모두가 야웨의 영원한 통치를 노래한다. NIV가 유독 7절만 미래시제로 처리한 것은 문맥을 잘못 읽은 결과로 보인다.

6.11. 간접명령법 표시의 Yiqtol

Yiqtol은 미완료상인지 아니면 간접명령 표시의 단축형인지 때로 분명히 구분되지 아니한다. 형태상 구분되는 경우는 III-He 동사나 II-공동 동사 (II-Hollow 동사) 정도이고, 나머지 단어들은 구분이 되지 않는다. 그런데 시 9:10에서 대개는 미래시제나 현재 시제로 번역하나, 70인역은 간접명령법 (단축형)으로 이해한다. 다훗도 이를 따른다. 이런 판단은 문맥에 의지하여 순전히 직관적인 판단에 근거할 수밖에 없다.

이런 직관적 판단은 시 9:17절의 Yiqtol 번역에서도 나타난다. 현대어역들 (NIV, NRSV, 한역)이 미래시제나, 현재시제로 번역한 반면, 다훗은 70인역, 히브리 벌게잇역을 따라 간접명령법으로 이해한다.

6.12. 직접 명령법 표시의 Yiqtol

시 5:3에서 한역은 "여호와여 아침에 주께서 나의 소리를 들으시리니" (야웨 보케르 티쉬마 콜리)라 번역했다. 영역본들도 유사하게 번역한다: "여호와여, 아침에 당신께서 내 소리를 들으십니다" (you hear RSV, NIV, NJB); 혹은 "들으실 것입니다" (you will hear KJV, NASB, NAB). 그러나 이 문장은 바로 앞 (1-2절)에서 연속적으로 나온 세 개의 명령법들 (귀를 기울이소서/ 심사를 통촉하소서/ 소리를 들으소서!)에 이어 나온 것으로 명령법적 뉘앙스를 지닌다. 이는 간접 명령이 (jussive) 아니라 직접 명령(imperative)과 같다 (Joueon, § 113m 참조; M. Dahood, *Psalms I*, 29-30). 이의 증거는 신 32:1에서 발견된다: "하늘이여, 귀를 기울이라/ 땅이여, 내 입의 말을 들어라" (하아지누 핫솨마임/ 티쉬마 하아레츠). 이는 전반절의 "하늘이여!" 라는 호격적 부름에 상응하여 후반절의 "땅" 역시 "땅이여!" 라고 부르고, "들어라" 라고 직접 명령함이(hear, O earth, the words of my mouth [NIV, NJB]) "땅은 내 입의 말을 들을지어다!" 라는 번역(한역; let the earth hear the words of my mouth [RSV, NASB, NAB])란 간접 명령 이해보다 낫다.

다른 참조 구절들은 시 10;15 (쉐보르/ 티드로쉬), 17:8 (쇼므레니/ 타스티레니), 32:7 (팔레트/ 테소브베니), 43:1 (쇼프테니/ 리바/ 테팔레테니), 61:2 (쉬브아/하크쉬바/ 탄헤니) 등이다. 시 10:15의 경우, "악인의 팔을 꺾으소서 악한 자의 악을 없기까지 찾으소서" 라 한역이 명령법을 이어 나온 미완료상 (당신이 찾을 것이다, 티드로쉬)을 명령법으로 바로 번역했다 (영역들도 직접 명령으로 번역).

6.13. 과거 표시 Yiqtol (Preterite)

악카드어나 유가릿에서 그 존재가 확인된 과거 지시 Yiqtol형이 히브리어에도 흔적이 있다는 지적이 있다. 특히 Yiqtol 앞에 과거를 암시하는 부사가 위치할 때 그러하다. 예컨대, 출 15:1에서 "그 때에 모세와 이스라엘 자손이 이 노래를 불렀다"고 할 때, 사용된 동사는 Yiqtol이다 (야쉬르). 그렇지만 그 앞에 "그 때에" (then)를 의미하는 시간표시 부사 (아즈)가 위치하여 과거적 사건을 묘사한다 (신 4:41, 수 8:30, 22:1, 왕상 3:16, 8:1, 시 126:2 등). 그렇다고, 시간표시 부사가 선행한 Yiqtol이 모두 과거를 지시한다는 말은 아니다. 문맥에 따라서 과거만 아니라, 현재, 미래, 가능성 등을 표시할 수 있기 때문이다.

출 15장에 나타나는 모세의 노래는 시간 표시 부사가 동반되지 아니한 상태에서도 Yiqtol형이 어떻게 과거 사건을 지시할 수 있는지를 여실히 보여준다. 출 15장에서 Yiqtol형의 용례를 살펴보면, 1b-2절은 시인의 의지를 표명하고, 9절에서는 원수의 독백이 1인칭 혹은 3인칭 시점에서 묘사되어 원수의 의지와 예견된 상황을 제시하고 있다 (에르도프, 아시그, 아할레크, 팀라에모, 아리크, 토리쇼모). 또한 16, 17, 18절에서는 미래적 사건을 예시적으로 묘사한다 (티폴, 이드무, 테비에모, 티타에모).

문맥상 과거 사건을 묘사하는 5, 6, 7, 12절이나 미래적 사건들을 묘사하는 13, 14, 15절에서 미완료 시상과 완료상이 무차별적으로 나타난다. 그렇지만 번역본들을 검토해 보면, 문맥에 근거한 시제 결정이 무시되고 있다는 느낌을 받는다. 5, 6, 7절의 경우 대개의 번역본들은 문맥에 맞게 "과거"나 "현재완료" 시제로 번역한다 (NRSV, REB, NAB, NIV 등). 그렇지만 NJB는 미완료 시상만 나타나는 6, 7절의 경우 "현재" 시제로 번역하고 있다. NJB의 번역은 문맥에 비추어 볼 때, 정당화될 수 없다. 그리고 문맥상 미래를 묘사하는 13-18절의 경우, 역본들마다 약간씩 차이를 보인다. NIV는 "미래" 시제로 모두 번역하여 문맥의 의미를 살리고 있다. REB, NJB는 17, 18절만 미래 시제로 번역하고, NRSV, NAB는 18절만을 미래 시제로 번역하고 있다. 문맥에 비추어 보건대, 미래 시제로 번역하는 NIV가 정당하다. 시에서 미완료상과 완료상이 무차별적으로 사용되는 현상에 비추어 문맥에 근거한 번역시제 결정이 아주 중요하다.

신 32장의 경우 과거 역사를 회고하는 8-14절에서 일반 진리를 Yiqtol 형으로 표현한 11절을 제하면 전부 Yiqtol 형으로 과거 사건들을 묘사하고 있다. 예컨대, 8절: 얏체브 (그가 정하다), 10: 임챠에후 (그가 그를 발견하다), 예소브벤후 (그가 그를 둘러싸다), 예본네후 (그가 그를 주목하다), 잇체렌후 (그가 그를 지키다), 12: 얀헨누 (그가 그를 인도하다) 13: 야르키베후 (그가 그를 타게 하다), (바요칼: 그가 그로 먹게 하다), (바예니케후: 그가 그로 빨게 하다) 14: 티쉬테 (당신이 마시다) 등.

6.14. 가정법 표시의 연장형 (Cohortative)

시 9:14 (아사프라, 아길라), 26:5 (바아솝바), 39:5 (에드아) 등에 사용된 연장형 (corhortative) 미완료상은 가정법을 표현한다.

6.15. 하나님의 속성 묘사하는 분사형

시 2:4에서 하늘에 "앉으신 자" 곧 "(하늘 보좌에) 좌정하신 자"로 나타난다. 이는 우주의 왕이심을 보여준다. 분사형으로 여호와의 속성을 묘사하는 경우들이 드물지 않게 나타난다. 예컨대, 시 3:4에서 하나님은 "나의 머리를 드시는 자" (메림 로쉬)로 나타난다. 그분의 행동은 그분의 성품을 드러내준다. 여기서 하나님은 성도가 죄책감으로 고개를 숙이고 있을 때, "너는 무죄이다"라고 선고하시며 머리를 치켜 들어주시는 좋은 분으로 나타난다 (주석 참조). 이렇게 야웨의 동작 묘사를 한정동사보다는 분사형으로 묘사함으로 그분의 속성을 암시하는 용례는 시 1:6에서 보다 선명하게 제시된다. 시인은 "대저 의인의 길은 여호와께서 인정하시나/ 악인의 길은 망하리로다" 할 때, 후반절에서 Yiqtol을 사용하면서 전반절에서는 Qatal이나 Yiqtol 대신 분사형을 사용하고 있다. 굳이 그렇게 할 이유가 있다면 주어가 하나님이시란 점일 것이다.

시 7:10-11에서 세 분사가 하나님의 속성을 묘사하고 있다: 구세주, 의로우신 재판장 (통치자), 분노하시는 자 (신원자 vindicator). 그런데 10절의 전반절은 이해가 엇갈린다. 히브리 원문대로라면, "내 방패는 하나님께 있다" 정도가 되지만, 여기서 "방패"는 세 개의 분사로 제시된 하나님의 세 호칭들에 비추어 볼 때, 다훗이 제안하듯 "주권자" (NIV 각주)로 이해하면 좋겠다. 그런데 NIV는 "하나님, 지존자는 내 방패"라 번역한다. "지존자"(Most High)란 칭호는 전통적으로 전치사로 분석되는 "알"을 하나님의 칭호로 달리 분석한데서 기인한다 (M. Dahood, *Psalms I*, 45f. 참조). "알, 엘로힘"이란 칭호는 "알, 야웨"란 칭호와 유사하다 (시 18:42, 55:23).

시 9:4, 7, 12절에서 야웨와 연관하여 분사를 사용하고 있다. 시 9:4에서 야웨 하나님은 "(의로운) 재판장" (쇼페트)이시고, 9:7에서는 "왕"과 "통치자," 12절에서는 "피의 보수자"이시다. 반면 9:13에서는 두 명령법(간구형) 다음에 나타난 분사가 명령법적(간구적) 뉘앙스를 가질지 모른다 (M. Dahood, *Psalms I*, 55).

여기서 우리는 시가서에 사용된 동사형들의 바른 이해를 위해서 필요한 한 가지 사항인 동사형들의 기본 의미들에 유의해야 한다는 원리를 돕기 위해서 Qatal, Yiqtol의 기본 의미들을 제시하고자 한다.

6.16. Qatal의 기본 의미

1] (헬라어의) 부정과거 표시 (지속적이 아닌 단회적 행동)
 1) 단회적 종료 — 어떤 기간 동안 지속된 행동이라도 하나의 행동으로 처리할 수 있다 (창 14:4: 12년 동안 저들이 섬겼다).
 상태동사 — 창 26:13
 최근 행동 — 창 4:10
 2) 무시점 과거 표시 — 과거 어느 시점인지 언급이 없다.
 3) 보편 진리 — 영어에서 현재로 표시
 4) 현재완료 — 과거에 시작된 행동이 현재까지 지속
 5) 즉각적 완료 행동 — 선언, 맹세 등
 6) 서신 완료 — 영어에서 현재 진행형으로 번역

2] 완료적 행동 (단회적이 아니라 지속적 행동)
 1) 현재완료 — 과거 행동으로 주어의 현재 상태가 영향받을 때
 2) 형용사적 완료 — 의미상 상태동사이자 자동사는 현재의 상태 표시
 3) 상태, 타동사 — 알다, 기억하다, 사랑하다, 미워하다, 기뻐하다, 바라다

4) 과거완료
5) 미래 완료
6) 의지의 완료 —나는 결정했다 등
7) 예언적 완료 —미래 이루어질 사건의 확실성 묘사
8) 가정적 완료 –전제절과 귀결절 모두에서 과거 사실과 반대되는 상태지시

6.17. Yiqtol의 기본 의미

1] 미래 지시
1) 구체적 미래 —장차 일어날 사건 지시
2) 역사적 미래 —과거의 견지에서 바라본 미래
3) 미래 완료 —한 미래 사건보다 앞선 미래적 사건 지시

2] 반복 동작 묘사
 1) 습관적 동작 —사회적 관습, 윤리적 진리 등을 영어에서 현재시제로 번역
 2) 진행형 미완료 —아직 완료되지 않고 진행중인 행동 묘사 (삼상 11:5)
 3) 과거 반복 동작 — "… 하곤 했다" (삼상 1:7)
 4) 배분적 과거 미완료 —과거의 한 행동을 여럿인 양 묘사 (삼상 13:17)
 5) 과거 진행형

3] 가능성, 허용 등 양태 표시
1) 가능성 표시 —할 수 있다 등.
2) 허용 미완료 —해도 좋다
3) 소원, 필요성 표시 —해야 하는지 어떤지
4) 의무 표시
5) 소원, 의지 표시
6) 목적절에서 목적 표시

4] 간구법
1) 간접 명령 (단축형)
2) 직접 명령 (단축형이지만, 명령형 이어 나타나 명령 뉴앙스)
3) 지시, 교훈
4) 금지

5] 과거 표시 (preterite action)
1) 아즈 + Yiqtol —시 126:1
2) 테렘 + Yiqtol —수 3:1
브테렘 + Yiqtol —창 37:18

이상에서 제시된 대로, 시가서에서의 동사형들은 산문체에서의 용례와 아주 다른 양상을 보이고 있다. 비록 제한된 데이터에 국한시켜 고찰했지만, 우리의 분석은 시편 전체를 분석하면서 yqtl- qtl 혹은 그 반대 순서의 짝들이 문맥에 따라서 다양한 시제를 지시할 수 있다고 지적한 다훗의 일반적 결론과 일치한다. 물론 동사형들의 기본적 의미가 그대로 사용되어 둘 사이에 아무런 연속성이 없다고 할 수 없지만, 산문체 문헌과 시가서들 사이에서 동사형들의 용례는 차이가 아주 심대하다. 우리는 시가서에서 Yiqtol이나 Vayyiqtol의 용례가 악카드어나 유가릿어에서 나타나는 "과거형" (preterite)에 비추어 설명되어야 한다고 보지 않는다. 오히려 시라는 특수성이 동사형의 원래적 의미를 능가하도록, 즉, 파격적으로 시적 조화와 변화를 위해서 사용되었다고 본다. Qatal이나 VeQatal의 경우에도 마찬가지를 말할 수 있을 것이다. 그리고 시인은 자주 야웨의 동작을 묘사할 때 의도적으로 분사형을 사용하여 그분의 속성을 묘사하고 있다는 것도 특이하다.

따라서 시가서에서 동사형들의 시제나 의미는 다음과 같은 원리들을 고려해서 파악해야 할 것이다.

첫째로, 기본적으로 산문체에서처럼 동사형 자체의 의미를 유념해야 한다.

둘째로, 그 동사형들이 나타나는 근접 문맥들을 주목해야 한다. 시에서 문맥이란 것이 사실 파악하기가 쉽지 않다는 것이 사실이지만, 전체적으로 살피면 반드시 그런 것도 아니다.

셋째로, 그 동사형들이 나타나는 그 행의 시적 구조 (병행법)에 관심을 기울여야 한다.

7. 히브리시의 형식

7.1. 문학 형식은 내용 이해에 필수불가결

시편을 이해하고자 할 때 우리는 시의 기본 형식을 알아야 한다. 시편은 "시" (poem)란 형식으로 주어졌기 때문이다. 형식과 내용은 서로 불가분리의 관계를 맺고 있다. 따라서 시의 형식을 바로 이해하면 시편의 내용도 파악할 수 있게 된다. 비단 시편만 아니라, 구약 본문의 1/3 정도가 사실 시적인 형식으로 제시되었다. 곧, 시편, 잠언, 아가서, 애가, 오바댜, 미가, 나훔, 하박국, 스바냐는 전체가 시적으로 제시되었다면, 욥, 이사야, 호세아, 요엘, 아모스 등은 대부분이 시적이며, 예레미야는 약 절반이 시적으로 제시되었다. 그리고 창세기, 출애굽기, 민수기, 신명기, 사사기, 사무엘 상하서, 전도서, 에스겔, 다니엘, 스가랴서 등에는 시적인 부분들이 상당수를 점한다. 구약 제 책들 중에서 오직 일곱 책만이 시적인 형식을 결여한다: 레위기, 룻, 에스라, 느헤미야, 에스더, 학개, 말라기 등. 구약 시가 형식과 유사한 형식으로 된 시들이 외경이나 가경, 사해 문헌들에서도 나타나고, 누가복음 (*Benedictus, Magnificat, Nunc Dimittis*)과 계시록 (4:11, 5:9-10, 7:15-17, 11:17-18, 15:3-4, 18장, 19:1-8 등) 등에서도 유사한 형식의 시가 나타난다. 그렇다면, 시의 형식을 이해하는 것이 얼마나 중요한지 분명하다.

시인은 시 33:3에서 "새 노래로 그를 노래하며 즐거운 소리로 공교히 연주할지어다"라 말씀한다. "공교히 연주할지어다"란 표현 (헤티부 나겐)은 주로 '비파 (harp)를 공교하게 연주한다'는 의미를 전달한다. 여기서 우리는 비파를 연주할 때 어떤 건설적인 결과가 나타나는지를 주목할 필요가 있다. 다윗이 비파를 연주했을 때 사울 왕에게 붙어있던 악귀가 떠나갔다 (삼상 16:16, 23). 악기가 내는 소리 자체에 영험이 있다는 의미는 아닐 것이다. 오히려 그 음악이 심령에 하나님의 은혜를 가져다주는 "도구"가 될 수 있다는 의미일 것이다. 또 다른 한 경우에 의하면 비파 (한역의 거문고) 타는 자가 비파를 연주할 때 여호와의 손이 엘리사에게 임하여 예언하게 된다 (왕하 3:15이하). 선지자가 신령한 음악에 감동하여 예언할 수 있었다. 이런 예는 신령한 음악을 들을 때 우리 마음이 움직여 감동을 받는 것과 같은 이치이다. 음악, 특히 신령한 음악을 공교히 연주하게 될 때 이와 같이 심령을 움직이게 된다. 이는 신령한 노래를 부르도록 요청 받고 있는 기독인들에게 의미심장한 사실이다.

이상의 사실을 시편연구에 적용시켜 보자. 시편을 작시한 자는 하나님께 드리는 노래를 작시하기 위하여 온 정성을 쏟았으리라. 하나님을 찬양할 때 악기를 공교히 연주해야 한다면, 노래를 작시할 때도 역시 공교하게 작시해야 할 것이 분명하다. 사실 시편 하나하나를 자세히 연구해 보면, 이스라엘의 시인들이 얼마나 정성과 시간을 들여서 시편들을 작시하였는지 감탄을 금할 수 없다. 이를 거꾸로 생각한다면, 시편의 바른 이해는 공교하게 작시된 시편들의 형식을 바로 파악할 때 그 내용 역시 바로 파악된다는 말이 될 것이다. 시편기자들이 그 신학적인 내용만 아니라 그 형식에도 시간과 정성을 드려서 하나님께 드려질 만한 아름다운 노래들로 작시했다면 우리는 그 형식이나 내용을 세심히 살피지 않으면 안될 것이다.

"하나님께 드려질만한"이란 표현은 하나님께 드려지는 찬양만 아니라 예배와 우리의 삶 전부에도 적용될 수 있다. 그래서 다윗은 "여호와의 이름에 합당한 영광을 그에게 돌릴지어다 예물을 가지고 그 앞에 들어갈지어다 아름답고 거룩한 것으로 여호와께 경배할지어다" (대상 16:29=시 96:8)라고 노래했던 것이다. 시편기자도 외치길, "여호와의 이름에 합당한 영광을 돌리며 거룩한 옷을 입고 여호와께 경배할지어다" (시 29:2). 여호와의 이름에 합당한 영광을 여호와께 돌리라는 표현은 무엇을 의미하는가? 문자적으로 번역한다면, "여호와께 그의 이름의 영광을 돌리라"가 된다. "그의 이름의 영광"이란 그분 자신의 영광과 동일하다. 이름은 그 자신이기 때문이다. 이를 의역하여 한역은 "그의 이름에 합당한 영광"이라 하였다. 의미상 그러하다. 하나님께 합당한 영광을 생각해 보라. 그것은 얼마만한 정성과 헌신이 담겨야 그렇게 불릴 수 있을 것인가?

7.2. 사 2:16의 "세키욧"의 의미는 무엇인가?

우리가 방금 말한 바, 곧 시편 형식의 바른 이해가 시편의 내용파악에 중요하다는 점은 비단 시편 연구에만 해당되는 것이 아니라 구약 성경 전체에 해당되는 사항이다. 예를 들어 본다. 이사야 선지자는 2:12-16에서 심판 메시지를 선포한다. 이 메시지에서 난해한 단어로 해석자들에게 어려움을 준 단어는 한역에서 "(아름다운) 조각물"이라 번역된 말 "세키욧"이다 (사 2:16). 이 말은 구약성경에서 여기서 단 한번 나타나므로 (hapax legomenon) 이해하기 여간 어렵지 않다. 그래서 한역이 "조각물"이라 번역했다면, NRSV는 "(beautiful) craft" ([아름다운] 장식)라 번역하고 NJB는 단지 "everything (held precious)" ([귀하게 여겨지는] 모든 것)라 의역하고 있다. 이렇게 역본들마다 다른 번역을 제시하는 것은 "세키욧"이란 단어의 의미가 불분명하기 때문이다. 그런데 이 단어의 의미파악이 절대로 불가한 일은 아니다.

이 단어의 의미파악에 결정적인 열쇠는 이사야 선지자가 자신의 메시지를 병행법 (parallelism)으로 제시하고 있다는 사실을 주목하는 데 있다. 12절부터 16절까지 메시지의 병행법 형식을 주목해 보자.

12 대저 만군의 여호와의 한 날이
모든 교만자와/ 거만한 자와/ 자고한 자에게 임하여 그들로 낮아지게 하고
13 또 레바논의 높고 높은 모든 백향목과/ 바산의 모든 상수리 나무와
14 모든 높은 산과/ 모든 솟아오른 작은 산과
15 모든 높은 망대와/ 견고한 성벽과
16 다시스의 모든 배와/ 모든 아름다운 '세키욧'에 임하리니

이 메시지를 살펴보면 12절에서 15절까지 심판의 대상들이 짝을 이루고 제시되었다는 점이 분명하게 드러난다. 따라서 16절의 말씀 역시 짝을 이루어야 할 것이다. 그렇다면 고려중인 단어 (*세키욧*)의 의미는 "상선들" (vessels)이 될 수밖에 없다. 왜냐하면 다시스의 배는 무역선을 지칭하므로 그에 병행을 이룰만한 의미는 "상선들"일 것이기 문이다. 이런 형식상의 고려에 의한 의미 추정은 고대 역본 중의 하나인 헬라어 역본 (LXX)으로 지지된다. 왜냐하면 헬라어역은 "배들" (ploiwn)이라고 번역해 주고 있기 때문이다. 그런데 "배"를 의미하는 "세키야"란 히브리어는 역시 배를 의미하는 애굽어 (*škty*)에서 유래한 것으로 이해된다 (Maximilian Ellenbogen, *Foreign Words in the Old Testament*, 154).

이렇게 내용의 바른 파악은 형식의 바른 이해와 직결된다. 형식 곧 문학형식을 우리는

성경해석에 절대 필요사항으로 인식할 필요가 있다. 특히 구약성경의 경우에는 더더욱 그러하다. 우리가 강조하고자 하는 바는 문학형식, 혹은 그것을 다루는 문학비평 (a literary criticism)이 어떤 이들이 오해하듯 성경본문 이해에 없어서도 되는 군더더기 정도가 아니라는 점이다.

7.3. 히브리시의 운율 연구사

중세 유대인 시가들과 구약 시가들 사이에는 형식에 관한 한 아무런 연관이 없다. 유사성이 있다면 중세기 호세 (Jose ibn Jose), 칼리리 (Kaliri) 등이 애가 1-4장에 나오는 것과 같은 알파벳시형을 활용했다는 점이다. 중세 유대인 시가는 주후 9세기나 10세기부터 시작된다. 이는 아랍 문화의 영향 하에 나타난 것으로, 운율이나 운 (rhyme)으로 특징지어졌다. 운율은 양으로 규정된 형식 (quantitative)이였다. 즉 음절의 장단(長短)으로 규정되었다. 이 시기는 아랍어 문화의 영향으로 동시에, 유대인의 문법가들과 언어학자들이 왕성하게 활동한 시대이기도 하였다. 이들은 구약시가와 자기 당대의 시들 사이의 차이는 인정했지만, 구약 시가의 형식에 대한 연구에 있어서는 그다지 공헌한 것이 없다. 단지 저들은 구약 시가는 운율적(metrical)이 아니라는 부정적인 생각만 가졌을 뿐이었다.

좀 더 거슬러 올라가면, 히브리 시가(詩歌) 형태에 대한 가장 초기의 유대인 진술은 필로나 요세푸스에게서 나타난다. 이들은 모두 헬라어로 저술한 사람들이었다. 필로는 "모세의 생애" (De vita Mosis i.5)에서 주장하길, "모세는 애굽인들에게 리듬, 조화, 운율 (rhythm, harmony, metre)의 전체 이론을 배웠다"고 했다. 그렇지만, 필로는 오경의 모세 시들이 운율적 (metrical)이란 주장을 다른 곳에서는 하지 않고 있다. 필로는 후대의 유대인 시가에 대하여 "사색적인 삶에 관하여" (De Vita Contemplativa)에서 말하길 (x. xi.) 애굽의 유대인 금욕주의자들 (Therapeutae)은 많은 운율이나 선율로 찬송들을 불렀고, 특히 약강격 3보격 (iambic trimeters)으로 불렀다고 했다.

요세푸스는 모세에 대하여 출 15:2이하와 연관하여 말하길, "그는 육보격 운율 (hexameter verse)로 하나님께 노래를 작시하였다"고 하였다 (「고대기」 ii.16.4). 그리고 신 32장과 연관하여 모세는 이스라엘인들에게 "육보격 시"를 낭송했다고 했다 (「고대기」 iv.8.44). 다윗에 대하여 말하길, "그는 여러 운율들로 (metrou poikilou) 노래들과 찬양들을 작시하였는데, 어떤 것은 삼보격 (trimetrical), 다른 것들은 오보격 (pentametrical)으로 작시하였다"고 했다 (「고대기」 vii.12.3). 필로나 요세푸스는 구약 시가와 형식상 유사한 시가 아직 작사되고 있을 때 살았던 인물들이기에 중요하다.

오리겐이나 유세비어스, 제롬 등도 구약 시가의 미터 (운율)에 대하여 언급한다. 오리겐은 시 118:1 (LXX)을 언급하면서 말하길, 신 32장은 육보격이며, 시편의 어떤 것들은 삼보격 이라 한다. 그리고 시편에서 다른 운율은 사보격 이라 하였다. 그렇지만 오리겐은 히브리시는 헬라시들과 다른 성격을 지녔다고 인정하였다. 유세비어스는 히브리시의 운율에 대하여 언급하길, "모세의 노래나 다윗의 시 118편 등과 같이 미터로 된 시들이 발견될 것이다. 이런 시들은 헬라인들이 영웅을 찬미하는 시의 운율 (heroic meter)이라 부르는 바로 작시되었다. 적어도 이런 것들은 육보격으로, 16개의 음절들로 구성되었다고 언급되었다. 다른 것들은 삼보격이나 사보격 행들로 구성되었다고 한다" (Praep. Ev. xi.5.5).

제롬의 경우에는 여기 저기서 히브리시에 관한 여러 진술들이 나타난다.

1) 욥 3:2-40:6은 육보격이나, 행들(verses)는 다양하고 불규칙하다 (Praef. in Job [Jacques Paul Migne, Patrologia Latina xxviii.1082]).

2) 욥, 잠언, 신명기 32장 노래, 이사야는 모두 육보격이나 오보격으로 작시되었다 (Praef. in Chron. Eusebii [Migne, xxvii.36]). 신명기 노래는 약강격 사보격 (iambic tetrameters)으로 되었다.

3) 시 110, 111은 약강의 삼보격 (iambic trimeters)이다 (Ep. xxx. [ad Paulam][Migne xxii.442]).

4) 시 118, 144, 잠 31:10-31은 약강의 사보격 (iambic tetrameters)이다 (Ep. xxx. [ad Paulam][Migne xxii.442]).

5) 애가 1, 2장은 유사(類似) 사포시체 운율 (quasi sapphico metro)이나 애가 3장은 삼보격이다 (상동).

6) 선지서들은 운율체가 아니다 (Praef. in Isaiam [Migne xxviii.771]).

그리고 이런 저자들 외에, 외경(外經)이나 가경(假經) 등에 담긴 시들에도 구약의 시들에서 나타나는 병행법이 나타나고 있다. 그런데 이상한 일은 주후 1세기 어간에 살았던 요세푸스 시대, 곧 랍비들이 구약 시가의 병행법을 알지 못한 채 성경 주석을 하고 있던 시기에, 다른 한편으로는 여전히 구약 시가서가 사용하던 병행법을 사용하여 시를 작시하였다는 점이다.

이상에서 본대로 필로나 요세푸스, 혹은 오리겐이나 제롬 등은 헬라의 고전 시가의 운율을 기준으로 구약 시가의 운율을 이해하고자 했다는 점이 분명하다. 중세기의 김히 (David Kimhi), 게르솜 (Levi b. Gershom), 이븐 에스라 (Abraham ibn Ezra) 등과 같은 유대 학자들은 후에 영국의 로쓰가 지적하는 것과 유사한 요소를 지적하기는 했지만 구체적이거나 체계적이지 못했다. 그러다가 드 롯시 (Azriah dei Rossi)가 "메오르 에이나임" (Me'or Einayim, 1573)이란 작품에서 고전 헬라 시의 기준으로가 아니라, 사고상의 논리 전개의 요소들과 의미의 리듬을 지적함으로 이전 시대 연구자들과 결별하는 결정적 성과를 거두었다. 그에 의하면 리듬은 '음절들의 수자' 가(number of syllables) 아니라, '본질적 사고들의 수자' 로 (number of substantial ideas) 계산되어야 한다.

그럼에도 구약 시가 형식 연구에서 획기적인 전환점은 영국의 로쓰 (Robert Lowth)가 구약 시가의 기교들을 분석한 강연을 발표하면서 이루어졌다고 할 수 있다 (*De sacra poesi Hebraeorum praelectiones academicae*, 1753; *Isaiah, a New Translation with a Preliminary Dissertation*, 1787). 그레이 (Gray)에 의하면, 로쓰 (Lowth)의 공헌은 두 가지였다: 1) 처음으로, 히브리시의 병행법적 구조를 분석하고 연구하였고, 2) 구약에서 시가의 분포 정도가 이전에 인정된 것보다 훨씬 광범하다는 것을 주목했다는 점이다. 로쓰는 특히 예언서들의 많은 부분이 시적으로 되었다는 사실을 주목했다. 그리고 그레이에 의하면, 붓데 (Budde)가 로쓰를 능가하여 기여한 중요한 공헌은 '애가' (키나) 운율의 성격을 명확하게 규정한 것이라 한다 (*The Forms of Hebrew Poetry*, 91-92). 곧, (1) 리드미칼한 악절들 (periods)의 불균등한 구분의 성격 (2) 애가 1-4장에 특징적인 리듬이 구약 다른 곳에서 나타나는 정도를 붓데가 지적하였다.

7.4. 병행법 (Parallelism)

히브리시의 가장 현저한 특징은 행의 콜론들에서 나타나는 사고나 구조상의 병행법 (parallelism)이다. 그 정의는 일치된 견해를 갖지 못하지만, 대략 정의한다면, 의미상 혹은 문법 구조상, 혹은 음성에서 연관되는 요소들이 연속적인 행들에서 반복되는 현상이다. 사고 면에서 본다면, 어떤 사고를 한 번 기술하고, 다시 약간 다른 말들로 반복 기술하는 경우이고, 문법 구조면에서 본다면, 동일 구조를 연속 반복하는 것이다. 로쓰의 병행법 정의가 대략 이런 것이었다면, 그 강조점은 변화와 연속성 (variation and continuity)에 주어졌다. 그러다가 1980년대 쿠걸 (J. Kugel)이나 알터 (R. Alter)의 좀 더 새로운 주장이 주목을 받게 되었는데, 그것은 A = B의 연속성이 아니라, A 〈 B라는 사고상의 진전과 강도의 심화에 강조점을 두었다. 이에 대하여 아래서 다시 언급하기로 하겠다. 여기서 한 가지 언급하고 싶은 것은 이 병행법은 고대 히브리 시에 가장 특징적인 현상이지만, 그것은 고대 가나안 문학 (유가릿 문헌), 악카드 문헌 등에서도 나타나고, 인도의 토다 (Toda)어로 된 문헌, 우랄어들 (핀란드어 등), 오스트로네시아어들 (Rotinese어가 대표적), 마야어들 (Mayan), 중세와 현대 러시아 서정시, 몽골어와 터키어 시들 등에서도 나타난다는 점이다.

그런데 필자는 고대 중국의 시들 모음집인 시경(詩經)을 보다가 이 병행법에 근접하는 현상을 주목하게 되었다. 한시(漢詩)를 고체시와(비교적 어떤 제약이 없이 작사) 근체시(近體詩)로(당나라 이후에 엄격한 작법에 따라 작사) 분류한다면, 근체시에서는 병행법과 유사한 현상이 없어 보인다. 예외도 있지만, 시경에 담긴 시들은 대개 1구(句)가 4자(字)로 된 것이 기본이며, 시 한 편이 3장(章) 이상으로 구성되었고, 각 장(章)은 4구(句) 이상으로 구성되었다. "종사 (螽斯 메뚜기)"라는 제목이 붙은 주남(周南) 지방의 민요 (유행가)를 보자.

종사우 선선혜 의이자손 진진혜 -1장
종사우 횡횡혜 의이자손 승승혜 -2장
종사우 집집혜 의이자손 칩칩혜 -3장

1구   2구   3구   4구

螽斯羽 詵詵兮 宜爾子孫 振振兮
螽斯羽 薨薨兮 宜爾子孫 繩繩兮
螽斯羽 揖揖兮 宜爾子孫 蟄蟄兮

메뚜기 날개소리 많이 울리는데 네 자손들도 이같이 번성하길
메뚜기 날개소리 부웅 붕 울리는데 네 자손도 끊임없기를
메뚜기 날개소리 한없이 모이는데 네 자손도 사이좋게 즐기기를.

여기서 "종사우"와 "의이자손"은 계속 반복되고, 각장의 제2구와 4구에서는 각기 다른 말로 제시되고 있다. 히브리 시의 병행법과 다른 것은 히브리 시에서는 같은 글자를 반복하지 않는다는 점이다. 이 점을 제외하면, 여기 제시된 "종사"란 시는 히브리 시의 견지에서 분석한다면, 세 개의 행이 유사한 의미를 반복하는 동의 병행법을 구성한다. 예를 하나 더 들어 본다면,

피서이리 피직지**묘** 항매미미 중심**요요** 지아자 위아심우 부지아자 위아하구 유유창천 차하인재
피서이리 피직지**수** 행매미미 중심**여취** 지아자 위아심우 부지아자 위아하구 유유창천 차하인재
피서이리 피직지**실** 행매미미 중심**여역** 지아자 위아심우 부지아자 위아하구 유유창천 차하인재
彼黍離離 彼稷之苗 行邁靡靡 中心搖搖 知我者 謂我心憂 不知我者 謂我何求 悠悠蒼天 此何人哉
彼黍離離 彼稷之穗 行邁靡靡 中心搖醉 知我者 謂我心憂 不知我者 謂我何求 悠悠蒼天 此何人哉
彼黍離離 彼稷之實 行邁靡靡 中心搖 知我者 謂我心憂 不知我者 謂我何求 悠悠蒼天 此何人哉

1 저 기장 이삭의 넘실거림이여! 저 피도 **싹이 푸르구나**!
발걸음의 머뭇거림이여! 내 마음 **가눌 길 없네**!
나를 아는 사람은 내 마음의 시름을 말하지만,
나를 알지 못하는 사람은 나에게 무엇을 찾느냐? 한다.
아득한 저 푸른 하늘이여! 이것이 누구의 탓이옵니까?
2 저 기장 이삭의 넘실거림이여! 저 피도 **이삭이 팼다**!
발걸음의 머뭇거림이여! 내 마음 **술 취한 듯 하여라**!
나를 아는 사람은 내 마음의 시름을 말하지만,
나를 알지 못하는 사람은 나에게 무엇을 찾느냐? 한다.
아득한 저 푸른 하늘이여! 이것이 누구의 탓이옵니까?

3 저 기장 이삭의 넘실거림이여! 저 피도 **이삭이 여물었다!**
발걸음의 머뭇거림이여! 내 마음 **목이메인 듯하여라!**
나를 아는 사람은 내 마음의 시름을 말하지만,
나를 알지 못하는 사람은 나에게 무엇을 찾느냐? 한다.
아득한 저 푸른 하늘이여! 이것이 누구의 탓이옵니까?

여기서 보듯, 각 장(章)의 제 2구(句)에서 마지막 글자, 제 4구(句)에서 마지막 글자가 다를 뿐 전체가 같은 글자들의 반복이다. 그런데 다른 글자를 대체하면서 사고 면에서 약간 진전된 모습을 제시하고 있다: 싹이 푸르다 〈 이삭이 패다 〈 이삭이 여물다; 가눌 길 없다 〈 술 취한 듯 하다 〈 목 메인 듯 하다. 이 후자의 경우는 마음의 슬픔이 더 심화되고 있다고 한다면, 피의 경우는 싹이 푸르고, 그것이 이삭을 만들고, 이삭이 여무는 모습은 시간의 진전을 보여준다. "서리"라는 제하의 이 시는 주(周)나라의 옛 신하가 주나라의 이전 서울인 호경을 지나다가 (주나라는 평 왕 때 鎬京에서 동쪽 洛邑으로 서울을 옮겼다) 대궐이 섰던 자리가 밭으로 변해 기장이 넘실거리고 피만 푸르게 자라는 모습을 보고 세상의 덧없음과 슬픔을 읊은 것이라 한다. 마치 고려 말 문인 길재의 "오백년 도읍지를 필마(匹馬)로 돌아드니 산천은 의구한데 인걸은 간 데 없다 …"라는 시가를 연상시켜 준다. 이 시인은 그 대궐 터를 시간 간격을 두고 지속적으로 찾았더니 처음에는 그 광경에 얼떨떨해하고, 다음에는 꿈만 같아 믿어지지 아니하여 술 취한 듯 하다고 했고, 마지막에는 목이메인 듯 슬픔이 북받쳐 오른다고 노래하고 있다. 형식면에서 본다면, 히브리 시의 병행법에서 쿠걸이 지적한 A 〈 B의 도식에 잘 들어맞는다. 다만, 히브리 시에서는 여기 한시에서처럼, 병행법에서 동일한 글자의 반복이 없다.

그렇다면, 히브리시의 행에서 병행법을 어떻게 파악할 것인가? 를 먼저 언급하고 그 형태들을 제시하겠다.

7.4.1. 병행법 파악 4대원리들 (행을 콜론으로 나누는 작업)

그런데 한 행을 어떻게 콜론들을 나누는지 그 원리들을 여기서 제시해 보고자 한다. "병행법 파악 4대 원리"라 해놓자 (Marjo C. A. Korpel-Johannes C. de Moor, "Fundamentals of Ugaritic and Hebrew Poetry," 5 이하).

1) 한 행 (verse) 안에서 발견되는 작은 병행법 (internal parallelism; 이는 연과 연 사이 혹은 행과 행 사이의 큰 병행법 [macro-parallelism]과 대칭되는 의미로 사용한다); 그러나 합성 병행법 (synthetic parallelism)의 경우에는 의미상 혹은 구문상의 근거로 콜론들의 균형을 잡기 어렵다.

2) 맛소라 액센트 표기 (Massoretic Cantiliation). 이는 히브리시의 전통적인 콜론 분석

(colometry)의 증거이다.

3) 한 행 내의 콜론들 사이의 리듬적 균형 (rhythmical balance); 박자가 어느 정도 균형이 되도록 콜론들이 배열된다. 여기서 우리는 분석하는 행 자체만 아니라, 그 행이 위치하는 그 주변 행들에서 콜론들의 길이와 그 행에서의 콜론들의 길이를 비교해 볼 수도 있다. 콜론들의 박자 수는 일정한 비율로 배치되지만, 때로는 한 콜론이 확대 내지 축소되므로 이것도 늘 보장된 근거는 못된다.

4) 병행구절들과의 비교; 병행구절들을 확인하려면 많은 시간과 노력이 필요하고 병행구절들 역시 제한적으로 나타나므로 이것도 역시 제한적인 효과만 갖는다.

한 행을 콜론들로 분석하는 일 (re-establishment of the colometric division)은 이상에 제시된 네 가지 원리들을 적절하게 배합하여 활용할 때 좋은 결과를 얻을 수 있다.

7.4.2. 병행법의 형태들

이제 병행법의 형태들을 연구해 본다. 시 2:2을 예로 들어 설명하자.

① 세상의 군왕들이 함께 서고/ ② 관원들이 서로 꾀하여/
③ 여호와와 그 기름 받은 자를 대적하는구나
(이트얏체부 말케-에레츠/ 베로제님 노세두-야하드/
알-아도나이 베알-메시호)
The kings of the earth set themselves/ and the rulers take counsel together/
against Yahweh and against his Anointed

첫째와 둘째 콜론이 서로 의미상의 병행법을 이루고 있다. 이 경우 의미가 유사하므로 동의 병행법 (synonymous parallelism)이라 부른다. 2절이 제시하는 사고는 열왕들이 함께 공모하여 여호와와 그 기름 부음 받은 자를 대적한다는 것이다. 이를 전반절에서는 "세상 군왕들이 함께 선다"고 제시한다면, 후반절은 "통치자들이 함께 둘러앉아 여호와와 그 기름 부음 받은 자를 대적한다"고 한다 (전. 후반절에서 사용된 히브리어 동사들은 "야챠브"와 "야사드"이다. 전자는 군대가 적군을 대적하여 전열을 가다듬고 서있는 모습을 묘사할 때 사용된다 [삼상 17:16, 46:4]. 이러므로 대적하기 위해서 서는 행위를 지시한다. 후자는 주로 "견고하게 고정시키다, 토대를 놓다"를 의미한다. 여기서는 "함께 머리를 맞대고 앉다" [fix or seat themselves close together] 정도로 이해될 수 있을 것이다).

후반절에서만 나타난 "여호와와 그 기름부음 받은 자를 대적하여"란 표현은 첫째 콜론과 둘째 콜론 사이의 박자 길이를 불균형 파격으로 만들어 버린다. 둘째 콜론 곧 후반절이 전반절에 비해 박자수가 많은 것이다. 액센트 숫자를 계산해 보면, 전. 후반절의 수치는 3/5

가 된다. 음절수를 계산해 보면, 7/13의 수치가 나타난다. 이렇게 불균형의 전. 후반절은 행의 콜론들이 길이 면에서 균형을 이룬다는 일반적인 원칙을 깨뜨린다. 그러나 사실 이 균형의 원리가 깨어진 것이 아니라 균형이 있지만 숨겨져 있을 뿐이다. 후반절에만 나타나는 "여호와와 그의 기름부음 받은 자를 대적하여"란 표현은 전반절에도 적용이 되기 때문이다. 이렇게 후반절에만 나타나는 표현이 전반절에도 해당될 때 이를 우리는 일석이조 (一石二鳥) 기법 (double-duty)이라 부른다. 이런 시적 기교는 다반사로 나타나기 마련이다. 여기서는 두 개의 전치사구 (prepositional phrase)가 일석이조 기법으로 사용되었다면, 우리가 이미 고려했던 1절에서는 "어찌하여"란 의문부사가 전반절에서만 나타났지만 사실 후반절에도 적용된다. 이렇게 부사, 전치사구만 일석이조 기법으로 활용되는 것이 아니라 대명사, 주어, 동사 등도 역시 같은 기법으로 활용될 수 있다. 왜 이렇게 일석이조 기법을 사용하느냐? 하면 시 (poetry)란 가능하면 말을 절약해서 최소한도의 단어로 압축묘사하기를 원하는 본성을 지니는 까닭이다. 쉽게 추정해서 알 수 있는 말은 후반절에서 생략해도 독자가 추측해서 보충하면 되는 것이다. 길게 나열해서 두 번이나 반복할 이유는 없는 것이다. 병행법은 이런 시의 절약성과 배치되는 것 같지만 사실 그렇지만도 않다. 시라고 해서 무조건 절약만 하는 것이 아니라 반복해서 강조하므로 극대의 인상을 남기기도 하는 것이기 때문이다.

알론소 쇠켈 (Luis Alonso Schoekel)의 병행법 이해가 여기서 도움이 될 것이다. 그에 의하면, 병행법이란 언어의 가장 기본적인 작동의 일부로, 음이나, 구문이나, 사고 혹은 운율의 '분명한 표시' (articulation)이다 (*A Manual of Hebrew Poetics*, 51). 즉 전체를 둘로 짜개어 보다 분명하게 표시하는 셈이다. '사람'이라고 할 것을 "남자"와 "여자"로 쪼개어 제시한다면 이는 한 개념을 둘로 쪼개어 보다 분명하게 전달하는 한 방식일 수 있다. 히브리시에서도 자주 나타나는 그런 단어-쪼갬 현상을 좀 더 확장시킨 것이 병행법이라고나 할까? 어쨌든 병행법도 여러 차원에서 설명이 가능할 것이다.

한편 후반절이 전반절 보다 사고를 보다 분명하게 전달해 주고 있다. 왜냐하면 후반절에서는 "여호와와 그 기름 부음 받은 자를 대적하여"란 표현이 첨가되어 저들이 하는 모임이 무엇을 위함인지를 밝혀주기 때문이다.

이렇게 의미상으로 시 2:2은 동의 병행법에 해당된다. 그런데 이 행을 콜론으로 분석하자면, 세 개의 콜론이 나타난다. 의미상으로는 콜론이 둘이어야 하겠으나, 콜론의 길이는 하나의 시에서 대개 비슷하게 유지되어야 하므로, 전. 후반절 모두에 해당되는 마지막 부분 ("여호와와 그 기름부음 받은 자를 대적하여")을 한 콜론으로 끊어 다른 콜론들과의 길이의 균형을 잡아 준다. 따라서 시 2:2의 세 콜론은 3 + 3 + 2의 박자수를 지닌다. 이러한 박자수는 불변사를 제외한 주요 단어들의 숫자와 일치한다. 맛소라 본문에 두 단어가 연결된 경우 (마켑이 사용된 경우)에도 주요 단어인 경우에는 마켑이 없는 양 계수하면 된다.

여기서 히브리어 시들을 다년간 연구했던 쿠걸 (Kugel)이 성경의 시가들 (혹은 잠언, 법률, 애가, 축복, 저주, 기도, 설교, 교훈 등)의 기본적인 특징에 대하여 말한 바 (J. Kugel, *The Idea of Biblical Poetry. Parallelism and Its History*, 51)를 들을 필요가 있다:

> (이것들은) 상대적으로 짧은 문장형태를 반복 사용한다. 이 문장은 주로 두 개의 짧은 소절들 (clauses 節)로 구성된다. 그 절들은 통상적으로 사소한 쉼표 (a slight pause)로 구분된다. 여기서 "사소한"이란 말은 둘째 절이 전혀 새로운 사고를 도입하는 것이 아니라 앞절의 연속이기 때문이다. 대조적으로 두 번째 절은 마침표로 끝난다. 이것을 도식화하면 _____/_____//로 표시될 수 있을 것이다. 여기서 하나의 슬래쉬 (/)는 사소한 쉼표라면 두 개의 슬래쉬 (//)는 마침표를 의미한다. 우리는 이렇게 표준적인 짝 (couplet)의 반쪽들을 A와 B로 칭할 수 있다. 성경의 병행법의 핵심은 기본적으로 전후관계 (sequence)에 있다: 첫째 부분은 사소한 쉼표, 둘째 부분은 마침표. 그러한 쉼표들이 실제로 구현하는 바는 추가된 (subjoined), 따라서 강조적인 (emphatic) B의 성격이다. B는 A에 연결됨으로써 A를 더 한층 끌고 나가서 A를 반향시켜 (echoing), A를 재 진술함으로써, 강조적, 후원하는 (seconding) 성격을 갖는다. 바로 이것이야말로 -병행법은 균형의 미적 감각 (aesthetic of symmetry)이나 병행 (paralleling)의 미학을 주려는 것보다- 성경 병행법의 정수라 할 수 있다.

쿠걸의 병행법 이해가 Lowth의 연구로 (Robert Lowth, *De sacra poesi Hebraeorum*, [Oxford, 1733]; *Lectures on the Sacred Poetry of the Hebrews*, tr. G. Gregory, [London, 1787], 1835³⁾) 대표되는 전통적인 병행법 이해와 다른 것은 전통적 이해가 병행법을 A=B라는 등식에 강조점을 주었다면, 쿠걸은 A 〈 B라는 등식을 주장했다는 것이다. 즉, 병행법이란 쿠걸에 의하면 전반절의 사고가 후반절에서 다른 말로 표현되지만, 후반절은 전반절의 사고를 더 진전시킨다고 지적한다 (J. Kugel외에도 R. Alter, *The Art of Biblical Poetry*도 이에 동조한다). 실례를 들어보자면, 시 18:8에서

연기가 그 콧구멍들에서 나왔고
사르는 불이 그의 입에서 나왔으며
핀 숯불이 그에게서 터져 나왔도다

점점 강도가 깊어진다: 연기 →사르는 불→핀 숯불. 이렇게 병행법은 전.후반절이 동일 사고를 다른 표현으로 제시한 것이라는 사고는 쿠걸에 의해 약간 더 섬세하게 다듬어지게

되었다.

7.4.3. 병행법의 다양한 분류법들
병행법은 여러 기준들에 의하여 다양하게 분류되고 있다.
1) 전.후반절 간의 의미 (semantic parallelism)를 따져서
  유사한 의미이면 동의병행법 (synonymous parallelism),
  대조되는 의미이면, 반의 병행법 (antithetic parallelism),
  전.후반절의 의미가 합하여 하나를 이루면, 합성 병행법 (synthetic parallelism)
  여기에 더하여, 형태상 분류하여
   교차대구 병행법 (chiastic parallelism)
   계단 병행법 (staircase parallelism)
   표상 병행법 (Emblematic parallelism)
   두 얼굴 병행법 (Janus Parallelism)
   숫자 병행법 (numerical parallelism) 등도 거론된다.
2) 언어학적 (구조언어학) 분류
   문법 병행법 (Grammatical parallelism)
   어휘 병행법 (Lexical parallelism)
   의미 병행법 (Semantic parallelism): paradigmatic or syntagmatic
   음성 병행법 (phonetic parallelism)
(병행법의 분류에 대하여는 Luis Alonso Schoekel, *A Manual of Hebrew Poetics*, 52-60 참조). 이만큼 다방면으로 히브리인들은 시를 공교하게 저작하여 만왕의 왕께 올려 바쳤다는 점이 놀라울 정도이다. 이처럼 문학이나 예술은 우주의 왕이신 하나님을 높이고 찬양하는 데 초점을 두어야 한다.

7.4.4. 동의 병행법 (Synonymous Parallelism)
예 1) 나의 걸음들이 당신의 길들을 굳게 지키고/
내 두 발이 동요치 아니하였나이다 (시 17:5)(3 + 3)
My steps have held to your paths; my feet have not slipped (NIV)
여기 제시된 한역은 원문에 근거해서 약간 수정한 개역이다. 이 행은 전.후반절이 동의 병행법을 이룬다. 전.후반절의 단어들을 유심히 살펴보면, 단어들 간에 짝이 병행된다는 점도 나타난다: 나의 걸음/ 내 두 발, 견고히 붙들다/ 동요하지 않다. 이렇게 전.후반절의 단어짝들을 비교해 보면, 전반절의 "당신의 길들"이란 표현이 후반절에서 나타나지 않는다는 점이 드러난다. 따라서 우리는 그 단어가 후반절에도 적용되는 "일석이조 기법"

(double-duty)에 해당된다고 판단해야 한다. 그렇다면, 시 17:5은 "나의 걸음들이 당신들의 길들을 굳게 지키고/ 내 두 발이 당신의 길들에서 동요치 아니하였나이다"로 이해된다. 여기서 표현된 사고는 시인이 주님의 명하신 법도와 규례를 그대로 행하면서 유혹이나 시험이 올 때도 동요치 않고 견고하게 믿음을 지켰다는 고백이다.

"당신의 길들"이란 표현에서 우리는 "주님의 길들"이 무엇인가? 궁금해 할 수 있다. 주님의 길들은 시 23:3에서 "의의 길들"로 나타나고, 시 65:11 (히, 12)에서도 나타난다. 사 26:7에서는 "의인의 길," 사 59:8에서는 "평강의 길"과 "(악인들의) 길들"이 대조되고 있다. 그런데 잠 2:9에서는 "공의와 공평과 정직 곧 모든 선한 길"을 말씀한다. 여기서 보니 "선한 길"은 다름 아니라 공의, 공평, 정직과 동의어로 나타나고 있다. 길이라는 표현은 성경에서 "행하다" (걷다)란 동사와 함께 인간의 생활방식을 지시한다. 원래는 '걸어가다'란 말이 인간의 생활방식까지 지시하게 된 것이다. 걷는 모습에서 인간의 생활방식을 연상해 낼 수 있다. 갈 지 (之)자로 걷는 이는 그 생활이 개판일 것이 암시된다면, 그 걸음이 단정하면 생활도 역시 단정할 것이라 생각할 수 있다. 걷다, 행하다란 말 (히, 할락)의 이런 확장된 의미는 신약의 헬라어 용례에서도 그대로 나타난다. 다시 "당신의 길들"이란 표현으로 돌아가서 생각하면, "길" (히, 마-겔)은 어떤 이의 생활 방식, 사고, 인격 등을 나타낼 수 있다. 하나님의 길은 하나님의 뜻의 표현인 말씀, 법도, 규례, 언약 등을 지시할 수 있고, 의인의 길이라면 의인의 행동, 의인의 자세, 의인의 인격과 사고를 지시할 수 있다. 만약 악인의 길이라면 굽은 굽이요 평강을 알지 못하는 길이므로 그 길은 패역하고 포악하고 구부러진 생활방식을 지시한다. 시 23:3에서 "의의 길들"로 주께서 자기 이름을 위하여 시인을 인도하신다고 할 때, 그 의의 길들은 다름 아닌 의로운 길들, 곧 의가 주장하는 생활방식을 지시한다. 의를 길로 비유해서 표현하고 있는 셈이다.

고려중인 시 17:5의 사고는 시인이 그 앞 절에서 고백하는 말과 연관시켜 고려할 때 더욱 분명해 진다:

사람의 행사로 논하면
나는 당신의 입술들의 말씀을 좇아 스스로 삼가서
강포한 자의 길들에 행치 아니하였사오며 (한역, 시 17:4).
As for the deeds of men—
by the word of your lips I have kept myself from the ways of the violent (NIV)

5절에서 시인이 "당신의 길들"을 굳게 잡고, 그 길들에서 동요치 않았다고 고백한 사고는 바로 4절 사고의 연속이었다. 5절에서 당신의 길들은 곧 4절에서 "주의 입술들의 말씀"과 동일시된다. 곧 당신의 길들= 당신의 입술들의 말씀의 등식이 성립된다. 시인의 행한 그 "주님의 길들"은 "강포한 자의 길들"과 대조된다.

여기서 우리가 두고자 하는 강조점은 시 17:5을 바로 이해하기 위해서는 이 행의 병행법적 구조를 살펴 그 구조에 비추어 내용을 파악해야한다는 점이다. 여기에 더하여 5절은 5절 자체만 아니라 그 주변의 소단위 텍스트 짜임 (In-Textuality)에 비추어 이해되어야 한다는 점도 강조될 만 하다. 앞서 언급한 대로, 5절을 병행법에 비추어 볼 때, 전반절에 사용된 "당신의 길들"이란 표현이 후반절에도 적용된다고 파악되므로, 이런 분석에 근거해서 후반절을 이해할 때 "동요하지 않다" (한역, 실족하지 않다)는 것이 무슨 의미인지 분명해지는 것이다. 그리고 5절은 4절의 말씀에 비추어 볼 때, 당신의 길들이 곧 그분의 말씀이며, 강포한 자의 길들과 대조되는 주님이 정하신 길, 곧 그분의 규례와 생활방식임이 드러난다.

동의 병행법 예2)
내가 여호와의 길들을 지키고/ 내 하나님을 떠나 악행치 아니하였기 때문이라 (시 18:21)(3 + 3)
전반절에서 시인은 여호와의 길들을 지켰다고 고백한다. 그리고 후반절에서는 자기 하나님을 떠나 악행을 하지 아니하였다고 진술한다. 전.후반절은 사고상 동의 병행법을 구성한다. 전.후반절 모두 주어가 일인칭으로 "내가"이다. 시인의 고백적 진술이다. 단어의 짝들을 맞추어 본다면, 내가 지키다/ 내가 악행치 않다, 여호와의 길들/내 하나님 정도가 될 것이다. 여기서 여호와의 길들과 내 하나님을 구태여 짝으로 연결한 것은 형식상의 연결고리를 지적한다는 의도일 뿐 정확하게 들어맞는 짝이라는 의미는 아니다.
전반절에서는 적극적으로 자신이 행한 바를 고백했다면, 후반절에서는 부정적인 측면을 부정함으로 자신의 의로움을 주장한다. 이는 자신의 의를 내세우고자 하는 의도가 아니라 이를 근거로 하나님께 간구 하고자 함이다. 로 우리는 기도 시에 이렇게 자신의 결백에 근거해서 담대하게 하나님을 붙들 수 있는 것이다. 21절을 그 주변 문맥에 비추어 고려해 보면 이런 점은 보다 분명해 진다. 20절에서부터 자신의 결백과 의로움을 근거로 하나님의 축복이 임했다는 점을 진술한다. 물론 모든 것이 하나님의 은총의 결과이지만 시인은 자신에게 하나님께 상을 주신 까닭은 다른 악인들과 비교해 볼 때, 하나님을 진심으로 섬기고 사랑한 때문이라고 고백한다. 이 시가 표제의 말씀대로, 다윗의 시라면, 다윗의 심정을 우리가 헤아려 보건대 이와 같이 이해할 수 있는 것이다. 사실 다윗은 삼하 7:18절 이하에서 무가치한 자신과 자기 집안을 택하사 은총을 무한대로 부어주시는 하나님의 값없이 주시는 은총을 찬송한 바 있다. 나의 나된 모든 것이 주의 은혜 때문이라는 고백은 바울의 것일 뿐 아니라 다윗의 고백이기도 했던 것이다. 그러나 시 18편의 문맥에서는 어려운 역경 중에서 자기를 보호하셨고 크게 만들어 주신 그 하나님의 은총을 노래하면서도, 자신이 주님의 길로 행하고자 애를 썼더니 주께서 그 점을 귀히 여기시사 패역한 사울 같은 자를 대신하여 이스라엘의 주권자가 되게 하신 은총을 찬송하는 것이다. 즉, 자신이 주님의 말씀으로 의롭고 깨끗하게 행하고자 노력했을 때 주의 말씀을 버리고 패역하고 사악하게 이기적인 마음으로만 행하는 원수들을 물리치시고 그를 높여주신 은총을 찬송하는 것이다. "깨끗한 자에게는 주의 깨끗하심을 보이시며 사특한 자에게는 주의 거스리심을 보이시리니"라고 다윗은 담대하게 고백할 수 있었다 (시 18:26).
　21절의 주변 행들 중에서 사고가 유사한 행들을 지적해 보자면,

여호와께서 내 의를 따라 상주시며/ 내 손의 깨끗함을 좇아 갚으셨으니 (20절)
내가 여호와의 길들을 지키고/ 내 하나님을 떠나 악행치 아니하였기 때문이라 (21절)
그 모든 규례가 내 앞에 있고/ 내게서 그 율례를 버리지 아니하였음이로다 (22절)
내가 또한 그 앞에 완전하여/ 나의 죄악에서 스스로 지켰나니 (23절)
그러므로 여호와께서 내 의를 따라 갚으시되/
그 목전에 내 손의 깨끗한 대로 내게 갚으셨도다 (24절)
자비한 자에게는 주의 자비하심을 나타내시며/
완전한 자에게는 주의 완전하심을 보이시며 (25절)
깨끗한 자에게는 주의 깨끗하심을 보이시며/
사특한 자에게는 주의 거스리심을 보이시리니 (26절)
주께서 곤고한 백성은 구원하시고/ 교만한 눈은 낮추시리이다 (27절)

7.4.5. 반의 병행법 (Antithetic Parallelism)
　이제 반의 병행법을 고려해 본다. 반의 병행법은 특히 잠언서의 문장 잠언들에서 빈번하게 나타나고 있다.
　반의 병행법 예1)
　너희가 가난한 자의 경영을 부끄럽게 하나/ 여호와는 저들의 피난처가 되시도다 (시 14:6)
　우선 히브리 원문에서 전.후반절의 박자수와 음절수를 계산해 본다면, 3 + 3 (7 / 5)로 나타난다. 전.후반절의 사고가 서로 대조적이라는 사실을 살펴보자. 우선 "너희"가 누구인가? 시편 14편의 문맥을 살피면 (In-Textuality) 우리는 "죄악을 행하는 자" (4절)임을 파악할 수 있다. 저들은 또한 "어리석은 자" (1절)와 동일하다. 어리석은 자의 특징은 그 마음에 하나님이 없다는 것이다. 어리석은 자는 세상적으로 하면 난 사람이지만, 하늘에서 살피시는 하나님의 관점에서 보면 어리석은 자이다. 그렇다면 이 악인들이 핍박하는 "가난한 자"는 누구인가? 시 14편의 문맥에서 "가난한 자"는 "내 백성" (4절)이며 "의인" (5절)과 동일하다. 이렇게 파악한 다음 고려 중인 구절을 새롭게 번역하자면,
　악인들이 가난한 자 (=의인)의 계획을 무산시키려 하나, 여호와께서 저들의 피난처이다. 전.후반절의 사고는 서로 대조가 된다. 악인들이 의인들의 계획을 무산시키려하나, 여호와께서 의인들의 피난처가 되신다. 이 구절의 의미가 구체적으로 무엇인지는 알 길이 없지만, 우리

의 삶에서 얼마든지 그 예증을 발견할 수 있을 것이다. 악인들은 의인을 대적한다. 그러나 그 때마다 의인들은 하나님을 의지하게 된다. 그러면 승리는 의인에게 돌아간다. 이런 의미에서 악인들의 대적행위는 의인들을 각성시켜 주님께 더 가까이 나아가게 하는 촉매제와 같다.

시 33:10이하에서 시 14:6과 유사한 사고가 나타난다: "여호와께서 열방의 도모를 폐하시며 민족들의 계획을 무효케 하시도다. 여호와의 도모는 영영히 서고 그 마음의 계획은 대대에 이르리로다." 열방은 불신자들을 지시한다. 이들의 도모하는 바와 계획을 하나님은 패배시키신다. 하나님을 대적하는 바벨탑 건립의 도모가 하나님의 저지로 인하여 실패한 사건을 연상해 보라 (창 11장). 여호와의 뜻은 어떤 사람이나 민족도 저지할 수가 없다. 만약 의인의 도모가 주님의 뜻에 근거한다면 누가 저들의 도모를 저지할 수 있을 것인가?

반의 병행법 예2)
당신은 가난한 자를 구원하시나, 교만한 눈은 낮추시리이다 (시 18:27 [히 28])
전.후반절은 3 + 3 (8 / 7)의 박자수 (음절수)를 갖는다. 이 구절에서 한역의 "곤고한 백성"은 "가난한 자"란 의미이다. 앞에서 살폈던 시 14:6의 "가난한 자"에 사용된 말 (히, 아니)이 여기서도 그대로 사용되었다. 이렇게 시편에서 "가난한 자"는 성도를 지칭하는 용어로 나타난다. 사회적으로 가진 것 없어 압제당하는 피 압박 계층을 지시하겠지만 영적으로 주님밖에 의지할 이가 없는 자를 지칭하기도 한다. 이런 의미에서 주님은 마태복음에서 "심령이 가난한 자가 복이 있도다"라 선포하신 것이다. 전.후반절의 단어 짝들 (word-pairs)은 가난한 자/ 교만한 두 눈, 구원하다/ 낮추다 등이 된다. 여기서 가난한 자는 교만한 눈과 대조되며, 교만한 눈과 대조되는 "가난한 자"는 "겸손한 자"로 이해된다. 구원은 낮추어 버리는 일과 대조를 이루니, 산헤립 같은 원수에게서 구원을 얻은 히스기야의 이름이 존귀케 되었고 그 얼굴이 높이 들렸다.

반의 병행법 예3)
속이는 저울은 여호와께서 미워하셔도 공평한 추는 그가 기뻐하시느니라 (잠 11:1)
전.후반절의 박자수와 음절수는 4 + 3 (7 / 6)이다. 전.후반절의 단어 짝들은 속이는 저울/ 공평한 추, 여호와께 가증/ 그의 기쁨 등이다. 이처럼 상거래의 공정성도 하나님의 관심사이다. 사실 세상에서 구분된 하나님의 백성의 삶은 모두가 하나님의 뜻대로 영위되어야 한다. 그러므로 오경에서 하나님의 법은 종교법과 사회법 등의 구분이 없었다. 모든 것이 하나님의 법이었다. 하나님은 "너희는 재판에든지 도량형에든지 불의를 행치 말고 공평한 저울과 공평한 추와 공평한 에바와 공평한 힌을 사용하라"고 명하신다 (레 19:35-36). 잠언은 바로 오경의 법규에 근거해서 작시되었다고 할 수 있다. 오경이 언약의 법 조항들이라면 역사서 (전 선지서)는 오경의 원리로 이스라엘 역사를 판단한 역사기술이요, 선지서는 오경의 원리를 가지고 이스라엘의 생활을 기소하고 판단하는 메시지이며 (선지자들은 불공정 거래행위를 기소하며 책망하였다 [암 8:5; 미 6:11]), 시가서나 잠언서는 오경의 원리를 생활에 적용시켜 작시한 찬송이자 기도요, 경구들인 것이다. 이렇게 오경은 모든 후대 성경의 토대였고 기초였다. 이스라엘의 선지자, 제사장, 지혜자는 사회의 지도자들로 (렘 18:18) 각기 말씀, 율법, 모략을 가지고 백성을 지도하였다.

7.4.6. 합성 병행법 (Synthetic Parallelism)

로쓰 (Robert Lowth) 자신의 말로 합성 병행법의 성격을 알아보자:

이 병행법은 유사한 형태의 구조로만 이루어진다; 단어와 단어가, 문장과 문장이 서로 동의 혹은 반의적으로 상응되지 않고, 단지 전체 문장의 모양이나 전환(turn)에 있어서 다른 명제들(propositions) 사이에 상응과 동등성이 존재한다. the parallelism consists only in the similar form of construction; in which word does not answer to word, and sentence to sentence, as equivalent or opposite; but there is a correspondence and equality between different propositions, in respect of the share and turn of the whole sentence, and of the constructive parts…

요컨대, 후반절이 전반절의 사고를 완성하거나 보충할 때, 그 행은 "합성 병행법"이라 불린다. 로쓰 (R. Lowth)의 구분 중에서 이 합성 병행법이야 말로 가장 분명치 않은 병행법의 종류로 학자들은 이 범주를 분류하기 어려운 "잡동사니 주머니" (catch-all of miscellaneous)라 불러왔다.

합성 병행법의 예1)
내가 나의 왕을 세웠다/ 내 거룩한 산 시온에 (시 2:6)(3 + 2)
I have installed my King/ on Zion, my holy hill.

전반절의 사고는 후반절에서야 완성이 된다. 전.후반절 간에 사고상의 뚜렷한 대조나 유사점이 없고 단지 구문상으로 전. 후반절이 합하여 한 문장을 구성한다. 그렇다면 어떻게 이 행을 두 개의 콜론으로 나눌 수 있는가? 동의 혹은 반의 병행법의 경우 한 행은 "사고상" 두 개 혹은 세 개의 콜론으로 적절하게 구분될 수 있지만, 합성 병행법의 경우에는 사고 단위로 분할 할 수 없다. 그런데도 시 2:6은 두 개의 콜론을 가진 합성 병행법의 예로 분석된다. 그 이유는 이렇다. 우리가 앞에서 언급한 바 있지만 (병행법 파악 4대 원리 참조), 행을 콜론들로의 분할하는 작업은 맛소라 액센트의 위치나 콜론들의 길이의 균형 등을 고려해서 이루어 질 수 있다. 특히 6절이 위치하는 시 2편의 행들은 거의 모두 3 + 3의 박자로 구성되었다. 6절의 원문은 "바아니 나사티 말키/ 알-치온 하르-코드쉬" 이다. 맛소라 본문에서 중간 액센트 (아트나)는 "말키" 에 두어졌다. 그리고 박자수를 그 액센트 기준으로 헤아리면 3 + 2가 나온다. 이 박자 수는 시 2편 행들의 기준치인 3 + 3과 크게 다르지 않다. 그러므로 우리는 "균형의 원리" 에 따라 비록 시 2:6이 "사고상"으로는 하나일지라도 "운율상" 3 + 2의 박자를 가진 두 개의 콜론으로 구성되었다고 분석할 수 있다. 시 116:1의 경우도 마찬가지이다 ("여호와께서 내 음성과 내 간구를 들으시므로 내가 저를 사랑하는도다" 아합티 키-이쉬마 야웨 **에트**-콜리 타하누나이). 맛소라 본문에서 중간 액센트 (아트나)는 "에트" 아래에 있다. 그것을 중심으로 박자수를 계산하면, 3 + 2가 된다. 그런데 다음 행인 시 116:2 역시 합성 병행법으로 박자 수는 3 + 2이다. 이렇게 1, 2절의 박자 수는 대략 비슷하게 나타난다. 이렇게 행들 간의 균형도 콜론을 파악하는 데 중요한 요소가 된다. 물론 한 행 내에서 전, 후반절의 균형도 잘 고려해야 한다.

합성 병행법 예2)
그에게 눈을 돌이켜 그로 쉬게 하사/ 품꾼 같이 그 날을 마치게 하옵소서 (욥 14:6)

이 말씀은 욥의 두 번째 변론의 한 대목이다. 욥은 "여인에게서 난 사람은 사는 날이 적고 괴로움이 가득하며 그 발생함이 꽃과 같아서 쇠하여지고 그림자 같이 신속하여서 머물지 아니하거늘 이와 같은 자를 주께서 눈을 들어 살피시나이까 나를 주의 앞으로 이끌어서 심문하시나이까?"라고 주께 항변하고 있다. 주께서 자신을 괴롭게 하고 계시다는 항변이다. 고려 중인 6절은 바로 이런 사고의 연장이다. 이제 주께서 눈을 자기에게서 돌이키시어 자기로 하여금 품꾼같이 주인의 눈에서 벗어나 하루 일을 마치고 편히 쉬게 해달라는 간구이다. 이 구절을 시의 한 행의 전, 후반절로 굳이 나누자면 전, 후반절이 합하여 하나의 사고를 이룬다는 지적밖에 할 것이 없다. 따라서 합성 병행법으로 간주된다. 이 구절 바로 앞의 구절인 5절은 세 개의 콜론으로 이루어진 동의 병행법을 구성하고 있다.

그의 날들은 정해졌고
　　그의 달수는 당신에게 있으며
　　　　그가 넘지 못할 그의 경계를 당신이 정하셨나이다

7.4.7.교차 대구법

교차대구법 (chiastic parallelism)은 형식상 교차되는 구조를 갖는다.

선포하라 유다에서 /예루살렘에서 전하라 (렘 4:5상)

여기서의 구조는 AB/ BA의 형태이다.
하늘이 선포한다 하나님의 영광을/ 그 손들로 하신 일을 전한다 궁창이
(시 19:1)
히브리어 원문에 의하면, 한역과 같이 주어+동사+목적어/ 목적어+동사+주어 형식으로 배열되어 있다. 이는 전.후반절이 교차 대구적으로 병행된다. 여기서의 구조는 ABC/ CBA 이다. 기타 시 17:1, 21:8, 21:9, 46:11, 48:10-11, 49:6, 50:13, 101:7 등도 참조. 한편 형식을 떠나, 사고상으로 본다면, 이상의 행들은 동의 병행법에 해당될 것이다.

7.4.8. 계단 병행법

다음으로 우리는 계단 병행법 (staircase parallelism)을 본다. 이는 세 개의 요소들로 이루어진다. 1) 전. 후반절에서 반복되는 요소, 2) 전. 후반절에 끼어 드는 요소 (호격), 3) 후반절에서 보충되는 요소 등. 이를 삿 4:18에 적용해 보면,
돌이키소서, 오 주여/ 내게로 돌이키소서!
기타 삿 5:12, 시 3:1-2, 9:9, 10:7 등도 참조.

7.4.9. 표상 병행법 (Emblematic Parallelism)

표상 병행법은 영어역에서 "같이 … , 그렇게 … " (as … , so …)의 구문을 이루지만 한글역에서는 전반절에서 "같이" 정도가 나타나고 후반절의 구성요소는 생략된다. 히브리어에서는 "케 … , 켄 … "의 형식으로 나타나지만, 후반절이 한역에서처럼 생략되기도 한다.

표상병행법 예1)
하나님이여, 사슴이 시냇물을 찾기에 갈급함 같이/ 내 영혼이 주를 찾기에 갈급하니이다 (시 42:1)
As the deer pants for streams of water, **so** my soul pants for you, O God
갈한 시인의 영혼이 물을 찾아 갈급한 사슴에 비유되고 있다. 헐떡거리는 사슴의 모습을 자기 영혼의 갈망에 비긴 것이다. "같이"라는 말을 주목해야 한다.

표상 병행법 예2)
연기가 몰려감 같이/ 저희를 몰아내소서
불 앞에서 밀이 녹음 같이/ 악인이 하나님 앞에서 망하게 하소서 (시 68:2)

시골에서 해가 서산으로 기울 때면 밥 짓는 연기가 굴뚝에서 하얗게 솟아오른다. 그러나

불어 닥친 바람 때문에 연기는 사방으로 흩날리게 된다. 시인은 시골 출신이었을 것이다. 나무연기가 바람에 흩어지는 모습에서 원수들이 주님의 위력 앞에서 맥없이 흩어지는 모습을 연상한 것이다. 촉밀이 불 앞에서 힘없이 흘러내리듯 원수들이 주 앞에서 망하는 모습을 그리고 있다. 여기서도 역시 "같이"라는 전치사 (히, 케)가 나타난다.

표상 병행법 예3)
삼림을 사르는 불과 산에 붙는 화염같이
주의 광풍으로 저희를 쫓으시며, 주의 폭풍으로 저희를 두렵게 하소서
(시 83:14-15)

여기서도 역시 "같이"라는 빗대는 전치사가 나타나고 있고 16절 초두에는 "같이"를 받는 "그렇게" (so; 히, 켄)란 말이 나타난다. 이렇게 영어에서는 "as… , so … " (히, 케 … , 켄…)로 종속문장과 주문장이 연결되어 주문장의 사고가 종속문장의 사고에 빗대어 지고 있다.

7.4.10. 야누스 병행법 (Janus Parallelism)

이는 하나의 단어가 전. 후반절에서 서로 각기 다른 두 의미로 사용되는 경우를 가리킨다. 이 병행법의 예는 창 49:26에서 나타난다.
네 아비의 축복이 내 조상들의 축복보다 나아서/ 영원한 산들의 경계까지 (이르도다)
이 구절에서 문제의 두 얼굴의 사나이는 "호라이 (아드)"라는 히브리어이다. 이 말을 한역은 "내 조상들의"라고 번역했다면, RSV는 "(영원한) 산들의"라 번역했다. 바로 이 두 가지 상이한 의미가 이 한 단어에 들어있다. 그런데 "조상들"이란 의미는 전반절에 해당되고, "산들"이란 의미는 후반절에 해당된다.

7.4.11. 숫자 병행법

전. 후반절에서 숫자들이 사용된다는 점이 특이하다. 숫자 병행법의 공식은 n/ n+1이다.
숫자 병행법의 예1)
그들의 반석이 그들을 팔지 아니하였고/
여호와께서 그들을 내어주지 아니하셨더면
어찌 한 사람이 1,000을 쫓으며/
두 사람이 10,000을 도망케 하였을까? (신 32:30)

전반절에서 1과 1,000이란 숫자가 사용되었다면, 후반절에서는 2와 10,000이란 숫자가 사용되었다. 다윗이 골리앗을 쳐죽였을 때, 예루살렘 여인들은 이렇게 노래하였다.

사울이 죽인 자는 천천이요 다윗은 만만이로다 (삼상 18:7)

사울은 자신은 천천이요, 다윗은 만만이라! 는 노래 소리에 진노하였다. 자기에게는 천천을 다윗에게는 만만을 돌린 까닭이다. 쿠걸이 지적한대로 후반절에서는 전반절의 사고가 더욱 진전되고 강화되었다. 유사한 사고이지만 후반절에서 진전된 사고는 사울과 다윗을 대조시키기까지 한다. 따라서 A 〈 B라는 등식이 여기서 나타난다.

앞에서 우리는 숫자 병행법의 공식이 n/ n+1이라 하였다. 이는 1에서 9까지의 숫자들이 사용될 때 적용된다. 다음의 예들을 연구해 보라.

1/ 2 (삿 5:30, 신 32:30, 시 62:12, 욥 33:14, 40:5)
삿 5:30
그들이 어찌 노략물을 얻지 못하였으랴/ 그것을 나누지 못하였으랴
사람마다 한/ 두 처녀를 얻었으리로다
시스라는 채색옷을 노략하였으리니 /그것은 수놓은 채색옷이리로다
곧 양편에 수놓은 채색옷이리니/ 노략한 자의 목에 꾸미리로다 하였으리라

2/ 3 (호 6:2)
여호와께서 이틀 후에 우리를 살리시며/ 제 삼 일에 우리를 일으키시리니
우리가 그 앞에서 살리라

3/ 4 (암 1:3, 6, 9, 11, 13, 2:1, 4, 6, 잠 30:15, 18, 21, 29)
거머리에게는 두 딸이 있어 다고 다고 하느니라
족한 줄을 알지 못하는 세가지가 있으며, "족하다" 말하지 아니하는 것 네가지가 있느니라 (잠 30:15)

4/ 5 (사 17:6)
그러나 오히려 주울 것이 남으리니 감람나무를 흔들 때에
가장 높은 가지 꼭대기에 실과 이, 삼 개가 남음 같겠고
무성한 나무의 가장 먼 가지에 사, 오 개가 남음 같으리라

6/ 7 (욥 5:19, 잠 6:16)
여섯 가지 환난에서 너를 구원하시며/ 일곱 가지 환난이라도 그 재앙이 네게 미치지 않게 하시며 (욥 5:19)

7/ 8 (미 5:4)
창 4:24에서는 11배수의 수치가 사용되고 있다. 7/ 77. 수치가 전반절에서 천 단위라면 후반절에서는 만 단위로 뛴다 (창 24:60, 신 32:30, 33:17, 시 68:18, 91:7, 미 6:7, 단 7:10).
앗수르 사람이 우리 땅에 들어와서 우리 궁들을 밟을 때에는
우리가 일곱 목자와/ 여덟 군왕을 일으켜 그를 치리니 (미 5:5)

7.5.언어학적 분류에 따른 병행법들

차원 (Level)	측 면 (aspect)		
	문법 Grammatical)	어휘-의미 (Lexical-Semantic)	음성 (Phonological)
단어 (Word)	어형의 대조 혹은 상응 (Morphologic Equivalence or Contrast)	단어 짝들 (Word Pairs)	소리 짝들 (Sound Pairs)
행 혹은 절 (Line or Clause)	구문의 대조 혹은 상응 (Syntactic Equivalence and/or Contrast)	행들 간의 의미관계 (Semantic Relationship between Line)	행들의 소리 상응 (Phonological Equivalence of Lines)

7.5.1.문법 병행법 혹은 구문(Syntax) 병행법
이는 구문의 구조상, 문법적으로 따질 때, 전. 후반절이 상응될 때를 지시한다.

문법 병행법의 예1)
우리의 죄를 따라 처치하지 아니하시며/ 우리의 죄악을 따라 갚지 아니하셨으니 (시 103:10)
문법적인 성분을 따질 때 부정어+전치사구+동사+목적어 형식이 전. 후반절에서 나타난다. 의미상으로 따질 때 전. 후반절은 동의 병행법을 이루지만, 문법적으로 구성요소들의 성분을 따지자면 전. 후반절이 문법 병행법을 이룬다.
문법 병행법 예2)
내 아들아 네 아비의 명령을 지키며 네 어미의 법을 떠나지 말라 (잠 6:20)

7.5.2.어휘 병행법
어휘 병행법은 사실 동의 병행법을 언어학적으로 어휘 측면에서 따질 경우에 해당된다. 어휘나 의미상의 병행법을 언어학적으로 따질 때 두 가지 종류의 구성이 나타난다: 1) 병치

(paradigmatic); 2) 동치 (syntagmatic). 먼저 병치관계의 구성을 살펴보자. 병치관계는 단어 짝을 선택할 때 같은 범주의 단어들을 사용하는 것이다. 주로 대조되는 단어들을 선택해서 전. 후반절에 배치함으로 나타난다. 예컨대 좋다/ 나쁘다, 남자/ 여자, 아버지/ 어머니 등. 동치 관계는 같은 범주의 단어들이 아니라, 같은 전.후관계 (sequence)의 말을 택한다. 다시 말해, 한 사고를 전달하는 복합어를 둘로 쪼개어 전.후반절에 배치한다면 이는 동치 관계에 해당된다. 혹은 사람의 이름이나 지명의 구성요소들을 둘로 쪼개어 전.후반절에 배치할 경우도 이에 해당된다.

어휘 병행법은 대개 문법 병행법을 동반하지만 반드시 그런 것만도 아니다. 예컨대 시 111:6의 예를 들어보자.

자기 행사의 능을 자기 백성에게 보이시니/
저들에게 열방을 기업으로 주심으로 그리하시도다
The power of his deeds he told to his *people*,
In giving to them the inheritance of *nations*.

전.후반절의 어휘들을 조사해 본다면, 자기 백성/ 열방의 단어 짝이 성립되지만, 구문적으로 전. 후반절은 병행적이라기보다, 후반절 (영어에서)이 수단적인 종속절을 이룬다.

의미상 병행법은 전통적으로 동의 병행법, 반의 병행법, 합성 병행법 등으로 분류되어 왔으나, 현대 언어학적 측면에서는 어휘 병행법과 같이 병치관계와 동치관계로 나누어 고려된다. 그러나 병치관계와 동치관계를 분명하게 구분하기는 쉽지 않은 경우들이 많다.

그 영광이 하늘을 덮었고/ 그 찬송이 세계에 가득 하도다 (합 3:3)

전. 후반절은 병치관계로 이해될 수 있다. 그러나 후반절이 전반절 사건에 기인된 결과라면 전. 후반절의 관계는 동치관계에 있다 할 것이다.

7.5.3. 남.녀 성의 병행법 (Gender-Matched Parallelism)
이는 단어의 성을 전. 후반절에서 병행 혹은 대조시키는 병행법이다. 히브리어 명사에는 남녀 두 성이 있다.

남녀 성의 병행법 예1)
네 부르짖음 (남)이 열방 (남)에 들렸고 네 외침 (여)은 땅 (여)에 가득하였나니 (렘 46:12)
이렇게 전반절에는 남성 명사들을, 후반절에는 여성명사들을 배치하여 짝이 맞도록 하였다. 이는 아마 온 세상이 다 네 외침을 들었다는 사실을 표현하기 위한 기교일 것이다.

남녀 성의 병행법 예2)

네 성 (남)안에는 평강 (남)이 있고 네 궁중 (여)에는 형통(여)이 있을지어다 (시 122:7)

여기서도 온 성안에 평강이 충만함을 표현하기 위해 이렇게 남녀 성을 전.후반절에 배치하여 병행법을 구성하였을 것이다. 이 구절을 다른 차원에서 병행법으로 분석한 경우는 다음 문단에서 보라.

다른 예들:

남+남/ 여+여: 창 49:11, 삼하 22:7, 사 5:7, 욜 2:16, 시 91:7, 욥 10:12, 애 5:3

여+여/ 남+남: 렘 13:27, 48:37, 사 5:29, 합 2:5, 시 147:15

남+여/ 남+여: 사 41:2, 욜 2:1, 나훔 2:14, 욥 11:14, 잠 3:22, 26:13

여+남/ 여+남: 사 28:15, 62:1, 욥 5:9, 잠 5:5

남+여/ 여+남: 시 38:30, 73:7, 잠 10:15, 애 3:47, 시 73:7

여+남/ 남+여: 창 49:15, 사 29:4, 66:8, 시 128:3, 욥 16:18, 아 7:7

7.5.4.음성 병행법 (Phonetic Parallelism)

방금 고려한 시 122:7을 음성의 측면에서 고려해 본다면,

네 성안에는 평강(솰롬)이 있고

네 궁중에는 형통(솰바)이 있을지어다 (시 122:7)

전.후반절의 단어짝들을 살펴보면, 평강/ 형통, 네 성안/ 네 궁중에 등이 있다. 여기서 평강/ 형통은 히브리어로 각기 "솰롬"/ "솰바" 이다. 이 단어를 같이 읽을 때 우리는 음성이 유사하다는 것을 느낀다. 이것이 음성학적 측면에서 단어-짝이다.

이상에서 고려한 여러 가지의 병행법들을 통해서 우리는 얼마나 다양한 측면과 차원에서 병행법이 구성될 수 있는지를 알게 되었다. 어떤 이는 병행법과 연관하여 이렇게 말하기까지 하였다: "언어적인 병행 (equivalences)에는 무한대의 가능성이 있으므로 병행법을 구성하는 데에도 무한대의 가능성이 있다" (Adele Berlin, "Parallelism," 5:160).

7.5.5.단어 짝들 (Word-Pairs)

병행법과 연관하여 우리는 단어-짝들을 여기 저기서 언급한 바 있다. 이를 보다 체계적으로 고려해 보자. 여러 범주들로 분류하지만, 결정적인 구분은 문맥을 고려해야 한다.

7.5.5.1.동의적 단어 짝들

땅/ 먼지 (에레츠/아파르, 욥 14:8), 이해하다/ 알다 (야다/빈, 욥 14:21), 바다/ 강 (얌/나하르, 시 24:2, 72:8 등)

7.5.5.2. 반의적 단어 짝들
-있다/-이 없다 (예쉬/예인, 잠 13:7), 우편/ 좌편 (야민/ 쉐모올, 잠 3:21)
땅/ 하늘 (에레츠/ 솨마임, 신 32:1, 욥 20:27, 시 73:9 등; 그러나 반드시 반의적 의미를 지니지 아니한다), 해/ 달 (쉐메쉬/ 예라흐, 신 33:14)

7.5.5.3. 상호 연관되는 단어 짝들
눈먼/ 절름발이 (이베르/ 파사흐, 레 21:18, 신 15:21, 욥 29:15), 씨를 뿌리다/ 먹다 (자라/ 아칼, 욥 31:8)
부친/ 모친 (아브/ 엠, 욥 31:18), 빛/어둠 (오르/ 호쉑, 욥 24:16)

7.5.5.4. 보강된 단어 짝들 (A/ AB)
광야/ 거룩한 광야 (시 29:8)(미드바르/ 미드바르 카데쉬),
바다/ 갈대 바다 (얌/ 얌 숩, 출 15:4),
백향목들/ 레바논의 백향목들 (아라짐/ 아르제 할레바논, 시 29:5)

7.5.5.5. 칭호들 (이름1/ 이름2의 아들)
하자엘/ 하닷의 아들 (하자엘/ 벤-하닷, 암 1:4)
바락/ 아비남의 아들 (바락/ 벤-아비남, 삿 5:12)
다윗/ 이새의 아들 (다빗/ 벤-이사이, 삼하 20:2)

7.5.5.6. 고정+ 변동 단어 짝들 (A/ B_1, B_2, B_3 등)
포도주/ 제사 (야인/ 제바흐, 호 9:4), 포도주/ 포도의 피 (야인/담 아나빔, 창 49:11,
포도주/ 독주 (야인/ 쉐카르, 잠 20:1), 포도주/ 기름 (야인/ 셰멘, 시 104:15)
포도주/ 술 (야인/ 티로쉬, 호 9:2, 미 6:15)
또한 기도/ 율법 (테필라/ 토라, 잠 28:9)
입술의 말씀들/ 율법 (이므레 페/ 토라, 시 78:1) 등도 참조.

7.5.5.7. 하나의 사고를 드러내는 말을 쪼개어 전. 후반절에 배치
삼림을 사르는 불과 산에 붙는 화염같이 (시 83:14)
→ 불+ 화염= 불의 화염 (a flame of fire)
주의 인자하심을 무덤에서, 주의 성실하심을 멸망 중에서 선포할 수 있으리이까? (시 88:11)
→ 인자하심+ 성실하심 (히, 헤세드+에메트= 하나님의 속성)(36:5, 40:11, 57:4, 11, 69:13)
내가 낮에도 부르짖고 밤에도 잠잠치 아니하오나 응답지 아니하시나이다 (시 22:2)

→ 낮+ 밤= 온 종일 (19:2, 22:3, 42:9, 77:2, 78:14, 88:1, 91:5, 101:6 등)
그 소리가 온 땅에 통하고 그 말씀이 세계 끝까지 이르도다 (시 19:4)
→ 소리+ 말씀= 말씀의 소리 (voice of words)
그 발이 착고에 상하며 그 몸이 쇠에 매였으니 (시 105:18)
→ 착고+쇠= 쇠고랑 (fetters of iron)

기타: 영혼과 몸 (시 44:25), 육체와 뼈 (시 38:3, 욥 19:11, 33:21, 겔 24:10), 육체와 피 (시 50:13, 사 49:26), 영혼과 육체 (시 63:1, 욥 14:22, 13:14), 가죽과 육체 (욥 19:26), 마음과 육체 (전 11:10, 시 16:9, 102:5, 109:22, 24) 등.

7.5.5.8. 단어 짝들 (Word Pairs)의 기능들:
이러한 단어-짝들은 히브리 시에서 몇 가지 기능을 갖는다. 우선 시인이 시를 작시할 때 전. 후반절을 구성하도록 도울 것이다. 둘째로, 시를 낭독할 때 청중들은 한번 표현된 사고가 유사한 다른 말들로 낭독될 때 귀가 번쩍 뜨이며 인상을 받게 될 것이다. 한 번 지나쳐 버리는 것 보다 반복 강조함으로 청중들은 인상을 받는다. 셋째로 언어학적인 측면에서 고려해 볼 때, 단어-짝들은 전. 후반절이 하나로 일체성을 갖도록 해준다.

7.5. 시의 기교들

시의 기교들 혹은 수사학이란 이름 하에 고려되어야 할 사항들은 글의 군더더기, 곧 반드시 필요하지는 않지만 그래도 글을 더욱 돋보이게 하기 위한 장식품 정도로 생각해서는 안 된다. 비만 시뿐 아니라 히브리 성경의 선지 메시지나 역사 기술 등에서 빈번하게 우리는 수사학적인 기교들을 만나게 된다. 그런 문학적 기교들은 결코 군더더기 장식품에 그치지 않고 내용 전달, 곧 메시지 전달에 필수 불가결한 요소들로 작용한다. 여기 제시된 기교들의 설명은 헬라, 라틴, 혹은 영, 불 등의 문학과 연관되어서 자주 등장한 것들로 이것을 사실 히브리어 시에 활용하는 것이다.

7.5.1. 생략법 (Ellipsis)

영어의 Eliipsis란 단어는 헬라어에서 "생략하다"를 의미하는 "엘레이포" 혹은 명사 "엘레입시스"에서 파생되었다. 생략법을 한 그룹으로 본다면 여기에는 몇 가지 종류가 있다: 단어들 사이의 접속사 생략은 brachylogy (要語 생략), 절들 사이의 접속사 생략은 asyndeton, 동사가 생략된 경우에는 zeugma, 한 절이 생략된 경우, 특히 종속절 다음에 주절이 생략된 경우, anapodoton 등. 쉽게 추정해서 이해될 수 있는 요소는 후반절에서 생략되든지 아니면 전반절에서 생략된다. 헬라 수사학자들은 명사, 대명사, 목적어, 한정 동사, 주절, 절들 (드물게) 등이 생략 가능하다고 보았다면 르네상스 이후 시인들은 의미가 분명하게 이해되는 한 거의 모든 요소들이 생략 가능하다고 이해하였다. 히브리어 시에서도 마찬가지이다. 생략되는 요소는 대명사, 전치사, 부정사 (否定詞), 의문사 (疑問詞), 동사 등 가지각색이다.

7.5.1.1. 부정사 (否定詞)의 생략
궁핍한 자가 항상 잊어버림을 보지 아니하며
가난한 자의 소망이 영영히 망치 *아니하리로다* (시 9:18)

여기서 히브리어 원문에서는 부정사 (否定詞; —아니하다)가 전반절에만 있고 후반절에는 없다. 그럼에도 번역본들은 전. 후반절 모두에 배치했다.

7.5.1.2. 동사의 생략
높은 백향목과 아름다운 향나무를 베고 (사 37:24c = 왕하 19:23)
I felled its tallest cedars, its choicest cypresses

그런데 이 생략법을 다른 각도에서 보면 **일석이조 기법** (double duty)과 통한다. 즉, 전반절에 사용된 대명사, 접미어, 명사, 동사, 전치사, 불변사 등의 요소가 후반절에서도 그 기능을 발휘하는 경우 이를 일석이조 기법이라 하거니와, 이렇게 이중 기능을 하는 요소가 있기에 후반절에서 (혹은 전반절에서) 그에 상응하는 요소가 생략되는 것이다 (Dahood, *Psalm III*, 429-44 참조).

7.5.2. 모음조화 (Assonance)
이는 모음이 반복되게 배치된 경우이다. 욥 9:16 하반절에서 히브리어는 "아아민 키 야아진 콜리"로 진행된다. 여기서 아-아-이 모음 소리가 반복되므로 독특한 효과를 낸다. 사 22:5에서는 "욤 메후마 우메부사 우메부카"로 소리가 진행된다.

7.5.3. 두운 (Alliteration)
이는 한 행을 구성하는 단어들에서 첫 자음이 동일한 자음 내지 유사한 자음들로 반복해서 나타나는 현상이다. 시 147:13 하반절에서 "베락 바나익 브킬벡"으로 발음된다.

7.6.4. 각운 (脚韻 Rhyme)
이는 문장의 앞부분의 자음들이 아니라 문장 끝의 발음이 반복되는 현상이다. 예컨대 사 33:22에서

키 아도나이 쇼프테누
아도나이 메호케케누
아도나이 말케누
후 요쉬에누

등과 같이 "누"란 발음이 문장 끝에서 반복된다.
7.5.5. 말 유희 (Wordplay)
말 유희는 창 49:3, 8, 16, 19, 미가 1:10-16 등지에서 이름 (사람의 이름이나 도성의 이름)과 유사한 말을 사용하여 글을 전개하는 데서 현저하게 나타나고 있다. 말 유희는 크게 세 가지 범주로 나누어 생각할 수 있다.

(1) 동일한 어근에 근거한 말들을 사용하는 경우
—아가 8:1-2에서 히브리어 "쇠카"의 기본형 (Qal) **엣쇠카**와 사역형 (Hifil) **아쉬케카**가 사용되었다. 즉, 어근은 같으나 의미는 다르게 사용되어 있다 (polysemantic pun).
—사 40:4에서 비크아/아코브 (산골짜기 / 거친)

(2) 동일한 단어들 사용=참 동음이의어 (homonyms)(삿 15:16, 잠 5:19-20)

(3) 유사한 발음을 지닌 단어들이지만 의미가 다른 말들을 사용 (paronomasia) (유사-동음이의어)
—렘 1:11-12에서
예레미야야? 무엇을 네가 보는가?
내가 살구나무 (쇠케드) 막대를 보나이다
주께서 말씀하시길,
네가 잘 보았구나. 내가 내 말이 이루도록 주목하고 있느니라 (쇼케드)

고 하신다. 히브리어 "쇠카드"는 1) 주목하여 지킨다 (be vigilant), 2) 살구나무 (almonds)란 두 가지 의미를 갖는다.

7.5.6. 의성어 (onomatopoeia = onoma [name] + poiein [to make])
사 10:14에서 "포체 페 움챠프체프" (입을 벌리거나 지저귀는 것이 [하나도 없도다])라 읽힌다. 이는 지저귄다는 표현을 의성어로 처리하고 있다.

아가서 2:12에서 "잇쇠케니 **민네쉬콧** 피후" (O for his mouth's **smacking kiss**!)라 하여 "그가 내게 쪽! 소리나는 키스를 해 주었으면!' 의성어로 처리하고 있다.

삿 5:22 에서는 "아즈 할무 익베-수스 **밑다하롯 다하롯** 압비라브"라 하여 "그 때에 그의 군마들이 **다가닥 다가닥** 달리니 말굽들(의 소리)는 땅을 울리도다"를 의성어로 처리하고 있다.

사 29:6에서는 천둥과 지진소리를 "**베라암** 움라아쉬 베콜 가돌" 이라 하여 "**뇌성**과 지진과 큰 소리로"를 의성어로 표현하고 있다.

7.5.7. 동의어들 반복 제시
시 32장에서

1 허물의 사함을 얻고/ 그 죄의 가리움을 받은 자는 복이 있도다
2 마음에는 간사가 없고 여호와께 정죄를 당치 않는 자는 복이 있도다
5 내가 이르기를
내 허물을 여호와께 자복하리라 하고/ 주께 내 죄를 아뢰고/ 내 죄악을 숨기지 아니하였더니 곧 주께서 내 죄의 악을 사하셨나이다
8 내가 너의 갈 길을 가르쳐 보이고/ 너를 주목하여 교훈하리로다

7.5.8. 이미져리 (Imagery)

영어에서 이미져리 (imagery)란 말은 모방하다 (imitate)란 말과 의미상 유사한 의미를 전달하며, 유사 (likeness), 재현 (reproduction), 복사 (copy), 유사 (similitude) 등의 의미를 지닌다. 문학에서 이미져리 (imagery)란 언어로 마음에 산출된 영상들을 지시한다. 곧 말들로 신체적 지각을 산출할 수 있는 경험들이나, 감각-인상들을 지시하는 것이다. 어떤 이는 "영상" (image)이란 유사성 (similarity or analogy)을 표현하는 수사학적 표현이라 했다. 화가는 여러 색깔을 배합하여 자신의 의도를 캔버스에 그림으로 그려낸다면, 시인은 자신의 시를 생동력있게 하기 위해 여러 영상들을 사용한다. 시란 결국 이미져리라 할 수 있지만, 이미져리는 직유와 은유의 사용이라고 한정할 수 있다. 이미져리는 구체적이고, 감각적이어야 한다. 예컨대, 미가 선지자가 (3:2-3)

2 너희가 선을 미워하고 악을 좋아하여
내 백성의 가죽을 벗기고 그 뼈에서 살을 뜯어
3 그들의 살을 먹으며 그 가죽을 벗기며
그 뼈를 꺾어 다지기를 남비와 솥 가운데 담을 고기처럼 하는도다

라 할 때, 이는 아주 구체적이고 생생한 영상을 활용하고 있다.
더구나 이미지는 신선한 충격의 요소를 담고 있어야 한다. 예컨대, 예레미야 선지자는 여호야긴 왕을 대하여 이렇게 선포하고 있다 (렘 22:19)

19 그가 끌려 예루살렘 문밖에 던지우고 나귀 같이 매장함을 당하리라

그리고 이미지는 새로운 것이어야 한다. 혹은 알려진 것이라 해도 새로운 시각에서 제시되어야 한다. 요엘 선지자는 이렇게 선포한다 (1:6-7):
한 이족이 내 땅에 올라왔음이로다
그들은 강하고 무수하며 그 이는 사자의 이 같고
그 어금니는 암사자의 어금니 같도다

7 그들이 내 포도나무를 멸하며
내 무화과나무를 긁어 말갛게 벗겨서 버리니
그 모든 가지가 하얗게 되었도다

7.5.9. 수사적 표현 (Figures of Speech)

수사적 표현 (Figures of speech)은 제유법 (synecdoche), 환유법 (metonymy), 직유 (simile), 은유 (metaphor), 의인화 (personification), 알레고리 (allegory), 심벌 (symbol) 등의 일곱 개로 요약된다. 이는 한 사실이 언급되지만 다른 의미를 지시하는 말의 장치 (a device of language)이다.

중세기 사람들은 의미가 기본이라면, 표현방식은 부차적이란 사고였다. 은유, 직유, 알레고리 등과 같은 수사 (修辭 figures)의 사용은 장식품으로 내재하는 의미를 생동력 있게 하며 고양시키는 것으로 보았다. 그러나 17, 18세기에 회의주의와 경험주의의 증대로 수사학을 반대하고 언어에서 평이함과 진실성을 주장하게 된다. 이로 인하여 생겨진 공백은 이미지 (image)가 점하게 된다. 홉즈의 인식론 (epistemology)과 로크의 연상 심리학은 이미지 (image)가 대상 (object)과 주관 (subject) 사이의 연결고리라고 보았다. 이미지 (image)는 지각에서 야기된 느낌을 마음에 재생한 것이라 정의되었다 (reproduction in the mind of a sensation produced in perception). 예컨대, 어떤 사람의 눈이 특정한 색깔을 지각하게 되면, 그는 그 색깔의 영상을 마음에 새길 것이다. 왜냐하면 주관적으로 체험된 감각은 객관적인 색깔 현상의 복사일 것이기 때문이다. 물론 마음은 직접으로 지각하지 않더라도 한번 지각된 어떤 것이 현재는 보이지 않더라도 그것을 기억하고자 하는 시도에서 영상들을 산출할 것이다.

오늘날 성경을 읽을 때 나타나는 수사적 장치들을 우리는 단순히 부차적 요소로만 생각해서는 안 된다. 오히려 본문의 메시지 전달을 위한 필수적 요소로 인식하고 수사적 장치들을 대해야 한다. 왜냐하면 수사적 장치는 메시지 전달을 효과적으로 하기 위한 본질적 수단으로 사용되고 있기 때문이다. 수사적 장치에 대한 오해는 결국 본문이 전달하고자 하는 메시지에 대한 오해로 귀결될 것이다.

7.5.10. 직유 (simile)

"은유" (메타퍼)나 "직유"는 모두 서로 같지 아니한 것들을 비교하는 수단으로 사용된다. 직유는 "-와 같은" (like, as) 혹은 다른 단어 (than, similar to, resembles, or seems)를 사용하는 반면 메타퍼는 비교가 함축되었을 뿐 겉으로 드러나지 않는다. 즉 상징적인 말이 문자적인 말과 동일시된다. 그렇지만 이러한 차이에도 불구하고 메타퍼와 직유는 어느 정도 공통적인 요소들을 공유한다: 메타퍼나 직유는 동일한 것을 표현하지만 다른 방식으로 표현할 뿐이다. 일반적으로 말하자면, 직유는 메타퍼보다 더 분명하게 드러난다. 반면 메타퍼는 직유에 비해 간단하지만, 모호하기도 하다.

그들은 높아져도 잠시간에 없어지나니 낮아져서
범인처럼 제함을 당하고/ 곡식 이삭같이 베임을 입느니라 (욥 24:24)

고 할 때 모든 것이 표현되었으므로 상이한 해석이 자리잡을 여지가 없다. 그럼에도 유의할 것은 직유들은 생략법을 좋아한다는 점이다. 직유에서 사용되는 히브리어 단어들은 전치사 "케" (혹은 "케모"; –와 같은), 동사 "마샬" (–와 같은), "임" (–과 같은), "케… 켄" (like… so) 등이다. 동사 "마샬"의 용례를 구약에서 찾아보도록 하자.

여호와여 내가 주께 부르짖으오니 나의 반석이여 내게 귀를 막지 마소서
주께서 내게 잠잠하시면 <u>내가 무덤에 내려가는 자와 같을까</u> 하나이다
(시 28:1)

여기서 보듯 "마샬" 동사 (니팔형)는 전치사 "임"과 같이 사용되어 "–와 같이 되다"를 의미한다.

사람은 존귀하나 장구치 못함이여 <u>멸망하는 짐승 같도다</u> (시 49:12)

여기서는 동사 "마샬"이 전치사 "케"를 동반하여 "–와 같이 되다"란 의미를 드러내고 있다.

여호와여 속히 내게 응답하소서 내 영혼이 피곤하니이다
주의 얼굴을 내게서 숨기지 마소서 내가 무덤에 내려가는 자 같을까 두려워하나이다 (시 143:7)

그들은 다 네게 말하여 이르기를
너도 우리같이 연약하게 되었느냐 너도 우리같이 되었느냐 하리로다
(사 14:10)

여기서 "마샬" 동사는 전치사 "케모"와 같이 사용되어 "–와 같이 되다"란 의미를 전달한다.

7.6.10.1. 직유들의 유형들

(1) 단순 직유 (욜 1:8, 시 102:9, 미 1:16, 렘 46:22)
유다 방백들은 지계표를 옮기는 자 같으니
내가 나의 진노를 저희에게 물같이 부으리라 (호 5:10)

곡식 단을 가득히 실은 수레가 흙을 누름같이
내가 너희 자리에 너희를 누르리니 (암 2:13)

(2) 이중 직유 (Paired Similes)
은을 구하는 것같이 그것을 구하며
감추인 보배를 찾는 것같이 그것을 찾으면 (잠 2:4)

그러므로 내가 에브라임에게는 좀 같으며
유다 족속에게는 썩이는 것 같도다 (호 5:12)

(3) 삼중 직유 (Triple Similes)
딸 시온은 포도원의 망대같이,
원두밭의 상직막같이, 에워싼 성읍같이 겨우 남았도다 (사 1:8)

(4) 다중 직유 (Cumulative Similes): 케… 케… 켄 (like… like… , so)
시 103:15 인생은 그 날이 풀과 같으며, 들의 꽃과 같이 그는 피어난다

(5) 연속 직유들 (Similes in Series)
2 나의 교훈은 내리는 비요 나의 말은 맺히는 이슬이요
연한 풀 위에 가는 비요 채소 위에 단 비로다
3 내가 여호와의 이름을 전파하리니
너희는 위엄을 우리 하나님께 돌릴찌어다
(신 32:2-3)

(6) 길게 뻗어난 직유 (Extended Simile)
저는 시냇가에 심은 나무가 시절을 좇아 과실을 맺으며
그 잎사귀가 마르지 아니함 같으니 그 행사가 다 형통하리로다
4 악인은 그렇지 않음이여 오직 바람에 나는 겨와 같도다 (시 1:3)

7.5.11. 메타퍼 (Metaphor; Gr. transference)

메타퍼는 비유 (trope) 혹은 상징적 표현으로 여기서는 말이나 구(句)가 그 통상적인 용례에서 새로운 의미를 촉발시키는 문맥으로 전환된다. 한 단어의 통상적인 의미가 문맥과 상충될 때 우리는 그 의도된 의미를 생각해 내야한다. 말과 그것이 지시하는 바 사이의 개념적 연관이 있을 때 (내가 **모세**를 읽었다; 그의 저작), (내게 **손**을 좀 다오; 도움) 이 수사 (figure)는 통상적으로 환유 (metonymy)나 제유 (synecdoche)란 이름으로 불리어진다. 메타퍼를 이해하기 위해서는 언어, 논리, 경험으로 미리 결정되지 아니한 의미들을 찾아야 한다. 전통적인 수사학의 용어에서 이런 수사들 (figures)는 단어의 비유 (tropes)로 글의 문맥에서 나타난다. 문장의 비유 (tropes)에서는 전체 문맥이 상징적으로 우화, 알레고리, 아이로니 등에서와 같다.

환유 (metonymy), 과장 (hyperbole) 등으로 분류될 수 없는 비유 (trope)라는 것이 부정적인 의미에서의 메타퍼의 정의라면, 사물들이나 개념들의 유사성에 근거하여, 단어나 구를 그것이 문자적으로 지시하지 않는 어떤 것을 지시하도록 사용할 때 그것이 메타퍼라 말한다면 이는 다른 비유 (tropes)에도 해당된다.

메타퍼는 "X는 Z의 측면에서 Y이다" 라는 공식을 가지고 나타난다 (X: tenor, Y: vehicle, Z: ground).

나는 소경의 눈도 되고 절뚝발이의 발도 되고 빈궁한 자의 아비도 되며
(욥 29:15)

이스라엘이 종이냐 씨종이냐 어찌하여 먹이 (한, 포로)가 되었느냐 (렘 2:14)

이스라엘은 "먹이 (prey)" 처럼 "취약성" (vulnerability)이 있다.

7.5.11.1. 메타퍼의 유형들
1] 지시적 메타퍼 (Referential Metaphor)
시인이 눈으로 목도할 수 있었던 구체적인 장면을 근거로 메타퍼를 주조한다.
<u>많은 목자가 내 포도원을 훼파하며</u>
내 분깃을 유린하여 나의 낙토로 황무지를 만들었도다 (렘 12:10)

2] 개념적 메타퍼 (Conceptual Metaphor)
구체적으로 볼 수 없는 추상적인 것에 근거한다.

다시 메타퍼는 그 등급을 셋으로 구분할 수 있다:

1] 어휘 메타퍼 (Lexicalized Metaphor)
원래 상징적이던 단어들이 일상의 용례로 바뀐 경우들.
그의 나귀를 포도나무에 매며
그 암나귀 새끼를 아름다운 포도나무에 맬 것이며
또 그 옷을 포도주에 빨며 그 복장을 포도나무 피 (한, 포도즙)에 빨리로다
(창 49:11)

2] 상투적 메타퍼 (Conventionalized Metaphor)
보통 사람들이 사용하는 말이지만 (새롭게 주조된 말은 아니다), 어떤 특징적인 의미를 담아 사용된다. 예컨대, 정해진 운명 혹은 심판을 지시하기 위해 "잔"이란 말을 사용하는 경우이다. 이는 구약이나 신약에서 종종 나타난다 (사 51:17, 22, 23, 렘 25:15, 17, 28, 마 20:22, 23, 26:39, 계 14:10, 16:19 등); 혹은 하나님과 이스라엘 사이의 관계를 목자와 양의 이미져리로 표현하는 경우도 이에 해당된다 (사 40:10, 겔 34:15).

나 주 여호와가 말하노라
깊고 크고 가득히 담긴 네 형의 잔을 네가 마시고 비소와 조롱을 당하리라 33 네가 네 형 사마리아의 **잔** 곧 놀람과 패망의 **잔**에 넘치게 취하고 근심할지라
34 네가 그 **잔**을 다 기울여 마시고 그 깨어진 조각을 씹으며
네 유방을 꼬집을 것은 내가 이렇게 말하였음이니라 나 주 여호와의 말이니라 35 그러므로 나 주 여호와가 말하노라 네가 나를 잊었고
또 나를 네 등 뒤에 버렸은즉 너는 네 음란과 네 음행의 죄를 담당할지니라
(겔 23:32-34)

3] 독창적 메타퍼 (Creative Metaphor)
시인이 독창적으로 주조한 메타퍼들이다.

공법을 쓴 쑥 (한, 인진)으로 변하며 정의를 땅에 던지는 자들아 (암 5:7)
기타 메타퍼의 유형들로는 다음과 같은 것들도 있다.
4] 길게 뻗친 메타퍼 (Extended Metaphor)
세세한 부분까지 묘사함으로 생동감을 갖게 한다.
너희가 선을 미워하고 악을 좋아하여
내 백성의 가죽을 벗기고 그 뼈에서 살을 뜯어
3 그들의 살을 먹으며 그 가죽을 벗기며

그 뼈를 꺾어 다지기를 남비와 솥 가운데 담을 고기처럼 하는도다 (미 3:2-3)

5] 연속 메타퍼 (Metaphors in Series)
창 49장 유다는 사자, 스불룬은 항구, 단은 독사, 납달리는 암사슴, 요셉은 우물, 잇사갈은 나귀, 베냐민은 이리 등.

6] 과장 메타퍼 (Hyperbolic Metaphor)
시 141:7의 한역은 아래 우리가 제시한 번역과 약간 다르다. 주요한 차이는 한역의 "밭"(히, 에레츠)을 "지하세계"로 번역한 것이다.

사람이 지하세계에서 찢어지고 갈라진 것처럼
우리의 해골들이 음부 입구에 흩어졌도다 (시 141:7)

7] 의인화 (Personification)
비 인격체를 인격체인 양 언급하는 기법이다.

음부가 그 욕망을 크게 내어 한량없이 그 입을 벌린즉
그들의 호화로움과 그들의 많은 무리와 그들의 떠드는 것과
그 중에서 연락하는 자가 거기 빠질 것이라 (사 5:14)

7.5.12. 인클루지오 (Inclusio)
시의 시작과 끝을 동일한 문장으로 둘러싸는 기법으로 이는 시의 처음과 끝을 명확하게 경계지어주는 기능을 한다. 시에서는 이런 기능을 별로 의미가 없지만, 산문에 포함된 시의 경우에는 경계선 확정이 의미가 있다. 인클루지오 기법은 또한 둘러싸인 부분을 안정되게 만들어주고, 반복된 구절은 강조되는 효과가 있다.

<u>1 여호와 우리 주여 주의 이름이 온 땅에 어찌 그리 아름다운지요</u>
주의 영광을 하늘 위에 두셨나이다
<u>9 여호와 우리 주여 주의 이름이 온 땅에 어찌 그리 아름다운지요</u> (시 8:2, 10)

<u>1 내 영혼아 여호와를 송축하라</u>
내 속에 있는 것들아 다 그 성호를 송축하라
22 여호와의 지으심을 받고
그 다스리시는 모든 곳에 있는 너희여 여호와를 송축하라

내 영혼아 여호와를 송축하라 (시 103:1, 22)

7.5.13. 핵심어 (keywords, Leitwort)
어떤 시나 글에서 빈번하게 나타나는 단어들은 주목할 필요가 있다. 같은 단어가 아니라도 동의어들이 자주 나타난다면 그것은 내용상으로 연결되는 주제어가 된다. 예컨대, 시 29편에서는 여호와의 **소리**가 7번이나 나타난다.

7.5.14. 아이러니 (irony)
빈정대는 말투이다. 이를 간과하면 문자적 의미로 취하여 해석이 잘못된다.

너희는 벧엘에 가서 범죄하며 길갈에 가서 죄를 더하며
아침마다 너희 희생을, 삼 일마다 너희 십일조를 드리며
5 누룩 넣은 것을 불살라 수은제로 드리며 낙헌제를 소리내어 광포하려무나
이스라엘 자손들아 이것이 너희의 기뻐하는 바니라
이는 주 여호와의 말씀이니라 (암 4:4-5)

이스라엘 왕이 오늘날 어떻게 영화로우신지! (삼하 6:22)

너희가 이미 배부르며 이미 부요하며 우리 없이 왕노릇 하였도다
우리가 너희와 함께 왕노릇 하기 위하여
참으로 너희의 왕노릇 하기를 원하노라 (고전 4:8)

7.5.15. 추상어→구체어
너희 장정은 칼에, 너희 용사 (히, 너의 힘)는 전란에 망할 것이며
(사 3:25)

대저 주께서 모든 대적 (히, 환난)에게서 나를 건지시고
내 원수가 보응 받는 것을 나로 목도케 하셨나이다 (시 54:7)

7.5.16. 과장법 (hyperbole)
크기, 숫자, 위험, 힘, 생육성 등을 실제보다 과장하여 표현한다. 과장적 직유는 히브리어 문헌에서 흔하다 (사 48:19, 합 1:9, 호 1:10 등). 과장법에서 가장 흔한 것이 숫자와 연관된다 (사 4:1 [일곱 여인이 한 남자를 붙잡고], 욥 1:3, 암 5:3, 사 30:7).

저들의 목은 활짝 열린 무덤 (시 5:10)

> 네 자손이 모래 같았겠고 네 몸의 소생이 모래 알갱이 같아서
> 그 이름이 내 앞에서 끊어지지 아니하였겠고 없어지지 아니하였으리라
> (사 48:19)

> 그들은 다 강포를 행하러 오는데 앞을 향하여 나아가며
> 사람을 사로잡아 모으기를 모래같이 많이 할 것이요 (합 1:9)

> 주 여호와께서 가라사대
> 이스라엘 중에서 천 명이 나가던 성읍에는 백 명만 남고
> 백 명이 나가던 성읍에는 열 명만 남으리라 하셨느니라 (암 5:3)

> 약대가 바늘귀로 나가는 것이
> 부자가 하나님의 나라에 들어가는 것보다 쉬우니라 (막 10:25)

7.5.17. 메리즘 (merismus)

사 10:18에서 몸과 영은 "전체 인간"을 나타낸다. 중요한 것은 합하여 한 단위를 이루는 것이다. 창 1:1에서 "하늘과 땅을 창조하시다"란 표현에서 "천지"는 "우주" (cosmos)를 지시한다 (극과 극의 단어-짝이 사용되었다 polar word-pair). 즉, 하늘과 땅만 아니라 그 가운데 포함된 모든 만물도 지시한다. 사 1:6 발끝에서 머리끝까지 성한 데가 없다

메리즘의 유형들로는 극과 극을 이루는 단어짝 메리즘 (polar word-pairs), 선택적 제시 (selective listing), 교차 대구적 병행법 (chiastic parallelism), 남녀성 병행법 (gender-matched parallelism) 등이 있다. 이 메리즘이 제시하고자 하는 바는 전체(totality)를 포괄하는 한 단위이다. 단어 짝 메리즘으로는 사 21:12, 시 92:3 등에서 "아침과 밤"이 함께 나올 때 이는 "항상"이란 의미일 것이다.

7.5.18. 이사일의 (hendiadys)

두 단어를 사용하지만 실제로는 합하여 하나의 개념을 제시하고자 한다. 즉 시 42:5에서 "기쁨과 감사의 소리로" (a voice of joy and of thanks)란 표현은 "기뻐하는 감사의 외침" (a shout of joyful thanks)을 의미한다. 히브리어에서 어떤 동사들은 둘이 함께 등장하여 관용적 의미를 자주 드러낸다. 예컨대, "일어나 행하다" (쿰, 할락; 창 13:17, 28:2), "대답하여 말하다" (민 23:12, 단 2:15, 3:9, 19, 24, 25, 26, 6:14, 대상 12:18) 등이다. 때로 히브리어 문장에서 접속사 (바브)는 두 말을 하나로 합쳐서 이사일의를 만들어 주기도 한다.

가서 먹고 (바브) 마시라 (왕상 18:41)
그것이 악하고 쓴 것임을 알고 (바브) 볼지어다 (렘 2:19)
가서 (바브) 야웨의 산에 오르자 (사 2:3)

때로 계사 구문 (copulative construction)은 이사일의를 지시한다. 예컨대,

나는 늙고 희색이다 (삼상 12:2)
그가 말하고 … 약속하는가 (민 23:19)

7.5.19. 연기된 정체 (delayed identification)

시인은 글의 초두에서 상세하게 모든 것을 제시하지 않는다. 처음에는 암시정도로 제시한 후 나중에 그 정체를 정확하게 제시한다. 따라서 글의 전체를 살펴서 첫 부분을 이해하고자 노력해야 한다 (Textuality Principle). 예컨대, 다윗이 사울과 요나단을 애도하는 활 노래에서 (삼하 1:19-27), "(이스라엘의) 영광"은 시의 초반부 (19절)에서 그 정체가 알려지지 않지만, 21절에서 "사울"로 확인된다.

7.5.20. 수사학적 질문 (rhetorical question)

대답은 청중들이 "아니요" 할 것이 이미 잘 알려진 기정 사실이지만 강조하기 위해 일부러 질문을 던져 청중의 반응을 유도해 낸다. 다음 예에서 히브리어 의문사 (하)를 주목해 보라.

늙은 자들아 너희는 이것을 들을지어다
땅의 모든 거민아 너희는 귀를 기울일지어다
너희의 날에나 너희 열조의 날에 이런 일이 있었느냐 (욜 1:2)

내 혀에 어찌 불의한 것이 있으랴
내 미각이 어찌 궤휼을 분변치 못하랴 (욥 6:30)

7.5.21. 균형을 잡아주는 변형태 (ballast variant)

병행법에서 전 후반절의 단어 짝 (a couplet)은 서로 균형을 이루어야 한다. 만약 전반절의 어떤 구성요소가 후반절에서 생략되었다면, 후반절에서는 다른 구성요소가 첨가되어 전반절의 문장과 균형을 이루도록 조절한다.

이 우물은 족장들이 팠고 백성의 귀인들이 판 것이로다
홀과 지팡이로 광야에서 맛다나에 이르렀고 (민 21:18)

여기서 전반절에서는 "우물" (베에르)이란 말이 있으나 후반절에는 생략되었다. 따라서 후반절에서는 대신 "족장들"에 해당되는 단어를 두 단어 ("백성의" + "귀인들")를 사용하여 생략된 길이를 보충해 주어 균형을 잡고 있다.

7.5.22. 확장 (expansion)

대개 동일한 것을 의미하는 여러 유사어들을 나열하여 강조하는 수법이다.
욥 4:10-11에서 사자, 사나운 야수, 사자 새끼, 고양이, 암사자 등이 나열되고 있다.
10 사자의 우는 소리와 사나운 사자의 목소리가 그치고
젊은 사자의 이가 부러지며
11 늙은 사자는 움킨 것이 없어 죽고 암사자의 새끼는 흩어지느니라

목록들을 나열하여 저자의 의도를 제시하는 것도 이와 같은 기교에 속한다. 예컨대 호 4:1, 창 12:6, 사 2:12-16 등에서 예를 볼 수 있다.

7.5.23. 도치 (inversion)

도치 기교는 병행법에서 전반절에서는 남+남성 단어들을 배치하고 후반절에서 여+여성 단어들을 배치하는 경우에서처럼 성의 대조를 이용하기도 한다.
잠 3:22: 남 + 남 / 여 + 여
22 그리하면 그것이 네 영혼(여)의 생명(남)이 되며
네 목(여)에 장식(남)이 되리니

욥 5:9: 여 + 남 / 여 + 남
9 하나님은 큰 일들(여)과 측량할 수 없는 일들(남)을 행하시며/
기사들(여)을 셀 수 없이(남) 행하시나니

7.5.24. 심볼 (Symbol)

심볼은 그 이상의 어떤 것을 의미하는 것이라 정의된다. 이미지, 메타퍼, 심볼은 서로 공통적인 요소들을 지니고 있지만 구분하자면, 이미지(영상)는 그것이 의미하는 것, 메타퍼(은유)는 자체가 아닌 다른 것을 의미하는 것, 심볼(상징)은 묘사된 바 그 이상의 어떤 것을

지시한다고 할 수 있다. 이 셋 중에서 "심볼"이 가장 해석하기 어렵다고 할 것이다. 예를 들어보자.

　이미지 (그림): 털이 많은 갈색 개가 하얀 말뚝 울타리에 등을 비비고 있었다.
　메타퍼 (은유): 어떤 더러운 개가 파티석상에서 내 돈지갑을 훔쳤다
　심볼 (상징적 언어): 너는 나이 먹은 (old, 노련한, 교활한) 개에게 새로운 술수를 가르칠 수 없을 것이다

7.5.25. 제유(synecdoche)와 환유 (metonymy)

　제유 혹은 대유법은 일부로써 전체를 혹은 전체로써 일부를 나타내는 수사법이다. 예컨대 품꾼을 지시하기 위해 임대한 "손들" (hired hands)이라 부를 수 있다. 혹은 "칼"로 산다고 한다면 이는 "군인"이란 말이겠다. 구약에서 (사 5:28, 겔 23:24, 26:10 등) "바퀴들" (wheels)는 바퀴 달린 병거들 (수레들)을 지시한다.

　환유란 헬라어에서 "이름의 변경"을 의미하며, 하나의 사물을 가리키는 용어가 경험을 통해서 그것과 밀접하게 연관되게 된 것에 사용되는 경우를 지시한다. 예컨대, "홀"이나 (창 49:10) "열쇠"는 (사 22:22; 계 3:7) 권세 (혹은 왕)를 의미하며, "칼"은 전쟁을 의미한다 (레 26:6).

7.5.26. 완곡어법 (circumlocution)

　어떤 것을 "둘러말함"을 (talking around) 의미하는 단어로, 보통 이름 대신에 설명하는 표현을 사용함으로 직접 어떤 것을 지시하지 않고 암시를 주는 것이다. 자신을 낮추거나 하나님을 높일 때 둘러서 표현한다. 아비가일은 다윗에게 자신을 "당신의 여종" (삼상 25:24 이하)이라 부른다. 자신을 "나"로 표현할 수 있지만, 자신을 다윗의 여종이라 부름으로 적절한 관계를 설정하는 것이다.

　예수님은 자신을 "인자" (人子)라 부르셨다. 이 말은 구약의 시가서들에서 "사람"의 병행어로 주로 나타나며 (시 8:4), 아람어에서도 "사람"을 지칭하는 총칭어 (generic term)나 아니면 자신을 둘러서 표현하는 말이었다. 주님께서 그 자 칭호를 사용하신 정확한 의도가 무엇인지는 확실치 않다. 아마 사람들로 하여금 오리무중에서 그 칭호가 말하는 사람 자신을 지시하는지 아니면 일반적인 사람 전체를 지시하는지 알 수 없도록 하기 위함이었는지 모른다. 유대인들 중에서는 그 자칭호가 단 7:13에 근거해서 "메시아"의 칭호로 사용되었을 가능성도 있다면, 주님의 의도는 보다 더 확인하기 어렵게 될 것이다. 왜냐하면 그 용어를 사용하심으로 주님은 자신을 메시아로 은연 중 암시하고 계셨을 수도 있기 때문이다.

　Euphemism이란 헬라어에서 "좋은" (eu)이란 말과 "말" (pheme)가 합쳐서 된 단어로,

듣기 거북한 사고를 숨기면서 말을 하고자 할 때 사용한다. 성경에서 "알다"란 동사가 창 4:1에서 "동침하다"란 의미로 나타나는 경우가 그 한 예이다 (NRSV는 the man knew his wife Eve라 했다면, NIV는 Adam lay with his wife Eve라 했다). 우리말의 일반 용례에서 한 예를 들자면, 이전에는 소경, 절름발이, 병신(病身) 같은 단어를 별 대수롭지 않게 사용하여 사람을 지칭했으나, 오늘날은 시력 장애인, 다리 장애인, 장애인 같은 용어로 대체하고 있다. 이는 듣는 이의 수치심을 야기 시킬 염려를 제거하기 위함이다.

7.5.27. 알파벳 시들 (Acrostic Psalms)

시 2 (?), 9, 25, 37, 111, 112, 119, 145, 잠언 31:10-31, 나훔 1:2-8, 애가 1-4장, 등.

한글의 가, 나, 다, 라 순으로 시의 첫 단어가 시작되도록 배치하는 기교이다. 물론 히브리어 알파벳을 사용한다. 히브리어 알파벳은 모두 22개이다 (알렙, 벳, 김멜, 달렛 …).

7.6. 히브리시 구성단위들

시를 구성하는 각 단위들의 크기는 다음의 도표와 같을 것이다.

	최 소	최 대
단어 Word	1 음절 Syllable	7 음절들 Syllables
콜론 Colon	1 단어 Word	5 단어들 Words
행 Verse=Line	1 콜론 Colon	9 콜라 Cola
연 Strophe	1 행 Verse	4 행들 Verses
스탠자 Stanza	1 연 Strophe	5 연들 Strophes

하나의 시는 하나 혹은 여러 개의 스탠자들로 구성되며, 하나의 스탠자는 최소 1개나 최고 5개의 연들로 구성될 수 있다. 하나의 연은 하나 혹은 그 이상 (최대 네 개)까지의 행들로 이루어지며, 하나의 행은 하나 혹은 그 이상 (9개 최대)까지의 콜론들로 이루어진다. 하나의 콜론은 하나 혹은 그 이상 (최대 다섯 개)의 단어들로 구성되며, 하나의 단어는 하나 혹은 그 이상 (최대 7개)의 음절들로 구성된다. 그런데 후접어 (proclitic)를 제한 주요 단어는 모두 주 강세를 반드시 하나씩 갖는다. 예컨대, "하늘"을 의미하는 말 (샤마임)은 샤/**마**/임/의 세 음절로 구성되었고, 주 강세는 둘째 음절에 떨어진다. 그렇지만, 대개의 히브리어 단어들은 마지막 음절에 주 강세가 떨어진다. 그러므로 사전에서 주 강세 표시가 없는 단어는 마지막 음절에 강세가 있다는 의미이며, 그렇지 않을 경우에는 강세 표시가 단어마다 되어

있다.
   시의 구성 요소들을 건물에 비유해 보자. 하나의 집은 다른 집들에 연하여 있고, 한 집은 벽과 지붕 등으로 구성된 건물이 있다면, 그 건물 안에는 여러 개의 방들이 있고, 그 방들 안에는 책장들이 있다고 가정해 보자. 시편에는 150개의 시들이 배열되어 있다. 이는 여러 집들이 서로 간의 모양대로 여기 저기 배열되어 있는 것과 같다. 이 시들을 아무런 연관성 없이 배열 했다기보다 집들의 배열처럼 어떤 원리들을 따라 배열하였을 것이 분명하다. 집안으로 들어가면 방들이 있다. 이 방들은 시에 비유하면 스탠자 (stanza)라 할 수 있다. 스탠자란 마치 방들이 한 건물 안에서 벽이 있어 서로 간 독립성을 갖는 것처럼, 스탠자란 건물 내에서 자신의 독립성을 갖는 시의 최고 단위이다. 그리고 방안에 선반들이 있듯 스탠자 내에는 연 (聯)들이 있다. 연들은 스탠자 밑의 단위들이다. 선반들이 여러 단들로 이루어졌듯 연들은 여러 행 (verse, line)들로 이루어진다. 하나의 단에는 여러 저자들의 책들이 배열되듯 행 안에는 하나 혹은 그 이상의 여러 콜론들이 들어있다. 이 콜론들은 하나 혹은 여러 개의 단어들로 구성된다.
   이것을 도표로 정리해 보자면 다음과 같이 될 것이다.

단위	집	시
1	아파트 동(棟)들 혹은 배열된 집들	시들
2	방들	스탠자들
3	책장(선반)들	연들
4	단	행들
5	칸(단 중간에 세운 ㄱ자형 고정대	콜론
6	책들	단어들
7	책의 장들(chapters)	음절들

7.78. 콜론의 형태들
앞에서 우리는 시의 단위들을 언급하면서, 행은 콜론들로 구성된다고 했다. 그런데 한 행에 콜론은 하나에서 아홉 개까지 가능하다. 그렇지만 통계적으로 볼 때, 가장 빈번하게 등장하는 기본적인 형태는 이중-콜론 (76 퍼센트)이고, 다음으로는 삼중-콜론 (15 퍼센트)이다. 나머지 사중 (quatrain), 오중 (pentacola), 육중 (sexta), 칠중 (seven-line), 팔중

(octocola), 구중 등은 통계적으로 살필 때, 10 퍼센트 정도에 불과하다.

7.7.1. 모노-콜론 (Mono-colon.)

모노콜론은 다른 콜론과 긴밀한 연관을 갖지 않고 독자적으로 행동하는 하나의 콜론이다. 보다 간단하게 정의하자면, 모노콜론은 한 행으로 된 연들(one-line strophes)이다. 어떤 시에 모노콜론이 있는지 여부는 다음과 같은 방식으로 파악할 수 있다.

(1) 분할과 제거로 (by segmentation and elimination): 텍스트에서 일단 다른 연의 요소들 (bicola, tricola 등)을 파악한 후, 나머지 남은 한 행으로 된 연들은 모노-콜론이어야 한다 (mono-colon). 그렇지만, '쪼개진 짝' (split couplet)을 모노-콜론으로 이해해서는 곤란하다. 거기서는 병행되는 이중-콜론 (bicolon)이 다른 자료를 감싼다. 예컨대, A와 A' 행들로 구성된 짝 (couplet)은 하나의 단위로 중간에 다른 자료가 개입된 것이다.

A_____
　　다른 자료
　　　　A'_____

(2) 위치에서: 스탠자를 시작하거나 마감하는 데 사용되는 행들은 모노콜라일 수 있다.

(3) 반복적인 나타남에서: 하나의 콜라가 시에서 여러 번 반복될 경우 이는 모노콜라이거나, 후렴귀일 수 있다.

7.7.2. 이중-콜론 (Bi-colon)

그것들을 너의 손가락들에 매라/ 그것들을 너의 마음 판에 새기라 [잠 7:3]

바이-콜론 (bicolon) = 콜론 (colon) + 콜론 (colon) ==〉한 행

대구 (couplet)가 히브리시에서 가장 흔한 행의 형태이다.

$abc / b'c'$ -구조를 지닌 대구 (patterned couplet)는 동의 병행법일 경우 전반절의 a는 후반절에서도 기능을 한다 (double duty).

그 앞에서, 땅이 진동하고, / [그 앞에서] 하늘들이 흔들린다 (욜 2:10a).

대구 (couplet)는 대개 두 종류로 나타난다. 1) 두 단락이 동일한 길이로 나타나거나 (balancing rhythm), 2) 아니면 한 단락이 다른 것보다 짧게 나타난다 (an echoing rhythm). 전자의 예는 사 1:3에서, 후자의 예는 사 1:21, 26, 27에서 나타난다.

7.7.3. 삼중-콜론 (Tri-colon)

그가 열방들을 저들 앞에서 몰아내셨다
그가 그것들을 소유물로 할당해 주셨다
그리고 그가 이스라엘 지파들을 저들의 장막들에 정착시키셨다 (시 78:55)

몇 가지 이유들에서 이 세 콜라는 한 단위를 구성한다: 세 콜론이 병행된다. 주제 면에서

땅의 정복과 할당, 정착이라는 요소들로 통일성을 보이기 때문이다. 세 콜라는 모두 미완료 접속법으로 시작하여 연속적인 사건들을 묘사한다.

> 그가 구름들로 하늘들을 덮으신다
> 그가 땅을 위해 비를 예비하신다
> 그가 언덕들에 풀을 자라게 하신다 (시 147:8)

세 개의 콜론이 하나의 단위를 구성하는 삼중-콜론 인지 여부를 확인하는 다른 방법은 그것이 알려진 타입들과 유사한지 확인해 보는 것이다. 예컨대, 삼중-콜론 형태들은 다음과 같다.

A / A' / A"   A / A' / B   A / B / B'
A / B / A   A / B / C

A /A' /A":
오 제사장들이, 이를 들어라/
이스라엘 집이여, 주목하라/
왕가여, 귀를 기울이라! (호 5:1)

그녀의 모든 우상들은 산산조각날 것이다/
그녀의 모든 뱀들은 불탈 것이다/
그녀의 모든 우상들을 내가 황폐케 할 것이다 (미 1:7)

풀은 시들고/ 싹이 나지 않고/ 어떤 초목도 없을 것이다 (사 15:6)

A /A' /B:
네 입술에서는 꿀방울이 떨어지고/
네 혀 밑에는 꿀과 젖이 있고/
네 의복의 향기는 레바논의 향기 같구나 (아 4:11).

A /B /B':
에브라임은 침을 입고/ 그 뿌리가 말라/ 과실을 맺지 못하나니 (호 9:16)

콜론 사이의 연결은 내용과 말 유희 (에프라임/ 페리 [과실])로 되어지고 있다

A /A' /B 혹은 A /B /B'
예루살렘 딸들아, 내가 비록 검으나 아름다우니
(검다) 게달의 장막 같을지라도
(아름답다) 솔로몬의 휘장과도 같구나 (아 1:5)

A/ B/ A:
여호와의 오른손이 권능을 베푸시며/
여호와의 오른손이 높이 들렸으며/
여호와의 오른손이 권능을 베푸시는도다 (시 118:15b-16)

5) 사중-콜론 (Quatrain)
사중-콜론은 한 스탠자 혹은 한 시 안에서 독자적인 단위를 구성하는 사행으로 된 한 연 (a four-line strophe)이다. 이것과 혼동하지 말아야 할 것은 삼중-콜론에 모노-콜론이 선행하거나 후행하는 경우나, 두 개의 바이콜라가 나타나는 경우이다. 사중-콜론 형식에서 가장 흔하게 나타나는 방식은 ABBA 형식으로, 첫 두 행의 핵심어들이 후반부에서 반복된다.

  A 내가 죽지 않고 살아서   B 여호와의 행사를 선포하리로다
  B ' 여호께서 나를 심히 경책하셨어도   A' 죽음에는 붙이지 아니하셨도다
  (시 118:17-18)

  A 주의 오른 손에는 정의가 충만하였나이다   B 시온산은 기뻐하라
  B' 유대의 딸들은 즐거워하라   A' 당신의 공의를 인하여
  (시 48:11-12 [한글역 10하-11])

7.7.4. 오중-콜론 (Pentacolon)
오행으로 된 다섯 콜라 연은 크게 두 종류로 대별된다.
1) 중심을 가진 교차 대구적 구조 (chiastic ABCB'A')

  A 내 생각은 너희 생각과 다르며
  B 내 길은 너희 길과 달라서
  C 하늘이 땅보다 높음 같이
  B' 내 길은 너희 길보다 높으며
  A' 내 생각은 너희 생각보다 높으니라 (사 55:8-9)

A 누가 지혜가 있어 이런 일을 깨달으며
A' 누가 총명이 있어 이런 일을 알겠느냐
B 여호와의 도는 정직하니
C 의인이라야 그 도에 행하리라
C' 그러나 죄인은 그 도에 거쳐 넘어지리라 (호 14:10 [한글역 9절])

2) 중심을 갖지 아니한 다섯 콜라 연
여호와께서 갇힌 자를 해방하시며
여호와께서 소경의 눈을 여시며
여호와께서 비굴한 자를 일으키시며
여호와께서 의인을 사랑하시며
여호와께서 객을 보호하시며 (시 146:7b-9a)

7.7.5. 육중-콜론 (hexacola, sestets or sixains)
ABCCBA
A 이 백성의 마음으로 둔하게 하며
B 저들의 귀들이 무겁게 하고
C 저들의 눈들이 감기게 하라
C 저들이 자기들의 눈들로 보고
B 자기들의 귀들로 듣고
A 자기들의 마음으로 깨닫고, 돌아와서 고침을 받을까 하노라 (사 6:10)

ABCCBD
A 기병과 활쏘는 자의 훤화로 인하여
B 모든 성읍이 도망하여
C 저들이 수풀에 들어가고
C 바위에 기어오르며
B 각 성읍이 버림을 당하여
D 거기 거하는 사람이 없나니 (렘 4:29).

7.7.6. 칠중-콜론 (Seven-Line Strophe)
A 여호와께서 끊으시리니

B 모든 아첨하는 입술들과
C 모든 자랑하는 혀를
D 저희가 말하기를
C' 우리의 혀로 이길지라
B' 우리 입술들은 우리의 것이니
A' 우리를 주관할 자가 누구리요? (시 12:4-5)

7.7.7. 팔중-콜론 (Octave strophes, Octocola)
그가 말하길, "내 말들을 들으라" (민 12:6)
A 만약 너희 중에 한 선지자가 있으면
B 나 여호와가 그에게 환상으로 나를 알리기도 하고,
C 내가 그에게 꿈으로 말하거니와
A' 내 종 모세와는 그렇지 않으니
D 그는 내 모든 집에서 신임을 받기 때문이다
C' 그와 나는 입에서 입에 분명히 말하고
C'' 어두운 말로 하지 않나니
B 그는 여호와의 형상을 보느니라
  어찌하여 그렇다면 너희는 내 종 모세를 대적하기를 두려워 아니하는가?

7.7.8. 구중-콜론
잠 6:16-19은 한 연을 구성한다
A 여호와의 미워하시는 것 여섯 가지들이 있나니
B 그분에게 가증한 것 일곱(이 있느니라)
C 교만한 두 눈과
D 거짓된 혀와
E 무죄한 피를 흘리는 두 손 (야다임)과
F 악한 계교를 꾀하는 마음과
G 빨리 악으로 달려가는 두 발 (라글라임)과
H 거짓말들을 내뱉는 거짓 증인과
I 형제들 사이를 이간하는 사람이라

7.8. 히브리시의 운율
히브리시에도 영어의 운율같은 운율이 있는가? 우선 운율이란 무엇인가? 운율이란 반복되는 집단들로 만들어진 미리 생각된 형태에 맞추기 위한 한 행을 주조하는 일이다 (moulding of a line [or verse] to fit a preconceived shape made up of recurring sets," Watson, *Classical Hebrew Poetry*, 88). 운율에 대한 접근법은 반복되는 집단들의 "미리 생각된 형태"에 따라서 달라진다. 주로 사용되는 접근법은 히브리 행들에서 주 액센트를 분석한다. 예컨대, 시 2편의 1, 2절은 각기 3 + 3, 3 + 3 + 3의 주 액센트 숫자를 갖는다. 주 액센트와 보조 액센트가 합하여 한 박자를 구성하므로, 1절은 6보격에 (hexameter) 해당되지만, 사실상 전반절의 3보격이 후반절의 3보격으로 반복되었을 뿐이다. 히브리 시가 운율을 고찰할 때 가장 현저하게 드러나는 특징은 어떤 시에서건, 하나의 운율 패턴이 지속적으로 사용되지 않는다는 점이다. 키나 (애가) 운율로 알려진 3 / 2 패턴도 처음부터 끝까지 일정하게 나타나는 것이 아니다. 다음 행에서는 3 / 3으로 나타나기도 하는 것이다. 이렇게 규칙적인 운율이 없으므로, 많은 이들은 고전 히브리어 시가에 운율이 없다고 말하는 것이다.

우리가 가진 시편의 운율을 연구할 때 비평가들이 일반적으로 갖는 생각은 크라우스가 잘 제시해 주었다. 그는 네 개의 문제를 지적하였다 (Hans-Joachim Kraus, *Psalms 1-59*, 34):

1) 이스라엘의 천년 역사 동안 지속된 시편 작시를 고려한다면, 모든 시들에 동일한 운율 원리가 적용되었다고 생각하기 어렵다
2) 히브리어의 발음 문제는 시들의 원래 형태에 대한 접근을 어렵게 한다. 여기서도 장구한 기간 동안 변화가 일어났을 것이기 때문이다
3) 히브리 본문의 오랜 전승 역사를 통해 첨가, 확대, 위치 바꿈 등과 같은 오류들이 끼어들었을 것이다
4) 자음으로만 전해지던 히브리 본문에 후대인들이 모음 부호를 첨가함으로 운율 형태에도 영향을 끼쳤을 것이다

이런 전제를 가지고 시편의 운율을 분석하므로, 비평가들은 현재 형태 자체에 무게를 두기보다 자신들이 가정한 그 운율의 틀에 본문을 뜯어서 맞추고자 한다. 그렇지만, 1)의 경우 유가릿 문헌, 쿰란 문헌과 성경 시가들을 비교해 볼 때, 구약 시들은 쿰란 문헌들의 그것들과 구분되는 동질적인 구조를 지녔다는 것을 확인할 수 있다 (O'Connor, *Hebrew Verse Structure*, 24). 그리고 맛소라 학자들의 모음부호 첨가는 내려오던 발음 전통의 고착화이지 새로운 혁신은 아니었다. 또한 본문의 전승사에서 있었을 것이라 가정되는 오류는 그렇게 심각한 것은 못된다. 이런 고려들을 염두에 둔다면 크라우스가 제기한 문제들은 사실상 구약 시가들의 운율 분석에 그렇게 결정적인 장애물은 못된다고 여겨진다.

앞에서 우리는 히브리 시가의 운율에 관한 약간 오래된 몇 전승들 (요세푸스, 필로 등)을 언급한 바 있다. 그렇지만, 고전 히브리 시가와 지역적으로나 시간적으로 동일한 고대 근동

시가들 (유가릿이나 악카드어 시가들)의 운율에 대하여는 전해진 전승이 전무하다. 그래서 학자들은 대개 고대 근동의 시가들의 운율에 대하여 다음과 같이 부정적인 견해를 갖는다:

> 염두에 두어야 할 가장 중요한 사실은 고대 근동의 시인들은 … 정확한 운율을 알지 못하고 있었다는 사실일 것이다 (Gordon, *UT*, 131 n.2).

> 균등한 단어 숫자들, 음절들, 자음들 등과 같이 오직 현대, 서구화된 사고 개념들만이 '질서'를 회복하고, '적절한' 시형 (versification)을 회복하기 위한 측정 막대기들이 되었다 (Dijkstra-De Moor, *UF* 7 [1975], 178).

> 운율에 관한 한, 고대 시들이 운율을 고려해서 기록되었다고 가정한다 해도, 현대 학자들이 그 리듬을 재구성할 수 있는 방법이 도무지 없다 (Willis, *CBQ* 25 [1973], 141 n. 12.).

그렇지만, 이렇게 비관적으로 히브리 시가의 운율을 생각할 이유는 없다 (Wilfred G. E. Watson, *Classical Hebrew Poetry*, 92). 고대 셈어 시가들이 운율을 가졌는가? 에는 의문의 여지가 없다. 어떤 시건 운율은 있기 마련이기 때문이다. 문제는 많은 사람들이 "규칙적인" (regular) 운율과 실제로 시에서 나타나는 운율을 혼동하고 있다는 사실이다. 운율이라 하여 항상 '규칙적인' 것은 아니다. 그렇다면 시란 너무 단순하고 따분하게 되고 말 것이다. 그리고 우리가 고대 셈어 시가들의 운율을 재구성할 가능성이 있는가? 라는 질문에는 지금까지 진행된 연구들에 비추어 보건대, 어느 정도는 가능하다고 말할 수 있을 것이다.

그렇다면, 고전 히브리 시가의 운율을 검토하기로 하자. 그러기 위해 우리는 먼저 우리가 사용하고 있는 '운율'이 무슨 의미인지를 설명해야 할 필요가 있을 것이다. 왜냐하면, 어떤 독자들은 이런 방면에 생소할 것이기 때문이다.

7.8.1. 리듬 (Rhythm)과 운율 (meter)

미터 (meter 운율)는 리듬의 한 형태이다. 리듬이란 헬라어 동사 *레오* (흐르다, flow)의 명사형 *뤼트모스* (Latin, rhythmus; 영, rhythm)에서 유래한다. 리듬을 정의하자면, '반복되는 소리들의 패턴' (a recurring pattern of sounds)이라 할 수 있다. 리드미칼한 동작을 표현하는 심장의 박동소리, 동맥의 맥박소리, 말발굽 소리, 열차의 바퀴소리 등은 모두 반복되는 동작/소리로 특징지어진다. '운율' (meter)은 헬라어 *메트론* (측정 기구, 표준, 척도 measure)에서 유래하며, 리듬의 한 종류로, 강세나 길이로 리듬을 일정시간 재어서 나타난 것을 지시한다. 말발굽 소리를 예로 들어 설명해 보자. 다가닥, 다가닥, 다가닥 하고 들리는 리드미칼한 소리들은 그 강세나 음절의 길이를 기준으로 일정시간에 측정될 수 있다. 이렇게 측정된 리듬을 운율이라 한다. 운율의 기본 단위는 박자 (foot), 행 (line), 연 (strophe) 등이다. 박자는 히브리어의 경우, 한 단어에 있는 음절들에 약한 액센트가 하나 떨어지고, 강한 액센트가 떨어진다면, 그 단어의 '약강' 액센트들이 박자를 구성할 것이다. 영문(英文) 시를 예로 들어보면, 영문시의 고전적 운율은 약강격 (iambic)으로, 비강세 음절과 강세 음절이 교차로 나타나는 운율이다.

　　Than all my army to Damascus' walls (Marlowe, Tamburlaine V i)
　　　0 / 　0/ 　0 / 　0 / 　0　　/ (0는 비강세 음절, /는 강세 음절).

여기서 운율은 약강, 약강, 약강, 약강, 약강 식으로 반복된다. 라틴어 시의 경우에는 강세가 아니라 음절의 "장단(長短)"이 박자를 구성한다. 그런데 한 단위를 이루는 "약강"을 한 박자 (foot)라 한다. 박자들 (feet)의 종류는 다음과 같이 불리어진다.

　약강　→ 약강격 (iambus),　　　강약 → 강약격 (trochee),
　약약강 → 약약강격 (anapest),　　강약약 → 강약약격 (dactyl),
　강강　→ 강강격 (spondee),　　　강 → 단음절 박자 (monosyllabic foot) 등.

앞에서 예로 제시된 영문(英文)에서는 다섯 박자가 한 행을 이루는 셈이다. 한 행에서 나타나는 박자 수에 따라서 다음과 같이 그 행의 운율이름이 불리어 진다.

　한 박자→ 일보격 (monometer),　　　두 박자 (two feet)→이보격 (dimeter),
　세 박자 →삼보격 (trimeter),　　　　네 박자→ 사보격 (tetrameter),
　다섯 박자 →오보격 (pentameter),　　여섯 박자 →육보격 (hexameter)
　일곱 박자 →칠보격 (heptameter),　　여덟 박자 →팔보격 (octameter)

여기서 영시(英詩)와 히브리시의 운율이 어떻게 서로 차이를 보이는지를 비교하며 설명한다면 이해가 보다 쉽게 될 것이다. 알렉산더 포우프의 아래 시는 약강/ 약강/ 약강/ 약강의 사보격 (tetrameter)으로 구성된 시이다. 그런데 이 시는 첫 행에서 마지막까지 모두 규칙적으로 '약강'의 운율 형식을 견지하고 있다.

　　　Iambic (pentameter)
　Then **say** | not **Man's** | im**per** | fect, | | **Heaven** | in **fault**;
　Say **ra** | ther, | | **Man's** | as **per** | fect **as** | he **ought**:
　His **know** | ledge **meas** | ured | | **to** | his **state** | and **place**,
　His **time** | a **mo** | ment, | | **and** | a **point** | his **space**.

Alexander Pope, *An Essay on Man* (1733-34)

약약강 운율 형식을 지닌 다른 영시도 살펴보자.

Anapestic (tetrameter)
The Assyr | ian came **down** | like a **wolf** | on the **fold**,
And his co | horts were **gleam** | ing in **pur** | ple and **gold**;
And the **sheen** | of their **spears** | was like **stars** | on the **sea**,
When the **blue** | wave rolls **night** | ly on **deep** | Gali**lee**.
Lord Byron, "The Destruction of Sennacherib" (1915)

여기서도 약약강 (anapestic) 운율 형식은 처음부터 끝까지 견지되고 있다.

그렇지만, 성경의 시를 고려해 보면, 이런 규칙성이 없다. 시 2:1을 살펴보자. 시 2:1의 주 강세를 음절과 연관시켜 조사해 보면, 강약/ 약강/ 약강/ 약약강/ 약약강 의 운율을 보인다 (/는 음절의 분절표시이며, 진한 글자는 주 강세가 있는 음절이다). 이렇게 볼 때, 이 행의 운율의 형태는 약강(iambic)의 운율도 아니고, 강약의 운율도 아니며, 그렇다고 약약강의 운율도 아니다. 이러므로 많은 이들은 히브리어 시에서 운율을 찾을 수 없다고 말한다. 규칙적인 운율이 없는 것이다.

람/마 라게**슈** 고/임 울/레움/**밈** 에헤/구/-**리**크

시 2:1은 영문시의 운율 단위로 측정한다면, 육보격에 해당되지만, 히브리 시행은 전. 후 반절이 서로 병행되는 구조를 이루고 있으므로, 엄밀한 의미에서 육보격 (hexameter)이라 할 수가 없다. 오히려, 삼보격 (trimeter)이 두 개 반복되었다고 해야 더 정확할 것이다. 2절의 경우는 어떠한가?

이트/얏/체부 말/케/-에/레츠 베/로ㅈ/님 노ㅅ/두/-야/하ㄷ
알/-**아**도나이 베알/-메/시/**호**

2절의 음절과 액센트를 조사해보면, 약약강/ 약약강약/ 약약강/ 약약강약/ 약강/ 약약약강 등이다. 여기서도 일정한 운율을 찾기란 어렵다. 3절은 어떠한가?

네낫/테카 엣/-모ㅅ/로/**테**/모 베나ㅅ/**리**/카 밈/**멘**/누 아보/**테**/모

강약약/ 약약약강약/ 약강약/ 약강약/ 약강약 등으로 나타난다. 여기서도 일정한 운율은

찾아보기 어렵다. 따라서 우리는 영시처럼 이보격, 삼보격 등으로 행의 운율의 길이를 제시하기보다, 히브리시의 경우에는 가장 특징적인 병행법에 근거하여, 콜론의 숫자에 따라서 한 행의 길이를 지칭하게 된다. 여기서 중요한 것은 영시에서 운율의 단위를 이룬 것은 '박자'였듯이 ('약강'이면 이런 박자가 일정하게 지속된다), 히브리시에서 한 행을 구성하는 단위들은 콜론들이며, **콜론들은 사고 단위를 구성한다**는 점이다. 다시 말해, 영시에서 약강의 운율 형식이 반복되듯, 히브리시에서 행마다 사고 단위들 (콜론들)이 분명하게 나타나는 것이다.

시 2:1의 경우는 전반절의 사고 단위가 후반절에서도 반복된다 (동의 병행법). 그래서 이는 이중-콜론 (bi-colon)이라 불린다. 2절의 경우나 3절의 경우도 역시 전. 후반절에서 각기 동일 사고 단위가 나타난다. 이렇게 히브리시의 행의 길이는 콜론의 형태로 지칭된다. 한 사고 단위를 담고 있는 하나의 콜론의 수가 몇 개인가에 따라, 모노-콜론, 이중-콜론, 삼중-콜론, 사중-콜론, 오중-콜론, 육중-콜론 등으로 지칭된다. 그렇지만 앞에서 살폈듯이, 사고의 단위가 반드시 콜론과 일치하는 것이 아니다. 시 2:2은 사고상으로는 이중-콜론이라 하겠지만, 콜론의 길이에 균형을 잡아주기 위해 삼중-콜론으로 분석한다.

히브리어 시가의 한 행은 통상적으로, 전. 후반절이라는 짝을 (couplet) 이루고 나타난다. 소위 "병행법" (parallelism)이라 불리는 히브리 시의 현저한 특징 때문이다. 영문시와 비교할 때, 히브리시의 현저한 차이점은 여기서 드러난다.

그런데 한 가지 지적할 것은 영문시에서 운율의 단위는 박자 (foot), 행 (line), 연 (strophe)인데, 아주 규칙적인 운율 때문에 앞에서 보았듯이, 6보격이니 7보격이니 하는 표현이 가능하다. 그리고 행들이 합하여 (대개 4개의 행들) 하나의 연을 구성하는데, 이 연이란 것도 규칙적인 운율의 길이를 제시해 준다. 즉 연도 운율의 단위라는 말이다. 그렇지만 히브리시는 그런 규칙성을 찾기 어렵다. 그래서 히브리시를 다룰 때, '연'이란 단어는 운율의 길이로서가 아니라, 느슨한 의미에서 시의 한 부분 곧 사고의 흐름에서나 형식의 측면에서 고려할 때, 구분되어지는 시의 한 부분이란 의미로 사용되기도 한다. 우리는 주로 이 느슨한 의미에서 "연"이란 용어를 사용할 것이다.

7.8.2. 히브리시의 운율 이론들

7.9.2.1. 강세 운율 이론 (stress theory of meter)

히브리어 주요 단어는 반드시 하나의 주 강세를 가진다. 주요 단어라 함은 전치사나 부사 같은 불변사를 제한 명사, 동사, 전치사구, 형용사 등을 지시한다. 그런데 강세는 거의 대부분이 단어의 마지막 음절 (ultima)에 떨어진다. 그런데 "세골릿" (seholates)이라 불리는 어떤 단어들은 마지막 음절 바로 앞 음절 (penultima)에 주 강세를 갖는다. 강세 운율 이론의 근거들로는 다음과 같은 것들이 있다.

1) 히브리어에서 강세는 음소적 (phonemic)이다 (phoneme [음소]은 한 언어의 소리 체계에서 의미상의 차이를 만들 수 있는 최소한의 단위를 지시한다. 그러나 의미의 변화를 주지 않는 두 소리의 차이는 음소적이 [phonemic] 아니라, 단지 발음상의 [phonetic] 차이일 뿐이다). 예컨대

바누 (저들이 건축했다)—마지막 음절에 강세

바누 (우리 안에)—마지막 음절 앞 음절(penultimate)에 강세가 있다.

이렇게 발음은 다 같이 '바누' 이지만, 강세가 하나는 마지막 음절에, 다른 하나는 마지막 음절 앞 음절에 있다. 다른 예를 들어보면,

쇠바 (그녀가 돌아왔다)

쇠**바** (돌아옴 returning; 여성 분사)

다 같이 '쇠바' 라 발음되지만, 강세가 달라, 읽을 때 달리 읽어 주어야 한다. 이렇게 강세는 음소적이므로, 히브리 운율에서 강세가 중요할 것이 분명하다.

7.9.2.2. 침묵 강세 (silent stress)

추축 (pivot) 형식으로 된 짝 (couplet)에서 침묵 강세가 분명하게 드러난다. 예컨대, 시 59:2에서

나를 내 원수들에게서 구하소서, 나의 하나님
나를 공격하는 자들에게서 나를 보호하소서
(헷칠레니 메오예바이 엘로하이/ 미밋콤마이 테샷게베니)

여기서 강세는 3 + 2의 패턴이지만, 전반절의 "나의 하나님"은 후반절에도 해당된다 (double duty). 따라서 후반절의 강세는 함축되어 있는 것이다 (/ / /, / / ø). 여기서 ø 침묵 강세를 나타낸다.

7.9.2.3. 별난 어순 (unusual word-order)

연계형 사슬을 깨는 것은 강세를 하나 더 첨가하기 위한 수단이다 (D. N. Freedman, "The Broken Construct Chain," 534-536). 사 19:8을 예로 들어보자.

신음할 것이라 어부들이, 그리고 탄식할 것이다
던지는 모든 자들이 나일에 낚시를
(베아누 핫다야김 베아블루/ 콜-마슐리케 바예오르 하카)

후반절에서 정상적인 어순이라면, 연계형 사슬을 깨지 않는 콜-마쉴리키 학카 바예오르

일 것이다. 그럴 경우 *콜-마슬리케-하카 바에오르*가 되어 강세는 두 개가 되고 만다. 강세를 3개로 만들기 위해 연계형 사슬을 깨고, 중간에 뒤에 와야 할 단어를 끼워 넣었다.

7.8.3.교대 (강세) 운율 이론 (alternating [stress] metre)

교대 강세 이론은 비켈 (G. Bickel, 1890-1900)이 주창했고, 횔셔 (Hoelscher, 1920), 모빙켈 (S. Mowinckel, 1950, 1953), 세겔트 (S. Segert, 1953, 1958, 1969) ("Versbau und Sprachbau in der althebraeischen Poesie," 312-321; "Problems of Hebrew Prosody," 283-291; "Die Methoden der althebraeischen Metrik," 233-241 참조) 등이 주장하는 이론으로, 히브리시 시의 운율은 비강세와 강세 음절들의 교대를 통해 산출된다고 한다. 그렇다면, 패턴은 다음과 같을 것이다.

－⊥－⊥－⊥ 혹은 ⊥－⊥－⊥－ (＿는 단어; l는 액센트)

그러므로 두 개의 비강세 음절들이 오는 경우는 제외된다. 다시 말해, ——⊥나 ⊥－－ 등은 고려에서 제외된다. 세겔트의 설명은 히브리 시와 후대 아람어, 시리아 시 사이의 비교에 근거하고 있다. 그의 방법은 후기 시의 운율을 초기 본문에 적용시키고, 전통적인 본문을 운율 이론에 맞추려는 모순을 안고 있다. 그 결과 이중 액센트나 삼중 액센트를 가정하고, 또 빈번하게 싱코페이션 (syncopation, 연속하여 나타나는 두 강세 액센트들의 충돌)을 가정해야 한다.

7.8.4.단어 박자 이론 (word-foot)

모음이나 강세들을 계산할 때 나타나는 문제를 피하기 위해, 어떤 이들은 단어-단위 운율 가설을 주장한다 (J. Ley, *Leitfaden der Metrik der hebraeischen Poesie* [Leipzig, 1887]; E. Isaacs, "The metrical basis of Hebrew poetry," 20-54; H. Kosmala, "Form and Structure in Ancient Hebrew Poetry," 152-180; T. H. Robinson, "Some Principles of Hebrew Meterics," 28-43). 이는 아주 단순하게 운율을 계산할 수 있는 장점을 갖지만, '단어' (word)를 어떻게 계산하는가? 하는 문제를 안고 있다. 즉, 불변사나, 분리 전치사 등은 단어로 계수 되어야 하는가? 아니면 무시될 것인가? 하는 문제가 나타난다. 더구나, 운율은 음운론적 구성이지만, 단어는 문법 요소에 해당된다. 즉, 차원이 다른 두 요소를 혼합시키는 것은 언어학의 기본 원리에 위반된다 할 수 있다.

7.8.5.사고 단위설 (Thought-unit theory)

어떤 이들은 히브리 시에서 한 사고가 하나의 강세를 갖는다고 주장한다 (R. Gordis, *The Book of God and Man. A Study of Job* [Chicago, 1965], 160; Boadt, *CBQ* 35 [1973], 22). 앞의 이론을 확장시킨 것으로, 사고단위가 무엇인지가 모호하다.

7.8.6. 음절-계수 이론 (Syllable-counting)

엄밀하게 말하자면, 이는 운율 이론이 아니다. 모음 길이를 고려치 않고, 모든 각 행의 모든 음절들의 수를 계수한다. 음절이 폐음절인지, 개음절인지 고려치 않는다. 이 이론의 대표자는 노엘 프리드맨 (D. N. Freedman)이며, 그가 주장하는 바는 음절수를 계수하는 것이 히브리시의 구조를 기술하는 데 아주 편리하고 유용하다는 것이다. 즉, 고대 시인들이 음절수들을 따지면서 작사했다고 주장하는 바는 아니다. 그의 음절 계수론은 어디까지나 현재 있는 시의 구조를 파악하려는 목적에서 산출되었다.

이 방법은 모음들을 재구성하고, 강세를 무시하는 단점을 안고 있다. 프라드맨의 음절 계수론이 맛소라 본문의 음절을 계수하는 것과 상이한 점은 다음과 같다 (D. N. Freedman, "The Structure of Psalm 137," *Near Eastern Studies in Honor of William Foxwell Albright*, (Baltimore: Johns Hopkins Univ. Press, 1971), 187-205):

1) 세골형 명사들은 둘째 모음이 후대에 생겨났으므로 한 음절로 계수한다
2) 후음에 더해진 보조 모음들이나 도입 파타 (furtive patahs)는 계수하지 않는다 (반면, 유성 쉐바는 계수한다; 후음에 더해진 복합쉐바 (하텝-모음들)는 계수한다).
3) 어떤 명사들의 절대형들에서 변화된 중모음 (resolved diphthongs)은 한 음절로 계수한다.

다음은 "강세 운율 이론"에 따라 분석한 시 2편의 운율과 연 구성, 전체 구조 분석이다.
(※다음 페이지 도표 참조)

7.10. 시편의 주제별, 형식상의 분류

궁켈은 시편들을 다섯 개의 **주요 범주들** (Hauptgattungen)로 나누었다.

1) 찬양: 8, 19, 29, 33, 65, 68, 96, 98, 100, 103, 104, 105, 111, 113, 114, 115, 117, 135, 136, 145-150. 여기에 시온의 노래 (46, 48, 76, 87)과 즉위시 (47, 93, 97, 99 + 96:10 이하. and 98)

2) 공동체 탄식시 (Klagelieder des Volkes): 시 44, 84, 79, 80, 83, 58, 106, 135
3) 제왕시들: 2, 18, 20, 21, 45, 72, 101, 132
4) 개인 탄식시 (Klagelieder des Einzelnen): 3, 5, 6, 7, 13, 17, (22), 25, 26, 27 (vv. 7-14), 28, 31, 35, 36, 38, 39, 42/43, 51, 54, 55, 56, 57, 59, 61, (63), 64, 69, 70 (=40:14-18), 71, 86, 88, 102, 109, 120, 130, 140, 141, 142, 143
5) 개인 감사시 (Danklieder des Einzelnen): 18 (제왕시이기도 하다), 30, 32, 34, 41, 66, 92, 116, 118, 138

이 다섯 대범주 외에 궁켈은 네 개의 **소범주들**도 제시했다.

6) 순례시: 84, 122

연	절	주 강세 수	음 절 수	주 단어수	연의 주제
I	1	3 // 3	6 // 6	3 // 3	지상 열왕들의 반역
I	2	3 // 3 // 2	7 // 7 // 6	3 // 3 // 2	
I	3	2 // 3	7 // 9	2 // 3	
II	4	3 // 3	8 // 6	3 // 3	하늘 왕의 반응
II	5	4 // 2	8 // 9	3 // 2	
II	6	3 // 2	7 // 6	3 // 2	
III	7a	3 모노콜론	5	3	하늘 왕의 영의 선포
III	7b	4 // 3	7 // 5	4 // 3	하나님의 영
III	8	2 // 3 // 3	4 // 9 // 9	2 // 3 // 2	
III	9	3 // 3	6 // 7	3 // 3	
IV	10	3 // 3	7 // 7	3 // 3	반란자들에게 주는 권고와 경고
IV	11	3 // 2	6 // 5	3 // 2	
IV	12a	2 // 2	6 // 4	3 // 2	
IV	12b	3 // 3	7 // 6	3 // 3	

7) 공동체 감사시: 67, 124.

8) 지혜시: 127, 133 (단순 잠언시), 1, 37, 49, 73, 112, 128 (보다 발전된 지혜시)

9) 의식시 (liturgical poems): 15, 24 (Torah Liturgies), 134 (hymn + priestly blessing), 12, 75, 85, 126 (Prophetic Liturgies), 14, 81, 82, 95 (hymn + oracles)

이런 네 개의 소 범주들 외에 궁켈은 "혼합시" (Mischungen or Mischgedichte)를 따로 구분했다. 이는 하나의 문학형태가 아니라 여러 개의 형태들이 혼합된 형태의 복합 형태를 보인다.

10) 혼합시: 9-10, 36, 40, 77, 78, 89, 90, 94, 107, 108, 119, 123, 129, 137, 139, 144

시를 유형별로 분류하여 고찰하는 것이 유익한 점도 있지만, 그렇다고 우리가 전통적으로 인정되어 오던 개인들의 신앙체험에서 나타난 시들이란 사고를 배척하고 대개의 시들이 성전 예배용으로 작시되었다는 비평가들의 사고를 용납하는 것은 아니다. 원래 개인들의 신앙체험에서 나타난 것들이 대부분이지만 후에 수집되어 성전에서 성가대가 예배용으로 편곡해서 불렀다는 것을 우리는 인정한다. 성경은 다윗을 이스라엘의 시인이라 부른다.

그와 같이 성령님의 감동을 받아서 음악을 연주하고 시를 작시할 수 있었던 자들이 이스라엘에는 여럿 있었을 것이라 간주된다.

우리는 시들을 다음과 같이 분류한다. 분류는 형식만 아니라 내용도 고려한다 (최근의 시편 분류에 대한 논의로 Otto Kaiser, 「구약성서 개론」 [왜관: 분도출판사, 1995], 371-389 참조).

7.10.1. 찬양시

시 8, 19, 29, 33, 100, 103, 104, 111, 113, 114, 117, 135, 136, 145, 146, 147, 148, 149, 150편

시편 밖에도 찬양시들이 구약 여기저기에 산재해 있다. 예컨대, 홍해변에서 부른 모세의 노래 (출 15장), 드보라의 노래 (삿 5장), 한나의 노래 (삼상 2:1-10) 등도 여기 속한다. 이런 찬양시들은 시편 밖의 시들이 암시해 주듯, 전쟁의 승리 후에 승리를 주신 하나님을 찬양하거나 서원 기도 후에 하나님의 응답을 찬양하는 시들이다. 전쟁이나 서원 기도만 아니라 하나님을 찬양할 구체적인 사유가 생겼을 때에 시를 작사하고 그 시를 악기로 연주하며 하나님께 찬양을 하였을 것이다. 성도들이 모여서 하나님의 인자하심을 찬양할 때 (시 136편), 언약궤를 옮길 때 (대상 16:34, 대하 5:13), 전쟁에 나갈 때 (대하 20:21), 성전 기공식을 할 때 (스 3:11) 등과 같은 국가의 중대사를 당하여도 하나님을 찬양하였다. 그러한 때에 회중은 "아멘!" 이나 (대상 16:36) "할렐루야!" 를 (시 111, 136편) 외치며 화답하였다.

찬양시는 대개, 도입, 찬양할 이유, 결론 등의 요소들로 구성된다.

도입 (찬양): 시편기자의 의도를 표현하거나 음악 반주자나 성가대에 (33:2), 종들에게 (135:2), 하나님의 아들들에게 (29:1), 의인들에게 (33:1), 예루살렘에 (147:12), 열방에 (117:1), 모든 생물에게 (150:6), 심지어 모든 피조물에게 (시 148) 찬양하라 초청한다. 단순한 진술이기도 하나 (19:1) 항상 찬양의 대상을 분명히 한다.

본체 (찬양의 이유): 찬양의 이유를 "키" (왜냐하면)로 도입한다. 하나님의 창조, 섭리, 구속, 법 혹은 그분의 권능과 지혜, 신실하심과 긍휼 등과 같은 그분의 속성을 언급한다. 하나님이 누구시며, 무엇을 하셨는지가 여기서 묘사된다. 찬양하는 이유들은 대개 관계절이나 분사절로 묘사된다. 찬양에서 기쁨이 전면에 흐른다.

결론: 도입부의 일부 (145:21) 혹은 전부 (8:10)가 다시 나타나고, 찬양 이유들이 반복되며 (105:42-45), 축복 (29:11, 66:20, 135:21), 요청이나 소원 (19:13 이하, 104:35), 주께 대한 신뢰 (33:20-21) 등이 결론으로 나타난다. 결론은 단순하게 '할렐루야' 일수도 있다 (113:9, 148:14).

7.10.1.1. 야웨의 왕권시

시 47, 93, 96-99 편

찬양시에 속하면서도 자신들만의 그룹을 형성하는 시들 중에서 야웨의 왕권을 노래하는 시들이 있다. 야웨의 왕권 사고는 이스라엘 초기 시대에 해당되는 출 15:18, 삿 8:23, 삼상 12:12 등에서도 나타나고, 여러 시편들에서도 직. 간접적으로 언급된다. 예컨대, 시 5:3, 8:2, 10:16, 22:29, 24:8 이하, 44:5, 48:3, 59:14, 66:7, 68:25, 74:12, 84:4, 103:19, 145:1, 146:10, 149:2 등.

모빙켈과 같은 이는 "압살롬이 왕이 되었다" (삼하 15:10) 혹은 "예후가 왕이 되었다" (왕하 9:13)와 같은 구절들에 근거하여 시 93:1, 96:10, 97:1 등에 등장하는 "야웨 말락" 이란 표현을 "야웨께서 왕이 되셨다" 라고 번역할 것을 주장한다 (S. Mowinckel, *PIW*, I, 107). 마치 지상의 왕이 즉위할 때와 같이, 시인은 하나님께서 우주의 왕으로 즉위하시는 것을 경축하기 위하여 백성들에게, 아니 온 세상에게 그분을 새 노래로 찬양하라고 촉구한다고 한다 (시 47:1, 8 이하, 96:1, 3 이하, 97:1, 6, 9, 98:3 이하). 모든 신들은 그 앞에서 떨며 그를 경배한다 (시 95:3, 96:4, 97:7, 9, 99:2 이하). 하나님께서 매년 만물의 왕으로 즉위하시는 것은 그분의 왕국이 근거하는 위대한 그분의 행위, 곧 창조 (93:1, 95:3-5, 96:5)에 근거한다. 하나님은 자기의 통치를 시작하기 전에, 위대한 행위들을 행하시어 (시 47:4이하, 93:2 이하, 96:10, 97:2 이하, 98:1 이하) 자신을 왕의 적격자로 알리신다. 창조는 바로 그런 위대한 행위에 해당되며, 종종 성경에서 창조는 혼돈과의 싸움으로 묘사되며, 따라서 창조는 용과 싸우는 신화라고 불릴 수 있다. 그래서 창조는 신화적 개념이다. 시 98:1 이하는 바로 혼돈과의 싸움에서의 승리를 언급한다. 이러한 야웨 하나님의 승리는 다른 신들에게 재앙이며, 신들은 공포에 사로잡히게 된다 (96:7, 97:7, 99:3 이하). 이방신들과 연관된 이방인들 역시 야웨께서 오시어 정복하신다 (시 47:7 이하, 97:7, 10, 99:1). 역사적으로는 애굽과 가나안에 대한 야웨의 승리가 이런 야웨 왕권시의 근저에 놓인다 (ibid., 108).

비단 창조에서의 싸움과 승리만 아니라, 이스라엘을 창조하신 행위 곧 이스라엘의 선택도 그분 왕권의 토대가 된다. 애굽인들이 몰사 당한 홍해는 원시 바다가 되며, (출 15:5, 8), 애굽은 원시 바다 괴물 라합이 된다 (사 30:7, 51:9, 시 87:4, 89:11 등). 어떤 시인은 야웨께서 왕이 되신 것은 출애굽과 시내산 언약 체결에 근거한다고 지적한다 (시 99편, 114:1 이하, 신 33:2-5). 그 경우에 야웨의 왕권은 이스라엘에만 국한된다. 그렇지만 창조에 근거하는 왕권은 전 세계적이다.

이러한 모빙켈의 주장은 시인들이 야웨의 왕권을 신화적으로 생각하고 매년 이스라엘 사람들은 신화적인 사고에 근거하여 야웨를 우주의 왕으로 즉위하시는 양 믿으며 즉위식 예배를 거행했다는 것이다. 이러한 신화적 해석은 성경의 창조사상이 이방 신화에서 유래했다는 전제를 깔고 있다. 창조는 성경에서 실제 역사의 시작이며, 결코 신화적 이야기가 아니다. 창조와 타락은 역사의 출발점으로 창세기에서 제시되고 있기 때문이다. 따라서 모빙켈이 말하는 신년 즉위식 예배 같은 가설은 성경적일 수 없다.

그렇지만 미첼 (D. Michel)은 모빙켈의 "야웨 말락" 번역이 그릇되다 는 것을 여러 논거들로 입증한 바 있다 ("Studien zu den sogenannten Thronbesteigungspsalmen," 40-68). 미첼을 따라서 여러 학자들도 모빙켈의 이해가 그릇되다 는 것을 지적해 왔다. 따라서 "야웨 말락" 이란 표현에 근거한 신년 즉위식 가설은 토대부터 잘못 놓인 것이라 할 수 있다. 동시에, 그가 지적한 즉위식 시편들의 내용을 검토해 보아도 그의 사고가 견지될 수 없다는 것이 드러날 것이다.

7.10.1.2. 시온의 노래
시 46, 48, 76, 84, 87, 122 편

찬양시 중에는 시온을 주제로 한 것들도 있다. 이런 시들은 하나님의 거룩한 산 (시 48:2), 하나님의 거처로 선택된 (시 76:3) 시온, 하나님의 도성 (시 46:5, 48:2), 만군의 야웨의 도성 (시 48:9, 84:2), 지존자의 거룩한 거처 (시 46:5)을 높인다. 시온으로 이스라엘은 매년 삼차 순례길을 떠난다 (시 122:4; 출 23:14, 신 16:16). 시인들은 여호와의 궁정을 사모한다 (시 84:3). 이방인들조차도 시온에서 피난처를 발견하니 그것은 모든 이의 어머니인 때문이다 (시 87:5).

성경에서 시온이 유명한 것은 그곳을 하나님께서 택하셔서 자기 이름을 두셨기 때문이다. 그곳에 하나님께서 자기 임재를 나타내신다. 시온 노래들의 주제는 야웨께서 시온을 택하셨다는 것이며, 왕의 시들은 야웨께서 다윗을 과거에 택하셨다는 사실을 노래한다. 그런데 이사야는 이러한 과거적 선택에만 머물지 않고, 미래적 시야를 제시하고 있다. 곧 하나님께서 시온을 구속하실 것이며, 새 다윗을 일으키실 것이라는 것이다. 이러한 미래적 구원을 추방에서의 귀환이 그 일차적 성취이지만, 그 궁극적인 성취는 메시아의 도래와 그로 인한 종말론적인 구원이다. 이런 구원은 신약적 견지에서 보건대, 예수 그리스도의 초림과 그로 인한 교회를 통한 구원선포에서 종말론적으로 이루어지고 있다.

7.10.2. 개인 탄식시
시 5, 6, 7, 13, 17, (22), 25, 26, 28, 31, 35, (36), 38, 39, 42/43, 51, 54, 55, 56, 57, 59, 61, (63), 64, 69, 70 (=40:14-18), 71, 86, 88, 102, 109, 120, 130, 140, 141, 142, 143 편 (괄호 안의 것들은 확실치 않은 것)

개인 탄식시들은 대개, 야웨의 이름을 부르는 도입으로 시작하여, 자신이 처한 곤고한 상황을 토로하는 부분과 속히 구원해 주시라는 간구와 그리고 기도가 응답되었음을 확신하는 부분 등으로 구성된다. 이런 탄식시들은 주로 시편의 제1권과 2권에서 주로 나타난다.

반면 찬양시들은 마지막 두 권에서 주로 나타난다.

도입: 야웨의 이름을 부름, 도움을 호소 (142:2). 때로는 명령법으로 부르짖는다 (5:2). 찬양과 같이 이 개인 탄식시는 도입부에서 부름 (invocation)과 탄원 (supplication)이 혼합되어 나타나기도 한다.

본체: 곤고한 상황의 묘사 –이는 하나님으로 행동하시도록 분기시키려는 호소이다. 시인들은 질병이나 원수나 혹은 여타 어려움에 처하여 하나님의 긴박한 도우심을 필요로 한다는 것을 토로한다.

탄원 (supplication)– 이는 하나님을 "당신"이라 부르는 탄원자의 간절한 호소이다. 긴박한 도움을 호소한다. 언제까지니이까? 빨리, 속히, 돌이키소서, 구원하소서! 등의 호소가 여기에 있다.

탄원하는 사람은 자신을 "아니" (가난한 자, 고난당하는 자)라 부르기도 한다 (시 40:17). 여기 가난한 자는 물질적 고통을 당한다는 의미일 수도 있겠지만, 사회적으로 천대와 멸시를 당하고 버림을 당하여 의지할 곳이 오직 하나님 밖에 없는 상태에 처한 자, 혹은 하나님을 의지하지 아니하는 자들과 대조하여 자신을 하나님을 의지하는 경건한 자로 제시하는 용어이다. 시인들이 처했던 곤경의 종류에 따라 개인 탄식시들을 분류해 보면, 병든 자 (6, 13, 28, 31B, 39, 61, 69, 70, 102, 109; 사 38:9-20), 압박당하는 자 (13, 22, 31, 42/43, 109, 142, 143) 등이다.

모빙켈은 대다수 탄원자들은 주술(呪術)의 희생자들이라 하지만 본문상의 근거는 약하다. 탄원자는 개인인가? 아니면 공동체를 대표하는 개인인가? 의 문제도 간단히 해결되지 않는다. 그리고 악행자, 원수의 정체가 무엇이며, 개인적인 원수들 (5, 35, 40, 41, 55, 58, 59, 69, 109, 140, 141), 열방의 원수들, 신앙의 원수들 (14, 52, 59, 79, 83)은 도대체 누구인가? 등이 질문이 계속 연구의 대상이 된다.

하나님께 대한 신뢰 표현 – 대개 개인 탄식시에서 나타난다. 확신의 동기는 하나님의 속성들, 영예, 탄원자의 급박한 필요, 자신의 무죄, 참회 등 다양하다. 경배자의 기도는 때로 제사를 드리겠다는 서원도 포함한다 (22:26, 61:9). 확신과 신뢰는 기도를 들으시는 하나님을 의지하는 믿음의 표현이다.

결론: 고정적인 결론은 없다. 그러나 대개는 축복 (5:13, 26:12, 28:9), 신뢰 표현을 반복 (17:15, 140:14), 혹은 감사 (7:18, 13:6, 109:30) 등의 진술로 끝이 난다. 아래에서 여러 결론들을 참조해 보라.

여호와여 주는 의인에게 복을 주시고
방패로 함 같이 은혜로 저를 호위하시리이다 (시 5:13)
내 발이 평탄한데 섰사오니 회중에서 여호와를 송축하리이다 (26:12)

주의 백성을 구원하시며 주의 산업에 복을 주시고 또 저희의 목자가 되사 영원토록 드십 소서 (28:9)
나는 의로운 중에 주의 얼굴을 보리니 깰 때에 주의 형상으로 만족하리이다 (17:15)
진실로 의인이 주의 이름에 *감사*하며 정직한 자가 주의 앞에 거하리이다 (140:13)
내가 여호와의 의를 따라 *감사*함이여
지극히 높으신 여호와의 이름을 *찬양*하리로다 (7:17)

탄식시가 이렇게 탄식하며 시작했다가 확신과 감사로 끝나는 것은 우리가 기도생활에서 일상적으로 체험하는 대로이다. 무거운 마음으로 기도의 자리에 나아가지만 마지막에는 기쁨이 충만한 중에 우리는 감사와 확신 중에 그 자리를 일어서는 것이다. 어떤 탄식시들은 위험이 있기 전에 작시되었던 것 같다 (17, 25, 38, 39, 42/43, 51, 55, 59, 61, 70, 109, 130, 141, 142, 143). 다른 시들은 기도를 하고 도움이 임하기 전에 기록된 듯 보인다 (5, 7, 35, 69, 71, 86, 102). 다른 시들은 하나님의 도움으로 위험을 극복하고 난 후에 기록된 듯 보인다 (6, 13, 22, 26, 28, 31, 54, 56, 57, 63, 64, 120, 140).

개인 탄식시는 선지자들에게서도 나타난다 (사 50:4, 59:12 이하, 64:5-7, 렘 11-20). 여기서 "탄식시" 란 칭호에 대한 앤더슨의 항변도 들어보자:

> 탄식시 (lament)란 말은 인간의 고통과 죄책에 우울하게 초점을 맞추는 비관적 인생관을 암시해준다. 사실 탄식시라 라벨이 붙여진 시편들의 분위기는 그런 암울한 분위기가 아니다. 크리스토프 바르트가 주목한대로, 모든 시편들은 고통 그 자체에 초점을 맞추는 것이 아니라, 그 고통을 하나님 앞에 가져가는 일에 관심을 갖는다. 시인들은 그분이 재판관이시며 동시에 전능하신 힘으로 모든 고통을 주장하시는 구속주임을 믿었기에 그렇게 했던 것이다. 이 시인들은 깊은 곳에서 하나님을 신뢰하였으니, 저들은 그분이 저 수렁에 빠진 자를 이끌어 올리사 반석 위에 그의 발을 세우시는 능력을 가졌다고 확신하였기에 믿음으로 부르짖었던 것이다 (시 40:1-2). 그러므로 탄식시들은 실제로는 찬양의 표현이었다 ―그분의 부재(不在)시에 하나님께 드려진 찬양이었다 (Bernard W. Anderson, Out of the Depths, 169).

7.10.3. 공동체 탄식시

시 (12), 44, (58), 60, 74, (77), 79, 80, (82), (83), 85, 90, (94), (106), (108), 123, (126), 137편

국가적인 재난을 당하여 구원을 요청하는 기도를 드릴 때 여러 종류의 참회 의식이 동반되었다 (수 7:5-9, 삿 20:23, 26, 삼상 7:6, 왕상 8:33이하, 렘 14:2). 회개를 촉구하는 것은 하나님의 진노를 완화시키기 위함이다.

7.10.4. 개인 확신시
시 3, 4, 11, 16, 23, (27), (62), (121), 131 편
탄식시에서도 "확신"의 어조가 일부 나타나지만 여기서는 확신이 전체에 흐른다. 이는 안전감 (4:9, 16:8f., 27:1-5), 잠잘 때의 평안 (3:6, 4:5, 9, 16:7) 등이 언급된다. 이 평안은 기쁨을 제공해 준다 (4:8, 16:6, 9, 11, 23:6). 이는 성전과 자주 연관되어 나타난다 (11:7, 16:11). 성전에서 하나님은 성도의 기도를 들어주시기 때문이다 (3:5, 11:4, 23:6, 27:4).

7.10.5. 공동체 확신시
시 (115), 125 편
하나님을 온전히 신뢰하라 (115:9 이하, 125:1). 안전한 바위 (125:1-2.), 축복의 근원 (115:15, 129:8), 평안의 근거 (125:5)와 같은 요소들이 등장한다.

7.10.6. 개인 감사시
시 9/10, 18, 30, 32, 34, 40 (2-12), 41, 66:13 이하, (92), (107), 116, 138 편
도입: 하나님께 감사하리라 언급한다 (9:2, 138:2). 혹은 주께 감사함이 좋다고 진술한다. 회중 가운데서 (40:10), 백성의 회에서 (107:32), "시온 딸들의 문들에서" (9:15), 천사들의 임재 하에서 (138:1, 89:6), 당신의 거룩한 성전에서 (138:2) 감사한다. 감사의 소리를 발할 때 청중은 열방 (9:12), 백성들, 열방 (57:10, 67:3, 96:3, 105:1) 등이다. 때로는 도입문이 생략되고 지혜문이 나타난다 (32:1, 34:12-15, 40:9). 악인과 의인의 대조적 진술도 나타난다 (10, 92:7-15). 찬송가의 주제들 (9:3-12, 30:5)도 때로 시작부에 나타난다 (92:2f.).
본체: 자신이 구출된 위험을 묘사한다 (30:12). 상황의 급작스런 변화도 선포된다 (40:6-11). 시인이 처했던 곤경과 위험의 묘사에서 약간의 차이가 나타난다. 예컨대, 죄악의 문제일 경우 "적극적인 고백"과 죄를 사하고 고난에서 건져주신 하나님의 은혜가 언급된다. 반면 재난이 저자의 죄 때문이 아니라 원수의 악행 때문이라면 "부정적인 고백"이 나타난다. 기도자는 무죄(無罪)를 호소하고 무죄한 자를 곤란에서 해방시키는 하나님의 공의를 높인다. 하나님의 구원행위를 선포하는 적절한 장소는 공동체이다. 위험을 묘사하면서 시인은 위기시에 발했던 (생각했던) 그 말을 제시한다: "내가 말하길, '내가 내 죄를 주께 고하리라' 하였더니, 당신이 내 죄책을 제거하셨나이다" (32:5). 위험을 회상하는 것은 다시 한번 하나님의 구원행위의 효과를 체험하기 위함이다.

감사는 위기시에 발했던 서원을 이행하는 정상적인 행위였다 (시 22:26, 116:14, 17).
결론: 찬양하라는 초대 (32:11), 결단 (30:13), 찬양 (138:8) 등으로 끝난다.

7.10.7. 공동체 감사시
시 (65), (66), 67, (68), (118), 124 편

이스라엘 혹은 가난한 자와 약자를 위해 하나님께서 개입하사 구원해 주신 일을 감사한다. 찬양의 요소들도 나타난다. 어떤 이에 따르면 찬양은 이스라엘의 초기 역사에 나타난 하나님의 개입과 구원을 노래한다면, 감사시는 최근에 행하신 구원을 노래한다고 한다. 선지서들에서도 이런 형태의 시가 나타난다 (사 26:7-19, 슥 9:9-17).

때로 자원제가 감사의 기도를 동반하였다 (65:2, 116:18): "내가 당신 집에 번제를 바치리이다; 당신께 곤경 중에 내가 발한 서원과 약속을 이행하겠나이다" (66:13-14). 어떤 시들은 감사제사 (토다)를 동반했을 것이다 (시 100, 암 4:5, 렘 17:26, 33:11, 욘 2:10, 레 7:12, 22:29). 토다는 감사의 (수 7:19, 에 10:11) "찬양" 도 의미한다 (렘 30:19, 사 51:3, 시 26:7). 하나님은 제사 제물을 정죄치 않으나 (시 50:8-13), 짐승 제사의 한정적 가치가 언급되기도 한다 (시 51:18).

시 118편은 감사 제사와 연관하여 시사하는 바가 크다: 성전에 들어감 (19이하), 경배자의 외침 (22-26절), 행렬 (27절), 감사 (5-18), 회중 혹은 찬양대의 응답 (1-4, 29). 본체에서는 곤란을 묘사하고 (5-7, 10-13), 특수한 (14-18) 결론 (deductions)과 일반적인 (8-9절) 결론, 그리고 시인의 의도 (28절)의 반복이 나타난다. 구조상 개인 감사시와 유사하다.

7.10.8. 지혜시
시 1, 49, 112, 128 편

여기 속하는 시들은 지혜문헌으로 불리는 잠언, 전도, 욥기 등에서 자주 묘사되는 의인과 악인, 지혜와 미련함 등과 같이 일반적인, 약간 추상적인 범주들로 경건 생활의 유익함을 제시한다. 다시 말하면, 모든 시들, 아니 모든 하나님의 말씀이 인생들에게 지혜를 전달하고자 하는 의도를 지녔겠지만, 지혜시라 일컬어지는 시들은 구속이라는 특별 은총의 영역을 다룬다기보다, 하나님께서 모든 인생들에게 허락하신 일반은총을 노래한다. 그렇지만 시 1편에서 보듯, 여호와의 율법을 묵상하고 그대로 행하는 것이 진실로 성공과 형통의 비결임을 노래하기도 한다.

7.10.9. 교훈시
시 1, 37, 49, (73), 91, 112, 119, 127, 128, 133, (139) 편

지혜시로 분류된 시들이 여기에 속하기도 한다. 이러한 분류는 분류의 어려움을 간접적

으로 말해준다. 교훈시라 함은 특별히 교훈을 전달하기 위한 목적에서 작사되었다는 것이다. 모든 시들이 교훈을 목적으로 작사되었다고 할 수 있지만, 특별히 여기 부류에 속하는 시들은 인생에게 혹은 성도들에게 특별한 교훈을 줄 목적을 갖는다.

7.10.10. 율법시
시 1, 119 편

율법시라 함은 하나님의 말씀을 주제로 노래한다는 것이다. 시 119편의 경우 히브리어 알파벳 순서대로 모두 176절이 나타난다. 첫 알파벳인 알렙이 8절, 베트가 8절, 김멜이 8절, 달렛이 8절, 이런 식으로 히브리어 알파벳 22개가 각기 8절씩 갖고 있으므로 결국 22 x 8 = 176 절이 된다. 시 119:1-8을 직접 살펴보면, 여호와의 말씀을 약간씩 달리 지칭하면서 전개되고 있음이 드러난다.

1 행위 완전하여 여호와의 법에 행하는 자가 복이 있음이여
2 여호와의 증거를 지키고 전심으로 여호와를 구하는 자가 복이 있도다
3 실로 저희는 불의를 행치 아니하고 주의 도를 행하는도다
4 주께서 주의 법도로 명하사 우리로 근실히 지키게 하셨나이다
5 내 길을 굳이 정하사 주의 율례를 지키게 하소서
6 내가 주의 모든 계명에 주의할 때에는 부끄럽지 아니하리이다
7 내가 주의 의로운 판단을 배울 때에는 정직한 마음으로 주께 감사하리이다
8 내가 주의 율례를 지키오리니 나를 아주 버리지 마옵소서

여호와의 법 (토랏 야웨), 그의 증거들 (에도타브), 그의 도들 (데라카브), 당신의 법도들 (피쿠데카), 당신의 율례들 (후케카), 당신의 계명들 (미츠오테카), 당신의 의로운 판단들 (미쉬페테 치드케카) 등은 모두 "당신의 말씀" (데바레카, 9절)을 지칭한다.

7.10.11. 역사시
시 78, 105, 106 편

역사시는 이스라엘의 구속 역사를 노래한다. 이 시들은 언약의 역사 서언에 해당된다고 할만하다. 하나님께서 이전에 베푸신 은혜들을 상기시켜 준다. 반면, 이스라엘 편에서의 배교적 행위들도 지적된다. 이는 언약에서 기소에 해당된다. 그렇지만 전반적인 분위기는 하나님의 인자하심에 초점이 맞추어 진다. 이런 좋으신 하나님을 우리가 배반하였으나 그런 악을 되풀이 하지 말자는 권면을 담고 있을 것이다.

7.10.12. 순례시

시 120-134편

"(성전에) 올라가는 노래" (쉬르 함마알롯)라는 표제를 달고 있는 시는 모두 15개이다. 이 시들의 표제는 무엇을 의미하는가? 유대교의 미쉬나에 의하면, 이 올라가는 노래들은 성전의 여성을 위한 마당에서 이스라엘을 위한 마당으로 올라가는 열다섯 개의 계단들을 지시한다 (미돗 2:5, 숙카 5:4). 계단들은 이 노래들에 상응하며, 그 계단들 위에서 레위인들은 물을 긷는 행사와 연관하여 초막절 첫날 시편들을 연주하였다.

다른 견해에 의하면 (L. J. Liebreich, "The Songs of Ascents and the Priestly Blessing," 33-36), 이 시들은 민 6:24-26에 언급된 제사장 축복기도의 핵심 용어들을 근거로 작사되었다. 즉, 축복하다 (*바락*, 시 124:6, 128:4, 5, 129:8, 132:15, 134:1, 2, 3), 지키다 (*솨마르*, 시 121:3, 4, 5, 7, 8, 127:1, 130:3, 6, 132:12), 얼굴 (*파네*, 시 132:10), 긍휼을 베풀다 (*하난*, 시 123:2, 3), 평안 (*솰롬*, 시 120:6, 7, 122:6, 7, 8, 125:5, 128:6) 등. 그렇지만 시 124, 126, 131편 등에는 그런 핵심 단어가 나타나지 않는다. 그럼에도 제사장의 축복기도와의 연관은 아주 인상적이다.

게세니우스나 델리취 같은 이들은 표제가 이 시들의 문학적 형식을 지시한다고 생각한다. 즉, 계단처럼 시의 사고가 정점을 향해 점차 진행되는 것을 지시한다. 다른 시들에서 찾아볼 수 없는 현상은 병행법들이 뒷전으로 사라지고, 분명하게 나타나지 않는다는 점이다. 시 125, 127, 128, 132편 등에서는 병행법들이 눈에 띈다.

또 다른 견해는 이 시들을 추방에서 귀환하는 일과 연관시킨다. 그렇지만, 가장 널리 인정되는 설명에 의하면, 이 표제가 순례여행과 연관된다는 것이다. 이스라엘에서 모든 성년 남자들은 일년에 세 번 3대 절기에 참여해야 했다. 이 시들의 특징은 시들이 아주 다양하다는 점이다. 공통점이 있다면, 시132편을 제하면 모두가 간단한 시라는 것이다. 다른 공통점은 이 시들이 모두 시온을 초점으로 한다는 점이다. 열다섯 개 중 일곱 개가 "시온"이란 단어를 담고 있다 (125:1, 126:1, 128:5, 129:5, 132:13, 133:3, 134:3 등).

7.10.13. 메시아시

시 2, 18, 20, 21, 45, 72, 89, 101, 110, 132, 144:1-11 편

메시아시들은 하나같이 왕의 시들이다. 왕을 노래하는 시들은 이상적인 왕을 묘사하므로, 이러한 이상을 성취하는 이는 오실 메시아였던 것이다. 구약 성도들은 하나님의 메시아 예언에 근거하여 다윗의 후손들이 왕위에 오를 때마다 저 사람이 과연 그 메시아인가? 하고 기대를 가졌는지 모를 일이다. 그렇지만 인간적인 왕은 왕의 이상을 온전히 성취할 수 없었다. 다윗의 후손으로 오신 예수 그리스도께서 구약의 왕의 시들이 제시하는 온전하고 이상

적인 왕의 모습을 완성시키신다.

7.10.14. 제의시 혹은 입례송
시 15, 24, 134 편

제의시는 성전에 예배드리러 들어갈 때 부른 입례송 (Entrance Liturgy)이다. 그 형식은 대개 1) 질문 (시 15:1) 2) 답변 (시 15:2-5b) 3) 축복 (시 15:5c) 등으로 구성된다. 성전 혹은 성소에 절기를 맞아 찾아온 백성들 (혹은 그 대표자)이 질문을 제기하면, 성전 문지기 제사장 (왕하 25:18)이 답변을 하고, 축복을 선언하는 모습을 가정한 것이다.

모빙켈은 시 15편에서 십계명의 수치에 해당되는 열 개의 도덕조항들을 주목하였다 (*The Praise in Israel's Worship*, I, 179). 그렇지만 검토해보면 그의 결론은 그렇게 확실치 않다. 시 15편에서 긍정적인 조항들과 부정적인 조항들이 각기 다섯 개씩 제시되고 있다. 그런데 긍정과 부정 조항들은 사실 히브리시의 병행법적 구조에 비추어 볼 때 각기 한 조항에 해당된다. 곧

1) 정직하게 행하다=공의를 일삼으며,
2) 그 마음에 진실을 말하며=그 혀로 참소치 아니하고,
3) 그 벗에게 행악지 아니하며= 그 이웃을 훼방치 아니하며,
4) 망령된 자를 멸시하며= 여호와를 두려하는 자를 존대하며,
5) 그 변리로 대금치 아니하며 =뇌물을 받고 무죄한 자를 해치 아니하는 자

등이다.

4절 하반절의 "그 마음에 서원한 것은 해로울지라도 변치 아니하며" 라는 조항은 짝을 짓지 아니하고 (not a couplet) 하나의 행을 구성한다. 이렇게 본다면, 모든 항목이 6개가 될 것이다. 만약 구태여 하나의 짝을 두 개의 조항으로 계수 한다면 11개가 될 것이다.

또한 모빙켈의 시내산 언약 조항과 성소 계율과의 관계에 대한 이해도 성경적이지 못하다. 그에 의하면, 이스라엘의 여러 성소들에서는 각기 자신의 특별한 "성소 계율들" (*leges sacrae*)을 지니고 있었다 한다 (삼상 21:5이하, 출 19:10, 14이하 참조). 이 계율들은 성소에 입성이 허용되는 자들의 자격 조건들을 다룬다. 멀리서 성소를 찾아오는 순례자들은 그 성소의 신의 권리들과 관습들이 무엇인지, 그 성소에서 특별히 적용되는 규정들이 무엇인지 알아야 했다 한다. 세월이 지남에 따라 이런 관례들은 고정된 형식과 의식으로 변천되었다. 즉, 이런 식으로 백성들은 묻고, 제사장은 정해진 답변을 제시하는 것이었다. 원래 성소들의 계율들은 대체로 의식적 정결이나 금기적 성격을 지녔으며, 오직 외적인 것들만 다루었다 한다. 그러다가 시간이 흐름에 따라 도덕적 계명들이 계율의 주종을 이루게 되었다. 후대에 사람들은 이런 계율들을 언약의 계명들로 간주하게되고, 그것들은

야웨께서 가데스 바네아나 시내산에서 직접 주신 언약법이라 생각하게 되었다 한다 (*PIW*, I, 178).

이런 모빙켈의 가정은 시내산에서 하나님과 이스라엘이 맺은 언약과 그로 인해 하나님께서 주신 언약조항들 (법규들)을 순전히 인간적 사고의 산물로 생각한다. 비평가들은 시내산 언약조항들이 인간적 고안품이지만 신적인 위엄을 지니는 것이라 꾸미기 위해, 고대인들이 미신적으로 신의 현현이라 간주했던 화산 폭발과 같은 현상을 십계명 선포와 연관시켜 묘사했다고 한다. 이런 이성적 설명은 시내산 계시의 신적인 기원을 믿지 못한 불 신앙적 가정이다.

구약을 바로 이해하는 첩경은 시내산 언약과 모압들에서 갱신된 모압들 언약 (신명기)이 후대의 모든 정경에 결정적 역할을 했다는 사고이다. 즉, 시편을 포함한 성문서나 역사서의 성격을 가진 전-선지서나 혹은 선지서 등은 한결같이 오경의 언약 조항들에 토대를 두고 있는 것이다. 이 정경의 내적인 관계성을 바로 파악할 때 성경의 이해가 바로 된다. 시 15편의 내용도 사실은 시내산 언약에 근거한 노래이다. 이것이 성소의 예배와 연관된 것은 자연스러운 일이었다. 왜냐하면 성소는 하나님과의 언약이 선포되고, 교육되고, 실천되는 중심처소였기 때문이다. 성직자들 (레위인과 제사장)이 시 15편을 다윗의 지도하에 작시하였을 것이다. 언약백성의 생활과 예배생활은 불가분리의 관계라는 것이 이 시의 핵심이다.

7.10.15. 선지자적 권면의 시

시 14, 50, 52, 53, 75, 81, 95 편

이런 시들에서 우리는 예언자들이 외쳤던 심판 메시지와 유사한 시들을 본다. 예언자들은 언약에 근거하여 언약백성을 기소하고, 심판하던 신정국의 사법기관이었다. 저들이 외쳤던 심판 메시지는 역사 서언 (하나님의 베푸신 은총을 묘사), 언약조항에 근거한 기소, 그리고 처벌 선고 등의 요소들로 구성되었다.

7.11. 시편의 사상

시인들은 이스라엘의 성전 예배를 신앙생활의 중심으로 삼았음이 분명하다. 저들의 기도생활이나, 찬송생활, 예배 생활은 모두 성전을 중심으로 이루어졌을 것이다. 그렇지만 성전이 건축되기 전에는 이동 성전인 성막이 있던 곳이 신앙생활의 중심 역할을 하였다. 저들의 신앙관은 시편의 여기저기서 표출되고 있다. 그렇지만 조직적이고 체계적인 방식으로 자기들의 신앙관을 피력한 것이 아니어서, 우리는 나름대로 여러 단편적인 사고들을 모아서 좀 더 조직적인 모습으로 제시할 필요가 있는 것이다.

7.11.1. 하나님

하나님은 시인들에게 있어서, 찬양의 대상이시며, 구원자시다. 멀리 구만리 창공에 떨어져 계신 하나님이 아니라, 나의 일상 삶에서 문제를 해결해 주시고 원수를 처벌하시는 살아계신 분이시다. 하나님을 찬양하는 이유는 그분의 선하심, 그분의 신실하심, 그분의 인자하심 때문이며, 그러한 속성은 자기 백성을 구원하시며, 돌보시는 행위에서 적나라하게 표현된다. 구약 성도들은 체험적으로 하나님을 알았고, 또 자기 조상들의 삶에서 역사하셨던 하나님에 관한 이야기를 역사를 통해 전해 들었다. 이전 역사에서 기이한 일을 행하시며 조상들을 구원하신 일들은 예배시 찬양의 제목이자, 제사장 설교나 선지자 설교의 초점이 되곤 했다. 이렇게 개인적인 신앙체험과 함께 신앙역사를 통한 하나님 지식은 구약 성도들만 아니라 오늘을 사는 신약 성도들에게도 동일하게 해당된다. 내가 체험적으로 만난 하나님은 성경 역사에서 확인이 된다. 거꾸로 성경 역사를 배운 성도들이 삶에서 그분의 신실하심과 선하심을 체험하게 된다. 이렇게 체험과 전해진 역사가 합치될 때 세상이 알 수 없는 강력한 신앙은 생성되는 것이다.

구약 시대에 신정(神政)국이었던 이스라엘에서 하나님의 존재를 이론적으로 부인하는 자들은 아무도 없었다고 할 것이다. 하나님의 존재 부정은 곧 자기 부정, 더 나아가 이스라엘의 존재 부정이었기 때문이다. 그렇지만, 실제적인 삶에서 하나님을 진심으로 신앙하고 섬겼는가 하는 것은 다른 문제이다. 즉, 이론적 무신론자는 없었다 해도, 실천적 무신론자는 분명히 있었으리라 추정된다. 사실 성경은 그런 자들을 언급한다 (말 2:17). 시편에서도 그런 실천적 무신론자들은 악인과 불경한 자로 등장한다 (시 14편 등). 저들은 하나님께서 공의로 인간 역사를 통치하시거나 개입하셔서 자기 뜻을 이루신다는 사실을 삶으로 부인하는 자들이었다. 하나님을 찾고 부르짖고 의지하는 자세가 아니라, 순전히 인본주의적 행동과 언어생활이 저들을 특징지었다.

그런데 이스라엘 성도들의 신관은 그 당시 주변 이방인들의 신관과 비교하면 보다 선명하게 드러날 수 있을지 모른다. 가나안 족속들은 몰렉신이나 그모스, 바알 등을 위시한 수많은 신들을 섬겼다면, 애굽인들은 태양신 라를 주축으로, 여러 잡다한 신들을 섬겼고, 메소포타미아 지역 거민들 역시 형편은 비슷했다. 이런 고대 근동인들에게 "어떤 신이 가장 강한가?"라는 질문은 자연스러운 것이었다. 메소포타미아 남부 지역인 바벨론에서 마르둑 신은 신들의 왕으로서 위대한 신들 중의 최고신으로 간주되었다. 가나안 족속들의 경우에도, 아마르나 서신들이나 유가릿 문헌들이 증거해 주듯이, 신들 세계에는 분명한 계급이 존재하였다. 아마르나 서신에서 달신이 신들 중의 신들, 곧 최고의 신으로 지칭되고 있다. 유가릿 문헌에서 33명의 신들의 명단이 적힌 목록이 두 개나 발견되었다. 이 목록들은 가나안 신들이 일정한 수로 한정되었고 서열화 되었음을 보여준다. 그런데 유가릿 문헌을 연구하는 학자들에게 어려움을 야기하는 문제는 이 신들의 목록에 언급된 신들과 신화들에서 현저하게 나타나는 신들이 서로 일치하지 않는다는 사실이다. 이는 신화들과 신들의 목록이 서로 다른 시기들을 반영한다고 가정하면 어느 정도 이해될 수 있을 것이다. 이방 종교에서 신들이나 신들의 활동은 시대마다 달라지고 신화들도 시대마다 새롭게 재해석되기 때문이다.

유가릿 신들의 목록은 먼저 세 엘 신들로 시작된다. 한 엘 신은 가나안 족속의 올림푸스 산이라 할 수 있는 챠판 산과 연관되는 신이다. 두 번째 엘 신은 일리압이며, 셋째는 신화들에서 만신전의 우두머리로 나타나는 엘 신이다. 그는 신들의 아버지로 불린다. 그는 황소라는 별명도 가지며, 영원한 지혜, 자비롭고 인자한 신으로 나타난다. 그는 왕, 재판관으로 나타나기도 한다. 다음으로 다간 신이 언급된다. 이 신은 곡식(穀食)신이란 의미인지 모른다. 다음으로 일곱 바알 신들이 언급된다. 첫째는 챠판 산의 바알이다. 이 '바알'은 '주(主)'란 의미이며, 세상의 주, 최고로 강력한 자 (*알리얀*)란 별명으로 불린다. 바알은 현상계에서 활동하는 신으로 신령한 엘신과 다르다. 그의 두 어깨에는 생육(生育)과 다산(多産)을 가져오는 짐이 놓이고, 이 때문에 다른 신들이 그를 존경하며 신들의 왕이라 선포된다. 그는 "구름을 타는 자"로도 나타난다.

신비스러운 엘 신과 달리 자연세계에 내재하는 바알신은 유동성을 가질 수밖에 없다. 그래서 신화에서 바알신은 얌 신 (바다 신), 삼키는 자라 불리는 광야 신들, 그리고 사망(死亡)신인 모트를 원수로 갖는다. 한 때 바알도 이 사망(死亡)신에게 패배를 당한다. 그 어느 것도 (신들을 포함하여) 사망을 피할 수 없기 때문이다.

다음으로 언급되는 신은 땅과 하늘 신 (*아르츠 바-샤맴*)이며, 나머지는 여신들과 여타 신들이다. 여신들 중에서 신화에서 현저하게 나타나는 신들은 아티랏 (*아쉐라*)와 육욕(肉慾)적 사랑과 전쟁의 여신 아낫이다.

그런데 야웨 하나님은 시편에서 신들 중의 신 (*엘 엘리욘*, 시 57:3, 78:35, 56; 창 14:18, 19, 20, 22; *엘로헤 하엘로힘*, 시 136:2), 온 땅의 주 (*아돈 콜-하아레츠*; 시 97:5, 135:5), 주들 중의 주 (*아도네 하아도님*, 시 136:3), 왕 (시 5:2, 10:16, 24:8, 29:10, 44:4, 47:2, 7 등), 재판관 (시 7:11, 9:8, 50:6, 94:2 등), 구름을 타는 자 (시 68:4, 104:3; 단 7:13 참조) 등으로 나타난다. 이러한 칭호들은 가나안 족속들이 섬기던 신들의 명칭과 유사하므로, 비평가들은 이런 현상을 이스라엘이 가나안 족속의 종교사상을 차용함으로 야웨 종교를 발전시켰다는 식으로 설명할 것이다. 그렇지만 야웨 종교는 이방종교 사상에 대하여 극도의 혐오감을 표시하며, 가나안 족속의 부패한 종교와 도덕성 때문에 저들 모두가 진멸 (*헤렘*)의 대상이 되어야 했다. 야웨 종교 사상은 결코 이방 신화들의 차용이나 모방에서 발전한 것이 아니라, 역사에 개입하시는 하나님을 체험함으로, 그분이 친히 자신을 계시하심으로 발전한 것이다.

특히 다윗 시대에 여부스 족속의 본거지인 예루살렘을 정복함으로 여부스 족속의 종교사상이나 왕의 사상을 많이 차용하여 야웨 신학이 발전하였다는 비평가들의 가정은 아주 비 성경적인 것이다. 크라우스는 말하길, 시편에서 야웨 하나님과 연관되어 나타나는 명칭들이나 개념들을 보면, 이스라엘 이전의 가나안 족속의 종교 사상들을 야웨 신앙 안으로 어떻게 수용하고 접목시키느냐의 투쟁이 아주 현저하게 드러난다고 했다 (*Psalms 1-59*, 84). 이런 식의 이해는 야웨 신앙의 특수성과 계시성을 도무지 알지 못하는 사람이나 할 일이다.

엘 엘리욘 (지존자 하나님, God Most High)이란 명칭은 야웨께서 신들 가운데 최고신이란 뉴앙스를 준다 (시 97:9). 창 14:19에 의하면, 엘 엘리온은 천지의 창조주시다 (시 83:18, 97:9도 참조). 그리고 시 47:2에 의하면 '엘 엘리온' 은 온 땅의 큰 임금이시다. 그분이 열국들에게 영지(領地)를 할당하시고 (신 32:8), 이스라엘이 찬양하는 대상이다 (시 7:17, 9:12, 92:1). 그렇지만 이 명칭이 이방인들이 가졌던 그런 다신론 사고를 암시해 주는 것은 아니다. 이스라엘에 있어서 모든 이방신들은 헛된 우상들일 뿐이었기 때문이다 (시 96:5). "지존자 하나님" 곧 지존하신 하나님이란 명칭은 만물 위에 뛰어나신 하나님이란 의미이다 (대상 29:11, 12, 엡 4:6 참조). 그리고 "신들 중의 신" 곧 최고신이란 명칭은 (시 136:2) 천사들을 신적인 존재로 생각하던 가나안 족속의 사고에 유추하여 설명할 수 있다. 즉, 천사들의 주재로 이해할 수 있다. 하나님은 애굽의 신들을 심판하시겠다고 하신 바 있다 (출 12:12). 모세는 "신들 중에 누가 하나님과 같은 이 있는가?" 고 물었다 (출 15:11). 그리고 하나님은 십계명에서 "나 외에 다른 신들을 두지 말라" 고 명하신다 (출 20:3). 그런데 하나님은 은이나 금으로 신들을 만들지 말라고도 하신다 (출 20:23). 또한 다른 신들의 이름도 입에 부르지 말라고 명하신다 (출 23:13). 이런 점들을 종합해 본다면, 이스라엘인들에게도 여러 신들의 사고가 있었다고 할 수 있다. 그렇지만 하나님 외의 다른 신들이란 이방인들이 만들어낸 것들이며 우상들일 뿐이라는 것이 저들의 생각이었다. 물론 하나님을 기타 신들 중의 최고신으로 여긴 열등한 생각을 가진 자들도 있었을 터이지만, 이스라엘의 신앙 주류는 언제나 유일하신 하나님만을 선포했다 (신 6:4 참조). 고대 근동 사람들이 하나같이 자연력을 신격화하고 있을 때, 유독 이스라엘만은 모든 자연력을 비-신격화시키고 하나님의 피조물로 바로 이해하였다. 이것은 이방인들의 사고와 이스라엘의 사고가 갖는 근본적인 차이였다. 태양이나 달, 강물이나 폭풍, 산, 천둥, 바다, 죽음 등을 신격화시키던 시대에 이스라엘이 가졌던 유일신 사상과 모든 만물을 피조물로 이해하는 사고는 종교사상에서 실로 독보적인 위치를 점했고, 이 사실은 이스라엘의 사고가 하나님의 계시에 의한다는 설명 외에 다른 어떤 설명으로도 설명되어질 수 없다.

다음으로, 여호와 하나님을 "왕" 이라 칭하는 시인들의 마음에서 우리는 하나님의 왕권이 확고하게 인식되고 있었음을 볼 수 있다. 사실 야웨의 왕권 (kingship of Yahweh)은 이스라엘 역사 초기부터 인식되어왔다 (M. Buber, *Das Koenigtum Gottes*, 1932 참조). 출 15:18, 신 33:5 등이 증거구절들이다. 이스라엘과 언약을 맺으신 하나님은 이스라엘의 종주 대왕으로서 봉신 이스라엘에 권위 있게 말씀하신다. 시내산 언약이나 신명기의 모압들 언약 형식이 고대 종주권 조약의 형식과 유사하다는 것은 이를 뒷받침해준다 (최종태, 「예언자에게 물어라」 184-192 참조). 야웨께서 지존하신 하나님 (엘 엘리온)이시라면 그분은 만물의 왕이심이 분명하다. 하나님은 시온을 거처로 삼으시고 통치하신다 (시 97:8, 99:2, 사 6:5). 그분은 이방인들이 우주의 중심으로 생각했던 차판산, 곧 시온산에서 거하신다 (시 48:2). 지존하신 하나님, 왕이신 하나님은 온 세상의 창조주시다 (시 24:1, 93:1, 95:3 이하, 96:5, 10 등). 그분의 창조행위는 곧 그분의 세계 통치의 근거가 된다 (시 24:1, 2, 47:2, 7, 95:3-5). 왕이신 야웨는 온 땅의 주이시다 (시 24:1, 50:12, 74:16, 89:11, 95:4-5, 115:16). 열국은 그에게 복속된다 (시 47:3, 8, 99:2). 모든 신들도 그분에게 굴복한다 (시 96:4이하, 95:3).

이 왕이신 하나님은 당연히 세상의 재판관이 되신다 (시 96:10, 13, 99:8). 재판은 사실 통치권의 일부지만, 삼권분립 개념이 없었던 고대에 있어서 재판하다란 말은 통치하다란 말 자체로 이해할 수도 있다. 그분은 세상 열국을 심판하신다 (시 7:8, 9:8, 19, 96:10). 시온에 좌정 하신 하나님은 열방과 백성들을 심판하신다 (시 9:8). 그분은 세상의 재판관이신 것이다 (시 58:11, 76:8 이하, 94:2 이하). 오늘의 상황에 적용한다면, 독도 문제나 중국과의 어업 조약, 혹은 불평등 조약으로 간주되는 주한미군의 지위 협정 (SOFA) 등에서 그분의 도우심을 간구해야 하지 않을까? 그분이 열국들의 재판관이신 때문이다.

왕이신 하나님은 동시에 전쟁에 능하신 용사이시다 (시 24:8, 10; 출 15:3, 수 6:17, 삼하 5:10). 그분이 영광의 왕이신 것은 백전백승의 용사이신 때문이다. 전쟁에서 패배한 자가 어떻게 영광의 왕이 될 수 있는가? 그렇다면 오늘날 우리는 전쟁의 용사이신 하나님께 우리나라의 안전과 국방을 맡겨야 하지 않겠는가? 만군의 야웨 (*야웨 츠바옷*, 시 24:10)란 명칭도 전쟁의 용사로서의 하나님의 모습을 말해주는 듯 여겨진다.

시인들은 여호와를 찬양한다고도 하지만 (시 22:26, 33:2, 102:18, 104:35 등), 그분의 이름을 찬양한다고도 한다 (시 69:30, 113:1, 135:1, 148:5, 13 등). 비평가들은 신명기의 산출 연대를 추방 이후로 잡고, 바로 이 시기에 하나님의 이름의 인격화 (hyspotatizing of the name of Yahweh), 곧 하나님 자신과 독자적으로 존재하는 인격화 작업이 시작되었다고 생각한다 (에드몽 자콥, 「구약신학」 박문재 옮김 [서울: 크리스챤 다이제스트, 1999], 95). 자콥은 모빙켈 (Mowinckel)의 정의를 인용하여 이름의 인격화를 설명한다: "부분적으로는 우월한 신의 현현이고, 부분적으로는 독립적인 신적 실체로서 야웨의 이름은 우월한 신의 특성 또는 활동 또는 구성부분을 의인화한 것이다. 추상적 개념들에 대한 의인화라는 말을 흔히 하는데, 어떤 인격체의 이름, 권능, 특질들이 우리에게는 추상물들이라 할지라도 고대인들에게는 그렇지 않아서 특질들과 행위들은 그 주체로부터 비교적 독립되어 있는 실체들이었다" (ibid).

야웨의 이름과 연관하여 월버톤 (W. I. Wolverton, "The Psalmists' Belief in God's

Presence," *CanJT* 9 [1963]; "The Meaning of the Psalms," *Anglican Theological Review* 47 [1964], 28이하)은 생각하길, "신명기 역사가"는 하나님을 한 성전에 국한시킬 수 있는가? 라는 문제에 봉착하여 (왕상 8:27 이하 참조), 자기 나름대로 특이하게 해결책을 제시하였으니, 그것은 하나님 자신이 성전에 거하시는 것이 아니라 그의 이름이 거하신다는 사고를 고안해 내었다 한다 (신 12:5, 14:23, 16:2). 그렇지만 이런 가정은 문제를 오해한 것이다. 그분의 이름은 사실 그분 자신의 임재를 지시하며, 우리는 그분의 이름을 부를 때 비로서 그분과 접촉하게 되는 것이다. 보이지 않는 그분을 어떻게 우리가 예배하고 만날 것인가? 이름을 부름으로 예배하고 그분을 만나는 것이다. 물론 그분이 환상 중에 나타나실 수도 있고, 구약시대처럼 인간의 모습으로 나타나실 수도 있지만, 이스라엘 역사에서 그분은 자기 이름을 통해 자기 백성과 만나시기를 원하셨던 것이다.

시인들에게 있어서 하나님은 어떤 추상적인 초월자가 아니라, 실로 삶에 개입하여 문제를 해결하여 주시고 구원해 주시는 살아 계시고, 전능하시고, 인자하신 분이었다. 마치 복음서에서 예수님께서 인간들을 불쌍히 여기시고 동정의 눈길로 백성들을 보시고 병과 연약함을 담당하신 것과 같은 것이다. 그분이 언제 사람들을 귀찮게 여기셨던가? 그분이 언제 인간의 문제를 나 몰라라 하셨던가? 그분이 언제 산상에서 신비로운 삶, 수도원적인 삶만을 고집하고 세상을 등졌던가? 아니다. 그분은 식사할 겨를도 없이 동네마다 고을마다 다니시며 천국 복음을 전파하셨다. 마귀에 눌린 자들을 고쳐 주셨다. 병든 자들을 치료해 주셨다. 저들의 영혼을 죄와 사탄의 세력에서 구원해 주셨다. 이처럼 시편에서도 하나님은 아주 친밀하게 시인들의 고통 중에 찾아오시어 병을 고치시고, 원수를 심판하시고, 의인에게 상주시는 좋으신 분으로 묘사된다 (시 103:1-6, 시 146:6-9). 여러 가지 고상한 말들을 다 동원한다 해도 시인들이 표현하는 그 인격적이고 친밀하시며, 문제를 해결해 주시는 그 하나님의 따뜻한 모습을 제대로 제시하기 어려울 것이다. 더구나 신학자들은 이러한 실제 국면을 알지 못하고 추상적인 신학적 말들만 나열하는 경향이 얼마나 많은가?

시편에서 자주 언급되는 하나님의 신현 현상도 (시 18:8-16, 68:8 이하, 77:17-21, 97:1-5 등) 자기 백성을 구원하시려는 그분의 나타나심의 측면에서 이해되어야 한다. 이는 베스트만이 하나님의 신현 묘사의 3대 요소로 제시한 바의 마지막 항목과 연관된다 (C. Westermann, *The Praise of God in the Psalms*, 98이하):

1) 하나님께서 —으로부터 오심 혹은 —로부터 가심
2) 이 오심을 동반하는 우주의 대 격변
3) 하나님께서 —을 위하여 혹은 —을 대적하여 간섭하심

하나님은 자기 백성을 구하시러 오시거나 원수를 처벌하시러 오신다. 이방신들과 연관하여도 유사한 신현 묘사가 있다는 것은 사실이다. 그렇지만 그런 문학이 묘사하는 이방신들의 나타남과 참 하나님의 나타나심을 동일 차원에서 비교하기란 무모한 일이다. 이방신

들의 나타남은 우상을 분장시켜 수레에 끌고 행렬을 하는 것이나, 아니면 태양신이 산을 뚫고 찬란한 태양빛을 온 누리에 비출 때 나타나는 현상을 묘사하는 것에서 보듯, 순전히 자연력의 신격화 묘사일 뿐이다 (ANET, 387에서 태양신 찬양 참조). 그렇지만 하나님의 나타나심은 진실로 인간이 피조물임을 절감케 해주고 역사를 바꾸는 대사인 것이다. 시내산에서의 신현은 오고 오는 이스라엘 사람들에게 하나님의 위대하심을 가슴깊이 새기도록 해주었다.

7.11.2.원수

시편에서 원수들이 자주 등장한다. 이 원수들 때문에 시인들은 고통을 당하므로, 이 원수들이야말로 신앙 촉진제였다고 할 수 있다. 하나님을 찾고 부르짖는 까닭은 원수들의 압제와 핍박 때문이었다. 시인들은 그야말로 원수와 하나님과 삼각관계를 맺으며 생활해야 했다. 이것은 오늘날의 성도들도 예외는 아니어서, 성도들이 안일에 빠지지 않도록 늘 일깨워 주는 것은 다름 아닌 우리 삶에서 야기되는 문제들과 흑암의 세력들이다 (잠 16:4). 이런 것들이 없다면 우리의 신앙은 곧 퇴색하고 하나님을 찾을 필요를 느끼지 못하고 말 것이다.

원수들에 대한 언급은 왕의 시, 탄식시 등에서 성도를 압박하고, 위협하고, 죽이고자 하며, 추격하고, 악한 말을 내 뱉으며, 궤사를 행하는 자들로 나타난다. 저들은 자만하게 자랑하고, 조소하고, 중상하는 자들이다. 저들은 때로 사자들이나 개들, 황소들로 묘사된다. 원수들은 히브리어에서 여러 다양한 단어들로 제시된다: 원수 (오에브), (나를 대적하여) 일어서는 자들 (카밈 [알라이]), 대적들 (쵸르림), 악인들 (메라임), 악인들 (레솨임), 증오하는 자들 (메사네임), 추격자들 (로드핌), 악행자들 (포알라이 아벤), 피를 흘리는 자들 (안사이 다밈), 궤사를 행하는 자 (이쉬 미르마), 궤사한 자들 (보그딤) 등. 이런 단어들은 갖가지 뉴앙스를 제시해 주지만 저들의 정체가 누구인지에 대하여는 여전히 확신할 수 없다.

왕의 시에서 원수들은 이스라엘을 대적하는 이방인들이다 (시 2:2, 18:38-39, 46-47, 21:9, 89:24, 110:1, 5, 132:18 등). 이런 이방인 원수들이 구체적으로 어떤 민족이었는지는 언급이 없다. 단지 역사서에서 우리는 이스라엘의 인근 국가들을 추정할 수 있을 것이다.

공동체 탄식시에서 원수들은 이방인들로 추정될 수 있을 것이지만 여기서도 역시 구체적으로 어떤 민족이었는지 확인하기 어렵다. 예컨대 시 44:11-12에서 이방인들은 이스라엘 백성을 열방에 흩어지게 하였고, 시 74:3-4, 7과 79:1에서 원수들은 이스라엘의 성소들을 훼파하고 백성을 조소하였다 (시 44:14-15, 74:10, 79:10, 80:7 등도 참조). 이런 원수들은 이스라엘의 원수일만 아니라 야웨의 원수이기도 하다 (74:4, 23, 83:3, 6).

개인 탄식시에서도 원수의 정체는 확실치 않다. 궤사와 거짓을 사용하여 성도를 해코자 한다. 저들은 성도를 기소하고, 조소하며, 저주하고, 성도의 넘어짐을 고소해하고, 조롱한다. 어떤 경우에는 원수들이 과거에 함께 예배하던 자들로 나타난다. 공동체 탄식시에서 이방 원수들은 이스라엘을 침공하여 강토를 유린하고 성소를 약탈하기도 하였다면, 개인 탄식시에서는 원수들의 위협은 과거적인 것이라기보다, 시인의 견지에서 아직 이루어지지 아니한 위협들이다. 생명의 위협만 아니라, 무죄한 성도를 고소하고 중상하는 언어폭력도 원수들이 성도에게 가하는 위협이다. 원수들은 성도를 해코자 음모를 꾸미고, 기소를 하고, 함정을 놓고, 매복을 하기도 하고, 공격을 하기도 한다.

개인 탄식시에서 등장하는 이런 원수들의 정체가 무엇인지에 대하여는 여러 가지 의견들이 제시되어왔다. 1) 이방인들, 2) 이스라엘인들 중의 악인들, 3) 초인간적 세력 등. 버컬랜드 (H. Birkeland, *Evildoers in the Book of Psalms*, 9)에 의하면, 개인 탄식시나 공동체 탄식시에서 등장하는 원수들은 이방인 압제자들이다. 이렇게 보는 이유는 공동체 탄식시에서는 공동체 자신이 간구한다면, 개인 탄식시들에서는 왕이 공동체를 대신하여 기도한다고 보고, 이런 탄식시들은 이스라엘이 이방인의 압제를 당하던 시기의 작품들이기 때문이라 한다.

베스트만 (C. Westermann, *Praise and Lament*, 193)은 이런 견해에 대하여 정면으로 반대하면서, 개인 탄식시에 등장하는 원수들과 공동체 탄식시의 원수는 전연 다르다고 한다. 앞서 언급한대로, 개인 탄식시에서 원수의 위협은 실제 일어난 실체라기 보다 하나의 위협으로 나타나는 반면 공동체 탄식시에서는 원수의 위협은 이미 일어난 실체이며, 개인 탄식시에서 탄원자는 전체 공동체를 위하여 기도하는 것 같지 않다고 한다. 그리고 공동체 탄식시의 원수들과 달리, 개인 탄식시의 원수들은 자신들이 핍박하는 그 성도들과 같은 공동체의 일원으로 나타난다 (시 41:7, 55:13-15, 22, 144:8, 11). 이렇게 볼 때, 개인 탄식시에 등장하는 원수들은 결코 이방 원수들일 수 없다. 베스터만에 의하면, 이 원수들은 어떤 정치 집단이라기보다, 단순히 고난당하는 사람들을 경멸하는 사람들이라 한다. 그 원수들은 더 이상 하나님을 진지하게 믿지 않으며 (시 73편), 하나님께 끝까지 신앙으로 서고자 하는 자들을 조소한다.

쉬미트 (H. Schmidt, *Das Gebet Feinde: eine Wortfelduntersuchung*)는 원수들이 이스라엘 사람들이라고 생각한다. 때로 시인은 병 때문에 탄원하는 것으로 나타나는 데, 이런 경우 원수들은 탄원자의 질병이 죄악으로 야기된 하나님의 진노의 표시로 여긴다고 한다. 이런 원수들의 자세를 탄원자들은 잘못된 정죄라고 탄식한다 (시 69:5-8, 109:2). 개인 탄식시들은 잘못되이 정죄를 당하는 자들의 기도들이며, 하나님의 임재가 있다고 간주된 성소에서 잠을 자면서 어떤 식으로 건 하나님의 판결 표시를 기다리는 현몽 혹은 부화 (incubation)의 의식에서 사용되도록 작사되었다 한다. 이런 시들을 예배 의식에서 낭송함으로, 탄원자들은 원수들의 잘못된 정죄에서 자신들을 구원해 주시고 신원해 주시기를 기대한다.

학자들은 탄원자들과 질병 사이의 관계는 대체적으로 긍정적으로 받아들인다. 모빙켈 (PIW, II, 1-30)은 거의 모든 개인 탄식시들은 질병 때문에 탄식하는 시들이라 주장한다. 원수들이 바로 질병을 야기 시킨 장본인이라 간주되거나, 아니면 질병을 기화로 병든 자들을 공격하고, 그 질병으로 탄원자들이 치명타를 입고 죽기를 기원하는 자들이라 생각한다. 적어도 어떤 개인 탄식시들은 질병에서 고침 받기를 바라는 예배 의식용으로 작사되었고, 질병이 치료된 이후에는 감사시들을 사용하여 예배 드렸다 한다. 모빙켈에 의하면, 원수들은 악한 저주들이나 주술적인 말들을 사용하여 질병을 야기 시키거나 아니면 질병을 악화시킬 능력을 지닌 자들이다.

특히 "행악자들" (포알라이 아벤)이란 표현에서, "악" (아벤)은 반-사회적 의미의 악한 "능력"을 지시한다고 한다. "부와 힘"을 의미하는 온 ('on)의 부정적 대칭어이며 (Psalmenstudien, I, 29-32), 재앙을 야기 시키는 악한 능력이다 (PIW, I, 199-200, 증보 각주 XXVIII). 예컨대, 시 41편에서 탄원자는 "내 원수들이 나를 비난하여 말하길, 그가 언제나 죽어 그의 이름이 망할까?' 라고 탄식한다 (6절). 탄원자를 찾아 온 자가 거짓말들을 하며, 심중에 "아벤"을 가지고, 병자를 저주하여 병이 더 악화되길 기대한다 (7-8절). 모빙켈에 의하면, 원수들의 이런 행위는 주술과 연관되며, "악행자들"은 능력있는 저주들이나 주술을 가지고 사람에게 질병과 다른 재앙을 야기 시키는 자들을 지시한다 (PIW, II, 7). 그렇기에 이 원수들을 탄원자들은 알 수가 없다고 한다. 그저 주술을 하기 때문이다. 모빙켈에 의하면, 그렇다면 이 원수들은 주술사들 혹은 무당들인가? 하면, 반드시 그렇지는 않다고 한다. 오히려 악한 말들이나 비방, 위협, 저주, 능욕적인 말들, 악한 기운을 산출하는 의식을 행하는 자들이 모두 여기 해당된다. 이들은 어떤 주술적 의식을 사용하여 성도들에게 해를 가하는 자들이었다.

모빙켈이 제시한 견해와 유사한 것이 킬 (O. Keel)의 것으로, 그는 개인 탄식시들에 나타나는 원수들의 정체와 연관하여 선악간 어떤 능력과 귀신의 역할을 강조한다 (*The Symbolism of the Biblical World*, 78-100). 개인 탄식시들에서 등장하는 원수들은 메소포타미아 기도들에서 등장하는 귀신들이나 주술사들의 역할을 하는 것으로 제시된다고 한다 (85). 개인이건 집단이건 원수들에게는 파괴력이 동반된다. 적대 민족의 침공에서는 혼란과 사망의 세력이 현실화 된다 (108; 시 60:3-6, 74:23, 65:8, 89:10-11; 또한 렘 51:34에서 바벨론 왕은 예루살렘을 용이나 혼돈의 괴물처럼 집어삼키는 것으로 등장한다).

그런데 모빙켈의 "행악자들"에 대한 설명은 많은 반론을 불러 일으켰다. 앤더슨 같은 이는 행악자들이란 말이 반드시 주술자나 그런 행위를 지시하지 않는다는 점을 지적한다 (G. W. Anderson, *Enemies and Evildoers in the Book of Psalms*, 24). 그리고 드라이버는 주술가들이나 무당들에 대한 유대인의 자세로 미루어 보건대, 모빙켈의 주술적 이해는 거의 개연성이 없는 듯 하다고 지적한다 (G. R. Driver, "The Psalms in the Light of Babylonian

Research," *The Psalmists*, ed. D. C. Simpson, [Oxford, 1926], 113).

크라우스 (H.-J. Kraus, *Theology of the Psalms*, 131, 135)는 "악행자들"이란 표현에서 "아벤"은 "의" (체덱)에 대응되는 부정적 측면이라 한다. 따라서 악행자들은 의를 행하는 자의 반대이다. 악행자들 혹은 악인들은 섬뜩한 짓들을 행하는 자들이다 (135). 시 10:7,2:9, 14:4 등에서 크라우스는 주술에 대한 언급을 본다. 원수들은 때로 "스올의 밧줄들" 혹은 "사망의 함정들" 혹은 "멸망의 급류" 등과 같은 신화적 세력들과 연대되어 나타난다 (시 18:5, 6). 스올이나 사망의 옛 세력들은 야웨 하나님과 그의 백성, 그의 의도들과 끊임없이 전쟁을 하는 상태에 있다. 이들은 하나님과 그의 도우심을 필요로 하는 자들을 떼어놓고자 안간힘을 다한다 (133). 이처럼 어떤 경우들에서 원수들은 신화적 세력들의 졸개들이다. 고대의 세력들은 혼돈과 파멸을 가져온다. 야웨와 그의 기름 부음받은 자, 그의 백성, 그의 종을 대적하여 일어서는 대적들은 스올의 능력과 사망의 힘들이다. 개인의 원수들은 인간이지만, 그 원수의 성격과 일은 신화론적 전승에 근거한 등골이 오싹한 어둠으로 둘러 싸여있다 (134).

크라우스에 의하면, 신화론적 전승을 차용한다고, 신화들을 창조하는 것이 아니라, 신화적 표상들을 사용하여 인간의 이해를 넘어서는 것의 실체를 묘사하고 있다. 스올의 능력들은 항상 하나님을 의지하는 자들을 하나님과 떨어지도록 하고자 한다. 이 능력들은 스올에서 올라와서 현실에 나타나는 데 야웨에 그 원천이 있는 생명과 정 반대되는 실체이다 (시 36:10).

앤더슨에 의하면 (G. W. Anderson, "Enemies and Evildoers in the Book of Psalms," 16-29), 원수들에 대한 묘사들은 예배 의식적 성격과 연관되어 상투적인 표현들로 나타난다 한다. 탄식시들은 여러 다른 상황들에서 사용되도록 작사되었고, 모든 상황에 적합하도록 두리 뭉실하게 기술되지 않으면 안 되었다 한다. 앤더슨은 결론짓길, "그렇다면, 우리는 다양한 해석을 허용하지 않으면 안 된다. 어떤 시들에서는 민족의 원수들의 공격이 있고, 어떤 시들에서는 국가 지도자나 개인의 질병의 재난이 있으며, 어떤 시들에서는 중상, 조소를 발하는 능력 있는 악한 말이 있고, 다양한 예배의식과 상황들이 반영되고 있는 것이다."

한편 게르스턴버거 (E. S. Gerstenberger, *Psalms*, I, 30-34)는 시편들의 사회적 상황에 특별한 주목을 하였다. 집단생활을 연구하면, 모든 인간 집단들은 (가족, 공동체, 제도, 인종, 민족) 자체의 응집성을 내적으로 갖고자 시도하며, 이런 시도의 일환으로 경계선을 그으면서 공동체 내 사건들과 밖의 사건들을 구분 짓는다. 바깥사람들은 자주 원수들로 간주되고 때로는 귀신들의 성격을 갖는 것으로 여겨진다. 시편들에서는 바로 이런 친구와 대적 사이의 구분이 자기 집단 사람과 집단 외 사람 사이의 구분으로 나타난다는 것이다. 원수들에 대한 탄식들은 의심할 나위 없이 한 집단의 생존이나 그 집단의 패권 유지와 연관된다고 한다. 킬 (O. Keel, *The Symbolism*, 78)은 특정한 집단이나 문화가 원수들로 간주하는 것을 바로 이해하면 그 집단이나 그 문화의 성격을 바로 이해할 수 있다고 한다. 즉 어떤 사람은 그 원수가 누구인지에 의해서 알 수 있다.

인간 사회들에서 원수들의 등장은 피할 수 없는 현실이다. 경제, 정치, 군사적 이해관계들이 첨예하게 대립되는 그런 사회 정황에서 가난하고 무시당할 수밖에 없는 사람들을 더 구석으로 몰아넣는 경우, 압제 당하는 자들에게는 원수들이 나타날 것이다. 예컨대 이스라엘에서 암 2:6-8, 5:11-12, 사 5:8-10, 느 5:1-13 등 참조. 그렇다면 이스라엘에서 이렇게 소외된 가난한 자들이 시편의 탄원자들인가? 적어도 어떤 시들에서는 그러하다고 할 수 있을 것이다 (시 10편). 그렇지만 이런 사회적 갈등 구조로만 원수를 이해하기는 쉽지 않다. 사회에서 가진 자들이 오히려 없는 자들보다 원수들을 더 무서워하지 않는가? 따라서 시편의 원수의 규명은 단순하게 이해될 일이 아니다 (Marvine N. Tate, "Excursus: Enemies in the Psalms," *Psalms 51-100*, 60-64 참조).

우리는 시편 기자들을 핍박하고 고통스럽게 하는 원수의 정체가 아주 다양했다고 생각한다. 그렇지만 오늘날 보다 발전된 계시의 빛에 비추어 본다면, 저들이 그 때문에 부르짖고 싸워야 했던 그 대적의 근본 실체는 사탄과 그 졸개들인 악령들이었다는 것이다. 구약은 현상계의 보이는 사람들을 원수로 제시하지만, 신약은 우리가 싸울 대상이 혈과 육이 아닌 공중 권세 잡은 악령의 세력이라 밝히 말씀하는 것이다. 이렇게 구약에서 신약으로의 구원사적 흐름은 영화 (spiritualization)의 변화를 보인다. 악령들이 구약시대에도 활동하며 성도들을 괴롭혔던가? 그것은 두 말할 나위가 없었다. 악령들이 무지한 이방인들만 괴롭혔던 것이 아니라, 참 계시를 가졌던 성도들도 역시 악령들에게 많은 고통과 괴로움을 당했다고 할 것이다. 아니 약간 달리 표현하자면, 구약 성도들을 괴롭힌 인간적인 원수들은 다윗을 핍박하고 죽이고자 했던 사울 왕에게서 보듯, 악령의 사주를 받았다고 할 수 있다. 다니엘서에서 암시되듯, 이스라엘을 괴롭힌 주변 이방 족속들 역시 악령들의 사주를 받은 자들이었다고 해야 한다 (단 10:13, 20, 21). 지금이나 그 때나 성령님과 대적하는 흑암의 영들은 활동하기 때문이다.

7.11.3. 저주 시편들

구약에는 원수들을 저주하는 시인들이나 선지자를 본다. 그렇지만 우리 주님은 원수를 용서하고 위해 기도하셨다. 스데반도 주님의 모본을 따랐다. 그래서 신. 구약 윤리에 상호 충돌이 있지 않느냐? 고 물을 수 있다. 찰머스 마틴 (Chalmers Martin)은 저주하는 표현을 담고 있는 시는 18개라고 계산했지만 ("Imprecations in the Psalms," 537-553; *Classical Evangelical Essays in Old Testament Interpretation*, ed. W. Kaiser [Grand Rapids: Baker, 1972], 113-132), 보다 최근의 한 연구는 그런 시편이 28개에 이른다고 지적했다 (Alex Luc, "Interpreting the Curses in the Psalms," 395-410). 이 중에서 시 35, 69, 109편이 가장 신랄한 저주를 퍼붓고 있다. 특히 시 109편은 가장 신랄하다:

	수치	육체	사망	가족	보응	신약		수치	육체	사망	가족	보응	신약
5:10				☆	☆		69:22-28	☆	☆	☆	☆	☆	☆
7:13		☆	☆				70:2-3	☆					
9:19-20		☆					71:13	☆					
10:15		☆			☆		79:6, 12				☆		
12:3		☆					83:1-317	☆		☆			
28:4				☆			104:35		☆			☆	
31:17-18	☆				☆		109:6-20	☆			☆	☆	☆
35:4-8, 26	☆	☆		☆	☆		119:78	☆					
40:14-15	☆				☆		129:5-8	☆			☆		
54:5			☆	☆			137:7-9		☆		☆	☆	
55:15			☆				139:19-22				☆		
58:6-7		☆	☆				140:9-11		☆			☆	☆
59:11-12	☆			☆			141:10					☆	
68:1-2		☆	☆		☆		143:12		☆				

5 저희가 악으로 나의 선을 갚으며 미워함으로 나의 사랑을 갚았사오니
6 악인으로 저를 제어하게 하시며 (명령 [간구])
　대적으로 그 오른편에 서게 하소서 (명령 [간구]; RSV는 "대적자로 하여금 그를 재판정에 세우게 하소서")
7 저가 판단을 받을 때에 죄를 지고 나오게 하시며 (간접 명령)
　그 기도가 죄로 변케 하시며 (간접명령)
8 그 년수를 단촉케 하시며 (간접명령)
　그 직분을 타인이 취하게 하시며 (간접명령)
9 그 자녀는 고아가 되고 그 아내는 과부가 되며 (간접명령)
10 그 자녀가 유리 (간접명령) 구걸하며 (간접명령 [완료형])
　그 황폐한 집을 떠나 빌어먹게 하소서 (간접명령 [완료형])
11 고리대금하는 자로 저의 소유를 다 취하게 하시며 (간접명령)
　저의 수고한 것을 외인이 탈취하게 하시며 (간접명령)

12 저에게 은혜를 계속할 자가 없게 하시며 (간접명령)
　　그 고아를 연휼할 자도 없게 하시며 (간접명령)
　　13 그 후사가 끊어지게 하시며 (간접명령)
　　후대에 저희 이름이 도말되게 하소서 (간접명령)
　　14 여호와는 그 열조의 죄악을 기억하시며 (간접명령)
　　그 어미의 죄를 도말하지 마시고 (간접명령)
　　15 그 죄악을 항상 여호와 앞에 있게 하사 (간접명령)
　　저희 기념을 땅에서 끊으소서 (간접명령)

이런 저주들은 형식적인 면에서 명령법 (하나님을 대상으로 할 때 "간구형"이 된다)과 간접 명령법 (jussive; 여기서도 "간구형"이 된다)으로 이루어지고 있다. 완료형이 사용된 10절의 경우는 미완료로 바뀌는 형태 (veQatal)에 해당되며, 미완료로 취하고, 명령형 다음에 위치하므로 간접명령의 뉘앙스를 지닌 것으로 이해하면 될 것이다. 시인들이 원수들에게 쏟는 저주들은 수치, 육체적 위해 (危害), 사망, 가족의 불행, 구체적으로 언급되지 아니한 보응 등 다양하다. 이를 도표로 제시하면 다음과 같다 (Alex Luc, "Interpreting," 410):
　　여기서 "신약"은 고려중인 시가 신약에 인용되었다는 의미이다.
　　이런 시들을 읽는 우리 성도들은 이 시를 모방하여 원수들을 저주하는 기도를 드려야 할 것인가? 아니면 십자가상의 예수님처럼, 아니면 그분의 산상수훈의 가르침과 같이 용서하고 위해서 기도해야 할 것인가? 우리는 성경에 언급된 신앙 선조들의 생활이 얼마나 흠투성이 인지를 잘 안다. 시편의 대다수를 작사했다고 믿어지는 다윗의 경우는 더욱 심각하여 거짓말 정도의 아브라함, 이삭, 혹은 살인한 모세 이상으로 사악하였다. 그런데 우리는 모세나 아브라함의 실수나 허물은 당연히 모방치 말아야 한다. 저들이 제 아무리 믿음의 조상이고, 이스라엘의 건국자라 할지라도 저들도 우리와 성품이 같았던 타락한 인간들이었음이 틀림없다. 그렇다면 시편에 등장하는 저주의 기도는 다윗의 열등한 성격의 표출인가? 그렇기에 우리는 그 부분은 모방치 말아야 하고 (타락한 인간 성품의 표출이므로) 오직 시편의 다른 부분들만 영감된 것으로 모방하고 따라야 할 것인가?
　　어떤 이들은 구약의 도덕기준은 신약의 그것에 열등하므로, 그 당대의 수준에 비추어 시편의 저주 기도를 이해하여야 한다고 한다 (William L. Holladay, *Long Ago God Spoke*, 302, 308). 그렇지만 모세법도 원수를 사랑하라고 규정한다 (레 19:18, 출 23:4, 5). 바울 사도도 복수하지 말라고 금할 때 (롬 12:19-21), 신 32:35, 잠 25:21, 22 등을 인용한다. 더구나 신약은 가장 가혹한 저주를 담고 있는 시 35, 69, 108편 등을 인용한다. 예수님조차도 예루살렘을 책망하실 때, 시 137:9를 상기시키는 말씀을 사용하신다 (눅 19:44). 그렇다면 구약이 신약의 도덕기준보다 저차원이라고 말할 수 없을 것이다. 다윗을 포함해서 구약 시인들이 원수를 스스로 갚지 말라 (레 19:18, 신 32:35)는 모세법을 익히 알았으리란 점에는 이의가 있을 수 없다.

문제의 핵심은 살인하던 모세와 간음, 살인하는 다윗은 우리가 정죄한다 해도, 그런 허물들과 다윗의 저주 기도를 동일차원에 보아도 되는가? 이다. 기이하게도 복음주의자라 여겨지는 사람들조차도 시편의 저주는 시인들 자신들의 정제되지 않은 원망 혹은 저주이지 성경에 있다고 하나님의 말씀이라 볼 수 없다는 식의 견해를 피력한다 (Peter C. Craigie, *Psalms 1-50*, 41). 크레이기는 시 137:8-9을 예로 들면서 이런 저주의 말은 정제되지 않은 증오심의 폭발일 뿐 하나님의 신탁으로 볼 수 없다고 한다. 만일 이것이 사실이라면, 시편은 오늘날 아무런 의미나 가치를 가질 수 없을 것이다. 타락한 인간 성품의 적나라한 표현에 불과하므로. 그렇지만 우리는 시편이 하나님의 영감으로 작사된, 타락한 인간 성품의 표출이 아닌, 것으로 본다. 그렇지 않고서야 어떻게 이 시들을 예배 시에 기도나 찬양으로 사용할 수 있었겠는가? 우리는 크레이기 같은 이해를 잘못된 것이라 판단한다.

또 어떤 이들은 시편의 저주는 시적인 표현으로 과장되었을 뿐 실제 현실의 반영이 아니라고 생각한다. 그렇지만 시라 하여 실제와 분리된 이상 세계의 그 어떤 것으로 볼 수만 있을까? 또 어떤 이들은 저주가 담긴 시들은 개인 탄식시들로 이런 유형의 시들은 순전히 문학적 형식의 필요에서 "저주" 요소를 담고 있을 뿐이라 한다. 즉, 어떤 특정한 실제적 저주의 대상을 고려한 것이 아니라 순전히 문학작품으로서 탄식시 작사를 위해 "저주" 요소가 채용되었을 뿐이라는 것이다 (Erich Zenger, *A God of Vengeance?* 78). 그렇지만 이런 생각도 받아들이기 어렵다. 시편을 현실과 유리된 문학작품으로만 볼 수 없기 때문이다. 오히려 시편이 묘사하는 내용들은 아주 현실적이고 구체적이다. 그리고 60개 정도 되는 개인 탄식시들의 절반은 아예 "저주"의 요소를 담고 있지 않다. 따라서 탄식시의 형식상 "저주"의 요소가 필요했다는 설명도 별로 설득력이 없다.

구약 시편의 저주의 기도들은 대략 네 가지 면에서 설명될 수 있을 것이다. 무엇보다 그것들은 원수에 대한 복수(復讐)심의 표현이라기보다, 하나님의 의를 드러내시라는 구약 성도의 간절한 소망의 표현이라 할 수 있다. 설명하자면 이렇다. 다윗의 경우 순전하고 성결한 신앙인으로 생활할 때, 오랫동안 사울에게 까닭 없이 쫓기는 몸이 되어 고난을 당해야 했다. 사울의 곁에 있던 에돔 사람 도엑이나 베냐민 족속 구스 같은 아첨꾼들이 사울을 부추겨 다윗을 중상모략하고 해코자 궤계를 발할 때, 무죄한 다윗이나 그를 아는 성도들은 하나님의 공의와 현실 사이의 괴리에 적지 않게 당혹해하였을 것이다. 하나님은 정말 선하시고, 의로우신 분이신가? 무죄한 자기 백성이 까닭 없이 당하는 고통과 중상모략을 모른 체 하시는가? 신앙적 회의(懷疑)를 가질 만 했다. 이러한 때에 드려진 저주의 기도는 원수에 대한 저주라기보다 하나님의 공의를 드러내시라는 기도였다 (시 7:9 이하, 59:13 참조).

특히 시인들은 언약조항에 근거해서 언약 파기자들에게 언약 제재를 가하시라 기도 한다 (시 10:9-11, 18 [출 22:21-24 참조], 12:5, 55:9-11, 58:1-2, 6-7, 94:5-7, 109:16 등). 성도들을 압제하는 이방나라들에 대한 저주는 열방을 치는 선지자들의 심판 메시지 (OAN)와 유사하다 (시 9:17-18, 79:6, 12, 83:2-3, 129:1, 137:3, 7 등). 더구나 사 13장의 바벨론을 치는 메시지는 시편의 저주와 내용이나 형식이 같다 (16, 18절). 혹은 렘 51:49, 55, 56 등과 시 137편을 비교해 보라.

둘째로, 저주의 기도들은 특히 다윗의 경우에 하나님과 하나님 나라를 위한 열심에서 나온 말들이었다. 설명하자면 이렇다. 사울에게 까닭 없이 쫓겨 다녀야 했던 다윗의 경우, 그는 무죄한 한 성도만 아니라, 무엇보다 하나님의 신정국 체제 하에서 그 신정국의 지도자로 기름 부음 받았던 하나님의 종이었다. 개인으로서의 다윗이 아니라, 하나님 나라의 표현인 신정국을 지도하도록 기름 부은 자로서 하나님의 이름과 그의 나라를 위하여 다윗은 하나님의 원수, 하나님 나라의 원수의 몰락을 기도하고 있다 (시 28:5, 64:5, 69:6, 74:10, 79:6-10, 83:2, 109:27, 137:3 등). 구약 시대의 신정국은 신약시대에 그 유를 찾을 수가 없다. 구속 역사가 변하여 한 국가의 정치제도가 하나님의 법도로 움직이는 나라는 없기 때문이다 (물론 중세에 구라파 제 나라들은 신정국에 가까웠으나 이는 구약의 오용이었다).

레이니 (J. Carl Laney)는 주장하길 시편의 저주들은 언약에 근거를 두고 있다고 지적하고 ("A Fresh Look at the Imprecatory Psalms," 37-38), 특히 아브라함 언약이 제공한 토대가 시편의 저주를 정당화시키며, 이스라엘의 대표였던 다윗에게는 이스라엘의 원수 (집단이나 개개인)를 대하여 저주를 선언할 정당한 권리가 있었다고 지적한다.

셋째로, 저주의 기도는 구약 성도가 발한 죄에 대한 혐오감의 표현이었다. 시인이 보기에 자기를 해코자 하는 자들은 하나님과 그의 나라의 대적자들일 뿐 아니라, 악의 화신이었다. 다윗이 저주의 기도를 발한 그 사람들은 사울 왕이나 자기를 대적한 아들 압살롬이 아니었다. 다윗은 사울 왕을 결코 해코자 아니하였고, 압살롬의 죽음 역시 애통하였다. 그가 저주한 것은 오히려 에돔 사람 도엑이나 구스 같이 사울 왕을 부추기고 원리 없이 행하던 아첨꾼들이었다. 이들은 사기, 꾀, 모략, 술수, 탐욕, 증오심, 잔인성, 포학함, 교만 등의 죄악들이 전형적으로 더러운 모습을 드러내던 자들이었다. 이런 자들은 말하자면 악의 화신으로 행동했다. 이들을 저주하는 다윗의 기도는 말하자면 악에 대한 증오심의 발로였다 (시 101편 참조).

마지막으로, 이 저주의 기도는 하나님께서 죄와, 회개치 않는 죄인들에 대한 태도를 가르치는 예언적 의미를 갖는다. 다윗은 성령님의 감동으로 시를 기록하였다 (삼하 23:1-7). 그러므로 그가 발한 저주의 기도 역시 하나님의 뜻의 표명이었다. 성경에는 저주를 발한 위대한 선지자들이 많았다 (창 9:26-27의 노아, 민 10:35의 모세, 삿 5:31의 드보라, 사 26:11의 이사야, 암 7:17의 아모스, 렘 11:20의 예레미야 등). 이런 선지자들의 저주는 하나님 나라를 대적하는 원수들을 치는 예언적 성격을 갖고 있다. 시편에서 저주를 발하는 시인들은 이런 선지자들처럼 예언자적인 위치에서 저주를 선포하고 있다고 할 수 있다.

구약을 대할 때, 우리는 이성적으로만 접근하려 해서는 안 된다. 모든 성경은 하나님의 감동으로 주어진 줄 믿고, 경외하는 자세로 우리 자신의 이성에 비할 수 없이 크시고 위대하신 하나님의 말씀으로 기도하는 가운데 조심스럽게 어려운 부분을 이해하고자 노력하지 않으면 안 된다. 이성적으로 이해하려다 오늘날 우리가 보는 역사-비평주의라는 괴물을 낳고 말았다. 이것처럼 구약성경에 많은 파괴력을 행사한 도구는 없었다. 성경에 의심이 들거든 내 기도 부족인 줄 알라. 의심이 풀릴 때까지 기도하라. 그리고 누구에게 성경을 배우고 있는지 조심하라. 누가 나에게 성경을 가르쳐 주는지, 그 사람이 기도의 사람인지 잘 주목해 보라. 기도하는 사람인데도 성경을 의심케 가르친다면 나는 그 사람보다는 차라리 수백, 수천, 수억의 사람들이 믿고 하나님의 말씀으로 확신을 가졌던 성경을 택하겠다. 그 사람이 아무리 공부를 많이 했고, 아무리 기도를 많이 한다손 치더라도, 교회 역사상 성경을 신실하게 믿고 순종했던 수많은 성도들 보다 낫다고 말할 수 없기 때문이다.

그렇다면 신약을 사는 우리 성도들은 구약의 저주처럼 저주를 발하며 살 것인가? 아니면 예수님이나 스데반처럼 죽으면서도 원수를 사랑하고 축복할 것인가? 아마 이런 질문은 자체로 잘못된 것인지 모른다. 왜냐하면 우리는 저주를 할 수도 있고 아니면 원수를 위해, 용서의 기도를 빌 수도 있기 때문이다. 문제는 저주를 어떤 대상에게 발할 것인가? 하는 것이다. 우리의 저주는 능력이 있다. 구속받은 우리들의 말은 성령님으로 인하여 성취되는 위력을 갖고 있기 때문이다. 그렇다면 우리가 저주해야 할 대상은 누구인가? 그것은 하나님을 대적하는 악령의 세력들이며, 그 조종을 받는 인간 세력들이다. 일본의 신도나 단군교, 불교 등 이방의 헛된 종교들을 따르는 자들이나 이단들을 따르는 무리들 혹은 하나님을 부인하는 공산주의를 따른 따르는 무리들을 우리는 그리스도의 이름으로 저주해야 한다. 그 저주는 저들을 죽이시라는 저주라기보다, 그 악한 일에서 떠나고 저들이 추구하는 헛된 도모들이 패망하도록 간구하는 것이다. 이 어찌 필요한 저주가 아니라고 할 수 있는가? 마귀는 대적해야 하기 때문이다. 저주를 발할 때 우리는 사람을 미워하는 감정을 섞어서는 안 된다. 오로지 사람은 구원하시고 그가 추구하는 악한 일들은 망하게 해달라고 간구하지 않으면 안 된다. 하나님은 우리 기도에 적절하게 응답하실 것이다.

7.11.4. 가난한 자 (아니)

랄프스 (A. Rahlfs)는 1892년에 발표된 글 "Ani und `Anaw in den Psalmen" (Goettingen)에서 주장하길, "아니"와 "아나브"란 말은 동일한 어근에서 유래한 다른 두 형태의 말들이라 하고, 전자는 비참이나 좌절로 압제를 당하고 고통을 당하는 자들을 가리킨다면, 후자는 주인 앞에 종이 서듯 하나님 앞에 서는 자, 곧 하나님 앞에 겸손히 자신을 드리는 자를 지시한다고 하였다. 다시 말하자면, 아니는 일반적으로 고통 받는 자들을 지시한다면, 아나브는 하나님과의 관계에서 겸비한 자를 지시한다는 것이다. 그렇지만 이런 정확한 구분이 가능한지는 의문이 된다. 이스라엘 역사에서 계급이 생겨나고 계층간의 갈등이 야기되었던 때가 많이 있었을 것이다. 그러한 때에 상식적으로 생각해도 고난과 압제를 당하는 저층(底層)민들이 하나님의 특별하신 보호와 사랑의 대상이 되리란 것은 자명한 일이다. 비유컨대, 출가한 자녀들 중에서 경제적으로 빈곤하거나 육체적으로 병약한 자녀에게 부모의 근심과 사랑이 더욱 쏠리듯, 하나님도 자기 언약 백성 중에서 압제와 고난에 처한 자들에게 관심을 더 쏟으실 것이라는 것이다.

루돌프 킷텔은 1929년에 발표된 시편 (Die Psalmen)에서 성경에서 가난한 자들을 경건한 자들로 간주하게 된 이유들은 다음과 같다고 하였다:

1) 가난한 자들의 옹호자들이었던 선지자들은 가난한 자들을 하나님의 참 친구들인 경건한 자, 성도들이라 설교하였다;

2) 추방과 함께 경건한 이스라엘인들은 사회적으로 가난하게 되고 말았다;

3) 추방 이후 귀환자들 중에서 야웨의 가난한 자란 명칭을 불신자들이 된 자들과 대조하여 신실한 신앙인들을 칭하는 것으로 사용되었다.

그렇지만 킷텔의 이러한 주장은 성경적으로 뒷받침하기 어렵다. 선지자들이 가난한 자라고 하여 무조건 옹호하거나 경건하게 생각했다는 사고는 성경에 이질적이다.

이스라엘은 고용된 종 (아니)에게 임금을 체불함으로써 저들을 압제하지 말아야 한다 (신 24:14-15). 그가 하나님께 부르짖으면 하나님께 압제자를 보수할 것이다. 이렇게 *아니*는 경제적으로 매일 품삯으로 연명하고, 사회적으로 약하여 무방비 상태로서 압제를 당할 수 있는 위치에 있다. *아니*는 나그네들처럼 추수 후 이삭을 주울 권리가 있었다 (레 19:10). 이들은 가진 것이 없어 남을 섬김으로 생계를 꾸려가야 했던 사회적, 경제적 약자들이다. 이러한 의미 외에 *아니*는 육체적으로 질병으로 고난 당하는 자, 추방과 같은 환난 당하는 자를 지시하기도 한다.

아더 바이져 (Artur Weiser)나 젤린 (A. Gelin)은 가난한 자나 궁핍한 자는 시편에서 사회적, 경제적 약자를 지칭한다기보다, 오히려 영적인 측면에서 경건한 자를 지시하는 용어라고 본다 (Artur Weiser, The Psalms, 93; A. Gelin, The Poor of Yahweh, 36-37; 레슬리 호프 [Leslie Hoppel], 「성서에 나타난 가난」). 이것이 어느 정도에서는 사실이라 할지라도, 시 72:1-4에 묘사된 바에서 보건대, 이스라엘의 왕은 가난 한 자를 공의로 판단하고, 백성의 가난한 자를 신원하며 궁핍한 자의 자손을 구원하며 압박하는 자를 꺾으리라 는 이상적 통치를 노래한다. 신명기에서 사회적, 경제적 약자들인 가난한 자들에 대한 인도주의적 보호 규정이나 (신 15:1-11, 23:19-20, 24:6, 10-13, 14-15 등), 선지자들이 이런 규정들에 근거해서 외쳤던 메시지들 (암 2:6-7, 4:1, 5:11, 8:4, 사 1:23, 3:14-15, 5:8, 22-23, 10:1-2, 32:7 등)에 비추어 보건대, 이스라엘에 사회적 갈등이 있었다는 사실에는 의심의 여지가 없다. 따라서 시편 기자들이 가난한 자들과 자신을 동일화시키면서 하나님의 개입과 도우심을 간구 할 때, 사회적, 경제적 조건들도 고려했음이 분명하다. 그런데 구체적인 조건들은 시편에서 지적하기 어렵다. 왜냐하면 아주 일반적인 용어들로 어려움이 묘사되고 있기 때문이다.

코세 (A. Causse)는 1922년에 발표된 "이스라엘의 가난한 자들, 선지자들, 시편기자들, 메시아 사상가들" (Les Pauvres d'Israël, Prophètes, Psalmistes, Messianistes)에서 이스라엘 사회에서는 반드시 사회적 가난한 자들이 아니라, 하나님 앞에서 겸손하게 기도에 전념하는 가난한 자들의 무리들이 있었으며, 저들은 공의를 실천하며 검소하고 소박하게 사는 것을 이상으로 하였다 한다. 저들의 대표는 바로 시편 기자들이었다고 한다. 젤린 (A. Gelin)은 가난의 영적 운동의 시작을 선지자 스바냐 (주전 640-630년)로 보고, 그 대표자들은 예레미야와 욥, 이사야가 제시하는 여호와의 종이라고 지적했다.

그렇지만 1932년에 발표된 글에서 (`Ani und `Anaw in den Psalmen) 버컬란트 (H. Birkeland)는 시편에서 대부분의 경우는 가난한 자들이 실제로 고난 받는 자들이라고 지적했다. 실제로 "아나빔"은 주로 탄식시들에서 나타나고 있기 때문에 이런 지적은 예상되는 일이다. 아니, '아나브' 란 표현들 혹은 연관된 표현들 (에비욘, 달, 라쉬, 다크, 쇠팔, 미스켄 등)은 주로 시 9, 10, 14, 18, 22, 25, 34, 35, 40, 41, 69, 72, 74, 82, 86, 88, 102, 109, 113, 140, 147, 149편 등에서 나타난다.

종합하건대, 시편에서 가난한 자들은 실제적으로 경제적, 사회적 고통을 당한 자들이며, 이런 자들은 당연히 하나님을 찾고 의지할 수밖에 없었다. 그런 정황에서 결국 가난한 자들은 결국 영적인 사람들을 지시하게 되었다. 오늘날도 이런 모습은 드물지 않다. 조선 말기에 복음이 이 땅에 들어 왔을 때 누가 가장 복음에 수용적이었던가? 그것은 물을 필요도 없이 사회의 저층(底層)민들이었다. 눌리고 고통 받던 자들에게 전해진 복음은 실로 기쁜 소식이 아닐 수 없었다. 그렇지만 사회의 기득권층에서 보건대, 복음은 황당하고 불충한 이단적 사상으로만 들렸다. 그렇지만 복음을 받아들인 자들은 근면하게 일하고, 하나님의 축복을 받아서 사회적으로 부하게 되고 지위를 얻기 마련이다. 이런 때에 저들의 영적인 상태는 그다지 상찬(賞讚) 할만한 상태가 못 되기 십상이다. 따라서 다시 가난한 자들은 새롭게 정의되어야 하고, 이러한 사이클은 반복될 수 있을 것이다. 그렇다면 우리 성도들은 얼마나 자신을 하나님 앞에서 낮추고 항상 없는 듯이 가진 재물이나 지위를 오직 복음전파를 위하여 하나님의 영광을 위하여 지혜롭게 사용해야 할 것인가? 그렇지 못하면 우리가 받은 축복이 오히려 우리를 옭아매는 올무로 돌변하고 말 것이다.

7.11.5.감사제사

I. 경배와 감사제를 드릴 두 가지 이유들

이스라엘은 하나님과 언약을 맺어 그분을 자기 하나님으로 섬기며 그분께 경배와 감사의 예물을 바쳤다. 시 95편은 예배시에 어떻게 이스라엘이 경배와 감사예물을 드렸는지를 보여준다. 이 시인은 두 가지 이유로 하나님께 경배할 것을 성도들에게 촉구하고 있다. 첫째로, 그분은 위대하신 하나님이시다 (3절 이하). 둘째로, 그분은 '우리의' 하나님이시다 (7절 이하). 그분을 찬양할 이유는 이렇게 두 가지이다. 이 두 가지는 성경의 2대 주제이기도 하다: 창조 (와 섭리)와 구속. 그분을 찬양하고, 그분께 감사 제사를 드려야 할 이유는 그분이 만물의 창조주, 만물의 주인, 주관자이신 때문이며, 동시에 그분은 우리의 하나님이시고, 우리는 그분의 기르시는 양인 때문이다. 이 후자는 "나는 너희 하나님이 되고, 너희는 내 백성이 되리라"는 언약 내용을 반영한다. 우리는 구속받아 그분과 언약 맺은 백성이다. 그러므로 우리 하나님을 찬양하고 감사예물을 드려야 한다.

시인은 2절에서 "감사제"를 가지고 그분의 얼굴 앞으로 나아가자!/ 노래들로 그분에게 즐겁게 외치자! (한역, 우리가 감사함으로 그 앞에 나아가며 시로 그를 향하여 즐거이 부르자)고 권고한다. 감사제는 여기서 문자적으로, 화목제물 (쉘라밈)의 하나인 감사제를 의미할 것이다. 제물은 황소, 어린양, 암염소나 수염소가 될 수 있고, 경배자가 제물의 머리에 안수하고 도살하여 껍질을 제거한다. 제사장은 그 제물의 피를 받아 제단 주변에 뿌리고, 내장, 간, 콩팥, 어린양이면 그 기름진 꼬리부분 등을 떼어 제단에 불살라 하나님께 제사 드리고, 가슴고기나 오른편 넓적다리는 제사장 몫으로 드려진다 (레 7:30-34). 나머지 고기는 경배자가 그 가족이나 초대된 손님 (과부, 고아, 객 등)과 같이 나누어 먹는다. 이렇게 감사제를 드리고 하나님께 경배하고 찬양한다.

II. 흥분하고 기쁨에 찬 이스라엘의 경배

우리는 성전에서 예배드리기 위해 절기 때에 성전으로 모여드는 이스라엘 사람들을 연상해 볼 수 있다. 저들은 제물 될 소나 양 혹은 염소를 가지고 왔을 것이다. 이스라엘인 남자라면 매년 3차 성전에 나아가 경배해야 했다. 즉, 유월절, 칠칠절 (오순절), 초막절과 같은 3대 절기에는 모든 남자가 성전 하나님 면전에 "보여야" (yr???) 했다 (신 16:16). 저들은 "빈손으로" 성전에 나아가지 말아야 했다. 각 사람이 네 하나님 여호와의 주신 복을 따라 그 힘대로 물건을 드릴지니라 (신 16:17). 이는 "각 사람이 네 하나님 여호와께서 제게 주신 축복을 따라, 그 힘대로 '선물' (예물)을 드릴지라"로 번역될 수 있다. 절기가 되면 사람들은 성전에 경배하러 가기 위해 제물을 고르고, 예물을 준비했을 것이다. 그때에 마음은 설레임 바로 그것이었다. 그런 마음이 시 122편에 표현되고 있다: "사람이 내게 말하기를 여호와의 집에 올라가자 할 때에 내가 기뻐하였도다." 시 42편의 기자는 "내가 전에 성일을 지키는 무리와 동행하여 기쁨과 찬송의 소리를 발하며 저희를 하나님의 집으로 인도 하였네"고 회상한다 (4절). 비단 성전에서 경배할 때만 아니라, 성전으로 순례의 걸음을 옮기던 저들의 마음도 기뻐하고 찬송으로 설레었던 것이다.

이스라엘인은 누구나 성전이 있는 예루살렘에 올라가 경배하길 소원했다. 순례자들은 성전에 들어가서 제물을 잡아 감사 제사를 드리고, 성전 마당에 무릎을 꿇고 부복하여 엎드려 경배를 드린다 (시 95:6 오라 우리가 굽혀 경배하며 우리를 지으신 여호와 앞에 무릎을 꿇자). 저들은 성전 경내에서 기도를 드리고 혹은 찬송을 드렸을 터이다. 그 기도와 찬송들은 시편에서 볼 수 있다. 혹은 구약 여기 저기 언급된 역사묘사에서도 나타난다. 시 100편은 그런 기쁜 경배의 모습을 반영해 준다. "감사함으로 그 문에 들어가며, 찬송함으로 그 궁정에 들어가서 그에게 감사하며 그 이름을 송축할지어다" (시 100:4). 경배자들은 감사제를 드리고, 찬양을 부름으로 하나님을 경배하였다. 시 95편이나 100편의 분위기는 모두 하나님 임재 하에서 영적인 희열이 팽배한 흥분의 그것이다. 바로 이것이 감사 제사를 드리고 경배하는 성도의 바른 모습인 것이다. 예배는 엄숙해야한다는 잘못된 생각 때문에 감정표현을 못하는 교회들이 많다. 성경은 그렇게 말하지 아니한다. 어떤 이들은 엄숙한 예배를 주장하는지 몰라도, 성경은 기뻐하고 흥분된 예배를 말씀한다. 시인은 "기쁨으로 여호와를 섬기며 (=경배하며), 노래하면서 그 앞에 나아갈지어다" (시 100:2). 영적인 기쁨으로 마음이 흥분하여 예배를 드리라. 그것이 감사제를 드리는 바른 마음이다.

시편 47편을 보아도 우리는 예배의 분위기가 얼마나 흥분되고 즐거운 것인지 짐작할 수 있다.

너희 만민들아 손바닥을 치고 즐거운 소리로 하나님께 외칠지어다…
하나님이 즐거이 부르는 중에 올라가심이여
여호와께서 나팔 소리 중에 올라가시도다.
찬양하라 하나님을 찬양하라 찬양하라 우리 왕을 찬양하라…

손뼉을 치며, 즐거운 소리로 크게 소리치고 외친다. 그리고 나팔을 불어서 찬양한다. 여기에는 죽은 엄숙함은 없다. 모든 것이 약동하고 흥분되고 감동한다.

이스라엘인들이 경배하는 모습은 대하 29:26-36에서 묘사되고 있다. 레위 사람이 악기를 잡고 제사장은 나팔을 잡고 선다. 번제를 불사름과 동시에 성가대는 찬양을 올리고, 제사장은 나팔을 불며 악기를 일제히 연주하기 시작한다. 번제가 마치기까지 악기를 연주하고 나팔을 분다. 그리고 성가대는 찬양을 계속한다. 회중은 하나님께 부복하여 경배한다. 번제가 마쳐지면 모두가 다 엎드려 경배한다.

이렇게 감사와 기쁨으로 흥분된 기도와 찬송의 경배를 드린 경배자들은 이제 감사제를 드리고, 남음 고기, 곧 하나님께 불살라 드리고 제사장들에게 드린 고기 외에 남은 자기 몫의 고기를 가지고 가족들까지 둘러앉아 하나님이 베풀어주신 은혜를 회상하며 간증과 이야기꽃을 피웠을 터이다. 간증을 했을 것이란 추정은 근거 없이 한 말이 아니다. 감사제 (토다)는 하나님께 자신의 죄를 고백하고, 그분의 성품 (거룩, 의, 인자 등)과 행하신 일 (구원)을 찬양하면서 제물을 드린다. 특히 서원 기도를 드리고 (삼상 1장의 한나처럼) 그것이 이루어졌을 때 드리는 제사가 곧 감사 제사였다. 그래서 시 50편 기자는 "감사제를 드리며, 지극히 높으신 자에게 네 서원을 갚으라" (14절) 하였다. 한나는 "만군의 여호와여 주의 여종의 고통을 돌아보시고 나를 생각하시고 주의 여종을 잊지 아니 하사 아들을 주시면 내가 그의 평생에 그를 여호와께 드리고 삭도를 그 머리에 대지 아니 하겠나이다" 라고 서원기도를 드렸다 (삼상 1:11). 그녀는 응답을 받아 사무엘을 얻었다. 그녀는 자신의 서원대로 사무엘이 젖을 떼자 "수소 셋, 가루 한 에바, 포도주 한 가죽 부대" 를 가지고 실로에 있던 성막에 나아가, 감사 제사를 드리고 (삼상 12:24-5) 아들을 성막에 바침으로 그 서원을 갚았다. 시 56편 기자도 "하나님이여 내가 주께 서원함이 있사온 즉 내가 감사제를 주께 드리니 주께서 내 생명을 사망에서 건지셨음이라" (12-13절) 했다. 시 116편 기자도 여호와께서 내게 주신 모든 은혜를 무엇으로 보답할꼬?

    내가 구원의 잔을 들고 여호와의 이름을 부르며
    여호와의 모든 백성 앞에서 나의 서원을 여호와께 갚으리로다…
    주께서 나의 결박을 푸셨나이다
    내가 주께 감사제를 드리고 여호와의 이름을 부르리이다
    내가 여호와의 모든 백성 앞에서 나의 서원을 갚을지라

라 했다 (12-14, 16b-18절).
    요나는 물고기 뱃속에서 기도하길 "나는 감사하는 목소리로 주께 제사를 드리며 나의 서원을 주께 갚겠나이다"라 했다 (9절). 구원해 주시면 순종하고 헌신하겠다고 서원했을 것이다. 그 서원기도가 이루어졌을 때 그는 감사제를 드리고 서원을 갚았다. 또한 유다를 돌이킬 수 없는 파국으로 몰아넣었던 악의 대명사 므낫세 왕도 앗시리아군(軍)에 쇠사슬로 결박되어 포로가 되었다 회개하여 다시 왕위에 복직된 후에 이방신들을 제하고 여호와의 단을 중수하고 "화목제와 감사제" 를 드리고 여호와를 섬기라 하였다 (대하 33:11-16). 므낫세 역시 환난을 당할 때 "그 하나님 여호와께 간구하고 그 열조의 하나님 앞에 크게 겸비하여 기도"하고 간구하였다. 그도 역시 서원기도를 하였을 터이다. 그 기도가 응답되어 고국에 살아 귀환하여 왕이 되었을 때, 그는 잊지 않고 서원기도를 갚았다. 곧, 화목제와 감사제를 드린 것이다. 이렇게 감사제는 서원을 이루신 하나님께 감사를 표하는 성격도 있었다. 물론 감사제가 모두 서원기도의 응답에 대한 제사였던 것은 아니었다. 시 107편 기자는

    여호와의 인자하심과 인생에게 행하신 기이한 일을 인하여

그를 찬송할지로다 감사제를 드리며 노래하여 그 행사를 선포할지어다

라 했다 (21-22절). 받은 은혜와 축복을 감사하여 감사제를 드렸던 것이다.

이스라엘의 경배자들은 자신의 서원기도를 드릴 때의 그 처절한 심정이 어떠했으며 하나님께서 어떻게 기적과 이적으로 자신의 기도에 응답해 주셨던지, 응답을 받았을 때 얼마나 감격하고 놀랐던지 등을 경배에 참여한 식구들이나 친지들과 간증하며 감사하고 감격해 마지아니했을 터이다.

Ⅲ. 신약 성도들
우리 신약성도들은

예수 결박 푸셨도다. 모든 결박 푸셨도다. 나의 결박 푸셨도다 나는 자유해
소리 높여 할렐루야 소리높여 할렐루야 소리 높여 할렐루야 나는 자유해
모든 영광 하나님께 모든 영광 하나님께 모든 영광 하나님께 나는 자유해
찬양하리 영원토록 찬양하리 영원토록 찬양하리 영원토록 나는 자유해

라 찬양을 돌린다. 이 찬양은 감사제를 드리며 이스라엘이 불렀던 찬양 노래의 연장선상에 있음이 분명하다. 우리는 구원을 받았다. 이 구원은 무엇보다도 죄에서의 구원이다. 죄는 우리의 육신의 소욕에 따른 삶이며 이에서 우리는 해방되었다. 이 죄는 곧 사단의 지배를 의미한다. 우리는 사단의 지배에서 자유를 얻었다. 죄는 또한 저주와 질고, 사망을 의미한다. 우리는 죄의 결과에서도 자유를 받았다. 죄는 또한 하나님의 무서운 진노의 심판을 초래한다. 우리는 이러한 마지막 심판에서도 자유함을 얻었다 (요 5:24). 우리의 영.혼.육(靈.魂.肉)은 환경 (가시덤불과 엉겅퀴, 창 3:18)의 저주에서도 자유를 받아야 한다 (롬 8:19-22). 우리는 "이미" 구원을 받았으나, 그 완성에는 "아직 아니" 도달하였다. 그럼에도 우리는 이미 사망에서 생명으로 옮겨진 자들이다. 그러므로 우리에게 다가오는 매일 매일의 시련과 환난은 근본적으로 우리를 하나님의 사랑에서 끊어지게 할 수 없다. 그것들은 단지 우리의 믿음을 강하게 단련시켜주는 수단들일 뿐이다. 그러므로 우리는 여하한 환경에서도 하나님의 사랑을 확신하며 그분의 구원을 기대하고 바랄 수 있다. 재정 환난이건, 자녀 환난이건, 건강 환난이건 그 여하한 환난이나 시련도 우리를 구원의 자리에서 끊을 수 없다. 그렇다면, 우리에게 남아있는 것은 매순간 하나님의 자녀로 성령 충만함을 받아 승리의 삶, 자유의 삶을 사는 일이란 것이 분명하지 않은가? 이 승리와 자유는 모두가 하나님께 찬미의 제사, 감사의 찬송을 드리는 것으로 확정되고 표현되어야 한다. 감사 찬송과 감사 예물로 확인되고 표현되는 성도의 승리와 자유의 삶보다 더 하나님을 기쁘시게 하는 것이 다시 있

을까?

7.11.6. 다윗의 고난들

시인들은 자신들이 당면했던 여러 가지 고난 중에서 슬픔과 고통, 외로움과 좌절, 번민, 초조, 불안, 질시, 자포자기, 엄습해 오는 불안감 등을 체험해야 했다. 동시에 기도의 승리에서 오는 영적인 환희와 즐거움, 소망과 확신, 구원의 기쁨 등도 체험했다. 저들의 이러한 체험은 시편에서 적나라하게 여기 저기서 묘사되고 있다. 그래서 성경의 다른 어떤 책보다도 시편은 영혼을 적나라하게 해부하여 우리 눈앞에 제시해 주고 있다. 필자는 병으로 고통당할 때 욥기에서 큰 소망과 위로를 받았던 적이 있다. 그 때 왜 시편에 눈길이 가지 않았던가? 지금도 의문이 간다. 시인들이 당했던 그 여러 가지 환난과 고통이 욥에 비해서 경미하게 느껴졌기 때문인가? 아니면 욥기가 제시하는 고통이 질병으로 아주 구체적이어서 동병상련의 마음에서 약간 일반화되고 정형화된 시편들보다 더 선호하게 되었던가? 아마 그랬을지 모른다.

욥이 당한 고난은 아주 구체적이고 현실적 감각을 준다. 그렇지만 시인들이 당했던 고난이나 고통은 약간 모호하게 제시되고 있다. 그것이 구체적으로 어떤 질병이었는지, 어떤 정황에서였는지 구체적인 표현이 드문 것이다. 그래서 시인들이 표현하는 외로움이나 고통, 번민, 초조, 좌절, 자포자기, 혹은 기쁨이나 즐거움, 소망이나 격려 등은 보다 구체적인 사실 기록을 통해 우리에게 좀 더 가까이 다가 올 수 있을 것이다. 그러한 작업은 시편의 표제들이나 시편에 담긴 표현들이나 사상을 구약의 역사부분과 연관시켜 이해한다면 가능할 것이다.

많은 시편들이 다윗의 저작이라는 데에 이의가 있을 수 없다. 비평가들이 아무리 이를 부인하려 든다 해도, 사실은 바꿀 수 없을 것이다. 그렇다면 다윗이 삶에서 당했던 고난과 어려움을 추적해 본다면 시편의 나타난 영혼의 해부학은 크게 발전될 수 있을 것 아닌가?

다윗이 경험했던 고난은 사울왕의 시기심에서 잉태되고 발전되었다. 사울왕은 골리앗을 중심한 블레셋을 격파하고 일약 대중의 스타가 되어버린 젊은 다윗에게 경쟁자로서 위협을 크게 느끼게 되었다. 사람과 사람 사이의 부조화는 결국 하나님과의 불화에서 그 근원을 찾아야 한다. 사울이 젊은 다윗에게서 위협을 느끼고 시기심이 발동하게 된 데는 하나님과의 관계가 잘못되었다는 것을 말해준다. 따라서 그의 시기심은 사실상 자신의 불순종의 결과로 나타난 성령님의 소멸과 악령의 지배에서 야기된 바였다. 하나님의 선지자 사무엘이 기름 부었던 사울왕은 출전(出戰)시 제사 문제로 하나님을 대표하는 사무엘 선지자와 관계가 틀어지기 시작하였다 (삼상 13:13). 그 후 둘 사이의 관계는 아말렉 족속의 진멸 문제로 결정적으로 틀어졌다 (삼상 15:11). 이 둘 사이의 관계 불화는 곧 사울과 하나님과의 불화로 이해할 수 있다. 이런 불화를 보도한 이후에 성경은 "여호와의 신이 사울에게서 떠나고 여호와의 부리신 악신이 그를 번뇌케 한지라" (삼상 16:14)고 언급한다.
 이렇게 사울 왕의 마음이 악신의 지배를 당하면서 수금을 잘 타는 다윗을 불러 심적인 질병을 치료하고자 한다 (삼상 16:15). 그래서 다윗은 사울의 수금 타는 자가 된다. 신령한 곡조를 들음으로 사울의 마음이 일시 상쾌하게 될 수 있었다 (삼상 16:23). 그런데 성경은 이런 일을 보도한 후에 곧장 다윗이 골리앗을 격파하는 전쟁기사를 제시한다 (삼상 17장). 다윗의 승리 후에 사울은 다윗을 자기의 군대 사령관을 삼았다 (삼상 18:5). 그런데 문제는 여기서부터 발단되기 시작하였다. 승전한 다윗이 개선할 때 여인들은 "사울의 죽인 자는 천천이요 다윗은 만만이로다" (삼상 18:7)고 다윗을 더 치켜세운 것이다. 그래서 사울은 이 말에 심히 노하여 말하길 "다윗에게는 만만을 돌리고 내게는 천천만 돌리니 그의 더 얻을 것이 나라 밖에 무엇이냐?' 하고 그 날 후로 사울이 다윗을 주목하였다 (삼상 18:8-9). 그리고 성경은 바로

> 하나님의 부리신 악신이 사울에게 힘 있게 내리매
> 그가 집 가운데서 야료 하는 고로
> 다윗이 평일과 같이 손으로 수금을 타는데 때에
> 사울의 손에 창이 있는지라
> 그가 스스로 이르기를 내가 다윗을 벽에 박으리라 하고
> 그 창을 던졌으나 다윗이 그 앞에서 두 번 피하였더라

고 한다 (삼상 18:10-11).
 이렇게 사울과 다윗의 불화는 사울의 영적인 문제에서 출발한 것이 분명하게 드러나고 있다. 순전한 다윗은 그렇다면 애꿎은 희생물로 전락한 것이 아닌가? 그렇다. 오늘날도 그렇지만, 사람들은 자신의 경쟁자들을 시기하고 두려워한다. 그래서 가능한 모든 수단을 사용하여 경쟁자를 꺾어 버리고자 한다. 사울은 시초에 비이성적으로 혹은 간헐적으로 악신의 지배 하에서 다윗을 죽이고자 하였으나, 나중에는 그것이 사울 자신의 추구하는 목표와 계획으로 발전된다. 그러한 계획은 다윗을 제거하는 일이야말로 자신의 왕위를 자손들에게 안전하게 물려줄 수 있는 유일한 길이란 생각에 근거하였다. 하나님께서 왕위를 주시기도 몰수하시기도 하신다는 이 자명한 진리를 그는 이제 볼 수 없게 되었다. 그만큼 그는 영적인 혼돈과 흑암에 깊숙이 빠져 있었다. 악신의 지배가 그를 그러한 상태로 몰고 간 것이다. 이러한 영적인 혼돈과 무질서 상태가 어떻게 성도들에게 임할 수 있는가? 많은 사람들은 사울이 처한 이런 상태를 제대로 이해할 수가 없을 것이다.
 성도들도 귀신들릴 수 있는가? 한다면 "그렇다"고 답해야 한다. 성도였던 사울이 겪은 그 심적 상황은 오늘날도 체험이 가능하다는 말이다. 사울의 증상이나 욥에게 닥쳤던 상황

은 오늘 우리 성도들에게도 반복될 수 있다. 즉, 성도라도 악신의 지배 하에 떨어질 수 있다는 사실, 이 사실을 체험해 보지 않고는 사울이나 욥이 처했던 심적 상태를 결코 이해할 수가 없다. 체험한 사람이 볼 때, 성경의 묘사는 너무나 사실적이고 영적으로 정확하다. 성도가 어떻게 악신의 지배 하에 떨어지는가? 그것은 성경이 제시하는 대로, 하나님의 경고를 무시하고, 거듭 불순종의 길로 나아갈 때이다. 이는 사울에게 해당된다. 욥의 경우에는 약간 사정이 다르다고 할 수 있다. 욥이 스스로 불순종하고 범죄 했다기보다 사탄이 그를 시험했다고 하기 때문이다. 사울의 경우처럼, 성도들이 거듭된 하나님의 경고에도 불구하고 불순종 행위를 거듭할 때 하나님의 성령님은 소멸되고, 대신 악신이 주장하게 된다. 악신이 지배하는 상태가 가장 극명하게 드러나는 사실은 잠잘 때에 겪는 악몽이다. 그리고 기도를 해도 기도가 별로 의미가 없이 느껴지고, 하나님은 멀리 떠나셨다는 소외감이 마음을 사로잡게 된다. 이런 상태에서 성도는 자신이 성령님께 버림을 받았다는 것을 절감하게 되며, 이런 상태를 벗어나기 위해서 이전에 기도할 때 느꼈던 그 영적인 희열과 성령 충만함을 회복시키고자 하는 열망을 가지기 마련이다. 그렇지만 그 불순종의 죄악에 상응하여 버림받는 상태와 괴로움은 계속되고 그 성도는 심적으로나 육적으로 미칠 지경에 이르게 되고 만다.

사울의 경우는 끝까지 버림을 받아 결국 비극적인 죽음으로 생을 마감하지만, 욥의 경우에는 상황의 대 역전으로 생은 아름답게 마감된다. 욥처럼 사탄의 지배 하에 떨어지고 상황이나 자기 개인의 심적, 육신적 고통과 불면과 악몽에 고통을 당한다 할지라도 철저한 회개와 처절한 부르짖음을 통해 죽더라도 이전의 주님과의 관계를 회복하리라는 일사각오의 굳센 믿음으로 우리는 상실한 성령님과의 바른 관계를 회복할 수 있다. 일단 회복되면, 이제 성령님의 임재와 충만이 얼마나 소중한 것이며, 그 상실은 곧 악신의 지배와 고통이라는 무서운 심판이라는 점을 절감하므로, 죄악에 극도로 민감해지고 결사적으로 성령님을 의지하고 하나님만 섬기고자 헌신하게 될 것이다.

그러나 불행하게도 사울은 회복되지 못했다. 우리로서는 사울의 비극적인 죽음이 그의 영원한 지옥심판을 예시한다고 보지 아니한다. 현세에서의 심판이 반드시 영원한 형벌을 의미할 수는 없기 때문이다. 만약 하나님의 진정한 택자(擇者)라면 현세에서의 모든 비극과 심판에도 불구하고 영원한 생명은 보장된다고 믿는다. 단지 우리의 불순종과 순종의 여부에 따라 현세의 모든 행과 불행이 결정된다는 것이다. 이러한 확신은 선지자들이 신 28장의 상벌 규정에 따라 이스라엘을 기소하고 심판한다는 사실에 근거한다.

이제 다윗의 고난 문제로 다시 돌아가서 사울 왕의 시기 대상이 된 다윗에게는 험난한 앞날이 약속된 것이었다. 사울이 죽거나 다윗이 죽거나 둘 중의 하나의 문제였다. 다윗이 애굽 같은 먼 나라로 망명을 했다면 문제가 해결되었겠는가? 이방나라에 성도가 가서 무슨 소망으로 살아갈 것인가? 더구나 구약적 환경에서 이방 나라에로의 망명은 영적인 죽음 자체이고 영적인 패배는 결국 이 세상 삶의 패배 자체였다 할 수 있다. 따라서 망명은 고려 대상이 될 수 없다. 그렇다면 사울을 근본적으로 치료하는 길이지만 이는 사울 자신의 믿음에 달린 것이었으므로, 기대하기 어려운 것이었다.

다윗이 사울의 손에서 겪은 모든 고난들이 결국은 많은 다윗 시들을 작사케 한 영감의 원천으로 작용했다. 사울은 다윗을 두려워하여 평생에 다윗의 대적이 되었다 (삼상 18:29)고 하지 않는가? 사울은 자기 사위가 된 다윗에게 암살단을 파송하여 그를 제거하고자 했지만 이것도 창으로 벽에 박으려던 시도처럼 실패했다 (삼상 19:17). 삼상 20-22장 역시 사울이 다윗을 체포하고자 하는 시도를 묘사하고 있다. 아니 사울이 블레셋과의 전쟁에서 패전하여 길보아 산에 엎드러지는 그 시간까지 성경은 사울이 다윗을 추적하고 괴롭히는 것으로 묘사한다 (삼상 31:4에서 사울이 자결한다). 즉, 삼상 18장에서 시작된 다윗을 향한 사울의 시기심과 살인극은 사울의 죽음까지 계속 되었고, 성경 기자는 이 점을 상세하게 보도하고 있는 것이다. 따라서 삼상 18-31장의 주제는 다윗을 시기하고 죽이려는 사울의 광란(狂亂)극이라고 불릴 만하다. 12장이나 할애하여 이런 정황을 보도한 성경기자의 의도는 무엇인가?

만약 다윗이 하나님 나라에서 그다지 의미 없는 인물이었다면 성경이 이만큼 한 사람의 삶을 추적하지는 아니했을 것이다. 성경이 제시하는 대로 다윗의 등장이후 사울의 손에서 당하는 고난과 연관된 사항들은 다음과 같다.

다윗과 골리앗 (삼상 17장)
다윗과 요나단의 사랑 (삼상 18:1-4)
다윗의 인기와 사울의 시기심 발동, 살인 의도 (삼상 18:5-16, 29, 30)
사울의 시기와 살인 시도 (19:1-17)
다윗이 라마로 도피 (19:18-24)
요나단이 다윗에게 부친의 살인의도 경고 (20장)
다윗이 놉에 피신 (21:1-9)
다윗이 갓의 아기스에게 피신 (21:10-15)
다윗이 아둘람에 피신 (22:1, 2)
다윗이 부모를 모압으로 피신시킴 (22:3-5)
사울이 다윗을 도운 자들을 처벌 (22:6-23)
다윗을 제거하려는 사울의 거듭된 시도들 (23, 24장)
사무엘의 죽음 (25:1)
아비가일이 다윗 아내가 되다 (25:2-44)
사울의 다윗 추적 (26장)

다윗이 갓의 아기스에게 피신 (27:1-28:2, 29)
사울이 엔돌의 무당에게 가다 (28:3-25)
다윗이 아말렉을 추격 (30장)
사울의 전사 (31장)

우리는 사울의 손에서 다윗이 겪은 고난들이 많은 시편들에 반영되고 있다고 믿는다. 그 상황에서 그는 생명의 위협과 배신감, 사울에게 아첨하는 아첨꾼들에 대한 경멸감, 초조와 불안, 소외감, 앞날에 대한 염려, 광야나 동굴에서 거처하면서 느낀 인생의 소회들 등이 시편으로 표현되고 있는 것이다.

다윗의 고난은 사울의 죽음으로 끝난 것이 아니었다. 그가 권력의 정상에 있을 때에 자신의 괴로웠던 시절을 망각하고 살인과 음란죄에 빠짐으로 다윗은 연단 된 사람일지라도 얼마나 쉽게 육체의 노예로 전락할 수 있는지를 여실히 보여준다. 육신의 정욕과 안목의 정욕 때문에 다윗이 저지른 살인과 간통행위는 나라를 분란(紛亂)으로 몰아넣었고, 아들의 반란과 영적인 혼란을 야기 시키고 말았다. 이런 와중에서 그가 당해야 했던 심적 고통과 육적인 고통들도 시편들에 반영되고 있다고 믿는다. 압살롬의 반란은 다윗의 잘못된 처신이 가져온 많은 결과들 중이 한 단면이었고, 다윗 가정에 야기된 여러 가지 불행한 일들도 다윗의 악행을 정죄하고 있는 것이다. 다윗이 도덕적으로 타락해 가는 시점부터 사건들을 배열하면 이렇다:

다윗이 목욕하는 여인을 목도하다 (삼하 11:2)
다윗이 밧세바와 악행을 자행하다 (11:2-27)
나단이 책망하다 (12:1-15)
다윗이 회개하다 (12:15-25)
암논과 다말의 사통 (13:1-22)
압살롬이 암논에게 복수하다 (13:23-36)
압살롬의 도피 (13:37-39)
압살롬의 귀국 (14:1-24)
압살롬이 백성을 도적질하다 (15:1-6)
압살롬의 반란 (15:7-19:8)
다윗의 환궁 (19:8-43)
베냐민 지파인 쉬바의 반란 (20:1-22)

이러한 일련의 사건들은 다윗에게 큰 경각심과 상처를 주었음이 분명하다. 이러한 정황들 역시 시편들에서 적나라하게 반영되고 있다. 그렇지만, 다윗의 내적인 상태는 이런 역사적 기사들에서 드물게 묘사될 뿐이다. 단지 담담하게 외적인 사건들의 변화를 묘사할 뿐이다. 따라서 시편이 묘사하는 그의 내적인 상태와 역사 기사들이 묘사하는 역사 기사들을 서로 연관시키는 작업은 신중함이 요청된다. 그러나 오늘날 성도들이 체험할 수 있는 여러 가지 유사한 정황들은 다윗이 겪었을 여러 가지 내적인 상태들을 이해할 수 있도록 도와준다.

다윗은 고난과 괴로움을 당할 때에 하나님께 부르짖었다. 그리고 하나님의 율법이나 그분이 이전에 행하신 위대한 일들을 묵상하였다. 밤중에 하나님의 하신 일들을 묵상할 때 힘을 얻었을 것이다. '묵상하다'로 보통 번역되는 히브리어 (하가)은 마음과 지성으로 본문의 내용에 초점을 맞추며 공부하는 그런 묵상이 아니라, 본문을 암송하여 입술로 중얼거리며 마음으로 듣고 마음으로 읽는 행위를 지시한다. 다시 말해 책상 앞에 앉아서 본문을 보면서 성경을 연구하고 생각한다기보다, 이미 암송한 구절들을 중얼거리며 마음으로 음미하며 하나님을 사모하는 행위라 할 수 있다. 잠잠히 하나님만을 앙모하며 그분의 말씀을 암송함으로 그분의 행하신 기이한 일들을 그리는 것이다. 이것이 우리 영혼을 소생시키고 소망을 불 지펴 주는 것이다.

7.11.7.메시아 사상 및 종말론

구약성도들은 성취의 때가 아니라, 약속의 때, 그림자의 때를 살았다고 할 수 있다. 그렇다고, 구약성도들이 전연 하나님의 약속성취를 맛보지 못했다는 말은 아니다. 저들에게 주어진 땅과 후손의 약속은 성취되었다. 그렇지만, 저들을 통해서 세상 만민이 복을 받도록 의도하셨던 하나님의 계획은 이스라엘의 죄악 때문에 이루어지지 못했다. 사정이 이러했으므로, 하나님은 선지자들을 통하여 저들의 언약파기를 기소, 심판하셨을 뿐 아니라, 심판 이후에 메시아를 통한 회복과 구원을 예고해 주셨다. 바로 이 구원의 시대에 열방은 하나님의 축복에 참여할 것이었다 (사 2:2-5, 11:1, 10, 44:1-5, 45:22-25, 49:12-20, 53:10, 습 2:11, 슥 8:21-23, 14:16 등).

그런데 이 메시아 예언은 사실 예언자들에게서 시작된 것이 아니라, 그 이전으로 거슬러 올라가면 나단 선지자를 통해 다윗에게 주셨던 하나님의 약속이 있다. 이를 다윗에게 주신 언약 혹은 다윗 언약이라 하거니와, 이 하나님의 약속이야말로 모든 예언자들이 외쳤던 메시아 예언의 토대가 되었다. 곧 메시아는 다윗 후손으로 태어난다는 것이며, 다윗의 왕위를 계승한다는 것이다. 한편 나단 선지자 이전으로 거슬러 올라간다면, 메시아 예언은 창 3:15의 이른바 원시복음, 창 12:3의 만민을 복 받게 하는 아브라함의 씨, 야곱이 예고한 유다 지파로 오실 실로 (창 49:10), 발람이 예고한 별 (민 24:17) 등을 지적할 수 있다. 이렇게 예언자들이 외쳤던 오실 메시아는 인간의 범죄 직후부터 하나님께서 인간에게 예고하신 약속이었다.

때가 차매 구약에 예고된 메시아께서 오셔서 인류의 죄를 담당하시고 죽으셨다 부활, 승천하시어 하나님 보좌 우편에 앉으시었다. "보좌 우편에 앉다" 라는 표현은 그분이 왕위에 즉위하셨다는 것이며, 왕으로서 통치를 시작하셨다는 의미이다. 그분의 통치가 바로 시편들 (예컨대, 시 47편)이 노래하는바 예언의 성취였다. 그분의 통치는 말씀과 성령님으로 나타나고 있지만, 그분이 재림하실 때 온전한 통치가 완성될 것이다. 메시아의 통치에 대하여 구약 예언자들은 조직적으로, 체계적으로 예언한 것이 아니었다. 오실 메시아와 그가 가져올 통치와 번영을 예언자들이 예언했다 하더라도 저들에게는 많은 부분이 분명치 않았다고 해야 옳을 것이다 (벧전 1:10-12). 예언자들은 오히려 자기들이 예언하는 메시아와 그의 통치를 단편들로 제시할 수밖에 없었다. 그래서 우리는 구약 여기 저기 흩어진 메시아 예언의 단편들을 보게 된다. 어떤 단편에는 메시아의 탄생을, 어떤 단편은 그 통치의 시작을 어떤 단편은 그 진행을, 어떤 경우에는 그 통치의 완성을 묘사한다.

이러한 메시아 통치는 신약에서 하나님 나라 (혹 하나님의 통치)의 임함으로 성취되는 것으로 제시된다. 곧 메시아 예수 그리스도의 도래로 하나님의 통치는 임하였다. 그렇지만 하나님의 통치는 이러한 "이미" (already)의 측면과 함께 "아직 아니" (not yet) 그 최종완성 (consummation)에 이르지 아니했다는 미완성의 측면도 있다. 바로 신약 성도들은 이 두 양극 사이에서 긴장을 유지하며 살아가고 있다. 예수님께서 가르치신 대로, 하나님의 통치는 미미한 시작이 있고 (마 13:31-33, 겨자씨와 누룩의 비유), 발전이 있고, 그 완성이 있는 것이다. 예언자들에게서도 이러한 하나님 나라의 발전이 단계별로 여기 저기 제시되고 있다. 예컨대, 사 11:4은 메시아 통치의 시작과 진행을 이렇게 묘사한다:

공의로 빈핍한 자를 심판하며/ 정직으로 세상의 겸손한 자를 판단할 것이며
그 입의 막대기로 세상을 치며/ 입술의 기운으로 악인을 죽일 것이며.

여기서 "빈핍한 자들" (*달림*)이나 "겸손한 자들" 혹은 "가난한 자들"(*아나빔*)은 '경건한 자들' 을 지시한다면, "세상" (*에레츠*)이나 "악인" (*라솨*)은 '불신자들' 을 지시한다. 메시아께서는 이렇게 경건한 자들은 공의(*체덱*)와 정직 (*미쇼르*)으로 축복하시지만, 악인들의 경우에는 입술의 기운으로 쳐서 죽이신다. 여기 묘사된 바는 메시아 시대의 시작과 진행기를 지시한다. 반면 사 11:6-9절에서는 메시아 통치의 완성기를 묘사한다:

그때에 이리가 어린양과 함께 거하며 표범이 어린 염소와 함께 누우며
송아지와 어린 사자와 살진 짐승이 함께 있어 어린아이에게 끌리며
암소와 곰이 함께 먹으며 그것들의 새끼가 함께 엎드리며
사자가 소처럼 풀을 먹을 것이며 …

나의 거룩한 산 모든 곳에서 해됨도 없고 상함도 없을 것이니
이는 물이 바다를 덮음같이 여호와를 아는 지식이 세상에 충만할 것임이니라

신약에서 예수님이나 사도들이 외쳤던 설교의 핵심은 바로 구약이 예언한 메시아 통치가 이제 성취되고 있다는 것이었다. 그래서 바울 설교의 중심은 구약이 예고한 종말론적 구원의 도래, 곧 하나님 나라의 도래라고 말해야 한다. 구약의 견지에서 보면, 메시아의 도래는 곧 마지막 시대의 도래였고, 메시아의 통치는 따라서 종말론적 사건이었다. 이런 메시아 통치는 하나님의 나라 혹은 하나님의 통치가 임하였다는 메시지로 신약에서 울려 퍼지고 있으며, 이는 어떤 지역적 개념보다도, 하나님의 역동적 통치에 초점을 맞춘다. 물론 이 하나님의 통치는 메시아 예수 그리스도를 통해서 이루어지고 있다. 이 메시아 통치는 완성을 향해 진행과정에 있으며, 주님의 재림으로 완성되고, '신천신지'의 영원 세계로 이어질 것이다.

이 메시아 시대에 우리 성도들은 그리스도와 함께 왕 노릇 한다. 이 시기에 우리 성도는 하나님의 왕 같은 제사장으로 세상을 영적으로 정복하고 통치하지 않으면 안 된다. 온 세상은 우리의 믿음의 발아래에 정복되지 않으면 안 된다.

이렇게 메시아 사상과 종말 사상은 긴밀하게 연관된다. 이를 요약하자면 이렇다. 구약시대 사람들은 자기 시대를 "이 날들"이라 생각하고, 메시아께서 오셔서 통치하실 시대를 "저 날들"이라 불렀다. 이렇게 역사는 이대 구분이 된 것이다. "저 날들"은 오는 세상으로, 그 때에 일어날 일들이 선지서들에서는 여기저기서 단편적으로 묘사되고 있어 메시아 시대의 모습을 전체적으로 파악하기 어렵게 한다. 그렇지만 예수 그리스도의 오심과 그 이후 시작된 교회 시대는 구약이 예고한 메시아 시대가 어떠한 모습인지를 바로 파악할 수 있도록 도와준다. 구약은 메시아 시대를 시작과 진행, 그리고 완성기로 구분하여 제시한다. 메시아의 탄생과 그의 통치의 시작이 묘사되는가 하면, 그 나라의 진행과 완성도 구약이 제시한다. 예컨대, 사 2:1-4이 열방이 시온 산으로 모여드는 모습을 제시한다면 이는 메시아 통치의 진행기에 해당될 것이고, 하나님께서 그 산에서 큰 잔치를 배설하시고 면박을 제거하시고, 사망을 멸하신다면 (사 25:6-8) 그것은 메시아 통치의 시작과 진행, 완성기를 전체적으로 조망하는 것이 될 것이다. 혹은 이스라엘이 고토로 귀환하는 모습을 구약이 제시한다면 그것은 1차적으로 70년 포로생활 이후의 귀환을 지시하겠으나, 그 근본적인 성취는 예수 그리스도를 믿음으로 영적인 고토인 하나님의 품으로 돌이키는 교회시대 전체를 지시한다고 보아야 할 것이다 (사 11장; 눅 3:4-6).

구약은 이스라엘이 이전에 체험한 구원 사건들에 비견되는 방식으로 미래에 메시아께서 가져올 구원을 제시하고 있다. 예컨대, 애굽에서의 구원 (사 10:24-27, 11:15 이하, 43:16 이하, 51:10 이하, 52:1 이하); 광야의 행진 (사 48:21, 호 2:16 이하); 시내산에서 언약의 체결

(렘 31:31-34, 겔 37:26); 미디안 족속에 대한 승리 (사 9:3, 10:26); 다윗과의 언약 (사 55:3) 등. 즉, 선지자들은 미래의 구원을 제2의 출애굽으로 묘사한 것이다.

시편은 이런 선지자들이 외쳤던 메시아 사상, 곧 메시아께서 통치하실 종말의 시대에 대하여 약간 모호하게 시적으로 언급한다는 것은 사실이다. 그러나 시편들도 나름대로 메시아 통치시대를 바라보고 있다. 예컨대, 시 2편이나 72편이 그 대표적인 경우들이다. 열방은 메시아의 통치에 굴복해야 하며, 메시아의 통치는 온 세계적인 것이다. 메시아는 공의로 가난한 자를 신원하시고 의로 통치하실 것이다. 그의 시대에 풍성한 축복이 임할 것이다. 시 68편도 메시아 통치의 세계성을 노래하고 있다. 비록 구체적으로는 아니라 하더라도 시편 기자들은 만민이 하나님을 경배하게 될 그 메시아 시대를 바라보았던 것이다 (시 67편 참조). 이렇게 구약이 바라본 메시아 시대는 구약의 견지에서 보건대, 저 날들로 오는 세상에 해당되었고, 또 종말기에 해당되었다. 그것은 성취의 시기에 사는 우리 신약성도들의 견지에서 볼 때, 신약 시대에 해당되는 것이다. 구약이 예고한 메시아는 예수 그리스도의 오심으로 이루어졌고, 그분의 도래는 예고된 메시아 통치 곧 하나님 나라의 도래를 초래하였다. 하나님의 나라는 이미 임했고 그 최종 완성을 향하여 나아가고 있는 것이다. 만약 신약시대가 구약이 예고한 그 메시아 시대가 아니라, 세대주의자들이나 전-천년설 주의자들이 생각하듯, 가정된 장차 도래 할 천년왕국 시대가 메시아 시대에 해당된다면, 예수 그리스도의 사역이나 그의 복음은 가치가 절감되고 의미가 없어지고 말 것이며, 구약시대를 뒤따른 신약시대는 진실로 구약과 단절된 의미 없는 시대로 전락하고 말 것이다. 우리는 이러한 잘못된 사고를 배격한다. 동시에 메시아 사상이나 종말 사상이 마치 순전히 인간이 구원을 기대하는 열망을 발전시켜 조직화시킨 사상이라는 합리주의적 견해도 배척한다. 메시아 사고나 종말 사고는 하나님의 원대한 계획이 계시로 이스라엘 선지자들에게 알려지므로 성경에 기록된 것이지, 순전히 인간의 열망을 체계화시킨 인간이 고안한 신학사상에 불과한 것이 아니라는 것이다.

어떤 이들은 야웨의 왕권을 노래하는 시편들 (시 47, 93, 96, 97, 98, 99 등)이 선지자들의 종말사상과 (사 9, 11, 13, 24-27, 34-35, 65-66장; 겔 38-39장, 슥 13-14장, 말 3장, 요엘 등) 유사하다고 지적한다. 비평가들에 의하면, 이스라엘인들은 추방 이후에 야웨께서 나타나셔서 세계를 통치하시리라는 기대와 열망을 강력하게 표현하기 시작했다고 한다. 이것이 결국 선지자들이 외친 종말사상의 기원이며, 이것이 시편에도 반영되고 있다는 것이다. 그러나 이렇게 순전히 인간중심으로 구약을 설명하려는 시도는 실로 어리석기 그지없다. 하나님의 통치는 인간이 열망해서 나타나거나 열망하지 않는다고 나타나지 않는 것이 아니라, 하나님 자신의 원대한 계획의 발로인 것이다. 인간의 열망이나 기대가 먼저가 아니라 하나님의 계획의 발표가 인간의 기대와 열망에 선행하는 것이다. 타락이후에 하나님의 구원계획이 인간에게 알려질 때에 인간은 구원을 열망하고 기대하게 된 것이지, 구원을 열망하고 기대했기에 이에 부응하여 하나님의 구원계획이 설정된 것이 아니다. 이스라엘의 구원도 동일한 순서가 적용될 수 있다.

하나님의 통치의 도래와 함께 우상은 사라질 것이며 (시 96:5, 97:7), 이방인들은 하나님의 통치에 굴복하게 될 것이다 (시 9:16, 18:44, 47:4, 149:11, 13). 열방들은 이스라엘과 연합할 것이다 (시 96:7, 97:6, 98:2, 99:1). 열방의 왕들이 아브라함의 하나님의 백성들과 함께 모인다 (시 47:10, 87:4-7; 창 12:3 참조). 이사야는 온 세상이 기초부터 흔들려 갱신될 것을 바라보았다면 (사 51:6, 65:17, 66:22), 시편기자는 이 세상이 지나가고 하나님의 영원한 통치가 나타날 것을 기대하였다 (시 102:26-28).

주께서 옛적에 땅의 기초를 두셨사오며 하늘도 주의 손으로 지으신 바니이다
천지는 없어지려니와 주는 영존하시겠고 그것들은 다 옷 같이 낡으리니
의복 같이 바꾸시면 바뀌려니와
주는 여상하시고 주의 년대는 무궁하리이다
주의 종들의 자손이 항상 있고 그 후손이 주의 앞에 굳게 서리이다

시온의 노래들에서 우리는 이사야 선지자가 선포했던 시온 사상과 (사 25, 26, 60, 62장; 11:19, 49:14이하, 51:17이하, 렘 3:17, 14:21, 겔 43:7) 유사한 종말 사상을 확인할 수 있을 것이다. 시온은 세계의 중심이 되고, 그곳에서 하나님은 왕으로 통치하시는 것이다. 이는 신약의 견지에서 보건대, 교회를 통한 하나님의 통치를 예고한 것이다. 시온에서의 하나님의 통치는 다윗 후손인 메시아를 통한 통치로 나타나고 있지 않는가? (시 132:11-18). 예수 그리스도께서 오셔서 다윗의 왕위에 앉아서 통치하시는 신약시대에 그분의 통치는 바로 시온산인 교회를 통해서인 것이다. "교회는 그의 몸이니 만물 안에서 만물을 충만케 하시는 자의 충만이니라" (엡 1:23).

이런 구약 종말론은 개인 종말론과 구분된다. 개인 종말론이란 세계 종말사상과 구분되는 개개인의 죽음과 그 이후의 삶에 관한 사상이다. 시편은 여기에 대하여 여러 가지로 언급하고 있다. 시편이 제시하는 개인 종말론은 무엇보다 심판 (시 1:6, 7:7, 82:3 등)과 죽음 이후의 삶으로 요약된다. 그런데 죽음과 함께 임하는 개인의 종말은 '스올'에서의 삶으로 연결된다. 시 6:5에서 시인은 "사망 중에서는 주를 기억함이 없사오니 음부에서 주께 감사할 자 누구리이까?" (사 38:9 이하도 참조) 라 항의한다. 시인은 사망 이후에 음부 (스올)의 삶을 전제하고 그 삶을 아주 부정적으로 묘사한다. 이 세상에서의 감사와 찬양의 삶이 그곳에서는 있지 않다는 것이다. 그렇다면 이 음부가 "무덤"을 지시하는가? 그렇게 가정해 볼 수도 있다. 그런데 무덤을 지칭하는 다른 단어도 있다 (케베르). 시 9:17은 악인들이 모두 음부 (스올)로 돌아간다고 언급한다. 이는 민 16:30에서처럼 고라, 다단과 같은 악인들이 '스올'

에 간다는 모세 오경의 사고와 일치한다. 그런데 문제는 야곱 같은 의인도 '스올'로 간다는 것이다 (창 37:35). 사정이 이러하므로, 초대 교회는 구약 성도들은 '스올'의 상층부라 할 수 있는 *limbus patrum* (조상들의 경계지)에 간다고 가정하였다. 그곳에서 그리스도께서 저들을 부활시에 구원하신다고 생각했다 (벧전 3:19). 로마교 교리에 의하면, 림부스는 지옥과 연옥의 경계에 위치한 곳으로, 죽은 자들이 거하는 곳이다. 이곳에는 은혜로 구속받지 못하였으나 그렇다고 이방인이나 배교자로 분류될 수 없는 자들이 머문다. '림부스'는 세례 받지 못하고 유아기에 죽은 자들이 가는 유아들의 경계지 (*limbus infantum*)와 구약 성도들이 그리스도로 말미암아 구속받을 때까지 대기해야하는 조상들의 경계지 (*limbus patrum*) 등으로 구분된다. 그렇지만 개신교에서는 이런 로마교의 교리들을 비-성경적인 것으로 배격한다.

오늘날 비평가들은 대개 '스올'을 '지하세계'를 지칭한다고 가정한다. 이곳은 캄캄하고 음울한 곳으로, 죽은 자들이 아무 것도 알지 못하고 하나님께로 끊어진 곳이라 한다. 한편 에머톤 (Emerton)은 시 74:15를 중심으로 구약의 우주론 (cosmology)을 묘사하면서 '스올'의 위치를 논한 바 있다 ("Spring and Torrent' in Psalm LXXIV:15," *Volume du Congrès, Genève 1965*, VTSuppl XV [Leiden, 1966], 122-133). 그에 의하면, 원래 혼돈(混沌)의 물이 있었고 온 세상은 온통 그 대양(大洋)으로 덮여 있었다. 그런데 야웨께서는 궁창을 세우시고 대양의 일부가 아래로 쏟아지지 않도록 하셨다. 땅과 물을 구분하심으로 궁창 아래에 뭍이 창조되었다 (창 1:9 이하, 시 104:6-9). 세상은 기둥들이 바친 구조물로 (시 75:4, 욥 9:6), 기둥의 토대는 깊은 심해(深海)저 (시 24:2, 136:6)이다. 때로 '스올'은 지면 바로 아래 놓인 것으로 언급되기도 하지만 (민 16:31 이하), 때로 '스올'에 이르는 길은 지하 대양을 통해서라고 한다 (시 18:5 이하 =삼하 22:5이하, 욘 2:3 이하). 세상의 바다는 거대한 깊음으로부터 물을 공급받는 방식으로 연결되어 있다. 하나님의 명령으로 물들은 경계선을 넘어서 뭍을 침범할 수 없지만 (욥 38:8:11), 일정량의 물은 지하 대양에서 솟아올라 샘이나 우물이 된다 (신 8:7, 창 49:25)(ibid, 124 이하).

이런 우주론(宇宙論) 사고에서 보건대, 스올은 깊은 늪지 (시 69:3)이며, 수렁(40:3, 69:15)으로 어둡고 미끄러운 길을 통해 (35:6), 사망의 문들을 통해 (9:14, 56:13, 115:8) 그곳에 이른다. 그래서 시인들은 하나님께서 자기들의 발이 미끄러져 (66:9, 94:18, 121:3) 구덩이 (28:1, 30:4, 40:3, 69:16, 88:5, 143:7), 지하 세계에 (30:4) 빠지지 않기를 간구한다. 하나님의 도우심으로 시인들은 평지에 (26:12, 27:11, 143:10), 바위 높은 곳에 (27:5, 40:3, 61:3, 62:5, 91:14) 서며, 저들의 발걸음이 견고하게 된다 (37:23, 40:3, 66:9). 그러나 악인들은 미끄러운 길에 선다 (73:18). 이렇게 스올과 깊음과의 관계를 이해하면, 스올의 목자인 사망 (49:15)이 그 양떼를 아래로 (30:4, 139:8), 지하세계의 깊음으로 (86:13, 130:1, 140:11; 신 32:22) 인도하고, 땅의 깊은 곳으로 (63:10, 71:20, 94:4, 139:15) 인도한다는 것을 이해할 수 있다. 그리고 사망에서 구원은 바다 깊음에서부터 (68:23, 69:3, 15, 77:17) 올라가는 것 (30:4, 86:13) 이다.

그런데 이런 식의 비평가들의 구약 우주론(宇宙論) 이해는 한심한 생각이 든다. 구약이 묘사하는 우주론이란 것은 사실 우리가 일상적으로 보는 현상들의 묘사일 뿐 그것을 문자적으로 연결시켜 하나의 체계적 우주론으로 생각하는 것은 우스꽝스러운 일이다. 땅이 깊음 위에 세워졌다는 진술은 바다 심해저에까지 육지가 연결된다는 현상의 보도일 뿐이며, 하늘 창문이 열려 물이 쏟아졌다는 진술은 하늘을 우러러 볼 때 쏟아지는 물이 궁창의 창문을 통해 내려온다는 단순한 현상 묘사일 뿐이다. 오늘날 아무리 과학이 발전했다 하더라도, 우리는 "해가 떴다!"라고 하지 "지구가 해를 한 바퀴 돌았다!" 하고 아침 인사를 하지는 않는다. 이렇게 우리는 우리에게 보이는 현상 그대로를 말로 표현하며 살아가고 있는 것이다. 구약 사람들이 우리 이상으로 과학적 묘사를 했으리라 생각할 이유가 없는 것이다.

사실 구약의 많은 부분에서 스올은 사람의 영혼들이 가는 곳이 아니라, 죽은 시신(屍身)들이 가는 무덤을 지시한다. 시 16:10에서 시인은 내 영혼을 음부에 버리지 아니하시며 주의 거룩한 자로 썩지 않게 하실 것이라고 함으로 스올을 무덤과 동일시하는 듯 보인다 (시 18:5, 30:3, 31:17, 49:14, 15, 55:15, 86:13, 88:3, 4, 89:48, 116:3, 139:8, 141:7 도 참조). 시편에서 스올은 무덤과 동의어로 나타나는 듯 보인다.

시편에서 스올은 정적(靜寂)에 쌓였고 (시 31:8, 115:17), 음울하고, 어두운 (시 35:6, 88:7, 19, 143:3) 사자들의 거처이며, 다음과 같은 시 88:10-12의 묘사가 스올에 대한 대표적인 진술이다:

주께서 사망한 자에게 기사를 보이시겠나이까?
유혼(르파임)이 일어나 주를 찬송하리이까 (셀라)
주의 인자하심을 무덤(케베르)에서,
주의 성실하심을 멸망(아바돈) 중에서 선포할 수 있으리이까?
흑암 (호) 중에서 주의 기사와
잊음의 땅(에레츠 네쉬야)에서 주의 의를 알 수 있으리이까?

이런 묘사에서 드러나는 바는 시인들은 죽음 이후에 사람은 세상에서와 같은 삶을 영위할 수 없다고 생각했다는 것이다. 정지된 삶이라고나 할까? 더 이상 활동이 없는 듯 이해한 듯 하다.

그런데 시편의 어떤 구절들은 (시 6:6, 88:13, 94:17, 115:17; 전 9:5-6, 욥 26:6, 28:22) 스올을 하나님의 주권이 미칠 수 없는 어떤 곳으로 제시한다는 주장도 그다지 정확한 것은 못된다. 왜냐하면 음부를 포함한 전 영역에 대한 하나님의 주권을 언급하는 성경의 다른 구절들에 비추어 (삼상 2:6, 시 139:8) 이 구절들의 불분명한 사고가 보충 이해되어야 하기 때문이다. 시인들이 스올에서의 삶을 이 땅에서 영위하는 삶의 부정적인 복사판(複寫版)으로 이해했다는 지적은 옳을 것이다 (에드몽 자콥, 「구약신학」, 354). 스올에서는 생명력이 미약한 상태, 힘이 줄어든 상태의 삶 그리고 공동체의 유대가 박탈된 삶이 있다.

이러한 사고는 신약이 말하는 신천신지에서의 영원한 삶이 시작되기 전의 중간(中間) 상태와 통하는 것이다. 그렇지만 신약이 말하는 중간상태도 모호하기는 구약이나 다를 바 없다. 신약은 중간상태와 연관하여 음부 (하데스 Hades)란 용어를 사용하지만, 이 말은 구약의 헬라어역인 70인역이 스올을 번역한 말이다. 그런데 헬라 사상에서 하데스는 죽은 자를 모두 받는 장소로 고통과 축복의 두 장소로 구분되었다. 그렇지만 신약이 70인역을 매개로 하여 구약의 스올을 "하데스"란 말로 번역하여 사용했으므로, 신약 기자들이 헬라 사상을 도입했다고 볼 수는 없다. 그렇다면 신약이 말하는 음부도 구약이 말하듯, 죽은 자의 거처이지만 헬라사상에서처럼 의인과 악인이 구분되는 두 다른 장소로 이해될 수 없다. 동시에 신약에서 음부는 심판 날까지 죽은 자들이 임시로 거하는 장소라는 사고, 곧 이 세상에서 구원받지 못한 자들이 궁극적 구원을 받을 가능성이 열려있는 대기의 장소라는 사고도 신약의 지지를 받을 수 없다. 오히려 성도들은 죽음 이후에 곧장 그리스도와 같이 있게 되는 반면 (눅 23:43, 고후 5:6-8, 빌 1:23, 계 6:9, 7:9 이하, 15:2 이하), 음부는 악인의 처벌 장소로 나타나기 때문이다 (눅 16:23, 마 11:23, 16:18)(Geerhardus Vos, "Hades," *ISBE* II, 1315 참조).

한편, 궁켈은 (*Die Psalmen*, 165) 시편에서 내세(來世)라는 사고가 전연 없다고 주장한 바 있다. 죽음이 신약이 지시하듯, 영생(永生)을 향한 관문이라거나 헬라인들이 생각했듯, 육신의 감옥에서 해방되는 순간이라는 사고가 구약에 없다는 것은 사실이지만, 죽음 저 너머의 내세에 관한 사고가 시편에 없다는 주장은 그릇되다. 다음의 구절들을 보라:

이러므로 내 마음이 기쁘고 내 영광도 즐거워하며 내 육체도 안전히 거하리니
이는 내 영혼을 음부에 버리지 아니하시며
주의 거룩한 자로 썩지 않게 하실 것임이니이다
주께서 생명의 길로 내게 보이시리니
주의 앞에는 기쁨이 충만하고 주의 우편에는 영원한 즐거움이 있나이다
(시 16:9-11)

나는 의로운 중에 주의 얼굴을 보리니 깰 때에 주의 형상으로 만족하리이다
(시 17:15)

양 같이 저희를 음부에 두기로 작정되었으니 사망이 저희 목자일 것이라

정직한 자가 아침에 저희를 다스리리니
저희 아름다움이 음부에서 소멸하여 그 거처조차 없어지려니와
하나님은 나를 영접하시리니
이러므로 내 영혼을 음부의 권세에서 구속하시리로다 (셀라)
(시 49:14-15)

내가 항상 주와 함께 하니 주께서 내 오른손을 붙드셨나이다
주의 교훈으로 나를 인도하시고 후에는 영광으로 나를 영접하시리니
하늘에서는 주 외에 누가 내게 있으리요
땅에서는 주 밖에 나의 사모할 자 없나이다
(시 73:23-25)

또한 여기서 우리는 구약 다른 곳에서 내세에 관한 몇 가지 다른 증거들도 제시할 수 있다. 전도서 12:7에서 "흙은 여전히 땅으로 돌아가고 신(루아흐)은 그 주신 하나님께로 돌아가기 전에 기억하라"고 한다. 여기서 "신"은 사람의 영혼을 지시한다. 여기서 고려 중인 사람이 성도인가 아니면 불신자인가? 에 대한 언급은 없지만, 전 3:17, 12:14 등에서 하나님께서 선악간에 사람의 모든 행위를 심판하신다고 제시한다면, 누가 하나님께로 돌아갈지는 분명해 진다.

창 25:8에서 아브라함에 대하여 언급하길 "그가 마지막 숨을 쉬고 늙은 나이에 죽어, 늙어 수를 누리고, 자기 백성에게 모아졌다"라고 한다. 죽었다는 표현으로 족할 터인데, "자기 백성에게 모아졌다" (이삭: 35:29; 야곱: 창 49:29, 31, 33)고 하는 것은 그의 선조들이 살아 있는 곳으로 들어가서 저들과 합류했다는 선언이 아니겠는가? 예수님은 "죽은 자의 부활을 논할진대 … 나는 아브라함의 하나님이요 이삭의 하나님이요 야곱의 하나님이로라 하신 것을 읽어보지 못하였느냐? 하나님은 죽은 자의 하나님이 아니요 산 자의 하나님이니라"라고 하셨다 (마 22:31-32). 그러니까 주님의 말씀에 비추어 본다면, 아브라함이 죽어 자기 선조들에게로 돌아가 합류한 것은 내세에 살아 있는 자들에게로 돌아갔다는 말이다. 아브라함의 믿음의 선조가 누구인가 하면 노아, 에녹, 아담 등이 될 것이다.

더구나 잠언 14:32에서 "악인은 그 환난에 엎드러져도 의인은 그 죽음에도 소망이 있느니라"라고 했다 (LXX을 필두로, KJV, NAB, NASB, NJB, NRSV, TNK, LSG, TOB, ELB 등은 "자기 악행을 인하여" 악인이 넘어진다고 이해하나, 후반절의 "그의 죽음"과의 병행을 고려하면, 전반절에서 "그의 환난"이라 봄이 좋다). 그런데 후반절에서 한역이 "소망"이라 번역한 말은 KJV을 따른 것이며, 원문의 정확한 의미는 "피난함" (호세)이다. 그러므로 의인은 죽을 때에 피난처가 있다는 말이다. 의인이 죽음에서 찾을 "피난처"는 "천국"이 아니고

어디겠는가? 잠 15:24은 "지혜로운 자를 위해서는 생명길이 위로 인도하여, 스올을 향해 아래로 내려가는 것을 막아준다"고 노래한다. 잠 12:28에서는 "의의 길에는 생명이 있고, 그 길을 따라서 영생불사가 있다" (베오라흐-체다카 하임 베데렉 네티바 알-마벳)고 한다. 여기서 "의의 길"에서 "의" (체다카)는 어떤 원리로서의 "의"가 아니라, 구체적으로 실천된 의로운 행동을 지시한다. 이는 신약적으로 하면 예수님을 믿고 회개하여 의의 열매를 맺는 삶을 지시하며, 이런 자에게 영생이 있다는 것을 잠언은 가르친다.

이제까지 언급하지 아니한 구절들 중에서 연관 구절들로는 민 23:10, 시 27:4, 133:3, 139:24 등과 시 16:10, 17:15, 49:15, 73:24 등이 구체적으로 죽음 이후의 영생을 언급한다.

7.11.8. 창조사상

비평가들에게 있어서 구약의 창조사상이란 이스라엘의 선택에 부속되는 부차적 신학사상일 뿐이다. 즉, 이스라엘은 자신들의 선택과 구원을 먼저 신학화 시키고, 나중에야 자신들의 구원을 뒷받침하는 사상으로 창조사상을 고안해 내었다는 것이다. 예컨대, 이스라엘의 구원자는 만물의 창조자로서 구원에 능하시다는 식으로 창조사상은 구원사상의 들러리 역할을 한다는 것이다 (사 43:1-3 참조). 칼 바르트는 "언약이 창조의 목표이고, 창조는 언약으로 가는 길이라" (*Dogmatik* III/i, 106) 할 때, 창조를 언약에 부속시키는 진술은 아닌지 궁금하다. 창세기에서 창조기사는 이스라엘의 시작의 서론으로서만 의의가 있다는 것이 폰 라트 같은 비평가들의 생각이다.

그렇지만 이스라엘의 선택을 위한 창조 운운하는 것은 정당치 못하다. 이스라엘이 실제적으로 구원이후에 창조사상을 접하게 되었다는 것은 사실이 아닐 뿐 더러, 적당치도 못하다. 모세가 기록한 오경에 창조사상이 기록된 것은 창조사상이 모세에게서 시작되었다는 말이 아니다. 모세에게 처음으로 창조사고가 계시되었다고 생각되지 않기 때문이다. 하나님은 인간이 창조의 목적에서 실패했을 때, 아브라함을 부르시고 창조의 목적을 이루도록 하신 것이지, 이스라엘을 위해 창조 사역을 하신 것은 아닌 것이다.

아담이 하나님의 의도대로 순종하고 그분만 섬기고 계명을 지켰더라면 (창 2:15-16), 창조의 목적은 성취 되었을 것이다. 그러나 아담의 불순종으로 하나님의 원래 의도는 좌절되었다. 그렇지만 하나님의 창조 목적은 아브라함의 선택으로 나타난 이스라엘의 선택과 구원에서 새롭게 현실화되어진다. 곧 구원받은 이스라엘은 에덴에서의 아담처럼 왕 같은 제사장 지위가 약속되었던 것이다 (출 19:4-6). 창조의 목적은 이스라엘의 선택으로 달성되어야 했다. 거꾸로 이스라엘을 위해 창조가 있었던 것은 아니다.

그렇다면, 시편이 말하는 창조사상은 무엇인가? 시 8편은 창조시에 인간이 부여받았던 왕 같은 지위를 노래한다. 창조의 목적이 아름답게 노래되고 있다. 그렇지만 타락 이후 그런 지위는 상실되었고, 인간의 위치는 영화롭거나 존귀하지가 못하다. 수고하고 범죄하고,

영원한 파멸로 줄달음 칠 따름이다.

시 24:1-2은 "땅과 거기 충만한 것과 세계와 그 중에 거하는 자가 다 여호와의 것이로다 여호와께서 그 터를 바다 위에 세우심이여 강들 위에 건설하셨도다"라고 노래한다. 시 89:11과 흡사하다. 그런데 이 시에서 창조를 노래하는 부분 (1-2절)과 성전 (聖戰)에서의 개선 부분 (7-10절)을 연결시키고자, 어떤 이들은 시 24:1-2에서 창조를 "무질서와의 전쟁" (Chaoskampf)으로 이해한 고대 근동의 신화적 사고를 본다. 그래서 첫 부분 (1-2절)과 셋째 부분 (7-10)은 모두 무질서의 세력을 파하고 창조질서를 세우신 하나님을 전쟁 용사로 노래한다고 본다 (Artur Weiser, The Psalms I, 233, 235). 이런 찬양은 바이저에 의하면 매년 가을에 거행된 신년 언약 갱신 절기 때, 야웨 하나님의 신현 (神顯)을 송축하여 하나님의 왕권을 선포하는 거룩한 연극 예배시에 낭송되었다.

그런데 본 시의 첫 부분 (1-2절)이 창조를 노래하면서 창세기의 창조기사에 근거한다는 점은 확실하나 사용된 용어들 (예컨대, "바다"나 "강들" 위에 땅과 세계를 "건설"하셨다; 야사드, 쿤 동사 등)은 창 1-2장의 단어들과 확연히 차이가 있어 강조점의 차이가 드러낸다. 모세는 가나안 진입을 앞둔 상황에서 창조기사를 진술하면서 당대의 목회적 필요에 맞추었을 터이다. 예컨대, 중세기 유대인 랍비 주석가 라쉬 [Rashi]는 창세기를 율법의 첫 명령 대신 창조기사로 시작하는 이유가 무엇인가? 라고 묻고, 그 이유는 '저가 자기 백성에게 열방을 기업으로 주사 그 행사의 능을 저희에게 보이셨도다' (시 111:6)라는 말씀 때문이다 라 이해했다. 왜냐하면 만약 세상 열방이 이스라엘에게 말하길, '너희들은 무력으로 [가나안] 일곱 족속의 땅들을 정복했으니 강도떼가 아니냐? 할 때 저들 [이스라엘]은 '온 세상이 송축 받으실 거룩하신 자에게 속하는 것은 그분이 그것을 지으셨고 그것을 자기 뜻대로 누구에게든지 주셨다; 그분은 자기 뜻대로 그것을 저들에게 주셨고 자기 뜻대로 그것을 저들에게서 취하여 우리에게 주셨다' 라고 답할 수 있겠기 때문이다 [Yalkut, Ex 12:2] - The Pentateuch and Rashi's Commentary, 1).

반면, 본 시편의 기자는 자기 당대의 예배의식이나 정황에 맞추어 창조를 노래하였을 것이다. 어떤 신학적 진술이건 그것은 기술된 당대의 정황을 맥락으로 제시되며, 진공 상태에서 생겨난 것이 아니기 때문이다. 그렇다면 본 시의 창조 노래가 부각시키고자 하는 강조점은 무엇인가? 시인은 바다나 강들 위에 견고하게 세워진 땅의 안전성과 질서를 부각시키는 듯 하다. 여기에 근거하여 야웨 하나님의 소유권과 주권을 강조한다. 그렇다면 이 시는 이스라엘이 인근국가들과의 전쟁을 통해 영토 문제가 부각되었을 때 하나님의 전 우주적 소유권을 주장함으로 이스라엘의 정복을 신학적으로 뒷받침하고자 한 것인가? 그럴 가능성이 없지 않다.

또 다른 강조점, 곧 안전성과 질서는 어떤 연유에서 강조된 것인가? 이는 어떤 이들이 말하듯, 무질서와의 전쟁을 통해 무질서의 세력을 파하신 후 왕권을 확립하신 하나님의 왕권을 높이고자 함인가? 하나님의 왕권을 높임으로 하나님께서 자기의 대리자로 지상에 기름 부어 세우신 이스라엘의 왕권을 강화하고자 하는가? 반드시 이런 경향성을 가지고 시를 기술했다고 할 수는 없을 것이다. 문제는 여기 시에서 무질서를 파하시고 왕권을 확립하였던 바알 신화의 비-신화화 기사를 대다수 학자들이 본다는 것이다. 예컨대, 크레이기에 의하면, 얼핏 보기에 2절은 바다 위에 떠있는 받침 접시 (saucer)처럼, 바다 위에 세워진 세상을 말하는 원시적 우주론 (cosmology)을 반영하는 듯 하나, 실상은 유가릿 우주론의 변형된 형태를 담고 있다 (Peter C. Craigie, *Psalms 1-50*, 212). 가나안 신화에 의하면, 바다를 뜻하는 "얌" 신이나 강을 의미하는 "나할" 신은 질서에 크나큰 위협적 존재들이었다. 그런데 바알신 (폭풍신)이 얌신을 정복함으로 무질서의 세력들이 복속되어 질서를 찾았고 바알의 우주적 왕권이 확립되었다. 바로 이런 가나안 신화를 히브리 시인은 차용하되, 비-신화화시키고, 비-인격화시켜 야웨께서 무질서의 세력을 상징하는 바다와 강들 위에 질서 있고 안정된 세상을 창조하셨다고 노래한다고 한다.

구약에서 가나안 신화에서 나타나는 표상들을 차용하여 하나님의 주권을 묘사하는 부분들이 있다는 점은 사실이다. 참 하나님을 상실한 인간들은 점차 하나님의 피조물을 신격화시키기 시작하여 마침내 모세 시대의 가나안 족속들은 유가릿 문헌들이 드러내듯, 보이는 자연 세력들은 하나같이 신들로 이해하였다 (Johannes C. de Moor, "The Semitic Pantheon of Ugarit," 185-228 참조). 지금 시리아의 지중해 연안에 위치한 랏타키아란 항구도시에서 북단으로 약 16킬로 떨어진 조그만 촌락 라스 솨므라 (Ras Shmrah)에 위치했던 고대 국가 도시 유가릿 사람들이 일상생활에서 체험할 수 있었던 바다의 흉포한 파도와 그 파괴력은 바다 (얌)야 말로 강력한 무질서의 신이라는 지울 수 없는 인상을 주었을 터이다. 한민족이 바다의 용왕(龍王) 신을 가정했다면, 이들은 '바다' 자체를 신(神)으로 생각했던 것이다. 이 무질서한 바다 신을 대적할 수 있는 신은 폭풍 신(神)이자 농사의 신(神) 바알이었다. 바알이 '얌' 신(神)을 정복하고 왕권을 확립하였다. 이것이 바알 신화이다 (*ANET*, 129-142 참조).

바알 신화나 여타 유가릿 종교 신화 문헌들을 고찰해 보건대, 창조사상이 없다는 것은 분명하다 (John Day, *God's Conflict with the Dragon and the Sea*, 8). 반면 성경에서 창조와 무질서와의 싸움 모티프가 인과적으로 연결된 듯이 묘사하는 구절들이 있다는 것은 부인할 수 없다 (가장 현저한 예는 욥 26:7-14). 궁켈과 같이 이전 비평가들은 무질서와의 싸움 주제가 바벨론 신화에서 유래했다고 보았다면, 보다 최근의 비평가들은 대개 가나안 신화와 연관된 것으로 이해한다 (Ibid, 4-7). 그렇다면 우리의 결론은 무엇이어야 하는가? 우선 우리는 바벨론 창조신화가 성경의 창조기사의 원형이었다는 궁켈이 주장하는 그런 직접적인 연관성이 없다는 사실을 확인하고, 다음으로 가나안 신화와 연관된다면, 가나안 신화 자체에는 창조 사고가 없다는 점을 주목하게 된다. 이는 결국 성경의 어떤 구절들이 창조와 무질서와의 싸움 주제를 연관시키지만, 창조 사고 자체는 가나안 신화와 연관이 없다는 말이 된다.

그렇다면 가나안 신화의 표상들이 성경이 창조 묘사에 등장하는 점은 어떻게 볼 것인가? 예컨대, 많은 이들은 시 74:13-17에서 창조를 혼돈(混沌)과의 전쟁으로 노래한다고 지적한다 (김정우, 「구약성경에 나타난 리워야단의 영상」, 73). 헹스텐버그나 델리취 같은 이들이 여기서 출애굽 사건에 대한 묘사를 보았다면, 여기서 가나안 신화의 반영을 보는 이들은 이 본문이 언급하는 신화적 존재들 (리워야단, 용)은 하나님을 거스리는 애굽의 상징적 표현 정도로 보기 어렵다고 생각한다. 어휘나 영상에 있어서 시 74:13-17은 가나안 신화와 더 연관된다고 보는 것이다. 그리고 시 74:16-17은 분명히 창조를 노래한다고 지적한다. 이 모든 주장은 사실일 것이다. 그렇지만, 동시에 시 74:13-15이 출애굽을 노래한다는 것은 부인할 수가 없다. 예컨대, "주께서 주의 능력으로 바다를 나누시고 물 가운데 용들의 머리를 깨뜨리셨으며 악어의 머리를 파쇄 하시고 그것을 사막에 거하는 자에게 식물로 주셨으며 바위를 쪼개사 큰물을 내시며 길이 흐르는 강들을 말리우셨나이다" 라는 노래는 출애굽이 아니라 창조를 노래한다고 말할 수가 없다.

분명히 말할 수 있는 바는 성경 기자들은 이방 신화(神話)에 등장하는 용어들을 사용한다 할지라도 신화적 표상들을 유일신 신앙으로 철저히 세탁시켜 하나님의 주권에 복속시킴으로, 세상에 사는 성도들에게 세상을 바라보는 시각을 열어줌과 동시에 세상 어떤 것보다 위대하신 하나님을 부각시키는 표상으로서만 사용하고 있다는 것이다. 창세기의 창조 기사에는 신화적 표상 (mythic imagery)이 없지만, 시적인 구절들에서는 가나안 신화적 표상들이 등장하고 있다. 이런 표상들은 이교도적 신학은 철저히 배제하고, 그 표상만을 빌어서 이교도들이 섬기던 신들에 비할 수 없이 강하시고 능하신 여호와 하나님의 주권을 고양시키고 있다. 그렇다면 구약 창조묘사에 등장하는 신화적 표상들의 문제는 "신화의 차용"이 아니라, 단순히 "신화적 표상들의 차용"에 불과하였다. 이는 욥 26:7-14나 시 89:7-11에서 확인될 수 있다.

욥 26:7-14에서 창조는 혼돈과의 전쟁이란 가나안 신화가 반영되고 있다. 이 문맥에서 창조가 노래되고 있다는 것은 분명하다. 그리고 "그가 꾸짖으신 즉 하늘기둥이 떨며 놀라느니라 그는 권능으로 바다를 흉용케 하시며 지혜로 라합을 쳐서 파하시며 그 신(혹은 입김)으로 하늘을 단장하시고 손으로 날랜 뱀을 찌르시나니" 라는 말씀은 분명히 창조를 혼돈을 파하는 것으로 묘사하는 이방인들의 창조 신화를 반영해 준다 (J. N. Oswalt, "The Myth of the Dragon and Old Testament Faith," 163-72). 바벨론의 창조신화인 에누마 엘리쉬에 의하면 (ANET, 66-69), 혼돈의 여신 티아맛 (깊음)과 그녀가 낳은 무서운 괴물들을 마르둑 신이 패배시킨다. 그리고 티아맛을 두 조각으로 잘라서, 반쪽으로 하늘을 만들고 반쪽으로 땅을 만든다. 가나안 신화에서 티아맛에 해당되는 신은 난폭한 바다의 신 얌이며, 이 신을 마르둑에 해당되는 바알 신이 정복한다. 마르둑은 티아맛을 정복하기 위해서 일곱 바람들을 사용 한다 (*ANET*, 66). 그런데 여기서 하나님의 입김으로 하늘을 아름답게 밝히신다 (13절 NIV 참조). 이는 말씀으로 빛과 어두움을 나누신 첫 날의 창조사역의 다른 묘사일지 모른다 (창 1:2-4). 모든 바람의 권능은 그분의 입김이다. 마르둑이 혼돈의 신 티아맛을 정복하고 세상을 창조한다는 이런 사고는 많은 이들에 의하면, 하나님께서 용의 머리를 파쇄하시고 리워야단과 라합을 깨뜨리신다는 표현들 (시 74:13, 14, 89:11)에서 반영되고 있다.

시 89:9-11에서 시인은 말하길,

주께서 바다의 흉용함을 다스리시며 그 파도가 일어날 때에 평정케 하시나이다
주께서 라합을 살륙 당한 자 같이 파쇄하시고
주의 원수를 주의 능력의 팔로 흩으셨나이다
하늘이 주의 것이요 땅도 주의 것이라
세계와 그 중에 충만한 것을 주께서 건설하셨나이다

라 노래한다. 여기서도 창조를 혼돈과의 전쟁으로 묘사하는 이방 신화의 흔적을 볼 수 있다 (또한 사 27:1, 51:9-10도 참조).

앞에서 말한 대로, 이런 신화적 요소들을 담고 있는 창조 노래들에서 우리는 신화적 요소들이 역사화 되었다는 사실을 본다. 더구나 창세기에서 창조는 이미 역사의 시작을 의미하는 것이다. 왜냐하면 창세기에는 신들의 계보를 말해주는 신통기 (theogony)나 신들의 주도권 다툼을 기술하는 신들의 전쟁기 (theomachy)가 없고, 대신 창조기사의 시작이 "태초" (*레쉬트*) 라는 말이 역사의 시작으로 제시되고 있기 때문이다. 더구나 창세기의 창조기사의 시적 병행이라 할만한 시 104편은 창조를 신학적으로 성찰하면서 어떤 신화적 요소도 언급치 않고 있다. 또한 신화의 본질로 간주되는 반복이 성경에는 없다. 신화라는 것은 제의를 통해 반복되고 재연됨으로 생명을 갖는다. 그래서 바빌로니아 창조신화는 매년 신년 즉위 축제를 통해 반복해서 재연되어야 했다. 저들의 사고에서 사람과 만물의 번영은 매년 마르둑 신의 우주적 왕으로의 등극을 재연하지 않으면 보장될 수 없는 것으로 여겨졌던 것이다. 바벨론 사람들에게 있어서 창조는 신화와 제의의 영역에 제한되었고, 역사와의 연속성은 찾기 어려웠다. 다시 말해 신들의 세계와 역사는 서로 연관이 없었다 (에드몽 자콥, 「구약신학」 161). 그렇지만 성경에서 창조는 곧 역사의 시작이었다. 이런 요소들을 종합한다면, 우리는 다음과 같이 말할 수 있을 것이다. 비록 구약의 시 부분들은 이방 창조 신화들을 암시하는 것이 사실이라 해도, 반영된 신화들은 역사화 되었고, 하나님의 주권을 모든 것 위에 드높이고자 하는 시인들의 신학적 의도에서 차용된 시적 표상의 차용에 불과하였다.

7.11.9. 언약과 율법

시편에서 '헤세드' 란 말이 130번 등장한다. 매 시편마다 등장하는 것은 아니지만, 상당한 숫자가 아닐 수 없다. 이전에는 이 말을 70인역이나 라틴어역을 따라 친절, 긍휼, 사랑 등으로 이해해 왔다. 그렇지만 1927년에 발표된 넬슨 글륔(Nelson Glueck)의 논문 (*Hesed in the Bible*) 이래 이 말은 언약사랑, 언약 충성을 의미한다는 견해가 힘을 얻어왔다. '헤세드' 가 사용된 모든 구절들에서 이런 언약적 관계를 표시한다고 말하기는 어렵다 해도, 많은 구절들이 언약 관계를 지시한다는 것은 분명하다. 특히 '헤세드' 란 말과 언약 (베리트)이란 말은 같이 사용되기도 한다 (신 7:2, 9, 12, 시 50:5, 36, 89:29, 34 등).

우리는 시편 기자들이 언약백성으로서 언약 사상에 근거하여 하나님의 처벌과 보상을 노래했다고 본다. 저들이 말하는 심판과 보상의 근저에는 하나님의 언약 조항에 충성할 때와 불순종할 때에 언약백성들이 받을 상벌 조항 (레 26:3-46, 신 28:1-68)이 놓여 있는 것이다. 그런데 시편에서 자주 등장하는 원수들은 언약백성 중에서 불충한 자들이다. 그러므로 저들에 대하여 하나님의 심판과 보응을 간구하는 시인들의 기도는 언약의 상벌 조항에 근거한 정당한 것이다. 이스라엘 정체성의 정의는 저들이 하나님과 언약을 맺은 백성이라는 사실에 기초한다. 이스라엘의 왕정 (신 17:14-20), 제사장 (신 18:1-8), 선지자 (신 18:9-22), 재판관 (신 16:18-21) 등은 모두 언약 관계를 촉진시키기 위한 방편들이었다. 왜냐하면 모압들 언약 문서인 신명기의 법 조항 부분에 이 모든 국가 기관들이 규정되고 있다는 사실은 이들 기관들이 모두 언약질서의 일부임을 말해주고 있기 때문이다.

따라서 왕의 시에서 우리는 언약에 근거한 왕의 모습을 기대할 수 있을 것이다. 비단 왕의 시만 아니라, 선지자의 심판 메시지를 닮은 시들에서 우리는 언약에 근거한 심판 메시지를 들을 수 있다 (예컨대, 시 14, 50, 52, 53, 75, 81, 95 등). 동시에 율법을 노래하는 시들 (시 1, 19, 119편 등)에서는 당연히 언약 조항들을 준수함이 형통의 비결이라는 사고를 들을 수 있다. 또한 여호와 하나님을 왕으로 노래하는 시들 (시 47, 93, 96, 97, 98편 등)에서 우리는 창조와 구속 (언약)에 근거한 그분의 왕권을 예상할 수 있다. 개인 탄식시나 공동체 탄식시나 우리는 성도들이 곤고한 중에 부르짖는 것은 언약 조항에 대한 불순종에서 야기된 징계나 고난 때문이라는 것을 생각할 수 있다. 교훈시라 불리는 시들 (1, 37, 49, 112, 119, 127, 128, 133 등)에서 우리는 언약 조항에 근거한 교훈이 나타날 것을 예상할 수 있다. 역사시라 불리는 시 78, 105, 106, 111, 114, 135, 136 등에서 우리는 이스라엘의 구속 역사를 듣는다. 이 구속 역사에 하나님의 언약 사랑과 백성의 언약배반이 중심 사고임을 예상할 수 있다. 구원 역사를 시로서 노래하는 이런 시들은 베스트만에 의하면, 하나님의 구원 행위들을 보도하는 감사시들에서 나타나는 선언적 찬양들 (declarative praises)에 해당된다. 이런 하나님의 구원행위를 찬양하는 일은 종주권 조약에서 역사적 서언에 해당된다. 이 서언에서 조약 쌍방간의 과거 역사가 묘사되고, 특히 종주가 봉신에게 베푼 은혜들이 제시되는 것이다. 시내산 언약이나 그 갱신인 모압들 언약 (신명기)이 종주권 조약과 형식상 유사하다는 것은 이미 알려진 바이다. 구속 역사를 노래하는 시들은 바로 이런 언약의 역사적 서언에 해당되는 셈이다.

시편에서 우리는 악인과 의인, 죄와 무죄, 불법과 공의 등의 짝들을 본다. 이러한 구분은 무슨 근거로 가능한가? 그것은 두 말할 나위가 없이, 하나님께서 시내산에서 선포해 주신 언약 조항들에 근거한 구분이다. 언약 조항에 순응하는 것이 공의이며, 그것을 거스릴 때 불법이며, 죄인 것이다. 죄가 성립하려면 사회 구성원들 간을 규정하는 사회 계약이 있어야 한다. 마찬가지로 이스라엘에서 죄가 성립되려면 하나님과 맺은 언약규정이 필요했다. 죄가 무엇인가? 그것은 하나님의 언약 조항을 거스리는 일이다. 악인은 언약을 거스리는 자이며, 의인은 그것을 순종하는 자이다. 또한 성도 (*케도쉼*)가 누구인가? 세상에서 구분된 자들이다. 저들을 세상과 구분하는 근거가 무엇인가? 그것은 두 말할 나위가 없이, 언약 조항들이다. 이방인들과 이스라엘 백성을 구분하는 경계선은 바로 언약 조항들이었다. 또한 하나님께서 죄인을 용서하시고 긍휼을 베푸실 때 어떤 근거로 그리하시는가? 그것은 두 말할 나위가 없이 언약의 상벌 규정에 근거하여 징계를 받고 회개하는 자들에게 그리하신다. 이렇게 보더라도 모든 시편의 근저에는 언약 사고가 흐르고 있는 것이다.

시편에서 언약사고는 이렇게 시내산 언약이나 그 갱신인 모압들 언약만 있는 것이 아니다. 더 나아가 하나님께서 다윗과 맺으신 다윗 언약 사고도 여기저기서 감지된다. 다윗은 사울과 달리 자신의 성공의 지반을 하나님께서 찾고자 했다. 그래서 그는 무엇보다 다윗 성으로 언약궤를 옮겨오기를 원했고, 주변 나라들을 정복한 이후 평안이 임하자 (삼하 7:1) 성전 건축을 열망했다. 이러한 그의 행동은 평안이 임할 때 안일과 쾌락추구로 나아갈 위험성에 비추어 볼 때 칭찬할 만한 일이었다. 사울은 하나님으로 자기의 권력지반을 삼는 일에 실패함으로, 결국 단명으로 끝나야 했다. 고대 근동에서 도시 국가는 신의 소유로 인식되었고, 신의 통제아래 있는 것으로 간주되었다. 그리고 신의 영역을 관리하는 왕은 도시와 성전을 건축함으로 백성의 보호자로 정당성을 인정받게 되었다 (H. Frankfort, *Kingship and the Gods*, 1948], 158-61). 다윗이 이런 고대 근동의 사고를 답습했다는 말이 아니다. 오히려 다윗은 하나님의 선택받은 메시아로서 이미 기름부음을 받은 상태였고, 그러한 직위는 그에게 하나님을 향한 사명감을 고무시켰다고 해야 옳을 것이다. 즉, 하나님께서 다윗의 마음에 뜻을 두시고 그 뜻을 하나씩 이루어 나가셨던 것이다.

삼하 7장은 다윗이 사방에 안식이 있었을 때, 하나님을 향한 열정에서 성전건축의 의사를 선지자 나단에게 표명하는 것으로 제시한다. 그의 소원은 신 12:10-11의 예언적 전망과 일치하는 것이었다. 그렇지만 하나님의 의도는 약간 달랐다. 그럼에도 하나님은 다윗의 그러한 소망을 크게 기뻐하셨고, 그의 집을 세우시겠다는 기쁜 소식을 선포하신다. 이것은 하나님께서 다윗 왕조를 세우시겠다는 약속이며, 다윗과 맺은 다윗 언약이다. 이 언약은 다윗의 헌신에 대한 하나님의 반응이었고, 이후 전개될 다윗 왕조의 신학적 정통성은 하나님의 이 약속에 오로지 근거하였다. 다윗 언약은 시내산 언약의 연장이며, 모압들 언약의 일부를 구성하고, 하나님의 전적인 은총의 산물이었다. 이 언약을 받는 다윗 후손들은 하나님의 아들로 아버지를 잘 받들어 순종하고 섬겨야 한다. 만약 이런 언약 의무를 소홀히 하게 될 때 아버지의 징계를 면할 수 없을 것이다 (삼하 7:14). 다윗 언약은 시 89:3 이하, 시 132:11-12 등에서 언급되고 있다.

비록 다윗의 다른 시들에서 다윗 언약은 구체적으로 언급되지 않는다 하더라도, 다윗이 원수를 대하여 매몰차게 내던지는 저주의 간구는 자신의 개인적 목적에서 야기되었다고 하기보다, 하나님의 메시아로서의 자기의 위치와 연관하여 하나님의 세우신 메시아를 대적하는 원수들을 하나님 자신에 대한 대적자로 간주한데서 연유했다고 해야 옳을 것이다. 다윗의 후손들은 야웨의 왕들이라 칭해지고 있지 않은가? (시 2:6, 18:50 등). 다윗의 시는 이렇게 다윗 언약의 견지에서 조망될 때 바로 이해될 수 있을 것이다. 다윗의 시들은 그가 기름부음 받은 이후에 기록되었다고 봄이 좋겠기 때문이다.

또한 다윗의 선택만 아니라 시온의 선택도 예루살렘 예배 신학의 주제가 되었다. 시온의 노래들은 (시 46, 48, 76, 84, 87, 122 등) 바로 이런 하나님의 선택과 다윗 언약에 근거한 것이다. 결국 시내산 언약이나 다윗 언약 혹은 시온의 선택 등의 주제들은 하나같이 하나님의 주권적인 은총과 역사를 강조하고 있다. 언약이 하나님의 일방적인 행사로서 인간 당사자들에게 주어졌지만, 그 언약을 받은 당사자들은 그분에게만 충성과 사랑을 바칠 의무가 주어지는 것이다. 그러한 의무나 책임은 사실상 하나님이 수여하신 그 언약이 제공하는 축복과 특권에 비례하였다고 할 수 있다.

끝으로, 시편에서 우리는 언약궤에 대한 언급을 그렇게 자주 볼 수 있는 것은 아니지만 (시 132:8), 어떤 이들은 적어도 10번 정도의 암시를 보기도 한다 (9:12, 15:1, 24:7 이하, 44:10, 47:6, 63:3, 68:2, 78:61, 96:6, 99:5, 101:2 등). 또 어떤 이는 시 78:61, 132:8에서 "능력"은 언약궤를 지시한다고 생각한다. 그리고 시 96:6 (대상 16:27 참조), 105:4 (대상 16:11) 등에서도 "능력"이 언약궤와 연관된다고 이해한다. 또한 시 81:2, 63:3 등에서도 사정은 마찬가지이다. 여하간 직접은 아니라 하더라도, 간접적으로 언약궤를 시편기자들은 여러 번 지시하고 있다. 언약궤야말로 하나님과 이스라엘의 언약관계를 실제적으로 보여주는 증거물이었다. 언약궤 없는 성소는 이미 성소가 아니다 (렘 3:16). 언약궤의 뚜껑은 속죄소가 되어 이스라엘의 죄를 속죄하였다 (출 25장). 그곳에서 하나님은 이스라엘을 만나시었다 (출 30:6). 왜 이렇게 언약궤가 이렇게 중요했던가? 그것은 그 안에 하나님과 이스라엘의 언약관계를 증거해 주는 언약문서가 들어 있었기 때문이다. 하나님께서 이스라엘과 만나시고 관계를 가지시는 모든 근거는 그 언약조항들이었던 것이다. 그러므로 언약 문서 없는 하나님과의 관계는 상상할 수 없었다.

정리하자면, 시편의 사고는 결국 이스라엘이 시내산에서 하나님과 맺은 시내산 언약과 그 시내산 언약의 보충인 다윗 언약, 그리고 물론 이런 후대 언약들의 기초인 아브라함 언약, 더 거슬러 올라가서 세상의 창조 질서 (언약) 등에 토대하고 있다. 궁켈 이래 여러 장르들로 구분하여 시편을 연구하는 분위기에 더하여, 정경의 배열 문맥에 비추어 시편들을 해석하는 접근법이 함께 시편을 이해하는 길잡이가 될 수 있다면, 언약이란 기본 토대 위에서 시편들의 사고를 보다 분명하게 이해할 수 있을 것이다. 탄식시는 언약에 근거한 구원의 호소이며, 찬양시는 그것이 시온의 노래건, 야웨 왕권시이건, 혹은 창조 질서를 노래하는 것이건, 혹은 그분의 속성이나 행사를 찬양하는 것이건, 어느 것이나 그분의 창조 언약과 다윗 언약에 토대한다. 감사시의 경우, 베스트만이 이의를 제기하며 찬양시의 변형에 불과하다고 지적했지만, 감사시는 단회적으로 체험된 하나님의 베푸신 구원에 대한 반응이니 만큼, 그것은 결국 아브라함 언약과 시내산 언약에 근거한 하나님의 자기 백성을 향하신 신실하심을 찬양하는 시이다. 왕의 시라 불리는 시들 역시 다윗 언약에 근거하여 그분의 약속을 근거로 나타난 것이라 아니 할 수 없다. 율법시라는 것도 결국 시내산 언약의 규정들을 노래하는 것이며, 지혜시 혹은 교훈시의 경우 지혜 사고가 이방 세계의 지혜와 공통점을 갖는다 해도, 시편의 지혜시는 생명의 구속이 하나님께 있음을 노래한다.

이제 언약과 연관하여 시편의 율법 사고에 대하여 몇 마디 해야 할 것 같다. 우리가 고려한 언약이란 하나님께서 이스라엘과 시내산에서 맺으신 시내산 언약을 지칭한다면, 그 언약은 쌍방 간의 관계를 법률적으로 설정하는 행위이다. 이 양자 간의 관계를 설정하는 언약 혹은 계약은 쌍방이 준수해야 할 법률 조항들을 발생시키게 된다. 이 법률 조항들을 일컬어 "약정들" (stipulations)이라 하거니와, 우리가 보통 "율법"이라 하면 바로 이 계약의 "약정들"을 가리킨다. 그렇다면, 문제는 신약의 바울 사도께서 이 율법을 부정적인 시각에서 매도하는 듯한 언질을 자주 하는 인상을 받는데, 시편의 율법관을 고려해 보고, 바울 사도의 율법관에 대한 이해가 도대체 어떠한 것이었는지 생각해 보아야 하겠다. 우선 율법이라 번역된 말은 히브리어로 "토라"인데, 시편에서는 36번이 나오고, 그 중에서 시 119편에서 25번이 나타난다 (시 1:2 [bis], 19:8, 37:31, 40:9, 78:1, 5, 10, 89:31, 94:12, 105:45, 119:1, 18, 29, 34, 44, 51, 53, 55, 61, 70, 72, 77, 85, 92, 97, 109, 113, 126, 136, 142, 150, 153, 163, 165, 174). 그러니까 태반 이상이 시 119편에서 사용되었다. 사실 "율법"이란 말과 함께 그 동의어들도 다수 사용되고 있는데, 그것들은 "증거" (에돗, 에돗), "교훈" (피쿠딤), "계명" (미츠바), "(여호와를) 경외하는 도" (이르아), "규례" (미쉬파팀), "말씀" (다바르, 이므라), "언약" (베리트), "도" (데렉, 오라흐), "율례" (혹킴) 등이다.

이런 참조 구절들을 검토해 본다면, 시인들의 율법관은 아주 긍정적이라는 것을 볼 수 있다. 그것을 즐거워하여 주야로 묵상하는 자가 복되다 (시 1:2)하고, 율법은 영혼을 소성케

한다 (시 19:7). 그리고 율법을 져버리고 준행치 아니할 때 하나님의 진노가 임하는 것을 시인들은 노래했다 (시 78:10). 이렇게 보건대, 시편의 율법관은 바울 사도의 부정적 시각과 완전히 대조된다.

자, 이제 사도 바울의 율법 사고를 살펴보자. 우리는 신약을 통해서 구약을 보기 때문에, 바울 사도의 부정적인 율법사고 영향으로 구약 율법을 부정적으로 대하는 경향이 없지 않아 있다. 도대체 사도 바울은 어찌하여 율법을 그렇게 부정적으로 말씀하는가? 즉 율법으로 의롭다 함을 얻을 사람이 없고 (롬 3:20) 오직 믿음으로 말미암아 구원을 받는다고 선언할 때 (롬 3:28, 갈 5:4, 빌 3:9), 율법은 믿음에 대조되는 아주 부정적인 실체로 느껴진다. 율법은 진노를 이루게 하고 (롬 4:15), 율법이 가입한 것은 범죄를 더하기 위함이다 (롬 5:20, 갈 3:19). 이 말은 아브라함 언약이 본질이고, 시내산 언약은 후에 범죄 때문에 첨가적으로 주어졌다는 이해이다. 범죄 때문에 첨가되었다는 진술의 의미는 딤전 1:9-10에서 분명하게 나타나고 있다:

9 알 것은 이것이니 법은 옳은 사람을 위하여 세운 것이 아니요 오직 불법한 자와 복종치 아니하는 자며 경건치 아니한 자와 죄인이며 거룩하지 아니한 자와 망령된 자며 아비를 치는 자와 어미를 치는 자며 살인하는 자며 10 음행하는 자며 남색하는 자며 사람을 탈취하는 자며 거짓말하는 자며 거짓 맹세하는 자와 기타 바른 교훈을 거스리는 자를 위함이니

이제 그리스도 안에 있는 자들은 율법에서 벗어났고 영의 새로운 것을 섬길 것이지 율법의 조항에 매일 필요가 없다 (롬 7:6, 갈 3:23, 5:18). 바울 사고의 서신들에서 율법에 대한 이런 부정적인 시각은 여기저기서 감지된다. 개신교 전통에서, 이런 바울 사도의 부정적 율법관에 대한 이해는 로마교의 은총행위 구원론 (은총 + 선행 =구원)을 사도 바울이 논박한 그 유대교의 행위 구원론과 같은 것이라 배격했던 루터의 바울 이해에서 출발하였다.

그러나 근년에 들어 전통적으로 로마교와의 논쟁에서 발전된 루터의 사도 바울 이해는 큰 도전을 받고 있다 (이하는 F. Thielman, "Law," in The Dictionary of Paul을 많이 의존함). 중세기의 로마교는 갈 2:16 곧 율법의 행위로 의롭다 함을 얻을 자가 없다는 사도 바울의 선언을 하나님의 도우심이 없이는 영생을 얻을 수 없다는 의미로 파악했다. 중세기 이래 로마교에서는 롬 6:13, 19, 갈 5:6 등에 비추어 성도들이 구원받으려면 하나님의 도우심과 함께 선행이 있어야 한다고 이해했다. 토마스 아퀴나스에 의하면, 인간은 영생을 얻기 위하여 변화시키는 하나님의 은혜의 능력을 필요함으로 타락 전이라 할지라도 인간은 자기의 공적으로 구원받을 수가 없었다. 타락 이후에는, 인간이 하나님에게서 더욱 멀어졌으므로 구원받기 위해서는 더 큰 하나님의 은혜가 요청되었다. 마찬가지로 구약의 율법도 이런 인간적 수준에서 작동했기에, 사람들이 율법 조항을 준수하게 만들어 주는 하나님의 필수적인 은

혜를 결하고 있었다. 그런데 신약의 새 법은 바로 이 은혜를 담고 있어서, 이 은혜를 받은 기독 성도들은 영생을 얻게 해주는 선행을 할 수 있게 되었다. 트렌트 공회 역시 "칭의"(justification)란 회개로 시작되고, 하나님의 명령과 교회의 법에 대한 순종으로 지속되는, 하나님의 은혜와의 협력 과정이라 주장했다.

종교개혁자들이 기치를 들고 반대의 목소리를 높인 사항이 바로 이런 구원관이었다. 루터는 로마교에 속했을 때, 자기가 최선으로 선행을 다하고 사랑한다 해도 하나님의 그 엄격한 의의 기준에 도달하여 과연 구원에 이를 수 있을까? 전전긍긍하였다. 그러다가 시 31:1-2, 롬 1:17 등의 말씀을 읽고 묵상하면서 하나님의 의는 죄인을 정죄하는 것이 아니라, 죄인을 구원하는 목적으로 있음을 깨닫게 되었다. 하나님께서 진노하신 기소자가 아니라, 죄인의 피난처요 요새임을 알게 되었다. 이런 개인적 체험을 통해 루터는 갈라디아서를 로마교의 이해와 달리 이해하게 되었는데, 어떤 인간의 행위도 어떤 의로운 행위도 그것이 아무리 진심에서 우러난 것이라 해도, 하나님의 진노에서 구원해 줄 수 없다는 사실을 확신하게 되었다. 인간의 구원은 오로지 하나님께서 전적으로 제공하신 의를 예수 그리스도를 믿음으로 내 것으로 취함으로 가능하다는 것이었다. 갈 2:16-21에서 나타나는 "율법"이란 단어는 바로 하나님께서 인간에게 요청하시는 그 의로우신 요청들, 그것들을 지킴으로 구원을 얻으려는 모든 인간의 노력을 지칭하는 암호로 여겨졌다. 그렇다면 그런 율법은 구원할 수가 없고, 오로지 정죄하고 공포를 야기시킬 뿐이었다. 율법의 역할은 의롭게 하는 것이 아니라, 정죄하고 공포를 야기시키는 것이다. 구원은 이 율법과 전연 상관이 없이 그리스도를 믿음으로 얻게 되는데, 그리스도를 믿을 때 성도는 하늘로 올라가서 율법을 저 땅 아래 멀리 두고, 율법에서 벗어나는 것이었다.

이러한 루터의 사도 바울의 율법 이해는 카톨릭 로마교와의 신학 투쟁에서 체계화된 것이므로, 루터의 바울 이해는 해석학적 오류를 동반할 수밖에 없었다. 왜냐하면, 루터는 자신을 주후 1세기 어간에 유대인들의 행위 구원론에 반기를 든 바울 사도와 동일시하고, 유대인들의 행위 구원론은 결국 루터 자신이 싸운 로마교의 구원론과 동일하다고 간주했기 때문이다. 루터 당대의 로마교의 행위 구원론을 바울 당대 유대인들의 율법에 근거한 구원론과 동일시 할 수는 없지 않은가? 그러함에도 루터의 바울 이해가 이후로 개신교의 바울 이해가 되어 버렸다. 그래서 개신교의 구약 학자들은 구약성경을 읽으면서, 추방 이후에 유대인들의 율법관은 아주 퇴보하기 시작하여 마침내 어떤 사랑이나 긍휼의 감정도 사라지고, 딱딱한 율법주의, 외식주의로 변질되어 버렸다고 생각했다. 그리고 유대교의 신학자들인 랍비들의 신학 사고를 논할 때, 개신교 학자들은, 루터가 로마교와의 신학 논쟁에서 얻은 바울 인식의 렌즈를 통해서 유대교 신학과 논쟁하는 바울 사도의 율법관을 바라보게 되었다. 그 결과로 랍비 신학의 보고인 미쉬나 (탈뭇은 미쉬나와 그 해석인 게마라로 구성됨)는 개신교 학자들이 보기에 굳어진 율법주의의 원천이었다. 예컨대, F. Weber는 랍비들의 신학에서 구원은 율법의 다양한 명령들에 대한 순종으로 얻어진다고 지적했다. 이런 식의 유대교 이해가 신약 이해의 근거가 될 때, 바울 이해는 왜곡될 수밖에 없었다. 널리 읽혔던 산데이 헤들람 (W. Sanday & A. Headlam)의 로마서 주석 (ICC)은 1895년부터 1952년 어간에 무려 17판이나 인쇄되었는데, 저들은 주장하길, 롬 7:7-25에서 바울 사도는 회심하기 이전의 자화상(自畵像)을 묘사하고 있다고 했다. 즉 바울 사도는 회심하기 전에, 율법의 그 엄한 요구 때문에 마음의 평정을 가질 수가 없었다는 것이다. 불트만의 바울 이해 역시 엄격한 유대교의 율법주의를 배경으로 하고 있다. 사정이 이러했으므로, 개신교 학자들은 물론이거니와 유대교 학자들조차도 바울 당대의 유대교의 모습에 대한 루터식 이해에 대하여 아무런 이의를 제기하지 아니했다.

물론 이미 1894년에 유대인 개혁 사상가인 C. G. 몽트피오르 (Montefiore)가 기독교 학자들이 랍비들의 유대교 사상을 아주 캄캄하게 색칠하여 이것을 배경으로 바울 사도의 신학이 아주 환히 빛을 발하도록 하고 있다는 사실에 아주 강력하게 이의를 제기한 적은 있다. 몽트피오르는 랍비들의 사고를 엄격한 율법주의로만 보아서는 안 된다는 점을 강조했다. 랍비들의 문헌에서 얼마든지 긍휼에 풍성하시어 용서하시는 하나님의 모습을 찾을 수 있다. 율법의 조항을 깨었다 할지라도 회개하기만 하면 기꺼이 용서하시고 받으시는 그 하나님의 사랑이 이 곳 저 곳에 묘사되고 있다는 것이다. 그런데도 왜 기독 사상가들은 랍비들의 유대교를 어둡게만 보려는가? 라는 항변이었다. 오히려 랍비들은 율법을 기쁨이라 간주했고, 사도 바울만큼이나 랍비들 역시 믿음을 고귀하게 간주했으며 매일 기도문에서 (b. Yoma 87b) 늘 기도하길, "온 세상의 주권자시여! 우리의 의로운 행위 때문이 아니라, 당신의 풍성한 긍휼을 인하여 당신 앞에 우리의 간구를 감히 드리나이다" 라고 하였지 않았던가? 몽트피오르에 의하면, 엄한 재판장이신 하나님, 그리고 정죄하는 율법관은 오로지 상상의 산물일 뿐이요, 근거 없는 공포의 귀신일 뿐이었다. 그렇지만, 그 현장에서는 이런 몽트피오르의 항변이 소귀에 경읽기로 끝나고 말았다.

그러나 점차 시간이 지나면서 몽트피오르의 항변이 생각하는 학자들의 연구를 촉발시켰다. 1927년에는 G. F. Moore가 두 권의 책을 출간하여 Weber와 대조되는 랍비 신학 이해를 제기했다. 즉 랍비 신학에서 용서와 회개, 은혜의 역할을 강조한 것이다. 1948년에는 W. D. Davies가 「바울과 랍비 유대 사상」 (Paul and Rabbinic Judaism)이란 책에서 바울의 "이신칭의" (믿음으로 말미암아 의롭게 된다) 교리는 논쟁의 와중에서 처음 발전된 여럿 중의 한 메타퍼 (은유)일 뿐이라고 지적했다. 그러나 뭐니 뭐니 해도 몽트피오르의 항변을 개신교 신약학의 핵심 이슈로 등장시킨 저술은 다름 아닌 E. P. 샌더스 (Sanders)의 「바울과 팔레스틴 유대교」 (Paul and Palestinian Judaism)란 책이었다. 샌더스의 책이 그렇게 큰 반향을 일으킨 것은 그의 접근법이 아주 독창적이어서가 아니라, 루터식 유대교 이해의 맹점을 아주 예리하게 하나하나 철저하게 지적했다는 사실에 있었다. 샌더스는 저명한 기독교 학자들의 작품들을 하나 하나 분석하여 그것들이 어떻게 바울 당대의 랍비 유대교 사상을 "공적" 구원 사고라 깔보고 있는지를 폭로시켰다. 그는 주후 200년까지의 랍비들의 문헌과 쿰란 문헌, 외경과 가경들을 하나하나 짚어 가면서 당대 유대교 구원관의 참 모습을 드러내고자 했다. 샌더스의 결론에 의하면, 랍비 유대교 사고에서 구원은 어떤 선행을 통해서가 아니라, 하나님의 언약 백성에 속함으로 얻는다. 물론 언약에 대한 바른 자세는 순종이었고, 온전히 순종하지 못한 자들에게는 속죄의 수단이 언제나 열려 있었다. 이런 신앙 패턴을 일컬어 샌더스는 "언약법주의"(covenantal nomism)이라 불렀다. 이는 개신교 학자들이 말하는 유대교의 구원론과 거리가 멀다.

이렇게 바울 당대 유대교의 구원론이 가정되었던 그런 엄격한 율법주의, 공로 사상이 아니라면, 문제는 바울 사도가 그렇게 논박해 마지않는 유대교의 구원론은 바울 당대의 유대교 구원론이 아니라 도대체 어떤 종파의 것이었단 말인가? 바울 사도는 분명히 율법의 행위로 의롭게 된다고 주장하는 유대인들을 논박하고 있기 때문이다. 여기에 대하여는 몇 가지로 의견이 갈리는데, 우선 몽트피오르는 생각하길, 바울은 유대교의 회개와 용서 가르침을 알지 못하는 아주 이상한 유대인이었고, 바울이 논박하는 그 유대교는 유대교라 불리기도 어렵고 유대교라 인정한다면 헬라 사상에 완전히 변질된 유대교에 불과하였다. 샌드멀 (S. Sandmael)도 유사하게 주장하길, 바울의 율법관은 현재 우리가 볼 수 있는 유대교 문헌에서 드러나는 그런 견해와 정 반대의 것이며, 바울의 부정적 율법관은 헬라 유대사상의 토양에서 번창했던 율법관과 거의 같다고 했다. 여기서 한 걸음 더 나아가면, 바울의 율법관이 "영지주의"에서 유래했다는 매코비 (H. Maccoby) 같은 극단적인 주장이 된다.

그렇지만, 바울 사도의 부정적 율법관에 대한 이런 이해는 W. D. 데이비스가 오래 전에 고찰했던 대로, 팔레스틴의 정통 유대교와 해외 유대인 교포들의 다양한 변종들 사이에 아주 선명한 구분이 있었다고 가정함으로 방법론적으로나 역사적으로 오류를 범하고 있다. 그렇다면, 샌더스는 바울 사도의 부정적 율법관을 어떻게 보았던가? 샌더스는 Moore가 희미하게 주장했던 바를 발전시켜 제시하는데, 그것은 예수께서 세상의 구세주라는 자신의 경험에서 얻은 확신을 전제로 모든 논쟁을 시작한다는 것이다. 유대인을 포함하여 모든 사람은 오로지 예수님을 통해서만 구원을 받을 수 있다. 그렇다면, 예수님 외의 어떤 것도 대안이 될 수 없다. 이렇게 샌더스에 의하면, 바울 사도의 신학은 유대교의 언약법치주의에서 뛰쳐나와 다른 종교가 된 바를 제시할 뿐이다. 샌더스에 의하면, 바울 사도는 어떤 체계적인 율법관을 가진 바가 없고, 유대인이건 이방인이건 구원을 얻기 위해서는 예수 그리스도를 믿어야 함을 선포하는 선교 현장에서 상황에 따라 각기 다른 방식으로 대응했을 뿐이었다. 특별한 이유들에서 바울 사도는 이방인들이 특별히 유대교적이라 간주한 율법 조항들 예컨대, 할례나 안식일 준수, 음식법 등이 폐기되었다고 간주했다. 그런 요소들이 이방인 선교에 방해가 될 것이었고, 이방인들이 보기에는 그런 조항들 때문에, 구원을 받으려면 예수 그리스도를 믿어야 함에도, 유대교에 속해야 한다고 느끼게 되었다. 왜 그런 율법이 폐기되었나 하는 이유를 제시함에 있어서 바울 사도는 여러 방식으로 설명했는데, 때로는 이 설명들이 서로 간 조화되지 않는다 한다. 바울 사도의 설명 중에서도 핵심은 율법은 모든 사람들을 정죄하도록 주어져서, 결국 모든 사람들로 구세주 예수 그리스도를 찾고 그를 통해 구원 받도록 하는 것이었다. 그럼에도 사도 바울은 율법은 더 이상 유효하지 않다고 말하는 모든 정황에서 심리적으로 아주 불안을 느낄 정도의 유대인이었다. 더구나 그는 젊어서 유대교 교육을 철저히 받았기에, 선과 악, 예절 바름과 무례함 등에 대한 확신을 모두 유대교 사고에 근거하였다. 때로 고린도 교인들이 묻는 것처럼 그런 여러 질문에 부딪힐 때, 사도 바울은 아이로니 하게도 더 이상 효력이 없다고 선언했던 그 유대교 율법에서 해답을 이끌어 내곤 한다. 한 마디로, 샌더스에 의하면, 사도 바울은 자기의 선교적 필요에서는 율법의 폐기를 주장하고, 또 구원 받은 성도의 생활을 위해서는 율법에 의존하는 이중적 양상을 보였다.

    J. D. G. 던(Dunn)도 샌더스가 주장하여 공감을 야기시킨 바울 당대의 유대교 사상의 다른 이해에 동조하면서도, 샌더스를 비판하는데, 그 이유는 바울 사도의 서신들이 근본적으로 유대교 사상에 근거한다는 점을 그럴듯하게 설명하지 못하기 때문이다. 샌더스의 이해 대로, 바울 사도가 당대 유대교에서 그처럼 완전히 절연되었다면, 바울 사도가 롬 9:1-3에서 믿지 아니하는 유대인 형제들을 대하여 그처럼 고민해 하고, 롬 11:17-24에서 이방인 기독인들의 영적 뿌리는 유대교에 있다는 것을 강조하는 사실은 도무지 이해할 수 없는 수수께끼가 아닐 수 없다.

    그렇다면 던의 바울 이해는 무엇인가? 던에 의하면, 바울 사도는 이방인 기독인들이 하나님의 언약 백성의 자리에 속하기 위해서는 이스라엘 민족의 표지들로 기능했던 세 가지 율법의 행위들을 받아야 한다고 믿었던 유대 기독인들과의 뜨거운 논쟁에서 자신의 율법관을 체계화시키게 되었다. 그 세 가지 행위들이란, 할례와 안식일 준수, 그리고 음식법 준수 등이었다. 그렇다면 바울 사도가 그처럼 논박하는 율법의 행위들(works of the Law)은 구원을 얻기 위하여 선행을 하는 그런 행위가 아니라, 전체는 아니라 해도 일부 조건에서는 구원은 이스라엘 민족에 속해야 얻을 수 있고, 율법을 지키는 것은 바로 이스라엘 민족에 속하는 신분의 표지라고 믿는 일과 연관된다. 그래서, 바울 사도가 율법을 긍정적으로 말하는 진술들은 부정적인 진술들과 하등 모순이 없다. 왜냐하면, 부정적인 진술은 율법 자체를 무시하는 것이 아니라, 율법을 민족주의적으로 오용하는 것을 공격하기 때문이다. 이렇게 바울 사도를 이해하게 되면, 여러 이점이 있다고 던은 주장한다. 첫째로, 루터식 유대교 이해 패러다임을 배격하는 점에서 샌더스가 정당함을 인정하지만, 샌더스의 바울 이해보다 한층 그럴듯한 바울 이해를 제시해 준다. 던에 의하면, 던 자기식 바울 이해에서, 바울은 1세기 유대교 사상에 확고한 토대를 지니고 있으며, 율법에 관한 그의 진술들은 긍정적이건 부정적이건 서로 모순되지 아니하고 존재할 수 있다. 왜냐하면 율법은 원래 선한 것이로되 민족적 자만의 도구로 오용될 수 있다는 일관된 확신을 가질 수 있기 때문이다.

샌더스의 주장에 공감하면서도 자기 주장을 내세우는 학자 중에 H. Raeisaenen도 있다. 던처럼, 레이제넨은 샌더스의 유대교 이해를 인정하고 이 새로운 시각에서 바울 사도의 율법의 행위 논박을 파악하고자 시도한다. 사도 바울은 회심한 이후 헬라적 기독 공동체의 영향 하에서 율법관을 형성하게 되었다. 그 헬라적 기독 공동체는 이방인들을 기독교로 이끌기 위해 율법의 특히 유대교적 요소들의 필요성을 경시했다. 나중 사도 바울은 자신의 이방인 선교 현장에서 편의상, 왜 그래야 하는지 이유를 확실하게 생각지도 아니하고 율법을 자신의 복음 증거 요소에서 완전히 빼 버렸다. 레이제넨에 의하면, 사도 바울이 처음으로 율법과 그리스도에 대한 믿음 관계를 설명하고자 했던 정황은 유대주의자들이 갈라디아에 세운 자기 교회들에 침투하여 소란을 야기시킨 때였다. 그 유대주의자들은 바울 사도에 적대적이었고, 구약 성경에 의존해서 이방인 기독인들도 율법을 준수하여 유대인처럼 되어야 구원을 받는다는 주장을 강하게 제시하였다. 바울 사도는 자신의 경험에 근거하여 그리스도께 대한 믿음에 첨가되는 그런 요소들이 불필요한 방해물일 뿐이라는 확신하에, 자신의 확신을 입증하고자 논지들을 발전시키게 되었다. 그러나 레이제넨이 보기에 바울 사도는 별로 성공적이지 못했다. 유대주의자들의 주장을 일격에 뒤엎는 그런 성공적인 논지를 제시하기는커녕, 정황들에 따라서 이런 저런 모순되는 주장들을 내어 놓게 되었다. 그 결과로 때로는 유대교의 율법관을 왜곡하는 그런 진술도 나타나게 되었다는 것이다.

이제 샌더스 이래로 바울의 율법관에 대한 루터식 이해는 여전히 우세한 지위를 점하고 있는 것처럼 보이긴 해도, 바울의 율법 신학에 대한 공감대는 물 건너 간 것처럼 여겨진다. 레이제넨이 주장하듯, 바울 사도 사고 자체에 모순적 요소들이 존재하는 것인가? 아니면, 바울 사도가 논박하는 왜곡된 모습의 유대사상과 실제로 존재했던 유대교 사고 사이의 부조화에 문제가 있는 것인가?

이렇게 바울 사도의 율법관에 대한 학자들의 논쟁을 개괄하면서 우리가 받는 인상은 바울이 논박했던 그 유대교의 행위 구원 사고에 대한 루터식 이해가 그처럼 오랫동안 지속되어 왔다는 점에 대하여 의문이 사라지질 아니한다. 아니, 지금도 루터식 바울 당대 유대교 이해가 널리 통용되고 있다는 점을 어떻게 이해해야 할까? 그것은 다름 아니라, 구원 얻을 목적으로 율법을 준수하는 유대주주의자들이 바울 당대에 있었다는 암시를 신약 본문 자체에서 받기 때문일 것이다. 유대교 문헌들에 회개와 용서, 은총의 사고가 강하게 부각되고 있다 하더라도, 바울 사도가 그렇게 강조하여 논박해 마지않는 율법 준수라는 행위구원을 주장하던 유대주의자들이 분명히 있었다고 밖에 달리 생각할 여지가 없지 않겠느냐? 는 것이다. 그런 유대주의자들은 결국 정통 유대교는 아니었고, 유대교의 한 분파로서 바울 사도의 선교를 교란하던 무리들이었으리라고 들 생각한다.

우리는 더 이상 논의를 진행시킬 의도는 없지만, 한 가지를 말하자면, 그것은 유대교 사상은 구약에 근거하며 그것이 바울 당대에 변질되어 율법을 준수해야 구원을 받는다고 가르쳤다는 식의 이해는 근거가 없어 보인다는 것이다. 차라리 제임스 던의 지적처럼 율법을 이스라엘 민족의 배타적 민족주의 성향에서 오용하던 유대주의자들의 그릇된 사고에 대하여 사도 바울께서 반박을 하셨다고 보는 것이 좋을 듯 하다. 하나님은 율법의 울타리를 이스라엘 민족에게 치시어 이방인들과 구분되게 하셨다. 이스라엘은 조상 덕분에 출애굽을 통해 이미 구원을 얻은 이후에 시내산에서 율법을 수여 받았다. 이방인과 구분되는 거룩한 백성으로 살아갈 표지를 받은 것이었다. 이것이 구약의 핵심 사고인데 바울 당대의 유대주의자들이 이를 변질시켜 율법을 지켜야 구원받는다고 주장할 수가 있었을까? 오히려 구속사의 변천, 곧 예수님의 도래로 인하여 야기된 구속사의 변화에 아직 적응하지 못한 그 전환의 시기에 살았던 많은 유대 기독인들이 이전 구약 관습대로, 이방인들도 구원을 얻으려면 할례를 받고, 음식법을 지키며 안식일을 준수함으로 유대인적이 되어야 한다는 사고를 가졌을 것이다. 그러니까 구약에 예언된 새 언약의 세계의 생활 방식과 구원 방식을 아직 정확하게 알지 못한 사람들의 무지한 소치로 결국 구약식 개종을 고집했던 것이다. 이방인 선교사 바울 사도의 영적 통찰력은 구약에 예언된 메시아 시대의 도래 곧 예수 그리스도를 통한 새 시대의 도래에 나타날 이방인의 구원 방식을 예리하게 제시할 수 있었다. 물론 자신의 다메섹 체험이 크게 이해를 도왔을 것이고, 자신의 이방인 선교 체험들을 통해서 성령님의 인도 하에 구약을 조명하면서 새 시대의 이방인 구원 방식에 대한 통찰력을 새롭게 했을 터이다. 요컨대, 구약 성경 특히 시편의 율법관은 너무나도 긍정적이고 그것을 지킴은 구원을 얻기 위함이 아니라, 율법 사랑이야 말로 하나님의 백성으로서 하나님과 교제하는 방편이었던 것이다.

7.11.10. 일반은총

시편이 언약백성의 상벌만 노래한다고 생각하기는 어렵다. 창조를 찬양하는 시 (시 8, 19, 29, 33, 104 등)에서 우리는 하나님의 일반 은총에 대한 사고도 들을 수 있다. 자연은 구속받은 자들에게만 주어진 것이 아니기 때문이다. 사실 자연은 구원을 위한 무대를 형성한다. 그럼에도 모든 인류가 구원받는 것은 아니므로, 자연은 역시 일반 은총으로 분류될 수 밖에 없다. 이렇게 일반 은총을 노래하는 시들에서 우리는 불신자들과의 접촉점을 찾을 수 있을 것이다.

앞에서 말한 언약사상과 일반 은총 사고를 합하면 결국 시편은 전체 인류의 삶을 조망한다고 말할 수 있게 된다. 시편 1편에서부터 두 주역들이 등장한다. 그것은 의인과 악인이다. 의인은 언약에 충실한 자를 지시한다면, 악인은 언약을 배반하는 자들이며, 더 나아가 구속받지 못한 열방을 지시한다. 악인의 특징은 하나님을 이론적으로 부인하거나 (무신론자) 아니면 실천적으로 부인한다 (언약 배교자)는 점이다. 악인의 삶은 항상 하나님에게서 벗어나 자율적 행동으로 주장된다. 악인의 결국은 멸망이지만, 이 세상에서의 형통이 없는 것은 아니다. 오히려 악인은 이 세상의 분깃을 받은 자들로서 (시 17:14) 경건한 자들보다 더 형통하거나 평안할 수 있다. 영원 형벌에 처해질 자들에게 무슨 징계가 필요할 것인가? 사생자에겐 매가 필요하지 않은 것이다.

의인은 그러나 궁극적으로 보상을 받을 것이며, 악인을 이길 것이다. 시 2편이 열방의 반란을 노래했다면, 시 149편든 2편의 사고를 발전시켜 하나님의 통치에서 벗어나려는 열방이나 왕들은 사슬로, 철 고랑으로 결박 받고 기록된 선고대로 보응을 받게 될 것이다 (시 2:1-2, 149:7-9). 하나님은 자기 자녀들의 왕으로서 통치하시고, 저들의 창조주로서 부모가 된다 (시149:2).

이렇게 시편은 2편과 149편이 인클루지오(inclusio)를 형성하도록 배치되었고, 이 시편들은 악인과 의인의 운명이 궁극적으로 어떻게 될지를 적절하게 조명해 주고 있다. 우리는 시편들을 통해서 하나님의 구속받은 언약 백성들이 때로는 징계를 당하고 고난에 처하여 부르짖지만, 그것은 경건한 자들이 나아가야 할 좁은 길이며, 세상의 안일과 쾌락을 추구하는 악인들의 형통함이 종국적으로 영원한 형벌로 이어질 것임을 안다. 그러므로 비록 지금 동일한 일반 은총을 받으며 산다 할지라도, 현세에서의 생활 방식은 천양지차이며, 영원한 운명도 하늘과 땅만큼이나 다르게 갈라질 것임을 알게 된다. 이러므로 우리는 단순히 자연만물에 나타난 하나님의 크신 은총을 찬양하는 것으로 그치지 않고, 더 나아가 이 자연은총을 누리면서도 하나님을 인정하지도 아니하고, 감사치도 아니하고 영화롭게 하지 아니하는 저 패역한 불신자들을 향한 뜨거운 선교의 비전을 키우지 않으면 안 되겠다. 동시에 현실에 안주하려는 우리의 나태하고 안일한 사고를 단호히 배격하고 항상 언약의 요청한 절대헌신과 절대충성의 길로 나가야 할 것이다.

7.11.11. 서원

오늘날 성도들은 중대한 문제들에 부딪힐 때, 금식을 하거나 기도원에 들어가서 장기간의 기도를 하거나 혹은 여타 평소에 하지 않던 일들을 하게 된다. 자기 주변을 정리하고 하나님의 뜻을 묻고 그분의 선하신 은총을 간절히 구하게 된다. 그런데 성경에서 "서원기도"는 문제해결의 주요한 수단으로 자주 나타난다. 그 대표적인 경우가 한나와 입다의 경우이다. 저들에게 당면한 문제는 자식이 없다는 사실과 이스라엘을 원수의 압제에서 건져내는 일이었다. 저들은 이런 중대한 문제 해결을 위해서 서원기도를 드렸다. 한나의 경우는 자식을 주시면 그를 평생에 하나님께 바치겠다는 것이었고, 입다의 경우는 전쟁에서 승리를 주시면 개선할 때 자기를 가장 먼저 영접하는 것을 번제로 바치겠다는 것이었다.

이렇게 "서원"은 하나님께 하는 약속인데, 소원의 성취를 위해 하나님께 무엇인가를 선물하겠다는 제안이다. 서원은 일반적으로 조건문의 형식으로 된 간청의 내용과 그 간청이 이루어질 경우 어떻게 은총을 갚겠다는 약속이 담긴 엄숙한 서약이다. 이 "서원"은 어떤 면에서는 맹세와는 반대가 된다. 왜냐하면 맹세는 "… 한다면" 이라는 개개인의 약속으로 시작해서 그 약속이 불이행될 경우 하나님의 행동으로 나아가지만, 서원은 하나님의 개입의 요청에서, 요청대로 성취될 경우 간청자가 약속한 보답으로 나아가기 때문이다.

또한 성경에서의 서원은 항상 하나님을 향하여 조건문 형식의 약속으로 나타난다 (창 28:20-22, 민21:2, 삿11:30-31, 삼상1:11, 삼하15:8). 왜냐하면 서원이 일어나는 각 상황은 각자에게 어려운 시기이고 하나님의 개입하심이 절실히 요구되는 상황이기 때문이다. "서원"의 기본적인 형식은 우선

1) 조건절 (… 하신다면)로 시작되고 (가정절을 도입하는 "임" + 바브-연속법의 미완료나 완료 동사),

2) 귀결절 (그러면, … 하겠습니다)(바브-연속법의 완료 혹은 미완료가 나타난다)로 종결된다.

그렇지만 시편에서는 약간 형식이 다르다. 시편에서 시인들은 어려운 상황에 있는 자기의 간절한 기도를 하나님께서 들으실 것을 탄원하게 되는데, 이러한 간구에서 서원의 조건절은 독특하게 동사의 명령형 (간구형) 형태로 대치되어 나타난다. 이러한 형식상의 차이가 나는 이유는 문장의 간결성이라는 시의 문학적 특징 때문일 것이다. 그리고 서원의 조건절 다음에는 찬양의 약속이 나오는데, 이것은 서원의 귀결절로 이해될 수 있다. 예를 들면, 시 61:7-8에서 시인은 "인자와 진리를 예비하사 저를 보호하소서! 그리하시면 내가 주의 이름을 영원히 찬양하며 매일 나의 서원을 이행 하리이다" 라고 기도한다 (유사한 예는 시 22:21-22, 35:8-9, 17-18, 27-28; 51:12-13, 14a-b, 15a-b, 18-19, 69:29-30, 71:13-14, 21-22, 109:29-30 등에서 찾아볼 수 있다).

구약에서 나타난 서원의 본문들에는 몇 가지 일련의 특징들이 있다. 먼저는 "서원" 개념이 성경의 한 부분에만 나타나는 것이 아니라 오경, 역사서, 성문서, 그리고 선지서에 골고루 나타나는 보편적인 개념이라는 것이다. 그리고 서원이 등장할 때 개념에 대한 구체적인 설명 없이 규례 준수에 대한 강조가 나오는 것으로 보아서 또한 당시에는 특별히 설명하지 않아도 될 만큼의 평범하고도 대중적인 규례라는 것을 알 수 있다. 따라서 서원은 한 시대에만 적용된 상황적 규례가 아니라 이스라엘 백성이라면 이 규례를 알고 있고 이 규례를 활용했을 것이라 추측할 수 있다. 둘째로, 서원 서술 본문에서 나타나는 특징은 다분히 "조건적"이라는 것이다. 서원의 본문은 항상 하나님을 향하여 일정한 조건문 형식을 갖는다: 1) 서언, 2) 조건절, 3) 귀결절 등.

이렇게 서원이 하나같이 조건절을 가지는 이유는 서원이 일어나는 각 상황이 각자에게 어려운 시기이고 하나님의 개입하심이 절실히 요구되는 상황이기 때문이다. 창 28:20 이하

에서, 형을 피해 외삼촌 집으로 가는 야곱에게는 안전한 여행에 대한 두려움이 있었고, 민 21:2에서, 출애굽 후 광야생활 하는 이스라엘 백성들에게는 전쟁의 두려움이 있었고, 삿 11:30-31에서 사사 입다에게는 암몬 자손과의 전쟁에 대한 두려움이 있었고, 삼상1:11에서 한나에게는 자식 없음의 한이 있었다. 그래서 각자는 그 어려움에서 탈피하기를 원하는 간절한 마음으로 조건문의 형태로 하나님께 서원 기도를 하는 것이다.

셋째로 서원은 간절한 기도의 한 형식이라는 점이다. 구약에서 서원이 나타나는 문맥은 언제나 간절한 기도의 문맥에서이다. 한 개인이나 이스라엘 민족이 곤경에 처했을 때 기도하는 중에 하나님의 개입을 바라는 간절한 열망으로 서원기도를 한다는 사실이다. 그리고 기도를 어떤 특정인만이 아니라 경건한 신앙인이라면 할 수 있듯이 서원 역시도 특정인에게 제한되어 있지 않았다는 점이다. 이것은 다른 말로 하면 서원이 기도처럼 대중적이었다는 점이다. 서원 사고를 담고 있는 시들의 예들을 고찰해 보자.

1) 시 22:21-22, 25
나를 사자 입에서 구하소서 /들소 뿔에서 응답하소서
내가 주의 이름을 형제에게 선포하고/ 회중에서 주를 찬송하리이다
대회 중에 나의 찬송은 주께로서 온 것이니 /
주를 경외하는 자 앞에서 나의 서원을 갚으리이다 (25)

시 22편은 첫 절부터 "내 하나님이여 어찌하여 나를 버리셨나이까?" 로 시작하여 하나님을 향한 탄식을 발하고 있다. 그리고 "많은 황소," "바산의 힘센 소들," "부르짖는 사자," "개들" 로 표현된 원수들이 시인을 압제하고 있다. 이렇게 시 22편은 전형적인 개인 탄식시의 요소들을 드러낸다. 그러나 이 시편에는 탄식만 아니라 간구, 신뢰의 고백, 찬양과 감사가 고루 나타난다. 그런데 탄식과 후반부의 찬양과 감사를 연결시켜 주는 고리는 서원 사고이다. 이 시인은 압제와 고난에서 구원을 받고 이제 하나님께 감사와 찬양을 돌리는 것이다. 시인은 물 같이 쏟아졌고 그의 모든 뼈는 어그러졌으며 그 마음은 촛밀 같이 속에서 녹았다. 그는 힘이 말라 질그릇 조각 같이 되었고 혀가 이틀에 붙었다. 그런 혹독한 고난 중에 시편기자는 자신의 고통을 하나님께서 제거해 주실 것을 확신하고 이 확신 속에서 서원 기도를 드렸다 (25절). 이제 하나님은 그를 모든 고난에서 건져주셨으므로 이 시인은 대회 (카할 라브, 큰 회중) 중에서, 곧 연례적인 절기시에 하나님의 역사를 간증하고 찬양하는 것이다.

2) 시 35:17-18
주여 어느 때까지 관망하시리이까
내 영혼을 저 멸망자에게서 구원하시며/ 내 유일한 것을 사자들에게서 건지소서
내가 대회 중에서 주께 감사하며/ 많은 백성 중에서 주를 찬송하리이다

시편 35편은 개인 탄식시로, 시인이 원수에게 부당하게 핍박을 당하는 정황을 노래한다. 이러한 고난의 상황에서 시편기자는 하나님을 향하여 서원의 형식을 빌어 구원을 간구하고 있다. 그가 탄식의 상황에서 간구하며 하나님께 감사와 찬송을 약속하는 것은 "이것이 소 곧 뿔과 굽이 있는 황소를 드림보다 여호와를 더 기쁘시게 함이 될 것" (시 69:31)이라 믿었기 때문일 것이다. 고난 중에 있는 자들은 하나님의 도우심을 애타게 소원하며, 그런 가운데 신앙의 열도를 자신이 할 수 있는 최대한의 정도까지 높일 것을 굳게 결심하게 된다. 그러나 우리의 현실은 고난이 지난 후에 얼마나 빨리 그리고 쉽게 이전의 안일한 자세로 되돌아 가고 마는지!

3) 시 50:14-15
감사로 하나님께 제사를 드리며 지극히 높으신 자에게 네 서원을 갚으며
환난 날에 나를 부르라 내가 너를 건지리니 네가 나를 영화롭게 하리로다

이 시는 언약 갱신을 노래한다. 본문이 들어있는 문맥은 언약에 신실하라 는 권고의 메시지이다. 그러므로 여기 서원을 갚으라는 권고는 언약 백성으로서 하나님과의 관계에서 신실하라 는 명령이다. 그런데 환난 날에 나를 부르라는 초청은 서원을 갚으라는 말씀과 연관시켜 볼 때, 환난 날에 드린 서원 기도는 효과적이며, 구원 받은 후에 성도는 서원을 이행해야 할 것을 강력히 요청한다. 얼마나 자주 우리는 어려움 중에서 발한 우리의 서원을 하나님 앞에서 불이행하거나 태만히 이행하는지!

4) 시 61:7-8
저가 영원히 하나님 앞에 거하리니/ 인자와 진리를 예비하사 저를 보호하소서
그리하시면 내가 주의 이름을 영원히 찬양하며/ 매일 나의 서원을 이행하리이다

시편 61편은 개인 탄식시로서 "하나님이여 나의 부르짖음을 들으시며 내 기도에 유의하소서" 라는 부르짖음으로 시작된다. 시인은 원수에게 핍박을 받고 있다 (3절). 그의 마음은 짓눌리고 있으며, 주의 날개 그늘 아래서 피난처를 구하고 있다. 시인은 왕인 듯 하다 (6절). 아마 다윗이 압살롬의 난을 피해 멀리 도망가서 ("땅 끝에서부터" 2절) 이 시를 노래하고 있는지 모른다. 여하간 시인은 하나님께서 속히 구원해 주시라고 간구하면서 서원 기도를 드린다. 그가 간구하는 기도의 내용은 왕으로서 자신이 영원히 하나님 앞에 거하게 해 달라는 것과 왕을 인자와 진리로 보호해 달라는 것이다. 응답을 기대하면서 시인은 "그리하시면 내가 주의 이름을 영원히 찬양하며 매일 나의 서원을 이행하리이다" 라 다짐한다.

5) 시 69:29-31

오직 나는 가난하고 슬프오니 하나님이여 주의 구원으로 나를 높이소서
내가 노래로 하나님의 이름을 찬송하며
감사함으로 하나님을 광대하시다 하리니
이것이 소 곧 뿔과 굽이 있는 황소를 드림보다
여호와를 더욱 기쁘시게 함이 될 것이라

이 시는 후반부에 가서야 겨우 소망의 빛을 희미하게 드러내는 개인 탄식시이다. 특히 원수에 대하여 가혹하리만치 혹독하게 저주를 퍼붓고 있다 (22-28절). 어떤 이들은 이 시가 "깊은 수렁"을 언급하므로 깊은 구덩이에 빠졌던 예레미야 (렘 18:20, 22, 38:6) 예레미야의 시가 아닌가 추정하기도 한다. 여하간 시인은 원수에게 핍박과 고난을 당하는 와중에 기도하길

나는 가난하고 슬프오니 하나님이여 주의 구원으로 나를 높이소서
내가 노래로 하나님의 이름을 찬송하며 감사함으로 하나님을 광대하시다 하리니

라 서원 기도를 드린다 (29-30). 곤고할 때에 하나님을 간절히 찾고 구원받은 후에 내가 바칠 감사제를 서원 하라. 하나님은 신속하게 응답하실 것이다.

6) 시 71:13-16, 21-22
내 영혼을 대적하는 자로 수치와 멸망을 당케 하시며
나를 모해하려 하는 자에게는 욕과 수욕이 덮이게 하소서
나는 항상 소망을 품고 주를 더욱 더욱 찬송하리이다
내가 측량할 수 없는 주의 의와 구원을 내 입으로 종일 전하리이다
내가 주 여호와의 능하신 행적을 가지고 오겠사오며
주의 의 곧 주의 의만 진술하겠나이다
나를 더욱 창대하게 하시고 돌이키사 나를 위로하소서 (21절)
나의 하나님이여 내가 또 비파로 주를 찬양하며 주의 성실을 찬양하리이다
이스라엘의 거룩하신 주여 내가 수금으로 주를 찬양하리이다

본 시편은 아무런 표제가 없고 내용상 개인 탄식시로 분류된다. 시인은 노년에도 버리지 마시고 보호해 달라고 간구한다. 모빙켈은 이 시는 위험 중에서 드리는 간구시라기 보다 닥쳐올 위험을 상정하고 드리는 보호 요청의 시라 한다. 그러나 시인은 여기 저기서 자신이 원수들에게 압제와 고난을 당하고 있다고 도우심을 간구한다 (10-13절). 시인은 도움을 주시어 구원해 주시면 그 구원을 입으로 종일 전파하리라고 서원을 한다 (15-16절). 그리고 그

는 찬양할 것도 약속한다 (22-23절).
7) 시 109:29-30
나의 대적으로 욕을 옷 입듯 하게 하시며 자기 수치를 겉옷 같이 입게 하소서
내가 입으로 여호와께 크게 감사하며 무리 중에서 찬송하리니
저가 궁핍한 자의 우편에 서사
그 영혼을 판단하려 하는 자에게서 구원하실 것임이로다

이상에서 고찰한 서원 관련 시들에서 공통적인 것이 몇 가지 있는데, 우선 서원 사고가 나오는 본문은 대부분 탄식시이다. 탄식의 상황에서 시편기자는 서원 형식으로 기도했다. 둘째, 서원의 내용이 대부분 찬양이다. 이 약속대로라면 하나님의 응답을 받은 후 그 구원의 은혜에 대한 찬송시가 하나씩 나왔을 것이다. 셋째, 서원을 찬양으로 갚을 때는 대부분 "회중 앞에서"라고 언급한다. 이 말은 탄식시의 상황이 "회중 앞"이 아닐 수도 있음을 가정할 수 있게 하고, 또 한편으로는 서원 이행에 의한 찬양시의 상황은 반드시 "회중 앞"임을 알려 준다는 점이다. 이것은 이 후에 찬양시를 이해하는 데 유익이 될 것이다.

7.11.12.시편과 신약
신약은 구약 인용의 1/3 정도를 시편에서 인용한다는 지적이 있다. 다음 목록에서 신약 기자들이 어떻게 시편을 사용했는지 일별할 수 있을 것이다 (Leopold Sabourin, *The Psalms*, 169-175 참조).

시 2:1-2	행 4:25-2	헤롯과 빌라도가 연합하여 주의 기름부음 받은 그리스도를 대적하다
2:7	히 1:5, 5:5, 행 13:33	그리스도는 하나님의 아들
2:8-9	계 2:26-27	이기는 자에게 철장권세
2:9	계 19:15	메시아의 세상 통치
4:5	엡 4:26	화를 내어도 범죄치 말라
5:9	롬 3:13	거짓말은 죄의 보편성을 증거한다
6:3	요 12:27	내 영혼이 심히 떨리나이다
6:8	마 7:23, 눅 13:27	행악하는 너희는 다 나를 떠나라
7:9	롬 8:27	심장을 아시나이다
7:9	계 2:23	심장을 살피며 너희 행한 대로 갚는다
8:2	마 21:16	유아들의 입으로 찬양을 완전케
8:4-6	히 2:6-7	잠시 주께서 천사보다 못하게
8:7	고전 15:27, 엡 1:22	만물이 그리스도께 굴복

10:7	롬 3:14 그 입에는 저주와 궤휼과 포학이 충만
14:1-3	롬 3:10-12 죄의 보편성
16:8-11	행 2:25-28, 31 그리스도의 부활
18:2	눅 1:69 구원의 뿔
18:49	롬 15:9 열방이 하나님을 영화롭게 하소서
19:4	롬 10:18 하나님 말씀의 전파
19:9	계 16:7, 19:2 하나님의 심판은 진실하고 의롭다
22:1	마 27:46, 막 15:34 나의 하나님, 나의 하나님 어찌하여
22:7	마 27:39, 막 15:29 다 비웃으며 입술을 비쭉이고
22:8	마 27:43 여호와께 의탁하니 구원하실 걸
22:18	요 19:24 내 겉옷을 나누며 속옷을 제비뽑나이다
22:22	히 2:12 구원받은 자를 형제라 칭하심
23:1	계 7:17 어린양께서 저들을 목자로 인도하심
24:1	고전 10:26 땅과 그 가운데 충만함이 주의 것
24:4	마 5:8 마음이 청결한 자 하나님을 볼 것이요
31:5	눅 23:46 아버지여 내 영을 부탁하나이다
32:1-2	롬 4:7-8 이신칭의 (justification by faith)
33:3	계 5:9, 14:3 새 노래
33:6	요 1:3 만물이 말씀으로 창조되다
34:8	벧전 2:3 하나님의 선하심을 맛보아
34:12-16	벧전 3:10-12 형제사랑
34:14	히 12:14 모든 사람과 화목하기를
34:20	요 19:35 그 모든 뼈를 보호하심이여
35:19	요 15:25 저희가 무고히 나를 미워하나이다
36:1	롬 3:18 그 목전에는 하나님을 두려워함이 없다
37:11	마 5:4 온유한 자는 땅을 차지
38:11	눅 23:49 나의 사랑하는 자 ... 멀리하고
40:6-8	히 10:5-10 내가 왔나이다 나를 가리켜 기록한 것은
41:9	요 13:18 내 떡을 먹던 나의 가까운 친구도 나를 대적하여
41:13	눅 1:68 이스라엘의 하나님을 영원부터 영원까지 찬송할지로다
42:5, 11, 43:5	마 26:38, 마 14:34 예수님의 고통
44:22	롬 8:36 우리가 종일 주를 위하여 죽임을 당케 되며
45:6-7	히 1:8-9 하나님이여 주의 보좌가 영영

47:8	계 3:21 이기는 자에게는 내 보좌에 함께 앉게 하여 주기를
47:8	계4:9-10, 5:1, 7, 13, 6:16, 7:10, 15, 21:5 보좌에 앉으신 자
51:4	롬 3:4 하나님은 의로우시고, 인간은 거짓말 장이
55:22	벧전 5:7 네 짐을 여호와께 맡겨 버리라
56:9	요 18:6 원수가 물러가리니
62:12	롬 2:6, 딤후 4:14 주께서 각 사람이 행한 대로 갚으심
68:18	엡 4:8 올라가실 때에
69:9	요 2:17 성전 청결하실 때 예수님의 열성
69:21	마 27:34, 48, 막 15:36, 눅 23:36 쓸개, 초
69:22-23	롬 11:9-10 저희 눈이 어두워 보지 못하게
69:25	행 1:20 저희 거처로 황폐하게 하시며
69:28	빌 4:3, 계 3:5, 13:8, 17:8, 21:27 생명책
72:10, 15	마 2:11 금을 예물로 아기 예수께
78:2	마 13:35 내 입을 열고 비유를
78:24	요 6:31 하늘에서 만나를 비같이
82:6	요 10:34 너희는 신들이며 다 지존자의 아들들이라
89:3, 4	행 2:30 하나님께서 다윗에게 맹세하기를
89:10	눅 1:51 주의 능력의 팔로 흩으셨나이다
89:20	행 13:22 내가 다윗을 찾아 기름으로 부었도다
89:37	계 3:14 확실한 증인 달같이
91:11-12	마 4:6, 눅 4:10-11 그 사자들을 명하여 네 모든 길에
93:4	계 19:6 많은 물소리와 바다의 큰 파도
94:11	고전 3:20 사람의 생각이 허무함을
94:14	롬 11:1 그 백성을 버리지 아니하시며
95:7-11	히 3:7-4:11 마음을 강퍅케 말라
97:7	히 1:6 너희 신들아 여호와께 경배할지어다
98:2-3	행 28:28 하나님의 구원이 이방인들에게 보내졌다
102:26-28	히 1:10-12 아들은 영존하시다
103:8, 111:4	고후 1:3 여호와는 자비로우시며 노하기를 더디 하시며
103:13, 17	눅 1:50 자기를 경외하는 자에게 그 인자하심은 영원부터 영원
104:4	히 1:7 바람으로 자기 사자를 삼으시며 화염으로
104:12	마 13:32 공중의 새들이 그 가에서 깃들이며
105:8	눅 1:72 그 언약 곧 천대에 명하신 말씀을 영원히 기억

106:45	눅 1:72 우리 조상들에게 긍휼을 보이시고, 자기 언약을 기억
105:21	행 7:10 저로 그 집의 주관자를 삼아
106:10	눅 1:71 원수에게서 구원
106:20	롬 1:23 자기 영광을 풀 먹는 소의 형상으로
107:9	눅 1:53 사모하는 영혼을 만족케 하시며
107:20	행 10:36 저가 그 말씀을 보내어 저희를 고치사
109:8	행 1:20 그 직분을 타인이 취하게 하시며
110:1	마 22:33 그리스도가 어찌 다윗의 주와 아들이 되겠는가?
110:1	마 26:64 인자가 하나님의 우편에 앉으시다
110:1	막 16:19, 롬 8:34, 고전 15:25, 엡 1:20, 골 3:1, 히 1:3, 8:1, 10:13, 12:2 승천하시어 하나님 우편에 앉으시다
110:1	히 1:3 그리스도는 천사보다 우승하시다
110:4	요 12:34 그리스도는 영원하시다
110:4	히 5:6, 7:17 멜기세덱의 반차를 좇아 영원한 제사장이라
111:9	눅 1:49 그 이름이 거룩하고
112:9	고후 9:9 재물을 흩어 빈궁한 자에게
113:7	눅 1:48 가난한 자를 진토에서 일으키시며
116:10	고후 4:13 내가 믿는 고로 내가 말하리라
116:11	롬 3:4 모든 사람은 거짓말쟁이라
117:1	롬 15:11 모든 나라들아 여호와를 찬양하며
118:6	히 13:6 여호와는 내편이시라 사람이 내게 어찌할꼬
118:22-23	마 21:42 건축자의 버린 돌이 모퉁이의 머릿돌이 되어
118:26	마 21:9 여호와의 이름으로 오는 자가 복이 있음이여
119:32	고후 6:11 내 마음을 넓히시오며
130:8	마 1:21 저가 이스라엘을 고 모든 죄악에서 구속하시리로다
132:5	행 7:46 여호와의 처소를 발견하기까지
132:11	행 2:30 다윗에게 성실히 맹세하셨으니
135:14	히 10:30 자기 백성을 판단하시며
140:3	롬 3:13 뱀같이 그 혀를 날카롭게 하니
141:2	계 5:8, 8:4 기도가 주의 앞에 분향함과 같이 되며
143:2	롬 3:20, 갈 2:16 주의 목전에는 의로운 인생이 하나도 없나이다
146:6	행 4:24 여호와는 천지와 바다와 그 중의 만물을 지으시며 영원히

신약기자들의 표현들이나 사고는 모두가 구약에 그 뿌리를 두고 있다. 이방인이라 알려진 누가도 요사이는 유대인이었다는 주장이 있지만, 신약 기자들은 하나같이 구약성경 가운데서 생각하고 생활하던 유대인들이었다. 저들이 성령님의 감동하심을 받아 예수 그리스도를 통하여 구약을 바라보게 될 때, 구약의 구구절절이 그리스도 안에서 성취되는 것을 볼 수 있었다. 구약의 문맥에 비추어 볼 때, 어떤 신약의 적용은 왜곡이나 인위적이 아닌가? 라는 의문도 생길 수 있겠으나, 자세히 살펴보면 신약기자들이 구약을 그리스도께 적용시키는 방식은 성령님의 영감이 아니면 할 수 없는 탁월성을 보여준다.

특별히 시인들이 자기 당대의 사건들이나 자신들의 고통이나 경험을 노래하는 것들을 신약기자들이 그리스도께 적용할 때 그 적용은 왜곡이 아니라, 그리스도께서 구약 성도들의 완성자로서 경험하신 바에서 그 성취와 절정을 발견하는 것이다. 예컨대 시 22편의 저자가 당한 고난은 그리스도에게서 그 절정과 완성을 보는 것이다. 그리스도는 제2의 아담으로서 인생이 당하는 모든 고난과 고통을 친히 맛보시고 죽으심으로 인생의 모든 죄를 구속하셨기 때문이다

7.12. 해석의 진행순서

기본적으로 우리는 개개 시들을 해석함에 있어서 다음과 같은 기본 순서대로 진행하고자 한다.

1) 시의 유형과 전체구조에서의 위치

개개 시의 유형을 분석하고, 앞의 시와의 관계나 아니면 그 시가 자리잡고 있는 그 시편의 책 (시편은 5권으로 구성되었다)에서의 위치 등을 고려한다. 이 부분에서 개개 시가 생겨난 역사적 정황도 고려한다.

2) 시적 구조와 해석

시 자체의 분석과 시적 특징들을 고려하고, 시의 연이나 스탄자 구분을 하며 해석 부분에서 한 절 한 절 주석한다. 원전(原典) 본문에 대한 비평도 여기서 언급한다. 원래 따로 두었다가 독자들이 '원전 본문 설명란' 과 각 구절의 주석란 사이의 거리 때문에 겪을 어려움을 고려하여, 한 군데로 묶었다.

3) 적용

현대인의 견지에서 시를 묵상해 본다.

그렇다고 이런 요소들이 모든 시들에 적용된다는 말은 아니다. 주석 부분에서 우리는 상기한 주석을 언급할 때는 주석 저자의 이름과 페이지를 언급하기도 하고, 때로는 저자의 이름만 지시할 것이다. 이 경우는 본서가 주석하는 그 구절에 해당되는 부분이란 의미이다. 마지막으로, 본 주석에서는 *Biblia Hebraica Stuttgartensia* [Leningrad B19A]를 본문으로 사용한다.

본 시편을 주석함에 있어서 필자는 기본적으로 텍스트-상관성의 원리 (textuality principle)에 따라 일관되게 해석하고자 노력했다. 즉, 유사한 단어들이나 단어 조합들 (collocation of words)을 열심히 추적하여 해석하는 방법이다. 본문 비평도 때론 가하지만, 현재 우리가 지닌 히브리어 사본 (맛소라 사본)이 원본을 가장 잘 반영하는 것으로 확신하고 주석하였다.

동시에 우리는 시편을 비롯한 성문서가 오경의 토대 위에 놓인다는 정경적 관계를 시편 해석의 또 다른 원리로 사용하였다. 오경은 비단 성문서만 아니라, 선지서, 신약의 토대이며, 따라서 모든 후대 성경의 근본인 것이다. 따라서 시편을 바로 이해하고자 하면, 시편과 오경과의 연관성에서 해석의 실마리를 풀어나가야 할 것이다.

셋째로, 시편은 역사서에서 그 배경을 찾아서 해석하는 자세를 시종 일관 견지하고자 하였다. 즉, 우리는 시편의 양식 비평적 연구가 가져온 여러 긍정적인 결과들에도 불구하고, 전통적인 견해대로 시편의 표제들이 신빙성이 있으며 다수의 시편들이 다윗의 저작이거나 그와 연관된 상황을 반영한다고 믿는다. 그렇다고 시편들이 후대 성전 예배에서 사용된 것을 부인하는 것은 아니다. 원래 시편들이 생겨난 자리들이 다윗이나 기타 인물들이 처했던 역사적 정황이었다는 가정 하에 주석을 전개한다.

마지막으로, 우리가 중시하는 해석원리는 사람들이 '정경비평'이라 부르는 바와 연관되는 원리인데, 그것은 현재 우리가 가진 본문이 말하고자 하는 바를 듣는 접근법이다. 양식 비평가들은 어떤 시편을 대할 때, 그것을 문학 양식에 따라 엄격히 분류하려 든다. 그래서 한 시편에 한 가지 문학 양식이 아니라 몇 가지가 함께 혼재하여 나타날 때, 그 시편의 최종적 형태가 제시하는 메시지를 들으려 하지 않고, 원래 것을 추구하고자 쪼개는 일에 에너지를 소진(消盡)시켜 버린다. 우리는 그런 비평적 입장이 아니라, 현재의 형태가 제시하려는 메시지를 듣고자 하는 것이다. 왜냐하면 영감된 본문은 현재 우리가 가진 최종 형태의 본문이기 때문이다.

제 2 부
시편 주석

제1권의 서론

시 1편은 편집자가 전체 시편의 서론으로 의도적으로 처음에 배치한 흔적이 보인다. 1) 표제나 저자에 대한 언급이 없다. 이는 시편 제1권에 아주 드문 일이다. 2) 시 2:7을 인용하는 행 13:33의 특정 서방 본문들은 시 2편을 "첫째 시편"이라 기술한다. 이것은 여러 가지로 이해될 수 있다. 예컨대, (1) 서방 본문의 오류이다 (2) 그 시점에 시 1편이 2편 앞에 아직 첨가되지 않았다 (3) 원래 시 1편과 2편은 하나의 시였다 등 (John T. Willis, "Psalm 1- An Entity," ZAW 91 [1979] 381-401 참조). 윌리스의 연구에 의하면, 비록 바벨론 탈뭇 베라콧 9b에서 다윗의 시가 "복되도다"로 시작하여 "복되도다"로 끝난다고 하여, 시 1편과 2편이 원래 하나인 듯한 인상을 주지만, 대다수 히브리어 사본들은 시 1, 2편을 별개로 제시하며, 시의 장르가 다르며 (1편은 지혜시라면 2편은 왕의 시), 시 1편은 2편과 독립된 자체로 완전한 사고와 내적 구조를 지니며, 두 시편간의 삶의 정황이나 의도, 주제가 전연 다르다는 점에 비추어 볼 때, 시 1, 2편은 처음부터 별개의 시였다.

또한 사본학적으로 볼 때, 몇몇 히브리 사본들에 의하면 시 1편은 시편 첫 부분에 배치되었지만, 번호가 매겨지지 않고 현재의 시 2편부터 번호가 1편으로 매겨지고 있다 (B. Kennicott [1718-1783]과 Giovanni Bernardo de Rossi [1742-1831]가 수집한 사본들 참조). 이런 점들에 비추어 볼 때, 시 1편과 2편은 원래부터 별개의 시들이었다고 추정된다.

윌슨은 (G. H. Wilson, *Editing*, 207) 시 1편이 시편 전체에서 차지하는 전략적 위치와 기능에 대하여 이렇게 지적한다:

> 시편 전체의 서론으로서 시 1편은 시편을 어떻게 접근할 지 방향을 제시해 준다. 즉, 시 1편은 예배 상황에서 재현되어야 할 의전용이 아니라 읽어 묵상해야 할 시들의 모음집이라고 말해준다. 시 1편은 개개 시편이 제시한다고 가정된 그런 개개 예배 상황에서, 우리의 시선을 시편 전체의 보다 큰 문학적 문맥으로 향하게 한다. 시 1편은 이런 접근의 중요성을 강조해 준다 (생명과 사망의 문제이다). 시 1편은 시편들에 대한 바른 접근

법의 해석학적 원리들을 제공해 주지만, 담긴 메시지의 성격에 대한 열쇠를 제공해 주지는 않는다. 우리는 단지 거기서 "하나님의 말씀"을 발견해야 한다. 그 말씀의 내용은 구체적으로 언급되지 않고 있다. 편집자(들)이 이 모음집을 통해 전달하고자 의도한 그 메시지에 대한 암시는 다섯 권으로 편집된 시편의 구분을 개괄할 때 비로소 나타나기 시작한다.

그렇다면 시편의 편집자(들)이 개개 시편들을 현재 위치대로 배열 편집할 때 전달하고자 한 그 메시지는 무엇인가? 아렌스는 (A. Arens, *Die Psalmen in Gottesdienst des Altes Bundes*, 170) 시편 각권들 사이의 연결부에 위치한 시편들을 조사함으로 그런 편집자(들)의 의도를 확인할 수 있다고 제안한 바 있다. 그런데 시편 제1권의 시작인 시 2편과 그 끝인 41편, 그리고 시편 제2권의 끝인 시 72편, 시편 제3권의 끝인 시 89편 등이 모두 "왕의 시"라는 사실은 특히 주목할 일이다. 왜 왕의 시들을 시편 각 책들 사이의 연결 고리로 배열했을까? 왕의 시들이 연결 부분마다 등장하는 것을 보면, 우연한 배치라기보다 의도적인 배치인 것이 분명하다.

우선 시 2편을 보자. 이 시편은 다윗 언약의 이상을 제시한다. 시 2편의 저자인 이스라엘 왕은 전에 복속(服屬) 했던 봉신(封臣)국들이 공모한 반란에 직면하여 자신의 즉위식에서 주어졌던 그 하나님의 약속을 상기시키면서 현실의 위기를 타개할 힘을 얻고자 한다. "너는 내 아들이라 내가 오늘날 너를 낳았다" 라는 선언은 삼하 7:14에 근거한 것으로 다윗 후손 왕에게 이스라엘 왕으로서의 신적인 합법성을 부여해 주는 선언이었다. 하나님께서 시온산에 세우신 그 기름 부음 받은 왕에 대한 반란은 곧 하나님 자신에 대한 반란으로 간주된다 (2절). 하나님은 즉위식에서 열방을 기업으로 주실 것을 약속하셨고, 철장으로 열방을 박살내는 승리를 확언하신 바 있다. 그 신적인 약속을 거스리는 봉신국들의 반란은 하나님 자신에 대한 도전이다. 그러므로 저들의 도모(圖謀)는 성공할 수 없다. 누가 감히 하나님께 도전하여 이기고자 하는가? 헛된 시도를 당장 중지하라! 차라리 하나님께서 세우신 그 왕, 곧 그 아들에게 입 맞추고 굴복하라!

이렇게 시편 제1권의 시작인 시 2편의 주제는 다윗 언약의 선포이며 (삼하 7:14 이하) 하나님께서 다윗 언약대로 다윗 (후손) 왕을 거스리는 어떤 시도도 좌시(坐視)하지 않으시리라는 확신의 표현이다. 곧 이어 나온 시 3편이나 4편은 다윗의 대적들이 일어나 그를 치려 할 때 그 언약의 하나님을 의지하고 평안히 눕고 자리라는 확신을 표현하고 있다. 제1권에서 곤경에 처한 다윗은 자기에게 주신 그 언약에 근거하여, 혹은 왕이 되기 이전에 나온 시들이라면 자기에게 기름 부으신 그 하나님의 선택과 인정을 근거로, 하나님께 구원을 요청하고 있는 것이다.

제1권과 2권 사이 연결부인 시 41편은 시 72편과 주제 면에서 상당한 유사성을 보이고 있고, 표제도 다윗의 시로 제시한다. 따라서 시 41편 역시 "왕의 시"로 이해할 만하다. 시 41:1에서 " '빈약한 자'(달)를 권고하는 자가 복이 있음이여"라는 진술은 가난한 자, 과부, 고아 등 약자(弱者)를 돌보아야 하는 왕의 책임을 상기시켜 준다. 그리고 2절에서 "여호와께서 저를 보호하사 살게 하시리니 … 주여 저를 그 원수의 뜻에 맡기지 마소서"라는 진술도 왕의 환난과 관심을 보여준다고 할 수 있다. 시 41:3-8은 병에서 구해 달라는 간구이지만, 9-12절에서는 다시 원수에게서 구해 주시라는 간구이며, 영원한 안전의 약속이 언급된다:

그러하오나 주 여호와여 나를 긍휼히 여기시고 일으키사
나로 저희에게 보복하게 하소서
나의 원수가 승리치 못하므로 주께서 나를 기뻐하시는 줄 내가 아나이다
주께서 나를 나의 완전한 중에 붙드시고 영영히 주의 앞에 세우시나이다
여호와 이스라엘의 하나님을 영원부터 영원까지 찬송할지로다 아멘 아멘

이렇게 시편 제1권은 다윗 언약에 신실하신 하나님을 의뢰하고 용기백배한 다윗의 모습을 보인다. 이는 오늘날 주님과 연합하여 왕 같은 제사장으로 세움 받은 성도들이 주님의 약속 (세상 끝 날까지 함께 하리라)을 신뢰하고 믿음으로 세상을 이기며 확신 가운데 살아가는 모습의 그림자라 할만 하다 (전체 서론에서 "시편의 배열과 정경적 틀이 갖는 신학적 의의" 부분이나 시편 해석사에서 "정경 비평"도 참조).

시 1편 복되도다! 이 사람

I. 시편에서의 위치, 시의 유형과 삶의 자리

시 1편은 시편 전체의 서론격이다. 건축물로 하자면 정문에 해당된다. 이 정문을 통해 우리는 시편이란 구조물 속으로 들어간다. 이 구조물을 구약의 성전이라 한다면, 우리는 시 1편을 통해서 성전에 들어간다. 성전에 들어간 성도들은 탄식, 찬양, 기도 등 경배를 드리게 된다. 마찬가지로 시편에는 성도들의 탄식시, 찬양시, 기도시들이 담겨있다. 성전 문에서 문지기는 예배에 합당한 의인과 그렇지 못한 악인을 구분하여 들여보낼 것이다. 시 1편에서 의인과 악인은 구분된다. 오직 의인들만이 시편 성전 내에 들어가서 감사와 찬양 혹은 간구와 탄식기도를 발할 수 있을 것이다. 의인들은 시 1편을 통과하여 시편들로 표현된 구약 성도들의 신앙체험들을 자신들의 것으로 체험하고 은혜를 받게 될 것이다.

시 1편은 보통 "지혜시"로 분류된다. 신앙적 입장에서 형통하는 지혜의 길을 일반적인

용어들로 묘사해 주기 때문이다. 구약에서 욥기, 잠언, 전도서를 보통 "지혜문헌"이라 부르거니와, 이런 책들에서는 "지혜" 혹은 그 동의어들이 자주 등장한다. 지혜문헌이 다루는 주제들은 "창조" (욥 12:10-25, 36:22-37:24, 38-41장, 잠 8:22-31, 30:15-31, 전 1:4-11 등), 이름 혹은 기억의 중요성 (욥 18:16-18, 잠 10:7, 전 2:16, 6:4, 9:5 등), 괴로운 삶 (욥 7:1-2, 14:1-6, 전 2:17, 23), 조상들의 전승들 (욥 8:8-10, 잠 4:1-5, 전 2:13-15, 8:17), 지혜의 의인화 (욥 28장, 잠 1, 8, 9장 등), 보응의 문제 (전 4:1-2, 6:1-6, 8:5-15 등) 등을 다룬다.

시 1편에서 사용된 단어들 중에서 악인들, 죄인들, 조소꾼들 (*레솨임, 하타임, 레침*), 의인들 (*찻디킴*) 등은 지혜문헌들에서 자주 등장하는 용어들이다. 이를 도표로 표시하자면 이렇다.

	의 인	악 인
행위	사랑, 의, 정직, 야웨경외, 근면	시기, 불의, 부정직, 불신앙, 태만
결과	성공, 영예, 생명, 부, 장수, 축복	실패, 수치, 사망, 빈곤, 단명, 저주

현실이 과연 이러한 도식적인 축복과 저주, 성공과 실패를 원인과 결과라는 인과적 고리에 의한 설명을 지지해 주는가? 각기 개개인의 형편과 사정이 다르므로 동일한 과정은 아니라 해도, 신앙은 현세적인 축복과 성공을 보장한다는 것이 성경의 가르침이다. 그렇다고 예외가 없는 것은 아니다. 일반적으로 말하자면 이러한 신앙적인 이해는 현실적으로 지지된다고 할 수 있다.

그런데 여기 시편에서도 강조되는 바이지만, "복"의 개념은 이스라엘에서 "율법 준수"를 떠나서 생각할 수가 없었다. 이 점은 이스라엘의 토대이자 정체성을 말해주는 시내산 언약의 본질에 해당되기 때문이다. 본 시편이 말하는 복 있는 자의 모습, 곧 악인의 꾀를 좇지 아니하고 율법을 묵상하는 자의 모습은 바로 언약을 읽고 준수하는 자의 모습에 다름 아니다. 언약에 충실한 자에게는 축복과 생명을, 반대로 언약을 파기하는 자에게는 저주와 사망이 선포되고 있기 때문이다 (신 30:15-20 참조). 이렇게 본다면, 시편 전체의 서론격인 시 1편은 바로 언약에 충실할 것과 언약을 파기하는 자의 비참한 모습을 시의 형태로 제시하는 시적 신명기라 할 것이다. 그렇다면 시편 전체에서 보게 될 악인과 의인의 모습은 결국 언약을 파기한 자들과 언약에 충실한 자들의 모습이다.

그러므로 시편의 사고는 언약 사고를 벗어나지 않는다. 어떤 시가 시온을 노래한다면 (시온의 노래들 혹은 시온으로 올라가는 노래들), 그 시는 한 곳을 정하여 하나님의 이름을 두실 그 곳을 예고한 신 12장의 사고와 연결될 것이고, 만약 어떤 시가 곤궁한 중에 처하여 구원을 호소하는 것이라면, 그것은 언약에 불충한 자가 회개하며 언약에 약속된 구원을 호소하는 것이 될 것이다. 만약 하나님의 행사와 속성을 찬양하는 시라면, 그것은 언약의 하나님께서 이스라엘을 위하여 행하신 일을 기억하며 그분을 찬양하는 것이 될 것이다. 왕의 시라면 그것은 삼하 7장에 제시된 다윗 언약에 근거한 사고를 담고 있을 것이다. 그런데 그 다윗 언약은 신 17:14-20에 근거한 왕의 법과 연관되고, 다윗 언약도 시내산 언약의 연장 혹은 보충이기에 결국 왕의 시도 시내산 언약의 견지에서 조망할 수 있다. 이렇게 어떤 주제를 시편이 다룬다 할지라도 결국 그 사고는 언약의 틀에서 벗어날 수가 없다. 혹시 지혜 문헌처럼 일반적 지혜를 다룬다 해도 (시 49편) 그 시편 역시 하나님의 구속 백성에게 주신 지혜를 (신 4:6) 떠나서 생각할 수 없을 것이다. 물론 지혜 문헌이나 이런 지혜시들이 제시하는 사고가 그 당대 고대 근동의 지혜 문헌들과 사고를 공유한다 하여도, 이방인들의 지혜도 하나님이 주신 일반 은총의 선물이 아니겠는가? 창조 사고를 다룬다면 (시 8, 19, 104편 등), 그 경우 언약 사고를 넘어선다 하겠으나, 그 시들이 노래하는 창조주 하나님은 선지서들에서 나타나듯 (사 40:21, 26, 28, 41:20, 42:5, 43:1, 43:15, 45:12 등 참조), 이스라엘을 구속하기에 능하신 구속자 바로 그 분이시다. 비평가 크라우스는 이 시가 개인의 독자성을 강조하고, 의인과 악인 등의 분할 구도를 지시하므로 이스라엘 국가가 해체된 추방 이후의 상황이라고 추정한다 (*Psalms 1-59*, 115). 그러나 의인과 악인의 구분은 어느 시대나 있었다. 모세 당대에도 의인들과 악인들은 있었고, 다윗 당대에도 그러했다. 특히 지혜문헌의 분위기를 느끼게 하는 의인, 악인, 오만한 자 같은 용어들은 어느 특정한 시대를 반영한다고 보기 어렵고 어느 시대나 적용 가능하다. 그럼에도 추정하자면 이 시는 시들을 수집하여 책으로 엮은 편집자가 시편의 서문으로 작사한 것이라 이해된다. 따라서 어떤 구체적인 삶의 정황에서 나타난 시라기 보다, 순전히 문학적 자리에서 생겨났다고 할 수 있다 (Peter C. Craigie, *Psalms 1-50*, 59).

2. 시적 구조, 기교들 및 해석

이 시는 세 개의 연으로 구분할 수 있다: 제1연은 1-3절, 제2연은 4-5절, 제3연은 6절이다. 연 구분은 대략 사고의 흐름이나 형식상의 (예컨대, 동사의 법 [mode]) 차이들에 근거한다. 여기서는 사고의 흐름상, 1연에서 복 있는 자의 모습을 그린다면, 2연은 악인의 불행한 모습을, 3연은 결론적으로 의인과 악인의 모습을 대조시킨다. 1, 2, 3, 5절에서 동의 병행법, 6절에서 반의 병행법이 나타난다. 이 시는 마크로-교차 댓구법 (macro-chiasmus)으로 구성되었다. 즉, 1-2절이 A, 3절이 B라면, 4절은 B', 5절은 A'에 해당된다. 이런 마크로-교차 대구법은 6절에서 마이크로-교차 대구법으로 축소 요약되어 나타난다. 6절의 구조는 교차 대구법이다: 동사 +주어 +목적어 / 목적어 +동사 (A B C/ C A).

이 시에서 현저하게 부각되는 기교는 대조법이다. 예컨대, 1-3절에서는 의인의 모습을 제시하고, 4-5절에서는 악인을 의인과 대조시켜 기술하며, 6절에서는 이런 대조를 종합적으로 요약 제시하고 있다. 대조가 요약 제시된 6절이 이 시의 클라이맥스라면, 벌써 1절에서부터 시인은 대조를 시작하고 있다. 대조는 의인과 악인간의 것만 아니라, 1, 2절에서 의인의 모습은 부정적인 면과 긍정적인 면이 대조되고 있다 (N. H. Ridderbos, *Die Psalmen*, 119).

핵심어의 반복 기교를 보자면, "악인"이란 말이 네 번 나타나고 (1, 4, 5, 6절) "죄인"이 두 번 (1, 5절), "의인"이 두 번 (5, 6절), "길"이 6절에서만 두 번, 1절에서 한 번 나타난다. 이렇게 "길"이란 단어에서 이 시의 처음과 나중을 둘러싸는 기교 (inclusio)를 본다. 2절에서 두 번 "율법"이 나타나고, 의인이 이 율법을 즐거워하고, 묵상하는 모습으로 나타난다.

"여호와"란 이름의 용례도 주목하면, 2절에서 의인의 행동을 긍정적으로 묘사하는데, 6절에서 의인에 대한 긍정적인 처사를 묘사하는데 각기 사용되었다. 그러나 악인과 연관해서는 그 이름이 사용되지 않고 있다. 악인은 여호와를 상관치 않는다면, 여호와께서는 악인을 돌보지 않으신다. 6절 상반절에서는 사용되었지만, 악인을 묘사하는 하반절에서는 언급이 회피되었다. 악인의 길은 망한다. 악인의 멸망에 여호와께서 개입하실 필요조차 없다고 말할 수도 있지 않을까? 그저 자기 꾀에 넘어져 망하기 때문이다.

1절은 3개의 콜론으로 된 동의 병행법이다. 병행법은 점진적 강화 (progressive intensification) 현상을 그 특징으로 한다. 즉, 전반절의 사고는 후반절에서 보다 강화된다. 이를 등식기호로 표시하자면, "A < B"가 된다. 즉, B가 A보다 더 크다 혹은 진전되었다.

사용된 단어 짝들을 고려해 보자: 악인/ 죄인/ 오만한 자, 꾀/ 길/ 자리, 걷다/ 서다/ 앉다 (혹 거하다). 이 단어들을 비교한다면 악인들 (*레솨임*)→죄인들 (*하타임*)→오만한 자들 (*레침*)로 강화되는가? 혹은 꾀 (*에차*)→길 (*데렉*)→자리 (*모솨브*)란 단어들도 점층적인 강화를 보여주는가? 명사들의 경우에서보다 동사들의 경우 사고상의 강화(强化)가 나타나는지 모른다: 걷다가 멈추어 서고, 자리에 앉는다.

제 1연 (1-3절): 복 있는 사람

1절: 복있는 사람 (*아쉬레- 하이쉬*)— 직역하자면, "그 사람의 복들"이지만, 이는 "복되도다! 그 사람"처럼 감탄사로 이해된다. 정관사를 붙여서 "그 사람"이라 한 것은 그 단어 다음에 수식하는 절이 뒤따르기 때문이다. 즉, "악인들이 꾀를 쫓아 걷지 않는 '그' 사람, 죄인들의 길에 서지 않는 '그' 사람, 조소꾼들의 자리에 앉지 않는 '그' 사람"이 된다. 바로 이런 사람이 복되도다!

복되다! (*아쉬레*)라는 말은 구약에 총 44회 중 시편에 26회, 잠언에 8회가 나오고, 욥기와 전도서에서는 각각 1회씩 나온다(욥 5:17, 전 10:17). 이 말은 하나님과의 인격적 교제 안에서 그분의 말씀에 순종하는 자가 복되다! 라고 진술하는 문장들에서 주로 나타난다 (예컨대, 시 2:12 "여호와를 피난처로 삼는 자는 복되도다!"; 시 33:12, 84:4, 112:1).

강조하는 바이지만, 이스라엘에서 "복"의 개념은 "언약"을 떠나서 생각할 수가 없다. 그래서 여기 시편이 노래하는 복된 자의 모습도 결국 언약에 충실하는 자에게 약속된 형통과 축복과 언약을 파기하는 자의 저주와 실패를 규정한 언약의 상벌 규정 (레 26장은 시내산 언약; 신 28장은 모압들 언약의 상벌 규정이다)의 시적 제시에 다름 아니다. 이스라엘에서 악인이나 의인의 모습은 추상적일 수 없고, 아주 구체적이고 아주 현실적이다. 언약에 충실하면 의인이고, 반대로 언약에 거스리면 악인이다. 아주 율법적인 판단으로 보이지만, 내적인 성향이 하나님 중심이지 못하다면 외적인 율법 준수도 기대하기 어렵다. 후대 바리새인들에 대한 비판적 묘사 때문에 율법 준수를 부정적인 것으로 생각할 이유는 없을 것이다.

신약에서는 "마카리오스"라는 헬라어로 표현되고 있다 (특히 마 5장의 8복 참조). 이 표현은 하나님의 통치에 참여하는 자들의 복된 상태를 가리키는 데 사용되었다. 심령이 가난하고, 온유하고, 애통하는 등이 사람들은 하나같이 하나님을 전심으로 간구하여 그분이 선하심에 자신을 전적으로 맡겨 버리는 자들이다.

1:1에서 복된 사람의 모습은 소극적인 측면에서 묘사되었다.

악인의 꾀를 좇지 아니하며 (로-할락 바아챠트 레솨임)— "악인들의 꾀에 행치 아니하며." "악인들" (레솨임)은 죄인, 오만한 자와 동의어이며, 5, 6절에 언급되는 "의인" (챠디킴)과 대조된다. "의인"이 하나님의 언약에 표현된 그분의 뜻에 순종하는 이들이라면 "악인"은 그 언약을 거스리는 자들이다. 악인은 여러 문맥에서 "행악자" (포알레 아웬), "악행자" (므레임), 악인 (라-), 강포한 자 (아리츠), 죄인 (핫타), 조소꾼 (레츠), 거짓말쟁이 (미르마), 범법자 (보게드), 대적 (오예브) 등의 동의어들과 같이 나타난다. 이런 말들은 강조점에 따라 약간씩 다른 뉘앙스를 전달한다. 악인들의 "꾀" (에차)란 말은 악인들이 도모하는 책략 (counsel)이나 그런 일을 도모하는 모임(council)을 의미할 수도 있다. 여기서 악인의 "꾀"는 마치 "동산"이나 (창 3:8) "땅" (창 13:17) 혹은 "길" (창 42:38) 처럼 걷는 행동의 토대를 제공해 준다. 이는 하나님 혹은 이방의 "법도에 행한다" (할락 베토라)는 표현 (출 16:4, 레 18:4, 20:23, 느 10:30, 시 26:3, 86:11, 119:1)과 비교하면 의미가 보다 분명해진다. 결국 '악인의 꾀에 행한다' 는 것은 악인들의 원리나 사고, 제안에 따라 행동하다 를 지시한다. 이는 성도가 하나님의 언약 법도를 따라 행동하는 것과 대조된다 (신 28:9). 악인의 꾀를 좇아 행하거나 자기 자신의 꾀를 좇아 행하는 일은 하나님의 처벌로서 그분의 목소리를 청종치 아니할 때 그 마음의 강퍅한 대로 버려 두어 자기 "꾀"로 행케 하시는 것이다 (시 81:11-12; 롬 1:24).

죄인의 길에 서지 아니하며 (우브데렉 핫타임 로 아마드)— "죄인들" (하타임)은 하나님의 표적을 빗 맞추는 사람들이란 의미겠으나, 악인의 다른 묘사이다. 죄인들의 "길" (데렉)은 죄인들이 다니는 길, 곧 저들이 행하는 관습, 삶의 방식을 지시한다. 이는 언약의 길과 대조되는 불의의 길이다. 고려중인 표현과 유사한 것으로 몇 개 구절을 지적할 수 있다: "온 백성이 그 언약에 참여하였다" (왕하 23:3, *바야아모드 콜-하암 바베리트*; RSV, NAB; 한역, "백성이 다 그 언약을 좇기로 하니라"); "여호와의 회의에 참여하다" (렘 23:18, 22, *아마드 베소드 야웨*); "악한 것을 일삼다" (전 8:3, *아마드 베다바르 라*). 따라서 "죄인의 길에 서다"란 말은 "죄인의 관습에 참여하다" 혹은 "죄인의 관습을 일삼다"를 의미할 것이다. 곧 악에 집착하며 고수하는 자세이므로 회개를 거절하는 자세이다.

오만한 자의 자리에 앉지 아니하고 (*우브모솨드 레침 로 야솨브*)— "오만한 자들" (*레침*)은 "비웃다"는 뜻의 동사 "루츠"에서 파생된 명사형으로 "신앙을 비웃는 거만하고 부패한 자"를 의미한다. 악인이나 죄인이 하나님의 뜻을 거스리는 삶으로 특징지어지는 자들을 지시한다면, 조소꾼은 악인의 "입"에 초점을 맞추고 있다 (시 73:8-11; 사 28:15; 말 3:14 등 참조). 이 조소꾼들은 언약 파기 곧 죄를 심상치 않게 여기고 심판이나 경건을 농담으로 여긴다 (롯의 사위들, 창 19:14; 에서, 히 12:16). 오만한 자의 "자리" (*모솨브*)는 이들이 가지는 모임을 암시한다. 롯은 소돔 성문에 (창 19:1), 보아스는 성문에 (룻 4:1), 모르드개는 왕의 문에 (에스더 2:19) 앉았고, 바벨론 왕의 모든 방백이 함락된 예루살렘의 중문에 앉았다 (렘 39:3). 여기서 보아스의 경우나 바벨론 방백들의 경우는 중대사를 의논하는 모임을 가졌다는 의미이다. 바벨론 방백들의 경우는 함락된 예루살렘 성에 대하여 권세를 행사하기 시작했다는 의미로도 취할 수 있다. 따라서 오만한 자의 자리에 앉는다는 것은 저들의 일원으로 중대사를 의논할 만큼 악에 깊이 관여한다는 것을 암시해 준다.

한편, 1절에 사용된 세 동사의 완료상들(perfect)은 저자의 견지에서 "완료"된 동작을 묘사할 때 사용한다. 그럼에도 1절은 분명히 일반적인 진리, 곧 영속적인 진리를 묘사함이 분명하다. 그렇다면 "완료상"이 영속적인 불변 진리를 묘사하는 용례도 있다고 말할 수 있다. 이 용례는 동작이나 상태의 변화를 묘사하는 동사 (fientive verb)가 완료상을 취하여 "경험"을 묘사할 때 해당된다고 할 수 있다.

2절: 1절이 소극적인 측면에서의 의인의 특성을 묘사했다면, 본 절은 적극적인 측면에서 복된 자의 특성을 묘사하고 있다.

오직 (*키 임*) —이 단어 조합은 한역처럼 "오직"이란 의미로나 (창 39:6, 9, 42:15, 47:18), X가 아니라 Y라 (not X but Y) 할 때 (창 32:29, 35:10, 출 12:9) 강조적으로 반의적 사고를 도입하는 경우 사용한다. 여기서는 악인의 꾀에 행치 아니하고, 오히려 (rather NAB; but 대개 영역본들) 여호와의 율법을 즐거워한다 라는 의미이다. "오직"이란 의미로 본다면, 악인의 꾀에 행치 아니하고, 오직 여호와의 율법만 즐거워한다는 의미이겠다. 어느 경우로 취하건, 1절에 제시된 사고와 대조되는 사고를 도입하여 강조한다.

여호와의 율법을 즐거워하여 그 율법을 주야로 묵상하는 자로다 (*키 임 레토라트 야웨 헤프*

쵸 우브토라토 예헤게 요맘 바라엘라)— 적극적인 측면에서 복된 자의 특성이다. '즐거워하여'라는 말은 하나님의 뜻 행하기를 즐거워하며 기꺼워하여 적극적으로 그분의 언약 말씀을 사랑하는 모습을 지시한다 (시 40:8). 이는 다름 아니라, 신명기에서 거듭 강조되고 있는 하나님 사랑, 말씀 사랑의 모습이다 (신 6:5-9, 17:18 등). 언약 백성의 특징은 그분의 언약 말씀을 평생에 읽고 준수하는 데 있었다. 그것이 하나님 사랑의 방법이며, 그의 뜻을 알고 행하는 길이었다. 그렇게 함이 축복과 생명, 형통의 길이었다. 그런데 "주야로"라는 말은 반드시 "낮과 밤에" 라는 의미가 아니라 "종일" 이란 의미이다 (merismus). 그리고 "묵상하다" (하가)란 말은 낮은 소리로 성경을 읽으면서 중얼거리는 (murmur, NJB) 모습이다 (수 1:8, 시 63:7, 77:13, 143:5, 사 33:18). 묵상의 대상은 비단 말씀만 아니라, 하나님 자신 (시 63:6)이나 그분이 행하신 기이한 일들 (77:12, 143:5) 등이 될 수도 있다. 말씀에 대한 지속적인 묵상과 관심은 이미 신 17:18-20에서 명령되어진 바 있다 (수 1:8도 참조). 한편 여기 즐거워하고 묵상하는 대상인 "율법"은 모세 오경으로 볼 수 있을 것이다. 시 1편이 앞에서 언급된 대로 시편의 전체 서론으로서 시편들에 첨가되었다면 시 1편의 작사 연대는 대략 추방 이후 귀환 시기 정도가 될 것이다 (주전 538년 이후). 이 시기에는 오경만 아니라 아주 마지막에 기록된 작품을 제하면 거의 전체 성경이 완성되었다고 할 수 있다. 그래서 여기서 "여호와의 율법"이 후대의 용례대로 구약 성경 전체를 지시할 수도 있지만, 특히 오경을 지시한다고 볼 수 있다.

한편, 1절 동사가 완료상(完了相)이지만, 2절은 미완료(未完了)상이며 3절은 바브 접속법 (바브 +완료 → 미완료상)이다. 어찌하여 1-3절에서 동일한 복 있는 자 (의인)을 묘사하면서 이렇게 시상이 다른가? 2절의 미완료상은 습관 내지 반복적 행동을 지시한다고 보고, 3절도 영속적 진리를 표현할 것이다. 그런데 다훗은 여기서 1절은 과거를, 2절은 현재를, 3절은 미래적 사건을 각기 묘사한다고 이해한다 (M Dahood, *Psalms I*, 3). 다훗에 의하면 3절은 종말론적 사고를 표현한다고 한다. 곧 극락의 천국에 들어가는 모습을 묘사한다고 한다. 정상적으로 히브리어 동사 시상을 다룬다면 1절은 과거, 2절은 현재, 3절은 미래로 봄이 좋을 것이나, 여기 시에서 우리는 이런 "시상"의 변화가 다양성을 위한 시도이며 따라서 문맥상 1-3절의 시상들이 모두 영속적인 진리나 반복된 습관적 행동을 묘사한다고 본다.

3절: 저는 시냇가에 심은 나무가 … 같으니 (베하야 케에츠 솨툴 알-팔게 마임) —이 문장의 주어는 1-2절에서 묘사된 그 복된 사람이다. 문자적으로 번역하자면 "그는 시냇가에 심겨진 나무와 같을 것이다" (KJV, NASB; 유사 구문에 대하여는 창 3:5, 삿 16:17). 즉, 복된 그 사람은 단번에 열매를 맺는 것이 아니라, 계속 율법을 즐거워하고 중얼거리며 읽는 동안 자기 때가 되면, 열매를 맺는 나무처럼 되어질 것이다. 의인을 직유로 묘사한 다른 구절들은 사 58:11 (물댄 동산 같고 마르지 않는 샘 같을 것이라), 렘 17:8 (그 뿌리가 강으로 퍼지고, 더

위나 건기가 와도 두려워 아니하고 그 잎이 늘 푸르며 열매가 끊이지 않는 물가에 심기운 나무 같을 것이라) 등 참조.

여기서 "시내" (펠렉)는 팔레스틴에서 인공적으로 만들어진 수로(水路)를 지시한다 (사 30:25, 시 46:5, 65:10 참조). 자연수가 귀한 팔레스틴에서 인공(人工) 수로(水路)가 건기에 마르는 "와디"에 비해 물이 일년 내내 마르지 않는 곳이다. 팔레스틴에서 일년은 건기(乾期)와 우기(雨期)로 나뉜다. 비가 내리는 우기는 11월말부터 3월말까지 3-4개월 밖에는 되지 아니하고, 강우량도 우리의 봄이나 가을에 내리는 정도밖에 안 된다. 물이 귀한 곳이라 우기에는 식물들이 자라지만 건기에는 식물들이 말라 버리곤 한다. 그런 환경 속에서도 자라는 나무가 있다. 바로 관개된 지역에 심기운 나무이다. 그런데 여기 시내가 관개 수로를 지시한다면, 그 수로(水路)는 겔 47장에서 묘사되는 성전 문지방에서 흘러나온 그 물과 연관될 수 있다.

"심기웠다" (쇠툴, 칼 수동태 분사형)는 것은 포도나무나 과실수들을 옮겨 심는 것 (transplanting) 혹은 단순히 "심다"를 의미하는 원예학 (horticulture) 용어이다 (겔 17:8-10, 22-23, 19:10, 13 참조). 따라서 이 나무는 수로가 있는 곳에 이식된 과실수 혹은 포도나무일 것이다. 이 나무는 이런 호조건에서 수확기가 되면 탐스러운 과실을 주렁주렁 맺을 것이 분명하다.

시절을 좇아 과실을 맺으며 (피르오 잇텐 베잇토) — "자기 때에 자기 열매를 낼 것이다." "시절을 좇아"란 "그의 때에"이며 이는 곧 추수기를 의미한다. 나무가 추수기에 열매를 맺는 것은 자연스런 결과이다. 이와 마찬가지로 죄악을 멀리하고 (1절) 하나님의 말씀 안에서 끊임없이 기쁨을 누리는 의인은 인생의 추수기에 자연스럽게 열매를 맺게 되는 것이다.

그 행사가 다 형통하리로다 (베콜 아쉐르-야아세 야츨리아호)— 그가 하는 일마다 형통한다 (요셉 창 39:3, 23; 여호수아 수 1:8; 솔로몬 대하 7:11; 히스기야, 대하 31:21). 그의 행사가 형통한 것은 그가 본질상 형통한 말씀을 즐거워하였기 때문이다 (사 55:11 참조). 그런데 이 문장은 주어가 "나무"인 듯 보이지만, 갑자기 복 있는 자로 바뀐 것이다. 이렇게 주어의 급작스런 변화는 히브리어 문장에서 흔히 나타나는 현상이다 (신 33:12: 여호와의 사랑을 입은 자는 그 곁에 안전히 거하리라/ 그가 날이 도록 보호하시고/ 그가 그 두 어깨 사이에 거하리라; 여기서 첫째, 셋째 문장의 주어는 베냐민, 둘째 문장의 주어는 하나님이다; 삼하 11:13 등 참조).

제 2연 (4-5절): 불행한 자

1-3절에 묘사된 의인의 행복과는 대조적으로 악인의 실패 및 불행을 묘사한다.

4절: 악인은 그렇지 않음이여 (로-켄 하르솨임) —앞에서 "의인"이란 말은 나타나지 아니했어도, 복 있는 자 곧 모든 일에서 형통하는 자가 바로 "의인"이었다. 그러나 악인은 그렇게 형통할 수 없다.

오직 바람에 나는 겨와 같도다 (키 임-캄모츠 아쉐르-딧데펜누 루아흐) — "겨"는 성경에서 무가치한 것을 상징하는 말로서 언급되고 있다(시 35:5; 욥 21:18; 사 5:24, 17:13, 29:5, 33:11, 41:15; 렘 23:28; 단 2:35; 호 13:3; 습 2:2; 눅 3:17). 따라서 여기서 "겨"란 악인의 허무함을 비유한다. 바람이 "날려 버리는" (팃데펜누) "겨"는 3절의 시냇가에 심기운 (솨툴) 나무의 견고성과 대조를 이룬다. 악인을 이렇게 직유로 묘사하는 구절은 여기 외에도 욥 21:18 (바람 앞의 검불 같고, 폭풍이 몰아가는 겨와 같다), 시 129:6 (지붕 위의 풀과 같다), 호 13:3 (아침 구름 같으며 쉽게 사라지는 이슬 같으며 타작마당에서 광풍에 날리우는 쭉정이 같으며 굴뚝에서 나가는 연기 같으리라), 사 1:30 (그 잎이 시드는 상수리 나무 같다), 사 13:14 (쫓기는 노루와 사람이 모으지 않는 양처럼), 사 16:2 (어지럽혀진 둥지에서 떠도는 새처럼), 사 29:5 (미세한 먼지와 사라지는 겨와 같다), 사 47:14 (불살라지는 검불 같다), 렘 17:6 (건조한 사막의 떨기나무 같을 것이다) 등 참조.

5절: 그러므로 (알-켄) —통상적으로 이 말은 앞에 제시된 주장에 근거하여 결론을 유도하지만 (창 2:24, 10:9, 11:9 등), 여기서는 정확한 논리적 결론의 유도라기보다, 4절과 5절을 연결시키는 단순 접속사 역할을 하고 있다.

악인이 심판을 견디지 못하며 죄인이 의인의 회중에 들지 못하리로다 (로-야쿠무 레솨임 밤미쉬파트 베핫타임 바아다트 차디킴)–"악인이 의로운 자(의 회중) 가운데 서지 못하며 죄인이 의인의 회중에 (서지 못하리라)." 여기서 "심판" (미쉬파트)은 "공의," "심판," "법" 등으로 번역될 수 있고, "견디다" (쿰)는 "서다 (to stand up), 일어서다 (to rise), 견디다 (to endure), (소송에서) 나타나다"라는 말이다. 대개 전반절을 "심판을 견디지 못하다"로 번역하고, 종말의 심판을 가정하기도 하지만, 이런 번역은 후반절에 비추어 볼 때 별로 개연성이 없어 보인다. 오히려 "심판"이라 번역된 말은 후반절의 "의인들의 회중"에 상응되고, "추상명사"이지만 "의인"을 지칭하는 "구상명사" 대용 용례로 보아 "의로운 자(의 회중)"라 이해해야 한다. 이런 추상명사의 구상명사로의 용례는 시 37:28 ("여호와께서 공의 [미쉬파트를 사랑하시고/ 그 성도들 [하시딤]을 버리지 아니하심이로다"; 전반절의 "공의"는 "의인" [NIV, the just]이라 번역해야 한다), 잠 2:8 ("대저 그는 공평의 길을 보호하시며/ 그 성도들의 길을 보전하려 하심이니라"; 후반절의 "성도들의 길" [데렉 하시다브]은 전반절의 "공평의 길들" [아르홋 미쉬파트]과 병행되므로, "의인의 길들" [NIV, the course of the just]이라 번역해야 옳다) 등에서도 나타난다. 그렇다면, 여기서의 의미는 악인 혹은 죄인은 의인들의 모임, 곧 예배에 함께 할 수 없다는 의미일 것이다 (시 15:1 참조).

우리의 이런 이해와 연관하여, 약간 다른 각도로 해석할 수도 있는데, 그것은 악인이 일어나 의인의 회중을 기소할 수 없다 (신 19:15 참조)는 사고로도 이해할 수 있다.

한편 "의인의 회중"이란 1, 2절에 묘사된 바와 같이 소극적으로는 악인의 사상과 행동에서 구별된 자이며, 적극적으로는 하나님의 율법을 묵상하며 이를 생활화하는 자들이다. 이들이 모여 하는 일은 거룩한 곳에서 하나님을 찬송하고 경배하는 것이다(111:1, 118:19, 20). 시 15편이나 시 24편은 "그 거룩한 곳에 설 자"가 누구인지 묻는다. 시 1:5은 하나님의 임재 앞에서 그분을 영화롭게 할 자가 누구인지를 노래한다. 오직 의인들만 그리할 수 있다.

제 3연 (6절): 결론

6절: 대저 (*키*) —대개 "왜냐하면" (for)으로 이해하지만, 여기서 그런 의미라기보다, "확실히," "진실로" 정도의 확언해 주는 부사로 이해된다.

의인의 길을 여호와께서 인정하시나/ 악인의 길은 망하리로다 (*키-요데아 야웨 데렉 챠디킴 / 베데렉 레쉬임 토베드*)—전반절을 직역하면 "여호와께서 의인의 길을 아신다" 이다. 6절에서 시인은 1, 2연의 대조적 사고를 하나의 절 안에서 요약적으로 대조시켜 제시한다. "길"이란 용어도 "의인," "악인," "죄인," "오만한 자" 등과 같이 지혜문헌의 특징적 단어이다. 길은 삶의 방식, 인생 여정을 지시한다. 그런데 왜 의인들이나 악인들의 "길"을 강조하는 것인가? 그것은 하나님께서 의인이나 악인의 '삶'을 주목한다는 의미이다.

한편, "의인의 길을 여호와께서 아신다"라고 할 때, 아신다는 것은 출 33:12에서 모세를 그 이름으로 아신다는 사고와도 통할 것이다. 그분은 예레미야를 복중에 짓기 전에 아셨다(렘 1:5). 나훔 1:7에서 "그는 자기에게 피난하는 자들을 아시느니라"라 하신다. 이런 구절들은 단순히 보시고 인식하신다는 정도가 아니라, 하나님의 '선택' 과 '사랑' 과 '돌보심' 이 주어지는 친밀한 인격적 관계를 암시해 준다 (시 19:11, 31:8, 37:18, 50:11, 호 13:5, 암 3:2 등). 여기 시편에서 의인은 하나님께서 사랑하시고, 돌보시고, 인도하시는 대상이다. 그러므로 의인의 길을 아신다는 표현은 의인의 모든 것이 하나님의 작정 안에서 되어진다는 의미일 것이다.

시편의 적용

악인들, 죄인들, 오만한 자들의 뉴앙스

이 세 종류의 사람들이 동시에 같이 나타나는 구절은 다시없고, 대략 같은 장 혹은 인근한 두 장들에서 함께 언급이 되는 경우들은 다음과 같다:

i] 잠 1:22 (*레침*, 조소꾼들), 1:10 (*하타임*, 죄인들), 2:22 (*레쉬임*, 악인들);

ii] 8:36 (*호테이*, 나를 대하여 죄를 짓는자), 9:7, 8, 12 (*레츠, 라츠타*, 조소꾼, 조소하다), 9:7 (*라샤*, 악인);

iii] 13:1 (*레츠*, 조소꾼), 13:5 (*라샤*-, 악인), 13:21, 22 (*하타임/[챠디킴*, 죄인들; 14:21 (*호테*-, 죄인);

iv] 14:6, 9 (레츠, 얄리츠, 조소꾼, 조롱하다), 14:11, 19, 32 (레샤임, 악인들), 14:21 (호테-, 죄짓다);
   v] 19:25, 28, 29 (레츠, 얄리츠, 레침, 조소꾼, 조롱하다, 조소꾼들), 19:28 (레샤임, 악인들/[벨리얄), 19:2, 20:2 (호테, 죄짓다);
   vii] 20:1 (레츠, 조소꾼), 20:26 (레샤임, 악인들), 20:2 (호테, 죄짓다);
   viii] 24:9 (레츠, 조소꾼), 24:9 (하타-트, 죄악; 23:17 [하타임], 죄인들), 24:15, 16, 19, 20, 24 (라샤, 레샤임/[챠디킴], 악인, 악인들) 등이다.

이런 구절들은 하나같이 지혜문헌인 잠언서에서 등장한다. 잠언서는 구체적인 상황이 아닌 일반화된 잠언 (경구)을 병행법 형식으로 제시하므로, 이런 구절들에서 이 용어들은 대개가 동의어들이라 보면 무방하다. 그럼에도 이 용어들 사이에는 뉴앙스의 차이가 있음이 분명하다.

	악인		죄인		조소꾼	
	동의어	반의어	동의어	반의어	동의어	반의어
1	신의 없는 자		범죄 모의꾼		어리석은 자	
2	조소꾼		지혜를 거스리		악인	
3		의인		의인/선인		지혜자
4		의인,선인	이웃멸시자	빈자긍휼자	죄로 놀이개	의인
5	정의조소꾼		성급자		악인/바보/불경자	총명있는자
6		지혜로운왕	왕 격노자		술	
7	악한 자	의인들	어리석은사고		가증	

요컨대, 악인은 신의 없는 자이며, 정의와 법을 무시하고 조소하는 자들이다. 이런 사람은 의인, 선인과 대칭되는 사람이다. 이들은 하나님의 법에 비추어 보건대 죄인으로 판단된다. 구약에서 율법을 공민법, 의식법, 도덕법으로 구분할 수 없고, '하나'의 신적, 종교법 체계를 구성한다. 따라서 악인은 하나님의 법에 비추어 보건대 부정하고, 불의한 자들이다. 악인이 불경한 자들을 총칭하는 일반적인 말이라면, 죄인은 구체적으로 하나님의 법을 범하여 법정에서 선고를 받는 자들 혹은 습관적으로 죄악을 범하는 자들이다. 이들은 범죄를 모의하여 실행하는 자들이다. 그리고 조소꾼은 지혜자와 대조되는 사람들로 스스로 자족하고 자만하여 하나님을 말로써 대적하고, 싸움이나 악행을 통해 공동체의 안녕을 해치는

자이다.

이 세 부류의 사람들은 특정한 세 다른 그룹들을 지시한다기보다, 언약 밖의 불신자들을 각기 다른 측면에서 묘사하거나 언약의 테두리 안에 속한다 해도 이미 하나님을 배교한 자들 (호 13:3 참조) 혹은 아직 배교는 아니 했다 해도, 언약을 거스려 행하기에 익숙한 자들의 다양한 묘사를 위해 사용되었을 것이다. 신약적으로 하면, 이들은 곡식 사이에 뿌려진 '가라지'에 해당된다 (마 13:29-30). 이 가라지들은 마귀가 뿌리는 것이며 (마 13:39), 이런 가라지들은 모두 지옥 불에서 살라질 것이다 (마 13:40). 그렇다면 이런 자들의 꾀나 길, 자리는 모두 육신의 정욕, 안목의 정욕, 이생의 자랑에 해당되며, 마귀적이며, 하나님을 대적하는 육체의 소욕에 해당된다 (약 3:15, 요일 2:15-16).

악인의 꾀를 좇지 아니하고 죄인의 길에 서지 아니하며 (1)

어떤 사람이 횡단보도가 없는 데도 중앙선을 넘어 차를 비켜가며 건너고 있다. 우리 앞에는 보이지 않으나 십계명 (헌법)을 비롯한 하나님의 법도들이 그어져 있다. 인생들 사이에 존재하는 차선이며 교통법규인 것이다. 하나님의 법도들은 우리가 얼마든지 침범하고도 아무런 해도 입지 않을 수 있다. 그러나 십계명을 계속 범하고 사는 개인이나 가정, 국가가 얼마나 건강한 개인, 사회, 국가일 것인가?

1998년 7월 중순, 러시아에서는 공산혁명으로 총살당했던 마지막 황제 가족들과 5명의 시종들의 시체가 정중하게 안장되었다. 구소련의 잘못된 작태가 시정된 상징적인 사건이었다. 광대한 국토 (17,075,200 평방 킬로; 남한 98,480 평방 킬로; 남한의 173배 국토), 원유, 천연가스, 석탄, 전략 광물, 목재 등 무수한 자원과 수많은 인구를 가진 러시아가 경제적으로 피폐하고 생활이 궁핍하게 된 것은 이들이 하나님을 버리고, 성경 말씀을 버리고 맑스, 레닌의 무신론 공산주의 물질주의를 따라갔기 때문이었다. 저들은 악마의 꾀를 따라 살았다. 공산 제국주의로 세계 공산화, 혁명화를 부르짖으며 오만해서 온 세계를 지배하려고 덤비고, 하나님 말씀을 없애려고 성경을 빼앗아 불태우고, 교회를 부쉈다. 스탈린 치하 (1928-53년)에서는 수천 만 명이 살해당했다. 이 결과로 칠십 년 만에 이들이 얻은 것은 무엇이었던가? 개인의 창의를 말살하고, 통제 독재치하에서 완전 고사(枯死)한 황폐해진 경제, 사회적 무게를 견디지 못하고 고르바쵸프 (M. Gorbachev 1985-91) 서기장은 개방 (glasnost), 개혁의(perestroika) 슬로간을 외치며 공산주의의 현대화를 시도했지만, 공산주의라는 잘못된 사상을 포기하지 않고 문제 해결은 있었을 수 없었다. 그리하여 소련이란 연방은 1991년까지 15개의 독립 공화국들로 쪼개지고 말았다.

이제 러시아는 집어 삼켰던 수많은 영토와 민족들을 토하여 내고, 민주 정체와 시장 경제 체계를 도입하여 공산주의의 잔해를 제거하려 몸부림치고 있다. 무신론 공산주의 사고로 영혼이 잘못되니 생활도 피폐해지고, 환경도 파괴되어 모든 사람들은 궁핍과 고통과 슬픔 속에 지내게 된 이 엄연한 현실은 하나님을 떠나 말씀을 버릴 때 저주가 임한다는 (탕자의 비유) 성경 진리를 역사적으로 웅변적으로 입증해 주었다. 몰락한 러시아의 실상을 보면 회복의 와중에서도, 미 중앙정보부 보고서에 의하면, 2005년도 기준 러시아 연방 정부의 예산은 한국의 그것에도 미치지 못하였다 (러시아, 세입 1767억 달러, 지출 1256억 달러; 한국 세입 1840억 달러, 지출 1874억 달러).

죄인의 길에 서지 아니하며 (1절)

거듭난 기독인은 습관적인 죄를 범치 아니 한다 (욱 하마르타네이, 요일 5:18). 죄란 반복될수록 악화되고 강화되는 성질을 갖는다. 어떤 죄악이건 상습화되면 끊기가 대단히 어렵다. 물질에 풍성하게 된 나라들에서는 알콜, 마약, 섹스 중독 등이 다반사로 일어나고 있다. 섹스 중독의 경우 대개는 어린이 시절 성적인 피해를 본 사람들이 대다수 (미국의 경우 사분지 삼 이상)라 한다 (Frank Minirth, "Sex Addiction," 505-514). 그렇다고 모두가 어린이 시절에 성적 피해를 보았기에 성적인 중독에 걸린다는 것은 아니다. 스트레스나 억압에 눌린 자들이 도피처로 성을 이용하든지 아니면 친구에 의해서 아니면 자신의 호기심으로 시작된 음란물 접근으로 성적 중독증에 걸릴 수도 있다. 그 증세를 보면 첫 단계에서 환상 (fantasy), 음란물 등으로 시작한다. 사람들은 음란물을 보면서 자위행위를 한다. 중독자들은 결혼을 하면 이런 증세를 치료할 수 있다고 생각하지만, 결혼에서 부부관계는 친밀함 (intimacy)의 상태를 요한다는 것을 알게 된다. 그러나 이 친밀함은 순전하고 정직한 마음의 사랑에 근거한 관계로 시간과 헌신이 요청된다. 그래서 결혼했음에도 중독자들은 자위행위를 재개한다고 한다. 둘째 단계는 범죄행위를 구성하지 않는 실제현장의 단계이다. 누드 쇼 같은 곳에 즐겨가고, 어떤 사람의 옷이나 물건을 가지고 자극하며, 음란한 전화, 붐비는 차안에서 타인을 만지거나, 창녀를 은밀히 만난다. 이런 단계에서 중독자는 성 (性)이 주는 만족의 약효가 약화됨을 느낀다. 제 3의 단계에서는 사소한 범죄행위를 행하게 된다. 관음증 (voyeurism), 창기와 연합, 노출 등의 행위가 이에 속한다. 마지막 단계에서는 중범죄를 범하게 된다. 이들은 감옥행이다. 플로리다 감옥에서 처형당했던 테드 번디 (Ted Bundy)란 강간 살인자를 상담한 제임스 답슨 박사 (Dr. James Dobson)에 의하면 번디는 적어도 28명의 여성과 어린이를 살해했다. 번디가 전기의자에 앉게 된 시발점은 음란물 접촉이었다 한다. 음란물을 대하다 보면 "이제 실제로 행할 수 없을까?" 하는 "도약단계"에 이른다 한다. 음란물 외에도 여러 가지 부정적인 영향력이 있었겠으나 그에게 가장 치명타를 가한 것은 선과 악을 구분하는 능력이 없었다는 사실이었다. 주일학교에서 십계명만 배웠더라도 그런 자리에 들지 아니했을 것이다. 번디가 전기의자에 앉게 된 것은 한 번의 실수로 인한 것이 아니라 점진적인 발전과정의 마지막이었을 뿐이다. 그의 첫 출발은 악인의 꾀를 따라 걸어간데 있었다. 곧 그를 파멸로 이끈 첫 출발점은 그의 잘못된 "생각"이었다.

여호와의 율법을 즐거워하여 늘 묵상함 (2절)

성경의 묵상은 암송을 하고 그것을 기도 시간이나 자기만의 시간에 되새김질 할 때 되어진다. 필자의 개인적 경험을 말씀드리자면, 성경을 천 절 정도 암송하는데 지속적으로 목표를 정하여 새 구절들을 암송하고 새롭게 되새김질하고 암송 할 때마다 놀라운 축복을 경험하였다. 보통 성경을 읽는 것과 비교할 수 없는 영적 은혜가 임한다. 특히 기도하고자 무릎을 꿇었으나 심신이 지쳐 기도할 힘이 없을 때, 성경을 암송하면 새 힘이 공급되곤 하였다. 여기저기서 한 절씩 뽑아서 외우는 방법도 있지만, 중요한 부분을 통째로 외우는 것이 좋다는 것도 증거할 수 있다. 내가 좋아하는 책들은 아예 전체를 암송하면 그 책이 제시하는 사고나 정황이 마음에 절절이 와 닿기도 한다. 예컨대 디모데 후서를 전체로, 혹은 에베소서를 전체로 암송할 때 그 책의 저자 바울이 처했던 정황이나 복음을 위한 희생에 내 영혼이 신선한 도전과 충격을 받기가 한 두 번이 아니었다. 복음의 정신에 압도되고 순결한 삶과 주를 향한 헌신이 불 일 듯 일어남을 경험하였다. 목회자들이 성도들에게 성경 읽기나 성경 필사(筆寫)를 권하는 일은 있지만, 성경 암송을 장려하고 스스로 모본을 보임이 좋은 설교를 전함과 함께 영적 성장과 진보에 다시없이 좋은 방법임을 말씀드리고 싶다. 신학교에서도 예배 출석표를 받게 하는 식의 유치한 방법보다는 성경 암송을 장려하고, 아예 암송할 부분을 수 천절 선정하여 졸업 필수 과목으로 지정함이 좋을 듯 하다. 그러니까 신대원 3년간 암송 목표절을 학교가 공고하고 졸업을 위한 필수 학점을 매겨 놓는다는 것이다.

　성경을 암송하다 보면, 말씀이 마음에 부딪히기 때문에 스스로 헌신하지 않을 수 없게 만들어 버린다. 예컨대, 잠언서 3장을 암송하다 보면, 네 재물과 소산의 처음 익은 열매로 여호와를 공경하라 그리하면 네 창고가 가득히 차고 네 즙틀에 새 포도즙이 넘치리라 하신다. 말씀이 내 영혼을 때리는데 누가 재물을 가지고 인색하게 헌금할 것인가? 디모데후서를 암송하다보면 전도를 위한 헌신과 희생이 부딪혀 온다. 주를 섬김이 힘들다 느껴질 때 디모데후서는 나의 모습을 거울로 비춰주고 사정없이 책망한다. 그 정도도 헌신할 수 없다더냐? 라고. 에베소서를 암송하다 보면 하나님의 사랑과 교회의 위치가 마음을 때리고 영적인 성장과 영적인 전쟁에로의 도전을 받게 된다. 이사야 60, 61장 예언들을 암송하다 보면 하나님의 축복이 내 가슴에 파도처럼 밀려옴을 느낀다. 마가복음을 암송하다보면, 능력 전도의 도전이 날아온다. 로마서 8장을 암송하다보면 복음의 진수가 마음을 울리고, 고전 13장을 암송하다보면 사랑의 원리가 나를 채찍질한다. 계시록을 암송하다 보면, 영적 투쟁과 승리의 확신이 물밀 듯 밀려옴을 느낀다. 성경을 암송하면서 의미가 궁금하거나 쉽게 암송하기 어려울 때는 그 부분을 집중적으로 연구하면 내용파악과 함께 암송에 크게 도움이 된다. 나는 단언하거니와 성숙한 기독인들에게 성경 암송보다 더 좋은 영적 진보를 위한 도구는 다시없다. 출애굽기 15장을 암송하다 보면 주님의 능력에 압도당하고, 17장 아말렉과의 전쟁 부분을 암송하다 보면 내 손이 저절로 올라가는 것을 체험하게 된다. 이사야 1장을 암송하다보면 내 생활의 잘못된 부분이 생각나고, 53장을 암송하다 보면 주님의 고난이 마음에 파고든다. 시편 19편을 암송하면 말씀의 능력과 자연계의 노래를 듣게 되고, 시 32편을 암송하면 죄 사함의 축복을 거듭 체험하고, 시 39편을 암송하면 불평이 사라지며, 시 103편을 암송하다보면 내 영혼이 주님의 은총을 찬양하게 되고, 시 146편을 암송하다보면, 주님만을 앙모하게 되고, 시 150편을 암송하다보면 찬양이 절로 입에서 터져 나온다. 사실 생각해 보면, 성경 어느 부분을 암송하지 않을 부분이 없다. 모두가 내 영혼의 양식이요 주님 사랑의 표현으로 다가온다.

20세도 되기 전에 방탕한 생활로 사생자(私生子)를 몇 명 낳았던 어거스틴은 로마서 13:13, 14절을 읽고 인생이 변하여, 기독교 사상 가장 위대한 신학자 중의 하나가 되었다. 마틴 루터도 어느 날 "의인은 믿음으로 말미암아 살리라"(롬 1:17)는 말씀을 깨닫고, 모든 율법으로부터 해방을 받아 종교 개혁을 하게 되었다. 감리교 창시자 요한 웨슬레도 말씀(벧전 1:4)으로 깨우침을 받았다.

"성경에 담겨있는 도덕율들과 원리들이 우리 헌법과 공민법의 토대를 구성해야 한다. 사람이 악덕과 범죄, 야망과 불의, 억압과 노예, 전쟁 등으로 당하는 모든 비참이나 참극은 성경에 담겨있는 진리들을 멸시하거나 무시하는데서 야기된다" (Noah Webster). "세상의 구세주에게서 나오는 모든 선한 것은 이 책으로 말미암아 전달된다. 그러나 이 책이 아니었다면 우리는 선과 악을 분별할 수 없을 것이다. 인간에게 좋은 모든 것들은 바로 이 성경책 안에 담겨있다" (Abraham Lincoln; 링컨은 참 신앙인이 아니었지만 그렇게 말한 것으로 전해진다).

오늘날 미국에서 소위 일류대학교들은 그 시작이 복음 사역자 양성기관이었다. 1638년에 세워진 하바드 대학교의 이력에는 다음과 같이 기록되었다: "하나님께서 우리를 뉴-잉글랜드로 안전하게 옮긴 이후에, 우리가 집들을 짓고, 우리 삶에 필요한 것들을 공급하고, 하나님을 예배할 적당한 장소들을 세우고, 시민 정부를 구성한 후에, 우리가 하고 싶었던 일들 중의 하나는 학문을 진작시켜 후대에 전하는 일이었다. 우리는 현재 활동 중인 사역자들이 먼지에 눕게 될 때 우리 교회를 섬길 자들이 문맹자들이 될 것을 두려워했던 것이다." 곧 하바드 대학교는 복음 사역자 양성기관으로 시작되었다는 의미이다. 1701년에 세워진 예일 대학교 역시 동일한 의도였다. 커네티컷 거주 기독인들은 하바드가 너무 멀고, 너무 비쌀 뿐 아니라 점점 영적 기운이 혼탁해짐을 느끼고 대안으로 예일 대학교를 시작하였다. 1746년에 세워진 프린스톤 대학교는 저 유명한 제1차 대 각성 운동의 여파로 세워진 학교였다. 여타 다머우쓰 (1754년 시작), 뉴욕의 칼럼비아 대학교, 윌리암과 메리 대학, 퀸즈 칼리쥐, 브라운 대학교 등등 유명한 대학들이 모두가 복음정신으로 출발하였다.

복 있는 자는

시 1편이 제시하는 복된 자의 원형은 바로 예수 그리스도시다. 시편 해석사에서 언급한 바 있지만, 중세 내내 사람들은 시편에서 예수님을 찾았다. 즉 풍유적으로 해석하여 구구절절이 예수님의 모습을 보았다. 그런데 그런 풍유적 이해가 이 시편에서는 그렇게 나쁘다고만 할 수 없다. 어거스틴은 1절의 "복 있는 자는 악인의 꾀를 쫓지 아니하고" 란 말씀은 "신인(神人)이신 우리 주 예수 그리스도"로 이해되어야 한다고 했다. 그는 계속하여, "뱀에게 유혹을 받은 자기 아내에게 동의하고, 하나님의 계명을 범했던 흙으로 된 사람이 하듯, 악인의 꾀를 따라가지 아니한 사람이 복이 있다." 그리고 "죄인의 길에 서지도 아니하며" 란 "그분은 실로 죄인들이 태어나듯 태어나심으로 죄인들의 길로 오셨지만, 그 안에 서지는 않으셨다; 왜냐하면 세상의 유혹이 그를 붙들지 못했기 때문이다." "'제 때에' 란 말씀은 그분이 부활하셔서 승천하신 후를 가리킨다. 그때쯤에는 사도들에게 성령님을 보내시어, 저들이 그리스도를 믿게 하신 후에, 교회들이 '열매를 산출하도록' 하셨기 때문이다. '그 잎사귀도 시들지 않는다' 는 표현은 그의 말씀이 헛되지 않다는 의미이다." 인위적이긴 해도, 시 1편이 지시하는 복된 자의 원형이 예수님이란 사실에 이의를 제기하기는 어려울 것이다. 모든 하나님의 약속은 예수 그리스도 안에서 성취를 발견하기 때문이다 (고후 1:20).

시 2편 그 아들에게 입 맞추라

1. 전체구조에서의 위치, 시의 유형과 삶의 자리

시 2편은 "복되도다!' (아쉬레)라는 말로 끝이 난다는 점에서 동일한 표현으로 시작된 1편과 연관성을 지닌다. 시 1편과 연관하여 보건대, 시 2편의 열방들과 민족들, 세상의 군왕들과 통치자들은 모두 악인의 꾀를 쫓아가며, 죄인의 길에 서는 자들이다. 반면 여호와의 기름부음 받은 왕은 의인의 길을 행하는 자이다. 다윗이 여기에 해당되고 왕이 되는 그의 의로운 후손들 역시 여기 해당된다. 그렇지만 역사적으로 성공한 다윗 후손들은 많지 않았다. 따라서 본 시가 이상적으로 제시하는 왕의 모습은 다윗의 후손 예수 그리스도에게서 완성될 것이다. 그런데 의미에서 신약에서 이 시는 행 4:25-28에서 인용되어 주 예수님에 대한 예언적 묘사로 이해되었다. 행 13:33에서 "오늘날 내가 너를 낳았도다" 란 선언을 예수님의 부활에 연관시켜 이해한다. 히브리서 (1:5)에서 시 2:7은 천사보다 월등하신 예수님의 아들 되심의 논거로 사용되고 있다. 그리고 신약 여기 저기서 나타나는 예수님에 대한 호칭들 (그리스도, 하나님의 아들)도 본 시편의 반영이다. 또한 계 2:27, 19:18 등에서도 신약의 성도 혹은 예수 그리스도에 대한 예언으로 이해되고 있다.

여기서 1편과의 또 다른 표현상의 일치를 지적하자면, 1편에서 의인이 율법을 중얼거리며 읽어 하나님 사랑을 표현했다면 (2절), 2편에서는 (1절), 열왕이 투덜거리며 하나님과 그 기름부음 받은 자를 대적한다. 그리고 1편의 마지막 절에서 "길"과 "망하다"란 표현을 사용했다면, 2편에서도 마지막 부분에서 "길에서 망하리니" 라고 표현한다.

이 시는 왕을 노래하는 "왕의 시" (royal psalm)이다. 시편에서 왕을 노래한다고 분명하게 판단할 수 있는 시들로는 (궁켈에 의하면), 왕의 결혼을 축하하는 시 45편, 왕의 생신이나 즉위식을 축하하는 시 21, 72편, 왕의 궁궐이나 성소의 기념일 (anniversary)을 위한 시 132편, 왕이 전쟁을 시작하기 전에 부른 시 20편, 후에 부른 18편, 왕의 즉위식을 노래한 시 2, 101, 110편, 기타 144:1-11과 보다 간접적인 의미에서 왕의 시라 할 수 있는 시 89편 등이 있다. 궁켈이 왕의 시를 10개로 제한하고 나머지는 개인 탄식시 등으로 분류함으로, 궁켈 이후 비평가들은 대개 그의 분류를 따른다.

그렇다면 의문이 제기된다. 약 400년 이상 지속된 이스라엘 왕조에서 어찌하여 잔존하는 왕의 시는 150개중에 10개밖에 없는가? 어떤 비평가는 이를 두 가지 이유에 기인되었다고 설명했다: 1) 시들의 선택이 이루어졌던 추방기에 왕의 시를 대다수 제거해 버렸기 때문이다. 2) 아무리 왕이 중요해도 부각되는 것은 여호와 하나님이라는 야웨 종교의 특성상 그리되었다 (Georg Fohrer, *Introduction to the Old Testament*, 270).

그런데 궁켈이 왕의 시에 속하지 않는 것으로 분류한 많은 시들도 사실은 왕이 부른 노래였다고 표제가 제시해 준다. 예컨대 시 3편은 다윗이 압살롬의 반란을 피해 도망할 때 지어진 것이라 한다. 그렇다면 이것도 왕의 시가 아닌가? 설사 표제의 신뢰성을 부인하고 시 내용만으로 판단한다 해도, 우리는 많은 시들의 주체가 나라의 지도자임을 쉽게 알 수 있다. 예컨대, 수많은 원수들, 백성에 대한 하나님의 축복 등은 그런 정황을 반영해 준다. 그러나 궁켈은 이런 시들조차 개인 탄식시로 분류하였다. 시 3:5에서 평안히 자고 깨는 것은 개인의 모습이지 어떤 지도자의 모습은 아니라 한다. 궁켈은 다른 개인 탄식시들에 근거해서 시 3편의 시인은 어떤 개인적 불행을 당하고 있어 (질병?) 하나님께 버림받은 자로 간주한다. 궁켈은 수많은 원수들에 대한 언급 (3:1, 2, 6)은 순전히 은유 (메타퍼)일 뿐이라고 일축한다. 또한 전쟁터에서 자기를 보호하시는 여호와, 영광과 탁월함을 주시는 여호와 등의 사고도 은유 (메타퍼)에 불과하다! 그리고 왕이 기도하여 응답 받는다는 사고는 궁켈에게 통하지 아니했다. 8절 같은 진술 (승리는 야웨께 속하며, 당신의 축복이 당신 백성에게!)은 후대의 첨가물에 불과하다. 이런 식으로 본문의 증거는 제거되고, 개인 탄식시로 분류되었다.

워낙 궁켈의 유형 분류가 강력한 영향을 시편연구에 끼친 까닭에 왕의 시 유형에는 앞에서 언급된 10개 정도만 속한다는 사고가 팽배하게 되었다. 그러나 우리는 이튼 (J. H. Eaton)과 같은 이들의 연구에 힘입어 (*Kingship and the Psalms*) 전통적으로 왕의 시로 간주된 시들도 왕을 노래하거나 왕이 부른 노래로 인정하고, 이스라엘 왕의 모습을 파악하는 데 활용되어야 할 것이다.

고대 근동제국들의 왕의 노래와 비교해 본다면, 서로 간 공통점들이 많다. 예컨대, 신이 왕을 선택, 아들로 입양한 일, 정통 왕임을 입증하는 일 (legitimation), 신이 왕을 인도한 일, 축복과 번영의 선포, 영속성, 의와 승리의 기원 등이 공통점들이다. 그럼에도 고대근동 제국들의 왕의 시들과 달리 이스라엘에서 왕을 영화롭게 하거나 그의 명성을 자랑하는 따위는 없다. 왕의 시들에서 우리는 이스라엘 왕의 힘이나 업적이 아니라 하나님의 약속과 축복, 혹은 왕이 하나님께 간구하는 기도, 하나님께 감사하는 감사 등이 언급된다. 이런 특이점들은 이스라엘 왕의 시들이 야웨 신앙에 굳게 뿌리박고 나타난 것임을 보여 준다 (Georg Fohrer, *Introduction to the Old Testament*, 270).

시 2편은 "메시아 시"라고도 불린다. 왜냐하면 이스라엘의 왕들 그 누구도 여기 제시된 하나님의 약속 (특히 시 2:8)을 성취한 예가 없었기 때문이다. 비평가들은 신약이 이 시를 메시아적으로 인용하거나 이해한 것은 문맥을 무시한 인위적 해석으로 보고 이 시의 메시아 예언 성격을 부인 한다 (예컨대, William R. Taylor, *The Book of Psalms*, 23). 그 이유를 살펴보면 이렇다:

1) 통치의 성격 (시 2:9-11)은 메시아 이상(理想)에 부합되지 아니 한다
2) 시 2:1-2에 묘사된 왕과 열국들, 그리고 그 통치자들과의 관계는 장차 올 메시아 왕국의 실상과 일치하지 아니 한다
3) 시 2편에서 왕은 복속된 나라들의 불만에 직면해 있다; 메시아 나라에 어찌 반란 같은 것이 있겠는가?

그러나 이러한 비평가들의 이해는 완전 오해이다. 우리가 (혹은 신약기자들) 왕의 시들을 메시아 시로 부르는 까닭은 왕의 시들의 내용 전부가 메시아 통치의 이상적 상태를 묘사해 주기 때문이 아니다. 메시아 (히, 기름 부음 받은 자)는 구약에서 왕 (삼상 2:10, 9:16)뿐 아니라, 선지자 (왕상 19:16), 제사장 (출 29:29-30)도 포함되었다. 저들도 하나님께 기름 부음을 받았기 때문이다. 이렇게 기름부음 받는 행위는 여러 상징적 의미를 지닐 수 있겠으나 무엇보다도 하나님께 택함을 받고 성별되어, 특별한 직무에 위임을 받는다는 표시요, 하나님의 성령님으로 충만하게 되어 지식과 총명, 모략과 야웨를 경외하는 마음으로 그 직무를 섬길 것을 의미했다고 할 수 있다. 왕은 언약 백성을 구원하고, 공의로 통치해야 했고, 제사장은 성결함으로 속죄와 교육 직분을 감당해야 하며, 선지자는 언약 백성들을 향하신 하나님의 뜻을 그대로 선포해야 했다. 이러한 "메시아" 직분자들은 하나같이 하나님의 뜻을 이 땅에서 이루는 지도자들로 세움을 입었다. 그러나 이들은 인간의 악함 때문에 그 이상에 훨씬 미치지 못하였다. 여기에 "'그' 메시아"의 도래가 요청된 이유가 있었다. 많은 메시아들이 있었으나 실패했다. 그래서 그 모든 메시아들의 이상들을 완성시킬 "'그' 메시아"가 도래하셔야 했다.

시 2편은 바로 그러한 견지에서 메시아 시인 것이다. 왕의 시는 도래할 메시아를 고려치 않는다 해도 자체로 메시아 시에 해당된다. 이스라엘의 왕은 메시아였기 때문이다. 그러나

우리가 "메시아 시"라 할 때 의미는 오실 메시아 예수 그리스도를 예언했다는 측면에서이다. 예수께서 오셔서 시 2:8을 그대로 이루시고 계신다. 땅 끝까지 복음을 전파함으로 그의 통치는 확장되고 있다. 초림(初臨)에서 재림(再臨) 어간에 그 말씀은 성취될 것이고 재림으로 완성 (consummation)에 도달할 것이다. 이렇게 구약의 메시아 시들은 구세주 예수님의 초림에서 재림 사이의 교회를 통한 복음전파와 영적 통치를 묘사한다고 할 수 있다. 이런 측면에서 계 2:27에서 시 2:9이 성도들에게 적용되고 있다. 곧 신약시대를 사는 성도들 중에서 이기는 자, 그에게 철장 권세를 주어 열국을 질그릇 같이 박살내신다. 영적인 통치행사이다. 여기에 신약의 성도들이 왕 노릇한다는 의미가 있다.

시 2편은 이스라엘의 어떤 왕이 이미 이스라엘에 복속 당한 속국들의 반란에 직면하여 부른 노래이다. 정확하게 역사적 정황을 꼬집기 어려우나 다윗에게 복속 당했던 암몬, 에돔, 모압, 아람, 블레셋과 같은 족속들이 반란을 꾀함으로 이 왕은 위기를 맞았다. 이런 국난을 당하여 왕은 하나님께 호소하여 도움을 간구한다. 1-3절에서 시인은 땅의 반란을 묘사하고, 4-6절에서 하늘 왕의 반응을, 7-9절에서 하늘 왕께서 자신을 지상 왕으로 세우실 때 주셨던 그 영을 상기하고, 10-12에서 열왕들에게 복속을 요청하며 경고를 발한다. 이렇게 이 시는 4연으로 구성되어 사고의 흐름에 분명한 구분이 가능하다. 제 3연 (7-9절)에서 자신의 즉위식 때 주어졌던 하나님의 칙령을 상기시키는 이유는 반란이라는 국가 최대 위기 시에 자신의 위치가 하나님께로부터 주어진 것임을 확인함으로 자신감을 되찾고, 믿음의 눈으로 이 시련을 극복하기 위한 조처라 할 수 있다.

이처럼 시 2편은 전쟁을 예견하고 왕이 자신과 백성을 격려하고 원수에게 무모한 행위를 당장 중단하도록 요청하는 내용을 담고 있다. 그런데 이러한 시가 발생한 역사적 상황은 우리가 정확하게 알 수 없다 해도, 전쟁에 직면하여 시 2편과 유사한 내용으로 심리전을 펼치는 예들은 구약에서 종종 볼 수 있다 (John T. Willis, "A Cry of Defiance -Psalm 2," *JSOT* 47 [1990], 33-50 참조). 예컨대, 유다의 아비야가 북 왕국 이스라엘의 여로보암 1세를 맞아 싸울 때 (주전 915년경) 스마라임 산상에서 이 시편과 같은 논조로 외친 바 있다 (대하 13:4-12). 아비야의 연설은 논리가 정연하게 원수가 갖는 신앙적 약점에 치명적 일격을 가함으로 원수들의 사기가 땅에 떨어지도록 하기에 충분했다. 시 2편이 제시하는 내용과 하등 다를 바가 없다. 시 2편이나 아비야의 연설은 모두 원수가 하나님을 대적하는 어리석은 행동을 중단할 할 것을 요청한다.

고대 근동에서 종종 봉신국들이 종주국에 반란을 일으키기도 하였는데 (창 14:4, 왕하 1:1, 3:5, 18:7, 24:1, 20 등) 그 근본 이유는 자유를 향한 인간 본능의 자연스러운 발로라 해야겠으나, 반란을 부추기는 요인들은 다양하였다. 어떤 경우에는 주변국들의 부추김을 받아 종주국을 배반하였다 (왕하 17:3-6). 혹은 종주국에 왕권의 심각한 약화가 나타났거나 왕권의 교체기에 봉신들은 반란의 기회를 포착하기도 하였다 (왕하 1:1, 3:5 등).

한편 이 시가 후대에 예배용으로 특히 왕의 즉위식 예배시에 혹은 전쟁 시작 전에 계속 사용되었을 가능성은 배제할 수 없다. 만약 즉위 시 사용되었다면, 이 시는 즉위하는 왕에게 하나님의 약속 (삼하 7:8-16, 특히 14절)을 상기시킴으로 담대함과 확신을 주려는 목적을 지녔을 터이다. 크레이기 (Craigie)가 추정하듯, 즉위식에 참여한 회중이 1-6절을 낭독하면, 왕이 7-9절을 암송하여 반응하고, 10-12절은 회중이나 제사장들이 낭독했을 수 있다 (Peter C. Craigie, Psalms 1-50, 65). 더 나은 추정은 1-6절은 회중이 낭독하고, 7-9절은 선지자나 제사장이, 10-11절은 왕이 직접 낭독했을 것이란 것이다. 이런 의식을 통하여 복속국들에게 경고를 발하는 측면도 있지만, 백성들에게 하나님이 세우신 왕에 대한 충성을 유도하는 목적도 있었을 것이다.

어떤 학자들은 이 시가 왕의 즉위식과 연관된 예배 의식의 일부로 작사되었다고 가정한다. 반란을 도모하는 원수들은 실제적 원수가 아니라 예배 의식에 속하는 가상적 실체 혹은 혼돈의 세력들이라 한다. 시 2편은 신년 즉위식이나 언약 갱신 의식 혹은 시온의 축제 때에 낭송되었다고 한다 (H. Gunkel, Die Psalmen, 5; Mowinckel, PIW, I, 152-53; H. Ringgren, The Messiah, 8-13; K. R. Crim, The Royal Psalms, 72-73; A. Weiser, The Psalms, 109-11 등). 존슨은 시 2편이 가을 절기의 성극(聖劇)에서 마지막 장면을 장식하는 것이라 생각한다. 지상 왕들이 다윗과 그 후손들을 통해 자신의 주권을 행사하시려는 야웨의 의도를 거스리려 하지만, 새벽에 야웨께서 개입하시어 의식을 통해 실연되는 전쟁에서 다윗 후손에게 승리를 안겨주신다 (A. R. Johnson, Sacral Kingship, 128-29). 혹은 모빙켈에 의하면 왕이 기름부음을 받고 왕궁으로 행렬을 지어 가서 보좌에 앉아 하나님께서 자신을 왕위에 앉히셨음을 선언하고, 봉신(封臣) 왕들에게 자신과 야웨께 굴복하라는 권고를 발한다고 한다 (PIW, II, 132, 136). 또 쉬미트는 시 2편은 매년 거행된 왕의 즉위 축하식에서 낭송되었다 한다 (H. Schmidt, Die Psalmen, 5-6).

이렇게 시 2편을 예배 의식을 위한 시로 이해하는 입장은 고대 사회에서 예배의식이 가졌던 중대성을 직시하는 견해이다. 고대 근동 사회에서 예배의식은 정해진 장소와 때에 드려졌는데, 오늘날과 같이 세분화된 사회가 아니라 온 나라가 강력한 전제집권 체제하에 일사분란하게 통제되던 상황에서 국가의 종교 행사는 국가적인 의의를 지녔다. 저들에게 있어서 예배는 사회생활의 중대한 시점에서 행해졌다. 사냥철이나 경작기 혹은 추수기는 특히 중요한 예배의 때였다. 또한 신년이나 매달 초, 혹은 한 주간의 시작 등도 예배의 중요한 시기였다. 고대 근동사회에서 특히 신년 (설날)에 예배 의식을 행함으로 우주 자체를 재창조한다고 간주되었다. 세계 창조신화를 낭송함으로 경배자들은 창조시의 그 시점으로 돌아가서 세계 질서의 갱신에 참여하게 된다. 그러한 예배 의식은 고대 근동인들에게 실로 중요하였다. 만물이 소생하는 봄철에 지켜진 바벨론의 아키투 축제(Akitu)는 왕권을 신적 권위로 새롭게 세우며, 신년 내내 백성의 생명과 운명을 확보해 주는 기능을 가졌다. 세상이 연로해지고, 생식력이 쇠퇴해 간다고 여겨지던 때에 다시 만물이 소생하는 봄철에 한 해를 새롭게 기약하는 그러한 의식이 신년에 거행된 아키투 의식이었다.

그런데 고대 근동사회에서 왕이야말로 국가 안녕에 제일 요소였다. 아키투 축제는 정월 (니산월) 1일부터 12일까지 거행되었는데 그 축제의 내용은 단편적으로 전해지고 있다.

정월 4일: 왕은 바벨론의 최고신으로 여겨지던 마르둑신의 아들 나부신 (Nabu)을 모셔오기 위해 보십파 (Borsippa)로 간다. 이렇게 해서 보십파에서 바벨론까지 의식 행렬이 시작된다. 그러는 동안, 바벨론에서는 마르둑 신의 신상 앞에서 "에누마 엘리쉬"라 불리는 창조신화가 낭송된다.

제5일: 마르둑과 나부신의 신전들을 청소하고, 왕이 보십파에서 도착한다. 왕은 바벨론 신전에 들어가 제사장의 인사를 받는다. 그렇지만, 제사장은 왕에게서 왕의 반지를 벗기고, 그의 뺨을 후려침으로 왕을 굴욕에 떨어뜨린다. 그리고 제사장은 왕을 신전 안으로 데리고 가서 신상 앞에 무릎을 꿇린다. 왕은 그 신에게 자신은 바벨론과 신전, 백성을 결코 게을리 대한 적이 없다고 고백한다. 그 후에야 왕은 다시 자기 반지를 되찾아 낀다.

제6일: 바벨로니아의 다른 신들이 바벨론에 모인다 (곧 저들의 신상들이 옮겨진다).

제8일: 왕이 마르둑 신의 손을 잡고 그를 신전 마당으로 인도해 낸다. 그리고 운명들의 신전에로 가서, 마르둑 신은 다른 신들을 만나고 저들 중에 최고신으로 선포된다. 그러면 왕은 다시 마르둑의 손을 잡고 마르둑과 다른 신들을 인도하여 유브라테스 강을 향하여 거리를 행진한다. 신들은 배들을 타고 강을 따라 약간 내려가서 배에서 내려 아키투 사당으로 행진한다. 그곳에서 무슨 일이 일어났는지는 모른다. 그곳에서 신들의 연회가 있고 아마 마르둑과 원시 대양인 티아맛 과의 전쟁을 재현하는 성극이 있었을 것이다.

제 11일: 신들이 다시 바벨론으로 되돌아가고 운명들의 사당에서 신들이 다시 엄숙하게 모이게 된다. 이 때에 그 땅의 운명들이 정해지고 다른 연회가 열렸다. 이렇게 신들이 매년 초에 마르둑에게 굴복하겠다고 다짐하는 행사를 통해 마르둑의 위임을 받은 왕은 자신의 왕권을 새롭게 하고 사회를 통솔하게 되는 것이다 (Henri Frankfort, *Kingship and the Gods*, 313-333 참조).

모빙켈이나 기타 학자들은 바벨론에서 거행되었던 이러한 신년 왕권 갱신의식이 이스라엘에서도 있었을 것으로 가정한다. 그래서 왕의 시들은 바로 이런 의식을 위해 작사된 것이라고 이해하고, 그런 가정 하에서 해석을 진행시킨다. 그렇지만 이스라엘에서 이러한 예배 의식이 있었는지에 대하여는 성경이 언급치 아니한다. 오히려 신년 (7월 1일)에는 "나팔절"이라 불리는 절기가 있었고 7월 10일에는 대 속죄일, 7월 15일에는 초막절이 대 절기로 준수되었다. 이런 절기들은 추수나 출애굽과 같은 신앙적 견지에서 준수되었지 야웨 왕권의 갱신이 중심을 차지했다고 볼 수 없다.

2. 시적 구조와 해석

시 2편은 절절이 동의 병행법으로 구성되었다 (1, 2, 3, 4, 5, 8, 9, 10, 11절). 6절에서는 합성 병행법이 나타난다. 1절 (원문)에서 구조상 교차 대구법 (A B/ B' A')이 나타난다. 1절의 "어찌하여"는 일석이조 기법 (double-duty)으로 기능한다. 즉 후반절에도 "어찌하여"가 해당된다. 더 나아가 "어찌하여"는 2절의 전.후반절에도 적용될 수 있다.

2절 후반절에서만 나타난 "여호와와 그 기름부음 받은 자를 대적하여"란 표현은 전반절에도 적용된다 (double-duty). 이렇게 부사, 전치사구만 "일석이조" 기법으로 활용되는 것이 아니라 대명사, 주어, 동사 등도 역시 같은 기법으로 활용될 수 있다. 왜 이렇게 일석이조 기법을 사용하느냐? 하면 시 (poetry)란 가능하면 말을 절약해서 최소한도의 단어로 압축 묘사하기를 원하는 본성을 지니는 까닭이다. 쉽게 추정해서 알 수 있는 말은 후반절에서 생략해도 독자가 추측해서 보충하면 되는 것이다. 길게 나열해서 두 번이나 반복할 이유는 없는 것이다. 병행법은 이런 시의 절약성과 배치되는 것 같지만 사실 그렇지만도 않다. 시라고 해서 무조건 절약만 하는 것이 아니라 반복해서 강조하므로 극대의 인상을 남기기도 하는 것이기 때문이다.

3절 전.후반절에서 "우리가 … 하자"란 권고형을 히브리어 문법에서는 권고형 (cohortative; 형식상으로는 "연장형")이라 부른다. 이는 1인칭 주어가 스스로 격려 내지 권고하는 자세를 묘사하는 문법요소이다.

4절의 주 강세 수와 음절수를 계산해 보면, 전.후반절은 각기 3/2, 8/6 개이다. 여기서는 전.후반절의 균형이 거의 대등하게 잡혀있다. 후반절의 "저희를" (them)이란 말 (히, 라모)은 전반절에도 해당된다. 전.후반절의 병행법 뿐만 아니라, 시 37:13이나 59:9%에서 전반절에서 사용된 동사 "사하크" (웃다, 비웃다)가 전치사구 "그를" 혹은 "저들을" (37:13에서는 "로"; 59:9에서는 "라모")을 동반하고 사용된다는 점이 이 점을 증거해 주기도 한다.

5절에서 우리는 다시 교차 대구법을 본다 (부사 + 동사 +전치사구 + 전치사구/ 전치사구 + 동사[+접미어]).

전체적으로 보면, 세상 왕들의 모습을 묘사하는 1-3절은 저들에 대한 경고를 발하는 10-12절과 연결되고, 하늘 대왕의 반응을 묘사하는 4-6절은 그분의 기름부음 받은 자에게 주어진 약속을 다루는 7-9절과 상응하여 큰 교차 대구법을 구성한다. 논리적으로 10-12절은 앞 부분의 귀결이며, 이런 클라이막스에로의 구성과 교차 대구법 구조는 전체에 생명력을 제공한다.

리델보스는 이 시가 세 개의 예배 의식 단위들의 결합이라 간주한다. 1-6절에서 성소의 성직자가 말한다면, 7-9절에서는 왕이, 10-12절에서는 1-6절에서와 같은 목소리가 말한다는 것이다 (*Die Psalmen*, 122). 내용상으로 보면, 네 개의 연으로 구분될 수 있다.

제 1연 (1-3절): 반란자들에 대한 탄식
제 2연 (4-6절): 하늘 대왕의 반응
제 3연 (7-9절): 왕에게 주어진 하나님의 약속
제 4연 (10-12절): 반란자들에 대한 경고와 권고

 제 1연과 2연 사이에는 첨예한 대조가 나타난다. 세상의 군왕들과 통치자들 (한역, 관원들)은 (2절) 하늘 보좌에 좌정하신 주 (4절)나 그분의 기름 부은 자, 곧 나의 왕 (6절)에 대조되며, 무리 지어 웅성거리고 투덜거리는 소리 (1절)과 비웃으며 (4절), 노하여 말씀하는 소리 (5절)와 대조된다. 1절은 4절에, 2절은 5절에, 3절은 6절에 각기 대조된다. 2연에서 3연으로의 전환은 사실상 사고상의 상세화이다. 즉 7-9절은 6절의 상세한 제시이다. 1-9절은 헛된 시도를 포기하도록 열왕들에게 권고하는 제 4연 (10-12절)으로 귀결된다.

제 1연 (1-3절): 반란자들에 대한 탄식
1절: 어찌하여 열방이 분노하며/ 민족들이 허사를 경영하는고 (람마 라게슈 고임/ 울레움밈 예헤구-리크)— "어찌하여 열방이 웅성대며 무리 지으며, 어찌하여 민족들이 헛되이 음모를 꾸미는가?" 구조상 구문 병행법, 의미상 동의 병행법이다. 단순한 묘사가 아니라 "어찌하여" (why)란 의문사를 문두에 두어 왜 쓸데없는 짓을 하는가? 라는 책망 겸 탄식이다. 전.후반절에 사용된 동사들은 "라가쉬"와 "하가"이다. "라가쉬"란 단어는 아람어에서 차용된 말로 동사로는 여기서만 나타나며, 거기서 파생된 명사형 단어들 곧 "레게쉬" (교제 ["감미로운 대화"에 병행], 시 55:14)나 "릭쇼" ("은밀한 도모들" [비밀 회의, 소드에 병행], 시 64:2) 등의 의미에 비추어 보건대, "웅성대며 무리 지어 모이다" (gather in a tumultuous throng)란 의미로 이해된다 ("들떠 있는, 소동하는" to be restless [KB³] 단 6:6, 15 참조). 후반절에 사용된 동사 "하가"는 시 1:2에서 낮은 목소리로 중얼거리는 것을 의미했으나, 여기 문맥에서는 "(음모를) 꾸미다"로 이해한다 (한역, KB³; '푸념하다' NAE; '투덜거리다' NJB).

 "허사" (리크)라 번역된 말은 명사이지만, 부사적으로 (레리크) "공연히," "헛되이"란 의미로 취한다: [어찌하여] 민족들이 '헛되이' 음모를 꾸미는가?

2절: 세상의 군왕들이 나서고/ 관원들이 서로 꾀하여/ 여호와와 그 기름 받은 자를 대적하며 (이트얏츠부 말케-에레츠/ 베로제님 노세두-야하드/ 알-야웨 베알-메쉬호) — "(어찌하여) 세상의 군왕들이 전열을 정비하고, (어찌하여 세상의 통치자들이) 서로 공모하여 여호와와 그의 기름부음 받은 자를 대적하는가?" 운율상 세 개의 콜론으로 구분했지만, 의미상으로는 마지막 콜론이 첫째와 둘째 콜론에 공히 기능하여 (double duty), 구문상 구문 병행법, 의미상 동의 병행법을 구성한다. 1절 보다 사고가 더 구체화되고 있다: 열왕들이 "전열(戰列)을 갖추고" 여호와와 그 기름 부은 받은 자를 대적하여 "공모한다." 1절에서는 왜 웅성대며

무리 짓고, 왜 헛되이 음모를 꾸미는지 언급이 없었다. 그 목적은 여호와와 그의 기름 받은 자를 대적하기 위함이었다. 전.후반절에서 사용된 히브리어 동사들은 "야챠브"와 "야사드"이다. 전자는 군대가 적군을 대적하여 전열을 가다듬고 서있는 모습을 묘사할 때 (신 7:24, 11:25, 수 1:5, 삼상 17:16, 렘 46:4), "야사드" 동사는 "야사드 I" (토대가 놓이다)와 동음이의어로, "모이다, 공모하다" (시 2:2, 31:14, KB³; BDB "함께 친밀하게 앉다," "비밀회의에 앉다")를 의미한다.

한편, 우리는 1절의 "어찌하여"란 불변사가 2절에도 걸린다고 이해한다. 그리고 전반절의 "세상의"는 후반절에도 해당되며, 한역이 "관원들"이라 번역한 말 (로즈님)은 전반절의 왕들의 다른 말로 "통치자" (arkon 70인역)를 지시한다 (삿 5:3, 잠 8:15, 31:4에서 "왕들"과 병행). 또한 "기름 받은 자" (마쉬아흐)는 아람어의 수동태형 (페일형)의 어형으로 "기름부음을 받은 자"를 의미하며 (헬라어, "크리스토스"), 구약에서 왕 (삼상 15:1, 17, 삼하 2:4, 7 등), 선지자 (삼하 3:39, 왕상 19:6, 사 61:1), 제사장 (출 28:41, 29:7, 40:15 등)이 기름부음을 받았다. 기름부음의 신학적 의미는 하나님의 선택과 어떤 직책에의 임명, 그리고 그 직책 수행에 필요한 성령님의 지혜와 능력의 덧입음 등이다.

3절: 우리가 그 맨 것을 끊고 그 결박을 벗어버리자 (네탓테카 에트-모스로테모/ 베나쉴리카 밈멘누 아보테모)— "우리가 그들의 차꼬 (fetters)를 끊고/ 그들의 끈(cords)을 벗어버리자!" ("그들의" [곧, 여호와와 그의 기름 부음 받은 왕의). 이방 사람들은 이스라엘 왕이 부과한 여호와의 율법이나 통치 체제를 "맨 것과 결박" (모세르 [차꼬]; 아봇 [끈들]) 정도로밖에 알지 못한다. 여기 사용된 용어들은 가축을 부리기 위해 짐승들에 메우는 장비들을 지시한다. 이런 용어들이 정치적 속박을 지시하는 은유 (메타퍼)로 사용되고 있다. 그것이 무거운 짐으로 여겨진다면 영이 할례를 받지 못했기 때문이다.

그런데 여기 사용된 동사들은 모두 "우리가 … 을 하자"라고 권면하는 권면체 (연장형 cohortative)로 제시되어 이 열방 왕들의 결의(決意)를 제시하고 있다. 이런 결의는 사실상 전의(戰意)의 선포이며 (삼상 17:43-44 [골리앗], 45-47 [다윗]; 대하 13:4-12 [유다 왕 아비야가 이스라엘 왕 여로보암 군에게]; 왕상 20:10 [벤하닷], 11 [아합]; 왕하 18:19-25 [앗시리아 군의 랍사게], 19:21-28 [이사야] 등에서 전쟁 전에 아군의 사기를 북돋우고 적군의 전의를 상실케 하려는 선전[宣傳] 활동 참조), 종주국 이스라엘에 대하여는 선전포고 행위였다.

제 2연 (4-6절): 하늘 보좌에 좌정하신 자의 반응
4절: 하늘에 계신 자가 웃으심이여/ 주께서 저희를 비웃으시리로다 (요쉐브 밧쇼마임 이스하크/ 아도나이 일아그-라모) — "하늘 (보좌에) 좌정하신 자가 [저들을] 비웃으심이여, 주께서 저들을 조소하시리라." 단순히 "하늘에 계신 자" (한역)나 "하늘에 앉으신 자" (RSV, NASB)가 아니라 "하늘 보좌에 좌정하신 자" (the One enthroned in heaven, NIV, NJB,

NAB)이다. 이 표현은 후반절의 "아도나이" (주 主)와 상응한다. 히브리어는 (요쉐브 밧쉬마임) "하늘에 앉아 있는 자"로나 "하늘에 거하는 자"로 모두 번역이 가능하다. 왜냐하면 여기 사용된 동사 (야솨브, 요쉐브 분사형)는 1) 앉다, 2) 거하다란 두 가지 의미를 모두 가지고 있기 때문이다. 하나님을 '하늘에 거하시는 자'로만 번역하는 것보다는 "하늘의 보좌에 좌정하신 자"로 번역함이 문맥이나 성경상의 용례에 비추어 볼 때 더 타당하다. 여기서의 문맥은 지상 '왕들'이 여호와와 그 기름부음 받은 자 (왕)을 대적한다는 사고라면, "하늘에 계신 자"란 다름 아닌 하늘 보좌에 좌정하신 "우주의 왕"이시다. 이 '우주의 왕'께서 자기를 대적하는 '지상 왕들'을 대하여 비웃으신다.

그런데 "하늘" (솨마임)은 항상 복수형으로 나타난다. 고대 근동인들에게 있어서 하늘은 "신"으로 신격화되거나 (메소포타미아에서 아누 신, 유가릿에서 *ars wshmm* 天地 신, *shmm wthm* 하늘과 깊음의 신 등), 적어도 신들의 영역으로 간주되었다. 그러나 구약에서는 하나님의 피조물로 나타나고 (창 1:6-8 둘째 날), 여호와 하나님은 하늘과 땅의 하나님 (창 24:3), 천지에 유일하신 하나님 (신 3:24), 전지하시고 (욜 2:30), 편재하시다 (신 4:39, 렘 23:24). 이런 요소들과 함께 고려하면 "하늘 보좌에 좌정하신 자"란 칭호는 온 우주를 다스리는 대왕이란 의미이다. 바로 그분이 세상 열왕들의 소동을 비웃으시는 것도 무리가 아니다. 마치 개미들이 소동하며 사람을 대적하고자 함과 무엇이 다를까? 바이저는 이 시점에서 언급하길 "피그미족이 거인과 대면하고 있다! 사람과 현세의 것들이 제 모습으로 보여지게 되어 하나님이 '주'로 인식되는 것은 오직 믿음으로 가능하다"라 했다 (*The Psalms I*, 112). 시인이 이렇게 국난의 와중에서도 신앙의 눈을 열어 하늘의 대왕을 주목했다는 것이 신앙이다.

한편, "하늘들"이라 항상 복수형이 사용되는 것은 그 광대무변(廣大無邊)한 성격을 표현하고자 함일 것이다 (GKC §124b). 바벨론 사람들은 하늘을 삼층으로 보고 최고층은 아누 신에게, 이층은 이기기 신에게 속하고, 아래층은 별들이 자리잡고 있다고 상상했다. 구약에서도 하늘을 여러 층으로 생각했다는 증거는 왕상 8:27에서 나타난다 (하늘들의 하늘들 =최고층 하늘들; 고후 12:2 "셋째 하늘까지 이끌려 올리우다"). 이 하늘은 대문 (창 28:17), 문들 (시 78:23), 창문들 (창 7:11, 8:2), 토대들 (삼하 22:8), 기둥들 (욥 26:11) 등을 지닌 것으로 묘사된다. 물론 이는 과학적 진술이 아니라, 현상학적 진술이다.

히브리어 원문에서 "아도나이"는 쿰란이나 여러 히브리어 사본들에서 야웨로 나타난다. "야웨"란 명칭은 히브리어에서 네 개의 자음들로 이루어졌으므로 "네 글자" [tetragrammaton] 칭호라 불린다. 이 성호 [聖號]는 유대인들이 경외심에서 읽지 않고 대신 "내 주"라는 의미인 "아도나이"라 읽어졌다. 그러기를 수세기 마침내 "야웨"의 바른 읽기가 무엇인지를 아무도 알 수 없게 되었다. 그래서 "여호와" "제호바" 혹은 "야웨" 등과 같이 다양하게 읽혀진 것이다. 그런데 헬라어역 (70인역)은 유대인들의 "나의 주" 독법을 반영해서 역시 "주" [큐리오스]라 읽었다. 그래서 신약성경도 70인역을 사용하는 곳에서는 "야웨"를 "주"로 제시하고 있다. "아도나이"란 말은 문법적인 규칙에 비추어 보면 맞지 않는 파격 [破格]이다. "나의 주"나 "나의 주들"의 의미가 아니라 문법에 없는 인칭 접미어 "아이"가 붙여져 있다. 이는 초문법적 [超文法的]인 사항으로 의도적으로 그렇게 모음을 붙여서 이것은 인간 주인이 아니라 "하나님 곧 야웨"를 대신 읽는 "주님"이란 의미이다 는 점을 주지시키기 위함인지 모른다. Hans Bauer & Pontus Leander (*Historische Grammatik*, 253t)는 장모음 콰메츠를 지닌 "아도나이"가 자주 휴지형 [pausal form]으로 장모음화 되어 나타난다고 지적하고, "아도나이"는 셈족계통이 아닌 외래어로 그 어미 "아이"가 복수형 접미어일지 모른다고 추정한다. 이런 추정보다 맛소라 학자들이 의도적으로 초-문법 형태로 표기하여 신적 주님을 의도했다고 본다.

한편, 사용된 동사들은 전반절에서 "웃다" (*사하크*; "*챠하크*" [웃다]의 이형異形)와 후반절에서 "조소하다, 비웃다" (*라야그*)이다. 그런데 후반절에만 사용된 "저들을" (*라모*)은 전반절에도 해당된다 (시의 기교란 참조).

5절: 그 때에 분을 발하며 진노하사 저희를 놀래어 이르시기를 (*아즈 예답베르 엘레모 베압포/ 우바하로노 예바할레모*)— "그 때에 그가 분노하여 저들에게 말씀하시고/ 진노하여 그가 저들을 놀라게 하셨다." 구조상 교차 대구법으로 된 이 행은 전.후반절의 동사들을 짝지으면 "말하다" / "공포에 질리게 만들다" (terrify)로 잘 어울리지 아니한다. 그래서 더캄은 사용된 동사 "바할"이 "열정적으로 말하다"란 의미로 번역되어야 한다고 주장한다 (J. Van der Kam, "*Bhl* in Ps 2:5 and its Etymology," 245-50). 그렇게 이해하면 전반절의 사고가 후반절에서 강화되어 나타남이 분명해 진다. 그런데 사용된 동사 (*바할*; 피엘형)가 그런 의미를 지니는지는 의문시된다. 통상적인 의미는 "놀라게 하다, 공포감을 일으키다"를 의미한다. 전쟁에서 하나님은 심리적으로 원수를 제압하여 저들로 실제 패배하도록 역사 하신다. 여기서도 하나님께서 원수들에게 말씀하시고, 그렇게 하심으로 원수들의 마음에 공포감을 야기시켜 (삼하 5:24, 왕하 7:6 참조) 저들로 굴복하게 하신다. 그가 말씀하시는 내용은 6절에 상세하게 묘사된다. 그 내용은 결국이 대적하는 그 이스라엘의 왕은 바로 하늘 왕께서 친히 세우신 왕이라는 것이다.

제임스 바르는 병행법에 근거해서 전반절의 알려지지 아니한 단어의 의미를 알려진 후반절의 의미로 [혹은 그 반대의 경우도 성립] 추정하는 것이 가당치 않다고 주장한바 있다 (*Comparative Philology and the Text of the Old Testament*, 277-82). 그는 주장하길, 병행법은 문학적 단위들의 병행법이지 그것이 각 문학 단위 내에 사용된 어휘 단위들이 동의어들이란 보장은 주지 못한다고 했다 [Ibid., 278]. 그럼에도 이는 어디까지나 병행법에 의한 어휘의미 추정의 난점들을 강조한 것일 뿐, 그런 이유로 병행법에 사용된 어휘를 추정할 수 없다는 법은 없다. 더구나 병행법은 "점진적 강화" 원리를 따른다는 사실을 고려하면, 병행법에 근거해서 어떤 행의 의미를 파악하려는 시도는 결코 의미 없는 일이 아니다.

6절: 내가 내 왕을 나의 성산 시온에 세웠다 (바아니 나삭티 말키 알-치욘 하르-코드쉬)— "내가 내 왕을 시온 내 성산에서 기름 부어 세웠다." 구약에서 왕이 즉위하는 절차는 요아스 왕을 기준하면 다음과 같았다 (왕하 11:10 이하): 제사장 여호야다의 반정으로 아달리아를 축출하고 어린 왕자 요아스 (7세)를 1) 성전에서 면류관을 씌우며, 율법책을 주고 기름을 부어 왕을 삼다; 2) 무리가 박수하며 "왕의 만세!'를 불러 환호하다; 3) 환호 가운데 왕은 성전에서 왕궁에 이르러 왕의 보좌에 앉았다 (왕하 11:19).

그렇다면 왜 하나님은 자기 왕을 "성산 시온에 세웠다"라고 하는가? 이는 "시온 산"은 원래 여부스 족속이 거했던 천혜의 요새가 있던 곳으로 그 형세는 마치 사람의 발자국 모양이며, 크기는 길이가 380 미터, 넓이가 120 미터 정도이며 그 동편 가파른 경사지 아래 기드론 골짜기에는 기혼 샘이 기드론과 힌놈 골짜기 합류점에는 엔-로겔 샘 같은 수원지가 있어 고대로부터 거처지로 주목을 받았다. 시온 산은 다윗이 정복하고 다윗성이라 개칭하고 (삼하 4:7) 궁궐을 건축하였고 (삼하 5:11), 무엇보다 언약궤를 그곳에 안치하였으며 (삼하 6:12), 그 이후 건축된 솔로몬 성전은 시온 산 북편에 위치했지만 (삼하 24:18-25) 시온 산에 위치한 것으로 언급되고 (렘 50:28, 미 3:12, 시 20:2), 동시에 시온 산은 예루살렘과 동일시되었다 (왕하 19:21, 31, 사 2:3, 4:3, 4, 10:12, 시 51:18, 102:21, 128:5, 147:12 등). 그런데 다윗성의 성소화가 다윗 가문의 선택으로 연결되어 (삼하 7:14 이하), 그곳에서 통치한 다윗 왕가(시 110:2)는 시온 산에 세워진 왕이었다. 그래서 '내가 '나의' 왕을 '나의' 성산 시온에 세웠다"라고 할 수 있다. 크라우스는 여기서 두 번 나타난 1인칭 접미어 "나의"가 다윗 가의 선택과 예루살렘의 선택 주제를 지시한다고 지적한다 (*Psalms 1-59*, 129). "성산"이라 불린 것은 그곳에 성소가 위치했기 때문이다 (처음에 언약궤 안치소, 후에 솔로몬 성전).

바로 이것이다. 시온산은 성소가 위치한 산이요, 그래서 이방인들이 신들의 거처요 우주의 중심이라 여긴 그 북방산이 (시 48:2) 바로 이 시온산이다. 그곳의 성소야 말로 온 우주의 통치자 여호와 하나님의 거처이기 때문이다. 이 시온 성소는 다윗 언약에 필수적 요소이다. 시온을 택하셨다는 말은 곧 다윗과 그 후손을 이스라엘 왕으로 택하셨다는 말이나 같다. 다윗 후손이 시온 성소에 계신 하나님께 충성을 맹세하는 한, 저들은 영원히 이스라엘의 왕 노릇 할 것이었다. 그 어떤 세상의 세력도 다윗 후손이 통치하는 이스라엘을 대적할 수 없다. 그것은 그곳 시온에 만군의 여호와께서 좌정하시기 때문이다.

내 왕을 시온산에 세웠다는 이 하나님의 선언은 이스라엘을 대적하는 세상 열왕들에게는 그렇게 의미가 없을지 모른다. 이런 영적인 계시(啓示)를 이방 왕들이 알기나 하겠는가? 그러나 신앙의 눈이 열린 시인에게는 모든 공포를 없이하는 천만의 원군(援軍)보다 더 나은 것이었다. 하나님과 이스라엘 왕 사이의 긴밀한 관계 (부자 관계, 삼하 7:14-15)가 돈독한 이상 그 어떤 외세의 침공도 실패할 것이기 때문이다 (시 48:1-6 참조).

한편 "세웠다" (나삭티) 동사와 관련하여, BDB에서는 세 동음이의어 (homonyms)를 상정하여, 기본적으로 I. "전제를 붓다," "성별하다"; II. "피륙을 짜다" (weave; 사 25:7, 30:1); III. 여기서와 잠 8:23에서처럼 "세우다" (install)를 의미한다고 제시했다. 그러나 KB³은 III의 의미가 I의 의미와 연관된 "성별되다" (be consecrated) (일부 70인역 사본을 의지하여 니팔형 수동태로 읽어 [닛삭티])로 이해한다. 다훗 같은 이 (NJB도)는 유가릿 문헌에 근거해서 (CTA 3.2.41) "기름 붓다"를 의미하는 "수크" 동사에서 유래한 "네수코티" (내가 기름부음을 입었다, 70인역과 동일)로 읽는다. 우리는 BDB의 III항이나 아니면 KB³의 제안을 따른다.

제 3연 (7-9절): 이스라엘의 왕에게 주신 약속 말씀의 상기

7절: 내가 영을 전하노라 여호와께서 내게 이르시되 (아삽페라 엘 호크 야웨 야웨 아마르 엘라이)— "내가 여호와의 칙령에 대하여 정녕 선포하리라. 그가 내게 이르시길." "내가 정녕 선포하리라" (아삽페라)는 소위 연장형으로 자기-격려, 결심을 표현해 준다 (NASB). 이 절은 왕의 즉위식 때 선지자가 선포한 하나님의 칙령을 제시한다. 폰 라트는 애굽의 등극 관습에 비추어 이 영(슈)이 "왕의 프로토콜" (royal protocol)에 해당된다고 주장한다 (Gerhard von Rad, "Das judaeische Koenigsritual," 211-216). 애굽의 경우 왕의 즉위시에 신이 그를 지명하여 왕으로 세웠다는 합법성의 근거를 표시하는 문서가 있었는데 시 2:7이하의 영(슈)은 바로 그것에 해당된다고 한다. 이 영은 삼하 7장에 언급된 다윗 언약의 확인서와 유사한 것이었을 것이고, 하나님께서 일방적으로 다윗과 그 후손을 택하시고 이스라엘 왕으로 세우신다는 약속이지만, 그 약속은 쌍방간의 사항이므로 "언약"이라 지칭된다 (시 89:3), 그 내용은 1) 왕이 신적인 아들로 입양됨 (7절 하반절, 삼하 7:14), 2) 하나님의 약속 (8-9절, 삼하 7:14-15, 시 89:4, 21-29, 33-37), 3) 언약 파기시 가해질 하나님의 징계 (삼하 7:14, 시 89:30-32) 등으로 구성되었을 것이다. 물론 이 칙령 안에는 왕이 하나님께 가졌던 의무 (신 17:14-17)도 담겨 있었을 것이지만, 왕의 의무는 삼하 7:14, 시 89:30-32 등에서 암시만 되었듯이, 여기 문맥에서도 무관하므로 언급이 없고, 다만 왕의 신적인 아들로의 입양과 그에게 주어진 하나님의 약속이 국난의 상황에 비추어 명시되었다. 이 시인 왕은 이 칙령의 약속과 자신의 하나님 아들됨의 신분을 국난의 위기시에 상기하고 있는 것이다.

너는 내 아들이라/ 오늘날 내가 너를 낳았다 (베니 앗타/ 아니 하욤 엘릿티카)— 이 문장에서 "너 (앗타)"와 "내" (아니)는 각기 독립 인칭 대명사를 사용하여 강조, 대조되고 있다. 이 둘은 인격체로서 "오늘" 언약 관계에 들어간다는 사고이다 (물론 여기서 강조점은 하나님의 일방적인 선택에 두어지지만). 이는 삼하 7:14에 비추어 보건대 다윗 자손이 왕위에 오르는 즉위석상에서 하나님께서 자기 종 선지자 (혹은 제사장)를 통해 선포하신 영(슈)의 내용이다. 이스라엘 왕위의 정통성은 바로 여기에 근거하고 있었다. 시인 왕이 자기의 즉위시에 주어졌던 하나님의 약속들을 여기서 상기하는 이유는 자신이 처한 위기를 대처하기 위한 한 방편이다. 그런데 다윗 가에서 왕이 즉위할 때마다 다윗 언약은 새롭게 '갱신' 되어야 했다. 여기서 "오늘날"이라는 말이 바로 이 시인 왕의 즉위시에 있었던 그 다윗 언약의 '갱신'을 암시해 준다 (신 5:3 "이 [시내산] 언약은 여호와께서 우리 열조와[만] 세우신 것이 아니요 '오늘날' 여기 살아 있는 우리 곧 우리와[도] 세우신 것이라" 참조).

북 왕국 이스라엘의 경우에도 왕상 11:37-39 부분에 하나님의 선지자 아히야를 통해서 왕조설립의 근거를 주신 바 있으나, 여로보암은 하나님의 "율례와 명령"을 불순종하고, 자기 임의대로 ("마음대로") 우상종교를 북 왕국에 창설하였다 (왕상 12:28-33). 이로 인하여 북 왕국의 신학적 정통성은 무너져 버렸고, 때문에 연속되는 쿠데타를 방지할 장치가 없었다.

애굽에서 왕은 출생부터 신의 아들로 간주되었기에 신적인 존재로 자처했다. 메소포타미아 지방에서도 왕의 신격화가 있었지만, 동시에 신의 '종'으로 자처했다. 그러나 이스라엘에서 "하나님의 아들"이란 칭호는 왕의 신성을 결코 의미하지 아니했고, 그가 하나님께 가져야 했던 긴밀한 관계와 순종과 충성을 표하는 '기능적' 칭호였다. 이스라엘에서는 이방 나라들에서처럼 왕의 신격화 현상이 없었다. 이스라엘 백성도 전체로 하나님의 자녀였다 (출 4:22, 렘 31:9, 호 11:1, 롬 9:4). 그럼에도 이스라엘의 대표인 왕이 특별한 의미에서 하나님을 받들어 섬길 아들이었다. 아버지의 뜻을 받들어 드릴 위치와 기능이 전면에 부각된 칭호가 곧 "하나님의 아들"이다.

그런데 하나님과 이스라엘 사이의 관계를 부자(父子) 관계로 제시하는 것은 둘 사이의 관계를 결혼 관계로 묘사하는 것처럼 (사 54:5, 62:5, 렘 3:14, 31:32, 호 2:16), 이스라엘이 시내산에서 하나님과 맺은 "언약" 관계의 다른 호칭일 뿐이다. 부자(父子) 관계로 묘사할 경우, 언약관계를 결혼 관계로 묘사하듯 보다 친근하고 보다 인격적인 생동감이 들기 때문일 것이다. 아버지는 아들을 보호하고 (신 1:31), 훈련, 징계하며 (신 8:5), 아들은 아버지께 순종할 책무를 가진다 (말 1:6). 이런 상호 관계를 부자(父子) 관계보다 더 잘 드러내 주는 표상은 없을 것이다.

더 나아가 하나님과 다윗 가와 맺은 다윗 언약은 사실 시내산 언약의 테두리 내에서 존재 이유를 지니며, 시내산 언약(혹은 그 갱신인 모압들 언약)의 일부 약속의 성취이고 (신 17:14 이하), 언약 백성 이스라엘을 통치하는 왕이 다윗 가문에서 영원히 나오도록 하는 하나님의 약속이 그 핵심이다. 왕이 하나님께 바쳐야 했던 충성과 순종은 시내산 언약에 이미 담겨져 있었고 (신 17:14-20), 그렇지 못할 경우 받을 징계의 위협도 시내산 언약의 상벌 규정 (축복과 위협, 레 26장과 신 28장)에 이미 함축되어 있었다.

"오늘날 내가 너를 낳았다" 라는 말씀은 왕의 즉위시에 체결된 하나님과 다윗 (혹은 그 후손) 사이의 언약 발효 (혹은 언약 갱신)를 의미하지만, 크레이기가 지적한대로 이는 단순히 차가운 법적인 관계 이상을 지시한다. 곧 즉위하는 왕이 이제 성령 충만으로 신적인 능력과 지혜를 덧입는 '새로운 출생' 을 (삼상 10:6 사울, 16:13 다윗) 암시해 준다.

8절: 내게 구하라 (*쉐알 밈멘니*)—이스라엘의 왕은 하나님의 아들의 신분으로 아버지께로부터 많은 특권을 갖는다. 하지만 그 특권들은 구해서 얻어야 한다. 이는 왕의 하나님에 대한 절대 의존을 의미한다. 마음을 오로지 하여 의지하는 왕은 형통할 것이다 (왕상 2:3, 왕하 18:7). 의지하는 방편이 기도이며 동시에 율법을 등사하여 옆에 두고 주야로 묵상하여 그 말씀에서 좌로나 우로나 치우치지 않는 것이었다 (신 17:18-20). "구하라"는 권고는 슥 10:1에서도 나타난다: 하나님은 봄에 내리는 늦은 비를 구하라고 하시고, 소낙비를 모든 풀에 쏟아 주시겠다고 약속하신다 (왕상 3:5, 마 6:33, 7:7, 요 15:7, 16:24, 고전 14:12, 약 1:5 등 참조).

내가 열방을 유업으로 주리니/ 네 소유가 땅 끝까지 이르리로다 (*베엣테나 고임 나할라테카/ 바아훗자테카 아프세-아레츠*) — 반역을 당한 상황에서 시인 (왕)은 자신을 왕으로 세우시던 그 때 하나님의 그 칙령을 회상하면서 자신의 토대를 확인하는 셈이다. 어려운 때에는 이렇게 하나님께서 나를 부르시고 세우셨던 그 때의 약속을 상기할 필요가 있다. 그런데 이스라엘 역사상 그 누구도 8절에 제시된 대로 열방을 복속 시키고 땅 끝까지 다스린 예가 없었다. 솔로몬의 경우만 하더라도 그 통치권이 북으로 유브라데 강변까지 미치고 남으로는 애굽 하수까지 미쳤다해도 두로 같은 뵈니시아 지역은 복속 시키지 못했었다 (왕상 11:14-25에 의하면 솔로몬 시대에 다메섹이나 에돔의 반란 징후가 있었다). 물론 하나님의 약속에는 유브라데강 이편에서 대해까지, 애굽 시내까지가 이스라엘이 차지할 약속의 땅이었다 (창 15:18-21; 신 1:7, 수 1:4, 왕상 4:21). 이 약속이 솔로몬 당대에 이루어졌다고 할 수 있고, 그 이상의 영토 확장은 하나님의 뜻이 아니었다고 할 수 있다. 그러므로 시 2:8절의 사고는 문자적인 세상 땅 끝이 아니라 상징적으로 하나님께서 의도하신 그 약속의 땅 전체를 의미한다고도 이해할 수 있을 것이다. 그러나 열방이나 "땅 끝"이란 표현을 상징적인 혹은 과장법적인 표현으로만 돌리기 어렵다. 왜냐하면 메시아 통치가 가나안 약속의 땅에 국한되지 않고 온 세상에 미친다는 사고가 시 67:1-7, 68:31-32, 72:8이나 사 49:6 (눅 2:32, 행 1:8, 13:37, 26:23), 단 7:14 등에서 개진되고 있기 때문이다.

그러므로 8절의 말씀은 이상적인 왕 곧 메시아께서 오실 때 이루어져야 할 하나님의 계획이라고 이해해야 한다. 이스라엘의 역대 기름 부음 받았던 왕들이 이룰 수 없었던 일, 바로 세계에 하나님의 도를 전파하여 정복하는 일이 바로 주께서 부활하신 후에 명하신 메시아로서의 명령이었다 (마 28:18-20). 그분은 땅 끝까지 이르러 복음으로 정복하는 사명을 우리들에게 주셨다.

9절: 네가 철장으로 저희를 깨뜨림이여/ 질그릇 같이 부수리라 (테로엠 베쉐베트 바르젤/ 키클리 요체르 테납페쳄) —구조상 교차 대구법적 병행법 (동사 +[인칭접미 목적어]+ 전치사구/ 전치사구+ 동사+[인칭접미 목적어]), 의미상 동의 병행법을 이루고 있다. 전반절의 "철장"은 후반절에도 해당되고, 후반절의 "질그릇" (토기장이의 그릇)은 전반절에도 해당된다: "네가 철장으로 저들을 (질그릇 같이) 깨뜨리며/ 네가 (철장으로) 저들을 질그릇 같이 부수리라." 열방을 깨뜨리고, 부수는 일은 하나님께서 바벨론 같은 나라를 몽둥이로 들어서 열방을 사정없이 후려침으로 야기될 상황과 같은 심판을 묘사한다 (렘 51:20-23 *나파츠*가 9번 나타남).

그런데 전반절을 NIV는 "네가 저들을 철장으로 통치하리라" 하고, NAB는 "네가 철장으로 저들을 목양(牧羊)하리라" (With an iron rod you shall shepherd them)라 번역했다. 이는 70인역을(포이마네이스) 반영한 번역이다. 현재 히브리어 자음 tr`m을 "테로엠"으로 읽지 않고 70인역 처럼 "티르엠"으로 읽는다면 "목양하다," "통치하다"를 의미한다 (계 2:27에서 70인역이 인용됨). 만약 "목양하다"로 읽는다면 "철장"은 목자의 철 지팡이를 지시할 것이다. 그런데 "목양하다"란 말은 "통치하다"란 의미도 갖는다. 그런 의미로 취한다면 "철장"은 왕의 홀이 되어야 한다.

애굽에서는 즉위식이나 희년 의식을 거행할 때, 항아리에 적국들과 원수 왕들의 이름을 적어서 주술과 함께 박살을 내거나 하늘의 사방으로 네 개의 화살을 쏨으로, 이처럼 바로가 세상 열국을 지배할 것이라는 상징적 행동을 연출하였다 (애굽의 저주 문헌들). 메소포타미아 지역의 문헌들 역시 통치자가 열국을 질그릇 같이 부수는 사실을 자주 언급한다. 예컨대, 사르곤은 "그 나라들을 질그릇 같이 박살내었고, 세상 사방 구석들을 자갈 먹였다"라 한다. 그러므로 여기 시편의 표현은 1-3절에 묘사된 열방의 반란을 분쇄하고 저들을 절대적으로 통치한다는 사고를 전달한다. 철장 같은 다윗계 왕 앞에 질그릇 같은 열방이 어찌 감히 설 수 있을 것인가? 이처럼 이스라엘의 왕은 열방을 절대적으로 다스려야 했다. 한편, 신약에서 이 약속은 성도들에게서 영적으로 성취되고 있다 (계 2:27).

제 4연 (10-12절): 결론적 권고

10절: 그런즉 (베아타)— "그러므로"라는 접속사는 이제까지 제시된 말씀에 근거해서 결론을 도출한다. 여기서 도출된 결론은 듣는 이들에게 결단을 촉구하는 말씀이다. 제1연에서 지상 열왕들의 반란행위를 묘사한 시인은 제2연에서 하늘 보좌에 좌정하신 자, 곧 자기를 기름 부어 왕으로 삼으신 그분의 반응을 묘사했고, 제3연에서는 자신을 왕으로 세우실 때 하나님께서 주셨던 그 약속을 상기시켰다. 이제 이런 사실들에 근거하여 시인은 "그러므로"라고 결론적 권면을 이끌어낸다.

군왕들아 너희는 지혜를 얻으며/ 세상의 관원들아 교훈을 받을지어다 (멜라킴 하스킬루/ 히 바세루 쇼프테 아레츠) — "왕들아 너희는 통찰력을 지녀라/ 세상의 통치자들아 교훈을 받으라." 2절에서도 그렇지만, 전.후반절은 동의 병행법으로 전반절의 "왕들"은 후반절에서 병행어인 "통치자들"로 반복되고 있다. 여기서 "통치자"는 엄밀히 말해 "판사"란 의미이겠지만, 삼권분립 개념조차 없던 고대에 사법권 역시 왕의 관할이었으므로, 결국 왕으로 이해된다. 이미 2절에서 "세상의 군왕들"이 언급되었지만, 후반절에서는 2절 후반절에 사용된 단어(로즈님)와 다른 말로 (쇼프테 [아레츠]) "통치자"란 의미를 표현하고 있다. 깨닫고, 교훈을 받으라는 시인의 권고는 결국 부질없는 짓을 당장 멈추라는 경고이며, 이는 구체적으로 하나님을 경외하라는 것 (신앙)과, 군사적 적대행위를 멈추고 복속하라 (정치)는 이중적인 요소를 담고 있다.

11절: 여호와를 경외함으로 섬기고 (이브두 에트-야웨 베이르아)— "여호와를 섬긴다"는 것은 그분을 경배함을 말하며 이는 에덴동산에서 인간에게 주신 기본 의무이며 (창 2:15의 다른 이해에 따르면), 다른 신을 섬기는 일과 대조된다. 그 섬김은 "경외함"으로 되어져야 한다. 그런데 섬기다와 경외하다는 병행어로도 나타난다 (신 6:13, 10:12, 수 24:14, 삼상 12:14, 24). 이 두 말이 인간끼리의 관계에 사용될 때에는 약간의 의미상의 차이를 보인다. 예컨대, 하닷에셀과 그의 봉신 왕들이 암몬을 도와 이스라엘과 싸웠으나 패하여 이스라엘을 "섬기게" 되었을 때, 저들은 "두려워하여" 다시는 암몬 자손을 돕지 아니했다 (삼하 10:19). 아람족은 이제 이스라엘의 봉신국으로 전락하여 저들을 섬기게 되었다. 그러한 자리에서 아람족은 이스라엘을 두려워하며 자기 맘대로 행동할 수 없었다. 마찬가지로 하나님을 섬긴다는 것은 그분을 예배하는 것이지만, 동시에 마음에 그분을 향한 경외심에서 행동을 삼가는 것도 동반된다.

떨며 즐거워할지어다 (베길루 비르아다) —서로 상반된 심리 활동을 묘사하는 두 말의 결합이다. 그래서 비평적 번역가들이 (RSV, NJB 등) 원문을 일부 삭제하고 번역하였다: "여호와를 두려움과 떨림으로 섬기라" (RSV); "경외함으로 야웨께 굴복 할지어다" (NJB). 여기서 "떪"은 두려움에 사로잡힌 모습이며, "즐거워하다" (길)는 가나안 농경 제의 의식에서 춤추며 소리치며 노래하는 상황을 묘사하던 '제의' 용어이다 (KB³). 서로 상반된 심리 활동의 동시 발생이 어렵다면, 또한 비평가들처럼 본문을 삭제하거나 수정할 근거가 없다면, 어떻게 이 문제를 해결해야 할까? 한 가지 가능성은 호 10:5에서 "즐거워하다" 동사가 "애통하다 (아발)"와 "두려워하다" (구르)의 동의어로 사용되었다는 점에 착안하여 여기서도 "두려워하다"로 이해하는 것이다. 호 10:5에서 어떤 영역본들은 "두려워하다/ 애통하다/ 울부짖다"로 번역한다 (RSV, NASB, NAB). 앤더슨과 프리드만은 시 2:11에서처럼 "길" 동사가 호 10:5의 문맥에서 "애통하다"와 병행되어 "떨다"를 의미한다고 제안하고 (Hosea, Anchor

Bible 24, 556), "극도의 기쁨과 극도의 좌절이 우상 숭배자들에게서 쉽게 선회되어 나타난다는 것은 아이로니라" (ibid.) 지적한다.

12절: 그 아들에게 입 맞추라 (낫쉐쿠-바르)—여기서 그 아들은 물론 기름부음 받은 하나님의 대리자 곧 이스라엘의 왕을 지시한다 (삼하 7:14 참조). 입 맞추는 행위는 사무엘이 기름병을 취하여 사울의 머리에 붓고 입 맞추고 "여호와께서 네게 기름을 부으사 그 기업의 지도자를 삼지 아니하셨느냐?"고 말씀한 사무엘의 자세를 상기시켜준다 (삼상 10:1). 뉴질랜드 원주민들은 코를 비빔으로 존경의 인사를 한다고 하지만 고대 근동인들은 입맞춤으로 공경의 표시를 했다. 종교적으로는 우상에게 입 맞춤으로 그 우상의 신을 섬기는 표시를 한 예도 있다 (왕상 19:18). 한편, 비평가들은 여기서 갑자기 아람어 (바르, 아들)가 나올 이유가 없다고 보고, 본문을 고쳐서 "그의 두 발에 입 맞추라" 고 읽는다 (RSV, NJB). 그러나 여기 경고는 이방인들에게 주어진 것이기에, 잘 알려진 아람어로 표현하는 것은 이상한 일이 못된다 (왕하 18:26 =사 36:11 참조).

그렇지 아니하면 진노하심으로 너희가 길에서 망하리니 (펜-예에나프 베토브두 데렉) — "그가 노하여 너희들이 길에서 망할까 두렵기 때문이다" (lest he be angry and you perish in the way). "길에서 망한다"는 표현은 "객사(客死)"를 암시해 준다.

그 진노가 급하심이라 (키 이브아르 키프아트 압포)— "순식간에 (in a moment) 그의 진노가 불이 붙을 수 있기 때문이다." 이런 경고는 여호와의 기름 부음을 받은 왕을 대적하는 행위가 곧 하나님 자신을 대적하는 행위라는 인식에서 가능하다. 동시에 이러한 경고를 발하는 왕은 하나님과의 긴밀한 관계 하에서만 이렇게 말할 수 있을 것이다. 그런데 하나님의 진노가 불붙는 경우는 열방을 심판하실 때만 아니라 (사 30:17), 언약 백성이 불평하며 배반할 때도 해당된다 (민 11:1, 렘 44:6). 또한 진노가 "순식간에" 불붙을 수 있다는 것은 12절 하반절의 진술과 함께 신속한 회개만이 살길이라는 것을 보여준다.

12 하반절: 여호와를 의지하는 자는 다 복이 있도다 (아쉬레 콜-호세 보)— "그에게 피하는 자는 다 복되도다!' (시 34:8) 여호와께 피하는 자세는 여호와와 그의 기름부음 받은 자를 대적하는 행위와 (1-3절) 대조되는 자세이다. 그분을 대적하는 자들에게는 사르는 불이나, 그에게 피난하는 자들에게는 피난할 방패와 (삼하 22:31= 시 18:30, 잠 30:5), 반석이 되신다 (시 18:2). 그에게 피난한다는 것은 그를 신뢰한다는 것이나 같다 (시 118:8, 9). 애굽같은 강대국에 피난처를 구한다면 수치와 낭패를 당할 것이나 (사 30:2), 여호와께 피하는 자들은 결코 수치를 당치 아니할 것이다 (시 25:20, 31:1).

여기서, 11-12절 부분에서 RSV는 한역과 달리 "여호와를 두려움과 떨림으로 섬기며, 12 그의 두 발에 입 맞추라" (Serve the Lord with fear, with trembling, 12 kiss his feet)(이는 A. Bertholet in ZAW 28 [1908], 58, 59에 의해 제안된 본문수정 읽기로 11절 마지막 두 단어들과 12절의 첫 두 단어들을 교환함으로 재배열 되었다; 맛소라 모음이나 '자음 모음' [mater *lectionis*], 단어 분할 등을 무시하고, 앞의 제안대로 배치하면 히브리어 문장은 *비르아다 낫쉐쿠 베라글라브* [그의 두 발에 떨림으로 입 맞추라!]가 나타난다; RSV, NRSV, NJB 등이 이렇게 수정독법을 따른다). 이렇게 차이가 난 까닭은 이 부분의 원문이 의미상 문제가 있다고 여겨서 RSV 역자(譯者)들이 본문을 자기들의 생각에 맞추어 의미가 통하도록 수정해서 번역했기 때문이다. 특히 문제가 되는 것은 7절에서 "아들"이란 말 (*벤*)이 12절에서는 아람어로 (*바르*) 나타나고 있다는 사실이다 (히브리어에서 아들은 "*벤*", 아람어에서는 "*바르*"). 비평가들은 히브리 시에 아람어 단어가 갑자기 나타날 이유가 없지 않은가? 라는 생각이다. 사정이 이러하므로 이 아람어는 본문이 잘못 되어진 경우로 처리 하고자 한다 (이 경우 어떤 이는 重複誤寫 dittography로, 어떤 이는 중자 탈락 [haplography 두 번 쓸 것을 한번 쓴 오류]로, 또 어떤 이는 글자 도치 [metathesis]로 본문 혼란의 이유를 제시한다. 그러나 현재 있는 맛소라 본문도 뜻이 잘 통한다; 에른스트 뷔르트봐인, 「성서본문비평 입문」 [서울: 대한기독교 출판사, 1987], 139 이하 참조).

사본들이나 고대 역본들에서 12절의 "*바르*"란 말을 "아들"이란 의미가 아닌 다른 의미로 취해지고 있다. 시리아어역 (페쉬타)을 제외한 대다수 역본들이나 후기 랍비 문헌들은 "정결," "징계" (히, *보르*; LXX [*파이데이스*], 탈굼 [아람어역], 벌게잇)이나 "깨끗한," "정결한" (히, *바르*; 아퀼라, 심마쿠스, 제롬)이란 의미의 히브리어로 읽고 있다. 그렇지만 여기서 아들을 의미하는 아람어 단어 "*바르*"가 히브리어 "*벤*" 대신 나타났다 하여 문제삼을 이유는 없다. 아람어는 고대 이스라엘 왕국 시대에 "국제어" (*lingua franca*)였기 때문이다 (사 36:11 참조). 오히려 문맥상 아람어 단어는 적절하다. 7절에서는 히브리인들 앞에서 하나님께서 다윗 후손을 왕으로 세우시면서 "너는 내 아들이라"고 호칭하신다 (삼하 7:14에 의거하여). 반면 12절에서는 시인이 "열방의 왕들"에게 주는 권고이다. 따라서 아람어를 의도적으로 사용하고 있다고 볼 수 있다 (Peter C. Craigie, *Psalms 1-50*, 64). 하나님의 기름부음을 받아 "하나님의 아들"의 위치에 서게 된 이스라엘의 왕에게 열방의 왕들은 "입맞춤으로" 경의를 표하지 않으면 안 된다. 여기서는 반란을 중지하고 하나님이 세우신 하나님의 아들에게 복종하는 표시로 입맞추라 는 의미이다. 즉, 반란을 중지하고 복속하라는 권고이다. 이 시인은 왕 자신인지도 모른다.

다른 측면에서, 델리취는 현재 있는 맛소라 본문을 잘 옹호해 주었다 (F. Delitzsch, *Psalms*, 97-98). 특히 그는 히브리어 "*벤*" 대신 아람어 "*바르*"를 사용한 이면에는 발음상의 불쾌감을 고려한 느낌이 있다고 지적해 주었다. 즉, "닛쉐 벤 펜" 하면 "벤 펜" 하여 발음상 불협화음 (dissonance)이 일므로 이를 방지하기 위하여 "*바르*"란 아람어 단어를 사용했을 것이란 추정이다. 그리고 델리취는 잠 31:2에서 "내 아들아" 부를 때 아람어 "*바르*"란 단어를 사용하는 경우도 지적해 주었다.

고대 근동세계에서 바벨론 제국이나 페르시아 제국에서 아람어는 제국 공용어로 제국내의 외교문서나 통상문서에 공용어로 사용되어졌다. 악카드어 (고대 앗수르나 바벨론 사람들이 사용했던 쐐기 문자 [cuneiform])나 페르시아어가 존재했지만 이렇게 아람어가 국제 통용어로 사용되었던 것은 그 언어가 배우기 쉬워 전파력이 강력했기 때문이었다. 페르시아 제국시대의 아람어 문헌들 중에서 애굽의 엘레판틴 지역에서 발굴된 "엘레판틴 파피루스"가 가장 유명하다. 사정이 이러했으므로 페르시아 제국 시대에 기록된 에스라서나 다니엘서의 일부 (에스라 4:8-6:18, 7:12-26; 단 2:4b-7:28)는 아람어로 기록이 되었다. 그리고 창 31:47에서 히브리어 지명을 아람어로 제시해 주고 있다 (야곱의 삼촌 라반은 아람인이다). 또한 렘 10:11에서도 아람어 문장이 하나 사용되고 있다. 이렇게 아람어는 히브리인들에게 이웃 사촌어로 친근히 사용되고 있었다. 특히 왕하 18:26에서 우리는 다음과 같은 흥미 있는 진술을 대하게 된다: "힐기야의 아들 엘리야김과 셉나와 요아가 랍사게에게 이르되 우리가 알아듣겠사오니 청컨대 아람 방언으로 당신의 종들에게 말씀하시고 성 위에 있는 백성의 듣는데 유다 방언으로 우리에게 말씀하지 마옵소서." 즉, 히스기야 시대 (주전 710년 전후 통치)에 앗수르군 전령관은 "아람어"를 외교어로 사용했다는 진술이다. 따라서 고려 중인 시 2:12에서 아람어 단어가 나타났다하여 문제 삼을 필요는 없을 것이다. 외국어가 사용된 데는 문맥상으로 보건대 그만한 이유가 있었다고 여겨지기 때문이다. 단 2:4이하에서 히브리어 대신 아람어가 사용된 것이나 에 4:8이하에서 아람어가 사용된 것이나 용도 면에서 대동소이하다고 여겨진다: 열방 사람들을 염두에 두었다 (구약 히브리어 [고전 히브리어]에 나타난 아람어 어법 [Aramaism] 연구서로는 Max Wagner, *Die Lexikalischen und Grammatikalischen Aramaismen im Alttestamentalichen Hebraeisch*; 이는 1902년에 발표된 E. Kautzsch, *Die Aramaismen im Alten Testament*를 한층 발전시킨 연구이다; 그렇지만 이런 비평학자들의 사고는 히브리어의 문법이나 어휘에서 아람어풍이 나타나면 곧 그것은 그 문헌의 후대(後代)성을 의미한다는 것이므로 그릇된 편견이다; 예컨대, 전도서에 아람어풍이 많으므로 추방이후의 저작이라는 주장은 비평가들에게서 보편적이고 영 (E. J. Young), 류폴드 (H. C. Leupold) 같은 보수주의 학자까지도 그런 사고에 넘어갔다. 아람어 색채가 나타난다하여 후대 저작이란 사고는 아람어의 국제적 위치와 히브리인들과 아람어의 연관성을 무시한 처사이다.

어떤 비평가들은 시 2편에 아람어 단어들 (1절의 *라가쉬*, 9절의 *라아-*)이 나타나므로 본 시는 왕조시대의 산물이긴 해도 추방이후에 개작된 것일 것이라 추정한다 (예컨대, William R. Taylor, "The Book of Psalms," 23). 그렇지만, 앞의 참고란에서 지적했듯이, 아람어 단어 사용이 반드시 어떤 작품의 후대성을 의미하는 것은 아니다.

시편의 적용

너는 내 아들이라 (행 13:33, 히 1:5)

신약에서 예수님을 "하나님의 아들"로 지칭하는 것은 구약에 근거할 것이다. 구약 구절들 중에서도 바로 삼하 7:14 (=시 89:26-27)에 근거하는 시 2:7이 그리스도의 아들 되심에 대한 근본 구절이다 (잠 8:25도 어떤 영향을 미쳤는지 모른다). 시 2:7은 다윗 후손 왕의 등극시에 선지자 혹은 제사장이 선포하는 말씀으로 왕의 합법성의 토대를 놓는 선언이었다. "너는 내 아들이라 내가 오늘 너를 낳았다"는 선언은 이제 이스라엘의 왕이 된 자는 하나님과 특별한 의미에서 부자 관계에 들어가며, 아들로서 책임을 다하여 하나님께 전적으로 순종하며 의지하며, 또한 아들로서 여러 특권을 향유하리라는 약속이다.

주석가들은 시 2:7을 인용한 신약의 두 구절 (행 13:33, 히 1:5)이 1) 영원한 발생 (eternal generation), 2) 성육신 3) 부활과 승천 등을 의미한다고 다양하게 이해한다. 그런데 이런 구절들에서 강조되는 바는 구속 목적을 위한 그리스도의 낮아지심과 높아지심, 곧 그의 메시아 왕되심이다. 따라서 하나님 아버지와 그리스도의 부자 관계는 인류 구속을 위한 경륜적 의미에서 파악된다. 즉, 어떤 생물학적인 출생이 아니라 구속을 위해 삼위일체의 제2 위께서 제1 위 하나님과 부자 관계라는 언약 관계에 들어가셨다는 것이다.

예수님의 세례시에 하늘로서 소리가 들리길 (막 1:11) "너는 내 사랑하는 아들이라 내가 너를 기뻐하노라" 하였다. 여기서 "내 사랑하는 아들"이란 표현은 사실 "독자"(호 모노-게네스 휘오스)나 동일하다고 할 수 있다. 그 근거는 70인역이 히브리어 "야히드" (유일한, 외로운, 특이한)란 말을 헬라어로 번역하면서 "독자" (모노-게네스)라 번역하거나 (삿 11:34, 시 21:21, 24:16, 34:17), "사랑하는 자" (아가페토스)로 (창 22:2, 12, 16, 렘 6:26, 암 8:10, 슥 12:10) 번역하고 있기 때문이다. 따라서 70인역의 용례에 비추어 보건대, 막 1:11 (마 3:17, 눅 3:22), 막 9:7 (마 17:5) 등에서 "내 사랑하는 아들"이란 표현이 "독자" (호 모노게네스 휘오스)란 표현과 동일하다고 이해할 수도 있다. 그렇다면 막 1:11의 전반부는 시 2:7의 인용 내지 암시이다. 더구나 막 1:11의 병행구인 눅 3:22의 서방 사본들 (베자 사본 [D]과 다수의 구 라틴 사본들)은 시 2:7 말씀대로 "너는 내 아들이라 오늘 내가 너를 낳았도다" 라고 읽고 있다.

막 1:11의 후반부는 사 42:1에 묘사된 여호와의 종을 암시한다. 막 9:7에서 언급된 변화산 사건에서 나타난 하늘의 음성도 역시 시 2:7의 암시라 할 수 있다. 이렇게 볼 때, 마가복음에서 "내 아들"이란 칭호는 구약적 배경에 비추어 보건대, 메시아 칭호이며 따라서 종말론적 의미로 사용된 것이 분명하다. 이런 고찰은 막 14:61에서도 확인된다. 대 제사장이 주님께 물길 "네가 찬송 받을 자의 아들 그리스도냐" 했을 때, 주님은 "그렇다"고 확인하셨다. 여기서 "찬송받으실 자"란 "하나님" 대신 사용한 표현이므로, 이 말은 결국 "네가 그리스도

[메시아], 곧 하나님의 아들이냐?"는 질문인 것이다.

"하나님의 아들"이란 칭호가 사용된 복음서의 다른 구절들에서도 (눅 1:32-33, 35 등) 우리는 그것이 "메시아" 칭호이며, 종말론적 용례임을 확인할 수 있다. 그러므로 "하나님의 아들"이란 그리스도의 칭호는 시 2:7 (삼하 7:14)에 근거한 메시아 왕의 칭호로, 그는 구약 시대 이후에 올 종말 시대를 도입하는 왕이신 것을 드러낸다.

바울 사도 역시 이러한 메시아적, 종말론적 의미로 "아들" 혹은 "하나님의 아들"이란 명칭을 사용한다. 예컨대, 고전 15:28에서 "만물을 저에게 복종하게 하신 때에는 아들 자신도 그 때에 만물을 자기에게 복종케 하신 이에게 복종케 되리니 이는 하나님이 만유의 주로서 만유 안에 계시려 하심이라" 하였다. 여기서 "아들"은 재림시까지 메시아 왕으로 통치하시는 것으로 드러난다. 또한 롬 1:3-4에서도 "아들"을 다윗 후손으로 오신 메시아란 의미로 언급하고 있다. 바울은 여기서 육체를 따라 다윗의 후손이신 그리스도는 영적으로 부활 후에 아들로 선포되셨다고 말씀한다. 이는 시 2:7을 인용하는 행 13:33이나 대동소이한 말씀이다. 육체를 따라 다윗 후손 메시아로 오신 주님은 부활 이후에 성령님을 보내심으로 메시아 왕으로 공적 등극하신 것이다. 개역이 "인정되셨다" (호리스텐토스)하였으나 이는 "임명되셨다"라고 함이 더 좋을 것이다. 이 말을 여기서 "선포되다"로 볼 것인가? 아니면 "어떤 기능 혹은 관계에 임명되다 혹은 제정되다"로 볼 것인가? 하는 논란이 있었으나, 하나님의 선포는 곧 그분의 임명인 것이다. 하나님의 말씀은 곧 유효하게 현실화되기 때문이다. 유사하게 행 10:42, 17:31 등에서도 이 동사 (호리조)는 그리스도에 관한 하나님의 영원하신 작정을 묘사한다. 베드로 역시 행 2:23과 2:36에서 그리스도께서 부활 이후에 메시아 왕으로 등극하신 사실을 언급한다.

한편 아들의 "영원한 발생"이란 오리겐의 표현은 요 1:18, 3:16, 롬 8;3 등에 기초한다. 이것과 연관되는 표현 "독생하신 아들" (모노게네스 휘오스; Textus Receptus) 혹은 "독생하신 하나님" (모노게네스 테오스; 알렙, B, C, L 사본들)이란 말의 의미는 무엇인가? 이 헬라어 표현과 유사한 것이 헤시오드 (주전 700년경의 저자) 작품에서부터 사용되었다: 모노-게네이아 (여성형), 디오-게네스, 게-게네스, 유-게네스, 숭-게네스 등. 여기서 "-게네스"는 "유래" (derivation)를 지시하고, 첫 명사는 그 기원을 지시한다. 즉, "제우스에게서부터," "땅에서부터" 등. 그런데 모노-게네스의 경우, "모노"는 유래의 원천이 아니라 유래의 성격 (nature of derivation)을 지시하는 듯 하다. 즉, "독자" (형제나 자매가 없는)란 의미이겠다. 그런데 헬라어 "모노-게네스"를 "독생하신" (only-begotten)으로 번역하는 것은 라틴어 "유니게니투스" (unigenitus)란 번역에서 유래한다.

한편 "모노-게네스"는 반드시 출생을 의미하는 것이 아니다. 이 표현은 "특이한" (unique), "류가 없는" (unparalleled, incomparable)이란 의미도 갖는다. 물론 이런 의미가 "종" (class or species)을 지시하거나, 방식을 지시하지는 않는다.

신약에서 "모노-게네스"란 말의 용례를 살펴보면, 누가, 요한, 히브리서 등에서만 나타난다. 히 11:17, 눅 7:12, 8:42 등은 모두 "독자"를 지시하고 있다. 그런데 유독 요한 복음에서만 그리스도와 하나님 아버지의 관계를 "모노-게네스"를 사용하여 표현하고 있다. 마가복음이나 마태복음은 대신 "내 사랑받는 아들" (호 휘오스 무 호 아가페토스)이란 표현을 사용한다. 바울 사도는 "자기 아들" (톤 헤아우투 휘온, 롬 8:3; 투 이디우 휘우, 롬 8:32) 혹은 "먼저 나신 자" (프로토토코스, 롬 8:29, 골 1:15, 18)라 부른다.

요일 5:18에서 명시적으로, 예수님과 연관하여 "태어나다" (게나오)란 동사를 사용하는 것은 사실이지만, 그것은 시 2:7, 109:3 (LXX), 잠 8:25 등에 근거해 볼 때, 반드시 출생을 의미하지 않고, 경륜적 의미에서의 부자지간의 관계를 지시할 수 있다. 모든 신약 사고는 구약 사고에 근거하며, 구약에서 메시아 왕과 하나님 아버지와의 부자 관계는 출생의 사고가 아니라 어디까지나 경륜적 의미에서이기 때문이다.

구약에서 하나님에 대하여 "게나오" 동사 (낳다)를 사용하는 일은 드물다. 시 2:7이나 70인역의 109:3에서 하나님께서 메시아 왕을 낳았다 하고, 잠 8:25에서 지혜가 태어났다고 말씀하는 정도이다. 시 2:7을 근거로 행 13:33에서 예수님의 부활과 연관하여 그분의 아들되심을 지시하고 있다. 부활로 인하여 예수님께 이제 새로운, 영적인, 신적인 존재 방식이 시작되었고, 그분의 부활로 인하여 이제 새로운 시대가 동이 튼 것이다. 성령님을 부으심은 바로 이런 새로운 존재 방식의 보증금이요, 이 새 시대는 곧 예수께서 메시아 왕으로 통치하시는 메시아 왕국 시대인 것이다.

요한 서신에서 성도의 영적 출생을 표현하는 "태어나다" (게네테나이; 요일 2:29, 3:9, 4:7, 5:1, 4, 요 1:13, 3:5, 6, 8 등)가 예수님과 하나님 아버지 사이의 관계를 표현할 때도 등장한다 (요일 5:18). 그런데 여기서 주목할 사항은 성도들의 영적인 출생은 "종말론적인" 시각에서 조명되고 있다. 즉, 성도는 이제 예수님과 연합하여 영원한 신적 생명을 가지며, 사망에서 생명으로 이미 옮겨졌다 (요 5:24, 요일 3:14). 오직 거듭 태어난 자만이 하나님의 나라를 볼 수 있으며, 하나님 나라의 도래는 종말의 시작인 것이다 (요 3:3). 따라서 예수님께서 아버지께로부터 출생하셨다는 언급 (요일 5:18)은 부활로 인하여 그분이 새 시대를 도입하시고 메시아 왕으로 등극하신다는 의미에서 시 2:7의 신학적 적용이라 할 수 있다. 즉, 여기서도 우리는 종말론적인 경륜적 의미에서의 부자 관계를 말할 수 있는 것이다. 이러한 요한의 사고는 하나님의 아들 곧 메시아 왕으로서 예수님을 마귀의 일을 멸하시며 (요일 3:8), 자기 백성을 피로 정결케 하시며 (요일 1:7), 저들의 죄를 속하시며, 저들에게 생명을 주시는 분이시다 (요일 4:9-10, 5:11-12). 이런 예수님의 역사는 그분이 종말 시대를 개막하는 메시아 왕이심을 말하고 있다.

빌 2:6에서 바울 사도께서 선택한 헬라어는 되새김질 해 볼 필요가 있다. 우선 그리스도는 본질상 하나님이시라고 한다. 여기서 사용된 말은 "본질상 하나님의 형상이시다" (엔 모르페 테우 휴파르콘; by nature in the very form of God)이다. 휴파르콘이란 말은 사람이 본질상 변질될 수 없이 사람이라 할 때, 그 변질될 수 없는 속성을 가리킨다. 즉, 사람은 어떤 환경에서도 동물이 될 수 없고 식물이 될 수 없는 그 성질을 지시한다. 이는 그리스도께서 참 하나님이시라는 단정적 선언이다. 다음으로 "형상"이란 말 (모르페)은 시시 때때로 혹은 환경의 변화에 따라 변질되는 껍데기가 (스키마) 아니라, 결코 변질되지 아니하는 본질적 형태를 지시한다. 따라서 이 선언은 예수님께서 본질상 하나님이시라는 절대적 선언이다. 그리고 바울 사도는 하나님과 동등됨을 취할 것으로 여기지 아니하셨다 한다. 이 말(하르파그모스)은 "강탈하다," "꽉 잡다"를 의미하며, "예수님께서 하나님과 동등됨을 강탈할 필요가 없었다" (왜냐하면 원래 자신이 하나님과 본질상 동등이심으로) 혹은 "예수님께서 하나님과 동등됨을 꽉 잡지 아니 하셨다"라고 이해할 수 있다. 후자의 경우, 예수님은 그것에 연연하지 아니하시고 자원하여 인류의 구원을 위하여 내려 놓으셨다는 의미이다. 어떻게 이해하건 여기서도 바울 사도는 예수님께서 본질상 하나님이심을 선포하고 있다.

이제 마지막으로 마지막 영역본들 (NIV)이 요한복음이나 요한서신에서 "모노-게네스"를 "독생자"대신 "유일하신 이" (NRSV는 "유일한 아들")로 번역한다는 점을 상기하고자 한다. 요컨대, 신약에서 예수님을 "하나님의 아들"로 지칭하는 것은 시 2:7에 근거한 경륜적 의미에서임이 분명하다.

우리의 논의와 연관하여 불트만, 「신약성서 신학」 127-132에서 "신의 아들로서의 그리스도" 참조. 불트만은 원래 "메시야 왕을 표시했던 이 칭호는 지금 물론 새로운 의미 즉 이방 청중들에게 자명했던 의미를 가지고 있다"고 지적한다. 곧 초대 교회는 원래 메시아 왕 칭호인 "하나님의 아들"을 그리스도의 신적 본질, 그의 신적 속성을 표시하는 것으로 사용했다고 한다 (보다 최근의 기독론 논의, 특히 바울의 기독론에 대하여는 김세윤, 「바울 복음의 기원」 169-217 참조). 바울 사도나 초대 교회가 인간이신 예수님을 부활절 사건 이후에 (바울의 경우 다메섹 사건 이후) 확실하게 신적인 존재로 인식하고 고백하게 되었다는 것은 분명하다. 이 점에 대하여는 이의가 없으나, 우리가 주장하는 바는 "하나님의 아들"이란 칭호가 초대 교회의 부활절 사건 이후의 새로운 이해와 신앙을 고백한 것이라 해도, "출생"에 의한 부자 관계가 아니라, 구약에서의 "경륜적, 기능적" 의미에서 사용되었다고 하는 것이다. 출생(出生)이나 선재(先在)를 말하는 요한 조차도 우리는 경륜적 의미에서 "하나님의 아들"이란 용어를 사용했다고 본다.

철장 권세 (9절)

"내가 일을 계획하고 내가 성패를 좌우한다"고 선언한 뒤 16년간 유럽을 뒤흔들었던 나폴레옹이 외딴섬 세인트 헬레나에서 죽어가며 남긴 말이 있다: "오 갈릴리 사람이여, 그대가 이겼소. 나는 무력으로 세상을 정복하려 했지만 패하고 말았으나, 사랑으로 온 세상을 정복한 그대는 이겼소."

그리스도께서 일차적으로 시 2:9 (철장 권세)을 성취하셨고 재림시에 완성하실 것이다 (계 12:5, 19:15). 문맥상 철장 권세는 반란하는 무리를 무력화시키고 제압하는 방편이다. 그렇다면 오늘날 철장 권세는 반란자인 마귀와 그 졸개들인 귀신들을 박살내는 말씀의 검이 될 것이다. 말씀의 검이 우리에게 수도 없이 주어져 있지만, 그것을 우리가 암송하지 않는 이상 생활 현장에서 유효하게 활용할 수가 없다. 보검(寶劍)을 수 천 자루나 집에 둔들 차고 다니지 않는다면 그것이 무슨 소용인가? 마찬가지로 말씀이 아무리 영적 무기라 한들 내가 암송하여 차고 다니지 못한다면 그것이 얼마나 유효한 도구가 될 것인가? 성경책을 지니고 다니는 것도 중요한 일이지만, 암송을 해두면 수 천 자루의 보검을 몸에 지니고 다니는 것과 같이 강력한 영적 군사가 될 것이다.

시 3편 천만인이 나를 대적해도

1. 전체구조에서의 위치, 시의 유형과 삶의 자리

시 2편과는 "성산"이란 단어로 연결된다. 그리고 시 4편과는 각기 아침의 노래(3:5에서 "누워 자고 깨었으니")와 저녁의 노래(4:8에서 "평안히 눕고 자기도 하리니")로 한 짝을 이룬다. 두 시편 모두 모두 평안히 눕고 (쉬카브) 자는 (야쉰) 안전한 (사 [붙들다, 지지하다], 베샬롬 [평안 중에], 라베타흐 [안전히]) 상태를 묘사한다. 그리고 기도와 응답이 3:4과 4:1에서 서로 상응된다. 원수들은 두 시편 모두에서 시인을 비방한다 (3:2, 4:6).

이 시는 "다윗의 시" (미즈몰 레다빗)란 표제를 갖고 있다. 41편까지 계속 "다윗의 시"가 제시된다. 이 시는 표제나 내용상으로 보건대 왕의 시에 속한다고 할 수 있다. 그런데 그 분위기는 개인 탄식시 혹은 개인 확신시라는 유형에 속한다. 하나님에 대한 신뢰가 탄식의 분위기를 압도한다고 본다면 개인 확신시로 이해되지만, 사람에 따라 개인 탄식시로 보기도 한다. 그리고 이 시는 제1권의 시들이 다 그러하듯 왕의 시에 속한다.

표제는 다윗이 압살롬에게서 도피할 때 지은 시라 한다. 그렇다면 삼하 15-19장에서 본 시의 배경을 찾을 수 있다. 다음에서 병행들을 보라 (Peter C. Craigie, *Psalms 1-50*, 73).

시 3:3 다윗이 하나님께 버림받다	삼하 16:7-8
시 3:4 감람산에서 머리를 감싼 다윗, 그 머리를 하나님이 드실 것이다	삼하 15:30
시 3:6 밤에 위험과 확신	삼하 17:1, 16
시 3:7 다윗의 편이 숫자상 크게 열세	삼하 15:13, 17:11

| 시 3:9 종국적으로 승리가 임하다 | 삼하 19:1-2 |

이러한 상응 외에도, 다윗이 피난할 때, 전왕(前王) 사울이 속했던 베냐민 지파 시므이가 다윗을 저주하고 심하게 모독하는 말을 한 사실이 (삼하 16:7-8) 2절에서 암시되는지 모른다.

> 피를 흘린 자여 비루한 자여 가거라 가거라
> 사울의 족속의 모든 피를 여호와께서 네게로 돌리셨도다
> 그 대신에 네가 왕이 되었으나
> 여호와께서 나라를 네 아들 압살롬의 손에 붙이셨도다
> 보라 너는 피를 흘린 자인고로 화를 자취하였느니라

다윗의 생애에 닥쳤던 위기 시에 기록된 이 시는 후대에 여타 왕들이 위기 시에 불렀을 것이다. 이 시에는 여러 가지 군사용어들이 사용되고 있다. 예컨대, 대적 (1절), 원수 (7절), 승리 (2절; 한역에서 "도움" [예수아]); 7절 "구원하다, 승리를 주다" [야솨아](전쟁의 문맥에서 "구원"은 "승리"를 의미한다), 방패 되신 하나님 (3절), 천만의 군대 (6절, [메립봇 암])(통상적으로 "백성"을 의미하는 히브리어 "암"은 문맥에 따라서 "군대"란 뉘앙스를 풍길 수도 있다 [민 20:20, 삿 5:2, 시 18:43] 민 20:20 "에돔이 이스라엘을 대적하여 중무장한 큰 군대를 가지고 나아왔다" [바예체 에돔 리크라토 베암 카벧 움야드 하자카]), "–을 대적하여" (리크라토), (군대가) 배치되다 (6절), "여호와여 일어나소서" (전쟁을 위해 법궤가 이동할 때 부르짖는 외침; 민 10:35, 시 68:1), "승리 (한역의 '구원' [예수아])은 여호와께 있사오니" 란 표현 등은 모두 전쟁 문맥을 암시해 준다. 여기서 "큰 군대"로 번역된 말 (암 카벧)은 "무거운 백성"이지만, 문맥상, "큰 군대"가 된다.

그리고 "셀라"라는 용어가 지시하듯 시편의 현재 형태는 이 시가 후대에 예배시에 사용되었음을 암시해준다. 특히 전쟁을 시작하기 전에 혹은 전쟁의 와중에 드린 예배시에 이 시편을 찬송으로 불렀을 것이다. 위기에 처한 왕은 이런 노래를 통해 하나님께 승리의 축복을 간구했을 것이다.

리델보스는 1-2절에서는 원수가 전면에 부각되고, 3-4절에서는 하나님이 (당신이 *베앗타*), 5-6절에서는 시인이 (내가, *아니*) 부각된다는 점을 지적한다. 그리고 그는 7ab에서 실제 간구가 처음으로 나타나며 그 이전의 모든 요소는 다 이 간구를 위한 준비라 한다 (1-2절이나 3-6절은 신적 개입의 동기로 작용한다)(*Die Psalmen*, 124).

2. 시적 구조와 해석

세 개의 연으로 구성되었다.
제 1연 (1-2절): 수많은 원수들로 인하여 탄식
제 2연 (3-6절): 하나님을 온전히 신뢰
마지막 연 (7-8절): 종국적 승리를 하나님께서 허락하실 것을 기원

이렇게 이 시는 전체적으로 보건대 분위기의 반전(反轉)이 분명하게 드러난다. 즉, 서두에서 시편기자는 탄식하며 부르짖는 암울한 분위기에 휩싸여있지만, 시가 진전될수록 확신의 분위기로 상승된다. 그래서 종국적으로는 승리와 축복이 임할 것을 간구함으로 시는 끝난다. 그래서 어떤 이는 개인 탄식시라 하고, 어떤 이들은 확신시라 부르기도 한다.

표제:
다윗이 그 아들 압살롬을 피할 때에 지은 시 (미즈모르 레다빗 베보르호 밉페네 압샬롬 베노)—다윗이 아들 압살롬의 반란을 피할 때의 정황은 삼하 15장 이하에서 묘사되고 있다. 하갈이 사라의 얼굴을 피해 (창 16:6, 야곱이 형 에서의 낯을 피해 (창 35:1), 모세가 바로의 낯을 피해 (출 2:15), 입다가 자기 형제들의 낯을 피해 (삿 11:3), 다윗이 사울의 낯을 피해 (삼상 20:1, 21:11) 피난하였듯이, 다윗은 자기 아들 압살롬의 낯을 피해 피난해야 했다 (삼하 15:15, 왕상 2:7). 여기 예들에서 보듯 성도들의 삶에서 "피난하는 일"은 영적인 연단과도 연관이 있으며, 다윗의 경우 압살롬에게서 피하는 일은 하나님의 낯추심이며 징계였다.

제 1연 (1-2절): 수많은 원수로 인하여 탄식
1절: 여호와여 나의 대적이 어찌 그리 많은지요/ 일어나 나를 치는 자가 많소이다 (야웨 마-랍부 챠라이/ 랍빔 카밈 알라이) —여러 시편에서 특히 탄식시들에서 그러하듯, 여기서 시인은 "여호와여!"라고 절규함으로 시작한다. 그러한 절규로 시인은 하나님께 자신의 처한 급박한 사정을 아뢴다. 의문 대명사 "어찌" (히, 마)는 "무엇?" (what?)이란 의미도 있지만, 여기서처럼 자주 부사적으로 형용사를 꾸미는 의문부사 역할을 한다 ("어찌 그리" 많은지?). 시인들은 종종 이와 유사하게 원수들이 많다고 탄식하며 부르짖었다 (시 25:19, 31:13, 38:19, 56:2, 69:4, 119:157 등).

고려중인 의문대명사 "어찌" (how; 히, 마)는 1하반절과 2상반절에도 힘을 미친다 (double duty). 그래서 번역하자면, "여호와의 나의 대적이 **어찌** 그리 많은지요? 일어나 나를 치는 자가 **어찌** 그리 많은지요? 2 나를 가리켜 '저는 하나님께 도움을 얻지 못한다 하나이다' 하는 자들이 **어찌** 그리 많은지요?" (REB, NAB, NJB; NIV는 2 상반절에서 적용치 않는다).

전. 후반절은 동의 병행법으로 단어 짝 "나의 대적들" / "나를 대적하여 일어나는 자들"

은 점진적 강화의 원리를 입증해 준다. 단순한 대적들 (*차라이*)에서 "나를 대적하여 일어나는 자들" (*카밈 알라이*)로 구체화되고 있다. 후자의 표현은 시 54:3, 86:14 등에서도 사용되고 있다. 시인은 대적들이 "엄청나게 많다"는 점을 세 번이나 1-2절에서 반복하여 주님의 주의(注意)를 환기시킨다 (*라부* [동사 *라바브*], *라빔* [형용사], *라빔* [형용사]).

제 1연에서 우리는 서로 상반되는 두 사고가 나란히 사용된 것을 주목할 수 있다. "대적" (*챠르*)이란 말은 "적개심을 가지고 공격하다" (II *챠라르*)와 연관되는 말로 "적대자"란 의미이겠다. 반면 "도움"이라 번역된 말 (*예수아*)은 원래 "넓히다," "공간을 만들다" (*야솨아*) 동사와 연관된다. 이 말은 전쟁시의 구출, 곧 승리를 의미하고 나중에는 신학적인 의미라 할 수 있는 "구원"을 의미하였다. 따라서 이 시인은 사면초가(四面楚歌)의 궁지에 빠지게 만드는 "대적"과 이들에게서 움직일 처소를 마련해 주실 수 있는 자 하나님을 번갈아 바라본다.

계획적으로 인심(人心)을 도둑질하여 압살롬이 백성들을 자기편으로 끌어 모았으므로 (삼하 15:1-6) 수많은 사람들이 압살롬에게 모여들었다 (삼하 15:12). 다윗의 친구요 모사(謀士)였던 아히도벨까지 가담하였으므로 (삼하 15:12) 이스라엘의 인심 ("사람의 마음" [*레브-이쉬*])이 다 압살롬에게로 향했다 (삼하 15:13). 아히도벨까지 반란에 가담케 된 것은 다윗이 범한 밧세바의 조부(祖父)였기 때문이었을 것이다 (삼하 11:3, 23:34). 압살롬의 반역이 이렇게 성공한 것은 자신의 치밀한 계획도 있었지만 무엇보다 다윗의 방탕생활과 그로 인한 국정(國政) 장악력 약화에 있었다. 범죄는 필연코 그 사람의 판단력과 대응력을 약화시키고, 결국 사람들을 상실하게 한다. 더구나 하나님의 징계하는 손길이 그 사람을 치시므로 모든 일에 낭패를 맛보게 된다. 압살롬을 추종하는 무리들은 모두가 다윗의 대적이 되었다.

2절: 많은 사람이 있어 나를 가리켜 말하기를 (*랍빔 오므림 레나프쉬*)— "나"를 가리켜 (*레나프쉬*)는 "내 영혼을 가리켜" (KJV)라는 표현이다. "영혼"으로 번역되는 히브리어 "네페쉬"는 "목" (neck, throat), "숨" (breath), "생물" (living being), "식욕" (appetite), "사람" (man), "자신" (person)을 지시하기도 한다. 여기서는 "나 자신" (my person), 곧 "나"를 지시한다.

저는 하나님께 도움을 얻지 못한다 (*예인 예슈아타 로 벨로힘*)— "하나님으로부터 그가 도움을 받지 못한다" (NJB). 여기서 전치사 (*베*)는 "-로부터" (from)으로 이해된다 (유가릿 전치사들의 가장 의미심장한 특징은 *b*와 *l*이 "--으로부터"라는 의미를 가지는 것이다; Gordeon, UT, §10.1 참조). 가장 시인의 마음을 상하게 한 것은 이제 더 이상 하나님의 친밀함을 느끼지 못한다는 데 있었다. 자신의 가슴도 그것을 느꼈지만 주변 사람들 역시 그것을 느낄 수 있었다.

제 2연 (3-6절): 하나님을 온전히 신뢰

3절: 여호와여 주는 나의 방패시오 (베앗타 야웨 마겐 바아디)—시인은 "그러나 당신은, 여호와여"라고 믿음의 주를 바라며 대적의 조소를 부인한다. 믿음은 자신의 범죄를 부인하는 것은 아니지만 범죄행위 (혹은 보이는 환경) 그것보다 큰 하나님의 긍휼 (혹은 능력)을 간구하고 의지할 줄 아는 마음의 상태이다. 믿음이란 환경이나 자신의 약함이 아니라 "당신" 곧 하나님을 바라볼 수 있는 눈이다. "나의 방패" (마겐 바아디)는 "나를 두르는 방패" (a shield around me, NIV)이다. 하나님께서 시인을 둘러서 보호하시는 방패가 되신다 (시 18:2, 28:7, 119:114). 그런데 1인칭 인칭 접미어 (나의)가 이 단어에는 없지만, 다음 말 ("나의' 영광")에 붙은 접미어가 여기서도 기능을 작용한다 (double duty): 나를 두르는 나의 방패.

한편, 다훗 (Dahood)은 유가릿, 퓌니시안, 퓨닉어 문헌에 근거해서 여기 "방패"를 "주권자" (Suzerain)라 번역한다. 시 84:9, 11, 89:18 등에서 "방패"란 번역대신 "주권자"란 번역이 더 어울릴 수 있다. 특히 89:18에서 전반절의 "우리의 방패"는 후반절에서 "우리의 왕"에 병행어로 사용되고 있다. 그럼에도 시 3:3에서 "방패" 대신 "주권자"란 의미가 확실한지는 분명치 않다. 히브리어 "마겐"은 시 76:3, 91:4 등지에서 병기(兵器)류의 하나로 열거되고 있다. 그리고 신 33:29에서는 "칼" (헤레브)의 병행어로 등장한다. 여기서는 "마겐"과 동반된 전치사 "바아디" (나를 둘러 around me)에 비추어 볼 때, 전통적인 번역대로 "내 주변을 두르시는 방패"라는 의미가 타당하다.

나의 영광이시요 나의 머리를 드시는 자이니다 (케보디 우메림 로쉬)— 이 상황에서 시인에게 요청되는 하나님의 모습은 자기를 보호할 수 있는 방패, 자신을 영광으로 회복시킬 자, 자기의 힘없이 쳐진 머리를 치켜 세워주시는 분이시다. "영광" (카보드)이란 "어떤 사람을 존귀하게 (무겁게) 만들어 주는 그 무엇"이다. 은(돈)이나 가축 (재산)을 많이 가진 자는 "무거운" 자이다. 곧 존귀한 자였다. 하나님의 친밀함을 지닌 자는 "무거운" 자이다. 그런데 여기 문맥에서 시인이 하나님을 "나의 영광"이라 고백함은 전쟁의 용사이신 하나님의 그 왕적인 위엄과 권세를 염두에 두었을 것이다 (시 24:7-10). "영광"이나 "존귀"는 왕이나 (시 8:5, 21:5) 하나님의 위엄과 권세를 (민 14:22, 신 5:24, 145:5) 묘사하는 왕적 용어들이다.

쉬미트는 "머리를 드는 자"란 판사가 법정에서 부복한 피고인의 머리를 세우면서 "당신은 무죄요"라고 선언하는 행동과 연관된다고 이해한다 (H. Schmidt, *Das Gebet des Angeklagten im AT*, 26). 직분을 회복시키다 혹은 영예를 회복시키다는 의미에서 이 표현이 사용되기도 한다 (창 40:13 [바로의 술 맡은 관원], 렘 52:31 [시드기야]). 혹은 전쟁에서 대적에게 승리를 얻어 의기양양해진 모습을 묘사하기도 한다 (시 27:6, 110:7). 하나님은 자기를 신앙하는 자에게 원수에 대한 승리를 주시고, 상실한 영예를 회복시켜 주시고, 무고(誣告) 혐의를 벗겨 주시는 분이시다.

4절: 내가 나의 목소리로 여호와께 부르짖으니 (콜리 엘-야웨 에크라)— 3절에 제시된 시인의 신앙고백이 단순한 입술의 말이 아니라 "부르짖는 기도"에서 뛰쳐나온 고백임을 알 수 있다. 시인의 기도는 "자기 목소리로 부르짖는" 행위였다. 이는 큰 소리로 부르짖었다는 의미이다. 기도는 힘을 다하여 하나님께 부르짖을 때 강력한 역사를 나타낸다.

그 성산에서 응답 하시는도다 (바야아네니 메하르 코드쇼)— "[내가 소리쳐 여호와께 부르짖으면], 그는 자기 성산(聖山)으로부터 응답하신다." 이 성산은 하나님의 성막 혹은 성전이 위치했던 시온산이었다. 시인에게 있어서 시온산은 하나님의 임재의 상징이었다. 그곳에서 도움이 출발할 것은 구약시대 백성들에게 의심의 여지가 없었다 (시 14:7, 20:2). 성전이 건축된 후에는 이스라엘 백성들은 그곳에서 혹은 그곳을 향하여 기도하는 것이 관습화되었다 (신 12:1-32, 왕상 8:28-30).

한편 시온산을 지상 거처로 삼으시고 자기 임재를 두신 하나님은 언약궤의 속죄소에서 말씀하셨다 (출 25:22, 레 16:2, 민 7:89). 언약궤는 그 상자를 덮는 뚜껑인 속죄소와 함께 자기 백성 가운데 임재를 두시는 하나님의 보좌와 발등상을 구성했다 (대상 28:2, 시 132:7). 그런데 언약궤가 담고 있던 언약 문서 (십계명 두 돌비, 왕상 8:9)가 하나님께서 이스라엘 백성 가운데 임재를 두시는 근거였기 때문이다. 두 날개를 각기 펼치고 있는 두 그룹 천사들 사이 구름 가운데서 하나님은 임재를 나타내시고 이스라엘에 말씀하시고 죄를 처벌하시고 긍휼을 베푸시는 분으로 자신을 계시하셨다. 그래서 그분의 발등상인 속죄소는 은혜의 처소가 되었다 (시은좌 施恩座 히 4:16). 그런데 전쟁시에 이 언약궤를 제사장들이 메고 행진하여 무리의 진 가운데 안치하여 이스라엘을 위해 싸우시는 하나님의 임재를 상징하였다 (신 20:2-4, 23:14, 수 6:4, 삼하 11:11). 말하자면, 전쟁시에는 시온 성소가 전투 부대 안으로 이동한 것이었다. 이 경우, 언약궤는 주님의 이동 성전이며 전쟁에 능한 용사이신 만군의 여호와를 태운 병거가 된 셈이다 (삼상 4:4). 따라서 "그 성산에서 응답하신다"는 고백은 시온산에 두어진 언약궤에 초점을 둔다. 말하자면, 전투 부대 안에 언약궤가 있다면, 시온산이 그곳으로 이동하여 그곳에서 하나님은 응답하시는 셈이다.

전쟁시에 기도의 응답은 모든 전세(戰勢)가 아군의 절대적 승리를 결정지을 것이다. "아히도벨의 모략을 어리석게 하옵소서!" (삼하 15:31)라는 다윗의 기도에 하나님은 후새의 모략이 아히도벨의 그것을 대신하여 채택되게 하심으로 응답하셨고 (삼하 17:14), 따라서 다윗이 원수를 제압할 수 있었다. 다윗만 아니라, 적군의 기습 공격을 당했던 여호사밧이나 (대하 20:6-12 기도; 15-17 응답; 22-25 대승리) 산헤립의 침공으로 사면초가에 처했던 히스기야나 (왕하 19:15-19 기도; 20-34 응답; 35-37 대승리) 모두 기도의 응답이 초자연적 기적을 산출하여 절대적 승리를 얻을 수 있었다.

한편, 4절 본문은 "응답하다"는 "미완료상의 바브-연속법" (Vav-consecutive; +미완료상 → 완료)로 되어 있으나 (NASV가 반영; I was crying to the Lord with my voice, *and he answered me* [내가 내 목소리로 주께 부르짖었더니, 그가 내게 응답하셨다), 대개 미완료 (未完了)상으로 번역했다 (NIV, RSV, NRSV, REB, NAB, NJB 등; To the Lord I cry aloud, *and he answers me*–NIV [주께 내가 크게 부르짖으니, 그가 내게 응답하시도다). 원문대로라면 과거의 부르짖음에 하나님의 일회적 응답이 있었다는 의미이겠지만, 미완료상으로 취한다면 습관적인 부르짖음과 반복적인 응답을 의미할 수 있다 (As often as I cry aloud to the Lord, he answers, REB [내가 부르짖을 때마다, 그분은 내게 응답하신다). 다훗은 여기서나 6절에서 조건절로 이해하여 "만약 내가 목소리를 높여 부르짖으면, 그가 응답하신다" 라고 번역한다 (*The Psalms I*, 19). REB나 다훗이 이해하듯, 습관적 혹은 불변 진리를 묘사하는 것으로 이해하는 것이 시인의 단회적 기도와 그것에 대한 응답으로 이해함보다 (NASB) 이 시편 전체의 문맥에 어울릴 것이다.

5절: 내가 누워 자고 깨었으니 (아니 쇠카브티 바이쇠나 헤키쵸티) —세 개의 동사를 연속 사용하여 일련의 동작을 묘사한다: 눕다, 자다, 깨다. 이 세 동작들은 연속적인 것이긴 하나, 대개 영역본들은 "내가 누워 자고, 깨었다" (KJV, RSV, NIV, NASB, NJB, NAB 등)라고 번역한다. 다훗은 "내가 자기 위해 눕는다면, 야웨께서 나를 붙드심으로 내가 깰 것이다" 라고 하였다. 전장터에서 누워 자는 것은 위험천만한 일이며, 목숨을 내 던지는 방심(放心) 행위에 해당된다. 그럼에도 누워 잘 수 있다는 자체가 믿음의 행위였다. 누워 자고, 다음날 깨어 보면 하나님의 붙드심과 보호하심을 고백하지 않을 수 없을 것이다. 여기서 사용된 세 동사들의 시상은 완료상, 미완료상 (연장형), 완료상으로 일관성이 없다 (이유절에 [여호와께서 붙드시기 때문이다] 사용된 동사는 미완료상). 이런 시상의 혼재(混在)는 시에서 이상한 일이 아니다 (시편 서론에서 §7 동사 시제 참조). 여기 문맥에서 5절은 4절에서처럼 습관적 혹은 불변 진리적 사실을 묘사하고 있다.

초두에서 사용된 독립인칭대명사 "나" (아니)는 강조적이다. 이는 3절의 "당신" 에 상응하는 것으로 "여호와여, 당신은 나의 방패시라" 고 고백한 시인은 이제 "나로 말하면 (As for me), 내가 누워 자고 깰 수 있는 것은" 이라고 자신의 모습을 제시한다. 신앙의 한 증거는 우리가 단잠을 잘 수 있다는 것이다. 단잠은 하나님의 선물이기 때문이다 (시 4:8, 127:2 [그러나 주석 참조]. 수면 중에 잡(雜) 것들이 우리를 괴롭힌다면 영적으로 혼란한 상태에 있다는 표시이다. 여기 5절의 강조점은 시인이 비록 원수들에게 둘러싸여 위험에 노출된 상태지만, 방패이신 하나님께서 (3절) 그를 사면으로 보호하시고 지탱하심으로 안전하게 평안하게 잠을 자고 깨었다는 점이다.

여호와께서 나를 붙드심이로다 (키 야웨 이스메케니)— "붙들다" (샤막)란 말은 "떠받치다, 지탱하다" (sustain)란 의미이다. 이 말은 "넘어지다" (나팔)의 반의어이며, 돕다 (아자르, 대하 32:8, 시 54:6, 사 63:5), 구원하다 (야샤, 사 59:16, 63:5), 일으키다 (자카프, 시 145:14), 중보/ 개입하다 (파가, 사 59:16) 등의 동의어이다. 그렇다면, 시인은 수많은 원수들에 둘러 싸여 있어도, 주님의 개입과 도우심과 구원/ 승리, 설혹 넘어진다 할지라도 다시 일으키심 등을 의심치 아니하고 평안한 중에 잠을 잘 수 있었다. 전쟁터에서는 대적 때문에 극도로 긴장하고 불안해하며 초조해 함이 사람의 심리이겠으나, 그런 와중에서도 주님에 대한 믿음은 시인으로 하여금 하나님의 품안에서 평안을 누릴 수 있게 해 주었다.

6절: 천만 인이 나를 둘러치려 하여도 나는 두려워 아니 하리이다 (로-이라 메리브보트 암 아쉐르 사비브 샤투 알라이)—"천만 대군" (메리브봇 암 the myriad forces, TNK; 민 20;20. 시 18:44)가 사방에 진을 치고 있는 것 (쉬트 알은 "–위에 두다"를 의미하나 [창 41:33, 46:4, 48:14 등], 여기서는 "–를 대적하여 진치다"란 군사적 뉘앙스를 풍긴다; 사 22:7 [마병은 성문에 정렬하였다])이 시인의 눈앞에 드러나 보인다. 마음에 샘솟는 평안과 확신 때문에 이제는 아무런 두려움이 없다 (신 1:29, 3:22, 7:18, 20:1, 31:6, 수 10:8 참조). 시의 도입부의 분위기와는 판이하게 다르다. 이러한 분위기의 반전은 단순히 문학적 치장이 아니라, 실제 기도의 체험에 근거한 기록이다. 탄식과 불안이 기도를 시작하게 했다면, 기도가 끝날 즈음에는 우리의 마음이 새털처럼 가벼워지고 확신과 기쁨이 물밀 듯 솟구쳐 오름을 느낄 것이다. 시인은 전쟁은 여호와께 속한 것임을 알고 있었을 것이다 (삼상 17:47; 대하 20:15). 비록 자신의 범죄 때문에 대적들이 일어날 빌미를 주었다 해도, 회개하고 부르짖은 기도는 원수들이 갖지 못한 강력한 무기와 같아서 저들을 제압하고도 남음이 있었다.

제 3연 (7-8절): 종국적 승리를 하나님께서 허락하실 것을 기원

7절: 여호와여 일어나소서 (쿠마 야웨) — 이미 확신을 얻은 시인은 이제 다시 확신에 찬 부르짖음을 토한다: 여호와여, 일어나 나를 도우소서! (시 7:6, 9:19, 10:12, 17:13, 44:26, 74:22 등). 이 외침은 광야에서 이스라엘이 행진할 때 언약궤의 출발을 알리는 신호이기도 했다 (민 10:35). 이스라엘은 전쟁터로 진군해 갈 때 이렇게 외침으로 언약궤를 앞세우고 출발하였다 (민 10:35). 이제 다시 언약궤와 함께 진군하신 하나님께서 이스라엘을 위해 싸워 주시라는 간청이다 (출 14:25, 신 1:30, 수 10:14, 42, 23:3, 10). 수많은 대적이 시인을 치러 일어났기에 (1절), 시인은 하나님께서 "일어나시어" 원수를 치시라 구한다 (시 7:6, 9:19, 17:13, 35:2, 44:23, 26, 59:5 등). 하나님께서 마치 주무시고 (시 44:23), 방관자로 가만 계신 양 생각하고 잠에서, 무 활동에서 일어나시어 개입하시라는 간청이다. 아더 바이저는 "일어나소서" 란 간구가 하나님의 나타나심 (신현 theophany)을 요청하는 전문 용어라 생각하고 (시 3:7, 7:6, 9:19, 46:10, 76:9) 매년 거행된 언약 갱신 의식에 자신을 나타내시는 하나님의 신현이야 말로 그해의 풍년을 보장하는 증표였다 (A. Weiser, *Hiob*, 150) 한다.

나의 하나님이여 나를 구원하소서 (호쉬에니 엘로하이) —리델보스는 이 기도가 모든 시편에서 가장 짧은 행이라 지적한다 (*Die Psalmen*, 124). 위급할 경우에는 외마디밖에 나오지 아니할 것이다. 기브온 사람들이 여호수아 장군에게 "급히 오셔서 우리를 구원하소서, 우리를 도우소서!'라고 간청한 것은 가나안 족속이 동맹군을 구성하여 배반한 저들을 치고자 했기 때문이었다 (수 10:6). 기타 위급시에 사람들은 자기보다 강한 자나 왕에게, 혹은 왕이 보다 강한 왕에게 "구원하소서"라고 간청한다 (삼하 14:4, 왕하 6:26, 왕하 16:7). 물론 성도는 하늘의 왕께 간구한다 (왕하 19:19, 대상 16:35, 시 6:4, 7:1, 12:1, 20:9, 22:21, 54:1, 59:2, 69:1 등). 시 22:21에서 "사자의 입에서 나를 구하소서/ 들소의 뿔에서 나를 구하소서!"(한역과 약간 다른 번역; RSV, NIV 등)라 외치는 모습이 여기 시인이 "원수의 이를 꺾으소서!"라고 구하는 모습과 유사하다.

주께서 나의 모든 원수의 뺨을 치시며/ 악인의 이를 꺾으셨나이다 (키 힉키타 에트-콜 오예바이/ 레히 쉰네이 르솨임 쉽바르타)— 전반절에서 간구하다가 왜 갑자기 이렇게 이미 응답이 된 양 완료 묘사가 나타나는가? 이에 대하여는 의견이 엇갈린다.

1) 어떤 이는 이미 기도가 응답되는 움직일 수 없는 확실성에 근거한 완료라 이해하기도 한다. 즉, 과거에 여호와께서 언제나 자기 도움의 증거를 주셨기에, 간구자는 그분의 도움이 지금의 위기에도 곧 나타날 것을 믿음으로 확신하면서, 이렇게 완료 시상으로 사건을 묘사했다 한다.

2) 미첼(D. Michel)은 이 완료가 "구원 보도에 사용된 완료"라 한다 (D. Michel, *Tempora und Satzstellung in den Psalmen*, 61 이하). 크라우스도 이에 동조하는 입장이며, 이런 견해에 의하면, 간구하는 전반절과 응답이 완료된 양 보도하는 후반절 사이에는 생략된 어떤 사건이 존재한다. 곧 하나님의 구원 메시지가 선지자 같은 이를 통해 이 시인에게 주어졌다 한다.

3) 이 시가 과거에 하나님께서 자기 백성을 위해 행하신 구원을 예배 의식을 통해 재현하는 왕의 예배 의식용이라 보는 시각이다. 야웨께서 원수들을 치시는 사고가 구원사 (Heilsgeschichte)의 골격을 이루는 왕의 예배 의식에서, 시인은 이미 원수를 치시고 승리하신 그 옛 전승에 근거해서 미래의 구원을 확신하면서 기도한다. 여호와의 원수는 곧 왕의 원수이기도 하기에 왕은 과거에 원수를 치시고 승리하신 하나님의 모습에서 이미 승리를 확신하고 있다 (Artur Weiser).

이 모든 해결책 보다 나은 해결책은 4) 명령법 다음에 이어진 완료도 "간구형"으로 이해하는 것이다 (시편 서론 §7 "시편의 동사 시제" 참조): "… 뺨을 치소서/ 이를 꺾으소서!' (NIV 참조). 다훗은 이 간구를 표현하는 완료상 (precative perfects)의 존재는 인근 문맥에서 명령법이나 단축형 (간접명령형)의 존재로 확실하게 입증된다고 지적하고, GK(C)는 아랍어에서 잘 알려졌고, 지난 세기에 이미 에발트나 뵈쳐 (Ewald & Boettcher)가 지적한 바 있는 이런 완료형의 간구법 기능을 감지하지 못한 듯 보인다고 지적한다. 유가릿어에서 이런 용례가 확인됨으로 히브리어에서의 이런 완료상의 기능은 더 이상 의심할 여지가 없게 되었다 (Dahood, *The Psalms I*, 20).

어떤 이의 "뺨을 치다" (*나카 레히*)는 것은 극도의 수치와 모욕적인 체벌(體罰)이었다 (왕상 22:24, 욥 16:10, 미 4:14, 애 3:30). 어떤 영역본들은 "턱뼈를 치다" (NIV, NAB)로 번역했다. 그리고 "악인의 이빨을 박살낸다" (*쉬바르 쉬네 르솨임*; "이빨"은 쌍수 [雙數]로 표시되어, 위, 아래 두 줄을 암시; 시 58:6 [*하라스 쉰네모*])는 것은 2절의 조소를 발한 그 입을 쳐 버리는 것을 말한다 (동해[同害] 복수법, 출 21:24, 레 24:20, 신 19:21 참조). 대적들은 입의 혀로 조소하고 비난하며 (시 5:9, 10:7, 31:18, 52:2, 57:4, 59:7, 140:3), 이를 갈며 대적한다 (애 2:16). 악인들의 이나 혀는 말하자면 창이나 화살 혹은 검과 같이 의인을 찌르고 상해를 입히는 것이다 (시 57:4, 잠 30:14 [앞니는 장검 같고 어금니는 군도 같아서]). 이런 자들이 당할 벌은 이빨을 꺾어 버리고 입을 찢어서 다시는 벌리지 못하게 하는 것이다 (시 58:6, [욥 4:10]; 범죄한 언약 백성의 경우, 애 3:16). 또 이빨과 연관하여 주목해야 할 한 가지는 대적들의 강력한 힘과 능력도 "(사자의) 이빨" 표상으로 제시될 수 있다 (욜 1:6)는 점이다. 그러므로 원수의 이빨을 박살냄은 저들을 완전히 무력화시키는 것을 의미한다.

여기서 2인칭 단수 명령형 "일어나소서" (*쿠마*)는 일반 명령형 어형 (*쿰*)에 장모음 "아"를 말미에 붙여서 나타난 연장형이다. 이런 연장형 명령태는 시어체나 산문체에서 공히 나타나며, 그 의미는 다음과 같다:

1) 산문체에서, 말하는 화자(話者)는 연장형 명령태와 연장형 (cohortative) 동사를 사용하여 명령을 받는 이에게 어떤 행동에 동참할 것을 촉구한다. 그러니까 연장형 명령태가 앞서고, 다음에 (보통 복수형) 1인칭 동사 연장형이 뒤따른다. 이런 경우 연장형 명령태는 좀 더 "부드럽게, 덜 강압적인" 기분을 자아낼 것이다. 말하자면 화자(話者)가 청자(聽者)에게 다음 뒤따르는 동사가 묘사하는 그 행동에 자신과 함께 동참할 것을 '제안'하는 것이다. 이런 용도로는 주로 "오라" 정도로 번역될 수 있는 동사 명령태가 다른 본 동사와 함께 나타난다 (*레카* [창 31:44 참조], *하바*, *쿠마* 등): 오라, 우리가 나와 너 사이에 언약을 *체결하도록 하자* (창 31:33).

드물게 이 연장형 명령태 다음에 1인칭 단수 동사가 뒤따르기도 하는데 이런 경우에는 화자(話者)는 청자(聽者)에게 자신이 하려는 행동의 '객체'가 되어 주기를 제안한다 (민 23:27 참조): 제발, 내가 당신을 다른 곳으로 데리고 가게 하시오! (민 23:27)

2) 산문체에서, 연장형 명령태 단독으로 나타날 경우, 화자(話者)를 지시하는 말이나 화자에게 속한 사람이나 물건이 연장형 명령태의 직접 목적어가 되기도 한다. 다시 말해, 연장형 명령태는 화자(話者) 자신에게 동사가 묘사하는 행동이 향할 때 사용된다: 내 아내들과 내 자녀들을 주시오 (*테나 에트-나솨이 베에트-엘라다이* 창 30:26).

화자는 연장형 명령태 다음에 전치사구 (전치사 +1인칭 인칭접미어)를 사용하여, 청자(聽者)에게 화자와 같이, 화자를 위해, 화자에게 어떤 행동을 요청한다.

"나와 함께 눕자" (*쉬브카 임미* 창 39:7, 12)

3) 시가서에서도 산문체에서의 용례 1)과 유사하게도 나타나지만,
일어나소서 (*쿠마*, 연장형 명령태), 나를 구원하소서! (*호쉬에니* 시 3:8) → 제발 나를 구원하소서!

대개는 연장형 명령태는 기본형 명령태를 강조하는 인상을 받는다:
내 말에 귀를 기울이소서 (*하아지나*), 내 신음을 고려하소서 (*비나*), 내 부르짖음의 소리를 *경청하소서* (*하크쉬바*)(시 5:2)

돌이키소서 여호와여 내 생명을 구출하소서 (*슈바 야웨 할레차 나프쉬*) →제발 (돌이키사) 여호와여 내 생명을 구출하소서 (시 6:5)

여호와여 당신의 진노 가운데 일어나소서, 내 대적의 진노를 대적하여 스스로 일으키소서, 나의 하나님이여 깨소서 (*쿠마 야웨 바압페카 힌나세 베아브롯 쵸르라이 베우라 엘라이*)(시 7:7).

(나를) 보소서, 내게 응답 하소서, 내 눈에 빛을 비추소서 (*합비타 아네니 하이라 에나이*)(시 13:4)

(내) 의로운 (간구를) 들으소서, 내 울부짖음을 경청하소서, 내 기도에 귀를 기울이소서 (*쉬므아 체덱 하크쉬바 린나티 하아지나 테필라티*)(시 17:1)

파스버그는 연장형 명령태가 주로 동사의 행동이 화자(話者) 자신에게 미칠 때 사용한다고 주장한다.

당신 얼굴을 당신 종에게 비추소서 (*하이라 파네카 알-아브데카*)(시 31:17)

그렇지만, 시 119:135에서도 기본 명령형으로도 동일한 표현을 제시하고 있다:
당신 얼굴을 당신 종에게 비추소서 (*파네카 하에르 베아브데카*)

파스버그의 주장을 검토하기 위해, "들으소서" 동사의 명령형을, 그 기본형 (시 4:1, 17:6, 27:7, 28:2, 30:11, 34:12, 45:11, 49:1, 54:4, 64:1 등)과 연장형을 (시 17:1, 39:13, 50:7, 61:2 등) 서로 비교해 본다 해도 큰 차이는 없어 보인다. 대개는 발음상 필요에 (euphony) 맞추기 위해 장모음을 붙였거나 아니면, 강조를 위해, 혹은 윗사람에 대한 공손의 표시로 연장형을 채용하는 듯 하다 (GKC §48k, Jouon-Muraoka §48d 참조); (Steven E. Fassberg, "The Lengthened Imperative Kotlah in *Biblical Hebrew*," 7-11; Stephen A. Kaufman, "An Emphatic Plea for Please," 195-198; Ahouva Shulman, "The Use of Modal Verb Forms in Biblical Hebrew Prose").

8절: 구원은 여호와께 있사오니 (*라도나이 하예슈아*) —욘 2:10 참조. 전통적 이해나 (한역, KJV, RSV, NASB; 전치사 [*레*를 소유의미로 취함), 최근의 이해 ("구원은 여호와께로부터" NIV; 전치사 [*레*를 "–로부터"로 이해) 모두 가능하다. 시인의 이러한 고백은 2절에 제시된 사람들의 수군거림에 대한 신앙적 반응이다.

주의 복을 주의 백성에게 내리소서 (알-암메카 비르카테카)—"당신의 복이 당신의 백성 위에 (있게 하소서)" 위기 중에서도 주의 백성 (나의 백성이 아니라)에게 복을 기원한다. 자신 때문에 고난에 처해진 백성을 생각할 때 가슴이 미어진다. "나는 범죄 하였고 악을 행하였삽거니와 이 양 무리는 무엇을 행하였나이까 청컨대 주의 손으로 나와 내 아비의 집을 치소서 하니라" (삼하 24:17). 시 1, 2편의 초두와 말미에서 각기 사용되었던 "복되도다" (아쉬레-)의 표현이나, 여기서 사용된 명사 "바락" (축복)는 영육간의 모든 면에서 생명의 왕성함을 지시한다 (창 24:1, 바도나이 베락 에트 아브라함 바콜 [야웨께서 아브라함을 "범사에" 축복하셨다). 한편, 이 구절에서 "구원"과 "축복"이 동의어로 사용되고 있다. 사실 구원과 축복은 함께 하나님께서 언약 백성을 향하여 자신의 인자와 신실하심을 나타내시는 핵심 요소들이다. 구원은 모든 위험과 저주, 질병, 무고(誣告)를 당할 때의 도우심이며, 축복은 단순한 생존이 아니라, 강건하고 넘치는 분량의 역동적인 삶을 가능케 해준다 (신 28:1-14에서의 축복; 생명을 얻게 하고 더 풍성히 얻게, 요 10:10).

구약에서 "구원하다"란 말 (야솨)은 거의 전부가 하나님을 주어로 하고, 그 언약 백성을 목적으로 하는 신학적 사고를 표현한다. 출애굽 사건은 오고 오는 세대의 "표본적인 구원사건" (paradigmatic salvation-event)이며 (출 14:30, 15:2; 사 10:24, 26, 11:16-18, 암 2:9-13, 3:1-2, 9:7, 미 6:4, 호 2:16-17, 11:1, 12:10, 14, 13:4-5, 렘 2:6-7, 7:22, 25, 11:4, 7 등에서 추방에서의 구원은 출애굽을 모델로 한다 W. Zimmerli, "Der 'neue Exodus,'" *FS* W. Vischer [1960] 216-27; B. W. Anderson, "Exodus Typology in Second Isaiah," *Israel's Prophetic Heritage*, 177-95 등 참조), 이후 이스라엘 역사에서 일어나는 하나님의 구원 역사는 언약의 상벌 규정에 근거하여 구원 (혹은 축복)이냐 아니면 저주 (심판)이냐? 가 결정되어졌다 (레 26장과 신 28장의 상벌규정).

시편의 적용

압살롬 (표제)

사랑 받지 못한 자식, 원망과 불만이 가득 찬 자식은 후대에 부모에게 큰 화근이 된다. 그뿐 아니라, 아버지가 범죄할 때, 자식들이 반란을 일으킴은 당연하다. 질서나 평안은 하나님을 바로 섬길 때 주어지는 축복이기 때문이다. 이 시가 압살롬의 난을 피할 때 지은 시라면 다윗은 자신의 범죄로 인하여 자식 때문에 수치와 고난에 처하였다. 이렇게 영적인 눈으로 보면, 성도들에게 일어나는 모든 일들을 하나같이 나 자신의 하나님과의 관계로 환원시켜 생각할 수 있다. 참새 한 마리도 하나님의 허락 없이는 떨어지지 아니한다면, 하물며 성도들의 삶에 자식의 대적 행위가 하나님의 뜻이 없이 가능이나 하겠는가?

'평화의 아버지' ("아비솰롬")란 의미를 지닌 압살롬은 다윗의 셋째 아들로, 그술왕 달매의 딸 마아가가 낳았고, 그의 누이는 다말이었다 (왕상 1:6, 삼하 3:3, 대상 3:2). 나라에서 출중한 미남이었던 압살롬은 머리털이 무겁기로도 유명했다. 그래서 그는 머리 무게가 200세겔이 (2.28 킬로그램) 되면 깍곤 하였다. 그의 이복형제 암논이 자기의 이복누이 다말을 성적으로 범한 일에 원한을 품고 압살롬은 암논을 살해하였고, 이 일로 그는 부친 다윗에게서 도피해야 했다. 그 후 압살롬은 부친 곁으로 돌아오도록 허락받았으나 대면(對面)은 허락되지 아니했다. 이런 와중에서 압살롬은 부친을 대적하여 반란을 일으키게 되었다. 그는 아마 자기 모친 편이나 부친 편으로 모두 왕족인 까닭에, 그리고 자기 형들이 모두 죽었거나 왕위에 오를 자가 없는 것으로 판단하고 당연히 이제 보좌는 자기 차지라고 판단했던 것 같다. 대상 3:1-9에 의하면 (삼하 3:2-5 참조), 다윗의 아들들은 암논, 다니엘 (길르압), 압살롬, 아도니야, 스바디아, 이드레암, 삼무아, 소밥, 나단, 솔로몬 등이다. 압살롬이 반역을 일으킨 데는 다윗이 솔로몬에 왕좌를 넘길 계획을 가졌다는 것으로 압살롬의 마음에 야기된 큰 불만 때문이었을 것이다. 이는 더 큰 맥락에서 보면, 다윗이 고대 근동의 군주들처럼 많은 여인들을 취하여 수많은 아들을 양산(量産)한 것이 그 가정에 여러 가지 분란과 비극을 산출한 원인이라 할 것이다. 다윗 가정의 비극은 일부다처(一夫多妻)제 가정을 이루어 여러 비극적인 분란이 끊이지 않았던 야곱 가정과도 비교된다.

성산에 올라 부르짖으라 (4절)

성산은 내가 기도할 수 있는 그 산이다. 도봉산이건 삼각산이건 아니면 내 기도의 예배실이건 내가 기도하여 그분의 임재를 누릴 수 있는 그 장소가 곧 성산(聖山)이다. 그분의 임재는 오늘날 성령님의 내주로 확인되지만, 성령님은 소멸되거나 근심하시는 인격체시므로, 그분과의 교제로 늘 내 영이 살아 있을 때 우리의 기도는 더욱 풍성해 질 것이다. 평안이 올 때까지 부르짖으라. 응답을 확인하고 하산(下山)하라. 새벽에 부르짖으라. 확신을 얻을 때까지 부르짖으라. 그러면 하루는 승리한 것이다. 철야(徹夜)하며 부르짖으라! "너희가 전심으로 나를 찾고 찾으면 나를 만나리라" (렘 29:13)하신 말씀이나 "구하라 그러면 주실 것이요" (마 7:7)의 약속을 부여잡고 기도의 응답을 확신하는 가운데 끈질기게 부르짖으라. 4절은 성도의 삶에서 지속적으로 일어나야 할 사항, 곧 부르짖으면 응답하신다는 법칙을 제시해 준다. 즉, 시인이 한 번 부르짖으니 응답하셨다는 단회적(單回的) 사실을 언급하는 것이 아니다.

시 4편 곤란 중에 구원하소서

I. 전체구조에서의 위치, 시의 유형과 삶의 자리

이 시는 시 3편과 여러 면들에서 연결된다는 것을 앞에서 언급한 바 있다. 이 시는 다윗의 시로 보통 개인 탄식시로 분류된다. 그런데 같은 개인 탄식시인 3편이나 다른 여러 탄식시들과 달리, 이 시는 기도로 시작된다. 그렇지만 이 시가 어떤 정황에서 생겨난 것인지는 추정하기가 쉽지 않다. 시인이 처했던 어려움은 아주 일반적인 말 ("곤란," 1절; "우리에게 선을 보일 자 누구뇨?" [좋은 날을 보게 하소서! NABI 6절)로 묘사되고 있기 때문이다.

그런데 다훗은 6절의 "선" (토브)에 관하여 말하길, 팔레스틴의 정황에서 본다면 "최고 선" ("good" par excellence)이 비이며, 몇 구절들에서 "토브"란 말이 어떤 수식이 없이도 "비"를 의미한다고 지적한다 (신 28:12 하늘 '그의 선의 창고' [옷챠로 핫토브]를 열으사 비를 내리시고, 렘 5:24-25, 17:6, 시 85:12; Dahood, Psalms I, 25). 7절에서 시인에게 주신 기쁨이 곡식과 새 포도주의 풍성할 때보다 더하다고 함으로 6절의 "선"이 하나님의 은총의 표시로서의 "비"일 가능성을 암시해 주기도 한다. 만약 2절에 언급된 "허사"나 "궤휼" (거짓)이 "우상"을 지시한다면, 왕인 시인은 가뭄에 처하여 우상 숭배에 몰두하는 귀족층들을 질타하고 비를 구하고 있는지 모른다. 우상 숭배가 지속되는 한 가뭄의 저주는 제거할 수 없겠기 때문이다 (엘리야가 바알 선지자들을 제거하고 비를 구함, 왕상 18:42-44).

이튼은 6절에서 무리들이 가뭄을 불평하고 있는 것 같다고 지적한다 (Kingship and the Psalms, 29); "하나님의 얼굴빛이 우리에게서 떠났다" 이튼은 이렇게 이해했다)는 것은 들판과 가축 떼에게 임하는 하나님의 은총의 표시가 사라졌다는 것을 말하며, 7절에서 보듯 곡식과 도포주가 희귀하다. 이튼은 이런 가뭄의 사고가 이 시의 전반절의 우상 숭배 질타 (2절)와 어떻게 연관되는가? 라고 자문하고, 여기서 이 시가 왕의 시라고 이해할 때 이 시의 전체적 통일성을 파악할 수 있다고 주장한다 (Ibid., 30). 왕은 자기 나라의 융성과 풍성함을 가져올 때 유능한 왕이기에 가뭄으로 왕은 비난을 받았으리라 추정된다. 가뭄 때문에 사람들은 가나안 사람들이 하듯 가뭄을 해결하고자 바알 신을 찾았을 것이다. 그래서 시인이 우상숭배를 질타하는 것은 (2절) 가뭄으로 왕에게 등을 돌린 신복들이 우상에게 비를 구하기 때문이다.

크라우스는 5절에 (성전) 제사가 언급되고 있으므로, 이 시는 영향력 있는 사람에게 부당하게 정죄를 당하고 압박을 당하고 있던 가난한 자가 성전에서 하나님의 무죄선고를 탄원하는 상황을 반영해준다고 한다 (Psalms 1-59, 146-7). 이러한 해석 사고는 이스라엘의 시들이 성전예배와 연관되었다는 제사 중심 경향을 드러내준다.

어떤 정황에서 저작되었건 시인은 "곤란" 중에, 특히 대적자들이 그의 명예 (카보드)를 모욕하고 있는 중에 (2절), 하나님께 도움을 간구하고 있으며, 이런 상황은 하나님의 백성들에게 시대를 무론하고 재현될 수 있는 것이다. 그런데 제1권의 문맥에서 보건대, 이 시편 역시 다윗 언약에 근거하여 다윗이 하나님께 구원을 호소하는 왕의 시이다.

2. 시적 구조와 해석

시 4편은 세 개의 연으로 구성되었다. 제 1연에서 시인은 하나님께 탄원한다 (1절). 제 2연 (2-5절)에서 시인은 자기의 대적자들에게 경책하고 훈계한다. 제 3연 (6-8절)에서 시인은 주께 다시 간구하고 확신을 표시한다. 이렇게 보건대, 탄식하고 간구하는 처음의 분위기는 대적자들에 대한 꾸지람으로 이어지다, 마침내 확신하는 간구로 반전된다. 다른 구분도 가능하다. 사용된 "셀라"란 말을 기준으로 1-2절, 3-4절, 5-8절 등으로 연구분 할 수 있다. 그러나 이런 구분은 내용상 혹은 외적 구조상의 구분이 아님이 분명하다. 셀라를 기준으로 하는 것은 음악 연주형태와 연관된 구분이다.

이 시에서 사용된 단어들을 분석해 보면, 두 번 나타나는 단어들이 상당수 있다. 예컨대, 부르짖을 때 (베카레이; 1, 3절), 의 (체덱; 1, 5절), 듣다 (쉬마아; 1, 3절), 마음 (레브; 4, 8절), 침상/ 눕다 (쉬카브; 4, 8절), 신뢰하다/ 안전히 (5, 8절), 여러/ 풍성 (라브, 6, 7절), 여호와 (3절에 1번, 5, 6, 8절에 각기 1번; 엘로힘은 1절) 등이다. 이렇게 단어들을 반복 배치함으로 시의 사고는 응집-통일성 (cohesion)을 갖게 된다.

제 1연 (1절): 기도를 들으소서

1절: 내 의의 하나님이여 (엘로헤 치드키)— 의미는 "나의 권리를 변호하시는 자이신 하나님" (NJB) 혹은 "나를 구원하시는 하나님" (NAB)이 될 것이다 (KB³, s.v. chedek 4).

내가 부르짖을 때 응답하소서 (베코르이 아네니)—이 두 동사의 조합 (카라; 아나)은 시 3:5, 17:6, 27:7, 55:17, 86:6, 7, 91:15, 99:6, 102:3, 118:5, 119:145, 146, 120:1, 138:3 (욥 9:16도 참조) 등에서 나타난다. 이런 구절들의 문맥을 보면 시인들은 하나같이 곤란 중에서 하나님께 구원을 간구하고 있다. 하나님은 예레미야를 통해서 "너는 내게 부르짖으라 내가 네게 응답하리라"고 약속하셨다 (렘 33:3). 여기에 우리의 기도의 확신이 있다. 응답의 약속이 있기 때문이다. 그런데 "부르짖다"란 동사는 3 하반절에서도 나타난다 (시 69:4, 99:6, 141:1도 참조). 유대인들은 아침 제사드릴 때, 오후 세시 저녁 제사 드릴 때, 그리고 해질녘에 하루 세 번 기도하는 습관을 지녔었다. 요세푸스는 로마군의 예루살렘 포위 시 제사장들이 아침과 제 9시 (오후 3시)에 두 번씩 제사를 드렸다고 기술 한다 (*Antiquities of the Jews*, XIV.IV.3). 시인이 여기서 물론 후대 유대인들처럼 때를 정하여 기도드리던 그 습관을 언급치는 않는다. 오히려 군급(窘急)한 상황을 당하여 그가 자신의 "의"를 신원하여 줄 하나님께 부르짖는 모습이 여기에 기술되고 있다.

곤란 중에 나를 너그럽게 하였사오니 (밧챠르 히르하브타 리)— "곤란 중에 처했을 때 나의 지경을 넓히소서" (NIV "나를 곤경에서 건지소서" Give me relief from my distress). 시인은 대적자들에게 부당하게 정죄(定罪)를 당하고 있거나 핍박을 당하고 있다. 여기서 "곤란"으로 번역된 말 *챠르*는 "챠라르"라는 동사와 연관되는데, 이 동사는 2 개의 동음이의어(同音異議語)를 갖는데, I. 묶다, 제한되다, 좁은, 부족한, 괴롭히다 (hiphil형); 형용사 (*챠르*), 좁은, 단단히 고정된; 명사 (*챠르, 챠라*), 곤고함, 곤궁. II. 공격하다, 적대감을 보이다, 화나게 하다; 명사 (*챠르, 차라*), 원수, 경쟁자. 여기 사용된 표상은 군대가 포위당하여 운신(運身)할 폭을 갖지 못하고 협소한 데 몰려있는 처지에서 광활한 대지로 나아가기를 소원하는 모습이다 (삼하 22:37 =시 18:36 [내 아래 걸음을 넓히다], 22:20 =시 18:19, 31:8, 66:12, 118:5 [나를 넓은 곳에 두시다, 곧 구원하셨다]; 시 66:12). 혹은 우물이나 목초지를 갖지 못하여 사면 초가(四面楚歌)에 처한 유목민이 광활한 목초지와 우물을 갖게 되어 제재 받지 않는 자유를 누리는 모습도 생각할 수 있다 (창 26:22). 시 118:5에서 여기 고려중인 표현과 유사한 문맥을 본다. 거기서 시인은 "내가 고통 중에 (민-함메챠르) 여호와께 부르짖었더니 여호와께서 응답하시고 나를 광활한 곳 (메르하브)에 세우셨도다." 또 다른 유사한 문맥은 이삭이 대적들에게 어렵게 판 우물들을 여러 번 내어주어야 했던 정황이다. 이삭은 여러 번 양보 한 후에 다시는 시비(是非) 않는 우물을 파서 그 이름을 "르호봇" (광할함)이라 칭하였다 (창 26:22). 이삭은 옴짝달싹 할 수 없는 처지에서 마음껏 활동할 수 있는 자유를 "르호봇"이란 말로 표현했던 것이다. 심적으로 쪼들리고 압박당하던 상태가 하나님의 개입으로 자유케 되고 여유를 갖게 된다.

한편 "나를 너그럽게 하다" (*히르하브타 리*) 동사는 세 개의 명령법 동사들 (*아나* [응답하소서], *하난* [은총을 베푸소서], *쉬마아* [들으소서]) 중간에 (첫 동사 다음에) 나타나므로, 어형은 완료상이지만, "기원법적 완료" (precative perfect)로 취한다 (서론 §7 "시편의 동사 시제" 참조): "여지를 만들어주소서" (Give me relief from my distress, NIV 참조). 어떤 역본들은 "당신이 곤란 중에 나를 너그럽게 하셨사오니"라고 구태의연하게 번역한다 (한역, RSV, NRSV, NASV, NJB). 그런데 "내게" (*리*)에서 라멧에 붙는 "다게쉬 포르테"는 "본질적" 성격의 것이 아니라 "발음편의" (*Dagesh euphonicum*)를 위한 것이다 (GKC §20f; Paul Joueon, §18j).

긍휼히 여기사 (*혼네니*) — "내게 은총을 베풀어 주소서!" 그분의 은총을 받아야 한다는 절박한 느낌에서 기도는 태어난다. 은총은 작은 자가 큰 자에게 요청한다. 총리 요셉 앞에 섰던 그 형제들은 과거를 회상하면서 자기들이 요셉의 곤경을 보고서도 "은총을 베풀지" (한역, 애걸할 때에)아니함으로 자신들이 이제 곤경에 처하게 되었다고 말한다 (창 42:21). 시 30:19에서 은총을 베푸는 일과 기도에 응답하는 일은 동일한 것으로 나타난다.

나의 기도를 들으소서 (*우쉐마아 테필라티*) —이런 간구는 왕상 8:29 [9:3에서 응답], [왕하 20:3=사 38:5 응답], 시 39:12, 54:2, 65:2, 84:8, 102:1, 2, 143:1, 대하 6:19 [솔로몬의 기도] 등에서도 나타난다. 앞에서 언급된 "부르짖을 때 응답 하소서"나 여기 "기도를 들으소서"란 표현들이 대개 시편에서 나타난다는 사실은 시편이 "기도의 책"임을 보여준다. 동일한 표현이 솔로몬의 성전 봉헌 기도에서 나타나고 있다는 사실은 (왕상 8:29) 시편의 기도들이 성전과 연관되었다는 점도 암시해 준다. 그렇다고 곤궁 중에 처한 성도들이 모두 성전에서 부르짖었다는 말은 못된다. 다윗과 같이 사울을 피해 도망 다닐 때 굴속에서나 광야에서 부르짖을 수 있었다. 그런데 솔로몬이 성전을 낙성한 후에는 이스라엘의 기도생활은 성전과 밀접한 연관을 가지게 되었다.

제 2연 (4:2-5): 죄인들을 경책함

2절: 인생들아 (베네 이쉬) — "인생들" (베네 이쉬)란 표현은 병행어 "베네 아담"과 함께 사용될 때, 천한 자와 대조되는 "존귀한 자"를 지시한다 (시 49:3, 62:10 참조)(베네 이쉬란 표현이 애굽과 바벨론에서 빈궁한 자와 대조되는 유지(有志)들을 지시했다는 주장은 E. Meyer, *Geschichte des Altertums* I, 250, 514; B. Meissner, *Babylonien und Assyrien* I, 371 이하 참조; J. H. Kraus, *Psalms 1-59*, 148). 빈번하게 나타나는 고려중인 표현들의 병행들은 약간 다른 모습들로도 나타난다: 에노스/ 벤-아담 (시 8:5, 욥 25:6), 이쉬/ 벤-아담 (민 23:19, 욥 35:8), 베네 아담/ 베네 이쉬 (시 49:3, 62:10), 이쉼/ 베네 아담 (잠 8:4). "인자"로 번역된 (벤-아담)은 에스겔서에서 빈번하게 나타난다. 이런 빈번한 용례는 "사람"을 의미하는 "인자"라는 아람어 표현의 영향 때문일 것이다. 주님은 자신을 "인자"라 칭했다 (이는 단 7:13의 "인자 같은 이"란 묘사에 근거하는 메시아 칭호이다).

어느 때까지 나의 영광을 변하여 욕되게 하며/ 허사를 좋아하고/ 궤휼을 구하겠는고 (아드-메 케보디 리크림마 테에하분 리크 테바케슈 카쟈브)—세 개의 콜론으로 구성된 행이다. 앞에서 하나님께 향하던 시인의 마음이 이제는 대적자들에게로 향하여 경책(警責)한다. 이러한 시인의 책망은 시 6:8, 52:1이하, 58:2, 62:3, 119:115 등에서도 나타난다. "내 영광을 변하여 욕되게"라는 표현은 시인이 대적자들에게 당하는 부당한 처사를 묘사한다. "영광" (카보드)이란 "부" (富)를 지시한다. 동시에 영예나 영화로움, 영광 등과 같은 사람의 존귀한 상태를 묘사한다. 이는 창조시 인간에게 주어진 자질로 (시 8:6), "하다르"와 같이 왕의 존귀한 모습을 묘사한다 (시 21:6). 그런데 "카보드"란 말이 여기서 사람의 "명성" 혹은 "인품"을 지시할 수도 있다. 시인은 대적자들이 자신의 명성을 훼손 (켈림마)하는 일을 한다고 경책한다. 달리 본다면, 여기서 "내 영광"은 "하나님"을 지시할 수 있다. 즉, 시인은 하나님을 떠나 우상을 찾는 자들을 질책하고 있다 (시 106:20, 롬 1:23). 한편, 70인역은 이 부분을 "어느 때까지 너희가 마음이 무거울 것인가?" (헤오스 포테 바루카르디오이)라 번역하였다. 그런데 의문사 (언제까지? [아드-메])는 2절 초두 (호격, "인생들아" 다음에)에 한번 사용되었으나 그 힘은 후반절까지 미친다 (double duty).

"허사를 좋아하고"-"(어느 때까지) 너희들이 헛것을 사랑하겠는가?" 여기서 "헛것" (리크)은 근거 없는 중상모략을 지시할지 모른다. 그런데 이 말은 주로 하나님의 뜻을 거스르는 인간의 헛된 계획과 도모를 지시한다 (시 2:1). 그러므로 여기서도 하나님의 뜻을 거스려 시인을 치고자 하는 대적자들의 헛된 행동을 지시할 것이다. 한편, "좋아하다" 동사 (*테에하분*) 말미에 "눈" (Nun paragogicum)을 갖고 있다. 장모음 "우"로 끝나는 복수 동사형에 붙는 이 "눈"은 문장 끝에서 주로 나타나며, 이는 강세를 두기 위한 발음상의 조정일 것이다 (GKC §47m 참조). 다른 예는 "슈브" 동사의 경우로, 시 104:9, 29에서 3인칭 복수형에 "눈"이 첨가되어 나타나지만, 기타 6:11, 9:18, 22:28, 51:15, 56:10, 59:7, 15, 70:4, 72:10, 78:41, 85:9, 119:79 등에서는 마지막 "눈" 없이 나타난다. 히브리어에서 이 "눈" 첨가형은 초기형이지만, 아람어의 역사 언어학적 고찰에 의하면, 이런 "눈" 첨가형은 후대형이다 (GKC §47m).

"궤휼을 구하겠는고" - "(어느 때까지) 너희가 거짓을 구하겠느냐?" 여기서 "거짓" (*카자브*)이 '우상'을 지시할 수 있다 (암 2:4, 40:4). 그렇다면 "구하다"란 "경배하다, 섬기다"란 뉘앙스를 갖는다 (렘 8:2, 호 4:8; Dahood, *Psalms I*, 23). 이렇게 이해한다면, "헛것" 역시 "우상"의 병행어가 되고, "나의 영광"은 "나의 영화로운 자" 곧 하나님을 지시하며, 2절 전체는 우상 숭배자들에 대한 책망이 된다.

3절: 여호와께서 자기를 위하여 경건한 자를 택하신 줄 너희가 알지어다 (*우데우 키-히플라 야웨 하시드 로*)— 이제 시인은 "너희들은 알지어다"라고 선언한다. 대적들이 새로운 사실을 발견하라는 의미라기보다, 시인 자신의 신앙고백을 확인하는 말이다. "알다" (*야다*)란 말은 체험적 지식을 가리키니, 대적자들은 현실적으로 나타나는 신앙진리를 눈으로 목도하게 될 것이다. 그런데 이 선언은 대적자들에 대한 말임과 동시에 자신의 속사람에게 확신을 주는 독백이기도 하다: 여호와께서 자기를 위하여 경건한 자를 '특별 취급함으로' (*히플라*, treat specially) 불경한 자와 구분하신다 (*히플라 야웨 하시드 로*). 병행절의 구조에 비추어 보건대, 경건한 자를 특별 취급하여 구분하신다는 고백은 기도의 응답이 그렇게 나타날 것을 기대한다는 확신의 표현이다. 그런데 여기 사용된 동사는 마지막 자음을 "알렙"으로 보고 "이적을 행하다"로도 이해될 수 있다: 야웨께서 경건한 자들을 위해 이적을 행하신다 (NJB, NAB; 시 17:7, 31:22).

한편 "택하다" (*히플라*, *팔라 plh* [구분하다, 특별 취급하다]) 동사는 많은 사본들에서 (70인역도) 발음은 같지만 마지막 철자가 "헤"가 아닌 "알렙"으로 나타난다 (*pl'*). "알렙"으로 취할 경우 (*pl'*), 의미는 "기이한 일을 행하다/ 보이다"가 된다. 시 31:21의 구문용례에 따르면, 이런 대안(代案) 독법이 적절하다 (시 17:7도 참조)고 크라우스는 주장한다 (*Psalms 1-59*, 145). 그런데 그가 "하시드 로"를 "헤세도 리"로 변조하는 것은 본문비평의 한계를 넘어서는 일이다. "히시드 로"를 변조하지 않고 "기이한 일을 행하다" 동사로 취해도 의미는 잘 통한다. 영역본들은 두 가지 번역으로 대별된다: 1) 경건한 자들을 구분하다 (set apart; KJV, NIV, RSV, NASB) 2) 경건한 자들을 위해 기이한 일을 행하다 (NJB, NAB).

내가 부를 때에 여호와께서 들으시리로다 (야웨 이쉬마 베코르이 엘라브)— "내가 그를 부를 때에, 그가 들으신다." "기도를 들으신다"고 미완료상을 사용하여 기도 응답의 진리성, 확실성을 표현하고 있다. 1절에서 부를 때에 응답하소서! 라고 간구했던 시인은 여기서 기도의 응답은 반드시 나타난다는 확신을 표현하고 있다. 이런 확신으로 드리는 그의 기도가 그의 무기였다.

4절: 너희는 떨며 범죄치 말지어다 (리그쥬 베알-테헤타우)—1) 분노하여도 범죄치 말라 (NIV, RSV; 70인역과 엡 4:26) 2) 떨며 범죄치 말라 (NASB, NAB). 사용된 동사 "라가즈"의 기본의미는 (두려움에, 염려로, 기쁨에, 슬픔에) "떨다," "흥분되다"를 의미한다. 시인은 대적자들에게 흥분으로 몸을 떨지라도 범죄 하지 (하타아) 말라고 권고한다. 범죄 한다는 것은 하나님의 뜻을 크게 빗 맞추는 중대한 오류이다.

너희 침상에 누워 너희 심중에 말하고 (이므루 빌레바브켐 알-미쉬카브켐)— "심중에 생각하라." 이는 심중에 궤계(詭計)를 꾸미란 의미도 있으나 (창 27:41에서 에서의 궤계), 자성(自省)하고 반성하라는 의미이다 (창 17:17, 신 7:17, 8:17, 9:4, 왕상 12:26, 시 10:6, 11, 13, 14:1, 74:8, 사 14:17, 47:8, 오 1:3, 습 1:12, 2:15 등에서는 하나님을 신뢰하지 못하고 불신하거나, 아니면 어떤 일을 자기가 한 양 공을 자기에게 돌리거나, 자기를 높이려고 도모를 생각하는 등의 심중의 못된 생각을 지시한다). 반성하고 하나님을 인정하는 긍정적인 의미에서는 렘 5:24, 슥 12:5, 전 2:15, 3:17, 18 등에서 나타난다. 특히 전도서 기자는 심중에 반성하고 자성하여 진리를 궁구(窮究)하고자 하였다. 죄인은 "침상에서" 죄악을 꾀하기 일수이다 (시 36:4). 반면 성도들은 "침상에서" 기쁨으로 찬송을 발한다 (시 149:5). 침상은 하늘의 계시를 받는 장소이기도 하였다 (단 2:28, 29, 4:2, 7, 10, 7:1 등).

잠잠할지어다 (베돔무) —이 동사는 주로 재앙과 애도의 맥락에서 사용된다. 예컨대, 아론과 에스겔은 각기 자녀와 아내의 사망 소식에도 애통해 하지 말고 잠잠해야 하였다. 여기서는 여호와 앞에서 자기의 심사를 반성하면서 분노를 그치고 대적행위를 중단하라는 의미일 것이다. 말뿐 아니라 행동에서 남을 치고자 하지 말고 잠잠하라.

한편, 4절의 번역들은 다양하다:
1) 한역처럼 (KJV, NASB, NAB)
2) 분노 중에 범죄치 말라; 침상에 있을 때, 네 마음을 살피고 잠잠할지어다 (NIV);
3) 범죄치 않도록 주의하라; 네 마음에 말하라; 네 침상에서 잠잠하라 (NJB);
4) 화는 내되 범죄치 말라; 네 침상에서 네 스스로 대화하고 잠잠하라 (RSV). 현재 있는 어순들을 따르지 않고, 재배치하여 의미를 합리적으로 도출하고자 하는 시도들이 많다.

5절: 의의 제사를 드리고 여호와를 의뢰할지어다 (지브후 지브헤-체데크 우비트후 엘-야웨)— 앞에서 시인은 대적자들에게 책망을 하였다. 이제 시인은 더 적극적으로 하나님을 경배하고 믿으라고 권고한다. "의의 제사들" (지브헤-체덱)이란 표현은 신 33:19, 시 51:21 등에서도 나타난다. 이런 구절들에서 "의로운 제사"란 하나님이 받으실 만한 제사이다. 이는 그분이 언약 법규에 규정하신 방식대로 바쳐져야 할 뿐 아니라 (형식), 제물을 바치는 자의 마음이 은혜로 주장되어진 상태에서 드려진 제사를 의미한다 (잠 15:8). 하나님은 통회하는 마음으로 드리는 경배를 기뻐 받으신다 (마 5:24, 시 34:18, 51:17, 사 57:15, 66:2 참조). 이런 제사는 1절에 언급된 "의의 하나님" 곧 무죄한 자를 의롭다 선고하실 공의의 하나님이 인정하시는 제사이다.

의의 제사를 드림 (*자바흐*)과 여호와를 신뢰하는 일 (*바타흐*)과는 어휘상으로 연관되어 나타나지는 않는다 해도, 신앙 사고상 긴밀한 연관이 있다. 바른 예배는 하나님께 대한 신앙에 기초해야 하고, 바른 신앙은 바른 예배를 산출하겠기 때문이다. 대적자들이 비록 일시적으로 잘못 판단하여 시인을 대적하고 질시했다 해도, 회개하고 바른 예배를 드린다면 그것은 바른 신앙에로의 변화를 의미한다. 바른 신앙은 자신의 도모를 이루려 아니하고 하나님의 도모를 이루고자 할 것이다.

제 3연 (6-8절): 기도와 확신

6절은 7-8절의 확신하는 신앙 시인의 자세와 대조되는 대적자들의 모습이다.

6절: 여러 사람의 말이 (*라빔 오메림*) —시 3:2에서도 많은 사람들이 시인을 대하여 조소적인 말을 발하였다면 여기서도 그러한다.

우리에게 선을 보일 자 누구인가? (*미-야르에누 토브*)—몇 가지 이해가 가능하다. 1) 삼하 23:15, 사 42:23 등에 비추어 볼 때, 이 표현은 희망적 소원 표시로 이해할 수 있다: 우리가 무슨 좋은 일을 볼 수 있다면 얼마나 좋을까? (RSV, NAB) 2) 소원 표시로 이해하되, 여기서 "선"을 "비"로 보는 것이다 (Dahood). 3) 낙담한 자들이 뱉는 불 신앙적 회의(懷疑). 2절에서는 교만한 대적자들의 모습이 제시되었다면, 여기서는 소심(小心)한 회의론자들이 제시되고 있다. 이들은 하나님이 무슨 선을 행할 능력이 있는가? 라고 의심한다. 이 마지막 견해를 취한다.

여호와여, 주의 얼굴을 들어 우리에게 비추소서 (*네사-알레누 오르 파네카 야웨*)— "당신의 얼굴빛을 들어 우리 위에 (비추소서)!" 방금 제시된 대적자들의 불 신앙적 회의에 대하여, 시인은 축복 기도문 (민 6:25-26)을 상기하며 간구 한다. 여기서 "여호와"란 신명이 다시 사용되었다. 총칭어인 "엘로힘" (1절) 대신 이스라엘의 언약 하나님이신 여호와의 이름을 불러서 축복을 간구한다. 여호와의 얼굴에서는 광채가 나온다 (마 17:2, 계 1:16 참조). 그 광채는 은총의 광채이며 축복의 광채이다 (시 67:1, 80:3, 7, 19, 단 9:17). 그분이 웃으시며 바라보시면 성도들에게 은총이 임할 것이다. 은총의 빛이 임하면 우리의 모든 의심은 햇빛에 안개처럼 사라져 버린다. 반면 얼굴에 분노하시며 바라보시면 심판이 임할 것이다.

한편 이 부분은 (주의 얼굴을 들어 우리에게 비취소서) 두 가지로 달리 이해될 수 있다:

1) 여호와의 얼굴빛을 들어 우리 위에 (비취소서).
여러 사람의 말에 대한 시인의 반응으로 이해한다 (한역, RSV, NJB, NAB 등 대개 영역본들).
2) 여호와의 얼굴빛이 우리에게서 도망쳤다
(Dahood, *Psalms I*, 26; J. H. Eaton, *Kingship and the Psalms*, 29). 동사를 "도망치다" (누스)로 분석하고 전치사 (알)를 "-으로부터" (from)으로 이해한 것이다. 이런 이해는 이 부분을 여러 사람의 말의 연속으로 간주한 것이다. 우리는 전자로 이해한다.

7절: 당신이 내 마음에 두신 기쁨은 (*나탓타 심하 벨립비*)—"-보다 큰 기쁨을 내 마음에 주소서!" 여기서 완료형 동사는 6절의 간구에 뒤이은 것이므로 간구적 뉘앙스를 지닌 것으로 이해하면 좋겠다. 은총의 빛이 임하면 우리의 마음은 환하게 빛나고 이 세상의 현실을 초월하는 긍정적이고 적극적인 생각으로 바뀌게 된다. 시인이 말하는 이 기쁨은 신령한 기쁨이며 하늘의 기쁨이다. 하박국 선지자의 외침도 이런 신령한 기쁨의 표출이었다 (합 3:17 이하). 한편 "두다" (*나탓타*) 동사는 여기서 2인칭 남성 단수 완료상으로 마지막에 "헤"를 갖고 있다. 이는 "헤"가 없는 "나탓타"와 철자상 차이가 있을 뿐이다 (GKC §44g).

저희의 곡식과 새 포도주의 풍성할 때보다 더하나이다 (*메에트 데가남 베티로샴 랍부*) —여기 "저희"는 우상을 찾는 배교자들일 것이다. 시인에게는 저들이 알지 못하는 신령한 기쁨을 알고 있다. "곡식과 새 포도주" (*다간, 티로쉬*)는 생필품(生必品)들이다 (신 7:13, 11:14, 12:17, 14:23, 18:4, 28:51, 렘 31:12, 호 2:10, 24, 욜 1:10, 2:19, 학 1:11, 느 5:11, 10:40, 13:5, 12, 대하 31:5, 32:28). 하나님은 이런 것들을 순종하는 백성들에게 약속하시나 (창 27:28, 37, 신 7:14, 11:14, 잠 3:10) 범죄하면 원수들이 이런 것들을 취하거나, 아니면 소출이 없을 것이다 (신 28:51, 삿 6:1 이하; 사 62:8, 미 6:15, 욜 1:10, 학 1:10). 또한 회복의 시대에 이 포도즙이 풍성하게 주어진다 (렘 31:12, 호 2:22, 욜 2:19, 24). 물론 이는 신약 시대 성도들이 누릴 영적, 물질적 축복의 표상이다. 이 "새 포도주" (*티로쉬*)는 발효시키지 아니한 포도즙이다 (must, fresh wine).

8절: 내가 평안히 눕고 자기도 하리니 (*베샬롬 야하다브 에쉬케바 베이샨*)—"평강 중에 (평안히) 누워 자는 것은 (다른 이 아닌 당신만이 오 여호와여, 나를 안전하게 거하도록 하시기 때문입니다)." "누워 자다" (*쇼카브 베야샨*)란 표현은 (시 3:5 참조) 이사일의 (hendiadys)기법이다. 평안히 잠자는 모습이야말로 하나님의 사랑을 받는 자의 모습이다. 단잠은 하나님께서 주시기 때문이다 (시 127:2). 사울 왕은 다윗을 추격하다가 피곤하여 "누어 잤다" (삼상 26:7). 이는 무방비 상태에 놓였다는 말이기도 하다. 엘리야는 "로뎀나무" 밑에 "누워 잤다" (왕상 19:5). 역시 무방비 상태로 방치된 모습이다. 시편 기자가 누워 잔다고 할 때 대적들이 노리지만 무방비 상태로 잘 수 있는 것은 하나님께서 안전보장이 되시기 때문이라고 말함과 같다. 한편 번역에서 생략된 부사 (*야흐다브*)는 "함께" (together), "다" (altogether), "동시에" 라고 정의되지만 (KB³), NJB는 여기서 "즉시" (at once)로 번역하고

있다: "평강 중에 내가 누워 즉시 자리니 [나를 안전하게 안식하도록 하시는 이는 다름 아닌 당신 야웨시기 때문입니다!" 그리고 "내가 정녕 누우리라"는 연장형으로 시인의 결심과 의지를 표명하고 있다.

나를 안전히 거하게 하시는 이는 오직 여호와시니이다 (키 앗타 야웨 레바다드 라베타흐 토쉬베니)— 대적자들이 아무리 해코자 해도 안전한 삶이 가능한 것은 여호와께서 그의 편이기 때문이다. 안전하게 거하게 하신다는 것은 사방에 대적할 만한 나라가 없을 때의 형편을 지시한다 (삿 18:11: 여호와께서 여룹바알과 베단과 입다와 나 사무엘을 보내사 너희를 너희 사방 원수의 손에서 건져 내사 너희로 안전히 거하게 하셨거늘). 신 12:10에서 가나안 약속의 땅에 이스라엘이 들어가 정착할 때, 곧 사방 대적을 물리치고 안식을 주실 때의 정황을 예언적으로 묘사하면서 "안전히 거한다"는 표현이 사용되었다. 이는 다윗과 솔로몬 시대에 성취되었다 (삼하 7:2, 왕상 5:5). 이런 "평화의 때에" 하나님은 한 곳을 정하여 예배를 드리도록 하시겠다고 예고하신 바 있다 (신 12:11).

예레미야나 에스겔 선지자를 통해 하나님은 추방 이후에 이스라엘을 다시 모아내어 고토로 인도하여 "안전히 거하게" 하실 것을 약속하셨다 (렘 32:37, 겔 28:26, 34:25, 28). 놀래게 할 사람이 없고 땅의 짐승에게 삼켜질 염려도 없이 안전하게 거하게 하시는 것이 하나님의 축복으로 가능하다. 개인도 마찬가지이다.

시편의 적용

부르짖을 때, 응답하소서 (1절)

성도들이 하나님을 찾고 부르짖는 자리는 대개 곤란 중이다. 요나는 "스올의 뱃속에서" 부르짖었더니 주께서 들으셨다 (욘 2:2). 예레미야는 물 없는 웅덩이 속에서 부르짖어야 했다 (렘 33장). 이스라엘 백성은 "고난 중에" 부르짖었고 하나님은 "뇌성의 은은한 곳에서" 저들에게 응답하셨다 (시 81:7). 양식이 없어 배고플 때, 물이 없어 갈할 때, 고기가 먹고 싶을 때, 저들은 부르짖었다. 기도는 이렇게 우리 삶의 일상적인 필요의 결핍에서 연유한다. 문제들이 우리를 둘러싸고 있는 것은 영적인 눈으로 본다면 우리로 하나님을 찾게 하기 위한 하나님의 뜻의 표현이다. 문제가 둘러싸고 있다면 기도해야 한다는 신호로 보아야 한다.

렘 7, 35장에서 우리는 "부를 때 응답하다"란 표현이 약간 다른 상황에서 사용되는 것을 본다. 즉, 하나님께서 백성을 부르나 백성이 응답치 않는 경우이다 (7:13, 27, 35:17). 내가 하나님께 부르짖을 때 응답하시지 않는다면 하나님에게 문제가 있다는 것일까? 아니다. 내가 곤고한 중에 부르짖어도 응답지 아니하시는 이유는 하나님께서 나를 부르실 때 내가 응답지 않았던 불순종 때문일 수 있다 (잠 24-31 참조) 하나님께 부르짖을 때 즉각 응답을 기대한다면 우리도 하나님이 부르실 때 즉각 응답 (순종)해야 하지 않겠는가?

하나님께 부르짖어도 응답치 아니하시는 그 때 (시 22:2)가 우리의 밤이다. 그런 때에 우리는 낙심되고 넘어지기 쉽다. 그러나 "주께서 너희에게 환난의 떡과 고생의 물을 주시나 네 스승은 다시 숨기지 아니 하시리"라 (사 30:20). 반면 하나님께서 은총의 얼굴빛을 우리에게 향하실 그 때가 우리의 낮이다. 영적인 밤과 낮이 교차하면서 우리는 주의 형상으로 변화된다. 그러므로 밤이라고 낙심치 말고 낮이라고 자만치 말자. 밤에는 더 오래 참고 기도하고, 낮에는 더욱 각성하여 주를 전하자.

축복의 증표는 우리가 하나님의 이름을 부를 때, 그가 들으신다는 사실이다 (사 30:19, 슥 13:9, 10:6). 기도를 들으시는 하나님을 친근히 하는 개인, 가정, 사회, 국가는 복되다. 기도할 줄 아는 사람은 하늘 창고의 열쇠를 가진 자이다. 무한대의 보물을 담고 있는 하늘 창고의 열쇠를 지닌 자가 존귀한 자요, 참 부자(富者)이다.

밖에서 어떤 아기의 울부짖는 소리가 들린다. 누구의 아기인가? 내 애기인가? 집에 앉아 있는 어머니의 마음은 자기 아들의 부르짖음에 극히 민감하다. 나가 놀다가 누군가 내 아기를 때려서 우는가? 넘어져서 우는가? 하늘 아버지께서도 이 땅에서 자기 백성이 부르짖을 때 극히 민감하시다. 저 성도가 왜 우는가? 넘어져서 우는가? 양식이 없어서 우는가? 인간적으로 비유컨대, 울지 않고 부르짖지 않는 성도는 하나님의 관심을 끌 수가 없다.

내 의의 하나님 (1절)

억울한 자리에 떨어졌던가? 내 사정을 통찰하시고 신원해 주실 것을 믿고 "내 의의 하나님께" 간구하라. 공의의 하나님께서 우리의 부당하고 억울한 사정을 반드시 신원(伸冤)해 주실 것이다 (눅 18장의 과부의 강청 [强請] 기도 참조). 앞에서 언급했던 대로, 만약 이 시인이 왕으로서 신복들이 가뭄의 책임을 왕에게 전가시키면서 바알 신을 찾아 문제를 해결하려는 상황에 처했었다면, 시인이 배교하는 신복들에게 침상에 누워 깊이 숙고해 보라! 고 권면하는 의미가 무엇인지 알 것이다. 저들은 하나님이 받으실만한 참 예배를 드리고 돌이켜야 한다. 시인은 왕으로서 나라의 가뭄이 왜 왔는지 부르짖어 기도함으로 해결하고자 한다. 다윗은 삼년 내리 비가 오지 아니하여 기근이 전국을 강타했을 때, 하나님께 기도로 문의하였다. 하나님의 답을 들은 다윗은 죄악의 근원을 찾아서 해결함으로 땅을 다시 회복시킬 수 있었다 (삼하 21:1 이하).

그 삼년 기근이 환경 파괴로 인하여 왔다고도 말할 수 있고, 우연에 의한 것이라고도 할 수 있지만, 성도는 모든 사건들에서 하나님의 뜻을 읽으려고 노력해야 한다. 홍수도 하나님이 보내시는 것이며 (노아 홍수), 비도 하나님의 섭리하에 내리는 것이다. 기상학적으로 설명하는 요인들은 모두 2차적 요인들이며, 그 근본 요인은 하나님의 섭리라는 것이다. 그렇다면, 문제가 닥칠 때에 우리는 당황할 이유가 없고, 다윗과 같이 하나님께 문의하여 문제의 원인을 찾아서 제거하여야 한다. 기도는 이렇게 모든 문제의 해결책이며, 의의 하나님은 우리의 기도에 반드시 응답하시는 분이시다.

시 5편 아침에 내가 기도하리이다

1. 전체구조에서의 위치, 시의 유형과 삶의 자리

　12절의 "키-앗타" (왜냐하면 당신께서)가 4:8의 "키-앗타"와 연결된다. 내용상으로 보건대 시 3, 4, 5편은 일맥상통한다. 왜냐하면 이 시들에서 시인(들)은 자신을 음해(陰害)하는 대적자들에게서 구해달라고 주께 도움을 간청하고 있기 때문이다 (5:8). 이런 호소 때문에 이 시도 역시 "기도의 노래" 혹은 "개인 탄식시"로 분류되고 있다.
　시의 내용은 극히 일반적인 용어들로 제시되고 있으므로 구체적인 삶의 자리를 상정하기 어렵다. 단지 7절에서 "성전"이 언급되고 있는 점으로 미루어 성전이 존속하던 어떤 시기에 작사되었으며, 시인은 대적자들에게 압제를 당하고 있다 (8절). 성전 예배의식과 연관하여 생각하는 이들은 이 시도 역시 성전 예배용으로 작사되었다 한다. 예컨대, 아더 바이저는 "이 시는 아침 제사를 드릴 때 (3절; 왕하 3:20, 암 4:4) 성전에서 발해진 것으로 간주되며" (7절) (*The Psalms I*, 123), 그래서 다윗의 저작일 수 없다고 했다. 특히 4절 이하에서 예배에 특별히 가치를 부여하고 있다. 그러나 표제대로 다윗의 시라면, 이 시는 3편처럼 압살롬의 반란과 연관지어 생각해 볼 수 있다. 즉, 3편이 압살롬의 반란이 한창일 때의 정황을 묘사한다면, 시 5편은 반란은 진압되었으나 뒤에서 다윗을 음해(陰害)하는 무리들을 겨냥한 것일지 모른다.

2. 시적 구조와 해석

　사고의 흐름에 따라 5개의 연으로 구분한다. 시인은 원수에게 압박과 부당한 고소를 당하고 있는 처지에서 하나님께 구원을 호소한다. 사실 시인이 핍박이나 부당한 고소를 당하고 있다는 직접적인 진술은 없다. 단지 시인이 원수의 악한 언어를 치는 기도를 드리는 모습에서 원수에게 부당한 취급을 당하고 있다는 점이 간접 추론된다. 시인은 원수의 악한 모습을 기술함으로 (4-6절) 하나님의 개입을 위한 동기를 제시하는지 모르기 때문이다 (N. H. Ridderbos, *Die Psalmen*, 127). 그러한 동기 제시는 하나님의 의에 호소하는 간구이며, 7절에서 시인은 악인과 자신을 대조시키면서 자신의 의로움을 은연중에 주장하고 있다.

　제1연 (1-3절): 하나님께 간구
　제2연 (4-6절): 악인은 성소에 허용되지 아니하다
　제3연 (7-8절): 악인과 달리 성소에 들어가 예배하며 인도받는 성도
　제4연 (9-10절): 악인의 정죄와 저주 기도

제5 연 (11-12절): 의인의 축복

어떤 이는 이 시의 운율이 "거의 규칙적으로" 3 + 2조의 "키나" (애가)식이라 지적하나 (William R. Taylor, "Psalms," 35), 3 + 2조는 절반에도 미치지 못한다. 나머지 운율은 4 +3조나 5 +4조로 나타난다. 한편, 시 4편과 달리 시 5편은 단어 면에서 반복이 거의 없다. "아침" (보케르)이 두 번 나타나고 (3절), "여호와"란 명칭이 다섯 번 (1, 3, 6, 8, 12절), "엘로힘"이 두 번 (2, 10절), "성실하다" (야샤르)(8절)가 두 번 나타난다. 그럼에도 동의 병행법이 주를 이룸에서 나타나듯, 병행어들이 빈번하게 나타난다 (예컨대, 집/ 성전; 7절).

표제:
다윗의 시, 영장으로 관악에 맞춘 노래 ―현악기에 연주했던 4편과 달리 이 시는 "관악기" (네힐롯)에 연주하였다. 관악기란 피리 같은 것을 지시한다. 그런데 여기 "관악에 맞춘 노래" (엘-한네힐로트)란 번역은 확실치 않다. 그래서 여러 의견이 제시되었다: 1) 질병을 (할라, 병들다) 퇴치하는 노래; 2) 벌들의 윙윙거리는 소리 같은 멜로디 (Hai Gaon); 3) 피리들 (할릴림)에 맞춘 노래 (사 30:29, 삼상 10:5, 왕상 1:40 참조) 등.

제1연 (1-3절): 부르짖음을 들으소서
1-2상: 여호와여 나의 말에 귀를 기울이사/ 나의 왕 나의 하나님이여 나의 심사를 통촉하소서 /2 나의 부르짖는 소리를 들으소서 (아마라이 하아지나 야웨/ 비나 하기기/ 하크쉬바 레콜 솨브이 말키 벨로하이)―1-2 상반절에서 의미상 세 개의 콜론으로 된 행 (tricolon)을 볼 수 있다. 여기서 우리는 점진적 강화를 볼 수 있다: 말들 (에메르)→ 신음소리 (하기그) → 부르짖는 외침 (콜 쉐바). 처음부터 기도가 간절해 지는 것은 아니다. 처음에는 입술에 붙은 말로 시작하지만, 시간을 지체하며 기다리고 기다리며 자신의 육이 꺾이는 순간 마음 깊은 곳에서 탄식과 신음이 온 몸과 마음에서 터져 나오게 되고, 나중에는 울 부르짖음으로 화하게 된다.

한편 1절 전반절에 사용된 표현은 잠 4:20에서 지혜자가 청중에게 귀담아 들으라고 요청하는 데서도 나타난다.

잠 4:20 하쇼브 (잘 듣다)/ 나타 (기울이다)
시 5:1 아잔 (귀 기울이다 listen)/ 빈 (이해하다) / 하쇼브 (기울이다 listen)
잠 4:20 다바르 (말씀)/ 에메르 (말씀)
시 5:1   에메르 (말씀)/ 하기그 (신음)/ 콜 쉐바 (외침의 소리)

이런 비교에 의하면, 시편 기자는 하나님의 주목을 요청함에서 청중 (학생들)의 주목을 요청하는 지혜자 (잠언 기자)의 입장이다. 시인이 전능자의 도우심을 요청한다면, 지혜자는 청중의 순종을 요청한다.

그런데 시인이 하나님께 귀를 기울여 달라 간구할 수 있는 근거는 그분과 갖는 그 언약관계였다. 7절에서 그런 언약관계에 근거한 하나님의 불변사랑이 언급되고 있다 (하스데카, 당신의 불변사랑). 또 한 가지 주목할 사항은 여기 세 마디의 간구들은 하나같이 어형(語形)상 "강조형" (paragogic he가 명령형에 붙었다; GKC §48i)이다. 즉 시인의 기도가 얼마나 간절하고 끈질기게 드려졌나를 표현하고 있다.

"나의 심사를 통촉하소서" - "나의 신음을 헤아려 주소서." 사용된 동사 (빈)는 "이해하다"란 의미가 기본이나, "주목하다, 고려하다" 등의 의미도 있다. 여기서는 후자이다. 고려 중인 표현 (빈 하기그)은 여기서만 나타난다.

"나의 왕, 나의 하나님이여" (2절 상반절; 시 44:4, 68:24, 74:12, 84:3) - 이 호격들은 시인과 하나님과의 관계가 어떠한지를 말해준다. 하나님은 시인에게 왕이었다. 이스라엘 백성은 애굽에서 왕정을 알았고 (요셉이 힉소스 시대에 애굽에 들어갔고 [주전 18세기], 모세의 출애굽이 주전 15세기였다면 그 당시 애굽은 툿모세 3세의 후계자 아멘호텝 2세의 18왕조였을 것이다; 이때는 소위 신(新) 왕국 시대로 애굽의 최 전성기에 해당하였다), 일련의 출애굽의 사건들을 (10재앙과 홍해 기적 등) 통한 이스라엘의 구원을 이루신 하나님은 이제 이스라엘의 왕(王)으로 통치하기 시작하셨다 (출 15:18). 홍해(紅海) 기적사건은 자기 백성을 원수에게서 결정적으로 구원한 사건으로 이것이 하나님의 자기 백성에 대한 통치 근거였다 (시 66:5-7 참조; 사사시대에 사사들이 외적에게서 민족을 구원하고 통치자로 군림한 사실을 상기해 보라). 반면, 시내산 언약 체결은 왕이신 하나님께서 자기 백성을 통치하기 위한 헌법과 법률 수여식이기도 하였다. 대왕이신 하나님께서 주신 그 법에 따라 이스라엘은 살아야 했다.

그런데 여기서처럼, 하나님을 "나의 왕, 나의 하나님이여" (시 [44:4, 47:6, 7, 74:12, 95:3], 68:24, 84:3, 145:1 참조)라고 부르짖는 것은 그에게 의로운 판결을 기대하고서 하는 행동이다 (시 2:10, 148:11, 잠 29:14, 호 7:7, 13:10 등에서 "왕들/ 재판관들" [통치자] 참조). 사 33:2에서 여호와는 나의 재판관, 우리의 율법 수여자, 우리의 왕이시니 우리를 구하시리라 한다. 이처럼 시인은 하나님께 자신의 문제를 해결해 주길 요청하고 있다.

"부르짖는 소리를 들으소서" - 유사하게 "내 기도 소리에 귀 기울이소서" (시 66:19); "내 간구의 소리에 귀 기울이소서" (시 86:6, 130:2). 사용된 동사 "콰쉬브" (경청하다)는 전치사 "레"나 "베"를 동반한다. 대개는 "레콜" (소리에, 렘 6:17, 시 5:3, 130:2, 아 8:13) 혹은 "베콜" (소리에, 시 66:19, 86:6)로 나타난다. 전치사 "엘" 이 사용되기도 한다 (엘라이, 렘 18:19). 여기서 "부르짖는 소리" (콜 쉬브이)는 연이어 부르짖어 도움을 요청하는 소리이다.

2 하반절: 내가 주께 기도하나이다 (키 엘레카 에트팔랄)— "왜냐하면 내가 당신께 (엘레

카) 기도하기 때문입니다." 시인은 알지 못하는 신에게 기도하는 것이 아니라, 그분의 성품이 알려진 하나님 (출 33:4-6), 구만리 창천에 떨어진 어떤 막연한 존재가 아니라 바로 나와 대화할 수 있는 언약의 하나님 "당신"께 구한다 (신 4:7). 그러므로 기도에 응답해 주시라고 간청할 수 있다. 그런데 사용된 동사는 "–를 위해 기도하다" (이트팔렐 [베아드/ 알]) 곧 중보(中保) 기도를 묘사할 때도 나타난다 (창 20:17, 민 11:2, 21:7, 신 9:26, 삼상 7:5, 12:19).

3절: 여호와여, 아침에 나의 소리를 들으시리니 (*야웨 보케르 티쉬마 콜리*)— "여호와여, 아침에 나의 소리를 들으소서." 아침에 기도드리는 것이 강조된다 (출 28:4, 8, 23, 왕하 3:20, 겔 46:15). 이스라엘 성도들은 하루에 세 번씩 규칙적으로 기도하였다 (시 55:17, 59:16, 88:13). 기쁨과 안전, 구원을 상징하는 빛과 (시 27:1, 44:3, 80:3, 7, 19, 사 49:6, 62:1, 행 13:47) 달리, 어둠은 혼돈 (창 1:2)과 재앙 (출 10:21, 욥 18:6, 시 107:1, 10, 143:3, 사 8:22, 9:1, 59:9, 10, 겔 30:18, 32:7, 8, 34:12 마 27:45), 심판과 환난 (사 13:9, 10, 욜 2:31, 3:15, 마 24:29), 사망 (욥 10:21, 17:13), 무지 (사 9:2, 60:2, 마 6:23, 요 3:9, 고후 4:1-6)를 상징한다면, 사방이 환히 동트는 새벽은 재앙과 심판이 물러가고 생명과 구원이 다가오는 시각이었다. 이스라엘은 "새벽에" 자기를 도우신 하나님의 기사를 체험하였기에 (출 14:24, 수 8:15, 왕하 19:35= 사 37:36, 시 46:5) "새벽에 하나님이 (다시) 도우시리로다" 라고 노래할 수 있었다. 이렇게 하나님은 현상 세계의 요소들을 자신의 행동과 적절하게 결부 지어 백성들의 마음에 강한 인상을 심으시는 방식으로 일하신다.

한편 미완료상은 1-2절의 간구형들에 뒤이은 것이므로, 명령/ 간구적 뉴앙스를 지닌 것으로 이해한다: "내 소리를 들으소서!" (Joueon, §113m; Dahood, *Psalms I,* 29-30; 대개 영역들은 "아침에 당신이 내 소리를 들으십니다" NIV, RSV, NJB)(시편 서론 §7 시편의 동사 시제 참조).

아침에 내가 주께 기도하고 (*보케르 에에로크-레카*) — "아침에 내가 [내 사정을] 당신 앞에 놓겠나이다" (NJB). 사용된 동사 "아락"은 병사들을 전투 행렬로 배열하거나 (창 14:8, 삿 20:20, 22, 23, 삼상 4:2, 17:2, 8, 21, 삼하 10:9-10), 나무 (창 22:9, 레 1:7, 왕상 18:33), 진설병 떡들 (출 40:23, 레 24:7-8), 제물을(레 1:8, 6:5) 가지런히 배열하다, 정돈하다란 의미이다 (시 5:3에서 RSV는 이 마지막 의미로 번역).

그런데 어떤 영역본들은 "내가 내 간청을 당신 앞에 놓겠나이다" (NIV), "내가 내 사정 (my case)을 당신 앞에 놓겠나이다" (NJB) 등으로 번역했다. 이런 번역은 전반절과의 사고상의 병행을 고려하는 번역이며, 시인이 현재 원수에게 무고하게 고소를 당하여 자기 사정을 아뢰고 있다는 해석이다. 5절에서 "오만한 자가 주의 목전에 '서지 못한다'"는 표현도 법정에서 무죄한 시인을 '송사(訟事)할 수 없다'는 의미로 이해한다 (욥 33:5 네가 할 수 있거든 내게 대답하고 내 앞에서 '[네 말을] 제시하고' '일어서라').

전.후반절을 함께 고려해보면, 여호와께서/ 내가, 아침에/ 아침에, 내 소리를/ (없음, 따라서 후반절에서도 기능을 함 double duty), 들으시리이다/ 배열하리다 등의 병행이 성립된다. 후반절에서 목적어가 생략되었으므로, NIV나 NJB처럼, "간청"이나 "사정"을 보충한다면 (욥 13:18 참조) 전반절의 사고와 병행되면서 좀 진전된 모습을 보일 것이다. 이 시편 전체 흐름에서 보건대, 이런 이해가 타당하다. 사용된 동사 (아락)가 욥 13:18, 23:4, 32:14, 33:5, 37:19에서 (법정에서) 자기 사정을 제시하는 것을 묘사하는 의미로도 나타난다: 내가 내 사정을 제시하였으므로, 내가 신원될 줄 아노라 (힌네-나 아락티 미쉬파트 야다티 키-아니 에체다크).

"바라리이다" (챠파, 피엘형) -이 말은 "망보다"를 의미하지만, 미 7:7에서 "기다리다" (야할)의 동의어로도 나타난다. 시인은 아침에 자기 사정을 하나님께 아뢰고 하나님께 응답을 기대하겠다고 한다 (시 130편 참조). 크라우스는 핍박과 곤란으로 위협받는 시인이 아침에 야웨께로부터 무죄방면(無罪放免)의 최종 결정을 기대한다고 이해한다 (Psalms 1-59, 155). 이스라엘에서 사법(司法)상의 선고(宣告)는 아침에 있었기 때문에 (삼하 15:2, 렘 21:12, 시 101:8), 시인은 그 전날 저녁에 성전에서 지내고 (7절), 하나님의 응답, 곧 의로운 선고를 일찍 기다렸다. 그런데 이런 응답은 민 23:1 이하에서 보듯, 환상으로 주어지기도 하였지만, 제사장의 입을 통해 하나님의 말씀이 (시 130:5) 주어지기도 하였다.

기도의 응답은 한 제목을 놓고 철야 기도나 금식 기도를 하며 매달릴 때 반드시 온다. 왜냐하면 그분은 언약 백성의 하나님으로서 응답하시기로 약속을 하셨기 때문이다 (렘 29:13, 33:3, 마 7:7, 요 15:7 등 참조). 물론 응답 받으려면 언약의 백성으로 말씀을 따라 행해야 한다.

제 2연 (4-6절): 악인은 성소에 허용되지 아니하다

여기서 하나님의 속성은 아주 현실적으로 묘사되고 있다: 1) 죄악을 기뻐하지 아니함, 2) 모든 행악자를 미워하심, 3) 거짓말하는 자를 멸하심, 4) 피 흘리기를 즐기고, 속이는 자를 가증히 여기심. 시 15편에 의하면, 율법을 준행하여 의롭다고 인정받는 자들만이 성소에 들어가는 것이 허용되었고, 시인은 성소 접근이 금지 당한 악인과 달리 자신이 성소에 들어가 예배한다고 (7절) 말하므로, 악인과 자신을 차별화 시킨다. 악인과 연관하여 하나님을 묘사하는 것은 간접 찬양이며, 악인을 치시고 자기를 신원해 주시라는 간접 기도이다.

4절: 주는 죄악을 기뻐하는 신이 아니시니/ 악이 주와 함께 유하지 못하며 —(키 로 엘-하페츠 레솨/ 앗타 로 예구르카 라) — "당신은 악 (레솨)을 기뻐하시는 하나님이 아니시라/ 악인이 당신과 같이 거할 수 없나이다." "악이 주와 같이 유하지 못한다" 라는 번역보다는 (KJV, RSV, NASB), "악인" 이 그렇지 못하다고 봄이 (NIV, NJB, NAB) 사용된 동사 (구르)에 더 잘 어울린다. 에스겔 선지자를 통하여 하나님은 자신이 악인의 죽음을 기뻐하시지 (하페츠 모트 라솨) 않고, 오히려 악인이 그 길에서 돌이켜 떠나서 사는 것을 기뻐하노라고 하셨다 (겔

18:23, 33:11). 즉, 그가 미워하시는 것은 악이지 악인이 아니다. 그럼에도 악인은 하나님의 집에서 같이 손님으로 체류 (구르, 체류하다) 할 수가 없다 (시 15편; 요일 1:6-7, 암 3:3, 계 3:20 참조). 이는 시 15:1에서 언급된 대로, 악인이 여호와의 성소에 유하며, 예배할 수 없다는 의미이다.

5절: 오만한 자가 주의 목전에 서지 못하리이다 (로-이트얏체부 홀렐림 레네게드 에-네-카)— "자랑하는 자들은 당신 두 눈앞에 서지 못하며/ 당신은 모든 악행자들을 미워하시나이다." 4절 후반절에서 제시된 "악인"의 정체가 여기서 보다 구체화된다. "야챠브" 동사는 여기 문맥에서 성소 예배하는 자리에 "참여" 할 수 없다는 의미로 사용되고 있다 (신 31:14, 수 24:1, 삼상 10:19; [욥 1:6, 2:1, 41:2]). 한편 "오만한 자들"은 주님을 무시하고 스스로를 의지하고 스스로를 높이는 자들이다.

그런데 다훗은 "자랑하는 자들"이 가나안 "이방 종교인" (우상 숭배자)들을 암시한다고 한다 (시 97:7 참조). 유가릿 문헌에서 bnt hll (외치는 딸들)이란 표현에 근거하여 그는 자랑하는 자들이 이방 신을 찬양 (자랑)하는 관례에서 일어난 표현이라 한다. 크레이기도 동일한 유가릿 문헌에 근거해서 "가나안신 앗타르 (Athtar)를 의미하는 '헬렐' [빛나는 자의 딸들" 곧 '헬렐' (Shining One)을 경배하는 자들은 하나님 앞에 설 수 없다고 말할 수 있다고 지적한다 (Psalms 1-50, 84). 여기서 자랑하는 자들이 가나안 신 숭배자들을 의미한다면, 언급된 악은 이방종교를 지시할 수 있다. 유가릿 문헌을 차지하고라도, 바로 다음 6절에서 언급되었듯이, 악이나 거짓을 말하는 자들, 피 흘리는 자, 속이는 자 등들도 "행악자"에 해당되며, 이런 맥락에서 자랑하는 자들은 하나님 외에 어떤 것을 의지하고 자랑하는 자들을 지시할 수 있다.

주는 모든 행악자를 미워하시며 (사네타 콜-포알레 아벤) — "행악자"는 불의한 자 (아발, 압제하는 통치자)와 (욥 31:3), 악인들 (안쉐-레솨, 욥 34:8; 레솨임, 시 28:3, 101:8, 141:9; 메레임, 시 64:2, 94:16), 피 흘리는 자들 (안쉐-다밈, 시 59:2)과 병행되며, 의인 (챠디크, 시 141:5, 잠 21:15), 그 길이 완전한 자 (잠 10:29) 등과 대조된다. 행악자의 구체적인 행위로는 음란 (잠 30:20), 성도를 먹는 일 (시 94:5), 살인 (호 6:8)을 들 수 있다. 이런 자들은 하나님 앞에 숨을 곳도 없고 (욥 34:22), 하나님을 찾지 아니하면서 성도를 괴롭게 하나 (시 14:4=53:4, 94:5), 성도의 기도가 응답되면 저들을 괴롭게 할 힘을 상실하고 만다 (시 6:8). 왜냐하면 행악자들은 넘어지고 다시 일어설 수 없게 되며 (시 36:12), 풀같이 왕성하게 자라다가도 금방 시들기 때문이다 (시 92:7). 이런 행악자를 하나님께서 미워하신다는 언급은 하나님의 심판이 이들에게 임하게 해달라는 간접 기도이다.

하나님은 악인과 폭력을 사랑하는 자를 미워하신다 (시 11:5, 슥 8:17). 하나님은 의를 사랑하고, 악을 미워하는 자를 귀히 여기신다 (시 45:7, 사 61:8). 그러므로 여호와를 사랑하는 자는 마땅히 악을 미워해야 한다 (시 97:10, 암 5:15, 미 3:2). 두 마음을 품는 자나 거짓을 미워하고, 하나님의 법을 사랑하는 것이 (시 119:113, 163) 하나님을 사랑하고 악을 미워하는 방식이다. 반면 하나님의 법과 지혜를 미워하는 자는 사망을 사랑하는 자이다 (잠 8:36). 여기서 시인이 이렇게 하나님의 성품을 묘사함은 자기를 핍박하는 악인들을 간접적으로 치면서 저들을 심판하시라고 간접적으로 간구하는 것과 같다 (9-10절에서 이런 의도는 보다 분명하게 드러난다).

6절: 거짓말하는 자를 멸하시리이다/ 여호와께서는 피 흘리기를 즐기고 속이는 자를 싫어하시나이다 (테아베드 도브레 카자브/ 이쉬-다밈 우미르마 예타에브 야웨)—"당신은 거짓말하는 자들을 멸하시고/ 피 흘리는 자와 기만하는 자를 가증하게 여기시나이다." 4절에서 단순히 부정적으로 진술했다면, 5절에서는 악행자들을 미워하신다고 보다 적극적으로 진술하고, 6절에서는 더 나아가 저들을 "멸하신다"고 선포한다. 이렇게 2연에서 사고의 점진적 강화가 표시되고 있다. 이뿐 아니라, 언급되는 악도 보다 구체화되고 있다. 예컨대, 4절에서는 악 (레샤, 라아)으로 언급되나 5절에서는 자랑하는 자들(홀레림), 행악자들 (포알레 아벤)로 보다 구체화되고, 6절에서는 거짓말하는 자들, 피 흘리는 자들(이쉬-다밈), 사기치는 자들(미르마)로 더 구체화된다.

"거짓말하는 자들" (시 5:6, 58:3; 삿 16:10, 13) -호세아 선지자는 이스라엘을 기소하길, 하나님은 저들을 구속하려 하나 "저희가 나를 거스려 거짓을 말하고"라 했다 (호 7:13). 여기서 하나님을 "거스려" (전치사, 알) 거짓을 말한다는 표현은 하나님에 "관하여" 거짓을 말한다고도 이해가 가능하다. 하나님에 관한 최고의 거짓말은 "그가 구원할 수 없다" (렘 14:9)고 말하는 것이다(단 3:15, 느부갓네살의 공갈; 사 36:20 산헤립의 공갈 참조). 이런 잘못된 신앙은 신학적 오류라기보다 실천적 오류이다. 이론적으로는 전능하신 하나님을 알지 모르나 실제 현장에서 눈에 보이는 강대국이나 힘 있는 자를 의지한다. 하나님에 관한 거짓말은 성심으로 하나님을 부르지 않고, 하나님을 떠나가는 일로 나타난다 (호 7:14). 습 3:13에서 "남은 자"의 특징은 "악을 행치 아니하며 거짓을 말하지 아니하며 입에 궤휼한 (사기치는) 혀가 없"다. 그런데 여기 문맥에서 "거짓말하는 자들"은 시인을 무고하게 거짓증거로 치는 자들인지 모른다. 신 19:18-20에 의하면, 어떤 증인이 위증(僞證)인으로 판명되면 그는 남에게 해를 가하려했던 그대로 벌을 당케 된다.

한편 다훗은 "거짓을 말하는 자"는 여기 문맥에서 시인이 우상숭배를 했다고 거짓되게 기소하는 자들이라 한다. 그리고 "피 흘리는 자" (이쉬-담밈)은 "우상들의 사람"으로 (아람어의 "두미아투" [형상] 참조), "사기"는 "(작은) 우상" (figurines)을 지시한다고 한다 (시 24:4, 렘 5:27, 9:5).

"피 흘리는 자" (이쉬-담밈 [피들의 사람]) -시 26:9에서 "살인자"라 번역된 말은 사실 "피들의 사람들" (안세 담밈)이다 (시 55:23에서 "피를 흘리게 하는 자들"; 59:3, 139:19, 잠 29:10에서 "피 흘리기를 즐기는 자"). 피 흘리는 자는 살인자나 마찬가지이다.

"사기" (미르마 [배반, 사기]) -앞에 있는 두 말들 "거짓을 말하는 자들," "피들의 사람" (피 흘리는 자들)에 비추어 볼 때, "사기" [미르마]라는 말도 앞에 나온 "사람" (이쉬)과 연관되어, 사기 치는 자를 지시할 것이다 (double duty). 창 27:35에서 야곱은 "사기로" (한역, "공교하게") 에서의 축복을 취하였다. 야곱의 아들들은 세겜과 그 아비 하몰에게 "사기로" (한역, 속여) 대답하였다. 그 결과는 대량 살육이었다 (창 34장). 이렇게 거짓말하는 것과 사기 치는 일은 약간 다른 뉴앙스를 풍긴다. 사기는 단순한 거짓말보다 더 나아간 행동적 거짓말이다. 이런 것들을 하나님은 가증하게 여기신다.

이런 악한 것들은 언약 조항들 곧 십계명이 금하는 바이다. 이 계명을 범하는 언약 백성은 하나님의 심판을 면할 수 없다. 시인이 이런 악행자들을 정죄하는 근거는 자신의 마음에서 우러난 독단적 규정이 아니라, 언약백성에게 주어진 시내산 언약 (출 20:1-23:33; 언약서)과 그 갱신인 모압들 언약 (신명기; 신 29:1 참조)이다. 그런데 하나님께서 가증히 여기시면 그것은 제거되어야 한다 (헤렘). 하나님께서 "헤렘"에 처하라 명하시는 것은 두 가지 이유에서이다. 1) 너무나 가증하기 때문이다. 진멸(盡滅)의 대상이다 (가나안 음란 종교자들). 2) 너무나 귀하기 때문이다. 성별되어 주님께 드려야 한다. 금은보화이다. 하나님은 피 흘리고 사기 치는 사람을 가증히 여기신다. 저들은 하나님의 심판의 대상이다.

제 3연 (7-8절): 나는 경배하리라

여기서 시인은 악행자들에게서 자신에게로 초점을 돌린다. 성소에 접근이 금지된 악인들과 달리 자기는 성소에 들어가 하나님을 예배하며 (시 118:19-20), 따라서 그분의 인도를 받는다고 확신한다.

7절: 오직 나는 주의 풍성한 인자를 힘입어 (바아니 베로브 하스데카) — 여호와는 "자비롭고 은혜롭고 노하기를 더디 하고 '인자와 진실이 많은' 하나님" 이시다 (출 34:6, 민 14:18, 사 63:7, 욜 2:13, 욘 4:2, 시 86:15, 103:8). "자비롭다, 은혜로우시다"는 형용사들은 하나님을 수식하는 데만 사용되는 말들이다. 그분의 인자하심 (언약 사랑)은 언약 백성을 구원하고, 범죄하는 백성에게 죄 용서의 긍휼을 베푸시는 것으로 나타난다 (시 106:7 애굽에서 주의 기사를 깨닫지 못하며/ 주의 많은 인자를 기억치 아니하고; 시 106:45 그 언약을 기억하시고, 그 많은 인자하심을 따라 뜻을 돌이키셨다). 시 69:13에서 시인은 "하나님이여 많은 인자와 구원의 진리로 내게 응답하소서" 라 기도하였다. 왜냐하면 "주는 선하사 사유하기를 즐기시며 주께 부르짖는 자에게 인자함이 후하" 시기 때문이다 (시 86:5). 그러므로 여기 시인이 하나님의 풍성한 인자를 힘입고 성소에 들어가 예배한다는 것은 그분의 죄 사함을 받은 확신 가운데 예배한다는 말과 같을 것이다.

주의 집에 들어가 주를 경외함으로 성전을 향하여 경배하리이다 (아보 베테카/ 에쉬타하베 엘-헤-칼-코드쉐카 베이르아테카) — "그러나 (나는 당신의 많은 인자를 의지하고) 당신 전에 들어가며/ 당신께 대한 경외심으로 당신의 성전에서 경배하리이다." 예배의 정신을 이보다 더 분명하게 표현할 수 있을까? 전.후반절의 미완료상 동사들 (*아보* [들어가다]/ *에쉬타하베* [경배하다])은 몸에 배인 예배 자세 곧, 한두 번 행한 일이 아니라 그의 생애를 특징 짓는 지속적인 예배생활의 모습을 표현한다. 시인은 성소에 머물기를 소원하며 (시 26:6-8), 성소에 들어가려면 율법의 요청을 순종해야 한다 (시 15편, 24:3-6)는 점을 알았다.

이 구절 초두의 "그러나 나는" (*바아니*)이라는 표현은 앞 구절들에 묘사된 악인과 시인 자신을 대조시키는 강력한 반의적 의미를 전달한다. 그런데한역에서 "성전을 향하여"란 "성전에서" (*엘-헤칼-카드쉬카*)라고 번역해야 한다 (NASV, REB). 전.후반절을 비교해 보면, 시인의 동작이 점진적 강화 원리로 제시되었고 있기 때문이다. 전반절에서 시인은 성전에 들어간다고 했다; 후반절에서는 그 성전에서 "넙죽 엎드려 경배한다" (*하바* [엎드려 경배하다]). 여기서 "성전을 향하여"란 번역은 왕상 8:29, 30, 35, 42, 44, 48 등에 비추어 본다면 정당화 될 수 있을지 모른다. 이런 구절들에서 언급된 바는 "성전을 향하여 '기도한다'"는 것이다. 다니엘이 '예루살렘을 향한' (*네게드 예루쉘렘*) 창문들을 열고 하루 세 번 기도하듯 (단 6:10) 예루살렘 성전을 향하여 기도함은 구약 시대의 특수성 곧 시온산을 택하시고 그곳에 자신의 '임재'를 두신 사실 때문에 나타난 현상이다. 즉, 그곳에 계신 하나님께 (하나님을 향하여) 기도한 것이다. 그렇다면 성전을 향하여 경배한다/ 엎드려 절하는 것도 그런 방식으로 이해될 수 있다 (시 138:2도 참조). 시온에 임재하신 하나님을 향하여 그분께 경배한다. 그러나 여기서는 "성전에서 경배하다"로 이해할 수도 있다 (NASB, NAB; 왕상 8:29, 30, 35 NJB, NAB; KB³ "엘" 항목 5번).

한편 여기 "주를 경외함으로"란 표현을 다훗은 "당신을 경외하는 자들 중에서"라 이해한다. 당신께 대한 경외심이란 추상 명사가 "당신을 경외하는 자들"이란 구체적 의미를 지시한다고 보는 것이다. 이 주를 경외하는 자들은 우상 숭배를 (4-6절) 범치 아니한 경건한 자들이며, 시인은 무고하게 기소를 당했으나 무죄함을 하나님께 입증 받았으므로, 성전에 들어가서 예배할 수 있었다 한다. 그런데 "경외"란 살아 계신 하나님의 임재 앞에서 피조물된 인간이 느끼는 압도적인 두려움이며, 그분 앞에서 자기 존재가 중단의 위협 하에 있다는 자각이다.

8절: 여호와여 나의 원수들을 인하여 주의 의로 나를 인도하시고 (*야웨 네헤니 베치드카테카 레마안 쇼레라이*)— "나의 원수 때문에 당신의 의로 나를 인도하소서!' (시 23:3 참조). 원수들이 자기를 둘러싸고 있으므로 조금만 발을 잘못 짚어도 올무에 걸릴 것이다. 그러므로 하나님의 의로운 처사 (*체다카*, 곧 구원)로 인도하여 주시라고 기도한다.

한편 여기 사용된 "원수"란 말 (*쇼레르*)은 어원적으로 굳이 따진다면 1) 어떤 사람에 적대적인 자, 어떤 자에 반란을 일으킨 자 2) 어떤 이를 비판하는 자, 곧 적개심을 가지고 대하는 자란 의미이다 (KB³). 이런 정의는 전통적인 이해와 약간 다르다 (BDB, "주목하는 자"

watcher). 그런데 시 27:11-12에서도 여기와 유사한 사고에서 "원수"가 언급된다:

여호와여 주의 길로 나를 가르치시고/
내 원수(쇼르라이)를 인하여 평탄한 길로 인도하소서;
내 생명을 내 대적(챠라이)의 뜻에 맡기지 마소서/
위증자(에데-쉐케르)와 악을 토하는 자가 일어나 나를 치려 함이니이다

시 27:11-12에서 원수는 곧 시인의 생명을 위협하는 자이며, 그 수단을 거짓 증거를 통해서였다. 이런 원수의 행위는 여기 시편에도 해당될 것이다.

주의 길을 내 목전에 곧게 하소서 (호쇼르 [하예쇼르] 레파나이 다르케카)— "당신의 길을 내 앞에서 곧게 하소서." 후반절의 "곧게 하다" (야샤르) 동사의 병행어는 전반절에서 "인도하다" (나하)이며, "인도하다"란 말은 내가 나를 주장치 않고 그 분이 나를 장악하여 내 걸음을 주장하는 모습을 묘사한다. 따라서 이 간구는 곧 대적의 손에 떨어져 곤고함을 당치 말게 해주시라는 기도이다. 그런데 "주의 의"나 "주의 길"은 여기서 병행어로 사용되었다. 여기서 "의" (체다카)란 하나님께서 시인에게 베푸실 응답 곧 구원을 의미할 것이다. 그리고 "주의 길"은 시 25:4, 5, 12, 27:11, 32:8, 86:11 등에서 보듯 시편에서 자주 등장하며, 이는 하나님의 말씀을 지시한다. 여기 문맥에서는 보다 구체적으로 시인이 기다리는 하나님의 응답일 것이다.

한편, "곧게 하소서" (하브쇼르, 호쇼르)는 케레 (Qere)에서 "하예쇼르"로 제안되었다 (GKC §70b). 동일하게 사역형 (히필형)이지만, 케티브는 "바른, 평평한"을 의미하는 "야쇼르" 동사를 'I-Vav' 동사로 보았다면, 케레는 'I-Yod' 동사로 취급한다.

제 4연 (9-10절): 악인을 멸하소서

다시 시인은 악인에게로 시선을 향하여 저들의 악한 모습을 묘사하고, 저들을 치는 기도를 올린다. 시인이 저들에게 위협을 당하고 있다는 증거이다.

9절: 저희 입에 신실함이 없고 (키 엔 베피후 네코나)— "신실함" (네코나, "쿤" 동사의 니팔형 여성분사)은 욥 42:7, 8에서 욥의 친구들의 "말들"이 사실에 부합되지 않는다 (로-쿤)란 의미로 나타나고 있다. 여기서도 악인들의 입, 곧 저들의 말들의 성격이 부정적으로 평가되고 있다. 이는 저들이 발하는 말들이 사실 여부인가 하는 문제이다 (신 13:15, 17:4 등에서 보고된 어떤 일 [다바르]이 사실인지 입증 [쿤]되는 경우를 비교). 그런데 "저희 입에" (베피후)는 어떤 사본들에서 "저들의 입에서" (베피헴, in their mouth)로 나타난다. 그리고 70인역, 시리아어역, 탈굼역 등도 복수형 접미 대명사로 번역되었다. 이런 외적인 증거들 외에 이 절의 병행법에 비추어 보건대, 복수형 접미 대명사가 더 적합하다. 그런데 시가서에

서 3인칭 남성복수 접미 대명사는 "에모"로 나타나므로 BHS 편집자는 "베피모"로 제안한다 (시 58:7에서 그 형태가 나타난다). 그런데 "베피헴" 형태가 오히려 시가서에서 더 빈번하게 나타난다 (시 49:14, 59:8, 78:30, 36, 135:17, 욥 16:10 등).

저희 심중이 악하며 (키르밤 하보트) — "저희 속사람 (케레브; 헬, 카르디아)이 파멸이다." 방금 앞에서는 단수로 "그의 입"이라 했다면, 여기서는 복수로 "저들의 마음"으로 나타난다. 그래서 다훗은 여기서도 "그의 복부"로 읽기를 제안한다 (멤은 전접어로 처리하고 인칭 접미어는 앞에 나온 "그의 입"에서 사용된 것이 여기서도 기능하는 일석이조 기법 double-duty으로 이해). "파멸"로 번역되는 말 (하바)은 원래 눅 16:26에서 언급된 "깊은 구렁 혹은 무저갱" (chasm; 헬, 카스마)를 의미하였다. 여기에 떨어지는 자는 영영한 파멸이다. 악인의 속사람은 이처럼 타인을 파멸시키는 무서운 지옥과 같다. 이는 시 38:13 (시인의 생명을 찾는 자들이 "파멸"을 말하고), 시 52:4 (악인의 혀가 의인의 파멸을 궁리한다)에 비추어 보건대. 악인의 속사람이 의인을 파멸시키고자 악한 궁리를 해내는 장소임을 의미한다.

저희 목구멍은 열린 무덤 같고 (케베르-파투아흐 게로남) — "'저들의' 목구멍" (가론; 의성어 onomatopoeic)은 방금 앞에서 단수에서 복수로의 전환되면서 강조를 받는다. 이런 수의 전환은 시 7:1-2, 17:11-12, 35:7-8, 55:19-20, 109:4-5 등에서도 발견된다. 속사람이 궁리하는 파멸을 발설(發說)해 내는 목구멍이 마치 열린 무덤처럼 사람을 삼킨다. 렘 5:16에서 이스라엘을 치러 올 원방 나라 군사들의 전통 (箭筒)은 열린 무덤 (묘실)이라 했다. 화살촉들이 꽂혀 있는 화살 통이 열린 무덤과 같다. 그런데 팔레스틴 같이 년 중 강우량이 600-300 밀리미터 내외인 무더운 지역에서 무덤이 열린다면, 썩은 시체의 악취가 코를 진동할 것이다. 악인의 목구멍에서 사람을 집어삼키는 말이 얼마나 악한지 형상화되고 있다 (롬 3:13). 반면 겔 37:13, 마 27:53 등에서는 무덤이 열리고 의인이 부활하는 모습이 그려진다.

저희 혀로는 아첨하나이다 (레쇼남 야할리쿤)— 잠 26:28에서 "거짓말하는 혀는 그것이 상케 하는 것들을 미워하고/ 아첨하는 입은 파멸을 야기 한다" 하였다. 아첨하는 자들은 남을 허물고 해롭게 한다. 아첨꾼들은 바른 소리를 하지 않고 상관(上官)이 듣기에 좋은 말만 골라하고 뒤에서는 험담한다. 이런 자들은 하나님만이 다루실 수 있다. 그런데 "아첨하다" (야할리쿤, 할라크)로 번역된 동사는 전통적으로 "아첨하다"로 이해되었다. 그러나 다훗 (Dahood)은 유가릿어에 근거해서 "사망을 가져오다"로 추정한다. 다훗의 제안은 병행절에 비추어 보건대 타당성이 있다 (열린 무덤/ 죽음을 가져오다). KB³은 이 구절의 용례는 "아첨하다"로 이해하지만, 애 4:16의 경우에는 두 가지 의미를 저울질하고 있다: 할라크 II. "흩다" (한역, 대개 영역본들); 할라크 III. "멸절 시키다" (피엘형; NJB).

10절: 하나님이여 저희를 정죄하사 (하아쉬멤 엘로힘)—시인은 앞에서 악인의 가증한 면을 묘사한 후 여기서 저희를 하나님께서 정죄해 (아; 헬, 크리노) 주시라 간구한다. 하나님께서 심판장으로서 저들을 죄인으로 선고하시어 처벌하셔야 한다. 하늘 법정에서 이렇게 선고되면 땅에서 악인들은 자기들의 꾀 (모에챠)에 빠지고, 저들의 많은 허물 때문에 (베로브 피쉬에헴) 쫓겨남 (하나님 앞에서; 그리고 자기의 직책에서)을 당할 것이다.

그런데 "정죄하다" (아샴 [죄책이 있다], 히필형)란 "저들로 죄 있다 고 선포하소서" (NIV, NAB); "저들로 죄를 담당케 하소서" (RSV, NASB, NJB) 등으로 이해되고 있으나, KJV, 다훗, 크레이기, REB는 "멸망시키다"로 이해한다. 병행절에 비추어 볼 때 그런 제안이 타당성이 있다. 다훗은 "멸명하다"란 의미를 지니는 *shm* 동사가 히브리어에 존재한다는 증거는 시 34:22, 23, 사 24:6, 렘 2:3, 겔 6:6, 호 5:15, 14:1, 욜 1:18, 잠 30:10 등이라 한다. 그리고 겔 6:6에서 "베에예쉐무"를 "그리고 저들이 망할 것이라" (*et interibunt*)라 번역했고, 욜 1:18에서 "네에쇠무"를 "저들이 망했다" (*disperierunt*)라 번역했다 (NAB). 호 14:1 (영역 13:16)에서 "칼에 넘어지다" (바헤레브 입폴루)와 "테" ("그녀가 망하리라"; 그러나 대개 영역본들은 "그녀가 자기 죄를 담당하리라")은 서로 병행을 이룬다. 한편 얼핏 보기에 악담을 원수에게 퍼붓는 모습은 원수를 위해 기도하고 사랑하라 (마 5:44, 눅 6:35) 혹은 형제가 죄를 범할 때 일흔 번씩 일곱 번이라도 용서하라 (마 18:22)는 주님의 모습과는 영 거리가 있어 보인다. 이 점에 대하여는 시편 서론에서 §10.3 "저주 시편들" 참조.

자기 꾀에 빠지게 하시고 (입펠루 밈모아쵸테헴) — "자기들의 꾀가 자신들의 몰락이 되게 하소서" (NIV); "자신들의 꾀에 자기들이 넘어지게 하소서" (RSV).

그 많은 허물로 인하여 저희를 쫓아내소서 (베로브 피쉬예헴 핫디헤모) — 여기서 "허물" (*페샤*)는 합법적 주권에 대한 반역 행위를 원래 묘사한다 (왕상 12:19, 왕하 1:1, 3:5, 7 등 참조). 그리고 사용된 동사 (*나다흐*)는 "추방하다, 흩어 버리다, 몰아내다"를 의미하니, 이런 처벌은 여러 방식으로 실현될 것이다: 포로로 잡혀감, 패배로 뿔뿔이 흩어짐, 하나님 앞에서 쫓겨나서 직책을 상실 (제사장) 등. 경건한 자에 대한 악행은 이렇게 "허물" 혹은 "반역죄"로 간주되고 있다. 교회, 성도에 대한 핍박이 주께 대한 반역이다 (행 9:4 참조).

저희가 주를 배역함이니이다 (키 마루-바크) — "저들이 당신을 반역하였기 때문입니다." 말씀에 대한 불순종이 곧 그분에 대한 반역 행위이다 (민 27:14, 신 9:23, 삼상 12:14, 느 9:26). 광야의 이스라엘이 언약의 하나님을 대하여 불평, 원망을 터뜨린 행동들은 언약 대왕에 대한 봉신의 반역 행위였다 (출 16:7, 민 11:1, 14:29, 17:5, 21:5 등). 종주 대왕에 대한 불평, 원망은 곧 반역 행위로 간주되었기 때문이다. 여기서는 성도를 무고히 기소하거나 핍박하는 행위가 곧 주를 대적하는 행위로 간주되고 있다.

제 5연 (11-12절): 의인의 축복

무고하게 기소를 당하고 핍박을 당했으나 하나님께 긍휼을 입고 성전에 들어가 예배하며 응답을 체험한 시인은 이제 의인들에게 함께 기뻐하자고 요청한다. 그리고 여러 시편들에서 나타나는 바이지만 (시 3:8, 25:22, 28:9, 31:23-24, 32:11 등), 처음에는 개인적으로 간구하던 시인이 말미에서 자기가 속한 공동체의 안녕을 기원하며 마무리 짓는다.

11절: 주에게 피하는 자는 다 기뻐하며 (베이쉬메후 콜-호세 바크) — 이런 자들은 시인과 같이 무고하게 고소를 당하거나 어려운 일을 당할 때 하나님을 피난처로 삼는 "의인"이다 (시 64:1). 의인은 여호와로 인하여 즐거워하며 그에게서 기쁨을 찾는다 (시 16:11). 하나님이 의인의 기업이자 (시 16:5) 기쁨이며 소망이며 전부이다 (시 17:15, 73:25).

주의 보호로 인하여 영영히 외치며 주의 이름을 사랑하는 자들은 주를 즐거워하리이다 (레올람 예란네누 베타세크 알레모/ 베얄레츄 베카 오하베 쉐메카)— "당신께서 저들을 보호하심으로 저들로 영영히 기뻐 외치게 하소서!/ 당신의 이름을 사랑하는 자들로 당신을 인하여 즐거워하게 하소서!" (ever jubilant as You shelter them; and let those who love Your name exult in You, TNK). 그러나 대개는 "당신의 이름을 사랑하는 자들로 당신을 인하여 즐거워하도록 저들을 보호하소서"라고 번역한다 (NASV, NIV, NRSV등). 10절에서 간구형과 단축형이 나타났으므로, 여기서도 단축형 (간접명령)으로 취할 수 있다.

시인은 악인들이 의인을 해코자 꾀하는 궁리가 성공할 수 없다는 것을 확신하고 오히려 악인의 패망을 전제하고 의인들에게 즐거워하라고 요청한다. 이는 다음과 같은 경구에 비추어 보면 이해가 된다: 의인이 형통하면 성읍이 즐거워하고 악인이 패망하면 기뻐 외치느니라 (잠 11:10); 의인이 많아지면 백성이 즐거워하고 악인이 권세를 잡으면 백성이 탄식하느니라(잠 29:2). 여기서 주께 피하는 자는 바로 시인 자신과 같이 무고하게 고소를 당할 때 주를 피난처로 삼는 자이다. 그런 의인들은 경건한 자가 잘 될 때 마땅히 기뻐할 것이다 (롬 12:15).

"주의 보호로 인하여"-사용된 동사 (사카크)는 주로 언약궤 뚜껑 (속죄소)를 그룹 천사들이 날개를 펴서 내리 '덮는' 모습을 묘사할 때 나타난다 (출 25:20, 37:9, 왕상 8:7, 대상 28:18). 그룹 천사들이 하나님의 면전에서 날개를 펴고 보호하듯, 아니면 새가 깃으로 덮듯이 (시 91:4; 피난처를 구하다 + 보호하다 란 단어 조합은 시 5:11, 91:4에서만 나타난다) 하나님은 자기 성도들을 그처럼 보호하신다 (12절 참조).

"주의 이름을 사랑하는 자들" - (시 119:132). 이름을 사랑한다는 것은 그 사람 자체를 사랑한다는 의미이다. 이름은 그 사람 자체이기 때문이다. 이것과 유사한 표현 중에 "이름을 안다" (야다 [베]쉠)는 표현이 있다. 이는 아주 친밀한 언약 관계를 지시한다 (출 33:12, 17, 왕상 8:43, 시 9:10, 83:19). 주의 이름을 아는 것은 곧 주의 이름을 부르는 모습으로 나타난다 (시 79:6). 시 91:14에서 "사랑하는 것" (하솨크)과 "그 이름을 아는 것"이 병행으로 나타난다. 사랑은 친밀하게 앎에 근거한다. 한편, 구약에서 하나님의 이름을 계시함은 곧 그분의 속성을 드러내심이다 (출 34:6-7, 3:14). 그렇다면 이름을 사랑한다 라는 것은 그분이 드러내신 그 거룩하심, 의, 자비, 긍휼, 은총 등을 체험한다는 의미나 마찬가지이다.

"주를 즐거워하리이다" (베얄레추 베카) - 한나는 기도 응답 후에 내 마음이 여호와를 즐거워하나이다 (삼상 2:1)라 노래하였다. 들판도 즐거워하고 숲의 나무도 여호와 앞에서 기뻐 노래한다 (대상 16:32-33). 시인은 기뻐하고 주를 즐거워하며 그 이름을 노래한다 (시 9:2-3, 68:3-4). 이렇게 의인들이 하나님을 기뻐하고 즐거워하며, 기뻐 소리치며, 찬양하는 것을 묘사하는 동사들은 같은 의미 집단에 속한다.

12절: 여호와여 주는 의인에게 복을 주시고 (키-앗타 테바레크 챠디크)— "여호와여, 의인을 축복하는 자는 바로 당신입니다" (NJB). "당신"이 강조되어 문장 초두에 위치하고 있다. 주께 피하는 자들, 주로 인하여 기뻐하는 자들, 주의 이름을 사랑하는 자들이 여기서 "의인"으로 지칭된다. 이런 자들은 영과 맘이 은혜로 충만케 되어 (후반절) 삶에 활력이 넘치고 하나님의 축복이 절로 임한다. 여기서 "복을 주다" (바렉, 피엘)란 하나님께서 인간 (창 1:28), 동물 (1:22), 일곱째 날 (창 2:3, 출 20:11), 들판 (창 27:27), 빵과 물 (출 23:25), 손으로 하는 일들 (신 28:12), 양식 (시 132:15) 등에 특별한 권능을 부여하다란 의미라고 KB³가 정의한다. 이 정의를 따른다면, "특별한 권능"이란 무엇일까? 그것은 창조시의 그 완전함으로 복귀됨인가? 즉, 창조시에 사람은 영생하도록 지음을 받았고 지혜가 충만한 왕적, 제사장적, 선지자적 존재로 지음을 받았다. 축복을 받으면 이 모든 잠재성이 활성화되는 것이다.

방패로 함 같이 은혜로 저를 호위하시리이다 (카친나 라 타테렌누) — "방패로 함같이 당신은 은총으로 그를 두르시리이다." 여기서 "큰 방패"는 골리앗이 자기 병기 드는 자 (호위병)에게 들린 그 방패에서 보듯, 마겐보다 큰 방패이며, 앞과 좌우를 막을 수 있다. 그런데 사용된 동사 (둘러싸다, 아타르)가 "호위"의 개념을 가진 것이 아니다. 오히려 전반절에 비추어 보건대, "은총" (=축복)으로 둘러싼다, 곧 범사에 축복을 주신다는 (창 24:1) 사고이다 (시 65:11, 103:4; 신 33:23에서 은혜/ 축복). 하나님의 은총이 축복을 가져온다. 한편 "그를 두르시리이다" (타-테렌누, 아타르 [두르다 surround])에서, "그"는 전반절의 "의인"을 받는다. 어떤 영역본은 "그들"이라 번역한다 (NIV, NJB). 이는 "의인"을 집합명사로 취하고 "그"도 이에 비추어 복수형으로 번역한 것이다.

시편의 적용

나의 왕, 나의 하나님! (2절)

예수 그리스도를 믿을 때 우리는 하나님과 언약 관계에 들어선다. 곧 그분이 내 하나님이 되시고, 나는 그분의 백성이 된다. 언약관계는 법적 관계이다. 결혼 관계와도 같다 (겔 16:8, 호 2:2, 19-20). 남편과 아내라는 법적인 관계에 있는 두 남녀는 계약관계를 파기할 수 있는 행위를 하지 말아야 한다. 사실 법적인 관계란 부차적이고 파생적인 울타리이고, 그 이전에 두 사람을 묶어 매는 끈은 '사랑'이다. 사랑이 없는 결혼관계가 아무리 법적인 근거 위에 있다한들 어떤 의미가 있을 것인가? 그럼에도 법적으로 남편과 아내는 묶여있어 그 관계를 깨는 행동은 금물(禁物)이다. 하나님과의 언약관계도 그렇다. 그 언약은 법적 구속을 받는다. 그 법은 하나님의 말씀이다. 협의적으로 말하자면, 십계명이다.

우리가 기도할 때 알지 못하는 신에게 부르짖는 것이 아니다. 우리와 언약하신 우리의 왕, 우리의 하나님께 부르짖는다. 사실 "나의 왕," "나의 하나님"이다. 그분과 나와의 개인적 관계에 근거해서 기도한다. 이 하늘의 왕은 이 세상 어떤 왕과 견줄 수 없이 탁월하신 분이다. 영원히 견고한 보좌에 앉으신 우리 왕은 지금 성도들에게 '내 보좌 앞으로 직접 나아오'라고 요청한다. 그러나 많은 사람들이 그분의 비서실에 들어가 기웃거리다가 그냥 물러나곤 한다. 그분이 앉아 계신 보좌 앞으로 직접 예수 그리스도를 의지하여 나가라.

새벽 기도회 (3절)

이 시간에 하나님의 은혜를 받은 자는 그 날을 이길 수 있다. 아침은 찬양과 (시 59:16), 기도를 (시 88:13) 드릴 뿐 아니라, 하나님은 아침에 응답을 갖고 우리를 찾아 오신다 (시 143:8, 왕하 3:20). 구약 시대 성소에서는 아침 저녁으로 매일 제사 (상번제)를 드렸다. 이는 일년 된 양을 제단에서 태우는 번제로 동이 트자마자 한 마리를, 또 한 마리는 오후 3시 반경에 드렸다 (단 9:21). 이런 상번제는 안식일이나 다른 절기시에도 계속되었다. 구약 성도들은 이런 아침 상번제 시간에 성소에서 예배를 드리며 찬양과 기도를 드렸을 것이다.

오늘날 새벽 기도회는 한국 교회의 아름다운 전통이 되었다. 그런데 새벽 기도회는 (다른 예배도 그러하지만) 자칫 졸음 중에 끝날 위험이 있다. 그러므로 '성공적인' 새벽 기도를 이해서는 몇 가지 선행되어야 할 사항이 있다.

1) 저녁 식사는 가급적 적은 양을 취할 것;
2) 적어도 10시 이전에는 잠자리에 들 것;
3) 찬송 성경은 미리 준비해 놓을 것;
4) 기도회 인도자는 일주일 분량의 새벽 기도회 설교를 미리 준비해 놓을 것

등이다. 여기에 더하여 '더' 성공적인 새벽 기도회를 드리고자 한다면, 목회자나 소명을 받은 자들이 철야 기도를 드리고 나서 새벽 기도회만 참석하는 일반성도들과 같이 예배를 드리는 것이다. 꾸준히 이렇게 기도하고 예배드린다면 성도의 신앙은 견고히 다져질 것이 불문가지(不問可知)이다.

주는 죄악을 기뻐하는 신이 아니시니/ 악이 주와 함께 유하지 못하며 (4절)

주후 2세기 어간에 시노페 출신 말씨온 (헬, 마르키온)이란 자는 자기 부친이 기독교의 감독이었음에도, 자신은 교회에 다니면서도 헬라 스토아 철학에 심취하여 자기 부친에게 이단시되어 출교(黜教) 당하였다. 그는 기독교에 들어가기를 소망했으나 허용되지 않다가 로마에 가서 "영지주의"에 접하게 되었다. 어떤 견해에 의하면, 그는 교회에 출석이 허용이

되었으나 사색적 사고와 자주 노출된 이단적 사고 때문에 영구히 출교(黜敎)를 받았다 한다. 그는 자기 제자들과 교회에 다시 들어가고자 했으나 승낙을 받지 못하고 죽고 말았다.

말씨온이 가졌던 가장 이단적인 사고는 구약의 창조주 하나님과 기독교의 하나님이 서로 다르며, 율법과 복음이 서로 조화될 수 없는 별개의 실체라는 것이었다. 그는 구약에서 그리스도의 복음에 나타난 사랑과 관용을 찾을 수 없었기에 이런 결론에 도달했다고 한다. 그래서 그는 구약의 창조주 하나님을 "악의 창시자" (malorum factorem), 곧 고난의 창시자라 불렀다. 그에 의하면, 구약 시대는 창조주의 통치 시대이며 그는 유대인을 택하여 자기의 특별한 백성으로 삼았고 저들에게 메시아를 약속했으나 그리스도는 이 메시아가 아니며, 보이지 않는 선한 신의 아들이다. 그리스도는 얼핏 보기에는 사람의 형상은 입었으나 환영(幻影)에 불과하였고 구약 창조주의 통치를 타도하고 영혼을 해방시키고자 왔다 한다.

이런 사고가 실로 말씨온의 것이었다면 (말씨온의 책은 다 도말시켰기에 타인의 진술로만 그의 견해가 전해진다), 그는 기독교의 원수였다고 아니할 수 없다. 구약의 하나님은 왜 그렇게 악의에 찬 모습으로 이해되었을까? 가나안 족속을 남녀노소(男女老少) 무론하고 칼날에 붙여 죽이게 하고, 진노하시어 배교자들을 산채로 음부에 내리게 하시고, 소돔 고모라 같은 도성을 불바다로 만들어 버리며, 범죄하는 인류를 홍수로 쓸어버리는 모습들이 그에게는 아주 잔인하고 무자비하며, 변덕스러운 악한 신으로 이해되었는지 모른다. 반면 신약의 그리스도는 원수까지 용서하고 사랑하는 자로 각인되었을 것이다. 그러나 이런 신구약 간의 사상적 대조는 전연 합당치 않다.

구약에 제시된 하나님은 죄악을 기뻐하는 신이 아니시며, 악이 그와 함께 거할 수 없는 분이시다. 신약에도 동일하게 하나님은 죄인에 대하여 진노하시고 (롬 1:18), 최종 심판을 기다리시는 분이시다 (벧후 3:7, 계 20:12). 그리스도의 십자가를 사랑의 표현일 뿐 아니라, 동시에 죄에 대한 그분의 진노가 가장 극명하게 드러난 곳, 곧 공의의 표현으로 이해해야 한다. 구약에서 하나님의 심판과 사랑은 무수한 짐승 제물들이 죄인들을 대신하여 죽임을 당해야 했던 구약 제사들에서 나타난다.

신약에 비해, 구약에서 하나님의 심판이 부각되는 듯이 보이는 이유는 구약에서 여호수아서나 사사기, 열왕기서 등에서 신약보다 진전된 교회의 성장과 정착 시대를 볼 수 있기 때문일 수 있다. 신약성경 중에서 교회의 역사를 기록한 책은 사도행전 밖에 없다. 사도행전은 사도 바울이 소아시아 지방에서 복음을 전하고 로마에 도착하는 것으로 끝난다. 따라서 교회의 생성기에서 신약의 교회 묘사는 끝나고 말았다. 이런 이유로 우리는 신약 교회의 좀 더 제도화된 모습이나 신약 교회들에서 나타나는 하나님의 심판을 듣기 어렵다. 여호수아서는 가나안 정복을 다룬다는 점에서 신약에서 복음 전파에 의한 교회 개척에 해당될 것이다. 신약시대에는 칼에 의한 정복이 아니라 복음에 의한 정복이다. 그래서 여호수아서에서 보듯 그런 피비린내는 전쟁에 의한 살육은 없을지 몰라도, 복음 증거는 구원과 심판의 양면적 기능을 동시에 수행한다. 믿고 세례를 받는 자는 구원받지만, 믿지 않는 자는 "정죄"를 당하기 때문이다. 정죄(定罪)는 심판이며, 결국 지옥행 심판 선고나 같다. 이렇게 신구약을 우리는 보다 균형된 시각에서 조망해야 한다.

거짓말하는 자 (6절)
말씀을 가감하는 일은 거짓말하는 자이다 (잠 30:5-6). 오늘날 신학(神學)이라는 이름하에 얼마나 많은 사람들이 순전한 하나님의 말씀을 가감하려 덤비는가? 저들은 하나님의 말씀을 믿음으로 고려하는 것이 아니라, 불 신앙적인 이성(理性)으로 비평한다. 이것이 거짓말하는 행동이다. 이런 자들은 하나님이 멸하실 것이다. 말씀을 경외하지 않고 불 신앙적으로 비평하는 자들이 득세하는 나라마다 재앙을 당했다. 말씀은 계시(啓示)이므로 (시 19:7-10) 정확하게 분별하여 선포되어야 하고 (딤후 2:15), 기도 가운데 경외하는 자세로 연구되어야 한다.

광주에 사는 어떤 청년이 신신학을 가르치는 신학교(神學校)에 들어갔다. 그 장모(丈母)에게 사위가 들어간 신학교는 신신학을 가르치는 곳이라 주지시키고, 신신학이란 말씀을 믿지 않고 신화(神話)나 옛날이야기로 간주하고 공부하는 것이라 설명하니, "어디 신학교에서 그리할까 보냐?" 고 했다. "신학교에서 어떻게 성경을 믿지 않고 신화 정도로 가르칠 수 있겠는가?" 라고 일반 성도들은 생각할지 몰라도, 그것은 엄연히 현실이다.

주의 풍성한 인자 (7절)
하나님의 많은 인자를 이해하기 쉽지 않다. 왜냐하면 그분은 보이지 않고 그분의 많은 인자는 추상적인 개념이기 때문이다. 음녀 고멜과 결혼한 호세아 (호 2장)를 보면 하나님의 많은 인자가 무엇인지 금방 이해된다. 고멜은 남편을 버리고 외간(外間)남자와 바람을 피운다. 호세아는 쓰린 가슴을 어루만지면서도 집나간 고멜을 얼러서 데리고 와서 사랑하며 산다. 이것이 많은 인자(仁慈)이다. 결혼 언약한 상대가 비록 자기를 배신함에도 불구하고 그 맺어진 언약에 근거하여 끝까지 상대를 사랑함이다. 그 풍성하신 인자 때문에 하나님은 배교한 백성을 징계하시나 버리지 않으시고 다시 긍휼히 여기사 자기에게로 돌아오게 하신다 (애 3:31-32 참조).

열린 무덤 (9절)
구약에서 "무덤" 을 지시하는 단어는 1) 케베르 (묘실) 2) 스올 (음부 혹은 무덤) 3) 솨하트 (구덩이) 등이다. 일반인의 무덤은 성벽에서 최소한 46 미터 이상 떨어진 성 밖 들판 같은 곳 (눅 7:12, 요 11:30)에 위치했고, 오직 왕들이나 선지자들만은 예외로 성내(城內)에 묻힐 수 있었다 (왕상 2:10, 16:6, 삼상 25:1). 일반적으로 무덤은 동산에 땅을 파서 만든 구덩이거나 동굴이었다 (창 23:17, 35:8, 삼상 31:13). 이스라엘 현장에 가보니, 묘실 벽에는 아름다운 장식을 그려놓기도 했고, 석회석이라 굴을 파기가 쉬워 보이고, 아주 멋지게 만들어 놓았다. 승냥이 같은 야수에게서 보호하기 위해 무덤에는 문을 달거나 돌로 막았다 (마 27:60).

우기(雨期)가 지나는 시기 (3월 정도)에는 유월절 순례자들이 잘못 접촉하여 의식상의 부정(不淨)을 입지 못하도록 새롭게 회(灰)를 칠하여 (마 23:27) 경고하였다. 지하 묘실은 지하를 계단을 통해 내려가거나 수평으로 들어가도록 건조되고, 측벽에는 약 2 미터 길이의 작은 방들이 있어 그곳에 시체를 놓는다.

입을 벌린 무덤은 사람을 집어삼킨다. 악인의 목구멍이 그러하다. 악인의 속은 파괴시킬 궁리를 해낸다. 예수님이나 (마 26:60), 스데반 (행 6:13), 다윗 (삼상 22:9, 시 52:1), 다니엘 (단 6장) 등은 하나같이 무고하게 거짓 증인들의 고소를 받아 고통과 죽음을 당하였다. 거짓 증인은 둘이서 합의만 하면 사람의 생명을 죽일 수도 있었으니 (신 17:7, 왕상 21:13) "열린 무덤"이 아니고 무엇인가?

시 6편 주의 진노로 나를 징계하지 마소서

I. 전체구조에서의 위치, 시의 유형과 삶의 자리

이 시는 초대 교회에서 시 32, 38, 51, 102, 130, 143편 등과 함께 일곱 "참회시"로(Psalmi paenitentiales) 간주되었다. 이런 시편들을 초대 교인들은 죄를 참회하면서 사순절 (Lent) 첫날 소위 "재의 수요일"에 낭독하였다. 그렇지만 이 시가 과연 참회의 시인가? 하는 것은 고려해 볼 문제이다. 시인은 하나님의 징계를 받아 곤고한 중에 구원을 요청한다. 그렇지만 죄를 회개하거나 고백하는 언급은 나타나지 않는다. 그래서 양식 비평가들은 이 시를 개인 탄식시로 분류한다. 그런데 델리취는 1절 - 시 38:1; 2절 -시 41:4; 4절 -시 109:26; 5절 -시 30:10; 6절 -시 69:4; 7절 -시 31:10; 10절 -시 35:4, 26 등을 비교해 볼 때, 이것이 다윗의 참회하는 기도로 볼만하다 하였다. 그런데 1절과 시 38:2, 렘 10:24; 2, 4절과 렘 17:14; 6절과 렘 45:3 등을 비교해 보면, 예레미야가 이 시편을 반영한다는 것이 드러난다. 또한 델리취는 이 시에 표현된 당혹하고 낙담한 모습으로 보건대, 다윗의 글일 수 없다는 비평에 대하여, 다윗은 삼하 1:12, 3:32, 12:21, 15:30, 19:1 등에 의하면, 울며 금식하기도 하였던 것으로 나타나므로 그런 주장은 근거 없다고 하였다. 이런 델리취의 주장은 표제대로 이 시가 다윗의 것임을 변증하는 것이다. 우리는 표제대로 다윗이 고난당할 때 지은 시라 여긴다.

리델보스가 지적하는 대로 (Die Psalmen, 129) "이 시는 탄식에서 환희로 급작스레 전환하는 가장 인상적인 예들 중의 하나이다." 탄원과 탄식이 지배하는 첫 부분 (1, 2연)과 환희가 지배하는 둘째 부분 (3연) 사이에는 이런 분위기상의 차이만 아니라, 첫 부분에서는 원수가 단지 한번 '내 모든 대적' (7절)이라고만 언급된 반면, 둘째 부분에서는 "행악하는 너희" (8절), "내 모든 원수가 부끄러움을 당하고 …" (10절) 등에서 보듯 보다 상세하게 묘사되고 있다.

그런데 1, 2연과 3연의 분위기가 판이하게 다르다는 사실 때문에 비평가들은 이 시가 원래 하나가 아니라 둘이 아닌가 의심하기도 한다. 그래서 이런 긴장 관계에 대하여 여러 가지 설명이 있어왔다. 어떤 이는 1-7절은 원래 시편으로 저자가 심한 고난 중에 작시한 것이며, 그 나머지는 동일 저자가 원수와의 경험을 겪은 후에 첨가했다 한다. 또 크레이기는 이 시를 "질병의 시"라 부르고 (Psalms 1-50, 91), 급전한 분위기는 하나님의 구원 신탁을 들은 후에, 담대히 원수들을 물리쳐 버리는 때문에 야기되었다 한다. 또 어떤 이들은 육체적 고난에 대한 묘사는 버림받은 고통을 표현하는 은유적 표현일 뿐이라 생각한다. 리델보스는 첫 부분의 마지막에 (8절 마지막) "내 대적들" (쇼르아이)이 언급되었고, 둘째 부분이 (8-10절) 그들에게 초점을 맞춘다는 점으로 미루어 본다면, 이 시의 통일성을 의심할 수 없다고 지적한다.

2. 시적 구조와 해석

이 시는 3, 8절을 제하면 모두가 동의 병행법의 이중-콜론 (bi-colon) 행으로 되었다. 3, 8절은 합성 병행법을 보여준다. 1절은 형식상으로 전.후반절이 구문 병행법을 보여 준다: 전반절의 호격 (여호와여!)은 후반절에도 해당된다 (일석이조一石二鳥 기법 double duty). 부정 명령법 (알 + 미완료상)이 전.후반절에서 나타나고 있다.

이 시의 연 구분은 두 부류로 대별될 수 있다. 한 구분에 의하면, 제1연은 1-3절, 제2연은 4-5절, 제3연은 6-7절, 제4연은 8-10절이다. 반면, 다른 구분에 의하면, 제1연은 1-5절, 제2연은 6-7절, 제3연은 8-10절이다. 즉, 1-5절을 하나의 연으로 보는가? 아니면, 이를 둘로 나누어 두 연으로 보는가? 하는 것이다.

형식상으로 보건대, 1절은 부정 명령형 (알 + 미완료상), 2절은 명령형, 3절은 직설법과 의문문, 4절은 명령법, 5절은 직설법과 의문문 등으로 구성되었다. 그런데 3절의 직설법은 2절과 긴밀하게 연결되었다. 왜냐하면 2절에서 사용된 "바할" 동사가 3절에서도 나타나고 있기 때문이다. 따라서 1-3절은 한 단위로 묶을 수 있다. 그리고 5절의 직설법은 4절과 긴밀하게 연결된다. 왜냐하면 5절은 "키"라는 접속사 (왜냐하면)로 4절에 부속되는 절로 연결되었기 때문이다. 이렇게 보면, 4-5절은 한 단위로 묶을 수 있다.

그렇다면, 1-3절과 4-5절은 서로 어떤 관계에 있는가? 하나의 연으로 묶어야 하는가? 아니면 별개의 연으로 보아야 할 것인가? 우리는 하나로 묶어야 한다고 본다. 3절에서 "네페쉬"가 심한 곤경에 처해있고, 4절에서 그 "네페쉬"를 구원해 달라고 호소한다. 그렇다면 3절과 4절은 절단될 수 없도록 연결되어있다. 크게 보면, 1-3절과 4-5절은 한 연으로 묶여있다는 말이 된다. 따라서 1-5절은 시인이 하나님의 징계를 인하여 영육이 곤경에 처한 상태에서 구원 (치유)을 호소하는 간구의 탄식이라 할 수 있다.

5절의 위치에 대하여 좀 더 고려해 본다면, 리델보스는 1-4절은 기도로, 5절은 6-7절과 같이 탄식의 일부로 간주한다 (Ibid., 130). 4절 마지막에서 "당신의 인자하심을 인하여 나를 구원 하소서" 라고 부르짖었다면, 당신의 인자하심이 찬양되도록 나를 구원 하소서 라고 이해가 된다. 그리고 5절의 선언은 시인이 만약 환난에서 건짐을 받으면 그는 성소에 가서, 여호와의 인자하심을 찬양할 것이지만, 만약 건짐을 받지 못한다면, 그는 찬양하지 못할 것이라 함과 같다. 따라서 4-5절은 사고상으로 긴밀히 연결된다. 그런데 리델보스는 5절에서 시인은 자신이 이미 스올에 있는 양 느끼면서 말하고 있다고 보고 (시 9:14, 18:5-6, 16-17, 22:16, 30:4, 116:3 등), 따라서 5절은 탄식이라고 간주한다. 그러나 5절 초두에 접속사 (키)가 있어 4절의 이유를 도입한다는 점은 이런 견해를 반박해 준다.

제2연 (6-7절)은 자신의 고통을 직설법으로 묘사하고 있다. 제3연 (8-10절)에 들어가면 분위기가 급전하여 원수들에게 "떠나라"고 명령한다. 주께서 시인의 탄원소리를 들으셨기 때문이다. 그래서 시인은 모든 원수들이 수치를 당하고 곤경에 처해질 것 (자기는 구원받고)을 확신적으로 예고한다.

제1연 (1-5절): 나를 주의 노로 징계치 마소서

1절: 여호와여 주의 분으로 나를 견책하지 마옵시며 (야웨 알-베압페카 토키헤니)/ 주의 진노로 나를 징계하지 마옵소서 (베알-바하마트카 테얏세레니)— 시인은 자신이 하나님께 징계를 받고 있다고 실토하고 있다. 회개한다는 표현은 없지만, 자신의 질병이 하나님의 진노에 의한 징계 때문이라 본다.

전반절의 "책망하다" 사고가 후반절에서 "징계하다"로 발전한다. 그리고 "진노"를 표시하는 단어들 (아프/ 헤마)도 '분노'에서 "뜨거운 진노"로 발전적 병행을 이룬다. 구약에서 "분노"를 지시하는 단어들은 "아프," "하론," "에브라," "자암," "카아스," "케체프," "헤마" 등이다. 이 단어들의 조합이 나타나는 구절들은 아프/ 헤마 (신 9:19, 29:22 [소돔성의 멸망], 시 6:1, 37:8, 78:38, 90:7, 잠 15:1, 15:18, 21:14, 22:24, 27:4, 29:22, 사 42:25, 63:3, 6, 66:15, 렘 7:20, 32:31, 33:5, 36:7, 42:18, 44:6, 겔 5:13, 7:8, 13:13, 20:8, 21, 22:20, 23:25, 38:18, 9:16); 아프/ 헤마/ 케체프 (신 29:27, 렘 21:5, 32:37); 헤마/ 하론 아포 (애 4:11); 아프/ 헤마/ 토크호트 헤마 (겔 5:15); 네카마나캄 (보웅[하다])/ 아프/ 헤마 (겔 25:14, 미 5:14); 자암/ 하론 아포/ 헤마 (나 1:6) 등이며, 이 구절들은 한 두 구절을 제하고 모두 사람이 아닌 하나님의 분과 진노를 묘사한다. 그 진노는 언약을 파기한 백성에 내리는 심판을 야기 시킨다 (예컨대, 주후 586년 예루살렘 멸망).

"뜨거운 진노" (헤마)는 "뜨겁다" (야함)나 "뜨겁게 되다" (하맘) 동사와 연관된다. 에서가 야곱에게 격노하여 살해할 생각까지 품은 그 뜨거운 상태가 "헤마" (창 27:44)이다. 이런 뜨거운 격노의 날에 야곱은 형을 피해야 했다. 나아만이나 (왕하 5:12), 아하수에로 (에스더 7:7, 10) 등이 분노한 것은 다 이유가 있었다. "헤마"는 이렇게 인간적인 분노만 아니라 언약에 불충한 자기 백성을 향해 하나님께서 발하시는 '진노'도 지시한다 (신 9:19, 렘 42:18). 자기 백성만 아니라 이방인들도 하나님의 진노의 대상이 될 수 있다 (렘 10:25, 나 1:2, 6). 하나님의 진노는 오직 심판으로 그 열이 다 식기까지 가라앉지 아니 한다 (렘 42:18). 그런데 비느하스는 하나님의 열심으로 시기하여 이스라엘의 악행자를 창으로 참살(慘殺)함으로 하나님의 진노를 가라앉혔다 (민 25:11).

"징계하다"란 말 (야사르)은 기본적으로 "가르치다"는 의미이지만, 강조형에서 매를 때려서 징계하는 것을 지시한다. 이는 잠언서에서 자주 나오는 용어로 교육현장에서 징계(懲戒)의 필요성을 일깨워준다. 오늘날에는 징계가 신체적 체벌(體罰)과 상관이 없게 되었지만, 이전에는 회초리로 종아리를 따끔하게 때리는 것이 정당한 징계의 방편이었다. 고대 이스라엘의 교육 현장에서도 예외가 아니었다 (잠 14:3 [호테르, "매"], 17:10 [매 백대], 18:6, 19:29 [마할루못, "침들"], 20:30).

2절: 여호와여 내가 수척하였사오니 긍휼히 여기소서 (혼네니 야웨 키 우믈랄 아니) — "여호와여 내가 수척하오니 내게 은총을 베푸소서." "수척한" (우믈랄, feeble)은 (풀이) 시들다, 약해지다, 무기력해지다 등을 의미하는 동사 (아말)와 연관되는 형용사이다. 후반절에서 "뼈가 떨리다"와 병행된다. 그런데 은총을 베푸는 일은 여기서 병을 고치는 것이다 (후반절). "은총을 베풀어 주시라"는 간구는 3번 정도 인간에게 간청하는 맥락에서 나오지만, 나머지 20 번은 모두 하나님께 (사 33:2를 제하면 모두 시편에서) 부르짖는 기도이다. 이 "은총을 베푸소서"는 "긍휼히 여기다" (라함)란 말과 병행되어 사용되지만 (출 33:19, 왕하 13:23, 시 102:13, 사 27:11, 30:18; 혹은 은혜로운[하눈]/ 긍휼히 여기시는 [라훔 출 34:6, 대하 30:9, 느 9:17, 31, 시 86:15, 103:8, 111:4, 112:4, 145:8, 욜 2:13, 욘 4:2), 긍휼히 여기소서!라는 말의 간구형은 한 번도 나타나지 아니한다. 즉, 기도시에는 일률적으로 "은총을 베푸소서"라고 했다.

이 기도는 탄식시에서 시인이 현재 처한 곤경에서 구원을 요청하는 간구이다. 비단 영적인 문제만 아니라, 삶의 전반에서 하나님의 무상의 은총이 아니면 해결될 수 없는 문제의 해결을 간구한다. 이러한 간구는 근본적으로 언약의 하나님의 속성 (출 34:6-7)에 근거한다. 찬양시들은 주린 자에게 음식을 주시며 (시 111:4-5), 풍성한 추수를 허락하시며 (시 67:1), 곤경에 처한 자를 구하시고 (시 116:1-6), 압제 당하는 자를 건지는 (시 103:6-8) 은혜로우신 하나님을 찬송한다. "은혜, 은총"을 베푸는 일은 실로 인간의 '필요'에 부응하시는 하나님의 모습이다. 예컨대, 기도의 응답 (시 4:1, 27:7, 30:11, 86:3, 16), 얼굴을 돌이켜 시인의 곤경을 바라봄 (시 25:16, 119:132), 치료 (시 6:2, 41:4), 외로움 (시 25:16), 구속 (시 26:11), 일으킴 (시 41:10), 죄 용서 (시 51:1), 힘을 주심 (시 86:16), 고난 (시 31:9, 123:3), 계명 준수 (시

26:11) 등의 필요이다. 하나님은 언약 백성 중에서 약한 자, 곤고한 자에게 사랑을 베푸시는 분이시다. 그렇지만 이 은총은 항상 하나님의 기쁘신 뜻의 발로이며 무상의 선물이다 (출 33:19 긍휼히 여길 자에게 긍휼을, 은총을 베풀 자에게 은총을 베푸신다).

반면 "긍휼" (명사 *라하맘*; 동사 *라함*)을 베푸는 일은 하나님의 진노와 대비되어 나타난다 (신 13:18, 사 9:16). 이런 사항들을 종합해 본다면, 은총을 베풀다는 긍휼을 베풀다와 동의어이지만, 진노와 대비되는 것은 긍휼이며, 기도시에는 은총을 베풀어주시라고 간구하였다.

여호와여 나의 뼈가 떨리오니 나를 고치소서 (*레파에니 야웨 키 니브할루 아차마이*)— "뼈"는 육체적 힘과 건강이 자리하는 처소이며 (욥 20:11, 21:24, 잠 3:8, 15:30, 사 58:11, 66:14), 감정의 처소이다 (렘 20:9, 23:9, 시 6:3, 35:10, 51:10, 102:4, 욥 4:14 등). 공포에 사로잡힌 자는 뼈가 떨린다고 고백하고 (욥 4:14, 렘 23:9, 합 3:16), 육체적 고통이나 낙담한 자들은 자기 뼈가 쇠약하게 되었다고 말한다 (욥 33:19, 21, 시 6:2, 31:10, 32:3, 38:3, 42:10, 애 1:13 등). "뼈가 떨리다" (*바할 에쳄*)는 표현은 "뼈가 '두려움에' 떤다"는 의미이며 (*바할*의 기본 의미는 공포에 사로잡히다), 3절 초두와 같이 고려해 본다면, 신체적, 정신적 쇠약이 극도에 달했다는 의미일 것이다. 하나님의 보호하심은 뼈가 부러지지 않는 것으로 나타난다면 (시 34:20), 하나님의 징계는 뼈가 부러지는 것이다 (시 51:8, 사 38:10, 애 3:4).

한편 "나를 고치소서" (*레파에니*)는 시인이 하나님의 징계를 받아 병중에 있음을 암시해 준다. 그런데 "고치다" (*라파*)는 어원적으로 본다면, "회복시키다"란 뉴앙스가 강하다. 병을 고치는 것도 원래의 건강 상태를 회복시키는 일이다. 구약에서 질병은 언약 백성의 범죄를 치는 한 수단이 된다.

3절: 나의 영혼도 심히 떨리나이다 (*베나프쉬 니브할라 메오드*)— "영혼이 떤다"는 것은 자신의 속사람이 '두려움'에 사로잡혀 있다는 것을 지시한다. 시인은 하나님의 진노에서 나타난 징계가 자신을 사망으로 인도할까 두려움에 잡혀있다. 그의 두려움은 "심히" (*메오드*)란 부사로 강조되고 있다 (3절).

여호와여 어느 때까지니이까 (*베앗타 야웨 아드-마타이*)— 하나님을 향한 "언제까지니이까?"란 외침은 탄식시에 울려 퍼진다 (시 74:10, 80:4, 82:2, 90:13, 94:3). 믿음의 사람들은 이 세상에서 일어나는 일들을 믿음으로 해석하므로 자신의 질병이나 고통도 하나님과 분리시켜 생각할 수 없다. 이런 탄식에 대하여 하나님은 "네 인격이 온전하게 될 때까지니라!"고 하시지 않을까?

4절: 여호와여 돌아와 나의 영혼을 건지시며 (*슈바 야웨 할레차 나프쉬*)— "여호와여 돌이키사 내 생명을 건지소서." "돌이키다" (*슈브*)란 말은 여기서 하나님께서 진노에서 돌이켜 징계를 멈추어 달라는 것이다 (NJB). 징계가 그치면 자기 몸의 질병도 떠나고 건강이 회복될 것이다. 여기서 "나의 영혼"은 "나의 생명" (RSV, NJB, NAB) 혹은 "나 자신" (me NIV)을 지시한다.

주의 인자하심을 인하여 나를 구원하소서 (호쉬에니 레마안 하스데카) — 시인이 호소하는 근거는 하나님의 언약사랑 (헤세드)이다. 언약은 하나님께서 이스라엘의 하나님이 되시고, 이스라엘이 하나님의 백성이 되는 관계설정이다. 이는 부자(父子)지간의 관계나, 부부(夫婦)관계로도 표현되기도 한다.

5절: 사망 중에서는 주를 기억함이 없사오니/ 음부에서 주께 감사할 자 누구리이까 (키 엔 밤마벳 지크레카/ 비쉐올 미 요데-라크) — 구조상 구문 병행법, 의미상 동의 병행법이다. 죽으면 그 영혼이 낙원(樂園)에 들어간다는 진술은 신약에 가서야 나타난다. 구약에서는 사망(死亡)이 스올(무덤, 지하세계)에 내려가는 것이었다. 스올에서는 "기억" (제케르, 예배에서 하나님을 부름 invocation of God)이나 찬양이 없다. 이는 시적인 표현이라 할 수 있다. 사후의 상태에 대한 지식을 근거로 진술했다기보다, 사망을 예배 회중에서의 퇴출(退出)이라는 부정적인 상태로 제시하여 현재의 징계를 해결하고자 호소한다. 시인이 생명을 구출해 달라는 것은 사망 저편을 싫어하기 때문이다. 사망은 곧 이 생에서의 예배생활의 끝이었다 (시 30:9, 88:10-11, 115:17, 사 38:18).

히브리인들에게 죽음은 멸절(滅絶)이 아니라 지상 삶의 박탈이었고, 따라서 지상 삶과 완전 대조되는 곳이며 (욥 28:13, 잠 15:24, 겔 26:20, 32:23), 어둠과 사망의 그늘의 처소이며 (욥 10:21, 22, 시 88:12, 143:3), 파멸의 장소이며 (욥 26:6, 28:22, 31:12), 무질서하며 (욥 10:22), 침묵과 망각의 처소였다 (욥 3:13, 17-18, 시 94:7, 115:17). 그러므로 죽음은 저들에게 자기들이 사랑한 모든 것, 곧 하나님, 그분을 예배드림, 자기 백성, 땅, 모든 교제에서의 분리였다. 죽은 무엇보다 예배 의식상의 부정을 초래하여 시체를 만지는 자는 정결 의식을 통해 회복되기까지 예배에서 차단되었다 (레 17:15, 민 6:7, 19:13).

한편 "기억하다" (자카르) 동사는 단순히 망각하다의 반대적 의미만 전달하는 것이 아니라, 여러 뉘앙스를 지시한다: 1) 기억하다 2) 고려하다, 숙고하다 3) 주의 이름을 기억하다, 곧 기도의 묵상 가운데 그에게로 돌이키다, 4) (사역형에서) 예배 중에 주의 이름을 부르다 (찬양이나 기도로). 바로 이 마지막 의미가 명사형 (제케르)이 갖는 의미이다. 후반절의 "찬양하다" 와 병행되기 때문이다 (시 45:17 RSV 참조).

제 2연 (6:6-7): 시인의 병약한 형편
6절: 내가 탄식함으로 곤핍하여/ 밤마다 눈물로 내 침상을 띄우며/ 내 요를 적시나이다 (야가티 베안하티/ 아스헤 베콜-라엘라 밋타티/ 베딤아티/ 아르시 암세)—세 개의 콜론으로 구성되었다 (tricolon). 둘째 콜론에서 "밤마다" 란 표현은 세 콜론에 공히 해당된다고 할 수 있고, 셋째 콜론의 "내 눈물로" 는 둘째 콜론에도 (NIV, NRSV) 해당된다.

[밤마다] 내가 신음으로 기진하며 *(야가-티 브안하티)*
내가 밤마다 내 눈물로 내 침상을 범람시키고
(아스헤 베콜-라옐라 밋타티 베딤야티)
내가 [밤마다]내 눈물로] 내 침대를 적시나이다 *(아르시 아므세)*

시인은 정신적, 신체적 곤경에서 한숨과 탄식을 발함으로 곤고한 상태를 드러낸다. 곤고하기에 탄식이 야기된다면, 탄식을 발함으로 더욱 곤고하게 된다. 여기서 사용된 동사 중에서 "사하" 동사는 사역형 (히필형)에서 "수영하도록 만들다"란 말로, 눈물을 너무 많이 쏟아서 그의 침상이 흥건하게 적셔지게 되었다. 셋째 콜론에 사용된 동사도 과장법적으로 "내가 [밤마다] 내 침대를 내 눈물로 녹인다" 라 표현한다.

침상 *(밋타)*은 셋째 콜론에서 다른 말로 반복된다 *(예레시)*. 이를 한역은 "요"(褥)라고 번역했는바, 이 말은 욕석 (褥席), 곧 침대 요(mattres)를 의미한다. "밋타"와 "예레시"는 서로 병행어로 사용되고 있다: "상아 상에 누우며 침상에서 기지개 켜며" (암 6:4). 고대 이스라엘에서 침상은 궁궐이나 부잣집의 그것과 가난한 집에서의 그것이 서로 달랐다. 가난한 자들은 그저 요(褥) 정도 깔고 잘 것이고, 아니면 아예 방바닥에 잤다. 그러나 부자들은 침대 틀 위에 요를 깔고 그 위에서 잤을 것이다. 하여간 여기 시인은 병중에 침상에서 지내는 시간이 많았다. 믿음은 이런 상황에서 싹을 내고 뿌리를 내린다.

7절: 내 눈이 근심을 인하여 쇠하며/ 내 모든 대적을 인하여 어두웠나이다 *(아쉐샤 믹카아스 에니 아테카 베콜-쵸레라이)* —6절에 묘사된 행동들의 결과는 7절 전반절에서 눈의 쇠약으로 이어진다. 여기서 "눈"은 문자적인 의미지만, '기력' 의 상징으로도 취할 수 있다. 언약을 파기한 백성의 처벌을 규정하는 레 26:16에서 "폐병과 열병으로 눈이 어둡고 생명이 쇠약하게 할 것이요" 라 한다 (= 신 28:65). 또한 시 38:10에서 "내 기력" (코히)이 쇠하여 "눈에 빛이 없다" 라 한다 (삼상 2:33, 시 31:9, 69:3, 88:9, 사 38:14, 신 34:7도 참조).

"근심" *(카아스)*은 슬픔, 원통함을(vexation) 의미한다. 그런데 후반절에서 그의 눈이 그의 원수들로 인하여 쇠약하게 된다고 한다. 여기서 시인의 원수는 처음으로 언급되었다. 그리고 8, 10절에서 "행악자들" 과 "내 대적들" 로 다시 언급된다. 지금까지 시인은 하나님의 징계로 인한 (1절) 병약(病弱)으로 탄식하며, 눈물을 흘리므로 눈이 쇠약(衰弱)해졌다고 했다. 그런데 여기서는 그의 눈이 그의 대적들로 인하여 쇠약해졌다고 한다. 그렇다면 시인의 대적자들은 질병인가? 그러나 10절에서의 묘사로 보건대 그의 원수들은 인격체들이다 (수치를 당한다). 그리고 8절에서도 저들은 행악자들로 정의된다. 그렇다면 여기 문맥에서 "원수" 는 징계 당하는 죄인 (시인)을 조소하고, 대적하는 무리들이라 할 수 있다. 한편 여기 사용된 첫 동사 *(아쉬쉬)*의 의미는 확실치 않다 (KB[3]): 1) 어둡게 되다 2) 약하게 되다 3) 썩어 분해되다 4) (퉁퉁) 부풀다. 여기서 눈이 퉁퉁 부었다는 의미인지 아니면 너무 울어 눈이 시어지고 희미하게 되었다는 의미인지 모른다.

한편, 여기서 "대적들" (쇼레림)은 "적대하다" (챠라르) 동사의 분사형이다 (적대심을 가지고 공격하는 자, 공격자). 동음이의어들은 I. 감싸다 (wrap up), 피하다; II. 좁은 (be narrow), 곤경에 처하다 등이 있다. 다훗은 악카드어 (츄루)나 유가릿어 (chrrt) 등에 의거하여 이 말이 "마음"을 의미한다고 하나 신빙성이 별로 없다 (P. C. Craigie, Psalms 1-50, 91, n.8b 참조).

제3연 (8-10절): 확신에 찬 외침

8절: 행악하는 너희는 다 나를 떠나라 여호와께서 내 곡성을 들으셨도다 (수루 밈멘니 콜-포알레 아벤 키-쇼마 야웨 콜 비크이) — 여기서 시의 분위기는 급전(急轉)된다. 지금까지는 간구와 자신의 곤고한 상태에 대한 묘사였지만, 여기서는 단호한 확신의 어조가 지배한다. 두려움과 낙담이 사라지고 새로운 확신과 소망, 용기가 용솟음친다. 그 이유는 야웨께서 "나의 곡성(哭聲 울음소리)" (콜 비크이)을 들으셨기 때문이다. 하나님과의 관계가 재정립된 것을 확신하면서, 시인은 이제 원수를 대적하는 진술을 발하고 있다.

탄식시들에서 슬픔에 찬 탄식과 간구의 분위기가 확신과 기쁨의 분위기로 반전되는 것은 다반사로 일어난다 (7:10-11, 13:5, 6, 16:10-11, 20:6, 27:6, 28:6 이하, 31:19 이하, 52:8, 55:23, 56:9 이하, 61:5, 94:22-23, 130:7-8, 140:12-13 등; Artur Weiser, The Psalms I, 79 이하 참조).

그런데 시인에게 이 시점에서 무슨 일이 일어났던가? 어떤 이들은 제사장을 통해 시인에게 응답이 선포되었을 것이라 한다. 예배시에 그런 하나님의 말씀이 제사장을 통해 주어졌다는 암시는 시 12편, 60:6 이하, 85편, 91:13 (사 33:10 이하) 등에서 찾을 수 있을지 모른다 (삼상 1:17 엘리 대제사장이 한나에게 발한 기원). 선지자들이 성령님의 역사로 예언을 발하는 모습이 참고가 될 수도 있을 것이다 (삼하 23:2, 대하 20:14, 24:20 등). 이런 사역자들을 통한 응답 선포도 가능하였겠으나 무엇보다 성도 자신이 기도하는 중에 확신이 임하면 언제든지 두려움과 낙담은 확신과 기쁨에 자리를 내어 주게 되어 있다.

행악자들을 향하여 외치는 "나를 떠나라" (수르 밈멘니)는 외침은 시 119:115, 139:19에서도 나타난다. 이런 명령은 신약에서 주께서 마귀를 향하여 "물러가라" (휴파게, 마 4:10; 마 16:23) 혹은 귀신을 명하여 "나가라!"라고 외치는 것과 흡사하다 (막 9:25, 눅 8:29, 행 18:18 등).

9절: 여호와께서 내 간구를 들으셨음이여/ 여호와께서 내 기도를 받으시리로다 (쇼마 야웨 테힌나티 야웨 테필라티 익카흐)— 여기서 8절 후반절을 반복 제시하고 있다. 단지 9절에서는 각기 "나의 간구" (테힌나티)와 "나의 기도" (테필라티)로 하나님께서 듣는 목적어를 바꾸었을 뿐이다. 하나님은 자기 백성의 탄성(歎聲)과 (출 3:7), 기도를 들으시는 분이시다 (시

4:3, 5:3, 10:17, 18:6, 28:6, 34:6 등).

그런데 9절 전반절에서는 완료상 (샤마)가 사용된 반면, 후반절에서는 미완료상 (익카흐; "라카흐" [취하다, 받다] 동사의 미완료상 3인칭 남성단수; 다게쉬 포르테는 생략된 "라멧"의 흔적)이 사용되었다. 그래서 한역은 "들으셨음이여… 받으시리로다"로 구분해서 번역했다 (NIV, NRSV도 has heard… accepts로 전.후반절의 시제를 구분). 시가서에서 익톨형(prefixed tense)이 과거 시상을 지시하는데 자주 나타난다 (시편 서론 §7 "시편의 동사 시제" 참조). 그러므로 어형(語形)의 차이는 다양성을 위한 전략적 기법일 뿐 문맥상 "완료시제"로 이해해야 한다: 들으셨다/ 받으셨다.

10절: 내 모든 원수가 부끄러움을 당하고 심히 떪이여/ 홀연히 부끄러워 물러가리로다 (예보슈 베입바할루 메오드 콜-오예바이/ 야슈부 예보슈 라가)—내적인 교차 대구법 (chiasm) 구조를 이룬다:

예보쉬 + 베입바할루 + 메오드 + 콜-오예바이/
야슈부 + 예보쉬 + 라가
내 모든 원수가 부끄러움을 당하고 크게 두려워 떨 것이라/
저들이 물러가 순식간에 수치를 당하리라

주어 콜-오예바이 (내 모든 원수들)은 전. 후반절 공히 해당된다. 시인은 8절에서 자기에게서 "떠나라"고 단호하게 명했던 그 원수들이 당할 비참한 형편을 묘사함으로 시를 마무리 짓고 있다. 그런데 10절을 간접명령 (단축형)으로 취하기도 하고 (NJB), 미완료상으로 취하기도 한다 (한역, NIV, NRSV). 이제 시인은 자신이 당하던 그 고통의 상태 (바할: 공포와 낙담에 사로잡히는 일)가 원수에게 임하기를 저주한다. 이러한 대적 기도는 자신의 응답 확신이 있을 때 능력 있게 나타난다. 그처럼 공포와 낙담에 떨어지는 일은 "수치를 당하는 일"과도 연관되어 나타난다. 의기양양하게 조소하고, 대적하던 원수들은 이제 뒤로 물러가고 (슈브) 순식간에 낭패를 당하고야 말 것이다. "물러가다"란 이 문맥에서 원수들의 패배와 비하(卑下)를 당하는 모습을 묘사한다.

시편의 적용

7대 참회시

초대교회는 시 6, 32, 38, 51, 102, 130, 143편 등을 소위 "참회시"라 하여 사순절 (Lent)의 시작인 "재 수요일" (Ash Wednesday)에 낭송하였다. 사순절(四旬節)이란 부활절 전야까지 40일간을 참회하며 영(靈)을 새롭게 하던 교회행사 기간이었다. 부활절 이전 6주간이 여기에 해당된다. 그런데 서방 교회 (로마교, 개신교, 성공회 등) 전통에서 주일은 부활을 기념하는 날이므로 계산하지 아니하고, 따라서 4일이 비게 되어 부활절 이전 7째 주일 수요일부터 (Ash Wednesday) 시작하여, 그 주간의 수, 목, 금, 토요일의 4일이 첨가되었다. 따라서 "사순절"은 부활절 이전 7째 주간의 수, 목, 금, 토, 부활절 이전 6째 주간, 월-토, 5째 주간 월-토, 4째 주간 월-토, 3째 주간 월-토, 3째 주간 월-토, 2째 주간 월-토, 첫째 주간 월-토 등 합계 40일간이 된다. 그러나 동방 교회 (동방 정교회) 전통에서는 주일도 사순절 기간에 포함되므로, 부활절 이전 제7째 월요일 "정한 월요일" (Clean Monday)부터 시작하여 종려 주일 이전 주간 금요일까지 지속되었다.

왜 40일간이냐? 하면 모세나 예수님께서 40일간 금식 기도하셨다는 사실에 근거한다. 주님이 지상에서 보내신 그 마지막 40일간, 곧 그분이 수난 주간들을 기념하면서 그분의 고난에 동참하고, 영을 새롭게 하는 의미에서 사순절의 기간을 개신교에서도 적극적으로 장려하고 교회 생활에 활력을 불어 넣는 방향으로 활용한다면 바람직한 절기라 여겨진다. 개신교가 로마 카톨릭의 전통에서 좋은 것들은 취하고 그렇지 못한 것은 버려야 한다면, 사순절의 관례는 적극 선용(善用)함이 좋을 것이다.

한편 서방 기독교권 여러 나라들에서는 사순절이 시작되기 직전의 날을 Mardi Gras, Shrove 화요일, 카니발, Fasching 등으로 불렀다. 사순절 기간에는 고기를 먹지 아니하므로 사순절 시작되기 전에 갖는 "고기여 안녕" 축제가 카니발 (Carnival)이다.

그런데 시 6편은 참회하는 성격이 현저한 것은 아니지만, 징계를 돌이켜 달라는 호소는 회개의 마음이 없이 할 수 없을 것이다. 그런 의미에서 이 시도 '참회의 시'라고 할 수 있다.

나를 징계하지 마옵소서 (1절)

우리의 정상적인 믿음은 마음에 평안을 가져다주지만, 동시에 평안할 때 찾아오는 죄악에 대하여는 혐오감을 가져야 한다. 왜냐하면 우리의 삶에서 일어나는 일들 –좋은 일이건, 악한 일이건–은 모두 하나님의 섭리 하에서 일어난다는 사실을 알 때 그분에게 자신을 맡기므로 평안을 얻을 수 있기 때문이다. 동시에 나의 행동 모든 것들이 다 하나님의 주목 하에 있다는 의식은 우리로 하여금 죄악에 대하여 극도의 경계심을 야기 시킨다. 이러한 상태는 불안하고 초조한 마음의 모습이 아니라, 영적인 경각심에서 야기된다.

하나님의 진노의 심판은 우리의 몸에 병이나 연약(軟弱)으로 나타날 수 있다. 그 궁극은 죽음으로 우리를 이끌 수도 있다. 이 세상의 생애가 질병으로 마감된다는 것은 성도에게 한편으로 영원한 안식을 의미하긴 해도, 다른 한편으로 이 세상에 보내진 목적을 다 이루지 못하고 영원을 맞는다는 자책감도 야기할 것이다. 혹시 히스기야 왕처럼 생명연장이 주어질 수도 있을 터이나 주어진 제2의 생애를 하나님 뜻대로 반드시 살아 드리지 않으면 보람이 없을 터이다.

"상하게 때리는 것이 악을 없이 하나니 매는 사람의 속에 깊이 들어가느니라" (잠 20:30).

이 말씀은 징계의 유용성을 말씀해 준다. 하나님께서 매를 때리는 이유가 무엇인가? 하나님은 알아 들을만한 자들에게는 좋은 말로 타 이르신다: "한 마디로 총명한 자를 경계하는 것이 매 백 개로 미련한 자를 때리는 것보다 더욱 깊이 박이느니라" (잠 17:10). 그러나 알아듣지 못하는 자들에게는 매를 때리신다. 깨닫고 돌이키는 자는 복되다. 매를 때리는 아버지의 심정이 아프듯, 하나님 아버지의 심정도 그러하다 (호 11:8). 그는 우리를 고치시고 복 주시길 바라신다 (그러나 내가 에브라임에게 걸음을 가르치고 내 팔로 안을지라도 내가 저희를 고치는 줄을 저희가 알지 못 하였도다, 호 11:3). 그런데 하나님의 이런 모든 징계와 고치심은 언약 백성에게만 해당되는 사항이다 (히 12:6, 8). 그러므로 징계를 당할 때 감사할 이유가 있다. 모른 체 하시지 않고 내게 사랑의 매질을 가하시는 하나님의 뜻은 평안과 소망을 주시려 함이기 때문이다 (렘 29:11).

때로 우리는 몸이 아무런 까닭 없이 수척해지고, 잠자리도 그렇게 평안하지 못할 때가 있다. 그리고 마음이 낙담 되고 두려움이 찾아올 때도 있다. 혹시 무슨 중병(重病)이라도 들은 것인가? 그래서 밤잠을 못 자고 이리 뒤척 저리 뒤척이게 된다. 하나님께서 우리에게 주시는 마음은 두려움이나 소심함이 아니라 사랑과 확신이다 (딤후 1:7). 마음에 낙담이나 두려움이 있다면 물리쳐야 한다. 이러한 때에 우리는 "기도하라"는 신호를 들어야 한다. 마음에 평안과 확신을 회복하기까지 부르짖을 이유가 있는 것이다.

뼈가 떨리오니/ 나의 영혼도 심히 떨리나이다 (2, 3절)

이전 세대 사전인 BDB와 보다 최근의 사전인 KB³의 "뼈" (에쳄)란 항목을 비교하면 이 말의 정의면에서 약간의 차이를 드러낸다.

BDB 1. 뼈 a. 산 자의 뼈 b. 신체 (바사르[살] + 뼈), 체형 (복수형), 사지(四肢), c. (시에서) 질병과 고통의 처소 (특히 의인화된 이스라엘의), d. 전인(全人)(복수형)(// 네페쉬), e. 외적인 몸 f. 시체.

2. (동물의) 뼈; 3. 본질, 자기 (단수형).

KB 1. 뼈, 골격 (단수); 2. 사지(四肢)(남성 복수형), 골격, 신체 (여성 복수형); 3. 감정의 처소; 4. 뼈와 살- 친척 관계에서 전인(全人)을 표현; 5. 완전 일치를 표시 (BDB의 3항에 해당).

이 두 사전의 정의들에서 두드러지게 드러나는 차이는 시 6:2, 35:10 등의 참조구절들에 대한 이해에서 나타난다. BDB에서는 이 구절들에서의 "뼈들"이 "네페쉬"에 병행되는 말로 "자기" 전인(全人)을 지시한다고 이해한 반면, KB³는 "감정의 처소"를 지시한다고 이해한다 (Pedersen, *Israel* 1: 172-73). 우리는 두 사전의 다른 이해들을 함께 고려해서 이해할 필요가 있다. 뼈는 우리 몸의 골격을 지탱시켜 주며, 우리 신체의 가장 강한 물질이며, 따라서 힘의 처소이다. 그렇다면, 뼈가 떨린다는 것은 그 사람 전체의 골격이 부서지고, 무너진다는 의미일 것이며, 이는 감정의 쇠약으로 연결되어 자신감의 무너짐을 표현할 것이다.

의사이신 여호와 (야웨 로페)(나를 고치소서, 2절)

히브리어에서 "치료하다" 말 (*라파*)은 "회복하다"란 의미를 갖는다. 게세니우스-불 (Gesenius-Buhl), BDB, 쾰러-붐가르트너 (KB³) 등의 히브리어 사전들은 하나같이 "라파"의 기본 의미를 "치료하다"로 본다. 그런데 셈족 친족어에 비추어 보면, 원래 이 말은 "함께 가져오다, 가까이 가다," "회복하다"란 의미를 갖는다. 다시 말해, 하나님께서 처벌하신 바를 "회복시키"는 행위를 가리킨다. 그런데 출 15:26에 의하면 (사역), "너가 너 하나님 나 여호와의 말을 청종하고 나의 보기에 의를 행하며, 내 계명에 귀를 기울이며, 내 모든 규례를 지키면 내가 애굽 사람에게 내린 모든 질병의 하나도 너에게 내리지 아니하리니 나는 너를 치료하는 여호와임이니라"라 한다. 하나님은 여기서 언약 백성 개개인을 상대로 말씀하신다. 따라서 하나님은 "나의 의사"이시다. 여기서 건강의 축복이 하나님의 말씀에 대한 순종과 결부되었다는 점을 유의해 보아야 한다. 특히 신 28장의 언약 상벌 규정에서 하나님은 이스라엘의 배교시에 어떤 질병들로 처벌 하실지를 규정하고 계시다. 물론 언약에 신실하면 건강은 보장된다. 이런 견지에서 시 6:2의 "나를 고치소서"를 본다면, 시인의 질병은 언약의 처벌 규정에 따른 것이며, 이의 회복은 처벌자인 하나님의 은총으로 가능했다.

어느 때까지니이까? (3절)

고통당할 때 우리는 마치 긴 터널을 지나듯 암담함과 답답함을 느끼게 된다. 언제까지입니까?라는 물음이 연달아 터진다.

"여호와여 어느 때까지니이까 나를 영영히 잊으시나이까?
주의 얼굴을 나에게서 언제까지 숨기시겠나이까?" (시 13:1);
"하나님이여 대적이 언제까지 훼방하겠으며
원수가 주의 이름을 영원히 능욕 하리이까?" (시 74:10);
"여호와여 언제까지니이까 스스로 영원히 숨기시리이까?
주의 노가 언제까지 불붙듯 하시겠나이까?" (시 89:46);
"여호와여 돌아오소서 언제까지니이까?
주의 종들을 긍휼히 여기소서" (시 90:13);
"여호와여 악인이 언제까지, 악인이 언제까지 개가를 부르리이까?" (시 94:3).

이러한 부르짖음과 외침들은 남의 것이 아니라 오늘날 우리 성도들의 외침이며 나 자신의 외침이기도 하다. 이러한 때가 역설적으로 우리 영혼이 순수하고 아름다운 때임도 잊지 말자.

부자(父子)지간의 관계는 끊을 수가 없다. 하나님과 우리 성도와의 언약관계도 그러하다. 자식이 범죄 하면 징계하기는 하되 끊을 수는 없다. 혹시 인간은 그리할지 몰라도 하나님은 그리하시지 않겠다 하였다 (삼하 7:14이하, 시 103:17, 사 49:15, 16).

기도의 모델

시 6편은 우리 성도들이 오늘날 체험할 수 있는 "기도의 패턴"을 축소판으로 보여준다.

1) 하나님께 나아갈 때 처음에는 기도의 줄을 잡지 못하고 확신도 없이 징징거리게 마련이다.

2) 차츰 기도가 논리적으로 바뀌고, 확신이 들어오면서 담대해진다.

3) 깨끗이 청소된 심령에 성령님의 역사가 햇빛처럼 침투하여 긍정적이고 확신에 찬 기도를 올릴 수 있게 되어진다.

4) 원수를 대적하는 기도를 여기 시인처럼 담대하게 드릴 수 있게 된다. 즉 명령적 기도가 튀어 나온다.

우리는 원수를 대적하는 기도를 잊지 말아야 한다 (벧전 5:8-9). 왜냐하면 우리는 영전에 임한 자들이며 (엡 6:10-18), 영전 (靈戰)은 "말의 전쟁"이기 때문이다 (유다서 9절). 악령들은 우리가 저주하고, 꾸짖어서 물리쳐 버려야 한다. 이루어진 특히 그리스도를 통하여 이루어진 사실을 선포하며 기도할 때 힘이 있다. "십자가에서 사탄은 이미 패배하였느니라; 떠나갈지어다!" "그리스도께서 우리의 모든 저주와 질병을 십자가에서 담당하셨느니라! 저주와 질병은 예수님의 이름으로 명하노니 떠나갈지어다!" "나사렛 예수님의 이름으로 선포하노니, 우리를 대적하는 모든 원수의 세력은 떠나갈지어다!"

시 7편 주께서 심판을 명하소서

I. 전체구조에서의 위치, 시의 유형과 삶의 자리

델리취는 본시와 6편의 연결고리는 확신에 찬 원수를 향한 다윗의 어조에 있다고 보았다. 시 6편 말미에서 다윗은 자기 원수들이 패배할 것을 확신하는 어조로 마무리 지었다. 그런 강력한 확신의 어조가 7편에서도 계속된다 한다. 7장은 6장의 연속으로, 6장을 예증하는 보기들을 제시하여 보다 상세히 묘사한다.

이 시는 시인이 원수에게 추격을 당하는 와중에 하나님께 도움을 부르짖는 탄식시이다. 하나님은 시인의 사정을 헤아려 악인을 심판하시고, 처벌하시는 의로운 재판장과 용사의 모습으로 제시되고 있다. 따라서 이 시는 군사적 위기의 정황에서 생겨났지 않은가 여겨진다.

표제가 다윗의 생애에서 일어난 한 사건을 묘사하는 것으로 제시하는 것은 이 시의 저자나 저작 연대를 결정하는 데 특별한 도움이 되지 못한다고 기각시켜 버리는 바이저와 달리 (Artur Weiser, *The Psalms I*, 135), 리델보스는 이 시를 다윗의 저작이 아니라고 주장할 근거가 없다고 주장하고, 표제를 근거로 이 시의 이해를 도모함이 최선책이라고 지적했다 (*Die Psalmen*, 132-133). 표제는 "다윗의 식가욘, 베냐민인 구시의 말에 대하여 여호와께 한 노래" 이다. 여기 "구시"는 "구스" 인이란 의미가 아니라 베냐민 지파 출신의 "구스"라는 인물을 지시하지만, 이 "구시"가 누구인지 성경에서 알려지지 않았다. 추측컨대 이 사람은 사울 왕을 맹신적으로 추종하는 신하로서, 도엑 (삼상 21:7; 시 52편 표제 참조)이나, 십 사람들 (삼상 23:19-20, 26:1)처럼 다윗을 중상 모략하여 사울을 부추겨 다윗을 괴롭힌 자였을 것이다. 사울 왕이 자기 신복들에 둘러싸여 전략 회의를 주재할 때, 구스는 다윗을 중상 모략하여 치도록 사울 왕을 부추겼고, 이 소식은 다윗의 귀에 들어갔을 것이다. 그래서 다윗은 하늘에서 민족들의 모임으로 둘러싸여 재판을 주재하시고자 앉으신 (8절) 의로운 재판장이신 하나님께, 사울에게서 어떤 공의를 기대하기란 어려웠으므로, 자기의 무죄(無罪)를 호소한다 (사울의 다윗 핍박은 삼상 24-26장 참조).

그런데 솔로몬은 성전 낙성 예배 기도에서 다음과 같은 기도를 아뢴 바 있다:
만일 어떤 사람이 그 이웃에게 범죄함으로 맹세시킴을 받고
저가 와서 이 전에 있는 주의 단 앞에서 맹세하거든
주는 하늘에서 들으시고 행하시되
주의 종들을 국문하사 악한 자의 죄를 정하여 그 행위대로 그 머리에 돌리시고 의로운 자를 의롭다 하사 그 의로운 대로 갚으시옵소서 (왕상 8:31-32)

이 기도대로 관례가 확립되었다면, 이스라엘에서는 어떤 사람이 무고하게 기소를 당할 경우, 성전에 가서 하나님의 판결을 호소할 것이다 (출 22:7-8, 신 17:8 이하, 왕상 8:31-32 등 참조). 그러면 하나님은 그의 의로움을 선고하시고 그를 중상 모략한 대적자를 정죄하여 그가 마땅히 받아야 할 처벌을 선고하실 것이다 (시 7:8-10, 10-15절 참조).

양식 비평가들은 이 시를 개인 탄식시로 분류하고자 하나, 크라우스가 지적하는 대로 이 시의 표현 형식이나 특징들은 그런 분류에 딱 들어맞지 아니한다 (Kraus, *Psalms 1-59*, 169). 본 시의 상징적 해석에 대하여는 서론, "시편 해석사"에서 "어거스틴" 참조.

2. 시적 구조와 해석

연 구분에 대한 의견은 다양하다. 우선 1-5절까지를 한 연으로 볼 것인지, 아니면 1-2절, 3-5절의 두 연으로 구분할지 결정해야 한다. 대개는 후자를 따를 것이다. 형식상으로 보건대, 1-2절은 호소 (명령법)와 그 이유를 제시하므로 한 문장과도 같다. 3절에서는 1절의 초

두에 나왔던 "여호와 내 하나님이여"라는 호격이 다시 나타나고, "만약 내가 … 을 했다면"이라는 전제절이 네 개 (1번은 "임" [만약]이 없이), 그 귀결절이 세 개로 제시된다. 이렇게 3-5절은 전제절과 귀결절로 구성되어 한 단위를 이룬다. 우리는 1-5절을 한 개의 연으로 구분한다. 1-2절과 3-5절을 가장 긴밀하게 연결시켜주는 고리는 1절 하반절에 사용된 "추적하다"란 말이 5절에서 다시 나타나는 점이다. 즉, 시인은 자기를 추적하는 원수에게서 구원을 호소하고 나서, 만약 자신이 무슨 악을 행했다면 원수가 자신을 추적해도 좋다고 고백한다. 1-5절은 시인, 원수, 하나님간의 행동을 묘사한다는 점에서 한 단위를 구성한다.

이 시의 연 구분은 다음과 같다:
제 1연 (1-5절): 나를 원수에게서 구하소서
제 2연 (6-9절): 악인을 심판하소서
제 3연 (10-13절): 재판장이신 하나님 (직설법 묘사)
제 4연 (14-16절): 악인의 모습
제 5연 (17절): 감사 찬양의 결심을 표현하는 모노콜론 (mono-colon)

한편 이 시에는 시인이 자기 의를 세워주시라고 기도하는 까닭에 의, 심판 등의 사고를 표현하는 단어들이 주제어로 자주 나타나고 있다. 예컨대, 의 (*체데크*) 관련 단어들은 8, 9, 11, 17절 등에서 5번 나타나고, 심판 혹은 판결 (*미쉬파트*)는 세 번 (6, 8, 11절), 그리고 심판하다 (*딘*, 8절) 등이 나타난다.

표제:
다윗의 식가욘 — "식가욘"을 70인역은 "시" (살모스)라 번역했고, 제롬의 히브리어 사본에 근거한 시편역(*Juxta Hebr.*)은 "다윗의 무지를 인하여" (*pro ignoratione David*)라 번역했다. 어떤 이들은 이 말이 악카드어 "쉬구" (애도가)와 연관된다고 한다 (Mowinckel, *PIW*, II, 209). 또 어떤 이들은 이 말을 "비틀거리다" (*샤가*)와 연관시켜 황홀경의 노래로 이해한다. 그러나 확실한 것은 아직 없다.

베냐민인 구시의 말에 대하여 여호와께 한 노래 (*아쉐르 쇼르 라도나이 알-디브레-쿠쉬 벤-예미니*)—이 표제는 다윗이 사울을 피해 도망 다닐 때 이 시가 작사된 것으로 이해한다 (시 34, 52, 54, 56, 57, 59, 142 등; 시 3, 63은 압살롬의 난을 피할 때; 시 51은 밧세바와 간음했을 때; 시 60편은 암몬 족속과의 전쟁시에). 그런데 베냐민 사람 구시에 대하여는 역사서에서 아무런 언급이 없다. 그는 사울 왕에게 다윗을 중상 모략한 베냐민 지파 사람이었던 것 같다.

제1연 (1-5절): 원수에게서 구원하소서
1절: 여호와, 내 하나님이여 (*야웨 엘로하이*)—시인들은 곤경에 처하여 이렇게 하나님을 부른다 (13:4, 18:29, 30:3, 13, 35:24, 38:22, 41:44 등). 때로는 "여호와, 우리 하나님"이라는 호칭을 사용하기도 한다 (20:8, 94:23, 99:5, 8 등). 혹은 "여호와, 이스라엘의 하나님" (41:14), "여호와, 만군의 하나님, 이스라엘의 하나님" (59:6), "야웨 하나님, 이스라엘의 하나님" (72:18), "여호와, 만군의 하나님" (80:20, 84:9) 등도 사용된다. 하나님이 보통 명사라면 "여호와"는 이스라엘과 언약을 맺으신 이스라엘의 하나님을 지칭하는 고유명사이다. 여기서 보듯, 시 7편은 시 5, 6편과 같이 간구로 시작하고 있다.

주께 피하오니 (*베카 하시티*)— "내가 당신께 피하나이다." 여러 시편들에서 이 표현이 시의 초두를 장식한다 (시 11:1, 16:1, 31:1, 57:1, 71:1, 144:1). 리델보스는 이렇게 시의 초두에 위치한 이 표현은 원래 성소에 성도들이 나아갔을 때 드린 첫 기도의 일부였으리라 간주한다 (*Die Psalmen*, 133). 성소에 이르러 성도는 이런 선언으로 하나님께 아뢴다: "내가 성소에 왔나이다. 나는 당신께 피난하나이다. 그러니 내 기도를 들으소서!" 하나님은 시인의 피난처였다. 바위나 동굴과 같은 어떤 공간적인 구조물에 피함보다 하나님께 내 영이 피난함이 더 확실한 것이다.

나를 쫓는 모든 자에게서 나를 구하여 건지소서 (*호쉬에니 미콜-로드파이 베핫칠레니*)— "쫓는 자" (*로드파이*)는 표현은 원래 군사적 상황에서나 (창 14:14, 15, 레 26:7, 8, 신 1:44 등), 도피자를 잡기 위한 추격의 상황 (창 31:23, 출 14:4, 8, 9, 23, 15:9) 혹은 피의 보수자가 살인자를 추격하는 상황에서 (신 19:6) 유래하였다고 가정할 수 있다. 여기서 이 말은 시인이 원수에게서 피하여 성소에서 은신처를 찾는 모습과 연관하여 사용되었다 (왕상 1:50, 51).

"구하다"나 "건지다"는 동의어로 병행되어 나타난다 (대상 16:35, 시 31:2, 33:16, 59:2, 71:2 [*나찰/ 팔라트/ 호쉬아*], 사 19:20, 렘 15:20, 42:11 등). 하나님을 피난처로 도피하는 일은 신앙적인 차원의 일이었다. 성소로 도망한 후 그는 구원을 호소한다. 사울에게 쫓기던 다윗의 상황을 여기서 가정할 수 있지만, 압살롬에게 쫓기던 다윗도 가정할 수 있다. 원수의 추격은 물리적인 상황만 아니라, 무고한 기소(起訴)도 상정할 수 있다.

2절: 건져낼 자 없으면 저희가 사자같이 나를 찢고 뜯을까 하나이다 (*펜-이트로프 케아르예 나프쉬 포레크 베엔 맛칠*)— 구약에서 이스라엘을 괴롭히는 이방 원수는 자주 야수(野獸)로 묘사된다 (시 68:30, 74:19, 80:13, 89:10-11, 암 9:3, 단 7장 등). 야수들의 그 야수성 (bestiality), 약육강식(弱肉强食)의 그 잔인한 본성이 열국의 속성이기 때문이다. 유사한 이유에서 야수(野獸)는 원수의 상징으로 자주 제시된다 (시 10:9, 17:12, 22:13, 21, 35:7-8, 17, 57:5, 58:6, 68:30, 74:19, 80:13 등).

사용된 "사자" 표상은 먹이를 찢어 낚아채 가는 모습이다. 사자(獅子)의 표상은 성경에서 여러 모습으로 나타난다. 왕의 표상으로 (창 49:9, 잠 19:12, 20:2), 악인 (시 7:2, 10:9, 17:12, 22:13, 35:17, 57:4, 58:6, 잠 28:15 등), 의인의 담대함 (잠 28:1), 하나님 (사 38:13, 렘

49:19, 50:44, 호 5:14, 11:10, 13:7, 8, 암 3:8 등)의 표상으로도 등장한다. 사자의 포효(咆哮)하는 소리가 자주 언급되는 것은 사자를 직접 본 사람보다 으르렁 대는 소리를 들은 사람이 많았기 때문일 것이다 (욥 4:10, 시 22:13, 104:21, 잠 19:12, 28:15, 렘 2:15, 30, 겔 22:25, 호 11:10, 슥 3:3, 11:3, 계 10:3). 원수들은 사자처럼 시인을 물고 찢어 죽이려 그렇게 추격하건만 사람들 중에는 건져줄 자가 없다. 그래서 하나님께 피하여 무죄를 호소한다. 그런데 시인의 원수들은 여기서 무고하게 시인을 참소(讒訴)하여 죽이려고 한다.

한편, 이 부분에서 70인역은 "언제고 원수가 내 영혼을 사자처럼 사로잡으려 하나, 나를 구속할 자도 (메 온토스 루트류메누), 나를 구원할 자도 없나이다" 라고 했다. 그렇다면 히브리어는 "엔 포레크"가 되어야 할 것이다. 사용된 동사 "파라크"는 "찢다" (tear off)란 의미도 있지만, "구원하다" (drag away from, rescue)는 의미도 있다 (시 136:24, 애 5:8). 그러나 맛소라 본문을 따라 읽어도 문제가 없다.

3절: 내가 이것을 행하였거나 (임-아시티 조트 임-예쉬-아벨 베카파이) — "만약 내가 이것을 행하였거나, 만약 내 손에 죄악이 있거나, [4 만약 화친한 자를 악으로 갚았거나, 만약 내 대적에게 무고히 빼앗았거든." 시인은 네 번이나 "만약"이란 가정절을 반복하면서 자신의 무죄(無罪)를 호소한다.

3절 상반절에서 "이것"은 원수의 추격을 정당화시킬만한 악행, 곧 표제에 지시된 대로, 시인을 중상 모략자들이 고소하는 내용이다 ("이것을 행하다"란 표현은 창 3:14, 20:5, 6, 45:19 등에서 기소의 문맥에서 나타난다). 원수가 시인을 박해하는 근거이다. 그런 까닭이 자신에게는 없다고 호소한다. 시인의 이런 주장은 "내 손에 죄악이 있거나"로 보다 구체화 된다 (아래 참조).

내 손에 죄악 (아벨)이 있거나—여기 "죄악" (아벨)은 "불의"를 의미하며 "의" (체다카)와 대칭을 이룬다. 예를 들자면, 레 19:15, 35, 시 82:2 ("불공정한 재판을 하다"), 신 25:16 ("도량형"에서 "불의")에서 정죄되는 행위이다. 더 나아가 부패한 인간이 행하는 모든 악 (시 53:1)이 바로 이 불의이며, "불의의 사람"과 의인은 서로 간 가증히 여긴다 (잠 29:27). 그런데 이런 다윗의 주장은 삼상 24:11-15, 26:18 등을 참조 구절로 갖는다.

4절: 화친한 자를 악으로 갚았거나 (임-가말티 숄레미 라아)—나와 화친한 자 (숄미)는 "동맹"이 될 것이다. 반드시 맹약을 하지 않아도 나의 친근한 친구를 내가 궤계로 갚았다면, 그것은 배신이며, 따라서 "불의"에 속한다. 다윗은 지금 원수에게서 배신했다고 무고하게 기소를 당하고 있다는 것이 여기서 암시된다. 그런데 여기서 시인이 말하는 "화친한 자"는 "사울 왕"을 지시할 것이다. 한편, 이 부분을 액센트 대로 번역하자면, "나를 악으로 갚은 자에게 내가 (그런 해를) 가했다면" [보복했다면](Artur Weiser, *The Psalms I*, 134). 그러나 한역대로 번역한다.

내 대적에게 무고히 빼앗았거든 (바아할레챠 쵸레리 레캄) — "나를 무고하게 대적하는 자를 약탈하였거든." 후반절이 전반절의 사고를 구체화시키고 있는지 모른다. "대적" (쵸레르)은 '적대심을 가지고 공격하는 자' (공격하다 [차라르 II의 분사형])를 지시한다 (시 6:7, 7:4, 6). "빼앗다" (할라츠) 동사는 (삿 14:19, 삼하 2:21 등) 기본적으로 "끄집어내다, 건져내다" (시 6:4)란 의미를 갖는다. 이 동사는 여기서 미완료상의 바브-연속법 (Vav-consecutive)으로 연장형(cohortative)이다 (시 3:5도 참조). 그 어형을 고려하여 구태여 해석하자면, "내가 (내 의지를 발동시켜) 약탈하였거든" 정도가 될 것이다 (내 의지의 개입이 강조된다).

그런데 NJB는 "나를 무고히 공격하는 자의 목숨을 살려 주었다면" 이라 번역한다 (NAB: 까닭 없이 나를 미워하는 자들조차 살려 주었다면). 다윗이 동굴에 숨었을 때, 동일 동굴에 쉬고자 들어온 사울 왕을 죽이지 아니하고 그 옷자락을 벤 사건을 연상시켜 준다 (삼상 24:4, 11).

5절: 원수로 나의 영혼을 쫓아 잡아/ 내 생명을 땅에 짓밟고/ 내 영광을 진토에 떨어뜨리게 하소서 (이라도프 오예브 나프쉬/ 베얏세그 베이르모스 라아레츠 하야이/ 우케보디 레아파르 야쉬켄)— 전형적인 점진적 강화의 병행법이다. 시인은 자신의 무죄를 제기한 다음, 이제 만약 자기에게 불의가 있다면, 자기에게 삼중의 저주가 내려달라고 간구한다 (시 18:25-26에서 상벌 원리 참조). 여기서 묘사된 추격하여 붙잡고, 짓밟고, (땅에) 두는 행동 (라다프→나사그→라마스 [발로 짓밟다]→솨칸 [히필형, 거하게 하다, 두다]은 앞에서 나온 "사자" 상의 연속인지 모른다. 이런 일련의 동작들은 출애굽시 애굽군이 이스라엘을 추격하여 (라다프) 바알스본 맞은편 비하히롯 곁 해변 그 장막 친데 미친 (나사그)(출 14:9) 사건에서 그 예를 볼 수 있다.

한편 "추적하다" (이도프)는 소위 복합체 (lectiones mixtae; Paul Joueon-Muraoka, *A Grammar of Biblical Hebrew*, § 16g)로, 칼형 (이르도프)이나 피엘형 (예데프)로 읽을 수 있다. 이는 맛소라 학자들이 모음을 붙일 때 그렇게 했던 것으로 보인다.

"내 영혼 (네페쉬) … 내 생명 (하이)… 내 영광 (카보드)"-창 49:6에서 "내 혼"과 "내 영광"이 병행어로 나타나고 있다 (NRSV: me/ my life/ my soul; NIV: me/ my life/ me)(시 16:9, 30:13, 57:9, 108:2). 사람의 "영혼"을 그의 "영광"이라 하는 것은 그것이 하나님의 영광의 복사(複寫)이기 때문이다. 그런데 "내 생명을 땅에 짓밟고"나 "내 영광을 진토에 떨어뜨리게 하소서" 란 표현은 무슨 의미를 전달하는가? 이 두 표현은 모두 생명을 빼앗은 행동을 (왕하 7:17, 20, 미 5:7) 의미할 것이다. "영광을 진토에 떨어뜨리다" 란 표현은 "영광을 진토에 두다" 란 의미이며, 이는 그 사람의 품위나 인격을 완전히 짓밟아 수치와 굴욕감을 느끼게 한다는 의미일 듯 보이지만, 시 22:16, 사 26:19 등에서 이런 표현은 오히려 "죽음"과 연관되는 듯 보인다.

외형적으로 보건대, 5-7절은 전.후반절의 이중-콜론 (bi-colon) 구조가 아니라, 그보다 드물게 나타나는 세 개의 콜론으로 각기 이루어졌다 (5절: 4/3/3; 6절: 3/3/4; 7절: 3/3/3).

제2연 (6-9절): 악인을 심판하소서

이 부분은 이 시의 중심부분으로 1-5절의 기도를 구체적으로 응답하실 방식을 간구하고, 동시에 하나님의 개입의 동기와 응답의 확신을 제시한다. 그렇지만 해석하기에 아주 난해하다. 하나님께서 원수에게서 시인을 구하시기 위해 일어나시라 간구한다 (6절). 하나님은 여기서 세상의 재판장으로 묘사되며 (창 18:25), 그분의 개입은 시인 개인을 위한 사적인 문제가 아니라 온 세상의 공의를 확립하는 일이다. 원수에게서 시인을 구하신 후에 여호와 하나님은 자기 보좌에 돌아 가셔서 (7절) 공의를 선포하신다 (8a). 바로 이 시점에서 하나님은 시인의 무죄를 선포하시기를 간구한다 (8b-9).

6절: 여호와여 진노로 일어나사 내 대적들의 노를 막으시며 나를 위하여 깨소서 주께서 심판을 명하셨나이다 (쿠마 야웨 베아페카 힌나세 베아브롯 쵸레라이 베우라 엘라이 미쉬파트 치비타)— "여호와여, 분노로 일어나시고, 자신을 일으키사 내 대적들의 노를 치시며, 나의 하나님이시여, 깨어 심판을 명하소서." 이 외침은 하나님의 개입을 촉구한다. 모세는 광야 행진시에 "여호와여 일어나소서. 당신의 원수들로 흩어져 줄행랑치게 하소서"라 외쳤다 (민 10:35). 시 3:7, 9:19, 10:12, 17:13, 132:8 등에서도 동일한 외침이 울려 퍼지고 있다. 그런데 "자신을 일으키소서" 란 표현 (힌나세, 니팔형)은 "일어나소서" 란 간구와 병행된다.

그런데 "깨소서" 란 간청은 결코 졸거나 주무시지 않는 (시 121:4) 하나님을 마치 잠을 자는 양 묘사하는 표상으로 하나님께서 성도가 당면한 위기 상황에 무관심하게 계신다고 느꼈기에 이런 부르짖음이 터져 나온 것이다 (시 35:23, 44:24, 59:5, 80:3). 어떤 문맥에서는 하나님께서 "깨소서" 라고 할 때 (삿 5:12, 사 51:9, 욜 4:9, 슥 13:7), 원수를 처러 행동을 개시하소서! 란 뉴앙스를 가질 것이다.

복수형으로 된 어형 (아브롯 ←에브라; [내 대적들의] "노[怒]")은 그 말의 어간의 고유한 사고를 강조하는 강조 (intensity) 표시 복수형으로 "불타는 분노"를 지시한다 (GKC § 124d, e). 여기 "대적들" (쵸레르; II 챠라르의 능동분사)은 이미 4절에서 언급된 바 있다. 5절에서는 "원수" (오예브)로 나타났다. 원수나 대적을 지칭하는 말들은 오예브, 챠르, 쵸레르, 소네 (미워하는 자), 미트낙켐 (보응자, 시 8:2) 등이다. 하나같이 상대에 대하여 말이나 행동으로 적대감을 표시하는 자이다.

한편 여호와여, 일어나소서/ 자신을 일으키소서/ 깨소서! 라는 명령형 (간구법) 다음에 뒤 따라 나온 완료상 (치비타)은 역시 '간구형'으로 번역해야 한다: "심판을 명하소서!" (decree justice: NIV). 호스펠트 (F. L. Hossfeld, *Die Psalmen: Psalm 1-50*, Die Neue Echter Bibel, 73)는 9절 초반 문장을 6절 마지막으로 이동시켜, "당신이 심판을 명하셨나이다/ 주께서 민족들을 심판하신다" 로 병행되게 만든다. 그러나 이런 시도는 필요치 않다.

그런데 "여호와여 진노로 일어나사 … 나를 위하여 깨소서"를 70인역은 "나를 위하여"

대신에 "주 나의 하나님" (큐리에 호 테오스 무)으로 읽고 있다. 전반절의 "여호와여"에 상응하는 호격 "나의 하나님이여"라고 읽는다 (NIV, RSV, NJB).

7절: 민족들의 집회로 주를 두르게 하시고/ 그 위 높은 자리에 돌아오소서 (바이다트 레움밈 테소베베카/ 베알레하 람마롬 슈바) ---후반절의 사고는 사 3:13, 시 96:10, 욥 36:31 등에서 나타난다. 여기서의 영상 (image)은 재판장이 모든 죄인들이 운집한 재판정에서 모든 사람들 위에 높이 들린 재판석에 앉는 모습이다. 그런데 여기서 "민족들"과 "만민들"을 각기 "용사들"과 "군대들"이란 뉴앙스가 있는 것으로 번역한다면, 하나님을 전쟁용사로 묘사하는 전체적인 분위기와 잘 어울릴지 모른다 (Peter C. Craigie, *Psalms 1-50*, 98; idem, *ZAW* 90 [1978], 377). 크레이기는 유가릿 대응어 l' imm이 어떤 문맥에서 "용사들" [호전적 백성]을 의미한다고 이해하고, 시 2:1, 7:7 등에서도 그런 의미로 읽고자 한다(Cf. C. H. Gordon, *Ugaritic Textbook*, Glossary #1346 l'mm people ['nt II, 7], l'imm nations ['nt II, 33 등]). 그렇게 본다면 시인을 추격하는 자들은 군대일 것이고, 6절의 초두에서 일어나서 원수들을 치시라! 는 군사적인 행동촉구 (민 10:35, 시 68:1, 삿 5:12)와 연결되기도 한다. 또한 방패 (10절), 칼, 활, 죽일 기계, 화전 (12-13절) 등과 같은 무기들에 대한 언급도 고려해 보라. 그렇다면 이 구절에서 시인은 하나님께 시인을 추격하는 군대 무리들을 하나님 주변으로 모으시고, 저들 위에 높이 재판석에 앉으시고, 저들을 심판해 달라는 요청을 한다.

"그 위 높은 자리에 돌아오소서" -마치 하나님께서 그 심판석에서 떠나셔서 세상이 불의로 덮인 양 노래한다. 그런데 어떤 이들은 "돌아오소서" (슈바)라는 말 대신 "(그 위에 높이) 좌정하소서" (쉐바)로 읽고자 하나(시 9:5 참조) 사본상의 근거가 없다. 그런데 다훗은 I-Vav 동사와 II-Vav 동사는 시라는 특수상황 (poetic exigencies) 때문에 자주 교체 사용되었다고 가정한다 (*Psalms I*, 44). 다훗의 제안이 옳다면, 여기 문맥상 "좌정하소서"가 더 어울린다.

8절: 여호와께서 만민에게 심판을 행하시오니 (야웨 야딘 암밈)— 이 열방에 대한 심판은 역사상 자연 재해나 전쟁 등으로 나타난다.

나의 의와 내게 있는 성실함을 따라 나를 판단하소서 (쇼페테니 케치드키 우케툼미 알라이) — "나의 의와 내게 있는 완전함을 따라 나를 판단(신원)하소서." 여기 사용된 말 "판단하다" (쇼파트)는 8절 상반절에서 사용된 말 ([군대들을] 심판하다 [딘]과 의미상 연관된다. 전자가 포괄적으로 통치행위 전반을 지시한다면 "딘"이란 말은 보다 좁게 "사법" 행위를 지시한다. 여기 문맥에서 "쇼파트"는 "신원하다" (시 35:24)로 보면 좋겠다 (NASB, [NAB])(시 18:25-26 참조). 시인은 자신을 완전한 자로 주장하지 않고, 자신이 행치 아니한 악을 까닭 없이 기소하는 그 무고(誣告)에 대하여 항변하고 있다. 한편 "내게 있는 성실함을 따라" (우케툼미 알라이)에서, 한역, KJV, RSV, NASB 등은 맛소라 본문을 따른다. 반면 전치사구 (알

라이)를 명사로 이해하여 전반절의 "여호와시여"와 병행되는 "오 지존자시여!" 라고 읽기도 한다 (NIV, 크레이기, 다훗 등): 여호와시여 내 의를 따라 판단하시며/ '지존자시여' 내 완전함을 따라 (판단하소서)!

9절: 악인들의 악을 끊고/ 의를 세우소서 *(이그모르-나 라 레솨임/ 우테크논 챠디크)*—반의 병행법. "악인들의 악" *(라 레솨임)*이란 표현은 여기서만 나타난다. 그리고 "끝나다" (come to an end)란 의미의 동사 *(가마르)*가 몇몇 구절에서 "보복하다," "보응하다"란 의미도 갖는다는 주장이 설득력 있게 제시되었다 (M. Dahood, "The Root GMR in the Psalms," 595-97; KB³도 참조). 예컨대, 시 57:2에서 "나를 위하여 이루시는 하나님께로다"라는 한역은 "나를 위해 보응 하시는 하나님께," 시 138:8에서 "여호와께서 내게 관계된 것을 완전케 하실지라"는 "나를 위해 보응하실 것이라"고 번역하면 의미가 보다 분명하게 된다. 그럼에도, 본 구절에서는 전통적인 의미 (끝나다)가 후반절 반의 병행법에 비추어 볼 때 타당하다.

후반절은 두 가지 방식으로 보다 구체화시켜 번역할 수 있다: 1) "의인의 선을 건고케 하소서." "악인들의 악"에 병행되는 후반절의 "의"는 "의인의 선(善) 혹은 형통" (투브 챠디킴, 잠 11:10)이란 표현으로 이해한다. 2) 의인을 건고케 세우소서 (NIV, RSV, NASB, NJB, NAB).

의로우신 하나님이 심장을 감찰하시나이다 *(우보헨 립보트 우켈라요트 엘로힘 챠디크)*—"심장을 감찰하시는 의로우신 하나님이시여!" (NIV, RSV, NJB)(렘 11:20, 20:12, 계 2:23). 여기서 "심장"은 히브리어 "레브"(마음)와 "켈라욧"(신장 kidneys) 두 말 (C. H. Gordon, *Ugaritic Textbook*, 1001:3, *klyth wlbh* 참조)을 번역한 것이다. 마음도 그러하지만 이 후자 (신장 腎臟)는 구약에서 감정(感情)과 애정(愛情)의 처소였다 (욥 19:27, 잠 23:16, 시 16:7, 73:21 등). 하나님은 이런 인간의 내적 부분을 아시기에 (즉, 우리 생각과 의지, 감정을 통찰하시므로) 진노하실 때나 긍휼을 베푸실 때 편견이 없이 사례별로 공의롭게 행하실 수 있다. 그러므로 다윗은 이런 하나님께 자신의 의를 따라 판단해 달라고 간구한다.

"심장을 감찰하시는 하나님" (보헨 립보트 우켈라요트 엘로힘) -비평가 브릭에 의하면, 렘 11:20에 근거한 표현이다 (Briggs, *The Book of Psalms*, 59). 그렇게 가정해 놓고 이 시편은 추방이후 것이라 단정한다. 이런 식의 추정은 합당치 않다는 것이 고려중인 표현이 주전 15세기 문헌인 유가릿 문헌에서도 사용되었다는 사실에서 입증된다. 비평가들이 추정하는 많은 부분들에서 이런 오류들이 고고학적 발굴로 통해서 수정되어왔다 (M. Dahood, "The Dating of the Psalms," *Psalms I*, xxix-xxx 참조).

제3연 (10-13절): 재판장이신 하나님

여기서는 하나님의 속성(屬性)을 노래한다면, 다음 연에서는 악인의 모습을 묘사한다.

하나님의 속성을 노래함으로 원수들에 대한 심판을 간접적으로 간구함과 같이 하나님을 찬양함과 같다. 또한 하나님의 속성을 묘사함으로 시인은 그분에 대한 신뢰를 간접 표현하면서, 응답의 확실성을 노래하고 있다.

10절: 나의 방패는 마음이 정직한 자를 구원하시는 하나님께 있도다 (마긴니 알-엘로힘 모쉬아 이쉬레-레브) — "나의 방패는 마음이 정직한 자를 구원하시는 지존자 하나님이시라" (NIV). 하나님은 아브람에게 "나는 너의 방패라" 라고 말씀하셨다면 (창 15:1; 이쉬탈 여신이 에살핫돈 왕에게 "나는 너의 신뢰할 방패니라" ANET, 605 참조), 모세는 이를 따라 "그는 너를 돕는 방패시오" 라고 했다 (신 33:29). 다윗은 이제 하나님을 "나의 방패" (삼하 22:3 =시 18:2, 3:3)와 그에게 피하는 모든 자의 방패 (삼하 22:31 =시 18:30)라고 노래했다. 고대 세계에서 으뜸가는 방어용 무기로 전투에서 방패는 생사를 가름 짓는 중대한 요소였다. 다윗은 용사로서 "방패"의 중요성을 알았기에 하나님을 자기 방패로 인식하였다. 신앙의 절묘한 현실적 적용이다.

"마음이 정직한 자"는 욥과 같은 자를 지시할 것이다 (욥 1:8, 2:3). 그런데 악인은 이런 자를 은밀하게 해하고자 한다 (시 11:2). 이런 자들은 여호와를 즐거워하며 (시 32:11), 이런 자들은 하나님을 아는 자들이며, 하나님의 인애와 의로운 행동을 매일의 삶에서 체험하는 자들이다 (시 36:11, 64:11, 94:15, 97:11).

"나의 방패"를 NIV는 각주에서 "내 주권자" (my sovereign)라 제시한다. "마겐"이란 말은 기본적으로 "방패"를 의미하지만, "주권자"로 번역하는 것은 "수여하다, 주다"를 의미하는 "마간" 동사의 명사형으로 파악하기 때문이다. 시 84:12, 잠 4:9 등에서 "마간" 동사가 "나탄" (주다)의 병행어로 나타난다. 시 84:10, 89:19 등에서 "주권자"란 번역이 합당하게 보인다 (M. Dahood, *Psalms I*, 16-17). 그런데 "나의 방패는 … 하나님께 있도다"란 부분은 번역이 다양하다: 1) 나의 방패는 지존자 하나님이시다 (NIV, M. Dahood, *The Psalms* I, 45-46). 전치사 (알, –위에, 에게, 대하여)를 "지존자"로 읽은 것이다. 2) 나를 덮는 방패는 하나님이시다 (크라우스, F.-L. Hossfeld, *Die Psalmen*, 73). 3) 나의 방패는 하나님 위에 있다 (한역, 크레이기). 하나님께서 방패를 드시고 보호하신다는 의미이다. 어떤 것을 취하건 의미는 동일하다.

11절: 하나님은 의로우신 재판장이심이여 (엘로힘 쇼페트 챠디크) — "재판장" (쇼페트)은 "통치자"로 이해할 수 있다. 사법적인 영역도 포함하여 포괄적으로 통치하시는 이시다. 온 땅의 재판장이신 하나님은 의인을 악인과 함께 죽이시지 않으시며 (창 18:25), 악인은 심판하시나, 의인은 상 주신다 (시 58:12).

매일 분노하시는 하나님이시로다 (베엘 조엠 베콜-욤) — 인간의 죄악에 대하여 하나님은 항상 위협하신다 (롬 1:18 아포칼륨테타이 오르게 떼우). 여기서 "분노하다" (자암)라 번역된 말은 이전 히브리어 사전 (BDB)이 분노하다 로 정의했다면 (아랍어 [분내어 말하다];

KJV, RSV, NIV, NASB), 보다 최근의 사전(KB⁴)에서는 "저주하다" (후기 히브리어, 사해 문헌들에 근거), "책망하다" (시리아어 [책망하다])로 정의한다 (NAB: 책망하시는; NJB: 위협하신다). 그런데 하나님께서 "저주하신다" 라고는 하기 어렵다. "저주"란 말의 의미상, 인간들이 하나님께 처벌을 기원하는 것을 의미하기 때문이다. 그러므로 하나님을 주어로 할 경우 "위협하다" 혹은 "책망하다" 가 될 것이다. 회개치 아니하면 처벌하실 것을 말씀하심으로 위협하신다 (레 26장이나 신 28장의 "위협들" 참조).

12절: 사람이 회개치 아니하면 (임-로 야슈브) — 회개하면 살겠지만 (대하 30:9), 그렇지 아니하면 보응(報應)의 칼을 가시고, 화살을 시위 먹이시고 심판을 준비하시는 하나님의 진노를 피할 길 없다 (겔 3:16-21, 18장). "회개하다" 란 "돌이키다" 란 의미이며, 돌이키는 방향은 하나님을 목표로 한다 (사 44:22, 49:5, 55:7, 렘 4:1). 회개의 외적 표시는 베옷을 입고 재를 머리에 뿌리며 금식하는 것이나 (왕상 21:27), 철저한 자기 부정과 악의 근절(根絶)이 동반돼야 한다. 여기서 다윗은 자신을 중상 모략하는 사울 왕 측근들의 회개를 촉구하는지 모른다. 한편 "사람이 회개치 아니하면 저가 그 칼을 갈으심이여 그 활을 이미 당기어 예비하셨도다" 의 주어가 누구인가? 의 문제로 번역이 다양하다: 1) 한역, RSV, NASB, NAB: 사람이 회개치 아니하면, 하나님께서 자기 칼을 가시고 … ; 2) NIV: 하나님께서 (분노를) 누그러뜨리지 아니하시면, 하나님께서 칼을 가신다 … ; 3) NJB: 회개치 않는 자들을 위해 원수로 자기 칼을 갈게 하시고 … 이런 제안들 중에서 1)이 가장 적절하게 보인다. 하나님은 "번쩍이는 칼을 갈며 내 손에 심판을 잡고" "대적에게 보수하며" 자기를 "미워하는 자에게 보응" 하시는 분이시다 (신 32:41).

그 칼을 갈으심이여/ 그 활을 이미 당기어 예비하셨도다 (하르보 일토쉬/ 카쉬토 다락 바예콘네네하)— 칼이나 도끼날 (삼상 13:20)은 무디어 지면 갈아야 한다. 그런데 여기서 "칼을 갈다" 란 (신 32:41 참조) 한글 표현이 전달하는 두 가지 의미 (곧 ①싸움이나 침략 따위를 준비하다. ②복수를 준비하다) 보다는, 하나님의 "처벌"에 강조점이 두어질 것이다. 하나님은 사실 싸움이나 복수나 "준비"가 필요하지 않기 때문이다.

"활을 당기다" (카쉿토 다락)은 문자적으로 "활을 짓밟아 (당기다)"를 의미한다 (시 11:2, 37:14, 58:8 [다락 헤츠]). 고대에 발로 활의 중간을 밟고서 당긴 관습을 반영한다. 참조로 말하자면 신라에는 "천보궁(千步弓)"이란 것이 있었는데, 보통 활을 세 개로 묶어 활시위를 강력하게 하여 천보를 날게 한 활로 화살도 보통 화살보다 쇠촉이나 몸통이 길었고 따라서 관통하는 파괴력도 보통 활의 두 세배 였다 한다. 이런 활은 노(弩)라 하는데, 손으로 당기지 못하고 수차 모양의 굴대를 돌려서 시위를 당겼다. 이 노처럼 강력한 활은 발로 활을 밟고 시위를 당겨 시위를 말하자면 방아쇠에 걸어 놓은 다음 방아쇠를 당기듯 화살을 쏘았다. 바로 여기서 나타나는 표현 "활을 짓밟다" 란 말이 바로 발로 활을 짓밟고 시위를 당겨 방아쇠에 걸어 놓는 방식을 암시해준다. "활을 당기어 예비하셨다"는 것은 "활을 당기어 (화살을 시위) 메었다" (bent and string his bow; NIV, RSV)란 의미이다 (시 21:13, 사 51:13 등 참조). 보다 온전한 묘사는 시 11:2에서 나타난다: 활을 당기고 (다락 케쉐트) 화살들을 시위에 메우다 (쿤 힛침 알-예테르). 활은 칼과 함께 고대의 중요한 공격용 무기로, 여기서의 표상은 화살의 날카로움과 목표물을 정확하게 맞히는 치명적인 정확성을 강조한다. 참조로 말한다면, 고려-몽고 연합군이 일본을 침공할 때, 일본군의 활은 2미터가 넘고 고려군의 활은 그 절반도 아니되었다. 그런데 쏘아보니 일본군의 활은 80미터도 채 나가지 못하고, 5센티 나무판도 꽂지 못하고 튕겨 나간 반면, 고려군의 활은 180미터를 날았고 5센티 나무판도 꿰뚫어 버렸다. 고대 이스라엘군이 사용한 화살이 얼마나 날아갔으며 어느 정도 관통력을 지녔었는지는 알려진 바가 없지만, 아합 왕은 시리아의 궁수에게 (왕상 22:34), 요시아 왕은 애굽 궁수에게 저격사(狙擊死) 당하였다 (대하 24:23). 아합 왕의 갑옷 틈새(솔기)를 정확하게 쏘아 대적을 넘어뜨리는 그 정확한 임무 수행력은 피할 수 없는 하나님의 심판의 정확성을 생생하게 느끼게 한다.

13절: 죽일 기계를 또한 예비하심이여 그 만든 살은 화전(火箭)이로다 (벨로 헤킨 켈레-마벳 힛챠브 레돌레킴 이프알)— "자신의 치명적인 병기들을 준비하시며/ 자기 화살들을 불타는 것들로 만드신다." 죽음의 병기= 치명적인 병기들 (켈레 마벳), 화전들 (불화살들 火箭; 힛체 레돌킴)은 각기 12절에서 언급된 활과 칼을 보다 구체적으로 묘사한다. "죽일 기계를 예비하다" (벨로 헤킨 켈레-마벳)에서 처음에 위치한 "그를 위하여" (로)는 "자기 스스로" (NRSB) 혹은 "그의" (치명적인 병기들; NIV, RSV, NAB)를 의미한다. 델리취는 여기 사용된 두 동사의 다른 시상들을 근거로 설명하길, 심판은 점진적으로 준비되지만 (미완료상 이프알), 이미 화살을 시위에 먹여 죄인들을 정 조준한 것처럼 이미 활은 당겨져 있다 (완료상 헤킨) 하였다. 그런 설명은 시에 사용된 동사 시상들에 대한 오해에서 비롯되었다. 오히려 완료/ 미완료상의 교체 사용에 나타난 미완료상은 "과거" 시제 (preterite) 표시 어형(語形)이다. 한편 후반절을 NJB는 보다 생생하게 번역하여 "그가 자기 화살촉에 불을 붙이다"라 (tipping his arrows with fire) 한다. 그런데 하나님의 불화살은 그분이 보내시는 천둥 번개가 될 것이다 (시 18:14, 슥 9:14).

제4연 (14-16절): 악인들의 생활

이 부분에서는 악이 그 생성자에게로 돌아간다는 사고를 세 방식으로 제시한다. 묘사는 아주 생생하고 유머가 없지 않다 (N. H. Ridderbos, *Die Psalmen*, 135). 14절에서 악은 말하자면 자기 길에 순응하여 필연적으로 악의 열매를 산출한다. 15절은 악인이 어떻게 자기의 꾀의 열매를 먹는지를 묘사하며, 17절은 어떤 사람이 돌을 던지는 데 그 돌아 자기 머리에 돌아와서 떨어지는 모습을 상상하게 해준다.

14절: 악인이 죄악을 해산함이여 잔해를 잉태하며 궤휼을 낳았도다 (힌네 예하벨-아벤 베하라 아말 베얄라드 쇠케르)—"보라"(힌네)라는 불변사로 시작된다. 그러나 대개의 영역본들은 이를 무시한다. 여기 사용된 세 동사들은 모두 "그가"(3인칭 남성 단수)를 주어로 가지나, 13절의 주어인 하나님이 주어일 수는 없다. 그래서 다른 주어를 갑자스럽게 보충해야 한다. 그래서 보통 현대역본들은 "악인"을 주어로 보충한다 (한역, RSV, NAB 등; NIV는 약간 달리 번역하여 "악을 잉태하고 잔해를 임신하는 자는 환멸을 낳는다"). 악인의 모습은 은유(메타퍼)로 마치 여인이 아이를 잉태(孕胎)하듯 죄악 (아벤)을 "잉태하는"(하발, be pregnant with) 모습이다. 사용된 세 동사는 "산통(産痛)을 하다" (하발, 아 8:5)(KB³, xbl III), "잉태하다" (하라), "해산하다" (얄라드) 등이다. 여기 잉태되는 것은 "죄악" (아벤)과 "해악" (아말, mischief), 출산된 것은 "궤휼" (쇠케르, 거짓 falsehood)이다. 그러나 욥 15:35에서는 "해악을 배고 죄악을 낳으며 태로 거짓을 형성한다" (하로 아말 베얄라드 아벤 우 비트남 타킨 미르마). 시 7:14과 욥 15:35를 비교해 보면, '해악' 과 '죄악' 사이에 논리적 전후 관계가 존재하지 않는 듯 보인다. 이 표상을 현실에서 구체화시켜 본다면, 악인이 의인을 해하고자 악한 음모를 꾸미고 (해악의 잉태), 거짓을 낳는다. 신약에서 야고보는 "욕심이 잉태한즉 죄를 낳고 죄가 장성한즉 사망을 낳는다" 하였다 (약 1:15). 이런 은유는 죄악이 갑자가 돌출(突出)되는 것이 아니라, 죄악의 씨가 뿌려지고, 그것이 임신(姙娠)이 되고 배양(培養) 되어 장성(長成)해서 그 무서운 실체를 드러낸다는 것을 생생하게 묘사해준다. 동시에 자신이 뿌리는 죄악의 씨는 언젠가 자신을 파멸로 이끌게 된다는 것도 경고해준다 (15-16절).

15절: 저가 웅덩이를 파 만듦이여 제가 만든 함정에 빠졌도다 (보르 카라 베야흐페레후 바입폴 베솨하트 이프알)— 여기서도 행동의 점진성이 생생하게 묘사된다. 악인이 구덩이를 파고 (카라), 그것을 넓히고 (하파르, 우물을 파다), 다음에는 자기가 만든 구덩이 (쇠하트)에 자신이 떨어진다 (나팔).

16절: 그 잔해는 자기 머리로 돌아오고 그 포학은 자기 정수리에 내리리로다 (야슈브 아말로 베로쇼 베알 코드코도 하마소 예레드) — 남들을 치고자 궤휼을 꾸미고, 해악을 잉태했건만, 그 궤휼과 해악이 결국 자기 머리, 자기 정수리 (코드코드)에 돌아온다.

제5연 (17절): 서원

여기서 시인 찬양하리라고 서원한다. 이미 시인은 10-16절에서 응답의 확신을 간접적으로 표현한 바 있다. 이미 8절에서 나타난 "의" (체데크)가 여기서 다시 언급된다. 8절에서는 시인의 "의"가 관심이었다면, 여기서는 시인의 무죄를 정당히 선고하시는 하나님의 "의"가 초점이요, 찬양의 제목이다. 사실 14-16절에 제시된 악인의 자업자득 혹은 사필귀정(事必歸正) 사고는 하나님의 공의(公議)의 현실화의 다름 아니다.

17절: 내가 여호와의 의를 따라 감사함이여 (오데 야웨 케치드코)—시인의 감사 찬양의 결심을 말해준다. 그분의 속성(屬性)이 의로우시니 찬양을 올리리라! 여기서 "감사 찬양하다" 란 말은 후반절의 "찬양하다"와 병행어로 나지만, 그 원래 의미는 "고백하다, 인정하다" 이다. 하나님의 속성을 인정하고 높여 드리는 것이 찬양이다.

지극히 높으신 여호와의 이름을 찬양하리로다 (*바아잠메라 쉠 야웨 엘리욘*)— "여호와 지존자" (*여호와 엘리욘*)은 우리가 일평생 찬양 드려야 할 대상이시다. 이 칭호는 창 14:18, 19에서 예루살렘의 왕 멜기세덱과 연관해서 처음 나타난다: 엘 엘리욘 (지존자 하나님). 단 7:22에서는 "옛적부터 계신 자"와 구분되는 "지극히 높으신 자" (the Most High)가 언급된다. 그는 "지극히 높으신 자의 성도"란 표현에서 나타난다 (22, 25, 27절). 바로 이 분은 단 7:25에서 "지극히 높으신 분" (*일라야*)와 구분되어 "지극히 높으신 분" (*엘리요닌*)으로 언급된다. 이분이 바로 "인자 같은 분" 이시다 (Chrys C. Caragounis, *The Son of Man* [Tuebingen: Mohr, 1986], 72). 이렇게 구약에서도 삼위 중에서 성부 하나님과 성자 하나님이 이 명칭으로 암시되고 있다.

시편의 적용

"여호와, 나의 하나님!" (1절)

이 부르짖음은 원수들의 추격을 당하는 와중에 나온 외침이었다. 곤경 중에 "나의 하나님"이 되시는 "여호와"를 찾는 것은 신앙의 자연스런 발로이다. 언젠가 산상에서 "엘리야의 하나님!' 이라 목청이 터지도록 부르짖는 외침을 들었다. 그는 많은 불신자 등산객들에게 둘러싸여 조소와 비웃음을 받으며 ("뭐하는 거야?") 그렇게 외치고 부르짖었다. 그의 외침은 힘차게 창공을 갈랐다. 믿기로는 그의 기도가 하늘에 상달되었다.

에스라서에서 하나님을 "여호와, 하늘의 하나님" (1:2) 혹은 "여호와, 이스라엘의 하나님" (1:3, 4:1, 3, 6:21, 7:6), "예루살렘에 거하시는 여호와" (7:27), "여호와, 너희 조상들의 하나님" (8:28, 10:11) 등으로 부르는 것은 그렇게 부르는 사람의 정황을 암시해준다. 이방 신들이 들끓었던 이국땅에서 이스라엘의 하나님, 여호와를 부르는 것은 남다른 감회가 있었을 터이다.

하나님은 마음이 정직한 자들을 구원하시는 구원자이시다 (10절)

그분을 신뢰하는 자들은 낭패를 당치 아니한다. 그러므로 우리는 꾀를 쓰지 말고 하나님을 전심으로 의지할 이유가 있다. 동시에 하나님은 불의한 자들을 향하여 매일 진노하시며 보응의 칼을 가시며, 화살을 당기시고 정조준 하신다 (12절). 언제든지 치실 준비가 되었다. 그분이 인간을 처벌하시고자 하시면 그 방법이야 수 만 가지이다. 자연력을 이용하실 수도 있지만 (출애굽의 10재앙처럼), 인간이 자기 꾀에 넘어가게도 하시고, 심지어 하찮은 곤충에 물려 죽게도 하신다. 일본총독부에서 8월 17일 조선 기독인들을 몰수히 죽이고자 계획을 세웠지만, 8월 15일 히로시마와 나가사키에 먼저 원폭(原爆)을 투하하시어 저들을 항복케 하시었다. 자기 백성을 돌보시고 원수에게 보응하시는 하나님이시다!

억울하게 지낸 세월들

이 시는 다윗이 사울 왕에게 피해 다니며 억울하게 지낼 때 억울한 심정을 하나님께 하소연한 정황을 반영하는지 모른다. 베냐민 지파의 '구시'란 자가 다윗을 모함하고 중상(中傷)모략(謀略)하니 사울은 그 말에 솔깃하여 다윗이 반역을 꾸민다고 믿었을지 모른다. 그래서 다윗 암살(暗殺)령이 떨어졌다. 다윗은 이리 저리 피하지만, 두려움이 엄습하였을 터이다. 그런 도피의 날들이 지속되고, 달이 바뀌고 해가 바뀌지만, 사정이 나아질 기미가 보이지 않는다. 하나님께 억울함을 호소하지만, 정권이 바뀌지 않는 이상, 불의한 자가 정권을 잡고 있는 이상, 자기의 억울함을 호소연할 데가 없다. 그래서 오직 하나님께 부르짖는다. 이러한 부르짖음과 도피의 세월이 수년(數年)이나 흘렀다. 아니 십 수 년이 흘렀을지 모른다. 세상은 왜 이렇게 공의롭지 못한가? 하나님은 세상의 불의를 수수방관하시는 것은 아닌가? 그분이 세상의 재판장이시기를 포기한 것은 아닐지? 이런 의문도 때로 다가왔을지 모른다.

세월이 흘러 마침내 사울 왕과 그 일가 그리고 그의 참모들이 모두 기브아 산에서 블레셋 군에게 대패하고 스러져 갔다. 마침내 정권이 무너진 것이다. 이때로부터 다윗의 억울한 사정은 변호되기 시작했다고 할 수 있다. 공의로우신 하나님의 맷돌이 천천히 돌았지만, 정확하게 갈았고 아주 세밀하게 갈았기에 악인은 남김없이 징벌을 당했다. 사울 왕조는 무너졌고 다윗에게 온 이스라엘이 귀속되었다. 이때부터 다윗은 시 101편이 지시하는 대로, 자기 조정(朝廷)에 비루한 자, 이웃을 그윽이 허는 자 등을 제하고, 정직하고 경건한 자들을 세웠다. 그는 공과 의를 온 땅에 시행하였다. 억울하게 쫓겨 다니던 세월은 의미 없는 나날들이 아니었다. 그가 흘린 눈물들은 소용없는 눈물이 아니었다. 하나님께서는 길다면 긴, 아니 짧다면 짧은 세월을 기다리셨다가 다윗의 기도들을 하나하나 응답하시기 시작하신 것이다. 하나님의 목적은 인간에게 때로 이해되기 어려울 때도 있다. 그러나 시간이 지나면 하나님의 목적이 역사 가운데 분명하게 드러난다.

다윗은 어려웠던 시절에 사람을 분별하는 눈을 길렀다. 그의 기도대로 하나님은 악인을 벌하셨고, 의인은 세워졌다. 세상에 공의와 정의가 강같이 흐르기 시작하였다. 하나님은 다윗을 통해서 자기 나라의 영광과 위엄을 드러내시길 원하셨기에 그런 억울한 때들을 통과케 하셨다. 다윗은 무의미한 세월을 보낸 것도 아니고, 그가 부르짖었던 기도들이 무시된 것도 아니었다. 때가 오매 마침내 그의 의는 신원되었고, 그의 기도는 응답되었다.

시 8편 사람이 무엇이관대

1. 전체구조에서의 위치, 시의 유형과 삶의 자리

시 6-8편의 관계에 대하여 델리취는 기술하길, 6장은 아침의 노래가 아니라면, 잠 못 이룬 탄식의 밤들을 회고하는 시이므로 (7편은 6편의 부속), 밤의 찬양이라 할 수 있는 시 8편 (3절에서 "태양"은 언급이 없다)이 그 뒤에 배치된 것은 자연스럽다고 한다. 또한 시 8편이 온 땅에 가득 찬 하나님의 영광을 노래했다면, "내가 지극히 높으신 여호와의 이름을 찬양하리라"고 끝난 시 7편 (17절)과 "내가 지극히 높으신 주의 이름을 찬송하리라"고 시작하는 시 9편(시 9:2) 사이에 위치한다는 것은 아주 자연스럽다.

표제는 다윗의 시, 영장으로 깃딧에 맞춘 노래라 한다. 본시는 창조, 특히 왕적 존재로 인간을 세우신 데서 드러난 하나님의 영광과 은총과 주권을 찬양하는 찬양시이다. 찬양은 여러 가지 주제들을 다룬다. 여호와께서 창조주시며, 만물의 유지자시며, 구속자이심을 노래하거나, 그분이 행하신 기이한 일들과 그분의 속성이 주제가 될 수 있다. 만물만 아니라 인간 자신도 하나님의 손의 작품이며, 그분은 자기 백성 이스라엘을 구속하셨고, 그분의 속성은 이런 일들을 통해서 자기 백성에게 의롭고, 거룩하며 인자하시며 긍휼이 풍성하신 분으로 드러났기에, 구속을 받은 성도들은 그분의 구속 사랑과 은총을 찬양하거나 그분의 행하신 위대한 창조와 구속을 찬양하는 것이다. 동시에 그분은 시온산을 택하시어 자기의 처소로 삼으셨고 다윗 가문을 택하여 이스라엘을 통치하게 하셨다. 이런 시온과 다윗 가의 선택 역시 찬양의 제목일 수 있다. 하나님의 말씀도 찬양의 주제가 된다.

여기 시 8편에서는 죄로 부패한 인간의 모습이 아니라, 하나님보다 약간 못하게 피조 된 인간의 존귀한 왕적 지위가 노래되고 있다. 창 1:26-28의 말씀을 근거로 하는 시로, 타락 이전의 인간의 존귀와 영광스러운 위치가 반영되고 있다. 이런 지위는 타락으로 상실되었으나 그리스도로 통해서 회복되어질 것이기에 신약은 이 시에 노래된 인간의 존귀한 위치를 그리스도께 적용시켜 해석하고 있다.

어떤 이는 이 시는 죄로 일그러진 모습이 없으므로 다윗의 순진한 소년시대의 작품일 것이라고 추정하기도 한다. 그렇지만 성인(成人)이라도 하나님의 창조물과 그 속에서 인간이 점하는 고귀한 지위를 묵상하게 될 때 이런 시는 얼마든지 나타날 수 있을 것이다. 비평가들은 대개 창조사상이 구약에서 이스라엘의 선택과 구속사상의 부속물로 도입되었다고 생각한다. 저들에 의하면, 창세기의 창조기사들 (창 1장의 기사와 2장의 기사)은 창조사상 자체를 위해서라기보다, 이스라엘 역사의 도입을 위한 "서론"으로 작용한다고 한다. 야웨 신앙은 이스라엘의 선택을 토대로 하였기에 창조신앙은 이 구속신앙을 뒷받침하기 위해 이방 신화들의 영향 하에 도입되었다는 생각이다. 물론 현실적으로 믿은 후에 창조주 하나님을 생각하게 되는 것이 일반적 경향이겠으나, 하나님의 계시가 모세를 통해 주어졌을 때, 구속신앙의 토대 위에서 창조신앙이 근거하도록 주어졌다고 하기 어렵다. 오히려 하나님은 창조의 목적이 아담의 반역으로 실패하자, 이스라엘의 선택을 통해 원래 목적을 이루고자 하셨던 것이다. 창조에서 초점은 인간이었다고 창조기사는 제시해준다. 그런데 인간은 만물을 정복하고 다스리는 축복을 받음과 동시에 (창 1:28), 하나님을 섬기고 그분의 계명을 지킬 사명도 아울러 받았다 (창 2:15). 그러나 인간은 이런 원래적 사명을 완수하지 못하고 하나님 대신 다른 신(神)(뱀으로 분장)을 섬기고 그분의 금령(禁令)을 깨뜨림으로 하나님께 버림을 받고 말았다. 이리하여 타락한 인간을 구속할 하나님의 목적이 요청되었다. 타락한 인간을 구속하여 원래의 사명을 감당케 해야 하겠기 때문이다. 이리하여 이스라엘의 역사는 시작되었다.

이렇게 볼 때, 시 8편은 창조의 초점인 인간이 원래 지녔던 왕적인 모습을 부각시킴으로 구세주를 통한 회복과 회복된 인간의 사명을 일깨워주고 있다. 한편, 정복하고 다스리라는 하나님의 말씀 (창 1:28)은 "문화명령" 이라고 이해되어 왔지만, 오히려 하나님의 "축복말씀" 이라고 이해해야 한다. 생육하고, 번성하여 땅에 편만(遍滿)하라; 땅을 정복하고 다스리라는 말은 '명령형' 이지만, 그 도입부는 "축복하여 가라사대" 로 되었기 때문이다. 따라서 명령형의 진술을 하나님 축복 중심으로 바꾸자면, "하나님께서 번성케 하시고, 하나님께서 인간으로 정복하고 다스리도록 축복해 주셔야 인간은 그렇게 할 수 있다" 고 말할 수 있다. 예컨대, 시 8:6절에 사용된 동사 둘 (*탐쉴레후, 타*)이 모두 하나님의 주권적인 역사를 표현해준다. 하나님께서 그 (인간)로 그 손들의 작품들을 다스리도록 하셨다 (사역형). 그리고 그분이 만물을 그 (인간) 두 발 아래 두셨다. 이처럼 창 1:28은 그 분이 그렇게 되도록 만들어 주셔야 받을 수 있는 축복이다. 물론 인간의 의지 발동이 무시될 수도 없다. 그러나 근본적으로 하나님의 축복이 선행되어야 인간의 의지 발동도 의미를 지닐 수 있게 된다는 점에서 이 인간의 왕적 지위는 하나님의 은총으로 이루어질 수 있다.

한편, 리델보스에 의하면, 시 8편은 창 1장에 열거된 하나님의 작품들을 언급함으로 그것과 긴밀한 연관성을 보여주지만, 시 8편은 하나님의 두 가지 작품에 초점을 맞추고 있다 (*Die Psalmen*, 137): 하늘 궁창과 인간. 하나님의 영광은 그가 지으신 궁창과 그가 인간에게 부여하신 왕적인 지위를 통해 특별하게 드러난다고 시 8편은 노래한다. 다른 작품들 (땅과 바다, 천체들, 새들, 고기, 짐승들)도 창조된 것으로 언급되고 있으나 초점은 하늘과 인간의 존귀한 모습이다. 리델보스는, 시 8편은 이렇게 여러 창조물들을 언급하면서도 하늘과 인간에 초점을 맞추므로 결국 이런 창조물들에 드러난 하나님의 영광을 노래한다고 우리는 말할 수 있으리라 한다. 하나님은 모든 것을 자기 자리에 두셨으며, 창조물은 잘 구비된 전체를 구성한다. 시 8편은 그렇게 "미약하고 덧없는 인간" (nichtige, vergaengliche Mensch)

에게 전 창조물에서 그렇게 으뜸가는 중심적이고도 존귀한 지위를 허락하신 하나님께 경의를 표하며 그의 기이하고 놀라운 주권적인 섭리를 찬양한다. 이 기이한 하나님의 섭리를 분명하게 드러내기 위해 시인은 자기가 밤중에 올려다보았을 저 광대무변(廣大無邊)하고 불변한 하늘에 비해 엄청나게 "보잘것없고 무상한" 인간의 모습을 강조한다. 리델보스는 또한 시 8편과 창 1장 (사실은 1-2장)과의 긴밀한 관계를 지적하고, 이 두 부분은 모두 인간이 잘 조화된 창조물 전체의 한 중심에 서도록 하나님께서 배려하셨다고 주장한다. 창 1-2장에서도 다른 모든 것들의 창조는 인간을 위한 예비였다고 할 수 있을 정도로 인간은 창조의 중심을 점한다. 시 8편은 바로 그런 사실을 핵심적으로 간결하게 제시해 주고 있다.

그런데, 리델보스가 이해하듯, 이 시가 "미약하고, 무상한" 인간에게 주신 그 존귀한 위치를 노래하는가? 하는 데는 의문이 간다. 인간의 "미약성과 무상성" (Nichtigkeit und Vergaenglichkeit)은 인간의 타락을 전제하기 때문이다. 우리는 이 시가 인간이 타락하기 이전에 지녔던 그 존귀한 왕적 지위를 노래한다고 본다. 타락 이전에 인간의 지위는 왕적 제사장이며 선지자적 존재였다. 나약하고 무상한 그런 사고는 타락 이후 흙으로 돌아가게 된 죽음 운명에서 비롯된 것이 아닌가?

유대인들 중에 어떤 부류들은 이 시의 3-8절이 아담의 탁월한 지위를 시기하는 천사(들)의 말이라고 이해했다. 타락 이전에 아담은 영광과 존귀로 관을 썼기에 아담의 몸은 해보다 더 밝은 빛을 발하였다 한다. 아담의 영광은 창 1:26 이하에 언급된 하나님의 형상과 긴밀하게 연관되며 따라서 그 영광은 신적인 것이었고, 아담은 하나님의 영광에 참여하고 있었다. 그런 영광으로 인하여 아담은 모든 피조물에 대하여 왕적 통치권을 행사할 수 있었다. 더구나 아담은 주의 손으로 만드신 것을 다스렸으므로 (시 8:6) 결국 하늘과 천사들까지도 그의 권세 하에 있었다. 따라서 "만물을 그 발아래 두셨다"는 말씀은 이 지상뿐 아니라, 천상의 모든 천체나 천사들까지 포함된다. 그의 지혜는 천사들의 그것보다 탁월했고, 그는 짐승만 아니라 하나님의 이름까지도 지었다 한다. 아담은 신적인 형상과 영광을 지녔기에 천사들도 그 앞에서 엎드려 경배하도록 명령을 받아야 했다. 그리고 어떤 천사들은 아담의 수종자들로 그를 섬겨야 했었다. 이렇게 이해하려면 5절에서 "천사보다 조금 못하게 하시고"를 "엘로힘"이란 단어의 일차적 의미인 "하나님"으로 읽어야 한다.

그런데 아담에게 굴복해야 하는 처지에 선 천사(들)의 시기심이 발동하여, 결국 아담을 유혹하여 타락케 하고 말았다. 이 시의 2절에서 "주의 대적을 인하여 … 원수와 보수자로 잠잠케 하려 하심이니이다"라는 사고나 6절에서 만물을 그 발아래 두셨다는 사고는 아담이 어떤 경쟁자 혹은 대적과 싸우는 적대심의 사고를 담고 있다면, 이런 적대심의 사고가 천사들의 시기심과 연결될 수 있을 것이다. 에녹서에서 이렇게 시기하는 천사는 사탄 (혹은 죽음의 천사 Sammael)이다. 사탄은 아담이가 자기 앞에 굴복하여 경배하라는 명령을 발할 때 그것을 순종 할 수 없어 결국 아담을 타락시키게 되었다. 이렇게 이해할 경우, 4절에서 "주께서 저를 권고하시나이까?'는 주께서 저를 선택하다, 지명하다란 뉘앙스로 읽어야 한다.

사탄의 수작으로 아담은 타락하여 그 영광스러운 지위에서 몰락하였고, 그 결과 인간이 죽음의 천사에게 복종하는 신세로 전락했다. 타락 이후에는 죽음의 천사가 에덴동산에서 아담의 자리를 차지했다고 한다.

그런데 그렇게 이해하는 사람들에 의하면, 이 시가 노래하는 타락 이전의 아담의 그 지위나 임무는 아담의 어떤 후손들에 의하여 재현되었고, 그래서 이 시는 그들에게도 적용되었다. 영광스러운 아담의 지위를 재현한 이들은 죽음을 보지 아니한 에녹이나 모세 같은 인물이다. 죽음의 사자도 모세를 건드릴 수 없었다. 모세 같은 영광스러운 반열에는 아벨, 에녹, 아브라함, 이삭, 아브라함의 후손인 이스라엘 등이 들어간다.

우리는 이러한 일부 유대인들의 시 8편 해석이 크게 잘못되지 않다고 여긴다. 단지 아담의 영광스러운 지위가 에녹이나 모세 같은 인물에게서 재현되었다는 점은 인정하면서도 부분적인 재현이라고 판단되고, 오직 제2 아담으로 오신 예수님께서 타락 이전의 아담의 영광스러운 지위를 이 땅에서 재현하셨다고 믿는다. 주께서 행하신 자연에 대한 통치와 질병의 치료, 귀신을 내어 쫓으심, 변화산상에서의 영광스러운 모습의 변모(變貌) 등이 아담의 그 권세 있는 왕적 지위를 반영해 주었다. 예수님께 연합된 이들도 아담의 그 같은 영광을 회복한다. 이는 주께서 재림하실 때 영화롭게 될 우리의 모습이지만, 현재 여기서 구원받은 성도는 왕적 제사장으로 죄악과 세상을 영적으로 정복하고 하나님을 섬기지 않으면 안 된다.

2. 시적 구조와 해석

본시는 동일한 진술의 1절과 9절이 그 가운데 내용을 둘러싼 "인클루시오" (inclusio) 형태를 취하고 있다. 우리는 1-2절을 한 연으로, 3-8절을 또 다른 연으로 구분한다. 그런데 이 두 연은 모두 히브리어 의문 대명사 (*마*; "어찌 그리" [1절], 무엇이관대 [4절])로 시작된다 (물론 *마* 앞에 "우리 주여!"나 "내가 … 볼 때" 라는 표현이 각기 먼저 나오지만, *마*가 이끄는 절이 주절[主節]을 구성한다). 이 의문 대명사는 이 시의 핵심어라 할만하다. 리델보스는 이 의문 대명사를 이 시의 핵심어로 지적하면서 1-3절을 1연으로, 4-9절을 2연으로 구분했다. 3절을 1연에 귀속시킨 것은 3절 초두의 접속사 (*키*)를 무시하고 3절의 사고가 하늘에 초점을 맞추어 1-2절과 연관된다고 보았기 때문이다. 그렇지만, 우리가 3절을 2연에 귀속시킨 것은 여러 역본들이 보여주듯, 3절은 4절의 종속절로 (시제절) 보이기 때문이다 (내가 … 볼 때, 인간이 무엇이관대…).

1연과 2연 사이에는 사고상으로 긴밀한 연관을 보여준다: 시인이 1연에서 하늘을 쳐다보고 하나님의 영광을 발견했다면, 하늘과 달과 별들을 보는 가운 도중에(3절) 다른 자연

만물에 비해 인간의 상대적 "보잘것없음"을 직감적으로 느끼게 되었다 (4절).
 한편 우리가 3-8절을 한 연으로 처리하는 이유는 첫째로, 3절 초두의 "내가 바라볼 때" (키 예레)라는 표현이 그 이후의 모든 문장들을 도입하는 역할을 하고 있기 때문이다. 즉, 시인이 하나님의 피조물들을 바라다 볼 때, 1) 인간을 향하신 하나님의 크신 사랑 (4절), 2) 인간을 하나님보다 약간 못하게 하시고, 영화와 존귀로 관 씌우신 일 (4절), 3) 인간으로 피조물을 다스리도록 하신 일 등을 인하여 찬양을 드리지 않을 수 없게 되었던 것이다. 둘째로, 앞의 이유에 부속되는 것이지만, 3-8절에서 사용된 동사들은 모두가 3인칭 남성단수 접미어를 지닌 2인칭 남성단수 미완료시상 (티즈케렌누, 티프케덴누, 테핫스레후, 테아트레후, 탐쉴레후)이다. 셋째로, 3절의 "주의 손가락들의 작품들"과 7절의 "주의 손들의 작품들"은 병행을 이루고 있다. 4절에서는 그것들이 천체들 (달, 별들)이었다면, 7절 이하에서는 생물들 (모든 우양, 들짐승, 공중의 새, 바다의 어족, 해로海路에 다니는 것)이다. 이렇게 3-8절은 한 사고와 한 형식으로 단단히 연결되고 있다.
 제1 연 (1-2절): 세상에 드러난 영화로운 주의 이름
 제2 연 (3-8절): 왕적 존재로 세움을 입은 인간

표제:
다윗의 시, 영장으로 깃딧에 맞춘 노래 — "깃딧"은 시 8:1, 81:1, 84:1 등에서 나타나며, 탈굼역은 "가드에서 온 (악)기"라 번역했다. 반면 70인역, 제롬 등은 "초막절에 포도즙틀 곁에서"라 이해했다.

제 1연 (1-2절): 세상에 드러난 영화로운 주의 이름
 이 부분에서 시 8편은 시 19:1-6의 찬양과 사고상 일맥상통(一脈相通)한다. 그러나 사고와 구조를 동시에 고찰한다면, 이 시의 클라이맥스가 인간에게 주어진 존귀한 지위를 노래하는 시의 후반부 (3-9절)라면, 시 19편에서는 율법을 노래하는 후반부 (7-11절)가 클라이맥스를 이룬다.
 1절: 여호와 우리 주여 (야웨 아도네누)—이 시인은 여호와를 "우리의 위대한 주님" (아도네누; 아도나이 처럼 탁월함 표시의 복수형 [plur. excellentiae, GKC §124i] "아도님" [주님들]에 인칭접미어가 첨가된 형태) 이라 부른다. 이 칭호는 구약에서 4번 나타난다 (시 8:2, 10, 135:5, 느 10:30 등).시 135편에서는 이스라엘이 주체로서 하나님을 찬양하므로, 이런 호칭은 자연스럽다. 느헤미야서에서도 이스라엘 백성들의 문제를 언급하는 중에 이 호칭이 사용되고 있다.
 주의 이름이 온 땅에 어찌 그리 아름다운지요 (마-앗디르 쉼카 베콜-하아레츠)—히브리어로 "당신의 이름"을 한역은 "주의 이름"으로 대체하고 있다. "아름다운" (앗디르)이라 번

역된 말은 바다의 물들이나 배, 나무 등이 아주 광활하거나 크고 높이 위용 있게 보이는 모습을 묘사하는 형용사이다. 만약 어떤 왕의 명성이 천하에 널리 퍼졌다면 그 왕의 위세가 강력하다고 할 수 있다. 마찬가지로 여호와의 이름이 온 땅에 "아름답다"는 것은 그의 이름의 위세(威勢)가 온 땅에 가득 찼다는 의미이다. 그분이 행하신 위대한 일들 (창조와 구속의 일들; 여기서는 전자)이 만민에게 분명하게 드러나므로 여호와의 이름이 위세를 떨치게 된다. 이름은 곧 하나님 자신을 지시한다. 그런데 온 땅에 가득한 이 위대하신 하나님의 이름도 (자연 계시) 그분의 특별계시인 성경이 없었다면 타락한 인간은 그 누구도 인식하지 못했을 것이다. 오직 성령으로만이 하나님께서 은혜로 주신 것들 (창조와 구속)을 깨달을 수 있다 (고전 2:12).

여기 "어찌"라는 감탄사 (마)는 형용사와 합쳐서 여기서처럼 함께 사용된다 (어찌 그리 아름다운지!). 고려 중인 말 (마)은 4절에서처럼 "무엇?"이라는 의문대명사로 사용되기도 한다.

주의 영광을 하늘 위에 두셨나이다 (아쉐르 테나 호데카 알-핫솨마임)— "당신께서 당신의 영광을 하늘 위에 두셨나이다" (아쉐르는 직접 화법을 도입하는 불변사로 이해한다, GKC §157c). 시 19:1에 비추어 본다면, "주의 영광"은 천계의 피조물들이 반사하는 하나님의 지혜와 영광을 지시한다. 이 시인은 3절에서 하늘 위에 두신 주의 영광이 무엇인지 언급하고 있다. 여기 사용된 "영광" (호드)은 성경에서 자주 언급되는 "영광" (카보드)과 동의어이며 (시 21:6, 영광 [카보드]/ 존귀와 위엄 [호드 베하다르), 이런 말들은 왕의 위엄과 위세(威勢)를 묘사하는 용어들이다 (시 45:4, 21:6, 대상 29:25). 따라서 이 말은 하나님을 우주의 왕으로 묘사하고 있다 (시 96:6, 104:1, 113:4, 145:5, 148:13).

한편, 1절 하반절에서 원문의 아쉐르 테나와 연관하여, 여기서 "테나"는 직역하건대 "너는 두라" (2인칭 남성단수 명령형 [텐] + paragogic he [무의미한 어미음 "헤" 첨가])이다. 첫 말 "아쉐르"는 관계대명사 혹은 접속사이다. 이런 표현이 문두에 위치함은 문법상 이해하기 어렵다. 그래서 여러 가지 제안들이 제시되었다:

1) "아쉐르"를 직접화법 도입 불변사 (GKC §157c)로 본다; "테나"는 "나탄" (그가 두다)로 약간 고쳐 읽는다.

2) "아쉐르"를 관계대명사로 보고, "당신"을 의미하는 "앗타"를 그 앞에 둔다; 그리고 "테나"는 "타나" (찬양하다)로 읽는다 (타나에 대하여는 Gordon, *Ugaritic Manual*, Glossary #2047); 사 6:3 (시 113:4, 148:13등도 참조)에 비추어 천상의 찬양을 가정한다 (Artur Weiser).

3) "아쉐르"를 관계대명사로 보고, 앞 문장의 주어를 받는 것으로 취하고, "테나"를 한정동사 대용의 부정사 (두다)로 본다 (K. Deltzsch).

4) 두 말을 합쳐서 "내가 섬길 것이다 [경배할 것이라]" (쇠라트의 1인칭단수 미완료 + 눈 강조형)(M. Dahood, P. C. Craigie). 우리는 1)번을 택하고자 한다.

1하-2상반절의 관계도 여간 난해하지 않아 이견들이 있다:
  1) 1절 하반절과 2 상반절을 연결시켜 전.후반절로 취한다; 후반절은 생략법이 활용된 것으로 이해하여, "어린아이와 젖먹이들의 입으로도 당신의 영광이" 전파 되나이다; 하나님께서 하늘에 자기 영광을 두신 것과 같이 땅에서도 그분의 영광이 어린이들의 입으로 전파된다 (REB).
  2) 2절 상반절을 2절 하반절과 연결시켜, 하나님께서 어린이들의 입으로 권능을 세우신다고 이해한다 (한역, NIV, NRSV).

2절: 주의 대적을 인하여 (*레마안 쵸레레카*) — 난해한 이 부분은 아마 고전 1:26-31에 비추어 이해할 수 있을 것이다. 즉, 하나님은 세상의 미련한 것들과 세상의 약한 것들을 택하사 지혜 있고, 강한 것들을 부끄럽게 하시고, 세상의 천한 것들과 멸시받는 것들과 없는 것들을 택하사 있는 것들을 폐하려 하신다. 여기서 "당신의 대적"은 세상의 지혜롭고, 강하며, 있는 것들을 지칭할 것이다. 주님이 세상에 계실 때 그를 대적한 자들이 모두 스스로 지혜롭고 강하며, 있다고 자부한 자들이었다. 반면 그를 영접하고 존중한 이들은 세상의 천하고 미련하고 약한 자들 (죄인, 창녀, 세리, 부녀자들, 어린이들)이었다.

어린아이와 젖먹이의 입으로 말미암아 (*밉피 올레림 베욘네킴*)—이 부분을 앞부분과 연결시키느냐? (당신의 영광을 하늘에 두시었나이다/ 어린아이와 젖먹이의 입으로 [영광을 나타내시나이다]) 아니면 뒷부분과 연결시키는가? (한역처럼) 후자를 택한다.

권능을 세우심이여 (*잇샷타 오즈*) — "그가 권능을 세우신다" (*잇사드타 오즈*). 여기서 "세우다" (*야사드*)는 3절에서 사용된 [천체들을] "견고히 세우다" (*쿤*)와 동의어로 사용된다. "권능을 세우다"란 표현의 의미는 무엇인가? 시 29:1, 11, 68:35, 96:6, 7 등에서 "영광과 권능을 여호와께 돌릴지어다"라 말씀한다. 이미 하나님께서는 큰 권능이 있다. 그러므로 시인들은 하나님께서 자신들의 힘 (권능)이시라 고백한다 (18:18, 21:2, 28:7, 46:1, 59:9, 17, 62:7, 81:1, 118:14, 140:7 등). 주의 큰 권능 때문에 원수들이 굴복한다 (시 66:3). 하나님의 권능은 범죄 하는 자기 백성에게는 두려움의 대상이다 (시 90:11). 주께서는 주의 권능으로 바다를 나누시고 물 가운데 용들의 머리를 깨뜨리셨다 (시 74:13). 하나님은 출애굽시에 기사를 행하시므로 열방 중에 자기의 권능을 알리셨다 (시 77:14). 그럼에도 그에게 권능을 돌리라! 는 요청은 무엇인가? 그러한 요청은 시 19:1-2, 96:7-9에 비추어 보건대 그분을 "경배하라"는 권고이다. 곧 찬양하라는 요청이다. 그렇다면 "권능을 세운다"는 표현도 유사한 의미로 취할 수 있다 (NIV: 당신께서 찬양을 정하셨다 you have ordained praise).

마 21:16은 시 8:2의 헬라어역을 그대로 인용하여 어린 아기와 젖먹이의 입에서 나오는 찬송을 온전케 하셨나이다 라 한다. "권능"을 "찬양"으로 이해하였다. 어린이들과 젖먹이들의 입으로 하나님은 자기의 권능을 세우신다. 곧 저들에게서 찬양과 경배를 받으신다. 주님 당대에 아이들은 성전에서 소리 질러 주님께 "호산나 다윗의 자손이여"라 찬양했지만,

그 당대 종교지도자들은 예수님을 원수로 대적하였다 (마 21:16).

한편 RSV, 리델보스 (*Die Psalmen*, 136), 다훗 (*Psalms I*, 48) 등은 전통적인 본문 이해를 거부하며, 새로운 번역과 해석을 시도한다. 즉 1하반절과 2상반절을 결합시키고 2 하반절에서 "권능" 대신 "요새"로 번역한다:

1b 당신 곧 하늘들 위에 있는 그의 영광이
[2a 어린이들과 젖먹이들의 입으로] 노래되나이다
2b 당신께서 당신의 대적들을 인하여 요새를 세우셨으니
대적들과 보수자들을 무기력하기 하기 위함이니이다

리델보스는 이상과 같은 번역을 제시하고 설명하길, 요기 "요새"는 하늘 궁창을 지시하며, 시인은 밤중에 빛나는 궁창을 바라보면서 노래하고 있다고 했다. 궁창을 하나님께서 세우신 요새인데, 그분은 그 성내 보좌에 좌정하시어 캄캄하고 적대적인 모든 세력을 비웃으신다 (시 2:4 참조). 지금 온 땅에는 흑암이 뒤덮고 있다 (구약에서 자주 흑암은 적대 세력을 상징한다). 그럼에도 하늘의 대왕은 범할 수 없는 모습으로 빛나는 자기 궁궐에 좌정하신다.

이제 다훗의 번역과 설명을 들어본다.
1 애송이들과 젖먹이들의 입술들로
나는 하늘 위의 당신의 위엄을 *경배하리이다*
2 당신은 당신의 대적들, 원수와 보수자를 잠잠케 하신 후에
한 요새를 당신의 주거지로 세우셨다

다훗은 늘 그러하듯이 자기 나름대로 히브리어 모음 본문을 변조(變造)하고 번역한 다음 설명한다. 1절의 의미는 다훗에 의하면, 하나님의 위엄 앞에서 시인은 애송이나 젖먹이처럼 떠듬거리며 말할 수밖에 없다고 한다. 그리고 *아쉐르 타네* (당신이 두셨다) 대신 *아솨레 탄나* (섬기다, 경배하다 [*쉐레트 피엘형*]의 눈 첨가 강조형 *modus energicus*)로 읽는다. 결국 1절에서 시인은 젖먹이처럼 떠듬거리며 입술을 놀려 하나님의 위엄을 경배하리라고 말한다.

다훗에 의하면, "요새" (오즈)는 시 78:26에 비추어 볼 때, "하늘"을 지시하는 시적 명칭이며, 암 9:6에 비추어 본다면, 하나님은 하늘에 "저택들"(*마알롯*)을 지으시는 분이시다. 바알 신화에서 잘 알려진 모티브는 어떤 신이 원수들을 제압한 이후에 자기의 거처 곧 신전을 건축하여 통치한다는 것이다 (*UT* 68). 바알 신은 바다 신 '얌'을 격파하고 최고신 '엘' 에게서 자신을 위한 궁궐을 건축하도록 허락을 받는다. 만약 그런 궁궐이 없다면 승리한 바알도

계속 다른 신들의 도전과 모욕을 받을 것이기 때문이었다. 그런데 가나안 신화에서 바알 신의 주요 대적들은 바다 신 '얌'과 사망 신 '못' 등이다. 이런 신화적 영상이 반영되고 있는 듯 보이는 구절들 (시 74:13, 89:10, 사 51:9-10 등에서) 하나님은 용, 라합 등을 하나님을 격파하신다. 이렇게 원수들을 제하신 후에, 하나님은 하늘과 땅을 창조하심으로 자신의 처소를 예비하셨다.

"대적 (쵸레르)… 원수 (오예브)… 보수자 (미트낙킴)"-이들은 이 문맥에서 하나님을 대적하는 자들이다. 이들을 잠잠케 하기 위해 (레하쉬비트) 하나님은 세상의 가장 약한 것들 (어린아이와 올렘림 젖먹이들 [욘킴])을 택하셨다 (고전 1:27). 그런데 여기 "잠잠케하다" 동사는 "안식일" (샤바트)과 연관된다.

제2연 (3-9절): 왕적인 존재로 세움받은 인간
3절: 주의 손가락으로 만드신 주의 하늘과 주의 베풀어 두신 달과 별들을 내가 보오니 (키-에르에 샤메카 마아세 에츠베오테카 야레아흐 베코카빔 아쉐르 코난타)— "내가 당신의 하늘들, 곧 당신의 손가락들의 작품들과 당신이 견고히 세우신 달과 별들을 바라볼 때." "당신의 하늘들" (광대무변 廣大無邊의 복수 [plurals of local extension], GKC §124b)과 주께서 견고히 세우신 "달과 별들" 이다. 이런 작품을 "당신이 베풀어 두셨다" (사용된 동사는 "쿤" [쿤]의 "폴렐" 형이다. 히브리어에는 통상적인 동사변화들 [conjugations]외에 희귀한 형태들도 있는 바, 그것들은 대개 "피엘" 형과 연관된다. 그중 가장 빈번하게 사용되는 형태가 "포엘" 형이다. II-Vav 동사에서 "포엘" 형은 "폴렐" 형으로 나타난다). 고려 중인 동사 (쿤)는 사람이 (도성을) "세우다," "건설하다" (//바나 합 2:12); (하나님께서 왕의 보좌를) "견고히 세우다" (삼하 7:13), (성소, 나라를) "견고히 세우다" (출 15:7, 신 32:6), (도성을) "세우다" (시 48:9, 87:5)를 의미한다. 특히 이 동사는 창조사역을 묘사할 때도 사용된다. 예컨대, 지구 (시 119:90, 68:10), 하늘들 (잠 3:10; //야사드), 달과 별들 (시 8:4) 등을 견고히 세우셨다.

4절: 사람이 무엇이관대 저를 생각하시며 인자가 무엇이관대 주께서 저를 권고하시나이까 (마 에노쉬 카-티즈케렌누 우벤-아담 키 티프케덴누) — "사람"과 "인자"는 동의어로 (특히 시에서) 사용된다. 전·후반절이 동의 병행법으로 구성되었다. 전반절에 사용된 "무엇"이란 의문대명사는 후반절에도 해당된다 (double-duty). 여기서 사람을 지시하는 말들 (에노쉬, 벤-아담)은 광대무변한 하늘 혹은 창조주 하나님 앞에서 보잘 것 없는 깨어지기 쉬운 연약한 존재로서의 인간의 모습을 드러내고 있다.

어원론적으로 본다면, "에노쉬"란 말은 두 가지 가정이 가능하다: 1) "에노쉬"는 악카드어 "에네슈"에 상응하며 이는 "연약한, 허약한"을 의미한다 (히브리어 "아나쉬 I"나 "치료불능의"를 의미하는 "아누쉬" 참조). II. 히브리어에서는 나타나지 아니하나 아랍어 유가릿어에서 나타나는 ansh란 말은 "친밀한, 사회성"을 의미한다. 여기 시편의 문맥에서는 분명히 인간의 연약성과 보잘 것 없음이 초점이다. 그리고 "벤-아담" (인자 人子)란 말은 시가서에서 주로 나타나며, 이 말 역시 깨어지기 쉬운 흙으로 빚어진 인간을 지시한다.

한편 "인자"란 명칭은 우리 주님의 자기 호칭으로 복음서에서 빈번히 나타난다. 주님의 자-칭호(self-designation)로 사용된 "인자"는 단 7:13에 묘사된 "인자 같은 이"와 연결되어 메시아를 지시할 것이다.

"주께서 저를 생각하시며 (티즈케렌누)/ 주께서 저를 권고하시나이까" (티프케덴누) -권고하다 (파카드)는 "돌보다" (care for)를 의미한다. 창세기의 창조기사 (1장과 2장의 두 기사들)에서 초점이 인간인 것은 모두가 인정하는 바이다. 창 1장이 세계지도라면, 창 2장은 한국지도에 해당된다고 비유할 수 있다. 1장의 창조순서는 인간이 하나님의 창조 면류관인 것을 암시해 주지만, 2장에서 이 인간을 초점으로 사랑과 축복을 베푸시는 하나님의 크신 은혜를 느낄 수 있다 (3자에서는 그러한 큰사랑을 배은망덕하는 괘씸한 인간의 배교와 처벌이 묘사된다). 여기서 시인은 창조시에 인간에게 주어진 그 왕적 지위를 생각하고 이렇게 외치고 있다.

5절: 천사보다 조금 못하게 하시고 (바테핫세레후 메아트 메엘로힘)— 여기서 "천사" 보다는 "하나님" (엘로힘)으로 번역함이 좋다. 하나님의 형상으로 피조된 인간을 염두에 두었다고 할 수 있기 때문이다. 타락하기 이전의 시점에서 보면, 인간은 모든 피조물을 다스리는 왕적 지위를 부여받고 하나님의 형상을 따라 지음 받은 "신적인" 존재였다.

(당신이 그에게 [인간에게]) 영화와 존귀로 관을 씌우셨나이다 (베카보드 베하다르 테아테레후)— 전반절의 사고를 구체화시켜 준다. 여기 사용된 두 명사 (영화와 존귀)는 왕을 묘사하는 왕적 용어라 할 수 있다 (시 21:6, 29:1, 45:3, 145:12 등). 창조시에 하나님은 인간을 왕적인 존재로 세우셨다 (창 1:26-28). 이 절의 사고는 6-8절에서 구체화된다.

6절: 주의 손으로 만드신 것을 다스리게 하시고 만물을 그 발아래 두셨으니 (탐쉴레후 베마아세 야데카 콜 샤타 타하트-라글라브)—주의 손으로 만드신 것은 "당신의 손들의 작품들"이며 이 표현은 3절에서 사용된 "당신의 손가락들의 작품들"과 병행된다. 3절에서는 그 표현이 "보다" (라아) 동사의 목적어로 사용되었다면, 여기서는 "다스리다" 동사의 목적어로 사용되고 있다 ("다스리다" 동사는 전치사 "베"를 동반하므로 목적어에 "베"가 붙어있다). 본 절 전반절에서 "당신이 당신의 손들의 작품들을 그로 [인간] 다스리게 하셨나이다"라 묘사할 때, 그의 마음은 저 창조시의 장엄한 순간으로 달려가고 있다.

"당신이 모든 것을 그의 [인간] 두 발 아래 두셨나이다" - 삼하 22:39에서 "내 두발 아래에 엎드리다" (=시 18:38); 시 47:3에서 "그가 열방을 우리 발아래 복종케하시다" (야드베르) 등에서 보듯 "발아래 두다"는 표현은 "굴복시킨다"는 의미이다. 이로서 인간의 왕적 지위가 묘사되고 있다. 이 사고는 7-8절에서 상세화된다.

여기서, 5-6절에 사용된 동사들의 시상들을 고려해 보자 (서론에서 "시편의 동사 시제들" 참조). "(조금) "못하게 하다" (make him [a little] less [than God]) 동사의 피엘형은 하나님께서 인간을 하나님 보다 약간 "못하게" (RSV, NJB; "낮게" NIV, NASB) 만드신, 조금 부족한 '상태' 를 묘사한다 (factitive). 아랍어 모델을 따른 전통적인 문법에서는 피엘형이 "칼형" 의 의미를 강조하는 것이 기본적 뉴앙스라 했으나, 악카드어 D-어간 (D-stem)에 근거한 새로운 문법 기술에 의하면, 피엘형은 한 동사 어근의 기본 의미에 상응하는 "상태를 야기시키는" 개념을 묘사 한다 (Ernst Jenni, *Das hebraeische Pi'el*; Bruce K. Waltke & M. O'Connor, *Hebrew Syntax*, 396-400). 만약 자동사 칼형 동사의 피엘형이라면, 묘사된 상태는 "상태결과" (factitive)라 하고, 만약 타동사 칼형의 피엘형이라면 묘사된 상태는 "행동결과" (resultative)라 부른다. 그렇다면, 사역형 "히필형"과 피엘형의 차이는 무엇인가? 사역형의 경우는 "상태" 야기가 아니라, "행동," "사건" 야기를 묘사한다.

7절: 모든 우양과 들짐승이며 (쵸네 바알라핌 쿨람 베감 바하못 사다이)— 가축과 야수들을 망라하여 모두 사람의 통치하에 두어졌다. 유순한 가축에서 야수로 순서가 제시되었다면, 8절에서는 7절의 '육지' 짐승들 다음으로 '공중' 과 '바다' 의 생물들이 '하늘' 에서 '바다' 순서로 제시되었다. 그런데, 히브리어에서 "들판" 은 "사데" 와 "사다이" 두 형태로 나타난다. 여기서는 후자의 형태이며, 말미(末尾)에 위치하여 액센트의 영향으로 모음 "파다" 가 "콰메츠" 로 길어졌다.

8절: 공중의 새와 바다의 어족과 해로에 다니는 것이니이다 (치포르 솨마임 우데게 하얌 오베르 오르호트 야밈)—여기 열거된 모든 생물은 창 1:26-28에 언급된 바 대로이다. 이런 생물들을 모두 인간의 발아래 두셨다. "바다의 어족과 해로에 다니는 것" (데게 하얌 오베르 아르홋 야밈)을 한 항목으로 보고, "해로들에 다니는 바다의 어족" 이라 번역할 수도 있다 (NJB).

9절: 여호와 우리 주여 주의 이름이 온 땅에 어찌 그리 아름다운지요 — 시인은 시작과 끝을 동일한 말로 둘러싸고 있다. 이제 초두의 진술을 다시 한번 상기함으로 말하자면, 시편을 하나의 화관으로 마무리하는 셈이다. 이 수미쌍관(首尾雙關)법은 이 시의 의도가 하나님의 영광을 찬미하는 것이라는 점을 분명하게 보여준다. 처음에 들린 이 외침보다 (1절) 마지막에 들리는 이 반복된 외침은 (9절) 보다 더 의미심장하게 들린다. 왜냐하면 하나님의 이름은 온 지상 위에 펼쳐진 광대무변(廣大無邊)의 하늘에 나타난 그의 영광만으로도 위엄차게 보이지만 (1-2절), 동시에 육지의 짐승만 아니라 공중에 나는 새들과 바다의 길 (해로海路)에 다니는 어족들, 곧 그렇게 신비롭게 보이는 존재들까지 인간에게 통치권을 주사 다스리도록 능력과 지혜를 주시고 은총을 베푸신 그분의 지혜와 권능과 사랑을 고려하면 (3-8절) 그분의 이름은 더 이상 위엄찰 수가 없기 때문이다.

시편의 적용

두 권의 책

갈릴레오는 하나님께서 인간에게 "성경"과 "자연"이란 두 권의 책을 주셨다고 했다. 우리는 자연을 통해 하나님의 위대하심을 실물적으로 체험할 수 있다. 그래서 자연을 우리는 "자연 계시" 혹은 모두에게 주어졌다는 의미에서 "일반 계시"라 부른다. 유년시절 여름밤, 이 지평에서 저 지평까지 뻗쳐있는 그 은빛 싸라기들과 종종 붙박이가 빛을 내며 급히 미끄러져 움직이다 사라지는 별똥들을 바라보던 날들이 있었다. 고대 애굽인들은 이 은 싸라기 띠를 천상(天上)의 나일강으로 여겼다. 그 강은 오시리스 신이 지배하는 사자(死者)의 땅을 통과해서 흘렀다. 고대 헬라인들은 이를 '젖의 강'에 비유했다. 이제 천문학자들은 이것이 셀 수 없이 많은 별들의 무리로 이루어졌다고 말한다. 우리의 맨눈으로는 그저 총총히 박혀 있는 별들의 개체보다는 함께 엉켜서 보이지만, 대형 망원경을 통해 보이는 모습은 셀 수 없는 별무리들이 무리 지어 성운(星雲)계들을 이루고 있다. 천문학자들은 그런 광대한 별무리들을 헬라어의 "우유"라는 의미로 "은하계들"(galaxies)라 부른다. 태양이 속한 한 국부 은하계는 은하수(銀河水)라 부른다. 별들 사이의 실제 거리는 우리 육안으로 보는 총총한 근접거리와 너무 판이하게 상이하여 "광년"이란 말을 사용한다.

영적인 원수 (2절)

세상에는 영적인 원수들이 지천(至賤)으로 널려있다. 프랑스 월드컵 대회 때나 한일(韓日)이 공동 개최한 월드컵 대회시 한국 응원팀은 붉은 서츠를 입은 "붉은 악마"(레드 데블)였다. 이름이 그렇다는 것이다. 프랑스 월드컵의 경우 '악마'의 응원을 받은 한국팀 축구 감독은 기독인이었다. 마귀는 어떤 방법으로든 자기를 드러내고자 한다. 우상이나 인형이나, 이름이나, 텔레비전 프로그램이나 영화나 비디오를 통해서 마귀는 자기를 드러낸다. 이런 저런 방식으로 마귀는 자기의 추종자들을 수 없이 만들고 있다. 나면서부터 사람들은 세속문화에 젖어들어 하나님 없는 무신론자로 자리 잡게 된다. 성경은 "악"은 모든 모양이라도 버리라! 고 권면한다 (살전 5:22).

본시는 신약에서 예수님과 연관시켜 해석하고 있다 (마 21:16 [시 8:3], 고전 15:27, 엡 1:22, 히 2:6-8 [시 8:6-7]). 종려주일에 주님은 "호산나 다윗의 자손이여!"라고 외치며 환호하는 아이들의 영접을 받으며 예루살렘으로 입성하셨다. 무리들의 환호에 놀란 당대의 종교 지도자들은 무리들의 인기와 아이들의 외침을 당연시하는 주님을 질시하고 대적하길 "저희의 하는 말을 듣느뇨?"라고 했다. 이때에 주님은 저들에게 "어린 아기와 젖먹이들의 입으로 나오는 찬미를 온전케 하셨나이다 함을 읽어 본 일이 없느냐?"고 반문하신다. 정말로 절묘한 대답이었다. 주님은 시 8편이 노래하는 이상적인 인간의 완성자로서 이 땅에 오셔서 대적자들의 주제넘은 입들을 기묘하게 막아 버리신다.

리워야단 (8절)

하나님께서 인간의 발아래 굴복케 하신 목록에서 마지막 항목인 "바다의 길들에 다니는 것들" (오베르 아르콧 얌밈)을 아람어역인 탈굼역은 벨리베야탄 데할리프 이스라테 야마라 의역했다. 즉, "다니는 것" 대신 "리워야단"이라 번역했다. 리워야단은 바다의 괴물로 성경 다른 부분들에서 언급된다. 이는 분명히 큰 해석상의 변화였다. 그런데 시 74:13-14에서 리워야단은 출애굽 당대의 바로를 상징하는 "악어"를 의미할 것이다 (겔 29:3 참조). 헬라어역에서 시 74편은 시 73편으로 나타나며, 헬라어역은 "용"으로 번역하였다 (시 74:13-14=LXX 73:13-14). 반면 시 104:26에서는 "리워야단"이 악어가 아닐 것이다. 그럼에도 70인역은 "용"으로 번역하고 있다. 구약성경에서 리워야단이 가나안 신화에서 언급되는 ltn (KTU 1.5.I.1=CTA 5.I.1)의 표상과 어떤 연관을 갖는 것은 분명할 것이다. 또 한 가지 분명한 것은 비록 신화적 표상일지라도 구약은 이를 역사화 시켰다 (historicized)는 사실이다.

신약은 이 시를 그리스도께 적용시키면서 만물을 그분의 발아래 굴복시키는 때를 바라본다. 고전 15:27의 문맥에서 사도 바울은 "발아래 두다"란 표현을 여러모로 그리스도께 적용시킨다. 곧 사망을 포함한 "모든 원수"를 그 발아래 둘 것이다. 이 원수들 중에는 물론 사탄의 모든 세력도 포함된다. 그렇다면, 시 8:8의 탈굼역과 (리워야단, 용 = 사탄) 일맥상통하는 적용이라 할 수 있다.

이러한 확대 적용은 구약자체의 범위를 넘어가는 것이긴 해도, 구약에서 신약으로의 구속사적 변천은 이러한 재해석을 보장해준다. 구약이 현상세계를 부각시킨다면, 신약은 현상세계 이면의 영계를 부각시킨다. 이런 구속사적인 변천과 초점의 변화를 우리는 주목해 보아야 한다. 이것은 억지 왜곡(歪曲) 해석이 아니라, 구속사적인 변천에 근거한 자연스러운 흐름이다. 예컨대, 창세기에서 하와를 꾀고 배로 기어 다니며 흙을 먹도록 저주받았던 뱀은 계시록에서 그 정체가 사탄으로 확인되고 있다 (계 12:9). 구약에서는 에돔, 암몬, 아람, 블레셋, 앗수르, 바벨론 등이 이스라엘의 원수였으나 이제는 혈과 육이 아니라 공중의 권세잡은 악령의 세력들이 성도들의 원수이다. 이러한 강조점과 초점의 변화에 비추어 보건대, 첫 사람 아담에게 주어졌던 생물들을 다스리는 그 복스런 왕적인 위치가 그리스도 안에서 영적인 것까지 포함하는 왕적 지위로 확대 해석된 것은 자연스러운 일이다.

차일즈의 시 8편 이해

본 시편을 히브리서 기자가 기독론적으로 해석하는 방식에 대하여, 차일즈 (B. S. Childs)란 비평가는 신약의 해석은 70인역의 오역에 근거한 인위적 재해석이라 생각한다 (『성경신학의 위기』, 151-53). 차일즈에 의하면, 히브리서 기자는 히브리어 원문으로된 시 8편 대신 구약의 헬라어역 (LXX)을 사용함으로 히브리어 원문에 없던 사고를 기독론적으로 해석할 수 있는 발판을 마련할 수 있었고, 또한 4절에서 "사람"과 병행어로 사용된 "인자(人子)"라는 말이 예수님이 자칭호인 것을 단서로 하여 시 8편을 기독론적으로 해석할 수 있었다고 추정한다. 차일즈가 제기한 비판은 두 가지로, 우선, "조금"이라는 히브리어 단어 (메아트)가 시 8편에서는 "정도"에 있어서의 부족 (질적인 부족)을 의미했지만, 헬라어역의 번역은 "시간"이나 "정도"에서의 부족 모두를 의미할 수 있게 되었는 바, 히브리서 기자가 이를 히 2:7, 9에서 "시간"에 있어서의 "잠깐 동안"으로 이해하면서 그리스도께서 성육신하사 "잠시" 고난당하신 때를 지시함으로 시 8편의 의미와 동떨어지게 되었다 한다.

그렇다면 히 2:7, 9을 살펴보자. 여기서 사용된 헬라어 표현은 *브라쿠 티*이다. 여기서 "티"는 부정형 형용사로 질이나 양을 표시하는 형용사를 수식하여 그 정도를 강조하는 기능을 한다 (BAG, 828, Tis. 2.b*β*). 그리고 "브라쿠"는 시간이나 정도에서의 조금 혹은 잠깐을 의미한다. 그런데 이 형용사 혹은 부사는 사용된 동사 "엘랏토오" ("낮게, 비천하기 하다")를 수식한다. 그래서 "조금 천사보다 낮게 하다"로 번역될 수도 있고, 아니면, "잠깐 천사보다 낮게 하다"로 이해할 수도 있다. 그런데 히브리서 2:7, 9의 문맥에서 '정도'의 표시로 보아도 전연 문제가 없다 (천사보다 '조금' 낮게 하다).

다음으로, "인자"라는 칭호 때문에 히브리서 기자가 이 시를 기독론적으로 적용하게 되었다는 주장도 신빙성이 없다. 시 8편은 창조시의 인간의 왕적 위치를 노래한다 (최종태, "인간이란 무엇인가?" 「예언자에게 물어라」에서 원래 인간이 지녔던 삼중 지위를 참조). 따라서 이 시는 성격상 왕의 시 혹은 메시아 시이다. 그런데 인간은 타락하여 그런 지위를 상실하였다. 이제 예수님께서 둘째 아담으로 이 땅에 오셔서 왕으로서의 인간 지위를 성취하셨다. 동시에 그분은 타락한 인간을 왕적인 지위로 회복시키신다. 이렇게 볼 때, 시 8편은 이중적으로 메시아시라 할만하다. 첫째로 원래 인간의 왕적 지위를 노래하기 때문이며, 둘째로, 둘째 아담으로 오신 예수님께서 이를 성취하신 때문이다.

시 9편 가난한 자의 부르짖음을 기억하소서

I. 전체구조에서의 위치, 시의 유형과 삶의 자리

시 9편의 표제는 다윗의 시라 제시하지만, 표제 중에서 "알뭇 랍벤"이란 표현의 의미는 확실치 않다 (서론에서 §2 "표제들" 참조). 이 시를 노래한 곡조를 지시할 것이다. 땅위에서 하나님의 이름을 영화롭게 하는 일을 예증하는 시 9편은 땅에 가득 찬 하나님의 영광을 노래한 시 8편을 뒤 따른다.

델리취는 이 시가 다윗이 거둔 승리를 찬양하는 민족적 감사의 찬양이라 특징짓고, 아마 시리아-암몬 연합군을 격파한 승리의 노래가 아닌가 추정한다 (시 9:8이하와 삼하 12:31). 그는 삼하 21:15이하에 근거해서 본 시에 언급되는 "열방"은 이스라엘 경계 내에 거주하던 블레셋 족속이 아닌가 생각한다. 표제가 제시하는 대로라면, 이 시는 다윗이 사방의 원수들과 전쟁을 끊임없이 치루고(삼하 8장 참조) 국가적 구원을 이루었던 정황에서 (6절) 생겨났을 것이다. 그렇지만 19-20절에서 시인이 아직도 하나님께 열방에 대한 심판을 요청하고 있다는 점은 "주위의 모든 원수" 다 제압하지 (삼하 7:1) 못했던 상황이었던 듯 보인다 (13절의 간구는 12절에 언급된 "가난한 자의 부르짖음"의 내용이다; 곧 시인이 곤고한 중에 부르짖었던 간구의 내용이므로 원수를 멸해 주시라는 간구로 보기는 어렵다). 이처럼 이미 이루어진 큰 구원과 앞으로 이루어질 미래의 큰 구원을 기대하면서 다윗은 백성을 대표하여 지금 노래하고 있는 것이다. 이런 추정이 옳다면, 이 시는 하나님 나라가 이미 도래하였으나 아직 그 최종 완성에는 미치 못한 "이미"와 "아직 아니"의 긴장 속에서 남은 패잔병을 향한 전쟁을 지속해야 하는 신약 성도들이 처한 상황과 흡사하다 아니할 수 없다.

양식-비평적 연구에서 시 9편은 감사의 노래에 해당된다. 이런 감사의 노래는 환난과 위험에서 건짐을 받은 시인이 부르는 감사의 노래이다.

시 9편과 10편은 헬라어역에서 '하나'의 시로 처리되고 있다. 두 시편이 히브리어 알파벳 시로서 함께 연결되면 하나의 온전한 알파벳시가 된다. 즉, 시 9편에서 시작된 알파벳이 10편에서 완성이 된다. 그리고 시 10편에는 이상하게도 표제가 없다. 이는 제1권의 시들 중에서 흔치않은 일이다. 또한 두 시편들 사이에는 핵심적인 단어들이 공통으로 나타나고 있다. 예컨대, "환난 때" (9:10, 10:1), "가난한 자" (히, *아나빔*; 9:12, 18, 10, 10:2, 9, 17), 흔치 않게 나타나는 관계 대명사 "주" (zu) (9:16, 10:2) 등이 그것이다. 이 관계 대명사는 시편에서 9번 (12:7, 17:9, 31:4, 32:8, 62:11, 68:28, 142:3, 143:8 등), 전체 구약에서 14번 나타난다. 이런 연유에서 우리는 9-10편을 하나의 시로 간주하고자 한다 (H. Junker, "Unite, composition et genre litteraire des Pss 9 et 10," 161-169; R. Gordis, "Psalm 9-10, A textual and exegetical study," 104-122 참조). 그럼에도 현재 일부 맛소라 본문에서 시 9편은 시 10편과 별개의 독립된 시로 나타난다는 점도 부인하기 어렵다. 리델보스는 시 9편의 저자가 나훔 1:1-8에서 알렙카프의 11 글자가 사용된 알파벳 시처럼, 알파벳의 절반만 사용하여 한 시를 짓고자 의도했을 것이라 추정한다 (*Die Psalmen*, 141).

***참고: 머리글자 모음시 (Acrostic Psalms)

머리글자 모음시란 각행의 머리글자를 모을 때 알파벳이 되거나, 아니면 문장이 구성되거나 아니면 이름이 드러나는 구조를 지닌 시를 가리킨다. 이런 구조를 지닌 시들 중에서 가장 흔하게 나타나는 것이 알파벳 시이다. 시편에는 8개의 알파벳 시들이 있다 (시 9-10, 25, 34, 37, 111, 112, 119, 145). 그런데 알파벳이 한 시에서 전부 나타나는 것은 아니다. 시 37, 111, 112, 119, 145 등에서는 알파벳 글자가 모두 사용되고 있지만, 그 외 시들에서는 몇 개의 알파벳 글자가 부족한 상태이다. 시편 119편은 대표적인 알파벳 시로서, 히브리어 알파벳 순서대로 한 알파벳 당 8절이 배당되어 모두 8 x 22 = 176절을 구성하고 있다. 즉, 알렙으로 1-8절까지, 베트로 8-16절까지, 김멜로 17-25절까지 등으로 계속된다. 고려 중인 시 9-10편의 경우, 9편에서는 알렙에서 레쉬까지 나타나고, 10편에서는 라멧에서 타브까지 이어진다. 그런데 9:7에서 달렛이 없고, 10:3에서는 멤이 없다. 그리고 사멕과 챠데도 없다.

시편 외에도 애가 1-4장, 잠 31:10-31, 나훔 1:2-8 등도 알파벳 구조를 지니고 있다. 애가서의 경우 1-4장은 각 장마다 알파벳 구조를 지니고 있다.

그런데 이 머리글자 모음 시들의 기능이 무엇인지에 대하여는 몇 가지로 생각해 볼 수 있다. 무엇보다도 이는 교육상 "기억을 돕기 위한 장치"가 아닌가 여겨진다. 그런데 알파벳이 규칙적으로 제시되지 못한 경우들도 있으므로, 이런 견해가 확실한지에 대하여는 약간 주저된다. 둘째로, 일정한 틀을 가지고 시인들이 자신의 사고를 표출하는 한 수단으로 활용되었다. 셋째로, 어떤 주제에 대한 완전한 취급을 보장하는 한 수단이었다. 예컨대, 애가서 1-4장에서 시인은 슬픔, 책임감, 소망 등, 자신이 독자들에게 제시하고자 하는 바를 온전히 남김없이 제시하고자 알파벳 시 구조를 활용했을 것이다.

이전의 비평가들은 구약의 알파벳 시 형태는 헬라의 시가에서 빌어 왔다고 보고 따라서 후대의 발전이라 간주해 왔다. 그러나 최근의 고대 근동문헌들의 연구는 고대 바벨론 문헌에서도 이와 유사한 형태의 시형이 활용되었다는 것을 보여준다. 알파벳 문자가 아닌 악카드어 (앗수르, 바벨론인들이 사용했던 쐐기문자) 문헌에서는 알파벳 구조가 아니라, 머리글자 모음-문장 (sentence-acrostics) 머리글자 모음-이름(name-acrostics)이 활용되었다. 예컨대 바벨론 "신정론" (theodicy)는 27개의 스탄자로 이루어진 장문의 시이다. 각 스탄자는 11행으로 구성되었고, 한 스탠자 안에 모든 행은 동일한 쐐기문자 사인 (sign)으로 시작된다. 이렇게 해서 머리글자들을 연이어 모으면 "주술-제사장인 나, 삭길-키남-움빕은 신과 왕을 송축합니다" 를 의미하는 문장 (a-na-ku [ša] - ag-gi- il- ki- [i-na- am- u]b- bi-ib ma- šá-ma- šu ka-ri-bu ša i-li ar-ri)이 생겨난다 (W. G. Lambert, *Babylonian Wisdom Literature*, 63; "A Dialogue About Human Misery," in *ANET*, 438-440).

머리글자 모음시들에서 흔하게 볼 수 있는 특징들은 1) 사용되는 어휘들이 크게 한정된다. 즉, 인위적으로 같은 글자로 각 행을 맞추기 위해서 활용될 수 있는 어휘 수는 한정될 것이다. 2) 두운 현상이다. 각 행들이 같은 글자로 시작되면서 자연스럽게 두운을 형성하게 된다. 3) 이사일의 (hendiadys)가 빈번하게 사용된다. 이것도 역시 인위적인 글자 맞추기에 기인된 현상일 것이다.

전체적으로 보건대, 알파벳 시들에서 연 구분은 동일 알파벳이 나타나는 행들이 한 연을 대략 구성한다고 보면 된다. 그러나 이것은 어디까지나 일반적인 언급일 뿐, 각 시마다 연 구조는 달라질 수 있다.

2. 시적 구조와 해석

연 구분에서 NJB, NRSV는 원문에 나타나는 머리글자 모음 시의 구조에 충실하다면, 다른 영역본들은 알파벳 시 구조보다는 내용을 우선하여 구분한다 (NIV, REB, NAB 등). 우리는 알파벳 시 구조를 존중하면서도 내용상의 연 구분을 시도하고자 한다.

리델보스가 지적한대로 (*Die Psalmen*, 143) 이 시는 단어나 사고의 반복법을 애용하고 있다. 사고의 반복은 동의어를 적절히 활용함으로 일어나고 있다. 특별히 강조되는 사고는 여호와께서 자기 "보좌에" (4, 7절) "좌정하시어" (4, 7, 11절), 공의로 통치하신다 (4, 7, 8, 16, 19절에서 쇼파트, 미쉬파트; 4, 8절에서 딘, 4, 8절에서 체덱, 8절에서 메솨림 참조)는 사고이다. 대조되는 사고는 여호와께서는 보좌에 영원히 통치하시나 (7절), 악인은 영원히 망한다 (5-6절). 반복되는 단어들로는 백성들 (이방 나라들, 고임 5, 15, 17, 19, 20; 레움밈 8, 암밈 11절), 원수 (오예브, 3, 6절), 불경한악인] (*라솨*, 5, 16, 17절), 망하다 (아바드, 3, 5, 6절), 죽을 인생 (에노쉬, 19, 20절), 영원 (올람, 5, 7절; 아드, 5, 18절, 네차흐, 6, 18절) 등이다.

제1연 (1-2절): 감사 찬양하리라

1절: 알렙: 내가 전심으로 여호와께 감사하오며/ 주의 모든 기사를 전하리이다 (오데 야웨 베콜-립비/ 아사페라 콜-니플레오테카)— 여기서 "감사하다" (호데)는 "공적으로 인정하다," "찬양하다"란 의미이며, 후반절에서 "기사를 선포하다"와 병행을 이룬다. 이런 병행은 시 75:1에서도 나타난다 (주께 감사하고… 주의 기사를 전파하나이다). 그런데 여기 사용된 두 동사는 모두 말하는 자의 의지를 강조하는 어형 (연장형 cohortative)으로 제시되어, 시인이 결단하고 찬송하며, 기사를 전하리라는 의지를 표현한다.

감사 찬양을 부르는 시인은 하나님의 놀라운 구원을 체험했기 때문이다. 어떤 이는 감사의 노래들을 연대기적으로 두 그룹으로 구분한다. 이스라엘 초기에는 짐승 제사를 하나님께 바쳤으나, 후대에는 단순한 찬양, 기도, 송축의 감사를 드리는 것으로 대체되었다 한다 (시 40:3, 6, 51:17-18). 제사 드림의 표현 (offertory formula; "내가 당신께 감사를 드립니다"; 시 30:1, 118:21, 138:1-2 등)은 "내가 이제 당신께 내 감사제를 드립니다"를 의미한다고 한다 (시 52:9, 57:10-11, 86:12, 118:21, 138:1-2). 후대 시들에서도 이전의 제사 형식은 여전히 사용된다 한다 (시 43:4, 57:8-10)(Gerstemberger, *Psalms Part I*, 73). 그렇지만 이런 구분이 신빙성이 있는지는 확실치 않다.

기사들 (니플라오트) — 하나님께서 행하신 이적들. 수 3:5에서 이 말은 하나님께서 요단강물을 말리신 일을 지시하고 있다. 미 7:15에서는 애굽 땅에서 나오던 날과 같이 장차 기사들을 보이리라 하신다. 이는 출애굽 때의 홍해사건, 만나-메추라기 사건, 반석-생수 사건, 구름기둥, 불기둥 사건, 10재앙 사건 (시 78:12-16) 등을 하나님께서 행하신 "기사들"로 이해하는 것이다. 사용된 말은 하나님께서 하신 일들만을 지시하는 데 사용된다. 과학이나 이성이 분석할 수 없고 이해하기 어려운 일들이다. 이 "기사를 전하다" 란 말은 그 기이한 일들을 낱낱이 헤아리듯 '이야기하여' 상기시키고 전달하는 것이다. 그 목적은 물론 하나님의 위대하심과 사랑을 찬양하고자 함이다.

2절: 주를 기뻐하고 즐거워하며 지극히 높으신 주의 이름을 찬송하리니 (에스메하 베에엘챠 바크 아잠메라 쉼카 엘리욘)— 시 68:3에서 "의인은 기뻐하여 하나님 앞에서 뛰놀며 기뻐하고 즐거워할지어다" 라 한다. 이것이 성도들이 취해야할 자세이다. 그런데 여기서 "감사[찬양]하다" (오데), "전하다" (아삽페라), "기뻐하리라" (에스메하), "즐거워하리라" (에엘챠), "노래 (찬송)하리라" (아잠메라) 등의 동사는 말하는 자신의 의지를 표현하는 "연장형" (cohortative form) 형태로 제시되어 시인의 결심을 보여준다.

제2연 (3-6절): 하나님의 공의로운 통치와 악인의 멸망

REV, NAB는 3절을 1-2절 찬양의 이유로 연결시키고 있다. 3절의 전치사 "베"를 이유 (because)로 이해한다. 그러나 우리는 그 전치사를 "때"를 표시하는 것으로 이해하고 (한역), 4절이 3절의 이유를 묘사하는 것으로 본다. 그리고 "김멜"로 시작된 5-6절을 3-4절과 함께 제2연으로 이해한다. 그리함은 3, 6절이 각기 원수에 대한 3인칭 시점의 묘사라면, 그 안에 둘러싸인 4-5절은 각기 2인칭 시점의 묘사인 때문이다.

3절: 베: 내 원수들이 물러갈 때에 주의 앞에서 넘어져 망함이니이다 (베슈브-오예바이 아호르 익카쉴루 베오베두 밉파네카)— 여기서 처음 언급된 "원수들" (오예브, 6절도)은 나중 "열방" (고임; 5, 15, 17, 19, 20절)과 "악인" (5, 16, 17절)으로, "인생" (19, 20절), "나를 미워하는 자들" (13절) 등으로 구체화된다. 이런 등장인물들에 비추어 보건대, 시인은 이스라엘 중의 불경한 자들과 함께 이방인들까지도 염두에 두고 있다. "넘어져 망" 한다는 것은 뒤로 물러가서, 넘어지고, 마침내 죽는다는 사고의 진전을 보여준다. 한편 "내 원수들이 물러갈 때에" 란 표현은 전쟁에서 적군이 격퇴 당하여 후퇴하는 모습이다 (시 44:10 "주께서 우리를 대적에게서 "돌아서게 하시니" [슈브 아호르 우리를 미워하는 자가 자기를 위하여 탈취하였나이다"; 시 56:9도 참조).

4절: 나의 의와 송사를 변호하셨으며 (키 아시타 미쉬파티 베디니) — "나를 위한 공평한 판단" (my just cause 미쉬파트 베딘, NRSV, [NJB]). 이사일의 (hendyadys) 곧, 두 개의 단어로 한 복합개념을 제시하는 경우이다. 원문에서는 4절 초두에 "키" 란 접속사 (왜냐하면)가 있어 3절과의 연관성을 보여준다. 원수들이 "당신 앞에서" 넘어져 망하는 것은 "당신께서 나를 위해 공평한 판단" 을 행하시기 때문이다. 다윗은 자기를 대적하는 원수들의 파멸에서 하나님의 공평한 심판을 느끼고 있다. 3-4절은 이 시의 주제 곧 "원수에 대한 심판으로 말미암은 시인의 의의 변호"를 제시한다. 이 주제는 5-10절에서 발전되고 있다. 3-4절에서 등장인물은 원수와 여호와 하나님, 그리고 시인 등이다. 그런데 5-6절에서는 초점이 원수에게 두어진다면, 7-8절에서는 여호와 하나님께, 9-10절에서는 시인과 그의 동류들 (가난한 자 = 경건한 자)에 두어진다.

보좌에 앉으사 의롭게 심판하셨나이다 (야쇼브타 레킷세 쇼페트 체덱)— "보좌 위에 앉다"란 표현을 이렇게 "동사 + 전치사 (레)로 표현한다 (시 132:11, 12, 욥 36:7). 이 경우 전치사 "레"는 "장소"(locality)를 표현해 준다 (BDB 511, #2). 또 같은 의미로 야쇼브 알-킷세로도 흔하게 나타난다 (왕상 8:20, 25 등). 여기 후반절에서 전반절의 사고가 보다 구체적으로 표현되고 있다: "당신은 보좌에 앉으시어 공평하게 판단하시나이다" (혹은 공평한 재판관으로 보좌에 앉으셨나이다 [NJB]). 여기에 우주적 질서의 근거가 있다.

5절: 김멜: 열방을 책하시고 (가아르타 고임) **악인을 멸하시며** (입바드타 라쇼)— 사고상으로 점진적 강화의 원리가 나타나고 있다. 열방은 3절의 원수와 동의어로 취할 수 있다. 이들은 하나님을 알지 못하는 이들이다. 시 80:16에서 이스라엘의 원수들이 "주의 얼굴의 책망을 인하여 망케 하소서!"라 한다. 책망을 받는 자는 망하기 전에 회개해야 한다. 하나님의 책망은 심판의 전조일 수 있기 때문이다. 선지자들은 하나같이 열방을 치는 설교를 한다 (예컨대, 사 13-23장, 겔 25-32장, 습 2:2-15, 렘 26-51장 등). 그런데 열방을 치는 이유는 저들의 우상숭배와 포학, 교만 등 때문이다. 그런데 여기 시편에서는 열방을 치는 이유나 그 열국의 이름은 언급이 없다. 다윗 시대에 하나님은 다윗을 들어서 열방의 교만을 꺾고 저들의 우상숭배 죄악을 징벌하신 것이다. 이는 여호수아 장군의 지도하에 이스라엘이 가나안을 정복했을 때, 가나안의 죄악이 징벌된 것과 같은 이치이다 (창 15:16).

이름을 영영히 도말하셨나이다 (쉐맘 마히타 레올람 바에드) —신 9:14, 29:19 등에서 "이름을 천하에서 도말"하는 일이 배교하는 자에 내려지는 저주의 결과로 나타난다. 하나님을 대적하는 악인들은 이름이 도말(塗抹)되고 만다. 여기서 "도말하다"(wipe out, annihilate)는 양피지(羊皮紙)에서 문자를 깨끗이 지워버리는 일을 (민 5:23) 지시하기도 하고, 하나님의 구원과 심판을 모두 묘사할 수 있었다. 심판의 경우는 완전한 파멸을 의미하고 (홍수 심판, 창 7:4, 23; 아말렉의 진멸, 출 17:14; 회개치 않는 백성, 신 29:20), 구원의 경우는 죄악이 완전히 소멸됨 (사 43:25, 44:22, 51:1, 9)을 의미한다. 여기서는 심판으로 죄악된 열방의 진멸을 지시한다.

6절: 원수가 끊어져 (하오예브 탐무) **영영히 멸망하였사오니** (호라봇 라네차흐)— "그 원수가 영원한 파멸로 끝장났나이다" (The enemy has come to an end in perpetual ruins NRSV). 사용된 동사는 "완성되다," "끝나다"을 의미하고 (타맘) "끝장나다"란 의미도 갖는다. 그런데 "원수"란 말 앞에 정관사가 붙어서 "그 원수"이다. 이 경우 정관사는 총칭적 의미 (generic)로 취하여 하나님을 대적하는 모든 자들, 곧 성도의 모든 원수들을 지칭한다고 할 수 있다. 이는 종말시에 완성될 것이지만, 여기서처럼 시인의 시대에 대적자들이 망하여 그 도성이 폐허가 되고, 그 기억까지 사라진 멸망으로도 나타날 수 있다.

무너뜨린 성읍들을 기억할 수 없나이다 (*베아림 나타쉬타 아바드 지크람 헴마*) —한역처럼 한 문장이 아니라, 두 문장으로 끊어서 읽어야 한다: "당신이 저들의 성읍들의 뿌리를 뽑으셨고, 저들의 기억조차 망하였나이다." 여기서 "뿌리 뽑다" (*나타쉬*) 동사는 원래 식물을 뽑는 경우를 묘사했으나, 나중에는 주로 하나님을 주어로 하고, 백성들을 목적어로 사용되어 (신 29:28, 왕상 14:15, 대하 7:20, 렘 12:14-15, 17 등), 백성을 강제 이주시키다, 추방시키다 (deportation)란 의미이다 (KB³). 여기서는 원래 의미 "뽑아 버리다" 곧 파멸시키다 로 취하면 좋겠다. 마지막 말 (*헴마*)는 지시 대명사 3인칭 남성 복수 (그들 they)로, 여기서는 "저들의 기억"과 동격으로 "저들의 기억 '자체'" (the 'very' memory of them, RSV, NASB)란 강조의 뉘앙스를 전달한다. 이렇게 철저한 파멸을 열방에 행한 경우는 역사상 아주 드물 것이다 (소돔, 고모라의 전멸 참조). 그럼에도 바벨론이나 앗시리아의 니느웨 같은 도성들은 철저한 파멸로 흔적조차 없이 사라지고 말았다 (사 13:19-22, 34:9-13 참조). 그 결과 니느웨나 바벨론의 유적은 1800년대에 들어와서야 비로소 고고학자들의 발굴로 햇빛을 보게 되었다.

한편, 독립 인칭대명사 3인칭 남성복수형 *헴마* (그들 they)는 여기서 지시 형용사로서 명사 뒤에 붙어 명사를 수식한다. 의미는 "바로 그" (the same)이다 (Joüon-Muraoka, §36c). 그래서 NRSV, NASB는 이 말을 "저들에 대한 그 기억 '자체'" (the very memory of them)라 번역하였다. 그러나 NJB는 이 말을 유가릿 *hm*과 연관시켜 "보라" (behold)로 해석하고 7절 초두로 옮긴다 (보라, 야웨께서 보좌에 영원히 좌정 하신다).

제3연 (7-10절): 여호와의 세계적 통치와 의인의 소망

앞에서는 하나님의 통치가 악인의 파멸을 가져온다는 진리를 노래했다면, 여기서는 그분의 통치가 의인들의 소망임을 노래한다. 여기서 다윗은 하나님의 왕권이 자신을 통해서 세상에 세워지길 기대하고 있다. 7-8절에서 우리는 이 시의 주제 곧 시인의 변호가 행해질 수 있는 근거를 발견한다. 그것은 여호와께서 세계를 공의로 통치하시기 때문이다 (7-8절). 그분의 공의로운 통치는 불경한 자들에 대한 심판과(5-6절), 시인과 같은 경건한 자들의 구원을 의미한다 (9-10절).

7절: 헤: 여호와께서 영영히 앉으심이여 (*바야웨 레올람 예쉐브*) — "영원히 여호와께서 (보좌에) 좌정하심이여." 후반절에 비추어 보건대, '앉다' 란 말은 "보좌"에 앉으심을 의미한다 (시 2:4에서 한역 "[하늘에] 계신 자" [요세브는 "[하늘 보좌에] 앉으신 자"; 암 1:8에서 "그 거민" [요세브은 "그 보좌에 앉은 자"). 하나님은 영원히 하늘 보좌에 앉으사 통치하신다 (NIV, NAB). 따라서 LXX, KJV, NASV 등의 "여호와께서 영영히 거하신다"는 번역은 여기 문맥에 합당치 않다. 한편 영원한 그분의 통치는 5-6절에 묘사된 영원히 멸망 받는 악인들의 모습과 극히 대조적이다.

심판을 위하여 보좌를 예비하셨도다 (코넨 람미쉬파트 키스오)— 보좌를 견고히 세우셨다 (쿤의 폴렐형 [코넨]). 이는 곧 그분의 통치하시는 보좌가 흔들림이 없이 '영영하다' 란 사고이다 (시 45:6). 왜냐하면 폴렐형 (피엘형)은 한 동사 어근의 기본 의미에 상응하는 "상태를 야기 시키는" 개념을 묘사하므로, 견고히 세우셨다는 것은 곧 견고히 세워진 상태에 초점이 맞추어지기 때문이다. "심판"을 위한 보좌는 곧 통치의 좌소를 지시한다. 하나님의 보좌가 우주적 통치의 권좌이다. 모든 세상사는 여기서 결정되어진다.

8절: 공의로 세계를 심판하심이여 (베후 이쉬포트-테벨 베체덱)— "세계" (테벨)나 "만민" (레움밈)은 모든 인류를 지시한다. 사용된 말 "테벨"은 대기나 하늘을 포함하는 지구를 지시하거나, 사람들이 거주하는 세상, 혹은 그 거민들을 지시한다. 이들은 하나님의 통치대상이다. 왜냐하면 하나님께서 저들을 창조하셨기 때문이다 (시 90:2, 잠 8:26, 31). 사용된 동사 "쇠파트"나 "딘"은 사법적 의미의 말이긴 해도, 삼권분립(三權分立) 사고가 없던 시대에 이 말들은 곧 "통치"를 의미하였다. 여기 제시되고 있는 사고는 이 세상의 통치자는 하나님이시라는 것이며, 그분의 통치는 공평하고 의롭다는 것이다.

정직으로 만민에게 판단을 행하시리로다 (야딘 레움밈 베메솨림) —하나님의 통치는 공의롭고 정직하다. 공의로운 사회는 9, 12, 18절 등에서 보듯 가난한 자, 압제당하는 자들이 억울한 사정을 바로 해결 받을 수 있는 세상이다. 다윗이나 그 후손 왕들은 이런 공의로운 사회 건설을 위해 왕으로 세움을 입었던 것이다. 저들은 지상에서 하나님의 공의 실현 대행자들이었나 모두 실패하였다. 예컨대, 다윗은 남의 처와 간통하고 그 남편을 죽임으로 한 가정을 파멸시키는 불의를 자행하였다. 구약의 모든 왕들은 하나같이 이런 방식으로 실패하였다. 그래서 구약의 왕들을 대할 때 우리는 의로운 왕의 통치를 기대하게 된다. 그 의로운 왕이 지금 보좌에 앉으사 통치하시는 메시아 예수님이시다 (히 8:1, 12:2).

9절: 바브: 여호와는 또 압제를 당하는 자의 산성이시요 (비히 야웨 미스가브 라다크)— "압제를 당하는 자" (다크)는 문맥상 "의인"이다. 하나님께서 환난 때에 저의 산성이 되시기 때문이다. 이 사람은 10절에서 하나님을 신뢰하는 자들, 저의 이름을 아는 자들 (요드에 쉐메카), 야웨를 찾는 자들 (도레쉐카)과 동일하다. 동시에 "압제 당하는 자"는 고아 (야톰), 가난한 자 (아니, 에비욘) 등과 동의어로도 사용된다 (시 10:18, 74:21). 이들은 하나님께 결단코 버림을 당치 (아자브) 않는다. 그러므로 이들은 그분을 전적으로 신뢰 (바타흐)할 수 있다. 히브리인들에게 있어서 "안다"는 것은 체험적인 앎이다. 개념적으로 하나님은 위대하시다, 전지전능, 무소부재 하시다 라고 아는 정도는 지식적 차원이지 결코 체험적 앎이 아니다. 삶에서 하나님을 체험한 자들이 그분의 이름을 아는 자들이며, 이들이 그분을 전적으로 신뢰한다.

환난 때의 산성이시로다 (미시가브 레잇토트 밧챠라) — "산성"은 사람이 접근하기 어려운 '고지대'에 위치한 절벽이나 (사 33:16) 성벽으로 (사 25:12, 렘 48:1) 환난 때에 피난처가 된다. 말하자면 설악산 금권성 같은 곳이다. 그런데 "여호와"께서 고산 절벽이나 성벽 같은 피난처시라는 것은 영적인 체험을 지닌 자가 아니고서는 이해할 수 없는 현실 아닌 현실을 묘사한다.

10절: 여호와여 주의 이름을 아는 자는 주를 의지하오리니 (베이브테후 베카 요드에 쉐메카) — "주의 이름을 아는 자"나 주를 의지하는 자, 주를 찾는 자들은 '체험적인' 신앙을 지닌 자들이다.

이는 주를 찾는 자들을 (도르쉐카 야웨)— '찾는다' 라는 말은 (다라쉬) 말씀을 연구하고 해석하는 일도 묘사할 수 있고 (에스라 7:10), 탐구하다, 수색하다, 조사하다 등을 의미한다. "여호와를 찾는" 일은 또한 그분께 기도로 문의하는 일이며 (창 25:22, 출 18:15, 암 5:5 등), 여호와의 말씀을 찾는다고 하면 그것은 선지자에게 물어 하나님의 뜻을 찾는 일이었다 (왕상 22:5). 이렇게 여호와를 찾는 일 자체가 "경건"의 내용이다.

버리지 아니 하심이니이다 (키ㄹ로-아자브타) —이 구절이 "성도의 보존" (preservation of the saints) 교리의 근거가 되어 왔다. "버리다"란 땅을 버릴 경우 경작하지 않는 것이며, 아내를 버릴 경우 이혼하는 것이며, 하나님을 버린다면 그것은 배교(背敎)이다. 여기서는 여호와께서 자기 성도들을 버리지 아니 하신다.

제4연 (11-12절): 야웨를 찬양하라!

시인은 1연에서처럼 여기서도 세계의 의로운 통치자 하나님을 찬양하라고 권고한다. 사실 어떤 측면에서 보면, 이 시는 크게 이대분한다면, 1-10절, 11-20절 두 부분으로 구성되었다. 1절과 11절에서 각기 주님을 찬양하면서 새 부분을 시작한다. 리델보스는 11-14절 부분에서 내용상 교차 대구법(chiasm)을 발견한다. 곧 11절은 14절에, 12절은 13절과 서로 상응한다. 이런 교차 대구법은 내용만 아니라 사용된 단어들에서도 나타난다. 11, 14절의 시온, 12, 13절에서 가난한 자 (아니임), 고통 (안이) 등이 그러하다.

11절: 자인: 시온에 거하신 여호와를 찬송하며(자메루 라도나이 요세브 치욘)— 시온에 (보좌에) 앉으신 여호와. 여기 문맥에서는 시온에 거한다는 번역보다는 (KJV, RSV, NASB, NJB) 시온에 보좌를 두시고 좌정하시는 (NIV, NAB; 통치하시는) 하나님이 더 적절한 이해이다. 단순히 거처지를 밝히는 것이 여기 문맥의 의미가 아니다. 그분의 왕적인 지위와 그분의 통치를 인하여 그분을 찬양하라고 권고하는 것이다. 그분의 통치는 의롭기 때문이다. 그분의 창조와 구속을 인하여 찬양을 드려야 하지만, 여기서처럼 의로운 통치를 인하여 찬양할 이유도 있다.

"시온"은 다윗이 여부스족에게서 탈취한 기드론과 티로페안 계곡들 사이에 위치한 요새였다 (삼하 5:7). 그 북편에 성전을 건축함으로 그 곳이 시온산이라 불려지게 되었다. 시온은 성전이 위치한 그 언덕을 지칭하기도 하지만, 예루살렘 혹은 이스라엘을 대표적으로 지시하기도 한다. 시온은 야웨께서 거하시는 [쇼칸] 곳 (사 8:18)이다. 바로 이곳에서부터 그분은 구원을 시작하시고, 죄를 치는 심판을 시작하신다 (암 1:2). 시 48편에서 시인은 시온 산이 세상의 기쁨이며, 크신 왕의 도성이라 노래한다. 또한 시온은 북극에 위치한다. 이는 가나안 종교에서 사용되던 신화적 표상을 시적으로 차용해서 신들의 회집처인 북극은 야웨께서 거하신 시온 산이라 노래한다 (겔 38:12도 참조). 이렇게 구약이 이방인들의 신화적 표상들을 시적으로 차용할 때, 변증적 목적을 다분히 갖고 있었을 것이 분명하다 (Elmer B. Smick, "Mythopoetic Language in the Psalms," 88-98; "The Mythological Elements in the Book of Job," 213-228; John N. Day, "God and Leviathan in Isaiah 27:1," 423-36).

그 행사를 백성 중에서 선포할지어다 (하기두 바암밈 알릴로타브) ―그분의 "행사들" (deeds; 알릴롯/ 미퐈알롯)은 기사들이라 불리기도 하며 백성의 구원을 위한 행사이므로 의롭고 또 초자연적 사건이므로 두려움과 경외심을 자아낸다. "백성" (암밈)은 "만민들"을 지시한다 (시 57:9, 105:1, 108:3). 시인들은 이처럼 세계적 선교 비전을 지니고 있었다. 여호와는 온 땅의 큰 임금이시므로 그분의 행사는 마땅히 온 세상에 알려져야 한다. 한편, 11절은 1절의 사고와 병행된다 (감사 [찬양]/ 전하다; 찬양/ 선포하다). 1절에서는 시인 자신의 의지를 표명했다면, 11절에서는 청중들에게 하나님을 찬양하도록 의지적 결단을 요청한다.

12절: 피 흘림을 심문하시는 이가 저희를 기억하심이여 (키 도레쉬 다밈 오탐 자카르) ― 원문에는 "왜냐하면" (키)이란 접속사가 문장 초두에 위치하여 11절과 연결됨을 보여준다. 즉, 12절이 11절의 찬양 이유를 제시해준다. 찬양 이유는 성도 (교회)를 핍박하고 살해한 자들에게 보응 하시고 압제 당하는 자들의 부르짖음을 기억하셨기 때문이다. 다윗은 여기서 자기를 핍박하던 원수들의 사망이나 아니면 무죄한 자를 핍박하거나 이스라엘 백성을 노략질하던 이방 원수들을 염두에 두고 있을 것이다. 하나님은 "피들을 찾는 자" 곧 피의 보수자이시다. 복수형 "피들" (다밈)은 뿌려진 상태 (피 바다, 핏자국들, Paul Joüon- Muraoka, §136b) "살인"을 의미한다. 여기 표현된 사고는 하나님께서 무죄한 피를 흘리는 자를 보응 (報應) 하시는 자로서 (창 4:10, 9:5 참조), 여기서 "저희를 기억하신다" 할 때 "저들"은 후반절에서 언급되는 "가난한 자들" (아님 혹은 아나빔)을 지시한다. 하나님은 자기를 구하는 자, 자기 이름을 아는 자들을 기억하시며 버리시지 않는다 (11절).

가난한 자의 부르짖음을 잊지 아니 하시도다 (로-쇼카흐 챠아카트 아나빔)― "가난한 자들"은 10절에서 "주의 이름을 아는 자들" 곧 "주를 찾는 자들"이다. 이들은 압제를 당하고, 착취를 당할 위험이 크다. 그래서 하나님께 부르짖게 되고 가난한 자의 부르짖음은 그에게 상달되어 착취자들을 심판하실 것이다 (욥 34:21-28). 하나님께 상달하는 부르짖음은 비단 성도들의 부르짖음만 아니라 일반인들의 불의와 압제에 신음하는 소리까지도 포함한다 (창 18:21, 출 3:7, 9). 한편 "가난한 자들의 부르짖음"의 내용은 다음 13절에 제시되고 있다.

그런데, "가난한 자" (아니임)는 케레 독법에서 "아나빔" 이다. "아니" 는 형용사 (가난한, 비참한)라면, "아나브" 는 명사 (겸손한 자, 고난당하는 자)이다 (BDB 776). 그런데 케티브 (Ketive), 케레 (Qere) 독법은 서로 자주 교체 사용 한다 (9:12, 18, 10:17 등). 그 용례들을 보면, "아나브" 는 1) 부자나 권세자에게 압제 당하는 가난한 자, 약한 자 (암 2:7, 사 29:19, 32:7), 2) 가난하고 고난당하는 이스라엘 (시 10:17, 22:27, 25:9 등), 3) 온유한 자 (민 12:3, 잠 3:34) 등을 의미한다. 반면, "아니" 는 a) "가난한 자" (//에비욘), 궁핍한 자 (신 15:11, 24:14, 15, 잠 31:20). b) 부자나 권세자에게 압제 당하는 가난한 자, 약한 자 (사 3:14, 15, 32:7 (Qere), 58:7, 욥 29:12, 36:6, 15), (//달 욥 34:28, 잠 22:22), c) 악인에게 고난당하는 이스라엘의 경건한 자 (시 10:2, 9, 14:6, 102:1, 사 14:32) 등이다. 이렇게 보건대, 이 두 말은 서로 동의어로 사용되기도 한다.

카이로 게니자에서 발견된 단편사본이나 다수의 사본들, 케레 (Qere) 독법은 "아니임" (가난한 자들) 대신에 "아나빔" (겸손한 자, 낮은 자들)이라 읽는다. 어느 독법을 취하든 의미는 가난한 자, 약자를 의미한다.

제5연 (13-14절): 나를 긍휼히 여기소서

13절: 헤트: 긍휼히 여기소서 (혼네니)— 앞에서 시인은 하나님의 공의로우신 통치를 노래했다면, 여기서는 그 하나님을 향하여 간구의 호소를 올린다. 바로 앞 절에서 곤고한 자들의 부르짖음을 그분이 잊지 않으신다고 노래했었다. 이제 자기를 미워하는 자들이 시인에게 가하는 압제와 고난 중에서 긍휼을 부르짖는다.

나를 사망의 문에서 일으키시는 주여 (메로메미 밋솨아레 마벳)— "사망의 문들에서 나를 들어올리는 자" 혹은 더 나은 번역은 "사망의 문들에서 나를 끌어 올리소서" (NIV, NJB). 긍휼히 여기소서! 란 간구 (명령법)에 뒤이어 나온 분사형은 명령적 뉴앙스를 지닐 수 있다. 그런데 사망(死亡)을 공간적(空間的)으로 생각하고 그 방에는 여러 문들이 있다고 형상화(形象化)시킨다. 사망의 문들은 14절에서 "딸 시온의 문들" 과 대응된다. 시인이 처한 위험은 사망의 방(房)에 들어가서 나오지 못하는 처지이다. 그곳에서 건짐을 받기를 간구한다.

미워하는 자에게 받는 나의 곤고를 보소서 (르예 안이 미손아이) —혹 "나의 대적들이 나를 어떻게 핍박하는지를 보소서!" (NIV). 이는 약간 의역이지만, 의미를 잘 드러내준다. 원문의 순서대로 번역을 배열하자면, "여호와여, 나를 긍휼히 여기소서; 나의 대적들이 나를 어떻게 핍박하는지를 보소서; 사망의 문들에서 나를 끌어 올리소서!' 가 된다.

14절: 그리하시면 내가 주의 찬송을 다 전할 것이라 (레마안 아사페라 콜-테힐라테카)— "그 결과" (레마안) 곧 구원을 받고, 시인은 "내가 당신의 모든 찬양들을 다 선포" 할 수 있기를 소원한다. "주의 찬송" (테힐라테카) 곧 "당신의 찬송들" 에서, 인칭 접미어 "당신" 은 목적격 소유격으로 취한다: "당신을 찬양하는 찬양들."

딸 같은 시온의 문에서 주의 구원을 기뻐하리이다 (베샤아레 밧-치욘 아길라 비슈아테카)—시 87:1은 여호와께서 야곱의 모든 거처보다 "시온의 문들을 사랑"하신다고 한다. 여기서 "시온의 문들"은 "전체"(예루살렘)를 중요한 "부분"(문들)으로 제시하는 제유법(synecdoche)이다. 성벽으로 둘러 쌓인 도성에서 성문은 사회적, 경제적 의의가 심대한 만남의 광장이였다. 예루살렘은 시온 산이 위치한 곳으로 그곳이 하나님께서 택하신 곳이었다. 따라서 "시온의 문들에서"란 예루살렘 성문에 모인 하나님의 백성 앞에서 란 뉴앙스를 전달한다 (시 116:14). 그리고 "딸"은 시온과 동격으로 "딸 시온"이며, 처녀로서 여호와의 신부를 지시할 것이다. 그런데 앞 절에서는 저 깊고 음침한 "사망의 문들"에서 끌어 올려 달라고 간구한 시인이 구원을 받은 후에는 밝고 높은 "시온의 문들에서" 기뻐하리라!고 기대한다.

제6연 (15-18절): 악인과 의인 (궁핍한 자)

15-18절에서 5-10절과 유사한 방식으로 사고가 전개된다: 여호와께서는 불경한 자를 멸절시키고, 경건한 자들을 수치에 방임하지 않으신다. 15절은 불경한 자의 멸망을 눈앞에 제시하며, 16절은 이런 악인의 파멸의 이유를 제시한다. 다시 17절에서 불경한 자들의 (현재적, 미래적) 멸망을 언급하고, 18절에서는 악인의 운명과 반대인 경건한 자들의 구원을 묘사한다.

15절: 테트: 열방은 자기가 판 웅덩이에 빠짐이여 (타베우 고임 베샤하트 아수)— 열방은 의인과 대조되는 일반인들을 지시한다. 전.후반절은 동의 병행법이다: 웅덩이/ 그물; 빠지다/ 걸리다. 웅덩이를 파고 그 곳에 위장(僞裝) 그물을 덮어서 웅덩이에 빠지면 그물로 조이도록 "함정"을 만들었을 것이다 (Othmar Keel, The Symbolism of the Biblical World, 89). 이렇게 본다면, 전.후반절은 점진적 강화 사고를 보여준다. 여기 사용된 표상은 사냥꾼이 사냥하기 위해 웅덩이를 파고 위장 그물을 쳐서 짐승을 잡는 모습이다.

그 숨긴 그물에 자기 발이 걸렸도다 (베레쉐트-주 타마누 닐케다 라글람) —무죄한 자를 잡으려고 자기들이 숨겨놓은 그물을 자기들이 알지 못하고 지나치다 자기들이 잡히고 말았다. "걸리다"란 말은 사람을 포로로 잡거나 (삼하 8:4), 새나 여우를 잡는 일, 혹은 덫을 놓아 잡는 것을 지시한다. 이렇게 일이 진행된 것은 16절이 지시하듯 악인에 내린 하나님의 심판 때문이다 (다니엘을 참소한 관리들이 사자굴에 던져진 일을 참조). 그런데, "그 숨긴 그물"(레쉐트-주 타마누)에서 지시 대명사 제의 희귀(稀貴)형인 주는 "이것"(this)을 의미하는 여성 단수형이다. 이는 조로도 나타난다. 그런데 시가서에서 주는 관계 대명사로 주로 사용된다 (남.여성, 단.복수 공히 사용)(Joüon-Muraoka, §36b).

16절: 여호와께서 자기를 알게 하사 심판을 행하셨음이여 (노다 야웨 미쉬파트 아사)/ **악인은 그 손으로 행한 일에 스스로 얽혔도다** (베포알 카파브 노케쉬 라샤) —자기 손으로 행한 일로 스스로 올무에 걸렸다. 사용된 동사는 "나카쉬"는 함정에 빠지다; 덫에 걸리다 를 의미한다. 여기서도 15절의 사냥군 표상이 계속되고 있다. 악인이 자기 함정에 빠지는 것이 결국 하나님의 공의로운 심판이다. 이렇게 세상 만사는 하나님이 의로운 통치를 드러낸다. 형식상으로 전.후반절은 병행된다 (구문병행법; VSPp/ PpVS). 니팔형 분사가 전. 후반절에서 동사를 대체하여 사용되고 있다 (노다 /노케쉬). 악인은 야웨 하나님과 대응된다. 후반절의 전치사구에 비추어 전반절의 "미쉬파트 (아사)"에 전치사 "베"를 보충해야 한다 (double duty). 이렇게 하면, 전반절은 "야웨께서는 자신이 행하시는 심판으로 인하여 알려지신다"(NIV)를 의미한다.

힉가욘: 시 9:17에서 "셀라"와 같이 나타나고, 시 92:4에서는 악기와 같이 언급되었다. 시 19:15에서는 "발설" 혹은 "숙고" 등의 의미로 사용되었다. 기본의미는 "소리를 내다" (사 16:7, 31:4, 39:14 참조)인 듯 보인다. 따라서 힉가욘은 연주자들에게 졸졸거리는 활주(滑走)음으로 혹은 화려하게 연주하도록 (a murmuring glissando or a flourish) 지시하는 말인 듯 보인다.

17절: 요드: 악인이 음부로 돌아감이여 (야슈부 레솨임 리쉐올라) — "음부" (스올)은 무덤 저편의 세계이다. 악인들은 결국 음부로 돌아간다. 구약에서 "스올"이 의인이나 악인 공히 가는 곳으로 나타나지만, 여기서는 "심판의 장소" 뉴앙스를 풍긴다.

하나님을 잊어버린 모든 열방이 그리 하리로다 (콜-고임 쉐케헤 엘로힘)—전반절의 '악인들'은 "하나님을 잊어버린 열방"으로 구체화되었다. 하나님은 가난한 자들의 부르짖음을 "망각"치 않으시나 (12절), 하나님을 "망각"한 자들은 모두 망한다. 모세는 거듭하여 이스라엘 백성이 하나님을 망각치 말도록 주지 시켰다 (신 8:11, 14, 19). 하나님을 망각하는 일은 배부르고, 형통케 될 때 마음이 교만해져서 나타나는 결과이며, 참 하나님을 망각하고 이방신들을 섬기게 된다. 성도들이 이렇게 배교에 빠진다면 결과는 여기 하나님을 망각한 열방처럼 하나님의 징계와 심판을 면할 수 없다.

18절: 카프: 궁핍한 자 (에비온)… **가난한 자** (아나빔)— 이들은 악인과 대조되는 경건한 자들이며 하나님을 의지하는 이들이다 (10절). 형식상 문장 초두에 "왜냐하면" (키)이 위치하여 17절과 연결시켜 준다. 그런데 반드시 "왜냐하면"으로 번역하기 보다, "그러나"로 번역하면 좋을 것이다 (NIV). 아니면 "목적절" (final)을 유도하는 접속사로 볼 수 있다. 곧 17절이 일어나고, 18절은 17절의 목적이 된다. 즉, 의인의 소망이 성취되도록 악인은 모두 망한다. 한편, 전반절의 부정사 "로" (not)은 후반절에도 해당된다 (double duty).

궁핍한 자가 항상 잊어버림을 보지 아니함이여 (키 로 라네차흐 잇솨카흐 에비욘) —후반절에 비추어 본다면 "궁핍한 자의 (소망이) 결코 망각되지 아니하리라"라고 이해할 수 있다. 때로는 경건한 자 (=궁핍한 자)가 하나님께 버림을 받았다고 느껴질 때도 있겠으나 구원을 위해 밤낮으로 부르짖는 성도의 소망은 반드시 응답될 것이다.

가난한 자가 영영히 실망치 아니 하리로다 (티크바트 아나빔 토바드 라아드)— "가난한 자들의 소망이 영영히 망하지 아니하리라." 주어가 "소망"이다. 그렇다면 전반절의 주어도 "궁핍한 자들의 소망"으로 이해할 수 있다 (물론 James Barr, *Comparative Philology and the Text of the OT*가 지적했듯이, 병행법이라 해서 항상 전.후반절이 정확하게 구조나 의미상 병행 혹은 대조된다는 보장은 없다; 그럼에도 문맥상 우리는 병행법의 구조에 비추어 해석함으로 많은 유익을 얻을 수 있다). 하나님은 자기를 경외하는 자들의 기대를 결코 져버리지 않으신다.

제7연 (19-20절): 여호와여 일어나소서!

지금까지 여호와의 의로운 통치, 악인의 멸망과 의인의 형통, 시인 자신의 곤고함을 호소하는 기도 등이 제시되었다면, 이제 시인은 여호와께 일어나서 행동하시길 촉구한다. 비단 자기를 위한 구원과 심판을 간구하는 데서 그치지 않고, 더 나아가 세상에 공의를 펼치라고 간구한다. 감사시가 이렇게 간청으로 마무리되는 것은 특별한 경우라고 할 수 없다. 아직 원수는 완전히 소멸되지 아니했기 때문이다. 이는 "이미"와 "아직 아니"의 긴장 속에 거하는 신약 성도들의 찬송과 기도와 흡사하다. 이루신 구속을 감사하고 찬양하나 여전히 다가올 최종 승리를 위해 간구해야 한다.

19절: 여호와의 일어나사 (쿠마 야웨)— 일어나소서 (쿠마). 이는 행동을 촉구하는 간구이다. 마치 잠에서 깨어나듯 일어나시어 성도들을 위해 원수를 치시라는 간청이다.

인생으로 승리를 얻지 못하게 하시며 (알-야오즈 에노쉬)— "인생" (에노쉬)은 어떤 영역본들이 (NRSV, NAB) 번역하듯 "죽을 자들" (mortals)이다. 이런 자들이 하나님을 안중에 두지도 아니하고 행하는 교만은 끝장나야 한다. 여기서 "승리를 얻다" (아자즈)는 상대보다 힘이 세다, 곧 이기다 (prevail)을 의미한다. 죽을 인생이 어찌 하나님을 무시하며 대적하고서 의기양양해 할 수 있을까? 그런 자들을 하나님은 치소서!

열방으로 주의 목전에 심판을 받게 하소서 (잇솨페투 고임 알-파네카) — "열방"으로 "당신 목전에서" 심판을 당케 해 달라고 간구한다. 불신자들이 하나님을 무시하고 자기 힘으로 사는 것 같아도 하나님 목전에 서서 행한 대로 심판을 받을 날이 있다. 다윗은 여기서 종말적 심판이 아니라 지금 개입하셔서 원수들을 심판해 주시라 간구하고 있다. 이는 이스라엘 (교회)의 위협이 되기 때문이다.

20절: 여호와여 저희로 두렵게 하시며 (쉬타 야웨 모라 라헴)— "여호와여, "저들을 '공포'에 두소서" (put them in fear). 함부로 인생들이 하나님 앞에서 날뛰지 말아야 한다. 열방은 제 아무리 강력한 제국을 이루었다 해도 "죽을 인생" (에노쉬) 뿐임을 알아야 한다. 인생이란 하나님과 대조되는 피조물이자, 범죄의 결과로 흙으로 돌아가야 하며, 질 그릇 같이 깨어지기 쉬운 존재이다. 하나님 없는 자들은 자신들의 이런 점을 알지 못한다. (콧) 구멍 두 개만 막으면 죽어 넘어지고, 36.5도 짜리 보일러 (염통) 하나만 꺼버리면 싸늘한 주검으로 돌변하는 존재인 것을 왜 모르는가? 그런데 히브리어 "모라"는 말미에 "헤"가 있으나 "알렙"으로 고쳐서 "공포"로 읽는다. 그런데 70인역이나 페쉬타역은 "선생" (노모테텐 [헬] = 모레[히])으로 읽고 있다.

열방으로 자기는 인생뿐인 줄 알게 하소서 (예데우 고임 에노쉬 헴마)— 여기서도 깨어지기 쉬운 질그릇 같은 죽은 운명의 허무한 존재를 의미하는 "에노쉬" (인생)가 사용되었다. "열방"은 선지서들에서 메시아 시대의 구원에 참여할 대상이지만, 여기서는 하나님을 무시하고 교회 (이스라엘)를 괴롭히는 불신자들이다.

한편 19, 20절에서 각기 사용된 두 명령형 동사들 "일어나다" (*쿠마*), "(두렵게) 하다" (*쉬타*)는 형태상 어미에 장모음 "아" (paragogic he + a)가 첨가되었다. 이는 원래는 강조적인 뉘앙스를 가졌으나 나중에는 어떤 특별한 의미도 없게 되었다. 그런데 하나님께 대한 명령 (곧 간구)일 때는 여기서처럼 겸양의 표현으로 더해진 듯 보인다. 때로는 "나"가 말미에 첨가되기도 한다. 이런 어미(語尾) 첨가형은 순전히 활음조 (euphony) 때문에 사용되는 듯 하다. 이 때문에 시가서에서 이런 어미 첨가형이 더 빈번하게 나타나는 듯 하다 (Joüon-Muraoka, §49d; M. Tsevat, *A Study of the Language of the Biblical Psalms* [Phiadelphia, 1955], 25, n.55).

시편의 적용

히브리어 사파르 (전하다)동사 (1절)

이 동사는 한역에서 "(기사를) 전하다"라고 번역되었다. 현대 영역본들은 대개 "말하다" (tell)(NASB, NIV, TNK, NRSV; recount, NJB) 혹은 "선포하다" (NAB)라 번역했다. 이 동사는 "책" 혹은 "두루마리"를 의미하는 명사 (*세페르*)에서 파생된 말로 여기서는 '피엘형' 이다. 여기서 "책"이란 말은 우리가 현재 보는 그런 책의 형태를 지시하지 않는다. 고대에는 돌이나 갑골(胛骨), 토판(土版), 금속, 수피(樹皮; 라틴어 liber ?library가 유래), 죽간(竹簡), 목간(木簡), 송아지 가죽 등에 기록하거나, 파피루스 (고대 애굽에서는 주전 2400년 이래 사용되었다) 등에 기록했기 때문이다. 여하간 여기서 "책"은 글이 기록된 그 어떤 것이라 해두자. 이렇게 책을 의미하는 명사에서 우리가 고려중인 *사파르* 동사가 파생되었다면, 그 의미는 "기록하다"가 될 것이라 예상되지만, 그런 의미보다 더 근본적인 의미가 "계수하다"이다. 이 동사의 피엘형은 기본형의 "계수하다"란 의미를 견지하면서도 약간 다른 뉘앙스도 전달하는데, 곧 "알리다, 선포하다, 말하다"가 그것이다. 왜 이렇게 한 동사가 얼핏 보기에 구분되는 상이한 의미들이 담기게 되었을까? 추정컨대, 고대 사람들이 가장 먼저 기록물의 필요를 느낀 것이 계수하는 일이었기 때문이 아닐까? 그러니까 "하나, 둘, 셋…" 이런 식으로 계수하면서 돌이나 토판에 막대기를 그으면서 수를 기록했을 것이다. 여기서 더 발전하여 진정한 기록 문화가 탄생되었으리라. 예컨대, 고대 애굽에서 기록을 전담하는 특권 계층의 사람들이 (scribe; 히, 소페르)은 학교를 졸업한 후 제일 먼저 해야 할 일들 중의 하나가 들에 나가서 양이나 소의 수를 계수하거나 어떤 종류의 곡물을 계수하는 일이었다. 여하간 "사파르" 동사에는 "계수하다," "기록하다" 의 두 의미가 함께 담겨있다.

히브리어 동사 피엘형을 연구했던 제니 (Das hebraeische Pi'el, 219)에 따르면, 피엘형은 (그 기본형이 타동사 [Qal transitive]일 경우) 기본형이 묘사하는 행동이 야기 시키는 "상태"를 묘사한다. 이러한 제니의 설명은 이전 문법가들의 설명과 달리, 피엘형을 기본형의 단순 강조형으로 생각하지 않고, 악카드어 D-어간의 용례에 비추어 기본형이 제시하는 바의 결과를 야기 시키는 의미를 묘사한다고 지적한다.

콘라트 (J. Conrad)는 구약 신학단어 사전 (TWAT, V:910-921)에 기고한 "사파르" 항목에서 제니의 연구를 근거로 하면서도 더 자세히 이 동사의 의미를 설명하고 있다. 기본형에서 (Qal 혹은 Niphal) 이 동사는 특정한 목적을 위해 계수하는 것을 지시한다. 예컨대, 예배를 위한 목적으로 날들, 주들, 년들 등을 계수하거나 (레 15:13, 28, 23:15-16 등) 고레스가 성전 기명을 계수하여 세스바살에게 맡기는 것 (스 1:8) 등에서 보듯 공적인 계수는 특정한 목적을 가지고 한다. 인간으로는 도저히 상상할 수 없는 일 예컨대, '셀 수 없이' 많은 후손을 약속하시는 하나님은 그분이 잠재성과 가능성을 주장하시는 위대하신 전능자이심을 의미한다.

반면 피엘형을 설명하면서 콘라트는 제니가 제안한 기본형의 결과적 묘사 용례에 더하여, 계수하되 그 과정까지 지시하는 용례도 첨가한다. 이 후자의 경우는 기본형이나 피엘형의 의미가 대동소이하다고 본다. 기본형과 대동소이한 용례는 다음과 같다: 만약 시편 기자가 "내가 내 모든 뼈를 셀 수 있나이다" 라고 고백한다면 (시 22:17) 그것은 자신의 고통을 그가 전부 감지(感知)하고 있다는 의미일 것이다. 그리고 하나님께서 만약 구름들을 다 계수 하시고 (욥 38:37), 인간이 도저히 접근할 수 없는 지혜를 계수 하시며 (욥 28:27) 혹은 인간이 헤아릴 수 없는 기적과 계획들을 가지신다면 (시 40:5) 그것은 그분의 권능이 무한하심을 지시한다. 반면, 기본형과 달리, 기본형의 결과 곧 계수의 내용이나 총합만을 지시하는 용례는 다음과 같다: 하만이 자신의 엄청난 재산과 특권을 언급한 것은 자신의 영향력 있는 지위를 과시하기 위함이다 (에 5:11). 모세가 주의 모든 말씀과 율례를 백성에게 다 고한 것은 백성으로 그것에 순종하도록 하기 위함이며 (출 24:3), 경건한 자가 주의 모든 율례를 입술로 다 헤아리는 것은 자신의 신실한 신앙의 증표를 드러내는 것이다 (시 119:13; 반대는 시 50:16). 계수의 과정은 생략하고 그 내용만 지시할 때, 그 내용은 개인의 경험들 (창 24:66, 29:13, 민 13:27, 수 2:23 등)이거나 특별한 사건들 (삼상 11:5, 왕상 13:11) 등이다. 특별하고 의미심장한 체험들 중에는 꿈의 체험이 있다. 이를 전하는 것은 그 의미를 얻고자 함이다 (창 40:8-9).

그리고 기본형의 결과만 제시하는 피엘형의 용례에서 신학적으로 중요한 용례는 시편에서 특히 빈번히 나타난다 (피엘형이 67번 나타나는 중에 시편에서만 이런 용례로 30번 나타난다: 계수하다 aufzaehlen, 이야기하다 erzaehlen). 그 결과 곧 사람이 이야기하는 그 내용은 하나님의 권능 있는 구원 행위들이다. 이는 단순히 자신의 과거 경험을 보고하는 것과는 (출 18:8) 차원이 다르다. 오히려 여호와께서 이루신 위대한 구원 행위들을 이야기하고 전하는 것은 그것을 상기하고 전파하는 데 목적이 있다. 그런 이야기 전달은 여호와를 '찬양'하는 것을 의미한다 (시 75:1, 96:3, 145:6, 102:22; 시 9:1, 14, 22:23, 66:16 등). 이런 의미에서의 *사파르*는 "찬양하다" (*야다*의 히필형, 시 9:1; 시 26:7, 107:22; *할랄*의 피엘형, 시 22:23, 145:4-7) 등과 병행되며, "찬양" (*테힐라*)을 그 목적으로 갖기도 한다 (시 9:14, 102:22, 사 43:21). 그 구원 행위들은 총체적으로 "기이한 일들" (*니플라오트*, 시 9:1, 26:7, 75:1, 96:3) 혹은 "행사" (*마아심*, 시 107:22, 118:17)라 불리고, 여호와의 "이름" (*솀*)과 함께 그분의 위대하심과 권능의 나타나심을 묘사한다 (시 22:23, 102:22). 이런 자세히 언급함을 통한 전파와 전달은 여호와께서 온 세상의 주이심으로 온 세상을 대상으로 되어져야 한다 (시 96:3). 이스라엘의 예배에서 바로 이런 여호와의 행하신 위대한 일들의 상기와 자세하고도 구체적인 선포야 말로 예배의 핵심 사항이었다. 바로 이런 그분이 행하신 위대하신 일들에 대한 상기와 선포에서 이스라엘의 정체성이 확인되고 그분에 대한 감사와 찬양의 영적 사고가 고양되는 것이다.

요컨대, 여기 시편에서 하나님께서 행하신 "기사들" (구원 행위들)을 전하리이다" 라는 고백은 "기이한 일들을" 헤아리듯 자세히 선포하리라는 것이며, 이는 전반절에서 제시된 "여호와를 공적(公的)으로 인정하다," "찬양하다" (*호데*)와 병행되는 사고를 전달된다. 후반절이 전반절의 사고를 보다 심화시킨다고 본다면, "여호와를 찬양하리라" ? "그의 행하신 기사들을 (자세히 계수하며) 선포하리라"로 볼 수 있다.

가난한 자 (아니)(12절)
이스라엘은 고용된 종 (*아니*)에게 임금을 체불함으로써 저들을 압제하지 말아야 한다 (신 24:14-15). 그가 하나님께 부르짖으면 하나님께 압제자를 보수할 것이다. 이렇게 *아니*는 경제적으로 매일 품삯으로 연명하고, 사회적으로 약하여 무방비 상태로서 압제를 당할 수 있는 위치에 있다. *아니*는 나그네들처럼 추수 후 이삭을 주울 권리가 있었다 (레 19:10). 이들은 가진 것이 없어 남을 섬김으로 생계를 꾸려가야 했던 사회적, 경제적 약자들이다. 이러한 의미 외에 *아니*는 육체적으로 질병으로 고난 당하는 자, 추방과 같은 환난 당하는 자를 지시하기도 한다.

아더 바이져 (Artur Weiser)나 젤린 (A. Gelin)은 가난한 자나 궁핍한 자는 시편에서 사회적, 경제적 약자를 지칭 한다기보다, 오히려 영적인 측면에서 경건한 자를 지시하는 용어라고 본다 (Artur Weiser, *The Psalms*, 93; A. Gelin, *The Poor of Yahweh*, 36-37; 레슬리 호프 [Leslie Hoppel], 「성서에 나타난 가난」). 이것이 어느 정도에서는 사실이라 할지라도, 시 72:1-4에 묘사된 바에서 보건대, 이스라엘의 왕은 가난 한 자를 공의로 판단하고, 백성의 가난한 자를 신원하며 궁핍한 자의 자손을 구원하며 압박하는 자를 꺾으리라 는 이상적 통치를 노래한다. 신명기에서 사회적, 경제적 약자들인 가난한 자들에 대한 인도주의적 보호규정이나 (신 15:1-11, 23:19-20, 24:6, 10-13, 14-15 등), 선지자들이 이런 규정들에 근거해서 외쳤던 메시지들 (암 2:6-7, 4:1, 5:11, 8:4, 사 1:23, 3:14-15, 5:8, 22-23, 10:1-2, 32:7 등)에 비추어 보건대, 이스라엘에 사회적 갈등이 있었다는 사실에는 의심의 여지가 없다. 따라서 시편 기자들이 가난한 자들과 자신을 동일화시키면서 하나님의 개입과 도우심을 간구할 때, 사회적, 경제적 조건들도 고려했음이 분명하다. 그런데 구체적인 조건들은 시편에서 지적하기 어렵다. 왜냐하면 아주 일반적인 용어들로 어려움이 묘사되고 있기 때문이다.

보좌에 앉으사 (4절)

세상은 무질서하고, 악이 선을 제압하는 듯이 보이는 경우가 많다. 그러나 우리는 4절의 선언을 보아야 한다. 하나님께서 공평한 재판장으로 보좌에 좌정해 계신다 (계 4:2, 9, 5:1 등 참조; "보좌에 앉으사 세세토록 사시는 이"). 그분의 판단으로 세상이 움직인다. 성도들은 미래를 낙관할 수 있다. 인간이 역사의 주인공이 아니다. 인간이 자신의 피조물됨을 망각하고 역사의 주인인 양 행동할 때 비참한 결과가 온다. 인간은 역사의 기관사 (operator)가 아니라 조수 (cooperator)에 불과하다. 현대의 병인 (病因)은 어떤 정치제도, 경제제도와 같은 피상적인 것에서 찾으려 해서는 안 된다. 오히려 하나님을 져 버린 영적인 파국에서 기인되었다. 사회혼란은 병의 징후 (symptom)이지 결코 원인 (cause)이 될 수 없다. 낙관적 세계관은 역사연구의 결과가 아니라 창조주, 구속주 하나님에 대한 믿음에서 나타난다.

크리스토퍼 도오슨 (Christopher Dawson)은 선악의 대결은 자애 (自愛 amor sui)와 신애 (神愛 amor dei)의 대립이라 보았다. 불신자들은 자애 확대의 방편으로 금력 (金力), 권력을 추구하면서 수단방법을 가리지 않는다. 그래서 강대한 제국들이 출현하기도 한다. 어떤 때는 적 그리스도적 세력이 전 세계를 완전히 제압할 듯 기세를 부린다. 그러나 아무리 악한 세력도 하나님의 뜻이 아니고서는 강성해질 수 없다. 저들도 결국 하나님의 뜻을 이루는 수단일 뿐이다 (Christopher Dawson, *The Dynamics of World History* [New York: Mentor Books, 1962], 120-300]).

세계 선교사상 (12절)

하나님의 행하신 일들을 만민 중에 선포하고, 열방 중에서 그분을 찬양하리라는 생각이 그것이다 (시 57:9, 105:1, 108:3). 행하신 일들 중에서 오늘날에는 십자가를 통해 행하신 구속의 일이 핵심이다. 그것이 복음이다. 이 복음을 만민 중에 선포하는 것이 우리에게 주어진 지상 명령이다. 구약시대의 이스라엘이 출애굽의 구속을 세상에 선포하고 찬양했듯이, 신약시대 성도는 십자가의 구속 사랑을 만민에게 선포해야한다. 구약시대에는 이스라엘의 선포를 듣는 이들이 참 하나님을 알고 우상을 버리고 돌아와야 했다면, 신약시대에는 복음을 듣는 이들이 자기들의 죄를 위해 죽으신 주 예수님의 구속 사랑을 알고 그분에게로 돌아와야 한다.

"만민 중에서 그의 행사들을 선포한다" 함은 회중들이 모인 자리에서란 의미라기보다, 온 세상 만민들에게 나아가서 복음을 전하는 일을 의미한다. 만민이 들어서 믿음을 갖도록 해야한다. "듣지도 못한 이를 어찌 믿으리요 전파하는 자가 없이 어찌 들으리요" (롬 10:14).

시 10편 환난 때에 숨지 마소서

1. 전체구조에서의 위치, 시의 유형과 삶의 자리

시편의 제1권에서 시 10편과 33편에만 유독 표제(表題)가 없다. 그렇지만 70인역은 시 9편과 10편을 함께 하나의 시로 연결시켰다. 예컨대, 히브리어나 기타 역본들에서 10:1은 70인역에서 9:22이 되고, 10편의 마지막 절인 10:18은 9:39이 된다. 그리고 기타 역본에서 11:1은 70인역에서 10:1이 된다. 70인역이 제시하는대로 원래 시 9, 10편이 하나를 구성했는지는 확실치 않다. 그 내용면에서 보자면, 9편은 찬양시라면, 10편은 탄식시라 할 수 있다. 그런데 9편이나 10편은 알파벳 시로서 9편이 첫 글자에서 시작하여 "코프"로 끝났다면, 10편은 알파벳 중간 글자인 "라멧"에서 시작하여 마지막 글자인 "타브"에서 끝이 난다. 9편의 마지막 알파벳에서 10편이 이어서 연속적으로 연결된 것은 아니지만, 여하간 알파벳의 첫 부분 글자들이 9편에서 뒷부분의 글자들이 10편에서 나타난다는 점은 의미심장하다.

그리고 시 9편과 10편 사이의 긴밀한 연관성은 델리취가 지적하는 대로 드물게 나타나는 말이나 표현이 두 시에서 공히 나타난다는 점에서 드러난다: 환난의 때에 (9:10, 10:1 [레잇토트 밧챠라]; "환난의 때" [베에트 챠라]는 삿 10:14, 느 9:27, 시 37:39, 사 33:2, 렘 14:8, 렘 30:7, 단 12:1] 등에서 나타난다), "압제당하는 자" (9:9, 10:18 [다크]), "(깨어지기 쉬운) 인간" (9:20, 21, 10:18 [에노쉬]), "열방" (9:6, 16, 18, 20, 21, 10:16 [고임]), "여호와께서 잊지 아니 하신다" (9:12, 10:12), "일어나소서" (9:19, 10:12). 그러나 두 시 사이에는 현저한 대조점들도 나타난다. 앞에서 언급한대로 시 9편이 찬양시 (감사시)라면 10편은 탄식시이며, 9편에서는 시인의 성품이 현저히 부각된다면 후자에서는 무대 뒷전으로 숨어 버린다. 시 9편에서는 원수의 완전한 패배를 전망하면서 감사하고 찬양한다면 그 원수는 "열방"이다. 그러나 10편에서 원수는 자기 동족 가운데 배교한 자들이며 열방은 마지막 부분에서 잠시 언급될 뿐이다.

2. 시적 기교와 해석

이 시에서도 반복의 기교가 나타난다. 예컨대, 사상 (메지모트, 2, 4절), 소욕 (타아바, 3,

17절; 악인의 소욕과 경건한 자의 소원이 대조된다), 멸시하다 (*나아츠*, 3, 13절), 잔해 (*아말*, 7, 14절), 외로운 자 (*헬카*, 8, 10, 14절).

한편, 1-2절에서 시 10편의 주제들이 제시되고, 3-15절에서 그 주제들이 전개된다. 3-15절 부분은 1절의 주제를 다루는 12-15절과 2절의 주제를 다루는 3-11절 두 부분으로 구분할 수 있을 것이다. 3-11절에서 시인은 불경한 자의 모습을 묘사한다. 이 부분을 좀 더 구분한다면, 3-6절과 11절에서 불경한 자의 악한 사고들이 제시되고, 7-10절에서 불경한 자들의 실제 악행들이 묘사된다. 이렇게 악인의 악한 사고를 먼저 제시하고 다음에 실제 악행들의 제시하여 악인을 하나님 앞에 고소한다. 악인들의 사고와 악행을 묘사하는 것은 하나님의 개입을 호소하기 위함이다 (12, 15절). 즉, 이런 악인의 모습 제시는 시인의 기도를 예비하는 요소이다. 그의 기도는 16-18절에서 응답된 것으로 제시된다. 즉, 12-15절에서는 하나님께 간구하며, 16-18절에서는 감사와 찬양이 울려 퍼진다 (혹은 16, 17절의 완료상이나 미완료상을 기원적 뉴앙스로 번역할 수 있다).

제1연 (1-2절): 악인을 고소하며 야웨께 호소함

1절: 어찌하여/ 어찌하여 (*라마*)—이 말은 본 절에서 전반절에서만 사용되었지만, 후반절에도 그 기능을 감당한다 (double duty). 어찌하여 (*라마*)? 라는 부르짖음은 신앙인이 버림받은 심정에서 하나님을 향하여 내뱉는 탄식의 외침이거나 (시 10:1, 22:1, 43:1, 44:24, 74:1, 11, [79:10], 80:12, 88:14, 115:2), 아니면 자신의 주변상황의 부정적인 변천에 대한 탄식이다 (시 2:1). 또한 자기 자신의 영혼을 향하여 권고할 때도 사용되었다 (시 42:11, 49:6). 물론 이 의문부사는 동사를 수식하는 기능과 함께, 알파벳 시의 형식을 맞추는 기능도 감당한다.

멀리 서시며 (*타아모드 베라호크*)/ **환난 때에 숨으시나이까?** (*타알림 레잇토트 밧차라*)—"환난 때에"란 표현은 전반절에도 해당 된다 (double duty). "멀리 선다"는 것은 "강 건너 불구경 한다"는 한국 속담이나 대동소이하다. 시인은 하나님께 소외감을 느낀다 (시 38:12 참조). 한편 "숨기다" (*알람*의 히필형) 동사는 "눈 [귀]들을 –에게서 숨기다" (보지 않다, 레 20:4][듣지 않다, 애 3:56])란 표현으로 자주 나타난다. 하나님께서 [자기 눈이나 귀를] 숨기신다는 것은 시인의 처한 고통이나 환난을 외면하시는 모습에 대한 표현이다. 자기 백성에게서 하나님께서 얼굴을 숨기는 일은 (*사타르 파님*) 언약 맥락에서 하나님의 언약 백성에 대한 처벌이다 (신 31:17, 18, 32:20).

한편 "멀리 서시며" (*아마드 베라호크*)란 표현은 여기서만 사용되었다; 동일한 의미를 전달하기 위해 "아마드 메라호크"란 표현을 흔히 사용 한다 (출 20:18, 21, 삼상 26:13, 시 38:11). 그런데 전치사 "베"도 "민"처럼 "–으로부터" (from)이란 의미를 지닌다 (*Ugaritic Textbook, Glossary*, #435 "b"; M. Dahood, *Psalms I*, 61). 그리고, "환난 때에" (*레잇토트 밧*

차라)에서 전치사 "레"는 시간표시어 [때]와 함께 사용되어 "때"를 표시 [in, 창 8:11, 사 10:3, 렘 10:13] 한다. 그런데 "숨으시나이까" (탈-람)는 [자신을] "숨기다" (히필형)인데, 목적어가 생략되었다. 그래서 BHS 편집자는 수동형 혹은 재귀적 니팔형 (테알렘)으로 교정하기를 제안한다.

2절: 악한 자가 교만하여 가련한 자를 심히 군박하오니 (베가아밧 라샤 이들락 아니)— 이사야 시대에 에브라임과 사마리아 거민들은 "교만"하여 하나님의 심판도 시시하게 생각하였다 (사 9:9). 여기 "가련한 자" (아니)는 "악인" (라샤)과 대조되는 경건한 자를 지시한다. 한편 "심히 군박하"다는 한역보다 "불같이 추격하다"를 의미한다 (원래 "불지르다"를 의미). 악인은 이 경건한 자를 "불같이 급히 추격"하여 멸하고자 한다 (창 31:36; 야곱과 라반). 반면, 의인이 악인을 추격할 때도 있다 (삼상 17:53, 이스라엘과 블레셋).

자기의 베푼 꾀에 빠지게 (잇타페슈 빔짐못 주 하샤부)— 여기 사용된 표상은 급히 의인을 추격하던 악인들이 자기 꾀에 사로잡히는 모습이다. "꾀" (메지모트)는 잠언에서 자주 언급되며, 부정적인 의미로도 (잠 12:2, 14:17, 24:8), 긍정적인 의미에서 "사려 깊음" (한역은 "근신")을 지시하기도 한다 (잠 1:4, 3:21, 5:2, 8:12). 악인의 사고가 악한 것은 저들에게 하나님 의식이 없기 때문이다 (4절 참조). 저들은 "꾀"를 "고안하였다" (하샤브).

제2연 (3-6절): 악인의 실태

3절: 악인은 그 마음의 소욕을 자랑하며 (키 힐렐 라샤 알-타아바트 나프쇼) — 원문에는 접속사 ("키")가 사용되어 2절과 연관됨을 보여준다 (NRSV 참조). 제10 계명은 "탐내지 말라"고 하였다 (신 5:21하). 그런데 악인들은 마음에 탐심을 가지고 타인의 것을 노린다. 이것이 저들 마음의 "소욕"이다. 그런데 "소욕" 혹은 "바램" (타아바)은 악한 것일 수도 있고, 선한 것 (사 26:8)일 수도 있다. 누가 어떤 동기로 갖느냐? 가 문제이다.

탐리(貪利)하는 자는 여호와를 배반하며 멸시하나이다 (우보체아 베렉 니에츠 야웨)—대개 이를 주어로 처리하나, 영역중 하나 (NIV)는 이를 목적어로 보고, 악인이 "이를 탐하는 자를 송축하고 여호와를 욕한다"고 이해한다. 이는 전반절과의 병행관계를 고려한 번역일 것이다. 악인은 상업으로 부당한 이득을 추구할 뿐 아니라 "폭력으로 탈취하는 자" (강도)이며, 이들은 하나님을 "저주"하고 (바락, 욥 1:5 참조; 한역, 배반하다) 멸시한다. 저들은 말과 행동으로 하나님을 완전히 배척한다 (니에츠; 민 14:11에서 "믿지 아니하다"의 병행어로 나타남). 광야에서 하나님을 불신하고 원망하던 그 악인들의 행동이 하나님을 멸시함이다 (민 11:23). 이런 반도들은 땅이 입을 열어 그대로 삼켜 버렸다 (민 16:30). 한편, "(여호와를) 배반하다" (베렉, 저주하다)에서 사용된 동사는 사실 "송축하다"를 의미하는 "바락"이다. 이는 신성 모독적 표현을 반대적 의미어로 대체하는 완곡어법이라 할 수 있다 (Carmel McCarthy, *The Tiqqune Sopherim*, 191, n. 149). 만약 이 동사의 목적어를 "여호와" 대신

NIV처럼 번역하여 "그가 (악인이) 탐욕스러운 자를 축복하다"라 번역한다면, 사용된 동사는 "송축하다"가 아니라 "축복하다"란 의미가 된다. 크레이기는 이 부분에서 "강도가 저주했고, 4절 악인이 그 교만한 얼굴로 주를 멸시했다"라고 3절 마지막 부분과 4절을 연결시켜 번역한다.

4절: 악인은 그 [자신의] 교만한 얼굴로 (라샤아 케고바흐 아포) — "얼굴의 교만"은 여기서만 나타나는 표현이다; 눈의 교만 (시 101:5), 마음의 교만 (시 131:1, 잠 16:5, 18:12, 대하 26:16 [웃시야], 32:25, 26 [히스기야]) 등이 나타난다. 여하간 이러한 교만은 패망의 선봉장 구실을 하며 (잠 16:18), 하나님께 버림을 받는 요인이 된다. 그런데 "그 교만한"(얼굴로)(케고바흐 [압포])에서 전치사 "케"는 보통 비교적인 용례 ("-와 같이")로 사용되나, 여기서는 그 용례가 모호하다; "그 얼굴의 오만에 따라서"라 이해할 수 있다. 그런데 히브리 사본들 중에는 "케" 대신 "베"로 읽는 것들도 있다. 그렇다면 "자신의 교만한 얼굴로"라는 의미가 된다.

말하기를 —원문에는 이 말이 없다. 한역은 문맥을 짐작하여 보충했다 (NRSV, NAB 참조).

여호와께서 이를 감찰치 아니 하신다 (발-이드로쉬) — "그가 찾지 않는다." 사용된 부정사 (negative) "발"은 주로 시가서에서 나타난다. 여기 주어가 여호와인지(한역, NRSV, NAB) 아니면 악인인지 (악인이 그를 찾지 아니 한다 RSV, NIV, NASB) 혼동이 있다. 13절에서 동일한 표현이 나타난다는 점에 비추어 본다면, 한역처럼 번역할 수 있다. 그런데 여기서는 13절과 전후 표현이 약간 다르다. 따라서 우리는 악인을 주어로 취한다. 곧 악인은 하나님을 찾지 아니한다.

그 모든 사상에 하나님이 없다 (엔 엘로힘 콜-메짐모타브) —이 부분은 여러 모양으로 번역되고 있다: 1) 그의 모든 사고에 하나님이 자리할 여지가 없다 (NIV); 2) 그들의 모든 생각은 "하나님이 없다"는 것이다 (NRSV, NASV, NJB, ELB, LSG); 3) 그의 모든 사고에 하나님이 없다 (KJV, 한역); 4) 하나님이 그의 앞에 없다 (LXX); 5) 그의 모든 사고에서 (그는 생각하길), [그는 상관치 않는다] 하나님은 관여치 않는다 (in all his scheming *thinks*, ["He does not call to account]; God does not care," TNK). NIV의 번역이 적절할 것이다.

5절: 저의 길은 언제든지 견고하고 (야힐루 다르코 [데라카브] 베콜-에트)—악인의 의기양양한 자기 기만적 자화상이 제시된다. 하나님도 사람도 개의치 않고 자기 의도대로 만사형통하다고 잘못 생각한다. 사용된 동사는 (힐/ 홀 II) 욥 20:21에서 "견디다"란 의미로 나타나고 여기서는 "강하다" 즉, 6절에서 악인이 악인의 자기 기만적 사고에서 자랑하듯 "요동치 아니하는" 모습을 지시할 것이다. 그러나 다수 영역본들은 악인의 길들은 "언제든지 형통하다" (야츨리아흐)(NIV, RSV, NASB)라 번역한다 (KB³이 제안하듯 야츨리아흐로 읽는다). 그런데 이 진술은 피상적인 관찰에 근거했을 뿐 (시 73:3, 12) 사실 악인은 "미끄러운 곳"에서서 졸지에 파멸에 던져 진다 (시 73:17-20). 한편 "저의 길" (다르코)에서 "케레" (Qere) 독법은 "그의 길들"로 읽으며, 이 독법이 사용된 동사의 복수형에 적합하다.

주의 심판은 높아서 (마롬 미쉬파테카) ― "높아서"란 말 (마롬)은 명사이지만, 전치사가 생략된 것으로 간주하여 이렇게 부사적으로 이해된다. 그런데 어떤 이들은 70인역에 근거하여 "높아서" 대신 "(그에게서) 떨어졌다" (removed)라 번역한다. 여기 문장의 의미는 어떤 영역본 (NIV)이 제시하듯, "그는 교만하여 주의 법규들이 그에게서 멀리 떨어져 있다"는 것이다. 한편 "높아서" (마롬)를 70인역이나 시리아어역 (페쉬타)은 "높음" (마롬) 대신 "(당신의 심판들이) 멀어졌다" (사루, they are removed)라 읽는다. 이렇게 하면, 알파벳 시 구성 요소인 "사멕" 행이 복원된다.

저의 안력이 미치지 못하며 (민네게도) ― "저에게서 멀리 떨어져" (away from him, far from him). 여기 사용된 전치사 "네게드"는 원래 "반대적인 것," "-에 상응하는 것"을 의미했으나 나중 전치사로 1) -앞에서 (in front of), 2) -에 마주대하여 3) -에 상응하여 4) -에 대적하여, 반대로 를 의미하고, 이 전치사에 다른 전치사 "민"이 더해진 경우에는 1) -반대편에 2) -에서 떨어져 3) -에 나란히 란 의미를 지닌다 (KB³). 따라서 고려 중인 표현은 "그에게서 멀리 떨어진" 이란 의미를 지시한다.

저는 그 모든 대적을 멸시하며 (콜-쵸레라브 야피아흐 바헴) ―자기를 대적하는 자들에 대하여는 코웃음을 처버린다. 그만큼 이 악인은 자신만만하다. 한 사전 (KB³)은 여기 사용된 동사의 어근을 "푸아흐" I형으로 보면 "코방귀를 뀌다" (RSV, KJV, puffs)란 의미이고 "푸아흐" II형으로 보면 "(그들을) 치는 중언을 하다" (to testify against [them])를 의미한다고 지적한다. 대개 역본들이 그러하듯 I형의 의미를 취한다.

6절: 그 마음에 이르기를 나는 요동치 아니하며 (아마르 벨립보 발-엠모트) ― 이 말은 "발이 미끄러지다, 비틀거리다"를 의미한다. 이 말은 불안정한 상태나, 경제적으로 빈한한 상태도 (레 25:35) 지시한다. 악인은 자신이 견고하며 안전하다고 망상을 갖는다. 의인이 하나님을 의지하고 하는 말을 (시 16:8, 30:7) 악인은 자만하여 불경(不敬)하게 내 뱉는다.

대대로 환난을 당치 아니하리라 (레도르 바도르 아쉐르 로-베라)―악인은 대대로 곤경에 빠지지 않으리라 자신만만하다. NIV는 이 부분에서 "나는 항상 행복하고, 결코 곤경을 당치 않으리라" 라고 번역했다. 여기 6절에 제시된 악인의 모습은 현재와 미래에 대하여 모두 자만한 악인의 극도의 교만이다. 그런데 악인의 이러한 자만에 찬 망상은 현실적으로도 뒷받침되는 듯이 보일 때가 있다 (시 73:4-5, 13-14). 반면 경건한 자들은 "종일 재앙을 당하며 아침마다 징책을 보"는 듯 느낄 때가 있다 (시 73:14). 이는 이 세상 분깃을 받은 자들에게 하나님의 징계가 없으며, 반면 하나님께서 사랑하는 성도들은 징계하시기 때문에 (히 12:6) 일어나는 현상이지만 불신자들의 경우에 졸지에 닥치는 중병이나 재난에 속수무책일 수밖에 없다.

제3연 (7-11절): 악인의 실태 (2)

7절: 그 입에는 저주와 궤휼과 포학 (알라 피후 말레 우미르못 바토크)—악인의 입은 뒤에서 항상 타인을 헐뜯고 중상 모략한다. 잠언이 다루는 주제 중에서 "입"에 대한 경계가 빈번하다. 입에 실수가 없으면 완전한 자이기 때문이다 (약 3:2). "궤휼" (미르못)은 "사기," "기만"이며, 포학은 "압제," "폭력"이다. " 그런데 "저주" (알라)란 말은 맛소라 사본에서 7절 초두에 위치하나, BHS 편집자는 6절 말미로 연결시킨다. 크레이기는 삿 17:2, 왕상 8:31 등에 근거하여 "그가 맹세하다"로 이해한다. 우리는 히브리 맛소라 본문을 따른다.

혀 밑에는 잔해와 죄악 (타하트 레쇼노 아말 바아벤) — "잔해" (아말)는 나 자신이 당하는 고난 (슬픔)도 지시하기도 하고, 타인에게 끼치는 "해악, 손해, 위해"를 지시한다. 그리고 "죄악" (아벤)이란 말은 "곤난(困難)" (trouble)이란 의미도 갖는다. 따라서 "아말"과 "아벤"은 때로 동의어로 사용 된다 (허물/ 패역, 민 23:21, 합 1:3; 악/ 독, 욥 4:8; 불행/ 재앙, 욥 5:6, 15:35, 시 7:15, 사 59:4; 수고/ 슬픔, 시 90:10). 여기서 이 두 말은 악인의 혀가 타인에게 끼치는 해악을 지시하고 있다.

8절: 향촌 유벽한 곳에 앉으며 (예쉐브 베마라브 하체림)— "마을들에 매복하여 기다리다." 여기 사용된 표상은 9절에서 반복된다. 악인들이 의인을 해하는 모습에 대한 실제적 혹은 상징적 묘사이다.

그 은밀한 곳에서 (밤미스타림) **무죄한 자를 죽이며** (야하로그 나키)—가인이 아벨과 "들에 있을 때에" (바예히 비흐요탐 밧사데) 곧 단 둘이 있었을 때 아벨을 살인했듯이, 악인은 무죄한 자를 은밀한 곳에서 살해한다. "무죄한 자" (나키)를 죽이는 일은 거짓 증거하는 일일 수도 있다. 살인에는 비단 총칼에 의한 것만 아니라, 심적인 살인 (증오), 마땅히 도와서 살려야 할 처지에서 도움을 베풀지 못함으로 죽도록 방치하는 부작위 (omission)의 죄도 있다. 그런데 전. 후반절은 사고상으로 점진적 강화의 원리가 나타나고 있다.

외로운 자를 엿보나이다 (예나브 레헬레카 이츠포누)— "외로운 자" (헬카)는 8, 10, 14절에서 세 번 나타난다. 대개 "불행한 자"로 이해하고 있다. 문맥상 앞에 나타난 "무죄한 자"와 같은 범주에 속하는 사람을 지시할 것이다. "엿보다"란 말 (챠판)은 타동사로서 "숨기다" (출 2:2), "보관하다" 혹은 자동사로 "숨어 기다리다" (lurk)를 뜻한다 (잠 1:11, 18, 시 56:7). 여기서는 자동사로 "그의 눈이 불운한 자를 숨어 기다리다" 곧 "눈이 은밀하게 주목하다"란 의미이다. 그런데 "외로운 자" (헬카)란 말은 10, 14절 등에서 세 번 나타난다. BDB는 이 말을 "검다"는 의미의 아랍어 (할라카)와 연관시켜서, 이런 용례가 상징적 의미로 사용되어 "불운한"이란 의미라 제안 한다 (명사적으로, "불운한 자"; KB³도 참조). 쿰란 사본에서는 네 번 이 말이 나타나며 (1QH 3:25, 26, 4:25, 35), "악인들"의 병행어로 사용되고 있다. 그럼에도 이 말의 정확한 이해는 여전히 오리무중이다 (James Barr, *Comparative*

Philology and the Text of the Old Testament, 228, 229). 10절에서 케레 독법은 "하일 카임"으로 제안 한다 (불운한 무리).

9절: 사자가 그 굴혈에 엎드림 같이 저가 은밀한 곳에 엎드려 (예에로브 밤미스타르 케아르 예 베수코) **가련한 자를 잡으려고 기다리며** (예에로브 라하토프 아니) — "자기 굴에 있는 사자처럼 그는 은밀한 곳에 엎드려 기다리며, 가련한 자를 잡으려고 엎드려 기다린다." 여기서 "잡으려고 (하타프)" (기다리며, 아라브)란 표현은 삿 21:20, 21에서 장가갈 처녀가 없는 베냐민 지파 남자들이 실로의 처녀들이 절기시에 춤추러 나올 때, 포도원에 숨었다가 (아라브) 뛰쳐나와 처녀들을 취하여 (하타프) 잼싸게 달아나는 장면을 묘사하기 위해 이 동사가 사용되었다. 악인은 "가난한 자"를 날쌔게 잡아서 달리고자 숨어 기다린다.

자기 그물을 끌어 가련한 자를 잡나이다 (야호토프 아니 베모스코 베리쉬토) — 문자적으로 "자기 그물을 끌면서, 그는 가난한 자를 잡는다" (KJV, NASB)이지만, "그는 가난한 자를 잡아, 자기 그물에 끌고 간다" (NIV, NRSV). 사용된 두 동사의 조합은 여기서만 나타난다. 여기 사용된 표상은 그물 함정에 걸린 짐승을 사냥꾼이 그물을 끌고 잡아가는 모습이다.

10절: 저가 구푸려 엎드리니 /그 강포로 인하여 외로운 자가 넘어지나이다 (바다카 [이드케] 야쇼아흐 베나팔 바아츄마브 헬카임 [헬 카임]) — 두 가지 이해가 가능하다. 1) 전·후반절의 주어는 "불운한 자" (헬카임)로 악인의 희생물이다: 뭉개지고 (crushed; 잇다케, 케레), 쓰러지며, 그의 힘 앞에 넘어진다 (NIV, NAB, RSV); 2) 전반절의 주어는 악인으로 9절에 나타난 표상 (사자)이 계속되고, 후반절에서 "불운한 자"가 묘사된다: 그가 (사자처럼) 짓밟고 (이드케, 케티브) 웅크리다; 불운한 자가 그의 강력한 것들 (발톱들)로 쓰러진다 (NASB, NJB, KJV). 현재 본문은 2)를 지지한다. 한편 "그 강포로 인하여 (바아추마브)"에서 "강포"란 번역된 말은 "그의 강력한 자들"을 의미한다. 9절에 사용된 직유 표상을 고려하여, "사자의 발톱들"로 이해된다 (BDB; NJB [가엾은 가난한 사람이] 그의 "마수 [魔手 clutchs]에 걸리다).

그런데 한역이 "구푸려" (바다카)라 번약한 말의 케티브 독법은 "그리고 그가 으깨어질 것이다" (칼형 완료 바브-연속법)이지만, "케레" 독법은 기본형 (칼) 미완료 시상 (이드케)이거나 니팔형 미완료상 (잇다케)이다 (모음을 어떻게 붙이느냐에 따라 달라진다). 그러나 기본형이나 니팔형에서 의미는 동일하다. 한편 "챠데" 행을 살리기 위해, 10절 초두에 "챠디크" (의인)를 두어 10절의 주어로 이해하고자 하는 시도도 있다.

11절: 하나님이 잊으셨고 그 얼굴을 가리우셨으니 (쇠카흐 엘 히스티르 파나브) — "얼굴을 가리다"는 직역하면 "그의 얼굴을 숨기다" (히스티르 파나브)이지만, "얼굴을 가림으로" 숨기므로 (출 3:6) 한역 (NIV)은 정당하다. 하나님은 자기를 배교하는 언약 백성에게 진노하시며 저들을 버리시고 (아자브) 자기 얼굴을 저들에게서 숨기신다 (신 31:17). 이는 어떤 대상에 대한 극도의 혐오감의 표현이다. 그 결과는 이스라엘이 악인에 의해 진멸되는 것이다. 그런데 여기서는 악인이 의인에 대하여 이렇게 말하고 있다. 그 의미는 하나님께서 의인에 대하여 진노하고 계시다는 것이다.

영원히 보지 아니 하시나이다 (발-라아 라네챠흐)— NJB는 신 32:20을 염두에 두었는지 번역하길 "(하나님께서 잊으시며 자기 얼굴을 돌려) 그 끝을 보는 것을 피하셨다" 라 한다. 그러나 이 문장의 의미는 NAB가 의역했듯이, 하나님께서 주목도 아니 하시고, 관심도 보이지 아니 하시고, 보고자 아니 하신다는 것이다.

제4연 (12-15절): 여호와여 일어나소서

12절: 여호와여 일어나옵소서 하나님이여 손을 드옵소서(쿠마 야웨 엘 네사 야데카) —시 9:19에서 사용된 말과 동일하며, 그분의 개입을 촉구한다. "손을 들어 올린다"는 것은 "맹세하다"란 의미로도 사용되나 (출 8:6, 민 14:30, 신 32:40 등), 여기 문맥에서는 "치시고자" 손을 들어 올리는 모습을 묘사 한다 (시 106:26; "손을 펼쳐 치다"란 표현; 사 5:25 참조). 여기 기도는 악인의 심중의 사고 (11절)에 대비된다. 13절에서도 시인은 악인의 심중의 말을 언급하고, 14절에서 그에 대비시켜 기도를 올린다. 이는 마치 히스기야가 산헤립 왕의 훼방하는 말을 가지고서 하나님께 기소하듯 구원을 호소한 것과 같다 (사 37:4-20).

가난한 자를 잊지 마옵소서 (알-티쉬카흐 아나빔) — "가난한 자"는 경건한 자들, 곧 언약에 신실한 언약 백성이다 (시 74:19 참조). 이 부르짖음은 악인이 사자처럼 경건한 자를 찢고자 하는 정황에서 구원을 호소한다. 동시에 이 부르짖음은 11절에 제시된 악인의 주장(곧 **의인**을 하나님께서 돌보지 않으신다)에 대한 반박 기도이다.

13절: 어찌하여 (알-메) —사 1:5, 욥 38:6, 민 22:32 등. 이 말은 후반절에도 해당 된다 (double duty). 그런데 "어찌하여" (알-메)에서 의문 대명사 "메"의 형태에 대하여, Joüon-Muraoka, § 37, 그 용도에 대하여, §144 참조.

악인이 하나님을 멸시하여 그 마음에 이르기를 주는 감찰치 아니하리라 하나이까? (니예츠 라샤 엘로힘 아마르 베립보 로 티드로쉬)—시인은 2인칭 (당신)으로 하나님을 직접 부르며 기도하고 있다: "어찌하여 악인이 '책임 추궁을 아니하신다'고 생각하면서, 하나님을 멸시 해야 합니까?' (Why should the wicked man scorn God, thinking You do not call to account? TNK) 여기 진술이 11절에 언급된 악인의 말을 반영한다면, 여기서 의미는 "하나님께서 (**의인**을) 돌보지 아니 하신다"는 것이다 (NAB).

14절: 주께서 보셨나이다 잔해와 원한을 감찰하시고 (라이타 키-앗타 아말 바카아스 타비트)— "당신이 보시고, 실로, 당신이 '곤난(困難)과 슬픔'을 보신다." 하나님께서 의인의 고통을 보신다. 예컨대, 욥의 고난 (욥 3:10, 7:3, 11:16)이나, 예레미야의 역경이나 고난 (렘 20:18), 악인이 의인에게 가하는 고통 (시 10:14)도 지시한다.

주의 손으로 갚으려 하시오니 (*라테트 베야데카*)— "당신이 친히 (당신의 손으로) 처리하시고자 (보수하시고자, 나탄 시 28:4, 120:3) 하시나이다." 이는 단순한 진술이 아니라 이는 하나님을 향한 개입의 간접적 간구요 부르짖음이다.

외로운 자가 주를 의지하나이다 (*알레카 야아조브 헬레카*)—8, 10절에 언급된 "불운한 자" 곧 하나님을 의지하는 경건한 자가 (18절도 참조), 하나님께 자신을 전적으로 의탁한다 (문자적으로, "자신을 당신께 포기한다").

주는 벌써부터 고아를 도우시는 자이니다 (*야톰 앗타 하이타 오제르*) — "당신은 고아의 도움이 되었나이다." 하나님은 고아의 아버지이시다 (시 68:5). 여기서는 의지할 곳 없는 불운한 자, 곧 하나님만 의지하는 경건한 자를 지시한다. 그런데 하나님은 오경에서 과부와 고아, 객 (이방인 나그네)들을 인도주의적 사랑으로 대할 것을 규정하셨다 (출 22:22, 신 14:29, 16:11, 24:17, 19, 20, 21, 26:12, 13). 이런 언약 규정에 근거해서 선지자들은 이런 불운(不運)한 자들을 학대하고 갈취하는 사회적 불의(不義)를 기소하는 설교를 행하였다 (사 1:17, 23, 9:17, 10:2, 렘 7:6, 22:3, 겔 22:7, 말 3:5 등). 이런 사실에 비추어 본다면, 여기 시편에서 시인은 사회적 불의에 항거하는 기도를 드리는지 모른다.

15절: 악인의 팔을 꺾으소서 (*쉐보르 제로아 라샤 바라*) — "악인과 악한 자의(the wicked and the evil man) 팔을 꺾으소서." "악인과 악한 자"는 두 말을 포개어 "악인"을 강조한다. "팔"은 행동의 수단으로, 팔이 없이 아무 것도 이루지 못한다. 따라서 악인의 팔을 꺾는 일은 악인을 무기력하게 만드는 치명타를 가하는 일이다 (렘 48:25, 겔 30:21, 22, 24). 하나님은 의인(의 손)은 붙드시나 악인의 손은 부러진다 (시 37:17).

악한 자의 악을 없기까지 찾으소서 (*티드로쉬-리쉬오 발-팀차*)— "당신이 (더 이상) 찾지 못하기까지 그의 악을 당신이 수색 (처벌)하소서." 즉, 악이 자취를 소멸하기까지 수색하여 (제거하시라)는 간구이다. 여기 사용된 두 동사는 "조사 (수색)하여" (*다라쉬*) 마침내 그것을 "찾아내는" (*마차*) 일련의 연관된 동작들을 묘사하나 (대상 26:31), 여기서 "수색하다"는 처벌까지 염두에 두고 있다 (4, 13절에서는 "감찰하다"로 번역되었으나 같은 단어임). 그런데 이 두 동사의 조합(組合)은 주로 하나님을 마음을 다해 구하면 우리가 그를 만날 수 있다 (즉 그가 만나 주신다)는 말씀에서 나타난다 (신 4:29, 대상 28:9, 대하 15:2, 사 55:6, 렘 29:13 등). 어쨌든, 시인이 악인의 악이 더 이상 발견되지 않기 까지 수색하여 처벌하시라는 간구는 다음 절에서 언급되는 여호와의 우주적 왕권이 완전하게 이루어질 때에 현실화될 것이다 (슥 14:9, 단 7:14, 계 11:15).

악인은 "돌보지/ 찾지 않으신다" (13절), "보지 않으신다" (11절) 했으나 시인은 그것에 대비시켜, 악인의 악을 조사하여 처리하시라고 간구 한다. 한편 여기 "없다"라는 부정사 (*발*)는 때로, 강조적 긍정 (확실히 surely)을 의미할 수 있다. 여기서도 "확실히 당신은 찾으소서"라고 강조적으로 이해할 수 있다 (KB³, *bal* II, 126). 여기서 제시된 기도는 장차 악인이 더 이상 존재하지 아니할 최종 완성의 때를 기대한다.

제5연 (16-18절): 왕이신 여호와

이 부분은 보통 감사와 찬양으로 간주되지만, 다훗은 간구로 이해한다. 이렇게 견해 차이가 나는 것은 이 부분에 사용된 동사들의 시제가 완료상 혹은 미완료상이 함께 나타나고 있어 정황 파악이 곤란하기 때문이다. 예컨대 16절의 완료상은 "열방이 주의 땅에서 멸망하였나이다" (한역, KJV, NAS, NJB)이나 "열방이 망하리이다" (NIV, NRSV, TNK, LXX)로 달리 번역된다. 또한 17절에서 사용된 세 동사 (완료, 미완료, 미완료)도 역본들마다 제각기 달리 번역된다. 예컨대, 세 동사를 모두 현재완료로 (KJV, NAS, LXX), 혹은 현재 시제로 (NIV, NJB), 혹은 미래 시제로 (NRSV, TNK) 번역한다. 우리는 이 부분이 최종 간구라고 이해한다. 이렇게 볼 수 있는 것은 완료상은 "기원적 완료상"으로 이해하고, 미완료상은 간접명령 (단축형 jussive)으로 이해한다.

16절: 여호와께서는 영원무궁토록 왕이시니 (야웨 멜렉 올람 바에드)—여호와께서는 "영원 무궁히" (올람 바에드) 온 세상의 왕이시다 (시 20:9, 24:8, 10, 29:10, 47:3, 84:4, 95:3, 98:6, 사 6:5, 33:22, 41:21, 43:15, 44:6, 렘 8:19, 10:10). 왜냐하면 그분이 만물을 창조하셨기 때문이다. 그분이 이스라엘의 왕이신 것은 저들을 창조하시고, 또 구속하셨기 때문이다 (출 15:18). 한편, 시인은 악인이 징벌도 받지 않고 날뛰는 것을 볼 때 의로우신 하나님께서 통치하시는 것을 느낄 수 없었으나 이제 믿음의 확신이 들었다. 곧 여호와의 의로우신 통치를 거스리는 어떤 악인의 소행도 헛되다는 것이었다.

열방이 주의 땅에서 멸망 하였나이다 (아베두 고임 메아르쵸)—온 땅의 왕이신 하나님을 부인하는 악인들 곧 열방 (고임)은 "그의" 땅에서 망하였다. 완료는 보통 미래 사실이지만 이미 성취된 양 보도하는 예언적 확실성 표시의 완료로 이해된다. 그 보다 더 나은 이해는 여기 완료상을 기원[祈願]의 완료(optative perfect)로 이해하여, "망하게 하소서" (M. Dahood, *Psalms I*, 66)로 이해함이 다. 땅은 인간이 살아가는 지반이다. 그런데 "그의 땅에서 열방들이 망하게 하소서"라는 기원은 "그의" 땅 곧 "여호와의 땅" (이스라엘, 레 25:23)에서 불 신앙인들이 소멸되게 하소서! 라는 간구이다 (시 9:5, 59:5, 사 52:1, 나훔 2:1 참조). 그렇지만 "그의 땅"은 온 세상을 지시할 수도 있다. 온 세상이 다 하나님의 창조물이기 때문이다. 이스라엘 중의 불 신앙인들은 그 소속이 이스라엘인지 몰라도 그 심령이 부패한 배교자들이므로 (겔 16:3, 렘 9:25) 사실 열방과 다를 바 없다. 혹은 "그의 땅"을 (배분적 의미로) 각개 악인들의 나라 (혹은 처소)를 지시한다고 취한다면, 주님을 알지 못하는 열방이 각기 자기 처소에서 망하길 기도 한다 (시 79:6).

여호와의 왕권은 구약 시대에 이스라엘을 통하여 만방에 행사되었다면, 신약 시대에는 교회를 통해서 행사되고 있다. 그러나 주님의 재림 이후 완성된 신천신지(新天新地)에서는 온 우주가 하나님의 왕권 하에 직접 놓일 것이다. 따라서 여기 기도는 하나님 나라의 최종 완성의 때를 바라보고 있다.

17절: 여호와여 주는 겸손한 자의 소원을 들으셨으니 (타아밧 아나빔 샤마아타 야웨)—겸손한 자의 소원은 악인의 소욕 (3절)과 대비된다. 겸손한 자들은 "경건한 자들"이다. 여기서도 완료형은 기원의 완료상 (optative perfect)으로 이해된다: 경건한 자의 소원을 들으소서!

마음을 예비하시며 귀를 기울여 들으시고 (타킨 립밤 타크쉬브 오즈네카)— 사용된 두 동사가 미완료형이지만, 둘 다 간구의(단축형 jussive) 의미로 이해한다: 저들의 마음을 세우소서/ 당신의 귀를 기울이소서! 미완료상의 이런 간구적 이해는 전반절의 기원적 완료상의 뉘앙스와 일치 한다. "마음을 세우다/ 견고케 하다"란 말은 하나님을 찾는 일편단심(一片丹心)의 마음, 곧 하나님께 신실한 마음을 갖도록 한다는 것이다 (대하 12:14, 시 57:8, 78:8, 37, 108:2, 112:7). 즉 마음이 하나님을 신뢰하고 그분만 찾도록 고정되게 하는 것이다. 그리고 시 51:12에서는 범죄한 이후에 마음을 새롭게 함과 연관된다.

18절: 고아와 압박당하는 자를 (위하여) 심판하사 (리쉬포트 야톰 바다크) —부정사 연계형으로 시작된다 (리쉬포트). 이 부정사를 한정동사의 대용으로 볼 수도 있고 (NAB: "당신은 고아와 압박당하는 자를 위하여 공의를 쟁취하시나이다" [you win justice for the ophaned and oppressed]), 17절과 연관시켜 이해해도 좋다 (대부분의 영역본들; 17 하반절부터 번역하면, "귀를 기울여 들으시어 고아와 압박당하는 자에게 공의를 행하소서!'). 의미는 야웨께서 고아와 압제 당하는 자를 위해 공의를 베푸신다는 것이며, 이는 왕이신 그분의 의로운 통치의 내용이다. 고대 근동에서 왕이 행해야 할 근본 "공의"는 바로 이런 하층민들의 권리(權利)를 대변하는 일이라 여겨졌다.

세상에 속한 자로 다시는 위협지 못하게 하시리이다 (발-요시프 오드 라아로츠 에노쉬 민-하아레츠) —이러한 의로운 통치의 결과로, "세상에 속한 인생" (에노쉬 민 하아레츠)으로 다시는 압제 당하는 자들을 위협하지 못하리라. 여기서 "인생"이란 말(에노쉬)에서 시 9:19에서처럼 악인들이 "깨어지기 쉬운 죽을 존재"로 부각된다. 그런데 이 진술은 시 9:16-17에서처럼 "종말론적" 뉘앙스를 드러낸다. 한편, "세상에 속한 자"는 계시록에서 "땅 위에 거하는 자들"(호이 카토이쿤테스 에피 테스 게스)이란 표현으로 불신자들을 지칭하는 말로 자주 나타난다 (계 3:10, 6:10, 8:13, 11:10, 13:8, 12, 14, 14:6, 17:2, 8). 이들은 "땅에서 구속을 얻어야" 한다 (계 14:3, 6). 반면 성도들은 영적으로 부활하여 (계 20:4-6), 이미 하늘 보좌에 앉힌바 되었고 (엡 2:6; 엡 1:20 참조) 그 생명이 그리스도와 함께 하나님 안에 감추어진 (골 3:3) 존재들이다.

시편의 적용

악인의 무신론적 사고 (4절)

악인이 악인인 것은 저들의 사고에 하나님이 없기 때문이다. 하나님을 찾지도 아니하고, 인정치도 아니한다. 이들은 보이는 현상만이 실재라 믿는다. 현대인들의 마음에는 보이는 과학, 경제, 스포츠, 관능미, 육신만이 부각되고, 보이지 않는 영원한 세계, 하나님, 도덕적 가치 등은 부차적인 문제로 처리되고 만다. 한국에도 대학 종합평가제가 도입되어 대학들을 평가할 때에 점수는 시설, 연구실적, 사회봉사, 교육현장, 교육 이념이나 목표 등을 고려한다고 한다. 그런데 이념이나 목표 등이 어떻게 실천되는지에 대하여는 평가하기 지극히 어렵다. 특히 대학을 졸업하는 이들이 어떤 변화된 가치관을 가지고 사회에 진출하느냐? 하는 것은 측량하기 어렵고, 다만 얼마나 많이 취직을 잘 하느냐?가 중요할 것이다.

그러나 우리 성도들에게 우선적인 것은 보이는 현상계(現象界) 이면에 있는 보이지 않는 믿음의 세상이다. 공산주의가 망한 이유는 유물론(唯物論) 사상 때문이다. 유물론 (唯物論 materialism)이란 물질을 1차적 및 근본적인 실재로 생각하고 마음과 정신을 부차적 및 파생적인 것으로 보는 철학으로, 초기 그리스 철학자 데모크리토스의 원자론에서부터 그 사고를 볼 수 있고, 소크라테스, 플라톤 이후 중세에 들어 크게 쇠퇴했으나, 18세기에 영국과 프랑스에서 발전하였다. 독일에서는 포이어바흐가 유물론을 발전시켜 그 영향을 받은 마르크스, 엥겔스가 변증법적 유물론을 확립하여 오늘날의 사상에 커다란 영향을 끼치고 있다. 성경은 분명하게 "보이는 것은 나타난 것으로 말미암아 된 것이 아니니라" (히 11:3)고 하였다. 유물론이 유심론(唯心論)에 대한 반박이라면, 그 어느 것도 성경적 원리에 부합되지 아니한다. 오히려 성경은 하나님 중심으로 모든 것을 제시한다. 세상은 하나님의 목적으로 창조되었고, 그에 부합될 때만 인간은 행복하다. 왜냐하면 모든 것이 하나님에게로부터 왔고, 그로 말미암아 운행되며, 그에게로 돌아가며, 그에게 모든 영광이 돌려져야 하기 때문이다 (For from him and through him and to him are all things. To him be the glory forever. Amen 롬 11:36).

누가 악인을 만드는가? (2절)

조세프 스탈린의 아버지는 신기료 장수 (구두장이)였는데 술을 퍼마시고 아들과 아내를 두들겨 패곤 했다. 조세프가 11세였을 때 그 부친은 싸우다가 죽고 신앙심이 깊었던 모친 카테리느 겔라드제 (Catherine Geladze)가 그의 양육을 도맡았다. 그의 모친의 소망은 조세프가 정식 교육을 받아 헬라 정교회 신부가 되는 것이었다. 그래서 조세프는 고향의 고리 교회 학교를 마치고 (1988-94) 조지아의 수도 티플리스에 있는 티플리스 신학교(Tiflis Theological Seminary)에 장학생으로 입학했으나 4년 뒤에는 신학교의 엄격한 통제교육에 혐오를 느끼고, 은밀하게 칼 맑스의 책들을 탐독하여 결국 맑스주의 단체에 가입했고, 그런 일로 1899년 신학교에서 쫓겨나고 말았다.

조세프는 신학생에서 맑스주의 혁명가 스탈린으로 새롭게 태어나 소련의 최고 통치자의 자리에 올랐다. 그가 통치하는 동안, 1934년 말엽부터 시작된 인민의 적을 색출하여 제거한 대숙청으로 수천만이 죽어갔다. 그가 처단한 사람들이 흘린 피는 강을 이룰 정도였다. 그 이후 2차 대전의 승리를 등에 업고 "개인숭배"에 박차를 가하여 "모든 시대, 모든 인간을 통해서 가장 위대한 지도자"로 숭앙을 받고자 했고, 초상화나 동상이 전국에 즐비했다. 이로 인하여 스탈린은 수백만 소련인의 가슴속에서 신화적인 반신(半神)이 되어갔다. 누가 이런 악인을 만들었던가? 신학교 교육의 실패가 이런 악인을 맑스 레닌주의자로 돌변시키지 않았던가?

지존자, 재판장 그리고 왕이신 하나님 (16절)

고아와 가난한 자의 권리를 보호하는 일은 고대 근동에서 왕이 우선적으로 시행해야 할 공의였다. 이스라엘 왕도 예외가 아니었다 (시 72:12-14; 사 11:3-5, 32:1-3). 그러나 인간 왕들은 하나님의 기름부음을 받았다 할지라도 (따라서 메시아) 그 부패성 때문에 온전한 공의를 실현하기 어려웠다. 따라서 왕이신 여호와 하나님께 가난한 자들은 도움을 호소하였다. 하나님은 지존자로서 높이 계시나 (시 9:2), 시온에 보좌를 두시고 (시 9:11) 억울한 자, 가난한 자, 고아, 과부의 대의를 신원해 주시는 재판장이시다 (9:4, 8, 16, 19, 10:5, 18). 이렇게 시 9-10편은 지존자 하나님께서 왕으로서 이 땅에 공의를 시행하는 재판장이심을 제시해준다.

우리는 눅 18:1-8에 묘사된 불의한 재판관에게 가서 강청하는 원한 맺힌 과부의 간청을 알고 있다. "항상 기도하고 낙망치 말아야 할 것"을 가르치시고자 주님께서 들려주신 강청하는 과부 비유는 "불의한 재판관" (호 크리테스 테스 아디키아스)이라 할지라도 강청할 때 공의를 시행한다면, 하물며 공의로우신 재판장 하나님께서 어찌 밤낮 부르짖는 택하신 자들을 신원해 주시지 않겠는가? 하는데 초점이 있다. 여기 "과부"는 하나님 밖에 의지할 것 없는 참 교회의 모습이다. 기도에 깊이 들어갈 때 자신의 무기력함과 어찌할 수 없음을 절감하는 순간에 이 비유가 말하는 과부가 바로 "가난한 나로구나!" 하는 사실을 체감(體感)하게 된다. "밤낮 부르짖는 택한 자들"의 "원한" (에크디케시스, 눅 18:7; 카아스, 시 10:14)은 공의로우신 재판장께 상달되어 반드시 신원(伸寃) 될 것이다 (시 9:16, 10:18).

시 11편 여호와는 의인을 감찰하시고

1. 전체구조에서의 위치, 시의 유형과 삶의 자리

표제는 "다윗의 시"로 제시한다. 이 시도 앞의 시편과 같이 불경한 자들이 어둠 가운데서 무죄한 자를 음해하려는 시도를 전지하신 하나님의 눈앞에 폭로한다. 참모들은 다윗 왕에게 산으로 도피할 것을 권한다. 바야흐로 나라의 기둥이 흔들리는 찰나였다. 이런 사정 때문에 압살롬의 반란 때에 다윗이 지은 시라 추정되기도 한다. 이런 견지에서 본다면 "터"(핫쇼토트)가 무너진다는 표현은 나라의 기둥인 왕의 실각을 암시한다. 여하간 환난 날에 지은 것은 확실하다. 곤고한 때에 시인은 왕이신 하나님의 의로운 통치를 여전히 신뢰한다. 내용 면에서 본다면, 이 시는 악인에게 고난을 당하는 의인의 형편이나, 의로우신 하나님의 통치를 기술한다는 점에서 시 9-10편과 유사하다.

이 시는 특별한 성격을 지닌 "개인 탄식시"로 분류된다. 왜냐하면 '간구'는 없고, 여호와는 3인칭으로만 언급될 뿐이기 때문이다. 1절에서 시인에게 권고하는 자들은 시인 (왕) 주변을 둘러싼 사람들로 두려움에 사로잡힌 그의 친구들이거나 지지자들 혹은 백성일 것이다.

2. 시적 구조와 해석

이 시편의 구조는 특수성이 없는 밋밋한 것이라 생각해서는 안 된다. 시적인 기교가 여기저기서 발견되기 때문이다. 예컨대, 2-3, 5-7절에서 "악인" (레샤임, 라샤), 마음이 바른 자 (이쉬레-레브), "의인" (차디크) 등이 서로 대조되어 제시되며, 7절에서는 "의로운 일들"(체다코트)도 언급된다. 야웨 (1, 4, 5, 7절)나 의인 ([2], 3, 5, [7]절)은 핵심어 역할을 감당하고 있다.

시인은 "내가 여호와께 피신하였다"라고 선언하면서 이 시를 시작하고 있다. 더구나 4-7절에서 "야웨"란 이름은 문장 초두에 위치하거나 (4, 5절; 2, 3ab, 4abcd, 5a, 6b, 7b 등에서 주어가 문장 초두에 위치하여 강조되었다) 혹은 그의 행동에 대한 묘사로 (6절) 극히 강조되고 있다. "터가 무너지면 의인은 무엇을 할꼬?"라는 탄식은 의인의 무기력함을 드러내는 듯하나, 5절에서 여호와께서 의인을 "단련" 하시고 악인은 미워하신다고 하며, 7절에서는 여호와께서 추종을 불허하는 (par excellence) "의인"이시므로, 의로운 일을 좋아하시고 정직한 자가 그를 볼 것이라 말씀한다. 주님의 시련에서 합격한 자 곧 정직한 자는 그분의 얼굴을 뵈리라는 사실은 의인이 버림을 당하거나 파멸당하지 않으리라는 기대를 주고도 남는다. 따라서 여호와께서 그저 서 계시는 분이 아니라, 악인을 심판하실 것이 예상된다. 이런 맥락에서 보면, 5절과 7절은 서로 대조적인 사고를 제시하고 있다. 즉 여호와께서 폭력을 사랑하는 자는 극도로 미워하시고, 반면 의로운 일들을 좋아하신다. 불경한 자는 폭력을 사랑한다면, 주님은 의로운 일들을 사랑한다.

시 전체로 보면 1절과 4-7절, 1bc와 2-3절 사이에 사고상으로 교차 대구법을 찾을 수 있다. 그리고 6절과 7절에서 악인과 의인의 운명 대조가 나타난다. 그런데 6, 7절은 4절 하반부의 사고가 구체화 된 것이다.

이 시는 두 개의 연으로 구성되었다. 제1연은 1-3절로서 악인의 득세를 기술하고, 제2연인 4-7절에서는 그럼에도 왕이신 하나님께서 공의로 통치하시는 원리를 노래한다. 시인이 처한 정황은 모든 면에서 암울하고 소망이 없어 보인다 (1-3절). 그러나 믿음의 눈으로 보면 반드시 그런 것도 아니다. 여호와께서는 불경한 자들을 처벌하실 것이고 의인을 구원하실 것이기 때문이다 (4-7절).

제1연 (1-3절): 악인들의 득세

1절: 내가 여호와께 피하였거늘 (*바도나이 하시티*)— 위급한 때에 피할 곳은 신뢰하는 사람이나 (삿 9:15 [가시나무 왕], 사 30:2 [애굽의 그늘], 단 4:11-12), 우상들일 수 있지만 (신 32:37, 사 57:13), 그것은 결국 거짓 피난처로 판명될 것이다 (사 28:15, 17). 다윗은 하나님을 일컬어 "나의 피할 바위시오 … 나의 피난처시오" (삼하 22:3)라 고백하였다. 하나님은 저에게 피하는 모든 자들에게 "방패" (*마겐*)(삼하 22:31), 피난처 (욥 3:16), 산성 (나훔 1:7)이시다. 시인들이 거듭 거듭 여호와를 피난처로 신뢰한다고 고백하는 것 (시 2:12, 5:11, 7:1, 14:6, 16:1, 17:7, 18:2 등)은 시편이 대개 환난 날에 작사된 신앙의 노래인 때문이다. 그런데 "여호와께 피한다"는 말은 범죄자가 성소로 도피하여 그곳 제단 뿔을 잡았던 관례나 (왕상 1:50 아도니아; 왕상 2:28 요압), 부지중에 살인한 자가 전국에 설치된 여섯 도피성으로 도피하였던 관례와 연관되는지 모른다 (민 35장, 수 20장). 모압 여인 룻이 이방 여인으로서 여호와의 백성이 되었을 때, 보아스는 "이스라엘 하나님 여호와께서 그 날개 그늘 아래 '피신하러' (한역, 보호를 받으러) 온 네게 온전한 상 주시기를 원하노라" 고 그녀를 격려하였다 (룻 2:12). 이 구절은 개종자가 여호와 하나님을 믿을 때 그에게 피난한 것이라고 제시해준다.

너희가 내 영혼더러 새같이 네 산으로 도망하라함은 어쩜인고 (*에크 토메루 레나프쉬 누디 하르켐 칩포르*)— "내게 (*나프쉬* =나 자신) 새같이 산으로 펄펄 날아 [도망가라." 여기 사용된 동사 (누드)는 도피자로 정처 없이 방랑하는 모습 (창 4:12, 14), 새가 펄펄 날아가는 모습 (잠 26:2; //오프), 갈대가 흔들리는 모습 (왕상 14:15) 등을 묘사해준다. 특히 렘 49:40에서는 도망하다 (누스)는 말과 고려 중인 말 (누드)을 함께 사용하고 있다. 여기 사용된 표상은 쫓기는 새가 제 집으로 펄펄 날아가는 모습이다.

"어찜인고" (에-크)는 주로 슬픔의 애도를 표할 때 "아! 오호라!" 하는 탄식의 음성이지만 (삼하 1:19), "어떻게?"라는 의문문을 도입하거나 (왕상 12:6), 책망조로 "어찌 네가?"라는 문장을 도입한다 (삿 16:15). 여기서도 문두에 위치하여 (한역은 문미[文尾] 이지만), 책망조로 "어찌 너희가 내게 그렇게 말할 수 있는가?" 라는 분위기를 전달해준다.

한편, 1절은 문법적으로 문제가 되는 문장이다. "너희가" (2인칭 복수) "시인(내 영혼, 곧 나)에게" "너희들의" 산 (하르켐)으로 "너희들" 이 도망하라!' (누두)고 하기 때문이다. 그래서 "너희들은 펄펄 날아라" (누두; 한역은 "도망하라")를 "케레"와 여러 히브리어 사본들 독법을 따라 2인칭 여성 단수형 명령법인 "너 [네 영혼는 펄펄 날라 가라" (누디)로 읽고, "너희들의 산" 은 70인역 (에피 타 오레 호스: –처럼 산들로)을 따라 "새처럼 산으로" (하르케모 칩포르)로 읽는다: 새처럼 산으로 훨훨 날라 가라!

2절: 악인이 활을 당기고 살을 시위에 먹임이여 (키 힌네 하르쇠임 이드레쿤 케쉐트 코네누 히참 알-예테르)—2절 초두에는 접속사 (키)가 위치하여 1절과 연관시켜 준다. 그리고 곧 이어 감탄사 (힌네, 보라)가 등장하여 독자의 주목을 요청한다. 그런데 이 '힌네' 는 여기서 시인의 현재 상황과 직접 연관되는 한 사건을 도입하는 역할을 감당하고 있다. "(활을) 당기다" (다라크)란 표현은 원래 발로 "밟다" 란 의미인데, "활" 의 한 중간을 발로 밟고서 당기는 모습을 암시해 준다. 그리고 이 표현과 "살을 시위에 먹이다" (코네누 힛참 알-예테르)가 함께 시 7:13에서도 나타난다. 한편, 2, 3절은 시인에게 도망하라고 권하는 자들의 말인지 아니면, 시인 자신의 탄식인지 확실치 않다. 그리고 사자가 "이스라엘의 인심이 다 압살롬에게로 돌아갔나이다" 라고 (삼하 15:13) 보고했을 때의 위기감이 여기 반영되고 있는지 모른다.

"[악인들이] 활을 당기고" (이드레쿤)는 미완료 남성복수 3인칭으로 "첨가된 눈" (paragogic Nun)을 갖고 있다. 아람어의 경우, 이 첨가된 눈은 후대형의 표시이다 (쿰란에서 발굴된 욥기 탈굼 [11Q Targum Job]이나 창세기 미드라쉬 [Genesis Apocryphon]는 성경 아람어 [다니엘서와 에스라서] 보다 후대라는 한 증거가 완료형의 3인칭 남성복수형의 경우 첨가된 '눈' 이 쿰란 문헌들에서 나타난다는 것이다; 고-아람어나 제국-아람어, 성경-아람어 등에서는 이 첨가된 '눈' 이 발견되지 아니한다). 히브리어의 경우 약 305번의 예들이 나타나나 그 분포도로 보아 어떤 결론을 내리기 어렵다. 중지형 (실룩이나 아트나 액센트가 떨어지는 자리)에서 자주 나타나는 것 (시 11:3절 에하레순)은 강조형을 선호하는 때문이 아닌가 추정되기도 한다 (Joüon-Muraoka, §44e).

마음이 바른 자를 어두운데서 쏘려 하는도다 (리로트 베모-오펠 레이쉐레-레브)— "마음이 바른 자" 란 표현은 하나님과의 관계에서 사람들을 판단하는 말이다. 즉, 경건한 자들로, 이런 자들을 하나님은 구원하시며 (시 7:11), 그런 자들에게 인애와 의를 베푸신다 (시 36:11).

여호와의 규례들은 "바르므로" (픽쿠데 야웨 예샤림, 시 19:9) 마음이 바른 자들의 마음을 기쁘게 한다.
"어두운데서 쏘려 하는도다"란 저격병이 은신처에 숨어서 요인을 표적 사격하듯, 악인들이 숨어서 의인들을 쏘고자 한다 (시 64:4 숨은 곳에서 완전한 자를 쏘려 하다가 갑자기 쏘고 두려워하지 않도다). 악인들은 날이 저물기를 바라고, 얼굴은 변장을 한다 (욥 24:15). 이렇게 은밀한 중에 범죄 할지라도 하나님의 눈은 인생을 바라보시고 (하자), 그 눈의 광채가 그들을 시험하신다 (4절). 행위대로 각자에게 갚으시고자 함이다. 그러므로 의인은 어떤 환경에서나 하나님을 신뢰하고 의롭게 행동할 것이다.
그런데, "어두운데서" (베모 오펠)에서 전치사 (베모)는 전접어 "-모"가 붙어서 되었다. 이는 유가릿어에서 전접어 "-마"가 전치사 (베, 케, 레)에 붙어서 명사에 덧붙여지지 않고 독자적으로 서는 용례와 연관 된다 (Rudolf Meyer, *Hebraeische Grammatik*, II, 178; C. H. Gordon, *Ugaritic Textbook*, §11, 4). 특히 이런 독자형은 시가서에서 사용된다 (베 대신 베모, 케 대신 케모, 레 대신 레모 등; GKC §103k).

3절: 터가 무너지면 의인이 무엇을 할꼬 (키 하샤토트 예하레순 챠디크 마-파알) — "터"는 "그 토대들"이며 돌로 쌓은 층들 (layers of stone)을 지시한다 (KB³). 이는 사 19:10 [애굽의 기둥]에서처럼 고위층 인사들, 시 82:5, 겔 30:4에서처럼 나라의 '토대'을 지시한다. 한 나라 체제를 지탱하는 것은 대개 그 나라의 최고 실권자와 그와 연관된 군부이다. 그런데 실권자들이 제거되면 나라의 토대가 흔들리면서 우왕좌왕하게 된다.

제2연 (4-7절): 공의로우신 하나님의 통치

앞 연에서 악인의 득세를 탄식한 시인은 신앙의 눈을 떠서 이제 우주 만물의 통치자를 바라본다. 문제에 봉착하여 무릎을 꿇으면 이렇게 문제보다 크시고 문제의 해결자가 되시는 하나님을 대하게 되며 마음을 짓누르던 모든 무거운 짐이 벗어지는 홀가분한 확신을 얻게 된다. 이러한 확신이 이 연에서 표출되고 있다.

4절: 여호와께서 그 성전에 계시니 여호와의 보좌는 하늘에 있음이여 (야웨 베헤칼 코드쇼 야웨 밧샤마임 키스오) — "그의 성전"은 "그의 하늘 보좌"와 짝을 이룬다. 후반절은 직역하자면, "여호와, 그분의 보좌는 하늘에 있다"이다. 여기서 초점은 통치권 행사의 중심이 되는 그분의 하늘 궁궐 (헤이칼)이다. 그런데 다훗은 약간 달리 이해한다: "야웨, 그분의 거룩한 옥좌는 성전에 있고/ 야웨, 그분의 보좌는 하늘에 있도다." 다훗은 시 11:4에서 전. 후반절에 쪼개어져 각기 반쪽씩 배치된 시적 기교 (break-up of stereotype phrases)를 보는 것이다 (*Psalms I*, 69-70). 즉 시 47:9에 나타나는 킷세 코드쇼(거룩한 보좌)란 표현에 비추어, 시 11:4에서 전반절에 "거룩한 (보좌)"이 배치되고, 후반절에 "(거룩한) 보좌"가 배치되었다고 본다.

그 눈이 인생을 통촉하시고 그 안목이 저희를 감찰하시도다 (에나브 예혜주/ 아프아파브 입하누 베네 아담)— "그의 두 눈이 보시고/ 그의 번쩍이는 눈의 광채가 인생들을 시험하신다." 후반절이 전반절의 사고를 강화시켜 준다. "그 안목" (아프아파임)은 "눈꺼풀들" (eyelashes)이란 의미이지만, "번쩍이는 눈의 광채"로도 이해된다 (KB³). 그런데 전반절에는 동사의 목적어가 없으므로 후반절의 "인생들"을 보충해야 한다 (double duty). 후반절에서 사용된 동사는 "시험하다" (바한)으로, 이 말은 광물(鑛物)을 용광로에 녹여 그 내용물을 분해하고 찌끼를 제거하듯, 의인을 시련의 용광로에 넣어 녹여 시험하는 것을 지시한다 (시 7:10, 대상 29:17). 사람의 인격은 시련을 통과할 때 적나라하게 드러나기 때문이다. 이런 시련을 통해서 믿음의 합격권에 든 자는 여호와의 얼굴을 뵈올 것이다 (7절). 하나님은 마음과 폐부를 시험하시는 이시다 (시 7:9). 또한 그는 "의인을 시험하시는 자"요 (5절) "그 폐부와 심장을 보시는 자" (렘 20:12)시라.

한편 이 부분에서 ("그의 두 눈이 보시고/ 그의 번쩍이는 눈빛이 인생들을 감찰 하시도다") 전반절에는 목적어가 생략되었다. 따라서 후반절의 "인생들"이 전반절에도 해당된다고 이해해야 한다 (double duty). 그런데 70인역은 "가난한 자"를 목적어로 갖고 있고, 런던 박물관 헬라어 파피루스 37번, 시리아 헥사플라 (hexapla) 본 등은 "세상" (오이쿠메네)을 목적어로 갖고 있다 [헥사플라 본은 알렉산드리아의 오리겐이 주후 245년 전에 편집한 구약 성경 대조 역본이다; "헥사플라"란 "여섯 겹의"란 의미이며 여섯 단으로 구약 성경 역본들을 함께 대조 제시하였다; 첫 단에는 히브리어, 둘째 단에는 히브리어의 헬라어 음역, 셋째 단에는 아퀼라, 다음에는 심마쿠스, 70인역, 데오도션 역 등을 제시하였다; 그런데 구약을 시리아어로 번역한 것은 두 종류인데 하나는 히브리어에서 직접 번역한 '페쉬타'와 헥사플라의 70인역 본에서 시리아어로 번역한 것 등이 있다].

5절: 여호와는 의인을 감찰하시고 (야웨 챠딕 입한) —바로 앞 절에서 하나님은 인생들을 "시험하신다" (바한)고 했다면, 여기서는 의인을 시험하신다 (KJV, NIV, 한역). 그런데 다른 역본들은 한역과 달리 5절을 분해하여 "의인과 악인을 시험하시다"로 번역한다 (70인역, NASB, NRSV, NJB, NAB). 4절의 "인생들"은 5절에서 "의인과 악인들"로 이 대분 된다면 이 후자의 번역이 옳을 것이다.

악인과 강포를 좋아하는 자를 마음에 미워하시도다 (베라샤 베오헤브 하마스 사네아 나프쇼)—악인의 모습은 이미 2절에 묘사된 바 있다. 이런 악인과 악인이 휘두르는 "강포" (하마스)를 하나님은 미워하신다. 미워하신다는 것은 곧 그분의 심판이 임박했음을 예고한다 (창 6:11, 13, 겔 7:23, 28:16). "강포"는 폭력을 휘둘러 무죄한 자의 피를 흘리는 불법으로 "공의와 정의"에 반대되는 모습이다 (겔 45:9). 그런데 "마음에" (나프쇼)란 말이 이 문장의 주어이다: "그의 영혼이 … 미워하신다." 마치 하나님은 인간처럼 묘사하고 있다. 아니면 하나님께서 "아주" (with whole soul) 미워하신다는 강조적 표현인지 모른다.

6절: 악인에게 그물을 내려치시리니 (얌테르 알-레솨임 파힘)—KJV, NASB, 한역만이 이런 번역을 하고 나머지 현대 영역본들은 대개 "악인에게 그가 숯 불과 유황을 비처럼 부으시고/ 열풍이 저들의 잔의 몫이리라" 고 번역한다. 사용된 동사 (마타르)가 "비를 내리다" 이므로 그 목적어는 창 19:24에서 나타났듯이 숯불이나 유황 불 비가 적절하기 때문이다. 그래서 본문의 "그물들" (파힘) 대신 모음을 바꾸어 "파하메" (불의 숯불로) 로 읽는다 (심마쿠스역, 안트라카스). 그리고 유황불 (burning sulfur)은 사실 유황 (고프릿)이지만, 바로 앞에 언급된 "타는 숯덩이들" 의 "타는" (불)이 여기에도 해당된다고 이해한다.

태우는 바람이 저희 잔의 소득이 되리로다 (에쉬 베고프릿 베루아흐 질아폿 메나트 코삼)—태우는 바람은 숨을 허덕거리게 하는 사막의 캄신 열풍(熱風)이다. 이 열풍은 "동풍(東風)" 이라 불리고 5-8월 어간에 며칠간 불어 닥치는데 한 번 불면 포도원이나 곡식만 아니라 지중해의 선박들에 막대한 피해를 입힌다 (호 13:15, 욘 4:8, 욥 14:2, 사 40:7, 창 41:6, 23, 겔 17:10, 19:12 등). 동풍은 팔레스틴에 도착하기 전에 아라비아 사막의 모래가루들을 적셔 오므로 "광야의 바람" 이라 불린다 (욥 1:19, 렘 13:24). 이 동풍은 아주 건조하고 뜨거울 뿐 아니라, 모래가루를 담고 와서 사람이나 식물을 질식시켜 버린다 (겔 17:10, 19:12). 여기서 "저희 잔의 소득" (메나트 코, 그들의 잔의 몫)은 "그들의 몫/ 운명" 이라 의역되기도 한다 (NIV, NJB). 각자가 자신의 잔에 든 음료를 마신다면 악인의 잔에 하나님께서 채워 주시는 몫은 여기서 보듯 "심판" 과 "저주" 이다. "잔" 의 표상은 시 16:5, 23:5, 73:10, 75:8, 116:23, 사 51:17, 22, 렘 25:15, 겔 23:31, 32, 마 20:22, 23, 26:39 등에서도 나타난다.

7절: 여호와는 의로우사 의로운 일을 좋아하시나니 (키 챠디크 야웨 체다콧 아헤브) —그분은 공의로우신 우주의 통치자로서 "의로운 일들을 좋아 하신다" 는 것은 자연스럽다. 따라서 악인은 종내 심판을 당하고, 의인은 종국적으로 인정을 받는다 (사필귀정 事必歸正).

정직한 자는 그 얼굴을 뵈오리로다 (야솨르 예헤주 파네모) —오직 의인들 (2절에서 악인들의 저격 표적)이 그의 얼굴을 보게 될 것이다. 여기서 "보다" 란 말은 주로 환상을 볼 때 (민 24:4, 16, 겔 13:7, 사 1:1, 2:1, 미 1:1, 암 1:1, 겔 12:27, 13:16 등), 사용되는 "하자" 이다. "마음이 청결한 자가 하나님을 보리라" 는 산상수훈의 일 절을 상기시켜 준다 (마 5:8; 적용란 참조).

시편의 적용

내가 여호와께 피하였거늘 (1절)

교회는 모든 곤고한 자들이 와서 그 안에서 피난하는 피난처가 되어야 한다. 교회는 그러한 영적인 환경을 만들어 주어야 한다. 그 안에 발을 들여놓는 자마다 하나님을 만나도록 해주어야 한다. 그리하려면 교회의 지도자는 온전히 기도에 바쳐져야 한다. 그래서 언제든지 곤고한 자들에게 필요한 하나님의 능력을 나타내 주어야 한다. 그리스도, 곧 시온에 둔 반석을 의지하고 피난하는 이들이 구원을 얻는 체험을 갖도록 해야 한다.

터가 무너지면 의인이 어찌할꼬? (3절)

나라의 토대는 나라의 지도자들이다. 이들이 제거되거나 이들이 흔들리면 나라의 방향이 중심을 잃고 이리 저리 흔들리게 된다. 분명한 철학과 신념을 가지고 움직이는 지도자가 있어야 하고, 이를 지탱해주는 도덕적 토대가 든든해야 한다. 이것이 제거되고, 흔들리는 것은 곧 나라의 혼란과 파멸이다. 이는 하나님의 심판의 결과일 수도 있다 (사 19장). 나라가 흔들리지 않도록 기독인들은 기도해야 한다 (딤전 2:1-3). 특히 좋은 나라의 지도자들이 세워지도록 도와야 한다. 이는 성도들이 평안히 신앙생활을 할 수 있도록 위함이다.

그 안목이 저희를 시험 하신다 (4절 하반)

4 하반절과 5절 초반에서 하나님은 사람을 "시험"하시는 분으로 묘사된다 (시 7:9). 다훗은 이런 표현을 "야금술적" (metallurgical) 의의를 지닌다고 말한다 (렘 6:27-30)(*Psalms I*, 70). 야금술이란 광석으로부터 순수한 금속을 분리 채취하거나 여러 가지 합금을 만드는 기술이다. 의인을 시험하시고 연단하심은 그 마음에서 순수한 믿음을 찌꺼기에서 분리시키고자 함이다. 여러 가지 시험을 당할 때 우리는 믿음의 시험을 치르는 것이다. 합격하려면 믿음을 지켜야 한다. 합격자는 다음 단계로 올라갈 것이다. 우리의 목표는 예수 그리스도이시다. 그분의 분량에 우리는 이르도록 자신을 발전시켜야 한다. 그리하려면 사도 바울, 베드로의 분량을 우선 정복해야 한다.

정직한 자는 그 얼굴을 뵈오리로다 (7절)

주님은 "마음이 청결한 자" (카타로이 테 카르디아)가 하나님을 볼 것이라 하였다 (마 5:8). 이는 시 11:7, 24:4, 73:1, 51:12 등에 근거한 말씀이라 할 수 있다. 주후 약 250년경의 랍비였던 에호슈아 벤 레비에 의하면, "정결한 마음"이란 좋은 본능이 지배하는 자이다. 그리고 레위기 미드라쉬 랍바 17 (116d)에 의하면, "정결한 마음"이란 계명을 지킴에서 마음이 확고한 자라 하였다 (H. L. Strack & Paul Billerbeck, *Das Evangelium Nach Matthaeus erlaeutert aus Talmud und Midrasch*, [Muenchen: C. H. Beck, 1926], 205). 그리고 "하나님을 본다"는 표현은 상징적인 의미에서 "하나님 앞에 선다," "하나님 앞에 나타난다"는 표현과 유사하고, 문자적인 의미로는 임종시에 믿는 자나 불신자나 하나님을 대면하리라 하였다 (Ibid., 206-207). 이런 랍비들의 사고를 떠나서라도 우리는 신약에서 천국소망을 듣는다 (계 22:4).

그런데 구약에서 "하나님을 본다"는 사고는 하나님께서 선지자들과 "꿈과 환상으로 교통한다" (민 12:6)는 사고와 연관된다. 구약 시대의 선지자들이 하나님의 계시를 받은 방편은 바로 꿈과 환상이었다. 묵시문학에서만 환상으로 말씀하신 것이 아니라, 선지자들의 메시지의 표제도 "환상"으로 제시되고 있다 (사 1:1, 오 1:1, 나 1:1 등).

시 12편 경건한 자가 끊어지나이다

I. 전체구조에서의 위치, 시의 유형과 삶의 자리

표제는 스미닛 (쉐미닛)에 맞춘 다윗의 시라 하였다. 스미닛은 곡조의 이름일 것이다. 온 세상의 도덕 지반이 무너지고 악인이 득세하는 그런 정황에서 경건한 자를 구해 주시라고 부르짖는 이 시편은 시 11편의 정황이나 대동소이하다. 먼 과거의 정황만이 아니라 바로 우리가 사는 오늘의 세태를 반영하는 듯한 기분이다.

양식 비평가들 사이에서 이 시가 공동체 탄식시인지 개인 탄식시인지 의견의 일치가 없다. 7절에서 "저희" 대신 "우리"로 읽는다면, 이 시는 공동체 탄식시로 이해될 수 있다. 반면 70인역은 1절에서 (70인역에서 11:1) "나를 구원 하소서" (소손 메)라 읽지만, 7절 (70인역에서 11:8)에서는 "당신께서 우리를 지키시고 보존하시리라" 고 읽어 1인칭 단수와 복수 사이에서 오락가락 한다.

어떤 이들은 5절에 제시된 하나님의 예언 말씀을 주목하고 이 시를 예언적 기도문으로 이해하기도 한다. 델리취는 5절과 연관하여 말하길, 시 12편은 시 2편에서처럼, 시인이 영 (靈)으로 아주 흥분하여 하나님의 음성을 직접 듣고 따라서 예언자처럼 행동하고 있다고 지적했다. 그는 계속해서 말하길,

> 서정시가 일반적으로 말해 강한 내적 감정의 직접적이고 엄숙한 표현으로서 가장 초기 형태의 시인 것처럼, 시편의 시는 경구 (마샬), 서사시 (epos), 초기 단계의 연극 등을 담고 있을 뿐만 아니라, 예언도 예언이 가장 왕성하던 때의 선지 작품들에서 보듯 말하자면 시의 가슴에서 태어난 것이다. 예언은 예언적 서사시와 주관적인 서정시적 요소들의 혼합이며, 여러 면에서 보다 초기 시편들의 반영이고, 심지어 어떤 경우들에서는 (사 12장, 합 3:1 참조) 시편의 기질을 보이기도 한다. 그래서 아삽은 "선견자"라 불린다 (대하 29:30). 그가 선견자라 불리는 것은 그의 시가 갖는 예언적 성격 때문이 아니라, 그가 일반적인 의미에서 시인이기 때문이다. 여두둔도 대하 35:15에서 그렇게 불리며, 대상 25:2-3에서는 "예언하다"란 말이 악기를 동반한 시를 노래하는 행동을 묘사하고 있다. 이는 예언에서 인간적 요소의 협력이, 시에서 신적인 요소의 영향 못지않게 인정되어야 한다는 증거이다.

그런데 5절에 언급된 하나님의 예언 말씀은 창 17:21, (신 18:18), 삼상 3:12, 사 33:12 등에서처럼 ("내가 일어나리라"는 표현이 공히 나타남) 하나님께서 직접 시인에게 말씀했는지

모른다. 부패한 시대상에 대한 시인의 탄식은 경제가 호황을 누리고 사회가 번영을 구가하던 호세아나 미가 시대 선지자들의 탄식을 상기시키지만 (미 7:2, 호 4:1-3) 악인이 득세하는 시대는 언제나 있기 마련이다. 사울 왕의 시대에 경건한 다윗이 부당하게 압제를 당한 일이나 솔로몬 시대에 이방 여인들의 미혹에 빠진 왕이 우상숭배에 기울 때, 혹은 아합이나 므낫세가 통치할 때의 상황도 역시 개탄스러운 시대상이었다. 여기 시인은 그 시대의 선지자적 안목을 가지고 부패한 시대상을 개탄하며 주님의 개입을 호소한다.

2. 시적 구조와 해석

두 개의 연으로 구분한다. 제1연은 1-4절로 시인이 악인이 득세하는 시대상을 개탄하고 하나님께 구원을 호소한다. 그의 간구에 대하여 하나님께서 응답하신다 (5절). 이 응답은 시인이 직접 들었던지 아니면 성전에서 섬기는 여호와의 종이 그분의 이름으로 선포했을 것이다. 시인의 기도는 아주 짧다: "여호와여, 구원하소서!" 그렇지만 3절도 간구로 이해할 수 있을 것이다 (NRSV, NASB, NIV, NJB, NAB 등 대다수 현대 영역본들).

제2연은 5-8절로, 시인의 기도에 대한 하나님의 응답과 그 응답에 대한 시인의 반응, 그리고 악인에 대한 탄식을 노래한다. 5절에서는 시인이 들은 하나님의 응답 말씀이 제시 된다 (혹은 성전에서 섬기는 여호와의 종이 기도 응답의 확신을 선포한다). 그 응답에 대하여 성도는 아멘으로 화답 한다 (6, 7절). 시인의 신앙고백은 하나님의 말씀의 신빙성에 대한 것이며 그러한 말씀에 대한 신뢰는 하나님께서 자기 성도들을 영원히 보존하시리라는 확신으로 나아간다. 말씀은 곧 그분의 언약이니 그 언약은 성도의 보존을 보장하는 것이기 때문이다. 그러나 8절에서는 다시 현실 세계에 대한 탄식으로 돌아간다.

이 시는 날카로운 대조를 제시하니 1절에서 "경건한 자," "충실한 자" (모두 언약에 신실한 자들)와 2절의 거짓과 아첨을 말하며 두 마음으로 말하는 패역한 자들이 서로 대조된다. 또한 3, 4절에서 불경한 자들의 모습과 (8절도 참조) 5절의 가련한 자, 궁핍한 자의 모습이 대조된다. 무엇보다 4절에서 악인의 오만한 말과 5절에서 떨쳐 일어나시어 저들을 처벌하시리라고 선포하시는 하나님의 말씀은 여간 예리한 대조가 아닐 수 없다. 그분의 말씀은 더구나 흙 도가니에 일곱 번 단련한 순수한, 거짓이 없는 말씀이니 거짓과 아첨으로 점철된 악인의 입에 바른 말과 얼마나 다르냐? 4, 5, 6절에서 "말하다" (아마르 [말하다] 동사 혹은 이마롯 [말씀들, 약속들])란 동사나 명사가 반복되어 이런 대조는 더욱 부각 된다 (6절에서 원문은 "여호와의 말씀들 [혹은 약속들]은 순전한 말씀들 [혹은 약속들]이라" 이다; NRSV, NASB).

표제:
다윗의 시, 영장으로 스미닛에 맞춘 노래 – "서론" 표제 참조.

제1연 (1-4절): 여호와여, 구원하소서
1절: 여호와여 도우소서 (호쉬아 야웨)— "구원하소서." 악인이 득세하는 시대적 상황에서 나온 도움의 간구이다. 구원은 양식이 없는 배고픔과 기아(飢餓)에서의 구원 (왕하 6:26), 적군의 세력에서의 구원과 승리 (삿 7:2), 물에 빠진 자리에서의 건짐 (마 8:25, 마 14:30) 등 여러 가지가 있다. 여기서는 5, 7절에 제시된 기도 응답이 보여주듯 악한 시대에 경건한 자를 보호하시고 구원하시라는 간구이다.

경건한 자가 끊어지며 충실한 자가 인생 중에 없어지도소이다 (키 가마르 하시드 키 팟수 에무님 밉베네 아담)— 원문에서는 "구원하소서"라는 외침 다음에 "왜냐하면" (키)이라는 접속사가 두 개 있어 이유를 도입한다. 구원하셔야 할 이유를 제시하는 두 개의 절들은 서로 병행을 이룬다. 그 이유는 "경건한 자"가 '인생들 중에서' 끊어진다"는 것이다. 경건한 자 (하시드), 충실한 자들 (에무님)은 모두 하나님과의 언약 관계를 기준하여 하나님의 언약에 신실한 자들을 지시한다. 시인의 곤경이 이러한 느낌을 갖도록 만들었다. 악인이 득세하는 시대에는 이렇게 주님을 향하여 일편단심으로 신실함을 지키는 자들을 찾기 쉽지 않다 (잠 20:6).

"충실한 자가 인생 중에서 없어지도소이다"에서 사용된 동사는 (파사스; 아파스) 여기서만 나타나며 전반절의 동사 "끝장나다" (가마르)와 병행되어 "사라진다"를 의미한다. 왜 이런 신실한 언약 백성이 사라지는가? 그것은 득세한 악인의 핍박으로 제거되거나 아니면 현실에서 도피하여 숨기 때문일 것이다 (어떤 히브리어 사본들은 "사라진다" 대신에 "흩어졌다"라고 읽는다). 또한 물질주의, 쾌락주의가 만연해서 경건한 자들이 세속화되어 사라질 수도 있다. 여기서는 악인에게 거세되거나 현실에서 피하여 숨기 때문일 것이다. 그 결과는 2절에서 보듯 악인이 더욱 기승을 부리게 된다 (사 57:1, 렘 5:1-2, 호 4:1, 미 7:2). 시인의 이러한 탄식적인 기도는 엘리야 선지자가 자기 당대를 개탄하면서 "이스라엘 자손이 주의 언약을 버리고 주의 단을 헐며 칼로 주의 선지자들을 죽였음이오며 오직 나만 남았거늘 저희가 내 생명을 찾아 취하려 하나이다" (왕상 19:10, 14; 롬 11:3)라고 기도했던 것을 상기시킨다. 그러나 하나님은 엘리야에게 이스라엘 가운데 신실한 자 "7,000인"을 남기리라고 말씀하셨다 (왕상 19:18). 즉 시대마다 남은 자가 있기 마련이다.

한편, 다훗은 여기 사용된 동사가 "사라지다" (아사프)라고 분석한다 (*Psalms I*, 73). 반면 KB³은 이 동사를 "끝장나다" (수프, come to an end)로 분석한다. 전통적으로는 이 동사가 "사라지다" (파사스 II)라고 이해되어 왔다. 그런데 어떤 히브리어 사본들은 "흩어지다" (푸츠)로 읽는다. 한편 70인역은 "감소(減少)하다" (올리고오)라 번역했다. 이렇게 동사 어근의 분석이 다르므로 해석도 달라진다.

2절: 저희가 이웃에게 각기 거짓을 말함이여 (쇼베 예답베루 이쉬 에트-레예후)—1절에 제시된 사고의 연속이다. 경건한 자는 사라지고 대신 소인배, 아첨꾼들만 득실거린다. "각기"는 "각자가 자기 이웃에게" (이쉬 에트-레예후), 곧 "서로 간에" 이다. 그리고 "거짓" (쇼베)은 가치 없는 것, 무절제한 것, 사기, 파멸 등을 의미한다. 거짓을 말하는 것은 후반절에서 제시되었듯이 "아첨하는 입술과 두 마음으로 말하는" 것과 같다. 시인은 이런 자들을 대하여 하나님의 심판을 기도한다 (3절). 거짓을 말하는 자들 중에서 거짓 선지자들은 (겔 13:8, 슥 10:2) 하나님께서 주신 말씀이 아닌 자기 말을 하나님의 이름으로 선포하는 경우 많은 해독을 끼칠 것이다.

아첨하는 입술과 두 마음으로 말하는도다 (세파트 할라코트 벨레브 발레브 예답베루) — "아첨하는" (할라코트)는 "매끄러움," "거짓"을 의미한다. 그래서 "매끄러운 입술"을 지시한다. 특히 음녀가 순진한 소년을 "입술의 호리는 말"로 미혹할 때 그녀의 입술은 효과적인 수단이다 (잠 7:2). 한편 "두 마음으로"(with a double heart)를 표현하기 위해 "마음과 마음으로" 곧 한 단어를 두 번 반복 사용하였다 (Jouon-Muraok, § 136d). 이 표현은 결국 겉과 속이 다르게 말하는 외식주의를 지시한다 (마 23:25, 27, 28, 약 3:10-12). 여기서는 "마음"을 두 번 반복함으로, 다른 마음들, 곧 두 마음 (cor duplex)의 이중성을 표현 한다 (대상 12:33도 참조).

3절: 모든 아첨하는 입술과 자랑하는 혀를 끊으시리니(야크레트 콜-시프테 할라코트 라숀 메답베레트 게돌롯)— "자랑하는 혀"는 문자적으로 "큰 것들을 말하는 (약속하는) 혀"(KJV, NASB)이다. 이런 표현은 여기서만 나타난다. 한편 혀는 단수형이지만 (라숀), 입술은 두 입술로 쌍수형이다. 입술은 늘 한 짝이 협동하여 기능을 발하기 때문이다. 그런데 아첨하는 입술은 자랑하는 혀 (허풍떠는 혀)와 서로 대조된다. 아첨은 보통 윗사람에게 알랑거리는 자세라면, 허풍은 자기를 과시하는 자세이기 때문이다. 그러나 아첨하거나, 허풍을 떨거나 결국 자기 이익을 추구하는 이기심의 발로라는 점에서는 성격상 동일하다.

"끊으리니"는 미완료상이며 "끊으소서"라고 간구형으로 이해할 수 있다 (NRSV, NIV, NJB, NAB, NASB). 악인들의 강포함은 칼이나 창 같은 무력에 의한 것이 아니라 여기서처럼 "언어폭력"이다. 이들의 아첨이나 중상모략은 무력 폭력이상으로 경건한 자들의 인격에 상처를 내고 해악(害惡)을 가한다. 이런 자들을 경건한 자들은 대항할 것이 아니라, 기도로 저들의 혀가 끊어지도록 영적으로 싸워야 한다. "혀를 끊는다"란 표현은 여기서와 잠 10:31에서만 나타난다 ("패역한 혀가 끊어지리라"). 이 말은 "혀를 자른다"는 의미이니 아주 강력한 제재를 지시한다. 신 25:12에서 여인이 남자의 신낭(腎囊)을 만질 경우 불쌍히 보지 말고 그 손을 "찍어 버릴 것"이라 했다. 예수님도 경고하시길 손이나 발이 범죄케 할 경우 그것을 "찍어 내버리라" (마 18:8)고 하셨다. 이런 강력한 표현은 과장법적이긴 하나 범죄의 파급을 막기 위해서 강력한 조처가 필요함을 역설한다.
 4절: 저희가 말하기를 우리의 혀로 이길지라 (아쉐르 아메루 릴쇼네누 낙비르)— "이긴다" (가바르)는 히필형에서 "강하다" (to be strong)란 의미이나 (KB³), 대부분의 영역본들은 기본형의 의미로 (상대보다 강하다, 이기다) 번역하고 있다 (prevail, NRSV, NAB, NAS; triumph, NIV 등). 악인들이 시인을 대적하여 중상모략하면서 우리 혀는 "강하다"라고 말하는 것인가? 만약 "이기다"란 의미라면, 악인은 아첨과 술수로 의인을 제거하고 자기들이 정권을 잡겠다는 속셈이다.
 우리 입술은 우리 것이니 우리를 주관할 자 누구리요 (세파테누 잇타누 미 아돈 라누)— "우리들의 혀로 우리가 이기리니, 우리의 입술들은 우리 것이니 누가 우리의 주인인가?" 혹은 "우리가 말할 때, 누가 우리를 주장하여 그것을 지배할 것인가?" (NAB: when our lips speak, who can lord it over us?). 이들의 허풍에서 가장 특징적인 것은 하나님을 배제하는 자율(自律) 주의이다. "누가 우리를 지배하랴?" 자기 혀를 절대 자유한 실체라 생각하는 자는 자신을 신의 자리에 놓는 자이다.

제2연 (5-8절): 하나님의 심판과 구원
 5절: 가련한 자의 눌림과 궁핍한 자의 탄식을 인하여 (밋쇼드 아니임 메안카트 에비요님)— "눌림" (쇼드)은 난폭한 행위, 압제를 지시한다 (암 5:9, 잠 24:2, 시 21:7). 이 말은 "강포" (하마스)와 함께 나타나면 "죽음과 파멸" (렘 6:7, 20:8, 겔 45:9, 암 3:10, 합 1:3)을 의미한다. 이러한 폭력과 압제가 결국 압제당하는 자의 "한숨"과 "탄식"을 자아내게 한다. 이러한 탄식과 기도는 하나님께서 반드시 들으신다 (출 2:24, 시 79:11, 102:20). 특히 경건한 자의 탄식을 하나님은 들으시고 개입하시어 구원하신다.
 여호와의 말씀에 내가 이제 일어나 … 하시도다(앗타 아쿰 요마르 야웨)—하나님의 말씀이 1인칭 직접화법으로 제시되었다. 일어나신다는 것은 행동개시의 신호이다. 그런데 "이제" (아타)라는 말은 여러 뉴앙스가 있겠으나, 이 말이 예언적 문맥에서 야웨의 임박한 활동을 도입하듯 (사 33:10 참조), 여기서는 임박한 하나님의 행동을 도입한다 (KB³ *attâ*). 시인의 간구는 여기서 "가련한 자들의 눌림과 궁핍한 자들의 탄식"으로 제시되었다. 경건한 자들의 부르짖음과 신음은 이렇게 하나님께 상달된다.
 (내가) 저를 그 원하는 안전지대에 두리라 (아쉬트 베예샤 야피아흐 로) — "내가 그를, 그가 열망하는 그 안전지대에 두리라." 여기서 사용된 동사 "푸아흐"는 "숨을 내뿜다" (푸아흐 I), "선포하다," "증거하다" (푸아흐 II)란 의미를 갖는다. 이 동음이의어 때문에 시 10:5, 12:6, 합 2:3 등에서 해석상 논란이 있다. 여기서 I로 볼 경우, "그가 갈망하는 그 안전지대에 두리라" (NRSV, NAB) 혹은 "그를 대적하여 어떤 이가 분노하는 그를 안전함에 두리라" (크라우스; 모빙켈은 "그를 대적하여 어떤 이가 [주술적 숨을 내 뱉는 그를 안전함에 두리라"

고 주술적 해석을 가한다)란 해석이 나타나고, II로 볼 경우, "그것 [구원]을 선포하는 자를 안전함에 두리라" (혹은 그것에 대하여 증거하는 자를 …)(Berger, UF 2:17f.; KB³ 참조). 한편 크레이기는 이상하게도 "내가 그를 위하여 빛을 비추리라"라고 번역한다 (히, 야피; P. Craigie는 70인역 "내가 [그들을] 안전함에 두며, 내가 그것에 대하여 담대하게 [그들에게] 말할 것이라"를 따랐다고 한다).

6절: 여호와의 말씀은 순결함이여 (이마롯 야웨 아마롯 테호롯)— "여호와의 말씀들은 순전한 말씀들이라."

흙 도가니에 일곱 번 단련한 은 같도다 (케세프 챠루프 바알릴 라아레츠 메죽카 쉬브아타임)—직유법 (simile)으로 (전치사 케가 생략된 것으로 이해) 말씀의 순결함과 귀중함을 표현한다. "일곱 번 [정련된]"이란 표현은 창 4:15, 24, 잠 6:31, 사 30:26 등에서 보듯 상징적 의미를 갖는다. 즉, "완전하게"를 의미할 것이다. 은이 일곱 번, 곧 완전하게 정련(精鍊)된 순은이듯, 하나님의 말씀이 그렇게 순전하고 완전하다. 그런 순은(純銀)이라면 귀하고 값지듯, 말씀도 그러하다. 그런데 어떤 이들은 이 부분을 "용광로에서 단련된 은, 일곱 번 정련된 금"이라 번역한다 (Craigie, REB). 이는 라아레츠 (흙에서)에서 "라멧"을 중복오사 (dittography)로 보고 제거하고, "알렙" 대신 "헤트"로 바꾸어 "하루츠" (금)으로 읽는다. 병행법적인 측면에서는 좋지만, 사본이나 고대 역본상의 근거가 없다. 그런데 만약 "은" (케셉)을 "정련된" (메축카크)이란 말 앞에 가정한다면 (double duty) 현재 본문 있는 그대로도 병행법적 이해는 가능하다: "흙 용광로에서 단련된 은, 일곱 번 정련된 [은]" (NAB).

"일곱 번"이란 표현 (쉬브아타임)은 일곱 (쉬브아)이란 말의 연계형에 쌍수형 어미 "아임"이 첨가된 형태이다. 그런데 "쌍수형 어미"라 했지만, 생김새는 그러해도 쌍수적 의미가 아니라, "–번"을 의미하는 부사적 어미이다 (Jouon-Muraoka, §100o).

7절: 여호와여 (앗타-야웨)—당신, 여호와시여! "당신"은 독립 인칭 대명사로 문두에 두어 극히 강조되었다. "'당신께서' 우리를 지키시고, 보존하소서!"

저희를 지키사 이 세대로부터 영영토록 보존하시리이다 (티쉬메렘 팃체렌누 민-핫도르 주 레올람)—일부 히브리어 사본을 따라 "우리를 지키시고, 우리를 이 세대로부터 영원히 보존하소서." "이 세대"는 악인들과 저들이 지배하는 세상 체계를 지시한다 (롬 12:2, 요일 2:15-17 참조).

한편 이 부분에서 사용된 두 동사 "지키다, 보존하다" (티스메렘 … 팃츠렌누)는 주어가 모두 2인칭 남성 단수 (당신)이지만, 그 목적어를 표시하는 인칭 접미어는 각기 3인칭 남성 복수(그들을)와 3인칭 남성 단수형(그를; 이는 1인칭 복수형 '우리를'로도 이해할 수 있다)을 지니고 있다. 그런데 어떤 맛소라 사본들이나 고대 역본들 (70인역)은 두 동사 모두에서 1인칭 복수형 접미어를 갖는다. 우리는 문맥상 이런 1인칭 복수형 어미로 읽는다. 그리고 "이 세대" (하도르 주)에서 "주"는 관계 대명사로도 사용되지만, 여기서처럼 지시 대명사로도 사용된다 (Jouon-Muraoka, §36b).
　8절: 비루함이 인생 중에 높아지는 때에 (케룸 줄룻 리베네 아담)— "비루함" (줄룻)은 "무가치하다"란 동사 (잘랄)와 연관된다. 하나님께서 보실 때, 가볍고 무가치한 자며 경멸받을 자들이 주권을 잡고 멋대로 일을 처리하고자 하는 모습이 그려지고 있다. 이런 때에는 악인들이 활개를 치기 마련이다. 한편 "인생 중에" (리브네 아담)란 표현은 1절에 나타난 "인생 중에" (밉브네 아담)와 인클루시오 (inclusio)를 형성하며, 1절에서는 인생 중에서 "신실한 자"가 없어지는 것을 탄식한다면 여기서는 그 결과로 "비루함"이 인생 중에 높아지는 것을 탄식한다.
　악인이 처처에 횡행하는도다 (사비브 레솨임 잇트할라쿤)— "사방에 악인들이 활보한다." 사용된 동사 "횡행하다" (잇트할라쿤)는 미완료 3인칭 복수형에 첨가된 눈 (paragogic Nun)이 붙었다. 시 58:8, 105:13에서 같은 형이 첨가 "눈"이 없이 사용되었다. 차이가 있다면 여기서는 종지(終止)형이라면 시 58:8, 105:13에서는 아니라는 점이다. 그런데 시 77:18, 82:5에서는 종지형임에도 첨가된 "눈"이 없다. 같은 어근의 미완료 3인칭 복수 피엘형이 나타나는 시 89:16 (종지형), 104:10, 26 (종지형) 등에서는 첨가된 "눈"이 나타난다. 한편 여기 사용된 힛트파엘형은 반복 동작을 표시한다. 계속 돌아다닌다 (E. A. Speiser, "The durative hithpa'el: A tan form," 118-21; Waltke-O'Connor, *An Introduction to Biblical Hebrew Syntax*, 426-428; Thomas O. Lambdin, *Introduction to Biblical Hebrew*, 250). 이 말의 "라멧"에 붙은 점 (다게쉬)은 "피엘형" (중복형)의 재귀형인 힛트파엘형의 속성상 붙은 것이다.

시편의 적용

가련한 자의 눌림과 궁핍한 자의 탄식을 인하여 (5절)

　정보화 시대 21세기는 민주주의가 꽃을 피우려는가? 그러나 세계는 여전히 억압과 그로 인한 탄식에서 자유롭지 못하다. 모든 인간이 하나님 형상대로 모두 평등하게 피조 되었다는 것이나 (시 8:4-5), 네 이웃 사랑하기를 네 몸과 같이 하라! 는 주님의 권고도 안다 (레 19:18, 갈 5:14, 약 2:8). 그러나 앎과 그것의 실천은 별개의 문제이다. 성경에 대한 지식이 우리를 하나님의 사람으로 만드는 것이 아니다.
　민주주의의 본산지라 일컬어지는 미국으로 눈을 돌려보자. 한 책에 보니, 1949년에 흰 제복과 두건을 쓴 KKK단의 무리들이 애틀랜타의 한 침례 교회로 들어서고 있는 그림이 머리를 망치로 치듯 충격을 준다. KKK는 Ku Klux Klan의 약자이다. 이는 두 개의 백인 비밀 결사단체를 일컫는데 하나는 남북 전쟁 직후 결성되어 1870년대까지 활동했고, 다른 하나는 1915년에 결성되어 지금까지 존속한다고 한다. 첫 KKK는 주로 흑인에 대한 백인 우월성 확립을 위해 활동했다면, 두 번째 KKK는 설교자 윌리엄 J. 시몬스에 의해 창설되어 로마 카톨릭, 유대인, 외국인/ 이민자들, 노동 단체 등에 대하여 혐오감을 표시하여 백인 개신교도들의 권익을 옹호코자 하였다. 1930년대 대공황 때에는 사그라졌다가 1960년대 마틴 루터 킹 목사를 필두로 하는 인권 운동가들이 1964년 공포된 공민권법 (Civil Rights Act)을 남부 지역 주들에서 시행하려 부추기자 다시 재흥(再興)하여 폭파, 매질, 총격 등의 폭력으로 흑인 인권 운동을 방해하였다.

미국에서만 아니라, 남아프리카에서도 인종차별 정책은 (apartheid) 1990-91년 드 클럭 (F. W. de Klerk) 대통령이 기존 관련 법규들을 폐지하기까지 지속되었고, 그것도 화란의 개혁파 개신교 신학이 그런 정책을 뒷받침하였다. 집단 구역법(Group Areas Act)이란 것이 제정되어 각 인종에게 도시 지역에서 주거와 사업 지역을 분리 지정하였다. 다른 인종은 자기 구역이 아닌 곳에서 땅을 사거나 사업을 하거나 사는 것이 금지되었다. 1954, 1955년에 제정된 다른 법령들과 함께 통칭 "토지법" (Land Acts)이라 불리는 일련의 법들은 이전의 모든 유사한 법들을 마무리 지었고, 그 결과로 남아프리카의 80 퍼센트 땅을 소수 백인들이 점유하게 되었다. 이를 시행하기 위해 백인 아닌 자들이 금지된 구역에 들어갈 때에는 허가증을 소지해야 한다는 통행법을 강화시켰다. 공공시설이나 학급, 직업 등에서도 인종 차별을 두었다니 조선시대 양반제나 인도의 카스트 제도만 봉건시대 유물이 아니었다. 더구나 개신교도들이 이렇게 행동하였다니 놀라울 뿐이다.

일곱 번 단련한 은 같은 말씀 (6절)

은 (銀)은 귀금속 원소의 한 가지로서 아름다운 은백색 광택이 있는 금속 원소. 금속 중에서 전기와 열을 가장 잘 통한다. 또 뽑힘성과 퍼짐성은 금 다음으로 크다. 물이나 산소에는 안정하지만, 황, 오존, 염소 및 진한 황산, 질산 등과는 반응한다. 화폐나 장식품, 공예품 따위에 쓰이며, 여러 가지 합금을 만들기도 하고 감광제의 원료로도 쓰인다. 녹는점은 섭씨 961도, 끓는점은 1,980도이며, 비중은 10.5이다.

왕상 7:46에 의하면, 솔로몬 왕이 "요단 평지에서 숙곳과 사르단 사이의 차진 흙에 그것들을 부어 내었더라" 했다. 즉, 성전 기명들을 용광로에서 만들었다. 이사야는 풀무에 연단한 은을 언급한다 (사 48:10; 겔 22:18도 참조). 잠 27:21은 "도가니로 은을, 풀무로 금을" 연단 한다 하였다. 솔로몬은 다시스와 아라비아에서 은을 수입해 왔다 (대하 9:21, 14). 은은 고귀하여 일찍부터 상거래의 지불수단으로 사용되어왔다 [금은 너무 연하여 합당치 못했다. 그래서 은 (케셒)은 "돈"이란 의미도 갖는다. 그리고 은(銀)은 성막이나 성전의 각종 기명을 만드는데 사용되었다. 은은 부(富)와 신분(身分)의 상징이었다. 이렇게 귀한 은이지만, 그 귀한 은을 얻는 것보다 지혜를 얻는 것이 더 낫다 (잠 3:14). 하나님의 말씀이 일곱 번 용광로에 연단된 은(銀) 같다면, 그 말씀의 불변성 (약속의 영속성), 그 말씀의 확실성 (약속의 실현성), 거짓이 없는 순전(純全)성 등에서 그리할 것이다. 이 말씀을 의지하고 확신하고 나아가는 자들에게는 그 말씀이 현실화된다. 약속이 "구하라" 했으면 기도하여 얻을 수 있고,

주께서 우리 저주를 담당하시고 질병을 담당하셨다면 우리는 저주와 질병에서 자유를 얻어야 한다. 말씀의 약속이 우리 삶을 바꾸어야 한다.

시 13편 어느 때까지니이까?

I. 전체구조에서의 위치, 시의 유형과 삶의 자리

12:8에서 "(비루함이) 높아지는 때" (케룸 줄룻)는 13:2에서 "내 원수가 나를 이기어" (혹은 내 원수가 나 보다 더 높아져)라는 표현과 상응한다. 전편의 시에서 신실한 자가 사라지고 대신 악인이 득세하는 상황을 탄식했다면, 이 시에서는 압제하는 원수로 인하여 밤낮으로 근심하는 시인의 탄식이 울려 퍼지고 있다. 어떤 이는 이 시가 사울이 다윗을 죽이도록 명하고 추격병을 사방에 보냈을 때 기록된 다윗의 시라고 지적한다. 언제 죽임을 당할지 모르는 두려움과 스트레스에 눌릴 때마다 시인은 부르짖어 하나님의 개입을 안타깝게 호소한다. 지칠 줄 모르고 깨어 기도하는 믿음만이 이 시인을 원수의 추격에서 지켜 줄 수 있을 것이다.

시인은 원수 (질병이나 적대하는 자)에게 압제 당하는 곤고한 나날을 보내고 있다. 밤낮으로 근심과 슬픔이 많다. 안타까운 심정에 "어느 때 까지니이까?"를 반복한다. 그렇지만 이렇게 부르짖는 간구는 확신과 찬양으로 이어진다. 그래서 리델보스는 다음과 같이 지적하였다 (*Die Psalmen*, 151):

> 이 개인 탄식시는 시인의 구체적인 상황에 대하여는 별로 언급이 없지만, 그럼에도 요동치는 감정을 잘 표현하고 있다. 말을 아주 아끼면서 모든 것은 하나님 면전에서 드려지는 탄식과 간구, 신뢰와 감사의 말에 집중된다. 이 작은 시에서 대 전환이 일어나니, 곧 하나님께 망각당한 것에 대한 탄식은 하나님의 베푸신 구원을 찬양하는 감사로 변한다.

기도에서 우리는 이런 감정의 변화 과정을 체험한다. 즉, 안타까운 심정에서 탄식으로 시작되는 기도는 시간이 흐를수록 하나님의 능력과 그분의 도우심에 대한 확신이 더해진다. 두려움에서 야기된 산더미같이 출렁이던 감정의 파도는 하나님께 대한 신뢰로 낮아지고 낮아져서 마침내 평온한 바다처럼 잔잔한 심정에서 감사와 찬양이 울려 퍼진다.

2. 시적 구조와 해석

두 개의 연으로 구분한다. 제1연은 1-4절, 제2연은 5-6절이다. 1연은 주님께 간구하는 시인의 호소라면, 제2연은 자신의 신뢰와 찬양하리라는 다짐이다. 각 연별로 내용 구조를 고찰하면, 시인은 네 번이나 "어느 때 까지?" (아드-아나)라고 부르짖는다 (1-2절). 이런 탄식은 간구로 (3-4절) 이어진다. 이 간구에서 "—할까 두렵다" (히, 팬; lest)란 말이 두 번 반복 사용되었다. 이 두 부분에서 (1-2, 3-4절) 시인은 먼저 하나님께 대하여, 그리고 자신에 대하여, 마지막으로 자기 원수에 대하여 언급한다. 그러니까 시편에서 탄식은 삼중 요소로 구성된다: 하나님, 탄원자, 그의 원수들 (시 13:1-2, 79:1-5). 그리고 나서 시인은 신뢰와 구원을 기대하는 감사의 노래로 시를 마무리 짓는다 (5-6절; 히브리어 본문에서는 한역의 5-6절이 한 절로 나타남).

4절의 "대적들이 기뻐함"과 5절의 "시인이 기뻐함" 사이에 극명한 대조가 보인다. 그리고 2절의 "내 마음의 슬픔"과 5절의 "내 마음의 기쁨" 사이에도 대조가 있다. 보다 크게는 시의 시작과 끝이 탄식과 감사로 대조된다. 둘 사이에는 별로 많은 말이 없지만, 그 전환은 점진적으로 일어난다. 어떤 이들은 4절과 (간구) 5절 (신뢰와 감사) 사이에 예배 의식에서 어떤 행동이 있었으리라 추정한다. 아니면 시인의 기도에서 응답이 있었을 것이다.

우리는 이 시에서 탄식, 간구, 그리고 신뢰의 표현을 본다. 시인은 탄식에서 간구로, 간구에서 신뢰로 나아가고 있다. 이는 우리 기도생활에서 직접 체험하는 사항이기도 하다. 그런데 마지막 신뢰의 표현 부분에서 (5-6절) 사용된 세 동사는 각기 완료상, 미완료상, 미완료상이다: 내가 신뢰하였나이다(바타흐티); 그가 기뻐하리이다(야길); 내가 노래하리라! (아쉬라, [연장형]). 그래서 이런 시제들의 다양성을 어떻게 이해하는가에 따라서, 이 마지막 부분의 모습이 달리 나타날 수 있다. NASB는 원문의 시상을 문자적으로 살렸고, TNK, NRSV는 첫 동사는 현재로, 나머지 두 동사는 모두 미래시제로 처리했다. 반면 NAB는 첫 동사는 현재로, 둘째는 간구형으로 (jussive), 세 번째는 둘째에 종속되는 가정법 시제로 처리하여 "내가 당신의 신실하심을 신뢰합니다; 내 마음으로 당신의 도우심을 기뻐하게 하시어, 나로 '우리 하나님은 내게 얼마나 좋으셨는지! 노래하게 하소서!'라고 번역했다. NAB의 번역이 훌륭하다. NAB처럼 이해하면, 신뢰의 부분은 구원을 기대하는 시인의 간절한 마음을 보여준다.

제1연 (1-4절): 언제까지니이까?

1절: 여호와여 어느 때 까지니이까? 나를 영영히 잊으시나이까 (아드-아나 야웨 티쉬카헤니 네챠흐)— "어느 때 까지?"란 표현이 4번 반복해서 2절까지 나타난다. 시인의 다급한 심정은 표현을 아주 급진적으로 만들기도 한다. 그래서 "여호와여 어느 때 까지입니까? 나를 영영 잊으십니까?" 라고 짧게 외친 것이다. 다른 가능한 번역은 1절 전반부를 "여호와여, 어느 때까지 당신이 나를 영영히 잊으시려나이까?'로 함께 읽는 것이다 (REB, NJB). 지금 시인의 심정은 버림받고 무시당하는 느낌이다 (시 9:18, 10:11, 애 5:20 참조).

그런데 여기서 "영영히" (*네차흐*)를 NAB는 "완전히" (utterly)로 번역했다(D. W. Thomas, "The Use of *necah* as a Superlative in Hebrew," 106-9는 시리아어 대응어에 근거하여 이 말이 시 13:1, 74:10, 79:5, 89:46 등에서 "철저히," "완전히"란 의미를 전달한다고 주장). 이 말은 (하나님의) "영광," 혹은 "지속" (duration)을 의미한다. 그런데 이 말에 전치사를 붙여서 "라네차흐" 하면 "영영히"란 의미를 전달한다. 여기서는 전치사가 생략된 것으로 본다.

한편 "어느 때까지" (*아드-아나*)에서 의문부사 "안" (어디에? where? whither?)에 방향표 사용 "헤"가 첨가된 말 "아나"가 전치사 "아드" (―까지)에 첨가되어 "얼마나 오랫동안?"이란 의문문을 유도한다. "아드-아나" 보다 더 자주 사용되는 형태는 "아드-마타이"이다 (Jouon-Muraoka, §102i).

주의 얼굴을 나에게서 언제까지 숨기시겠나이까? (*아드-아나 타스티르 에트-파네카 밈멘니*) ―전반절과 사고상 병행된다. 이렇게 전.후반절은 각기 4박자로 된 동의 병행법을 구성하고 있다. 그런데 하나님께서 언약 백성에게서 얼굴을 숨기는 것은 진노와 불쾌감을 표시이며, 그 진노의 이유는 언약 백성이 범죄했기 때문이다 (신 31:17, 18, 32:20). 그러므로 이 시에는 비록 시인이 회개한다거나 죄를 고백하는 일에 대한 언급이 없다 할지라도 우리는 그의 죄 때문에 하나님께서 얼굴을 숨기셨다고 추정할 수 있다. 만약 그가 죄 때문이 아니라 단순히 연단을 위한 하나님의 계획 때문이었다면, 욥 23:10의 말씀이 적절할 것이다. 한편, "주의 얼굴" (*파네카*)은 직역하면 "당신의 얼굴들"이며, '얼굴'은 복수형이다. 이는 "연장" (extension)의 의미를 나타낸다고 설명 된다 (Jouon-Muraoka, §136b). 얼굴은 두 짝으로 구성되었기 때문이다.

2절: 내가 나의 영혼에 경영하고 ··· 어느 때까지 하오며 (*아드-아나 아쉬트 에초트 베나프쉬*)― "언제까지 내가 내 영혼에 고통 (슬픔)을 가져야 합니까?' (RSV, NAB) 라고 이해한다. 사용된 표현을 직역하면 "내가 내 영혼에 계획을 둔다" 곧 "내가 내 영혼에 계획하다"이다. 그런데 "계획" (*에초트*)이란 말이 시 106:43에서 "불순종" 혹은 "반역"이란 뉘앙스를 지니므로(KB³ "에차" II 참조), 여기서 NJB는 "내가 내 영혼에 '반역' 을 품다"라고 번역했다. 그리고 어떤 영역본(NIV)은 "생각들과 씨름한다" 고 번역한다. 이런 번역대로라면 곤고한 중에 시인에게는 만 가지 공상들이 스쳐간다는 의미일 것이다. 소망이 좌절로 바뀌었다가 좌절이 소망으로 바뀌었다가 이렇게 엎치락뒤치락 믿음의 시련을 당한다. 이는 영과 육이 서로 밀고 당기는 신앙과 불신앙의 싸움이다. 한편, 어떤 이들은 감정의 처소인 '영혼' (*네페쉬*)과 지성적 활동인 "경영" (*에촛*, counsel)은 서로 조화되지 않는다고 지적 된다 (Briggs, *The Book of Psalms* I, 102). 그래서 "경영"이란 번역 대신 "고통"이라 이해하고 ("내가 얼마나 오랫동안 내 영혼에 '고통'을 가져야 합니까?' NRSV), 또 다른 이들은 시리아어역을 따라 "앗차봇" (슬픔, 상처)으로 교정하고자 한다 ("내가 얼마나 오랫동안 내 영혼에 '슬픔'을 가져야 합니까?' NAB; 이 경우 '베트'를 하나 삽입한다).

종일토록 마음에 근심하기를 (야곤 빌바비 요맘) —곤고함 중에서, (밤에는) 마음에 고통하고, 낮에는 마음에 "슬픔" (야곤)이 가득하다. 그런데 여기 "종일토록" (요맘)은 사실 "낮에"를 의미한다. 어떤 영역본은 "매일"로 번역한다 (NIV, NJB, NAB, KJV). 여기서도 시인의 다급한 심정이 반영된 것으로 볼 수 있다. 즉, 시인은 "'밤에는' 마음에 고통이 있다"라는 말을 하고 싶었으나 급한 나머지 "밤에"라는 말을 생략한 채, "'낮에' 마음에 슬픔이 있다"는 사고로 곧장 넘어갔다.

내 원수가 나를 쳐서 자긍하기를 (야룸 오예비 알라이)—원수가 나를 핍박하고 이기는 상황이다 (시 89:43, 애 2:17). 원수가 상황을 주관하고 있다. 이런 형편이 "언제까지" 계속될 것이니이까? 상황과 환경을 바꾸어 주소서. 상황이 역전되는 것은 오직 하나님의 개입으로 가능하다 (삼상 2:1, 삼하 22:49, 시 27:6, 30:1).

한편, "종일토록" (요맘)이란 말은 "낮에" (by day)를 의미한다. '날'을 의미하는 '욤'에 부사 표시 어미 (adverbial ending) '암' (혹은 mimation의 흔적인 '멤')을 첨가하여 '요맘'으로 하면, 이는 부사가 되어 "낮에"를 의미한다 (Jouon-Muraoka, §102b). 그럼에도 현대 역본들은 대개 70인역처럼 "밤"을 첨가하여 "종일토록" (NRSV, NJB)이라 번역하거나, 아니면 "매일" (욤 욤, REB, NAB) 등으로 번역한다. 오히려 전반절에 "밤에"란 표현을 보충하여 "얼마나 오랫동안 내가 (밤으로) 내 영혼에 고통을 가지며/ [얼마나 오랫동안] 낮으로 내 마음에 근심을 가져야 합니까?'고 이해하면 어떨까?

3절: 나를 생각하사 응답하시고 (합비타 아네니)— "(나를) 바라보시고 내게 응답하소서." 하나님께서 잊으시고, 얼굴을 숨기셨다고 보고 이렇게 바라보시라 간구한다. 그런데 "바라보다" (나바트)란 단순히 눈길만 보내는 것을 의미치 않고 진지하게 "고려하다," "인정하다"란 뉘앙스도 포함한다 (시 74:20, 119:6, 15, 사 5:12 등). 여기서처럼 하나님께서 보시고 (라아) 생각해 달라 (나바트)는 간구는 시 84:9, 애 1:11, 2:20, 5:1 등에서도 나타난다.

나의 눈을 밝히소서 (하이라 예나이)—사용된 동사는 "빛을 내다" (야이르)이며, 여기서는 "눈에 빛을 주소서!' 즉 눈을 밝히소서!' ("여호와의 계명은 정결하여 눈을 밝게 한다" [시 19:8 참조])를 의미한다. 기진하던 요나단이 꿀을 조금 찍어 먹고 "눈이 밝아졌다" 곧 힘을 얻었던 것처럼 (삼상 14:27, 29), "두렵건대 내가 사망의 잠을 잘까 하오며"라 하여 자신의 기진하고 연약한 상태를 묘사하는 시인은 중병에 걸렸는지 아니면 원수의 추격 때문에 기운이 진하여 생명이 경각간에 처한 상태에서 기력을 회복시켜 달라고 호소한다.

두렵건대 내가 사망의 잠을 잘까 하오며 (펜-이샨 함마베트) —잠을 자다가 그것이 결국 죽음에까지 이어 진다 (렘 51:39, 57, 시 76:6 참조). 인생의 최대 원수는 "사망"이며, 따라서 인생이 가장 싫어하는 바이다. 여기서 "사망"은 "잠을 자다" 동사의 결과를 지시하는 목적어이다. 곧 잠을 잔 결과 결국 사망에 떨어진다. 이를 예레미야는 "영원한 잠을 자고" (야쉔 쉐나트-올람) "다시 깨지 못하다"라고 표현했다 (렘 51:39, 57). 이로 보건대 "잠을 자고 깨는 것"도 하나님의 은혜이다.

4절: 두렵건대 나의 원수가 이르기를 (펜-요마르 오예비)—시인은 죽음도 두려워하지만, 동시에 원수들의 빈정대는 소리도 신앙인으로서 용납하기 어렵다. 여기서도 간구하는 이유가 진술되고 있다 (펜, lest 두렵건대 . . . 할까).

내가 저를 이기었다 (예콜티브)—사용된 동사 (야콜)는 조동사로 "-할 수 있는"의 의미이지만, 여기서는 본동사로 "—을 이기다" (prevail)를 의미한다. 2절에서 원수가 자기를 이기어 기고만장할까 근심이 발설되었듯, 여기서도 시인은 원수의 말을 "직접화법"으로 기술하여 자신의 간구를 하나님께 직고(直告)한다.

내가 요동될 때에 나의 대적들이 기뻐할까 (챠라이 야길루 키 엠모트)—"요동하다"란 "비틀거리다"이며 땅의 토대들이나 산 같은 비 인격체가 지진으로 흔들거리듯, 사람이나 그의 걸음이 비틀거리는 것을 지시하며, 여기서는 신앙적인 흔들림이나 신앙인의 건강상, 사업상, 기타 일들에 있어서의 실패를 가리킬 것이다. 원수가 자기를 이기고 자만(自慢)해하는 것이 하나님께 영광이 되지 못함을 근거로 호소한다. 한편, 4절의 전.후반절에서 "내 원수"(오예비)와 "나의 대적들" (챠라이)가 병행어로 나타나고 있다. 그런데 "원수"는 단수, 대적은 복수형으로 제시되었다. 그리고 '내 원수가 '내가 저를 이기었다' 라고 말할까"와 "나의 대적들이 기뻐할까"가 병행된다 (말하다// 기뻐하다). 그렇다면, '원수'와 '대적들'의 정체는 무엇인가? 단수로 제시된 '원수'는 인생의 마지막 원수인 사망을, 복수로 제시된 "대적들"은 다윗의 정적(政敵)들인가? 3절의 사망의 잠을 잘까 두렵다 하였으니 사망(死亡)이 최종 원수일 수가 있다. 그렇다면, 이 사망이 의인화되어 여기서 "내가 저를 이기었다" 라고 말하는 것이 된다. 그런데 원수// 대적들의 병행은 수사적 변화로 보면 좋을 듯 하다. 전.후반절에 다른 원수들을 배치시키려 하기 보다는 단수, 복수형을 배치하여 다양성을 꾀하고 있다.

제2연 (5-6절): 찬양하리라

간구를 이어 시인은 이제 자신의 확신과 결심을 발설한다.

5절: 나는 오직 주의 인자하심을 의뢰하였사오니 (바아니 베하스데카 바타흐티)—"그러나 나로 말하면, 나는 당신의 불변사랑을 신뢰합니다" (NJB). "나" (아니)가 강조되었다. "당신의 불변사랑" 곧 "당신의 인애(仁愛)" (하스데카)를 시인은 의지, 신뢰한다. 그분의 인애(仁愛)는 곧 언약에 근거한 불변사랑이다. 이 신뢰는 그분의 구원을 기대하고 구원을 인하여 기뻐하는 모습으로 나아간다.

내 마음은 주의 구원을 기뻐하리이다 *(야겔 립비 비슈아테카)* — "구원" *(예슈아)*은 "도움" 도 의미한다. 곤고할 때, 위험할 때 주님은 우리를 구원하신다. 이 부분은 간구로 보고, "내 마음으로 주의 도우심을 기뻐하게 하소서" 라고 번역한다.

6절: 내가 여호와를 찬송하리니 *(아쉬라 라도나이)* —앞 문장을 간구형으로 처리하고 여기 서는 "내가 여호와를 찬양하리이다" *(아쉬라 라도나이)*라고 이해한다. 동사는 "연장형" 형 태로 시인의 결심을 표현해 준다: "내가 '정녕코' 찬양하리라." 한편 히브리어 본문에서는 한역의 5-6절이 한 절로 구성되었다.

이는 나를 후대하심이로다 *(키 가말 알라이)* —찬송의 이유가 분명히 제시되고 있으니 "이 는 나를 후대하심이로다." NAB는 이 부분을 ["내 마음에 당신의 도우심에 대한 기쁨을 허 락하사, 내가 여호와께, '우리 하나님은 내게 얼마나 선하셨는지요! [라고 노래하게 하소 서"] 라 번역했다. 반면 NJB는 70인역을 따라서 "내게 대한 여호와의 관대하심을 인하여 나 로 그를 찬양케 하소서; 나로 지존자 야웨의 이름을 찬양케 하소서" 라 한다 (70인역: 살로 토 오노마티 큐리우 투 휩시스투). 이 경우, "지존자" 란 번역은 "내게" *(알라이)*를 달리 읽 은데 근거한다. 그런데 "후대하다" *(가말)*란 "어떤 이를 아주 너그럽게 대하다" (deal bountifully with someone)란 의미인데, 우리의 수많은 허물과 잘못을 용서하시고 크신 사 랑으로 감싸주시며, 측량 못할 은혜로 시시 때때로 채워 주심을 지시할 것이다.

시편의 적용

언제까지입니까? *(아드-아나)* How long?

이 표현은 여기 시에서만 4번이나 나타난다 (1, 2절에서). 시인의 답답하고 안타까운 심 정의 표현이다.

언제까지 당신이 나를 잊으시렵니까?
언제까지 당신의 얼굴을 내게서 숨기시려나이까?
언제까지 내 생각과 씨름해야 하오며, 매일 내 마음에 슬픔을 가져야 합니까?
언제까지 내 원수가 나를 이길 것입니까?

여기에 대하여 하나님의 답변은 무엇일까? 추정컨대, 네 인격이 온전히 나를 신뢰하고 그리스도의 형상을 이루기까지니라! 가 아닐까? 주님의 답변은 그럴 것이다. 우리의 인격이 온전히 부서져서 부드럽게 고운 가루가 되기까지, 연단과 시련의 시간이 지속될 것이다. 대 구의 Jesus Victory라는 회사라는데, 그 사장이 간증을 했다. 자기는 암으로 얼마나 주님께 매달렸는지 모른다고 한다. 그래서 결국 치료를 받았는데 주님께 정말로 자원하여 온전히 충성을 바쳤다 한다. 정말로 눈물 나도록 헌신했다고 한다. 다시 주님을 섬길 기회를 주셨 기 때문이다. "어떻게 하면 주님께 잘 보일까?" 이런 일념으로 일했다 한다. 그러니 하나님은 "내가 저 애 한테 무엇을 줄까?" 고민할 정도가 되었으리라 했다. 우리의 인격이 이렇게 달라지길 하나님은 원하시지 않을까?

나의 영혼이 씨름하고 (2절 NIV)

곤고한 날에 수많은 생각과 고안을 가질 수 있으나, 육신이 힘없어 나약해도 무릎을 꿇고 무조건 감사하고 회개하자. 이것만이 우리가 사는 길인 때문이다. 시인은 간구에 이어 곧 신뢰를 표현하고, 기뻐하고 찬송하리라고 선포한다. 하나님의 구원을 확신하기 때문이다. 나는 기도의 확신을 얻기까지 기다리는가? 나는 기도의 확신을 통해 감사와 찬송이 터질 때까지 승리하는 기도를 드리고 있는가? 시인은 "나는" (아니), 곧 남들은 어떻게 하더라도 "나만은" 하나님의 불변사랑을 신뢰하고 그분의 구원을 확신하여 기뻐하고, 여호와를 찬양하리라!

여러 가지 어려운 문제들에 부딪힐 때, 우리 영혼이 크게 진통하게 된다. 끙끙 앓는 우리 영혼은 어둠 속에서 빛을 찾아 헤매는 가련한 한 마리 짐승과 같다. 그러나 영혼 진통이 영원히 계속되지는 않는다. 우리에게는 다시금 소망의 빛이 비취기 시작하고 확신이 찾아온다. 살아계신 하나님의 주권과 (롬 11:36) 그분이 자기를 사랑하는 자들의 유익을 위하여 일하신다는 (롬 8:28) 믿음이 문제를 제압하여 버린다. 우리는 마침내 영혼 진통을 영적 희열로 승화시키게 된다.

영혼 수면설 (3절, Psychopannychism)

영혼 수면설이 이 시편에 언급되었다는 말은 아니다. 단지 시인이 비유적으로 자신의 죽음을 사망의 잠을 자다라고 표현한 것과 연관하여 "영혼 수면설"을 잠간 언급하고자 할 뿐이다. 영어의 "사이코-판-니키즘"이란 말은 "영혼" + "모든" + "저녁"이란 헬라어들이 합성되어 이루어진 말이다. 이 사고에 의하면, 사람이 죽으면 영혼이 몸의 부활 때 까지 잠을 잔다. 이런 사고는 욥 14:11, 12, 시 6:5, 88:11, 115:17, 18, 사 38:18, 살전 4:13-15, 5, 10 등에 근거한다. 이런 구절들이 죽음을 잠이라 말하는 것은 영혼의 "안식"에 초점을 맞추었기 때문이지, 영혼이 죽음 이후에 잠을 잔다는 의미는 아니다 (계 14:13).

시 14편 어리석은 자는 그 마음에 이르기를

I. 전체구조에서의 위치, 시의 유형과 삶의 자리

시 13:5에서 "내 마음으로 당신의 구원을 기뻐하게하소서"라 했다면, 본 시편의 7절에서 "야곱이 즐거워하리이다" (혹은 "야곱으로 즐거워하게 하소서" NIV)라 노래한다. 시 13편에서 "내 마음"이 본 시편에서는 전체 회중 ("야곱")으로 확대되었다. 한편 주제면에서 이 시는 시 12편처럼 악인이 득세하는 악한 시대를 탄식하고 있다.

이 시는 악인에 대한 탄식과 이스라엘의 회복을 간구한다. 여기서 가장 주요한 문제는 1-6절과 7절 사이의 관계에 관한 것이다. 어떤 이들은 이 시의 핵심은 7절의 "기도"이며, 1-6절은 그 기도를 위한 준비 행동이라 본다. 그러나 다른 이들은 1-6절에 무게를 더 두어 "처벌과 선고"가 이 시의 주제라고 본다. 우리가 보기에 이러한 두 견해는 결국 하나로 귀결된다. 왜냐하면, 1-6절에 묘사된 대로 악인의 득세를 탄식하며 하나님의 관점을 제시하는 것은 결국 하나님의 개입을 간구하는 간접적 기도이며 따라서 7절의 기도와 대동소이하기 때문이다. 그러므로 이 시의 초점은 이스라엘의 회복, 이스라엘의 번영에 대한 기대와 간구이다.

비평가들은 이 시가 개인 탄식시 유형이라 하지만, 어떤 이는 지혜시, 예언시, 찬양시의 제 요소들을 고루 갖고 있다고도 지적한다. 특히 "어리석은 자는 그 마음에 이르기를"라고 시작되는 이 시를 대할 때, 언뜻 우리는 이 시가 지혜시가 아닌가 생각하게 된다. 그러나 "어리석은 자"는 4절에서 "죄악을 행하는 자"로 묘사되고, 그들은 다시 하나님의 백성을 핍박하는 악인들로 확인된다. 이에 하나님은 이 악인들을 심판하시려 개입하시며 (5절), 하나님께 시인은 이스라엘의 구원과 회복을 간구한다 (7절). 이렇게 본다면, 단순히 지혜시로 볼 수도 없는 노릇이다. 그래서 우리는 이 시가 공동체 탄식시의 일종이라 간주한다.

이 시의 저작 시기에 대하여, 어떤 이는 7절에 근거해서 추방이후 작품이라 추정하는 이도 있으나, "포로된 것을 돌이키다" 란 표현은 "-의 번영을 회복하다"로 이해한다면 추방이후 작품이라 할 수 없다. 오히려 표제는 "다윗의 시"로 지적한다.

그런데 시 14편은 시 53편과 동일하다. 그러나 자세히 비교해 보면, 세세한 점에서 약간 차이를 보인다. 알릴라 (행위)/ 아벨 (불의)[후자가 시 53:1], 여호와/ 하나님 (엘로힘)(2절), 모두가 치우쳤다 (하콜 사르/ 그 모두가 탈선했다 (쿨로 사그)(3절), 모든 행악자들/ 행악자들 (4절), 여호와를 부르지 않다/ 하나님을 부르지 않다 (4절), 크게 두려워하다/ 두려움이 없는 곳에서 두려워하다 (5절), 가난한 자의 경영을 너희가 좌절 시킨다/ 너를 대하여 진 친 저희의 뼈를 하나님이 흩으시다 (5절), 여호와는 저의 피난처/ 하나님께서 저들을 배척하시다 (5절), 여호와께서 돌이키실 때/ 하나님이 돌이키실 때 (6절) 등. 여기서 현저하게 부각되는 것은 시 53편이 시 14편에 등장하는 "여호와" 란 칭호를 모두 "엘로힘" (하나님)으로 대체시켰다는 것이다.

70인역의 어떤 사본들은 맛소라 사본의 2-3절 사이에 다음과 같은 구절들을 삽입 시킨다:

저들의 목은 열린 무덤이요; 저들의 혀로는 사기를 치고,
독사의 독이 저들의 혀 밑에 있으며, 그 입은 맹세와 기만으로 가득차있다.
저들의 발은 피 흘리기에 빠르고, 파멸과 비참이 저들이 길들에 있으며,

저들은 평화의 길을 알지 못하도다.
저들의 목전에는 하나님을 두려워함이 없도다.

롬 3:10-18절은 바로 이 확대된 부분을 인용하고 있다.

2. 시적 구조와 해석

이 시는 연 구분이 쉽지 않다. 우리는 3개의 연으로 구분한다. 1절에서 시인의 시대상을 탄식하고 고발하고 있다. 그리고 2-5절에서의 사고의 흐름을 본다면, 먼저 하나님의 판단이 묘사되고 (2절), 다음에 그 결과 (3-4절), 그에 따른 하나님의 개입 (5절) 등이 제시되고 있다. 그런데 6절에서 시인은 자신의 신앙적 확신을 고백한다. 그것은 악인이 득세하여 경건한 자를 멸하고자 하나, 하나님께서 후자의 피난처가 되신다는 것이다. 이는 결국 7절에서 "기도"의 형태로 제시된 기대감의 다른 표현일 것이다. 그래서 우리는 6-7절을 함께 묶어 한 연으로 처리했다.

제1연 (1절): 상황에 대한 탄식
제2연 (2-5절): 하나님의 시험과 인도
제3연 (6-7절): 간구와 결론

이 시에서 반복법이 부각된다. 1-3에서 "–이 없다" (엔)이 네 번이나 반복된다. 이 부정하는 말의 반복 사용은 신학적 (신앙적) 무신론이 어떻게 실천적, 도덕적 부패로 나아가는지를 생생하게 묘사해 준다. 하나님이 없다는 사고 때문에 선을 행하는 자가 없게 된 것이다 (1절). 바울 사도의 선언대로라면 마음에 하나님 두기를 싫어하매 온갖 불의, 추악을 범하게 될 것이다 (롬 1:28-32). 1절에서 시작된 사고는 2절에서 더욱 진전된다. 이제 야웨께서 온 인류를 굽어 살피시고 판단하시며, 그 결과도 역시 시인의 판단과 일치한다. 그래서 시인은 외치길, 다 치우쳤으며 함께 더러운 자가 되고 선을 행하는 자가 없으니 "하나도" 없다 (2절). 선을 행하는 의인이 없다는 사실이 절대적으로 강조되고 있다. 그리하여 원래 시인이 판단한 바는 이제 아무도 항거하거나 반론할 수 없는 절대 진리로 판정된다. 그런데 놀랍게도 이러한 절대 부정을 인친 이후에 시인은 5절에서 "의인의 세대" (도르 챠디크)를 언급하고 있다. 시인의 사고에 어떤 일관성이 부족하다고 판단할 수 없다. 오히려 그는 온 인류의 부패성을 절감하면서, 그 와중에서도 하나님을 피난처로 소망하는 자들을 "의인의 세대" 혹은 "의인의 무리" (circle of the righteous, TNK)라고 부르고 있다.

제1연 (1절): 상황에 대한 탄식

1절: 어리석은 자는 그 마음에 이르기를 하나님이 없다 하도다 (아마르 나발 벨립보 엔 엘로힘)—어리석은 자 (*나발*)는 하나님을 부인하는 자이다. "어리석음"이란 말의 '의미 장' (意味場 semantic field)에서 이 말은 우준한 (*바아르* stupid), 멍청이 (*페티* naive person), 바보 (*에빌*, fool, simpleton), 어리석은 자 (*케실*, foolish), 조소꾼 (*레침*, scoffer), 허풍 (*라*, bragging) 등과 유사어로 사용되고, 총명한 (*비나*), 지혜로운 (*호크마*), 지식 (*다아트*), 통찰력 (*세켈*), 근신 (*무사르*), 영특한 (*오르마*, cunning), 지각 (*타암*), 조언 (*에차*) 등과 반대어로 사용된다. 그런데 "나발"은 정신적, 도덕적으로 처벌해야하는 죄성(罪性)을 지닌 자를 지시한다 (*레침* [조소꾼]도). 반면 "우준한" (*바아르*) 자나 "멍청이" (*페티*), "바보" (*에빌*) 등은 도덕적, 정신적 책임을 지울 수 없는 자들을 지시한다. 순진하여 사람들이 꾀는 대로 곧잘 넘어가는 자들, 그래서 도덕적으로 악한 길로 빠질 위험이 농후한 자들이지만 아직 죄성을 드러내지는 않고 있다 (Trevor Donald, "The Semantic Field of 'folly' in Proverbs, Job, Psalms, and Ecclesiastes," 285-292). 한편 "이르기를" (*아마르*)는 이른바 보편 진리를 표현하는 완료상이라 할 수 있다: 어느 시대에나 악인들은 늘 그렇게 말들 한다.

저희는 부패하고 소행이 가증하여 (*히쉬히투 히트이부 알릴라*)—사용된 첫 동사는 (*히스히트*)는 "의도적으로 진멸(殄滅) 시키다," "파괴하다"를 의미하나 "행위" (*알릴라* [시 14:1, 습 3:7 혹은 *데렉* [창 6:12])란 말과 함께 사용되면 "부패하게 행동하다"를 의미한다 (시 53:1). 어리석은 자는 그 행위가 썩었다 (습 3:7 참조). 그러므로 하나님의 관점에서 저들은 "가증하게 행동한다" (왕상 21:26, 겔 16:52).

선을 행하는 자가 없도다 (*엔 오세-토브*)—여기서 "선"은 하나님의 기준에서 (2-3절 참조) 도덕적으로 합당한 것이다. 하나님은 이미 오경에서 "여호와의 보시기에 정직하고 선량한 일을 향하라"고 명하셨다 (신 6:18, 12:28). 그리하면 복을 얻을 것이었다. 아사 왕은 이 언약 법규대로 "하나님 여호와 보시기에 선 [*하토브*]과 정의 [*하야쇼르*]를 행"였다 (대하 14:2). 그것은 구체적으로 이방 제단과 산당(山堂)을 없이하고 주상을 훼파(毁破)하며 아세라 상(像)을 찍고 유다 사람을 명하여 하나님 여호와를 구하게 하며 그 율법과 명령을 행하게 하는 것이었다. 즉, 신앙적 행위였다. 이리할 때 "여호와께서 아사에게 평안을 주셨으므로 그 땅이 평안하여 여러 해 싸움이 없"었다 (대하 14:6; 대하 31:20-21 [히스기야]도 참조). 하나님께서 가증하게 생각하는 바를 행한다면 그것은 그분을 대적하는 행위나 같다 (롬 8:5-9 참조).

제2연 (2-5절): 하나님의 시험과 인도

2절에서 하나님께서 시험하시는 모습이 묘사된다면, 3-4절에서는 그 결과가 제시되고, 5절에서는 그 결과로 일어나는 하나님의 개입을 제시한다.

2절: 여호와께서 하늘에서 인생을 굽어 살피사 (*야웨 밋샤마임 히쉬키프 알-베네-아담*)—1절의 진술이 하나님의 기준에 의한 것임이 여기서 드러난다. 하늘은 인생의 거처인 땅과 구분되는 하나님의 처소이다. 그래서 인생을 위에서 아래로 굽어 살피신다 (히스키프, 시 102:20). 이는 아주 의인법적 표현이긴 하나, 하나님의 안목에서 어느 인생도 숨을 수 없다는 뉘앙스를 풍긴다 (히 4:13). 그러나 하나님은 구만리 창공 저 너머에 계신 분이 아니시다. 그분은 "천지에 충만(充滿)하" 시다 (렘 23:24). 하나님은 이처럼 하늘에 떨어져 계시나 (超越), 또한 충만하시다 (內在). 이분은 나를 나 자신보다 더 잘 아신다 (시 139:1-6). 여기 "인생" (베네-아담)은 "사람의 아들들" 이란 의미이지만, "사람" 의 시적 병행어로 자주 사용된다.

지각이 있어 하나님을 찾는 자가 있는가 보려 하신즉 (리르오트 하예쉬 마스킬 도레쉬 에트-엘로힘)— 지각 (마스킬)은 하나님과 분리해서 생각할 수 없다. 그분을 아는 것이 지각 (知覺)인 때문이다. 그분을 "찾는 자" (도레쉬)는 그분께 기도나 혹은 선지자를 통해서 문의하는 자이다 (출 18:15, 삼상 9:9, 왕하 1:2, 왕하 8:8, 22:18). 이런 자들이 없다는 탄식이다. 모두가 치우쳤고 (사 53:6) 그릇 행하여 자기 길로 나아간다. 인생은 하나같이 부패하게 되었다.

다 치우쳤으며 함께 더러운 자가 되고 (하콜 사르 야흐다브 네엘라후) — "다" (하콜)는 앞 절에서 언급된 "인생" 을 받는다. 인류 전체가 예외 없이 "모두 다" 가 여기서 지시의 대상이다. 그리고 "치우치다" (수르)란 길에서 좌로나 우로나 벗어나는 것을 지시한다 (출 3:3-4, 렘 5:23, 15:5, 신 2:27, 삼상 6:12). 여기서는 하나님께로부터 돌이켰다는 의미이겠다. 그리고 "더러운 자가 되다" (알라흐)는 "(도덕적으로) 부패해지다" 란 의미이다 (시 53:3, 욥 15:16). 그런데 이 동사는 아랍어 "알라하" 8형에서 "(우유가) 시어지다" 를 의미한다. 이런 어원에 근거해서 NJB는 "(모두가 같이) 시어졌다/ 산패(酸敗)했다" (turned sour)라 번역했다. 인생 전체가 다 부패했고 하나님으로부터 돌이켰다.

선을 행하는 자 없으니 하나도 없도다 (엔 오세-토브 엔 감-에하드) —선은 하나님의 말씀 기준에 합당한 행위이다. 하나도 없다는 것은 "온 인류" 의 부패성을 지적한다. 예컨대, 구구단(九九段)을 외우면서 9 x 9 = 81을 구구 80이라 하였거나 구구 84라 하였거나 구구 70이라 하였거나 모두 정답(正答)이 아니다. 정답은 81 하나밖에 없다. 그런데 이런 기준에 합당한 자는 인류에 아무도 없다는 것이니 정도의 차이는 있을 망정 모두 하나님의 기준에서 멀어진 것이다 (렘 5:1 공의를 행하며 진리를 구하는 자 [오세 미쉬파트 메박케쉬 에무나] 한 사람이라도 찾으면; 창 18:23-32 참조).

4절: 죄악을 행하는 자는 다 무지하뇨 (할로 야드우 콜-포알레 아벤)—사용된 동사 "알다" 란 관찰이나 반성을 통해서 아는 것을 말하며, 경험하다, "배우다" 란 의미도 갖는다 (NIV, NAB). 저들은 결코 배우지 아니한다! 행악자들은 자신을 깊이 생각해 보고 돌이키고자 아니한다. 빛과 어두움의 생활의 차이가 여기 있다. 항상 자신을 성찰(省察)하고 회개하는 자는 빛의 아들이다. 그러나 어두움의 자식은 스스로를 살피기 싫어한다. 너무나 더럽고 추한 자신의 모습을 발견하며, 그 상태를 개선(改善)할 방법이 없기 때문이다. 더 심하면 돌아보아도 이미 안목(眼目)이 어두워져 보이지를 않는다. 그렇기에 그들은 더욱 더 깊은 더러움의 수렁에 빠져 들어간다 (요 3:19-21). 이런 자들은 하나님의 백성을 박해하기 일쑤이다.

저희가 떡먹듯이 내 백성을 먹으면서 여호와를 부르지 아니 하는도다 (오켈레 암미 아켈루 레헴 야웨 로 카라우) — "떡 먹다"란 "식사하다"란 의미이니, 악인은 일상 식사하듯 하나님의 성도를 먹어치운다 즉, 해친다. 그런데 "여호와를 부른다" (창 4:26, 12:8, 13:4, 26:25 등)란 그분을 경배하고 기도하는 모습이다.

5절: 거기서 두려워하고 (샴 파하두 파하드)— "그 때에 두려워하고." 사용된 말 (샴)은 장소적 의미 (there)라기 보다, 여기서는 시간적 의미 (then)로 취한다 (시 66:6, 호 2:17, 습 :14, 욥 23:7, 35:12). 즉, 하나님께서 개입하시는 그 때이다. 하나님은 이미 4절에서 악인을 대하여 분노의 선언을 발하셨으므로, 그의 심판은 시간문제로 다가왔다. 그러므로 악인들에게 두려움이 덮친다. 이 두려움은 하나님께서 의인의 세대에 함께 거하신다는 증표이다 (신 2:25, 11:25 등). 한편 "두려워하고 두려워하였으니" (파하두 파하드)란 표현은 동족목적어를 가진 동사이다 (GKC §117p). "두려움을 두려워했다." 따라서 "크게 두려워하였다" 정도로 번역하면 될 것이다.

하나님이 의인의 세대에 계심이로다 (키-엘로힘 베도르 챠디크) — "의인의 세대" (도르 챠디크)에서 "세대" (도르)란 말은 유가릿어에 비추어 보건대, "회중," "가족" 혹은 "거처"로 이해될 수도 있다 (NIV, NAB; Frank J. Neuberg in *JNES* 9 [1950], 216; M. Dahood, *Psalms I*, 82; Gordon, *UT* #697). 따라서 "의인의 회중 (무리) 가운데"라고 이해한다. "여기서 의인의 회중 혹은 무리"는 4절에서 "내 백성"으로 호칭 되었고, 1-3절에 묘사된 부패하고 가증한 일들을 행하는 세상 사람들과 대조된다.

제 3연 (6-7절): 간구와 결론

6절: 가난한 자의 경영을 부끄럽게 하나 (아차트-아니 타비슈)— "계획들을 좌절시키려 하나" (NIV, RSV). 여기서 주어는 "너희 곧 악인들" (NIV)이다. 1-5절에서 시인은 하나님을 경배하지 않는 악인들을 객관적으로 묘사했다면, 여기서는 하나님의 백성과의 관계에서 묘사하고 있다. 악인들은 하나님의 백성을 압제하고자 하고, 실제로 시인의 세대에 그리하였다. 그런데 전.후반절의 사고를 고찰하면, 6절은 "너희는 가난한 자의 경영을 부끄럽게 하고자 하나 (그렇게 하지 못할 것이다), 왜냐하면 여호와께서 그들의 피난처가 되시기 때문이다" 라고 이해될 수 있다. 우리가 괄호 안에 제시한 말씀이 생략되었다고 할 수 있다. 가난한 자들 곧 경건한 자들은 하나님의 영광을 위해서 무엇인가를 계획하나 악인들을 그것을 좌절시키고자 시도한다. 시인의 견지에서 당대는 악인이 득세하는 시대였다. 사정이 그러했으므로 7절에서 시인은 이스라엘의 회복을 간구하는 것이다. 6절의 사고는 7절의 기도와 맥을 같이하는 간접 기도요 시인의 신앙 고백이다.

오직 여호와는 그 피난처가 되시도다 (*키 야웨 마흐세후*) —피난처는 숨는 곳이지만, 여호와께 피난하는 경건한 자들은 악인의 악한 계획을 면하고 형통하게 된다. 한편 시 53:6에서는 "아무 것도 두려워할 것이 없는 곳에서 그들은 공포에 사로잡혔다 (NJB); 하나님께서 너를 공격한 자들의 뼈들을 흩으셨으므로 너가 (그들을) 수치에 빠뜨렸으니 하나님께서 그들을 버리셨기 때문이라"라고 본 시편과 달리 제시하고 있다.

7절: 이스라엘의 구원이 시온에서 나오기를 원하도다 (*미 잇텐 미치욘 예슈아트 이스라엘*) — "이스라엘의 구원이 시온에서 나왔으면!" (O that deliverance for Israel would come out of Zion! NIV) 기원법이다. "누구?" (who)란 말은 미완료 동사를 동반하여 "기원"을 표시할 수 있다 (삼하 25:4, 23:15, 민 11:4, 18, 말 1:10, 시 4:7, 60:11, 94:16, 사 42:23, 민 11:29, 신 28:67, 삿 9:29 등)(NJB는 여전히 "누가 이스라엘에 시온에서 구원을 가져다 줄까?"). 한편 "시온"은 자기와 언약 맺으신 이스라엘 중에 거처를 두시는 하나님의 임재의 장소이다. 그런데 "시온"과 "구원" 사이의 관계는 두 가지로 고려된다. 1) 시온이 구원의 대상이다 (시 9:15, 69:35, 사 46:13, 52:7, 62:1, 11) 2) 시온에서 구원이 나온다 (시 20:2, 99:2, 110:2, 128:5, 사 2:3, 14:32, 롬 11:26). 여기서는 하나님의 임재의 처소인 시온이 구원의 시발점이다. 표제대로라면, 다윗 당대에 악인들이 세력을 떨치고 있던 예루살렘이 다시 회복되고 그곳에 하나님의 임재가 다시 나타날 것을 기대한 것으로 이해할 수 있다.

한편, "원하도다" (*미*)란 말은 사실 의문 대명사로, 시 53편에서는 "누구인고?" (한역)라 번역된다. 이 같은 차이는 뉴앙스 상의 차이일 뿐이다. 의문대명사 "누구?" (who)란 말은 미완료 동사를 동반하여 "기원" (wish)을 표시할 수 있다 (KB³, s.v. 5항 참조; 삿 9:29, 삼하 15:4, 말 1:10; 신 28:67, 민 11:29, 욥 23:3 등). 특히 "누가 —줄까?" (*미 잇텐*)라는 표현은 "주기를 바란다"는 소원의 표시로 이해될 수 있다 (BDB, 566, f.[a]).

그 백성의 포로 된 것을 돌이키실 때 (*베슈브 쉐부트 암모*) — 하나님의 축복으로 이스라엘의 형통이 회복되는 날, 곧 이전의 상태로의 회복이 나타날 때 야곱은 즐거워할 것이다 (혹은 "야곱으로 즐거워하게 하소서!"). "야곱"은 이스라엘의 다른 이름이다 (창 32:28). 한편 "포로된 것을 돌이키실 때" (*슈브 쉐붓*)란 표현에 사용된 관용어적 표현은 전통적으로 "포로생활에서 되돌리다"란 의미로, 이는 1) 하나님의 진노의 소멸, 2) 과거의 죄를 사함, 3) 이전의 은총과 축복상태로의 회복 등을 동반한다고 이해되어왔다. 그런데 이 표현은 오히려 "–의 [상실한] 번영을 회복하다" (restore the fortunes of)를 의미한다는 견해가 최근에는 유력시 된다 (Dahood, *Psalms III*, 218; Joseph A. Fitzmyer, *The Aramaic Inscriptions of Sefre*, 119-20; A. Dupont-Sommer, *Bulletin du Musee de Beyrouth* 13 [1956], 27; J. C. Greenfield, *Acta Orientalia* 29 [1965], 4). 이 경우 "쉐붓"이 "포로로 잡다" (*솨바*)란 동사와 연관되는 "포로생활"(captivity)을 의미치 않고, "회복시키다, 돌아오다" (슈브)의 동족목적어 (a cognate accusative)로서 "번영" (fortunes)으로 본다.

슈브 쉐붓이란 표현은 시 14:7, 53:7, 85:2, 126:1, 4, 신 30:3, 렘 29:14, 30:3, 18, 31:23, 33:26, 48:47, 49:39, 호 6:11, 암 9:14, 습 2:7, 3:20, 겔 16:53, 29:14, 욜 4:1, 애 2:14, 욥 42:10 등에서 나타난다. 이들을 목적어 형태별로 1] 쉐붓 2] 쉐빗 3] 쉬밧 으로 구분한다면 다음과 같다: 1] 신 30:3, 시 14:7, 53:7, 85:2 [Qere 2], 126:4 [Qere 2], 암 9:14, 호 6:11, 습 2:7 [Qere 2], 3:20, 욜 4:1, 렘 30:3, 18, 31:23, 32:44, 33:7, 11, 26, 48:47, 49:6, 겔 29:14; 2] 욥 42:10 [Qere 1], 렘 29:14 [Qere 1], 49:39 [Qere 1], 애 2:14 [Qere 1], 겔 16:53 [Qere 1], 39:25 [Qere 1]; 3] 시 126:1.

대하 28:11에서 "너희가 포로로 사로잡았던 (쇼바) 그 포로 (핫쉬브야)를 놓아 돌아가게 하라 (하쉬부)"고 할 때, 목적어 (포로)는 쉬브야란 말이다. 이 문맥에서는 분명히 포로를 되돌리는 장면이 묘사된다. 위에서 고려한 "-의 번영을 회복하다"란 표현은 "포로"에 대한 묘사가 아니다.

야곱이 즐거워하고 이스라엘이 기뻐하리로다 (야겔 야아코브 이스마흐 이스라엘) —야곱/이스라엘, 즐거워하다/기뻐하다 등으로 짝지어지는 동의 병행법이며, 구문 병행법을 이룬다. 야곱은 이스라엘의 옛 이름이지만, 이렇게 이스라엘의 병행어로 등장한다.

시편의 적용

악인들의 부패를 묘사하는 데 사용된 단어들

쇼하트: 히필형에서 "파멸시키다"란 의미를 지닌다. 파괴의 대상은 도성 (소돔, 예루살렘), 왕조 (다윗가), 열방 (바벨론), 하나님의 백성 등이다. 그런데 이 말은 도덕적 부패를 지시할 수도 있다 (창 6:12, 11, 출 32:5, 7, 9:12, 신 4:16, 25, 31:29, 사 1:4, 잠 6:32, 겔 20:44, 16:47, 호 9:9, 대하 27:2, 삿 2:19). 창 6:11, 12에 의하면, 이 패괴함 때문에 땅은 "강포" (하마스; 불의)로 가득찼고, 그로 인하여 홍수심판이 임하였다. 그런데 이 패괴함은 어디까지나 하나님의 기준에 의한 것이다 ("하나님 앞에 패괴하여"; "하나님이 보신즉 땅이 패괴하였으니"). 여기서 "땅"은 인간을 지시한다 (BDB 76, 2.f.). 인간들의 패괴함은 필연코 하나님의 심판을 초래한다.

타아브: 가증하게 행동하다. 이 말은 명사형 (토에바)으로 "가증"을 의미하며, 하나님의 견지에서 합당치 아니하는 행위나 물건을 지시한다. 악인의 제사는 하나님께 가증하고, 악인의 기도도 그러하다 (잠 21:27, 29:8, 사 1:13). 즉, 삶이 말씀에 부합되지 아니하고 외식(外飾)적인 예배를 드리는 행위는 가증(可憎)하다. 앞의 말이 하나님의 보시기에 인간 마음과 행위의 부패성을 지시한다면, 고려중인 말은 하나님의 느낌에 초점을 맞춘다.

수르: 이 말은 길을 곧바로 걷다가 좌로나 우로나 치우치는 행위를 기본적으로 묘사한다 (삼상 6:12, 신 2:27). 그런데 이 말은 동시에 신앙의 바른 길에서 떠나 치우치는 모습을 묘사하기도 한다 (출 32:8, 삿 2:17, 신 9:12, 잠 13:14, 대하 8:15 등). 여기 시편기자가 염두에 둔 의미는 바로 이 후자일 것이다. 사람들이 하나님을 섬기고 따르는 바른 길에서 치우치게 된 것이다.

알라흐 [네엘라흐]: 이 말은 구약에서 세 번만 나타난다 (시 14:3=53:4, 욥 15:16). 니팔형에서 도덕적으로 '부패하다' 는 의미이다. 흥미롭게도 욥 15:16에서는 고려 중인 말들 중에서 두 개가 함께 나타나고 있다 (타아브, 네엘라흐). 더구나 악 (아블라)을 물 마시듯 하는 인생이라 묘사한다.

이상에서 보건대, 악인들의 부패함은 마음의 부패성을 조명하는 말이나, 아니면 하나님의 느끼시는 심정, 혹은 인간의 행위의 방향성 등의 측면에서 고루 묘사되고 있다. 이런 인간적인 모습들은 어디까지나 하나님의 견지에서 조망된 것이다. 즉, 절대적 기준이 하나님이시다. 하나님을 찾고 그분을 경외하고 섬기는 자들은 선을 행하는 자들이다. 이런 자들은 빛이시오, 진리시오, 정결함의 근원이신 하나님과 접촉함으로 그분의 속성에 참여하게 됨으로 부패성(腐敗性)을 벗어나게 된다. 그렇다면, 자, 불교 신도가 부처에게 공양을 드리고, 선행을 베푼다 하자. 그러면 그의 행위는 하나님 보시기에 무엇인가? 그의 행위가 도덕적으로 그릇되지 않다 해도, 그의 행위는 가증하고, 부패했으며, 치우쳤다고 묘사될 것이다. 하나님과의 연관성에서 묘사될 것이기 때문이다. 참 진리에서 떠난 어떤 종교적 행위나 도덕적 삶도 절대적인 의미에서 긍정적인 평가를 받을 수 없다.

시 15편 주의 장막에 유할 자 누구오니이까?

I. 전체구조에서의 위치, 시의 유형과 삶의 자리

시 14편은 보편적인 타락이 팽배한 세상에서 "의인의 세대/ 회중"를 언급했고 (5절), 시온에서 나올 구원을 고대했다 (7절). 이제 시 15편은 그 의인의 회중이 누구인지 그리고 미래 구원을 맛볼 자가 누구인지를 노래한다. 본시는 그 형식과 내용상 시 24:3-6과 유사하다. 양식비평가들은 이 시를 입례송 (Entrance Liturgy)이라 본다. 그 형식은 대개 1) 질문 (15:1) 2) 답변 (15:2-5b) 3) 축복 (15:5c) 등으로 구성된다고 한다. 일단의 순례자들이 성전 혹은 성소에 절기를 맞아 찾아 와서 성소 입구에서 서서 그들 (혹은 그 대표자)이 질문을 제기하면 (1절), 성전 제사장들 (왕하 25:18)이 답변을 하고 (2-5b절), 축복을 선언하는 (5c) 모습을 가정한 것이다.

또 다른 이들은 이 시는 입례송이라기 보다, 지혜시의 성격을 갖는다고 한다. 이런 견해에 의하면, 예배에 참여하는 것이 도덕적인 삶과 어떤 연관을 갖는지를 가르치고자 하는 의도를 지녔다 한다. 이렇게 보는 이들은 15:5c이 축복 선언이 아니라, 성결한 삶에 근거한 예배의 결과를 약속하는 말씀이라 한다.

모빙켈은 시 15편에서 십계명의 수자에 해당되는 열 개의 도덕조항들을 주목하였다 (*PIW*, I, 179). 긍정적인 조항들과 부정적인 조항들이 각기 다섯 개씩 제시되고 있다. 그런데 긍정과 부정 조항들은 사실 히브리시의 병행법적 구조에 비추어 볼 때 각기 한 조항에 해당된다. 곧

1) 정직하게 행하다=공의를 일삼으며,
2) 그 마음에 진실을 말하며=그 혀로 참소치 아니하고,
3) 그 벗에게 행악지 아니하며= 그 이웃을 훼방치 아니하며,
4) 망령된 자를 멸시하며= 여호와를 두려하는 자를 존대하며,
5) 그 변리로 대금치 아니하며 =뇌물을 받고 무죄한 자를 해치 아니하는 자 등이다.

4절 하반절의 "그 마음에 서원한 것은 해로울지라도 변치 아니하며"라는 조항은 짝을 짓지 아니하고 (not a couplet) 하나의 행을 구성한다. 이렇게 본다면, 모든 항목은 6개가 될 것이다. 만약 구태여 하나의 짝을 두 개의 조항으로 계수 한다면 11개가 될 것이다.

또한 모빙켈의 시내산 언약 조항과 성소계율과의 관계에 대한 이해는 성경적이지 못하다. 그에 의하면, 이스라엘의 여러 성소들에서는 각기 자신의 특별한 "성소 계율들" (*leges sacrae*)을 지니고 있었다 한다 (삼상 21:5이하, 출 19:10, 14이하 참조)(모빙켈은 그 근거들로 Fraem. *Relig.-urk. III*, 213-214; Propht & Ziehen, *Leges Graecorum sacrae*, fasc. 1-2; Dittenberger, *Sylloge inscr. Graec. III*, 105 이하; Helbing, *Auswahl aus gr. Inschr.*, 105-111 등을 제시한다). 이 계율들은 성소(聖所)에 입장이 허용되는 자들의 자격 조건들을 다룬다. 멀리서 성소를 찾아오는 순례자들은 그 성소의 신의 권리들과 관습들이 무엇인지, 그 성소에서 특별히 적용되는 규정들이 무엇인지 알아야 했다 한다. 세월이 지남에 따라 이런 관례들은 고정된 형식과 의식으로 변천되었다. 즉, 이런 식으로 백성들은 묻고, 제사장은 정해진 답변을 제시하는 것이었다. 원래 성소들의 계율들은 대체로 의식적 정결(淨潔)이나 금기(禁忌)적 성격을 지녔으며, 오직 외적인 것들만 다루었다 한다. 그러다가 시간이 흐름에 따라 도덕적 계명들이 계율의 주종을 이루게 되었다. 후대에 사람들은 이런 계율들을 언약의 계명들로 간주하게 되고, 그것들은 야웨께서 가데스 바네아나 시내산에서 직접 주신 언약법이라 생각하게 되었다 한다 (*PIW*, I, 178).

이런 모빙켈의 가정은 시내산에서 하나님과 이스라엘이 맺은 언약과 그로 인해 하나님께서 주신 언약조항들 (법규들)을 순전히 인간적 사고의 산물로 생각한다. 비평가들은 시내산 언약조항들이 인간적 고안품이지만 신적인 위엄을 지니는 것이라 꾸미기 위해, 고대인

들이 미신적으로 신의 현현(顯現)이라 간주했던 화산 폭발과 같은 현상(現象)을 십계명 선포와 연관시켜 묘사했다고 한다. 이런 이성적(理性的) 설명은 시내산 계시의 신적인 기원을 믿지 못한 불 신앙적 가정이다.

구약을 바로 이해하는 첩경은 시내산 언약과 모압 들에서 갱신된 모압들 언약 (신명기)이 후대의 모든 정경에 결정적 역할을 했다는 사고이다. 즉, 시편을 포함한 성문서나 역사서의 성격을 가진 전-선지서나 혹은 선지서 등이 한결같이 오경의 언약 조항들에 토대를 두고 있는 것이다. 이 정경의 내적인 관계성을 바로 파악할 때 성경의 이해가 바로 된다. 시 15편의 내용도 사실은 시내산 언약에 근거한 노래이다. 이것이 성소의 예배와 연관된 것은 자연스러운 일이었다. 왜냐하면 성소는 하나님과의 언약이 선포되고, 교육되고, 실천되는 중심처소였기 때문이다. 성직자들 (레위인과 제사장)이 시 15편을 다윗의 지도하에 작시하였을 것이다. 언약백성의 생활과 예배생활은 불가분리의 관계라는 것이 이 시의 핵심이다.

2. 시적 구조와 해석

형식상 앞에서 설명한대로, 질문 (1절), 답변 (2-5b), 결론적 선언 (5c) 등으로 구분할 수 있다. 보다 구체적으로 시의 형식과 내용을 살핀다면, 우선 이 시의 처음과 마지막의 상응을 살펴보도록 하자. 5절 하반절은 "이런 일을 행하는 자는 '야웨의 장막에 유하리라'" 라 하지 않고 "이런 일을 행하는 자는 '영영히 요동치 아니 하리이다'" 라고 한다. 물론 "야웨의 장막에 유하리라" (1절)는 말씀과 "영영히 요동치 아니 하리라"는 말씀은 서로 간에 배타적인 사고가 아니라 서로 보충적 사고이다. 하나가 다른 것을 더욱 분명히 정의해준다: 여호와의 장막에 유하는 자는 여호와의 보호를 향유한다. 시편의 시작과 마지막은 종종 서로 상응하지만 여기서는 의식적으로 불일치 되도록 처리되었다고 할 수 있을 것이다.

다음으로 답변 부분을 살펴 보자. 2-5b절에서 2절은 3-5b절과 형식이나 내용상 분리된다. 우선 2절은 세 개의 분사들 (홀렉, 포엘, 도베르)로 구성되었지만 나머지 절들에서는 완료상이나 미완료상이 사용되고 있다. 그리고 내용상으로 2절은 일반적인 진술이라면, 3-5b절은 보다 구체적이다. 다시 2절을 보면, 2절은 세 개의 문장들로 구성되었다면, 3-5b절은 세 부분으로 구성되었고 (3; 4ab; 4c, 5ab), 3절은 형식면에서 보면 세 개의 절들로 구성되었고, 각 문장은 부정사를 담고 있다. 그 내용을 보면, 3a와 3c는 말로 참소 혹은 훼방치 않는다는 것이라면, 3b는 행악지 아니한다는 것이다. 여기서 행악하는 일은 말로 친구를 해하는 일일 것이다. 이제 4ab를 보면, 부정적인 진술이 아니라, 긍정적인 진술이란 점에서 3절과 4c, 5ab와 구분된다. 이제 4c, 5ab를 보면 다시 부정적인 진술이다. 그렇지만 모두가 다 완료상으로 제시되지는 않았다 (로 야미르, 변치 않는다; 4c는 미완료상). 내용을 보면 4c는 서원을 깨지 말 것을 요청한다면 5a와 5b는 돈에 너무 탐심을 갖지 말라는 내용이다. 서원을 깨는 일도 사실 물질에 대한 탐심과 자주 연관된다.

한편 3절이나 4c, 5ab는 여섯 개의 부정사를 포함한 문장으로 구성되었다. 이 부정문들은 이 시에서 중요한 기능을 감당하고 있다. 무엇보다도 성도들의 삶에서 단호하게 부정해야 할 사항들이 강조된다. 그리고 3이란 수자가 이 시의 구성에서 중요한 역할을 감당하고 있다. 2절, 3절, 4c, 5ab절은 각기 세 문장들을 담고 있다. 3-5b 부분은 세 부분으로 구성되었다.

제1연 (1절): 예배에 합당한 자가 누구뇨?
1절: 주의 장막에 유할 자 누구오며 (미-야구르 베오홀레카) — 후반절과 동의 병행법을 구성한다: 유하다 (구르)/ 거하다 (쇠칸), 당신의 장막/ 당신의 성산(聖山) 등이 단어 짝들이라면, "여호와여"는 후반절에도 해당된다 (double duty). 엄밀히 따지면 "유하다" (구르)는 잠시 객으로 체류하는 것이라면, "거하다" (쇠칸)는 잠시 체류하는 것 보다 더 길게 혹은 무한정 "거하다"를 의미한다. 그러나 삿 5:17, 시 15:1, 120:5 등에서 보듯, 병행어로 함께 나타난다. 그리고 "거하다" (쇠칸)과 "살다" (야솨브)도 동의어로 나타나지만, 후자는 어떤 지역에 머물러 살다를 지시한다면 전자는 장막을 이리 저리 옮기며 살다를 의미한다. 이렇게 본다면, 체류 기간 면에서 구르 - 쇠칸 - 야솨브 순으로 길어진다 (물론 이것은 어디까지나 문맥이 결정해야 할 뉴앙스이다).

주의 성산에 거할 자 누구오니이까 (미-이쉬콘 베하르 코드쉐카) —여기서 성산(聖山)(시 3:4, 43:3, 48:1 등)은 하나님의 성막이 세워졌던 시온산이다 (삼하 6:17, 대상 15:1, 16:1). 후대인들은 성전도 이전 관례대로 "장막" (오헬)이라 호칭했을 것이다 (시 61:4, 사 33:20). 경건한 자들은 "성소"에서 피난처와 참된 거처를 찾았다. 성소에서 의식주 문제를 해결하고자 했다는 의미가 아니라, 영적인 평안과 안식을 찾았다는 말이다. 그래서 의인들은 그곳에 유하고 (구르) 거한다 (쇠칸)고 노래한다.

제2연 (2-5b): 경배자에게 합당한 삶
2절: 정직하게 행하며 공의를 일삼으며 (홀렉 타밈 우포엘 체데크)— "흠이 없이 행하며, 공의를 행하는 자." "흠이 없게"라는 말과 "행하다" (할락)란 말이 합쳐져서 "흠 없는 삶"을 지시한다 (잠 28:18에서 아카쉬 동사와 대조). 이는 물론 언약백성으로서 언약조항들에 비추어 판단된 말이다. "행하다"는 "걷다"란 의미에서 발전하여 "삶의 방식"을 지시하게 되었다. "공의를 행하는 자" (포엘 체)는 전반절의 구체화이다. 소극적으로 흠 없이 행하는 삶은 더 나아가 적극적으로 공의를 행하는 삶이어야 한다. 밭에 잡초(雜草)를 제거하는 소극적(消極的) 행위에 더하여 좋은 씨를 밭에 뿌려서 결실(結實)을 맺어야 그 밭이 좋은 밭임과 같은 이치이다.

그 마음에 진실을 말하며(베도베르 에메트 빌바보) —진실(眞實)을 말하는지 여부는 오직 그 사람의 마음이 판단할 수 있는 사항이다. 그래서 "그의 마음에 진실을 말하는 자"라고 묘사한다. 그런데 마음에 진실을 말한다는 것은 생명 위협을 감수해야 할 경우도 있다 (왕상 22:16, 마 26:64-65, 행 4:20, 7:10). 초대 기독인들이 복음 증인을 "순교자"(마르투스)라 부른 이유가 바로 그 때문이었다. 특히 고대 근동에서 국가간에 조약을 맺을 때, 쌍방은 신들을 증인으로 불러 조약에 쌍방이 신실하지 못할 경우 저주를 감수하겠다고 맹세하였고, 고대 헬라에서도 동일한 관례가 있었다 (*TDNT*, "martus" 참조). 구약 시대에 아벨의 순교로부터 시작하여 선지자들은 목숨을 걸고 하나님의 말씀을 증거하였다. 전승으로 전해지는 이사야의 순교, 아합왕의 아내 이세벨에게 많은 선지자들이나 우리아 선지자 (왕상 19:10) 등이 순교는 히 11:35-38에서 암시되고 있다. 그래서 시 44:22은 "우리가 당신 때문에 죽임을 당하나이다"라고 외쳤다. 그런데 진리를 위한 순교적 증인의 최고 모본은 예수님이시다 (계 1:5, 3:14).

3절: 그 혀로 참소치 아니하고 그 벗에게 행악치 아니하며 그 이웃을 훼방치 아니하며 (로-라갈 알-레쇼노 로-아사 레레에후 라아 베헤르파 로-나사 알-케로보)— "참소하다"(라갈)란 말은 발로 돌아다닌다, 돌아다니며 한담하다, 비방하다 (삼하 19:27 [히, 28])란 의미이다. 이런 일은 금지되었다 (레 19:16). "행악하다"(아사 라아)란 말은 하나님을 주어로 할 때 "재앙을 내리다" (삼상 6:9)란 의미이다. 사람이 주어일 경우, 하나님의 말씀에 합당치 아니한 일을 행하든지 (도덕적)(삼상 12:20), 아니면 어떤 사람을 해하다 (삼상 25:17)란 의미를 지닌다. 여기 문맥에서는 말로 사람을 해하는 일일 것이다. 한편 "그 이웃을 훼방하다"는 이웃에게 해를 가하는 구체적인 한 방식이 된다. 여기서 "훼방"(헤르파)이란 "조소," "수치," "욕설" 등을 의미한다.

4절: 그 눈은 망령된 자를 멸시하며 (니브제 베에나브 니므아스)— 주어와 동사가 모두 니팔 분사형으로 되어있어 해석이 엇갈린다. 1) "망령된 자는, 그의 눈에서 멸시받는다." 이는 맛소라 액센트 체제를 따른 번역이다. 맛소라 액센트는 첫 말 (니브제)에 *메팍 레가르메타*는 "역접(逆接)" 액센트가 붙어서 다음 말 (베에나브)과 분리시키고 있다 (시가서 액센트 체제에 대하여 Israel Yeivin, *Introduction to the Tiberian Masorah*, 264이하 참조). 2) "그는 자기의 눈에 작다, 곧 (자기 스스로가 자기를) 경멸한다/ 낮춘다." 첫 두 단어 (니브제 베에나브)를 함께 취하여 번역했다 (Targum, Aben-Ezra, Kimchi 등). 델리취는 이런 해석을 취하여 하나님 앞에서 자신을 낮추는 자를 하나님께서 높이신다는 사고 (삼상 15:17)를 표현한다고 취한다 (시 131편이나 사 57:15도 참조). 그렇지만 후반절에 비추어 본다면 2)의 해석은 어울리지 않는다.

"망령된 자" (니브제)는 니팔형 분사로서 "경멸받을 만한 자" (despicable)을 의미한다. 이런 자는 망령된 자, 곧 하나님을 경시하는 자로, 중(重)히 여길 대상을 경(輕)히 여기는 자이다. 예컨대, 야웨를 멸시하는 자 (말 1:6), 성물을 경히 여기는 자 (겔 22:8), 자기 행실을 경히 여기는 자 (잠 19:16) 등이다. 이런 자는 자기 영혼을 지키는 자 (잠 16:17, 19:16), 자기 길을 지키는 자 (잠 16:17) 등과 대조된다. 이런 자와 타협해서는 안 된다. 지조가 없어 언제고 진리를 자기 유익을 위해 팽개칠 자들이기 때문이다. 오히려 여호와를 경외하는 자 (예, 아브라함 [창 22:12])를 우리는 귀히 여기고 존중해야 한다. 한편 "멸시하며"를 앞의 말과 연관시킨다면 "그의 눈에는 경멸받을 만한 자가 멸시 받는다"가 될 것이다.

여호와를 두려워하는 자를 존대하며 (베에트-이르예 야웨 에카베드) —여호와를 경외하고 (야레) 그분을 영화롭게 하는 것은 동전의 양면처럼 불가분리이다 (사 29:13). 그런데 여호와를 경외하는 자는 그분을 경외하는 사람까지 존중한다. 왜냐하면 하나님이 귀히 여기는 사람은 하나님이 인정하시는 사람이기 때문이다.

그 마음에 서원한 것은 해로울지라도 변치 아니하며 (니쉬바- 레하라- 벨로 야미르) — "자기에게 해로운 맹세를 하다 [쇼바아]" ("서원" [네데르]이 아니다). 이 표현은 레 5:4에서 나타난다. 레 5:4은 고의가 아니라 태만이나 부주의로 범한 죄를 속하는 규정이다. 무심중에 그 어떤 것을 행하리라고 한 것이 악한 것이건 선한 것이건 맹세를 발해 버린 경우, 맹세의 목적을 진지하게 고려하지 못하고 맹세 했을 경우, 나중 자신이 지킬 수 없거나 지키지 아니할 서약을 함부로 부질없이 발했다는 것을 깨닫게 된다. 이럴 경우에는 스스로 죄책(罪責)을 자초한 것이다. 이는 하나님과의 언약관계를 파기(破棄)하는 행위에 해당되었다. 이 경우 죄인은 먼저 고백하고 속죄제(贖罪祭)를 드려야 했다. 그런데 시인은 이렇게 자기에게 해로운 맹세를 했을지라도 "변치 않는 자"(로 야미르)를 칭찬한다. 원리를 따르는 자인 때문이다. "변하다"란 말 (무르의 사역형)은 "맞바꾸다" (/ 팔다)란 의미도 지닌다.

한편, "해로울지라도" (라하라-)는 전치사와 쌍둥이 동사 (Geminate)의 히필형 (사역형) 부정사 연계형이다. 그 모음은 통상적으로 "아예"이지만, 자음이 후음일 경우, "아아"로 바뀐다 (GKC §67v).

5절: 변리로 대금치 아니하며 (카스포 로-나탄 베네쉐크)— "자기 은을 고리(高利)로 (빌려) 주지 아니한다." 물론 "은(銀)"은 "돈"을 지시한다. 이 말씀은 출 22:24, 레 25:37, 신 23:20 등에 근거한다. 잠언 기자는 "중한 변리(邊利)로 자기 재산을 많아지게 하는 것은 가난한 사람 불쌍히 여기는 자를 위하여 그 재산을 저축하는 것이니라"했다 (잠 28:8). 선지자도 이런 일을 기소하며 설교하였다 (겔 18:8, 13). 그렇다고 중세기에 사람들이 오해한대로, 이 가르침이 상업 거래 특히 금융업을 금지한 것은 아니다. 단지 가난한 자가 돈을 빌리고자 할 때 고리(高利)로 빌려주는 것을 금했을 뿐이다. 칼빈은 고리대금(高利貸金)에 관한 중세기의 중대한 오해를 바로 잡는데 기여했다.

뇌물을 받고 무죄한 자를 해치 아니하는 자니 (베쇼하드 알-나키 로 라카흐)—출 23:8, 신 16:19은 뇌물(賂物)을 금한다. 뇌물은 밝은 자의 눈을 어둡게 하고, 의로운 자의 말을 굽게 한다 했다 (출 23:8). 사무엘의 두 아들 요엘과 아비야는 사사로 통치하면서 (사사 [쇼페트] 들은 사법부의 기능만 한 것이 아니라, 삼권분립 개념이 없었던 고대에는 왕 같은 통치자였다; 특히 카리스마적 지도자로 군림하였다) 부당한 이(利)를 따라서 뇌물을 받고 판결을 굽게 하였다. 시인에게 뇌물을 받는 일이나 고리로 돈을 빌려주는 일 등은 모두 돈이 관련된 악행(惡行)이었다. 한편, 다훗은 이 부분을 전반절의 사고와 병행되도록 번역하길 "굶주린 자로부터 보상을 받지 아니 한다" 라고 번역했다 (Psalms I, 83). "무죄한 자" (나키)로 보통 번역되는 단어를 다훗은 암 4:6 (니크욘 쉰나임)을 근거로 "배고픈 자" 곧 가난한 자로 이해한 것이다. 그리고 보통 "뇌물"로 번역되는 말 (쇼하드)은 잠 6:35에 근거하여 전반절의 "변리" (네쉐크; "이자")에 병행되는 "배상"으로 이해하였다. 그리고 보통 "–을 치다"로 번역되는 전치사 (알)는 "–으로부터"란 의미로 이해하였다. 다훗의 이해는 이 절의 사고 병행을 유지하고자 의되된 것이긴 하나, 억지 해석의 한 예가 될 것 같다.

제3연 (5c절): 결론

이런 일을 행하는 자는 (오세-엘레)— "이런 일들을 행하는 자" 곧 앞에 열거된 가르침을 행하는 자들. 주님도 마 7:24-27에서 듣고 행하는 자와 듣고도 행치 않는 자를 구분하여 전자는 반석 위에, 후자는 모래 위에 집을 짓는 자라 하셨다.

영영히 요동치 아니 하리이다 (로 임모트 레올람)—영영히 (레올람)는 헬라어역에서 "에이스 톤 아이오나"로 번역되었다. "올람"은 먼 미래를 바라보는 전망이지만 한정 없는 무한대를 의미하지는 않는다. 동시에 이 말은 먼 과거를 지시할 수도 있다 (창 49:26, 6:4 등). 그렇다고 해도, 여기 문맥에서 이 부사적 표현은 하나님의 은총 입는 자의 삶이 얼마나 행복할지를 암시해 준다. 죽음 저 너머 영영히 하나님은 보장하시지 않는가? "요동치 아니 하리이다" 라는 표현 속에는 1절의 질문의 의미가 무엇인지를 드러내준다. 그것은 주의 성소에 들어가 일시 머물 자가 누구냐? 가 아니라, 궁극적으로 영적인 사람으로 하나님을 기쁘시게 하는 삶이 무엇인가? 라는 것이다.

"요동한다" 는 것은 불안정과 실패를 의미한다면 "요동치 않는다" 라 함은 성공과 안전을 의미한다. 하나님과 동행하는 자는 사람의 눈에는 보이지 않으나 동행하시는 하나님께서 그를 붙들어 주시므로 넘어지거나 미끄러지지 아니 한다 (시 16:8, 21:7, 30:6, 62:2, 6, 112:6). "산들은 떠나며 작은 산들은 요동할지라도 나의 인자는 네게서 떠나지 아니하며 화평케 하는 나의 언약은 요동치 아니하리라" (사 54:10). 동시에 "요동하다"란 신앙적으로 흔들림을 가리킨다면 "요동하지 않는다" 는 것은 신앙적으로 튼튼히 선다는 의미일 것이다. 따라서 주의 말씀을 확고히 붙들고 실천하는 자가 신앙에 흔들림이 없다.

시편의 적용

"유하다" (1절)

유하다 (구르)란 말은 객으로 이방 땅에 체류한다는 의미를 전달한다. 그리고 "거하다" (솨칸)란 동사는 장막을 치고 그곳에 거하는 유목민의 모습을 지시한다. 두 동사 모두가 나그네 인생의 모습을 암시해 준다. 그런데 인생이 하나님의 성소에서 체류하고 거한다는 것은 인생에게 있어서 최적의 환경조건에 머무는 상태이다 (엡 2:19, 빌 3:20). 왜냐하면 이 세상에는 그 어디에도 참 안식과 평안을 줄 곳이 없기 때문이다. 우리에게 성소는 내 영이 안식과 평안을 찾을 수 있는 주님의 품이다. 이 영적인 성소는 내가 기도함으로 건설되어지고 발견되어진다. 이러한 영적인 성소는 내 삶의 성결(聖潔)을 통해 계속 유지된다. 그곳에 거하길 사모한다면, 삶에서 주님의 임재를 추구해야 한다.

이웃을 참소하는 일 (3절)

이웃을 참소하는 일 (삼하 19:27)은 므비보셋의 종 시바가 다윗에게 참소하여 자기 주인 므비보셋의 재산을 가로채는 일 (삼하 19:1-4)에서 전형적으로 나타난다. 시바는 사울의 손자 므비보셋이 다윗의 환난 (압살롬의 난)을 틈타 사울왕가의 부흥을 꾀한다고 참소하였다 (삼하 16:3). 그런데 사무엘서 기자는 삼하 19:24에서 므비보셋이 "왕 [다윗의 떠난 날부터 곧, 난을 피해 예루살렘을 떠난 것] 평안히 돌아오는 날까지 그 발을 맵시 내지 아니하며 그 수염을 깎지 아니하며 옷을 빨지 아니 하였더라"고 했다. 이러므로 시바의 말은 거짓된 참소였다. 이런 참소를 듣고 다윗은 시바를 믿었으니, 죄악과 그 죄악에 대한 징계를 받는 와중에 그 총명하던 판단력을 상실했던 모양이다. 우리는 늘 사람을 잘 판단해야 한다.

뇌물 (5절)

한국에서는 두 번이나 대통령 아들이 거액의 돈을 받았다가 기소를 당하고 감옥살이를 해야 했다. 굴지 대기업들이나 대통령의 권력 비호(庇護)를 바란 사람들이 대통령의 아들에게 접근하여 돈을 건넨 것이다. 각기 받은 돈이 수 십 억이고 수 백 억이다. 건네줄 때 명목은 활동비라 했다. 매달 5천만 원씩 총 5억 원을 건네 준 기업가도 있고, 일시불로 5억 원 혹은 10억 원을 건네 준 기업가도 있다. 대통령 아들이 요구도 아니 했는데 스스로 저들은 찾아와서 "어려운 재단 살림에 써 달라"거나 "활동비에 보태라"고 거액을 제공해 왔다고 한다. 대통령 아들은 "대기업의 xx 재단이 어려울 때 돕겠다고 해서 부담스러웠지만 고마운 마음으로 받았다"며 "중간에 거절하지 못한 것을 후회하고 반성하고 있다"고 했다. 재벌 기업들은 하나같이 아무런 대가 없이 주었다고 주장하나 이를 믿을 사람은 아무도 없다. 그리고 대통령 아들은 증여세(贈與稅) 수 억 원을 내지 않은 조세(租稅) 포탈(逋脫) 혐의로 기소를 당했다.

성경은 "뇌물을 받지 말라 뇌물은 밝은 자의 눈을 어둡게 하고 의로운 자의 말을 굽게 하느니라" (출 23:8) 하였다. 사람의 말이란 '아' 다르고, '어' 다르다. 뇌물을 먹은 자는 공정하게 처신할 수가 없다. 특히 법관이 뇌물을 받고 무죄한 자를 사형에 처한다면 (신 27:25) 그 얼마나 무서운 일인가? (시 15:5, 잠 17:23) 사무엘은 당대 사사와 선지자 그리고 제사장으로서 퇴임사에서 "내 눈을 흐리게 하는 뇌물을 뉘 손에서 취하였느냐?"고 백성 앞에서 자기 결백을 주장할 수 있었다. 앞에서 언급한 한국 대통령의 친인척 비리는 잠 29:4에서 정죄되고 있다: "왕은 공의로 나라를 견고케 하나 뇌물을 억지로 내게 하는 자는 나라를 멸망시키느니라." 임진왜란 당시에 이순신을 제거하려고 일본인들이 뇌물 공작을 했다는 것은 주지의 사실이다. 뇌물은 이렇게 나라를 망치는 일이다. 한국 기업이나 공직자들의 청렴도는 아세아 국가들 중에서도 아주 낮다. 나라를 바로 세우는 기본은 사회에서 뇌물을 없이하는 일일 것이다.

변리(邊利)로 대금(貸金)하는 자 (5절)

변리로 대금하는 자는 오늘날 고리대금(高利貸金) 업자들이다. 은행들도 고리(高利)로 돈을 빌려준다. 심지어 1998년도에 한국을 6.25 동란 이래 최대의 환난기로 강타했던 IMF 구제(救濟)금융도 고리대금이다. 성경은 이런 경제활동을 정죄하는 것이라기보다, 정죄된 바는 이웃 특히 성도들 간의 사랑의 결핍이다. 물론 세계적인 차원에서도 부국(富國)이 빈국(貧國)에 가차 없는 고리대금 돈놀이를 즐겨 해서는 안 된다. 레 25:37의 문맥을 보면 성도들 간의 사랑의 결핍을 경고한다. 궁핍한 자가 있으면 받을 생각을 말고 그저 주어야 한다 (약 2:14-17 참조).

그런데 구약이 고리대금(高利貸金)을 금지하는 것은 오늘날 경제 활동에 역행하는 듯한 인상을 준다. 은행들이나 금융기관은 모두 정죄의 대상이 될 것이다. 그렇지만, 피상적으로 성경을 그런 식으로 이해할 수 없다. 구약 문맥에서 이자를 금지하는 것은 어디까지나 믿음의 성도들끼리 특히 빈핍한 자가 돈을 빌고자 할 때, 이자를 금지하는 것이지 경제 활동을 위한 돈의 유통시에 이자를 금지하는 것이 아니다. 이웃 사람이 빚에 쪼들리거나 생활이 궁핍하여 굶어 죽을 때, 빌려주는 돈에 이자를 받지 말라는 것이다.

누가 하나님의 백성인가? (4-7)

두 가지에서 합격해야 한다. 첫째로, 어느 종족 출신이 아니라 예수 그리스도를 영접해야 한다 (요일 5:11-12). 둘째로, 말씀을 지켜야 한다 (요 15:10). 첫째 조건은 구약시대에도 그러했고, 지금도 그러하지만, 어떤 종족에 속했다고 해서 하나님의 백성이 아니라, 하나님의 은혜를 받은 하나님의 남은 자가 그분의 참 백성이다. 이스마엘이 아니라 이삭이며, 에서가 아니라 야곱이었다. 엘리사 시대의 7천명이 남은 자였고, 바울 시대에 믿는 유대인들이 남은 자였다. 신약시대에는 유대인이건 이방인이건 무론 하고 예수님을 믿는 자들이 남은 자요 하나님의 백성이다. 더 이상 민족적으로 구원을 다루는 시대가 아니다. 그리스도 본위(本位)로 구원문제가 다루어진다. 그분 안에 있으면 참 이스라엘이요, 하나님의 백성이다. 그분밖에 있으면 모두가 이방인이다. 유대인의 귀환은 세상 포로생활에서 영적인 고토

(그리스도)에로 회복을 의미한다 (사 61:1 참조). 유대인 남은 자들의 고토 회복은 문자적 팔레스틴이 아니라 저들의 영적 고향의 회복이다. 이는 영원한 신천신지에서 점할 기업이다. 둘째 조건은 예수님을 영접했다고 하나 실제 삶에서 믿음의 열매가 증거로 나타나지 않으면 가짜라는 사실이다. 시 15편이 노래하는 사고는 바로 이 점이다. 열매로 네가 참됨을 증거하라!

요동치 아니하리이다 (5절)

예수님의 산상수훈 결론에서 말씀을 듣고 순종하는 자는 자기 집을 반석 위에 지은 지혜로운 사람 같아서 비가 내리고 창수(漲水)가 나고 바람이 불어 그 집에 부딪히되 무너지지 아니한다 (마 7:25). 왜냐하면 그 토대를 반석위에 세웠기 때문이다. 그러나 듣고도 순종치 않는 자는 모래 위에 세운 자로 무너짐이 심하다.

2002년 6월에 한국 축구팀은 월드컵 4강 진출이라는 위업(偉業)을 이루었다. 그 때 네델란드 출신의 거스 히딩크 감독의 경영법을 배우자는 열풍이 한국에 퍼졌고, 히딩크는 한국인의 우상(偶像)이 되다시피 하였다. 그런데 히딩크 감독의 축구 전략은 기본을 확실히 하는 것이었다. 그것은 기초 체력을 다지고 강팀들과의 시합을 통해서 "자신감"을 확보하는 것으로 나타났다. 기초 체력면에서 이전에는 20 미터 왕복 달리기를 100회 안팎으로 하였다면 히딩크는 120회 이상으로 유럽 강팀들 수준으로 높였다. 자신감 확보 면에서는 유럽의 강팀들에게 5대 0으로 지면서 "오대영"이라는 불명예 이름을 얻으면서까지 시합을 하여 저들에게 배우도록 했고 자신감을 갖도록 했다. 약 팀과의 경기는 자기를 속이는 일이었다고 술회했다. 신앙에서도 두 가지가 꼭 필요하다. "기본"을 지키는 일과 "할 수 있다"의 신앙이다. 기본은 기도와 찬송, 말씀과 전도이겠지만, 삶의 현장에서 시 15편이 노래하는 바대로 실천하는 것이다. 자신감은 믿음이 없는 자들도 사업의 성공을 위해서 강조하는 바이다. 예컨대, 광주 은행장은 이렇게 진술하였다:

> 우리의 행동은 의지와 생각대로 실행에 옮긴다. 즉 할 수 있다고 생각하면 할 수 있는 방향으로 행동이 이루어지고, 어렵다, 할 수 없다고 생각하면 안 되는 방향으로 행동이 이루어진다. 이렇듯 모든 조직원이 항상 긍정적인 사고를 가지고 적극적으로 행동하는 기업은 업계에서 가장 생산성이 높은 회사로 자리 매김 하면서 항상 최고자리를 차지할 수 있을 것이다.

그렇다면 전능하신 하나님을 믿는 우리는 얼마나 매사에 적극적이고 긍정적인 사고로 임해야 할 것인가?

개신교 생활 윤리

막스 베버 (Max Weber)가 그의 책 「개신교 윤리와 자본주의 정신」 (*The Protestant Ethic and the Spirit of Capitalism*, 1904-05)에서 주장한 요지는 특별히 자본주의 발달과 칼빈주의 추종자들 특히 영국의 퓨리턴들의 금욕사상 사이의 상관성을 지적한 것이다. 막스 베버가 칼빈의 예정설(豫定說)과 청교도들의 철저하고 빈틈없는 금욕적 생활을 연결시켜 설명하고자 한 시도는 얼마나 정확했는지 확신하지 않다. 그럼에도 베버가 카톨릭 교회나 루터파에 비할 수 없이 철저하게 전체 삶의 기독교화를 칼빈주의가 요청했으며, 이러한 엄격한 도덕생활 때문에 빈번히 음주와 방탕에 빠져들었던 루터파 귀족들에 비하여, 개혁파 귀족의 윤리수준은 더할 수 없이 높았다는 지적이나, 루터파 교직자가 순전히 은혜만을 강조함으로 현실생활에 무력했던 반면, 모든 것을 '하나님의 영광을 위하여!' 란 구호를 내걸고 전체 생활의 완전무결(完全無缺)을 실천하고자 했던 청교도(淸敎徒)들이야말로 자본주의 정신 형성에 지대한 영향을 미쳤다는 지적은 적절하다고 보인다. 칼빈주의자들은 구원이 오로지 하나님의 주권적인 예정 선택으로 결정된다고 확신하므로, 여하한 인간적 도움도 기대할 수 없다. 개개인은 하나님 앞에 홀로 서야하고, 자신이 선택받은 자임을 매일의 삶에서 열매로 입증하지 않으면 안 된다. 루터는 "세상"을 마귀의 것으로 단정해 버리고, 오직 "개인의 은혜"에 치중함으로, 의도하지는 않았다 해도, 세상을 마귀에게 넘겨준 꼴이다. 반면, 칼빈은 세상은 타락했다 해도 여전히 하나님의 것이며, 이 땅에 하나님의 주권을 다시 세워야할 막중한 사명을 절감했던 것이다.

막스 베버는 특히 리챠드 백스터의 저작에서 자신의 논지를 발견하고 있는 바, 그에 의하면, 퓨리턴의 저작들 중에는 화폐와 재화의 추구를 죄악이라 부정한 사례를 얼마든지 수집할 수 있지만, 정작 경계되는 바는 축재(蓄財) 후의 안일(安逸), 부의 향락(享樂)의 결과인 태만과 육욕, 특히 거룩한 삶을 추구하는 노력의 포기이다. 성도의 "영원한 안식"이란 내세에 주어지는 것이므로, 현세에서 인간은 우리를 보내신 자의 일을 "낮 동안에" 행해야 한다. 하나님의 뜻은 한가한 유유자적(悠悠自適)이나 향락이 아니라, "활동"만이 하나님의 영광을 증대시킨다. 따라서 시간 낭비는 원칙상 최고, 최대의 죄악이다. 인간의 생명이란 자신의 소명을 확실히 이루기에 너무도 짧고도 귀하다. 사교나 필요 없는 잡담, 사치로 인한 시간 낭비, 건강에 필수적인 수면 시간외의 수면 등도 배격되어야 할 사항이다. 베버는 결론짓는다:

> 프로테스탄트 (특히 칼빈주의 퓨리턴)의 세속적 금욕은 무궤도한 소유의 향락에 대하여 전력을 다하여 반대하고, 소비 특히 사치적 소비를 분쇄한 것이다. 또 한편, 이 금욕은 심리적 작용으로써 재화의 추구를 전통적 윤리의 억압에서 해방시켰으며, 이윤추구를 합법화하였을 뿐 아니라, 그것을 신의 직접적인 의지로 간주함에 의하여 질곡(桎梏)을 타파하였던 것이다. 퓨리턴 교도와 더불어 퀘이커의 위대한 호교가인 바클리(Robert Barclay)도 언명하고 있듯이, 육욕(肉慾)과 외면 재물에의 집착에 대한 투쟁

은 결코 합리적 영리에 대한 투쟁이 아니고, 부의 비합리적 사용에 대한 투쟁이었던 것이다.

마르크스의 이론이 역사와 사회의 발전을 유물론적 관점에서 설명한 것이라면, 베버의 학설은 사회와 역사가 변함에 있어 정신적인 요소 (특히 종교) 역시 중요한 역할을 한다고 주장함으로 20세기에 정립된 사회과학 이론 중에서 수많은 논쟁을 야기 시킨 바 있다. 마르크스가 주장한 바는 종교나 사상, 주의나 이념은 물질적인 하부구조로부터 도출되는 부수적인 것에 불과하다. 이런 유물론 사고는 하나님을 배제하고 보이는 물질을 우선시 하므로 성공하는 방법을 가르치는 것 같지만, 결국 망하는 법에 이르는 지름길로 안내했다는 것이 공산 유물론 체제의 몰락에서 입증된 바다.

시 16편 주 밖에는 나의 복이 없나이다

1. 전체구조에서의 위치, 시의 유형과 삶의 자리

앞의 시에서 시인은 의인이 "영영히 요동치 아니하리이다" 라고 노래했다면 (시 15:5) 여기서 다윗은 "그가 내 우편에 계시므로 내가 요동치 아니 하리로다" 라고 확신한다 (8절). 시인은 가나안 약속의 땅에 정착해 살면서 하나님께서 자신에게 기업으로 주신 땅을 감사하고 있다. 동시에 그는 삶에서 인도하시는 하나님을 찬양한다. 또한 그는 주님을 늘 옆에 모시고 사는 성도들이 얼마나 귀한 존재인지, 이와 대조적으로 이방신들을 섬기는 이교도들이 얼마나 가련한 존재인지를 고백한다. 끝으로 그는 자신의 영원한 소망은 무덤 저 너머의 부활과 영생에 있음을 고백한다. 그런데 이 시인은 1절 초두에서 자신이 주님께 피하니 지켜 주시라 간구하고, 10절에서 "내 영혼을 음부에 버리지 아니하시며 주의 거룩한 자로 썩지 않게 하실 것임이니이다" 라고 하는 것 등에 비추어 보건대, 그는 생명의 위협을 당한 어떤 문제에 봉착한 시점에서 이 시를 노래한 듯 보인다.

이 시가 생겨난 역사적 자리가 어떠했는지는 구체적으로 알기 어렵다. 델리취는 1절과 10절이 죽음에 직면한 시인의 모습을 암시해 주기 때문에 시인이 중병에 걸린 상황을 노래한다고 본다. 그런데 시인은 괴롭게 부르짖거나 고난 중에 신음한다고도 암시하지 않고 도움을 호소한 후에 곧장 축복 받은 자신과 장래의 소망을 노래한다. 또 어떤 이는 다윗이 블레셋 사람들과 같이 시글락에 머물 때 우상숭배의 유혹을 받았던 정황이 본 시의 배경이라고 한다. 혹은 어떤 이는 다윗이 다윗 왕조의 지속에 대한 나단 선지자의 예언을 받은 후 저작한 시라 한다. 이러한 전통적인 저자들의 추론은 현대 저자들이 거의 포기한 상태이다. 한편 다홋은 추정하길, 이 시는 야웨 신앙으로 개종한 가나안 사람 개종자가 지은 시로 그의 신앙 고백을 담고 있다고 한다. 다홋에 의하면, 2절은 그의 신앙 고백이며, 3-4절은 그가 한 때 섬겼던 가나안 거짓 신들에 대한 포기 선서요, 5-11절은 야웨 신앙에서 새롭게 발견한 기쁨과 축복에 대한 묘사라고 한다.

이 시의 전체 흐름에서 이 시의 배경을 추론해 본다면, 다윗이 사울 왕이 추격을 피해 잠시 블레셋 지방으로 피신했을 때, 오히려 그곳에서 골리앗을 죽였던 장수라는 것이 드러나서 처형을 당할 그런 절체(絶體)절명(絶命)의 위기에 처한 그런 정황이 아닌가? 여겨진다. 그래서 그는 하나님께 피난하고 그에게 보호를 요청하며 (1절), 자기 생명을 음부에 버리지 않으실 것을 기대했다 (10절). 다윗은 이방 땅에서 비로소 야웨를 섬기는 일이 얼마나 귀중한 것인지를 새삼 새롭게 확인할 수 있었다. 그래서 그는 4절에서 다른 신에게 예물을 드리는 자는 괴로움을 더한다고 고백할 수 있었다. 그리고 그는 하마터면 블레셋에서 잡혀 처형을 당할 뻔하였다 (삼상 21:10-15). 그래서 미친 짓을 하면서 그곳을 탈출할 수 있었다. 그런 정황에서 다윗은 하나님께 자기를 보호해 주시길 간구했을 것이다. 그는 그런 정황에서 성도들의 귀중함을 깨달았을 것이고, 또 이스라엘에서 분깃을 가진 것의 소중함을 자각했을 것이다. 다윗은 여호와를 온전한 마음으로 붙들 수밖에 없었다 (8절). 그래서 마음의 평안을 회복했다 (9절). 그는 자기가 죽임을 당치 않을 것을 확신하게 되었다 (10절). 다윗은 이스라엘에로의 회복과 궁극적으로 이스라엘에서의 형통도 바라보았다 (11절).

2. 시적 구조와 해석

시인은 하나님께서 자신을 보호해 주시라고 간구한다 (1절). 그리고 자신의 신앙을 고백한다 (2절). 이는 "나는 여호와 네 하나님이니 내 앞에 다른 신을 두지 말라"는 제 1계명에 대한 반응이다. 이 신앙 고백은 3-4절에서 부정적인 면으로, 5-11절에서는 긍정적인 면으로 구체화 된다. 다시 말한다면, 긍정적인 신앙 고백인 2절 상반절은 5-11절에서 반향하고, 부정적인 신앙 고백인 2 하반절은 3-4절에서 반향한다고 할 것이다. 아마 시인은 3-4절에서 묘사되는 그 거짓 신들을 숭배하는 자들에 의해 추격을 당하고 있는지 모른다. 자신의 신앙을 이방 신들의 배격하는 유일신 신앙으로 확인하는 3-4절에서 우리는 수 24:23-24, 삼상 7:3-4, 시 31:6-7 등이 제시하는 것과 동일한 신앙을 들을 수 있다.

리델보스는 1절의 중요성에 대하여 다음과 같이 지적하고 있다:

> 1절 상반절에 제시된 짧은 간구로 시 16편은 다른 많은 시편들과 공통점을 갖는다. 실제적인 간구 곧 시의 핵심에 해당되는 중심적 간구는 보통 시의 말미에 오기 마련이다.

그러나 시 16편에서는 맨 앞에 위치하고 있다. 이런 간구는 여호와께서 시인의 하나님 이란 고백과 그 고백의 보다 구체적인 묘사를 통해 호소력을 더한다. 1-2절은 사실상 시인이 말하고자 하는 모든 사고를 함축적으로 제시하고 있다. 1-2절에는 말하자면 꽃망울이 맺혀 있다면, 다음 구절들에서 그 꽃망울이 활짝 피어 아름다운 꽃이 된다. 예컨대, 1b는 2절에서 발전되고, 2b는 3-4절에서, 2a는 5-11절에서 발전된다. 또한 5-11절의 핵심 사고는 5a에서 나타나고, 5-6절의 사고는 7-11절에서 발전된다. 이런 발전-전개 현상은 시 16편의 특징이 아닐 수 없다 (*Die Psalmen*, 158).

5개의 연들로 구분한다. 제1연은 간구하는 1절, 제2연은 시인의 신앙 고백 (2절), 제3연은 이방신들의 배격 (3-4절), 제4연은 여호와 하나님의 축복과 참 신앙의 기쁨 (5-11절) 등이다. 각 연들에서 아름답고, 즐겁고, 기쁜 등과 같은 형용사들이 다수 사용되어 전체적으로 밝은 분위기를 살려주고 있다. 이는 성도가 갖는 기업에 대한 기쁨, 영원한 소망인 주님 면전의 기쁨 등과 같이 여러 측면에서 성도만이 가질 수 있는 긍정적인 측면으로, 이교도들의 슬픔과 대조된다. 그리고 성도의 오른편에 주님이 계시고, 주님의 오른편에 (곧, 그분의 면전에) 성도가 거하는 역동적인 연합관계도 이 시가 제시하고자 하는 성도들만의 특권을 부각시켜 준다.

제1연 (1절): 간구 (중심 주제)

1절: 하나님이여 나를 보호하소서 내가 주께 피하나이다 (쇼므레니 엘 키-하시티 바크) —어떤 원수에게서 피난할 때, 우리는 보호를 구한다. 여기서는 그 원수가 무엇인지 언급이 없다. 그런데 지키다 (*샤마르*)와 피하다 (*하사*)란 말이 함께 나타나는 시 25:20에서 시인은 자기를 미워하는 많은 원수들과 곤고와 환난 등을 언급하면서 "나를 지켜 나를 구원하소서; 내가 당신께 피하오니 수치를 당치 말게 하소서"라 부르짖는다. 시 16편에서도 시인은 어떤 원수에게서 (아마 이방신을 섬기는 자들?) 괴롭힘을 당하는 것으로 간주할 수 있다. 신앙은 위기를 그 양식으로 삼는다. 위기 시에 우리의 신앙은 위기의 양식을 먹고 성숙하게 된다.

제 2연 (2절): 시인의 신앙 고백 (간구에 호소력을 더함)

2절: 내가 여호와께 아뢰되 (아마르트 라도나이)—맛소라 본문은 여성 2인칭 단수형으로 "당신(여성)이 여호와께 말하길"이라 한다. 그래서 어떤 이들은 이 시에서 말하는 자는 "이스라엘" (민족)이 아닌가 생각한다. 그러나 대개의 현대역본들은 1인칭으로 이해한다. 이는 히브리어 'mrt 말미에 "요드"가 생략된 것으로 간주한다 (어떤 히브리 사본들은 1인칭 형태를 갖는다; 요드는 자주 생략되곤 한다 [시 140:3과 욥 42:2, 왕상 8:48, 겔 16:59, 사 36:5 등 참조). 그런데 다훗은 퀴니시아 형 철자법의 보기로 이해한다 (*Psalms I*, 87). GKC §44i는 "요드" 없는 형태의 1인칭의 예로 시 16:2, 140:13, 욥 42:2, 왕상 8:48, 겔 16:59, 왕상 18:20 등을 제시한다. 1인칭으로 이해한다. 사 47:10도 이런 경우에 해당되며, 쿰란 사본에서는 (1QIsᵃ) "요드"를 가지고 나타난다.

주는 나의 주시오니 (*아도나이 앗타*) — "당신은 내 주님이십니다." "내 주님"은 '내 주님들' (복수형)이지만, 이 복수형은 주님의 위엄이나 능력을 강조하는 뉴앙스를 지닐 것이다.

주 밖에는 나의 복이 없다 (*토바티 발-알레카*) — 여기서 "복" (*토바*)이란 말은 "악", "재앙" (*라아*)과 대조되는 말이다 (창 44:4, 민 24:13, 삼상 25:21; 선대/ 냉대). 성도의 모든 행복은 주님께 있다. 그분의 복의 원천이기 때문이다. 그런데 70인역은 "당신은 내 선함 (톤 아가톤)을 필요치 않으시나이다." 그러나 이런 해석은 불변사 "발"의 의미 때문에 나타난 오역(誤譯)일 것이다. 불변사 "발"은 KB³에서 부정사 (not)와 강조사 (surely)로 정의되고 있다. 여기서는 후자의 의미로 취할 수 있다. 즉, "실로 나의 선함은 당신에게 의존한다." 의역하자면, 당신을 떠나서 나의 선 (행복)은 없다. 한편 다훗 (TNK도)은 "당신 위에 아무도 없나이다" 곧 당신은 경쟁자가 없나이다 라 번역한다.

제 3연 (3-4절): 이방신들을 배격함 (간구에 호소력을 더함)

3절: 땅에 있는 성도는 존귀한 자라 (*리크도쉼 아쉐르-바아레츠 헴마 베앗디레*) — "성도들에 관하여 말하자면 (*casus pendens*), 그들은 존귀한 자들이다." 전치사 "레"가 절대 주격 (nominative absolute)를 유도하고, 그들 (*헴마*)이 문장의 주어가 되게 한다. "존귀한 자들" (*아디레*) 앞에 있는 접속사 "바브"는 다른 히브리어 사본들을 따라 없는 것으로 여긴다: 땅에 있는 성도들에 관하여 말하자면, 그들은 영화로운 자들로 내 모든 기쁨이 그들에게 있나이다 (NRS, NIV). 그렇지만, 3절의 해석은 다양하다:

1) 땅의 모든 거짓 신들은 무가치 하다; 그들을 기뻐하는 모든 자는 저주를 받았다 (NAB)
2) [2절 내 행복은] 땅의 거룩한 영들 [그 누구에게도] 있지 아니 한다; 그들은 자기를 사랑하는 모든 자들을 이용한다 (NJB)
3) 땅에 있는 거룩하고 강한 자들에 관하여 말하자면, 그들에 관한 내 모든 바램은 [4절 다른 신을 신봉하는 자들은 많은 슬픔이 있을 지어다는 것이다](TNK).

이런 다양한 번역들은 3절에 대한 이해가 난해함을 보여준다. 이런 현대 번역들은 대개 3절의 "거룩한 자들"이나 "영화로운 자들"이 4절의 "다른 신"을 지칭한다고 본다 (Mowinkel, "Zu Psalm 16:2-4," *ThLZ* 82, [1957], 649 이하; 다훗, *Psalms I*, 87-88 등). "성도" (*케도쉼*)는 문자적으로 "거룩한 자들"이고, 이는 다훗이 지적하는 대로 가나안 신들을 지칭할 수 있기 때문이다. 하나님은 본질상 거룩하신 자이시기에 "이스라엘의 거룩하신 자"로 불린다 (사 1:4, 5:19, 24 등). 그런데 "거룩한 자(들)"는 "성도(들)" (레 21:7, 9, 민 16:5, 7 [제사장들], 대하 35:3 [레위인들], 왕하 4:9 [선지자])나 "천사들" (시 89:6, 8, 욥 5:1, 15:15, 슥 14:5, 단 8:13) 모두를 지시할 수 있다. 그런데 가나안 족속들은 자기 신들을 이렇게 불렀다 (Marvin H. Pope, El in the Ugaritic Texts, 13). 그리고 "존귀한 자" 역시 "거룩한 자들"에 병행하는 이방신들의 명칭으로 본다 (T. H. Gaster, JQR 37 [1947-48], 292 참조).

나의 모든 즐거움이 저희에게 있나이다 (콜-헵치-밤) —성도들의 무리는 주님의 기쁨 (헵치 바 [나의 기쁨이 그녀에 있다]; 한역 "헵시바")이다 (사 62:4; 왕하 21:1 [므낫세의 모친 이름이 "헵시바"]). 그런데 여기 "나의 즐거움" (헵치)에서 "요드"는 1인칭 소유어미가 아니라, "연결의 요드" (yod compaginis)일 것이다. 그렇다면 이 구절은 "나의 모든 즐거움"이 아니라, "그들에게 모든 매혹적인 것이 있다"란 의미일 것이다. 즉 육신의 안목의 견지에서 보건대 그렇다 (우상 숭배자들이 생각하는 견지에서).

4절: 다른 신에게 예물을 드리는 자는 괴로움이 더할 것이라 (이르부 앗체보탐 아헤르 마하루)— "다른 (신을) 급히 따르는 자는 고통이 증대할 것이라." 참 신앙에서 떠난 자들에게는 많은 근심이 있다 (딤전 6:10). 하나님은 범죄한 인류의 조상에게 괴로움과 허무를 죄 값으로 선고하시었다 (창 3:16-19). 이방신들은 재물이나 지위나 권세로 사람들에게 보상을 주는 척 하나, 종국에는 내팽개쳐 버린다. 잡신(雜神)들을 섬기는 자 치고, 종국이 행복한 자는 없다. 한편, 여기서 NRSV는 "다른 신을 택하는 자들" (those who choose another god), NIV는 "다른 신들을 쫓아 달려가는 자들" (those who run after other gods), TNK는 "다른 신을 신봉하는 자들"이라 한다. 이런 상이한 해석은 사용된 동사 (마하르)가 두 개의 동음이의어 (homonyms)를 갖기 때문이다. 하나는 "급히 서둘다"이고, 다른 하나는 "값을 주고 (아내로) 얻다"를 의미한다 (출 22:15). 그리고 "다른 신들"이라는 말은 단지 "다른" (아헤르)이란 말이다. 이 말은 함축성이 있어서 여기 문맥에서 하나님과 대치되는 "다른 신"을 의미할 수 있다.

피의 전제를 드리지 아니하며 (발-앗시크 니스케헴 밋담)— "전제를 드리다" (나사크)는 "붓는다"는 말이다. 가나안 족속들은 자기 신들이 사람들처럼 음식과 음료가 필요하다고 여겨서 술을 부어 바쳤다 (G. R. Driver, Canaanite Myths and Legends, 87; Baal v.iii.31-32 참조). 선지자들은 이교도들의 이런 행위에 감염된 이스라엘을 향하여 가차 없는 심판의 메시지를 발하였다 (사 57:6, 65:11, 겔 20:28, 렘 7:18, 19:13, 32:29, 44:17-19, 25). "피의 전제(奠祭)"란 말은 이교도들이 "피"를 전제로 바쳤다는 것을 지시한다. 그런데 델리취는 전제 자체가 "피"란 말이 아니라, 바치는 손이 피로 물든 손이기에, 그런 손으로 바치는 전제(奠祭)란 의미라 한다.

내 입술로 그 이름도 부르지 아니하리로다 (우발-엣사 에트-쉐모탐 알-쉐파타이)— 출 23:13에 근거한다. 우리 속담에 "호랑이 제 말하면 나타난다"는 말이 있듯이, 우리 입술의 말에 의해 우리가 매이게 된다. 말은 그 사람의 인격을 표현해 준다. 또한 "이름을 부르다"란 "이름을 들어 올리다"이지만, 여기서는 입술로 "이름을 발하다"(pronounce)이다.

제4연 (5-11절): 참 신앙의 축복과 기쁨을 노래함
5절: 여호와는 나의 산업과 나의 잔의 소득 (야웨 메나트 헬키 베코시)— "나의 기업의 몫과 나의 잔." 그런데 시 11:6에 의하면 (메나트 코삼 [저들의 잔의 몫]), 한역처럼 볼 수도 있다 (나의 잔의 몫). 하나님께서 성도들에게 할당하신 기업이다. 제비를 뽑아서 약속의 땅을 분배할 때 레위 지파는 어떤 영지도 할당받지 못했다. 여호와께서 저들의 분깃, 기업이었기 때문이다 (헬케카 베나할라트카 [너의 분깃과 너의 기업] 민 18:20). 물론 레위인들에게 각 지파에서 몇 개씩 들판이 딸린 성읍들을 구분하여 주었다 (수 21:2-3). 그럼에도 이것이 저들의 생계수단이 될 수는 없었다. 그저 거주지와 가축을 위한 들판 정도가 주어졌을 뿐이므로, 저들은 성소에서 그분을 섬김으로 사례비 (헌물과 십일조)를 받아 생활해야했다. 여기 시인은 레위인 인지 모른다. 그렇지만 레위인만 여호와는 나의 기업이시라고 고백했다고 하기 어렵다 (시 119:57, 142:5, 애 3:24 참조).

"잔"은 그 안에 들은 내용물을 지시한다. 여호와의 진노의 잔 (사 51:17)을 마신 예루살렘은 비틀거리며 망한다. 하나님은 열국에도 자신의 진노의 포도주 잔을 마시게 한다 (렘 25:15). 바벨론은 하나님의 손에 잡힌 금잔이다. 그것이 열국을 취케 하여 미치게 한다 (렘 51:7). 악인들은 유황불비가 저들의 잔의 몫이다 (시 11:6). 이런 잔은 심판의 잔이다. 반면 축복의 잔도 있다 (시 23:5, 116:13).

나의 분깃을 지키시는 자 (앗타 토미크 고랄리)— "당신은 나의 제비를 붙드나이다." 당신께서 내 제비를 당신 손에 갖고 계시나이다. 즉 하나님께서 친히 기업이실 뿐 아니라, 그분은 동시에 내 분깃을 견고히 붙들어 주시는 분이시다. 여기서 "분깃(고랄)"은 무엇보다 던져서 제비를 뽑는 그 "제비"이며, 동시에 제비뽑아 얻은 그 "할당 구역"이다 (수 14:2, 15:1). 그런데 제비를 뽑기 위해 사용한 제비는 돌이었는지 모른다. 그런데 70인역은 "당신은 내 기업을 내게 회복시키시는 분이시라"; 제롬의 벌게잇 (Juxta Hebr.)은 "당신은 내 운명(제비)의 소유자"(tu possessor sortis meae); TNK도 "당신은 내 운명을 주장하신다"(You control my fate).

6절: 내게 줄로 재어준 구역은 아름다운 곳에 있음이여 (하발림 나펠루-리 반네이밈) — "(경계를 긋는) '구획 줄들'(하발림)이 나를 위해 아름다운 곳들에 떨어졌다." 바로 앞 절에서는 "제비"를 뽑았다면, 여기서는 제비 뽑은 그 구역을 구체적으로 측량줄로 재고 나눈다 (수 17:5, 19:9). 그래서 "측량줄이 나를 위해 아름다운 곳을 재어 주었다"(The measuring-line marks out for me a delightful place, NJB; Pleasant places were measured out for me, NAB도 참조). 척박한 땅을 기업으로 받는 자도 있었지만, 이 시인은 자신이 받은 기업이 아름답다고 노래한다. 아름답다는 것은 보기에 좋고, 은혜롭고, 복된 것을 지시한다. 마음에 감사함으로 받으면 어느 구역이건 아름다울 것이다. 척박한 곳일지라도 그곳에 하나님의 임재만 있다면 천국이기 때문이다.

나의 기업이 실로 아름답도다 (아프-나할라트 솨페라 알라이) —KB³에 따르면, 사용된 동사 (솨파르)는 여기서 "나를 기쁘게 하다"란 의미이다. 그렇다면 의미는 "(내) 기업이 실로 나를 기쁘게 한다." 그러나 대개는 한역처럼 번역한다.

7절: 나를 훈계하신 여호와를 송축할지라 (아바레크 에트-야웨 아쉐르 예아차니)—하나님을 상담가로 말씀한다 (야아츠: 조언하다, 상담하다). 그분은 늘 지도해 주시니 그분을 찬송한다. 다윗이 적지에서 자신의 어리석음을 깨닫고 이렇게 고백하는지 모른다.

밤마다 내 심장이 나를 교훈하도다 (아프-렐로트 잇세루니 킬레요타이) — "밤마다" (렐롯)는 복수형으로 밤의 여러 부분들을 지시하는 듯 보인다: 밤의 시간들을 통해서, 곧 온 밤 내내(사 21:8, 시 92:3, 134:1)(Jouon- Muraoka, §136b). 여기서는 전치사 "베"가 생략된 것으로 볼 수 있다 (발렐롯). "밤마다"라 표현하려면 베콜-라엘라 (시 6:7)라 할 것이다. "밤새도록" 하려면 콜-하라엘라 라 한다 (수 10:9, 삿 16:2). "심장" (킬욧)은 감정과 애정의 처소로 (잠 23:16), 그곳은 마음과 함께 주께서 감찰하시어 그 사람의 정직성을 시험하시는 곳이다 (시 26:2). 밤에 우리는 자신을 성찰하므로 혹은 철야(徹夜) 기도함으로 교훈을 받는다. 이는 하나님(의 성령님)의 내적인 조명과 함께 우리로 성화(聖化)의 길로 나아가게 한다.

8절: 항상 내 앞에 모심이여 (쉬비티 야웨 레네그디 타미드)— 우리의 마음이 항상 그분을 환영하고 기뻐한다면, 주님은 우리에게 자신의 임재를 항상 두실 수 있다.

그가 내 우편에 계시므로 내가 요동치 아니하리로다 (키 미미니 발-엠모트) —첫 문장에서 주어가 없으므로 "그"(여호와)를 넣어 이해한다. "오른편"은 권세의 자리이다. 내 오른손이 힘이 있듯이. 내 오른편에서 서셔서 내 오른손을 붙들어 주실 때 요동할 수 없다 (시 73:23, 사 41:10, 13). 마치 아버지가 어린아이의 오른손을 붙들고 걷듯이.

9절: 이러므로 내 마음이 기쁘고 내 영광도 즐거워하며 내 육체도 안전히 거하리니 (라켄 사마흐 립비 바야겔 케보디 아프-베사리 이스콘 라베타흐) — "이러므로"란 앞에 제시된 진술들에 근거해서 결론적인 진술을 제시한다. "내 영광"을 대개의 영역본들은 "영혼" (soul) 내지 "영" (spirit)으로 번역한다 (RSV, NJB, NAB). 내게 있어서 가장 중(요)한 부분이 바로 내 속에 있는 생명 곧 영혼이다. 그래서 "내 영광"이라 지칭하고 있다. 여기 시인은 이렇게 "마음, 영혼(영광), 육체" (헬, 누스, 프슈케, 소마)를 모두 언급하여 (영혼육의 삼분설을 주장함이 아니라, 인격 전체를 표현하기 위한 편의적 지칭이다) 자신의 전체가 즐거워하고 안전하다는 사고를 표현한다. 특히 "육체" (바사르)가 안전히 거한다 (솨칸 라베타흐)고 함은 하나님의 기적적인 보호하심이 아니면 있을 수 없는 일이다 (신 33:12, 28, 잠 3:24 등 참조). 왜냐하면 "육체"는 깨어지기 쉬운 질그릇으로 신적인 것과 대조되는 것 (사 31:3; 욥 7:5)을 지칭하기 때문이다. 그러므로 "안전히 거한다"는 것은 사망을 깨치고 부활생명으로 덧입을 때 완성될 것이다. 그리고 시인의 마음과 영 (영광)이 기뻐하고 즐거워하는 것은 주님이 항상 그와 같이 계셔 그가 요동치 않겠기 때문이다. 동시에 이 기쁨의 다른 근거는 10절에서 명시되고 있다.

10절: 이는 내 영혼 (=나)을 음부에 버리지 아니하시며 (키 로-타아조브 나프쉬 리스올) —성도가 죽지 않는다는 의미가 아니라 후반절에서 제시되듯, 죽음 이후에 부활이 있다는 사고이다. "음부" (스올)는 무덤이며 죽은 자의 세계이다. 성도는 썩음을 보지 않게 된다. 부활 사고가 밝게 빛을 내고 있다. 구약에서 엘리야는 죽음을 보지 않고 곧장 하나님 앞으로 올라갔다 (왕하 2:11).

주의 거룩한 자로 썩지 않게 하실 것임이니이다 (로-팃텐 하시데카 리르오트 솨하트) —전반절의 "나" (내 영혼)는 "당신의 거룩한 자"로 반복되고 있다. 그런데 여기 "거룩한 자"란 경건한 자라 함이 좋다. 이는 하나님의 인애(仁愛)를 받은 자를 지시한다.

11절: 주께서 생명의 길로 내게 보이시리니 (토디에니 오라흐 하임)—11절은 10절의 부정적 사고를 긍정적 사고로 바꾸어 표현하고 있다 (잠 2:19, 5:6, 10:17, 마 7:14 등 참조). "생명"은 하나님께 그 원천이 있다 (시 36:9, 신 30:15). 이는 "사망"과 대칭되는 것이며 하나님의 저주가 제거된 상태이다. 시인의 마음은 영원한 기쁨을 주님 면전에서 누릴 "영생"의 소망을 피력한다. 현세에서 주님을 모시고 사는 자는 영원 세계에서 그분의 임재 하에서 살게 된다 (몸이 다시 사는 것과 영원히 사는 것을 믿사옵나이다!). "생명의 길"은 잠언에서 자주 등장한다 (2:19, 5:6, 10:17, 12:28, 15:24). 그것은 다름이 아니라, 음녀를 피하여 의를 행하는 삶에서 나타난다. 즉 세상에 있는 것들, 안목의 정욕, 육신의 정욕, 이생의 자랑을 떠나 성령으로 인도받는 자의 길이다.

주의 앞에는 기쁨이 충만하고 (소바 세마호트 에트-파네카)— "기쁨의 충만이 주의 면전에 있나이다." 그러나 사실 당신의 면전에, 그의 면전에 설 자가 없다. 그분은 가까이 못할 빛 가운데 거하시는 때문이다. 그분의 영광의 광휘(光輝)가 인간이 수용할 만큼 약화된 상태로 그분의 면전에 두어질 것이다. 그러나 성령님을 통해서 성도들은 그분의 임재 하에 있게 된다 (시 51:11).

주의 우편에는 영원한 즐거움이 있나이다 (네이모트 비미네카 네차흐) —기쁨 (세마홋)/ 즐거움 (네이못) 모두 복수형이다. 이런 추상명사의 복수형은 그 사고의 강도 (intensity)를 표현한다. "주의 우편" 곧 당신의 우편이라 한 것은 반드시 그 오른편을 지칭한다기 보다, 바로 앞에서 "주의 앞" 곧 당신 면전이란 말의 병행어로서 주님의 "임재"가 있는 곳을 지시한다.

시편의 적용

개종자의 노래?

다훗이란 학자는 이 시가 원래 야웨 하나님 신앙으로 개종한 가나안 사람이 새로 발견한 참 신앙을 노래하는 시라 해석하였다. 3절의 "거룩한 자들" (케도쉼)이나 "권능자들" (아디래; 한역은 "존귀한 자")은 가나안 신들의 칭호라 한다. 이런 신들에게서 시인은 모든 기쁨을 찾고 있었다 (과거의 삶). 그런데 그는 경험으로 이방신들을 섬기는 삶이 얼마나 고난과 불행의 연속인지를 4절에서 고백하고, 다시는 이방신들에게 제사하지 않겠다고 다짐하며 영원한 부활생명을 감사한다고 한다. 다훗의 해석을 우리는 따르지 않지만, 그럼에도 우리의 경험으로 잡신들을 섬기는 생활이 얼마나 전망 없고 불행하며 불안정한 삶인지 안다. 이전에는 우리도 그런 삶을 영위했으나 이제 그리스도 예수 안에서 참 하나님과 참 행복, 참 소망을 발견하였다.

구약시대에는 종족적으로 이스라엘이 거룩한 나라, 교회였으나 구속 역사의 흐름에 따라 민족적 구원역사는 종지부를 찍고, 주님의 십자가 사건 이후부터는 만민이 그리스도 안에 거하는지 여부에 따라서 거룩한 자 (성도)가 되든지 이방인이 되든지 한다. 팔레스틴에 거하는 유대인들이 이스라엘이 아니라, 그리스도 안에 있는 자들이 (새) 이스라엘이다. 이렇게 부르심을 입고 의롭다 함을 입은 자들은 하나님께서 영화롭게 하신다 (롬 8:30). 이들은 신분상으로 하나님의 자녀가 되어 존귀한 자들이다. 세상 사람들 보기에는 가난한 자요, 빈궁한 자이지만, 영적인 부요를 지닌 자요 영생의 복을 지닌 자들이다.

피의 전제를 드리지 아니하며 (4절)

"전제"라 번역된 말은 보통 우리가 제사 지낼 때 보듯, 술을 부어서 바치는 그런 제사를 지시하나 (drink offering; 히, 네섹), 하나님께서 포도주를 제단 주변에 부어 바쳤다 (민 15:5, 출 30:9). 전제를 하나님께 바친 첫 인물은 야곱으로 나타난다 (창 35:14). 전제는 보통 번제와 소제와 같이 드렸다 (출 29:40, 레 23:13, 민 15:1-10). 전제로 부어 드리는 포도주의 양은 양(羊) 한 마리에 4분지 1 힌, 수양 한 마리에 3분지 1의 힌, 수송아지 한 마리에 2분지 1 힌 등이었다 (민 15:5-10). 아침 저녁 상번제를 드릴 때마다 전제를 바쳐야 했다 (민 28:7-8). 그리고 안식일, 월초 (월삭), 무교절, 초실절, 나팔절, 속죄일, 초막절 등에도 그렇게 했다. 전제는 보통 포도주나 발효된 음료를 바치고, 붓는 곳은 제단 아래나 제단 위 제물이었다. 바울 사도는 구약의 전제를 부어 드리는 모습과 자기 생명을 주를 위해 헌신하는 것을 견주어 말하였다 (빌 2:17, 딤후 4:6). 자신의 피를 순교의 제물로 제단에 부어 전제로 바치는 것이다.

여기서 우리 명절에 불신자들이 지내는 차례 (茶禮)에 대하여 한 마디 언급하자. 차례는 원래 다례(茶禮)라고 하여 문자 그대로 다(茶)를 마실 때의 모든 예의범절을 뜻하는 말이었으나, 지금은 다례라 하면 옛날 궁중의 다례나 불교의 다례 등을 뜻하는 말이고, 차례는 명절에 지내는 제사를 가리킨다. 대개 정월 초하룻날과 추석에만 지내는 것이 관례이다. 고인의 기일(忌日)에 지내는 기제(忌祭)와 달리 차례는 저녁이 아니라 아침에 지낸다. 제수와 절차는 기제에 따르지만 무축단작(無祝單酌)이라 하여 축문이 없고 술은 한 잔만 따른다. 제수(祭需) 혹은 제찬(祭粲)은 추석에는 밥이 아니라 (메라 불린다), 송편을 바치고, 기타 떡(편), 탕국 (갱), 고기 생선의 탕, 구이 (적), 전 (두부, 호박, 생선 고기 등), 숙채 (익힌 나물), 침채 (김치), 포 (안주), 식혜, 과일 (사과와 배를 위 아래만 잘라 놓는다) 등을 상에 진설(陳設)한다.

자, 이렇게 제상을 차리고 그 앞에는 반드시 신주(神主)나 지방(紙榜)을 마련해 둔다. 신주는 깊은 산속에서 구한 밤나무로 약 20센티 길이로 만드는 것인데, 이것이 없으면 한지(韓紙)에 먹으로 고인의 혼이 돌아와 머물 자리를 기록한다. 제사가 끝나면, 지방은 태워 버리지만 요사이는 사진으로 대체하는 경향이다. 지방에 기록하는 글자는 한문인데, 작고한 부친은 고(考), 모친은 비(妣)로 지칭하며, 벼슬을 못한 부친은 학생(學生)부군(府君), 모친은 무슨 성씨라고 기록하는데, 맨 처음에는 "훌륭한" 을 의미하는 "현(顯)"자를 붙인다: 현.고.학생.부군.신위 혹은 현.비.밀양박씨.신위 등. 여기 지방에서 조차도 우리는 유교적 관존민비의 계급 사상과 남존여비의 성차별을 분명히 확인할 수 있다. 벼슬을 하지 못한 자는 영원히 "학생"인 것이고, 부친은 하나이지만, 모친은 여러 명의 부친의 첩이 가능하다는 인식하에 무슨 성씨를 명기하게 하는 것이다. 이렇게 죽은 자의 세계에까지 계급과 성차별은 영존하는 셈이다. 신위(神位)라는 것은 고인의 영혼이 자리 잡는 곳, 곧 여기 와서 식사를 맛있게 하시라는 의미이겠다.

차례를 지낼 때는 고인의 혼을 부르고 (영신 迎新), 대문을 열고 병풍을 치고, 신주 (혹 지방 혹 사진)를 두는 일이며, 다음으로 조상의 혼을 맞는 의식을 (강신 降神) 거행하는데 제주가 향을 피우고, 강신 술잔을 모사(茅沙 그릇에 모래를 담은 것)에 세 번 나누어 붓고 두 번 절을 한다. 그리고 이제 제상 앞에 늘어선 참배자들이 일제히 절을 두 번 한다 (참신 參神). 그리고 나서야 참배자들이 식사를 하게 된다.

그러면 이런 조상 제사를 기독교는 어떻게 보아야 하는가? 한 가지 분명히 해야 할 것은 죽은 자는 그 영혼이 다시 산 자와 교통할 수가 없다는 점이다 (신 18:11, 눅 16:23 등 참조). 꿈에 나타나는 조상은 귀신이 조상인 양 속이는 기만(欺瞞)일 뿐이다. 그러므로 조상 제사는 모두 귀신에게 지내는 것이다 (고전 10:20). 귀신은 베뢰아에서 주장하듯 한스럽게 세상 떠난 사람의 혼이 아니라 타락한 천사들로 사탄의 졸개들이고, 사탄 수하 장관들은 정사, 권세 등의 악령의 세력들이다 (고전 15:24, 엡 6:12, 골 2:15 등). 이런 기독교의 진리를 확실히 알면, 귀신을 대적하여 몰아내고 주님으로 평안을 누릴 수 있다. 한 가지 언급할 것은, 제사 음식에 관한 것인데, 성도들은 제사 음식을 먹을 것인가? 문제로 고민할 수 있다. 제사 음식이라고 누가 가르쳐 주면 먹지 말고, 말하지 않으면 묻지 말고 먹어도 좋다 (고전

10:25, 27).

　기독인들이 명절이 되면 불신자들에게 전통 문화를 무시하고 조상도 모르는 쌍놈들이라고 욕을 먹곤 하는데, 이 경우 우리 기독인은 "조상은 살아생전에 공경하고, 죽은 이후에는 기념함이 도리라! 제사 지내는 그 정성 10분지 1만 가지고 노부모를 공경하고 상을 정성껏 차려 드리시오. 그리고 만약 제상에 죽은 조상이 와서 먹는다면, 왜 일 년 365일 계속 차려 드리지 않고 저들을 굶기는 것인가?"라고 답할 수 있다. 하나님의 말씀이 진리인즉 진리를 따름이 우리의 할 일이다. 제사라는 것이 사실 성경에서 보면, 원래 인간이 하나님을 섬기는 존재로 만들어져서 (창 2:15에 대한 새로운 이해를 필자의 "예언자에게 물어라" 1장에서 보실 것), 타락 이전부터 하나님께 예배를 드렸는데, 타락 이후에는 속죄와 화목의 필요에 따라 짐승을 잡아 바치는 제사가 시행되었다. 이런 짐승 제사는 이후에 오실 메시아 예수님에 대한 모형이었는데, 죄 없으신 예수님께서 우리 대신 피 흘려 속죄하신다는 것을 그림처럼 실물 교육으로 제시해 주신 것이었다. 그러므로 아담의 타락 이후에 사람들이 모두 제사를 지낸 것은 하나님께 지냈지만, 세월이 흐르면서 차츰 참 하나님을 망각하고 귀신들이 역사함으로 조상 제사나 무슨 천신(天神) 제사, 용왕신 등으로 잡신들에게로 대상이 옮겨지고 말았다. 더구나 구속 역사의 변천으로 이제 더 이상 짐승 제사가 필요하지 않고 예수님을 믿고 예배드림이 하나님께 제사 드리는 것인데, 이를 알지 못하고 불신자들은 여전히 잘못된 대상에게 제사를 바치고 있는 것이다.

다른 신을 급히 좇는 자는 괴로움이 더할 것이라 (4절)

　가정에 우환질고가 많았던 가정에서 한 초신자(初信者)가 교회에 나와서 몇 개월 교회를 출석하고 정신질환과 불면증을 거의 치료받았다. 거의 매일 새벽 기도와 오전, 저녁 기도회에 참석하여 기도한 결과였다. 그러다가 어느 날 중병(重病) 선고를 받고 앓던 그의 부친이 돌아가고 믿지 않는 그의 큰형이나 누님들 때문에 제사(祭祀)를 드리게 되었다. 매일 밥을 차려서 드리지는 못하고 여름이라 일주일에 한 번 월요일 새벽에 밥을 차려 절하는 것으로 고인(故人)을 섬겼다. 큰형이나 누님은 따로 살기에 제사와 상관없었고 그 성도와 자기 남동생 가족만 제사와 연관되었으나 특히 남동생이 제상에 절을 했다. 그런데 어느 날 아침에 이 성도가 깨었다가 잠시 환상(幻像)을 보니 자기 가족들이 빙 둘러앉았고 죽은 부친(父親)도 앉았는데 자기를 보지 아니하고 등을 돌려 등만 보였다. 그런데 시커먼 물체가, 예수님을 믿지 아니하고 매 주(週) 제사를 드리는 그 동생의 몸을 타고 집안으로 들어오는 것을 보았다. 갑자기 공포가 그를 사로잡았기에 "마귀야 물러가라!" 외쳤지만 손과 발만 허우적거릴 뿐 모기 소리만한 여린 소리만 나왔을 뿐이었다. 허우적거리다 그는 일어나서 교회로 달려왔다. 새벽 6시였다. 그런 환상 이야기를 전해들은 필자는 그 성도에게, 제사는 귀신에게 "초청장"을 보내는 일이니 절대로 하지 말라! 고 상담해 주었다. 그 성도에게 분명히 가르쳐 주신 바는 자기 부친은 그 제사(祭祀)와 상관없었고 검은 물체가 제사

드리는 그 동생에게 엄습해서 가정으로 들어왔다는 사실이었다. 그런데 그 동생은 그 후로 몸이 아파 직장도 며칠 쉬고 하는 것이 보였다. 또한 이전에 무당이었던 분의 간증에 의하면, 무당인지라 귀신이 보였다는데, 믿기 전에는 상에 죽은 조상들이 쫙 앉아 있는 것을 보았지만, 믿은 후에 상을 보니 (부친이 믿지 않았던 까닭에 제사를 지냈다고 한다) 죽은 조상의 얼굴이 아니라 하나 같이 시커먼 형체를 알 수 없는 놈들이 둘러 앉아 있더라고 했다. 그러니까 불신자들에게는 죽은 조상의 모습으로 변장을 하고 나타나지만, 믿는 자는 속일 수가 없었던 것이다.

내 기업 (5-6)

여기서 우리는 기업을 정복전쟁 이후에 기업의 분배와 연관하여 생각할 수 있다. 그러나 정착 생활 이후에 "기업"이란 의미는 이미 분배받은 그 땅만 아니라, 하나님께서 약속의 땅에서 누리게 하신 모든 축복들을 지시할 것이다. 그렇다면 내게 주신 기업이 무엇인지 진지하게 고려해 보고, 489장 찬송처럼 감사해야 하리라:

세상 모든 풍파 너를 흔들어 약한 마음 낙심하게 될 때에
내려주신 주의 복을 세어라 주의 크신 복을 네가 알리라
받은 복을 세어 보아라 크신 복을 네가 알리라
받은 복을 세어 보아라 주의 크신 복을 네가 알리라

하나님이 나의 기업이라면 (시 16:5) 나는 기업의 지경을 계속 넓혀서 만민의 복을 전달하는 축복 전달자가 되어야 한다. 그 방법은 야베스처럼 기도하여 지경을 넓히는 것이다 (대상 4:10).

시 17편 내 기도에 귀를 기울이소서

I. 전체구조에서의 위치, 시의 유형과 삶의 자리

시 16편이나 시 17편은 모두 하나님을 보는 복된 소망으로 끝을 맺고 있다는 공통점을 가진다. 16편 말미에서 시인은 영생 복락의 소망을 피력했다면, 17편 말미에서도 유사한 내용을 노래하고 있다. 이 시의 표제는 "다윗의 기도"라 한다. 내용상 "기도"란 표제는 적절하다. 시인은 원수에게 압제당하는 자기의 사정을 신원해 주시기를 간구하고 있다. 악인들의 행위를 묘사하면서 저들에게서 눈동자같이 자신을 보호해 주시길 기도한다. 이 시는 개인 탄식시 유형으로 분류할 수 있을 것이다. 이튼은 이 시가 왕의 탄원시라 간주한다 (*Kingship and Psalms*, 33-34).

2. 시적 구조와 해석

세 부분으로 나눈다:
1) 제1연 (1-5절): 시편기자의 무죄함에 근거한 기도: 1-2 (기도), 3-5 (시인의 무죄함 묘사)
2) 제2연 (6-12절): 원수의 공격에 근거한 기도: 6-8 (기도), 9-12 (원수의 공격에 대한 묘사
3) 제3연 (13-15절): 원수의 파멸과 시인의 구원을 위한 기도.

이 세 부분 모두에서 시인의 간구가 울려 퍼지고 있다. 첫 부분에서 시인은 자기의 의로움과 무죄를 주장하면서 하나님께서 자기를 주목해 주시라고 간구하며, 둘째 부분에서는 원수에게서 자신을 보호해 주시라고 간구한다. 셋째 부분에서는 원수의 처벌과 시인의 구원 그리고 하나님의 교회를 위해 간구한다. 그런데 첫 부분은 둘째 부분을 위한 준비적 기도라 할 수 있다. 왜냐하면 시인이 자신의 무죄를 첫 부분에서 주장하는 것은 둘째 부분에서 하나님 앞에 자기의 소원을 더욱 강하게 제시하기 위함이기 때문이다. 둘째 부분인 9절에서 시인은 자신의 원수를 격렬하게 묘사하면서 구원을 호소한다. 더 나아가 첫째와 둘째 부분은 셋째 부분의 간구를 더욱 강화시켜 준다. 13-14절에서 네 개의 간구를 시인은 올리고 있다: 일어나 악인을 대항 하소서/ 그들을 넘어뜨리소서; 나의 영혼을 구하소서/ 나를 구하소서. 이렇게 볼 때, 시인이 자신의 의로움을 주장하거나 원수의 악행을 탄핵하는 것은 모두 이런 악인에게서 자신을 구해 주시라는 마지막 기도를 강력하게 만들기 위함이다.

제1연과 제2연 사이에 구조상의 공통점들이 나타난다. 예컨대, 1연에서 1-2절이 기도라면, 3-5절은 시인 자신에 대한 묘사이다. 2연에서 6-8절은 기도라면, 9-12절에서는 원수를 묘사한다. 한편 1연에서 시인의 묘사가 먼저 나오고 2연에서 원수에 대한 묘사가 나왔다면, 3연에서는 원수 묘사가 먼저 나오고, 다음으로 시인 자신에 대한 묘사가 나타난다. 그래서 어떤 의미에서 이 시편은 교차 대구법적으로 되었다고 할 수 있을 것이다 (N. H. Ridderbos, *Die Psalmen*, 161).

그런데 3이란 수치가 이 시에서 중요한 역할을 감당한다. 시 전체적으로 보면, 세 번 시인은 간구를 올린다. 1절에서만도 시인은 세 간구를 올린다. 3ab절에서 시인은 하나님께서 자신을 시험하라고 세 번 요청한다 (사용된 동사들은 모두 완료상들이지만, 조건절로 번역될 수도 있다; NRSV와 NIV 참조). 3c-5절에서 시인은 자신의 의로움을 세 번 주장한다.

14-15절에서 우리는 의인과 악인의 운명의 반전을 보게 된다. 그리고 이 시의 첫 부분은 마지막 부분에서 반향되어지고 있다: 만약 주의 눈이 의로운 것을 보신다면 (2절), 내가 주의 얼굴을 뵈오리이다 (15절).

표제:

다윗의 기도 (테필라 레다윗) —시인이 간혹 "'내 기도'를 들으소서" (시 4:2, 6:10) 혹은 시편의 다른 문맥에서 "기도"를 언급하긴 하지만 (시 35:13, 39:13, 54:5, 55:2, 61:2, 65:3, 66:19, 20, 69:14, 80:5, 84:9 등), 표제로는 여기서와 시 86편에서 그리고 "모세의 기도"란 표제가 나오는 시 90편 등에서 등장한다. 그런데 시 72:20에서 "이새의 아들 다윗의 기도들이 끝나다"란 진술이 있다. 이 진술은 후대 시편 편집자가 다윗의 시들을 "기도"로 이해한 것을 보여준다.

제1연 (1-5)

시인은 자신의 의로움과 무죄를 주장한다. 자신의 무죄함에 근거해서 하나님께 간구를 들어 달라고 호소한다. 이런 자신의 무죄는 2연에서 악인의 악행과 대조된다. 공의로우신 하나님께 자신을 악인에게서 구해 주시라 간구하기 위해 이렇게 자신의 무죄와 의로움을 강조한다.

1절: 정직함을 들으소서 (쉬므아 야웨 체덱) — "정직함"은 "의"(체덱)의 번역이다. 3개의 콜론이 동의 병행법을 이루는 점에 비추어 본다면, 이 "의"는 "의로운 기도" 혹은 "공의를 부르짖는 간구"임이 드러난다 (NIV my righteous plea; NAB my plea for justice [공의를 부르짖는 내 간구]). 세 개의 콜론은 모두 하나님께 도움을 간구하는 기도의 표현을 담고있기 때문이다. 의로운 기도는 셋째 콜론에서 "거짓되지 않은 입술에서 나오는 내 기도"라고 보다 상세히 기술되고 있다. 시인이 자신의 사정을 신원해 달라고 간구하는 기도는 진실된 마음의 호소이다.

나의 부르짖음에 주의하소서 (하크쉬바 린나티) — "내 부르짖음을 경청하소서." "부르짖음"(린나)은 "즐거이 외치다"란 의미의 동사와 연관되나 이는 반드시 기쁨의 외침만 아니라 탄식의 외침도 포함한다.

거짓되지 않은 입술에서 나오는 내 기도에 귀를 기울이소서 (하아지나 테필라티 벨로 시프테 미르마) — "거짓되지 않은 입술"은 "꾀"나 "사기"가 없는 입술이다. 입술은 마음의 더러운 것이 표현되는 통로이므로 (막 7:20-23) 입술 대신 "마음"이라 대체해도 좋을 것이다.

그런데 "거짓되지 않은 입술에서 나오는"(벨로 시프테 미르마)에서, 부정하는 부사 (로)가 전치사 (베)와 합쳐져서 명사를 수식하는 형용사를 부정하고 있다. 부정사 연계형이 흔치 않게 이런 형식으로 부정되지만 (민 35:23)(Rudolf Meyer, *Hebraeische Grammatik III*, 58), 명사가 이렇게 부정되기도 한다 (신 32:21, with a non-god).

2절: 나의 판단을 주 앞에서 내시며 (밀레파네카 미쉬파티 예체)—여기서 "나의 판단"은 "나를 의롭다하시는 판단" 곧 주님의 판단이다. 그래서 영역본들은 "내 변호가 당신께로부터 나오게 하소서"라고 번역한다 (NIV, RSV, NJB, NAB).

주의 눈은 공평함을 살피소서 (에네카 테헤제나 메솨림) — "공평함"(메솨림)을 주께서 보시라고 강조한다. 즉, 사람들의 현혹시키는 말을 듣지 마시고 내 형편을 그대로 살펴달라는 간구이다. 그러므로, 여기서 "보다" (하자)란 말은 단순한 봄이 아니라, 판단하고 살피는 행위를 의미한다 (출 18:21 참조).

3절: 내 마음을 시험하시고/ 밤에 나를 권고하시며/ 나를 감찰하셨으나 (바한타 립비 파카드 타 라엘라 체라프타니) —모두 주께서 시인을 조사하는 행동에 대한 묘사이다. "권고하다" (파카드)는 말은 "방문하다" 란 말이다. 주님은 밤중에 시인을 방문하셔서 시험하시고, 연단하신다. 여기 사용된 단어들 (시험하다 [바한], 감찰하다 [차라프])은 은을 연단하고, 역경의 풀무 불에서 단련하듯 사람을 연단하고 새롭게 하는 사고를 전달한다 (사 48:10, 시 66:10). 실제 상황을 묘사한다기보다, 주께서 나를 그렇게 연단하고 시험하신다 해도 (가정절들이다; NRSV, If you try my heart, if you visit me by night, if you test me, you will find no wickedness in me; NIV, Though you probe my heart …), 당신은 아무 것 (악한 것, 거짓된 것)을 찾지 못하실 것이라고 단언한다. 자신의 무죄함과 깨끗함을 확신하는 진술이다.

흠을 찾지 못하셨으니 (발-팀차) — 어떤 역본들은 70인역을 따라 "고려하다, 의도하다" 란 동사를(자맘의 1인칭 단수인 잠모티) 명사형으로 (짐마티 혹은 짐모타이 "나의 악") 모음을 고쳐 읽는다 (you will find no wickedness in me, NRSV, NJB, NAB). 그러나 현재 본문 그대로 두고 "아무 것도 당신은 찾지 못했나이다" 로 이해할 수 있고, "잠모티"는 한역처럼 "내가 결심하였다" 로 번역할 수 있다 (TNK, NIV, NASB, KJV).

내가 결심하고 입으로 범죄치 아니 하리이다 (잠모티 발-야아보르-피)— 한역과 달리 본문의 모음을 약간 변조시키는 번역도 있다: "당신은 내게서 악을 찾지 못하실 것입니다; 내 입술이 범죄치 않습니다" (NRSV, NAB, NJB; 70인역). 그런데 여기서 "범죄하다" (아바르)란 말은 "경계선을 넘어 서는" 행위를 묘사한다. 하나님의 말씀은 경계를 정해준다. 이것을 넘어가는 일이 범죄행위이다. 그런데 여기서는 입술로 그렇게 범죄 하지 않겠다고 한다. 행동으로 경계선을 넘는 일보다 입술로 곧 마음으로 넘는 일이 많다. 이것도 주님 보시기에는 범죄행위이다 (마 5:27-28 참조). 한편, "내가 결심하다" (잠모티) 혹은 "의도하다, 고안하다" 란 동사를 70인역은 "찾다" 동사의 목적어가 되는 명사 "불의" (아디키아)로 취급한다. 70인역 (시리아어역, 제롬역 등)에 근거하여 BHS 편집자는 난외 각주(脚註)에서 "짐마티" (내 악행) 혹은 "짐모타이" (내 악행들)로 읽을 것을 제안한다.

4절: 사람의 행사로 논하면 (리프울롯 아담) —사람들의 행해야 할 바와 연관하여 말하자면. 곧 하나님께서 그 입으로 하신 그 말씀들이 사람들에게 행하라 명하신 바에 관하여 말하자면.

나는 주의 입술의 말씀을 좇아 스스로 삼가서 강포한 자의 길에 행치 아니하였사오니 (비드바르 세파테카 아니 샤마르티 파리츠 아르호트) —언약 백성에게는 헌법과 법률들에 해당되는 언약 조항들 (십계명과 법규들을 포함하는 언약서의 규정들)이 있었다. 이런 언약 조항에 충실하였다고 시인은 고백한다. 그런데 "스스로 삼가서 … 의 길에 행치 아니하다 (*쇼마르 아르홋*)는 문자적으로 "길들을 지키다" 혹은 "길들을 주목하다" (욥 13:27). 그러나 여기서는 한역처럼 부정적 의미를 지닌다. 이렇게 문맥에 따라서 "지키다"란 말 (*쇼마르*)은 동반하는 부정사 혹은 명사에 부정적 의미를 부여한다. 출 19:12에서도 "삼가 산을 오르지 말라" (*힛쇼므루 라켐 알롯 바하르*)로 번역해야 한다.

"강포한 자"는 피를 흘리는 자요, 불효자이다 (겔 18:10). 이 사람은 강탈자이며 (겔 7:22), 불법자이다 (단 11:14). 이런 자의 행위를 본받지 않고 말씀대로 행했다. 비단 폭력을 사용하는 난폭한 자만 아니라, 하나님의 법을 무시하는 자들을 염두에 두고 있다.

길에 행치 아니하였사오며/ 5절 … 주의 길을 굳게 지키고/ 실족치 아니 하였나이다 (*쇼마르 티 아르호트/ 타모크 아슈라이 베마겔로테카/ 발-나못투 페아마이*)— 4-5절이 합하여 세 개의 콜론을 이룬다. 세 콜론들은 다 같이 길과 발걸음과 연관된 일을 묘사한다. 첫째 콜론에서는 부정적으로 자신의 신실함을, 두 번째에서는 적극적으로, 세 번째 콜론에서도 역시 부정적으로 자신의 신실함을 주장하고 있다. "실족치 않다"는 것은 "나의 두 발이 미끄러지지 아니하였다"는 것이다. 두 번째 콜론에 비추어 보건대, 시인은 "당신의 길들에서" 미끄러지지 아니했다고 말한다. 여기서 "길들" (*마아켈롯*)은 통상적으로 "길들"을 의미하는 말 (*오르홋* [잠 2:15], *데렉* [잠 4:11])과 동의어로 사용되며, "의로운 길들" (잠 4:11), "바른 길들" (시 23:3) 등과 같이 수식어와 같이 사용되기도 한다. 여기서 "당신의 길들"은 주님의 말씀을 지시한다. 곧 그분의 말씀이 경계선으로 지어놓은 길들은 우리 삶의 규범이요 기준이 된다.

제2연 (6-12절)

시인은 기도에 귀 기울여 주시라고 간구하면서 원수의 악한 모습을 묘사함으로 자신의 구원을 호소한다.

6절: 하나님이여 내게 응답 하시겠는고로 내가 불렀사오니/ 귀를 기울여/ 내 말을 들으소서 (*아니-케라티카 키-타아네니 엘/ 하트-오즈네카 리/ 쉐마 임라티*)—전반절에서 시인은 자신이 주님께 부르짖는 이유를 제시하고 (응답 하시겠는고로), 후반절에서 두 개의 간구 (명령법들)를 제시하고 있다: 귀를 기울이소서/ 들으소서! 여기서 귀를 기울이소서! 란 표현은 직역하건대, "당신의 귀를 내게 향하소서!" (*하트-오즈네카 리*)이다. 의인법적 표현이지만, 주님께서 귀를 시인의 부르짖는 방향으로 갖다 대시고 귀 기울이시는 모습을 연상할 수 있다. 히스기야 왕은 사시는 하나님을 모욕한 산헤립 앗수르 왕이 신성 모독적인 말을 듣고서 "여호와여 귀를 기울여 들으소서 (*하테 오즈네카*) 여호와여 눈을 떠서 보시옵소서 … 말을 들으시옵소서"라 기도하였다 (왕하 19:16).

7절: 주께 피하는 자를 그 일어나 치는 자에게서 오른손으로 구원하시는 주여 (*모쉬아 호심*

밈미테코메밈 비미네카) — "(자기들을) 치러 일어나는 자들에게로부터 피하여 당신의 오른손에서 피난처를 찾는 자들을 구원하시는 이시여!" 하나님의 구원은 자기를 열렬히 신앙하는 (피하는) 자들에게 나타난다. 신앙은 의지적 결단이 필요하고, 모험적 행동을 요청한다.

오른손으로 구원하시는 주여 (모쉬아 호심… 비미네카) — 이 부분의 번역은 "오른손으로 구원하시는 주"(NIV, NAB, KJV)나 "오른손에 피난하는 자들을 구원하시는 이"(RSV, NJB, NASB) 모두 가능하다. 후자의 경우 "피난하다" (하사) 동사는 전치사 (베)와 함께 나타나며, 전치사는 피난하는 처소를 유도한다: 그에게 (신 32:37, 삼하 22:3, 31= 시 2:12, 18:3, 31, 34:9, 23, 37:40, 64:11, 144:2), 당신께 (시 5:12, 7:2, 16:1, 25:20, 31:2, 20, 57:2, 71:1, 141:8), 야웨께 (시 11:1, 118:8, 9), 당신의 오른손에 (시 17:7), 당신의 날개 그늘에 (시 36:8, 57:2), 당신의 날개 은밀한 곳에 (시 61:5), 그의 날개 아래에 (시 91:4) 등. 반면 "-으로 구원하다" (야솨베)란 표현은 "손으로 구원하다" (삿 6:36, 37, 삼하 3:1:8, 왕하 14:27), "많은 수로나 적은 수로나 구원하다" (삼상 14:6), "창이나 칼로 구원하다" (삼상 17:47), 당신의 인자로 구원하다 (시 31:17), 당신 이름으로 구원하다 (시 54:3), [당신의 오른 손이 나를 구원하다, 시 138:7] 등에서 나타난다. 이 두 표현의 용례들을 비교해 볼 때, 무게는 "오른손으로 구원하시는 자"에 더 쏠리는 듯 보인다. 루터는 이상하게도 "당신의 오른손을 대항하여 일어나는 자들에 대하여 당신을 신뢰하는 자들의 구원자"라 번역하고 있다. 그런데 성도들이 피난하는 처소는 "반석" (하나님, 삼하 22:3), "여호와" (시 11:1), "주의 날개 그늘 아래" (시 36:8, 57:2, 61:5), "그의 날개 아래" (시 91:4), "여호와의 이름" (습 3:12) 등이다. 반면, "오른손"은 힘과 능력을 상징한다 (창 48:17-19). 그래서 오른손의 능력으로 하나님은 우리를 구원하신다. 물론 영 (靈)이신 하나님께 "오른손"이란 표현을 사용하는 것은 의인법적인 표현 (anthropomorphism)이다.

기이한 인자를 나타내소서 (하플레 하사데카) — "당신의 인자들" (복수형은 의미를 심화 [深化], 강조한다). 언약 백성에 대한 불변 사랑을 "기이하게 보여" 주시라 곧 기적을 베풀어서 자신의 언약 사랑을 확증해 주시라는 간구이다. 그 언약 사랑은 수적으로 셀 수 없이 "많다" (시 106:7). 또한 언약 사랑은 "기이한 일들" (니플레오트)로 나타난다 (시 106:7). 애굽에서 행한 기사들과 광야에서 행하신 이적들은 모두 백성의 구원과 인도, 축복을 위함이었다. 그런데 "주의 기이한 인자를 나타내소서" (하플레 하사데카)란 말은, 맛소라 본문대로 직역하면 "당신의 인자를 분리하소서"이다. 그러나 사용된 동사의 마지막 자음을 "헤" 대신 "알렙"으로 읽으면 한역과 같이 "기인한 인자를 보이다"란 의미가 된다. 카이로 게니챠 사본이나 다수의 히브리어 사본이 그렇게 읽고 있다. "인자" (헤세드)는 언약사랑이며 이는 자기 백성의 구원과 축복으로 나타난다.

8절: 나를 눈동자같이 지키시고 (쇼므레니 케이숀) — 모세는 광야에서 이스라엘을 하나님께서 눈동자같이 지키셨다고 노래한 바 있다 (신 32:10). 지혜자는 "내 계명을 눈동자같이 지키라" 고 권면한다 (잠 7:2). 눈동자는 눈꺼풀이 안전하게 보호한다. 하나님의 돌보심의 자상하심과 섬세하심을 직유법으로 표현한 것이다. 슥 2:12 (한역 2:8)에서 "너희를 범하는 자는 그의 눈동자를 범하는 것 (노게아 베바밧 에-노)이라" 하셨다. 그런데 "눈동자같이" (케이숀 바트-아인)에서, "눈동자"는 "이숀"이라 한다. 이 말은 "사람"을 의미하는 말 (이쉬)에 지소사 (指小辭 diminutive) "온"이 첨가되어 생성된 말이다 (GKC §86g). 따라서 번역하자면, "소인" (小人, 倭人 작은 사람)이란 말이다. 이 말은 눈에 들어 있는 작은 사람, 곧 눈동자를 지시한다. 이렇게 불리는 것은 내가 타인의 눈을 볼 때 나의 축소판이 비쳐 보이기 때문이다. 반면 눈동자를 "바트-아인" (눈의 딸)이라고도 한다. 이는 마치 눈동자가 눈에서 태어난 딸이란 의미일지 모른다. 여하간 이렇게 눈동자를 지시하는 말을 둘이나 겹쳐서 사용함으로 시인은 하나님의 극진한 보호와 살피심을 강조하고 있다 (신 32:10, 잠 7:2 등도 참조).

주의 날개 그늘 아래 감추사 (베첼 케나페카 타스티레니)— "당신의 날개들의 그늘에 감추소서." 마치 독수리의 펼쳐진 두 날개 그늘 아래 그 새끼들이 숨듯, 성도들이 주님의 펼치신 두 날개 아래 숨는 모습을 묘사한다 (시 36:8, 57:2, 61:4). 그곳은 안전지대이므로, 그곳에서 성도는 평안을 노래한다 (시 63:8). 주님은 암탉의 표상을 사용하여 동일한 의미를 표현하셨다 (마 23:37).

9절: 나를 압제하는 악인과 나를 에워싼 극한 원수에게서 벗어나게 하소서 (밉페네 레솨임 주 샷두니 오예바이 베네페쉬 야키푸 알라이) —직역하자면 앞부분은 "나를 탈취하는 악인들에게로부터" 이라면, 뒷부분은 "나를 에워싼 극한 원수들(에게로부터)" 가 된다. 후반절에서는 전반절의 "–앞으로부터/ –으로부터" (밉페네)가 생략되었고, 전.후반절 공히 동사가 없으므로, 앞 절에 사용된 두 동사 곧 "지키다" (솨마르; –로부터 지키다, 신 23:10, 시 140:5, 141:9, 잠 6:24 등) 혹은 "감추다" (사타르; –로부터 누구를 숨기다, 시 31:21, 64:3) 중 하나가 여기서도 기능을 행사한다고 보아야 한다. 한편, 후반절에서 "극한 원수"란 히브리어로 "오예바이 베네페쉬"인데 직역하면, "탐심을 지닌 원수" 혹은 "(생명을) 탐하는 원수" 곧 "치명적인 원수"가 된다 (시 27:12도 참조). "네페쉬"란 "목," "욕망," "영혼," "생명" 등 여러 가지 의미를 전달한다 (KB³, "네페쉬" 8a).

10절: 저희가 자기 기름에 잠겼으며 (헬바모 사게루)— "저들이 자기들의 기름진 부분을 닫았다 (헬바모 사그루)." 크레이기는 이 부분에서 신 32:10절 부분에 사용된 많은 표현들이 나타나는 것에 비추어, "여수룬이 살찌매 발로 찼도다"란 표현과 연관시켜 "반역" 행위를 묘사한 것으로 추정한다 (Psalms 1-50, 160, n.10a). 후반절에서 "저들이 입으로 거만하게 말한다"는 것에 비추어 크레이기의 추정은 개연성이 있지만, 확실치 않다. 오히려 더 개연성 있는 해석은 시 119:70에서 보듯 "마음이 살쪄서 지방같이" 된 상태를 지시한다고 보고, 기름 (지방)을 "마음"으로 보는 것이다. 이런 마음의 상태는 동정심을 상실하게 된다 (요일 3:17 [클레이세 스플랑크나]).

그 입으로 교만히 말하나이다 (피모 딥베루 베게우트) —저들의 입은 거만하게 말한다. 즉 교만한 말을 내뱉는다 (계 13:5-6 바다에서 나온 짐승 참조).

11절: 이제 우리의 걸어가는 것을 저희가 에워싸며 (앗슈레누 앗타 세바부니 [세바부누]) — "저들이 우리의 걸음들에 (즉, 걸어가는) 우리를 에워쌌다" (They have now surrounded us in our steps, NASB). 이는 발걸음을 추적해서 내 사정을 낱낱이 정탐했다는 말이다. 어떤 영역본들은 첫 말을 동사로 보고 (70인역은 "저들이 나를 넘어뜨렸다" [에크발론테스 메]; 심마쿠스역은 "저들이 나를 축복하다" [마카리존테스 메]) "저들이 나를 추적한다" (They track me down, NIV, RSV)로 번역한다.

주목하고 땅에 넘어뜨리려 하나이다 (에네헴 야쉬투 린토트 바아레츠) —의미를 살려 전반절을 염두에 두고 번역하자면, "나를 땅에 던질 기회를 주목하면서" (NJB)가 될 것이다. 그런데 "넘어뜨리다" (나타)라 번역된 동사는 기본형 (칼형)이지만, 여기서는 타동사로 사용되었고, 그 의미는 "내밀다" (reach out), "펼치다" (spread out), "낮게 굽히다" 등이다. 그렇지만 "땅에"라는 수식구가 붙어서 "(나를 [혹은 우리를]) 땅에 던지다"란 의미가 파생되었다. 그런데 이 문장의 동작이 순전히 원수의 행동을 묘사하는 것으로 보고 번역한다면, "저들이 땅에 낮게 구부리고, (우리를) 세밀히 주목한다" (NAB)로 이해할 수도 있다.

12절: 저는 그 움킨 것을 찢으려고 하는 사자 같으며 / 은밀한 곳에 엎드린 젊은 사자 같으니이다 (딤요노 케아르에 이크소프 리트로프 베키프르 요쉐브 베미스타림)—직유법을 사용하여 원수들을 사자에 비유했다 (시 7:2, 10:9-10). 고대 가나안 땅에는 사자들이 널리 서식(棲息)했음이 분명하다. 사자들의 강력한 발톱은 무자비하고, 저항할 수 없는 포학자의 지배를 (시 7:2, 10:10), 쩍 벌린 목구멍은 그 만족을 모르는 무서운 탐욕을 (시 17:12, 22:13-21, 57:6), 공포를 자아내는 으르렁거림은 저들의 무적의 자만심을 (시 22:13, 35:17) 각기 표현할 것이다 (Othmar Keel, *The Symbolism of the Biblical World*, 85-86). 그런데 때로, 선지자들은 하나님을 이 무서운 사자로 묘사하여 자기 백성을 심판하시는 분으로 제시한다 (호 5:14). 때로 왕도 사자에 비유되었다 (잠 19:12, 20:2).

제3연 (13-15절)

이 마지막 연에서 시인은 마치 마라톤 선수가 마지막 스퍼트(spurt)를 가하듯 하나님께 자기를 구원해 주시라고 혼신의 힘을 다해 부르짖는다. 1연이나 2연에서 자신의 무죄함이나 원수의 악행을 지적한 것은 마지막 이 간구를 강력하게 만들기 위함이었다.

13절: 여호와여 일어나 (쿠마 야웨)—여호와여, 일어나소서! 란 부르짖음은 하나님의 개입을 요청한다. 시인이 대항할 수 없으므로 하나님을 깨워 자신의 원수를 대항케 한다. 이것이 성도의 최선의 전략이다. 내가 싸우지 말고, 하나님으로 내 원수와 싸우게 하라.

저를 대항하여 넘어뜨리시고 (*캇데마 파나브 하크리에후*) —원수들을 대항하여 무릎 꿇리소서! 첫 동사는 대면하다 (confront)이고, 두 번째는 "무릎을 꿇게 하다" 이다.

주의 칼로 악인에게서 나의 영혼을 구원하소서 (*팔레타 나프쉬 메라솨 하르베카*) — "당신의 칼" 은 자기보다 강한 원수들의 칼을 이기고 남을 전능하신 하나님의 칼이다. 우리 하나님은 죄인을 칼에 붙이시기도 하시나 (미 6:14) 칼로 구원하시기도 하신다.

14절: 금생에서 저희 분깃을 받은 세상 사람들에게서 (*미메팀 야데카 야웨 미메팀 메헬레드 헬캄 바하임*) —앞 절의 "나의 영혼을 구원하소서" 란 부르짖음은 14절까지 계속된다. 악인들은 이 "세상" (*헬레드*)에서 "금생" (*하임*)의 분깃을 받아 떵떵거리는 자들이다. 그러나 저들에게 영생 복락은 없다. "사람들에게서" (*미메팀*)란 말은 두 번이나 반복되었다 ('[그런] 사람들에게서,' 곧 금생에서 저희 분깃을 받은 세상 '사람들에게서,' NIV). 그런데 "금생" 이란 "생명" 의 복수형 (*하임*)으로 이 세상에서의 삶의 존속 기간, 수명, 생애를 의미한다 (생명이 연속되어 이 세상의 삶을 지속한다). 그리고 "세상" (*헬레드*)이라 번역된 말은 살같이 지나가 버리는 현세의 삶 (시 39:6, 89:48)을 지시한다. 따라서 "세상 사람" 이란 말은 그 정욕과 함께 사라져 버릴 그 세상 밖에 다른 집이 없는 자들이다 (요일 2:17, 고전 7:31). 그러나 성도들에게는 "주의 인자가 '생명' 보다 낫다" (시 64:3). 여기서의 대조는 이 세상과 저 세상의 대조가 아니라, 이 세상 (생명)과 하나님 사이의 대조이다. 물론 현 세상도 하나님의 선물이지만, 불신자는 하나님의 '인자 없이' "세상" 만을 전부로 아는 것이다.

그는 주의 재물로 배를 채우심을 입고, 자녀로 만족하고 그 남은 산업을 그 어린아이들에게 유전하는 자니이다 (*우체핀카 [우체푼카] 테말레 비트남 이스베우 바님 베힌니후 이트람 레올레헴*)—이 생에 분깃을 가진 자들, "영생" 이 없는 자들에 대한 묘사이다. 성도들을 위해서는 사람들이 듣지도 보지도 못한 좋은 것들을 쌓아놓으셨다 (시 31:20, 고전 2:9). 그런데 몇 가지 상이한 번역이 가능하다:

1) 당신께서는 저들의 배를 당신의 보물로 채우고, 저들은 자기 자녀들로 만족하며 자기들의 남은 것을 자기 아이들에게 물려주는 자들입니다 (NASB, 한역); 2) 당신께서 저들의 배를 당신의 창고로부터 채우시고, 저들의 자녀들은 만족을 얻고, 그 잉여(剩餘)물은 자기 자녀들에게 또 물려주는 자들입니다 (NJB); 3) 당신은 당신이 소중히 여기는 자들의 배고픔을 진정시키시고 저들의 아들들은 풍성함을 가지며, 저들은 자기 자녀들을 위해 부를 쌓나이다 (NIV).

이 마지막 번역은 의인을 묘사하는 것으로 이해하였다. 문맥상 2)번이 가장 좋다. 하나님께서 이 세상 분깃을 가진 자들의 배를 자기 창고로부터 채우신다는 것은 "일반 은총" 을 가

15절: 나는 의로운 중에 주의 얼굴을 보리니 (아니 베체덱 에헤제 파네카)—초두에 "나" (아니)라는 독립 인칭대명사가 위치하여 불신자들과 강조적으로 대조되고 있다. 앞 절에서 묘사된 그런 세상 분깃을 받은 자들과는 달리, "나로 말하면," 성도 (시인)의 분깃은 하나님과의 교제이다. 전, 후반절을 동의 병행법으로 이해한다면, 시인은 잠에서 깰 때에 주님의 얼굴, 곧 그분의 형상을 보고 만족할 것이다. 그렇다면 "의로운 중에" (베체덱)란 어떤 상태를 지시하는가? 이 표현은 "공의로써" (with justice) 심판한다고 할 때 (레 19:15, 시 9:8, 72:2, 96:13, 98:9, 사 11:4) 주로 사용되지만, 여기서처럼 "—의 상태에서" 어떤 행동을 한다고 할 때도 사용된다 (호 2:21). 시인은 자신의 무죄함을 확신하고 간구한 바 있다. 이제 시인은 자신이 주님을 대면할 그 때에 자신의 사정이 변호되는 상태에 있을 것을 확신한다. 그래서 "내가 의롭다는 것이 인정된 상태에서" (in my uprightness 혹은 in righteousness) 주를 뵈리라 한다.

깰 때에 주의 형상으로 만족하리이다 (에스베아 베하키츠 테무나테카)—잠에서 깨어나 주의 형상을 보리라. 이런 축복은 구약의 선지자들에게는 환상과 꿈으로 허락되었지만, 모세는 주님의 얼굴을 대면하여 이야기하였다 (민 12:8; 출 33:20). 그렇다면 여기서 "깬다"는 것은 무엇을 지시하는가? 어떤 이는 이것이 단순한 밤중의 잠에서의 깨는 상태를 의미한다고 본다. 그런가 하면 이를 영적으로 해석하여 환난의 밤이 지나고 주님의 은총의 햇빛이 다시 비칠 때를 지시한다고도 한다. 그렇지만 여기서의 잠은 신약이 말하듯 (요 11:11, 12, 고전 15:6, 18, 20, 51 등), 우리의 "죽음의 잠"을 지시할 것이다 (시 16:9-11, 49:14, 73:23이하, 사 26:19, 겔 37:1-4; 단 12:2 등). 시 6:6, 30:10, 88:11-13과 같은 구절들은 구약 성도들이 사후 생(부활)을 알지 못했다는 인상을 주기도 한다. 그러나 영생불멸을 노래하는 구절들에 비추어 보건대, 이와 모순 되는 듯한 구절들은 시인들이 처한 극한의 고난중에 발해졌다는 점을 고려해야 한다.

시편의 적용

주의 기이한 인자를 나타내소서 (7절)

언젠가 인천 근처의 미사일 부대서 지대공 나이키 허큘리스 미사일이 오발되어 공중 300미터 상공에서 폭발하였다. 그 파편들이 떨어진 곳들에서 수명의 사람들이 상해를 입었고 차나 지붕이 파손되었다. 날벼락을 맞은 것이다. 이 미사일은 지상에서 폭발될 경우 반경 140미터 구역이 깊은 웅덩이로 바뀔 만큼 큰 위력을 가지고 있으며, 공중 폭발 시에도 지름 1센티미터의 자탄 2만여 개의 파편이 흩뿌려지게 되는 대량 살상무기라 한다. 누가 이런 위험에서 보호할 것인가? 주님의 날개들 그늘 아래 성도는 피난처를 찾는다. 언제, 어디서

나 우리는 그분의 날개들 그늘 아래 거하며 (영적으로) 육적으로도 보호를 받는다. 주님의 펼쳐진 두 날개는 그분의 사랑과 은총이며, 그분의 날개 그늘은 그분이 주시는 안식과 안전과 평안이다. 제 아무리 세상의 폭염이 뜨거워도, 그 날개 그늘 아래 피하면 시원하고 평안하다.

부활과 영생의 소망 (15절)

델리취는 13-15절을 주석하면서, 구약 성도에게 있어서, 신약이 묘사하는 오는 장래의 생의 모든 축복과 영광은 오로지 야웨 안에 감추어져 있었다고 했다. 야웨는 구약성도의 "최고선(最高善)"이시며, 그분을 소유함으로 그는 하늘과 땅위에 높이 들려지며, 심지어 생과 사망을 초월하여 들림 받게 된다. 구약 신앙의 특징은 축복된 장래 생에 대한 구체적인 지식이 없이 야웨께 굴복하고, 그분으로 만족하고, 그분에게 안식을 얻고, 사망 앞에서 그분에게 피난처를 찾는 것이라 하였다. 구약 성도들에게 부활과 영생의 소망이 없었다는 의미가 아니다. 델리취가 강조하고자 하는 바는 구약성도들에게는 신약이 제시하는 바와 같은 구체적인 천국의 모습이 결여되었다는 것이다. 구약에도 신약의 가르침들은 전부가 담겨있지만, 그 형태상 아직 발아기(發芽期)의 씨 모양을 했을 뿐이었다.

시 18편 나의 힘이 되신 여호와여!

1. 시 18편과 삼하 22장 비교:

본 시편은 삼하 22장에 수록된 다윗의 승리의 노래와 동일하다. 표제까지 대동소이하므로, 시 18편과 삼하 22장은 다윗의 저작권에 대하여 아주 중요한 단서를 제공해 준다고 아니할 수 없다. 삼하 22장에 근거해 볼 때, 시 18편이 다윗의 노래라는 것은 의문의 여지가 없다. 그렇다면, 시편의 다른 표제들에 붙여진 "다윗의 시"란 표제도 역시 다윗의 저작일 것이라는 확신이 들게 된다 (비평가 C. A. Briggs, E. Grace Briggs도 이런 확신을 표현한다; *The Book of Psalms*, I, 139).

세세한 부분에서 삼하 22장과 시 18편이 약간의 차이들을 보인다. 차이들은 1) 철자 2) 어형 3) 구문 4) 어순 5) 어형-구문론적 차이 6) 어휘 7) 첨가/ 생략 등의 방면에서 나타난다. 아래에 제시되는 한 두 가지 예들이 그 경우들을 예증해 줄 것이다(여기서 O는 완전 철자 *바브 홀렘*, o는 불완전 철자법인 홀렘).

1) 철자: 예컨대 zero`otay (삼하 22:35)/ zerO`otay (시 18:35); 'otO (삼하 22:1)/ 'OtO (시 18:1); qOlO (삼하 22:14)/ qolO (시 18:14) 등.

2) 어형: mimmisgerOtam (삼하 22:46)/ mimmisgerOteyhem (시 18:46); va'ehyeh (삼하

22:24)/ va'ehiy (시 18:24) 등

3) 구문: 바요체 람메르하브 오티 (삼하 22:20)/ 바요치에니 람메르하브 (시 18:20); 벨로 예쿠문 (삼하 22:39)/ 벨로-유클루 쿰 (시 18:39).

4) 어순: 알-켄 오데카 야웨 박고임 (삼하 22:50)/ 알-켄 오데카 박고임 야웨 (시 18:50).

5) 어형-구문론적: 키 콜-미쉬포토 레네겟디 베훅코타브 로-아수르 밈멘나 (삼하 22:23)/ 키 콜-미쉬파타브 레네겟디 베훅콜타브 로-아시르 멘니 (시 18:23); 에르데파 오예바이 (삼하 22:38)/ 에르도프 오예바이 (시 18:38) 등.

6) 어휘: 14절에서 전치사 민 (–로부터; 삼하 22:14)이 베 (시 18:14)로 대체되었다; 16절에서는 베가 민으로 대체되었다; 24절에서는 전치사 레가 임으로 대체되다; 7절에서 카라 동사 (부르짖다)가 쉬베아 (울부짖다)로 대체되다.

7) 첨가, 생략: 전치사 레가 삼하 22:19에서, 전치사 알이 시 18:28에서, 접미어가 삼하 22:15에서, 삼하 22:12에서 세테르 (피난처)가, 그의 면전에 이르다 (레파나브 타보)가 삼하 22:7에서 생략되었다.

이런 차이들을 검토해 보면, 어느 본문이 다른 것보다 우등하다고 말하기 어렵다. 일관성 있게 어떤 차이를 보이는 것이 아니기 때문이다. 예컨대 철자면에서 삼하 22장이 시 18편보다 훨씬 자주 불완전 철자법을 보이긴 해도, 경우에 따라서는 완전 철자법을 보이기도 하는 것이다. 따라서 시 18편과 삼하 22편의 두 본문은 어느 것이 더 원본에 가깝다고 할 수 없고, 성경의 현재 위치에 포함될 때 두 개의 다른 본문들이 별개로 발전해 있었던 것이다. 그렇다면 두 본문은 모두가 영감을 받은 것인가? 라는 질문이 생긴다. 이런 질문들은 따로 고려할 수 있을 것이다.

비평가 브릭스는 (The Book of Psalms, I, 139-40)는 시 18편이 삼하 22장에 비해 아람어풍을 보인다고 한다: 1절의 라함, 25절의 게바르 (삼하 22:26 깁보르), 45절의 하라그 (삼하 22:46 하가르), 47절의 다바르 (삼하 22:48 모리드) 등. 또한 삼하 22장에서는 역사적 부정과 거를 지시하기 위해 "바브 미완료 연속법"을 사용한다면, 시 18편에서는 현재나 미래를 지시하기 위해 단순 미완료를 사용한다 (7c, 12, 39a-b).

1) 시 18편에는 후대어들이 많이 나타난다 한다: 27절의 임 아니, 35하에서 아나바 (삼하 22, 아나), 44b, 45a에서 베네-네카르.

2) 다른 곳에서 이 시에 사용된 표현들이 나타난다. 시 18:4의 헤블레-마벳이 시 116:3에서, 시 18:1의 에르홈카가 시 116:1에서 아합티로. 시 144:2의 하로데드가 삼하 22:47의 모리드로, 시 144:2의 메팔티 리가 시 18:3에서 시 18:3에서 메팔티로, 합 3:19은 시 18:33의 쇼바와 하이디드를 보다 흔한 심, 하드리크로 바뀌어 사용하며, 잠 30:4은 시 18:30의 이므라트 야웨 대신 보다 초기형인 이므라트 엘로하를, 레콜 하호심 보 대신 보다 초기형인 라호심 보를 사용한다. 사 55:5은 시 18:43 후반절의 보다 완전형을 사용한다: 암 로-야다티 대신 고

이 로-예다우카.

3) 이 시는 미 7:17을 45절에서 인용한다. 이 시는 삼하 7:12-16을 50절에서 인용한다. 신 32:4이 시 18:30에서 나타난다.

4) 교리상 후대형들이 나타난다;

① 야웨에 대한 사랑 (1절)은 신명기 이후 (post-Deuteronomic)의 것이며, 삼하 22에서는 나타나지 아니함.

② 야웨 하나님의 유일성은 사 2장의 견지에서 시 18:31에서 나타남.

③ 시 18:20-23의 율법적 의와 그 정확한 보응 사상은 후기사고. 이런 사고는 추방 이후시대의 첨가물이다.

④ 히브리 지혜의 탁월성을 주장하는 24-27절.

⑤ 이방 나라들의 굴복을 묘사하는 44b-45절은 추방 이후 유대주의 사고이다.

⑥ 49절의 의전적 형식은 다른 시에 첨가된 의전적 첨가물과 유사하다.

5) 반면에 이 시의 고대성을 지시하는 것들도 있는 바,

① 구름을 타는 그룹 병거 사상 (10절)은 겔 1장의 그룹 병거사고 보다 이르다.

② 전쟁을 결정짓는 신현 사고는 고대적 개념이다 (출 15, 삿 5, 수 10:12-14).

③ 고지대가 전쟁터로 나타난다 (삼하 1:19, 25, 신 32:13, 33:29).

브릭스의 비평은 대개가 비평적 사고에 근거한 비평이므로, 순환론적 성격을 지닌다. 따라서 어떤 각도에서 보느냐? 에 따라서 전연 달리 말할 수도 있다. 예컨대, 4) ①의 경우 (교리상 후대형)는 신명기가 요시아 왕의 종교개혁 전후해서 나타났다는 비평적 사고에 근거해서, 주전 7세기 후반의 사고라 할 것이지만, 우리는 신명기를 주전 15세기의 모세 저작으로 본다. 따라서 다윗 왕의 사고로 보아도 아무런 문제가 없다. 또 아람어풍이 나타나므로, 추방이후 시대의 것이라는 사고도 그렇다. 아람어풍이 후대의 것이라는 사고는 비평가들의 일방적인 사고일 뿐이다. 아람족속과 접해있었고, 동시에 아람족속을 정복했던 다윗 시대에 아람어풍이 나타나는 것은 이상한 일이 아닐 수도 있는 것이다. 또한 이방나라의 굴복을 묘사하는 부분이 추방이후 유대교 사상이라는 것도 이상하다. 다윗 시대에 주변 열국들이 모두 복속된 역사적 사실을 부인하고자 하는 것인가?

2. 전체구조에서의 위치, 시의 유형과 삶의 자리

표제에 의하면, 이 시는 다윗이 사울 왕을 비롯한 모든 원수들의 손에서 하나님의 은혜로 벗어난 때에 기록되었다 한다. 이 시는 "왕의 감사시" (royal song of thanksgiving)이며, 왕이 체험한 구원과 승리에 대한 감사를 노래한다. 예컨대, 시인은 외국과의 전쟁을 하였으며 (37-42절), 패배 당한 민족들을 통치하였다 (43-45절). 그는 자신을 여호와께서 기름

부으신 왕이라 간주하고 (50절), 다윗 후손이 영영 이스라엘의 왕이 되리라는 다윗 언약을 언급한다 (50절). 그런데 크뤼제만 같은 이는 이 시의 전반부 (1-29절)에서는 왕의 특징을 찾기 어려우므로 "개인의 감사시"라 하고, 후반부만 "왕의 감사시"라 분류했다 (Cruesemann, *Studien zur Formgeschichte von Hymnus und Danklied in Israel*, 257-58). 그렇지만 이 시의 전반부에서 묘사되는 신현(神顯), 곧 시인을 구원하고자 자신을 드러내시는 그 신현 (7-16절)은 왕의 모습을 암시해 준다. 그런 "우주적 신현 묘사"(cosmic theophanic language)는 여호와께서 이스라엘 민족을 위해 아니면 우주적 차원에서 행동하시는 것과 관련된다. 이 시의 저자를 구하시려 하나님께서 자연의 대격변을 동반하여 나타나신다면, 그것은 한 사람을 위해서가 아니라, 그가 대표하는 이스라엘을 구하기 위함이다. 따라서 일인칭 단수로 제시되는 민족 탄식시는 "우리"로 제시되는 민족 탄식시나 형태나 내용은 본질상 같으나 복수형 대신 단수 1인칭으로 말한다는 차이점을 가진다는 모빙켈의 지적은 옳다 (*PIW*, I, 229). 차이가 있다면 관점의 차이이다. "'우리' 탄식시들은 위험이나 문제를 백성의 견지에서 본다면, '나' 탄식시들 (I-laments)은 모든 것을 지도자 한 사람의 견지에서 보는 것이다."

요컨대, 공적인 '나' 탄식시들은 '우리' 탄식시들과 달리 동양의 군주가 '자기'를 드러내는 형식을 그 특징으로 갖는다. 그런 동양 군주의 '나' 스타일(oriental king-Ego style)은 고대 군주의 비문들에서 잘 알려진 바 있다. 백성과 나라의 운명이 왕 자신의 개인 운명과 동일시되고 있다. 전체 그림은 왕으로 채워져서 그가 대표하는 전체를 희미하게 만들어 버리는 것이다 (*PIW*, I, 236).

여호와께서 다윗을 구하러 오시고 다윗을 축복하시는 것은 온 이스라엘을 구하시고 온 이스라엘을 축복하시는 일이었다.

이 시의 전반부 (1-29절)은 베스터만이 제시한 "보도 찬양시"에 해당된다 (C. Westermann, *The Praise of God in the Psalms*, 90, 92). 보도 찬양에서 핵심은 여호와께서 구원하시려 개입하셨다고 보도하는 부분이다. 즉, 역경의 때를 회상하며 그 때에 저자가 도움을 부르짖었더니 여호와께서 나타나시어 구원하셨다고 진술한다 (시 9:4-7, 14-15, 30:3-4, 8-12, 32:3-5, 34:5, 7, 40:2-3, 41;5-13, 66:10-12, 116:3-6, 118:5, 10-13, 138:3 등). 그런데 여기 시편에서는 여호와께서 시인의 부르짖음을 들으시고 응답하신 것이 6-19절에서 묘사된다. 그런데 이 응답 묘사는 하나님의 나타나심 (神顯) 묘사로 인하여 크게 확장된 것이다. 그러나 30절 부터는 하나님께서 싸움을 위해 어떻게 시인을 예비케 하셨고, 원수들을 이기도록 하셨으며, 그를 높여 열방의 통치자가 되게 하셨나를 묘사한다. 이런 주제는 넓은 의미에서의 "구원" 사고에 해당될 것이다. 즉, 원수의 손에서 구출하는 정도가 아니라, 원수를 이기고, 저들을 다스리는 통치까지 포함된다. 무기력하게 원수 앞에 노출된 그런 사람을 여호와께서 개입하시어 구출하는 (4-5, 17절) 그런 정도가 아니라, 더 나아가 적극적으로 원수를 이기고 통치하는 모습을 제시한다는 점에서 이 시의 후반부 (30-45절)은 "보도 찬양시"의 주제보다 훨씬 더 나아가는 것이다.

시 18:30-45 부분은 고대 근동의 군주들이 남긴 비문들이나 왕의 찬양시들에 담긴 승리의 보도, 정복 묘사와 유사하다. 이런 보도는 왕이 어떤 전쟁이나 원정에서 어떻게 이겼는지를 소상하게 보도한다 (*ANET*, 234 이하, 277 이하, 585-56 등 참조). 그렇지만 여기 시편에서는 개괄적인 방식으로 그런 정복과 승리를 묘사할 뿐이다. 그럼에도 고대 근동 정복 기사와 유사한 요소들도 나타난다: 신적인 도움의 확신 (30절); 신이 이기게 함 (32-36절); 왕의 군사적 용맹과 존귀 (37-38, 42-45절); 원수가 굴복함 (38, 41-42, 44-45절) 등.

고대 근동에서 신들과 왕 사이에 존재했던 긴밀한 관계를 좀 더 알아 볼 필요가 있다. 여기 시에서 다윗이 노래하는 하나님의 도우심은 고대 근동 왕들이 자기 신들의 도움을 입었다고 말하는 방식과 흡사하기 때문이다. 애굽에서 바로는 스스로 신이었으나, 그럼에도 다른 신들을 자기 보호자로 간주하였다. 예컨대, 아문 신은 툿모세 3세에게 "나는 내 사랑하는 아들 호루스 너에게 보호를 제공하노라" 하였다 (Adolf Erman, *The Ancient Egyptians*, 257). 람세스 2세는 말하길 "아문 신은 내 보호자이며 그의 손이 나와 함께 있다"고 했다 (Ibid., 265). 람세스 3세는 아문 신, 아낫 신, 아스타롯 신 등을 가리켜 "방패"라 부른다 (W. F. Edgerton and John A. Wilson, *Historical Records of Ramses III*, 75, 134). 앗시리아 통치자들 역시 자기 신들에게서 도움을 받았다고 선언한다. 벨 신은 에살핫돈에게

너를 낳은 네 모친이 하듯 나는 네 심장을 감찰하노라.
60명의 위대한 신들이 나와 함께 있고 너를 보호하노라.
신 (Sin) 신이 너의 우편에 샤마쉬 신이 네 좌편에 있노라.
60명의 위대한 신들이 네 주위에 진치고 전쟁을 돕느니라

고 하였다. 그리고 이쉬탈 여신은 에살핫돈에게

나는 위대한 산파니라 …
나는 네게 젖을 먹였고 네 통치권을 확립시켰으며…
내가 하늘의 금방에서 바라보노라.
나는 앗시리아의 왕 에살핫돈을 위해 엘메슈 돌의 등잔을 켤 것이라.
나는 내 자신의 면류관처럼 그를 지킬 것이라 …
나는 네 좋은 방패니라 (*ANET*, 605)

하였다. 왕이 자기 신들에게 충성하고 헌신하는 것이 신의 도움을 받는 근거로 나타난

다. 아문 신은 툿모세 3세가 신전을 지어 자기에게 헌신했다고 언급한다. 람세스 2세는 힛타이트 족속을 치기 위해 도움을 구할 때 아문 신에게 신전을 건축했고, 예물과 이방인 포로들을 바쳤다는 점을 상기시킨다. 람세스 3세는 자신이 자기 신에게 항상 붙어서 헌신했다고 강조한다. 그는 말하길 "나는 음식 예물을 두 배로 하려는 마음이 점점 강해지고 있다" 라고 하였다 (W. F. Edgerton and John A. Wilson, *Historical Records of Ramses III*, 58). 사르곤은 자기 신들의 법과 말을 충실하게 지킨 결과 자신이 군사적 승리를 얻을 수 있었다고 자랑한다 (D. D. Luckenbill, *Ancient Records of Assyria and Babylonia*, 2:80 이하).

신들은 왕을 훈련시키고 능력을 더하며 전쟁시에 그를 돕는다. 애굽이나 고대 메소포타미아 왕들은 전쟁시에 특별한 신적인 병기들을 받아서 싸운다. 신들은 초자연적인 힘과 기력을 왕에게 더하며, 때로 도움을 호소하는 기도에 응답한다. 그리고 신들은 왕을 위하여 직접 개입하기도 한다. 불이나 번쩍이는 화살들을 보내어 원수를 치거나 천둥을 보내어 원수를 치는 경우들이 언급된다. 고대 근동의 이방 왕들이 자기 신들에게서 도움을 받았다는 이런 묘사들은 성경의 기사와 유사한 요소들을 많이 제공해 준다.

다윗은 하나님이 택하시어 사무엘 선지자를 통해 기름부어 왕으로 세우셨고 (삼상 16:1), 따라서 그분의 종으로 (시 18:1) 그분의 언약 조항들을 순종하고 그것들을 널리 반포(頒布)하였다. 이러므로 여호와께서는 그에게 보호와 전쟁에서의 승리를 주시고 (삼하 7:9, 시 89:22-26, 시 18:20-24) 도우신다. 다윗은 여호와를 자기 아버지로 섬기며 보호자로 삼았다 (시 89:27). 다윗의 헌신과 충성을 보시고 하나님은 그에게 영원한 왕조를 약속하시었다 (삼하 7:9-16, 시 89:28-38). 아버지와 아들 관계는 고대 근동에서 종주와 봉신 사이의 관계를 표현하는 용어였다 (F. C. Fensham, "Father and Son as Terminology for Treaty and Covenant," 121-35; Jonas C. Greenfield, "Some Aspects of Treaty Terminology in the Bible," 1:117-19).

여기서 한 가지 언급해야 할 것은 출애굽 당시에 있었던 애굽인들에 내려진 열 가지 재앙들이나 홍해에서의 애굽군 괴멸 사건은 애굽 신들의 무능력과 이스라엘의 하나님 여호와의 유일성을 확립시켜 주었다는 점이다. 애굽 왕들이 자기 신들을 의지하여 승리했다고 자랑했다면 애굽 신들이 여호와 앞에서 무기력하게 굴복함으로 애굽의 신들은 결국 신들이 아님을 입증한 것이나 다를 바 없었다. 반면 앗시리아나 바빌로니아 제 신들은 애굽의 신들처럼 여호와 하나님과의 직접 대면이 역사적으로 없었다. 다니엘서에서 느부갓네살 왕이 하나님을 인정하고 찬양하는 부분이 있으나, 포로 귀환시에 출애굽 할 때와 같은 직접적인 대결이 페르시아 신들과 하나님 사이에 벌어지지 않았던 것이다. 한편, 이스라엘이 가나안 땅에 정착하면서 가나안의 잡신들과 여호와 하나님 사이에 영적인 대결이 불가피해졌다. 고대 근동에서 타처로 이동하는 민족은 반드시 그 새로운 땅의 신들을 자기 신들로 영접하는 현상을 보였기에 이스라엘도 이 점에서 크게 시험을 받았던 것이다. 이러므로 하나님은 가나안 진입을 앞둔 시점에서 모세를 통하여 거듭 거듭 배교의 위험을 경고하였던 것이다 (신명기 전체를 통해, 특히 신 32장의 모세의 노래를 통해).

시 18편에서 다윗이 자기 당대에 백성들의 마음을 유혹하던 가나안의 바알 신을 논박하는 주장을 하고 있는지도 모른다. 다윗은 이 시에서 하나님의 신현 묘사를 통해 자기를 구원하신 하나님을 노래한다. 그 신현 묘사는 출애굽 시의 홍해 사건이나 그 이후 시내산 신현 묘사에 나타난 표상들을 차용한 것이다. 예컨대, 천둥, 번개, 검은 구름 등이 그러하다. 그런데 시내산 신현 사건 묘사는 고대 근동의 폭풍 신, 가나안의 바알 신의 나타남을 묘사하는 표상들을 담고 있다. 바알 신은 "구름들을 타는 자"이며, 폭풍 구름의 주라 불린다. 이 바알의 나타남은 우주적인 대 격변을 일으키고, 공포를 야기 시킨다. 천둥, 번개가 나타나고, 땅이 진동하며, 바알의 원수들은 숲으로, 바위틈으로 피하며 백성들은 질겁을한다. 바알의 신현은 그가 바다 신 '얌'을 이기고 개선한 이후 자기의 새로 지은 궁궐로부터의 나타남이다. 그의 신현은 온 우주에 대한 자신의 왕권을 과시하는 그런 목적을 지니며, 그의 원수들은 그 앞에서 떨며 두려워한다. 바알의 나타남은 그의 대적들을 두렵게 하고, 온 우주에 대한 그의 완전한 주권과 왕권을 표현하는 목적을 갖는 것이다. 바알은 우주의 왕으로 등극하였고 이제 그의 나타남은 그의 왕권을 세계가 인정한다는 표시였다.

사정이 이러하므로, 시내산 신현은 결국 가나안의 폭풍 신 바알의 모든 권세가 여호와의 것이며 바알은 헛된 우상에 불과하다는 논박일 수 있는 것이다. 여호와 하나님의 나타나심으로 온 우주가 격변하고 두려움에 사로잡히는 것은 이제 바알이 아니라 여호와께서 우주의 왕이심을 선포하는 것이기 때문이다. 이제 바알이 아니라 여호와께서 "하늘 구름을 타시는 자"이시며 (신 33:26), 폭풍 신 바알이 아니라 여호와께서 이스라엘에 승리를 가져다주시는 전쟁의 용사이시고 비를 내리시는 하나님이시다. 이제 곡식과 포도주를 주시는 분은 바알이 아니라 여호와 하나님이시다. 이렇게 바알 신에 대한 논박이 여기 저기서 은연 중에 진행된 것이다. 그렇다면 여기 시편에서도 특히 신현 묘사 부분에서 바알 신에 대한 논박을 추정할 수 있을 것이다.

사실 다윗 통치와 연관하여 역사서에서 바알 숭배를 언급하지는 아니한다. 그러나 다윗 시대 이전이나 (삿 2:11, 13, 3:7, 6:25-32, 8:33, 10:6, 10, 삼상 7:4, 12:10) 이후에 (왕상 16:31-32, 18:19-40, 19:18, 22:54, 왕하 3:2, 10:18-28, 11:16, 21:3, 23:4-5) 바알 우상 종교가 이스라엘에 크게 영향을 행사하고 있었다면 다윗 당대에도 바알 종교의 유혹에 백성들이 노출되어 있었다고 추정할 수 있을 것이다. 어떤 이들은 바알 종교가 이스라엘 신앙에 위협이 된 것은 왕국이 남북으로 분단되고 북 왕국에서 오므리가 왕조를 세운 이후 바알 신을 적극 장려한 이후부터라고 주장하지만, 그런 주장은 신명기나 사사기의 묘사에 비추어 볼 때 사실일 수 없다. 사사 시대에 이미 이스라엘은 바알 종교에 깊이 물들어 갔던 것이다.

그런데 주전 13세기경의 유가릿 문헌이 묘사하는 그런 바알 신의 모습이 과연 몇 백 년

이후인 다윗 시대의 바알 사고에서도 그대로 나타났던가? 이 점에서 다른 이름으로 (예컨대, 멜카르트나 바알솨멤) 바알이 등장하긴 해도 그 본질적 특성은 변함이 없었다고 할 수 있다. 왕상 17-19장에 묘사된 바알 종교와 여호와 신앙 사이의 직접 대결에서 주전 13세기 유가릿 문헌에 등장한 그 바알의 모습이 그대로 등장하고 있다는 점도 이런 추정을 뒷받침 해준다. 예컨대, 폭풍 신 바알이 비를 내리고 땅에 곡식과 생명을 준다고 믿어졌던 바가 여호와의 도전으로 산산조각이 났다. 엘리야 선지자가 하늘에서 불을 내리는 신이 참신이라 도전장을 내 밀었던 것은 천둥 번개를 주관하는 폭풍 신 바알에 대한 도전장이었던 것이다.

3. 시적 구조와 해석

이 시는 내용에 따라 10개의 연으로 나누어진다 (R. B. Chisholm, Jr., "An Exegetical and Theological Study of Psalm 18/ 2 Samuel 22," [Dallas Theological Seminary 논문, 1983], 37-59 참조). 더 거시적으로 본다면 도입 (1-2절), 구원 묘사 (3-29절), 승리 묘사 (30-45절), 결론 (46-50절) 등이 될 것이다.

도입 (1-2절)
제1연 (1-2절): 도입으로 찬양과 확신을 표현

첫째 주요 부분 (3-30절):
제2연 (3-6절): 도입 찬양 (3절)과 곤경에서의 간구
제3연 (7-16절): 구원하시려 나타나는 하나님의 신현
제4연 (17-19절): 구원
제5연 (20-24절): 구원의 근거
제6연 (25-30절): 의로운 하나님께 호소

둘째 주요 부분 (31-45절): 왕으로서의 다윗
제7연 (31-36절): 도입 찬양 (31절), 왕의 예비 (32-36절)
제8연 (37-42절): 승리
제9연 (43-45절): 통치
결론부 (46-50절)
제10연 (46-50): 결론 부분으로 여호와를 찬양하리라는 신앙적 결심
여기 분해에서 30절과 31절이 피상적으로 보기에 서로 연관되는 듯 하나, 우리는 두 구

절을 다른 연에 각기 배치시켰다. 이 시의 도입부 (1-2질)에서 우리는 "방패," "피난하다" 란 표현을 본다 (2절). 그런데 이 동일한 표현이 첫 주요 부분의 말미인 30절에서도 나타난다. 도입부와 결론부 사이에도 유사한 식으로 연결이 이루어지고 있다 ("반석"이 도입부인 2절과 둘째 주요 부분 도입절 31절, 그리고 결론부의 도입절 46절에서 나타난다). 첫째 주요 부분과 둘째 주요 부분은 각기 찬양으로 시작된다.

리델보스는 시 18편이야말로 탁월한 필치와 독창성을 드러내는 걸작이라 평가하고 다음과 같이 분해한다 (*Die Psalmen*, 163):

A 도입 (1-2절)
B 첫 부분 (3-30절)
 1 구원 묘사 (4-19절); 2 구원할 이유와 구원에 대한 찬양 (20-30절)
C 둘째 부분 (31-45절)
 1 왕의 예비 (32-36절); 2 승리 (37-42절); 3 통치 (43-45절)
D 결론 (46-50절)

리델보스는 이 다윗의 시 내용이 연대기적으로 이해될 수 있다고 지적한다. 예컨대, 3-19절에서 다윗은 사울 왕의 위협을 묘사하고, 20-30절에서는 어떤 이유에서 사울의 손에서 건짐을 받았는지를 제시하며, 32-45절에서는 자기를 왕이 되게 한 전쟁에서의 승리를 묘사한다 (Ibid., 164). 그런데 이렇게 이 시의 내용을 연대기적으로 이해하면, 3-19절 부분과 32-45절 부분을 비교할 때 제기될 수 있는 두 부분 사이의 여러 차이들을 설명할 수 있게 된다. 예를 들어, 3-19절 부분에서 시인은 큰 곤경에 처해있지만, 후자에서는 그렇게 보이지 않는다. 3-19절에서 시인은 수동적으로 구원을 받지만, 후자에서는 아주 능동적으로 행동하고 있다. 3-19절 부분에서는 원수들이 당혹하며 흩어지지만, 후자에서는 멸망당하고 박살이 난다. 이렇게 본다면, 3-19절 부분은 다윗이 사울을 피난할 때의 정황이라면, 32-45절 부분은 왕으로서의 다윗의 모습을 묘사한다. 20-26절에서 시인이 자기의 무죄를 주장할 때, 이는 자기를 무고하게 핍박하는 사울 왕에 대조시켜 하나님께 호소하는 주장이라 볼 수 있다. 사울의 손은 정결하지가 못하다. 사울왕은 여호와께로부터 떠나 불경한 자가 되었던 것이다.

시적 기교를 몇 가지 본다면, 4-5절에서
4절 a + b/ b + a /5절 b + a/ a + b
구조의 교차 대구법이 나타난다. 다른 형식으로 제시하면,
4절 동사(+인칭 접미어) +주어 / 주어 +동사(+인칭 접미어)
/5절 주어+ 동사(+인칭 접미어)/ 동사(+인칭 접미어) + 주어
[4절 V(+o) + S / S +V(+o)/ 5절 V(+o) + S/ S +V(+o)]
(6절 전치사구 +동사 + 목적어/ 전치사구+ 동사/ 동사 +전치사구 +목적어/ 주어 +동사 +

시 18편 나의 힘이 되신 여호와여! 455

전치사구) 구조이다.

6절과 41절에서 사고상의 현저한 대조가 나타나고, 41절에서는 "솨바-" 동사 (도움을 부르짖다)와 "야솨아" (구원하다) 동사 사이에 말 유희가 작동한다 (합 1:2도 참조). 한편 "야솨아" (구원하다) 동사는 이 시편에서 3, 27, 41절 등에서 등장하는 핵심어이다. 그리고 "그의 길은 완전하다" (30절)라고 하나님을 찬양한 시인은 그가 "내 길을 완전케 하신다" (32절)라고 노래한다. 이 시에서 "완전한" (타밈)은 23, 25, 30, 32절 등에서 나타나고, "길" (데렉)은 21, 30, 32절 등에서 반복된다. 또 다른 반복되는 핵심어는 "구하다" (팔라트, 피엘형)가 2, 43, 48절 등에서 나타나고, 앞에서 언급된 "야솨아" 동사 역시 여러 번 반복되었다.

표제:
여호와의 종 다윗의 시 —이 부분이 삼하 22:1에서는 생략되었다. 삼하 22장에 실린 시의 본문과 시 18편을 비교해 보면, 전달 면에서 후자가 더 양호한 듯 보인다.

영장으로 한 노래 (람낫체아흐) —음악 용어로, "성가대장을 위하여." 이 부분은 삼하 22:1에서 생략되었다. 이렇게 삼하 22:1에 없는 표현이 삽입된 시 18편의 표제는 시편의 편집자들이 첨가했는지 모른다.

여호와께서 다윗을 그 모든 원수와 사울의 손에서 구원하신 날에 (레에베드 야웨 레다빗 아쉐르 딥베르 라도나이 에트-디브레 핫쉬라 핫좃 베욤 힛칠-야웨 오토 믹카프 콜-오예바브 우미야드 솨울)—성도들에게 "원수들"은 여러 가지이며, 그 기능도 여러 가지이다. 비단 사람만 아니라, 질병, 내란(內亂), 귀신의 세력, 외적(外敵), 가난 등의 원수가 있으며, 이것들은 성도를 깨워 하나님만 바라게 하고 동시에 죄악의 유혹에 떨어지지 않게 한다. 더구나 원수는 성도들이 범죄할 때 징계하고 처벌하는 수단이 되기도 한다. 다윗의 경우에 사울은 연단의 도구였으며, 압살롬의 반란(삼하 15장 이하)이나 세바의 반란은 (삼하 20:1) 죄악에 대한 징계 도구였고, 온역도 (삼하 24:13) 역시 징계의 도구였다. 그러나 우리는 "하나님을 사랑하는 자 곧 그 뜻대로 부르심을 입은 자들에게는 모든 것이 합력하여 선을 이루느니라"는 (롬 8:28) 진리를 확신한다.

"다윗을 그 모든 원수와 사울의 손에서" -원문대로 하자면, "그를 그의 모든 원수들의 손바닥에서와 사울의 손에서부터" 이다. 그런데 "그를" (오토)의 철자는 완전 철자 (plene writing)로, 삼하 22:1의 불완전 철자 (defective writing) 보다 후대형이다. "이 노래의 말" (디브레 핫쉬라 핫조트)은 이제 제시될 시를 지시한다.

제1연 (1-2절): 도입으로 찬양과 확신을 표현
1절: 나의 힘이 되신 여호와여 내가 주를 사랑하나이다 (에르하메카 야웨 히즈키) —사용된 동사 (라함)는 보통 주님께서 당신의 성도들에게 긍휼을 베풀다, 자비를 베풀다; 부모의 자녀에 대한 자비로운 사랑을 표현한다 (피엘형). 여기서는 성도의 주님을 향한 사랑을 표현한다 (칼형). 이 동사는 여성의 자궁을 의미하는 "레헴"이란 말과 연관된다. 자신의 태에서 잉태된 아이를 향하여 갖는 모정애, 동정심 등이 이 말로 표현된다. "나의 힘" (히즈키)이란 표현은 여기서만 나타난다. 한편 1절의 이 표현은 병행구 삼하 22:2에서 나타나지 않는다.

여호와는 나의 반석이시요 나의 요새시요 나를 건지시는 자시요 나의 하나님이시요 나의 피할 바위시요 나의 방패시요 나의 구원의 뿔이시요 나의 산성이시로다 —다윗은 고난 중에 만났던 여러 모습의 주님을 여러 호칭으로 부른다: "나의 반석, 나의 요새, 나의 구원자, 나의 하나님, 나의 피할 바위, 나의 방패, 나의 구원의 뿔, 나의 산성" (시 31:4, 71:3, 91:2, 144:2). 이렇게 "여호와는 (나의) X이라" 하는 형식문은 X가 보호와 구원을 강조하는 표상으로 등장하며, 이런 형식문은 신뢰시나 탄식시에서 (시 3:4, 27:1, 28:7-8, 40:18, 54:6, 59:10, 61:4, 71:5, 7, 94:22, 144:1-2 등) 확신을 표현하는 기능을 감당한다. 그런데 "반석", "요새", "방패", "산성" 등은 하나같이 "보호"에 강조점을 둔다. 따라서 하나님은 다윗의 보호자시라는 선언이다. 이는 고대 종주권 조약 관계에 비추어 본다면, 하나님이 다윗을 보호하는 "종주" 대왕이며 다윗은 "봉신"이 된다. 30절에서 하나님의 도가 완전하다는 선언은 이 종주 대왕이 믿을만하다는 의미이다. 25-26절에서 다윗은 이 종주 대왕이 봉신의 자세 여하에 따라 정확하게 반응하신다는 영적인 원리를 진술하고 있다. 봉신이 충성하면 그에 상응하여 축복하시고, 봉신이 배반하면 그에 상응하여 징계하신다.

나의 '반석' (살레이)— 험한 바위산 혹은 벼랑 (crag, cliff)으로 너무 가파르기에 접근하기 어렵다 삼손은 에담에서 이런 바위틈에 피하였다 (삿 15:8, 11, 13). 연합군의 추격을 받은 베냐민 족속의 군사들은 림몬 바위에 피난하였다 (삿 20:45, 47, 21:13). 이스라엘들은 블레셋 군을 피하여 바위틈에 숨었다 (삼상 13:6). 다윗은 사울을 피하여 마온 황무지 바위틈에 숨었다 (삼상 23:25). 그곳 바위 벼랑까지 찾아온 사울 왕 일행은 블레셋 군대의 침공소식을 듣고서야 물러갔으므로, 그곳 바위 벼랑을 *셀라함마흐레콧*이라 (도피의 바위, 분리의 바위) 불렀다 (삼상 23:28). 다윗은 아둘람 바위굴에 숨기도 하였다 (대상 11:15).

나의 요새 (움츄다티)—사사시대에는 이스라엘에 요새가 없었다. 그래서 미디안족이나 블레셋 족속의 압제를 피해 산지나 동굴에 숨었다 (삿 6:2, 삼상 13:6). 천혜의 요새들이 많은 팔레스틴에서 왕들은 이런 곳들을 다듬어 요새로 사용하였다. 만약 가파른 벼랑이 없는 경우에는 도랑을 만들어 성벽을 보호하기도 했다. 예루살렘 성벽은 망대나 흉벽을 갖추어 공격에 대비하였다. 팔레스틴의 요새들은 대개 세 방면에서 국토를 방어하도록 건설되었다. 우선 최고의 전략 요충지였던 이스르엘 골짜기에 위치했던 므깃도, 이스르엘, 벳-쉐안 등이 요새들은 북방의 침입을 방어하고, 남서편의 립나, 라기쉬, 게셀, 벳-호론 등은 남편의 애굽군의 공격을 방어하거나 블레셋 군의 공격에 대비하였다. 요단 동편에는 라못-길르앗이 가장 중요한 요새였다.

나를 건지시는 자 (*움팔레티*) — 사용된 동사 (*팔라트*)의 기본 의미는 중대한 위험에서 도피하여 안전한 장소나 상태에 도착하는 것이다. 시인들은 종종 자신들을 거짓된 기소에서 (시 17:3), 질병에서 (시 31:1), 연로한 상태의 좌절에서 (시 71:1), 건져 주시라 하나님께 간구한다.

나의 하나님이시오 (*엘리*) —뒷말과 연결시켜 "나의 하나님은 내가 피할 나의 반석이시라" (NIV) 고 이해할 수도 있다. 삼하 22:3에서는 "내가 피할 나의 반석의 하나님" (*엘로헤 츄리 에헤세-보*)이라 한다.

나의 피할 바위 (*추리 에헤세-보*) —하나님을 바위 (반석)로 묘사하는 구절들이 많다 (신 32:4, 15, 18, 30, 31, 삼상 2:2, 삼하 22:3, 23:3, 시 19:15, 28:1, 62:3, 7, 8, 71:3, 73:26, 78:35, 89:27, 92:16, 94:22, 95:1, 144:1, 사 17:10, 26:4, 30:29, 44:8, 합 1:12 등). 다윗이 유다 광야에서 피난 생활할 때 피난했던 자연 요새지들이 하나님의 견고한 보호의 상징으로 묘사되고 있다.

나의 방패 (*마긴니*) —창 15:1 참조. 작은 손 방패. 솔로몬은 300개의 큰 방패와 300개의 작은 방패를 금으로 만들었다. 시삭이 이런 것들을 탈취해 가 버리자 르호보암은 대신 구리 방패를 만들었다. 그런데 이런 값진 방패는 의식용이고 실전용으로는 나무틀에 가죽을 입혔거나 고리버들 세공품이었을 것이다. 하나님의 온총, 신실하심 등 (시 5:12, 91:4)이 방패라고 하기도 하고 하나님 자신이 방패라 불리기도 한다 (창 15:1, 신 33:29, 시 3:3, 18:2, 30, 33:20, 59:11, 84:9, 11, 115:9-11, 잠 2:7, 30:5 등).

나의 구원의 뿔 (*베케렌-이쉬이*)—뿔은 대개 세 가지 다른 의미로 사용된다. 1) 군사용 나팔 (수 6:5), 2) 제단 네 귀퉁이에 달린 뿔로 제물을 묶는데 사용한다. 3) 힘의 상징이다. 여기서는 이 세 번째 의미이다. 외 뿔 소의 굉장한 힘이 고대인들에게는 인상적이었을 것이다. 이 뿔이 높아지는 것은 강력한 힘의 과시이다 (시 89:17). 반면 뿔이 부러지는 것은 (렘 48:25) 파멸의 모습이다. 뿔을 높이는 것은 교만의 상징이기도 하다 (시 75:4, 5). 쿠란에서 (18:82) 알렉산더 대제는 "두 뿔 가진 자"라 불렸다. 이는 그의 동전에 새겨진 모습, 곧 두 귀 위에 뒤로 구부러지게 난 두 뿔 때문일 것이다. 다니엘서에서는 권력을 휘두르는 왕들을 뿔로서 상징적으로 묘사하고 있다 (단 7장). 시인은 여기서 하나님께서 자신에게 구원을 주시는 권능이라 노래한다.

나의 산성이시로다 (*미스갑비*) — "산성"은 접근하기 어려운 피난처로, 절벽이거나 (사 33:16), 높은 망대/ 성벽 (사 25:12, 렘 48:1)일 수 있다. 한편, 삼하 22:3에서는 "나의 피난처시요 나의 구원자시라 나를 흉악에서 구원하셨도다" (*움누시 모쉬이 메하마스 토쉬에니*)가 첨가되었다. 이때까지는 삼하 22장에 결여된 것이 시 18편에서 나타났으나, 여기서는 반대 현상이 나타나고 있다. 그런데 "흉악"은 "폭력" (*하마스*)이다.

첫째 주요 부분 (3-30절): 구원의 묘사
제2연 (3-6절): 도입 찬양 (3절)과 곤경에서의 간구

3절: 찬송 받으실 (메훌랄) —이 표현은 2절 말미와 연결시킴이 좋을 것이다. 여호와는 해 뜨는 데서 해지는 데까지 찬양을 받으시기에 합당하시다 (시 113:3). 찬양은 그분의 창조와 구원 그리고 섭리 때문에 드려져야 한다. 동시에 그분이 하나님 (선하시고 인자하신 전능자)이시라는 사실 자체만으로도 (시 135:3) 찬양을 받으시기에 합당하시다. 찬양하다 (할랄)와 송축하다 (바락)는 병행어로서 (시 104:35) 다 같이 말로써 (노래도 포함) 그분을 존귀하게 하고, 높여 드리는 것이다.

내가 여호와께 아뢰리니 (에크라 야웨) —내가 야웨께 부르짖으리라. 달리 번역하자면, "여호와는 찬양을 받으소서!라고 내가 외쳤다" (NJB).

내 원수들에게서 구원을 얻으리로다 (우민오예바이 이바쉐아) —여기 "원수들"은 "사망"을 지칭하는 "탁월함의 복수형"이라 한다 (Dahood). 바로 다음절에서 "사망"이 다윗이 원수로 묘사되고 있다. "구원"은 이렇게 성도의 "부르짖음"과 연관된다 (시 20:10, 34:7, 55:17, 119:146; 삿 3:9, 15, 10:12, 14, 삼상 7:8, 시 107:13, 19). 한편, "내 원수들에게서 (민-오예바이)는 완전 철자로 삼하 22:4의 불완전 철자 (메오예바이)와 대조된다.

곤경과 그로 인한 간구 (4-6절):

4절: 사망의 줄/ 불의 [벨리알의 창수 … 5절 음부[스올의 줄/ 사망의 올무 —구조상으로 4, 5절은 동사+주어/ 주어+동사, 주어+동사/ 동사+주어 형식으로 교차 대구법적 동의 병행법을 이루고 있다 (chiastic synonymous parallalism). 사용된 단어들은 동의어들이다: 사망, 불의 (파멸), 음부. 이런 것들은 이 지상의 삶을 중단시키는 위협적인 요소들이다. 그런데 이것들이 수식하는 말들 (줄, 창수, 줄, 올무)은 모두가 복수형이다: 줄들 (하블림), 창수들 (네할림), 줄들 (하블림), 올무들 (모케쉽). 분명한 것은 다윗이 이런 표현들로 자신의 생명을 위협했던 요소들을 상징적으로 묘사한다는 것이다. 올무나 올가미, 줄 등은 사냥시 사용되는 것들이므로, 사망이 마치 사냥꾼처럼 다윗의 생명을 노리고 추격하여 올무들에 빠지게 하고, 올가미 줄에 옭아맨다. 파멸의 창수들은 순식간에 지리산 계곡을 덮쳐 수십 명의 등산객들의 생명을 앗아간 것처럼 불시에 습격하여 다윗의 생명을 노린다.

사망의 줄이 나를 얽고 (아파푸니 헤블레-마벳) — "사망의 줄들" (헤블레-마벳)이 (시 116:3; "스올의 줄들" [삼하 22:6, 시 18:4, 5]) 삼하 22:5에서는 "사망의 물결" (미쉬브레-마벳)로 나타난다. 후반절에 "불의의 창수" (나할레 벨리야알)에 병행되는 사고를 드러내는 삼하 22:5의 것이 적절하게 보인다. "창수"란 계곡에 흐르는 "급류"를 지시한다. 한편, 철자(綴字) 면에서 시 18:5-6이 완전철자법을 사용했다면, (아파푸니, 야바아투니), 삼하 22:5, 6에서 불완전 철자법을 사용했다.

불의의 창수가 나를 두렵게 하였으며 (베나할레 벨리야알 에바아투니)— "불의의 창수"는 여기서만 나타난다. "불의"(벨리야알)의 어원적인 분석은 의견이 다양하다: 1) 무익한 2) 성장이 없는 (벨리[없는] + 야알[성장]) 3) 무질서 4) 삼키는 자, 무저갱 5) 바다의 바알 (주인) 등. 여기서는 전반절의 "사망"과 병행되어 "파멸" 정도로 이해된다. 그리고 "두렵게 하다"는 악령이 가져오는 공포를 지시할 수도 있고 (삼상 16:14-15), 욥기서에 자주 이 동사가 나타난다 (욥 7:14, 9:34, 13:11, 21, 15:24, 18:11, 33:7). 시인은 여기서 상징적 기법을 사용하여 자기 생명을 위협하는 요소를 묘사한다.

5절: 음부의 줄이 나를 두르고 (헤블레 쉐올 세바부니)— "음부"(스올)는 "무덤"이나 "저승"을 지시한다. 시인은 자신이 무덤의 밧줄로 꽁꽁 묶였다고 말한다. 여기 음부 (스올)는 사망과 병행되며, 하나님의 통치를 대적하고 하나님의 백성을 멸망시키려는 최고의 세력이다. 반면 15-16절에 묘사된 흉흉한 바다는 이 음부와 사망의 세력이 가시적으로 모습을 드러낸 한 표현이다.

사망의 올무가 내게 이르렀도다 (킷데무니 모케쉐 마벳)— "올무"는 새를 잡기 위한 장치이나 여기서는 시인의 생명을 위협한다. "이르다"(카담)는 "만나다"를 의미한다. 사망이 여기서 시인을 올무를 놓아 잡으려는 사람처럼 의인화되었다. 그런데 이런 사망의 세력에서 여호와께서 시인을 구원하시는 것은 죽음의 신 모트를 이긴 바알의 행위와 바알의 통치 영역이 여호와께 속했다는 것을 암시한다.

6절: 내가 환난에서 여호와께 아뢰며 (밧차르-리 에크라 야웨)— "아뢰다"는 차라리 "부르짖다"(에크라)이다. "환난"은 사면초가(四面楚歌)의 협소한 지경에 몰리듯 움직일 여지가 없는 상태이다.

나의 하나님께 부르짖었더니 (베-엘-엘로하이 아솨베아)— "부르짖다"(솨바)는 도움을 부르는 일련의 째지는 듯한 외침이다. 이러한 외마디 부르짖음은 기도이며 (시 102:2), 이 부르짖음은 눈물을 동반한다 (시 39:12). 이러한 부르짖음은 절박한 사정이 아니고서야 가능치 않다. 이런 부르짖음은 하나님의 응답을 얻어낸다. 왜냐하면 이런 울부짖음은 "그분의 면전에 대고 울부짖는 울부짖음의 기도"(솨브아티 레파나브)이기 때문이다.

저가 그 전에서 내 소리를 들으심이여 그 앞에서 나의 부르짖음이 그 귀에 들렸도다 (이쉬마아 메헤칼로 콜리 베솨브아티 레파나브 타보 베오즈나브)— "들렸도다"가 아니라 "(그의 두 귀에) '이르렀다'"이다 (타보). 그분은 하늘 성전 (혹은 궁궐)에 계시나 자기 지상 자녀들의 부르짖음에 민감하시다. 한편 삼하 22:7에서는 "그 앞에 이르다"(레파나브 타보)가 생략되었다.

제3연 (7-16절): 구원하시려 나타나는 하나님의 신현

구약에서 신현 현상은 에덴동산에서의 신현 (창 3:8), 모세 당대의 시내산 신현 (출 19장), 엘리야와 연관하여 시내산에서의 신현 (왕상 19:11-13) 등이 대표적이다. 그런데 다윗이 여기서 제시하는 신현 묘사는 하나님께서 이전에 시내산에 강림하셨을 때 동반되었던 자연의 대격변 현상들 곧 지진 (7절), 연기와 불 (8, 12절), 검은 구름 (9, 11절), 천둥 (13절), 번개 (14절) 등의 표상을 차용한 것이다. 즉 이런 표상들을 차용하여 하나님께서 자신을 도우신 때를 묘사하고 있다. 또한 우박 (12절), 천둥 (13절), 번개 (14절)로 원수를 친 것은 애굽인들 (출 9:22 이하), 가나안 동맹군 (수 10:10 이하), 블레셋 원수 (삼상 7:10) 등을 하나님께서 치셨을 때의 모습에서 표상을 차용하여 표현한 것이다. 이런 표상들을 차용하여 하나님께서 자신을 도우신 일들을 묘사함으로 다윗은 하나님의 구원 역사가 지속적으로 자기 당대에도 이루어지고 있다는 확신을 표현하였다. 이전 출애굽의 위대한 구원을 이루신 주님, 시내산에 강림하셨던 그 하나님께서 지금도 다윗에게 큰 구원을 베푸신다는 확신이었다. 15절에서 다윗은 홍해 구출을 암시해주는 용어들로 자기에게 베푸신 구원을 묘사한다.

그런데 홍해에서의 구원 묘사와 여기 시 18편의 구원 묘사에서 구원자 하나님이나 구원의 혜택을 받는 자는 다 이스라엘이지만, 그 원수는 달라졌다. 홍해 사건에서는 애굽인들이 원수였고 파도는 저들을 치는 하나님의 도구였다면, 여기서는 울부짖는 파도가 다윗의 원수이다. 이 파도는 홍해에서 적군을 파멸시키는 하나님의 도구였다면 여기서는 원수의 동맹이거나 아니면 원수 자체이다. 이렇게 바다가 원수의 표상으로 등장한 것은 여호와께서 세우신 자연 질서를 위협하는 세력으로서 바다는 여호와의 창조 질서와 그의 언약 질서를 깨려는 반-신정(神政)적 세력 (anti-theocratic forces)을 상징하는 것이다.

7절: 땅이 진동하고 (*봐티그아쉬 봐티르아쉬 하아레츠*)—후반절의 "산들의 토대들"에 비추어 "땅"은 "지하 세계" (nether world)로 보아야 한다 (신 32:22, 사 24:18, 렘 31:37, 미 6:2, 욘 2:7). 그런데 "진동하다"란 말은 원문에서 "요동하다"란 의미를 갖는 두 동사의 번역이다 (*가아쉬, 라아쉬*). 첫 동사는 "올라갔다 큰 소리로 떨어지다"와 둘째 동사는 "발작하다"를 의미한다. 그래서 "땅이 진동하고 요동하였다" 정도로 번역해야 한다. 하나님의 나타나심은 이처럼 자연의 대 격변(激變)을 일으킨다.

산의 터도 요동하였으니 (*우모스데 하림 이르가쥬 봐이테가아슈*)—삼하 22:8은 "산의 터들" 대신에 "하늘의 터들"이라 하였다 (*모스돗 핫솨마임*). 여기서 사용된 "기초들" (foundations)은 창조시에 놓여진 것들이며 (잠 8:29), 땅의 토대들이며, 하늘이 창들과 대조적이다 (사 24:18). 구약에서 땅은 지하 물들 위에 기둥들이나 토대들로 떠받쳐져 있다 (욥 38:4-6, 시 24:2, 104:5, 잠 8:29). 땅 밑의 세상은 "스올"이다. 땅 위에는 궁창이 있다. 이 궁창 (*후그*, 사 40:22, 잠 8:27)의 문을 통해 물이 쏟아진다. 이런 우주론 (cosmology)을 "원시적"

이라 해서는 안 된다. 오히려 "현상적" 표현 (phenomenological expressions)일 뿐이다. 과학시대라 하는 현대에도 "해는 동에서 떠서 서로 진다"고 하듯, 고대인들의 세계 묘사도 "현상적"이었다. 특히 고려중인 시편에서처럼 우주론은 시적으로 많이 묘사되고 있다. 이것들이 요동하고 흔들렸다 (shook and they trembled, NIV).

그의 진노를 인함이라 (*키 하라 로*) —하나님의 진노는 그 콧 기운의 열기가 발산됨으로 표현된다. 그 코에서 진노의 불이 나오면 진노의 대상은 타서 멸망하게 된다 (8절; 신 32:22). 여기서는 그분의 진노의 기운에 땅이 진동하고, 산들의 기초들 (삼하 22:8에서는 "하늘들의 기초들") 조차 흔들린다. 그런데 "진노하다" (*하라*) 동사는 "뜨겁게 되다/ 뜨겁다"를 의미하며, "진노하다" 란 사고는 1) 그의 코가 뜨겁게 되다 (*하라 아포*), 곧 그의 진노가 불붙다, 2) 그가 진노하다 (*하라 + 로* [전치사 *레* + 주어표시 3인칭 대명사])(창 4:6, 삼상 20:7, 삼하 19:43 등), 3) 그가 진노하다 (*하라 + 베에나브* [전치사 *베* + 그의 눈])(창 31:35, 45:5 등) 등과 같이 다양한 방식으로 표현된다.

8절: 코에서 연기가 오르고/ 입에서 불이 나와 사름이여/ 그 불에 숯이 피었도다 (*알라 아샨 베압포 베에쉬-미피브 토켈 게할림 바아루 밈멘누*) — "연기가 오르고, 입에서 불이 나와 삼키며, 그것에서 타는 숯불이 불길을 낸다." 점진적 강화의 강조적 묘사이다. 연기가 불로, 불이 피는 숯불이 된다. 그런데 "그 코에서 [연기가 오르고] (*베아포*)"에서 사용된 전치사 "*베*"는 제2, 3 콜론에 사용된 전치사 *민*에 비추어 볼 때, "—로부터" (from)란 의미이다 (14절도). 이런 의미는 유가릿 문헌으로부터도 확인된 바다.

9절: 하늘을 드리우시고 강림하시니 (*바에트 샤마임 바에라드*) —그가 하늘들을 휘어지게 하시고 (he bowed the heavens-NRSV; NIV는 "하늘을 쪼개시고"; 시 144:5 참조) 내려오시다. 즉, 그분의 진노로 말미암아 하늘이 땅으로 휘어지듯 하여, 주님은 땅에 강림하신다 (*바에라드*).

그 발아래는 어둑 캄캄하도다 (*바아라펠 타하트 라글라브*) —신 4:11의 신현 묘사는 이렇다: "그 산에 불이 붙어 화염이 충천하고 유암과 구름과 흑암이 덮였는데." 하나님은 이 화염 중에서 말씀하셨다. 시편기자는 하나님 주변에는 구름과 캄캄함이 둘러싼다 하였다 (시 97:2). 그런데 선지자들은 불경한 자를 심판하는 "주의 날"을 묘사할 때 "흐리고 캄캄한 날" (*베욤 아난 바아라펠* [구름과 캄캄함의 날]), "어둡고 캄캄한 날이요 빽빽한 구름이 끼인 날" (욜 2:2, 습 1:15)로 그렸다. 하나님은 강림하실 때 자기를 어둠 속에 감추시고 나타나신다. 그러나 그분의 강림과 함께 동반되는 광채는 온 세상을 밝힌다 (신 33:2, 합 3:4). 여기 시편에서 묘사되고 있는 장면은 하나님께서 불경한 자를 심판하시기 위해 자신을 나타내시는 모습이다.

10절: 그룹을 타고 날으심이여 (*바이르카브 알-케룹*)—하나님은 법궤의 그룹들 위에 좌정하신 분이시다 (시 80:1, 겔 1장; 시 99:1, 삼상 4:4). 9절이 강림 (*야라드*)을 언급했다면, 10절에서는 강림의 방식을 묘사한다. 11절에서는 다시 강림하실 때의 흑암에 쌓인 채 임하시는 모습을 묘사한다. 시인을 곤경에서 구하기 위해 "재빨리" 이동하시는 모습을 묘사하기 위해 "그룹을 타시고 날으신다"고 표현한다. 지극히 시적인 묘사이다. 그런데 에스겔 선지자는 병거의 네 개의 바퀴들에 네 그룹들이 서로 불가분리로 매어서 보좌를 떠받치는 것으로 묘사한다 (겔 1:4-28, 9:3, 10장, 11:22). 하나님은 그룹들 위에 좌정 하신다 (삼하 6:2, 대상 13:6, 시 99:1). 그룹천사와 연결하여, 겔 28:14 (한역, 기름 부음을 받은 덮는 그룹임이여 [케룹 밈샤흐 핫소케크])은 "활짝 펼쳐진 [날개들의] 덮는 그룹" (overshadowing Cherub of wings outstretched)으로 이해된다 (M. Dahood, *Psalms I: 1-50*, 107). 사용된 동사 *마샤흐*는 기름 붓다는 의미를 가진 말과 동음이의어인 "펼치다"란 동사이다 (아람어 *마샤흐* II [펼치다, 측량하다]). 그룹은 날개를 펼친 모습으로 성전 내소 안에 조각되어졌다 (왕상 6:24, 25 등). 에스겔 선지자는 그룹들의 날개들을 묘사한 바 있다 (겔 10:5, 8).

바람 날개로 높이 뜨셨도다 (*바야오프 바에데 알-칸페-루아흐*)—"바람의 날개들을 타시고 날으시도다" (삼하 22:11에서는 "나타났다" [*바예라*로 읽는다). 그분은 출 19:4에 의하면, 독수리 두 날개 위에 이스라엘을 얹어 자기에게로 날랐다 한다. 시적인 묘사이다. 그런데 삼하 22:11은 "그가 바람 날개들 위에 보이셨다" (*바예라*)로 "달렛"을 "레쉬"로 혼동하고 있다. 히브리어에서 이 두 자음은 모양이 유사하다.

11절: 흑암으로 그 숨는 곳을 삼으사 (*야쉐트 호쉐크 시트로*)—삼하 22:12에서는 "그의 숨는 곳" (*시트로*)이 생략되었다. 악행자들은 숨을 만한 흑암이나 어두운 그늘이 없다 (욥 34:22). 하나님께서 사람의 길을 주목하시기 때문이다. 그렇지만 하나님은 자신을 숨기신다 (*Deus absconditus*). 동시에 하나님은 어린아이들에게는 자신을 계시하신다 (*Deus revelatus*). 세상 지혜로는 하나님을 알 수가 없다. 참으로 아이러니가 아닐 수 없다. 여기 시에 묘사된 바는 천둥 번개 치고, 먹장구름이 하늘을 뒤덮은 자연 광경을 연상케 한다. 물의 흑암 (삼하 22:12에서는 "모인 물")과 하늘 구름으로 천막을 삼으시고 자기를 두르신다.

장막 같이 자기를 두르게 하심이여 곧 물의 흑암과 공중의 빽빽한 구름으로 그리하시도다 (*세비보타브 숙카토 헤쉬카드-마임 아베 쉐하킴*)—그는 어둠을 자기 덮개(covering)로, 캄캄한 물과 빽빽한 구름을 자기 주변을 두르는 천개 (canopy)로 삼으셨다 (NJB). 곧 그분의 덮개, 천개(天蓋)는 어둠이며, 이 어둠은 하늘의 캄캄한 비구름이다 (NIV). 한편 삼하 22:12에서는 "저가 흑암 곧 모인 물[*하쉬라트 마임*]과 공중의 빽빽한 구름으로 둘린 장막을 삼으심이여" 라 하였다.

12절: 그 앞에 광채로 인하여 빽빽한 구름이 지나며 우박과 숯불이 내리도다 (*민노가흐 네겟도 아바브 아베루 바라드 베가할레-에쉬*)—"그 앞의 광채로부터," 그의 구름들이 스쳐 지나고, 우박과 숯불(번개)이 나타나는구나!" 이 역시 천둥, 번개 치는 자연 현상을 묘사한다.

한편 삼하 22:13에서는 "그의 구름들"과 "우박"이 생략된 반면, 시 18:14에서는 "우박과 숯불(번개)"가 말미에 다시 나타난다.

13절: 여호와께서 하늘에서 뇌성을 발하시고 지존하신 자가 음성을 내시며 (바야르엠 밧솨마임 야웨 베엘리온 엣텐 콜로) — "하늘로부터" (밧솨마임; 삼하 22:14에서는 민-솨마임). 그분의 천둥, 번개는 우연한 자연현상이 아니라 그분의 무기이다 (삼상 2:10, 7:10, 욥 37:4, 5). 지진이나, 천둥 번개 등이 자연현상으로 나타난다 해도, 그 근본 동인 (動因)은 하나님 자신이시다.

우박과 숯불이 내리도다 (바라드 베가할레-예쉬) —이는 13절 말미에 나온 것이 반복된다 (NIV, NJB는 이 부분을 오류에 의한 반복 [重複誤寫 dittography]으로 간주하고 생략함; 삼하 22:14에서 이 부분이 생략). 그런데 삼하 22:14에는 "우박과 숯불이 내리도다" 란 부분이 없다.

14절: 그 살을 날려 (바이쉴라흐 힛챠브)—화살들은 번개와 같이 내려치는 천둥이다. 가나안 정복전 당시에 여호수아 장군 휘하의 이스라엘 군이 승리했던 것은 여호와께서 원수들을 파하셨기 (하맘) 때문이다 (수 10:10). 하나님은 "큰돌들" (큰 우박)을 적군에 머리 박에 쏟아 부으셨다. 이렇게 해서 죽은 자들이 이스라엘군의 칼에 죽은 자보다 더 많았다 (수 10:11). 사무엘 시대도 그러했다 (삼상 7:10). 이것이 무슨 신화적 이야기인가? 반문할지 모르나, 자연현상은 하나님의 지휘하에 움직인다. 여기 구절들에서 하나님은 "최고의 전쟁 용사"로 (the divine warrior par excellence) 묘사된다.

저희를 흩으심이여 (바예피쳄)—여기서 "저희"는 "그것들" (동사의 목적접미어)로, 화살들을 지시한다. 원수는 17절에 가서야 언급되기 때문이다. 동시에 하맘 동사의 목적어 (동사 목적 접미어, "그것들")는 번개를 지시한다. 하나님은 그것들을 번쩍이신다 (시 144:6).

많은 번개로 파하셨도다 (우베라킴 라브 바예홈멤)— 삼하 22:15은 "그가 번개로 저들을 흩으시고 저들을 파하셨다" (바예피쳄 바락 바예홈멤 [케레])라 한다. 여기서 사용된 동사 (파하다, rout 하맘)는 출애굽 때나 (출 14:24) 정복 전쟁 때 (수 10:10, 삿 4:15, 삼상 7:10) 하나님께서 원수들을 파하신 일을 묘사할 때 자주 등장한다. 이 동사를 사용하여 하나님의 도우심을 묘사함으로, 다윗은 하나님께서 이스라엘에 주셨던 승리의 약속 (출 23:27)이 계속 자신을 통해 실현되고 있다는 사실을 인정한 것이다. 이렇게 원래 이스라엘에게 주셨던 승리의 약속이 현재 자기를 통해 계속 실현되고 있다는 확신은 40-45절에서도 분명하게 나타난다.

15절: 이럴 때에 여호와의 꾸지람과 콧김을 인하여 (믹가아라테카 야웨 민니쉬마트 루아흐 압페카)—"여호와여, 당신의 꾸지람에, 당신의 진노의 숨기운에." 삼하 22:16에서는 베가아라트 야웨 민니쉬마트 루아흐 압포 [야웨의 꾸지람에, 그의 진노의 숨기운에]. "꾸지람" (게아라)은 아람어나 유가릿 (Gordon, UT #606) 대응어들의 의미에 비추어 볼 때, "외침"

(roar)으로 이해될 수도 있다 (NAB, NJB). 이는 자연계의 격변의 근본 동인이다. 보이는 자연계의 움직임에 대한 자연과학적 설명은 2차적 동인을 제시했을 뿐이다. 신학적인 제시는 2차적 요인이 아니라 이렇게 근본 원인을 언급한다. 예컨대, 병은 병균이 원인이라 하겠지만, 근본원인은 영적인 회개 부족이며 죄악에 기인한다.

물밑이 드러나고 (*바에라우 아피케 마임*) —삼하 22:16은 "바다 밑이 드러나고." 후반절에 비추어 볼 때, 삼하 22:16의 것이 적절하다. 이런 차이는 *아피케-ㅁ 얌*으로 읽을 것을 *아피케 마임*으로 전접어 "ㅁ" (enclitic m)을 다음 단어와 같이 붙여 읽은 결과로 생겨났다. 바다 밑까지 번개가 관통한 것을 묘사하는 것인지 모른다.

세상의 터가 나타났도다 (*바익갈루 모스돗 테벨*) —전반절의 "바다 밑바닥"과 병행을 이룬다.

15-16절은 홍해 사건의 표상을 사용하여 다윗을 도우신 하나님을 노래한다. 그런데 시인의 생명을 위협하던 그 노한 물들을 주관하심으로 여호와께서는 우주의 왕이심을 확증하셨다. 유가릿 문헌에서 바알 신은 바다 신 얌을 패퇴시킴으로 우주적 왕권을 확립한다. 이제 이 시편에서는 바알이 아니라 여호와께서 온 우주의 왕으로 왕권을 행사하신다. 여호와께서는 바다의 창조자이시며 주관자이시다 (시 33:7, 95:5, 98:7, 104:7, 107:29, 135:6, 148:7). 이는 그분이 우주의 왕이심을 암시해준다 (시 33:8, 95:3, 98:6, 104:1, 135:5, 148:11, 13). 출애굽 사건 때에 바다를 주관하여 애굽군을 패배시키신 하나님은 바다의 주관자이시며 우주의 왕이심을 분명하게 입증하셨다 (시 74:13-14, 77:17, 78:13, 89:10-11, 106:9, 114:3, 5, 136:13). 시 74:13-14에서는 바다가 하나님의 대적으로 등장하며 하나님은 그 바다를 완전히 무력화시키신다. 이는 바다 신 얌을 패배시킨 바알 신의 표상이 차용되어 바알이 아니라 하나님께서 우주의 왕이심을 선포하는 것이다. 다른 시편들도 바다를 여호와께서 주관하신다는 표상을 사용하여 그분의 왕권을 드높인다. 예컨대 시 46:2-4, 65:8 등에서 여호와께서는 바다와 같은 반-신정적 세력들에게서 자기 백성을 보호하시는 것으로 나타난다. 그리고 시 89:10은 "당신은 흉흉한 바다를 통치하시나이다. 그 파도가 올라갈 때, 당신은 그것들을 잠잠케 하시나이다" 라 한다. 시 93:4은 높이 계신 주는 큰물의 소리보다 더 강하시나이다 라고 한다. 이런 표현들은 모두 하나님의 통치를 대적하는 세력들의 상징인 바다에 대한 하나님의 완전한 주관을 묘사하며 결국 그분의 왕권 행사를 노래한다. 이런 묘사 이면에는 가나안의 폭풍신 바알에 대한 논박도 작용한다.

16절: 위에서 보내사 나를 취하심이여 (*이쉴라흐 밈마롬 이카헤니*)— "위에서부터 아래로 달하여" (reached down from on hight), 그가 시인을 붙잡았다. 사용된 동사는 통상적으로 "보내다," "내밀다" (손 따위)를 의미하지만, 여기서처럼 "미치다" 란 의미로 취할 수도 있다. 하나님은 마치 자기 손을 쭉 뻗어서 다윗을 취하여 많은 물에서 그를 건져내시었다. "많은 물"은 다음절에 비추어 보건대 시인의 "강한 원수"를 상징적으로 지시한다.

많은 물에서 나를 건져 내셨도다 (얌쉐니 밈마임 랍빔) —물에서 건져내다 (draw out from the water). 사용된 동사 (마솨)는 "모세" (물에서 건져낸 자)와 연관하여 사용되었다 (출 2:10). 시인은 자신을 제2의 모세로 제시하는지 모른다. 동시에 시인은 앞에서 이미 시내산 신현 현상에 동반되었던 자연의 대격변 현상들 곧 지진 (7절), 연기와 불 (8, 12절), 검은 구름 (9, 11절), 천둥 (13절), 번개 (14절) 등의 표상을 차용하여 하나님의 도우심을 묘사한 바도 있다.

제4연 (17-19절): 구원

앞 연에서는 여러 가지 표상들을 차용하여 하나님의 개입을 묘사했다면, 여기서는 그런 표상을 사용하지 않고 직설적으로 하나님의 구원을 묘사한다. 우주적 시야가 사라지고 시인은 자기 주변 환경으로 우리의 시선을 끈다.

17절: 나를 강한 원수와 미워하는 자에게서 건지셨음이여 (얏칠레니 메오에비 아즈 우밋소네아이)— "나의 강한 원수와 나를 미워하는 자들." 이 원수들은 다윗에 비하여 너무나 강력하였다. 자기 힘으로는 도저히 이길 수 없는 자들이었다.

저희는 나보다 힘센 연고로다 (키-암츄 밈멘니) — "여호와여 강한 자와 약한 자 사이에는 주 밖에 도와 줄 이가 없사오니 우리 하나님 여호와여 우리를 도우소서" (아사 왕의 기도, 대하 14:11).

18절: 저희가 나의 재앙의 날에 내게 이르렀으나 (예캇데무니 베욤-에디) —여기 "재앙"은 "마지막 재앙"으로, 언제 임할지 모르며, 임박하였다 (욥 21:17, 31:3).

여호와께서 나의 의지가 되셨도다 (바에히-야웨 레미쉬안 리) — "의지"는 의지하는 대상, 예컨대, 지팡이를 지시하거나 의지하는 양식이나 물도 지시한다 (사 3:1). 재앙의 날은 욥의 경우에서 보듯, 자신이 통제할 수 없는 외적인 요인들에 기인된다. 이런 때에 주님을 배반한 백성에게 하나님은 "등을 보이고 얼굴을 보이지 아니" 하신다 (렘 18:17). 그러나 의롭게 행하는 자들 (시 18:20-24)에게는 의지할 분이 되신다. 형제 (성도)가 재난을 당하는 날에 우리는 발 벗고 나서서 돕지 않으면 하나님의 심판을 면치 못한다 (오 10-14). 동시에 내 환난의 날에는 사람에게 의지치 말고 주님만 바라보라 (잠 27:10).

19절: 나를 넓은 곳으로 인도하시고 (바요치예니 람메라하브)—사면초가 (四面楚歌)의 자리에서는 옴짝달싹할 수가 없다. 적진을 뚫고 탈출하면 그곳은 넓은 곳이다. 넓은 곳으로 인도하심은 후반절에서 "구원"으로 표현되고 있다. 한편 철자를 보면, 삼하 22:20과 달리 완전 철자법을 보이며, 동사에 인칭 접미어를 붙였다 (삼하 22:20에서는 동사와 목적어 "나를" [오티]을 따로 독립시켰다).

나를 기뻐하심으로 구원하셨도다 (에할레체니 키 하페츠 비)—구원하시는 (할라츠) 이유는 그가 시인을 기뻐하시기 때문이다. 여기서 기뻐하다 (하페츠) 동사는 마음의 상태변화를 묘사하는 상태 동사로, 주님의 마음이 다윗을 향하여 너그럽고 관대하게 움직이는 모습을 지시한다. 이 동사는 단순히 누구를 좋아하다, 기뻐하다는 의미도 있겠으나 (삼상 19:1, 창 34:19), 마음의 의지나 뜻을 표현한다 (삼상 2:25 참조; 죽이기로 작정하시다). 이 문장의 분위기는 7-8절에 제시된 원수를 향해 진노하시는 그분의 모습과 대조된다. 그런데 "기뻐하심으로" (키 하페츠)란 말은 "그가 기뻐하시기 때문에"이며, 여기 사용된 동사는 마음의 상태변화를 묘사하는 상태 동사로, 완료형에서 상태 동사 (stative verb)의 모양을 보이지만, 미완료에서는 "야흐포츠"로 행동동사의 모음변화를 보인다 (Jouon-Muraoka, §41).

제5연 (20-24절): 상벌 원리

여기 제시된 상벌 원리는 레 26장과 신 28장에 제시된 언약 상벌규정의 모세 아닌 다윗 선포에 다름 아니다. 다윗은 그 상벌규정을 개인적으로 체험한 바대로 여기 고하고 있다. 축구장에서 공을 좇아 선수들이 움직이듯, 우리는 그분의 심정을 좇아 움직여야 한다. 그분의 심정은 여호와의 "길들" (한역, 道; 20절), 곧 그분의 모든 "규례들" (미쉬파팀) 그분의 "율례들" (후코트; 21절)에 표현되어 있다. 그분의 계시된 "율례들"에 따라 행동하는 삶이 곧 흠 없는 삶이며, 그것이 의로운 삶이며, 그것이 "그분 앞에 완전한" 삶이며, 손의 정결함이다. 그런데 다윗은 어떻게 자신을 의롭다고 주장할 수 있을까? 그는 자신의 죄악성과 부패성을 잘 알고 있었다 (시 38:5, 40:13, 51:7, 69:6, 103:3). 그럼에도 왕상 3:6, 14:8, 15:5 등과 같은 구절들은 다윗이 온전히 하나님 앞에서 행하였고, 그 계명을 지키고 평생에 그 말씀에서 돌이키지 아니했다고 지적한다. 이러한 다윗 평가나 다윗 자신의 의롭다는 주장은 사울과 같은 악인과 비교하여 "상대적으로" 그렇다는 것이다. 비록 다윗이 때로는 하나님의 언약 법규에 따라 행치 못했다 할지라도 그는 지속적으로 하나님의 말씀을 무시하고 거스리는 악인의 행동과는 현저하게 대조적으로 여호와께 순종하는 자세를 견지하였다. 그런데 20-24절을 전체로 보면, 20, 24절이 서로 연관되고, 중간의 21, 22, 23절이 사고상 서로 연관되어 교차 대구법적 구조를 보인다 (33-36절 구조도 참조).

20절: 여호와께서 내 의를 따라 상주시며, 내 손의 깨끗함을 좇아 갚으셨으니 (이그멜레니 야웨 케치드키 케보르 야다이 야쇼브 리) —삼하 22:21에서는 "의로운 행동" (체다카)을 따라서라 한다. "의"가 원리라면, 그것이 생활의 행동으로 현실화되면 "의로운 행실"이 된다. "내 손의 깨끗함"은 불순물이 섞이지 아니한 상태를 지시한다 (사 1:25, 딤후 2:20). 불순물이 섞인 신앙을 순전하게 만드는 길은 그분이 우리 삶에 더하시는 고난이다. 이 시인도 고난을 통해서 순전함을 얻게 되었다. "상주시며 (가말)/ 갚으셨도다 (야쉬브)"-하나님은 각 사람의 행위대로 보응 하신다. 선을 심는 자는 선으로, 악을 심는 자는 악으로 (시 62:12, 마 16:27, 롬 2:6).

21절: 이는 내가 여호와의 도를 지키고 (키-샤마르티 다르케-야웨 벨로-라샤티 메엘로하이)—"야웨의 길들"은 그분의 뜻, 그분의 말씀을 지시하며, 시인은 하나님을 떠나 악을 행치 아니했다. 즉, 그의 길에서 떠나지 아니했다 (신 2:27, 5:32, 17:20, 28:14, 수 1:7).

22절: 그 모든 규례가 내 앞에 있고 내게서 그 율례를 버리지 아니하였음이로다 (키 콜-미쉬파타브 레네그디 베후코타브 로-아시르 멘니)— 규례 (미쉬파팀)나 "율례" (후콧)는 모두 그분의 "길들"과 동의어들로 그분의 언약 말씀을 지시한다 (25절 참조). 시인은 하나님의 언약 말씀을 행동으로 부인하지 아니했다. 삼하 22:23에서는 "내가 그것에서 돌이키지 아니했다" (로-아수르 밈멘나).

23절: 내가 또한 그 앞에 완전하여 나의 죄악에서 스스로 지켰나니 (바에히 타밈 임모 바에쉬탐메르 메아보니) —하나님에게 흠이 없다는 것은 의도적으로 그분의 말씀을 거역하지 않았다는 것이다. 시인은 자신을 자기 죄악에서 지켰다. 사용된 동사는 재귀형 (reflexive)으로 자신의 행동이 자기 자신에게 미치는 경우이다. 시인은 자기를 지켰다. 자기의 죄악에서 자기를 지켰다. 자기의 패역성을 알고서 그 패역성이 주장하지 못하도록 자신을 지켰다. 이는 자신의 부패성을 절감(切感)하고 주님의 은총에 자신을 매 순간 맡기는 삶이다.

24절: 그러므로 여호와께서 내 의를 따라 갚으시되 —20절 참조.

그 목전에 내 손의 깨끗한 대로 내게 갚으셨도다 (케보르 야다이 레네게드 에나브)—하나님 보시기에 깨끗하게 행하는 일은 그분의 말씀에 순종하는 삶이다 (요 17:17-19).

제6연 (25-30절): 의로운 하나님께 호소

25절: 자비한 자에게는 주의 자비하심을 완전한 자에게는 주의 완전하심을 보이시며 (임-하시드 티트하사드 임-게바르 타밈 팃타맘) — "신실한 자" (혹은 경건한 자)에게는 당신이 신실하시다 (히트하사드). 언약백성으로서 언약을 충실히 지키는 자들에게는 하나님도 언약의 약속을 충실히 이행하신다. "완전한 자" (게바르 타밈)도 역시 언약에 신실한 자이다.

26절: 깨끗한 자에게는 주의 깨끗하심을 보이시며 (임-나바르 티트바라르)— 후반절의 사특한 자와 대조된다. 신실하게 주의 언약을 지키는 자에게는 주님도 신실하심을 보이신다.

사특한 자에게는 주의 거스리심을 보이시리니 (베임 익케쉬 티트파탈)에게는 —바르지 못하고, 틀어지고, 왜곡된 마음을 가진 자이다. 이런 자들은 처세에 능하여 잘되는 것 같으나, 이런 자들의 길에는 가시와 올무가 있어 (잠 22:5) 형통치 못하다 (잠 17:20). "주의 거스리심" 곧 "주의 사특함을 보이신다"는 표현과 연관하여 하나님의 인품을 보호하려는 선한 의도에서 주석가들은 이 구절의 의미를 약화시키려고 한다. 어떤 이들은 이 구절의 사고가 악인의 판단을 드러낸 것이라 하거나, 어떤 이들은 이 구절은 여호와께서 악인을 자신의 악한 꾀에 넘겨주어 결국 망하게 하신다는 것을 의미한다고 이해한다. 그런 이해가 가능할 수 있지만, 여기 제시된 말씀은 하나님께서 능동적으로 악인에게는 "사특하게 행동하신다" (히트파탈)고 한다. 그분이 악을 행하신다는 것이 아니라, 그분은 악인이 악을 행할 때, 그 악인의 방식에 상응하는 방식으로 행동하신다는 것이다. 이 점은 여러 구절들로 입증이 된다. 왕상 22:20-23에서 하나님은 아합을 꾀어 죽음으로 몰아내신다. 삿 9:23-57에서 하나님은 악령을 보내시어 아비멜렉을 대하여 반란을 일으키도록 세겜 주민을 선동시키신다. 불순종하는 사울에게는 악령을 보내사 그를 괴롭게 하신다 (삼상 16:14, 19:9-10). 하나님은 압살롬을 처벌하시고자 아히도벨의 모략이 후새의 거짓된 모략에 패하게 하신다 (삼하 17:14). 우상 숭배에 빠진 솔로몬의 죄악을 징벌하시려 그 아들 르호보암이 여로보암의 조언을 거절하도록 역사하신다 (왕상 12:15).

27절: 주께서 곤고한 백성은 구원하시고 교만한 눈은 낮추시리이다 (키 앗타 암-아니 토쉬아 베에나임 라못 타쉬필)— "겸손한 백성"은 교만한 눈들 (교만한 자를 지시하는 "환유법" [metonymy])와 대조된다. 전자는 세상적으로 가진 것이 없을 뿐 아니라 영적으로 순전하여 겸비한 자들이다 (가난한 자). 하나님은 이런 자는 구원하시고, 교만한 자는 끌어내리신다. 교만한 눈은 주께서 미워하시고 가증히 여기시는 사항이다 (잠 6:17). 삼하 22:28에서는 "사특한 자에게는 "당신의 눈들이 교만한 자들 위에 있어 당신이 낮추시나이다" 라 한다.

28절: 주께서 나의 등불을 켜심이여 (키-앗타 타이르 네리)— "여호와여, 당신이 내 등불을 밝히시며" (NIV). 다윗 왕이 블레셋 군과 싸울 때, 그의 생명이 위태해진 적이 있었다. 그 때에 그의 부하들은 다윗을 "이스라엘의 등불"로 비유하였다 (삼하 21:17). 왕이 죽는 것은 이스라엘의 등불이 꺼지는 일이었다. 다윗에게 등불은 그의 생명이었다 (욥 21:17 참조). 그런데 삼하 22:29에서는 "당신이 여호와여 나의 등불이십니다" 라 노래한다. 후반절에 비추어 보건대, 시 18:28의 말씀이 더 어울린다.

여호와 내 하나님이 내 흑암을 밝히시리이다 (야웨 엘로하이 약기하 호쉬키)— "여호와"는 전반절에 두고 "내 하나님이 내 흑암을 밝히시나이다." 한편 삼하 22:29에서는 "여호와여, 당신께서 내 등불이십니다" (앗타 네리 야웨).

29절: 내가 주를 의뢰하고 적군에 달리고/ 내 하나님을 의지하고 담을 뛰어 넘나이다 (키-베카 아루츠 게두드 우벨로하이 아달레그-슈르) —다윗보다 더 적절하게 이렇게 말할 수 있는 자가 다시없었을 것이다. 그는 당대에 사방의 이방족속을 정복하여 이스라엘로 이루기 어려운 제국을 형성하였다. 이는 군대의 힘이 아니라 신앙의 힘이었다고 그는 고백한다. "적군" (게두드)은 최근 사전 (KB³)에 의하면, 후반절과 병행되도록 "성벽"으로 정의된다. 마지막 "담을 뛰어 넘다" 란 산을 내달리거나 (아 2:8), 성벽을 뛰어 넘는 용맹한 모습이다.

30절: 하나님의 도는 완전하고 여호와의 말씀은 정미하니 (하엘 타밈 다르코 이므라트-야웨 체루파)— "이 하나님 (하엘, 유일하신 하나님)에 관하여 말하자면, 그의 길은 완전하다." 후반절에서 그분의 길이 "여호와의 말씀"으로 확인된다. 그분의 말씀은 "정미하다" (체루파,

칼 수동분사). "정미하다"란 말은 시험을 거쳐 그 진가가 인정되었다는 것이다. 이 진술은 잠 30:5에서도 나타난다. 한편 30절 전반부에 사용된 "완전한"이란 단어는 첫째 주요 부분의 후반부에서 여러 번 나타났었다 (21, 23, 27절). 이렇게 30절 전반부는 첫째 부분의 사고와 긴밀한 연관성을 보인다.

저는 자기에게 피하는 모든 자의 방패시로다 (마겐 후 레콜 하호심 보)—시인은 이미 여호와는 나의 반석, 나의 요새, 피할 바위, 나의 방패라고 2절에서 고백한 바 있다. 다음절에서도 시인은 하나님께서 반석이시라 고백한다. 말씀이 순수하여 신뢰할 수 있다면, 그 말씀의 주체는 피하는 자들에게 방패가 될 것이다. 그런데 여기 제시된 "보호" 사고는 둘째 주요 부분에서의 사고보다는 첫째 주요 부분의 사고에 더 잘 어울린다. 왜냐하면 시인은 첫째 부분에서 수동적으로 하나님께 구원을 간구하고 그분에게 피한다면, 둘째 부분에서는 보다 능동적으로 적군을 파하기 때문이다. 요컨대, 30절은 첫째 주요 부분을 마무리하는 찬양이다.

둘째 주요 부분 (31-45절): 왕으로서의 다윗

이 부분에서 시인은 이 시의 둘째 주요 부분을 시작한다. 31절은 둘째 부분의 도입 찬양이다. 그리고 전쟁을 위해 하나님께 왕을 예비시키심이 묘사되고 (32-36절), 왕의 승리 (37-42절)와 그의 통치 (43-45절)가 기술된다. 여기서 왕은 이방인들을 제압하고 저들을 통치하므로, 이 부분의 도입부인 31절에서 이방 우상들과 이스라엘의 하나님을 대조하여 이방 우상이 헛것임을 천명한다.

제7연 (31-36절): 도입 찬양 (31절), 왕의 예비 (32-36절)

31절: 여호와 외에 누가 하나님이며 (키 미 엘로하 미발야데 야웨)—여기 사용된 "하나님"이란 명칭은 복수형 "엘로힘"이 아니라 단수형 "엘로하"이다 (병행되는 삼하 22:32에서는 "엘"로 나타난다). 이 형태는 주로 시가서에서 사용된다 (특히 욥기서에서 빈번하다). "우리 하나님"은 이스라엘의 하나님 야웨이시다. 그분이 변함없고, 요동치 않는 신뢰할 수 있는 하나님이시다. 그런데 31절 초두에 불변사 (키)가 위치하여 30절과 연관되는 듯이 보이나, 30절과 연관시키는 "왜냐하면" 보다는 31절이 30절과 떨어지도록 "참으로" (truly; NAB, TNK) 정도로 이해할 수 있다.

우리 하나님 외에 누가 반석이뇨 (우미 츄르 줄라티 엘로헤누)—시인은 이미 2절에서 하나님을 자신이 피할 반석으로 고백한 바 있다. 시인은 이 싯점에서 이방 우상들이 모두 헛되며, 오직 여호와만이 참 구원자이심을 선포한다. 한편, 여기 사용된 전치사 "줄라티" (외에, except)는 1인칭 접미어 모양의 격-어미 (case-ending)를 지녔다. 병행되는 삼하 22:32에서는 전반절에 사용된 복합전치사 (밉발아데, 외에 except, apart from)가 후반절에서도 나타난다.

32절: 이 하나님이 힘으로 내게 띠 띠우시며 (하엘 함아즈레니 하일)— 한나는 하나님의 섭리를 노래하면서 "용사의 활은 꺾이고, 넘어진 자들은 힘을 띠를 띠도다" 라 하였다 (삼상 2:4). 현재의 지위나 위치를 의지하는 자는 위험하기 그지없다. 오직 주님을 낮은 자리에서 의지하는 자의 전도가 양양(揚揚)하다. 힘 (능력)으로 띠 띠우심은 전쟁에 능하도록 하기 위함이다 (39절). 다윗의 전쟁은 성전 (聖戰)이며, 영전 (靈戰)이었다. 그런데 이 구절에 병행되는 삼하 22:33에서는 "하나님은 나의 견고한 요새시며" (하엘 마웃지 하일)라 한다.

내 길을 완전케 하시며 (바이텐 타밈 다르키) —병행되는 삼하 22:33 후반절에서는 "나의 길을 온전하게 인도하시며" (바야테르 타밈 다르키)라 한다 (다른 번역도 가능하다: 내 길을 흠 없게 하신다 [NJB]; 내 길을 오류에서 지키셨다 [NAB]; 내 길을 안전하게 만드셨다 [RSV]; 내 길을 완전하게 만드신다 [NIV]). 한편 7연 (31-36절) 전체 구조에서 살핀다면, 32절은 일반적인 진술을 제시하며, 그 일반적 사고가 33-36절에서 보다 구체화된다. 예컨대, 32 상반절의 사고는 어쩌면 34, 35절에서 구체화되고, 32 하반절의 사고는 33, 36절에서 구체화되는 듯 보인다. 사용된 표상을 보면, 33절과 36절이 서로 상응하고, 34절과 35절이 서로 상응하며, 33, 36절은 발의 표상이라면, 34, 35절은 손의 표상이다. **33절-38절:** 크레이기는 이 부분에 대하여 주석하면서, 도식적으로 간략하게 사고의 진전을 제시한 바 있다 (*Psalms 1-50,* 175-76).

　두 발: 용사의 두 발은 암사슴의 발처럼 견고하게 재빠르다 (33절)
　위치: 아주 전략적인 지역에 위치한다. 곧 높은 곳이다 (33절)
　두 손과 두 팔: 강력한 활을 사용하기에 잘 훈련되었다 (34절)
　후원과 보호: 하나님의 오른손과 방패로 (35절)
　걸음: 걸음 폭이 길어서 원수를 따라잡고, 발목이 견고하여 넘어지지 않는다 (36-37절)
　승리: 원수의 패배로 용사가 승리한다 (38절)

33절: 나의 발로 암사슴 발 같게 하시며 (메솨베 라글라이 카아얄롯)—이 짐승은 연한 회갈색의 사슴을 지시할 것이다. 이 짐승의 새끼치기가 욥 39:1, 시 29:9 등에 암시되어 나타난다. 여기서는 발의 견고함을 상징적으로 묘사한다 (삼하 22:34, 합 3:19). 원문에는 "암사슴 같게 하신다"고 하나 "나의 발" 이 비교의 원형 (archetype)이므로, 그 대형 (antitype)과 비교해 생략된 비교점은 "암사슴의 발" 임을 추정할 수 있다. 사슴의 발은 크고 작은 네 개의 발굽을 가지고 있으며 다리는 날씬하고 길다.

나의 높은 곳에 세우시며 (베알 바모타이 야아미데니)—이와 유사한 표현이 세 종류로 나타난다: 1) 나를 나의 높은 곳들에 걷게 하시며 (합 3:19, 신 33:29); 주님께서 강림하셔서 땅의 높은 곳들을 밟으시리라 (미 1:3, 암 4:13, 욥 9:8); 2) 그가 그로 (이스라엘) 땅의 높은 곳들에 타고 다니게 하신다 (신 32:13, 사 58:14); 3) 나의 높은 곳들에 세우시다 (시 18:33). 여기서 공통분모는 "높은 곳들"이다. 그리고 미 1:3을 제하면 모두가 하나님께서 사람으로 행케 하신다 (걷게 하신다, 타고 다니게 하신다, 세우신다). 그런데 주어를 기준으로 분류한다면, 하나님과 사람으로 구분된다. 하나님의 경우에는 땅의 높은 곳들 (미 1:3, 암 4:13), 바다의 높은 곳들 (욥 9:8)을 밟는 분으로 묘사된다. 인간의 경우는 오직 땅의 높은 곳만 발로 걷거나, 수레를 타고 행한다. 그런데 사 14:14에서는 바벨론 왕의 교만을 묘사하면서, "내가 구름들 높은 곳들 위에 오르리라"고 한다. 병행절은 "내가 지존자와 같이 되리라"는 거만한 심정을 표현한다. 그렇다면 고려 중인 표현은 최정상의 정복을 의미할 것이다. 땅의 높은 곳들을 밟거나 타고 행한다면 땅의 정복자요, 바다의 높은 곳들을 밟는다면 바다의 정복자요, 구름의 높은 곳들에 오른다면 하늘의 정복자이다. 하나님의 축복으로 인간이 이렇게 되면 승리를 표현할 것이요, 하나님께서 그리하신다면 그분의 왕적인 정복과 승리를 의미할 것이다 (Briggs, *The Book of Psalms*, I: 159는 삼하 1:19, 25에 근거하여 "높은 곳들"은 이 문맥에서 "전쟁터들"을 지시한다고 이해한다). 마텐스 (Elmer A. Martens, "bama," *TWOT*, I: 253-4)는 "높은 곳들을 밟는다"라는 표현이 "요충지를 점거하는 개념이며, 확고히 주장하는 상태를 의미 한다"고 해석한다. 유가릿어에서 "바마"는 짐승의 "등" (back)을 의미 한다 (*UT*, #480); 구약에서는 "바마"란 말 80 퍼센트가 경배의 처소 [주로 우상 숭배처]를 지시한다. 그곳은 주로 산마루에 위치하여, 여성 생육신을 상징한 목상 아세라나 남성 신을 상징하는 돌기둥 [*마체바*] 등이 서 있었다. 또한 돌로 만든 제단이나 제기 등을 두는 천막이나 방도 만들어 사용했다 (왕하 3:2, 21:3, 대하 14:3 등).

한편 철자를 보면, "나의 높은 곳들" (*바모타이*)에서 불완전 철자법을 보이지만, 다음 말 (*야아미데니*, 나를 세우시다)에서는 완전철자법을 보인다 (삼하 22:34에서는 정반대이다). 이렇게 볼 때, 시 18편과 삼하 22편 중 어느 것도 일관성 있게 완전 철자법을 고수하거나 불완전 철자법을 고수하지 않고 경우에 따라서 달라지고 있다.

34절: 내 팔을 가르쳐 싸우게 하시니 (*멜람메드 야다이 람밀하마*)— "내 팔을 전쟁을 위하여 훈련시키시니." 주님 자신이 "전쟁의 용사"시므로 (출 15:3) 용사 다윗은 전략을 주님에게 배웠다 (삼하 5:19 참조). 전법을 다윗에게 훈련시키실 뿐 아니라, 그에게 병기와 갑옷도 공급하신다 (35, 39절). 더구나 원수들로 다윗 앞에 굴복하도록 만드신다 (39-40, 47절).

내 팔이 놋 활을 당기도다 (*베니하타 케쉐트-네후솨 제로오타이*) — "놋 활"은 나무로 만든 활이지만 구리 장식을 한 것이거나 큰 활에서 쏘아지는 구리 촉 화살들을 지시할 것이다.

35절: 주께서 주의 구원하는 방패를 내게 주시고 (*밧티텐-리 마겐 이쉬에카*)—유사한 표현으로 "도움의 방패" (신 33:29; "승리의 칼" 참조)가 있다. 다윗은 경험상 어떻게 승리한 것을 알았기에 이렇게 고백한다. 하나님께서 꾸짖으시면 병거와 말이 다 깊은 잠에 떨어지고 (시 76:6), 화살과 방패와 칼과 전쟁을 깨뜨리신다 (시 46:9, 76:3). 가나안 정복시 이스라엘군의 칼이나 창으로 승리를 쟁취한 것이 아니었다. 오직 주께서 저들로 이기게 하셨다 (시 44:3).

주의 오른손이 나를 붙들고 (비민카 티스아데니)—이는 주님이 손을 거두시고, 팔짱을 끼고 관망하시는 자세와 다르다. 그분이 다윗을 적극 후원하신다. 이것이 승리의 비결이었다. 그로 나를 위해 싸우게 하라. "붙드신다" (사아드)는 허기진 사람이 양식을 취함으로 자신을 붙들게 되는 경우 (삿 19:5)처럼, 기력이 쇠할 때 붙들어 견고케 함이다. 한편, 삼하 22:36에서는 이 부분이 없다.

주의 온유함이 나를 크게 (베안바테카 타르베니)—다윗이 위대하게 된 것은 하나님께서 그를 사랑하셨기 때문이다. 여기 "온유함"은 그분의 긍휼과 사랑을 의미할 것이다 (4QSam^{a}는 "당신의 '도움' 이 나를 크게 하셨다"; RSV가 따름; NIV, NAB: "당신이 굽히시어 나를 크게 만드셨다"). 아브라함에게 하나님은 그 후손이 하늘의 별과 바닷가의 모래알처럼 무수하게 많게 하시리라 (라바) 하셨다 (창 22:17). 그 약속은 아브라함의 순종과 믿음의 결과였다.

36절: 내 걸음을 넓게 하셨고 (타르히브 챠아디 타흐타이)— "내 아래 '내 걸음들'을 넓게 하셨다" → 내 아래 '길'을 넓게 하셨다 (NIV). 걸음 폭을 크게 하시는 (라하브) 것은 형통이요 반면 좁게함 (야챠르)은 파멸이다 (욥 18:7). 그분은 우리 걸음만 아니라 총명도 넓혀주신다 (시 119:32).

나로 실족지 않게 하셨나이다 (벨로 마아두 카르술라이) — "나의 발목이 떨리지 않나이다." 이는 발목이 삐걱거리지 않는다는 의미이겠다.

제8연 (37-42절): 승리

37절: 내가 내 원수를 따라 미치리니 (에르도프 베앗시겜)— 추격하여 따라잡다. 삼하 22:38에서는 "내가 추격하리라" (에르데파)고 강한 의지를 드러내도록 연장형 (cohortative)을 사용하나, "따라잡다" (힛시그) 대신 "내가 저들을 멸하리라" (아쉬미뎀) 한다. 원수를 추격하여 따라잡아 멸망시키는 일련의 동작들이 신 28:45에서는 범죄한 백성을 저주가 추격하여 (라다프) 따라잡아 (나사그) 멸망시키리라 (쇼마드) 한다. 이제 시인은 원수에게 쫓겨다니는 신세가 아니라 오히려 원수를 추격한다.

저희가 망하기 전에는 돌이키지 아니 하리이다 (벨로 아슈브 아드-칼로탐)—원수들이 완전히 멸망당하기 전에는 결코 추격을 멈추지 아니한다 (수 10:13).

38절: 내가 저희를 쳐서 능히 일어나지 못하게 하리니 (엠하쳄 벨로-유클루 쿰)—삼하 22:39에서는 "내가 저들을 끝장내리라" (아칼렘)가 "치다" (마하츠, smash) 앞에 나타난다. "능히 일어나지 못하다" (로 유클루 쿰)이 삼하 22:39에서는 "할 수 있다" 조동사 (유칼) 없이 "일어나다" 의 미완료 시상으로 단독 나타난다 (이 조동사 다음에는 연계형 부정사형 본동사가 따라온다; 창 31:35, 수 7:12, 13, 삼상 4:15).

저희가 내 발아래 엎드러지리이다 (이펠루 타하트 라글라이)—레위 지파를 축복하면서 모세는 주께서 저들의 원수들의 허리를 쳐서 다시 일어나지 못하게 해달라 (신 33:11) 하였다. 하나님은 바다 괴물 라합도 총명으로 치시어 잠잠하게 하시었다 (욥 26:12). 원수를 칼로 치면 엎드러져 (나팔) 그 발아래서 죽는다 (삼하 2:23).

39절: 대저 주께서 나로 전쟁케 하려고 능력으로 내게 띠 띠우사 (밧테아제레니 하일 람밀하마)—32절 참조.

나를 치는 자로 내게 굴복케 하셨나이다(타크리아 카마이 타흐타이) —항복의 표시로 무릎을 꿇는다. 그런데 사용된 동사 (무릎 꿇다, 구푸리다)는 바로 앞 절에 사용된 "엎드러지다" (나팔)와 병행어로 사용되므로 (사 10:4), 여기서도 단순한 항복이 아니라 다윗 앞에서 죽임을 당하는 장면이다.

40절: 주께서 또 내 원수들로 등을 내게로 향하게 하시고 (베오예바이 나탓타 리 오레프)—주께서 원수로 패배하여 줄행랑을 치게 하시니, 시인이 저들을 쳐서 멸한다. 이렇게 원수로 성도 앞에 패배케 하심은 가나안 정복전에서 이미 약속된 바 있었다 (출 23:27). 따라서 그 약속이 이제 다윗 자신에게서도 성취되고 있다고 말하는 것이다. 그런데 "등을 돌린다" (나탄 오레프)는 표현은 다른 문맥에서 '배교(背敎)' 를 묘사하기도 한다 (대하 29:6).

나를 미워하는 자를 끊어버리게 하셨나이다 (우메솨나이 아츠미템) —나를 미워하는 자는 원수를 지시하며, "끊어 버리다" 는 유가릿 어원을 근거로 보면 1) 멸망시키다 혹은 2) 잠잠케 하다를 모두 의미한다.

41절: 부르짖으나 구원할 자가 없었고 (예샤브베우 베엔-모시아) —한적한 곳에서 처녀가 괴한을 만나 부르짖는다 해도 듣는 사람이 없다면 (신 22:27 참조), 그녀는 영락없이 욕을 보게 된다. 여기 원수들은 다윗 앞에서 패하여 자기 신들에게 부르짖겠지만 우상이 어찌 구원할 수 있으랴! 반대로 성도들도 하나님을 배반하면 부르짖어 도움을 구한다 해도 도울 자가 없을 터이다 (신 28:29). 이스라엘은 압제를 당하여 부르짖을 때마다 주께서 저들에게 구원자 (모시아)를 보내 주시었다 (삿 3:9, 15, 왕하 13:5).

여호와께 부르짖어도 대답지 아니하셨나이다 (알-야웨 벨로 아남)— "부르짖어도" 는 원문에 없다. 따라서 본 절 처음에 위치한 "부르짖다" 동사와 "여호와께"를 떨어져 있어도 같이 연결시켜 이해해야 한다. 원수들은 자기 신들을 찾다가 마침내 여호와 하나님도 찾았으나 때는 이미 늦었다. 한편 이 구절의 사고는 6절의 사고와 현저하게 대조된다. 6절에서나 41절에서나 모두 "부르짖다" 란 동사 (솨바)가 사용되었다.

42절: 내가 저희를 바람 앞에 티끌같이 부숴뜨리고 (베에쉬하켐 케아파르 알-페네-루아흐)

— "티끌"은 검불이나 겨 같은 것이 아니라, 땅의 먼지를 가리킨다. 그렇게 미세하게 원수들을 가루로 만들었다 하니, 이는 완전한 승리를 지시한다.

거리의 진흙같이 쏟아 버렸나이다 (케티트 후쵸트 아리켐) —삼하 22::43에서 보다 생생한 표상이 제시되었다: 땅의 티끌같이 부러뜨리고, 거리의 진흙같이 분쇄하여 흩었나이다. 슥 9:3에서도 "티끌"과 "진흙"이 병행어로 나타난다 ("은을 티끌같이, 정금을 거리의 진흙같이 쌓았다"). 티끌은 마른 흙(먼지)라면, 진흙은 젖은 흙이다. 거리의 진흙이 짓밟힘과 같이 성도의 원수들이 패배와 수치를 당한다 (미 7:10). 이 구절에서 이 시는 정점에 도달했다.

제9연 (43-45절): 통치

43절: 주께서 나를 백성의 다툼에서 건지시고 (테팔레테니 메리베 암)— "백성의 다툼들"; 사용된 명사 "리브"는 주로 말다툼 혹은 법정 소송을 지시한다. 그런데 이 말은 드물게 물리적인 싸움도 지시한다. 삼하 22:44에서는 "나의 백성의 다툼들"로 되었지만, 문맥이나 본절에서 사고의 진전을 본다면, 시인은 주변 족속들 (에돔, 암몬, 모압, 아람, 블레셋, 헷 등)과의 전쟁을 언급하고 있음이 분명하다. 이 모든 전쟁에서 다윗은 불패(不敗)의 승자(勝者)로 우뚝 서게 되었다 (삼하 8:1-8). 다윗이 이렇게 열방의 종주 대왕이 된 것은 이스라엘의 지경(地境)에 대한 하나님의 약속 (신 11:24, 출 23:31 등 참조)이 다윗을 통해 이루어지고 있다는 점을 암시해 준다.

열방의 으뜸을 삼으셨으니 (테시메니 레로쉬 고임)—삼하 22:44에서는 "당신이 '나를 보존하시어' 열방의 머리가 되게 하셨나이다"라 한다. 열방의 머리란 열방의 "종주"를 지시한다.

내가 알지 못하는 백성이 나를 섬기리이다 (암 로-야다티 야아브두니)—섬긴다는 것은 종이 되는 것을 의미한다 (즉 주종관계가 된다; 창 14:4). 다윗은 주변국들에 대하여 종주 대왕이 되었다.

44절: 저희가 내 풍성을 들은 즉시로 내게 순복함이여 (레쉐마 오젠 잇우 리)—저들이 시인의 명성을 듣는 대로 즉시 순종한다. 한역은 원문의 순서대로 제시했으나, 삼하 22:45을 참조한다면 후반절을 앞으로 돌려야 한다: "이방인들이 내게 굽실거리고 내 (명성)을 듣는 즉시로 저들이 순종하리라" (NIV, RSV, NJB). 이런 현상은 신 33:29의 약속을 상기시켜 준다. 한편 리델보스는 맛소라 본문과 달리, 43c와 44a를 합성 병행법으로 함께 묶고, 44b와 45a를 동의 병행법으로 함께 묶을 것을 제안한다 (*Die Psalmen*, 172).

이방인들이 내게 복종하리로다 (베네-네카르 예카하슈 리) —여기서 "나"는 이스라엘의 지도자로서의 "나"이다. 다윗은 그 당대에 제국을 건설하였다. 우상 종교에 물든 이방 사람들에 대한 물리적인 정복은 동시에 선교적, 영적 정복을 의미했다. 다윗 제국은 영적인 축복을 이방인들과 나누어야 했다. 이사야 선지자는 장차 이방인들이 하나님께 연합되어 그분을 섬길 것을 바라보았다 (사 56:6). 동시에 이방인들이 이스라엘을 섬길 것도 예고하였다 (사 60:10, 61:5). 단, 이런 예언을 문자적으로 이해하면 안 된다. 이 말씀은 신약의 성취에 비추어 보건대, 영적인 이스라엘 (교회)의 축복을 구약적 모습으로 묘사한 것이다.

한편 여기 사용된 동사 "카하쉬"는 KB³에 의하면, 여기서와 (*쇼마* [듣다] 동사의 니팔형, "순종하는"과 병행) 시 66:3, 81:6 등에서 "순종하는 체 하다," "굽신거리다"를 의미한다. 그런데 이 동사는 기본형에서 "야위다" (grow lean)를 의미한다 (시 109:24). 그래서 리델보스는 피엘형이 사용된 세 곳에서 "힘을 상실하다"란 의미가 적절하다고 제안한다. 만약 리델보스의 제안대로의 의미를 따른다면, 이 부분과 45 상반절은 병행적 사고를 제시할 것이다. 그런데 70인역은 흥미롭게도 "거짓말하다" (*슈도마이*)라 번역했다.

45절: 이방인들이 쇠미하여 그 견고한 곳에서 떨며 나오리로다(*베네-네카르 입볼루 베야흐레구 밈미스게로테헴*) — "쇠미하다"란 여기서 "낙담하다"를 의미한다 (출 18:18). 이방인들이 전의 (戰意)를 상실하고, 두려움에 사로잡혀 "자기들의 성채" (*미스게로테헴*)에서 백기를 들고 나아오는 모습이다.

결론부 (46-50절)
제10연 (46-50): 여호와께 감사하고 그분을 찬양하리라 결심한다.

46절: 여호와는 생존하시니 (*하아-야웨*) —이 진술은 바알 신화와 연관해서 보면, 의미심장한 것이다. 바알 신화에서 바알은 왕권을 놓고 사망의 신 모트와 한판 승부를 겨룬다. 그러나 바알이 패하여 죽임을 당하고 사망의 세계에 내려간다. 그러자 바알의 누이 아낫 여신이 바알의 죽음을 대성통곡하여 마침내 죽음의 신 모트를 멸한다. 이리하여 바알은 부활하게 된다. 그리고 나서 바알은 아티랏의 아들들을 붙잡아 칼로 저들을 친다. 마침내 바알은 자기 보좌에 앉게 된다. 70년이 지나서야 죽음이 신 모트는 다시 바알에게 도전장을 내밀게 된다. 이리하여 다시 바알은 모트와 결전을 하나 둘 다 쓰러지고 만다. 이 때에 쇼파쉬가 모트에게 최고의 신 엘이 바알을 지지한다고 알려주니 모트는 놀란 나머지 바알의 왕권을 인정하고 만다. 이 신화에서 보면 바알은 죽음에 대하여 권세가 없다. 오랜 죽음의 잠에서 깨어나서야 왕권을 취득한다 (슥 12:11에서 폭풍신 하닷 림몬, 곧 이전의 바알 신의 죽음을 애통하는 의식을 언급한다; "므깃도 골짜기에서 하닷-림몬을 위해 우는 애통과 같은 것이라"). 이렇게 가나안의 주신인 바알이 죽음을 주관하지 못한다면, 이스라엘은 음부의 권세가 자기를 위협할 때 바알을 쳐다 볼 것이 아니라, 여호와 하나님을 바라보아야 한다. 여호와는 바알처럼 죽음에 굴복하시지도 않으시며 생명의 주이시며, 죽음까지 주관하시는 분이시다. 바알 신화에서 가나안의 최고 신 엘은 꿈에 바알이 재생하는 증거를 보고서 외치길, "가장 강한 바알이 살았다" 라고 한다. 이 선언 앞에는 "바알이 죽었다" 라는 선포가 있었다. 이렇게 바알은 항상 살아있는 신이 못된다. 그러나 여기 시인은 "여호와께서 사신다" 라고 선포한다. 이는 죽음에 직면했던 다윗이 자신을 음부의 권세에서 구해주신 하나님의 위대하심을 찬양하는 외침이다.

나의 반석을 찬송하며 (우바룩 츄리)—이미 2절에서 시인은 주를 "나의 반석"이라 부른 바 있다. 여기서 다시 "나의 반석께서 송축을 받으소서!' 라 외친다 (inclusio). 그분을 높이는 일은 우리의 찬양을 통해서이다. 찬양은 그분이 나를 구원하신 사실에 근거한다 (내 구원의 하나님).

내 구원의 하나님을 높일지로다 (베야룸 엘로헤 이쉬이)—남의 말을 듣고 찬양하는 것이 아니라 내가 체험한 하나님을 찬양할 때 힘이 있다. 다윗은 많은 구원을 체험하였기에 많은 시를 작사하여 찬송을 드리며 그분을 높였다. 삼하 22:47에서는 "내 구원의 반석이신 하나님을 높이리라" 고 한다.

47절: 이 하나님이 (하엘) —유일하신 참 하나님.

나를 위하여 보수하시고/ 민족들로 내게 복종케 하시도다 (한노텐 네카모트 리 바야드베르 암밈 타흐타이)—하나님은 "보수하시는 하나님" (엘 네카못)이시다. 그런데 보수 (앙갚음) 는 이유가 있기에 행하신다. 그 이유는 시 94편이 잘 제시해준다. 이방인들이 이스라엘에 복종하고 굴복함은 저들이 하나님을 버리고 우상을 섬겼으며, 교만 방자히 행하여 하나님을 대적하고 그의 백성을 괴롭혔기 때문이다. 최종적인 보수는 최후 대 심판시에 행하실 것이다.

"민족들로 내게 복종케 하시도다" 에서 사용된 동사의 형태는 "말하다" (다바르)와 같으나 동음이의어(同音異議語)로, "복속시키다" 라 정의된다. 전통적으로는 "-을 조소하다, -을 거스려 말하다" 로 이해되었다. 한편 삼하 22:48에서는 "끌어내리다" (모리드)가 사용되었다.

48절: 주께서 나를 내 원수들에게서 구조하시니 (메팔레티 메오예바이)—원수들은 "대적하는 자" (나를 거스려 일어나는 자), "강포한 자" (이쉬 하마스) 등으로 불린다.

나를 대적하는 자의 위에 나를 드시고 (아프 민-카마이 테롬메니)—초두에 "진실로" (아프) 가 위치하여 강조한다. 원수들을 패퇴시킴으로 다윗을 높이셨다. 시인의 원수들은 저를 멸하고자 하였으나 하나님은 그를 건지시고 높이 들어 존귀케 하셨다.

나를 강포한 자에게서 건지시나이다 (메이쉬 하마스 탓칠레니)—강포한 자는 폭력을 행하는 자이다. 건지심은 소극적인 구출 정도가 아니라, 원수를 패배시키고 다윗으로 정복하게 하시는 넓은 의미에서의 구원이다.

49절: 이러므로 내가 열방 중에서 주께 감사하며/ 주의 이름을 찬송하리이다 (알-켄 오데카 박고임 야웨 울쉼카 아잠메라)— "열방 중에서 여호와를 감사 찬양하리라/ 당신의 이름을 내가 찬송하리라." 시인이 찬양하는 이유가 무엇인지를 제시한다. 하나님께서 나를 구원하셨으므로 ("이러므로") 내가 열방 중에서 감사하며 찬송한다. "감사하다"란 "감사 찬송하다"(야다)이며 여기서 보듯 "찬송하다"(자마르)와 동의어가 된다.

50절: 여호와께서 그 왕에게 큰 구원을 주시며/ 기름 부음 받은 자에게 인자를 베푸심이여 (막딜 예슈오트 말코 베오세 헤세드 리메쉬호) —모두 "그의"라는 인칭 접미어를 달고 있다 ("'그의' 왕," "'그의' 기름 부음 받은 자"). 이스라엘의 왕은 하나님의 왕, 곧 하나님께서 지명하여 선택하고 기름 부어 세운 자이다. 기름부음은 하나님의 지명, 하나님의 선택을 의미함과 동시에 성령님으로 충만케 됨을 상징적으로 나타내는 의식(儀式)이었다 (삼하 16:13). 이방 왕 고레스가 하나님이 기름 부음 받은 자라 불린 것은 (사 45:1) 그가 하나님의 뜻을 행하는 도구로 사용되었기 때문이다. 지혜와 지식의 영, 모략의 신, 야웨를 경외하는 신이신 성령님으로 기름 부음 받아 그분을 섬기는 자가 "야웨의 종"이다. 그런데 이 마지막 구절은 앞에 제시된 모든 사고를 요약해 준다. 하나님께서 "자기의 왕"에게 큰 승리 (큰 구원)을 주시고, "자기의 기름부음 받은 자"에게 "인자"를 베푸신다는 사고야말로 본 시편의 핵심 사고인 것이다.

영영토록 다윗과 그 후손에게로다 (레다빗 울자르오 아드-올람)—이스라엘의 보좌는 다윗과 그 후손에게 대대로 주어졌다 (삼하 7:14이하). 따라서 이 진술은 다윗 언약을 암시해 준다. 그러므로 다윗 후손에게 "큰 구원과 인자하심"을 영영토록 베푸실 것이 기원되고 있다. 이제는 주 예수께서 다윗이 보좌에 대대로 왕 노릇하신다 (눅 1:32). 앞으로 천년왕국이 아니라 "지금" 그분은 다윗 왕조를 재건하시어 왕 노릇 하신다 (행 15:16-18, 암 9:11-12).

시편의 적용

울부짖음 (6절)

밖에서 아이들이 놀고 있다. 갑자기 울부짖음이 들려온다. 집에 있는 부모는 자기 아이들의 울부짖음에 민감하다. 그래서 급히 문을 열고 나가서 살핀다. 도움을 주기 위함이다. 하나님은 자기 자녀들이 울부짖을 때, 하늘에서 민감하게 반응하신다. 그러나 평소에 우리의 기도는 그다지 절박하지 않다. 이런 기도보다 울부짖음은 더 긴급한 응답을 초래할 것이다.

우리 성도를 곤경에서 구하시러 주님은 그룹을 타시고 재빨리 날아오신다. 지체할 여유가 없이. 주님은 요 1:51에서 자신의 영광스러운 모습을 예언적으로 말씀하실 때, 천사들이 인자 위에 오르락내리락 하리라 하였다. 이는 천상 보좌에서 수종(隨從) 드는 그룹천사들을 암시하는 듯 하다. 사 6장에서 이사야 선지자가 환상 중에 주께서 높이 들린 보좌에 좌정하신 모습을 보았을 때, 그분의 옷자락이 성전을 가득 채우고, 스랍들이 여섯 날개를 펄럭이며 그분 위에 서 있는 것을 보았다 (1-2절). 영적인 세계의 환상이니 우리는 그 정확한 실체가 어떠함을 말하기 어렵다. 그러나 분명한 것은 주님은 왕이시며 영화로우시다는 것이다. 그분이 천사들을 병거로 삼고 성도들을 구하고자 강림하신다면 그 얼마나 자신을 낮추심이냐?

스랍과 그룹? (10절)

전자는 그 불타는 모양에 근거해서 유래한 명칭이라면 (사 6:2, 6), 후자는 악카드어에 비추어 볼 때, "경배하는 자" 혹은 "지키는 자" 란 의미일 것이다. "그룹"이란 말은 악카드어 동사에서 (*카라부*) "송축하다, 성별하다, 기도하다"를 의미하고, 그 분사형 (*카리부*)은 "중보자 제사장," "수호신"을 지시하기 때문이다. 그런데 그룹 천사들은 성경에서 주로 환상 문학 (묵시문헌)에 나타나므로 그 '상징성'을 인정해야 한다. 즉, 그들에 대한 묘사가 문자적이라 생각해서는 안 된다. 겔 1, 10장에 묘사된 그룹의 모습과 계 4, 5장에 묘사된 모습이 다른 것은 그 상징적 메시지 전달을 위해 묘사가 다르다는 것을 암시해 준다. 그룹은 사람과 짐승의 모습을 혼합한 모습으로 제시되고 있지만, 앞서 언급한대로 묵시문헌에서 나타나는 묘사는 상징적 메시지 전달에 초점이 있으므로 이런 모습을 실체 그 자체로 파악할 수 없다. 그룹은 에덴동산에서 입구를 지키는 수호천사로 처음 등장한다 (창 3:24). 다음에는 언약궤 뚜껑인 속죄소 위에 새겨진 양 날개를 펼친 모습으로 나타난다 (출 25:20). 그리고 성전에서도 그룹 형상은 중요한 조각 형상으로 등장한다 (왕상 6:29, 32, 7:29). 올브라잇이란 학자는 고고학적 발굴과 출 25:22, 26:1, 31, 민 7:89 등에 근거해서 주장하길, 형상 묘사 (iconography)는 야웨 하나님을 그룹 천사들 위에 서 계신 분으로 제시한다고 했다. 이는 마치 시리아의 폭풍 신 하닷이 거룩한 황소 위에 선 모습으로 제시되는 것과 같다는 것이다 (W. F. Albright, "What Were the Cherubim?" in *Biblical Archaeologist Reader* 1, 95).

자연 재해에서 주님의 손길을 보아야 한다 (4-16절)

우리는 고대 이스라엘 백성들이 자연 현상에서 하나님의 손길을 보았다는 사실과 그것을 표현할 때 고대 근동인들의 신화적 표현들과 흡사한 표현들로 묘사했다는 점을 조금도 이상하게 여기지 아니한다. 여호수아 장군 휘하의 이스라엘이 가나안 족속과 전쟁할 때 "여호와께서 그들을 이스라엘 앞에서 패하게 하시므로 여호수아가 그들을 기브온에서 크게 도륙하고 벧호론에 올라가는 비탈에서 추격하여 아세가와 막게다까지 이르니라"고 묘사된다. 곧 이어 "그들이 이스라엘 앞에서 도망하여 벧호론의 비탈에서 내려갈 때에 여호와께서 하늘에서 큰 덩이를 아세가에 이르기까지 내리우시매 그들이 죽었으니 이스라엘 자손의 칼에 죽은 자보다 우박에 죽은 자가 더욱 많았더라"고 한다 (수 10:11). 여기서 우리는 자연력을 통한 하나님의 개입도 보지만 이스라엘 자손들이 손에 칼을 들고 싸웠다는 현실 상황묘사도 본다. 그런데 자연현상인 우박을 통해 멸절된 원수가 칼에 맞아 죽은 자들보다 많다는 진술은 이 전쟁의 와중에 초자연적인 역사가 발생했음을 말해준다.

이런 연유에서 시인은 "저희가 자기 칼로 땅을 얻어 차지함이 아니요 저희 팔이 저희를 구원함도 아니라 오직 주의 오른손과 팔과 얼굴의 빛으로 하셨으니 주께서 저희를 기뻐하신 연고니이다" 라고 노래할 수 있었다 (시 44:3). 더 나아가 이 시인은 "우리가 주를 의지하여 우리 대적을 누르고 우리를 치려 일어나는 자를 주의 이름으로 밟나이다. 나는 내 활을 의지하지 아니하고 내 칼도 나를 구원하지 못하나 오직 주께서 우리를 우리 대적에게서 구원하시고 우리를 미워하는 자로 수치를 당케 하셨나이다" (한역을 약간 수정)라고 노래한다.

대한민국 군대는 많은 기도가 필요하다 (34-45절)

용사 다윗은 무기나 전략으로 전쟁에서 이긴 것이 아니었다. 하나님께서 그에게 무기를 공급해 주셨고 (방패, 화살, 미사일, 대포 [우박]), 전략 (힘, 능력)을 제공해 주셨기에 그는 백전백승(百戰百勝)이었다. 다윗이 골리앗을 칠 때 무엇으로 싸웠던가? 다윗이 주변 족속들을 정복하였을 때 무엇으로 전쟁하였던가? 여기 시에서 그는 노래했다. 하나님께서 자기에게 능력으로 띠 띄우시고, 사슴 발 같게 하시며 싸우게 하셨다고 했다. 이런 대한민국 군대를 위해 소명을 받은 자 누구인가? 군대는 회사처럼 경쟁하거나 공개되지 못하여 부정과 부패의 온상이 되기 쉽다. 눈치나 보고, 아첨이나 하고, 기회주의 근성이 팽배하고, 무사안일(無事安逸)주의, 적당(適當)주의로 장병들이 지낸다면 이 나라는 망한다. 강군 (強軍)은 정신의 문제이다. 장개석의 국민당 군이 무기나 보급에서 월등하고 수적으로 월등하였지만, 모택동의 공산군을 제압하지 못하고 대만으로 몰린 이유는 저들의 정신적 해이와 기강의 문제였다.

사특한 자에게는 주의 거스리심을 (26절)

악인은 늘 그렇겠으나 의인이라도 사특하게 되면 이런 일을 경험하게 된다. 노아도 타락하니 자기 자녀에게 악행을 당한다. 솔로몬이 타락하니 대적이 일어나고 주께서는 그를 대적하셨다. 그러므로 우리는 섰다하면 넘어질까 조심해야 한다.

하나님의 공의는 여러 방식으로 시행된다. 1) 하나님은 악인을 멸하실 때 자기들의 꾀에 스스로 넘어가도록 하신다 (시 9:16-17, 10:2, 34:22, 35:6-8, 37:12-15, 57:7, 59:13, 64:9, 94:23, 141:9-10 참조). 2) 죄악에 상응하여 하나님은 벌하신다. 예컨대 다윗이 하나님을 반역하여 간통, 살인죄를 자행했을 때 그의 후궁 열이 백주(白晝)에 장남 압살롬에게 간통을 당하고 나라가 내란(內亂)에 처하게 된다. 시 31:19에서 다윗은 거짓말쟁이가 벙어리가 되게 해달라고 기도한다. 시 64:5-6에서 매복하여 다윗을 표적삼고 화살을 쏘려는 악인들은 궁수이신 여호와께서 저들을 갑자기 쏘시므로 (8절) 모든 사람 앞에서 수치를 당하고 만다 (9절; 시 69:22-23, 109:29 등 참조). 3) 개개인에 대한 하나님의 반응은 그 사람의 행위를 비춰주는 거울이다. 다윗이 신실할 때 하나님은 신실하게 인자를 베푸셨다. 그러나 배반할 때 다윗에게 하나님은 너무나도 무섭고 위험한 대적이었다.

메시아 왕

궁켈 이래로 "왕의 시들"을 한 장르로 분류해 왔고, 어떤 이들은 왕의 시가 대략 11개라고 계수하기도 하였다. 왕의 시들은 다윗 언약을 강조하고, 다윗계 통치자들이 하나님과 나라에 대하여 갖는 그 왕적 모습을 강조한다고 지적되어 왔다. 그러나 이튼 (Eaton)은 이런 좁은 의미에서 "왕의 시"를 규정하는 것을 반대하고, 다윗의 시란 표제가 붙은 시들이나 "왕의 시"에서 발견되는 주제들을 다루는 시들을 왕의 시로 보아야 할 것을 주장한 바 있다. 물론 다윗의 시란 표제가 붙었다고 다 왕의 시일 수는 없다. 다윗이 왕이 되기 전에 지은 시들도 다수 있을 수 있기 때문이다. 이튼의 지적대로라면 왕의 시들은 상당히 많은 수가 된다. 왕의 시들의 주제를 보면, 여호와께서 다윗을 선택했다는 점 (시 89:4, 20-21), 즉 다윗 언약의 약속들이 그 중심을 이룬다 (시 89:4-5, 27 이하, 132:11-12). 그 약속은 세계적 영토 확대도 담고 있다 (시 2:8, 72:8-11, 89:26, 28). 그리고 왕의 시들 다수에서 다윗을 위해 여호와께서 행하신 일들, 즉 그분이 베푸신 구원과 보호, 승리, 축복 등이 언급된다. 그런데 이는 다윗 개인이 아니라 나라 전체를 위한 구원이요 축복이었다.

다윗 왕은 오실 메시아의 그림자였다. 특히 그가 원수들을 정복하고 열방의 종주 대왕으로 많은 봉신들을 통치했다는 것은 온 세상을 통치하실 메시아의 모습을 암시해 준다. 더구나 다윗 왕이 의로 백성을 통치한 점은 이상적인 왕인 메시아의 통치를 예고해 주었다. 다윗이 가는 곳마다 승승장구, 백전백승했듯이 (삼하 8:6, 14) 메시아께서도 연전연승(連戰連勝)을 거둔다. 그 승리는 원수들을 쳐서 질그릇 같이 파하고, 온 세상 땅 끝까지 소유가 이르게 하리라는 하나님의 약속에 근거한다.

그렇지만 둘 사이의 대비가 필요하다. 다윗의 대적들이 그 주변국들이었다면, 메시아의 원수는 혈과 육이 아니라 보이지 않는 영계의 세력들이다. 다윗이 정복할 영토가 가나안 주변 지역이었다면 메시아의 통치 구역은 온 세상이다. 다윗이 사용한 병기는 활과 창검이었다면 메시아께서 사용하는 무기는 성령님의 검, 곧 복음 말씀이다.

모든 왕의 시들은 메시아 시라 할 수 있다. 어떤 점에서 왕들은 오실 메시아의 모습을 희미하게나마 보여주기 때문이다. 그렇다고 거꾸로 모든 메시아 시들이 왕의 시들은 아니다. 왜냐하면 메시아는 이상적이며 완전한 반면 왕들은 불완전하고 실패했기 때문이다. 왕의 시인 시 18편에서 우리는 예수 그리스도, 곧 메시아 예수님을 볼 수 있어야 한다.

시 19편 하늘이 하나님의 영광을 선포하고

I. 전체구조에서의 위치, 시의 유형과 삶의 자리

표제는 이 시를 다윗의 시로 제시해 준다. 다윗이 직접 작사해서 그의 성가대장이 곡조를 붙여서 성소에서 예배용으로 사용했을 것이다. 앞의 시의 표제에서 다윗은 "여호와의 종 다윗"이라 불렸다면, 여기서는 시인이 자기를 "주의 종"(여호와의 종)이라 지칭한다 (11, 13절). 그리고 시 18편에서는 초반부 (2절)에서 여호와를 "나의 반석"이라 부른다면 시 9편에서는 마지막 부분에서 (14절) 여호와를 "나의 반석"이라 부른다.

본 시는 내용과 형식면에서 상당한 차이를 드러내는 두 부분으로 구성되었다. 우선 1-6절은 하나님의 창조를 노래한다면, 7-14절은 하나님의 말씀을 노래한다. 형식면에서 보자면, 첫 부분은 그 행들이 둘째 부분의 행들에 비해 상대적으로 길다. 그리고 사용된 신명 (神名)도 첫 부분에서는 창조주로서 "하나님" (엘)이 사용되었다면 (1절), 후반부에서는 이스라엘과 언약 맺으신 하나님의 이름인 "여호와"란 명칭이 일곱 번 사용되고 있다 (7, 8, 9, 14절). 또한 하나님을 "나의 반석"과 "나의 구속자"라 부르고 있다 (14절). 이런 식으로 시인은 자연이 자체로 언약의 하나님이신 여호와를 드러낼 수 없다는 것을 표현하고 있는지 모른다. 여호와 하나님은 오직 토라 (율법)를 통해서만 알 수가 있다. 그리고 둘째 부분에서 시인은 자기를 "당신의 종"이란 칭한다 (11, 13절). 즉 시인은 자기가 여호와 하나님과 특별한 관계를 갖고 있다는 점을 강조한다.

그런데 둘째 부분은 7-10절 (토라 칭송)과 11-14절 (간구)로 구분된다. 여하간 시 전체로 볼 때, 사고나 형식면에서 크게 두 부분으로 나누어진다는 점에서 비평가들은 이 시가 원래 두 개의 별개 시였다고 가정한다. 그러나 현재 형태에서 통일성이 견지되고 있다는 점은 부인할 수 없다. 그 통일성이란 근본적으로 하나님의 "계시(啓示)"란 사고에서 찾을 수 있다. 우선 일반적으로 자연은 자연계시 (혹은 일반계시)라 한다면, 말씀은 "특별계시"라 부른다. 칼빈은 그의 "기독교 강요"에서 하나님을 아는 지식은 우주창조와 그것에 대한 지속적인 통치에서 환히 드러난다고 한 바 있다 (「기독교 강요」 I권 제v장). 그러나 부패한 인간은 이를 도무지 제대로 파악할 수 없다. 그래서 하나님은 "성경"을 안내자와 교사로 우리에게 주셨다 (「기독교 강요」 I권 제vi장). 성경은 말하자면 초점을 상실한 인간의 눈에 끼워진 "안경"과 같다. 흐릿하게 보이던 것이 이제는 똑똑하고 선명하게 보인다.

물론 본 시의 후반부가 제시하는 말씀은 우리가 오늘날 갖는 성경은 아니다. 추정컨대, 그것은 시편기자가 사용하던 오경이 아니었겠는가? 오경이 후대 여타 정경의 저작에 결정적인 영향을 끼쳤다는 점은 부인할 수 없는 사실이고, 이러한 정경의 제 부분들과의 관계에 대한 이해방식에 따라 우리의 해석도 적지 않은 영향을 받게 된다. 따라서 하나님을 아는 지식을 제시해주는 계시로서의 자연과 말씀의 역할을 노래하는 본 시는 "계시를 노래함"이라는 제목을 붙여도 좋을 것이다.

자연 특히 여기 4-6절에서처럼 태양을 노래하는 시는 여타 고대근동 제국들에서도 찾아볼 수 있다. 예컨대, 애굽인들이 태양신에게 바친 찬가들 (ANET, 365-68)이나 수메르-아카드어로 된 태양신 찬가들 (ANET, 386-89)이 전해진다. 비단 태양신만 아니라 달 신에게도 저들은 찬가를 바쳤다 (ANET, 385-86). 여기서 분명히 해야 할 것은 이런 태양찬가들은 시 19편의 태양노래와 그 성격에 있어서 근본적으로 다르다는 점이다. 애굽인들이나 메소포타미아인들은 태양을 신(神)으로 숭배하여 태양을 찬미하고 있다면, 시 19편은 태양을 신(神)이 아니라 하나님의 영광을 드러내는 그분의 "피조물"로서 언급하고 있다는 것이다. 다신론(多神論)적인 이교도들의 태양신 찬가와 시 19편의 사고는 근본적으로 다름에도, 어떤 비평가들이 시 19편에서 지금의 형태 이전의 태양숭배 노래의 흔적을 찾고자 한다면 (특히 4-6절에서) 그것은 히브리인들의 신앙을 근본적으로 오해한 것이다 (Erhard S. Gerstenberger, *Psalms Part I with an Introduction to Cultic Poetry*, 101). 물론 타락한 사람들이 하늘의 만군을 숭배한 적은 있다 (왕하 21:3-6, 23:5, 11, 렘 8:2, 겔 8:16 등). 그러나 이것은 배교 행위였지 결코 정상적인 야웨 신앙의 일부가 결코 아니었다.

2. 시적 구조와 해석

앞에서 언급한 대로, 이 시는 크게 두 부분으로 나누어진다 (1-6절, 7-14). 그런데 둘째 부분은 다시 율법 찬미와 (7-10절) 율법을 통한 자기 성찰과 간구라는 사고로 (11-14절) 나누어진다. 보다 구체적으로 살피자면, 1-2절에 의하면 하늘과 천체들은 하나님의 영광을 선포한다. 그러나 3절에 의하면, 그들은 "소리"도 없이 그렇게 선포하고 있다. 조용하게 저들은 하나님의 영광과 위엄을 찬양하고 있다. 4b-6절은 해를 노래한다. 그러나 그 목적은 그 해를 창조하신 위대하신 하나님을 찬양하기 위함이다. 마찬가지로 7-11절에서 율법을 노래한다. 율법의 여러 가지 특성들이 제시되어 율법의 위대성을 노래하는 듯 하지만, 실상은 그런 율법을 주신 위대하신 하나님을 찬양하는 것이다.

그런데 시인은 갑자기 12절에서 "허물"을 이야기한다. 아마 시인은 하늘과 그 천체들 특히 태양을 바라보며 그 광명한 빛과 온기를 느끼면서 감탄하였을 것이다. 그러다가 그 태양처럼 자기 영혼을 밝히는 율법을 생각하고 율법의 위대함을 묵상하게 되었다 (14절 "마음의 묵상"). 그런데 율법에 대한 묵상이 결국 자기의 허물을 생각나게 하였다. 그 율법이 영혼을 소성케 하기 때문이다. 이리하여 그는 회개에 이르게 되었다 (12-13절).

시적 구조를 잠간 살피자면, 7-9절은 의미상 동의 병행법을, 구조상 구문 병행법을 보이며, 더 크게는 "외적 병행법"(external parallelism)을 보인다. 7-9절에 사용된 구문 병행법(syntactic parallelism)을 도해하면 다음과 같다:

7a 주어+ 형 +분사(분사 목적어)/ 7b 주어+ 형+ 분사(분사 목적어)
8a 주어+ 형 +분사(분사 목적어)/ 8b 주어+ 형+ 분사(분사 목적어)
9a 주어+ 형 +동사(분사)/ 9b 주어+ 명사+ 한정동사

9절의 경우는 7, 8절과 달리 주어의 속성 곧 율법의 속성을 타동사로 처리하지 않고, 자동사로 처리하고 있다. 그래서 9절에서는 동사(분사건 한정 동사건)는 목적어를 갖지 않고 있다. 10절의 경우는
10a 형용사 +전치사구 (전치사 +명사)/ 10b 전치사구 /10c 형용사 +전치사구 (+명사) 구조로, 모두 비교급을 사용하여 율법의 속성을 묘사한다: "값지다, 금보다; 심지어 정금보다 (값지다); 달다, 꿀보다; 심지어 송이 꿀보다 (달다)."

제1연 (1-6절): 자연계시를 노래함
1절: 하늘이 하나님의 영광을 선포하고/ 궁창이 그 손으로 하신 일을 나타내는도다 (핫쇼마임 메사페림 케보드-엘/ 우마아세 야다브 막기드 하라키아)—구조상 교차 대구법적 병행법을 이루고 있다. 문법적으로 SVO/ OVS 형식이다. 단어 짝을 보면, 하늘/궁창, 하나님의 영광/그 손으로 하신 일 (마아세[수공품]), 선포하고/나타내다 등이다. 여기서 사용된 동사들 (모두 분사형)이 제시하는 사고는 자연계(自然界)가 하나님을 드러낸다는 것이다. 거꾸로 하면 인간이 자연계를 보고 하나님을 알 수 있다는 말이다. 이는 타락(墮落)한 인간에게는 온전히 부합되지 않는 사고이지만, 그럼에도 자연만물은 어떤 창조주의 존재를 지시해준다 (양승훈, 「창조론 대강좌」49-83 참조). 이런 사고가 2-4절에서 제시되고 있다. 이 시인은 창 1-2장의 창조론에 근거해서 이렇게 노래하고 있다. 말씀에 근거한 시인의 자연관은 자연세력을 신격화한 이방인들의 그것과 판이하게 달랐다.

그런데 "궁창"은 창조의 두 번째 날에 만들어진 것으로 하늘 위의 물과 아래 물 사이에 펼쳐진 실체이다 (창 1:6-8). 창 1장의 창조 기사에서는 "하늘의 궁창" (창 1:14, 15, 17, 20)으로 계속 불린다. 그리고 "궁창"은 망치로 쳐서 늘이다 란 의미의 동사 (라카)와 연관되어, 쳐서 늘인 것이란 어원적 설명이 가능하다. 이 말은 마치 장인(匠人)이 철을 두드려 철판을 만들 듯 하나님께서 궁창을 땅 위 하늘에 펼쳐서 만드신 양 현상적(現象的)으로 묘사한다 (사 42:5, 44:24). 욥 37:18은 녹인 청동으로 만든 거울처럼 단단한 것으로 묘사한다.

2절: 날은 날에게 말하고 (욤 레욤 얍비아 오메르)— "날은 날에게 말을 쏟고." 사용된 동사 (나바)는 샘이 계속 물을 솟구쳐 내듯 부글부글 거품을 내다란 의미이다. 이 부분은 두

번역이 가능하다: 1) "날이 다음 날에게 말을 전한다"(one day to the next conveys the message, NAB); 2) "날들이 '날마다' 언어를 쏟아낸다"(Day after day they pour forth speech, NIV). 이 후자의 번역이 더 타당하다 (삼하 14:26 참조). 전자의 경우 구약에서 달리 발견할 수 없는 표상이며, 아주 대담한 의인화라 아니할 수 없다. 그러므로 "밤은 밤에게"라는 표현 역시 "밤마다" 라고 이해하면 좋겠다.

밤은 밤에게 지식을 전하니 (베라엘라 렐라엘라 예하베-다아트) —하나님의 작품인 하늘이 날과 밤이 교대로 계속되는 동안도 쉬지 않고 하나님의 지혜와 영광을 선포하고 그분에 대한 지식을 "알린다/ 선포한다" (하바). 우리는 매일 "자연의 책"을 읽고 있는 셈이다.

3절: 언어가 없고 들리는 소리도 없으나 (엔-오메르 베엔 데바림 벨리 니스마 콜람) — "담화가 없고 언어가 없으며, 그들의 음성도 들리지 아니하나." 우리가 들을 수 있는 담화 (오메르)나 언어 (데바림)가 하늘에 씌어진 것도 아니고 낮과 밤의 음성/ 소리가 들리는 것도 아니다. 그럼에도 낮과 밤은 날마다 담화를 쏟고 지식을 전한다 (2절 압비아 오메르/ 3절 에인-오메르). 역설적인 부정과 긍정이다 (잠 26:4-5절에서도 이와 유사한 기교가 사용되고 있다; 시락 13:10도 참조).

4절: 그 소리가 온 땅에 통하고 (베콜-하아레츠 야차 카밤) — "그들의 소리/ 외침이 온 땅으로 나아간다/ 퍼진다." 누구의 소리인가? 그것은 1절의 하늘과 궁창의 소리이다. 그 소리가 온 땅에 두루 퍼지고 있다. 그런데 "그 소리" (콰밤)는 문자적으로 하면, "저들의 줄" (their cord)이지만 (KJV, NASB), 헬라어역에 근거해 보면 (호 프통고스 아우톤 [저들의 소리]), 원래 이 부분의 히브리어는 콜람 (저들의 소리)였다고 추정되며 (NIV, RSV), 알 수 없는 이유에서 자음 "라"이 생략되었다고 여겨진다. 그런데 다훗은 바르트 (Jacob Barth, *Etymologische Studien*, [Leipzig, 1893], 29 이하)에 근거하여 "저들의 외침" (their call)이라 번역했다. 이런 이해를 지지하는 증거 구절들로는 시 40:2 (내가 여호와께 '크게 부르짖으니' [인내하며 기다리니], 그가 내게 주목하사 내 부르짖음을 들으셨다), 시 52:11 (당신의 성도들 앞에서 내가 당신의 이름이 얼마나 선하신지 선포하리라), 욥 17:13 (내가 스올을 내 집이라 부를 때에; 14절 초반과 병행) 등이다.

반면 리델보스는 (N. H. Ridderbos, *Die Psalmen*, 177) 고려중인 이 단어 (콰브)가 1-6절 부분에서 다른 구절들에서도 그렇지만, "척도"란 의미로 이해되어야 하고, 1-6절 부분에서 중심 지위를 점하고 있다고 주장한다. 더구나 이 단어가 이 시의 첫째 주요 부분 (1-6절)과 둘째 부분 (7-14절)을 연결시키는 중요한 고리 역할을 한다. 따라서 이 말은 하늘과 천체들이 스스로 한 표준과 척도로서 하나님을 선포한다는 것을 지시한다. 궁창은 물들의 경계가 되고 (창 1:6-8, 욥 38:8 이하 참조), 땅의 경계를 정한다 (욥 38:5). 또한 천체들이 밤낮의 길이와 달과 년들의 길이를 정한다 (창 1:14). 이스라엘 사람들은 우주가 운행하면서 질서를 유지하고, 천체들이 하늘에서 추락하지 않으며, 바다물들이 땅에 범람하여 홍수를 야기 시키지 않는 사실을 언제나 경이롭게 생각했다 (사 34:4). 저들은 우주가 질서를 지키며 인간에게 편의를 제공한다는 사실을 늘 느끼면서, 우주 안에서 하나님이 전능하심과 지혜와 인자하심의 계시를 보았다. 시 19:1-6은 바로 이런 사실을 노래한다. 그런데 여기에 7절 이하 부분이 더해져서 "여호와의 토라"는 "우주"와 비길 수 없이 더 크고 영화롭게 하나의 척도이다 라고 노래한다 (사 28:17).

그 말씀이 세계 끝까지 이르도다 (우비크체 테벨 밀레헴) — "저들의 말들이 세상 끝까지 (나아간다)." 전반절의 동사가 여기서도 기능을 발휘한다 (double duty). 땅 끝까지 복음을 전해야 할 우리들에게 이렇게 자연물은 무언의 경쟁자가 되고 있다. 무생물이지만 저들의 성실함과 충성도는 우리가 따를 수 없다. 여기서 잠시 언급할 바는, 1-4 상반절은 말이나 소리 없이 하늘이 수행하는 "하나님을 드러내는 사역"을 노래한다는 것이다. 4 하반절-6절은 천체인 해가 그런 사역을 수행한다고 기술된다. 그런데 7절 이하는 여호와의 토라가 말씀을 통해 하나님을 드러내는 사역을 더 분명하고도 영광스러운 차원에서 감당하고 있다. 우주는 하나님의 영광을 찬양하고 드러내지만, 그분의 뜻은 알릴 수가 없고 다만 그분의 율법만이 그런 기능을 할 수가 있다.

4 하반절: 해를 위하여 장막을 베푸셨도다 (랏세메쉬 삼-오헬 바헴)— "해를 위하여 저들 중에 (하늘에) 장막을 두셨다." 지극히 현상적(現象的)인 묘사이다. 과학적인 진술이 아니다. 태양이 마치 하늘에 거처를 가진 듯 노래한다.

5절: 그 방에서 나오는 신랑과 같고 (베후 케하탄 요체 메후파토) —태양이 아침마다 동편에서 방긋 웃으며 나오는 모습이 신랑이 그 신방 (후파 욜 2:16; 新房)에서 나오는 모습과도 같다

그 길을 달리기 기뻐하는 장사 같아서 (야시스 케깁보르 라루츠 오라흐)— 또한 아침마다 힘차게 솟아오르는 붉은 태양이 하늘 이편에서 저편으로 운행하는 모습은 마치 달리기 기뻐하는 전사(깁보르) 같아서 제 길을 완주(完走)한다.

6절: 하늘 이 끝에서 저 끝까지 운행함이여 (믹체 핫솨마임 모챠오 우트쿠파토 알-케초탐)— "그 떠오름 (its rising)이 하늘의 한 끝에서 시작하여, 그 일주가 다른 끝까지 (이른다)." 동편에서 태양이 떠올라, 서편 수평선으로 질 때, 서쪽 수평선이 전환점이 되어 이제 밤에 지구 아래를 돌아 동편 출발점으로 다시 돌아온다는 고대인의 현상적 고찰이다. 태양신을 섬겼던 애굽인들에게 태양의 하루 여정은 생명과 사망의 교체를 의미했다. 동편에서 떠오르는 태양은 생명과 새 출발이라면, 서편으로 지는 것은 죽음을 의미했다.

그 온기에서 피하여 숨은 자 없도다 (베엔 니스타르 메함마토)—그 온기 (함마토)라 번역된 말은 "(태양의) 열기" (glow [of the sun])이다. 이 말은 다른 문맥들에서 (사 24:23, 30:26, 아 6:10, 욥 30:28 등) "해" (sun)란 의미로 나타난다. 태양이 지표면에 비추일 때, 지표면(地表面)의 태양광 반사율(反射率)을 "알베도" (Albedo)라 부른다. 이 반사율은 대략 35%라 한

다. 그런데 이것이 너무 크다면 지구는 빙하기가 도래하고, 너무 작다면 심한 온실효과(溫室效果)로 인해 모든 생물이 타 죽을 것이라 한다. 동시에 태양의 온기로 사는 지구상의 생명체는 기온의 일교차(日較差)나 연교차(年較差)가 심하면 존속할 수 없다. 그런데 지구는 일교차가 20도, 연교차가 40도를 넘지 않는다 한다. 이렇게 대기의 온도를 일정하게 해주는 요인들이 있겠지만 그런 요인들이 우연히 생성된 것이 아니라 창조주 하나님의 오묘한 솜씨이다. 시인은 현대 과학자들처럼 정교하게는 아니라 해도 자신의 당대에 고찰 가능했던 인상대로 노래하고 있다.

제2연 (7-10절): 말씀계시를 노래함

하나님의 말씀은 여호와의 율법, 여호와의 증거, 여호와의 교훈, 여호와의 계명, 여호와를 경외하는 도, 여호와의 규례 등 여섯 가지로 지칭되었다. 동일한 대상에 이렇게 상이한 명칭이 붙은 것은 그 여러 가지 상이한 기능들이나 특색들을 묘사하기 위함이다. 그런데 앞 연에서 태양을 노래한 것은 위대하신 하나님, 곧 태양의 창조주를 찬양하기 위함이었다. 마찬가지로 여기서 율법을 노래하는 것은 그 율법을 주신 위대하신 하나님을 찬양하기 위함이다. 율법의 특성들은 율법을 주신 하나님에게서 유래한 것이기 때문이다.

7절: 여호와의 율법 (토랏 야웨)**은 완전하여 영혼을 소성케 하고** (테미마 메쉬바트 나페쉬) — "율법"(law)이란 번역은 그 실행을 강제하는 구속력에 강조점을 두었다. 그런데 "토라"라는 말은 법적인 뉴앙스도 있지만, 교훈, 가르침이란 의미를 갖기도 한다. 여기서 토라의 기능은 "영혼 소성(蘇醒)"이다. 그렇다면, 정죄하고 죽이는 법적인 측면(고후 3:6-9) 보다는 용서하고 새롭게 하는 측면이 강조되었다. 한편 "완전하다"(타밈)란 말은 희생제물용 양의 각 부분이 흠이 없다고 할 때 (레 3:9) 사용되었다. 혹은 불에 타지 않은 나무, 혹은 한 시간도 빠지지 않는 온 종일, 흠이 없는 사람 등에서 보듯, 어떤 부분도 결점이 없고, 어떤 부분도 빠짐이 없는 전체, 온전한 전체를 지시한다. 여기서는 공의로운 하나님의 완전한 법이 모든 억울한 일을 바로 잡아 줄 것이므로, 혹은 죄를 지었음에도 법규정대로 속죄의 길이 열린 까닭에 낙담과 좌절된 영혼이 새롭게 원기를 회복하여 소생되는 것이다. 그런데 7절 전반절이 제시하는 사고는 7절 후반절과 8절에서 보다 구체화된다.

여호와의 증거는 확실하여 우둔한 자로 지혜롭게 하며 (예두트 야웨 네예마나 마흐키마트 페티) —증거 (에듯)나 율법 (토라)은 병행어로 나타난다 (시 78:5). 증거의 특성은 "신실함"(네에만)이다. "증거" 혹은 "증거하다"는 사법적 뉴앙스가 강하다. 이 말은 이스라엘과 하나님 사이의 언약 관계 곧 법적 관계에서 하나님께서 이스라엘이 언약을 위반하였다고 기소할 때, 혹은 선지자들을 보내어 언약에 충실할 것을 요청할 때 사용된다 (암 3:13, 렘 42:19-20). 따라서 증거/ 증인은 "신실"을 생명으로 한다. 율법을 여호와의 "증거/ 증인" 이라 부르는 것은 언약 백성의 불신실을 기소하고, 하나님의 신실하심을 증거해 주기 때문이다. 그 증거가 우준한 자 (페티, 잠 9:4)를 지혜롭게 만들어 준다는 것은 하나님의 증거를 들을 때 책망을 받고 참 하나님과 그와 맺은 언약, 그분의 섭리, 그분의 구원의 길을 확실하게 깨닫기 때문이다 (잠 1:4, 22, 23, 시 119:130). 우준한 자는 마음이 열려 있어서 무엇이나 따라가는 자이다 (잠 14:15, 27:12). 이런 자는 여호와의 증거로 침을 받아야 한다.

8절: 여호와의 교훈은 정직하여 마음을 기쁘게 하고 (픽쿠데 야웨 예샤림 메삼메헤-레브)— "정직한" (야샤르)은 차라리 "바른" (straight, just, right)이다. 물론 "바른" 은 여호와의 보시기에 그렇다 (출 15:26, 신 12:25, 28, 13:19 등). 여호와 자신도 의로우시고 바르시다 (챠디크 베야샤르, 신 32:4). 여호와의 규정들 (precepts [피쿠딤])이 언약 백성의 삶의 기준과 표준이다 는 것이다. 역사서에서 왕들이 판단 받을 때, 하나님 보시기에 바른 것을 행치 아니하였다고 기소 당하거나 (왕상 11:33, 왕하 16:2), 바른 것을 행하였다고 평가를 받는다 (왕상 15:11, 22:43, 왕하 12:3, 14:3, 15:3, 34, 18:3, 22:2). 그분 보시기에 바른 것을 행한 구체적인 증거는 아사 왕이 우상을 파괴하고 제거했다는 것이다. 이렇게 그분 보시기에 바른 것을 행하면 하나님이 함께 계신다 (왕상 11:38). 마음이 기쁜 것은 하나님의 임재 하에 들 때이다 (대상 16:10). 왜냐하면 그분 앞에는 즐거움이 충만하기 때문이다 (시 16:11). 하나님의 은혜가 임재로 나타나면 기쁘다 (왕상 8:66, 16:9). 따라서 여호와의 교훈이 정직하여 마음을 기쁘게 한다라 함은 여호와의 바른 규정을 행할 때 기쁨이 온다는 말씀과 같다 (대하 29:9, 스 6:22).

여호와의 계명은 순결하여 눈을 밝게 하도다 (미츠바트 야웨 바라 메이라트 에나임)— "순결한" (바르)는 아 6:10에서 태양을 수식한다 (빛을 발하는 태양). 혹은 욥 37:11도 참조 (M. Dahood, *Psalms I*, 123). 따라서 다음과 같이 번역한다: "(여호와의 계명은) 광채를 내어, 눈을 밝힌다." 태양이 육적인 눈을 밝힌다면 율법은 빛을 발하여 내 영혼의 눈을 밝힌다. 육신이 곤비할 때 눈이 희미해진다 (삼상 14:27, 29). 이럴 때 음식이 필요하다. 마찬가지로 불순종할 때 신령한 세계가 제대로 보이지 아니하다. 이럴 때 하나님의 계명을 읽고 순종하면 영안이 밝아진다.

9절: 여호와를 경외하는 도는 정결하여 영원까지 이르고 (이르아트 야웨 테호라 오메데트 라아드) — 문자적으로 " '여호와 경외' 는 ⋯ "이지만 문맥에 의지하여 "여호와를 경외하는 '도' "라고 이해한다. 여호와를 경외함은 그분을 체험한 자들에게 나타나는 삶의 방식이다. 이런 삶은 모든 면에 절도가 있고 정직하며 순결하다 (출 18:21). 이런 자들의 삶은 성공한다. 여호와를 경외함이 모든 지식과 지혜의 시작이요, 토대요, 근원이다 (잠 1:7, 시 111:10). 이것 없이 바른 지식이나 바른 학문이 존재할 수 없다. 이것 없이 바른 사회생활이 될 수 없다. 왜냐하면 그분이 모든 진리와 모든 참 지식의 근원이신 때문이다.

여호와의 규례는 확실하여 다 의로우니 (미쉬페테-야웨 에메트 챠데쿠 야흐다브)—확실하다는 것은 허상이나 거짓이 아니라 실상, 참이라는 것이다 (신 22:10, 왕상 10:6). 여호와의 규례들은 다 진리이다. 이 진리는 보편적 가치를 갖는다. 그리고 규례들은 의롭다. 이는 그것들이 우리 삶의 기준과 규범적 가치를 지닌다는 의미이다.

10절: 금 곧 많은 정금보다 더 사모할 것이며 (한네헤마딤 밋자하브 우밉파즈 라브) —시인은 말씀의 가치를 여기서 종합적으로 평가한다. 그 가치로 말하자면, 세상이 귀하다 여기는 정금(正金)에 비길 수 없이 귀하다. 시편기자는 하나님의 계명을 정금보다 더 사랑한다(119:127)라 하였다. 정금을 "돈"이라 해 보자. 돈을 벌기 위해 사람은 사는 듯 하다. 그런데 신앙인에게 말씀은 돈 보다 더 귀하다. 왜 그런가? 하면 신앙은 부, 영예, 장수 등을 줄 수 있기 때문이다 (잠 8:18). 거꾸로 돈이 신앙을 산출할 수는 없다 (행 8:18-19).

꿀과 송이 꿀보다 더 달도다 (움투킴 밋데바쉬 베노페트 츄핌) — "꿀과 벌집의 꿀보다 더 달다." 말씀을 달기가 꿀보다 더 달다고 한 것은 말씀이 우리 영혼에 주는 기쁨을 비유한 것이다 (잠 16:24, 24:14).

제3연 (11-14절): 간구

시인은 태양을 통해 눈을 밝게 하는 율법, 영혼을 소성시키는 율법을 생각하게 되었고, 급기야 자신의 허물을 생각하게 되었다. 이 시점에서 시인은 자신의 본 모습을 되찾은 것이다. 율법을 노래하면서 자기 자신을 되돌아보는 계기를 갖게 되었다. 이런 사고를 드러내주는 11절은 따라서 2연의 사고에서의 전환을 제시한다.

11절: 주의 종이 이로 경계를 받고 (감-아브데카 니즈하르 바헴) — "이로"는 "그것들로"(by them), 곧 앞에 묘사된 그 하나님의 "법들로"란 의미이다. 이렇게 복수형 대명사를 사용한 것은 율법, 증거, 계명 등은 단수로 제시되었지만, 교훈 (8절, 교훈들 [피쿠팀], 규례 (9절, 규례들 [미쉬파팀] 등은 복수로 제시되었기 때문이다. 선지자들은 사람에게 율법에 근거해서 저들의 죄를 기소하고 경고하는 검사요 판사였다 (겔 3:21, 33:4-6). 탐내지 말라! 는 계명이 없으면 우리는 모두 내 것으로 알 것이다. 한편 "주의 종" (당신의 종)은 주님을 주인으로 섬기는 종이다. 여기서 처음으로 여호와를 "당신"이라 호칭하고 있다. 하나님을 섬김의 본질은 봉사, 헌신이 우선이 아니라 그분을 "경배"하는 것이다 (창 2:15 "하나님을 섬기고 [말씀을] 지키도록 동산에 두셨다).

이를 지킴으로 상이 크니이다 (베쇼므람 에케브 라브) —그런데 율법으로 경계/ 경고만 받지 않고, "그것들"을 지킴으로 "큰상" (에케브 라브)을 받는다. "상"은 원래 "끝" 혹은 "등"을 지시하나 발전하여 "결과" 곧 "임금" (wages)을 지시한다. 그렇다면, 말씀을 지키면 그에 상응하는 "삯"을 받게 된다는 말이다 (부, 영예, 생명, 잠 22:4). 그런데 율법을 지키면 "큰 상" (에케브 라브, 11절)을 받지만, 그 길을 이탈하면 "큰 죄과" (페솨 라브, 13절)에 이르게 된다.

12절 이하에서 우리는 시인이 탄식하고 하나님께 은총을 간구하는 소리를 듣게 된다. 이제까지는 자연계와 말씀 계시에 나타난 하나님의 위대하심을 찬양하고 흥분된 기분이었다면, 이제부터 말씀에 비추어 본 자신의 모습에 낙담이 되어 그분의 죄사함의 은총과 보호가 없이는 살 수 없다는 확신을 표하게 되었다.

12절: 자기 허물을 능히 깨달을 자 누구리요 (쉐기오트 미-야빈) —여기 "허물" (쉐기야, 여기서만 나오는 단어)은 무지 혹은 부지중의 범죄를 지시한다. 인간은 자신이 죄인 됨을 알지 못할 뿐 아니라, 성도라도 자신의 부지중에 범한 죄를 태반 알지 못한다.

나를 숨은 허물에서 벗어나게 하소서 (민니스타롯 낙케니) — "은밀한 허물을 사하소서" (NIV, NASB). 사용된 동사 (나카)는 "처벌에서 면제되었다고 선포하다" 란 의미이다. 구약 성도가 부지중에 죄를 범하였다면 (레 4:22, 27, 5:17, 민 15:24 등) 희생 제사를 드려 죄를 속해야 했다. 그러므로 고의로 범한 죄는 속죄할 방도가 없었다. 속죄제나 속건제는 모두 속죄하나 후자는 손해를 입힌 자에게 120 퍼센트의 배상까지 해야 했다. 반면 번제도 속죄하나 부지중에 범한 죄들 가운데 자신이 기억 못할 모든 죄를 위해 번제를 드려 속죄하거나 국가적인 절기시에 번제를 드려 전체의 죄를 속하였다.

13절: 또 주의 종으로 고범죄를 짓지 말게 하사 (감 밎제딤 하소크 아브데카) —앞 절이나 본 절 후반부의 "큰 죄과" 란 말에 비추어 "제딤" 은 "주제넘은 죄" 곧 의도적으로 범한 죄를 지시한다. 어떤 영역본은 "교만한 자들" (the insolent, NRSV) 혹은 "교만" (pride, NJB)으로 번역한다. 사용된 말은 복수형에서 전부가 "거만한 자들" 이란 의미이다 (시 86:14, 119:21 등). 고의로 범하는 죄가 여기 고려 중이다 (NIV, willful sins; RSV, NASB, presumptuous sins). 그런 죄는 속할 제사가 없다. 짐짓 범죄 할 때 그 결과가 하나님께 버림받는 길밖에 없다. 그러면 우리는 "죄의 종" 으로 전락한다. "짓지 말게 하사" (하소크 민)은 "–을 아끼다," "철회하다," "삼가다, 억제하다" 등을 의미한다. 그러므로 죄에 자신을 던지지 아니하고, 자기를 억제하는 모습이다. 그런데 자기 힘으로 아니라, 하나님께서 자기를 제어하도록 간구한다.

그 죄가 나를 주장치 못하게 하소서 (알-임쉘루 비) —죄는 범죄자를 자기 종으로 만들어 버린다 (창 4:7, 요 8:34, 롬 6:12, 16).

그러하시면 내가 정직하여 큰 죄과에서 벗어나겠나이다 (아즈 에탐 베닉케티 밉페샤 라브) — "내가 온전하게 되어, 큰 범죄에서 자유하겠나이다." 7절에서 여호와의 율법은 "완전하다" (타밈) 하였다. 그런데 시인은 여기서 성도가 여호와의 죄 사함을 받으면 "온전하게 된다" (타밈)고 기술한다. 그런데 여기 사용된 명사 "페샤" (죄과)는 정치적 "반역죄" 란 의미이다. 하나님의 백성으로서 그분의 뜻을 짐짓 거스릴 때 "반역죄" 에 해당된다. 성령님을 근심시키면 우리는 그분에게서 소외되고 만다 (엡 4:30).

14절: 나의 반석이시오 나의 구속자이신 여호와여 (야웨 츄리 베고알리) — "나의 구속자" (고알리)에서 "구속자" (고엘)는 대개 세 기능을 하였다. 1) 경제적으로 자기 친족이 어려움에 처했을 때 친족의 기업을 사야한다. 2) 후손이 없이 죽은 남자 친족의 과부 아내와 결혼

해서 자녀를 낳아 죽은 친족의 대를 이어주어야 한다. 3) 친족이 제삼자에게 억울하게 죽임을 당했다면, 그의 피의 보수자가 되어 살인자를 죽일 수 있다. 자신의 가장 가까운 친족이 구속자가 될 수 있다. 주님은 성도의 모든 삶에 구속자이시다 (신 7:8, 9:26, 13:5, 15:15, 21:8, 24:18, 시 25:22, 26:11, 31:5, 32:7 등; 사 41:14, 43:1, 14, 44:22-24, 51:11, 52:3, 62:12, 63:9, 히 2:14-15). 그런데 시인이 자연을 통해 하나님을 생각하고, 태양을 통해 눈을 밝게 하는 율법을 생각하고, 급기야는 자신의 허물을 생각하게 되었다. 이제 더 이상 진전할 여지가 없어 구속주 앞에 무릎을 꿇는다: 나의 구속자시여! 나를 허물에서 건지소서.

내 입의 말과 마음의 묵상이 주의 앞에 열납 되기를 원하나이다 (이흐유 레라촌 이므레-피 베헤그욘 립비 레파네카) —내 입의 말들은 내 마음의 묵상, 계획의 발로이다. 내 마음이 의도하는 바가 입술로 통해 나타난다. "묵상" (힉가욘)은 나직하게 속삭임이다 (whispering, NJB). 이것들이 모두 주님께 기쁨 (라)이 되게 해달라고 기도한다. 시인은 율법을 묵상하다 자신의 일상 삶을 되돌아보면서 이렇게 고백하는지 모른다. 아니면, 시인은 이 시편을 마음에서 묵상으로 잉태하여, 입술의 말로 표현하며, 그것이 여호와께서 기뻐하시는 제물이 되기를 기원하는지 모른다.

시편의 적용

궁창 (라키아)(1절)

궁창은 창조의 둘째 날 지음을 받았다 (창 1:6-7). 그 궁창을 하나님은 "하늘" (쉬마임)이라 불렀다 (창 1:8). 이렇게 볼 때, 궁창은 그 생김새와 기능 (궁창 위의 물과 아랫물을 가르는 실체)을 지시한다면, 그 이름은 "하늘"이라 불리게 되었다. 이렇게 하나님의 지음을 받은 하늘은 창조의 그 날부터 시작하여 오늘날까지 창조주의 영광을 드러내고 있다. 그분의 솜씨와 그분의 지혜와 그분의 위대하심을 전해준다. 하나님은 이렇게 우주에 자신의 증인을 두시지 않은 것이 아니었다 (행 14:17, 롬 1:19, 20). 하나님은 우리들에게도 그분이 우리에게 행하신 위대한 일들을 전파하고 간증 하라 명하신다 (신 6:6-9, 시 78:4).

하나님의 손으로 만드신 작품들 (시 102:25, 사 5:12, 19:25, 64:8)은 우리의 손으로 만든 작품 (시 90:17)과 비교한다면 비교나 될까? 그분이 우리를 위해서 일하셔야 작품이 생긴다. 우리 지혜로는 작품이 나올 수 없다.

영혼 소성(蘇醒)(7절)

사용된 표현은 "되돌리다, 회복시키다, 소생시키다 (refresh)"를 의미하는 히필형 "슈브" 동사와 "영혼" (네페쉬)이다. 이 두 말이 함께 나타나는 (collocation) 구절들에서 의미를 찾아보자.

1) 시 23:3: "그가 나의 영혼을 회복시키신다" (슈브의 폴렐형).

2) 시 35:17: "내 영혼을 저들의 멸망시킴에서 구원하소서" ("슈브"의 히필형).
3) 욥 33:30: "그의 영혼을 구덩이에서 되돌리시고" ("슈브"의 히필형)
4) 룻 4:15 "네 생명의 회복자" (룻이 낳은 "오벳" [다윗의 조부]이 나오미의 생명의 회복자)
5) 애 1:11 "그 모든 백성이 생명을 소성시키려고 보물로 식물들을 바꾸었더니"
6) 애 1:16 "날 위로하여 내 영을 소성시킬 자가 멀리 떠났음이여"
7) 애 1:19 "장로들은 소성시킬 식물을 구하다가 성중에서 기절하였도다"

이런 예문들을 고찰해 보면, 2) 3)은 구원, 건짐을 묘사한다. 반면 4)는 후대의 계승자란 의미이다. 그런데 5-7은 하나같이 양식이 없이 아사지경(餓死之境)에 처한 자들의 생명을 소생(蘇生)시키는 일을 지시한다. 즉 음식 표상이다. 그렇다면 시 19편에서 율법이 영혼을 소성시킨다는 의미는 무엇인가? 우선 범죄함에서 우리를 새롭게 하신다는 의미이다. 이는 자동사일 경우 회개가 될 것이지만, 사역형일 경우 여기서처럼 하나님의 주권적인 역사로 인한 영혼 회개를 의미할 것이다. 이는 기존 성도의 경우나 불신자의 경우나 해당될 수 있다. 또 다른 측면에서 보면, 내 영혼이 침체된 상태에 있을 때 주께서 소망과 확신의 광선을 비추심으로 내게 생기를 불어넣으신다는 의미로 취할 수 있다.

따라서 영혼 소생은 영혼의 회개와 갱신을 의미한다. 하나님의 말씀이 영혼을 되돌려서 새롭게 주님 중심으로 살도록 해준다. 이런 역사는 증거되는 말씀을 듣는 중에 죄악이 깨달아지고 삶의 새로운 소망과 결단이 주어짐으로 일어난다 (느 8:9이하). 영혼소생의 주체는 말씀이지만 이 말씀은 사실 수단이라면 이 말씀으로 역사하는 성령님이시다.

삿 15:19에서 삼손이 레히란 곳에서 나귀의 턱뼈로 블레셋 군 일 천명을 쳐서 죽이고 심히 목이 말랐을 때, 하나님께 부르짖으매 샘을 터지게 하시어 그로 마시게 하셨다. 샘물을 마신 삼손은 "정신이 회복되어 소생되"었다 (19절). 여기 사용된 표현은 직역하건대 "그의 영이 되돌아와서 그가 살게 되었다"이다. 이렇게 죽음에서 생명이 주어지는 것을 소생이라 번역하였다.

부정적인 율법 이해 (7-11절)

율법은 하나님의 거룩하신 뜻의 표현이므로 우리 성도들에게는 소중한 것이며 우리 영혼을 소성시키고 우리에게 기쁨을 주는 은혜의 수단이다. 그런데 신약의 바울 사도의 가르침에 익숙한 우리들, 특히 이 사도 바울의 율법에 관한 가르침을 루터의 회심사건에 대비시켜 이해하는 소위 "루터적 바울 이해" 때문에 율법이 부정적으로 우리 마음에 느껴진다. 이런 상황을 직시한 스탕달이란 학자는 이방인들의 구원참여에 대한 바울의 논의를 사람들은 "내가 어떻게 구원을 얻어야 할까?" 라는 루터의 상황에 비추어 이해하고자 하였다고 팽배한 그릇된 이해에 이의를 제기했다 (Krister Stendahl, "The Apostle Paul and the Introspective Conscience of the West," 206). 그 후 샌더스 (E. P. Sanders)란 학자가 이런 이의(異意)를 발전시켜 바울 사도의 율법관을 새롭게 보고자 하는 시각을 정립하였다. 요컨대, 유대인들이 구원을 받기 위해 율법을 준수하고자 했던 것이 아니라는 주장이다. 사도 바울이 "율법의 행위로 말미암는 의(義)"와 "복음을 믿음으로 얻는 의"를 대조시킬 때, 바울 사도의 이방 선교적 맥락에서 이를 고찰하지 않으면 유대인들이 구원을 위해 율법을 준수하고자 했다고 오해하기 쉽다. 오히려 사도 바울의 논지에서 중요한 것은 바울 당대 유대인들이 율법을 울타리 삼고서 예수 그리스도의 "복음을 믿음으로 말미암아 얻는 구원"을 방해하였다는 점이다. 유대인들은 유대교에 개종해야, 즉 율법/언약의 울타리 안으로 들어와야 구원을 얻는다고 오해한 것이다. 이를 바울 사도는 시정(是正)하고 있다. 바울 사도의 논지는 이제 신약시대는 구약시대와 달리 유대교에로의 개종에 의한 구원 (할례, 음식법, 안식일 준수 등) 방식이 더 이상 적용될 수 없다는 것이다. 곧 구속사의 별다른 시대가 도래했다는 것이다. 이제는 유대인이 되어야 구원을 얻지 않고, 이방인이건 유대인이건 "믿음으로 구원을 얻는다"는 것이다.

그렇다면 기독 성도들에게 구약 율법은 유효한가? 이에 대하여 사람들은 답하길, 의식법(제사법), 공민법은 성취되었으므로 불필요하고, 다만 도덕법은 영구히 유효하다고 한다. 그러나 이런 식의 구분을 유대인들이나 신약시대 사도들이 한 적이 없다. 구약의 모든 법은 주께서 완성시키셨다. 그러므로 우리는 그분을 믿을 때 율법을 전부 지키는 셈이 된다. 그분의 순종으로 인한 의가 나의 것이 되기 때문이다. 즉, 그분의 대속 죽음은 나의 죄를 도말하는 부정적인 측면만 있는 것이 아니라, 적극적으로 내가 율법을 범하고 준수하지 못하는 것을 대신하여 이루셨으므로 믿는 자들에게는 율법을 모두 준수한 의가 주어진다. 그렇다면 율법은 나에게 무용지물인가? 아니다. 율법은 죄를 드러내 준다. 율법이 없으면 죄가 무엇인지 모른다. 하나님의 뜻을 율법을 통해 알게 된다. 예컨대, 내가 대한국민이 되고자 교통법규를 지키지는 아니한다. 국민이기에 나는 지킨다. 내 안전과 질서를 위해서. 마찬가지이다. 내가 하늘 시민이 되고자 율법을 준수하는 것이 아니라 하늘 시민으로서 내 자신의 안녕을 위해 준수한다. 즉, 안식일에 쉼은 내 건강상 유익하다. 십일조를 바침은 내 이기심이나 자율주의에 쐐기를 박고 하나님의 소유권과 주권을 인정하는 마음의 표시이다. 내가 살인을 아니함은 보복이나 사회적 제약도 피하고, 하나님의 형상을 지닌 인간을 존중하기 때문이다. 율법의 모든 조항은 문자적으로가 아니라 그 정신에 있어서 아직도 우리에게 유효하다.

루이스 (C. S. Lewis)는 "시편에 대한 묵상"에서 다음과 같은 요지의 말을 하였다: 시 19편의 태양은 강하고 맑게 작열하면서 모든 곳을 침투한다. 그리고 시편 기자는 태양이 침투할 수 없는 어떤 곳 곧 영혼에 대하여 말한다. 그러나 율법은 오염되지 않은 빛으로 그곳까지 침투하여 환히 밝히며, 맑고 영원하며 달콤하다. 아무도 이 율법을 더 낫게 만들 수 없으며 율법에 관해 옛 유대인들이 가졌던 느낌 (밝고 완전하고 환희에 가득찬)을 우리가 온전히 인정하지 않을 수 없다.

시 20편 환난 날에 네게 응답하시고

1. 전체구조에서의 위치, 시의 유형과 삶의 자리

본 시는 왕을 위한 노래이다. 특히 왕이 전쟁에 출전하기 전에 왕을 위해 국민들이 거국적으로 드리는 간구시로 이해된다 (모빙켈, *PIW* I, 225). 예나 지금이나 전쟁은 한 국가의 흥망을 좌우하며, 전쟁의 출전은 국가의 운명이 걸린 일이었다. 따라서 전쟁을 시작하기 전에 통수권자는 종교적 힘을 찾기 마련이다. 사무엘이나 사울의 예에서 보듯, 출전하기 전에 하나님께 제사를 드려 도움을 구했다 (삼상 7:9, 13:9-12). 이 시는 국민이 왕에게 승리를 달라고 중보 기도를 하고 (1-5절), 뒤이어 다른 목소리가 왕의 승리에 대한 확신을 선포한다 (6절). 그리고 7-9절에서는 원수와 성도들을 대조시키면서 승리의 확신을 다시 선포하고 (8절), 마지막으로 왕의 승리를 위해 간구한다. 한편 이 시의 첫 부분 (1-4절)은 시 19편 마지막 부분 (14절)을 받아 반향(反響)해 준다.

2. 시적 구조와 해석

1-5절까지는 국민들이 왕의 승리를 위해 중보 기도하는 기도문이라면, 6절에서는 특이한 목소리가 (1인칭으로) 자신의 신앙적 확신을 선포한다. 7-9절은 하나님을 의지하는 왕의 승리를 노래하고 그의 승리를 위해 간구한다. 따라서 1연은 1-5절, 2연은 6절, 3연은 7-9절로 구분한다.

6절을 특별히 주목할 필요가 있다. 1-5절에서 여호와께서 왕에게 승리를 주시라고 간구한다. 그리고 곧장 6절에서 "여호와께서 자기에게 속한 바 기름부음 받은 자를 구원하시는 줄 이제 내가 아노니" 라 선언한다. 1-5절에서는 "우리"가 간구했다면, 6절에서는 "내가" 안다. 1-5절에서의 "당신"이 6절에서는 "그의 기름 부음 받은 자"로 나타난다. 이렇게 1-5절과 6절에서의 목소리는 차이가 있다. 왕이 전쟁에 나가기 전에 성소에 나와 제사를 드리며 하나님께 승리를 위해 간구할 때, 백성들이 그를 위해 중보기도를 드렸는지 모른다 (1-5절). 그럴 때, 성소의 제사장이 6절을 선언했을 수 있다 (이 시를 예배 의식과 연관시켜 이해한다면). 그리고 다시 백성들이 원수와 성도들의 차이를 지적하면서 승리의 확신을 선포하고 (8절) 왕의 승리를 위해 여호와께 간구한다 (7-9절). 이 내용을 보면, 원수는 여전히 패배를 당하지 않았다. 아직 전쟁은 시작되지 않은 인상이다. 9절의 간구는 사실상 여호와께 드린 직접적인 단 하나의 간구이다. 1-5절에서는 왕의 제사와 기도를 들어 주실 것을 기원하는 말씀들이다. 즉, 여호와께 직접으로 드린 간구가 아니다.

1연에서 2-5b절까지 문장 구조를 살펴보면, 동사가 모두 가장 자리에 위치하여 목적어를 안에 품고 있다

2 동사+ 목적어+ 전치사구/ 전치사구+ 동사(+인칭접미 목적어]
3 동사+ 목적어/ 목적어+ 동사
4 동사 +전치사 +목적어/ 목적어 +동사
5 동사 +전치사구/ 전치사구 + 동사

형식이다. 이는 교차 대구법적 병행법 구조라 불릴 수 있다 (chiastic parallelism). 1절의 경우는
동사(+동사 목적어) + 주어 + 전치사구/ 동사(+동사 목적어) +주어
형식으로 (VoSp/ VoS) 의미상 동의 병행법, 구조상 구문 병행법을 구성한다. 전반절의 전치사구는 (환난 날에) 후반절에도 해당되며, 전반절의 주어 (여호와)는 후반절에서 "야곱의 하나님의 이름"으로 길이가 확대되어 생략된 전치사구로 인한 길이 축소를 보충해 주고 있다 (ballast variant).
한편 7-9절에서 부각되는 구조상의 특징은 주어가 동사와 별도로 문두에 위치하여 강조되고 있다는 점이다 (7절 엘레[어떤 이들], 아나흐누[우리]; 8절 헴마 [저들], 아나흐누[우리]; 9절 야웨 등).

제1연 (1-5절): 왕을 위한 기도
1절: 환난 날에 여호와께 네게 응답하시고/ 야곱의 하나님의 이름이 너를 높이 드시며 (야안카 야웨 베욤 챠라 예삭게브카 쉠 엘로헤 야아코브) —1절은 야곱이 세겜에서 체류할 때, 딸 디나가 강간을 당하는 곤경에 처했을 때를 상기시켜 준다. 야곱은 "나의 환난 날에 네게 응답하시는 하나님, 나의 걸었던 그 길에 동행하셨던 그 하나님" (엘 하오네 오티 베욤 챠라티 바예히 임마디 바데렉 아쉐르 할락티)이라 주님을 묘사한 바 있다 (창 35:3). 야곱의 생애에서 부르짖음에 응답하셨던 하나님이 이스라엘의 하나님이셨다. 예레미야는 여호와를 "환난 날의 피난처"라 불렀다 (렘 16:19; 나훔 1:7).
그런데 이 시가 왕이 출전(出戰)하기 전에 드려진 왕을 위한 기도라면 여기 "환난 날"은 "전쟁의 날"로 이해된다. 한편 여기서 갑자기 언급된 "당신" (you)이라는 인칭 대명사는 5절까지 계속 확인되지 않지만, 6절에서 "자기의 기름부음 받은 자"로, 9절에서 "왕"으로 확인된다.
"너를 높이 드시며"에서 사용된 동사 "사가브"는 '존귀하게 하다'를 의미하는 것이 아니라, 어떤 자를 높이 두시어 원수가 가까이 할 수 없도록 하다 곧 "보호하다"를 의미한다.

그래서 여호와를 의뢰하는 자는 안전하다 (잠 29:25). 반면 사 12:4에서는 야웨의 이름이 높이 영화롭게 되신다는 의미로 *사가브* 동사 (니팔형)를 사용하고 있다. 한편 시 20:1에서는 "하나님의 이름"은 하나님과 동일시되고 있다. 그 이름[하나님]이 "너" (왕)를 높이 드시어 안전케 해달라!고 간구한다. "이름"은 이처럼 어떤 사람 자신과 동일시된다.

2절: 성소에서 너를 도와주시고/ 시온에서 너를 붙드시며 (이쉴라흐-에즈레카 믹코데쉬 우미치온 이스아데카) — "성소에서/ 시온에서"란 표현은 본 시가 다윗 자신이나 그 후대의 저작임을 말해준다. 왜냐하면 시온산은 원래 여부스 족속 (가나안 원주민)의 소유였고, 다윗이 처음 점유하여 (삼하 5:7) 그곳에 자신의 궁을 세웠다 (왕상 8:1, 왕하 19:21). 시온산은 예루살렘 남동편에 위치하며, 원래 [역사가 요세푸스 시대에도] 북동편에 위치한 모리아 산과 타이로포이안 (Tyropoean) 계곡 [지금은 쓰레기로 채워져 평지로 화했다]에 의해 분리되었고, 이 계곡에는 가로지르는 다리들이 있었다. 모리아 산정은 아라우나 타작마당이 있었고 (삼하 24:24, 25) 그곳에 다윗은 제단을 쌓고 제사를 드렸고, 그 뒤 솔로몬 성전이 세워졌으며 (대하 3:1; 창 22:2), 지금은 주후 685-91년에 건축된 모슬렘 교도들의 성전인 "바위의 둥근 천장" (쿱밧 앗차크라)가 위치한다. 하나님은 시온산 성소에 자신의 이름을 두시고 임재를 나타내신다 (시 9:11, 50:2, 76:2, 78:68, 102:16, 132:13, 사 14:32). 그곳에서 기도를 들으시고 응답하시며 도움을 베푸셨다.

"너를 도와주시고"/ "너를 붙드시며" -"도움을 보내시고/ 너를 후원하시며." 후원한다는 것은 붙잡아 주거나 (시 18:35), 기진해 있을 때 음식을 제공해 주거나 (창 18:5, 삿 19:5, 8, 왕상 13:7) 하는 식으로 나타날 수 있다. 그런데 "시온에서" 곧 성소에서 도와주시고 후원해 주신다는 것은 시온 성 곧 예루살렘 성이 적군의 포위 하에 있다든지 적군의 공격을 받고 있다는 것을 암시하지는 않는다. 그럴 경우 "시온을 구원하소서" (시 69:35, 사 46:13)라 기도하겠고, 구원은 "시온에 거하시는 하나님께로부터" 나오기 때문이다 (시 14:7). 또한 6절에서 "그의 거룩한 하늘로부터" 응답하실 것이 언급되고 있다.

3절: 네 모든 소제를 기억하시며/ 네 번제를 받으시기를 원하노라 (이즈코르 콜 민호테카 베올라테카 예닷쉐네) — "소제" (민하)는 원래 "예물"이란 의미였다. 그러다가 오경의 성문법(成文法)에서 다른 제사와 구분되어 "소제"라 불리게 되었다. 여기서는 원래 의미인 "예물"이란 의미로 취함이 좋다 (NIV, RSV, NAB, NJB "예물/ 제사"; NASB "소제"). 왜냐하면, "모든"이란 수식어는 소제만 아니라 "모든 예물들"을 포괄적으로 지칭하는 듯 보이기 때문이다. 번제는 헌신과 속죄 제사로 의도되었다. 그런데 속죄제나 속건제가 죄를 속하는 제사였지만, 번제는 부지중에 범한 죄가 기억날 때 드렸던 속죄제나 속건제와 달리, 부지중에 범한 죄라도 기억 못하는 것들을 속하기 위해 개인이나 주로 국가적 절기에 드렸다. 그런데 여기 전쟁의 문맥에서 제사는 승전(勝戰)을 기원하는 목적을 가졌다 (삼상 13:9). 아무튼 여기 시인의 간구는 왕이 드리는 예배가 하나님이 기뻐하시는 바 되게 해달라는 것이다. 그런데 "받으시기를" (다쉔)은 기본형에서 "기름지다"를 의미하며, 여기서는 (피엘형) "기억하다"의 병행적 의미인 "받다" (accept)로 보통 번역된다 (NIV). 그런데 70인역이나 제롬역은 기본 의미를 살려서 "기름진 동물의 제사처럼 인정하다"란 의미로 번역했다. 오늘날은 콜레스트롤 때문에 "기름진 고기"나 고기의 "지방(脂肪)" 부분을 부정적으로 여기지만, 고대인들에게는 최상의 음식이었다. 따라서 "기름진 제물을 받으시듯 기쁘게 받으소서" 의미가 될 것이다. 이는 왕이 드리는 제사가 하나님이 받으시는 "향기로운 냄새"가 되기를 소원하는 간구이다.

4절: 네 마음의 소원대로 허락하시고/ 네 모든 도모를 이루시기를 원하노라 (잇텐-레카 킬바베카 베콜-야차트카 예말레) — "네 마음을 따라" (삼하 7:21; 네 마음이 움직이는 대로, 삼상 14:7). "도모" (예챠)는 "계획"으로 번역될 수 있다. 그런데 전쟁 문맥에서 이 말은 "전쟁 계획"이 될 것이다. 여기 간구는 왕의 소원과 계획이 다 하나님의 응답 받기를 구한다. 우리 마음의 소원과 계획이 하나님이 기뻐하시는 것이라면 "우리의 온갖 구하는 것이나 생각하는 것에 더 넘치도록" 응답해 주실 것이다 (엡 3:20). 후반절에서 사용된 동사는 원래 "충만히 채우다"란 의미이지만, 여기서는 "도모를 이루다," "만족케 하다" (피엘형)란 의미로 사용되었다.

5절: 우리가 너의 승리로 인하여 개가를 부르며 우리 하나님의 이름으로 우리 기를 세우리니 여호와께서 네 모든 기도를 이루시기를 원하노라 (네란네나 비슈아테카 우베쉠-엘로헤누 니드골 예말레 콜-미쉬알로테카)—사용된 말은 하나님 편에서 베푸시는 "구원"이지만, 인간 편에서 볼 때 (특히 전쟁 문맥에서) "승리"를 의미한다 (6절 참조). 여기서 국민은 왕의 승리를 인하여 "크게 기뻐한다" (리넨). 5절은 모두 미완료상으로 미래 시제나 (NIV, NASB) 기원법 (RSV, NAB) 등으로 번역 가능하나 후자가 좋다. 혹은 NJB처럼 결과절로 번역해도 좋다: "그래서 우리가 기쁨으로 우리가 당신의 승리를 환호하고 우리 기를 세울 수 있도록."

"우리 기를 세우리니"-"우리가 기를 세우리라" 혹은 "우리가 깃발을 흔들리라." "하나님의 이름으로" 깃발을 흔들며 승리를 기뻐한다. 이스라엘이 광야에서 행군할 때 지파 별로 깃발을 앞세우고 행군하였듯이 (민 2장), 이스라엘은 하나님의 이름의 깃발을 높이 들고 주신 승리를 찬양할 것이다.

"네 모든 기도를 이루시기를"-4절과 유사하게 다시 군중은 왕의 "기도" (미쉬알롯)를 이루어 주시라 간구한다. 여기 "기도"는 왕이 하나님께 드리는 (승전을 위한) 기도이다. 왕이 기도하고, 국민이 왕을 위해 기도하는 민족, 그런 나라는 하나님의 축복 받은 나라이다.

제2연 (6절): 승리의 확신 선포

6절: 자기에게 속한 바 기름부음 받은 자를 구원하시는 줄 (키 호쉬아 메시호) — "자기의 기름부음 받은 자를 구원하는 줄을 이제 내가 아노니." 그는 물론 이스라엘의 "왕"이다 (왕상 1:34). 물론 문맥에 따라서 하나님의 기름부음 받은 자는 제사장이나 (출 28:41) 선지자일 수 있었다 (왕상 19:16). 이스라엘에서 특정인에게 기름을 부음은 그를 하나님께서 택하시어 특정 직분에 임명하시고, 그 직분을 감당할 지혜와 능력을 위하여 성령 충만을 주신다는 것을 의미했다. 히브리어 "마쉬아흐"는 아람어 "페일형" 처럼 수동태이다 (기름부음을 받은 자).

이제 내가 아노니 (앗타 야다티)— "이제"라는 말은 백성이 왕을 위해 표시한 그 소원에 하나님께서 반응하셔서 여호와께서 자신의 기름부음 받은 자 (왕)를 구원하시리라는 확신을 도입한다. 즉, 간구와 체험 후에 시인이 "이제"라고 선언할 수 있었다 (창 22:17 참조). 그런데 "내가 아노니"라는 고백 역시 체험적 신앙의 진술이다 (롬 8:22 28, 7:14 참조).

그 오른손에 구원하는 힘으로 ... 저에게 응락하시리로다 (야아네후 ... 빅부롯 예솨 예미노)— "그의 오른손의 구원의 힘으로" 곧 "그의 오른손의 구원하는 힘으로써... 그에게 응답하시리라." 왼손잡이도 있겠지만 통상적으로 "오른손"은 힘 있는 편을 지시한다. 하나님의 오른손은 강력한 구원의 방편이다 (시 17:7, 44:4, 60:7, 98:1, 108:7, 138:7).

그 거룩한 하늘에서 (밋쉐메 코드쇼) —2절에서 "시온 성소"를 구원의 처소로 제시했다면, 여기서는 "하늘 성소"에서 (TNK) 응답하시리라 노래한다. 이는 모순이 아니라, 신앙인의 체험적 영적 세계 인식을 표현한 것이다. 하나님은 하늘 성소에 좌정 하신다 (시 2:3). 그러나 시온 성소에 자기의 이름과 임재를 두신다. 지상 성소는 말하자면 지점(支店)이다. 하늘 본점과 지점은 그 기능상 일치한다. 그런데 "그의 거룩한 하늘" (쉐메 코드쇼)이란 말은 하늘이 거룩하다는 의미가 아니다. 하나님 보시기에 하늘도 깨끗하지 못하기 때문이다 (욥 15:15). 우리는 이 말을 "하늘 성소"란 뉴앙스로 취한다.

제3연 (7-9절): 원수와 성도의 대조, 승리의 확신과 마지막 간구

7절: 혹은 병거, 혹은 말을 의지하나/ 하나님의 이름을 자랑하리로다 (엘레 바레케브 베엘레 밧수심 바아나흐누 베쉠-야웨 엘로헤누 나즈키르)— "'어떤 이들'은 병거들이나 말들을 자랑하나, '우리'는 하나님의 이름을 자랑한다" (시 44:3절 참조). 전반절에는 동사가 없으므로 후반절의 동사를 보충한다 (dobule duty). 이 절이 본시가 전쟁과 연관된 것을 가장 분명하게 보여준다. 고대 근동에 있어서 최고 병기는 말들이 끄는 병거였다. 그래서 고대 근동인들에게 있어서 의지하고 자랑할 바는 자기 나라가 소유한 말과 병거였다. 그러나 이스라엘 "왕의 법"에는 "말"들을 많이 두어서는 안되었다 (신 17:16). 이러므로 이스라엘이 전쟁에서 취할 수 있는 전략은 오로지 하나님만 의지하는 것이었다. 이스라엘에서 전쟁도 하나의 예배처럼 하나님을 찬양하고 간구하며, 적을 물리치고 또 찬양한다. 그래서 이스라엘에서 전쟁은 "성전(聖戰)"이었고, 하나님의 임재로 적군을 격파하는 기적의 전쟁, 신학적 전쟁, 예배 전쟁이었다 (수 6:4, 삼하 11:11, 대하 20:1-28 여호사밧 왕 시대의 전쟁 참조).

그런데 여기서 "(하나님의) 이름"은 하나님 자신을 지시한다. 유다의 아사 왕은 구스 대군과 전쟁할 때, 중과부적(衆寡不敵)의 상황에서 기도하길 "우리가 주를 의지하오며 (알레카 니쉬안누) 주의 이름을 의탁하옵고 (베쉼카) 이 많은 무리를 치러 왔나이다"라고 하였다 (대하 14:11). 신약에서 이는 "예수 그리스도의 이름으로" 병자를 고치고, 귀신을 쫓아냄과 같다(행 3:6, 16:18).

한편 7절 전반절의 "의지하나"란 동사는 원문에 없고 대신 "병거"와 "말들"이란 명사 앞에 전치사 (베)만 붙어 있다. 그런데 사 31:1에서 "말들"과 "병거"란 명사들 앞에 전치사 (알)가 붙어 "의지하다"란 동사들 (샤안, 바타흐)과 함께 나타나고 있다. 한편 후반절의 "자랑하리로다" (나즈키르)는 기본적으로 "기억하다"란 의미이나, 사역형에서 "언급하다," "부르다," "인정하다," "찬양하다" (KB³)로 정의된다. 근년의 한 연구는 "자카르" 동사의 동음이의어를 상정하고 그 의미를 "자랑하다"로 이해하였다 (S. R. Driver, VTSup 16 [1967], 53-54; 70인역, NASB). 만약 이 동사를 "자랑하다"란 의미로 이해한다면, 전반절에서 이 동사가 기능을 행사하는 것으로 보아야 한다 (double duty). 왜냐하면 동사의 목적어들에 동일한 전치사 (베)가 전, 후반절 모두 공히 사용되고 있기 때문이다: 바레케브, 밧수심/ 베쉠. 반면 어떤 영역본들은 전통적인 이해대로 "하나님의 이름을 부르다" (NJB, TNK) 혹은 "의지하다" (NIV, NAB)라 번역했다.

8절: 저희는 굽어 엎드러지고/ 우리는 일어나 바로 서도다 (헴마 카레우 베나팔루 바아나흐누 캄누 반니트오다드)—의미상 반의 병행법 (antithetic parallelism)을 구성한다. 구문상으로도 "주어 +동사 +동사"의 형식이 전후반절에 공히 나타나 구문 병행법을 구성한다 (syntactic parallelism). "굽어" (카라-)는 무릎이 구부려지거나 꿇려지는 것을 지시한다. 불신앙인들은 자신들의 병거를 의지하고 기고만장하지만, 이스라엘은 무릎을 꿇어 하나님께 간구하고 의지한다. 그런데 막상 전쟁이 시작되면 원수들은 무릎을 꿇고, 죽어 넘어지나, 이스라엘은 승자(勝者)로서 당당하게 서게 된다. 왜냐하면 사람들은 마병(馬兵)을 예비하나 이김은 여호와께 있기 때문이다 (잠 21:31).

9절: 여호와여 구원하소서/ 우리가 부를 때에 왕은 응락하소서 (야웨 호쉬아 함멜렉 야아네누 베욤-코르예누)—"여호와여, 왕을 구하소서/ 우리가 부를 때 우리에게 응답하소서." 왕을 구원해 달라는 간구는 곧 왕에게 "승리"를 달라는 기도이다. 전쟁에서 "구원"은 "승리"이기 때문이다. 왕의 승리는 백성의 승리요, 왕의 패배는 백성의 패배였다. 사울 왕이 블레셋 군에 패하여 길보아 산정(山頂)에 엎드러진 것은 이스라엘의 패배요 수치였다 (삼하 1:20 "활 노래" 참조). 한편 9절은 1절의 사고와 병행된다: 환난 날에 / 부를 때에; 당신에게 응답하시기를/ 우리에게 응답하소서; 당신을 높이 드시어 안전하게 하시기를/ 왕을 구원하소서! (왕에게 승리를 베푸소서). 1, 9절 사이의 비교에서 "여호와"는 공히 나타난다. 이렇게 이 시편은 인클루지오 (수미 상관법 首尾相關法) 형식으로 구성되었다.

한편, "왕은 응락하소서" (함멜렉 야아네누)란 번역은 맛소라 사본의 액센트를 따라 하나님을 왕으로 이해하였다 (NASB, TNK). 그런데 전체 문맥에 비추어 볼 때, 여기서 시인은 왕을 위해 하나님께 기도한다. 그렇다면 번역은 "여호와여 왕에게 승리를 주소서" (NRSV, NAB) 혹은 "여호와여, 왕을 구원하소서" (70인역, NIV, NJB) 라고 해야 할 것이다.

시편의 적용

환난 날에 의지할 바 (1절)

환난 날에 의지할 바를 바로 의지해야 한다 (잠 25:19). 특히 환난 날에 우리는 믿음이 약해지기 쉽다. 그러나 그러한 때에도 믿음을 져 버리고 낙담해서는 안 된다 (잠 24:10). 오히려 환난 날에 우리는 부르짖어 그분을 더욱 찾고 의지해야 한다. 이것이 신앙인과 쭉정이 신앙인과 다른 점이다. 쭉정이는 까불면 밖으로 나가지만, 알곡은 까불수록 들어오는 법이다.

왕의 노래

이 시편은 왕이 스스로 기도하는 것이 아니라 출전하는 왕의 승리를 기원한다. 그래서 엄밀한 의미에서 메시아 시라 하기 어렵다. 메시아이신 예수님의 승리를 위해 우리 성도들이 기도해야 한다는 구절은 없지 않은가? 칼빈은 이 시의 표제와 연관하여 지적하길, 비록 표제가 다윗이 이 시의 저자라 언급하지만 내용에 들어가면 다윗은 타인들에 자신을 투영시켜 자신을 위해 기도하는 모순이 나타난다. 그런데 칼빈은 이 모순을 해결하기 위해 또 지적하길, 다윗에게는 선지자 직책이 주어졌다고 한다. 그래서 다윗은 성도들이 이런 기도 형태를 사용할 수 있도록 선지자의 입장에서 이렇게 노래한 것이라 한다. 그리고 비록 이 시가 세상의 나라의 승리를 위한 기도이지만, 이 세상 나라의 표상 이면에는 교회의 모습이 있다고 했다. 성령님은 이 기도를 통해서 성도들이 그리스도의 나라가 늘 승리하기를 기도할 것을 가르치신다는 것이다.

전쟁에 임하여

1940년 5월 19일 윈스톤 처칠은 영국 수상에 취임하여 첫 연설을 BBC 방송을 통해 행한 바 있다. 그는 프랑스에 파견된 영국군이 도버 해협의 덩커크 항구로 후퇴할 준비를 하는 등 전세가 아주 불리한 때에 행한 이 연설에서 영국민의 분발을 촉구하고 마지막으로, 다음과 같이 끝을 맺었다:

오늘은 삼위일체 주일이다. 수세기 전에 진리와 정의를 사랑하는 신실한 종들에게 주는 분발과 촉구의 말이 이렇게 전해 온다:

너희들은 스스로 무장하고, 용감한 대장부가 되어라. 싸움을 준비하여라. 우리나라와 우리의 제단이 노략질 당하는 것을 바라보기보다 전투에서 죽는 것이 차라리 낫기 때문이다. 하나님의 뜻이 하늘에서 이루어 지듯 여기서도 그 뜻대로 되어지이다! (As the Will of God is in Heaven, even so let it be)

이 마지막 부분의 인용문은 삼상 4:9에서 원래 블레셋 군이 한 말이었지만, 후대에 기독인들이 차용하여 사용했던 듯 보인다. 한편 1944년 6월6일 영국해안을 떠난 사상 최대규모의 대함대가 나치 독일이 점령하고 있던 프랑스의 노르망디 해안에 상륙했다. 연합군 최고사령관 아이젠하워 장군은 이날 아침에 발표한 메시지를 통해서 상륙부대 장병들에게 작전명 오버로드(OVERLORD)의 이 상륙작전이 완벽한 승리를 가져올 것이라면서 그들을 위대한 십자군이라 불렀다:

연합 원정군의 육해공군 장병 여러분: 여러분들은 바야흐로 위대한 십자군 원정에 나서려 하고 있다. 여러 달 동안 우리는 이 과업을 준비하기 위해 땀 흘렸다. 지금 세계의 시선은 여러분들에게 쏠려 있다. 자유를 사랑하는 사람들은 어디에 있든지 그들의 희망과 기도는 여러분들과 함께 진군 (進軍)할 것이다. 다른 전선(戰線)의 전우(戰友) 및 동맹군과 함께 여러분들은 독일 전쟁기구를 파괴해야 하며 유럽인들을 억압하고 있는 나치 전제주의자들을 제거해야 하고 자유세계의 모든 사람들의 안전을 확보해야 한다. 여러분들의 임무는 결코 쉽지 않다. 여러분들의 적은 잘 훈련되어 있고 잘 무장되었으며 전투경험으로 단련되어 있다. 적은 처절하게 대항할 것이다. 그러나 지금은 1944년이다. 1940-41년의 나치 승전 (勝戰) 이후 많은 일들이 일어났다. 연합국들은 수많은 회전(會戰)과 백병전에서 독일을 대패시켰다. 우리의 항공전술에 의해 그들의 항공전력(航空戰力)과 지상(地上)에서의 전쟁수행능력은 크게 약화되었다. 우리의 조국 후방(後方) 전선(戰線)은 우리에게 압도적으로 우세한 무기와 탄약을 제공하고 있으며 훈련된 대(大)예비 전투 병력을 준비해두고 있다. 대세(大勢)는 바뀌었다! 세계의 자유민들도 승리를 향해서 함께 진군 (進軍)하고 있다! 나는 여러분들의 용기, 임무에 대한 헌신성, 그리고 전투역량에 무한한 자신감을 갖고 있다. 우리는 완전한 승리 이외에는 아무것도 인정하지 않는다. 행운을 빈다! 그리고 이 위대하고 고귀한 임무 위에 전지전능(全知全能)하신 하나님의 축복이 있기를 우리 모두 간구하도록 하자

다른 한편 1951년 4월 19일 미국 상하 양원 합동회의에서는 더글라스 맥아더 장군이 52년간의 군인 생활을 마감하는 퇴임 연설을 행한 바 있다. 그는 한국이 모든 위험을 무릅쓰고 공산주의에 대항하여 싸워 온 유일한 나라라고 언급하고 있다. 그는 한국민이 보여준 대

단한 용기와 불굴의 의지는 말로는 다 표현할 수 없다고도 했다. 한국민은 노예 상태를 택하느니 차라리 죽음을 무릎 쓰고자 했다고도 했다. 그는 연설 말미에서 "노병은 죽지 않고 사라져 갈 뿐이다" 라는 군가(軍歌)의 후렴귀를 언급하면서, 자신은 군무를 마감하며 사라지는 찰나에 있으며, 그는 자신을, 하나님께서 주신 빛으로 자기 의무를 보면서 자기 의무를 다하고자 최선을 다한 노병(老兵)이라 불렀다. 여기서 "사라진다" 는 것은 죽는 것이 아니라, 잠시 무대 뒤로 사라졌다가 임무가 부르면 다시 복귀한다는 뉴앙스일 것이다.

요컨대 윈스턴 처칠이나 아이젠하워, 맥아더 등의 위인들의 정신을 고무시킨 사고 깊은 곳에는 서구의 기독 정신이 배어 있음을 느낄 수 있다. 삶에서의 위대한 족적(足跡)은 유일하신 참 하나님에 대한 신앙에서 형성되어 나타난다. 전쟁에서의 용맹과 위업도 예외는 아니다.

시 21편 왕이 여호와를 의지하오니

1. 전체구조에서의 위치, 시의 유형과 삶의 자리

본 시는 왕에게 주신 주님의 은혜를 감사하고, 왕의 승리를 노래한다. 성격상 20편과 유사하나 시 20편이 전쟁 시작 전에 불렸다면, 시 21편은 승리를 얻은 이후에 불렸는지 모른다. 이런 시들은 예배용으로 작시되었는지도 모른다. 그러나 구체적으로 어떤 정황에서 이런 시들이 생겨났는지에 대하여는 의견이 분분하다.

2. 시적 구조와 해석

시 21편은 시 20편의 기도의 응답을 주신 하나님께 감사 찬양하는 것이다. 하나님께서 왕에게 주신 축복들을 하나 하나 열거한다.

본 시는 1-7절까지와 8-13절 부분으로 2대분 된다. 제1연에서는 하나님을 2인칭으로 부르고, 왕은 3인칭으로 묘사한다. 반면 제2연에서는 왕을 2인칭으로 묘사하고, 하나님을 3인칭으로 묘사한다. 이런 큰 흐름에서 7절과 13절은 예외를 구성하니, 7절에서는 왕과 하나님을 모두 3인칭으로 묘사하고, 13절에서는 하나님을 2인칭으로 노래한다. 이를 도식화하면 다음과 같다:

1-6절: 왕을 3인칭, 하나님을 2인칭
7절: 왕과 하나님을 모두 3인칭
8-12절: 왕을 2인칭, 하나님을 3인칭
13절: 하나님을 2인칭 ("우리" 란 말을 유일하게 사용).

7절은 1연에서 2연으로의 전환을 연결시켜 주는 고리에 해당된다. 7절은 왕이 여호와의 언약 사랑 (헤세드)을 인하여 흔들리지 않을 것이며 하나님을 신뢰하는 모습을 묘사한다. 그리고 13절은 2연의 결론을 구성하면서 7절과 같이 2연과 약간 다른 독자적인 형태를 보인다. 이렇게 이 시는 크게 두 연으로 구성되었고, 첫 연과 둘째 연에 각기 7절과 13절이 약간 독자적인 위치를 점하고 있다.

제1연 (1-7절): 당신 (하나님)께서 왕에게 베푸신 은혜감사

1절: 왕이 주의 힘을 인하여 기뻐하며 (베웃제카 이스마흐-멜렉) —왕이 무엇을 기뻐하는가? 하면 그것은 "당신의 힘"이다. 곧 하나님의 힘이 후반절에서 보듯 구원/ 승리를 가져다 주기 때문이다. 혹은 추상명사 "힘"은 그 힘이 가져오는 결과 (구원, 승리)를 지시할 수 있을 것이다. 즉 전반절의 "힘"과 후반절의 "구원"은 사실상 병행어이다.

주의 구원을 인하여 크게 즐거워 하리이다 (비슈아테카 마-야겔 메오드)— "당신이 주신 그 구원 (승리)를 그가 얼마나 크게 즐거워하는지요!" 한나는 기도응답 받고 노래하길, "내가 당신이 주신 승리를 즐거워하나이다" (삼상 2:1)라 했다. 여기 왕에게 주어진 승리도 한나처럼 기도의 열매일 것이다. 전반절에서 "주의 힘" (당신의 힘)은 후반절에서 "당신이 주신 승리"로 구체화되었다.

2절: 그 (왕의) 마음의 소원을 들어 주셨으며/ 그 입술의 구함을 거절치 아니 하셨나이다 (타아바트 립보 나탓타 로 바아레 쉐파타브 발-마나타) —시 20:4에서는 왕의 소원을 응답해 달라고 간구 한다면 여기서는 그 간구가 응답된 것으로 노래한다. "구함" (아레)은 마음의 소원이 입술로 표출된 것이다. 전반절에서 긍정으로, 후반절에서 부정문으로 같은 사고를 표현하고 있다 (동의 병행법). 그런데 "그 입술의 구함" (에르 세파타브, 그의 두 입술의 청함)에서, "구함"이란 단어는 여기서만 나타난다. 유가릿어 *rsht* (바람 desire; UT, Glossary #379)나 악카드어 에리쉬투 등이 이런 의미를 뒷받침한다.

3절: 아름다운 복으로 저를 영접하시고 (키-테캇데멘누 비르코트 토브) —2절의 응답 내용이 여기서 진술된다 (초두의 "키" [왜냐하면]). 왕은 백성의 대표로서 풍성한 하나님의 축복을 받는다 (6절도 참조). "복" (베라콧)은 복수형으로 축복의 풍성함을 표시할 것이다. 의인의 머리 위에는 풍성한 축복이 임하기 마련이다 (잠 10:6, 28:20). "아름다운 복" (비르코트 토브)은 NJB가 "형통의 축복" 혹은 NASB가 "좋은 것들의 축복"이라 했다 (잠 24:25).

정금 면류관을 그 머리에 씌우셨나이다 (타쉬트 레로쇼 아테렛 파즈) — 머리의 정금 면류관은 전반절의 "풍성한 형통의 축복"이다 (욥 19:9, 잠 4:9 참조). 하나님의 풍성하고 다양한 축복이 머리의 정금 면류관처럼 이 왕을 영화롭게 만들어 준다 (잠 12:4, 17:6 참조). 욥은 고난 중에 항의하길 "그가 내게서 내 영광을 벗기시고/ 내 머리에서 면류관을 취하셨다"고 했다 (19:9). 즉, 그를 영화롭게 해주던 모든 축복이 사라졌다.

4절: 생명을 구하매 주께서 주셨으니 영영한 장수 (長壽)로소이다 (하임 솨알 밈메카 타탓타 로 오렉 야밈 올람 바에드) —노아 홍수 이전에 인간의 수명은 대개 8-900세에 이르렀다 (창 5장). 그러나 홍수 이후 환경의 변화와 식생활의 변화로 인간의 수명은 급격히 감소하여 건강하면 80세가 되었다 (시 90:10). 환경이나 식생활 개선, 의학의 발전 등으로 인간의 수명은 날로 증가된다. 이런 일반 은총의 축복에 더하여 성도들은 하나님의 특별하신 보살핌과 장수를 선물로 구할 수 있다. 이 진술로 보건대, 언급된 왕은 노년기에 있을 것이다. 그는 장수하고 건강하다.

5절: 주의 구원으로 그 영광을 크게 하시고 존귀와 위엄으로 저에게 입히시나이다 (가돌 케보도 비슈아테카 호드 베하다르 테솨베 알라브)— "주의 (주신) 구원 (승리)를 인하여 그의 영광이 크나이다/ 당신이 그 위에 존귀와 위엄을 두시나이다." "영광," "존귀," "위엄" 등의 단어들은 모두 "왕"을 묘사하는 용어들이다 (시 45:3, 96:6, 104:1, 111:3, 대상 16:27). 하나님이 주시는 구원 (승리)는 왕을 영화롭게 하고, 존귀하고 위엄차게 만들어 주었다. 1992년 페르시아 만 전쟁시 미국의 부시 대통령은 이라크를 쳐 부신 연합군의 승리로 그 인기와 존귀가 절정에 이르렀다.

6절: 저로 영영토록 지극한 복을 받게 하시며 주의 앞에서 기쁘고 즐겁게 하시나이다 (키-테쉬테후 베라콧 라아드 테핫데후 베심하 에트-파네카)— "실로 당신은 그에게 영영토록 지극한 복을 허락하셨고, 당신은 그로 당신 앞에서 본 기쁨으로 즐거워하게 하시나이다." 초두에 위치한 "키"는 "진실로" (surely, NIV 혹은 yea, RSV) 정도가 될 것이다. "지극한 복"은 "복들"의 의역으로, NAB는 "축복의 전형" (pattern of blessing)이 되게 하셨다고 의역했다. 이런 축복을 받을 때 우리는 주님을 망각할 위험에 처하기 쉽다 (신 28:47). 이스라엘이 가나안에 입주하여 그렇게 되었고 (신 32:15), 솔로몬이 그러했다. 창 12:2에서 아브람을 축복이 되게 하시겠다 하신 것은 그로 인하여 만민이 복을 받게 하시려는 목적에서였다. 즉 아브람은 축복의 전달 통로가 되어야 했다. 이는 선교적 목적을 위한 축복이다. 한편 여기 언급된 이 기쁨은 주님의 임재 하에서 얻는 그 기쁨이다 (시 16:11).

7절: 왕이 여호와를 의지하오니 (키-함멜렉 보테아흐 바도나이)— 초두에 "키"가 위치하여 6절의 이유를 도입한다. 왕이라도 하늘의 왕을 의지하는 (바타흐) 나라는 복되다. 의지한다는 것은 곧 믿고 신뢰한다는 것이다. 히스기야는 시련을 당할 때 하나님을 의지한 반면 (사 37장), 그의 부친 아하스는 믿지 아니하였다 (사 7:8). 믿음의 유무에 따라서 하나님의 도우심은 좌우된다.

지극히 높으신 자의 인자함으로 요동치 아니하리이다 (우베헤세드 엘리욘 발-임모트) —이스라엘의 왕이 "요동치" 아니한 것은 그의 믿음 덕분이었다. 그의 믿음은 "지존자"의 "인자"를 받게 했다. 믿음은 하나님의 말씀들을 지키는 순종으로 나타난다 (시 15:5). 즉 언약 관계에 충실한 자에게 언약 사랑 곧 지존자의 '인자'가 나타나며, 하나님의 인자를 받는 자는 결코 요동치 아니한다 (시 112:6). 곧 망하지 아니한다. 시 94:18에서 시인은 "나의 발이 미끄러진다 말할 때에 주의 인자하심이 나를 붙드셨사오며" 라 노래했다. 이렇게 하나님의 "언약 사랑"은 성도를 보존하는 힘이다. 산이 요동하고 사라져도 하나님의 "인자" 곧 하나님의 "평화의 언약"은 떠나지 아니 한다 (사 54:10).

제2연 (8-13절): 당신 (왕)이 원수를 쳐 부심

8절: 네 손이 네 모든 원수를 발견함이여 (팀챠 야데카 레콜-오예베카)—2인칭으로 불리는 이는 "왕"이다 (M. Dahood, *Psalms I*, 131은 8-12절의 주어가 '왕'이 아니라 '야웨'라고 주장한다; 그는 8-12절에 사용된 시제들이 모두 "과거" 시제로 번역되어야 한다고 한다; 즉, 이 부분은 하나님께서 과거에 이루신 승리들에 대한 묘사로 본다; 다음으로 9절에서 다훗은 "야웨"를 전반절의 말미에 두어 "호격"으로 처리하여 "여호와여, 당신의 진노의 때에, 당신이 저들을 불타는 용광노에 집어넣듯 넣으셨나이다! 자신의 진노에서 그가 저들을 삼키고, 그의 불이 저들을 먹었다"라 번역). 누가 이렇게 말하는지는 분명치 않다. 만약 이 시가 예배용이었다면 아마 제사장이 그렇게 선포했는지 모른다. 이 시와 어떤 면에서 유사한 논조들이 애굽 신왕국 왕들을 노래하는 시들에서 나타난다 (*ANET*, 373-75). 전. 후반절은 네 손/ 네 오른손, 네 모든 원수/ 너를 미워하는 자 등으로 구체화되었다. 후반절에 비추어 볼 때, 전반절의 "손"은 "왼 손"이 된다. 그런데 목적어 "네 모든 원수"를 유도하기 위해 목적어 표시 전치사 (레)가 사용되었다.

네 오른손이 너를 미워하는 자를 발견할 것이라 (예미네카 팀챠 손에카) —단순히 오른손이 대적을 "발견한다"는 것이 아니라 저들을 오른손으로 "쳐서" 궤멸시킨다는 것이다. 그래서 "네 오른손이 네 대적들을 붙잡으리라" (NIV); 혹은 "네 오른손이 네 대적들에 미치리라" (NAB)라 번역한다. 사용된 동사는 기본적으로 "(찾던 것을)발견하다"란 의미이지만, 여기서처럼 "미치다" (reach) 혹은 "얻다"란 의미도 있다.

9절: 네가 노할 때에 저희로 풀무 같게 할 것이라 (테쉬테모 케탄누르 예쉬 레에트 파네카)— "당신이 나타날 때, 당신이 저들을 풀무 불처럼 만들 것이다" (NIV, RSV, NJB, NAB) 전통적인 번역 (KJV, NASB, 한역)은 "네가 노할 때에" (레에트파네카)는 "당신의 얼굴의 때에"의 의역인데, "당신의 임재의 때에"로 이해할 수 있다. 요압이 암몬 족속과 싸울 때에, 다윗 왕이 친히 랍바 암몬에 나타날 때 원수들의 운명이 결정되었듯이 왕의 나타남은 대적의 멸망을 의미했다 (삼하 12:26 이하). "풀무 불"같이 만든다는 것은 그 안에 든 내용물을 완전히 태워 버리듯, 원수들이 파멸될 것이란 의미이다 (애 5:10, 말 3:19).

여호와께서 진노로 저희를 삼키시리니 불이 저희를 소멸 하리로다 (야웨 베압포 예발레엠 베토켈렘 예쉬) —원수의 운명은 왕의 나타남과 때를 같이 했지만, 사실 왕 자신의 어떤 힘이 아니라, 하나님의 도우심으로 왕이 대적을 멸할 수 있었다. 이스라엘 역사서에서는 고대 근동의 이방 문헌들과 달리 전쟁의 주인공이 "왕"이 아니라 "하나님"이셨다. 앗시리아 전쟁 문헌에도 왕에게 신이 주는 능력과 위엄이 묘사되나 그것은 어디까지나 들러리이고, 왕의 혁혁한 공적이 부각되기 마련이었다.

10절: 저희 후손을 땅에서 멸함이여 (피르야모 메에레츠 테아베드)—후손은 여기서 "저들의 열매들"을 번역한 말이다. "열매" (페리)는 나무의 열매, 태의 열매 (후손, 창 30:2, 사 13:18, 시 127:3 등), 후손들 (사 14:29, 37:31), 짐승의 새끼, 행위의 결과 등 여러 다른 뉘앙스를 전달할 수 있다. 그리고 여기서 "땅에서 멸하다"란 땅에서 완전히 멸절시켜 버림이니 아주 강력한 표현이다.

저희 자손을 인생 중에서 끊으리로다 (베자르암 밉베네 아담) — "자손"은 "씨" (제라)의 번역이다. 씨는 하나이지만 (문법상 단수), 그 생명력 때문에 의미상 여럿 (복수)이다 (후손들). 인생 (베네 아담)은 모든 인생들이다. 이들 중에서 원수의 자손들을 멸절 시키는 일은 대표가 잘못한 일을 전체가 책임지는 대표성의 원리 때문일 것이다. 이런 멸절 행위는 저들의 기억을 땅에서 끊어버린다는 표현과 유사하다 (시 34:17). 또한 "산 자들의 땅에서 뿌리를 뽑는다" 고도 말한다 (시 52:7).

11절: 대저 저희는 너를 해하려 하여 계교를 품었으나 이루지 못하도다 (키-나투 알레카 라아 하쉐부 메짐마 발-유칼루) — "비록 저들이 너를 해하려 하고, 비록 저들이 궤계를 꾸며도, 저들은 미룰 수 없도다." 아무리 원수들이 계교(計巧)를 다양하게 꾸며도 결국 실패할 것이다. 왜냐하면 왕은 하나님을 온전히 신뢰하기 때문이다 (7절). 왕이 믿음을 지키는 한, 결코 요동치 아니할 것이다.

12절: 네가 저희로 돌아서게 함이여 그 얼굴을 향하여 활시위를 당기리로다(키 테쉬테모 쉐켐 베메타레카 테코넨 알-페네헴)— "네가 그들의 얼굴에 네 활시위를 겨냥하여, 너는 그들로 등을 돌리게 하도다."

13절: 여호와여 주의 능력으로 높임을 받으소서 (루마 야웨 베웃제카)—1절의 "주의 힘" (웃제카, 당신의 힘)이 여기서는 "주의 능력" (웃제카, 당신의 힘)으로 번역되었다 (시는 이렇게 처음과 시작이 동일한 말로 둘러싸인 인클루지오 inclusio 형태이다). 하나님의 힘, 능력이 왕에게 승리를 베푸실 때, 왕이 존귀하게 되고 영화롭게 될 뿐 아니라 (5절), 하나님 자신도 영화롭게 높임을 받게 된다. 하나님을 신뢰한 왕의 승리는 곧 하나님의 승리이기 때문이다.

우리가 주의 권능을 노래하고 칭송하겠나이다 (나쉬라 운잠라 게부라테카) —승리의 순간에 백성들은 하나님의 임재를 체험하고 그분을 경배하게 된다. "주께서 높임을 받으소서!"라는 간구는 시 57:5, 11, 108:6에서 "주는 하늘 위에 높이 들리시며, 주의 영광은 온 세계 위에 높아지기를 원하나이다"로 보다 구체화되었다. 그분의 권능을 체험한 성도들이 그분의 권능을 노래하고 찬송할 때 그분은 그렇게 높이 들려지신다. 그러므로 은혜 받은 성도들의 찬송과 경배는 주님을 높이는 일이며 이로 인하여 하나님은 영광을 받으시고, 성도들에게 축복을 베푸신다. 이것이 구속받은 성도들의 삶의 참 모습이다.

시편의 적용

주의 베푸신 구원 (승리)를 우리가 어찌나 크게 즐거워하는지요? (1절)

교회에서 하나님께서 베푸신 승리들을 인하여 즐거워하고 찬양해야 한다. 무엇보다 그리스도 예수님을 통해서 우리에게 주신 죄와 저주와 질병에 대한 승리를 우리는 늘 즐거워하고 감사해야 한다. 그리고 우리 삶에서 그분이 베풀어주신 모든 승리들을 인하여 즐거이 찬양해야 한다. 승리자들만이 기뻐한다. 죄와 저주를 주 예수님의 이름으로 담대히 정복하고 승리를 얻고 우리는 즐거이 찬양해야한다. 이것이 우리 성도들의 삶의 방식이다. 우리는 모두 왕 같은 제사장이기에 시편의 왕처럼 승리하지 않으면 안 된다. 승자에게만 영광이 주어진다 (시 21:5).

머리의 정금 면류관 (3절)

잠 4:9에서 그녀 (지혜)가 네 머리에 은총의 화관을 주고 아름다운 면류관을 네게 주리라 하였다. 지혜는 이 잠언의 문맥에서 하나님에 대한 믿음과 동일시 될 수 있을 것이다. 하나님의 지혜를 얻으면 우리는 영화롭게 된다. 정금 면류관으로 관을 씌운다 (시 21:3)거나 "영화와 존귀로 관을 씌우신다" (시 8:5)는 표현은 하나님께서 인간을 축복하시는 결과를 지시한다 (겔 16:12). 문자적으로 머리에 면류관을 씌운다기 보다 삶의 풍요와 생활의 형통을 통해 그 사람이 하나님의 인정을 받아 사람들에게 존귀의 대상이 된다. 은을 지불수단으로 사용했던 당시에 존귀하다는 것은 은 곧 돈을 많이 소유한 사람들의 상태로 그 말은 "무겁다" (카베드)라는 말로 표시되었다. 돈이 많으니 무게가 나가는 것이다. 따라서 하나님의 축복이 쏟아 부어진 결과 그 사람이 존귀케 되는 것이 바로 그 머리에 금 면류관을 씌운다는 의미이다. 잠 12:4에서는 유덕한 여인은 그 남편에게 면류관이라 했다. 유능한 여인으로 인하여 남편이 존귀케 된다. 반면 애가서 기자는 자기 민족에게서 하나님의 축복이 떠나고 이방인들의 약탈 대상이 되었을 때 "우리 머리에서 면류관이 떨어져 나갔다"고 했다 (5:16).

무병장수(無病長壽)를 구하는 인간에게 창조주의 인간 설계도가 드러나다 (4절)

의학(醫學)은 궁극적으로 인간의 무병장수를 추구하는 분야다. 서양 의학에서 의성(醫聖)으로 불리는 그리스의 히포크라테스는 신적 차원에 머물던 의술을 자연적인 원인에 의해 해석하기 시작했다. 그 이후 2500여년이 지났지만 인간은 아직도 암, 에이즈 등 무수한 병에 시달리고 있다. 1950년대에 미국의 왓슨과 크릭이 유전자의 본체가 DNA라는 것을 규명하였다. 그 이전에 생물학은 세포를 살피는 수준에 머물렀으나 왓슨 등이 분자(分子) 차원으로 분석을 함으로써 유전 현상을 밝혔고 과학자들은 이것으로 인간 생명현상의 본질이 드러났다고 생각한다. 생물이 무생물과 다른 가장 큰 차이는 대를 잇는 복제(複製)인데 그런 복제현상이 일어나는 메커니즘을 인간이 이해하게 된 것은 획기적인 일이 아닐 수 없다. 생물학자들은 모든 생물이 갖고 있는 유전자는 바로 단백질을 생성하는 정보체계라고 이해하며, 인간이 호흡하고 피가 돌고 하는 모든 현상은 유전자가 만들어낸 단백질이 기능함으로써 가능하다 라고 판단한다. 그래서 저들은 말하기를 "사고를 하는 뇌나 무생물처럼 보이는 손톱이나 유전정보가 다 똑같다. 그런데 뇌와 손톱 등으로 구분되는 이유는 해당 부위에서 사용하는 단백질이 각각 틀려 모양과 기능이 달라지는 것이다. 생명현상에 대한 이해는 결국 단백질의 본질을 아는 것에 귀착한다."

몇 년 전 게놈 프로젝트팀이 인간의 유전자 지도를 발표했다. 우리의 세포 안에는 핵이 있고 그 핵 안에는 46개의 염색체가 들어 있다. 각각의 염색체는 한 개의 DNA 분자다. DNA는 A(아데닌), G(구아닌), C(시토신), T(티민)란 염기 (鹽基: 일반적으로 수용액 중에서 녹으며 수산이온을 생성하고 산을 중화시켜 염鹽을 만드는 물질)가 「…AAGCTTCA…」식으로 끊기지 않고 이어져 있다. 즉 서열을 짓고 있는 것이다. 이 염기 서열은 4000~5000개의 유전자와 아무런 정보가 없는 부분으로 이뤄져 있다. A, G, C, T의 염기가 조합을 이룬 각각의 유전자는 다른 단백질을 만들어내는 정보다. 예를 들어 GGG로 된 것은 클라이신이라는 아미노산을 만들어내는 것이다. 유전자 지도란 바로 인간의 염색체를 이루고 있는 염기가 어떤 식으로 배열돼 있는가를 밝혀주는 것이다. 그러나 인간은 아직까지 이 염기서열 중 어느 부분이 어떤 기능을 하는 유전자이고 어떤 부분이 기능이 없는 것인지 알지 못하고 있다. 그리고 유전자에 의해 만들어지는 단백질에 대해서도 알고 있는 것이 별로 없다. 그렇지만 그 해독(解讀)은 앞으로 2030년 정도 되면 가능하리라 기대들 한다.

어느 창조 과학자는 설명하길, 이 유전자 DNA가 바로 인간의 설계도라 한다. 이 설계도에 따라 후손이 복제되기 때문에 아들이 아버지를 닮는다. 이 설계도는 아주 정교하여 우연이 아니라 전능하신 창조주의 지혜와 능력을 암시해 준다. 히 3:4에서 "집마다 지은 이가 있으니 만물을 지으신 이는 하나님이시라" 라는 말씀대로 만물의 창조자는 하나님이시고, 창세로부터 그분의 보이지 아니하는 것들 곧 "그의 영원하신 능력과 신성"이 그분이 만드신 만물에 분명히 보여 알게 된다 (롬 1:20)라고 할 때, 그분의 솜씨와 신적 능력은 인간이나 모든 생물에 새겨진 이 유전자의 복잡 정교한 설계도로 드러난다는 것이다.

성경은 인간의 무병장수(無病長壽) 곧 영생(永生)을 죄의 문제와 결부시킨다. 우리의 죄가 제거 되지 않는 이상 영생은 있을 수 없다. 아무리 유전자 체계를 전부 규명한다 해도 영생불사란 도달하기 어려울 것이다. 죄는 오로지 예수 그리스도의 대속(代贖) 죽으심과 부활을 믿는 자들에게 영원 세계에서 주어질 선물이기 때문이다.

시 22편 하나님이여 어찌 나를 버리셨나이까?

1. 전체구조에서의 위치, 시의 유형과 삶의 자리

표제에서 "아앨렛샤할에 맞춘 노래"라 한다. 아엘렛 핫솨하르는 번역하자면, "새벽의 사슴"이다. 어떤 이는 이 표제에 상상을 가하여, 여기 사슴은 자기 동료들에게서 끊어진 고독한 사슴으로 새벽 동틀 때 바위에 올라서서 친구들을 찾을 소망으로 멀리 응시하는 중이라 한다. 바로 그런 의미의 곡조로 이 노래가 연주되었다 한다. 한편 이 시를 고난당하는 메시아 시로 보는 랍비들은, "새벽의 사슴"은 "쉐키나" 영광을 지칭하며 이제 밝아오는 구속의 상징이라 이해하였다. 그러나 우리는 그 정확한 의미를 확인할 길이 없다.

이 시에서 우리는 마음에서 터져 나오는 애절한 탄식 소리를 들을 수 있다. 그렇지만, 무절제하게 감정에 좌우되어 시가 휩쓸려 가지는 않고 있다. 오히려 큰 고통에서 터져 나온 탄식시는 잘 짜여진 구조를 보여주고 있다.

이 시는 1-21절 부분이 탄식하는 간구의 시라면 22-31절 부분은 감사의 노래이다 (시 35편도 참조). 이러한 시의 흐름은 원래 두 편의 시가 하나로 결합되었다고 가정하는 것보다, 성도들의 기도의 흐름에 비추어 본다면 이상할 것이 없다. 왜냐하면 무거운 마음으로 탄식의 기도를 드리는 성도들은 기도가 더해짐에 따라 무거운 짐과 문제들이 해결되는 확신과 함께 감사와 찬양으로 어조가 변화됨을 체험하기 때문이다. 이러한 기도의 흐름은 구약성도들의 체험이나 신약성도들의 체험에서 동일하게 확인될 수 있는 바이다.

2. 시적 구조와 해석

장르상으로 본다면, 1-21절은 탄식 (11, 19-21절은 간구), 22-31절은 찬양과 감사로 구분된다. 이런 큰 사고의 흐름을 의식하면서 우리는 대략 다음과 같이 구분한다.

제1 스탄자 (1-21절): 탄식
제1연 (1-2절): 탄식의 외침
제2연 (3-5절): 탄식의 동기 (조상들이 체험한 구원의 하나님)
제3연 (6-8절): 재개된 탄식 (시인의 비참한 모습)
제4연 (9-10절): 탄식의 동기 (과거 은혜를 근거로 구원을 호소)
제5연 (11-18절): 원수들의 공격으로 위기에 처한 시인의 모습
제6연 (19-21절): 신속한 도움을 호소

제2 스탄자 (22-31절): 찬양과 감사
제7연 (22-26절): 성도들의 모임에서 시인의 찬양과 감사
제8연 (27-31절): 온 세상이 주께로 돌이킬 것을 대망함

한편, 이 시에서도 핵심 단어들이 반복 등장하여 사용되고 있다: 나의 하나님이여, 나의 하나님이여 (*엘리, 엘리*; 1, 10절), 내 하나님이여 (*엘로하이*, 2절), 멀리 (*라하크*, 1, 11, 19절), 응답하다 (*아나*, 2, 21), 찬양하다 (*힐렐*, 3, 22, 23, 25, 26절), 신뢰하다 (*바타흐*, 4, 4, 5, 9절), 구하다 (*팔라트*, 4, 5, 8), 멸시하다 (*바자*, 6, 24절), 건지다 (*나찰*, 8, 20절), 태 (*바텐*, 9, 10절), 내 모친 (*임미*, 9, 10절), 도움 (*아자르*, 11, 19절), 나를 두르다 (*세바부니*, 12, 16절), 헤아리다, 선포하다, 찬양하다 (*사파르*, 17, 22, 30절) 등.

제1연 (1-2절): 간구의 외침

탄식 (1-2절)과 그 탄식의 동기 (3-5절), 재개된 탄식 (6-8절), 그 탄식의 다른 동기 (9-10절) 등으로 탄식과 그 동기가 교대로 등장하고 있다. 따라서 1-5절 부분과 6-10절 부분은 서로 긴밀한 연관을 갖는다: 탄식 → 탄식의 동기; 탄식 → 탄식의 동기. 우선 3절 후반절에서 "당신은 거룩하시나이다"와 6절 상반절에서 "나는 벌레요 사람이 아니라" 는 표현은 서로 현저한 대조를 이루고 있다. 다른 연결 고리는 4, 5절에 세 번 사용된 "신뢰하다" (*바타흐*) 동사와 4, 5절과 8절에서 사용된 "구하다" (*팔라트, 말라트*) 동사들이다. 신뢰할 때 구원을 받는다는 사고가 성립한다. 마지막으로 1절에서 "나의 하나님, 나의 하나님이여" (*엘리, 엘리*)가 나타났다면, 10절에서 "당신은 내 하나님이시라" (*엘리 아타*)라 한다.

1절: 내 하나님이여 내 하나님이여 (*엘리 엘리*)—이렇게 두 번이나 하나님을 절규하며 부르짖는 소리는 "어찌" (*라마*)라는 말과 함께 이 시인의 절박한 사정을 드러내준다.

어찌 나를 버리셨나이까 (*라마 아잡타니*) —버림받았다는 심정은 하나님께서 "멀리하여 돕지 아니"하신다는 사실에 근거한다. "내 신음하는 소리를 듣지 아니하시나이까" (*디브레 솨아카티*)는 의미를 살리기 위한 의역이다. 끙끙대는 신음소리들은 아무런 반향을 내지 못한다. 이것이 시인의 근심이다.

어찌 나를 멀리하여 돕지 아니 하옵시며/ 내 신음하는 소리를 듣지 아니하시나이까? (*라호크 미슈아티 디브레 솨아카티*)—주어, 동사, 부정어 등이 생략된 함축문장이다. 직역하자면, "(당신이) 나의 구원에서 멀리 (계신다); (당신은) 내 신음의 말들(에서 멀리 계신다)." "멀리" (*라호크*)라는 형용사는 이렇게 부정적인 의미를 전달한다 (시 119:155, 잠 15:29 참조).

2절: 낮에도 부르짖고 밤에도 잠잠치 아니하오나 응답지 아니하시나이다 (*에크라 요맘 벨로 타아네/ 벨라옐라 벨로-두미야 리*) — "하루 종일"이란 사고를 전달하기 위해 "하루"를 쪼개어 전. 후반절에 낮. 밤을 나누어 배치해 놓았다 (break-up of the stereotyped expression).

직역하면, "낮으로 부르짖으나 당신이 응답치 아니하시나이다/ 밤에도 (부르짖으나), 내게 안식이 없나이다" (RSV, NASB, NJB, NAB; "잠잠치 아니하오나" 한역, KJV, NIV). 여기 "안식"(두미야)은 원래 "침묵"을 의미하나, 여기서는 마음의 평안이다. 아무리 부르짖어도 마음에 안식을 가질 수 없다. 여기에 시인의 근심이 있다.

제2연 (3-5절): 조상들이 체험한 구원의 하나님

이 부분은 "소(小) 찬양" 부분으로 과거에 행하신 영화로운 행동들을 인하여 여호와는 찬양을 받는다. 시인의 귀에는 이스라엘의 찬양이 들리고 있다. 그 찬양은 실제 들렸던지 아니면 그의 상상 속에서 들렸던 것이건 그 찬양의 주제는 역사에서 입증된 (4-5절) 하나님의 전능하심과 그분의 신실하심이다. 과거에 조상들을 위험에서 건져주신 하나님은 어찌하여 나를 구원하지 않나이까?라고 간접 탄원을 올리고 있다.

3절: 찬송 중에 거하시는 주여 (요세브 테힐롯)— "찬송들 중에 좌정 하시는" (enthroned on the praises). 야솨브 동사는 1) 앉다, 2) 거주하다란 두 가지 의미를 지닌다. 1)의 의미를 취할 경우, 하나님을 주어로 가질 때 보통 "보좌에 좌정 하시는"으로 이해된다 (NIV, RSV, NASB, NAB). 2)의 경우, 찬송 중에 임재를 나타내시는 주님이라 이해할 수 있다 (한역). 여기서는 "찬송"이 거주지 (땅)가 된다 ("땅의 거민" [요세브 하아레츠] 참조). 거룩하신 하나님은 자기 백성들의 찬송 중에 임재를 나타내신다 (KJV, NJB). 이런 전통적인 이해와 달리, 전.후반절로 나누어 번역할 수도 있다: "당신은 거룩하신 자로 보좌에 좌정하시며/ (당신은) 이스라엘의 찬송이시니이다" (NIV, NAB).

주는 거룩하시니이다 (베앗타 카도쉬 [당신은 거룩하시다])— "거룩"은 본질상 "구분"의 개념이다. 속 (俗)에서 구분되는 분이 바로 하나님이시다. 성속 (聖俗)의 구분은 구약에서 지역적 혹은 물활론적 사고가 있는 듯 느껴지지만, 근본적으로 말하자면, 영적인 구분이다. 다시 말해, 어떤 지역이 거룩하고, 어떤 지역이 세속적인 것이 아니라 주님을 경배하고 찬양하는 그곳이 거룩한 곳이며, 악을 행하고 주님을 부인하는 그곳이 세속적인 곳이다. 주님은 거룩하시므로, 성도들의 찬송 중에 거하신다.

4절: 우리 열조가 주께 의뢰하였고 (베카 바테후 아보테누)— "의뢰하"다는 "신뢰하다" (바타흐)란 말이다. 이 동사가 후반절에서, 5, 9절에서도 나타난다. 시인이 이스라엘 역사의 어느 시점을 염두에 두고 있는지는 확실치 않다. 그러나 이스라엘 역사에서 비록 죄로 얼룩졌지만, "남은 자들"이 면면히 이어졌고 저들은 주님을 신뢰 (믿음)함으로 하나님의 구원을 체험하였다. 예컨대, 모세와 여호수아, 갈렙, 혹은 아브라함과 이삭, 야곱 등의 조상들은 모두 믿음의 사람들이었다. 이렇게 구약도 믿음의 사람들의 역사였던 것이다. 시인이 이렇게 과거 믿음이 선진들을 회상함은 현재의 고난을 믿음으로 극복하고자 하기 때문이다.

의뢰하였으므로 저희를 건지셨나이다 (바테후 밧테팔레테모) —신뢰하다 란 말을 이렇게 반복하여 강조하고 있다. "건지다"란 기본 의미가 "도피하다"이며, 피엘형에서는 "데리고 나오다"(bring out), 곧 구원하다를 의미한다. 출애굽이 암시되고 있는지 모른다 (5절 참조).

5절: 주께 부르짖어 구원을 얻고 (엘레카 자아쿠 베님라투)—4절의 사고를 반복하면서도 더 나아가서 조상들이 "부르짖"어 구원을 받았다고 한다. 부르짖음은 애굽에서 종살이하던 이스라엘은 하나님께 부르짖어 구원을 받았다 (출 2:23, 삼상 12:8).

주께 의뢰하여 수치를 당치 아니하였나이다 (베카 바테후 벨로-보슈)—전. 후반절에 비추어 보건대, 부르짖음은 "신뢰"(믿음)의 표시이다. 거꾸로 말하면, 기도하지 않는 것은 불신앙이다. 불신앙은 필연적으로 수치와 낭패를 불러올 것이다.

제3연 (6-8절): 재개된 탄식 (시인의 비참한 모습)

이 부분에서의 탄식은 1-2절에 처음 제시된 탄식을 보충한다. 점점 시인은 자신의 탄식의 외침을 강화시키고 있다. 앞의 탄식에서는 단지 하나님께 버림받은 자신의 고립무원(孤立無援)한 처지를 언급했으나 여기서는 백성에게 조롱받는 자신의 가련한 처지를 제시한다. 여호와께서 시인은 내버려 두시니, 백성들이 그를 조롱한다.

6절: 나는 벌레요 사람이 아니라 (베아노키 톨라아트 벨로-이쉬)—3절에서 "당신 (아타)은 거룩하시니이다" 라 묘사한 시인은 여기서 "나 (아노키[인칭 독립대명사])는 벌레라"고 대조 시킨다 (9, 19절도 참조). "벌레"(톨레아)는 썩은 채소 (출 16:20)나 짐승 (사 14:11, 66:24) 등에서 생겨난다. 여기서는 상징적으로 인간의 연약성 혹은 경멸적 존재를 표시하고 있다 (욥 25:6, 사 41:14 [벌레 같은 야곱도 참조). 이 시인은 벌레같이 멸시와 무시를 당한다. 즉, 사람 취급을 받지 못한다.

사람의 훼방거리요 백성의 조롱거리니이다 (헤르파트 아담 우브쥬이 암) —욥과 같이 (욥 16:20, 21:3, 30:9) 조소와 훼방을 받고 있다.

7절: 나를 보는 자는 다 (콜-로아이) —이들은 6절의 "사람"과 "백성"이다. 그러나 이들이 직접 시인을 핍박하고 죽이고자 하는 원수는 아니다. 그럼에도 시인의 비참한 모습에 조소와 경멸의 시선을 보낸다.

다 비웃으며 입술을 비쭉이며 머리를 흔들며 (얄이구 리 야프티루 베사파 야니우 로쉬) —"비웃다"란 말 (라아그)는 이미 시 2:4에서 하늘 보좌에 좌정하신 자께서 지상의 원수들을 비웃으신다 할 때 나타났었다 (시 59:9도). 입술을 "비쭉이다"(파타르 베사파)는 두 입술을 크게 벌리다, 곧 입을 크게 벌려 조소하는 제스처를 지적한다. (마 27:39 참조).

말하되 —원문에는 없다.

8절: 여호와께 의탁하니 구원하실 걸/ 저를 기뻐하시니 건지실 걸 (골 엘-야웨 예팔레테후 얏칠레후 키 하페츠 보) —전. 후반절은 교차 대구법을 이루고 있다 (VP+Vo/ Vo+c+VP). 전반절 첫 동사에서 목적어가 생략되었다 (잠 16:3 "너희 행사를 여호와께 맡기라" 참조). 직역하면, "여호와께 [자신을] 맡겨라; 그래서 그로 그를 구원케 하라." "맡기다"라는 말 (갈랄)은 문자적으로 "돌을 굴리다"를 의미한다. 무거운 짐을 돌을 굴리듯 여호와께 "굴려 버려라"; 그래서 그가 구원케 하라! 후반절도 유사한 사고를 제시한다. 여호와께서 다윗을 기뻐하셔서 그를 구원하셨다 (삼하 22:20). 여기서는 전반절에 비추어 볼 때, 시인이 하나님을 기뻐하므로, 하나님께서 저를 구원하시리라! 이 말씀은 마 27:43에 근거해 볼 때, 원수들의 조롱하는 소리이다.

제4연 (9-10절): 탄식의 동기 (과거 은혜를 근거로 구원을 호소)

두 개의 탄식이 점점 강화되는 모습을 보였듯이, 탄식의 동기도 점점 강화되고 있다. 앞에 제시된 동기 (3-5절)에서는 조상에게 베푸신 신실하심의 은총에 근거했다면, 재개된 이곳에서의 탄식 동기는 자신의 과거에 베푸신 하나님의 은혜이다. 즉, 제3자가 아니라 자기에게 주님이 직접 베푸셨던 과거 은혜를 근거로 현재의 구원을 요청한다. 과거에 나는 모태에서 나오게 하시고 의지하게 하셨다면 어찌하여 지금 나를 버릴 수 있나이까? 3-5절에 제시된 동기와 이곳에서의 동기 사이에는 서로 긴밀한 연관을 보이고 있다. 즉, 조상들이 여호와 하나님을 "신뢰"하였듯이 (4, 5절에 적어도 세 번이나 *바타흐* 동사 사용됨), 시인도 모태에서 나면서부터 "신뢰"하였다.

9절: 오직 주께서 나를 모태에서 나오게 하시고/ 내 모친의 젖을 먹을 때에 의지하게 하셨나이다 (키-앗타 고히 밉바텐/ 마브티히 알-쉐데 임미) —구문상 전. 후반절은 병행법을 이룬다 (SVP/ VP). 모태에서 끄집어내셨고, 동시에 젖가슴에서 (혹은 젖가슴에 있을 때) 의지하게 하셨다. 시인은 출생과 양육에 하나님의 주권적 간섭을 고백한다. 즉 시인은 9-10절에서 자신의 출생에서부터 하나님의 은혜로 성장하였음을 고백한다. 이렇게 출생과 성장을 주님의 탓으로 돌림으로, 현재의 고난에서 건져 주시길 간접으로 간구한다 (11절). 다시 말해, 지금까지 나를 태어나게 하시고 양육시켜 주신 하나님, 이제 이렇게 내가 끊어져야 합니까?

"젖을 먹을 때에 의지하게 하셨나이다" -[내 모친의] 젖가슴에서 "나로 안전케 하였나이다" (맙티히[바타흐의 사역형])(RSV, NAB).

10절: 내가 날 때부터 주께 맡긴 바 되었고/ 모태에서 나올 때부터 주는 내 하나님이 되셨사오니 (알레카 하쉴라크티 메라헴/ 밉베텐 임미 엘리 앗타)— PVP/ PCS. 의미상 동의 병행법을 이룬다. "주께 맡긴바 되었고" -[자궁으로부터] 당신께 던져졌다. 주님께 완전히 의탁되어졌다. 후반절에서는 이를 [내 모친의 태로부터] "당신이 내 하나님이시니이다" ([밉베텐임미 엘리 앗타)라 한다. 시인의 모친이 신앙이 돈독하여 늘 자녀를 주님께 의탁했으므로 시인이 이렇게 고백하는지 모른다.

제5연 (11-18절): 원수들의 공격으로 위경에 처한 시인의 모습

지금까지 시인은 긴 탄식을 쏟아내었다. 이제 이런 탄식에 이어 시인은 처음으로 간구를 올린다. 시인은 앞의 탄식에서 자신이 하나님께 버림을 받았다는 것과 그로 인하여 백성의 조소거리가 되었다는 것을 탄식하였다. 이제 그는 자신이 실제 처한 긴급 상황을 묘사한다. 그는 황소와 사자의 공격을 받아 모든 기력이 빠졌고 (12-15절) 반죽음 상태로 거리에 버려진바 되어 개들이 그를 짓밟고 있다 (16-18절).

11절: 나를 멀리하지 마옵소서/ 환난이 가깝고 도울 자 없나이다 (알-티르하크 밈멘니 키-챠라 케로바 키-엔 오제르)—전.후반절이 주절과 종속절의 관계이긴 하나, 그 의미나 구조상 교차 대구법적 반의 병행법을 구성한다: 하나님께서 시인에게서 멀다 /환난 [원수들이 가까우나 [도울 자 없다]. 다음절들에서는 시인을 위협하는 "환난" [원수들]이 무엇인지 기술한다. 여기서 "환난" (챠라)은 구체적 실체(원수)를 지시하는 추상명사이다. 다훗은 구체적 실체명사와 추상명사를 전. 후반절에 배치하는 예를 시 5:8, 54:9 등에서도 지적한다 (Psalms I, 139-40).

12절: 많은 황소가 나를 에워싸며/ 바산의 힘센 소들이 나를 둘렀으며 (세바부니 파림 랍빔/ 압비레 바샨 킷테루니) —구조상 교차 대구법적 구조를 갖고 있다 (VoS/ SVo). "많은 황소/ 바산의 힘센 소들"에서 '황소' (파르)는 대개 제물로 성경에 언급된다 (출 24:5, 민 7:87 등). 그런데 여기서는 야수적인 원수의 상징으로 사용되었다. "바산"은 요단 동편지역의 세 지역 (모압, 길르앗, 바산) 중에서 가장 북단지역을 지시한다. 바산의 동편 극단은 살레카이며 (신 3:10), 바산 지역에는 에드레 (민 21:33, 신 3:10), 아쉬타롯 (수 9:10), 골란 (신 4:43) 등이 위치하였다. 바산은 "부드러운," "비옥한"이란 의미로, 현무암 산지로 둘러싸인 비옥한 고원이며, 해발 2천 피트 (609 미터)에 위치하여 농사와 가축 사육지로서 안성맞춤이었다 (신 32:14, 겔 38:18, 미 7:14). 그런데 이 바산의 소 떼들은 잔인하고 소란스러운 압제자들의 상징으로 나타난다 (암 4:1).

"에워싸며 … 둘렀으며"-야수들이 둘러싸며 공격해 들어오는 모습이다 (16절, 17:11, 118:10, 11 참조). 진퇴양난(進退兩難), 사면초가(四面楚歌), 첩첩산중(疊疊山中), 설상가상 (雪上加霜)이다. 탈출구가 없다. 이런 상황에서 시인이 취할 수 있는 자구책 (自救策)은 하나님을 향한 부르짖음이었다. 시인이 처한 상황이 원수들에 포위된 전쟁마당인지 아니면 자기를 중상 모략하는 자들이 포진한 직장(職場)인지 (단 6:4 참조) 확실치 않다 (그러나 20절의 "칼" 참조).

13절: 내게 그 입을 벌림이 찢고 부르짖는 사자 같으니이다 (파츄 알라이 피헴 아르예 토레프 베쇼에그) —(먹이를) 찢고 포효하는 사자들이 나를 대하여 자기 입을 쫙 벌리나이다 (NIV, NJB). 이미 앞 절에서 원수들은 야수로 제시된 바 있다. 원수들의 달려드는 모습이 먹이를 잡아 물고 찢으며 으르렁거리는 사자에 비유되었다. 입을 쫙 벌리는 원수들의 모습은 예루살렘을 파멸시켰던 바벨론 원수들에 대한 묘사에서도 나타난다 (애 2:16, 3:46).

14절: 나는 물 같이 쏟아졌으며/ 내 모든 뼈는 어그러졌으며/ 내 마음은 촛밀 같아서 내 속에서 녹았으며 (카마임 니쉬파크티/ 베히트파레두 콜-아츠모타이/ 하야 립비 캇도나그 나메스 베토크 메아이) —본 절의 특징은 직유법 (전치사 케[같이]가 두 번)과 수동형 동사들 (니팔 2번, 히트파엘 1번)이다. 시인은 자신의 낭패와 공포를 묘사하기 위해 직유와 수동태에 사용한다. 수동태는 시인의 의지에 상관없이 외적인 조건으로 자신이 변화되는 상태를 묘사한다. 물같이 쏟아진다 (수동태)는 표현은 애 2:19에서 능동태로 나타난다. 여기서는 좌절과 공포의 모습이라면 애가서에서는 주 앞에 마음을 물같이 쏟아서 간구하고 애통하라는 권고이다. "내 모든 뼈는 어그러졌으며" -뼈의 관절이 탈구(脫臼)되어 벗어난 상태로 극한 형벌의 결과이거나 두들겨 맞은 결과이다. 이래서 17절에서는 "내 모든 뼈를 셀 수 있"다고 했다. 한편 촛밀 (도나그)은 불 앞에 녹아내린다 (미 1:4). 산들이 주 앞에서 촛밀 같이 녹아내린다 는 표현에서 두 번 사용되었다 (시 97:5, 미 1:4). 이 시인의 마음이 낙담한 상태를 지시할 것이다.

15절: 내 힘이 말라 질그릇 조각 같고/ 내 혀가 잇틀에 붙었나이다/ 주께서 또 나를 사망의 진토에 두셨나이다 (야베쉬 카헤레스 코히/ 울쇼니 무드바크 말코하이/ 벨라아파르-마벳 티쉬페테니) —일부 영역본은 "내 힘" 대신 "내 입"이라 번역한다. 이는 "코히"를 "힉키" (내 입 천장)로 바꾸어 읽어 (metathesis의 예로 인정하고) 전. 후반절의 병행을 맞추고자 하는 시도이다. 그러나 헬라어역은 맛소라 본문을 지지한다 (헤 이스쿠스 무 [내 힘]). 그런데 힘이 "질그릇"처럼 말랐다는 직유(simile)는 "질그릇" (헤레쉬;토기 ±器 earthenware)을, 불에 바싹 구워져 물기가 완전히 빠져, 말라버린 진흙덩이로 보고 있다. 시인의 기력이 그렇게 바싹 말라빠진 상태에 있다. 그래서 혀는 '입천장'에 딱 달라 붙었다.

"주께서 나를 사망의 진토에 두셨나이다"- 모든 곤경은 궁극적으로 주님의 허락이나 지시로 이루어진 것으로 이해되었다. 시인은 생명의 위협을 받고 있는 것도 하나님의 허락하에 되어졌다!

16절: 개들이 나를 에워쌌으며/ 악한 무리가 나를 둘러/ 내 수족을 찔렀나이다 (키 세바부니 켈라빔/ 아다트 메레임 힉키푸니/ 카아리 야다이 베라겔라이) —초두에 "키"가 위치하고 있으나 "실로" (yea, RSV) 정도로 이해한다. 여기서 12절과 유사한 사고가 반복되고 있으나 이제 시인을 둘러싸는 무리는 "황소 떼"가 아니라 "개들"이다. 여기 개는 떠돌이 개가 아니라 사냥개를 의미할 것이다 (Othmar Keel, The Symbolism of the Biblical World, 87). 개의 표상은 수치를 모르고, 비열하며 특별히 물어뜯고 귀찮게 구는 모습을 상기시킨다. 이 개들은 후반절에서 "악한 무리" (아다트 메레임) 곧 "행악자들" (메레임 [라아'의 히필형 복수형 분사)로 확인된다. 행악자들은 "악인들" (레샤임)(시 26:5), "악행자들" (포알레-아벤)(시 64:3, 94:16)과 병행어로 나타나며, 여호와를 소망하는 자들과 대조된다 (시 37:9). 구약에서 경건한 자들의 원수나 이스라엘을 대적하는 이방인 원수들은 "야수"(野獸)로 흔히 묘사된다 (시 35:17, 단 7장, 시 68:30, 74:19, 80:13 등 참조). 이 "악당"을 제롬은 "가장 악한 자들의 떼"(concilium pessimorum)라 번역했다. 이들은 악한 목적을 위해 당을 조직한 것이다 (민 16:1, 행 23:12).

"내 수족을 찔렀나이다"는 문자적으로 "사자같이"이지만, 70인역은 "저들이 [내 손들과 발들을] 찔렀다"(오룩산)고 번역했다. 70인역은 "쿠르"(찌르다) 동사로 이해한 것이다. 만약 이 이해가 옳다면, 메시아께서 손과 발에 못을 박히심으로 이 말씀은 성취된 것이다 (사 53:5, 슥 12:10 참조). 또 다른 제안은 카라 (shriveled 오그라들다 NRSV)로 읽는다 (악카드어, 시리아어에 비추어). 또 다른 제안은 카라 (함께 묶다)로 이해한다 (KB³, 카라 IV; REB).

17절: 내가 내 모든 뼈를 셀 수 있나이다 (아사페르 콜-아츠모타이) —14절에서 이미 뼈는 관절이 탈구되었다. 십자가상에서 처절하게 관절이 탈구된 주님의 모습에서 재현되었다.

저희가 나를 주목하여 보고 (나바트/ 라아) —두 유사어가 함께 사용되어 원수들의 시선이 이 시인에게 집중됨을 묘사한다 (삼상 16:7, 17:42, 왕하 3:14, 사 42:18, 63:15에서 두 동사).

18절: 내 겉옷을 나누며/ 속옷을 제비뽑나이다 (예할레쿠 베가다이 라헴/ 베알-레부쉬 얏필루 고랄) —전. 후반절이 대략 교차 대구법적 구조이다 (VOP/ PVO). 원수들은 시인의 겉옷을 전리품으로 취하고 자기들끼리 제비뽑아 나눈다 (삿 5:30, 삼상 30:24 참조). "내 겉옷을 '자기들끼리'(라헴 among them) 나누며"에서 "자기들끼리'는 후반절에도 해당된다. 현실적인 순서대로 한다면, 제비를 뽑고 나눌 것이다. 이 말씀은 고난당하신 그리스도에게서 문자적으로 재현되었다 (요 19:23-24).

제6연 (19-21절): 신속한 도움을 호소

이제 어조(語調)가 '묘사'에서 '직접적인 간구'에로 바뀐다. 여기서는 실제 기도가 드려진다. 시편에서 자주 "기도"는 아주 전략적인 위치에 배치된다. 11절 전반절에서 첫 기도가 드려졌지만, 아주 짧았다. 이제 본격적인 기도가 드려진다. 사실 이 기도를 드리기 위해 시인은 지금까지 자신의 버림받은 곤경과 백성에게 조롱받는 처지를 탄식했고, 자신이 실제 당하는 위협들을 생생하게 묘사한 것이다. 그는 자신이 처한 위험한 처지만 아니라 왜 하나님께서 개입하시어 구원하셔야 할지에 대한 동기들도 세밀하게 제시한 바 있다. 여기 제시된 첫 기도 (19절)는 사실 처음 드려진 첫 기도 (11절)와 대동소이하다. 시인은 11절에서나 19절 전반절에서 "나를 '멀리하지' 마옵소서"라 울부짖는다. 이는 1절에서 "어찌 나를 '멀리하여' 돕지 아니 하옵시며"라고 탄식한 것의 반향이다. 이렇게 중요한 대목에 등장하는 "멀리"(라하크)란 말은 이 시편에서 한 주제어를 구성한다.

19절: 여호와여 멀리하지 마옵소서/ 나의 힘이시여 속히 나를 도우소서 (베앗타 야웨 알-티르하크/ 에알루티 레예즈라티 후샤) — "당신, 여호와여, 멀리하지 마옵소서…" "당신"이 초두에 위치하여 강조되고 있다. 그런데 이미 11절에서 시인은 동일한 호소를 올린 바 있다. 여기서는 "속히 도와 주소서!" 라는 부르짖음을 덧붙인다. 이렇게 멀리하지 마소서! 란 부르짖음은 곤경에 처한 자의 간구이다 (시 35:22, 38:22, 71:12). 극난한 곤경이 아니면 우리는 하나님을 망각하거나 경시할 수밖에 없다. 그러나 극한 곤난에서는 주님을 간절히 찾게 된다. 여기서 "힘" (예얄루트)은 아람어에서 차용된 말이며 여기서만 나타나고, 시리아어에서 "도움"이란 의미이며(70인역, NRSV, NASB), 여기서는 "힘"으로 이해한다 (KJV, NAB, NIV, NJB).

20절: 내 영혼을 칼에서 건지시며 (핫칠라 메헤레브 나프쉬)— "내 생명을 (혹은 '나를') 칼에서 건지시며" (NIV, NAB). 처음으로 시인은 자신을 위협하는 것이 칼 (헤레브)임을 언급한다. 그런데 후반절에서 "개의 세력" (야드 켈레브; "손"은 힘을 의미)이라 다시 상징적으로 묘사한다. 개는 16절에서 "악한 무리"로 구체화된 바 있다. 악행자들은 칼로 시인을 죽이고자 덤벼드는 중이다.

내 유일한 것을 개의 세력에서 구하소서 (미야드-켈레브 예히다티)— "내 영혼" (나프쉬)과 "내 유일한 것" (에히다티)은 모두 자기 "생명"을 지칭한다 (마 16:26, 막 8:36 온 천하를 얻고도… 참조).

21절: 나를 사자 입에서 구하소서 주께서 내게 응락하시고 들소 뿔에서 구원하셨나이다 ((호쉬에니 미피 아르예 우믹카르네 레밈 아니타니)— "사자의 입에서 나를 구원하소서/ 들소 뿔들에서 (구원하소서), 나에게 당신이 응답하소서!" 시인은 앞에서 황소들을 (12절), 사자 (14, [16절])가 자기를 둘러싸고 멸하려한다고 묘사한바 있다. 이제 그 소 떼의 뿔과 사자의 입에서 자신을 구해 주시라 간구한다. "나를 구하소서" (호쉬에니)라는 호소는 주님의 언약 불변사랑에 근거하며 (시 6:4, 31:17, 109:26), 동시에 자신의 의로운 행위도 간구의 지반이 되기도 한다 (시 119:94, 사 38:3; 18:20-24). 이 도움의 호소는 피 흘리는 자, 추격자, 원수에게서의 구원을 요청함이며, 구원의 목적은 주님의 계명을 지키며 (시 119:146) 그분을 영화롭게 할 기회를 얻고자 위함이다.

헬라어역은 "나를 사자의 입에서, '내 비천함'을 (텐 타페이노신 무) 외뿔 소의 뿔들에서 구원하소서!" 라 번역했다. 응답하셨다 (아니타)를 명사형 (내 비천함)으로 이해하였다. 그래서 일부의 영역본들은 "내 가련한 생명을 들소 뿔들에서 (건지소서)"라 번역한다 (REB, NAB, NJB). 다훗은 이와 달리 *아나* (정복하다, 승리하다)의 기원법 완료 (precative perfect)로 분석하여, "나로 들소들의 뿔들을 이기게 하소서"라 번역하였다 (Ronald J. Williams, *Hebrew Syntax*, §§ 183-187 참조).

제7연 (22-26절): 성도들의 모임에서 시인의 찬양과 감사

시인은 이제 구원을 체험하고 감사와 찬양을 묘사한다. 탄식하고 간구를 애원하던 어조는 돌변하여 확신과 감사의 마음이 표출된다. 22-23절에서는 감사 찬양 (22-26절)의 서론을 도입하고, 24절에서는 간략한 구원 보도가 제시된다 (3개의 부정적 문장과 1개의 긍정적 문장으로 제시된다). 그리고 25-26절에 결론이 제시된다. 이 감사 찬양에서 "찬양하다" (할렐)가 네 번이나 등장하여 특히 회중 가운데서 주님을 찬양하는 시인의 모습을 부각시켜 준다.

22절: 내가 주의 이름을 형제에게 선포하고/ 회중에서 주를 찬송하리이다 (아사페라 쉠카 레에하이 베토크 카할 아할렐레카)—시인은 회중이 모인 자리에서 주를 찬양하고 그분의 이름을 선포하리라! 다짐한다 (시 35:18 참조). 여기서 "이름"은 주님의 행하신 기사와 (시 9:2) 그 "명성"을 의미한다. 단순한 언급이 아니라 높이고, 감사하고 찬송함을 의미한다 (시 9:3, 52:11, 74:21 참조). 이것이 간증이다. 은혜를 체험한 성도는 항상 마음에 주님을 증거하고 자랑할 준비가 되어있다 (벧전 3:15). 궁켈은 22절에서 선포된 찬양의 내용이 23-26절에 제시된다고 생각하였다. 22절과 23-26절 사이의 이런 이해는 22절이 26절이 서로 유사한 사고를 제시한다는 점에서 개연성이 별로 없는 듯 보인다.

"내 형제들"이 후반절에서 "회중"이 되었다. 즉, 믿음의 성도들 중에서 시인은 간증한다. 공적인 예배 모임에서의 간증은 이렇게 구약이 보장하는 바이다. 여기 언급된 "회중"은 이 시에서 9번이나 다른 말들로 제시된다: 내 형제들 (22절), 회중 (22절), 여호와를 경외하는 너희 (23절), 야곱의 모든 후손들 (23절), 이스라엘의 모든 후손 (23절), 대회 (25절), 그를 경외하는 자들 (25절), 그를 구하는 자들 (26절), 겸손한 자 (27절) 등. 시인은 이 성도들의 무리인 회중에 자기가 일원으로 속한다는 사실을 저들을 "내 형제들"이라 부름으로 강조한다. 그런데 요사이 여성을 의식하는 NRSV는 "내 형제들과 자매들에게"라고 번역하고 있다 (to my brothers and sisters).

시인은 자신의 처지를 성도들의 곤고한 상태와 연관시키고자 "곤고한 자"가 부르짖을 때 응답하신다고 하고 (24절; 6-7절, 11절에 제시된 시인 자신의 곤고한 처지 참조), 겸손한 자 곧 여호와를 찾는 자가 찬송하리라 (26절) 언급한다. 이렇게 하여 시인은 탄식 부분과 감사 찬양 부분의 사고가 서로 통하도록 연결시킨다. 예컨대, 21-26절에서 4번이나 사용된 "찬양하다"란 말은 3절 "(이스라엘의) 찬송"과 연결되며, 1절의 "내 신음하는 소리"와 2절의 "부르짖다"는 감사 찬양 부분에서 울려 퍼지는 찬양과 대조되며, 이는 위험에 처했다가 구원받은 상태에 있는 시인의 처지 변화를 반영해 준다. 6절에서 자신을 "백성의 조롱거리" (베주이 암)라 언급한 시인은 하나님께서 곤고한 자를 "멸시하지 않으신다" (로-바자)라고 노래한다 (24절).

23절: 여호와를 두려워하는 너희여 그를 찬송할지어다 (이르예 야웨 할렐루후)—시인은 자신만 그분을 높이고 찬양하리라는 다짐에서 멈추지 않고, 더 나아가 경건한 이스라엘 성도들에게 주를 높이고 "그를 찬양하라" (할렐루후)! 권고한다.

야곱의 모든 자손이여 그에게 영광을 돌릴지어다 너희 이스라엘 모든 자손이여 그를 경외할 지어다 (콜-제라 야곱 카베두후 베구루 밈멘누 콜-제라 이스라엘) —이스라엘은 구약시대에 한 민족단위로서 하나님의 백성이었다. 저들은 야곱 (나중 이스라엘로 개명, 창 32:28)의 후손들이다. 그렇다고 혈통에 의해서 저들 모두가 자동적으로 하나님의 백성이 된 것은 아니었다. 이스라엘 민족 내에도 늘 "남은 자들"이 있었다 (롬 9:6, 27). 남은 자들만이 참 하나님의 백성이었다. 여기서도 시인은 "여호와를 경외하는 너희여"라 하여 참 이스라엘 백성을 거짓된 백성과 구분한다.

"영광을 돌리다" (카바드)란 동사는 신약에서 (독사조) 보다 친근하게 나타난다 (눅 5:25, 17:15 [문둥병자가 고침 받은 후], 18:43 [소경의 치료 후] 등). "경외하다"란 (구르 민) "체류하다" 동사의 동음이의어이다.

24절: 곤고한 자의 곤고를 멸시하거나 싫어하지 아니하시며 (키 로-바자 벨로 쉭카츠 에누트 아니)— "키" (왜냐하면)가 초두에 위치하여 24절이 23절의 이유를 도입한다. 시인은 자신을 "가난한 자" (혹 곤고한 자)로 지칭한다. 이는 경건한 자를 지시하며, 고난과 압제를 당하여 주님만 의지하는 자이다. 불경한 자들은 의인들이 고난당할 때 하나님께서 저를 잊으셨고, 그 얼굴을 가리우셨다 고 (시 10:11) 혹은 네 하나님이 어디 있느냐? 고 조소한다 (시 42:3, 10, [79:10, 115:2]). 하나님은 경건한 자의 그 곤고한 상태를 멸시하거나 경멸치 아니하신다. 여기서 경멸하다(쉭케츠)란 말은 부정하고 불결하게 여기며 혐오하는 것이며, "곤고" (에누트)는 "고난"을 지시한다.

그 얼굴을 저에게서 숨기지 아니하시고/ 부르짖을 때에 들으셨도다 (벨로-히스티르 파나브 밈멘누/ 우브샤베오 엘라브 샤메아) —얼굴을 숨기는 일은 범죄한 언약 백성에 대한 하나님의 처벌이며 (신 31:17, 18, 32:20), 부르짖다란 도움을 요청하는 외침을 연속하여 발하는 일이다. 그런 간절한 기도에 응답하신다. 한편 메시아 (그리스도)께서 고난당하실 때(사 53:2-3) 잠시 외면 당하셨으나 부활로 그의 의로움이 변호되었다 (사 53:11-12).

25절: 대회 중에 나의 찬송은 주께로서 온 것이니 주를 경외하는 자 앞에서 나의 서원을 갚으리이다 (메잇테카 테힐라티 베카할 라브 네다라이 아솰렘 네게드 예레아브)—서원을 갚는 일은 한나의 경우 (삼상 1:27, 28)처럼, 자신의 서원 기도에 응답하심을 감사하여 서원을 이행하고 화목제물을 드림으로 완수된다 (레 7:16, 잠 7:14 참조). 이 일은 회중들 중에서 행함으로 (시 116:14, 18) 하나님께 영광을 돌리고 성도들에게 격려와 감사의 마음이 일게 한다. 구약에서 회중 (카할 [헬라어역은 에클레시아)은 성도들의 모임으로 여기에는 사생자나 신체장애자, 특정한 이방인들은 참여가 금지되었다 (신 23:2, 3, 4, 느 13:1). 극심한 고난 중에 구원을 갈구하면서 구원을 베푸시면 감사 제물을 드리리라고 시인은 서원했던 것이다. 이런 경우 화목 제물을 드렸다. 먼저 피를 뿌리고, 기름진 부분들을 제단 위에서 사르고 나머지 고기는 경배자가 친지나 가난한 자들을 초대하여 가졌던 감사와 교제의 식사에 사용하였다.

26절: 겸손한 자는 먹고 배부를 것이며 (요켈루 아나빔 베이스바우)— "겸손한 자"는 24절의 "곤고한 자" 혹은 "가난한 자"와 대동소이하다. 이들이 경건한 성도이다. 이들은 시인의 감사제 잔치에 초대를 받아 만족함을 얻었다. 이들은 "여호와를 찾는 자"이며 이들이야말로 신령한 삶을 통해 영육의 축복을 누리는 자들이다. 그런데 "먹고 배부"르게 되며 사람은 배은망덕하기 마련이다. 이런 경고는 그래서 늘 이런 축복과 연관하여 나타난다 (느 9:25, 호 13:6). 성도들은 이렇게 축복과 가까우면서도 축복 때문에 징계를 받을 위치에 놓인 자들이다. 이것이 아이러니하다.

여호와를 찾는 자는 그를 찬송할 것이라 (예할렐루 야웨 도레쇠브) —여호와를 찾는다는 것은 기도하거나 혹 선지자를 통해 하나님께 문의하는 것이며, 경건 생활의 기본이었다. 이렇게 기도에 깨어있는 자가 찬송한다. 여기서 고난 당했으나 구원받은 시인이 자기 감사 잔치에 초대받은 그 경건한 자들에게 격려의 말을 하는지 모른다.

너희 마음은 영원히 살지어다 (예히 레바브켐 라아드)—이 문장의 문자적 번역은 의미가 잘 통하지 않는다. 그래서 "너희는 항상 기운을 낼지어다!'(Always be of good cheer! TNK) 정도로 이해한다.

제8연 (27-31절): 온 세상이 주께로 돌이킬 것을 대망함

이제 시인은 시야를 넓혀 온 세상 열방이 주께로 돌아오는 원대한 비전을 노래한다. 이 종말론적인 비전에서 초점은 열방이 주께로 돌이키는 모습이다. 이러한 움직임의 근저에는 메시아의 대속 사역이 있지만 (사 11:10, 사 53장, 창 49:10, [요 3:14-15, 13:32]), 시인의 시야에는 드러나지 않고 있다. 그러나 구약의 여기 저기 흩어져 있는 종말론적인 사고 조각들은 메시아 (예수 그리스도) 중심으로 맞추면 그 종합적인 윤곽이 분명하게 드러나게 된다. 이를 소위 "직소-퍼즐" (jig-saw puzzle) 원리라 해놓자. 이는 두꺼운 마분지에 여러 그림을 그려놓고, 이를 실톱으로 조각조각으로 잘라 흩어 놓으면, 아이들이 그림을 따라 전체의 원래 모습으로 재구성하는 놀이 공작물(工作物)이다.

22-26절에서는 통상적인 감사제의 용어로 노래했다면, 여기서는 시인의 시야가 확 넓어져서 과거나 미래 하나님의 구원에 참여했고 참여할 사람들의 찬양을 제시한다. 따라서 이 부분은 이 시의 절정에 해당된다. 27-31절 부분은 어쩌면 22-26절이 선포했고, 또 찬양하도록 고무시켰던 그 찬양의 내용을 담고 있을 것이다. 아니면 26절 하반절에서 "여호와를 찾는 자가 드릴 그 찬양"을 담고 있는지 모른다. 그런데 22-26절 구조와 27-31절 구조는 서로 유사하다. 22-23절과 25-26절에서 여호와의 영광을 노래한다면, 27절과 29-31절에서 동일한 사실이 제시된다. 22-26절 부분에서 여호와를 영화롭게하는 근거가 24절에서 주어졌다면, 27-31절 부분에서는 28절을 통해 주어지고 있다. 22-26절 부분에서는 "찬양하다"에 무게가

실렸다면 여기서는 유사하긴 하나 "경배하다" (히쉬타하바)에 강조점이 두어진다 (27, 29절 참조). 이는 "(자원하여) 무릎을 꿇다" (카라, 29절)와 같은 사고이다.

27절: 땅의 모든 끝이 여호와를 기억하고 돌아오며 열방의 모든 족속이 주의 앞에 경배하리니 (이즈케루 베야슈부 엘-야웨 콜-아프세-아레츠 베이쉬타하부 레파네카 콜-미쉬페호트 고임) —여호와는 온 세상의 하나님이시다 (창 10장의 열국의 계보 참조). 그분은 창조주신 때문이다. 그래서 그분은 땅 끝까지 심판하시고 통치하신다 (삼상 2:10). 그러나 인간의 패역으로 세상은 반란 중에 있다. 이를 제압하고 온전한 하나님의 통치권을 세우기 위해 그분은 메시아를 보내어 온 세상 끝까지 주장하실 것이다 (시 2:8). 이스라엘을 택하심이 사실 이러한 목적이었다 (시 67:7, 창 12:3, 18:18, 22:18, 26:4). 시인은 이러한 하나님의 크신 뜻을 고난 중에 깨닫고 선교적 비전을 여기서 표출시킨다. 메시아 (그리스도)께서는 자신의 고난을 통해 직접 이 비전이 현실화되도록 하신다 (요 12:32).

"땅의 모든 끝/ 열방의 모든 족속" -이렇게 "땅 끝"이란 개념은 온 세상 모든 족속을 지시한다 (행 1:8, 13:47). "돌아오다" (슈브)는 회개의 돌이킴이다. 열방이 하나님의 축복에 참여하는 일은 하나님의 근본 뜻이었다 (창 12:3, 갈 3:8). 참 하나님께로 열방이 굴복하고 돌아오는 것은 선지자들의 비전이기도 하였다 (사 2:1-4, 11:10, 49:22, 60:3). "경배하"는 일 (히쉬타하바)은 무릎을 꿇고 머리를 조아리는 자세를 취한다. 자신의 모든 것을 경배의 대상에게 의탁하고 굴복하는 자세이다.

28절: 나라는 여호와의 것이요 여호와는 열방의 주재심이로다 (키 라도나이 함멜루카 우소쉘 박고임) — "나라"는 왕권, 통치권 등을 의미한다. 신약에서 "하나님의 나라" 역시 그러한 개념이다. 오늘날의 민주주의 사고 때문에 "나라"라는 단어는 "주권재민(主權在民)"을 연상시킬 수 있으나, 고대에 왕국은 왕이 세우며, 왕권이 모든 것을 좌우하였다. 하나님과 연관하여 말할 때, 이런 고대의 사고는 여전히 유효하며, 그분의 "왕권"이 모든 것에 우선한다. 하나님은 온 열국의 주재 (통치자, 모쉘)이시다 (대하 20:6, 단 5:21). 그분은 자기 임의대로 나라를 세우기도 하시고 폐하기도 하신다. 열방은 구약에서 하나님의 도구이며, 이스라엘을 징계하는 막대기였다 (사 10:5, 15, 렘 20:4-6). 열방의 대왕이셨던 하나님의 사신들이었던 선지자들은 열방을 치는 설교를 하였다 (사 13-23, 렘 46-52, 겔 25-32장, 암 1-2장, 습 2:2-15 등). 열국은 하나님의 통치를 받으며 저들도 결국 주님께 굴복하고 돌아와 경배할 것이었다 (시 68:30 참조).

29절: 세상의 모든 풍비한 자가 먹고 경배할 것이요 (아켈루 바이쉬타하부 콜-디쉬네-에레츠)— "땅의 모든 기름진 자들" 곧 형통하고 부요한 자 (NIV, NASB, NJB)이다. 이들도 천국 잔치에 참여하여 먹고 하나님을 경배할 것이다. 힘 있고 부한 자도 하나님 나라에 들어가 그 잔치에 참여하고 경배하리라는 모습이다 (눅 13:28, 29, 계 21:24, 26 참조). 그런데 "세상의 모든 풍비한 자"란 표현을 후반절의 사고에 비추어 둘 사이의 병행을 맞추고자 하는 시도가 있어왔다. 예컨대, 몇 영역본들 (NAB, REB, NRSV 등)은 *디쉬네* (기름진 자들, 혹 풍성한 자들) 대신, *예쉐네* (잠자는 자들)로 ("달렛" 대신 "요드"로 바꿈) 읽는다. 그러나 헬라어역, 벌게잇역, 탈굼역 (*데히네*) 등 고대 역본들은 맛소라 사본을 그대로 따르고 있다. 이런 영역본과 달리 TNK는 색다른 의역을 제시하는데, "혈기 방장한 모든 자들이 먹고 엎드릴 것이요/ 사망의 문에 있어 그 영이 축 늘어진 모든 자들이 그분 앞에 무릎을 굽히리라" (All those in full vigor shall eat and prostrate themselves; all those at death's door, whose spirits flag, shall bend the knee before Him).

또한 이 부분의 사고가 난해한 점을 해결하기 위하여, 어떤 이들은 "먹고(*아켈루*)"를 두 단어로 분리시켜 "실로, 그에게" (*아크 로*)로 읽자고 제안 한다 ("실로 그에게" 그들이 경배하리라). 이런 제안 역시 앞에 언급한 세 고대 역본들이 모두 맛소라 사본을 따른다는 점에서 근거가 없다.

진토에 내려가는 자 곧 자기 영혼을 살리지 못할 자도 다 그 앞에 절하리로다 (*레파나브 이크레우 콜-요르데 아파르 베나프쇼 로 히야*)—이는 죽는 자들이다 (겔 31:14, 16, 32:18 등). 이런 자들도 그분 앞에 무릎을 꿇고 절하게 될 것이다. 이는 종말론적인 사건으로 자발적인 경배라기보다, 하나님의 주권을 타의에 의해 인정할 수밖에 없는 경우일 것이다 (사 45:23, 빌 2:10, 11 참조).

그런데 "자기 영혼을 살리지 못할 자" (*나프쇼 로-히야*)란 진토에 내려가는 자, 곧 자기 생명을 살릴 수 없는 자들이다. 한편 "자기 영혼을 살리지 못할 자" (*나프쇼 로 히야*)를 헬라어역, 시리아역 등은 부정어 (not) 대신 "그에게," "그를 위해"로 번역한다: "내 영혼이 그에게 산다" (*헤 프슈케 무 아우토 제*). NRSV: 내가 그를 위해 살 것이라 (I shall live for him).

30절: 후손이 그를 봉사할 것이요 대대에 주를 전할 것이며 (*제라 야아브덴누 예수파르 라도나이 라도르 31 야보*)— "봉사하다"란 말이 하나님을 목적어로 가질 때 "섬기다" 곧 "경배하다"가 된다. 그래서 여기서 "후손이 그분을 경배하리라"가 되고, 후반절은 수동태로서 "'장래' 세대가 주께 대하여 들을 것이요" (future generations will be told about the Lord, NIV, NRSV; 신 6:2, 창 18:19, 시 78:4-6 참조)로 번역 한다 (70인역과 같이 31절의 *야보우* [저들이 올 것이다]를 야보로 읽고 [야보우의 마지막 "바브"는 중복오사重複誤寫 dittography로 보거나 "알렙"과 자위-도치 metathesis된 것으로 이해], 30절 말미에 붙이면 이렇게 된다).

31절: 와서 그 공의를 장차 날 백성에게 전함이여 주께서 이를 행하셨다 할 것이로다 (*베야기 두 치드카토 레암 놀라드 키 아사*) — "그 공의" (*치드카토*)는 그가 베푸신 의로운 일 곧 구원이다. 장래 세대는 하나님께서 행하신 일들을 아직 태어나지 아니한 세대에 또한 전하게 된다(출 12:25-27, 시 102:18).

시편의 적용

어찌 당신이 나를 버리셨나이까? (1절)

성도들이 이렇게 외칠 수 있지만, 하나님은 사실 성도들이 자신을 버리셨다고 답하실 것이다 (신 28:20). 성도들의 삶의 일대기를 개인 구속의 역사라 한다면, 처음 소명과 회심, 중생과 기쁨, 의롭다 하심과 거룩함에로의 진전, 주님과의 동행, 영광스러운 순간들 등이 있지만, 동시에 거룩함을 상실하고 세상 쾌락을 추구하는 자신의 모습을 발견하기도 한다. 하나님과의 관계가 무시되고 경시되면서 삶의 리듬이나 절도가 사라진다. 여기서 위기는 시작된다. 그러나 자신의 육적인 생각으로 추진되어지는 매일의 삶이 파국을 맞이하기까지는 하나님께로 극적인 굴복이나 돌이킴은 불가능하다. 한번 미끄러져 내리는 내리막길에서 위를 향하여 돌이키기란 불가능한 것이다. 그러나 하나님은 바라보시고 계신다. 내 삶은 이제 깨어지기 시작한다. 몸이 깨어진다. 이제야 자신을 성찰하지만 이미 징계는 시작되었다. 자신이 잘못간 세월과 걸음의 길이에 비례하여 고통의 시간은 길어질 것이다. 회개의 기도가 올려지지만 반응이 신통치 않다. 성령님을 소멸하고 근심시킨 모든 죄악들을 온전히 회개하기까지는 오랜 회복의 시간이 걸린다.

사사기에서 반복되어지는 구원과 타락, 징계와 회개의 사이클은 성도 개개인의 삶에서도 그대로 나타난다. 타락한 성도가 원수의 손에 붙여질 때, 그 원수는 영적으로 사탄이다. 사탄은 질병으로 우리를 괴롭히기도 하고, 재정적인 문제로 고통을 가하기도 할 것이다. 이런 때에 원수를 물리치는 유일한 비결은 철저한 회개와 거룩이 회복이다. 이것이 선행되지 않은 어떠한 인간적인 해결책도 실패하고 말 것이다. 모든 문제는 영적인 것이다. 영적인 해결책을 추구하라.

성속(聖俗)의 구분 (3절)

그 구분은 우리 마음에 달렸다. 내가 주님을 모시고 그분을 경배하는 그곳이 거룩한 곳이 된다. 내 가정을 거룩한 처소로 만드는가? 세속적인 처소로 만드는가? 는 나의 영적인 지도력에 달려있다. 교회도 마찬가지이다. 교회당 자체가 거룩한 것은 아니다. 그곳에서 기도를 하고 찬송을 하고 주님을 경배하므로 거룩한 곳이 된 것이다. 그러나 교회당에서 기도하지 않고 잡담만 한다면 교회당도 여타 처소나 다를 바 없다. 성도들의 사명은 그러므로 세상을 "하나님의 나라"로 변화시키는 것이다. 하나님의 나라는 "지형적" 의미보다는 "역동적인" 개념으로 하나님의 통치를 지시한다. 내가 있는 그곳이 하나님의 통치하시는 곳이어야 한다. 성령님의 감동하시는 곳이어야 한다.

부르짖음 (자아크 혹은 챠아크) (2절)

신앙의 부르짖음은 구약에서 구원을 불러오는 수단이었다 (출 2:23, 삿 3:9, 15, 6:6, 7, 대상 5:20). 중병 (重病)의 증거는 병들었으나 부르짖지 아니한다는 것이다. 영적인 병으로 징계를 받으면서도 부르짖을 생각을 아니하는 그 자는 치료책이 없다.

멀리하지 마소서! 란 부르짖음은 곤경에 처한 자의 간구이다 (시 35:22, 38:22, 71:12). 하나님은 이스라엘의 심판 후에 그 구원을 신속히 시온에 베푸실 것을 약속하셨다 (사 46:13). 이 약속은 오늘날 교회에 속한 성도들에게 유효하다. 예수님의 이름으로 간구하면 아버지께서 신속히 응답하시고 구원과 치료를 베푸실 것이다. 곤경에 처한 자에게는 촌음이 귀하다. 생명이 경각간에 달렸기 때문이다. 그래서 빨리, 신속하게, 어서, 지체 말고 도와 달라!고 애원한다 (시 38:23, 40:14, 70:2, 6, 71:12, 141:1). 고통이 심하고 오랠수록 우리의 연단과 인격체질 개선은 더 심도 있게 진행될 것이다. 구조 조정은 비단 기업이나 정부기관에만 필요한 것이 아니다. 우리 성도나 교회나 목회자나 모두에게 필요한 것이다. 능률적이지 못하고, 열매가 없고, 그분의 기대에 부응 못하는 성도나 교회는 구조 조정으로 사정없이 연단을 받아야 한다. 그 후에야 비로소 그분의 기대에 부응할 것이다.

메시아 예언

시 22편은 주님께서 십자가상에서 1절을 낭송하심으로 기독인들의 심정에 깊이 새겨지게 되었다: 엘로이 엘로이 레마 사박타니 (막 15:34); 엘리 엘리 레마 사박타니 (마 27:46). 마가복음에서는 "나의 하나님"을 아람어 엘로이 (아람어 엘라히; 히, 엘리)로 음역하고, "어찌하여"를 아람어 레마 (히, 람마)로, "나를 버리셨나이까?" (히, 아잡타니)를 역시 아람어 사박타니 (아, 쉐박타니)로 음역하였다. 이렇게 공관복음에 기록된 십자가상의 외침은 70인역 (시 21:2)과 차이가 있다 ("하나님, 나의 하나님, 나에게 주목하소서! 어찌하여 나를 버리셨나이까?"). 아마 주님께서 아람어로 번역된 시 22:1을 암송하셨기 때문일 것이다.

주께서 십자가에 달리셨을 때의 처참한 모습과 그로 인한 시편의 고난 묘사의 성취들도 기독인들의 마음을 감동 시킨다: "백성은 서서 구경하며 관원들도 비웃어 가로되 저가 남을 구원하였으니 만일 하나님의 택하신 자 그리스도여든 자기도 구원할찌어다 하고 36 군병들도 희롱하면서 나아와 신 포도주를 주며 37 가로되 네가 만일 유대인의 왕이어든 네가 너를 구원하라 하더라…" (눅 23; 시 22:6-8), "저희가 예수를 십자가에 못 박은 후에 그 옷을 제비 뽑아 나누고" (시 22:18, 마 27:35) 등.

시인이 원래 처했던 정황에서 당한 고난은 주 예수님께서 오셔서 당하시므로, 모형이 되었다. 경건한 자가 불의한 자들에게 고난을 당하는 모습이 메시아에게서 그 원형적인 모습으로 드러났다. 이 시는 언급치 않지만, 메시아가 당한 고난은 열방의 죄를 속하고 저들이 하나님께로 돌이킬 수 있는 길을 열어 놓았다. 사실 구약에서 경건한 자의 고난이 죄를 속한다는 사고는 없다. 그렇다면 시 22편은 메시아 시인가? 메시아 시란 메시아의 오심을 예언한 시란 의미이다. 다윗은 기름부음 받은 이후에 사울에게 무고하게 핍박을 당해야 했다. 사울의 타락한 마음에서 일어난 시기심의 발동이지만, 다윗의 고난은 죄인을 위해 고난을 당하셔야 했던 흠 없는 그리스도의 모형으로 작용했다. 다윗의 고난은 하나님의 선택 때문이었고, 그리스도의 고난 역시 아버지의 뜻에 따른 때문이었지 않은가? 이런 의미에서 이 시는 메시아시라 할 수 있겠다.

고펠트 (Leonhard Goppelt)는 복음서 기자들이 시편에서 고난 받는 의인에 관한 구절들을 취하여 메시아적으로 해석할 때, 저들은 시편의 구절들을 직접적인 예언으로 보았다기 보다, 모형론적으로 연관된다고 이해했다고 지적한다 (「모형론」, 177). 이 말은 지당한 말이기는 하지만, 단순히 외적인 유사성들에 근거한 모형론적 이해였다고만 할 수는 없다. 왜냐하면 고난은 궁극적으로 죄의 결과로 야기되었으며, 그 죄와 고난은 그리스도의 대속적 죽음으로 온전히 제거될 것이었으므로, 그리스도의 고난과 의로운 성도의 고난은 단순히 외적인 유사성만 아니라, 근본적 의미에서 서로 연결되기 때문이다. 또한 고펠트도 지적하였지만, 복음서 기자들이 선택한 시편의 구절들은 임의적으로 선택된 것이 아니라, 시편의 원래 의미에 근거한 것이었다. 즉, 시 22편의 경우 다윗은 단순한 개인이 아니라, 성도들의 무리를 대변하는 대변자로서 어떤 명분을 대표하는 자인 것이다. 다윗의 승리는 그가 대표한 명분의 승리이며, 이스라엘의 승리이며, 하나님 나라의 승리였다. 따라서 다윗과 그리스도의 고난은 서로 근본적인 의미에서 모형론적 관계를 갖는 것이다.

시 23편 여호와는 나의 목자시니

I. 전체구조에서의 위치, 시의 유형과 삶의 자리

시 23편 보다 더 널리 애창되고 있는 구약시도 드물 것이다. 그럼에도 이 시의 원래 정황이 무엇이었는지는 정확히 말하기 어렵다. 표제는 단순히 "다윗의 시" (미즈모르 레다빗)로 제시한다. 다윗을 저자로 본다면 다윗의 목동생활 (삼상 16:11, 19, 17:15)이 여기 반영되었다고 할 수 있다. 그런데 문제는 5절이다. 여기서 다윗은 골리앗을 이긴 사건 같은 주로 인한 승리들을 노래하는 것인가? 그렇다면 이 시는 다윗의 생에서 있었던 몇 가지 은혜 체험들을 함께 노래한 시로 보아야 할 것이다. 시 23편이 성도의 생애를 조망해 준다면, 성도는 푸른 초장과 잔잔한 시내와 같은 곳에서 달콤한 교제와 풍성한 은혜를 체험하기도 하나, 때로는 죽음의 계곡을 통과하기도 한다. 그리고 때로는 원수에게 쫓기기도 하고, 때로는 대적자 앞에서 하나님의 진수성찬을 맛보기도 한다. 종국적으로 성도는 영원히 주의 집에서 거할 것을 소망한다.

약간 다른 분석에 의하면, 6절의 전. 후반절이 각기 1-4절과 5절을 요약 제시한다고 본다 (David Michael Sylva, "The Changing of Images in Ps 23:5, 6," 111-116). 6절 전반절에 사용된 동사 "추격하다" (한역의 "따르다" [라다프])는 적대감을 가지고 원수를 뒤쫓아가는 경우를 지시하기도 한다 (예컨대, 창 31:23, 32:5에서 라반이 야곱을, 출 14:4에서 바로가 이스라엘을). 그런데 6절 전반절에서는 야수(野獸)가 양을 추격하는 것이 아니라, 하나님의 선하심과 인자하심이 시인을 추격한다고 노래한다. 이는 1-3절에서 양이 들판에 있을 때 (1-3절) 혹은 죽음의 골짜기를 지날 때 (4절) 가능한 일이다. 그런데 5절은 원수의 목전에서 성도가 즐거움의 잔치에서 기쁨을 누리는 모습이 묘사된다. 이는 1-4절의 옥외(屋外)와 다른 실내(室內)에서의 정경(情景)이다. 기름이나 (포도주) 잔이 함께 나타날 때, 그것은 항상 기쁨을 표현한다 (시 104:15, 암 6:6, 전 9:7, 9). 따라서 5절의 의미는 원수에 대한 승리를 노래하기보다, 1-4절에서 그러했듯이 원수가 주변에 있다 할지라도, 그것과 상관없이 성도가 누릴 수 있는 하나님의 돌보시는 은총과 기쁨이다. 옥외에서 성도는 푸른 초장, 잔잔한 물가의 축복과 죽음의 골짜기에서도 안전함의 축복을 누린다면, 실내에서도 성도들은 원수와 상관없이 기쁨의 만족을 누릴 수 있다. 6절의 전. 후반절은 결국 1-4절과 5절을 각기 뒤돌아보면서 요약 제시해 준다.

2. 시적 구조와 해석

전체로 보건대, 이 시는 하나님을 "목자"와 (1-4절) "(손님을 대접하는) 주인"으로 (5-6절) 제시한다. 이 시편에서는 이런 목자 표상과 주인 표상을 사용하여 주님을 우리 곁에서 일하시는 아주 친근한 분으로 묘사한다.

제1연 (1-4절): 나의 목자이신 여호와
1절: 여호와는 나의 목자 (야웨 로이) —하나님은 양의 현재적 필요를 알고 채워주는 목자이시다 (창 48:15, 49:24, 미 7:14, 겔 34:11-19, 사 49:9-10, 시 80:2). 동시에 그는 종말론적으로 이스라엘 (신약의 교회)의 인도자이다 (요 10:11, 계 7:17). "목자"는 원래 유목민의 환경에서 생겨난 용어였지만 (창 4:2, 13:7, 8, 26:20, 46:32 등), 사회발전에 따라 그 용례가 전이 (轉移)되어 왕이나 선지자, 제사장 같은 사회 "지도자"를 지칭하게 되었다 (왕상 22:17, 시 80:1, 사 44:28, 겔 34:2, 8, 슥 11:17, 13:7). 후자의 경우, 백성은 양떼가 된다. 여기 시에서도 이 두 가지 의미가 함축되어 사용된 듯 보인다. 특히 5-6절에서는 두 번째 의미가 부각된다.

내가 부족함이 없으리로다 (로 에흐사르) —시인은 체험적인 고백을 한다. 타인이 아니라 "내가" 체험해 보니 "부족"이 없었다.

2절: 그가 나를 푸른 초장에 누이시며 쉴만한 물 가으로 인도하시는도다
(빈오트 데쉐 야르비체니 알-메 메누홋 예나할레니) —하나님의 초장 (시 83:13), 즉 최고로 풍성한 꼴이 있는 초장으로 목자는 성도를 인도하신다. 그 초장은 가뭄의 염려가 없

다 (렘 9:9, 23:10). 목자 되신 하나님은 자신의 초장을 늘 갖고 계시기 때문이다. 불이 나서 초장을 불사른다 해도 (욜 1:19), 목자는 자신의 초장을 갖고 계신다 (욜 2:22). "누이시며" (*라바츠*) 동사는 사자 (창 49:9, 14)나 나귀 (출 23:5)가 풀밭이나 우리에 눕는 모습을 묘사한다 (렘 33:12, 겔 34:15도 참조). 목자는 성도를 이렇게 푸른 초장에 눕게 하신다. 이는 평안과 만족, 안전과 성취감의 표현이다. 그리고 "쉴만한 물가" (*알-메 메누훗*)는 시내 가장자리의 안식처이다. 팔레스틴 지역에 가보면 실감하는 일이지만, 그곳에서 물은 최고 필수품이므로 안식처는 물과 같은 필수품이 모두 충족되는 곳이다. 동시에 원수의 해함에서 자유롭고 평안을 누릴 수 있는 곳이어야 한다. 목자가 사자를 피해 숨는다면 양은 안전하지 못하다 (렘 49:19). 그러나 여기 목자는 그런 야수(野獸)를 두려워할 목자가 아니다. 황량한 광야가 사면에 퍼져있는 지역에서 이 같은 조건의 안식처를 찾기란 여간 어렵지 않다 (민 10:33).

"인도"하다 (*나할*) 동사는 하나님을 주어로 취할 때 "물이 있는 곳으로 인도하다" (사 49:10)(아랍어 [Arabic] 대응어 "나힐라" [마시다]의 명사형 "나흘라"는 "마심, 들이킴"이며, 또 다른 명사형 "만할"은 "물 있는 장소, 우물, 연못"을 지시한다), 혹은 "인도하여 그곳에 안식케 하다" 란 의미를 지닌다 (사 40:11). 혹은 "목적지로 인도하다" 란 의미도 지닌다 (출 15:13). 하나님을 목자 표상으로 묘사하는 말이다.

3절: 내 영혼을 소생시키고 (*나프쉬 예쇼베브*)—문맥상 영혼 소생 (*슈브*)은 멸망에서 돌이켜 건지신다는 의미보다는 "갱신"의 의미로 취할 수 있다. 푸른 초장, 쉴만한 물가로 인도하시어 우리의 영혼을 풍성케 하시고 활기차게 하신다.

자기 이름을 위하여 (*레미안 쉐모*)—궁극적으로 하나님은 자신의 이름을 위하여 성도들이 악할지라도 구원의 완성까지 이끄신다 (겔 20:9, 14, 22, 44, 36:20, 21 등). 성도는 징계 당할 때 영계의 이러한 진리를 알고 기도하면 힘을 얻을 수 있다 (시 25:11, 31:3, 74:10, 79:9, 106:8, 109:21, 143:11, 사 48:9; 출 32:12). 하나님의 이름은 그분 자신이요, 그분의 명성이 더럽혀지는 일은 그분이 하실 수 없으시다.

의의 길로 인도하시도다 (*얀헤니 베마아겔레-체덱*)—의의 길들 (*마아겔렛-체덱*)은 좁은 문을 통과해야하는 협착한 길이다 (마 7:14 생명으로 인도하는 문은 좁고 길이 협착하여). 따라서 이 생명 길, 의의 길로 인도하시는 목자를 따라 걸으려면 힘이 필요하다 (출 12:8이하). 이에 목자는 푸른 초장에서 먹여 주셨고, 쉴만한 물가에서 안식과 평안을 공급해 주시었다.

4절: 내가 사망의 음침한 골짜기로 다닐지라도 (*감 키-엘렉 베게 찰마벳*) —이 골짜기는 찰마벳 (사망의 그늘)이라 불린다. 여기서 "사망"은 최상급을 표시하기 위해 덧붙여진 형용사적 의미일 것이다: "가장 캄캄한 그늘" (흑암). 이 말은 욥기에서 주로 나타나고 (10:22, 12:22, 16:16, 24:17, 34:22, 38:17), 그 의미는 "사망"과 유사한 의미로 사용된 듯 보인다 (욥 38:17). 그리고 죄악이 주장하는 흑암의 처소이다 (욥 34:22, 사 9:1). 생명의 빛이 주장하는 낮과 대조되는 흑암의 밤을 지시할지도 모른다 (암 5:8). 여기 시에서 이 골짜기는 시인의 영적, 육적인 안전을 해칠 수 있는 위험한 처소이다. 다윗이 유다 광야에서 도피 생활 할 때, 혹은 목동으로 생활할 때 지나야 했던 위험한 협곡이 암시된 듯 하다. 양을 해칠 수 있는 야수들이나 강도떼가 득실거리는 죽음의 계곡이다. 상징적으로 취한다면 성도가 죽을병에 걸렸을 경우나 생명이 위협받는 처지를 지시할 수 있다.

시인은 "내가 그런 골짜기를 행한다 해도" (엘렉, 내가 행한다)라고 말함으로, 과거나 현재의 위험했던 경험과 함께 미래의 모든 삶에 대하여도 확신을 표현하고 있다. 비단 문자적인 위험의 골짜기만 아니라, 다윗이 성공하여 왕으로 통치할 때, 여러 위기 상황을 (시 138:7 참조) 이렇게 후대에 노래하는지 모른다.

해를 두려워하지 않을 것은 (로-이라 라)— "해"는 절벽에로의 추락의 위험이나 여우같은 야수의 공격이나, 길 잃고 방황할 위험만 아니라 압살롬의 난과 같은 국가적, 가정적, 개인적 위협적 요소들을 모두 망라할 것이다. 이스라엘 현지에 가보면, 지형의 변화무쌍함을 본다. 중앙 산지에서 사해(死海)로 향하는 유다광야 같은 곳은 아주 가파른 절벽들이고, 그런 가파른 절벽을 따라 이동하다보면 추락의 위험이 상존했을 것이다. 그리고 필자는 이스라엘에서 고대 유적지에 서식하는 이리를 본적이 있다.

주께서 나와 함께 하심이라 (키 앗타 임마디) —신 5:31에서 하나님은 모세에게 "너는 여기 내 곁에 섰으라" 하셨다. 하나님과 모세는 함께 산에 있었다. 또 삼 22:23에서 다윗은 사울이 죽인 제사장 아히멜렉과 그 아들들 가운데서 도망한 아비아달에게 "두려워 말고 내게 있으라! 내 생명을 찾는 자가 네 생명도 찾는 자니 네가 나와 함께 있으면 (앗타 임마디) 보전하리라" 하였다. 만약 아비아달이 다윗과 함께 있으므로 안전했다면, 주님이 다윗과 함께 하셨다면, 다윗은 아비아달 보다 더 안전하지 않았을까?

주의 지팡이와 막대기가 나를 안위하시나이다 (쉬브테카 우미쉬안테카 헴마 예나하무니) — "당신의 지팡이와 당신의 막대기"가 나를 위로한다. 위로는 안전감에서 오는 평안이다. 지팡이 (쉐베트)나 막대기 (미쉬에나 혹 미쉬에넷)는 여행자의 필수품이다 (창 32:10 "막켈"; 출 12:11). 엘리야는 자기 종에게 자기 "막대기" (미쉬에넷)를 들려 보냈다 (왕하 4:29). 여행객이 이렇게 지팡이나 막대기를 귀히 여겨 휴대하고 가는 것은 여행에 의지할 힘이 되고, 자신을 위험에서 보호할 무기로 긴요하겠기 때문이다. 여기 시에서 시인이 쉐베트와 미쉬에넷을 동의어로 사용한다고도 할 수 있겠다. 어떤 이는 이를 구분하여 설명하길 (G. M. Mackie, "Rod," in *A Dictionary of the Bible*, ed. James Hastings [Edinburgh: T. & T. Clark, 1898], 4:291), 전자는 약 0.8 미터 길이의 떡갈나무 막대기로 한쪽 끝이 약간 둥글게 부풀어 오른 모양이다. 목동의 "쉐베트"는 손잡이에 긴 머리 못을 박아서 사람이나 야수를 치는 무기가 되었다. 이는 허리끈에 차거나 겉옷 주머니에 넣고 다녔다 (레 27:32, 믹 7:14, 겔 20:37). 이는 또한 삿 5:14, 창 49:10 등에서 권위의 상징으로 나타난다. 반면 *미쉬에넷*은 길이가 약 1.8 미터 되는 곧은 막대기로 산을 오르거나, 곁길로 가는 염소나 양떼를 치고, 양떼가 닿을 수 없는 곳에 있는 나뭇가지들에서 잎을 후려쳐서 따는 용도로 사용되었다. 이 막대기는 목동이 기대어 의지하는 힘이 되기도 했다. 그래서 의지하는 힘이란 의미로도 나타난다 (왕하 4:29, 사 36:6).

(영역본들은 "지팡이와 막대기"를 각기 rod, staff [NRSV, NAB, NIV] 혹은 staff, crook [갈고리] [REB, NJB] 등으로 달리 번역한다. 즉, 히브리어 "쉐베트"나 "미쉬에넷"을 그렇게 구분하지 않고 있다.

한편 "나를 안위하시나이다" (예나하무니)에서, 다훗은 이 말의 "멤"을 전접어 (enclitic)로 이해하여 "나함" 동사 (위로하다)가 아니라 "나하" (인도하다, 3절) 동사로 이해하였다. 이렇게 볼 경우, 동사와 인칭 접미어 사이에 전접어 "멤"이 끼인 모습이다.

제2연 (5-6절): 손님을 대접하는 주인이신 여호와

5절: 내 원수의 목전에서 상 (床)을 베푸시고 (타아로크 레파나이 슐한 네게드 쵸레라이)—"내 원수들 앞에서." 원수들 (챠라르의 분사형)은 성도의 입지를 약화시키고 좁은 곳으로 몰아 붙여 괴롭히고 못살게 구는 자이다. 이들 앞에서 하나님은 이제 진수성찬(珍羞盛饌)을 성도 앞에 차리시는 주인으로 나타난다. 다훗은 "엘 아마르나" 서신(書信)의 일 절과 비교했다: 가나안의 어떤 작은 영주가 종주인 바로 왕에게 "우리 원수들이 보는 와중에 바로께서 종들에게 선물을 주옵소서!"라 간청한다 (El Amarna, 100:33-35).

기름으로 내 머리에 바르셨으니 (딧샨타 밧쉐멘 로쉬)—기름은 무교병에 발랐다 (출 29:2, 레 2:4). 혹은 소제에 기름을 섞거나 발라서 바쳤다 (레 6:14, 7:10 등). 축복의 문맥에서는 아셀 지파에 대하여 언급할 때 (신 33:24), "그 발이 기름에 잠길지로다" 하였다 (또한 창 49:11 [옷을 포도주에 빨다] 참조). 그리고 신체를 단장할 때, 왕의 신부감들이 6개월간 "몰약 기름"을 발랐다 (겔 16:9도 참조). 물론 왕을 임직할 때도 기름을 부었다. 또한 상처를 치료할 때도 기름을 바른다 (사 1:6). 그렇다면 여기 문맥에서 기름을 머리에 바르는 일이 무슨 의미일까? 시 92:10에서 시인은 "주께서 내 뿔을 들소의 뿔같이 높이셨으며 내게 신선한 기름으로 부으셨나이다" 하였다. 시 92편의 문맥에서도 역시 원수가 언급된다. 인용된 구절은 성도가 승리와 축복을 노래한다. 따라서 시 23편에서도 원수 앞의 승리와 위세를 노래하므로 기름을 바름은 승리의 표시였을 것이다. 다른 해석에 의하면, 여기서 기름과 포도주 (잔)은 "기쁨"을 지시한다 (시 104:15, 암 6:6, 전 9:7, 8 등).

한편, "상" (床; 히, 슐한)과 관련하여, 다훗은 아랍어에 근거한 "상" 이해를 논박한 바 있다 (Psalms I, 147). 아랍어 "살라하"는 "가죽을 벗기다"이다. 이에 근거하여 브릭스는 "상"을 설명하길, "땅에 간 가죽 조각 혹은 가죽 돗자리"라 하였다 (Briggs, The Book of Psalms, I: 212). 또 다른 이는 "땅에 간 가죽이나 짚으로 만든 돗자리"라 하였다 (Edgar Jones,

Proverbs and Ecclesiastes [London, 1961], 104). 아랍어에 근거한 히브리어 "슐한"의 설명은 이렇게 짐승 가죽을 벗기다란 말에 연연하여 가죽 돗자리 정도로 이해한다는 데 문제가 있다. 유가릿어 대응어 *tlhn*은 보다 안전한 비교가 될지 모른다. 유가릿 문헌들에서 자주 언급되는 "상"은 잔칫상으로 자주 나타나며 의자와 발판 (footstool)과 같이 언급되어 단순한 돗자리가 아님을 보여 준다 (ANET, 136 등; C. H. Gordon, UT, Glossay #2681). 그렇다고 해도, 우리는 다리를 가진 상이 보편화되기 전에 돗자리 같은 것을 땅에 펴고 사람들이 식사를 했던 시절이 있었으리라 가정할 수 있다 (KB³, '슐한' 항목 참조).

내 잔이 넘치나이다 (코시 레바야)—시 116편 기자는 "여호와께서 내게 주신 모든 은혜(탁품)를 무엇으로 보답할꼬" (12절)라 질문한 후, "내가 '구원의 잔' (코스-예수옷)을 들고 여호와의 이름을 부르며" 회중 앞에서 서원을 갚으리라 하였다 (13절). 여기 구원의 잔은 "승리의 잔"이라 할 수 있다. 그렇다면 시 23편에서도 넘치는 잔은 "승리"의 상징일 수 있다. 이는 "놀람과 패망의 잔" (겔 23:33)에 넘치게 "취하고 근심하는" 사마리아인들, 곧 하나님의 진노의 잔 (사 51:17, 22, 렘 25:15, 51:7)을 받는 모습과 극한 대조를 이룬다. 한편 고려 중인 부분은 두 개의 명사로 된 문장으로, 술어가 명사로 되었다. 문자적으로 "포화상태의 내 잔"이지만, "내 잔이 넘치나이다" (my cup overflows [brims over])로 이해된다 (GKC §141c 참조).

6절: 나의 평생에 선하심과 인자하심이 정녕 나를 따르리니 (아크 토브 바헤세드 이르데푸니 콜-예메 하야)—시인의 생애 전체는 하나님의 "선하심과 인자하심" (토브 바헤세드)이 함께 하는 삶이 되리라는 고백이다. 이 문장은 1-5절에서 이미 묘사된 하나님의 돌보심을 요약해서 제시한다. 다윗은 말하길 "주의 온유함이 나를 크게 하셨나이다" (삼하 22:36)라 하였다. 그에게 임한 하나님의 은혜는 주권적이고도 선수적 (先手的) 은혜였다 (삼하 7:28, 29).

내가 여호와의 집에 영원히 거하리로다 (베샵티 베베잇-야웨 레오렉 야밈)—그분의 은총은 평생 함께 할 뿐 아니라, 영원히 함께 할 것이다. 왜냐하면, 여기 "집"은 시 27:4, 31:3, 36:9, 사 6:4 등에서처럼 하늘 성소를 지시할 수 있기 때문이다. 이 세상 너머 영원한 삶을 시인은 여기서 바라본다. 이렇게 볼 때, 본 절의 병행 사고들의 점진적 진전과, 본 시 전체의 점진적 사고의 흐름에 합당하다. 현세의 삶을 조망한 시인은 이제 영원한 미래의 축복까지 바로 보고 있는 것이다.

다른 해석에 의하면, 여기서 집은 성전으로 여기서 거하고자 하는 소원은 영적인 만족과 안전에 대한 갈망을 표현이다 (H. Kraus, *Theology of the Psalms*, 159-160). 압제받고 핍박당하는 자는 성소에서, 곧 여호와의 날개 그늘 아래서 피난처를 찾는다. 성소에서 하나님의 무죄 선고를 받기를 소원하는 것이다. 아니면, 성소에서 머물기를 소원하는 이유는 제사장의 반열에 서기를 바라는 마음일 수 있다.

또 다른 이해에 의하면, 6절 전반절은 1-4절을 회상(回想) 요약하고, 후반절은 5절을 회상 요약한다. 요컨대, 이 시는 전체로 성도가 이 세상에서 주님으로 말미암아 누리는 축복을 노래한다. 옥외에서나 실내에서나 성도는 안전하고, 만족하며 기뻐할 수 있다. 이는 결국 성도가 순종할 때 누릴 수 있는 하나님의 축복을 말씀하는 신 28:1-14의 사고와 일치한다. 이 해석에 의하면, 5절의 "주의 집"은 성전이나 혹은 영원한 성소 (천국)를 지시한다기보다, 성도가 이 세상에서 주님으로 말미암아 경험할 수 있는 어떤 형태의 경험을 지시한다. 5절에서 "원수"가 언급된 것은 성도가 곤경에 처한 상태를 암시할 수 있다. 그럼에도 성도는 하나님의 베푸시는 진수성찬의 기쁨을 누릴 수 있다는 것이다. 바로 그 점이 6절 하반절에서 시인이 "여호와의 집에 영원히 거하리로다" 라 노래하는 이유이다.

한편, "영원히 거하리로다" (쇼브티 … 레오렉 야밈)는 문자적으로 하면, "내가 오랫동안 돌아오리라." 그런데 동사의 이런 형태는 자음 "요드"의 생략 (syncopation)으로 보고, "거하다" 로 분석할 수 있다 (사 1:27, 37:37, 렘 12:13 참조). 혹은 사용된 동사 "슈브"를 "거하다, 앉다" 동사로 이해할 수도 있다 (M. Dahood, *Psalms I*, 148).

시편의 적용

내게 부족함이 없나이다 (1절)

에돔의 왕족 하닷은 다윗 왕 통치 때 요압 장군의 에돔 정벌과 남아 (男兒) 박멸책을 피해 애굽왕 바로에게로 도망가서 망명생활을 하였다. 바로는 그를 사랑하여 자기 왕비 타파네스의 동생을 하닷의 아내로 주었다. 하닷은 부족함이 없었다. 게누밧이란 자기 아들은 왕비의 아들이 되어 바로 궁에서 양육 받았다. 더 이상 바랄 것이 없었다. 그러나 다윗과 요압이 죽은 것을 듣고 하닷은 바로 왕에게 고국으로 돌아가겠다고 청한다. 그때에 바로 왕은 하닷에게 "나한테 부족한 것이 무엇이길래 네가 고국으로 이제 돌아가고자 하는가?" 라 물었다 (왕상 11:22). 하닷은 "아무 것도 부족한 것 없지만, 돌아가게 하소서"라 간청한다. 하닷은 물질적 필요나 정치적, 사회적 입지 면에서 더 바랄 나위 없었다. 그러나 그는 고향을 떨칠 수 없었고, 자기 고국의 형편을 외면할 수 없었다.

여기 시인은 하나님을 목자로 모시고 살아갈 때 어떤 부족함을 느끼지 아니하였다. "요람에서 무덤까지" 만 아니라, 저 영원까지 부족함이 없을 것이라. 그래서 시편기자 (시 73:23-25)는 "후에는 영광으로 나를 영접하시리니 하늘에서는 주 외에 누가 내게 있으리요?" 하였다.

계속 채워짐 (1절)

엘리야 시대에 기근이 들어 엘리야는 사렙다 과부에게로 가서 공궤를 받았다. 과부는 엘리야의 명대로 자신이 가지고 있던 마지막 가루와 기름으로 떡을 만들어 엘리야를 공궤하였더니 기근이 다하는 날까지 그 기름병의 기름과 밀가루 통의 가루가 끊어지지 아니하였다 (왕상 17:16). 여기서 성경은 그 밀가루 통이 그치지 않고 (칼라), 그 기름병이 "감하여지지" (하사르) 아니하였다고 했다. 다윗이 "내가 부족함이 없도다" 라 노래할 때, 그의 필요한 기름병의 기름이나 밀가루 통의 가루가 계속하여 채워지듯 채움을 입었고, 그의 영적인 면에서도 계속 채움을 입었고, 그의 지적. 도덕적인 필요 (잠 7:7, 9:4) 까지도 계속 채움을 입었다는 고백이었다. 오히려 더욱 풍성해지고, 더욱 맛이 더해지는 삶 (요 2:10)이 여호와를 목자로 모신 삶이라.

나의 목자를 믿으라

시골에서 염소를 키울 때, 겨울이 되면 풀이 없다. 그러나 그 추운 겨울날에도 염소를 몰고 산을 오른다. 어느 언덕 골짜기에 가면 담쟁이 넝쿨이 있다는 것을 알기 때문이다. 좋은 목자는 자기 양떼의 겨울 먹이를 미리 준비할 것이다. 이처럼 염소 (양)의 입장에서 보면, 풀이 많은 여름이나 풀이 없는 겨울이나 양식을 스스로 걱정하거나 자신의 장래를 위해 걱정할 이유가 하나도 없다. 그는 여름이건 겨울이건 목자가 돌보신다는 사실 하나만 믿으면 되는 것이다. 성도에게 항상 푸른 초장, 잔잔한 쉴만한 물가만 있는 것은 아닌 것은 분명하다. 믿음 생활을 하다보면, 사망의 음침한 골짜기를 지나야 할 때도 온다. 그럼에도 양의 입장에서 말하자면, 목자만 믿고 가면 모든 것은 염려할 필요가 없다는 것이다.

예비된 초장 (2절)

하나님은 가나안 땅을 이스라엘의 안식처로 예비하셨으나 (시 95:11), 저들이 범죄함으로 원수(야수들)가 들어와서 노략질하도록 버리셨다 (시 79:1, 80:12-13, 89:40-41, 사 5:5, [왕하 18:9, 24:1]). 우리의 쉴만한 안식처는 예수 그리스도의 품이다. 그분은 선한 목자이시면서 우리의 안식할 처소이다. 그분에게서 생수가 흘러나오기 때문이며, 그분이 우리의 생명의 떡이기 때문이다. 우리의 초장, 쉴만한 물가는 그분의 십자가 밑이다. 대속의 피를 흘리신 그곳에 생명의 꼴, 생명수가 넘쳐 나기 때문이다. 용서의 초장, 치료의 초장 (계 22:2), 성령 충만의 초장, 가정 안식초장 (룻 1:9)이 그분의 대속 죽음과 부활, 승천으로 마련되었다.

어떤 교회들에서는 '구역' 을 목장(牧場)이라 부른다. 구역 예배는 바로 목장에서 양들이 꼴을 되새김질하는 모임이다. 말씀으로 서로 권면하고 실제 생활에서 주님을 체험하고 간증하며 찬양하는 예배이다. 목장들이 살아 움직이는 교회는 다 부흥할 것이다.

원수의 목전에 베풀어진 상 (table)(5절)

다윗이 압살롬의 난을 피해 요단 저편 마하나님으로 건너 도피했다. 그때 마하나님 근처 로겔림 거주인 바르실래 ("철의 아들"?, [바르, 아람어로 "아들"])가 다윗 일행을 정중히 맞아 (삼하 17:27이하) 대접했다. 그 때 바르실래가 바친 선물은 침상, 대야, 질그릇, 밀과 보리, 밀가루, 볶은 곡식, 콩과 팥, 볶은 녹두와 꿀과 뻐더, 양과 치스 였다 (삼하 17:28-29). 이는 원수의 목전에서 베푸신 진수성찬이 아닐 수 없었다. 이때 다윗이 받은 환대는 다윗의 뇌리에서 떠나지 아니하여 임종시에 바르실래의 아들들을 솔로몬에게 은총 (헤세드)를 베풀도록 했다 (왕상 2:7). 길르앗 지방은 이스라엘과 시리아의 세력 각축장으로 안전치 못함으로, 다윗은 이방인들인 저들을 궁궐로 초대하여 은총을 베풀도록 함으로 받은 선대에 영구히 보답하고자 하였다. 아마 이때 다윗이 받은 선대가 여기 시편에 반영되었지 않았을까?

시 24편 여호와의 산에 오를 자 누군고?

1. 전체구조에서의 위치, 시의 유형과 삶의 자리

시 23편은 마지막 부분에서 시온에 있는 여호와의 집에 대한 동경을 묘사하였다. 이제 시 24편은 야웨께서 시온으로 들어가시는 모습과(삼하 6장) 누가 그 성산에 오를 수 있는지를 노래한다. 이 시는 말 3:1이 예고하는 그 메시아의 성전 도래를 고대하는 노래라 할만하다. 그런데 이 시편의 3-6절은 시 15편과 잘 어울린다.

표제는 "다윗의 시" (*레다빗 미즈모르*)라 제시한다. 본 시를 전통적으로 시온성으로의 법궤 운반과 연관시켜 이해하고자 해왔다 (삼하 6, 시 132편). 최근에는 신년 즉위식 예배용 시라 하기도 하고 (모빙켈, *PIW*, I, 177; Artur Weiser, *The Psalms I*, 232-36), 무질서를 파하고 질서를 확립하신 용사요 왕이시며, 성전 (聖戰)에서 개선하는 용사이신 야웨를 찬양하는 시 등으로 이해한다 (Peter C. Craigie, *Psalms 1-51*, 212-13; 성종현, 「시편 24편: 그 해석과 설교」 [서울: 솔로몬, 1996]). 혹은 어떤 이들은 성전 입례시라 하기도 한다 (Erhard S. Gerstenberger, *Psalms: Part I*, 117-18). 본 시의 내용상 부각되는 요소들은 창조 (1-2절), 예배하러 성소에 들어가는 장면 (3-6절)과 언약궤의 운반 (7-10절) 등으로 각기 잘 연결되지 아니하는 모습을 보인다. 그런데 예배와 언약궤는 연관이 깊다. 왜냐하면 언약궤는 하나님의 임재의 상징이요, 하나님과 백성의 언약관계의 구체적 표였기 때문이다. 또한 창조의 찬양은 예배의 대상인 하나님을 창조주로 높이는 것이다. 동시에 언약궤 운반은 성전 (聖戰)과 연관되어 있었던 것으로 추정될 수 있다. 이렇게 본다면 공통점은 결국 예배로 귀착된다. 그런데 이 예배는 특별한 것이었음이 분명하다. 그것은 전쟁에서 승리한 후의 귀환 예배일 수 있다. 아니면 매 7년마다 초막절(草幕節)에 언약을 갱신했던 (신 31:10, 11) 언약 갱신 예배일 수도 있다. 우리는 다윗이 전쟁 후 귀환시 언약궤와 함께 (삼하 11:11 [전쟁에 언약궤 참여]) 시온 성소에 돌아와 승리의 감사예배를 드릴 때 지은 시로 시의 배경을 이해하고자 한다.

창조를 노래하는 부분 (1-2절)과 성전 (聖戰)에서의 개선 부분 (7-10절)을 연결시키고자,

어떤 이들은 창조를 "혼돈과의 전쟁"(Chaoskampf)으로 이해한 고대 근동의 신화적 사고를 창조 노래 부분에 도입한다. 그리하여 첫 부분의 창조나 성전에서의 개선(凱旋)이나 모두 전쟁의 용사(勇士)이신 하나님을 노래한다고 공통 주제를 발견한다. 혹은 다른 이들은 첫 부분 (1-2절)과 셋째 부분 (7-10)은 모두 무질서의 세력을 파하고 창조질서를 세우신 하나님을 전쟁 용사로 노래한다고 본다 (Artur Weiser, The Psalms I, 233, 235). 이런 찬양은 바이져에 의하면 매년 가을에 거행된 신년 언약 갱신 절기 때, 야웨 하나님의 신현 (神顯)을 송축하여 하나님의 왕권을 선포하는 거룩한 연극 예배시에 낭송되었다. 이 가을 축제시에는 세 기본 요소들이 예배의 핵심이었는바, 1) 언약궤가 신현을 재현하기 위해 행진함, 그리고 야웨의 이름을 선포; 2) 구원 역사가 낭송되고, 구원 사건들이 성극으로 재현됨; 3) 토라를 선포하고, 언약에의 충성을 맹세함. 처음에는 이렇게 진행되다, 나중 왕국설립 이후에는 야웨를 창조주와 우주의 왕으로 선포하는 예배의식도 도입되었다 한다 (Ibid, 23-52).

여기서 반드시 다루어져야 할 한 요소를 언급하고자 한다. 그것은 창조 묘사에 등장하는 신화적 표상에 관한 것이다. 본 시의 첫 부분 (1-2절)이 창조를 노래하면서 창세기의 창조기사에 근거한다는 점은 확실하나, 사용된 용어들 (예컨대, "바다"나 "강들" 위에 땅과 세계를 "건설"하셨다; 야사드, 쿤 동사 등)은 창 1, 2장과 확연히 차이가 있어 강조점의 차이가 드러난다. 모세는 가나안 진입을 앞둔 상황에서 창조기사를 진술하면서 당대의 목회적 필요에 맞추었을 터이다 (예컨대, 중세기 유대인 랍비 주석가 라쉬[Rashi]는 오경주석의 첫 머리에 이렇게 시작하고 있다: 랍비 이삭은 말하길, 토라 [토라는 명령들을 가르치는 주목적이기 때문에]를 [태초에 하나님이 천지를 창조하시니라]라고 시작할 필요가 없었다; 오히려 '이 달이 너희에게 [달들의 시작이] 되리라' [출 12:2]로 시작되었어야 했다; 왜냐하면 그것이 이스라엘이 [지키도록] 명령받았던 첫 명령이었기 때문이다; 그렇다면 이렇게 창세기를 시작하는 이유가 무엇인가? 그 이유는 '저가 자기 백성에게 열방을 기업으로 주사 그 행사의 능을 저희에게 보이셨도다' (시 111:6)라는 말씀 때문이다; 왜냐하면 만약 세상 열방이 이스라엘에게 말하길, '너희들은 무력으로 [가나안] 일곱 족속의 땅들을 정복했으니 강도떼가 아니냐?' 할 때 저들 [이스라엘]은 '온 세상이 송축 받으실 거룩하신 자에게 속하는 것은 그분이 그것을 지으셨고 그것을 자기 뜻대로 누구에게든지 주셨다; 그분은 자기 뜻대로 그것을 저들에게 주셨고 자기 뜻대로 그것을 저들에게서 취하여 우리에게 주셨다' 라고 답할 수 있겠기 때문이다 [Yalkut, Ex 12:2] - The Pentateuch and Rashi's Commentary, 1).

반면 본 시편의 기자는 자기 당대의 예배의식이나 정황에 필요한 창조 노래를 표현하였을 것이다. 물론 반드시 "필요"에 의한 창조론을 표현했다고 할 필요는 없겠으나 여하간 어떤 신학적 진술이건 그것은 기술된 당대의 정황을 반영한다. 하나님의 계시는 진공 상태에 떨어진 것이 아니기 때문이다. 그렇다면 본 시의 창조 노래가 부각시키고자 하는 강조점은 무엇인가? 시인은 바다나 강들 위에 견고하게 세워진 땅의 안전성과 질서를 부각시키는 듯

하다 (2절; 창 1장에서는 하나님의 권능과 주권, 창 2장에서는 창조에서 인간에 주어진 특별한 지위, 창 3장에서는 그런 특별한 지위와 은총을 배은망덕한 인간 등이 강조된다). 여기에 더하여 시 24:1은 세상 만물이 다 야웨 하나님의 소유임을 강조한다. 그렇다면 이 시는 이스라엘이 인근국가들과의 전쟁을 통해 영토 문제가 부각되었을 때 하나님의 전 우주적 소유권을 주장함으로 이스라엘의 정복을 신학적으로 뒷받침하고자 한 것인가? 그럴 가능성이 없지 않다.

또 다른 강조점, 곧 안전성과 질서는 어떤 연유에서 강조된 것인가? 이는 어떤 이들이 말하듯, 혼돈과의 전쟁을 통해 혼돈의 세력을 파하신 후 왕권을 확립하신 하나님의 왕권을 높이고자 함인가? 하나님의 왕권을 높임으로 하나님께서 자기의 대리자로 지상에 기름 부어 세우신 이스라엘의 왕권을 강화하고자 하는가? 반드시 이런 경향성을 가지고 시를 기술했다고 할 수는 없을 것이다. 문제는 대다수 학자들이 여기 시에서 혼돈을 파하시고 왕권을 확립하였던 바알 신화의 암시를 본다는 것이다. 예컨대, 크레이기에 의하면, 얼핏 보기에 2절은 바다 위에 떠있는 받침 접시 (saucer) 처럼, 바다 위에 세워진 세상을 말하는 원시적 우주론 (cosmology)을 반영하는 듯 하나, 실상은 유가릿 우주론의 변형된 형태를 담고 있다 (*Psalms 1-50*, 212). 가나안 신화에 의하면, 바다를 뜻하는 "얌신"이나 강을 의미하는 "나할신"은 질서에 크나큰 위협적 존재들이었다. 그런데 바알신 (폭풍신)이 얌 신을 정복함으로 무질서의 세력들이 복속되어 질서를 찾았고 바알의 우주적 왕권이 확립되었다. 바로 이런 가나안 신화를 히브리 시인은 차용하되, 비-신화화시키고, 비-인격화시켜 야웨께서 무질서의 세력을 상징하는 바다와 강들 위에 질서 있고 안정된 세상을 창조하셨다고 노래한다고 한다.

구약에는 가나안 신화에서 나타나는 표상들을 차용하여 하나님의 주권을 묘사하는 부분들이 있다. 참 하나님을 상실한 인간들은 점차 하나님의 피조물을 신격화시키기 시작하여 마침내 모세 시대의 가나안 족속들은 유가릿 문헌들이 드러내듯, 보이는 자연 세력들을 하나같이 신들로 이해하였다 (Johannes C. de Moor, "The Semitic Pantheon of Ugarit," 185-228 참조). 지금 시리아의 지중해 연안에 위치한 랏타키아란 항구도시에서 북단으로 약 16킬로 떨어진 조그만 촌락 라스 쇠므라 (Ras Shamrah)에 위치했던 고대 국가 도시 유가릿 사람들이 일상생활에서 체험할 수 있었던 바다의 흉포한 파도와 그 파괴력은 바다 (얌)야 말로 강력한 무질서의 신이라는 지울 수 없는 인상을 주었을 터이다. 한민족이 바다의 용왕 (龍王) 신을 가정했다면, 이들은 바다 자체를 신으로 생각했던 것이다. 이 무질서한 바다 신을 대적할 수 있는 신은 폭풍 신이자 농사의 신 "바알"이었다. 이 바알이 얌 신을 정복하고 왕권을 확립하였다. 이것이 바알 신화이다 (*ANET*, 129-142 참조).

바알 신화나 여타 유가릿 종교 신화 문헌들을 고찰해 보건대, 창조사고가 없다는 것이 분명하다 (John Day, *God's Conflict with the dragon and the sea*, 8). 반면 성경에서 창조와 혼돈과의 싸움 모티프가 인과적으로 연결된 듯이 묘사하는 구절들이 있다는 것은 부인할 수 없다 (가장 현저한 예는 욥 26:7-14). 궁켈과 같이 이전 비평가들은 혼돈과의 싸움 주제가 바벨론 신화에서 유래했다고 보았다면, 보다 최근의 비평가들은 대개 가나안 신화와 연관된 것으로 이해한다 (Ibid, 4-7). 그렇다면 우리의 결론은 무엇이어야 하는가? 우선 우리는 바벨론 창조신화가 성경의 창조기사의 원형이었다는 궁켈이 주장하는 그런 직접적인 연관성이 없다는 사실을 확인하고, 다음으로 가나안 신화와 연관된다면, 가나안 신화 자체에는 창조 사고가 없다는 점을 주목하게 된다. 이는 결국 성경의 어떤 구절들이 창조와 혼돈과의 싸움 주제를 연관시키지만, 창조 사고 자체는 가나안 신화와 연관이 없다는 말이 된다. 그렇다면 가나안 신화의 표상들이 성경이 창조 묘사에 등장하는 점은 어떻게 볼 것인가? 분명히 말할 수 있는 바는 성경 기자들은 철저하게 신화적 표상들을 유일신 신앙 구조에 복속시키고 세탁을 해서, 독자들에게 인상을 주는 효과적 측면에서 표상으로서만 사용하고 있다는 것이다. 창세기의 창조기사에는 신화적 표상 (mythic imagery)이 없지만, 시적인 구절들에서는 가나안 신화적 표상들이 등장하고 있다. 이런 표상들은 이교도적 신학은 철저히 배제하고, 그 표상만을 빌어서 이교도들이 섬기던 신들에 비할 수 없이 강하시고 능하신 여호와 하나님의 주권을 고양시키고 있다. 그렇다면 구약 창조묘사에 등장하는 신화적 표상들의 문제는 "신화의 차용"이 아니라, 단순히 "신화적 표상들의 차용"에 불과하였다.

리델보스는 이 시의 세 부분 사이의 연관성을 다음과 같이 가정함으로 해결하고자 하였다 (Nic. H. Ridderbos, *Die Psalmen*, 196 이하). 언약궤를 운반하는 일단의 무리가 시온산에 위치한 성소에로 가는 중이다. 시온성 발치에는 일단의 제사장들이 그 무리를 기다리고 있다. 언약궤를 나르는 무리의 대표가 3절의 질문을 던지자, 제사장 무리 가운데서 한 명이 4-6절을 대답한다. 언약궤를 나르는 무리가 더 진행하여 7-10절에서는 그 성소의 문에 다다른다. 그 문에는 문지기들이 지키고 있다. 만약 7-10절의 묘사가 삼하 6:12 이하에 묘사된 언약궤 행렬과 연관된다면, 여기 문지기들은 그 성소의 여부스 사람들이었을 것이다. 언약궤를 나르는 백성 가운데서 레위인이나 레위 성가대가 7절의 명령을 소리친다. 그러면 8절에서 문지기들이 이 명령에 질문으로 반응하고, 이에 대하여 언약궤 나르는 무리들이 기뻐하며 대답한다. 9-10절에서는 명령, 질문, 대답 등이 약간 변경된 채로 반복된다. 그런데 1-2절의 경우는 시온산 발치에서 4-6절을 낭송한 그 목소리가 의식의 서곡으로 낭송했을지 모른다.

1-2절: 제사장   3절: 레위인 성가대
4-6절: 제사장
7절: 레위인 성가대   8절: 문지기들
9절: 레위인 성가대   10절: 문지기들

이렇게 전체적으로 본다면, 3-6절의 목적은 하나님의 임재의 상징인 언약궤로 인하여 거룩하게 성별 될 시온산 성소에 올라 경배할 수 있는 자는 율법을 따라 행하는 자 (4절)이며, 이러한 율법 준수와 상관이 없는 자가 성별된 성소에 오르는 것은 결국 불행한 결과를 초래하리라는 경고를 발하는지 모른다.

2. 시적 구조와 해석

본 시는 내용상 창조 (1-2절), 성산에 오를 자의 자격 (3-6절), 영광의 왕의 입성 (7-10절) 등의 세 부분으로 구성되었다. 형식상으로 보건대, 두드러지게 드러나는 요소는 의문사 "미" (누구냐?)를 도입하여 질문을 제시하고 (3절에 두 번, 8, 10절에 각기 한번), 그 질문에 답을 제시한다는 것이다.

제1연 (1-2절): 창조주 하나님을 노래함

하나님의 창조를 노래하는 이 신앙 고백적 찬양은 이 시의 시초에 놓여 예배자의 마음을 예배의 대상이신 창조주 하나님께로 향하게 한다. 그는 창조주로 세상의 통치자가 되신다. 그분은 시온에 거처를 정하시고 그곳에서 온 세상을 통치하시는 것이다. 따라서 1-2절의 창조 찬양은 영광의 왕의 시온산 성소 진입 시에 울려 퍼진 서곡으로 합당하다.

1절: 땅과 거기 충만한 것과 세계와 그 중에 거하는 자가 다 여호와의 것이로다 (*라도나이 하아레츠 우멜로아흐 테벨 베요쉐베 바흐*) —이 표현과 흡사한 표현이 렘 8:16, 47:2에서 나타난다 (땅과 그 안의 충만한 것/ 도성과 그 안에 거하는 거민들). 선지자 예레미야는 하나님의 심판에 의한 전멸을 묘사한다면, 여기서는 하나님의 포괄적인 소유권이 강조되고 있다. 한편 전. 후반절은 구조상으로나 내용상 균형 잡힌 병행법을 구성하고 있다 (동의 병행법; 구문 병행법, 전치사구 + 주어/ [전치사구] + 주어). "여호와의 것이로다" (*라도나이*)는 표현은 전.후반절에 공히 속한다 (double duty). "땅"은 후반절의 "세계" (*테벨*)에 비추어 볼 때 사람이 거주하는 지구이다. 이 지구상에 있는 만물은 다 하나님의 소유물이다. 왜냐하면 그분이 만물을 창조하셨기 때문이다. 시인은 창 2:1의 선언에 근거하여 만물의 신적 소유권을 주장한다 ("천지와 '만물' [*체바암*]이 다 이루니라"). 이는 신앙 고백적이다. 왜냐하면 시인이 창조시 행하신 하나님의 역사를 참관한 적이 없고 (욥 38:4, 잠 8:22), 오직 계시로 주어진 말씀을 들음으로 성령님의 내적인 증거를 통하여 (고전 1:10-15) 창조주 하나님에 대한 신앙이 생겼기 때문이다.

2절: 그 터를 바다 위에 세우심이여(*키-후 알-얌밈 예사다흐*)/ **강들 위에 건설하셨도다** (*알-네하롯 예콘네네하*)—이사야를 통해 하나님은 "내 손이 땅의 토대를 놓았다"고 하셨다 (사 48:13). 그런데 여기서는 땅의 토대를 바다/강들 위에 놓았다고 한다. 이는 공허하고 혼돈한 물체를 물과 궁창 아래 물로 나누신 일을 암시한다 (창 1:9-10). 여기 사용된 두 동사 (야사드; 쿤)는 모두 창조사역과 연관되어 사용된다 (사 48:13, 암 9:6, 시 89:11, 102:25, 104:5, 8, 잠 3:19; 시 89:37). 앞에서 언급했듯이, 바다와 강들 위에 그가 터를 세우셨다는 표현에서 학자들은 혼돈과의 전쟁 사고를 본다.

제2연 (3-6절): 예배자의 자격들

여기서 시인은 예배의 대상자에서 예배자 자신의 조건을 성찰하게 한다 (시 15편, 사 33:14-16 참조).

3절: 여호와의 산에 오를 자 누구며/ 그 거룩한 곳에 설 자가 누구고 (미-야아렐 베하르-야웨/ 우미-야쿰 빔콤 코드쇼) —전.후반절은 구문상으로 pVP / pVP (의문사+동사+전치사구)로 완전 병행되며, 의미상으로도 동의 병행법이다. 후반절은 전반절보다 사고상 더 진전되었다 (오르다→서다).

"여호와의 산/ 그 거룩한 곳"은 (창 22:14 [모리아 산], 민 10:33 [호렙 산], 슥 8:3 [시온]) 여호와께서 거하시는 시온 산이다. 이 표현은 보다 분명하게 "여호와의 전의 산" (사 2:2 [2:3에서 "여호와의 산"])으로도 나타난다 (=미가 4:1, 2; 대하 33:15 도 참조). 여기서는 이곳이 "거룩한" 것은 하나님의 임재가 있어 여타 세속과 성별되었기 때문이다. 이 산에 오르며, 이곳에 선다는 것은 하나님과의 만남과 교제, 경배를 의미한다. 누가 하나님을 만나 그분을 경배할 수 있는가?

4절: 곧 손이 깨끗하며 마음이 청결하며 뜻을 허탄한 데 두지 아니하며 거짓 맹세치 아니하는 자로다 (네키 카파임 우바르-레바브 아쉐르 로-나사 랏쇼브 나프쉬 벨로 니쉬바아 레미르마)—두 손바닥 (카파임, 雙數)이 "무죄하다" (나키). 이는 법정 용어로서 어떤 손이 범죄한 여부를 사실 (査實)한 후, 무죄하다 선언할 때 사용된다 (출 21:28, 삼하 3:28 등). 이런 손은 무죄한 자의 피 흘린 손 (혹은 발)과 대조된다 (잠 1:16, 6:17, 사 1:15). "마음이 청결하"다 (바르 레바브)는 죄악으로 오염되지 아니한 마음이다. 이렇게 하기 위해서는 마음의 할례를 받아야 한다 (신 30:6). 이런 마음을 지닌 자는 하나님을 마음을 다하고 (두 마음이 아니라), 생명을 다하여 하나님을 사랑하게 되며, 그 결과는 생명력 있는 삶, 축복의 삶이며 (신 28:1-14), 이렇게 복 받는 것은 하나님은 "마음이 청결한 자들에게" 복을 베푸시기 때문이다 (시 73:1).

"뜻을 허탄한 데 두다"란 표현은 직역하건대 "탐욕 (영혼)을 (허탄한 것에) 들어올리다" (나사 네페쉬 레 [혹은 '엘])란 의미이다. 이는 내 관심과 정열을 "허탄한 것" (쇼베)에 쏟는 것을 말한다 (신 24:15, 렘 22:27, 44:14 등에서 "사모하다"). "허탄한 것"은 여기서 "우상"으로 이해한다 (시 26:4, 31:7, 119:37, 요나 2:9, 사 1:13, 렘 18:15, 겔 18:5, 욥 31:5 등 참조). 그런데 모빙켈은 그의 시편 연구에서 주장하길 "쇼베"란 말은 종종 주술과 주문(呪文)을 지시하며, 이런 의미로 이 말은 언약을 파기하는 자, 불의를 지속하는 자, 죄인들, 거짓된 자들을 지시한다고 했다 (*PIW*, I, 56). 모빙켈의 주장이 얼마나 신빙성이 있는지는 검증하기 어렵다.

"거짓 맹세하는 일"은 자기에게 해가 될지라도 맹세를 저버리지 아니하는 행위 (시 15:4)와 대조된다. 하나님은 진노하셔서 패역한 이스라엘을 진멸 하시고자 하셨으나 이스라엘 조상에게 행한 맹세 때문에 그리하실 수 없었다 (출 32:13 참조). 맹세하는 일이나 서원하는 일은 시 132:2에서 병행어로 나타나고 있다. 다윗의 하나님께 대한 헌신의 맹세와 그 실천은 다윗 가에 대한 하나님의 축복을 불러오되, 맹세에 의한 축복을 야기 시켰다 (132:12). 거짓맹세는 혀의 산물이다 (시 34:14). 그러므로 혀를 다스려야 한다. 그런데 여기 문맥에서 "거짓"은 "허탄한 것"과 병행어로 "우상"을 지시한다.

5절: 저는 여호와께 복을 받고 구원의 하나님께 의를 얻으리니 (잇사 베라카 메에트 야웨 우 체다카 메엘로헤 이쉬오)— 앞에 기술한 대로 정결한 삶을 영위하는 자들은 하나님의 복과 구원을 체험한다 (미 7:7, 사 17:10). "복" (베라카)과 의 (체다카)는 영육간의 축복과 그분의 보호와 신원 (vindication)이다. 구약은 이렇게 윤리의 동기를 분명히 한다 (신 28:1-14, 레 26:1-13 참조). 즉, 축복은 윤리적 실천을 동반한다. 그런데 이런 윤리 강조는 구약을 율법종교로 잘못 인식케 할 수 있다. 그러나 구약은 결코 윤리종교가 아니다. 윤리를 지반으로 하되, 구원은 어디까지나 믿음에 의한 것이었다. 율법 준수는 믿음과 신앙의 외적 표현일 뿐이었다. 구약에서 믿음은 하나님의 크신 일들에 대한 자연스런 응답으로 요청되었다 (민 20:12, 신 1:32, 9:23, 왕하 17:14, 시 78:22, 32, 106:24).

6절: 이는 여호와를 찾는 족속이요 야곱의 하나님의 얼굴을 구하는 자로다 셀라 (제 도르 도르쇼 [도르쇼브] 메바크쉐 파네카 아아코브 셀라)— "그를 찾는 자들의 그룹/ 당신 얼굴을 구하는 자들(의 그룹)." "그룹"이란 보통 "세대"로 번역되는 말 (도르)의 여기서의 의미이다. 여호와를 찾고, 그의 얼굴을 구하는 자들은 마음이 기쁘고 능력이 충만하다 (대상 16:10, 시 105:3, 4). 왜냐하면 그분의 얼굴의 광채가 그 마음에 비쳐지기 때문이다 (시 4:7, 16:11, 21:6). 그의 얼굴을 찾는 자는 양심의 가책을 잠시도 접어둘 수가 없다. 매일 따라서 새롭게 된다.

한편, 6절의 원문은 "이는 '그를 찾는 자(들)'의 [케레 독법] 세대요, 당신 얼굴을 구하는 자들(의 무리)로다, 야곱이여!" 한역은 "야웨"와 "하나님의" (엘로헤)란 단어를 보충하여 번역했다. 그리고 대개 영역본들은 후반절에서 70인역, 시리아어역, 몇몇 히브리어 사본들에 의지해서, "야곱" 앞에 "하나님"을 삽입하여 "야곱의 하나님이여"라고 읽는다 (NIV, NJB).

제2연 (7-10): 영광의 왕의 입성

여기서 하나님은 전쟁에 능하신 (깁보르 밀하마 [전쟁의 용사; 출 15:3 "이쉬 밀하마"]) 여호와, 영광의 왕 (멜렉 학카보드)으로 소개된다. 이분이 자기 임재를 상징하는 언약궤를 통해 입성하신다. 이때에 언약궤를 멘 제사장들이 "문들아 너희 머리를 들라! 영광의 왕이 들어가신다"라고 외치면, 성전 문지기 제사장 (대상 15:23, 24)이 "영광의 왕이 뉘시뇨?"라고 묻는다. 이에 또 답하는 식으로 찬양이 울려 퍼진다 (성전 문지기와 성가대에 대하여, 대상 23:5 참조).

7절: 문들아 너희 머리를 들지어다 (세우 쉐아림 라쉐켐)—영광의 왕이 들어가기에 문들이 너무 낮기 때문이다. 로마 제국 시대에 개선장군은 그 승리가 클수록 개선문의 아치가 더 높았다. 이런 외침은 사실상 사 40:3의 외침 (여호와의 길을 예배히라 하나님의 대로를 평탄케 하라)과 대동소이한 것이다. 여호와 하나님의 오심을 예비하여라 (욥 10:15, 슥 2:4).

영원한 문들아 들릴지어다 (베힌나스우 피트헤 올람) — "옛 문들아 들릴지어다" (Be lifted up, O ancient gates!; 한역, TNK는 "영원한 문들아!") 문들을 오래되었다고 하는 것은 아마 시온 산성 문을 염두에 두고, 이 성문이 여부스 족속이나 저 멀리 멜기세덱 시대까지 거슬러 올라간다고 생각했는지 모른다.

영광의 왕이 들어가시리로다 (베야보 멜렉 학카보드)—이 칭호는 이 시에서만 네 번이나 사용되었다 (7, 8, 9, 10절). 하나님은 영화로우신 왕이시다. 하나님은 언약궤에 자신의 임재를 두셨으므로 언약궤의 입장이 곧 그분의 입장이었다.

8절: 영광의 왕이 뉘시뇨? (미 제 멜렉 학카보드)—9절에서도 동일한 질문이 반복된다. 이는 이미 청중이 알고 있는 답변을 유도하는 수사학적 질문이다.

강하고 능한 여호와시오 전쟁에 능한 여호와시로다 (야웨 잇주즈 베깁보르 야웨 깁보르 밀하마)— "능하다"란 전쟁에서 용맹스럽다는 의미이며, 이는 "전쟁에 능한"이란 말로 다시 표현되었다.

9절: 영원한 문들아 들릴지어다 (우스우 피트헤 올람) — 사실 "들지어다" 능동태이다 (= 7절 상반절).

10절: 만군의 여호와께서 곧 영광의 왕이시로다 (야웨 체바오트 후 멜렉 학카보드)— 이 답변은 영광스러운 왕이 전쟁의 용사이신 여호와, 곧 만군의 여호와이심을 확인한다. 전쟁의 용사나, 만군의 여호와는 사실 동일한 의미를 전달한다 (출 15:3, 삼상 17:47). 왜냐하면 만군 (체바옷)은 군대를 지시할 수 있기 때문이다. 이렇게 7-10절은 전쟁의 용사이신 하나님의 개선식을 묘사한다.

시편의 적용

하나님의 소유물 (1절)

땅과 거기 충만한 것과 세계와 그 중의 거민들이 다 여호와의 것이라. 하나님께서 만물을 지으셨기 때문이다. 우리의 생명과 건강이 그분에게서 나왔고, 우리의 마시는 공기와 물, 태양 빛이 모두 그분의 피조물이다. 그렇다면 우리의 노력으로 건축한 건물이나 공장, 컴퓨터 등은 어떠한가? 분석해 보면, 모두가 다 하나님의 것이다. 왜냐하면 시멘트, 유리, 철강, 나무 등은 하나님께서 지으신 원료들을 잘 조합하고 가공하여 만들어졌기 때문이다. 인간의 기술이나 들인 공력은 어떤가? 그것은 하나님께서 주신 지혜와 건강이 있었기에 가능했다. 그렇다면 "돈"은 어떤가? 돈은 그 종이에 찍힌 값어치에 해당되는 물건 교환권이다. 그러므로 이것 역시 하나님의 소유가 아닐 수 없다. 이렇게 볼 때 우리가 하나님께 받지 않은 것이 무엇인가? (고전 4:7) 그렇다면 우리가 자랑할 것이 무엇인가? 그렇다면 우리가 그분에게 아까워하고 바치지 못할 이유가 무엇인가?

나사 네페쉬 레- (마음을 그것에 둔다)(4절)

여기 본문에서는 허탄한데 마음을 두지 않는 자를 묘사하지만 이제 고려할 것은 그 반대의 경우를 고려해 본다. 신 24:15에서 품삯을 당일에 지불하라! 는 권고가 나온다. 품군은 빈궁해서 "마음에 품삯을 사모함이라" 하였다. 이런 자가 하나님께 호소하면 죄가 주인에게 돌아간다. 1999년 1월 첫 주간에 기독교 방송이 안산 시화공단, 반월 공단의 외국인 노동자 (알리프?)와 전화 인터뷰를 하였다. 그는 방글라데쉬 출신으로 한국에 2년채 체류하는 불법 체류자로서 (한국어를 배워서 여간 잘 하지 아니했다) 얼마 전 택시 강도단에게 맞고 가진 돈 30만원을 강탈당했으나 불법 체류자로서 신고도 못했다 하였다. 그는 7개월인가 임금을 받지 못하고 공장 주인이 도망갔고, 4개월 째 실직상태로 귀국할 차비도 없다고 했다. 한국인들에게 바램을 말하라 하니, "남의 나라 보다 더 잘 살면 마음을 이쁘게 쓰라! 그리고 공장에서 욕하거나 때리지 말라! 차별하지 말라." 이런 외국인 체류자는 구약에서 "나그네" (게르)에 해당된다. 이들에 대하여 하나님은 벌써 2500여년 전에 인도적인 대우를 하도록 법제화 해 놓으셨다 (출 22:21, 23:9, 신 10:19). 그런데 여기서 외국인 노동자 권익을 설파하자는 것이 아니라, 이런 자들이 그 임금에 얼마나 목매겠는가? 하는 것이다. 그 표현이 *나사 네페쉬 레이다*. 그 임금은 저들에게 생명이다.

성전(聖戰)(8절)

고대 이스라엘에게 있어서 모든 전쟁은 여호와의 이름으로 치러졌던 성전 (聖戰)이었다. 모든 전쟁은 야웨의 이름으로 치르진 종교행위였기 때문이다. 이스라엘에게 비-종교적인 행위는 아무 것도 없었다. 전쟁을 나가기 전에 반드시 하나님께 문의해야 했다 (삼하 5:19; 왕상 22:5). 이스라엘 군(軍)의 진 (陣)은 하나님께서 자기의 임재를 두시므로 ("두루 행하신 다" [미트할렠] 신 23:14) 성결하게 유지해야 했다. 제사장들이 종군하여 격려하고 영적인 면으로 지도하고 (신 20:2), 하나님의 임재는 언약궤를 진중에 안치함으로 표현되었다 (삼하 11:11). 잡담이나 배설물 같은 것들이 있어서는 아니 되었다 (신 23:10, 13). 전쟁에 참여하는 용사들은 여자를 멀리해야 했다 (삼상 21:4-5). 그래서 우리야는 자기 집에 돌아가 부인과 잠자기를 한사코 거절하였다 (삼하 11:9-11). 하나님은 전쟁에 능한 용사였다 (출 15:3). 그가 원수를 치는 방식은 자연력을 동원하는 것이었다. 때로는 우박을 보내기도 하시고 (수 10:10-11), 천둥으로 하시며 (삼상 7:10, 시 77:19), 불과 구름으로 (시 97:2-3, 나훔 1:2-3, 왕하 6:18), 경천동지 (驚天動地)의 현상으로 (삼상 7:10, 12:17, 삼하 22:14, 시 29:3) 원수를 혼비백산 패퇴시키셨다. 이사야 선지자는 앗시리아에 임할 심판을 묘사할 때 "여호와께서 그 장엄한 목소리를 듣게 하시며 혁혁한 진노로 그 팔의 치심을 보이시되 맹렬한 화염과 폭풍과 폭우와 우박으로 하시리니" 라 하였다 (30:30). 하나님은 구름으로 날개를 삼으시며 그룹을 타고 하늘을 날으신다 (신 33:26, 사 19:1, 삼하 22:11=시 18:11).

고대 근동문헌들이나 헬라의 일리아드에서도 신들을 유사하게 묘사한다는 것이 지적되곤 한다. 예컨대, 바알과 아낫을 노래하는 유가릿 서사시에 보면 "바알이 그 거룩한 목소리를 발하고, 바알이 [그 두 입술의 소리를] 보내니; 그의 거룩한 소리가 지구를 [진동시키고]… 산들이 떤다… 동서, 지구의 고 지대들이 비틀거린다" 란 묘사 (ANET, 135)가 나온다. 또는 이쉬쿨 (Ishkur) 신에게 바치는 노래에서 수메르인들은 다음과 같이 노래하였다: 이쉬쿨의 부친 엔릴 신이 아들에게 말하길 "반역하는 땅에 크고 작은 돌들 (우박)을 취하여 비처럼 쏟아 내리어 그 땅을 파멸시키고 점령하라" (의역)고 명령한다 (ANET³ 578).

이스라엘이 하나님의 전쟁개입을 묘사한 표현들이 고대근동이나 고대 헬라인들의 신화적 표현들과 유사하다는 사실은 무엇을 의미하는가? 비평가들은 신화적 묘사이지 그 이상도 이하도 아니라고 간주한다. 그러나 우리로서는 하나님께서 홍해를 가르시고 여리고 성을 무너뜨리시며, 우박을 여호수아의 대적들에게 쏟아 부으시어 진멸하신 것이 사실이 아니고 신화적인 묘사에 불과하다고는 도무지 이해할 수 없다. 신화적 표현이란 모든 자연 현상을 신의 행동으로 이해했던 무지한 고대인들의 사고방식의 발로라고 정의할 수 있을까? 바로 이 점이다. 고대인들은 하나같이 자연현상들을 신들의 행위나 의사표현으로 이해하였다. 가까운 예로 우리 조선시대에 기근이 심하면 왕이 친히 행차하여 기우제를 지냄으로 신의 진노를 풀어 가뭄을 해결코자 했다. 조선시대로 갈 것도 없이 몇 년 전에 옛 총독부 건물을 허는 의식을 3.1절을 기하여 거행할 때 고관대작들이 대거참석한 마당에 귀신들이 노하지 말기를 기원하는 의식을 거행하던 일을 우리는 기억한다. 참 하나님을 쫓아낸 사람들의 마음에는 이렇게 미지의 신이건 자기들이 고안해 낸 신이건 무엇인가 지배하기 마련이다. 고대인들의 신화적 표현들은 이런 신화적 사고 (신들이 지배하는 세계관)에서 자연스럽게 표출되었다. 그러나 이스라엘은 달랐다. 비록 표현상으로는 공통점이 있는지 몰라도 저들에게는 참 하나님이 삶의 현장에 역사하고 계셨다. 그래서 저들은 자연의 제 현상들도 자연의 조물주께서 자기 뜻대로 주장하신다는 것을 신앙의 눈으로 직시할 수 있었다. 이교도들이 자기 신들의 견지에서 자연현상을 이해했다면, 이스라엘은 자연현상을 하나님의 견지에서 바라 본 것이었다. 그러나 이교도들이 모든 자연을 신격화시킨 반면 이스라엘은 자연과 하나님을 엄격하게 피조물과 창조주로 분리시켰다는 점에서 사고의 근본적인 차이를 드러낸다. 이교도들의 사고에 자기-모순적 성격이 나타날 수도 있다는 것은 놀라운 일이 못 된다. 왜냐하면 신들이 자연현상을 주장할 뿐 아니라, 자연력은 자체로 신들로 지각되었다. 이런 일관성 없는 사고는 현대인의 관점에서 자기-모순적일지 모르나 고대인들의 범신론적 사고에서는 크게 문제될 것이 없었다.

시 25편 나는 외롭고 괴롭사오니

1. 전체구조에서의 위치, 시의 유형과 삶의 자리

표제는 다윗의 시로 제시한다. 시 24편이 누가 여호와의 산에 오를 것인가? 라고 물었다면, 여기서는 여호와를 경외하는 자가 누구인가? 에 답하고 있다.

이 시는 개인 탄식시로 대개 분류된다. 시인은 하나님께 자기 사정을 아뢰고 도움을 간구한다. 시인은 특히 인도하심과 보호를 간구하고, 죄용서와 원수와 곤고에서 구원을 요청한다. 양식비평이 탄식시의 제 요소들을 언급하지만 (C. Westermann, *Praise and Lament in the Psalms*, 64 참조), 그런 요소들이 어떤 시에 모두 나타나는 것은 아니다. 제 요소들이란 1) 도움을 간구하는 서론적 부르짖음 (Address), 2) 탄식, 3) 신뢰를 표현, 4) 하나님의 은총과 개입을 탄원, 5) 응답을 확신, 5) 하나님의 개입을 간구하면서 소원 피력, 7) 찬양하리라 서약, 8) 간구가 응답되었음을 인하여 하나님을 찬양 등이다. 이 시에서 찬양하리라는 서원이나 찬양은 없다.

델리취는 이 시에는 어떤 특정 개인을 암시하는 요소들이 없고, 따라서 다윗을 이 시의 저자로 보지 못하도록 하는 요소도 없지만, 적극적으로 다윗의 시라고 암시해주는 도덕적, 신앙적 요소도 없다고 한다. 또한 이 시의 보편적 성격과 구속의 계획과 조화되는 점 등은 시 25편이 추방 후 저작이란 추정을 가능케 하고, 모든 시대 성도들의 신앙 양심에 공히 나타나는 바가 표현되고 있으며, 구약시대 이스라엘에 특징적 요소들은 없다고 지적한다. 교회 역사상 이 시의 6절 (이것을 기억하옵소서), 15절 (내 눈이 항상 여호와를 앙망함)은 사순절의 둘째, 셋째 주일의 예배 시초에 낭송되었다. 그래서 이 주일들은 각기 "기억되는" (Reminiscere)와 "눈" (Oculi)으로 불렸다.

2. 시적 구조와 해석

형식상 알파벳시의 구조를 지니고 있으나, "바브" 행이나 "코프" 행이 없고 대신 "레쉬"

행이 두 번 나타난다 (70인역은 맛소라 사본대로 모두 *이데* [보라]를 제시). 그리고 마지막 행이 "타브"로 끝난 후에 "페" 행이 더해졌다 (시 34편에서도 "페" 행이 마지막을 구성하고 있다). 알파벳 시는 외적인 구조에 집착하는 까닭에 시의 흐름에서 일관성을 유지하기 힘들 수도 있겠으나 (H. Gunkel은 말하길, "시인이 알파벳에 따라 인도를 받으므로, 매 행마다 새로운 곳으로 나아가게 된다" *Die Psalmen*, 106; 재미있는 언급이다; Peter C. Craigie, *Psalms 1-50*, 217도 이 점을 언급한다) 여기 시는 사고의 흐름에서 잘 제어된 일관성을 보여주고 있다.

아래 도표에서 일목요연하게 드러나듯이, 이 시를 6개의 연으로 구분할 때, 1, 2연은 5, 6연에 상응하고, 3연과 4연이 또한 서로 상응한다. 이렇게 보면 이 시는 마크로-병행법 구조를 보인다. 하나님의 속성을 묘사하는 3연은 그분의 속성으로 감화 받는 성도들의 모습을 보이는 4연과 상응된다. 그리고 1, 2연의 간구는 5, 6연에서 반복 내지 심화된다. 이렇게 이 시의 사고는 전체적으로 잘 짜여진 흐름을 보이고 있다.

우리의 이런 구조 분석과 유사한 구조 분석이 있다 (Moeller, *Strophenbau*, 1931; N. H. Ridderbos, *Die Psalmen*, 206에서 재인용). 그 분석에 의하면, 시 25편은 a-b-c-d-c-b-a 형식의 교차 대구법적 (chiastischen) 구조를 보인다. 여기서 1절과 22절, 2-3절과 20-21절, 4-7절과 16-19절, 8-11절과 12-15절 등이 서로 상응한다고 본다.

몇 구절들은 둘씩 단어들의 반복을 통해서 긴밀하게 연결되고 있다. 예컨대, 2, 3절은 *에보슈* (수치를 당하다), 두 번의 *예보슈* (수치를 당하다); 4, 5절은 *데라케카* (당신의 길들), *하드리케니* (나를 인도하소서); 6, 7절은 *하사데카* (당신의 인자), *케하스데카* (당신의 인자를 따라), 8, 9절은 *바다레크* (그 길에), *야드레크* (그가 인도하다), *다르코* (그의 길); 12, 13절은 야웨를 경외하는 자들을 모두 묘사; 18, 19절은 *르에* (보라), 20, 21절은 각 행 말미에 이유를 제시. 이렇게 긴밀히 연결됨과 동시에, 보다 크게는, 4, 5절의 사고는 8, 9절에서 반복된다 (단어도 유사어가 나타난다). 6, 7절의 사고는 10, 11절에서 반복된다 (인자와 죄 용서). 또한 전체적으로 보건대, 1-11절 부분의 전반부는 야웨의 성품과 그분이 인간을 다루시는 방식이 묘사된다면, 후반부 (12-22절)에서는 야웨를 경외하는 자들의 모습이 묘사된다.

핵심어 (key-words)들이 반복적(反復的)으로 나타난다. 예컨대, 야웨의 길 (4, 8, 9, 10절), 진리 (5, 10절), 공의 (미쉬파트, 9절), 언약의 조항들 (10, 14절), 친밀함 (소드, 14절) 등은 하나님의 뜻 혹은 계시된 말씀을 지시한다. 다음으로 하나님의 속성을 언급하는 선하심 (7, 8, 10절), 긍휼 (6절), 정직 (8, 21절) 등이 이에 속한다. 또한 용서하다 (11절), 보호하다 (나챠르, 21절), 죄를 사하다 (*나사*, 18절), 벗어나게 하다 (15, 17절), 긍휼을 베풀다 (16절), 돌이키다 (16절), 기억하다 (6, 7절), 보다 (18, 19절), 가르치다 (*야쇼르*, 8, 12절) 등은 하나님과 인간의 바른 관계를 묘사한다. 혹은 하나님께서 해주시길 간구하는 사항들이다. 다른 한편으로 신뢰하다 (2절), 바라다 (3, 5, 21절), 피하다 (20절), 영혼을 들어올리다 (1절), 경외하다 (12, 14절), 배우다 (4, 5, 9절), 알다 (4, 14절) 등은 시인의 하나님을 향한 자세이다. 다음으로 죄 (7, 17, 18절), 허물 (페샤임, 7절), 죄악 (11절), 죄인들 (8절) 등은 하나님 앞에서의 잘못된 인간의 모습을 제시한다.

다음으로 원수들 (오예브, 2, 19절), 덫 (15절), 근심 (챠롯, 17절), 곤난 (메츄카, 17절), 곤고 (아니, 18절), 환난 (아말, 18절), 외롭다 (야히드, 16절), 괴롭다 (아니, 9, 16절) 등은 시인의 곤고함을 묘사한다. 원수들은 시인의 생명을 노린다 (2, 15, 19절). 다음으로 하나님의 칭호는 엘로힘 (2, 5, 22절), 야웨 (1, 4, 6, 7, 11, 12절) 등이다. 혹은 인칭 접미어 2인칭 혹은 3인칭도 하나님을 지시한다 (13절을 제외하고 모든 구절이 담고 있다). 이런 핵심어들은 이 시의 주제가 무엇인지 알게 해준다. 시인이 문제들 (원수 포함)에 봉착하여 하나님께 도움을 간구한다. 이렇게 성도, 문제, 하나님은 늘 삼각관계로 이 세상에서 연관된다.

12, 14절은 마크로-병행법에 해당된다. 9절 병행법에서는 "그는 온유한 자를 공의로 지도하심이여/ 온유한 자에게 그 도를 가르치시리로다"는 쿠겔이 말하는 이른바 "차별" (differentiation) 기교가 나타난다. 왜냐하면 전.후반절은 VOP/ VOP로 구문상 병행되면서 내용상 동의 병행법이지만, 전치사구 (P)에서 전.후반절을 보면, 전반절에서는 정관사 (바미쉬파트)가 사용된 반면, 후반절에서는 대신 인칭 소유접미어 (다르코)가 사용되어 같은 내용을 다른 말과 다른 형식으로 지시하기 때문이다 (J. L. Kugel, *The Idea of Biblical Poetry: Parallelism and Its History*, 22). 2절에서도 쿠겔은 동사들의 어형론적 차별을 보고자 한다. 예컨대, 완료시상의 "바타흐" (신뢰하다)와 미완료 시상의 "보쉬" (수치를 당하다)를 신간상의 전후 관계로 차별화 시킨다: 내가 신뢰하니, 나로 수치를 당치 말게 하소서; 혹은 내가 신뢰하였으니, 따라서 내가 수치를 당치 않을 것입니다 (Ibid., 17). 19절에서 우리는 구체명사와 추상명사가 전. 후반절에 배치된 병행법을 본다 (오예브 [원수] / 신아트 하마스 [강포한 증오]). 3절은 반의 병행법의 예를 보여준다. 병행법에 대하여는 얼마든지 많은 말을 여기서 할 수 있을 것이다.

액센트 숫자나 음절수를 계산하여 콜론 (colon)들의 미터 (meter)를 계산해 보면 다음과 같다. 형식이나 내용의 흐름에 따라 여섯 개의 연으로 구분한다. 제1연 (1-3절), 제2연 (4-7절), 제3연 (8-11절), 제4연 (12-15절), 제5연 (16-19절), 제6연 (20-22절).

제1연 (1-3절): 수치 당치 말게 하소서

1절과 2절 전반절이 함께 동의 병행법을 구성한다.

알렙: 알렙 행을 유도하기 위해 전치사를 앞에 두었다.

1절: 여호와여 나의 영혼이 주를 우러러보나이다 (엘레카 야웨 나프쉬 엣사) —이 표현은 신 24:15, 시 86:4, 143:8, 잠 19:18, 호 4:8 등에서 나타난다. 이 표현은 주어 + 동사 (들어올리

절	알파벳	연	액센트수
1	알렙	1 간구 (수치 당치 말도록)	2+3
2	베트		3+3
3	김멜		3+3
4	달렛	2 간구 (당신의 길을 가르치소서)	2+3
5	헤		3+3+3
	*바브(없음)		
6	자인		2+4
7	헤트		4+3+3
8	테트	3. 하나님의 속성	4+3
9	요드		3+3
10	카프		3+4
11	라멧		4-3
12	멤	4. 야웨를 경외하는 자의 모습	3+4
13	눈		3+3
14	사멕		2+3
15	아인		4+3
16	페	5. 간구(곤난에서 구원을)	3+3
17	챠데		2+3
18	(레쉬)[코프]		3+3
19	레쉬		3+3
20	쉰	6. 간구 (수치 당치 않도록)	3+3
21	타브		1+3
22	(페)		2+3

다, 두다) + 목적어 (영혼, 욕망, 바람) + 전치사구 (동작의 대상, 방향) 등의 요소로 구성된다. 그 뉴앙스는 문맥에 따라서 약간씩 달라지나, 기본 의미는 "내가 내 욕망을 어디에 두다" (어디를 향하여 들어올리다) 이다. 품군은 날이 저물면 품삯에 욕망이 가 있을 것이고 (신 24:15), 악인은 자기 욕망을 자기 죄악으로 향한다 (호 4:8). 시편에서는 "주께 내가 내 영혼을 향하나이다," 곧 "주를 앙모하며 신뢰하나이다" 란 의미로 사용된다. 한편 고대 이스라엘인들은 예배시에 서서 두 손을 들고, 눈과 음성을 하늘을 향하였다 (시 63:4, 121:1, 사 24:14, 애 3:41)(기도자의 자세를 O. Keel, *The Symbolism of the Biblical World*, 308-323에 서 참조). 때로는 무릎을 꿇고 두 손을 들고 하나님을 향하여 앙모하기도 하였다. 여기서 시

인은 단지 손과 눈만이 아니라 "내 속 사람까지 주께 들어올립니다" 곧 앙모합니다! 라고 고백한다.

베트: 2절 원문에서 "나의 하나님이여" 다음에 "베트"가 나타난다. "나의 하나님이여" 란 부름은 감탄사처럼 이 행에 속하지 않는 것으로 이해될 수 있다 (시 31:1에서는 "당신께 여호와여 내가 피하나이다" [*베카 야웨 하시티*]라 하여 "베트"로 시작한다는 점도 참조).

2절: 나의 하나님이여 (*엘로하이*) ―시인은 하나님을 "나의 하나님!" 이라 부름으로 체험적 신앙을 표출하고 있다. 창 31:30에서 라반은 야곱에게 "어찌하여 네가 '내 신'을 훔쳤느냐?"고 질책한다. 라반에게 사람이 만든 드라빔이 "내 신" (*엘로하이*)이었다. 자신이 소중히 간직하고 섬기는 신이란 뜻이겠다. 그러나 "나의 하나님" 이란 부르짖음은 사람이 만든 우상과 같지 아니하여, 인격 대 인격간의 친밀한 교감과 애정이 담긴 외침이다. 바로는 모세에게 "너희 하나님께 너희가 광야에 가서 제사를 드려라" 라고 답한다 (출 8:24). 유일하신 하나님을 알지 못하는 사람은 이렇게 자기를 지으신 창조주를 "너희 하나님" 이라 부르면서 이질적인 어떤 존재로 무시한다.

내가 주께 의지하였사오니 (*베카 바타흐티*) ― "내가 주를 신뢰합니다." 이는 1절 사고와 병행된다. 주를 신뢰한다는 것은 내 몸과 영을 그분께 의탁한다는 것이다.

나로 부끄럽지 않게 하시고(*알-에보솨*) / **나의 원수로 나를 이기어 개가를 부르지 못하게 하소서** (*알-야알레추 오예바이 리*)―후반절은 "나의 원수들이 나에 대하여 기뻐 날뛰지 못하게 하소서" 란 의미이다. 어떤 영역본들은 "내 원수들로 나를 고소한 듯이 바라보지 못하게 하소서" (gloat over me; NJB, NAB)라 번역했다. 원수들은 우리를 해코자 하나, 원수가 있기에 우리는 하나님을 의지하고 찾게 된다. 평안할 때 우리는 하나님을 미지근하게 대하기 십상이다. 신앙의 강도는 우리가 받는 도전의 강도에 따라 달라진다. 일반적으로 말해 평안한 삶을 사는 사람 치고 믿음 좋은 사람이 없다. 여기 원수는 구체적 언급이 없기에 확인할 길이 없다. 그런데 원수는 심히 많고 (*라바브*, 19절) 또한 폭력을 행사하며 증오를 표한다 (19절). 이로 보건대 실제로 시인의 생명을 없이하고자 하는 정치적 원수일지 모른다.

김멜: 강조의 불변사 "감" (실로 yea, indeed)을 앞에 두어 '김멜' 행을 유도한다.

3절: 주를 바라는 자는 수치를 당하지 아니하려니와 (*감 콜-코베카 로 예보슈*)―문두에 놓인 "감" 이란 불변사는 "실로" (Indeed) 정도로 이해된다 (NASB). 또한 원문에서 "당신을 바라는 자는 '그 누구도' 수치를 당치 않으리라"고 강조되고 있다. 그런데 여기서 간접 명령으로 번역하기도 한다: "당신을 바라는 자는 그 누구도 수치를 당치 말게 하소서!" (NRSV, KJV, TNK).

"당신을 소망하는 자." "소망"은 미래를 분명하고 확신 있게 바라보는 "믿음의 눈"이며, 아주 역설적(逆說的)이어서 고난의 때에 소망이 생겨난다 (욥기에서 "소망" 이란 단어가 가장 많이 나타난다). 모든 것 물리치고 하나님께 겸비하게 굴복하면, 그는 결코 수치를 당치 아니할 것이다 (사 29:22, 욜 2:26, 27, 습 3:19). 동시에 하나님을 소망하는 자는 사악하게 행동할 수 없고, 따라서 시 18:24-26에 제시된 원리대로, 하나님은 그가 수치를 당치 않도록 붙들어 주신다 (시 25:3, 31:17, 37:19, 119:46).

한편, 다훗은 여기서 "당신을 바라는 자" (코베카)를 "당신을 크게 부르는 자" (who invoke you aloud)라 번역했다 (Psalms I, 154-155; NJB). 이는 Jacob Barth (Etymologische Studien, [Leipzig, 1893], 29 이하)의 제안을 따른 것이며, 시 40:2, 52:11, 욥 17:13 등에서 "카바" 동사를 전통적인 의미 "바라다" 대신 "부르다"란 의미로 이해할 수 있을 것이다.

무고히 속이는 자는 수치를 당하리이다 (예보슈 합보그딤 레캄)—이들은 주를 소망하는 자들, "의인들" (예솨림 혹 챠디크)과 대조되는 자들로 (잠 11:3, 21:18), 사기꾼이며 (잠 23:28) 궤계 (셀레프)를 사용하며 신의 없이 행하므로 시 18:24-26의 원리대로 자신들의 꾀에 자기들이 넘어가서 결국 수치를 당하고 만다. 무고히 속이는 자나 악인은 마침내 땅에서 끊어지고 제거된다 (잠 2:22).

달렛: 달렛 행을 유도하기 위해 목적어를 앞에 두었다.

4절: 주의 도 (데라케카)**를 내게 보이시고** (호디에니)**/ 주의 길** (오르호테카)**을 내게 가르치소서** (람메데니)—구문상 OV/ VO 형식으로 교차 대구법적 병행법을 구성한다. "당신의 길들/ 당신의 좁은 길들"은 앞에서 핵심어를 언급하면서 다루었지만 결국 하나님의 뜻과 드러난 계시 혹 말씀을 지시한다. 그 길을 성도는 걸어야 한다. 사용된 두 개의 동사들 (야다의 히필형 [알게 하다]; "라마드" [가르치다])는 다음절에서 "인도하다" (다락의 히필형)와 "가르치다" (라마드)로 나타난다. 그런데 시인이 여기서 간구하고 있는 바는 주의 진리 말씀을 확실하게 깨닫게 해 주시라는 것이다. 기록된 말씀을 읽을 때 성령님께서 조명하시지 않으면 그 말씀이 내 마음을 움직이지 못한다. 그분의 조명을 받은 말씀은 내 삶에서 직접 나를 인도하게 될 것이다 (시 119:105).

제2연 (4-7절): 당신의 길을 가르치소서

시인이 당면한 가장 큰 위험은 원수들의 위협이 아니다. 그것은 오히려 자기 자신 내부에 숨어 있는 부패성이다. 이것이 결국 하나님의 진노를 야기시켜 자신을 원수의 손에 넘기기 때문이다. 이러므로 시인은 여기서 여호와의 길을 가르치시고 인도해 주시라 간구한다.

헤: 헤 행을 유도하기 위해 "행하다" (다락)의 히필형 동사 명령법을 문두에 두었다.

5절: 4절과 유사한 사고를 제시한다.

주의 진리로 나를 지도하시고(하드리케니 바아밋테카)**/ 교훈하소서** (람메데니)—후반절에도 "주의 진리" (바아밋테카, 당신의 진리)가 해당된다 (double duty). 그런데 "주의 진리"라 이해하는 대신 우리는 다훗의 제안대로 "당신에 대한 신실함으로" (=당신에게 신실하게)라고 이해한다. 그래서 이 부분을 번역하면 "나로 당신에게 신실하게 행케 하소서"가 될 것이다 (시 26:3, 86:11도 참조). 한편, "교훈하소서"는 4절에서 "가르치소서" 로 번역된 말과 같다. 그리고 "지도하다"란 말은 "걷게 하다" (cause to walk)란 의미이며, "요드" 행 (9절)에서 "그가 [온유한 자들을 바른 길로] 걷게 하신다" (야드레크)에서 다시 나타난다. 시인은 실제 삶에서 주께 '신실하게' 행할 수 있도록 해 주시라 간구한다. 걷는 주체는 "나"이지만, 내 걸음을 어디로 옮기는가 하는 결정은 그분의 강권에 따라야 한다. 그러므로 하루를 여는 새벽 기도 시간에, 하루의 걸음을 온전히 지도 받아, 그 날을 시작해야 한다.

주는 내 구원의 하나님이시니 (키-앗타 엘로헤 이쉬이) — 오히려 5절 앞 부분과 연결시켜야 한다: "당신은 내 구원의 하나님이시니/ 당신의 진리로 나를 걷게 하시고, [당신의 진리로] 나를 가르치소서."

내가 종일 주를 바라나이다 (오테카 키비티 콜-하욤)—어떤 이는 구원에 대하여 설명하길, 우리 영혼을 가로막는 장애들이 없이 자유롭게 움직이는 상태이다. 이는 "샬롬" 처럼 영혼의 발전이다 (J. Pedersen, *Israel*, I-II, 330). 물론 구원은 위험이나 고난에서의 해방됨을 의미한다. 그래서 구원의 반대는 '협소한 상태' 인 곤난(困難)이다. 평안과 구원을 구태여 구분하자면, 평안은 조화와 행복의 지속상태라면, 구원은 그런 상태를 얻게 되는 그 순간에 초점이 주어진다 (Ibid., 332). 시인은 종일 구원이 임할 때까지 "주님"을 소망한다. 이것도 바라고, 저것도 바라고 한다면 그것은 신앙이 아니다. 주님만 종일 바라는 것, 이것이 참 신앙이다.

자인: 자인 행을 유도하기 위해 "기억하소서" 동사를 앞에 두었다.

6절: 긍휼하심과 인자하심이 영원부터 있었사오니 주여 이것을 기억하옵소서 (제코르-라하메카 야웨 바하사데카 키 메올람 헴마)— "여호와여, 당신의 긍휼과 당신의 인자를 기억하소서; 왜냐하면 그것들이 영원부터 있었기 때문이로소이다!" 하나님의 긍휼과 인자는 시간적으로 영원하고 (시 103:17) 공간적으로 하늘에까지 미치며 (시 57:10), 따라서 풍성하다 (시 5:7, 86:15). 이것을 하나님께서 시인에게 베풀어주시라 간구한다. 그것들이 "영원부터" 있었다 곧 "오래되었다"는 말은 인간의 타락한 때부터 벌써 그분의 긍휼과 인자가 나타났기 때문이다 (에덴 동산에서 가죽옷을 해 입히시고, 뱀의 머리를 상케 할 여자의 후손의 탄생을 예고하신 일 등). 6, 7절은 다 같이 "기억하다" (자카르) 동사를 핵심어로 갖고 있다. 6절에서는 기억하소서; 7절에서는 기억치 마소서.

헤트: 헤트 행을 유도하기 위해 목적어 "죄"를 앞에 두었다.

7절: 내 소시의 죄 (하토-트 네우라이)**와 허물** (페솨이) — "죄"는 표적을 빗 맞추는 일과 연관되고, "허물"은 주권자에 대한 반란행위이다. 성도가 행한 죄악은 어떤 국면을 강조하느냐에 따라 이렇게 용어가 달라질 수 있다. 그런데 "내 소시의 죄" 곧 10대 나이에 지은 죄는 왜 언급하는 것인가? 시인은 청소년기에 정욕과 판단 미숙(未熟)으로 범했던 죄악을 심각하게 고민하고 있다 (어거스틴이 회심한 이후에 행했듯이). 그리고 나이가 들어서 하나님의 주권에 반역하는 죄악을 범하므로 (곧 말씀을 깨달았음에도 거역한 죄) 그분과의 교제를 깨뜨린 일들을 회개하고 있다 (11절 참조).

기억지 마시고 (알-티제코르) —죄는 기억치 마시고, 오히려 주의 인자를 따라 나를 기억하소서 곧 나에게 긍휼을 베풀어주소서. 다훗은 11절의 "큰 죄"가 우상숭배라 이해하고, 따라서 7, 8, 11, 18절의 죄악이 우상숭배라 결론짓는다. 따라서 시인은 여호와께 신실하길 원한다고 기도한다. 그러나 본 시의 죄악이 반드시 우상숭배라고 볼만한 근거가 부족하다. 그것을 포함해서 포괄적으로 하나님을 배반한 행위들을 염두에 두었을 것이다.

주의 인자하심을 따라 나를 기억하시되 (케하스데카 제코르-리-앗타)—주의 긍휼 (라하밈), 인자 (헤세드), 선하심 (토브) 등은 하나님의 속성이며, 아무리 죄가 심대하다해도, 이런 하나님의 속성이 감당하지 못할 언약 백성의 죄는 없다. 문제는 "회개"하는 일이다. 그런데 "나를 기억하소서!" 라고 할 것을 "나를 '당신께서' (앗타) 기억하소서" 라고 강조하고 있다.

주의 선하심을 인하여 하옵소서 (레마안 투브카) —다음 구절에서도 여호와는 선하시고 정직 하시다고 선포된다. 어떻게 보면, 이 부분은 군더더기 같아 보인다. "당신의 인자를 따라 나를 기억하소서" 라고 해도 말이 완전하기 때문이다. 그런데도 "당신의 선하심을 위하여/ 당신의 선하심 때문에" 라고 덧붙이고 있다 ("당신은 선하시기 때문입니다" NIV). 이 부분을 신약적으로 표현한다면, 하나님은 사랑이시다 (요일 4:8)가 될 것이다. 그렇다면 하나님의 사랑을 위하여/ 사랑 때문에 주의 인자를 따라 나를 기억하소서! 결국 이는 자신에게 긍휼을 베풀어주시라는 간구를 아주 강조적으로 표현한 것이다 (11절 참조). 시 23:3에서 "'자기 이름을 위하여' (레마안 쉐모) 의의 길로 인도하신다" 는 표현에 비추어 이해한다면, 성도들이 알고 있는 하나님은 사랑이시라는 사실이 손상되지 않도록, 즉 하나님 '자신의 명예를 위하여' 인자를 따라 나를 기억하소서! 가 된다.

제3연 (8-11절): 하나님의 속성 찬양

하나님의 속성에 대한 진술은 출 34:6-7이 고전구에 해당되고, 그 이후 구절들은 모두 출 34:6-7에 제시된 시내산에서의 속성 계시의 반향(反響)이다 (대하 30:9, 느 9:17, 31, 86:15, 103:8, 111:4, 112:4, 145:8, 욜 2:13, 욘 4:2, 등). 이런 속성 진술이 등장하는 문맥을 보면 대개 하나님의 긍휼과 용서를 구한다. 따라서 여기 시편에서 하나님의 속성을 찬양함은 "간접 기도"라 할 수 있다. 왜냐하면 시인이 자신의 불신실을 고백하면서 하나님의 선하심을 찬양하는 것은 결국 자신의 불신실에도 불구하고 선하신 하나님께서 자기에게 긍휼을 베풀어 주실 줄 믿습니다 라고 고백함과 같기 때문이다. 바로 이런 이유에서 11절에서 자기 죄를 사해 주시라는 간구를 올린다. 이 시에서는 유독 그분의 속성이 여러 가지로 언급되고 있다. 예컨대, "주의 진리" (5절; 주의 신실하심, *아미테카*), 주의 긍휼과 인자하심 (6절; *라*

하밈, 하사딤), 인자하심과 선하심 (7절; 헤세드, 투브), 선하시고 정직하심 (8절; 토브, 야솨르), 인자와 진리 (10절; 에세드, 에메트), 성실과 정직 (21절; 톰, 요쉐르) 등.

테트: 여호와의 속성을 묘사하는 형용사 (토브)를 앞에 두어 '테트' 행을 유도한다.

8절: 여호와는 선하시고 정직하시니 (토브-베야솨르 야웨)—따라서 그분의 통치 (신 32:4), 그분의 길 (호 14:10), 그분의 말씀 (시 11:9), 그분의 심판 (시 119:137) 등도 의롭다. 그러므로 모든 면에서 그분은 신뢰 할만 하다.

그러므로 그 도로 죄인을 교훈하시리로다 (알-켄 요레 핫타임 받다렉)—하나님은 선하시고 정직하시므로 (알-켄), 그 도 (바다렉)로 "죄인" (핫타임)을 가르치실 것이다. 그분의 선하심과 정직하심이 곧 그분의 '사랑'이 죄인들에게 자기 길을 가르치심에서 드러난다. 여기 "죄인"은 강퍅하게 굳어진 죄인이 아니라, 여기 시인처럼 때로 넘어지는 죄인이다. 시인은 자신의 과거 체험을 이렇게 반영하고 있다. 신약적으로 고찰한다면, 예수님께서 죄인들을 부르러 오셨다고 하시고 창녀, 세리, 죄인들과 친근히 하시며 (마 9:10, 11, 19 =막 2:15, 16, 눅 15:1) 저들에게 복음을 전하신 데서 이 말씀은 입증된다.

그런데 "죄인" (하타임)과 연관하여, 70인역은 하마르타논타스 (분사형 복수)를 사용하여 "굳어진 죄인들"이 아니라 때로 넘어지는 죄인 (성도)임을 보이고자 한다고 크라우스는 이해한다 (*Psalms 1-59*, 321). 그렇다면 분사형 호트임이 여기서 사용되었어야 했을 것이다. 그런데 대신 하타임 (형용사의 명사용법)이 사용되었다.

요드: 5절에서처럼 "–로 걷게 하다"란 동사의 미완료 3인칭 형태를 문두에 놓아 요드 행을 유도한다.

9절: 온유한 자를 공의로 지도하심이여 (야드렉 아나빔 밤미쉬파트) — "온유한 자들"은 신약에서 "심령이 가난한 자들"이며, 사회적으로나 경제적으로, 혹은 영적으로 억압당하고 무시당하던 자들로, 저들에게는 오로지 하나님만 의지할 힘이었다. 이런 자들을 하나님은 공의 (미쉬파트)로, 곧 바른 길로 걷게 하신다 (야드렉). 전.후반절을 비교해 보면 "공의" (미쉬파트)가 "그분의 도" (다르코)와 병행된다. 그러므로 "공의"는 "'그의' 공의"가 된다 (double duty). 하나님만 의지하는 자들은 바른 길로 행하게 하실 수가 있지만, 스스로 자만하게 행하는 자들은 하나님께서 내버려두신다. 그분이 걷게 하시는 그 영역이 "바른 것" (미쉬파트)이라면, 바르지 못한 영역에 우리가 서 있다면 그분의 인도하심이 아니로구나! 라고 곧장 깨달아야 할 것이다.

온유한 자에게 그 도를 가르치시리로다 (빌람메드 아나빔 다르코) —바른 길로 걷게 하시고, "자기" '도'를 가르치신다는 것은 결국 축복의 길로 인도하신다는 말이다. 그런데 산상수훈의 팔복(八福) 선언에서 여덟 가지 상이한 그러나 연관된 마음의 상태나 행동의 자질이 언급될 때, 개개 독립된 실체로서가 아니라, 전체의 일부로 곧 한 성도가 갖는 자질의 총체로 이해되어야 한다. 즉, 심령이 가난한 자, 애통하는 자, 온유한 자, 의에 주리고 목마른 자, 긍휼히 여기는 자, 마음이 청결한 자, 화평케 하는 자, 의를 위하여 핍박을 받는 자는 별개로가 아니라 전체를 하나로 묶어 함께 가질 때, 온전한 신앙인이라 할 수 있다. 이런 자들을 하나님은 자기 도로 가르치실 것이며, 바른 길로 행케 하실 것이며, 결국 축복의 길로 인도 받게 될 것이다.

카프: 여호와의 "모든" (콜) 길들을 앞에 두어 카프 행을 유도한다.

10절: 여호와의 모든 길은 (콜-오르호트 야웨) —한편으로 아브라함과 그 후손이 지키도록 했던 창 18:19에서의 "여호와의 길"이나 이 시편의 8, 9절에서 언급하는 "여호와의 길"과, 다른 한편으로 여기 10절에서의 "여호와의 길"은 용례가 약간 다르다. 여기서 그 길은 하나님의 진리나 말씀이 아니라, 그분이 자기 백성을 다루시는 방식을 말한다. 그 방식은 시 18:24-26에서 그 일반적 원리가 언급되었고, 레 26장이나 신 28장이 담고 있는 언약의 축복과 저주가 언약 백성에게 언약에 신실한지 여부에 따라 나타날 것이다.

그 언약과 증거를 지키는 자에게 (레노츠레 베리토 베예도타브) —이 구절은 이 시의 강조점이 바로 "언약에 신실하라"는 권면에 있다는 것을 보여준다. "그의 언약"은 "그의 증거들"과 동일하다. 혹은 "그 언약과 증거"를 이사일의 (hendiadys)로 보고 "그분의 언약적 증거들" (언약 조항들)로 이해할 수도 있다 ("그의 언약의 요청들" NIV, NAB). 이런 언약 증거를 지키는 자들에게는 축복이요 사랑이지만, 배반하는 자들에게는 저주와 죽음이 하나님의 보상이다 (레 26장, 신 28장 참조). "언약"이란 용어는 쌍방간의 관계를 강조한다면, 이 말은 강조점에 따라서 "증거들," "규례들," "율법," "판결" 등으로도 불린다. 그 언약의 핵심은 하나님께서 이스라엘의 하나님이 되시고, 이스라엘은 하나님의 백성이 된다는 것이며, 그 언약관계에서 이스라엘은 하나님께 온전히 순종하고, 하나님은 저들을 보호, 축복하시는 인격적 상호 관계를 설정하게 된다.

인자와 진리 (헤세드 베에멧) —이 두 말은 종종 함께 나타난다 (창 24:27, 49, 47:29, 출 34:6, 수 2:14, 삼하 2:6, 15:20, 시 40:11, 12, 57:4, 61:8, 85:11, 86:15, 89:15, 117:2, 잠 3:3, 14:22, 16:6, 20:28 등). 이는 언약관계에서 상대방에 대한 신실과 사랑, 연합관계를 표시해주며, 여기 시편에서는 언약 조항을 지키는 자들에게 하나님이 신실하셔서 자신의 약속을 다 이행하신다는 것을 말해준다. "인자와 진리"는 신약에서 "은혜와 진리"로 나타나지만 (요 1:14), 헬라적 현상 세계에 대조되는 이데아적 '참' 이란 의미의 '진리' 가 아니라 언약에 충실한 '신실성' 과 '충성' 을 의미한다.

라멧: 라멧 행을 유도하기 위해 "당신의 이름을 위하여" 라는 전치사구를 문장 처음으로 옮겨 배치하였다.

11절: 나의 죄악이 중대하오니 주의 이름을 인하여 사하소서 (레마안-쉼카 베살라흐타 라아보니 키 라브-후) — "당신의 이름을 위하여, 나의 죄가 비록 크다 할지라도, 사하소서." 여기 "사하소서" (베살라흐타)는 완료의 "바브 연속법" 으로 (Vav Consecutive of the

Perfect) 이해하여 완료상을 미완료상으로 바꾸어, 간접 명령 (jussive)으로 해석했으나, 예컨대, Briggs), 우리는 다훗처럼 완료상 (살라흐타)을 간구적 (precative) 완료상으로 이해한다. 그리고 그 동사 앞에 붙은 접속사 (베)는 강조의 접속사 (waw emphaticum)으로 이해한다. 제롬의 라틴어역도(juxta Hebraeos) 여기서 "명령법"으로 제시하고 있다 (propitiare).

*고찰: 11절의 완료의 바브 연속법 (Vav consecutive of the Perfect)
히브리어 문법에서 특이한 것은 동사들의 시제가 연속되는 방식이다. 미래 사건들을 일련의 동사들로 묘사하고자 하면, 첫 동사는 미완료상의 것을 배치하고, 다음에는 접속사 '바브'에 완료상 동사를 더하여 계속 배치하는 것이다 (사 7:17 이하 참조). 과거 완료된 일련의 사건들을 묘사하고자 할 때는 완료상 동사를 처음에 배치하고, 다음에는 접속사 '바브'에 더하여 미완료상 동사들을 배치한다 (예컨대, 왕하 20:1 이하). 이렇게 동사들이 제시하는 일련의 시제의 연속을 묘사할 때 "미완료의 바브 연속법" 혹은 "완료의 바브 연속법" 이라 한다. 여기 시편 25편 9-11절에서도 그 예를 찾고자 하는 이들이 있는데, 9절에서 미완료상 동사가 둘이 사용되었고, 10절은 명사절로 동사가 없으며, 11절에서 접속사 '바브'에 완료상 동사가 첨가되어 나타나고 있다:

9 야드레크 [미완료]… 빌람메드 [미완료]… 11절 베살라흐타 [바브+완료]

이 세 동사들의 번역들을 살펴보면, 9절에서 현대 역본들은 모두 '현재 시제'로 번역하는 반면, 11절에서는 의견이 엇갈린다. KJV, NAB, NASB, NIV, NRSV, TNK, ELB, LUT, TOB: 명령으로, LSG: 미래로, NJB: 간접명령 (jussive)으로 번역했다. NJB도 따지고 보면, "내 죄가 용서되게 하소서" 했으니, "여호와여, 내 죄를 용서하소서"란 명령형 번역과 다를 바 없다. 그래서 결국 현대역본들은 모두 11절에서 완료의 바브 접속법을 인정하고, "용서하다" 동사를 미완료상으로 취하여, 그것을 미래로, 혹은 간접 명령으로 취한 것이다. 직접 명령으로 취한 역본들은 다훗이 제안한대로 완료상의 간구형으로 취했는지 아니면, 간접 명령을 번역상 직접 명령으로 바꾸어 버렸는지 모를 일이다.

한편 11절은 7절과 사고상 대동소이하다. 하나님은 이스라엘이 돌이킬 수 없을 정도로 우상숭배와 피 흘림으로 약속의 땅을 더럽히므로, 그 땅에서 뽑아 바벨론 포로로 추방하셨으나 그곳 흩어진 열방 가운데서도 저들은 하나님의 거룩한 이름을 더럽혔다 (겔 36:16-21). 열방은 이스라엘의 행동을 통해서 이스라엘의 하나님을 보았으므로, 이스라엘의 죄악은 결국 열방의 목전에서 하나님의 거룩한 이름을 더럽히는 것이 되었다. 그래서 저들을 위해서가 아니라, 하나님은 자기 이름을 위하여 저들을 회복시키실 것이었다 (겔 36:22). 여기 시인은 하나님께서 "자기 이름을 위하여" 자신의 죄가 크다 할지라도 사하여 달라고 기도

한다. 하나님의 고민이 여기에 있다. 범죄한 언약 백성을 마땅히 중하게 처벌해야 하나 자기 이름 때문에 용서하시고 회복시켜야 한다. 이런 하나님의 약점(?)을 아는 성도들은 비록 범죄했다 하더라도 끝까지 물러서지 말고 용서를 구하여 받아야 한다.

"나의 죄악이 중대하오니"는 "그것이 크다 할지라도" 혹은 "그것이 많다 할지라도." 시인은 자기 죄악이 많고 크고, 다양하다고 시인한다. 바로 여기에 하나님의 용서가 긴급히 필요한 것이다. 고백하지 아니하면 용서는 없다. 시인은 자기가 행한 어떤 공로나 선행을 보시고 용서해 달라고 아니하고, 단지 하나님 자신의 이름을 위하여 사해 달라고 간구한다. "이름을 위해서"란 표현은 여기서 두 가지 뉘앙스로 취해진다. 1) 하나님의 영예를 보존하기 위해서; 2) 하나님의 이름이 의미하는 그분의 속성 때문에. 출 34:5에서 하나님은 자기 이름을 선포하셨다고 한다. 그런데 선포된 이름은 곧 그분의 속성들로 나타난다. 그러므로 이름을 위해서 사해 달라는 간구는 그분의 속성들 (거룩, 의, 인자, 긍휼 등) 때문에, 곧 속성들에 근거하여 용서해 주시라는 간구이다.

구약 이스라엘이 짐짓 범죄하면 죄를 속할 제사가 없었다 (히 10:26 참조). 구약의 제사들은 모두 "부지중에" 범한 죄를 속하기 위함이었다. 제사들은 깨어진 언약관계를 회복시킬 수 없었고, 단지 언약 관계 안에 거하는 자들이 부지중에 범한 죄를 치료하여 언약관계를 원활(圓滑)하게 가질 수 있도록 돕는 수단이었다. 시 19:14에서 고범죄 (제담)를 짓지 말게 해달라고 할 때, 그는 그 죄악의 중대함을 알았다. 고범죄의 결과는 하나님과의 언약 관계 파기였다.

제4연 (12-15절): 야웨를 경외하는 자들

3, 4연은 서로 대응관계에 있다. 여기서는 경건한 자들에 초점을 맞춘다면, 앞 연에서는 주께 초점이 맞추어졌다. 4연에서 나타나는 경건한 자들은 3연에서 언급되었던 가난한 자들, 죄인들이다. 비록 때로는 넘어져도 그럼에도 이들은 여전히 성도이다. 회개하기 때문이다.

멤: 멤 행을 유도하는 단어는 "누가?" (미) 이다.

12절: 여호와를 경외하는 자 누구뇨? (미-제 하이쉬 예레 야웨)—15:1, 24:3에 제시된 질문과 흡사하다. 여기서 이 질문은 극적인 효과를 거두기 위한 질문이며, 다른 한편으로 멤 행을 유도하기 위한 질문이다. 시인은 여기서 "여호와를 경외하는 자"가 어떤 사람인지 묘사하지 않고 있다. 오히려 그런 사람이 받을 복을 언급할 뿐이다. 이렇게 본다면, 시인은 단순한 서술문이 아니라 질문 형식을 통해 독자들의 주목을 여호와를 경외하는 자에게로 끌기 원하는 것이다.

그 택할 길을 저에게 가르치시리로다 (요렌누 베데렉 이브하르) — "그가 (여호와께서) 그가 (경외하는 자) 마땅히 택해야 할 그 길을 가르치시리라." "가르치다" 동사는 두 개의 목적어를 취하며, 직접 목적어는 전치사 (베)를 동반할 수 있다: "그가 그들에게 그들이 마땅히 택해야 할 '그 길'을 가르치신다" (NJB). 여호와를 경외하는 자가 받는 몇 가지 복이 있다. 우선, 그는 마땅히 가야 할 그 길로 하나님의 인도를 받는다 (12절). 이 축복은 사람들의 다양한 의견들이나 견해들로 결정이 우유부단하고 흔들리기 쉬울 때, 하나님의 권위있는 결정을 확실하게 받을 수 있다는 것이다. 둘째로, 그는 형통함을 얻고 번영한다. 그 후손들이 땅을 소유한다 (13절). 셋째로, 저들은 하나님과 친밀함 (소드)을 갖는다. 그분의 계시를 갖는 특권을 얻는다.

눈: 눈 행을 유도하기 위해 여호와를 경외하는 자를 지시하기 위해 "그의 영혼"이란 용어를 사용했다. 영역본들은 대개 "그"라고 단순하게 번역한다. 여기 문맥에서 "네페쉬"는 그 사람의 속사람, 영혼을 (KJV, NASB, ELB) 지시하기보다, 그 사람 자신을 (NRSV, NAB, NIV, NJB, TNK) 지시하기 때문이다.

13절: 저의 영혼은 평안히 거하고 (나프쇼 베토브 탈린) —여기 "거하다" (린)는 '하룻밤 머물다' 란 의미로, 인생을 이 땅에서 하룻밤 자고 가는 나그네로 묘사한다 (히 11:13). 경건한 자는 이렇게 이 세상에서 나그네 인생을 늘 자각한다. 그런데 이런 뉴앙스를 강조하니, 다음 문장과 잘 어울리지 않는다. 그래서 여기서 사용된 동사 (린)는 반드시 "나그네" 인생에 초점을 맞춘다기보다, "평안히" (KJV) 혹은 "형통하게" (NRSV, NIV 등) 거한다는 것이 초점이다.

그 자손은 땅을 상속하리로다 (베자르오 이라쉬 아레츠)— 이는 온유한 자의 특권이며 (시 37:11, 마 5:5), 경건한 자의 자손이 이런 특권을 갖는다. 그런데 구약에서 "땅을 상속하다"라 표현은 1) 부친에게서 상속하다 (창 21:10), 2) 정복을 통해 소유하다 란 두 의미를 모두 갖는다. 여기서는 "자손" (씨)이 조상에게서 땅을 상속하다란 사고인지 모른다. 경건한 자의 자손이 자기 조상의 기업을 타인에게 빼앗기지 않고 상속한다는 의미라면, 사실 구약의 제도상 별로 의미심장한 일은 못될 것이다. 왜냐하면 자손이 일찍 죽지 않는 이상 조상의 땅을 상속하는 것은 당연하기 때문이다. 그래서 다른 의미를 여기서 찾는다면, 아마 이 표현은 "땅에서 끊어지다"의 대응 사고를 표현한다고 보는 것이다. 곧 땅에서 끊어지지 않고 평안히 거한다 (시 37:9, 22, 34 참조). 그런데 신약에서 땅은 어떤 국지적 일부 (예컨대, 팔레스틴)가 아니라 영원한 나라, 영적인 나라이다. 따라서 구약의 땅의 약속 (아브라함 언약)을 가지고 현재 유대인의 땅 싸움 (요단 서안이나 가자지구, 골란고원 등)을 이해하려 해서는 안 된다.

사멕:

14절: 여호와의 친밀함이 경외하는 자에게 있음이여 그 언약을 저희에게 보이시리로다 (소드 야웨 리레아브 우브리토 레호디암)—친밀함 (소드)은 "비밀" (암 3:7, 잠 11:13, 20:19), 상의 (counsel, 잠 15:22) 혹은 친구사이의 친밀한 교제 (시 55:15, 잠 3:32), (친구들의) 모임 (렘

6:11), 음모 (시 83:4) 등을 말한다. 여기서는 하나님과 갖는 성도의 은밀한 '교제' (friendship)나 그분과의 만남이 강조된다. 하나님은 자기를 경외하는 자들에게 마음을 열어서 자신의 비밀을 말씀하신다 (창 18:17, 사 41:8).

"그 언약을 저희에게 보이시리로다"란 표현은 전반절에 비추어 보건대, 지적인 정보를 전달한다는 의미라기보다 하나님과의 언약관계의 비밀한 일을 실제 삶에서 체험적으로 알게 하신다는 것이다. 즉 영적인 신비한 세계의 일들을 하나님은 언약 백성에게 체험하게 하신다. 그리하여 인생의 목적과 의미를 여기서 발견하게 하신다.

아인:
15절: 내 눈이 항상 여호와를 앙망함은 (에나이 타미드 엘-야웨)— "내 두 눈이 항상 여호와를 향한다." 동사가 없는 명사절이지만, 동사를 보충한다면 "들다" (나사)가 될 것이다 (창 39:7). 보디발의 아내는 "자기 두 눈을 요셉을 향해 들었다/ 두었다" 곧 욕정의 눈을 요셉에게 던졌다. 그러나 여기서는 시인이 여호와를 향하여 자기 두 눈을 둔다. 즉, 그분만을 사모한다.

내 발을 그물에서 벗어나게 하실 것임이로다 (키 후-요치 메레쉐트 라글라이)—그물은 악인들이 의인을 해코자 설치한다 (시 31:5, 57:6, 140:5). 아첨하는 자들은 이웃에게 덫을 설치하여 넘어지게 하는 자이다 (잠 29:5). 이런 그물에 들지 않는 비결은 여호와를 항상 앙모함이다. 그분만이 성도를 그물 (덫)에서 벗어나게 하기 때문이다. 그래서 잠 29:25은 말씀하길 "사람을 두려워하면 올무에 걸리게 되거니와 여호와를 의지하는 자는 안전하리라" 하였다. 시인은 외롭고 궁핍하며 사방으로 둘러싸인 듯 궁지에 몰려있다. 이런 자리에서 자칫 올무에 걸려 넘어지기 십상이다. 그러므로 그의 두 눈은 주만 향하고 있다. 그분이 자기 발을 올무에서 나오게 하시기 때문이다.

제5연 (16-19절): 다시 간구하는 어조로 돌아선다

주님의 선하심을 찬양하고 성도의 모습을 그린 것은 사실 자신의 간구를 강화시키는 한 방편이기도 하였다. 여기서 시인은 마지막 간절한 기도를 올린다. 앞에서 나온 간구보다 훨씬 절실하게 요청한다.

페: 페 행을 유도하기 위해 내게로 "얼굴을 돌리다"란 동사를 문두에 두었다. 한역은 원문의 순서를 무시하고 이유절을 (나는 외롭고 괴롭사오니) 앞으로 빼고 대신 간구의 기도 (내개로 돌이키사…)를 뒤로 돌렸다. 원문의 순서대로라면, "내게 돌이키사 나를 긍휼히 여기소서; 왜냐하면 나는 외롭고 괴롭기 때문입니다"가 된다.

16절: 주여 나는 외롭고 괴롭사오니 (키-야히드 베아니 아니) —원문에 "주여"는 없다. "나"란 독립 인칭 대명사를 맨 뒤에 두어 강조하고 있다 ("나는" 외롭고 궁핍하오니). 성도들은 세상에서 외롭고 가난하다. 사회적, 경제적, 종교적 눌림을 당하기 때문이다. 경건한 자들은 이 세상에서 그다지 즐거움을 찾을 수 없다.

내게 돌이키사 나를 긍휼히 여기소서 (*페네-엘라이 베한네니*) —시 86:16, 119:132 참조. 그분이 얼굴을 돌이켜 성도를 바라보는 (*파나*) 자체가 긍휼을 베푸시는 행동이다 (레 26:9, 왕상 8:28; 삼하 9:8). 그분이 호의적으로 우리를 향하실 때 모든 문제는 해결되기 때문이다. 만약 성도가 얼굴을 다른 신에게로 향한다면, 그것 자체가 죄악이다 (레 19:4, 신 31:18). 그래서 시인은 당신의 풍성한 긍휼을 따라, 내게로 향하소서! (*파나*)라 외친다 (시 69:16). 긍휼히 여기시는 일은 하나님의 본성이다 (출 34:6).

차데:

17절: 내 마음의 근심이 많사오니 (*챠롯 레바비 히르히부*)— "근심이 중대하오니" (NIV). 마음의 근심은 잡초와 같아서 방치하면 자라나기 마련이다. 이런 근심과 염려를 가지고 주님 앞에 나아가서 모두 제거해야 한다. 마음의 근심을 떨쳐 버리려면 그분과 갖는 시간을 오래 갖지 않으면 안 된다. 원수는 계속하여 우리 마음에 가라지를 뿌린다. 다수 영역본들은 후반절과의 병행 사고를 고려하고 사용된 동사의 형태를 문제 삼아 "내 마음의 곤고함을 제하소서" (NJB, NAB, RSV 등) 라 번역한다.

한편, (내 마음의 근심이) "많사오니" (*히르히부*)는 문자적으로 "내 마음의 근심들이 확장하였다 (make enlarge)." NIV는 "내 마음의 문제들이 중대하였다" (have multiplied). 의미상 사용된 동사 형태가 적합치 아니하므로, 마지막 "바브"를 다음 단어에 붙이고, *하르헤브* (명령형, 넓히소서)로 읽거나 (NRSV, NJB, REB, NAB) 호르헤부 (그것들이 넓어지게 되었다 [made wide], 수동태)로 읽는다. 그러나 NIV처럼 이해한다면 현재 맛소라 본문을 따를 수 있다.

나를 곤난에서 끌어내소서 (*밈메츄코타이 호치에니*)—여기 "곤난" (distresses)은 괴롭히다, 압박하다를 의미하는 동사 (*츄크*)에서 파생된 명사로, 시인이 궁지에 몰려 고민과 괴로움이 심한 상태를 암시해 준다.

레쉬: 레쉬 행은 18, 19절 두 절에서 나타난다.

18절: 나의 곤고와 환난을 보시고 (*레에 안이 바아말리*)—시인은 여러 가지 동의어들을 연속적으로 제시하여 자신의 곤경이 극난(極難)함을 보이고, 구원을 호소한다. "환난" (*아말*)이란 말은 요셉이 자신의 모든 환난 (*아말*)을 하나님께서 망각케 하셨다는 의미에서 장자의 이름을 "므낫세" (*나샤* [잊다]의 피엘형 분사)라 불렀다는 진술에서 나타난다. 곤고와 환난을 보시라는 간구는 하나님께서 성도의 곤고함을 보실 때, 긍휼의 마음이 일겠기 때문이다.

내 모든 죄를 사하소서 (*베사 레코-핫토타이*) —시인은 이런 곤난이 결국 죄 때문이라고 인식하고 "죄를 용서해" (*나사 하타트*) 달라고 간구한다. 7, 11절에서 이미 죄를 언급했고 용서를 간구 했었다. 다시 모든 죄를 이제 사해 달라고 간구한다. 그렇다고 성도의 당하는 모든 곤란이 모두 죄 때문에 기인되는 것만은 아니다. 성도의 연단과 성장을 위한 도구로 나타날 때도 있기 때문이다.

19절: 내 원수를 보소서 저희가 많고 나를 심히 미워함이니이다 (레에-오예바이 키-랍부 베신아트 하마스 세네우니)— "내 원수가 얼마나 많은지 보소서; 나를 미워하는 간사한 대적들이 (얼마나 많은지 보소서)" (다훗). 혹은 "내 원수들이 얼마나 많은지 보소서; 그들이 얼마나 나를 혹독히 미워하는지 (보소서)!" (NASB, TNK, NIV). 하나님은 귀를 지으셨기에 성도의 부르짖음을 들으시고, 눈을 만드셨기에 성도의 곤경을 보신다 (시 94:9). 그럼에도 시인이 보시라고 촉구하는 것은 시인이 원수에게 당하는 고통과 괴롬이 얼마나 절박한 상태에 있는지를 상기시키기 위함이다.

제6연 (20-22절): 수치를 당치 말게 하소서

쉰 행 20절: **내 영혼을 지켜** (샤메라 나프쉬) — "나의 생명을 보전하소서" (NAB). 성도의 보전을 간구한다 (욥 10:12 참조). 성도는 구원의 완성 때까지 스스로 견인 (堅忍 perseverantia sanctorum)하는 것이 아니라, 하나님께서 택하신 성도를 끝까지 보존 (praeservatio sanctorum) 하신다. 스트롱 (Strong)은 "성도의 견인" 교리를 설명하면서 "기독인의 편에서 신앙과 선행에서 자원적인 지속성"을 지시한다고 하였다. 그러나 이는 인간이 최종 구원까지 견딘다는 오해를 야기할 수 있다. 그래서 벌콥 (L. Berkhof)은 이 교리는 초점이 인간이 아니라 하나님이라 하였다. 그리고 정의하길 "성도 안에서 성령님의 지속적인 역사로 마음에 시작된 하나님의 은혜가 지속되어 완성에 이르게 된다"라 하였다 (L. Berkhof, *Systematic Theology*, 546). 물론 여기 시편에서 시인은 위험에서의 생명 보존을 간구하고 있지만, 이것 역시 성도의 구원성취와 연관이 있는 것이다.

나를 구원하소서! (베핫칠레니) —고난은 성도를 깨워 주님을 간절히 찾게 하고, 죄를 그치게 하므로 유익하다 (시 119:71). 여기 사용된 동사는 양이 야수에게 물려갈 때, 그 이빨 사이에서 끄집어내어 구원하듯, 여러 환난에서 건져내어 주시라는 뉘앙스를 담고 있다.

내가 주께 피하오니 (하시티 바크) 수치를 당치 말게 하소서 (알-예보쉬 키-하시티 바크)— 여기 '피하다' (하사)란 말은 문자적으로 비바람 (사 4:6, 25:4)이나 고산에서의 어떤 위험 (시 104:18)에서 피난처에 피하는 것을 지시한다. 그런데 여기서처럼 상징적으로 어떤 신이나 (신 32:37), 강국의 힘에 (사 30:2) 피하는 것을 지시한다. 피한다는 것은 "신뢰하다" (바타흐)란 말 보다 더 급박한 상황에서 취하는 자세를 묘사할 것이다.

21절: 주를 바라오니 (키비티카) —내가 당신을 소망하나이다. 소망은 이렇게 고난 중에 생겨난다. 다훗은 시 93:3에 근거하여, 말없는 "바램" 보다는 "소리 내어" 부르짖는 요청에 따라 "성실"과 "정직"이란 주님의 사신들이 보내진다는 사실을 지적하고, 여기서 피엘형 모음 대신 칼형 모음으로 바꾸어 "내가 (당신을) 부를 때" (when I invoke you)라 번역한다.

성실과 정직 (톰 바요쎄르)으로 나를 보호하소서 (잇체루니)—성실과 정직은 하나님의 속성이다. 그분은 완전하시고 (톰) 정직하시다. 그런데 시인은 이 두 속성이 마치 하나님이 보내신 천사들인 양, "성실과 정직이 나를 보존 (보호)하게 하소서"라 한다 (시 37:37, 43:3). 생명 보존은 우리의 사명완수나 구원완성에 필요한 한도에서 보장된 성도의 권리이다. 우리의 사명이 다했거나 우리의 구원이 완성되었다면 하나님은 우리 생명을 언제라도 취하실 것이다.

22절: 하나님이여 이스라엘을 그 모든 환난에서 구하소서 (페데 엘로힘 에트-이스라엘 믹콜 챠로타브)—시인은 이제 자기를 포함하여 경건한 자들을 모든 환난에서 구속해 달라!고 마지막 간청을 올린다. 시인은 17절에서 이미 자기 마음에 환난이 많다고 고한 바 있다. 그렇다면 여기서 이스라엘의 환난은 자기의 환난을 포함한 전체적인 것이다. 그런데 여기 사용된 동사는 원래 노예를 값을 지불하고 구해 내는 것을 지시하였다. 어떤 희생을 지불하고 자유케 하는 것이다. 환난이 이스라엘을 주장하는 것은 마치 환난이 주인으로 이스라엘을 종으로 부리는 것과 같고, 하나님은 이스라엘을 위해 환난이란 주인에게 희생을 지불하고 이스라엘을 구해내신다. 환난은 사실 죄의 결과이므로, 죄 값을 지불해야 환난이 이스라엘을 떠날 것이다.

한편 아더 바이져는 이 구절이 "이스라엘"의 구속을 위한 기도라는 점에서 "개인"의 간구를 담고 잇는 본 시의 전체 분위기와 동 떨어진다는 점과, 알파벳시의 순서에서 파격(破格)이라는 점을 들어 후대에 예배용으로 사용하기 위해 후대인이 첨가한 구절이라 생각한다 (The Psalms I, 241). 크라우스는 후대의 첨가물인지 확실치 않다고 한다. 그러나 3절은 이미 "당신을 소망하는 모든 자들은 수치를 당치 아니 한다" (복수형 주어와 동사)고 언급하여 시인의 넓은 시야를 보여주었다. 시 34편도 22절이 알파벳시의 파격을 이룬다는 점도 22절이 본시의 일부임을 간접으로 지지해 준다.

시편의 적용

내 영혼을 당신께 들어올립니다 (1절)

이는 물론 관용어적 표현으로 "당신을 사모하나이다," "당신을 바라나이다" 란 의미이겠으나, 문자적으로 해석해 보면 이렇다. 우리 영혼은 말하자면 세상일들에 휩싸인 나머지 무거운 추를 매단 것처럼 매일 가라앉게 된다. 그래서 마음이 좁아지고, 신경질이 나고 짜증이 난다. 이럴 때 기도를 통해서 우리 무거워진 영혼을 주님께로 높이 들어올린다. 처음에는 여간 무거워 들어올리기 쉽지 않다. 왜냐하면 우리의 죄악된 성품에 젖고, 짐에 눌려 있기 때문이다. 이럴 때 우리는 포기하지 말고 더욱 기다리고 힘을 다해 영혼을 들어 올려 보좌 앞으로 나아가야 한다. 그러면 순식간에 내 마음의 무거운 짐은 사라지고 내 영혼은 날개를 단 듯 훨훨 영적인 세계를 비상하는 것을 느낄 것이다. 여기서 마음은 넓어지고, 다시 세상을 바른 시각으로 대할 수 있게 된다. 이러한 상태에서 꿈도 생겨나고 확신도 나타난다. 마음껏 하늘의 신령한 사고를 흡수하여 주님과 함께 먹고 마시는 영적인 잔치에 참여한 후, 세상일들은 모두 성공적으로 처리할 수 있게 되어질 것이다. 이런 자들은 세상을 이기고 정복자가 된다.

시편에서 원수들은 누구인가? (2, 19절)

시인 (성도)을 미워하고 해코자 한다. 이런 자들이 사자처럼 성도를 삼키고자 한다. 이 못된 자들의 정체에 대하여 여러 가지 제안들이 제시되어왔다 (Ringgren, *Theologisches Woerterbuch Zum Alten Testament*, Band I, 234-35 참조). 예컨대, 둠 (Duhm)이나 어떤 의미에서 킷텔 (Kittel), 푸욱코 (Puukko, *OTS* 8 [1950], 47-65) 등은 마카비 시대의 경건한 자들의 정치, 종교적 대적자들이라 생각하였다면, 궁켈-베그리히 (Gunkel-Begrich) 등은 훨씬 뉴앙스 잡힌 의미를 생각하였다. 모빙켈 (Mowinckel)은 무엇보다 주술을 통해 경건한 자를 해코자 한 마법사로 생각하였다. 비덴그렌 (Widengren)은 악카드어의 탄식시들과의 비교를 통해, 같은 단어들이라도 전혀 다른 문맥들에서 사용되는 경우들이 많은 것을 지적하고, 원수를 일반화시키기 어렵다고 주장하였다. 그래서 그는 각기 문맥에서 그 의미를 파악해야한다고 하였다.

원수들은 문맥에 따라서 다른 의미를 지시할 것이다. 어떤 곳에서는 질병, 어떤 곳에서는 정치적 원수, 종교적 원수, 어떤 곳에서는 재정문제 등. 결국 성도를 해하고 괴롭히는 모든 원수는 죄악의 결과이며, 성도를 연단시켜 그리스도의 형상으로 변케 하는 용도로 작용한다. 그렇기 때문에 우리는 롬 8:28의 말씀대로 하나님은 만사에 자기를 사랑하는 자들의 유익을 위해 역사 하신다는 원리를 믿고 어떤 환경에서든 낙심은 금물이다. 심지어 "사단"도 하나님의 허락 하에 성도를 괴롭힐 수 있다 (욥 1:12, 계 6:4, 8, 7:2, 9:3 등).

주의 길을 걸으려면 (4, 10절)

우리는 성령님의 내적인 조명과 그분의 끊임없이 공급되는 힘과 동기부여를 받아야 한다. 그래야 하나님 없는 세상을 이길 수 있게 된다. 만약 주님과의 교제가 매순간, 매일 지속되지 아니한다면 우리 마음은 어두워지고 눌리어 세상을 이기기는커녕 세상의 물결에 휩쓸리고 말 것이다. 가르치시고, 인도하시고, 알게 하소서. 성령님이시여, 우리를 조명하소서.

죄의 회개 없이 주의 긍휼과 인자를 기대할 수 없다. 성도들의 죄는 근본적으로 그분과의 매일의 삶에서 갖는 시간 부족에서 잉태되어진다. 따라서 근본적인 처방책은 그분과 갖는 기도의 시간을 늘이는 대책 외에는 다른 치유책이 없다. 그분과 함께 하는 시간이 많을수록 나의 속사람은 강력해지고 죄악에 민감해지며, 세상을 이길 지혜와 능력은 더 풍성하고 강해질 것이다. 오늘날에는 너무나 세상이 복잡하고 다난하여 하나님과의 긴밀한 관계를 갖기가 여간 어렵지 않다. 그렇다고 고대인들이 현대인보다 신앙생활에 좋은 환경에 있었다는 말은 못된다. 노아 시대의 죄인들이나 현대의 죄인들이나 그 흉포함이나 패역함은 동일하다. 현대의 삶이 더 복잡한 대신 더 편리해지고, 여러 모양으로 신앙편리를 위한 도구들 (예컨대, 녹음기, 텔레비전, 인공위성 중계, 성경책, 주석책, 신앙서적들, 교회들, 목회자들, 기도원 등)이 훨씬 고도로 발달되었다. 따라서 우리는 환경을 탓할 수 없다. 단지 문제는 우리의 마음이다. 단순화된 삶을 갖도록 생활의 구조조정이 있어야 한다. 그래서 하나님 중심으로 모든 것이 재편되어야 한다. 그래서 죄가 틈타지 못하도록 방어책을 취하고, 적극적인 신앙생활로 나아가자.

신약의 성찬 (Lord's Supper)(7절, 11절)

언약 갱신 의식이라 할 수 있다. 주님께서 피로 맺으신 새 언약에 참여한 우리들이 성찬을 통해 새롭게 언약을 갱신하고 주님과의 관계를 새롭게 하는 것이다. 이 때에 우리는 회개로 바른 관계를 설정해야 한다. 그렇지 않고 성찬에 참여하면 하나님의 저주가 임할 것이다 (고전 11:29). 주님은 은혜와 진리가 충만하시나 언약을 배반하는 자들에게는 어린양의 진노가 쏟아 부어진다. 계시록의 일곱 교회들을 향하여 말씀하시는 주님의 음성을 들어 보라. 칭찬과 함께 회개를 촉구하시는 준엄한 음성이시다. 언약의 증거를 지키는 자들에게는 인자와 진리 (은혜와 진리)이시다.

시 26편 나를 죄인과 함께 거두지 마소서

I. 전체구조에서의 위치, 시의 유형과 삶의 자리

시 25편과 유사성을 보이는 부분은 다음과 같다:
26:1 여호와를 의지하였사오니   25:2 내가 주께 의지하였사오니
26:11 나를 구속하시고   25:22 이스라엘을 구속하소서
26:11 긍휼히 여기소서   25:16 나를 긍휼히 여기소서
26:11 완전함 (한역, 성실)   25:11 나의 완전함에
26:3 주의 진리 중에   25:5 주의 진리로

그러나 시 25편과는 달리 여기 시에서는 자기 죄를 언급하지 아니한다. 오히려 이 시인은 자기의 완전함을 주장한다 (11절). 한편 이 시가 생겨난 정황을 살펴보면, 무엇보다 이 시는 성전 혹은 예배하는 장소를 배경으로 한다는 점이 여러 모로 나타난다. 무엇보다 손을 씻는 일 (6절), "당신의 제단"을 도는 일 (6절), 감사의 소리를 듣고, 주님의 기사들을 선포

하는 일 (7절), 주의 계신 집/ 주의 영광이 거하는 곳 (8절), 회중에서 찬양 (12절 등이다. 이것과 함께 시인은 자기의 의로움을 주장하고, 악인의 무리와 차별화 시킨다 (4, 5, 9, 10절).

크레이기 (P. C. Craigie)는 복트 (E. Vogt)의 분석을 따라 이 시를 성전 입례시 (entrance liturgy)로 이해하였다 (E. Vogt, "Psalm 26, ein Pilgergebet," *Biblica* 43 (1962), 328-37; Peter C. Craigie, *Psalms 1-50*, 224). 그렇다면 이 시는 시 15, 24편 등과 같은 부류에 속할 것이다. 이런 분석에 의하면, 1-3절은 성전 입구에서 제사장이 외치는 질문들 (시 15:1, 24:3과 유사한 질문들)을 전제로 한 대답이라 한다. 그리고 시인이 자기의 의로움을 주장하는 묘사 (시 15:2-5에 해당)를 하고 (2-5절), 예배 의사 (6-7절)를 밝힌다 한다.

그런데 이런 분석에 적절하게 어울리지 않는 부분은 시인이 자기 영혼을 죄인 (살인자)와 함께 거두지 마시길 간구하고 (9절), 주님의 구속과 긍휼을 간청 (11절)하는 구절들이다. 이런 간구의 요소 때문에 궁켈은 시 26편을 개인 탄식시로 분류하고, 무죄를 주장하는 시로 이해하였다 (*Die Psalmen*, 109). 그리고 시인은 병든 와중에 있다고 가정하였다. 반면 모빙켈은 이 시가 "보호를 요청하는 시" (protective psalms)라고 지칭하였다 (*PIW*, I, 219). 모빙켈에 의하면 이런 보호 요청의 시는 재앙이 닥치기 전에, 곧 재앙의 징조가 나타났을 때 부르짖는 탄식시로, 재앙이 이미 덮친 때에 간구하는 탄식시와 구분된다고 하였다. 보호 요청의 시는 탄식시와 달리 재앙 (원수)에 대한 언급이 모호하고 일반적이라 하였다.

이 시의 유형 결정에서 9절은 결정적 단서가 된다고 여겨진다. 시인의 간구는 부정 명령 (negative imperative)의 형태로 나타난다 (실상 하나님께 대한 간구이지만 문법적으로 부정 명령형이다; 이렇게 문법적 분석과 실제적 용례는 반드시 일치하는 것이 아니다). 내용은 하나님의 심판에서 긍휼을 간청하는 기도이다. 즉, 죄인들과 자기를 함께 거두지 말아달라는 것이다. 이런 류의 간구는 시 6:2, 25:7, 28:3, 31:1, 17 등에 언급된 간구와 같은 유형이다 (10:12, 22:12, 27:9, 12, 28:1, 35:22 등도 참조). 이에 비추어 보건대, 이 시를 성전 입례시로 이해하기 곤란하다는 점이 분명해진다 (O. Keel, *The Symbolism*, 184는 시 26:9-10절을 성전 입례시의 견지에서 이해한다; 그러나 그런 이해가 어떻게 뒷받침될 수 있는지에 대하여는 언급이 없다). 오히려 궁켈의 분석대로 시인은 병중에서 생명의 위험을 느끼는 것과 같은 상황이나 (9절) 혹은 다른 위기 상황에서 하나님의 긍휼을 간구한다고 이해된다.

쉬미트 (H. Schmidt, *Das Gebet der Angeklagten im Alten Testament*, 12)는 이 시가 무죄하나 기소를 당하는 자의 기도에 속한다고 주장했다. 이 시인은 원수들에게 기소를 당하자, 성소로 도피하여 그곳에서 피난처를 찾으며, 의로우신 재판장 하나님께 자기의 무죄를 호소한다고 한다. 이런 가정은 왕상 8:31-32에 근거한다:

만일 어떤 사람이 그 이웃에게 범죄함으로 맹세시킴을 받고
저가 와서 이 전에 있는 주의 단 앞에서 맹세하거든

주는 하늘에서 들으시고 행하시되 주의 종들을 국문하사
악한 자의 죄를 정하여 그 행위대로 그 머리에 돌리시고
의로운 자를 의롭다 하사 그 의로운 대로 갚으시옵소서.

시 26편에는 상기한 구절이 암시하는 정황을 말해주는 다음과 같은 요소들이 발견된다고 한다: 1) 무죄하나 기소를 당하는 자가 재판장이신 여호와께 호소한다 (1-2, 9-11절); 2) 정결의 맹세 (oath of cleansing)를 한다 (왕상 8:31, 시 26:4-6); 3) 제단 앞에서 무죄를 선포하는 의식 (6절); 4) 여호와께서 그의 의로운 행동에 따라 의롭다고 선언하리라는 기대 (왕하 8:32) 등이다 (시 7편도 참조). 그런데 4-6절이 과연 왕상 8:31-32에 언급된 그 맹세와 제단 앞에서 무죄를 선포하는 의식이냐 하는 문제는 좀 더 숙고해야 할 과제로 보인다.

그런데 모스카는 한 연구에서 (Paul G. Mosca, "Psalm 26: Poetic Strucutre and the Form-Critical Task," 212-237 참조), 시인은 제사장이라 지적한 바 있다. 그 근거는 6절에서 발견된다: "내가 무죄하므로 손을 씻고 주의 단에 두루 다니며." 여기서 "단"은 성소의 번제단을 지시한다. 일반 회중은 성소 입구와 번제단 사이에 위치한 앞마당까지만 접근 가능하다. 마당의 나머지 부분은 번제단에서 성소 사이의 마당으로 이곳은 평신도의 접근이 금지되는 거룩한 처소이다 (Menahem Haran, *Temples and Temple-Service in Ancient Israel*, 184-85 참조). 제단 북편에서 번제, 속죄, 속건제 제물들이 살해되었다 (레 1:11, 6:25, 7:2 등). 바로 그 지점에서 제사장들이 속죄제, 속건제, 소제 등을 먹는다 (레 6:16, 26, 7:6, 10:12-13, 17-18, 24:9, 민 18:10). 그곳에서 속죄제의 피가 뿌려진 의복을 씻는다 (레 6:27). 그곳은 번제단 근처 지역으로 제사장들이 진 밖으로 재를 내어가기 전에 잠시 두는 곳이다 (레 6:10). 요엘은 "여호와께 수종드는 제사장들은 낭실(portico)과 단 사이에서 울라고 명한다. 이는 제사장들이 이 장소에서 활동한다는 것을 암시해 준다. 그런데 초막절기에는 일반 회중도 번제단 주위를 돌았을 가능성이 있다 (숙카 4:5). 그렇지만 "손을 씻는 일"은 제단과 성소 사이의 물두멍에서 제사장들이 행하는 행동이었다. 그렇다면 시 26:6은 제사장의 행위를 암시한다고 할 수 있다. 제사장들은 제단에서 의식을 집행하기 전에 손과 발을 물두멍에서 씻어야 했다. 이 일을 하지 않을 경우 하나님의 심판을 면할 수 없었다. 물론 시 26:6의 손을 씻음이 신 21:6 등에서 보듯 무죄함을 상징적으로 표시하는 행위일 수도 있었다. 그러나 제단과 손을 씻는다는 말이 함께 나오는 것으로 미루어 여기서는 제사장적 행위로 이해할 수 있다.

시 26편에서 시인은 자신의 완전함과 무죄를 거듭 주장한다. 이 시를 제사장의 것으로 본다면 제사장의 성결한 삶이 반영된 것이라 볼 수 있다. 그렇다면, 제사장이 제단에서 자신의 완전함을 주장하며 하나님께서 성직(聖職)죄의 심판에 들지 않도록 해달라고 기도하는 노래라고 볼 수 있다. 그렇지만 7절 "감사의 소리를 들리고 주의 기이한 모든 일을 이르리이다" 라는 진술은 제사장 보다는 일반 성도의 활동을 암시해 주는 듯 보인다.

한편 표제는 "다윗의 시"라고 언급한다. 만약 이 시가 다윗의 것이라면 삶의 정황은 아마 그가 악인들에게 무고하게 기소를 당하고 핍박을 당할 때 자신의 무죄를 주장하는 노래일 것이다. 델리취는 이 시가 압살롬의 반란을 반영하는 것이라 추정한다. 다윗은 언약궤를 예루살렘에 그대로 두고 피난했으므로 주의 계신 집과 주의 영광이 거하는 곳을 사모하고 있다 (8절). 다윗은 비록 성직자는 아니었다 해도 오실 메시아처럼 왕적 제사장으로 행동하기도 했다 (삼하 6:18, 20). 그렇다면, 다윗은 제사장처럼 행동하면서 자신을 대적하는 무리들에게서 무죄를 주장하고 하나님을 사모하며 이 시를 노래하고 있다.

2. 시적 구조와 해석

구조나 내용면에서 1절과 2-3절이 같은 형식임이 드러난다. 그래서 우리는 함께 제1연으로 처리한다. 그리고 1절의 "완전함에 행하다"란 표현은 11절에서도 나타난다 (일종의 inclusio). 4, 5절은 각기 교차 대구법적 병행법을 이룬다 (VP/ PV, VO/ OV). 그리고 5절의 행악자의 회중 (케할 메레임)과 12절의 회중 (막헬림[대 회중 혹은 대 집회])과 대조된다.

제2연은 4-8절 (시인의 자기 의로움 묘사), 제3연은 9-11절 (구원을 간청), 제4연은 12절 (찬양하리라) 등으로 구분된다. 이 시는 인클루지오의 형식을 보인다: 1절의 "내가 나의 완전함에 행하였사오니"는 11절의 "내가 나의 완전함에 행하오리니"와 대동소이하다. 그리고 2절의 "여호와여 나를 시험하사 단련하소서"와 11절의 "나를 구속하시고 긍휼히 여기소서"와 상응한다. 또한 1절의 "내가 요동치 아니하고"는 12절의 "내 발이 평탄한데 섰사오니" (혹은 견고히 섰사오니)와 상응한다.

시적 기교를 살펴보면, 이 시에서도 반복 기교가 나타나고 있다. 예컨대, 4, 5절에서 "앉다" (야솨브), 5절과 (케할) 12절에서 (마크헬림) "회중"이란 말이 나타났다. 그리고 "행하다" 동사 (할락)는 1, 3, 11절 등에서 세 번이나 나타난다. 한편 이 시에서도 시작과 끝이 상응하는 구조를 보이고 있다. 만약 12절을 약간 접어둔다면, 1절과 11절은 서로 긴밀한 관련을 보이고 있기 때문이다. 더구나 1절의 "요동하지 않았다"는 사고는 12절에서 "내 발이 평탄한데 섰사오니"란 사고와 서로 연관된다는 점에서도 이 시편의 시작과 끝이 상응한다고 할 수 있다. 또 한 가지 언급할 것은 시인이 자신과 대조시키는 악인들은 항상 다른 용어로 지칭한다는 것이다 (4, 5절과 9, 10절에서 악인의 명칭 참조).

전체적으로 고찰하건대, 이 시는 점진적으로 사고가 강조되어 마지막에 절정에 이르는 구조를 보이고 있다. 리델보스의 도식을 빌리자면 (*Die Psalmen*, 210, n.7), 간구를 A, 무죄(無罪)의 주장을 각기 B1, B2라 하고, 응답의 확신을 C라 하면, 다음과 같은 도식이 나타날 것이다:

A (1a 판단하소서), B1 (1b), B2 (1c), C (1d 요동치 아니 하였나이다),
A (2절), B2 (3a), B1 (3b), B1 (4-5), B2 (6-8),
A (9-11), C (12)
[여기서 한 구절을 a, b, c, d로 나눈 것은 히브리어 원문의 순서에 의한다].

이렇게 사고는 반복되면서 (A, B, C; A, B; A, C 등으로) 점차 절정으로 올라간다. 시인의 실제적 모든 관심은 11절의 간구에서 정점에 달하여 표현된다.

제1연 (1-3절): 나를 신원하소서
1, 2-3절이 서로 마크로-병행법 (macro-parallelism)을 구성한다:
여호와여 나를 판단하소서 (1a)
왜냐하면 내가 내 완전함에 행하였고,
내가 여호와를 신뢰하여 배교치 아니하였기 때문입니다 (1bcd)
여호와여 나를 살피시고, 시험하사 내 뜻과 내 마음을 검사하소서 (2ab)
왜냐하면 내 눈앞에 당신의 인자하심이 있고,
내가 당신의 진리 중에 행하였기 때문입니다 (2cd)

1절: 나의 완전함에 행하였사오며 (*키-아니 베툼미 할락티*)—시인의 완전함이란 그의 삶과 율법과의 관계를 말한다 (창 6:9, 17:1, 신 18:13, 삼하 22:24; 눅 1:6, 빌 3:6 참조). 하나님의 계시된 법도가 없다면, 성도가 무엇을 기준하여 자신을 판단할 것인가? 여기 사고는 11절에서도 나타난다 (시 101:2, 잠 2:7, 10:9, 19:1, 20:7, 28:6).

요동치 아니하고 (*로 에므아드*)—여기서는 "내가 요동치 아니하다" 이지만, 다른 구절들에서 이 동사의 주어는 대개 "발들" 이다 (삼하 22:37 =시 18:37, 잠 25:19). 즉, 발들이 미끄러지거나 비틀거리는 것을 지시한다. 여기서는 하나님의 법도에서 떠나 행동함에 대한 상징적 묘사이다. 그런데 미완료상 동사가 사용된 이 부분에 대한 이해는 다양하다: 1) 요동치 아니하고 (여호와를 의지하였다)(한역, NASB, NIV, NRSV); 2) 내가 비틀거리지 않았다 (NAB, TNK); 3) (여호와께 대한 내 신뢰가) 결코 요동치 않는다 (NJB); 4) 내가 미끄러지지 않을 것이다 (70인역, KJV, ELB).

이는 네 가지 다른 이해 같지만 사실 두개의 이해로 대별된다. a) 현재까지 시인이 하나님을 신뢰하면서 신앙에서 흔들림이 없었다; b) 지금까지 이렇게 하나님을 신뢰하였으니, 앞으로 자기가 넘어지지 않으리라. 이런 상이한 이해들이 나타난 이유는 결국 1절에 사용된 세 개의 동사들 중에서 "요동하다" 란 동사만 '미완료상' 인 반면 나머지 둘은 모두 (행하였다, 의지하였다) '완료상' 으로 제시되었기 때문이다. 물론 여기서는 문맥상 a)로 이해해야 옳다.

여호와를 의지하였사오니 (우라도나이 바타흐티) —이것이 바로 시인이 고백한 "자신의 완전함"의 근거였다. 하나님을 신뢰하고, 소망하는 삶이 완전한 삶이다. 왜냐하면 그분의 완전함이 나의 것이 되기 때문이다. 여기서 우리는 순서를 바꾸지 말아야 한다. 먼저 하나님에 대한 신뢰 곧 믿음이 있어야 한다. 이 믿음은 그분의 말씀 순종으로 나타난다. 모든 윤리적 행동은 바로 우리 신앙의 표현인 것이다.

여호와여 나를 판단하소서 (쇼프테니 야웨) —시인이 이렇게 자신을 판단해 주시고, 시험해 주시길 간구하는 이유가 무엇인가? 그것은 시비 (是非)를 가려서 자신의 정당함을 변호해 주시기를 바라기 때문이다. 시인은 자신의 무죄를 확신하고 하나님께서 직접 판결해 주시길 기도한다. 이 기도는 2절, 9절, 11절에 제시된 다른 간구와 비교하면, 가장 포괄적인 기도로, 왕이자 재판관이시 하나님께서 시인을 통치하시고 판결해 주시라는 간구이다. 이 포괄적인 기도는 2, 9, 11절에서 보다 구체화되고 있다. 다시 말해, 1절의 "판단" 혹은 "통치"의 내용이 그런 구절들에서 명시된다. 1절의 "나를 판단하소서" 라는 기도는 2절에서 "나를 시험, 단련하소서"로 구체화된다.

그런데 약간 달리 보면, 여기서 시인은 자신을 "신원해 주시길" 기도한다. 그래서 어떤 영역본들은 "판단하소서" (샤프테니)를 "신원하소서" (vindicate me [NIV, NRSV]; grant me justice [NJB]; uphold my cause [REB]로 번역한다. 이는 욥 19:7, 36:6 등에서 "신원하다" (미쉬파트 [나탄]란 표현과 대동소이하다. 시인은 자신의 의로움을 하나님 앞에서 주장한다. 이런 자세는 욥의 자세나 유사하다 (욥 16:17-19 참조). 시인의 이러한 자세는 자신이 원수에게 무고하게 정죄를 당하고 있던지, 아니면 자신이 하나님의 손에서 까닭 없이 징계를 당한다고 여기기 때문일 것이다.

2절: 여호와여 나를 살피시고 시험하사 내 뜻과 내 마음을 단련하소서 (베하네니 야웨 베낫세니 차레파 킬요타이 벨립비) —동사들은 하나같이 시험하다, 검증하다란 의미를 지녔다. 참된지 여부를 시험해서 알게 된다. 아브라함의 믿음이 과연 참인지 여부를 그 외아들 이삭을 제물로 바치는 행동을 통해 시험하신 하나님은 "이제야" 네가 참 하나님의 경외자임을 알겠노라! 고 선언하셨다 (창 22:12). 이렇게 하나님께서 자기를 시험하시어 자신의 참된 신앙 여부를 밝혀달라고 간청한다. "단련하다" (차라프)란 말은 연금술과 연관되는 용어이며 "살피다" (바한)도 어떤 금속의 진위 여부를 시험하는 것을 지시한다. 고대에 금속의 진위 (眞僞)여부는 오로지 녹여서 분류시킴으로만 가능하였기에 제련하다 (차라프)란 말과 같이 사용된 것이다 (O. Keel, The Symbolism, 183 참조).

한편, 2절에 제시된 간구는 1절에 제시된 "판단하소서" 라는 간구의 구체화이지만, 이런 기도 다음에 시인은 길게 자신의 무죄함을 주장하고 있다 (3-8절). 자신의 무죄에 대한 확신이 있기에 시인은 하나님께 자신을 "판결해 주소서, 시험하소서" 라고 하여 자신의 무죄를 입증해 달라고 기도하는 것이다. 자신의 무죄를 확신있게 제시한 후에 시인은 다시 9-11절에서 하나님의 구원을 호소한다. 그는 왕이자 재판관이신 하나님께서 자신을 결코 버리지 않으실 것이며 반드시 긍휼을 베푸실 것을 확신하며 간구하고 있다.

"내 뜻과 내 마음" (킬요타이 베립비)에서 "뜻"이라 번역된 말 (킬야 의 복수형 [내장])은 "콩팥" (kidneys)을 지시하며, 감정과 애정의 좌소로 나타난다 (잠 26:2). 그리고 마음 (레브)은 이성의 좌소이다. "단련하소서"에서 케레를 (초르파) 따른다. 이 말은 연금술과 연관되어 "용해시켜 분류하다"란 의미이다 (사 41:7, 렘 6:29, 51:17).

3절: 주의 인자하심이 내 목전에 있나이다 (키-하스데카 레네게드 에나이) —시인은 하나님의 언약 사랑을 직접 느끼고 있다. 그런데 이 사랑에서 떠나지 아니하고 거하는 것은 성도의 책임이다. 하지만 하나님께서 신실하신 사랑으로 성도를 사랑하나 성도는 그 사랑에서 떠나 세상을 향하기 일수이다. 그래서 하나님은 가시 울타리로 성도를 막기도 하신다 (호 2:6).

내가 주의 진리 중에 행하여 (베히트할락티 바아밋테카) — 만약 여기 사용된 "주의 진리"란 말이 "주의 말씀"을 의미한다면, 병행구는 레 18:4가 될 것이다: "내 판단들을 행하고 내 규례들을 지키고 '그것들 가운데서 행하라'" (라레케트 바헴)고 명하신다. 이 명령은 하나님께서 가나안 땅에서 몰아낼 그 이방 족속들의 관례대로 행하는 것 (레 20:23)을 금하시고 대안으로 주신 것이다. "당신의 진리 중에 행한다"는 것은 하나님께서 언약 백성에게 주신 그 법도를 따라 행한다는 것이다. 진리 중에 행하는 것은 그분의 계명을 지키고 행하는 것과 같은 의미이다 (레 26:3). 동시에 그것은 그의 모든 길에 행하며, 그를 경외하며, 사랑하며, 마음을 다하고 혼을 다하여 그분을 섬기는 것이다 (신 10:12, 11:22, 13:5, 26:17). 인자 (헤세드)와 진리 (에멧)는 하나님의 속성으로서 언약백성을 향하신 불변사랑과 그분의 신실하심을 지시한다 (창 24:27, 32:11, 출 34:6, 삼하 2:6, 시 25:10, 40:11, 12, 57:4 등).

그런데 NRSV, 다훗 등은 "주의 진리" (히, 당신의 진리)에서 인칭 접미어 "당신의"를 "주격 속격"이 아니라 "목적격"으로 이해한다: "'당신에 대한' 신실함에" (행하였나이다) =당신에 대하여 신실하게 행하였나이다. 이런 이해가 옳다는 것은 두 가지로 입증된다. 첫째로, 여기 사용된 "진리" (에메트)란 말이 "율법"에 대한 동의어로 사용되지 않고 오히려 "신실함"이란 의미로 사용된다; 둘째로, 여기 문맥과 유사한 왕상 3:6이나 왕하 20:3과 같은 구절들은 "주께 대한 신실함으로"란 의미한다. 왕상 3:6에서 솔로몬은 다윗이 "성실과 공의와 정직한 마음으로 주와 함께 주의 앞에서 행하였다" (할락 레파네카 베에메트 우비체다카 우베이쉬라트 레바브 임마크) 라고 진술한다. 유사한 사고는 히스기야의 기도에서도 나타난다 (왕하 20:3): "내가 진실과 전심으로 주 앞에서 행하며 주의 보시기에 선을 행한 것을 기억하옵소서!" 그리고 시 86:11에서는 "당신의 길을 내게 가르치소서, 여호와여, 내가 당신의 진리에 행하리이다" *(호레니 야웨 다르케카 아할레크 바아미테카)* 라고 한다. 이 마지막 구절의 경우 그 인접 문맥에 비추어 볼 때 (8-10절), 시인은 이방 신들을 배척하고 오직 여호와만을 고백하는 신앙 고백적 진술을 11절에서 하고 있다. 따라서 "당신의 진리에 행하리이다" 보다는 "당신께 신실하게 행하리이다" 라는 이해가 좋다 (시 25:3도 참조). 따라서 "당신의 진리"란 결국 "당신의 신실함"이며 (시 30:10, 40:11, 12, 57:4, 11, 71:22, 91:4, 108:5, 115:1, 117:2, 138:2), 이런 의미가 통하지 않는 다른 구절들 (시 25:5, 26:3, 86:11)에서는 "당신께 대한 신실함"이 된다. 한편, 당신께 대하여 신실하게 행했다는 시인의 주장은 4절 이하에서 보다 구체화된다.

제2연 (4-8절): 자기 의로움 주장

시인은 자신이 하나님께 신실함으로 행하여 (4-5절 [11절도 참조]), 자신이 여호와 앞에서 은총을 얻는 일에 온전히 관심을 쏟았다고 (6-8절) 주장한다.

4절: 허망한 사람과 같이 앉지 아니하였사오니/ 간사한 자와 동행치도 아니 하리이다 (로-야 샤브티 임-메테-샤베/ 베임 나알라밈 로 아보) —구문상 본절은 교차대구법이며 (동사 + 전치사구/ 전치사구 + 동사), 의미상 동의 병행법이다. 전. 후반절의 동사들은 각기 완료상과 미완료상으로 되어 있으나 (다음 절에서), 이는 시에서 다양성의 기교일 뿐, 시인의 이전 행동과 미래 결심을 표현한다기보다 (70인역, KJV, ELB), 무시간적인 시인의 행동 원리를 표현해준다 (NRSV, NAB, NIV, TNK; 시 1:1-3 처럼). 한편, "외식자와 동행하지 않는다" (임 나알라밈 로 아보)는 표현은 저들의 모임에 참석하지 않는다, 혹은 저들과 어울리지 않는다는 사고이다. NJB는 "함께 여행하지 않는다"라는 흥미로운 번역을 제시한다.

"허망한 사람 (메테-샤베)/ 간사한 자 (나알라밈)"는 여기서 병행어로 나타나고 있다. 하나님은 허망한 사람을 아신다 (욥 11:11). 허망한 사람은 사기꾼이며, 간사한 자는 "외식자" (hypocrites)이다. 그런데 여기서 "허망한 사람"이란 "우상 숭배자"를 지시한다 (시 24:4 참조).

5절: 행악자들의 집회를 미워하오니/ 악한 자와 같이 앉지 아니 하리이다 (사네티 케할 메레임/ 베임-레샤임 로 에쉐브) — 이런 부류와 사귈수록 사특하고, 정욕적이며, 세상적인 지혜만 더해질 뿐이다 (약 3:15). 이런 모임에서는 시기와 다툼만 일어나고 하나님의 감동은 찾을 수 없다. 한편 4, 5절은 서로 교차 대구법을 구성하고 있다

```
4 앉지 아니하다 + 동행하지 않다/ 5 미워하다 + 앉지 아니하다
        A + B          /           C + A'
```

이런 구조에서 본다면, 우상 숭배자 (허망한 사람)/ 악인들; 외식자 (간사한 자)/ 행악자

들의 집회 라는 병행이 성립된다. 하나님을 경외함은 악을 미워함이다 (잠 8:13). 거짓된 것 (시 119:104), 두 마음을 품는 자 (시 119:113), 중상 모략하는 입술 (잠 8:13), 교만한 자 등을 성도는 미워하고 멀리한다. 물론 전도 현장에서 그리한다는 것이 아니라, 삶의 지조를 지킨다는 것이다.

6절: 내가 무죄하므로 손을 씻고 (에르하츠 베닉카욘 카파이)—여기서 "손을 씻고"란 표현은 시 73:13에서 "내 마음을 정케 지키다"란 사고와 병행으로 나타난다. 그리고 시 24:4에서도 "깨끗한 손"은 "정한 마음"과 병행으로 나타난다. 그렇다면, 여기서도 문자적인 손 씻음도 가능하지만, 자신의 "무죄"를 주장하는 상징적인 한 제스처일 것이다 (신 21:6; 마 27:24). 이런 상징적인 행동은 하나님 앞에 나타나기 위한 예비 행동, 곧 자신을 "정케"하는 모습(출 30:18-21 [라하츠, 몸을 씻다]; 출 19:10, 14, 레 11:40 [카바스, 의복을 씻다] 참조)에서 유래하였다.

반면, 궁켈에 의하면, 6-7절의 행동은 제의와 연관되며, 시인은 이런 제의적 일들을 지속적으로 수행하는 제사장이다. 4-5, 8절은 이런 견지에서 이해할 수 있는 요소일 것이다. 구약에서 부정한 것은 "물로" 씻어 정케 한다 (출 30:18, 19 [물두멍에], 레 14:8, 9, 17:15, 22:6, 신 23:11). 여기서 제사장들이 제단과 성소사이에 놓인 대야 (물두멍 a water basin)에 손을 씻는 것이 암시되고 있다. 시인이 평신도였다면, 초막절기에 무죄의 상징으로 손을 씻어 정케 하고 (마 27:24에서 빌라도의 모습 참조) 제단을 돌면서 경배하는 것을 시사할 것이다 (O. Keel, *The Symbolism*, 123은 게젤 성전 모델은 성전 앞에 두 개의 못이 있어 예배자들이 손을 들어가기 전 씻었다고 한다; 그러나 예루살렘 성전과 연관하여 그런 못에 대한 언급은 없다). 크라우스나 쉬미트 같은 이들에 의하면, 6절 상반절은 시인이 방금 막 수행했거나, 아니면 이제 곧 수행하고자 하려고 준비하는 행동을 지시한다고 한다. 그러나 7절이 이런 이해와 조화되는지 의문이다. 유사한 이해를 보이는 리델보스 (J. Ridderbos)에 의하면, 6절에서 시인은 응답의 확신 가운데, 자신이 구원을 받으면 이행하리라고 서원한다. "내가 정녕 돌리라" (연장형)는 표현이 이런 이해를 지지해 주는지 모른다. 그러나 6절의 위치는 이런 이해를 지지해 주지 않는 듯 보인다.

요컨대, 시인은 제사장이라기보다, 여기서 자신이 무죄한 생활을 하였다고 주장하고 있다. 사용된 동사 (씻다)는 미완료(未完了)상(相)이지만 문맥상 "과거" 행동 묘사로 이해한다 (8절에서 "사랑하다" 동사 역시 "완료상(完了相 [아합티])"이나 습관적 행동을 묘사하는 현재 시제로 파악한다).

주의 단에 두루 다니며 (바아숩바 에트-미즈바하카) —주의 단 (미즈베테카 [당신의 제단])은 신 33:10, 왕상 8:31, 시 51:21 등에서처럼 성소의 번제단을 지시한다. 이 단은 성소 입구에서 들어가자면 만나게 되며 성소 마당에 위치하였다. 그런데 번제단과 성소 사이의 안 마당에는 성도들이 접근할 수 없었다. 시인이 제사장이라면, 여기서 제단을 도는 행동은 제단을 돌아서 물두멍에서 손을 씻고 등단하는 모습을 말하는 것일 것이다. 혹은 초막절기에 시 118:25을 외치며 제단을 도는 그런 모습을 지시하는지 모른다 (물론 이는 추방 이후 생겨난 초막절기 의식이다). "두루 다니며" (아솝바)는 제단을 돈다는 의미이다. 그러나 반드시 중심에 그 도는 대상을 놓고 빙 둘러 돈다고 생각할 이유는 없다. 왜냐하면 그 대상을 저 멀리 두고서 반쯤만 도는 행동을 해도 이 동사를 사용할 수 있기 때문이다 (창 2:11, 민 21:4).

그런데 제단에서는 제물을 불살랐으므로, 이 제물이 하나님께 바쳐진 음식과도 같았다 (창 8:21, 출 29:18, 25, 41, 레 1:9, 13, 26:31 등 참조. 비록 상징적 표현이지만 (시 50:13은 하나님께서 "수소의 고기의 먹으며, 염소의 피를 마시겠느냐?'고 반문한다), 그렇다면 제단은 바로 하나님의 상 (床)과 같다. 그래서 시인은 제단이 하나님을 상징하는 것으로 노래하였다 (시 43:4). 한편, 여기 사용된 동사의 어형은 시인의 의지 표명을 반영하는 "연장형" (corhortative) 형태이다: "내가 정녕 돌리라." 이는 델리취의 말을 빌자면, 색깔이 없고 평이한 표현인 "내가 (손을) 씻으리라" (에르하츠)는 표현을 뒤이어 나온 "감정이 개입된" (emotional) 표현이다. 그런데 약간 달리 다훗과 같이 이 연장형 어형이 "가정법"을 표현한다고 (시 9:15 [아사프라, 아길래], 39:5절의 [에드아] 연장형도) 이해할 수 있다: "내가 당신의 제단을 돌고자, 무죄함 가운데 내 손을 씻었나이다" (I have washed my hands in innocence, that I might march around your altar). 시인은 죄에서 떠난 생활을 하여, 주의 단을 돌 수 있도록 하였다. 즉, 주의 성소에서 예배에 참여할 수 있도록 하기 위해 그는 무죄한 생활을 영위하였다. 7절은 문법 구조상 6절에 종속되는 문장이므로, 7절은 6절에 제시된 시인의 예배 활동의 내용을 구체적으로 제시해 준다고 이해된다. 즉, 감사 찬양을 부르고, 주의 기사들을 간증**하면서** 그는 제단을 돈다 (예배를 드린다).

한편, 앞에서 언급한 대로 쉬미트가 제안한 왕상 8:31-32에 근거한 해결책, 곧 악인에게 부당하게 기소당하는 무죄한 자가 제단 앞에서 무죄 항변을 행하는 의식으로 6절을 이해하는 것도 가능할 것이다.

7절: 감사의 소리 (콜 토다)**를 들리고** (라쉬미아) —성전에서 시인은 악기를 연주하며 감사 찬송을 부른다. "들리고" (라쉬미아)는 솨마아 (듣다) 동사의 사역형 부정사 연계형의 축약형이다. 원래형은 레하쉬미-아가 될 것이다. 이 사역형은 대상 15:19 (놋 제금을 치다), 대하 5:13 등에서 "악기를 연주하다"란 의미로 나타난다. NJB는 이 동사의 사역형의 뉘앙스를 살리고 있다: "감사의 소리를 들리게 하다" (to make heard the sound of thanksgiving).

주의 기이한 모든 일을 이르리이다 (울사페르 콜-니플레오테카) —주님이 행하신 기이한 일들 (니플레오테카, '당신의 기사들')을 증거한다. 이는 예배행위이며 성도들의 예배모임을 가정한다. 만약 이 시의 표제대로 이 시가 다윗의 시이며, 어떤 이의 가정대로 압살롬의 난을 피했을 때의 시라면, 여기서 주의 기이한 일들은 그분이 다윗으로 반란군을 제압하게 하시고 예루살렘으로 환궁하도록 하신 그 은총을 지시할 것이다.
8절: 주의 계신 집과 주의 영광이 거하는 곳을 사랑하오니 (아합티 메온 베이테카 우메콤 미쉬칸 케보데카) —여기 8절은 5절의 사고와 극명한 대조를 이루고 있다. 성소는 하나님께서 자기 임재를 나타내시어 자기 백성을 만나는 장소였기에 구약 성도들은 성소에 대한 애착이 남달랐다. 오늘날 신약 시대에는 교회당 건물이 성전(聖殿)은 아니지만, 교회에서 밤낮 울부짖는 성도들에게는 영적인 고향임이 틀림없다. 사용된 표현 방식이 여호와의 성소를 향한 시인의 경외심을 잘 묘사해 준다: "당신이 거하시는 그 집, 곧 당신의 영광이 거하는 곳 (NIV, NRSV). 하나님의 영광 앞에 사람들은 감히 경솔하게 접근할 수가 없다 (출 16:7, 10, 24:16, 17 등 참조). 만유의 주재이신 하나님은 하늘을 보좌로, 땅을 발등상 삼으신다 (사 66:1). 그러므로 솔로몬은 "하늘과 하늘들의 하늘이라도 주를 용납지 못하겠거든 하물며 내가 건축한 이 전이오리이까?'라 하였다 (왕상 8:27). 그렇다면 성전은 무엇인가? 성전은 피조물 인간의 사정을 고려하여, 저들이 하나님을 만날 방편으로 허락해 주신 것이다. 그러므로 성전은 결코 하나님을 제한할 수 있는 처소가 아니었고 (행 7:48), 기계적으로 은혜를 제공한 곳도 아니었다 (렘 7:4, 마 3:9-10). 중요한 것은 그분의 임재와 그분을 대하는 성도들의 마음이다. 한편, "당신의 집의 거처" (메온 베이테카)는 "당신이 거하시는 집"이란 의미이다. 그리고 "당신의 영광의 성막-처소" (우메콤 미쉬칸 케보데카)는 "당신의 영광이 거하는 처소" 이다 (출 40:34, 35, 왕상 8:11). 한편, 시인은 이렇게 자신이 하나님의 은총을 받고자 늘 애쓴다는 것을 묘사한 후, 곧 자기를 곤경에서 구해 주시기를 간구한다 (다음 연 참조).

제3연 9-11절: 구원을 간청
9절에서 시인은 간구를 시작하여 11절에서 마친다. 지금까지 시인의 주장은 자신이 신실하게 행했다는 것과 하나님의 은총을 받을만하다는 상대적 완전함에 관한 것이었다. 이제 시인은 이런 묘사에 근거하여 자신의 간구를 드린다. 1절과 11절은 사고상 직접 연결되고, 구조상 교차 대구법 관계를 보인다. 12절의 구조는 교차 대구법적이다 (주어 +동사 +전치사구/ 전치사구 +(주어) + 동사; SVP/ PsV).
9절: 내 영혼/ 내 생명 (나프쉬/ 하야이)—이는 시인이 자기를 객체화시켜 지시하는 용어들이다. 그렇지만, 여기서도 "네페쉬"는 그 사람 자신을 지시한다. 그래서 어떤 영역본들은 "나프쉬"를 "내 영혼" (my soul, NIV, NASB) 대신 "나를" (me)이라 번역했다 (RSV, NJB, NAB).
내 영혼을 죄인과 함께, 내 생명을 살인자와 함께 거두지 마소서 (알-테에소프 임-핫타임 나프쉬 베임-안쉐 다밈 하야이) —이 구절은 시인이 어떤 위험에 처해 있다는 것을 암시해준다. "죄인들 (하타임)/ 피를 [흘리는] 사람들 곧 "살인자들" (안쉐 다밈)은 습관적인 범죄자들이다. 살인자 (피 흘리는 사람들 [시 59:2, 139:19, 잠 29:10])는 죄인을 보다 구체화시킨다. "거두지 마소서" (알-테에소프)란 표현은 하나님께서 인간을 모으시지 말아 달라, 곧 죽음으로 데려가지 마시라는 간구이다 (민 31:2 네가 네 백성들에게로 모아지리라). 1절에서 시인은 하나님께서 자기를 "판단해 주시라" 기도한 바 있다 (쇼프테니). 여기서 시인은 이제 자기 생명을 죄인들과 같이 죽이지 마시라고 1절의 사고를 구체화시킨다. 한편, 4절이 "우상숭배자"를 구체적으로 언급한다면, 여기 "죄인들"은 바로 그들을 지시할 것이다. 그런데 다훗은 9절의 "살인자들" (안쉐-다밈)까지 "우상들의 사람들"이라고 읽는다 (시 5:7, 139:19 참조).

여기 후반절이나 10절에 제시된 악인들의 모습은 시인이 6, 11절 등에서 자신을 묘사하는 모습과 분명하게 대조된다.

10절: 저희 손에 악특함이 있고/ 그 오른손에 뇌물이 가득하오나 (아쉐르-비데헴 짐마/ 비미남 말레아 쇼하드) —9절에 언급된 죄인, 곧 살인자들의 보다 상세한 모습이다. 하나님은 공평하셔서 (편견이 없으시다) 뇌물을 취치 아니 하신다 (신 10:17). 따라서 그분의 자녀들 역시 공평해야 하며 뇌물을 취치 말아야 한다. 특히 통치자들 (삼상 8:3), 관리들이나 판검사들은 더욱 그러하다 (신 16:19). 여기서 "그들의 오른손에 뇌물이 가득하다"는 표현에 비추어 다윗이 고려 중인 사람들은 지도자급에 해당되는 악인들이다. 전반절의 "손"은 후반절의 "오른손"에 비추어 "왼손"에 해당될 것이다. 그런데 "악특함" (짐마)은 원래, "계획"이란 의미이나, 의도, 악한 꾀, 비행, 추행 (음행, 근친 상간; 레 18:17, 19:29, 20:14, 삿 20:6, 렘 13:27, 겔, 16:27, 45, 58, 29:9, 11, 욥 31:11 등), 살인, 간사함, 부정 등을 지시한다. 특히 렘 13:27, 겔 16:27 등에서는 우상숭배죄인 영적 간음죄를 염두에 두고 있다. 그래서 여기서도 이 말이 "우상들"을 지시하는지 모른다.

11절: 나는 나의 완전함에 행하오리니 (바아니 베툼미 엘레크) —10절의 악인들과 대조시켜 "그러나 나는"이라고 독립 인칭 대명사를 문장 초두에 두어 강조하고 있다. 죄인들이 행동은 정죄 받을 것들이라면, 시인의 행위는 흠이 없다. 이는 어디까지나 상대적 비교에 의한 것이다. 이런 상대적 비교에 의한 우월 의식이 모두 나쁜 것만은 아니다. 우리는 신앙 위에 자신을 건설하되 남보다 더 하나님의 호의(好意)를 받고자 애써야 한다. 이런 열성이 없는 자는 불신자나 같다. 자기의 진보를 모든 사람들에게 보이고 (딤전 4:15), 자기의 거룩을 진작시키려면 항상 남보다 앞서 일어나야 하고, 남보다 더 어려운 각고의 노력을 기울이지 않으면 안 된다 (마 16:24, 고전 9:27, 15:31, 빌 3:14). 이렇게 긍정적 의미에서 시인은 자기의 의로움을 주장할 수 있었다.

그런데 "나의 완전함에 행하리라"는 사고는 이미 1절이나 3-5절에서도 진술한 바 있다 (inclusio). 특히 3절의 "주의 진리 중에 행하여" 곧 "주께 신실하게 행하여"라는 표현이 완전함에 행한다는 사고를 보다 구체화시켜 준다. 여기서 이 사고는 "구속해 달라"는 간구의 근거로 제시되었다. 한편, 여기서 고려해야 할 것은 시인이 미완료상을 사용하여 한역처럼 (KJV, NASB, NJB) 미래적 결심을 표명하고 있느냐? 하는 것이다. 70인역은 여기서 "내가 내 무죄함에 행하였사오니" (에고 데 엔 아카키아 무 에포류텐) 라고 번역했다. 11절은 10절에 묘사된 악인들의 삶과 시인의 삶을 대조시키고 있으므로 결심을 표명하는 미래시제 보다는 과거나 현재 시제로 (NRSV, NAB, NIV, TNK) 이해함이 좋을 것이다: "나로 말하면, 나는 내 완전함에 행하였사오니, 나를 구속하소서!"

나를 구속하시고 긍휼히 여기소서 (페데니 베혼네니) —현실을 따라 순서대로 동사를 배치한다면 "긍휼히 여기사 구속하소서!" 라고 해야 할 것이다 (시 72:13, 86:16, 사 63:9, 단 2:18, 딛 3:5). 긍휼을 좇아 우리를 구속하신다. 빚이나 다른 이유에서 노예가 된 사람을 몸값을 주고 자유케 하는 "구속" (대속 代贖)은 결혼 관계나 성소에 바치는 헌물(獻物)과 연관하여 사용되는 법적 뉘앙스를 갖는다. 구약 시대 이스라엘 신정(神政)국에서 짐승이나 사람을 무론하고 모든 초태생은 하나님께 바쳐져야 했다 (출 13:1-2, 34:19). 그러나 하나님은 나귀나 사람의 초태생은 짐승을 대신 바침으로 저들을 대속할 수 있게 하셨다 (출 13:13, 34:20). 이렇게 함으로 애굽의 장자들을 죽이시고 이스라엘의 장자들은 살리신 하나님의 사랑과 권능을 기억하는 것이다. 애굽에서 노예들이었던 이스라엘을 애굽인을 대속물로 하여 구속해 내신 그 하나님께 이 시인은 노예와 같이 곤고한 처지에 처한 자신에게 "은총을 베푸시어" "구속해" 주시라 간구한다.

제4연은 12절: 여호와를 송축하리라

이제 시인은 마지막으로 자신의 결심을 표현함으로 시를 맺는다.

12절: 내 발이 평탄한 데 섰사오니 (라글리 아메다 베미쇼르) — "평탄한 데" (미쇼르)는 "평지" (a level ground)를 지시할 것이다. 이것을 윤리적으로 치환(置換)시킨다면 "공평함" 혹은 "바른 길" (NJB, the right path)이 될 것이다. 시인은 여기서도 자신의 의로움을 주장한다 (1절과 상응한다). 이는 자신의 찬양과 경배가 합당함을 제시하고자 함이다. 이런 의의 주장은 외식자들처럼 과시(誇示)하기 위함이 아니라, 하나님 앞에서 담대함을 드러내는 성도의 아름다운 모습이다. 거리낌이 없는 마음에서 우러나는 이러한 담대함은 하나님께 기쁘게 열납 된다.

회중에서 여호와를 송축하리이다 (베마크헬림 아바레크 야웨) —이 회중은 예배로 모인 "회중" (마크헬림)이다. 이 회중은 5절에 언급된 '행악자의 회중' (케할 므레임)과 대조되는 것이다. 이 회중 가운데서 여호와를 송축하리라는 결심은 11절의 간구에 뒤이은 것으로 일종의 서원 기도의 일부를 구성한다. 시인은 이 절에서 자신의 간구에 대한 응답의 확실성을 표현하고 있다.

시편의 적용

요동치 아니하고 (1절)

요동하다 (마아드)란 말은 미끄러지다, 동요하다, 흔들리다란 의미의 말로서, 성도가 요동한다는 것은 신앙에서 흔들린다는 것이다. 이는 특히 말씀을 떠나서 기준과 확신을 상실하고 생활하는 모습을 가리킨다. 약속을 붙잡고 곤난 중에서도 승리하나, 이렇게 흔들리게 되면 삶은 물결치는 대로 움직여 결국 패배하고 말 것이다. 흔들림 없는 신앙은 말씀을 부여잡고 말씀에서 떠나지 않는 확고부동한 결단력과 이를 뒷받침해 줄 수 있는 기도의 부르짖음이 있을 때만 가능하다. 그러나 잘못된 확신은 금물이다. 잘못된 확신이란 말씀에 대한 오해와 무지에서 생겨날 수 있다. 예컨대, 이단들의 확신 (여호와의 증인, 몰몬교도, 통일교도 등등)은 잘못된 확신이다. 내가 참 진리의 말씀을 붙들고 있는지 늘 점검하고 확신 가운데 거한다면 이 보다 복된 자는 없을 것이다.

70인역은 "요동하다"란 말을 "병들다, 약하다"란 말 (아스테네오)을 사용하였다. 이는 삼손의 힘이 떠난 상태, 곧 연약해진 상태를 묘사하면서 여러 번 사용되었다 (삿 16:7, 11, 17). 요동하는 상태는 병든 상태가 아니며, 약한 상태가 아닌가? 우리의 신앙이 병들고 약해지면 요동하게 될 것이다. 성령님의 능력이 떠나가면 삼손도 일개 보통사람이 되듯, 우리의 믿는 확신이 사라져 버린다면 우리는 얼마나 가련한 존재로 전락하고 말 것인가? 믿음은 세상을 이기는 수단이 아닌가? 이 믿음을 팽개쳐 버린다면 우리는 세상에 짓밟히고 말 것이다.

주의 진리 중에 행하여 (히트할라크티 바아미테카)(3절; 4-5절과 11절 참조)

오늘날 세태(世態)는 텔레비전이나 영화, 여성 월간 잡지, 인터넷, CD, DVD 등을 통해서 그대로 반영된다. 모든 것은 여성의 아름다움과 남성의 강건한 체력, 풍부한 부와 쾌락의 추구 등을 목표로 한다. 모든 광고나 선전은 이런 목표를 추구하는 사람들의 마음을 끌어서 상품을 팔고자 한다. 여성을 대상으로 하는 광고는 몸매를 아름답게 해주는 성형 수술 광고가 대대적으로 펼쳐지고, 성적인 쾌락 추구의 본능을 소재로 남녀 간의 불륜관계가 연속극의 주종을 이루고 전통적인 도덕 가치나 기준은 아랑곳없이 행동하는 신세대의 자유분방한 모습들이 여기저기서 반영된다. 물질적 풍요와 삶의 편리는 인간의 삶의 목적과 의미를 성적인 방종과 쾌락 탐닉에서 찾도록 유도하기 마련이다.

이런 시대에 성도들은 신앙의 정조를 지키기가 대단히 어렵다. 마치 롯이 소돔성과 고모라의 타락된 문화 속에서 괴로워하며 살았듯이 오늘날 성도들은 사방에서 조여 오는 타락한 생활의 오염에 그대로 노출되고 있다. 여기서 기독교 신앙의 위기가 오기 마련이다. 핍박이나 고난은 신앙에 도전과 자극이 될 수 있지만, 풍요와 편리 속에 소리 없이 덮쳐오는 타락한 기운은 성도들을 조용하게 질식(窒息) 시킨다. 누가 이 타락한 기운데서 자유로울 수 있는가? 그렇다면 이 타락한 세상을 이길 방도가 있는가? 이길 방도가 없다. 그렇다면 다 신앙에 부패하여 하나님의 징계와 버림을 받을 것인가? 그렇다. 그렇게 되고 말 것이다. 교회 역사는 언제나 신앙의 부흥이 물질의 번영을 가져왔고, 그 번영이 신앙을 빼앗았다. 이런 교회사의 사이클은 오늘날 한국에서 그대로 재현될 것이다. 얼마나 오랫동안 버티느냐? 의 문제이지 한국 교회도 서구 교회의 전철을 그대로 밟고 있다. 우리는 이런 전환기에 살고 있다. 이런 세대 가운데서도 자기 마음을 지켜 무릎으로 세상을 이기는 자들이 항상 있다. 내가 그 소수의 "남은 자"가 되어야 한다. 그들은 "당신께 내가 '신실하게' 행하나이다" 라고 고백할 수 있는 것이다.

행악자들의 집회 (5절)

이는 하나님의 성도들의 예배모임 (12절)과 대조된다. 어떤 모임을 귀히 여기고 참석할 것인가? 동창회, 계모임, 반상회, 친족모임, 동호회 모임, 학술회 모임, 돌잔치, 결혼 잔치 등등 모임이 많다. 성도들은 이런 여러 모임들뿐 아니라 주일예배를 위시하여 각종 예배와 기도회, 성경공부, 심방 등등이 많다. 세상에 속하지는 않았으나 세상에 사는 성도들은 늘 이중적인 모습을 가질 수밖에 없다. 세상적 모임을 온전히 무시하고 살아야 하는가? 아니면 어떻게 할 것인가? 우리는 취사선택할 수밖에 없다. 내 영적인 유익을 도모하고, 하나님께 영광이 되는 모임을 우선하고, 타인에게 얼마나 나의 참석이 도움이 되는지 정도에 따라 나머지 모임들은 선택적으로 참여할 것이다. 직장에서의 모임이라 할지라도 술좌석과 같은 모임은 참으로 어색하고 유익하지 못할 것이다. 그러므로 직장에서는 신우회 모임을 조직하여 직장의 분위기를 바꾸고 주도적으로 이끌 생각을 가져야 한다. 우리는 세상의 빛이기 때문이다.

손을 씻고 (6절)

구약에서 "피로" 씻는다는 표현은 없다 (시 58:10에서 "원수의 피"에 발을 씻다란 "보응"의 의미). 따라서 구약 신학적으로 보건대, "보혈에 씻는다"는 사고는 상징적인 의미라 할지라도 신학적 기반이 약하다. 신약에서도 엡 5:26 "이는 곧 물로 씻어 말씀으로 깨끗하게 하사 거룩하게 하시고" (깨끗하게 함이 말씀을 수단으로 하여 목욕을 통해 일어난다; 말씀은 세례시에 선포되는 말씀이다); 디도서 3:5 "오직 그의 긍휼하심을 쫓아 중생의 씻음과 성령의 새롭게 하심으로 하셨나니" (중생의 목욕과 새롭게 하심의 목욕); 히 10:22 "우리가 마음에 뿌림을 받아 양심의 악을 깨닫고 몸을 맑은 물로 씻었으니" (행 22:16, 고전 6:11, 벧후 2:22 참조) 등에서 보듯 세례 의식을 반영하는 듯한 표현이 다수이다 (A. Oepke, "louein in the NT," in the *TDNT* 참조).

오직 계 7:14에서 "어린 양의 피에 그 옷을 씻어 희게 하였느니라" 는 말씀이 있다 (계 22:14도 참조). 그렇지만 묵시문학 장르에 속하는 계시록의 일부이며 따라서 아주 상징적인 의미이다. 곧 "옷"은 성도들의 행실이며, 그것을 어린 양의 피로 씻었다는 것은 그 행실로 지은 모든 죄를 용서받고 그분의 의의 세마포 옷을 받았다는 것을 의미한다.

한편 계 1:5에서 "그의 피로 우리 죄에서 우리를 해방하시고" 라는 표현을 살펴본다면, 사본상의 증거는 1) 해방하다 2) 씻다 의 두 가지로 나타난다. 1) 해방하다를 지지하는 사본들은 계시록 단편으로 전해지는 주후 3-4세기 파피루스 p18, 4세기경의 시내산 사본 교정본 알렙c, 5세기의 에브라임 사본 (C) 등의 고대 사본들이다. 2) 씻다를 지지하는 사본들은 9세기 이후 중세 사본들이다. 따라서 대개 현대 역본들은 고대 사본들을 따라 "해방하다" 독법을 취한다 (Textus Receptus에 근거해서 A.V.가 채용했었다). 그러므로 여기서 "죄를 (피로?) 씻다" 사고는 없다.

그렇다면, 우리가 즐겨 부르는 보혈에 씻는다는 찬송들은 어떻게 생각할 것인가?

그 피로 씻으면 눈같이 희게 되어 티 하나 없으리 (90장 1절)
어린양 보혈을 흘렸네 주의 은혜 우리의 죄를 다 씻었네 (137장 1절)
구주의 십자가 보혈로 죄 씻음 받기를 원하네 (182장 1절)
골고다의 보혈로 날 씻어 주소서 (186장)
샘물과 같은 보혈은 임마누엘피로다 이 샘에 죄를 씻으면 (190장)
예수의 보혈로 그대는 씻기어있는가 (193장)
흰눈보다 더 주의 흘리신 보혈로 희게 씻어주옵소서 (195장)
주의보혈 그 샘에 지금 나아가 죄에 깊이 빠진 이 몸 그 피로 씻어 (200장)
주의 보혈로써 정결하게 씻어 죄악에서 떠난 몸이 되었고 (206장 2절)
주의보혈 흐르는데 믿고 … 주의 은혜 내가 입어 깨끗하게 되었네 (213장)
내 죄를 씻기 위하여 피 흘려주시니 (338장)
주님의 보혈로 날 씻으사 눈보다 더 희게 하옵소서 (490장)

이런 찬송들을 부를 때 우리는 주님의 보혈(寶血)이 우리의 죄를 씻고, 그의 피를 바르면 귀신이 놀라 떠나가고 하는 식의 생각을 버려야 한다. 피는 성경에서 "생명"의 상징이다. 피가 흘려지면 곧 죽음을 의미하기 때문이다. 그러므로 보혈 찬송은 자기 생명으로 우리를 죄에서 해방시켜 주신 그분을 찬양하는 것이다. 따라서 보혈로써 우리 죄를 씻는다는 찬양 가사는 어디까지나 상징적인 의미로 이해되어야 한다.

시 27편 내가 누구를 두려워하리요?

I. 전체구조에서의 위치, 시의 유형과 삶의 자리

시 26편에서 시인이 주의 거하시는 집과 주의 영광이 거하는 곳을 사랑한다고 고백했듯이 (8절), 여기 시에서도 시인은 평생에 여호와의 집에 거하며 그의 성전에서 간구하고 싶은 열망을 표현한다 (4절). 또한 긍휼히 여기소서 란 간구 (7절)는 시 26:11과 상응하고, 평탄한 길로 인도 하소서 란 간구 (11절)는 시 26:12과 상응한다.

한편, 본 시는 확신의 부분 (1-6절)과 간구 부분 (7-14절)으로 구성되었다. 첫 부분은 하나님을 3인칭으로 묘사하면서 시인의 신뢰와 확신을 표현한다면, 둘째 부분에서는 하나님을 2인칭으로 직접 부르면서 간구를 올린다. 그래서 궁켈 같은 비평가는 이 시가 원래 "확신의 시"와 "개인 탄식시" 두 개의 별다른 시였다가 하나로 합쳐졌다고 주장하였다 (NAB는 이를 반영). 예컨대, 아더 버이저는 이 시는 원래 두 개의 독립된 시들이 유사한 예배 상황을 암시해주는 4, 13절에 사용된 유사한 표현들 (여호와의 아름다움을 보다 [4절]; 여호와의 은혜를 보다 [13절]) 때문에 하나로 합쳐진 것이라 추정한다 (*The Psalms I*, 245).

그렇지만 시편이 원래 두 개의 별개 시들이었다고 보는 견해를 반대하는 이들도 적지 않다. 예컨대, 두 부분은 서로 동일한 단어들로 긴밀하게 연결된다. 예컨대, "구원" (*예샤*; 1, 9절), "대적" (*챠르*; 2, 12절), "마음" (*레브*; 3, 8, 14절), "일어나다" (*쿰*; 3, 12절), "구하다" (*바콰쉬*; 4, 8절), "생명" (*하임*; 4, 13절) 등이다.

시인은 표제가 제시하듯 다윗으로 볼 수 있다. 본 시는 왕의 시라 할 수 있는 바, 그 근거는 무엇보다 군대, 전쟁 (3절)이 시인과 연관된다는 점이다. 그리고 하나님에 대한 호칭들 ("나의 빛," "나의 구원," "내 생명의 능력" 1절)은 왕의 시의 특징이다 (J. H. Eaton, *Kingship and the Psalms*, 172). 그런데 이 시가 어떤 정황에서 저작되었는지는 확실치 않다. 전통적인 입장에서는 이 시가 표제사 지시하는 대로 다윗의 것이며, 2-3절이 제시하듯 다윗이 처했던 곤궁 (예컨대, 압살롬의 난)을 반영하는 시라고 보았다면, 현대 비평가들은 대개 이 시가 특별한 예배 의식을 위해 작시되었다고 가정한다. 그렇지만 그 예배 의식이 무엇을 위한 것이었는가에 대하여는 의견이 엇갈린다. 혹자는 왕의 즉위식이라 하고, 혹자는 부당하게 기소당한 자가 성소에 와서 자기의 무죄를 확신하고 하나님의 정당한 판결을 기대하며 신뢰의 확신을 표시하고 또한 그분의 의로운 판결을 간구하는 시라고 이해한다. 이런 이해들을 보다 구체적으로 제시하면 다음과 같다:

N. H. 리델보스는 이 시가 왕의 즉위식 때 혹은 즉위 기념식 때 사용하기 위해 저작되었다고 추정한다 (*Die Psalmen*, 210-211). 그런 견지에서 보면, 10절 "내 부모는 나를 버렸으나 여호와는 나를 영접하시리이다" 라는 말씀은 시인이 왕으로 즉위함으로 자연적인 혈육의 유대 관계가 상실되고, 부모가 그에게 대하여 이전에 갖던 지위는 이제 여호와께서 대신 하신다는 의미가 된다 (신 33:9, 시 2:7, 22:10-11 등; 신 22:1, 삼하 11:27 등에서 "아사프" 동사가 이런 의미로 취해질 수 있다: [집으로] 취해들이다). 또한 "그가 기름부음을 받기 전에"

라는 표제를 가진 70인역은 이 시를 왕의 즉위식과 연관시키는 듯 보인다. 더 나아가 시 27편을 왕의 즉위식의 견지에서 보면, 1-6절 부분과 7-14절 부분의 통일성이 보다 강화된다. 왜냐하면 즉위식에서 환호와 탄원하는 간구는 결코 불협화음이 아니기 때문이다.

왕의 즉위식의 견지에서 본다면, 1-6절의 말씀이 낭송된 후, 여호와의 은총을 구하는 감사제사가 드려지고 (시 20:4, 삼상 7:9 등), 7절 이하의 기도가 드려진다. 특히 6절의 "내가 그 장막에서 즐거운 제사를 드리리라" 라는 결단은 1-6절이 낭송된 후에 선언될 것이다. 여기서 "즐거운 제사들을 드린다" (*자바흐 지브헤 테루아*)는 표현은 "외침과 함께 (외치면서) 제사들을 드린다" 는 의미이다. 제사를 드리면서 행하는 이 외침은 민 10:10에서 여호와의 주목을 일깨우는 그런 외침일 수 있다. 그리고 이 외침은 습 1:16에서 보듯, 항상 즐거운 축제의 외침이 아닐 수 있다. 또한 6절에서 "노래하여 여호와를 찬송하리로다" 라고 결단을 표시한다. 이런 의도는 1-6절의 낭송에서 이미 그 시초적 이행이 되어졌고 (시 18:50의 기능 참조), 7절 이하의 낭송에서 더 한층 이행되어질 것이다. 여기서 앞에 언급된 "외침"과 유사하게 이해할 수 있다. 즉, "노래하다" 혹은 "찬양하다"란 말이 항상 감사의 노래를 부르는 것만 지시하는 것이 아니다 (시 88:1 참조).

반면, 크라우스는 쉬미트를 따라 (*Das Gebet*, 15-16, 27-28), 시 27편이 앞의 시편처럼 부당하게 핍박받고 기소당하는 사람이 (2-3, 12절) 성전에서 피난처를 찾는 (4-5절) 정황을 노래한다고 이해한다 (*Psalms 1-59*, 333). 시인은 지금 하나님께서 자기를 보호하신다는 것을 확신한다 (1절). 그는 두려워 아니하고 (2-3절), 오히려 자기를 구원하신 여호와 하나님께 감사 예물을 드릴 것을 확신한다. 7절 이하에 제시된 간구는 하나님께 드리는 호소이다. 이 시는 여하간 위협받는 사람의 신뢰 표현 (1-6절), 성소에서의 간구와 호소 (7-13절), 하나님의 응답 (14절) 등으로 구성되었다. 이 시가 크라우스가 이해하듯 부당하게 기소 당하는 자의 노래라면 2-3절의 의미는 무엇인가? 크라우스는 2-3절에서 상징적 이해를 도모한다. 즉, 원수는 마치 야수가 먹이를 삼키려하듯 시인을 위협한다. 또한 3절에 제시된 시인을 포위하는 군대 표상도 역시 생명에 대한 치명적인 위협을 묘사하는 상징적 그림일 뿐이다. 따라서 이런 상징적 묘사로부터 시인의 정체성을 추정하려 해서는 안 된다. 그럼에도 크라우스는 10절에 가서는 즉위식에서 하나님의 아들로 입양되는 신성한 의식을 암시한다는 벤첸의 상징적 이해에 대하여 (A. Bentzen, *Messias-Moses redivivus-Menschensohn* [1948], 20), 그런 이해는 상징적 요소의 적절성을 과도하게 적용했다고 비판한다.

우리는 전통적 이해대로 다윗이 곤고한 중에 하나님께 구원을 요청한 시로 본다. 그는 희비가 엇갈리는 상황에 처한 듯 보인다. 아니면 위기 상황에 내몰린 가운데 그것을 믿음으로 극복하고자 믿음의 말을 전반부에서 선포하고 있는지 모른다. 그리고 후반부에서는 위기에서 자기를 구원해 달라고 간구한다.

유대교에서는 이 시편을 "경외의 날들" (*야밈 노라임*)에 회당에서 매일 낭송한다. "경외의 날들"이란 성력으로 7월 [티쉬리] 1일 (로쉬 하샤나)부터 10일 대 속죄일까지 10일간을 지시한다. 이 열흘간을 사람들은 또한 "참회의 열흘"이라 부르기도 한다. 탈뭇 (로쉬 하샤나 18a)에 의하면, 로쉬 하샤나 (설날)는 하나님께서 매년 "생명의 책"을 열어서 심판하는 날이다. 그리고 열흘 후인 대 속죄일에는 그 책을 다시 잠근다고 한다. 그래서 이 기간에 회개를 하는 것이 가장 적당하다 하였다.

2. 시적 구조와 해석

시 27편 시작의 형식이나 내용은 시 23편의 그것과 유사하다:

27:1 여호와는 나의 빛이요 나의 구원이시니, 내가 누구를 두려워하리요
　　　{주어 +보어}　　　　　　목적어 +(주어+) 동사
여호와는 내 생명의 능력이시니, 내가 누구를 무서워하리요
　　　{주어 +보어, 보어}　　목적어 +(주어+) 동사

23:1 여호와는 나의 목자시니, 내게 부족함이 없으리로다
　　　{주어 +보어}　　　불변사 +(주어+) 동사

1a, 1c에서 성도의 신앙 확신 (여호와는 나의 빛, 구원, 내 생명의 능력)이 표현된다. 이런 확신은 시 27편 전체에서 울려 퍼지고 있다. 여호와께서 시인의 하나님이시므로, 그는 그 무엇도 두려워 아니한다 (1b, 1d). 2절에서 이런 담대함이 더 한층 피력되고, 3절에서는 이 공포로부터의 자유로운 신앙 확신이 최악의 상황에까지 달한다. 1절과 3절은 사고상으로 볼 때 마크로-병행법을 구성한다 (N. H. Ridderbos는 이를 "외곽 병행법" [externen Parallelismus]이라 칭한다).

4-6절 부분의 이해가 난해하다. 예배 의식의 견지에서 이해하는 입장에서는 이 부분이야 말로 시 27편의 정황을 결정적으로 규정하는 단서로 본다. 즉, 1-3절의 확신 표현이나 7-14절의 간구나 응답 확신 등은 모두 성소에서 일어나는 일로 본다. 그렇지만 전통적인 입장에서 보면, 4-6절은 성소에서 피치 못할 사정으로 멀리 떨어진 시인이 시온 성소를 그리워하는 심정을 피력하고 있다. 그의 한 가지 기도는 자신이 모든 환난에서 구원을 얻은 후에는 성소에서 감사제를 드리고 그곳에서 평생을 거하는 것이다. 시인은 이미 전쟁이 벌어지고 있는 정황을 묘사하는 시 3:7에서와 같이 여기서도 전쟁을 예상하고 있으며 (2-3절), 그런 환난이 지난 후에는 4-6절에서 표현된 대로 성소에서 찬양하며 주님을 평생 섬기기 원한다.

1-6절이 믿음과 승리의 확신을(*fides triumphans*) 표현했다면, 7-14절은 간구하는 믿음을

(*fides supplex*) 담고 있다. 도입하는 7절의 기도는, 8, 9절의 일반적 기도에서와 보다 구체적인 11-12절의 기도로 발전되어 간다. 9절에서 "부정사" (알; –마소서)가 네 번이나 사용되어 간구의 긴박성을 생생하게 전달해 준다. 8-9절에서 "찾다"란 말이 두 번, "얼굴"이란 말이 세 번이나 반복 사용되어 간구의 긴박성을 더해준다. 9a (주의 얼굴을 내게서 숨기지 마소서)의 부정적 간구는 9b (주의 종을 노하여 버리지 마소서), d(나를 버리지 마소서, 나를 떠나지 마소서)에서 다른 말들로 반복되고 있다. 9c (주는 나의 도움이 되셨나이다)와 9e (나의 구원의 하나님)는 하나님의 "개입 동기들"을 담고 있다). 시인은 간구할 때 응답을 확신한다 (8-9절의 간구 후에 10절의 확신과, 11-12절의 간구 후에 13절의 확신). 11절에서는 두 개의 간구가 제시되고 (당신의 길을 가르치소서; 나를 평탄한 길로 이끄소서), 다음에 그 간구의 '동기'가 (내 원수들 때문에 [한역은 순서가 다르다]) 언급된다. 이 간구의 동기는 12a의 간구와 연결되고, 12b.c의 두 탄식으로 이어진다. 이렇게 하나님의 개입 동기들은 세 방향으로 제시되고 있으니, 한편으로 시인 자신이 주의 얼굴을 찾는 일 (8, 9a), 또한 하나님께서 시인의 도움이 되어왔다는 것과 그분이 시인의 구원자이시라는 것 (9b-e), 마지막으로 원수들이 시인을 위협한다는 사실 (11-12절) 등이다. 그런데 여기서 강조할 점은 11-12절이 담고 있는 간구들이 사실상 이 시의 핵심이라는 것이다. 이 간구를 위해 모든 요소들은 포진하고 있는 셈이다. 13절은 가상적인 상황을 도입하는 불변사 (룰레)가 지시하듯 (내가 산 자의 땅에서 여호와의 선하심을 볼 것을 믿지 아니 했다면 [나는 절망하고 말았을 터이다]), 응답의 확신을 표현한다. 14절은 시인 자신의 자기-격려로 볼 수 있지만, 예배 의식의 견지에서 이 시를 이해하는 입장에서는 성전 제사장이 기도하는 시인에게 주는 기도의 응답이다.

우리는 네 개의 부분으로 이 시를 구분한다. 제1연 (1-3절)은 하나님에 대한 신뢰 고백, 제2연 (4-6절)은 한 가지 기도제목, 제3연 (7-13절)은 위험에서 구원을 간구, 제4연 (14절)은 신앙에 서라는 격려 등이다.

제1연 (1-3절): 하나님에 대한 신뢰 고백

1절은 구조상 전.후반절이 구문 병행법, 내용상 전.후반절이 동의 병행법을 구성한다. 3절 역시 그러하다.

1절: 여호와는 나의 빛이요 나의 구원이시니 (*야웨 오리 베이쉬이*) —빛은 "어둠"과 대조된다. 어둠이 멸망, 저주와 슬픔의 상징이라면 빛은 구원과 축복, 기쁨일 것이다 (시 97:11, 사 9:2, 암 5:18 참조). 시 43:3에서 "당신의 빛"과 "당신의 진리" (*아밋테카*)를 보내어 저들로 나를 인도하소서! 란 간구가 나온다. 마치 하나님께서 보내시는 사자들로 표현되었다. 그런데 여기서는 하나님께서 시인의 "빛"이다 (요 12:46 참조).

하나님을 나의 구원이시라 지칭하는 또 다른 구절은 시 62:8이다. 다른 구절들에서는

"'내 구원의' 하나님/ 뿔/ 반석" 혹은 "나의 구세주" (모쉬이) 등으로 나타난다.

내가 누구를 두려워하리요 (밈미 이라)—천만인이 나를 둘러 진 친다 해도 (시 3:7), 내가 사망의 음침한 골짜기를 행한다 해도 (시 23:4), 환난의 때에도 (시 49:6), 두렵지 않다. 하나님을 신뢰하기 때문이다. 사람 (바사르 [육체])이 내게 어찌 하리요? (시 56:5); 죽을 자 ("아담" [사람])가 내게 어찌 하리요? (시 56:12, 118:6).

여호와는 내 생명의 능력이시니 내가 누구를 무서워하리요(야웨 마오즈 하야이 밈미 에프하드)—여기서 "능력" (마오즈)은 "요새"란 의미이다. 하나님은 성도의 생명을 보호하는 요새요 산성이시다. 따라서 눈에 보이지 않으나 믿음으로 그 산성에 들어가면 원수는 나를 해할 수 없다. "무서워하다" 동사는 (파하드) "공포에 질리다, 무서워 떨다"를 의미한다. 주님도 "몸은 죽여도 영혼은 능히 죽이지 못하는 자들을 두려워하지 말고 오직 온 몸과 영혼을 능히 지옥에 멸하는 자를 두려워하라!'고 하셨다 (마 10:28, 눅 12:4).

2절: 나의 대적 나의 원수된 행악자가 내 살을 먹으려고 내게로 왔다가 실족하여 넘어 졌도다 (비크로브 알라이 메레임 레에콜 에트-베사리 차라이 베오예바이 리 헴마 카쉘루 베나팔루)— "행악자들이 내 살을 먹으려고 나를 공격할 때, 걸려 넘어지는 자들은 바로 그들 곧 내 대적, 내 원수들이라" (TNK). 다른 이해를 따르자면, "행악자들이 나의 살을 삼키고자 나를 대하여 올 때, 내 대적과 내 원수들이 나를 공격할 때, 저들은 걸려 넘어진다" (NIV; "그들이" [헴마]를 "공격하다" 동사로 이해). "살을 먹는다" (아칼 바사르) 표현은 새가 시체의 고기를 뜯어먹듯 "파멸시키다"를 의미한다 (창 40:19, 시 79:2). 그러므로 이 표현은 원수들을 들짐승으로 비유한 것이며 (출 12:8, 46, 16:12 등에서는 "고기를 먹다"란 의미), 또한 "중상 모략하다"란 의미로도 취할 수도 있다 (RSV). 원수들은 성도를 해하고자 달려드나, 장애물에 걸려 넘어지고 만다 (카쉴/ 나팔).

3절: 군대가 나를 대적하여 진칠지라도 내 마음이 두렵지 아니하며 (임-타하네 알라이 마하네 로-이라 립비) —의미상 다음 후반절과 동의 병행법을 구성한다. 전제절의 사고는 전. 후반절이 유사하고, 귀결절에서는 전반절에서 부정적으로 "두려워 아니한다"라고 제시하였으나 후반절에서는 적극적으로 "안연하다"고 강조한다.

전쟁이 일어나 나를 치려할지라도 내가 오히려 안연하리로다 (임-타쿰 알라이 밀하마 베조트 아니 보테아흐)— "전쟁"이 의인화되어 일어나 시인을 치고자 한다. 아니면 전반절의 "군대" (마하네; "진"이란 의미이나 "군대"란 의미도 갖는다)에 병행되는 "군사들"을 지시할 것이다. "전쟁"이 "일어나다"란 동사의 주어로 사용된 경우는 여기 밖에 없다. 관련구절들은 사람들이 "전쟁을 위하여 일어 난다" (렘 49:14, 오 1:1)고 표현한다. 따라서 다훗이 제안한 대로 여기서 "전쟁"은 "전쟁에 참여한 자" 곧 "병사들"로 이해할 수 있다.

"내가 오히려 안연하리로다"는 "그럴지라도 (베조트 even then) 내가 자신 만만 하리로다"이다 (시 24:8; "베조트"의 다른 의미로는 "이런 조건으로" [창 34:15, 22, 삼상 11:2], "이렇게" [창 42:15, 33, 출 7:17]). "안연하다"는 말은 "태평한," "근심이 없는"이란 의미이다. 이 구절은 시인이 어떤 곤경 중에서도 하나님을 신뢰하므로 평안을 갖는다는 점을 강조한다 (시 3:5-6, 4:8 참조). 한편 이 시에서 이렇게 전쟁과 시인이 연관되어 나타남을 볼 때, 이 시가 왕의 시임을 암시해 준다.

제2연 (4-6절): 한 가지 기도제목
4절: 내가 여호와께 청하였던 한 가지 일 (아하트 솨알티 메에트-야웨)—"청하다"(ask)와 "구하다"(seek) 두 말은 동의어로 함께 등장하곤 한다 (창 37:15, 사 65:1). 성도들이 하나님께 "청하는 것"이 기도이지만 (신 18:16, 삼상 1:17, 20, 27, 2:20, 8:10, 시 21:5, 사 7:11, 슥 10:1), 하나님께서 성도들에게 청하는 것도 있다: 여호와를 경외하고, 그분의 모든 길에 행하며, 그를 사랑하며, 마음을 다하고 성품을 다하여 여호와를 섬기고, 그분의 계명을 지키는 것 (신 10:12). 그런데 "한 가지를 청하다"란 표현은 아도니야가 밧세바에게 나아와 "내가 한 가지 소원을 당신에게 구하오니"라고 할 때 나타난다 (왕상 2:16; 20절도 참조). 시드기야왕은 예레미야 선지자에게 "한 일을 물었다" (렘 38:14). 그리고 잠언 기자는 죽기 전에 이루어 주시라고 두 가지를 주께 구하였다 (30:7).

곧 그것을 구하리니 (오타흐 아박케쉬)—8절에서 "내 얼굴을 찾으라!'는 표현에서 드러나듯, "구하다"란 동사 ("찾다, 간청하다")는 기도하는 모습을 묘사한다 (마 7:7 "구하라, 찾으라" 참조).

곧 나로 내 생전에 여호와의 집에 거하여/ 여호와의 아름다움을 앙망하며 그 전에서 사모하게 하실 것이라 (쉬브티 베베이트-야웨 콜-예메 하야이/ 라하조트 베노암-야웨 울레박케르 베헤칼로)—여기 시인의 큰 기도제목은 평생에 하나님의 집 곧 그의 '성전' (헤이칼, 궁전)에 거하여 (시 23:6) 그분의 아름다움을 "앙망하며" (바라보다; 하자) "구하는 것" (구하다; 바카르)이었다. 시 17:15에서 시인은 깬 후에 하나님의 얼굴을 뵐 것을 (하자) 기대하였다. 그리고 시 63:1에서 시인은 하나님은 간절히 찾고 (솨하르), 그를 목말라 하며 (챠메), 그를 갈망하였고 (카마흐), 또한 성소에서 그를 바라보고 (하자) 그분의 권능과 영광을 보고자 (라아) 하였다. 이런 시인들의 진술들은 하나님을 체험하는 내적인 체험을 묘사하고 있다. 환난에 처한 자들은 시간을 드려 간구하며, 영적인 황홀경에서 그분의 임재를 체험하면서, 그 평안함과 기쁨을 만끽하던 그 날을 그리워하며 그런 날을 새롭게 회복하길 소망하기 마련이다. 다윗 왕은 한 때 백향목 궁에 거하였으나 (삼하 7:2), 압살롬의 반역으로 자기 궁궐을 떠나 피난 할 때, 그가 그리워하고 사모한 것은 자기 백향목 궁이 아니라 하나님의 성전이었다 (삼하 15:25). 성도는 특히 환난 중에 영적인 고향을 그리게 된다.

"여호와의 아름다움" (노암 야웨)은 영적인 시각에서 하나님의 존재방식 혹은 인간과의 연관성에서 바라볼 때 하나님의 그 탁월하심을 지시할 것이다. 그리고 그 아름다움은 그분의 은총 (시 90:17)과 연관된다. 그런데 시인은 하나님의 은총이나 영적인 복된 상태를 마치 보는 양 "바라보다" (*하자*; 호제 [선견자, 삼하 24:11])란 동사를 사용하여 묘사한다. 이는 시각적 동사이지만 영적인 아름다움을 바라보는 내적인 시각을 지시한다 (사 1:1, 2:1, 13:1, 28:15 등 참조). 이런 축복은 비단 내세에서만 이루어질 일이 아니고 (M. Dahood, *Psalms I*, 167은 여기서 "여호와의 집"을 하늘 처소로 이해하고, 하나님을 대면하는 것을 내세의 축복된 바라봄 [beatific vision]이라 부른다), 현세에서도 실현된다. 13절에서 "여호와의 은혜 볼 것" 참조.

한편 아름다움의 유가릿어 상응어인 n`m이란 말은 (Gordon, *UT*, *Glossary*, #1665) "매력," "사랑스러움"을 의미하며, *Aqht* (2 Aqht VI:45)나 *Krt* (128; II:20; Krt 40, 61) 등과 같은 영웅들의 '칭호'로도 사용되었다. 그리고 아낫 여신의 사랑스러움을 지시하기도 하였다 (Krt 145, 291).

"(그 전에서) 사모하게"에서 사용된 동사는 *바카르*로 보통 "찾다," "문의하다" (seek, inquire)를 의미한다. 이 말은 겔 34:11에서 (양을) "찾다"를 의미하는 "다라쉬" 동사의 동의어로 나타나고, 의식상의 정결을 '검사하다' (레 13:36; [27:33]), 제물을 '검사하다' (왕하 16:15)를 의미한다. 그런데 이 말은 유가릿어에서 "빈번히 방문하다" (frequent), 아랍어에서 "쪼개다," 탈굼 아람어에서 (제물의 내장을) "검사하다," 성경 아람어에서 "조사하다"를 의미한다 (에스라 4:15, 19, 5:17, 6:1, 7:14). 그렇다면 이 문맥에서 이 동사는 어떤 의미를 지니는가? 여러 가지 의견이 제시되었다:

1) 매일 통틀 때마다 깨다 (아침 [보케르]의 동사형으로 본다)(다훗);
2) 제물을 검사하다 (모빙켈은 이 말이 제사와 연관되는 전문 용어라 본다, *PsStud*, 1:146; 크라우스)(나바티안어에서 "무바키루"는 제물을 검사하는 제사장의 명칭?); 크라우스는 이 말이 시 5:3, 합 2:1 등에서 사용된 "주목하다" (*챠파*)와 같은 의미를 시 27:4에서 가질 것이라 추정하고, 전에는 제물에서 한 징조를 찾는 것을 지시하였을 개연성이 있지만, 구약 제사에서는 대개 하나님으로부터 "구원 메시지"를 기대하는 것을 가리키는 말일 것이라 이해한다.
3) 구하다 (KJV, NRSV); 찾다 (NIV [그를 찾다], NJB [그의 성전을 찾다]);
4) 빈번히 찾다, 방문하다 (TNK, NAB);
5) 묵상하다 (헹스텐버그, 델리취, NASB).

이런 여러 제안들은 이 말의 문맥상의 의미가 확실치 않다는 것을 의미한다. 여기서 이 말은 시인이 자기 평생에 여호와의 전에 거하는 목적을 지시하며, 그가 전에 거하고자 하는 목적은 여호와의 아름다움을 "바라보고" 성전에서 "구하고자" 함이다. 아니면 그분의 아름다움을 "묵상하기" 위함이다. 곧 영적인 은총을 덧입기 위함이다. 그런데 바로 다음 절과 고려해서 생각하면, 시인이 성소에 거하기를 바라는 목적은 자신의 안전을 위함도 고려되었다.

5절: 환난 날 (*베욤 라아*) — "재앙의 날"이다 (렘 17:17, 51:2, 시 41:1). 하나님은 전도서에 의하면, 형통한 날 (*베욤 토바*)과 재앙의 날 (*베욤 라아*)을 병행시켜 두셨다 (전 7:14). 재앙의 날에 신앙을 잘 지키면 그 신앙은 금보다 귀한 것일 것이다.

나를 그 초막 속에 비밀히 지키시고/ 그 장막 은밀한 곳에 나를 숨기시며 (*키 이츠페네니 베숙코/ 야스티레니 베세테르 아홀로*) —여기 시인은 재앙의 날에 하나님의 보호를 확신한다 (시 91:1-7 참조). 문장 초두에 "키" (왜냐하면)가 위치하여 4절의 이유를 도입한다. "비밀히 지키다" (*차판*)는 "숨기다," "저장하다"를 의미한다. 국가적으로나 개인적으로 재앙이나 전쟁이 덮칠 때 (3절), 은신처가 마땅치 않을 때 하나님은 성도의 피난처가 되시니, 성도들을 "그 초막" (*베숙코*)과 "그 장막 은밀한 곳"에 숨기신다 (시 31:20). 그런데 다훗은 "환난 날"에서 전치사 (*베*)를 "후에"로 읽고, "악한 날 후에" 곧 죽음 이후에로 이해하고, "그의 초막"이나 "그의 장막 은밀한 곳"은 모두 여호와께서 거하시는 천상의 거처를 지시한다고 한다 (*Psalms I*, 168).

나를 바위에 높이 두시리로다 (*베츄르 예롬메네니*) — 이제 다른 표상을 사용하여 "바위에 높이" 두신다고 한다 (브릭스는 병행법을 고려하여 "반석 위" [*베츄르*]를 "협착한 곳들에서" [*밧챠르*]로 읽기를 제안한다; *Psalms*, 243; 반면 다훗은 "그가 [거하시는 신성한] 산위에 [높이 두다]"로 이해; 다훗의 이런 이해는 가나안 신화에서 등장하는 "북방의 산"이 "비밀히 지키시고" [*차판*]에 암시된다고 보는데서 기인). 이와 유사한 표현이 시 61:2에서 나타난다: "나보다 높은 바위에 나를 인도하소서" (시 61:4 "주의 장막에 거하며 주의 날개 밑에 피하리라"). 은밀한 곳에 숨기시든지, 높은 바위에 두시든지 그것은 모두 안전한 보호를 지시한다.

6절: 이제 내 머리가 나를 두른 내 원수 위에 들리리니 (*베앗타 야룸 로쉬 알 오예바이 세비보타이*)— "이제"는 시인이 간구한 바가 이미 이루어진 양 미래적 결과를 실현된 현재로 제시한다. 하나님은 성도의 머리를 높이 드시는 이시다 (시 3:4). 기운이 진하면 고개가 숙여진다. 그러나 물을 마시고 힘을 얻어 머리를 쳐든다 (시 110:7). 이처럼 성도에게 새로운 힘을 주시고 머리를 쳐들게 하시고, 원수에 대하여 승리를 주신다. 원수들이 시인을 둘러싸고 치고자 할 때, 기운이 쑥 빠지나, 주께서 새 힘을 주심으로 머리를 들고 승리를 얻는다.

내가 그 장막에서 즐거운 제사를 드리겠고 (*베에즈베하 베아홀로 지브헤 테루아*)—앞 절에서는 그 장막에서 피난하였더니 이제 그 장막에서 제사를 드리고 하나님을 경배한다. 문자적으로 성전이 피난처가 된다는 의미라기보다, 그분의 보호하시는 능력을 체험한 시인은 하나님의 성소에서 경배한다. 한편 "즐거운 제사" (*지브헤 테루아*)란 차라리 "기쁨으로 소리치며" 드리는 제사(sacrifices with shouts of joy)이다 (시 26:7에서 "감사의 제사"와 같다).

노래하여 여호와를 찬송하리로다 (아쉬라 바아잠메라 라도나이) —이는 하나님께서 시인의 간구를 응답해 주셨으므로 드리는 감사의 노래이며, 현악기를 타면서 드리는 찬양이다.

제3연 (7-13절): 위험에서 구원하소서

이제 확신의 어조는 간구와 탄식의 어조로 돌변한다. 보통 탄식과 간구가 제시된 후에 확신과 감사의 표시가 나타나는 경향과 대조된다.

7절: 내가 소리로 부르짖을 때에 들으시고 (쉐마-야웨 콜리 에크라) —시인은 힘을 다하여 하나님께 구원을 부르짖는다. 시인의 모습은 곤고한 중에서도 부르짖을 줄 알지 못하는 자들과 대조된다. 이것이 참 믿음과 죽은 믿음의 차이이다. 어려울 때 부르짖는 신앙은 산 신앙이다. 이렇게 자기 자녀들이 부르지는 간구를 하나님은 듣기 원하신다.

또한 나를 긍휼히 여기사 응답하소서 (베혼네니 바아네니)— "은총을 베푸사 내 기도를 들으소서!" (시 4:2)나 대동소이하다 (시 25:16, 26:11, 27:7 등에서 사용된 "하난" 동사는 "긍휼히 여기다" 보다는 "은총을 베풀다"로 번역하면 좋겠다). 이사야는 회복의 때를 바라보면서 선포하길 "백성이 시온에 거하여 더 이상 울지 아니하고, 부르짖을 때 하나님께서 은총을 베푸시고, 그가 들으실 때 응답하시리라" 하였다 (사 30:19). 여기 시인에게도 연단 이후에 "회복"의 때가 오면 기도가 응답될 것이다.

8절: 너희는 내 얼굴을 찾으라 하실 때에 내 마음이 주께 말하되 여호와여 내가 주의 얼굴을 찾으리이다 하였나이다 (레카 아마르 립비 박케슈 파나이 에트-파네카 야웨 아바케쉬)— 원문에서 1인칭과 2인칭이 혼동되는 듯이 나타나고 있다: "당신께 내 마음이 말하길, 너희들은 내 얼굴을 찾으라! 내가 여호와여 당신의 얼굴을 찾겠나이다!" 한역이나 NASB는 본문에 없는 말을 보충하여 의미가 통하도록 만들고 있다: "너희는 내 얼굴을 찾으라! 고 당신께서 말씀하셨을 때, 내 마음이 당신께 말하길, 여호와여 내가 당신의 얼굴을 찾나이다." 대개 영역본들은 첫 말 "레카" (당신에게)를 "오라" (레크)로 번역하고, '내 얼굴을 구하라'는 명령은 "그의 얼굴을 구하라"로 바꾼다(NRSV, REB, NAB, NIV, NJB): "Come," my heart says, "Seek his face!" Your face, LORD, I do seek (NRSV). 본문 그대로 두고, 또 다른 말을 보충하지 않고 이해하려 한다면 "당신을 대신하여 내 마음이 말하길, '내 얼굴을 찾으라! 오 여호와여 내가 당신의 얼굴을 찾나이다" (TNK, In your behalf my heart says "Seek My face!" O LORD, I seek Your face 참조). 이 명령은 하나님의 성도들에게 주어진 응답의 확신이다. 다윗은 내리 삼 년 기근이 임하였을 때, 여호와의 얼굴을 구하였다 (삼하 21:1). 이 표현은 하나님을 의인법적으로 묘사한다. 마치 솔로몬의 지혜 때문에 천하가 다 그 얼굴을 찾았다고 함과 같다 (왕상 10:24). 하나님의 얼굴을 찾는다 라는 표현은 그분께 기도한다는 것이다.

9절: 주의 얼굴을 내게서 숨기지 마시고 주의 종을 노하여 버리지 마소서 (알-타스테르 파네카 밈멘니 알-타트-베아프 아브데카) ―하나님께서 얼굴을 숨기시는 일은 진노의 모습이다 (신 31:17, 32:20; 사 8:17, 54:8, 59:2, 64:7). 그리하시면 허다한 재앙과 환난이 성도에게 임하여 고통을 당하게 될 것이다. 시인은 현재 자신이 처한 상태가 하나님의 진노의 때라고 판단한다. 그런데 "버리지 마소서" (알-타트)에서 동사는 원래 사역형에서 "펼치다, 늘이다"란 의미이지만, 여기서는 "쫓아 버리다" (turn away, repel)란 부정적인 의미로 사용되었다.

주는 나의 도움이 되셨나이다 (*에즈라티 하이타*) ―니느웨는 이디오피아나 애굽을 자기 힘으로 삼았고, 붓과 루빔을 자기들의 도움으로 삼았다 (나 3:9). 그러나 시인은 하나님을 자기 도움으로 삼았다.

나의 구원의 하나님이시여 나를 버리지 말고 떠나지 마옵소서 (*알-티테쉬니 베알-타아즈베니 엘로헤 이쉬이*)― 1절에서 시인은 하나님을 "내 구원" 이라 지칭한 바 있다. 그리고 "버리다" 동사는 "포기하다" (give up) 곧 "버리다" (forsake)를 의미한다면, 다음 동사도 역시 "버리다" (leave, abandon)를 의미한다. 하나님께서 나를 버리신다면 그것은 사실 우리가 먼저 하나님을 떠나서, 그분을 버렸기 때문이다. 택하신 성도라면 그분이 우리를 영원히 버리실 수가 없다. 그러나 잠시 노하시어 우리를 멀리 하실 수 있다 (사 54:8). 이 잠시 동안이 성도들에게는 아주 길게 느껴지는 것이다 (언제까지니이까? 시 13:1, 74:10, 89:46, 90:13, 94:3, 렘 12:4). 그러한 때에 하나님과 가졌던 그 아름다운 순간들이 모두 허상(虛像)이었던가? 라는 허무감과 좌절에 빠져들 것이다. 성도는 그분의 불변사랑 (헤세드)을 굳게 믿고서 소외(疎外) 당한다 느낄 때 더욱 그분을 찾아야 한다.

10절: 내 부모는 나를 버렸으나 (*키-아비 베임미 아자부니*) ―육신의 부모는 우리를 버릴 수 있다 (사 49:15). 많은 입양아 부모들이 자기 아기를 져 버린 것이다. 그러나 우리 하나님은 자기의 사랑하는 자녀를 져 버릴 수 없다 (사 49:14-16, 54:6-8). 제 아무리 어려운 곤경에 처한다 해도 우리는 그분의 불변사랑 (헤세드)을 확고하게 붙들어야 한다.

여호와는 나를 영접하시리이다 (*바도나이 야아스페니*)― 여기 사용된 표상은 육신의 부모가 내다 버린 (*아자브*) 아기를 영의 아버지 (히 12:7)께서 취하여 집으로 인도해 들이시는 (*아삽*)(사 10:14에서 "'내어버린' 알을 '주움'" 표상 참조) 모습이다 (겔 16:4-14도 참조).

11절: 주의 길로 나를 가르치시고 내 원수를 인하여 평탄한 길로 인도하소서 (*호레니 야웨 다르케카 운헤니 베오라흐 미쇼르 레마안 쇼레라이*) ―당신의 길로 가르치소서!// 평탄한 길로 인도하소서! 동의 병행법을 구성한다. 따라서 "당신의 길을 내게 가르치소서!' (Teach me your way; NIV, RSV, NASB, NJB, NAB) 보다는 "당신의 길로 나를 가르쳐(인도하소서)"란 (Teach me in Your way, 70인역 참조) 의미이다. 즉 "당신의 길" (*다르케카*)에 후반절의 "평탄한 길로" (*베오라흐 미쇼르*)에 있는 전치사 (*베*)를 보충하는 것이다 (double duty). 당신의 길은 곧 그분의 진리와 말씀이다.

"내 원수를 인하여 평탄한 길로 인도하소서" -원수들이 없다면 성도가 주님을 찾을까? 문제가 없다면 성도들이 성결한 삶을 추구할 동기가 있을까? 물론 원수들 때문에 우리가 바로 서고자 하는 것은 아니다. 하나님을 사랑하기 때문이다. 그럼에도 원수는 우리 신앙에 필수 불가결한 한 요소를 구성한다 (잠 16:4). 자극이 없는 신앙은 시들고 만다.

12절: 내 생명을 내 대적의 뜻에 맡기지 마소서 (알-티테네니 베네페쉬 차라이) —신앙인이 패역한 자에게 곤고한 일을 당하는 것은 큰 수치이다. 이렇게 되는 것은 신앙인이 하나님의 손에서 징계를 당하는 것이리라. 불 신앙은 우리를 수치와 굴욕의 자리에 떨어지게 한다. 반면 아름다운 신앙은 하나님의 축복과 승리를 누리게 한다.

위증자와 악을 토하는 자가 일어나 나를 치려 함이니이다 (키 카무-비 에드-쉐케르 비페아흐 하마스) — "거짓 증인과 '강포한 증인'"은 성도를 멸하고자 하나, 실상 성도의 신앙을 순전하게 만드는 도구에 불과하다 (사 10:5, 15). "폭력," "강포"를 의미하는 히브리어 "하마스"는 "증인" (에드)이란 말과 시 35:11에서 함께 언급된다 (불의한 증인; 강포한 증인). 십계명은 "거짓 증거"를 금한다 (출 20:16). 한편 여기서 '[악을] 토하는 자'란 말은 "야페아흐"로 "숨을 내쉬는" 이란 형용사로 이해되어 왔다. 그런데 이 말을 유가릿 대응어 *yph* (증인; Gordon, *UT*, Glossary #1129)와 연관시켜, "증인"으로 이해하는 것이 좋을 듯 하다 (D. Pardee, "YPh, 'Witness' in Hebrew and Ugaritic," 204-13 참조). 그렇다면 "악을 토하는 자"는 "강포한 증인"으로 병행절을 이룬다. 거짓 증인들은 사형선고까지 확증시킬 수 있었으므로 살인죄를 저지르는 자들이다 (왕상 21:13 아합왕 시대의 나봇을 친 거짓 증인들 참조).

13절: 산 자의 땅에 있음이여 여호와의 은혜 볼 것을 믿었도다 (룰레 헤에만티 리레오트 베투브-야웨 베에레츠 하이임)— 산 자의 땅에 있다는 사실, 이것이 기회이며 신앙 성장을 위함인 줄 생명 위협을 당할 때 비로소 알게 된다. 이 육신의 때는 기회의 때이다. 여기서 헌신하고, 여기서 성장할 수 있다. "산 자의 땅" (베에레츠 하임)은 시 52:7, 142:6, 사 38:11, 53:8, 렘 11:19, 겔 26:20, 32:23, 욥 28:13 등에서도 나타난다.

한편 맛소라 본문은 비현실적 가정법을 도입하는 불변사 룰레 (–않으면 unless)로 시작된다. 이 불변사는 과거에 무엇을 아니했더라면, 지금은 이리 하였을 텐데! 라는 가정법의 전제절 (protasis)을 도입한다 (창 31:42, 43:10, 삿 14:18, 삼하 2:27 등). 가정법을 살려 번역하자면 "내가 산 자의 땅에서 여호와의 선하심을 볼 것이라는 것을 믿지 아니 했더라면" (내가 낙담하고 말았을 터이다!)(NASB, KJV). 그런데 시 27:13에서 이 불변사의 위, 아래에는 모두 여섯 개의 특별한 점들이 찍혀있어 본문을 전수한 맛소라 학자들이 이상하게 생각했다는 흔적을 보여준다. 어떤 히브리어 사본은 이 말을 아예 생략하고 있다.

"여호와의 은혜 볼 것" 과 연관하여, 은혜는 받는 것이지만 여기서는 본다 하였다. 이는 신약에서 "하나님 나라를 본다" (요 3:3)고 한 것과 같다. 하나님의 나라는 하나님의 통치라는 역동적인 개념으로서 그 나라를 보는 것은 그 통치에 참여하는 것을 말한다. 은혜를 본다는 것은 은혜를 체험하는 것이다. 이 땅에 있을 때 은혜 체험의 기회가 있다.

제4연 (14절): 신앙에 서라
14절: 너는 여호와를 바랄지어다 (*카베 엘-야웨*) — "여호와를 소망하라." 이는 본 절에서 문장 초두와 말미에 두 번 반복된다 (epanaphora). 왜 성도가 여호와를 소망할 것인가? 그분은 성도를 찾으실 때마다 구원 선물을 갖고 오시기 때문이다 (창 49:18, 시 37:9, 34, 40:1, 2, 잠 20:22). 신앙이 살았을 때 성도는 항상 하나님께 주목하고 그분께 소망을 두고 기다린다 (사 25:9, 40:31). 하나님을 소망하고 앙모하는 자마다 새 힘을 얻어 독수리 날개 치고 박차고 올라감 같이 될 것이다 (사 40:31). 그러나 신앙이 병들 때 관심이 돈, 사업, 자녀, 쾌락, 문화 등등에로 돌아간다.

강하고 담대하며 여호와를 바랄지어다 (*하자크 베야아메츠 립베카 베카베 엘-야웨*) — 영적인 힘이 강한 자가 약한 자를 강하게 해주고, 격려해 줄 수 있다 (신 3:28, 31:6, 7, 23, 수 1:6, 7, 9, 10:25, 대상 22:13, 28:20). 혹은 회중이 지도자를 강하고 담대하라고 격려할 수 있다 (수 1:18). 여호와를 바라는 자들은 강하고 담대해야 한다 (시 31:25). 강하고 "담대하라"는 격려는 두려움에 빠진 성도들에게만 아니라, 오늘날과 같이 우울증과 불안감이 팽배한 "불안의 시대"를 살아가는 모든 성도들에게 필요한 주님의 명령이다 (사 35:3, 나 2:2).

시편의 적용

평생에 성소에서 하나님의 아름다움을 바라보며, 구하는 삶 (4절)
이것이야말로 최고의 행복이다. 이런 의미에서 목회자처럼 행복한 사람은 없다. 그 누구도 목회자처럼 교회에서 기도하며 찬송하며 섬기는 삶을 살기 어렵다. 이 좋은 기업을 목회자는 하나님께로 받았으니 결코 빼앗기지 않도록 자기 책임을 완수해야 한다. 늘 교회에서 살면서 기도하는 삶 이상으로 능력 있고, 충만하고 평안하며 꿈이 있는 삶이 어디에 다시 있을 것인가? 이런 복된 자리를 마다하고 많은 목회자들이 다른 데서 무엇을 구하고자 하니 얼마나 미련한가? 새벽기도, 철야기도, 각종 예배 등등 영적인 풍요함을 채울 수 있는 기회들이 목회자들에게 무제한 주어져 있다.

내 원수를 인하여 (11절)
한민족이 1998년도에 IMF 통치라는 전대미문(前代未聞)의 경제 신탁 통치하에 떨어진 것은 성도들이 물질의 부요와 편리에 편승하여 하나님을 발로 차 버렸기 때문이다. 그런데 그 IMF 시절은 한국 경제의 구조를 완전히 바꾸어 버렸다. 한국식 시스템이 거의 사라졌다. 재벌 그룹과 은행들이 문을 닫았다. 기업의 투명성이 강조되고 재벌총수 체제가 비판의 대상이 되고, 자본시장도 완전 개방되었다. 이렇게 개방경제 체제가 확립되었다. 이렇게 되자 한국의 주식 시장은 국내적인 요인보다 국제적인 요인, 특히 뉴욕 주식 시장 변화에 더욱 민감하게 반응한다. 어찌 보면 경제정책의 주도권을 국제 상황에 빼앗긴 것이다. 그렇다고 이전 시스템으로 복귀하는 것도 불가능하다. 이제 세계화의 조류를 따라 강하고 담대하게 시련을 헤치고 나아가야 한다.

남북한이 갈라져서 서로 적대시하는 상황도 교회로 하여금 경각심을 갖고 나라와 민족을 위하여 기도하게 하는 요인이다. 불교 세력이나 전통 신앙의 강력한 도전도 성도들을 각성시킨다. 더욱 기도하고 전도할 필요를 느끼게 된다. 한민족이 빈곤과 가난에 허덕였기에 새벽기도, 철야기도를 찾았고, 질병과 배고픔이 있었기에 복음이 필요한 처방인 줄 알지 않았을까? 이렇게 기독 성도를 대적하는 요소들이 없다면, 모든 것이 평안하다면, 과연 한국 교회가 이렇게 성장할 수 있었을까? 예수님께서 왜 갈릴리 흑암의 땅에서 먼저 복음을 전하셨나? 왜 복음은 한민족의 저층민들에게서 환영을 받았던가?(고전 1:26 참조). 모두가 문제와 환난은 믿음과 상관관계가 있다는 것을 보여준다. 신앙은 시련을 밥으로 먹고 자란다.

거짓 증거 하지 말라 (12절)

십계명은 거짓 증거를 금한다. 이는 사회생활에서 이웃과의 연관성의 문제이다. 이 잘못된 관계를 다루기 위해 재판관이 존재한다. 판사나 검사, 변호사 등은 증인을 다룰 때, 공정하고 정직하게 증거해 주길 원할 것이다. 증인만 아니라 판. 검사 등도 편견 없이 일해주길 국민은 원한다. 한국 사회에서 변호사 수입이 가장 많고 다음으로 의사라 한다. 정당하게 수입을 얻는다면 좋겠지만, 고소득을 위해서 공의를 굽게 한다면 지탄의 대상이 될 것이다. 하나님은 거짓 증인의 경우에 생명은 생명으로, 눈은 눈으로, 이는 이로, 손은 손으로, 발은 발로라는 동해 보복법을 규정해 놓으셨다 (신 19:21). 이는 재판정에서 판사가 위증자를 색출하여 처벌할 때 위증자가 위해를 가하고자 한 그 정도에 준하여 그를 처벌하라는 규정이다. 이렇게 동해 보복법은 문맥상 재판부를 다루는 구절에서 나타난다. 거짓 증인은 무고한 이의 생명을 앗아간다 (나봇, 왕상 21:10; 스데반, 행 6:11).

내가 산 자의 땅에 있음이여 (13절)

어떤 영국인 (Michael Cribb)이 전세금 3천만 원을 주고 용인 신갈 지역에 방 세 개 짜리 아파트를 임대하게 되었다. 그는 한국의 법이 전연 도움이 되지 않고 오히려 자기 같은 거주자에게 불리하다고 지적하였다. 등기소에 들러서 자기가 계약하는 사람이 실제 소유주인지 여부와, 자기가 계약한 아파트가 다른 빚의 담보물 (colatteral)로 저당 잡혀져 있는지 여부를 체크했다. 아무 문제없이 2년이 지나서 전세금 제도에 대한 신뢰가 생겨 근처 아파트로 이사를 했는데 글쎄 이때부터 문제가 생기기 시작했다. 주인이 집을 팔았다는 전화로부터 시작해서. 네 번이나 주인이 바뀌면서 전세금을 이제껏 받지를 못하고 있다 한다. 이 뿐 아니라, 어떤 가까운 분은 부산에서 1천만 원 전세금을 물고 사는 작은 집이 경매에 넘어갈 것 같은 데, 하도 전셋집들이 많아서 전세금을 받지 못할 것 같다고 했다. 거짓 증인만 사람을 괴롭히는 것이 아니라, 이런 저런 법 제도까지 사람을 골탕 먹인다. 이것이 "산 자의 땅" 곧 인간 사회의 모습이다. 이런 불의한 일들에서 보호받기 위해 성도는 늘 영적인 각성이 필요하다.

시 28편 내게 귀를 막지 마소서

1. 전체구조에서의 위치, 시의 유형과 삶의 자리

시 26:8, 27:4, 6에서처럼 이 시에서도 "성소(의 지성소)"가 언급된다 (2절). 시 27편처럼 이 시도 찬송, 확신과 간구가 함께 나타나지만, 여기서는 시 27편과 달리 간구가 먼저 나오고, 다음에 찬송과 확신이 표현된다. 그 외에도 인근 시편들 사이의 접촉점은 다음과 같다: 산성 (마오즈; 시 27:1, 28:8); 부르짖을 때에 나의 간구하는 소리를 들으소서 (시 28:2, 31:22); 악인과 행악하는 자와 함께 나를 끌지 마옵소서 (시 28:3, 26:9); 주의 백성을 구원하시며 주의 산업에 복을 주시고 (시 28:9, 29:11).

이 시는 개인 탄식시로 분류된다. 처음에는 간구가 나오고, 다음에 찬송과 확신이 표시된다. 그런데 시인은 왕일 것이며(8절), 그는 병중에 있는지 모른다 (*PIW*, I, 74). 그것은 "내가 구덩이에 내려가는 자와 같을까 하나이다"란 표현 때문이다 ("구덩이에 내려가는 자와 같다"는 표현은, 시 88:4,, 사 14:19, 38:18 [병든 히스기야], 겔 26:20, 31:14, 16, 32:18, 24, 25, 30 등 참조). 모빙켈에 의하면, 왕이 이렇게 병든 것은 원수들의 저주-마술 때문이라 한다. 다른 이들은 이 시인의 생명이 위험에 처한 것은 외국과의 전쟁과 연관된다 한다 (H. Birkeland, *Die Feinde des Individuums in der israelitischen Psalmenliteratur,* 39-40). 시인이 처한 구체적인 위험은 추정하기 쉽지 않으나, 한 가지 분명한 것은 왕이 위험에 처하여 하나님께 간구하며 (1절), 또한 자기 나라를 대표하여 백성을 위해 중보 기도한다는 (9절) 사실이다. 표제는 "다윗의 시"라 한다.

2. 시적 구조와 해석

네 개의 연으로 구분한다. 제1연 (1-2절)은 시인의 간구, 제2연 (3-5절)은 원수에 대한 보응을 간구, 제3연 (5-7절)은 여호와를 찬양, 제4연 (8-9절)은 백성을 위한 간구 등이다. 연들 간의 연결은 사고의 흐름이 진전되면서 되어지고 있다. 시인의 간구 (2절)는 응답되어 (6절) 찬양을 촉발시킨다 (6-7절). 시인은 자신을 악인과 함께 끌지 마소서라 간구 하더니 (3절),

확신을 얻은 다음에는 하나님을 자기의 힘과 방패로 (7절) 찬양한다. 시인은 자기만 아니라 자기 민족을 위하여 간구하며, 하나님께서 자기 백성의 힘이시라 (8절) 노래한다.

한편 5, 6, 8절을 주목해 보면, 반복의 기교가 두드러지고 있다. 4절에서는 처벌이 "보응"이라는 사실을 강조하기 위해 동사 "갚다" (하쉐브)를 사용하면서, "(저들의 행위) 대로" (전치사 케, "에 따라")를 세 번, "갚다" (텐, 주다)를 두 번이나 반복하고 있다. 3절과 4절에 "악" 혹은 "악인"의 사고를 지시하는 단어가 집중적으로 배치되었다: 악인 (레솨임), 행악 (포알레 아벤), 악독 (라아), 악한 (대로)(로이). 4절에서 네 개의 표현들을 동원하여 악인들의 악행을 지적한 시인은 5절에서 4절에 언급된 두 개의 동일한 단어들을 사용하여 하나님의 행사를 묘사한다. 그런데 5절에서 원문을 읽을 때 "로 야비누" (그들은 주목치 아니한다)와 "로 이브넴" (그가 그들을 건설치 아니하시리라)는 말 유희로 들린다.

제1연 (1-2절): 시인의 간구
1절: 여호와여 내가 주께 부르짖으오니 (엘레카 야웨 에크라) —이 표현은 "여호와의 이름을 부르다" (창 12:8, 13:4, 21:33, 26:25 등)와 연관되면서도 약간 다른 뉘앙스를 풍긴다. 여기서는 "기도"의 부르짖음이라면, 제단을 쌓는 일과 연관하여 "여호와의 이름을 부르다"란 표현이 나타날 때, 그것은 "예배 행위"를 지시한다. 시가서 부분이 아닌 이야기체 부분에서 "여호와께 부르짖다"란 표현을 보면, 삼손이 목이 말라 기진하여 (삿 15:18), 그가 블레셋 사람들의 신전에서 마지막으로 하나님께 힘을 요청할 때 (삿 16:28), 사무엘이 이스라엘 백성 앞에서 (삼상 12:17, 18), 혹은 엘리사가 과부의 죽은 아들을 앞에 두고서 (왕상 17:20, 21), 이사야 선지자가 히스기야의 요청을 듣고 (왕하 20:11), 혹은 아사 왕이 전쟁터에서 (대하 14:10) 부르짖었던 것으로 나타난다. 이렇게 "여호와께 부르짖는" 것은 긴급하고 절박한 상황에서의 행동이다.

나의 반석이여 (츄리)— "반석"은 여기서 아마 신 32:4, 15, 18, 30-31 등에서처럼, 변덕이 심한 사람 같지 않고, 변함이 없는 언약에 신실하신 하나님, 그분의 영속성과 불변 안정성을 지시할지 모른다. 그분을 "반석"으로 제시한 반석 표상은 그분의 완전하심, 그분의 공의로우심, 그분의 신실하심 등의 속성과 연관되어 사용되었다 (신 32:4). 아니면 7절의 방패, 8절의 구원의 산성 등과 연관시켜 본다면, 여기서도 '피난처'의 표상인지 모른다 (삼하 22:3 =시 18:3에서 피난처 표상 참조).

내게 귀를 막지 마소서 (알-테헤라쉬 밈멘니) —귀를 막다 (하라쉬, be deaf)나 "잠잠하다" (하솨) 등은 모두 부르짖는 간구에 응답치 않는 하나님의 침묵을 묘사한다. 응답을 아니 하든지, 듣기를 거부하든지, 어떤 형태로든 시인과 하나님과의 커뮤니케이션이 두절된 상태에 있다. 하나님께서 응답치 않는 것은 시인의 위험에 개입하셔서 구원을 베풀지 않는 것을 지시한다. 시인이 만약 병중에 있었다면, 병의 차도가 없고 계속 악화될 때 그 답답한 심정에 낙담하고 기도도 포기할 수 있었을 것이다. 그럼에도 이렇게 부르짖었다는 사실은 그가 굳은 신앙의 소유자였음을 보여준다. 한편 "귀를 막지 마소서!' 란 부르짖음은 시인이 하나님께 반응을 촉구하는 표현이지만, 시인 자신은 이제까지 얼마나 하나님의 움직임에 민감하였는지 살펴보아야 했다. 지금까지 하나님의 움직이심에 참으로 민감했다면 이렇게 하나님께서 침묵하실 이유가 없다.

주께서 내게 잠잠하시면 무덤에 내려가는 자와 같을까 (펜-테헤쉐 밈멘니 베 님솰티 임-요르데니 보르) 하나이다—시 143:7 참조. "잠잠하다" 란 (하솨) '침묵하다' 란 의미이지만 (말할 때와 침묵할 때, 전 3:7), 해야 할 일이 있음에도 행동을 하지 않고 있는 모습 (삿 18:9, 왕상 22:2, 왕하 7:9), 사람들이 울며 요동할 때, "잠잠하라"고 권할 때 (느 8:11), 또는 하나님께서 요동치는 폭풍을 고요케 하시고 그 파도가 잠잠케 하실 때 (107:29) 사용된다. 여기서는 하나님께서 시인의 기도에 응답하시지 않는 모습을 묘사한다. 한편, 무덤은 원문에 "구덩이" (보르)이다. 이는 여러 구절들에서 "스올" (무덤, 음부)과 병행어로 나타난다 (시 30:3, 사 14:15 등). 구덩이는 지하실 혹은 물웅덩이 같은 곳이지만, 스올의 병행어로서 죽은 자들의 처소, 곧 무덤이다 (N. J. Tromp, *Primitive Conceptions of Death and the Nether World in the Old Testament* 166 참조). 팔레스틴에서 무덤은 굴을 파서 굴 안에 선반들을 만들어 시체를 두므로 무덤을 '구덩이' 라 불렀을 것이다. 어떤 이는 무덤이 육체에 해당된다면, 스올은 영혼의 처소라 하고, 이곳은 생명 길에서 떠나 악의 길을 택한 자들을 위한 처소라 이해한다 (Robert B. Girdlestone, *Synonyms of the Old Testament* 283). 그러나 야곱 (창 37:35), 다윗 (시 16:10) 등의 성도와 함께 고라, 다단 같은 악인들 (민 16:30)도 스올에 내려갔다. 또 다른 사람들은 스올이 어둡고, 음울한 지하세계로 죽은 자들이 거하며 하나님에게서 끊어진 곳이라 생각한다. 이런 사고는 고대 근동인들이 공통적 사고와 성경적 사고를 함께 보려는 시도이다. 그렇지만 차라리 스올을 "무덤" 과 동일시하는 견해가 나을 것이다. 물론 모든 구절들을 고려해야 하면 어떤 구절들은 이런 견해에 딱 들어맞지 않을 수도 있을 것이다.

"무덤에 내려가는 자" 는 우리 식 표현대로라면 "저승에 내려가는 자" 혹은 "황천길로 가는 사람" 이 될 것이다. 누구나 황천(黃泉)에 가기는 싫어하였다. 밝은 진리는 몰랐어도 희미하게나마 저승에서 고통을 당한다고 알았기 때문인가? 그런데 구약 성도들 역시 음부에 내려가는 것을 싫어하였다 (시 6:5, 사 38:10, 18). 주님은 음부의 열쇠를 가졌다 (삼상 2:6, 계 1:18).

내가 주의 성소를 향하여 나의 손을 들고 주께 부르짖을 때에 (베솨베이 엘레카 베나스이 야다이 엘-데비르 코드쉐카) —원문에서는 "내가 당신께 부르짖을 때에, 내가 주의 성소의 지성소를 향해 내 손을 들 때에" 로 나타난다 (NIV, RSV, NASB, NJB). 그렇지만 한역처럼 (NAB도) 손을 드는 행동을 부르짖을 때의 부대(附帶) 상황으로 처리하는 것도 좋다. 여기서

"성소"는 "성소의 지성소" (데비르 코데쉬)이다 (왕상 6:5, 16, 19, 23, 31 등). "지성소"는 "뒷방"이란 의미이나 성소와 연관해서는 정방형의 지성소를 지시한다. 한편 손을 드는 자세는 제사장이 백성을 축복하거나 (레 9:22, 맹세하거나 (출 6:8, 민 14:30, 신 32:40, 20:6), 대적하다 (삼하 18:28, 20:21), 처벌하다 [혹은 행동을 개시하다](시 10:12), 기도하다 (시 28:2) 등 여러 의미를 지닐 수 있었다.

나의 간구하는 소리를 들으소서 (쉐마 콜 타하누나이) — "나의 간구의 소리"란 "은총을 구하는 간구의 소리" (콜 타하누님)이다. 이 간구는 "기도" (테필라)와 약간의 차이를 보인다. 그것은 간구는 공포에 사로잡힌 마음의 상태에서 주님의 은총을 간청하는 기도라는 것이다 (렘 3:21, 슥 12:10, 시 31:23, 86:6, 116:1 등).

제2연 (3-5절): 원수에 대한 보응을 간구
3절: 악인과 행악하는 자와 함께 나를 끌지 마옵소서/ 저희는 그 이웃에게 화평을 말하나 그 마음에는 악독이 있나이다 (알-팀쉐케니 임-레샤임 베임-포알레 아벤 도브레 샬롬 임-레에헴 베라아 빌바밤)— 3절 이하에서 시인은 악인들과 자신을 차별화 시킨다. "함께 끌다"란 동사는 히브리어 친족어들에 비추어 어원을 살펴본다면, 유가릿어에서 "손을 펼치다," 아랍어에서 "붙잡다" (seize) 등을 의미하고, 구약 문맥에서 "(구덩이에서) 이끌어 내다" (창 37:28), "끌다" (출 12:21) 등의 의미도 갖는다. 여기서는 "붙잡다" 혹은 "옮기다" (carry off) 란 의미라 사전이 정의하나(KB³), 대개 현대 역본들은 "끌다"로 이해한다 (NRSV, NIV, NAB 등). 시인은 자신을 악인과 함께 파멸의 자리 혹은 심판의 자리로 "끌지" 말아 달라고 간구한다 (겔 32:20, 시 10:8, 욥 24:22 참조).

악인들 (레샤임), 곧 행악자들은 겉으로 이웃에게 화평을 말하나, 속으로 해코자 하는 음흉한 자들로 묘사된다 (구밀복검 口蜜腹劍, 입에는 꿀이 있고, 배속에는 칼이 있다; 렘 9:8). "화평을 말한다"는 표현은 "정중하게 우호적으로 말하다" (speak cordially, NIV)란 뉘앙스를 풍긴다. "악독"은 "해악" (evil, mischief)이다.

4절: 저희의 행사와 그 행위의 악한 대로 갚으시며 (텐-라헴 케파올람 우케로아 마알렐레헴)— 악인들의 하는 일은 음행, 우상숭배, 원수 맺는 것, 분쟁, 시기, 질투 등과 같은 육의 일들이다 (갈 5:19이하). 그런데 4절은 5절과 내용상 대조를 이루고 있다. 즉, 악인들의 행사, 손의 행위 등은 하나님의 행사와 손의 행위와 대조된다. 악인들은 하나님의 일에는 관심도 없다. 그런데 "그들의 행사" (파알람), "그들 행위의 악" (로아 마알렐레헴), "[그들 손의] 행위" (마아세 [예데헴]) 등은 점층적 강조 기법인지 모른다.

"행한 대로 갚으시며"라는 사고는 시 18:25-26에 언급된 보응의 원리와 동일하다. 성도들은 마땅히 악행자들의 멸망을 기도해야 한다. 회개하면 좋겠지만, 사단의 도구로 역사하는 진노의 자식들도 있기 때문이다. 그런데 "저들에게 갚으소서" (텐-라헴)는 문장 초두와 끝 부분에 두 번 위치한다 (시 27:14 카베 엘-야웨 참조).
 저희 손의 지은 대로 갚아/ 그 마땅히 받을 것으로 보응하소서 (*케마아세 에데헴 텐 라헴/ 하쉐브 게물람 라헴*) — "저희 손의 행위들을 따라 갚으소서/ 저들이 마땅히 받아야 할 바로 갚으소서!" 이런 기도는 마 5:44 (너희 원수를 사랑하며 너희를 핍박하는 자를 위하여 기도하라)의 가르침에 상치(相馳)되는 듯 들리나 실상 그렇지 않다 (서론 §8 시편의 사상, 3. 저주 시편들 참조).
 5절: 여호와의 행하신 일/ 손으로 지으신 것을 생각지 아니하므로 (*키 로 야비누 엘-페울롯 야웨 베엘-마아세 야다브*) — 악인들의 특징은 저들의 사상에 하나님이 없어 하나님을 무시한다는 것이다. 4절에서나 여기서 "지으신 것" (*마아세*)는 반드시 하나님께서 지으신 작품, 곧 피조물만 가리키지 않고, 그분이 역사 가운데서 행하시는 일도 지시한다 (출 34:10, 신 3:24, 11:7, 수 24:31 등). 이런 하나님의 "행하시는 바"를 악인은 주목하지 아니하고 (NIV, RSV, NASB, NAB) 무시한다; 혹은 이해하지 못하고 (NJB) 무지하다. 여기서 사용된 동사 (*빈*)는 기본 의미가 "이해하다" 이지만, "고려하다, 주목하다" 란 의미도 갖는다.
 저희를 파괴하고 건설치 아니 하시리로다 (*예헤르셈 벨로 이브넴*) — 여기 사용된 동사들은 건축과 연관된다. '허물다' 와 '건설하다' 는 서로 상반되는 개념이다. 헌집은 허물고 그 터에 새 집을 건축한다. 하나님은 다윗의 집을 세우시고 (삼하 7:11), 다윗의 집과 그의 왕국이 영원히 견고하게 되도록 하시리라 (삼하 7:16) 약속하셨다. 그러나 다윗의 대적들은 하나님께서 하시는 이런 일들을 인정하지 아니하고, 하나님의 기름부음 받은 종 다윗을 대적하려 든다. 그러므로 다윗에게 행하신 하나님의 모든 일들을 (예컨대, 사방의 대적을 완전히 정복하게 하신 일이나 [삼하 7:1] 그에게 약속한 영원한 왕조, 삼하 7:12-16) 인정하지 아니하는 적대자들의 세력은 허무시고 건축하지 않으실 것이다.
 5절을 리델보스 (N. H. Ridderbos)는 시인의 말이 아니라, 성직자가 기도자에게 던지는 격려의 말 혹은 성직자가 선포한 "하나님의 응답"으로 추정한다. 어쨌든 이 구절은 악인의 악행의 가장 깊은 뿌리를 지적하면서 악인의 파멸을 예고하고 있다. 5절을 구성하는 세 문장의 내용 구조를 보면, a, b에서 악인의 악행이 진술되고, c에서 저들에 대한 심판이 선고된다. 따라서 예언자들이 언약 파기자들의 악행을 "기소" 한 이후에, 그 기소에 근거하여 "심판" 을 선고하는 방식과 유사하다.

제3연 (6-7절): 여호와를 찬양

찬양은 (6-7절) 간구에 (1-4절) 응답하신 하나님께 돌려진다.
 6절: 여호와를 찬송함이여 내 간구하는 소리를 들으심이로다 (*바룩 야웨 키-샤마 콜 타하누나이*) — 1연에서 간구를 드린 시인은 이제 응답의 확신을 표시한다 (2, 6절 비교). 죽은 신은 기도해도 들을 수 없지만, 사시는 우리 하나님은 우리의 부르짖음을 다 들으신다. 따라서 긴박할 때 부르짖는 기도는 대단히 중요하다. 풍성한 삶의 정도는 우리가 드리는 기도의 양(量)에 좌우된다. 여기서 시인은 응답 받은 자신의 기쁨과 환희를 노래한다. 바라던 도움을 얻었고, 그래서 마음이 기쁜 것이다. 시인의 마음은 감사로 가득 찼고, 그것은 찬양으로 울러 퍼져 나온다. 그래서 그는 "여호와께서 송축을 받으소서" (Blessed be Yahweh!)라 외친다.

7절: 여호와는 나의 힘과 나의 방패시니 (야웨 웃지 우마긴니) —이런 표현은 시 33:20, 115:9, 10, 11 등에서도 나타나는데, 그 문맥은 전쟁에 처한 공동체를 언급한다. 그렇다면 여기 시인은 전쟁이나 유사한 어떤 위험에 처하여 하나님께 간구해서 응답을 받았다고 할 수 있을 것이다. 방패는 고대에 창과 투구, 갑옷과 활, 물매 등과 함께 필수(必須) 무기였다 (대하 26:14). '힘' 은 추상적인 듯 하나, '군대' 라는 구체적인 말로 바꾸어 생각해 볼 수도 있다 (오즈는 I. 힘, 요새 II. '피난처,' '보호' 등의 두 동음이의어가 있다; 여기서 후자의 의미로도 취할 수 있다; "여호와는 나의 보호와 나의 방패" KB³). 하나님께서 나를 보호하는 강력한 군대요 방패이시다. '방패' 가 고대 전쟁에서 얼마나 긴요했는지는 로마군이 파르티아를 공격하다 실패하고 후퇴할 때, 추격해 오는 파르티아 군을 맞아 방패를 잡고 여러 층으로 높이 보호막을 치고 비 오듯 빗발치는 적군의 화살을 막았다는 사실에서 여실히 드러난다. 파르티아군은 로마군이 모두 무릎을 꿇고 방패막이로 방비(防備)하자 피곤해서 그런 줄 착각하고 접근할 때, 갑자기 일어나 저들을 공격해서 물리쳤다.

내 마음이 저를 의지하여 도움을 얻었도다 (보 바타흐 립비 베네에자르티) —곤고할 때 부르짖어 응답을 받았던 시인은 이렇게 신앙 간증을 한다. 온 마음을 다하여 여호와를 의지하고 (잠 3:5), 자기 총명을 의지하지 아니하고, 우리 모든 길에서 그분을 인정하면, 그분이 우리 길을 인도하실 것이다. 자기 스스로 지혜로운 체 말아야 한다 (잠 3:7).

그러므로 내 마음이 크게 기뻐하며 (바야알로즈 립비) —스바냐 선지자는 이렇게 선포했다: "시온의 딸아 노래할지어다 이스라엘아 기쁘게 부를지어다 예루살렘 딸아 전심으로 기뻐하며 즐거워할지어다 여호와가 너의 형벌을 제하였고 너의 원수를 쫓아내었으며 이스라엘 왕 여호와가 너의 중에 있으니 네가 다시는 화를 당할까 두려워하지 아니할 것이라" (습 3:14-15). 심판을 통하여 악이 제거된 구원과 회복의 시대에 이렇게 노래하듯, 시인도 하나님의 구원을 체험한 후에 마음에 크게 기뻐한다.

내 노래로 저를 찬송하리로다 (우밋쉬리 아호덴누) —시인은 '내 노래' 로 하나님께 감사 찬양하리라 서원한다. 한편 "내 노래로" (우밋쉬리)는 문자적으로 "내 노래로부터." 심마쿳, 제롬, 시리아어역 등은 "비쉬리" (내 노래로)로 읽는다. 즉, 전치사 민 대신에 베를 첨가시킨다. 그런데 유가릿어에서처럼 (mshr) "노래" 란 말은 "쉬르" (shyr)도 있지만, 멤이 첨가된 형태(mshyr)도 있다고 가정한다면, 현재 있는 형태가 문제될 것이 없다 (Dahood, "Ugaritic mshr, 'song,' in Psalms 28:7 and 137:3," 216-17).

제4연 (8-9절): 백성을 위한 간구

시인은 이제 자기가 속한 공동체를 위해 기도한다 (리델보스는 여기 8-9절 역시 성직자의 목소리로 이해하고 있다). 개인만 도우시는 하나님이 아니라 믿음의 공동체에 힘이 되시며 특히 영적 지도자 (기름 부음받은 자)의 피난처가 되신다. 구약 이스라엘에서는 왕, 제사장, 선지자 모두가 하나님의 기름부음을 받았던 영적 지도자들이었다. 그 지도자의 영적 자질에 따라서 이스라엘은 하나님의 축복을 받기도 하고, 심판을 받기도 했다. 우리는 어떤 나라의 국력이나 국방력을 평가할 때, 국민 총생산액이나 일인당 연간소득 (GNP), 병력과 무기 등을 기준으로 말할 것이다. 그런데 시인은 하나님을 이스라엘의 국력이요, 국방력이라 노래한다. 현실적으로 보아도 이 말은 틀리지 않다. 정신력이 외적 장비들이나 경제력에 못지 않게 중요하다는 것이다.

8절: 여호와는 저희의 힘이시오 그 기름 부음 받은 자의 구원의 산성이시로다 (야웨 오즈-라모 우마오즈 예슈오트 메쉬호 후) — "힘"은 후반절의 "산성"과 병행어로서 여기서는 "피난처"로 이해한다 (KB³). 여기서 "기름부음 받은 자"는 물론 "왕"을 지칭한다.

9절: 주의 백성을 구원하시며 주의 산업에 복을 주시며 (호쉬아 에트-암메카 우바레크 에트-나할라테카)—만약 백성이 하나님께 전적으로 순종하고 의지한다면, 백성을 구원하고 복 주시는 일은 하나님의 책임이다. 하나님은 '언약'으로 자기 백성의 보호자와 축복자가 되시기로 약속하셨기 때문이다. 그러므로 구원받은 성도는 담대히 그분께 구원과 축복을 간구 할 권리가 있다. 여기서 "주의 산업"은 바로 "이스라엘"이다 (출 34:9, 신 32:9 등). 즉 이스라엘 백성이나 가나안 땅이 하나님의 소유이다. 온 열국은 하나님의 천사들에게 맡기셨다면, 이스라엘은 직접 관할하신다는 사고이다 (신 32:8, 9).

저희의 목자가 되사 영원토록 드십소서 (우레엠 베낫세엠 아드-하올람)—이 말은 백성의 목자로서 하나님께서 저들을 먹이시고, 안고서 날라 (carry 나사) 주시라는 간구이다. 목자는 양을 품에 안고 나를 수가 있다. 그만큼 애지중지(愛之重之)하기 때문이다. 그와 같이 백성을 돌보아주시고 사랑해 주소서. 이런 친밀한 관계는 순전한 마음을 지닌 성도들과 하나님 사이에서만 가능하다. 세상 어느 신이 이렇게 할 수 있겠는가?

시편의 적용

하나님과의 끊임없는 대화 (1절)

하나님은 성도들과 끊임없이 교제하시길 원하시며 그런 목적으로 창조하시었다. 창 2:15을 신 30:15-20과 비교해 보면, 중요한 단어가 둘 공통으로 나타난다: '섬기다' (아바드)와 '지키다' (솨마르)가 그것이다. '섬긴다' 는 것은 하나님을 목적어로 해서 그분을 경배한다는 것이며, '지킨다' 는 것은 그분의 말씀을 지킨다는 것이다(신 13:5, 수 22:5, 왕상 9:6, 렘 16:11, 말 3:14 등에서도 이 두 말의 조합은 하나님을 섬기고, 그분의 말씀을 준수한다는 의미이다). 신 30:17에서 "다른 신들에게 절하고 섬기"면 그 결과는 사망과 저주였다. 그것은 그분 말씀을 '지키지' 않는 불순종이다. 창 2:15에서도 하나님을 '섬기고' 그분의 명령 (창 2:16-17)을 '지킴' 이 인간의 본분이었다. 그리하면 생명과 축복이지만, 그 명령을 지키지 아니하고 불순종하면 사망과 저주였다. 결국 인간은 불순종 편을 택하고 말았다. 아담의 타락은 제 아내의 말을 청종했기 때문이다 (창 3:17). 이는 거슬러 올라가면, 하와가 뱀의 말을 청종했기 때문이다. 이는 다른 말로 "다른 신을 섬긴 일"이다. 그 결과는 사망과 저주였다.

이런 상태에서 구속을 받은 성도는 하나님과의 끊임없는 대화를 추구할 수 있는 신분을 회복하였다. 그래서 기도와 찬양, 말씀을 통해 하나님과 끊임없는 교통이 이루어져야 한다. 그러나 인간의 부주의(不注意)와 자율주의는 성도의 삶에서도 계속 역사하여 하나님의 일에, 하나님의 행사에 지속적인 흥미와 관심을 갖지 못하고 (시 28:4) 자기 일에 몰두하고 하나님은 소외(疏外)되고 만다. 여기서 대화의 단절이 나타나고, 하나님의 침묵은 시작된다. 결국 인간의 부주의에서 하나님의 소외가 나타나고, 이는 성도 자신의 소외 시작인 것이다. 누가 아쉬운가? 하나님은 나 외에도 수많은 충성된 성도들과 지속적인 대화를 계속하실 것이다. 그러나 나는 많은 하나님이 아니라, 오직 유일하신 한 분 하나님 밖에 없다. 나와 하나님과의 관계 소원(疏遠)은 영적 침체와 죽음이다.

구덩이에 내려가는 자 (1절)

이 구덩이는 구약에서 "무덤"을 지시할 것이다. 그러나 좀 더 나아가면, 신약에서 말하는 대로 "무저갱" (無低坑)의 지옥도 생각해 볼 수 있다 (눅 8:31, 계 9:1, 2, 11, 11:7, 20:1, 3 등). 구약에서는 성도나 악인이나 모두 구덩이에 내려간다고 표현되었다면, 신약의 무저갱은 사탄과 그 하수인들이 가는 곳이다. 과학자들은 최근에 12,600억 개의 은하 무리들이 우주에 있다고 했다. 그런데 이 수 많은 은하 중에서 태양계가 속한 우리 은하 안에는 약 1천억 개의 수많은 별들이 있으며, 이 은하의 지름은 10만 광년이라 한다. 그런데 우주에는 블랙 홀 (black hole)이란 것이 있는 데, 이는 어떤 사전에 따르면, 어떤 물질이 중력 수축을 일으켜 그 반지름의 크기가 질량에 의해 결정된 한계치 (태양은 3km, 지구는 0.9cm)보다 작아진 상태이며, 이는 일반 상대성 이론에 근거를 둔 것으로, 이러한 상태가 되면 그 안의 중력은 무한대가 되어 그 곳에서는 빛·에너지 등 어느 것도 탈출할 수 없다. 그래서 블랙홀은 직접 관측되지 않은 암흑의 공간으로 그 내부는 외부와 통신이 전혀 되지 않는 하나의 독립된 세계를 이룬다 한다. 우리 은하의 중심 핵이 블랙 홀 (검은 구멍)이 아닌가 추정된다고도 한다. 만약 이런 곳이 있다면 이곳이 신약이 말하는 "무저갱"인가? 빛도 없는 이 구덩이에 빠지는 자들은 배교자, 우상숭배자, 불 신앙자들이다 (계 21:8). 이 구덩이는 둘째 사망이며, 불과 유황으로 타는 못이다. 첫째 사망이 생물학적 사망이라면 둘째 사망은 영적인 사망으로 첫째 부활 (계 20:5, 6)에 참예한 자들이 가지 않는 곳이다. 둘째 부활은 육의 부활이다. 이는 첫째 사망에 참예한 자들이 참여한다.

주후 700년경에 공식화된 사도신경은 주님께서 지옥에 내려가셨다 (descendit in inferna)는 문구를 포함하게 되었다. 어떤 이들에 의하면, 벧전 3:18-20은 바로 주님께서 죽으시고, 부활하시기 전 지옥에 내려가셔서 구약의 불신자들에게 복음을 전했다 한다. 그러나 이런 이해는 사도 바울의 가르침에 정면으로 위배된다 (롬 4:3, 갈 3:6-9). 왜냐하면 구약 성도들도 믿음으로 구원을 얻었기 때문이다. 또한 회개치 않고 죽은 자들에게 복음을 전했다는 이해도 죽은 후에 심판 (히 9:27)이 기다리며, 다시 회개할 기회가 없다는 주님의 가르침 (눅 16:19-31)에 위배된다. 루터교에서는 주님께서 지옥에 가셔서 사탄을 파쇄하시고 승리하시어, 사망을 정복하시고, 성도들을 영화로운 곳으로 옮기신 일과 연관된다고 생각한다. 그러나 이런 사고 역시 벧전 3:18-20에 근거하며, 결국 보편 구원론으로 기울게 될 위험성이 있다. 여하간 우리 주님은 믿는 자들을 구덩이에서 건져내시기 위하여 대속의 죽음을 당하시었다.

부르짖음을 들으시는 하나님 (2, 6절)

그분은 이스마엘의 통곡하는 소리를 들으셨다 (창 21:17). 하나님은 자식 없는 라헬의 기도를 들으셨다 (창 30:6). 시인들은 하나님께서 자신들의 부르짖음을 들으신다는 확신으로 기도했고 또 응답의 체험을 가졌다 (5:3, 6:8, 9, 18:6, 27:7, 28:2, 31:22 등). 주님도 세상에 계실 때 아버지 하나님께 부르짖어 응답을 받으셨다 (히 5:7). 그렇다면 우리 범인(凡人)들이야 얼마나 부르짖어야 하겠는가? 마음의 소원과 원통함을 토하여 내고, 하나님께 씨름하듯 무릎 꿇고 결사적으로 기도하는 모습은 영적 전쟁 그 자체이다. 여기서 승리가 잉태(孕胎)되고, 소망과 비전은 영글게 된다. 이런 부르짖음은 오로지 고난 중에서 강화(強化)되고, 이런 기도생활은 우리의 삶을 거룩케 만들어 준다.

파괴하고 건설치 아니하시다 (5절)

여호와께서 집을 세우지 아니하시면 세우는 자의 수고가 헛되며 (시 127:1). 여기서 세우다란 말은 건축하다 (바나)이며, 세우는 자는 건축가 (보네)이다. 하나님께서 집을 건축하지 않으시면, 인간이 아무리 집을 건축하고자 해도 허사이다. 하나님은 다윗의 집을 건축하시겠다, 곧 집을 세우시겠다고 약속하셨다. 그 약속은 곧 다윗 왕조의 지속을 의미하였고, 그 약속에 따라 예수님은 다윗의 후손으로 오셔서 다윗의 보좌에 앉아 영원히 왕 노릇 하신다 (하늘에 오르사 보좌 우편에 앉으시고 -사도신경). 그러나 하나님께서 다윗에게 행하시는 이런 일들을 인정하지 아니하고 대적하는 자들의 집은 하나님께서 허시고, 세우지 아니 하신다. 저들의 모든 도모는 허사가 되고 만다.

시 29편 여호와께서 홍수 전부터 왕이시나이다

I. 전체구조에서의 위치, 시의 유형과 삶의 자리

본 시는 찬양의 시로서 시 8, 19편 등과 같이 자연계에 나타난 하나님의 영광을 찬미한다. 특히 하나님의 나타나심 (神顯)을 노래하고 있다. 구약에서 천둥, 번개, 자연계의 대 격변은 하나님의 나타나심과 연관이 있다 (출 19:16-20, 왕상 19:11-12 참조). 시인은 아마도 천둥. 번개 치는 어느 날 하나님의 위엄을 느끼고 영감을 받았는지 아니면 위엄차게 파도치는 지중해 바닷물을 바라보며 주님을 생각했을지 모를 일이다. 델리취는 이 시를 "일곱 천둥의 시" (헵타 브론타이, 계 10:3-4.)라 부를만하다 하였다. 그런데 70인역은 이 시에 "초막절의 끝날" (엑소디우 스케네스)이란 표제를 달았다 (레 23:36 참조). 이는 이 시가 초막절기와 연관해서 사용되었다는 것을 암시해 준다. 그리고 조하르 (Zohar)라 불리는 유대인들의 신비주의 작품에서 시 29편을 초막절 마지막 날 물을 붓는 일과 연관시키면서, 설명하길 일곱 번 제단을 도는 일에 상응하는 일곱 천둥소리들로 말미암아 세피롯의 일곱이 하늘의 홍수 문을 열어 제친다 고 하였다. 여기서 "세피롯" (sefiroth)은 면류관, 지혜, 지성, 인자, 권능, 미, 영원, 위엄, 기초, 나라 등의 열 개 속성으로 신비주의에서 말하는 하나님의 속성의 현시 (顯示)를 지시한다. 반면 랍비들은 (소프림 18:3) 이 시를 오순절 첫 날과 연관시키고, 초막절 마지막 날을 위한 시편은 시 65편라고 이해했다.

크레이기 (P. Craigie)는 시 29편과 출 15장 사이에 나타나는 표현상의 유사성에 근거하여 (권능 [출 15:2, 시 29:1, 11], 이름 [출 15:2-3, 시 29:1-2], 회중 [출 15:11, 시 29:1]), 왕권 [출 15:18, 시 29:10]), 시 29편은 출 15편처럼 "승리의 찬양"이라 이름 붙인다 (*Psalms 1-50*, 245). 전쟁 시에서는 폭풍이 주요 표상으로 등장한다 (출 15:8, 10, 삿 5:4-5, 19-21). 그리고 니느웨나 가나안에서도 폭풍 신 (바알)이 전쟁 신으로 등장한다. 그렇지만 현재 형태에서 시 29편은 폭풍과 천둥의 신 바알을 조소하는 변증적 성격을 갖고 있는지 모른다. 이제 바알이 아니라, 하나님께서 자연 세력을 주장 하신다 (아래 참조).

한편, 비평학자들은 이 시가 원래 가나안 족속의 시였는데 이스라엘 시인이 세탁을 해서 지금 현재 모습을 가졌다고 한다. 이런 가정은 1935년 긴스버그 (Ginbsberg)가 이 시가 페니시아 시인데, 이스라엘이 차용해서 세탁한 것이라는 주장을 개진한 이래 비평학자들에 의하여 계속 주장되어 왔다. 긴스버그의 주장은 다음과 같다 (H. L. Ginsberg, "A Phoenician Hymn in the Psalter," 472-476).

1) 여호와의 소리를 미화(美化) 시키는 이교적 사고,
2) 지형 이름들이 페니시아 성격을 지닌다 (레바논, 시룐, 가데스 등),

3) 바다 신 얌을 정복하고 홍수위에 좌정하는 바알 신을 연상시키는 표현 (10절) 등이다. 그 이후에 유가릿 문헌에 나타나는 표현들과 이 시의 표현들 사이의 유사성도 증거물로 제시되곤 해왔다. 크로쓰 (F. M. Cross)는 긴스버그의 입장을 지지하며 주장하길 시 29편은 가나안의 폭풍 신 바알을 노래한 시에서 유래한다고 주장한다 (Frank Moore Cross, Canaanite Myth And Hebrew Epic, 151 이하; John Day, God's Conflict With the Dragon and the Sea, 57-61도 참조). 폭풍 신 바알이 나타나자 바다, 산, 삼림, 피조물들이 발작을 일으킨다 (3-9절) 한다. 이 폭풍 신 바알이 승리한 후 자기 신전에 좌정(坐定)한다 (9 하반절 이하). 크로쓰에 의하면, 시 29편에는 가나안 신화에 자주 등장하는 두 개의 중요한 요소가 나타나는 데, 하나는 용사(勇士)인 신(神)이 자기의 가공스런 무기들인 천둥과 폭풍을 동반하고 전쟁하러 나간다는 사고이다. 이 신은 불 병거(兵車)를 몰고 원수를 치러 나아간다. 그의 진노가 자연계에 나타나니 산이 진동하고, 하늘이 무너진다. 그리하여 원수들은 진멸되고, 자연계는 공포에 시들고 만다. 여기서 부각되는 바는 바다 신 얌 (혹은 무질서)이 패배를 당한다는 사고이다. 다른 또 하나의 중요한 사고는, 전쟁 용사인 신(神)이 전쟁에서 개선행진을 하여 자기가 이제 쟁취한 산에 건설한 새 신전에 돌아오는 사고이다 (CTA 3.3.26 이하: 내 산, 신의 산 차판에서/ 내가 취한 거룩한 산에서/ [나의] 승리의 최고봉에서). 여기서 배경으로 등장하는 사고는 폭풍신의 바다 혹은 홍수(洪水) 신 용(龍)에 대한 승리이다. 폭풍 신은 자기의 소리 (천둥)로 자연을 일깨운다. 그의 광채 나는 폭풍구름은 공포의 대상이며, 그의 통치는 비에 촉촉이 젖은 땅과 씨와 태(胎)의 생육에서 드러난다. 산들은 생명의 주인 앞에서 춤을 추고 나무들은 손뼉을 친다 (Ibid. 155-156). 크로쓰의 이러한 분석은 흥미롭기는 하지만, 가나안 종교를 철저히 반대하는 여호와 유일신 신앙의 "반-가나안 사고"를 고려하지 아니했다.

만약 시 29편에서 가나안의 폭풍 신 바알에 대한 암시들이 나타난다면, 그것은 시인이 가나안 사람들의 표상을 의도적으로 차용하여 패배 당한 가나안 사람들의 허약한 신 바알을 조소적으로 노래할 것이다 (P. Craigie, Psalms 1-50, 246). 특히 사 2:12-17에 비추어 본다면, 본 시는 인간 세상에서 인간이 자랑하고 의지할만한 것들을 파괴시켜 버리시고 홀로 위엄을 입으시는 왕이신 하나님을 노래한다. 이 시에서 여호와의 천둥소리는 일곱 번 나타나며 이 위엄찬 천둥소리는 번개를 동반한다. 이 소리가 북부 산악지대를 덮은 삼림을 꺾어버리고, 가데스 광야를 진동시키며 짐승들까지 소동케 만든다. 폭풍을 동반한 이런 신현(神顯)은 여호와의 왕권의 과시였다 (1, 2, 10절). 온 땅을 이렇게 뒤 흔드는 폭풍을 동반하는 하나님의 나타나심은 그분의 주권과 권능의 행사이며 자기 백성을 돕고 축복하시려는 목적이다 (11절). 폭풍을 주관하는 하나님은 자기 원수를 폭풍 요소들로 치시며, 그 땅에는 풍년의 축복을 가져다주실 수 있는 것이다. 가나안의 폭풍 신 바알이 아니라 이제 여호와께서 온 우주의 왕이시며 그분이 세상을 통치하신다.

2. 시적 구조와 해석

이 시는 세 부분으로 나뉜다. 먼저 시인은 하나님을 찬양하라고 촉구한다 (1-2절). 그리고 그 찬양의 이유가 자연계에 나타난 하나님의 위엄 때문임을 밝힌다 (3-9절). 그리고 시인은 여호와께서 왕으로서 통치하시고 자기 백성에게 복 주심을 노래한다 (10-11절).

이 시에는 "여호와의 소리" (천둥)가 일곱 번 언급된다 (3, 4, 4, 5, 7, 8, 9절; 계 10:3-4 참조). 그리고 "여호와"란 신명(神名)이 이 작은 시에서 무려 18번이나 나타난다. 그런데 "여호와의 소리"는 서론 (1-2절)이나 결론 (10-11절)에서는 나타나지 않고 모두 중앙 부분 (3-9절)에서만 나타난다. 반면, 서론이나 결론부에서 "여호와"란 신명이 각기 네 번씩 나타나고 (한역은 1절에서 "여호와"를 한 번으로 처리했다), 중앙 부분에서 10번 나타난다. 그런데 "여호와의 소리"는 무의미하게 울리는 것이 아니라, 목적이 있으니 그것은 그의 원수들을 소멸하시고, 자기 백성을 해방시키는 것이다 (시 18:14, 출 9:25, 삼상 7:10 참조). 따라서 이 시는 천둥에서 나타나는 하나님의 영광을 노래한다. 그러므로 이 시에서 천둥은 이스라엘의 성읍들이나 농지(農地)를 때리는 것이 아니라, 바다와 산악 지대, 광야, 삼림 지대들이다. 이런 것들은 적대 세력이라 불릴 만 하니, 종종 이스라엘에게 이런 것들은 무서운 대상들이었기 때문이다. 예컨대, 5-6절에 언급된 레바논이나 헤르몬/ 시룐산에 대한 언급은, 헤르몬 산 주변 거주자들에게 신들이 거하는 신성한 산으로 신성(神性)시되었다는 사실에 미루어 여호와의 대적이 아닐 수 없었다. 하나님은 이런 산을 송아지같이 발작하게 하신다.

더 나아가 창조시에 일어난 일도 고려되어야 한다. 시 104:7-9a은 창조를 시적으로 이렇게 묘사하고 있다:

주의 견책을 인하여 도망하며 주의 우레 소리를 인하여 빨리 가서
주의 정하신 처소에 이르렀고
산은 오르고 골짜기는 내려갔나이다
주께서 물의 경계를 정하여 넘치지 못하게 하시며 …

시 104:7에서 "주의 견책" (가아라테카)이나 "주의 우레 소리" (콜 라암카)는 시 29편의 "여호와의 소리"와 기능이 유사할지 모른다. 적대 세력에 대한 견책이나 천둥소리가 창조시의 무질서를 "질서"로 바꾸었다면 (창 1:6 이하 참조), 시 29편에서 적대 세력을 대하여 울리는 여호와의 소리 역시 원수를 멸하고 자기 백성에게 질서와 평안을 가져다주는 것이다. 시 29편의 기자에게 천둥소리는 창조시에 울려 퍼졌던 그 하나님의 우렁찬 소리를 기억나게 하는 것이었다 (10절 "홍수 때에" 참조). 하나님이 천둥소리는 그분의 대적이나 그분

의 백성을 모두 놀라게 했겠으나, 그분의 백성에게는 두려움 보다는 그분에 대한 깊은 경외심을 야기 시키는 이유를 제공하기도 하였다. 왜냐하면 천둥소리에서 저들은 자기들을 도와 원수를 치는 (11절 참조) 큰 군대의 함성을 들었겠기 때문이다.

이 시에서도 반복의 기교가 돋보인다. 앞서 언급한대로, "여호와"란 신명은 18번이나 나타나고, "여호와의 소리"란 표현은 7번 나타난다. "돌리라" (1-2절)는 3번, "영광" (*카보드*, 1, 2, 3, 9절), "권능" (*오즈*, 1, 11절), 위엄 (*하다라, 하다르*, 2, 4절), 물 위에 (*알 마임*, 3절에서 두 번), 그가 백향목을 꺾다 (*쇼바르 아라짐*, 5절에서 두 번), 레바논 (5, 6절), 그가 광야로 진동케 하시다 (*야힐 미드바르*, 8절에서 두 번; 9절에서 *예홀렐*[진통케하다 ' 참조), 좌정하다 (*야쇼브*, 10절에서 두 번), 자기 백성 (*암모*, 11절에서 두 번) 등 참조.

이 시에서는 점층적 리듬이 역동치고 있다 (1-2, 3, 5, 6, 8, 10, 11절 참조). 5, 8, 10 (11절도)에서 시인은 교차 대구법적 반복법을 활용하여 강력한 효과를 산출하고 있다

5 여호와의 소리가 백향목을 꺾으심이여 (SOV) /
꺾으심이여, 여호와께서 레바논 백향목을 (VSO)
8 여호와의 소리가 광야를 진동하심이여 (SVO) /
진동시키도다, 여호와께서 가데스 광야를 (VSO)
10 여호와께서 홍수 때에 좌정하셨음이여 (SPV) /
좌정하시도다, 여호와께서 영영토록 왕으로 (VSP)
11 여호와께서 자기 백성에게 힘을 주심이여 (SOPV) /
여호와께서 복주시리로다, 자기 백성을 평강으로 (SVOP)

1-2절의 찬양은 9c에서 재현되고 있다.

제1연 (1-2절): 찬양하라

찬양시나 감사시가 대개 그러하듯, 이 시는 "여호와를 찬양하라"는 초청으로 시작되고 있다. 그런 초청은 대개 성도들이나 성가대를 향한 것이지만 (시 33:1 참조), 여기서는 "신들"의 부류에 속하는 "하나님의 아들들" (*베네 엘림*) 곧 천사들에게 (시 148:2 참조) 주어지고 있다. 이런 천사들을 향한 요청은 하나님의 천둥이 야기하는 그 깊은 경외심에서 야기된 것이며, 천사들조차도 이런 깊은 경외심을 가질 수밖에 없다는 당위(當爲)에서 우러났다.

1절: 너희 권능 있는 자들아 영광과 능력을 여호와께 돌리고 돌릴지어다 (*하부 라도나이 베네 엘림 하부 라도나이 카보드 바오즈*)— "하나님의 아들들아." 이들은 창 6:2, 4, 욥 2:1, 38:7 등에서 "천사들"을 지시한다 (창 6:2, 4등에 언급된 하나님의 아들들은 아마 "천사들"을 지시할지 모른다; 6:5은 "바익톨" [*Vayyiqtol*] 구문으로 4절에 묘사된 사건의 연속/ 결과이다; 반면 4절은 x-Qatar구문으로 배경정보를 전달한다; 천사는 결혼을 하지 아니한다고

하지만, 유다서 6-7절은 천사의 성적[性的] 타락을 언급한다). 유가릿 문헌에서 *bn ilm* (엘의 아들들)은 엘 신을 수령으로 하는 여러 신들을 지시한다. 성경적 사고에서는 여호와의 하늘 궁정에서 그분의 명령을 수행하는 (시 39:7, 103:20, 148:1 이하, 왕상 22:19, 사 6:2 이하, 욥 1:6, 2:1 등) 천사들이 이에 해당된다.

시인은 여기서도 '천사들'을 향하여 하나님께 영광을 돌리라고 촉구한다. 아마 작렬하는 천둥, 번개 등의 출처가 하늘이라 시적(詩的)으로 생각하는 시인의 마음에서 그리했을 것이다. 우리의 지상 예배는 천상(天上) 예배를 모델로 한다. 승리한 교회, 천상의 교회는 천사들과 함께 하나님을 경배한다 (계 5장). 여기서 시인은 세 번이나 같은 동사를 반복하여 영광을 하나님께 돌리라고 촉구한다 (1-2절):

하나님의 아들들아 (A), 여호와께 돌리라 (B)/   1a
영광과 권능을 (C) 여호와께 돌리라 (B)/   1b
그의 이름에 합당한 영광을 (D) 여호와께 돌리라 (B)   2a

이 반복되는 문장들은 처음에는 목적어 (C)가 없이 등장하였으나, 두 번째에는 호격 (A)이 없어지고, 대신 목적어 (C)를 보충하고, 세 번째에는 호격이 없어지고, 목적어 (C)를 약간 변형시켜 (D) 보충하고 있다. 이렇게 유사한 내용을 반복하되, 약간씩 변형시켜 반복함으로 극적인 효과를 산출한다 (W. G. E. Watson, *Classical Hebrew Poetry*, 150 이하에서 "계단 병행법" 참조). 그런데 영광과 권능을 여호와께 돌리는 일은 그분께 경배하는 일이다. 그렇게 해야 할 이유는 다음 연에서 나타나듯, 그분은 강하고 능한 영광의 왕이시며 전쟁의 용사이시기 때문이다 (시 24:8). 그런데 여기 세 번 반복된 요청은 대상 16:28-29에서 그대로 나타난다. 그런데 그곳에서는 약간 확대, 변형된 모습으로 나타난다 (대상 16:29)(이탤릭체가 변형, 첨가된 부분이다):

만방의 족속들아! 영광과 권능을 여호와께 돌릴지어다!
그의 이름에 합당한 영광을 그에게 돌릴지어다!
예물을 가지고 그 앞에 나올지어다!
거룩한 옷을 입고 여호와께 경배할지어다!

2절: 여호와의 이름에 합당한 영광을 돌리며 (*하부 라도나이 케보드 쉐모*) —하나님의 이름은 그분 자신이다. 그분에게 합당한 영광과 권능은 우리의 예배가 얼마나 철저한 영적, 심적, 외적 준비를 요하는 것인지를 암시해준다. 형식적 예배는 그분을 조소하는 것 밖에는 되지 아니한다. 되는 대로의 헌금이나 찬양, 설교 모두가 그분께는 가증하고 무가치하다. 그런데 "그의 이름에 합당한 영광"은 직역하면 "그의 이름의 영광"이다 (RSV). 그렇지만,

의미는 "그의 이름에 어울리는 영광" 이다. 한편 시 66:2에서 "그의 이름의 영광을 찬양하고 그의 찬양을 영광(스럽게) 할지어다" 라 한다. 여기서 "그의 이름의 영광을 찬양하라" 는 것은 "그의 이름에 동반되는 영광"을 찬양하라, 곧 영화로운 그 이름을(시 72:19, 115:1) 찬양하라는 것이다.

거룩한 옷을 입고 여호와께 경배할지어다 (*히쉬타하부 라도나이 베하드랏-코데쉬*) —일부 영역들은 "거룩한 광채로" (나타나신) 여호와께 경배하라 (NIV, NJB, NAB)고 번역한다. 이는 "하다라" (장식품, 장신구, 왕의 위엄)를 남성명사 "하다르" (아름다움, 광채, 위엄)와 동일하게 취급한 번역이다.

한편 "거룩한 옷을 입고" (*베하드랏-코데쉬*)에서, 다훗은 히브리어 "하다라"를 유가릿 hdrt (Krt 155)와 동일시하여 "꿈, 환상" 등의 "신현(神顯)"을 의미한다고 이해한다 (*Psalms I*, 176; Cross, *Canaanite Myth and Hebrew Epic*, 152-53, n.28 참조). 그러나 유가릿 문헌에서 단 한 번 나타나며 그 단어 자체도 확실치 않다는 반론도 강하다 (Craigie, *Psalms 1-50*, 이 부분 참조).

제2연 (3-9절): 여호와의 소리를 찬양

2연에서는 왜 그분을 경배해야 할지를 말해준다. 단순히 자연계의 천둥 번개로 볼 수도 있지만, 다른 측면에서 보면, 3-9절은 세상에 대한 하나님의 통치의 영광과 위엄을 묘사한다. 이것이 찬양의 이유이다. 여기서 주목할 것은 "여호와의 소리" (*콜 야웨*)가 일곱 번 나타난다는 점이다. 이는 창조시에 일곱 말씀으로 세상을 창조하신 하나님의 음성을 상기시킨다 (최종태, "창 1, 2장의 창조론," 「ACTS 신학과 선교」 2 [1998], 184 이하 참조). 숫자는 자주 상징적인 의미를 담고 나타난다. 여기서 7은 하나님의 완전하신 통치와 최고의 위엄을 의미할 것이다.

여기서 주목할 것은 시인은 천둥을 객관적인 견지에서 묘사하는 것이 아니라, 모든 문장에서 "여호와의 소리"가 주어가 되도록 처리함으로, 이 찬양이 자기만의 특이한 종류가 되게 하고 있다는 점이다. 리델보스는 이런 점을 고려하여 "이 시는 인상파적 (impressionist)이 아니라, 표현파적 (expressionist)으로 특징지어진다" 라고 하였다 (*Die Psalmen*, 219, n.7). 천둥이 시인의 마음에 야기하는 것은 천둥의 '인상' 이 아니라, 여호와께서 온 우주의 주인이시라는 신앙의 증거였다. 이런 신앙 증거의 견지에서 해석된 천둥이 이 시에서 '표현' 되고 있다.

3-4절: 물위에 나타나신 하나님의 권능
3절: 여호와의 소리가 물 위에 있도다 (*콜 야웨 알-함마임*)—이는 폭우 가운데 울려 퍼지는 천둥을 암시한다. 많은 이들은 3절에서 가나안 폭풍신 바알이 무질서와 광포(狂暴)한 바다의 신 (얌)을 제압하는 모습을 찾고자 한다 (Craigie, *Psalms 1-50*, 119). 이 시의 밑바탕에는 가나안의 폭풍신 바알을 배척하는 변증(辨證)적 의도도 다분히 있을 것이다. 즉, 이제 자연의 주인의 바알이 아니라 하나님이시라는 것이다. 또한 여기서 지중해의 위엄찬 파도를 바라보는 시인의 모습을 생각할 수도 있다. 혹은 창조시의 혼돈의 물위에 운행하시던 하나님의 영을 생각할 수도 있을 것이다. 많은 물 (바다)는 혼돈과 무질서의 상징이며 (계 13장 참조), 이를 제압하는 일은 통치권의 일부이다 (시 93편 참조). 시인은 하나님께서 "많은 물에서" 자기를 건지셨다고 노래했다 (18:16). 또한 많은 물 (홍수)이 범람하여 성도들을 멸하고자 하나 주께서 보호하실 것을 믿었다 (32:6, 144:7). 이렇게 큰물은 위협적이고 파괴적이며, 성도를 위협하는 존재이다. 이런 물들도 하나님의 권세 하에 움직인다.

영광의 하나님이 뇌성을 발하시니 여호와는 많은 물 위에 계시도다 (*엘-학카보드 히르임 야웨 알-마임*) —고대 근동인들에게 천둥은 오늘날 우리가 과학적으로 분석하는 그런 '자연현상'이 아니라, '신적인 현상'이었다. 이를 '신화적'이라 경시(輕視)하지 말아야 한다. 그러한 고대인의 사고에서 우리는 오히려 자연계를 움직이는 하나님을 보는 신앙을 느낄 수 있다. 이방인은 물론 자연을 신격화시킴으로 그릇되이 생각했지만, 자연계의 모든 움직임을 하나님의 행사로 이해한 고대 이스라엘의 사고는 바른 것이었다. 과학 이면에 역사(役事)하는 하나님을 본 것이기 때문이다.

4절: 여호와의 소리가 힘 있음이여 여호와의 소리가 위엄차도다 (*콜-야웨 바코아흐 콜-야웨 베하다르*) —여호와의 소리가 힘 있고 위엄차다는 묘사는 "하나님 자신"이 아니라 그분의 "활동의 일부"를 찬미하므로, 이교(異敎)적 사고라 하지만 (긴스버그), 여기서 그 소리를 찬미한다는 언급은 없다. 단지 그 소리의 속성을 묘사할 뿐이다. 하나님 자신도 자신이 만드신 만물을 보시고 "보기에 좋았다"고 하였다. 이는 창조물에서 자신의 의도가 완전히 표현되었다는 선언인 것이다. 여하간, 여기 시에서 찬양과 경배는 오로지 여호와 그분께 돌려졌다 (1, 2절).

시내산 발치에 섰던 이스라엘 백성은 하나님 여호와의 '음성'을 다시 들으면 죽을 것 같은 공포에 사로잡혔다 (신 5:25). 그래서 "무릇 육신을 가진 자가 우리처럼 사시는 하나님의 '음성'이 불 가운데서 발함을 듣고 생존한 자가 누구니이까?"라고 백성은 모세에게 말하였다.

5-6절: 산 위에 나타나신 하나님의 권능
5절: 여호와의 소리가 백향목을 꺾으심이여 여호와께서 레바논 백향목을 꺾어 부수시도다 (*콜 야웨 쇼베르 아라짐 바예샤베르 야웨 에트-아르제 할레바논*)— 전. 후반절은 동의 병행법으로, 여호와의 소리/ 여호와, 백향목/ 레바논의 백향목, 꺾다(분사형)/ 꺾다 (바브 미완료 접속법) 등의 단어 짝이 구성된다. 전.후반절 공히 4개의 주요 단어로 구성되었는데, 전반절의 "여호와의 소리"가 후반절에서 "여호와"로 짧아진 반면, 전반절의 "백향목"이 후반절에서 "레바논의 백향목"으로 길어져 전.후반절의 균형이 조절되었다. 후반절에서는 목적격 유도사 (에트)가 사용되고 있는데, 이 유도사는 1) 고유명사, 2) 정관사나 연계형 방식으로 수식된 명사 목적어 (에트-아르제 할레바논, 5절), 3) 인칭접미어가 첨가된 명사 목적어 (암모, 11절) 등에 첨가된다. 레바논의 백향목은 저들의 의지하는 힘이요 자랑거리였다. 그러나 하나님은 인간이 의지하는 그 모든 것을 꺾어 버리신다 (사 2:12-16 참조). 오직 하나님만 높이 들리셔야 하기 때문이다. 전반절의 "꺾다"란 동사가 후반절에서도 반복되고 있다.

6절: 그 나무를 송아지같이 뛰게 하심이여 (바이야르키뎀 케모-에겔) — "송아지" (에겔)는 출 32:4, 8이나 (느 9:18, 시 106:19), 왕상 12:28, 32, 왕하 10:29 등에서 이스라엘이 송아지 형상의 우상을 부어 만들어 시내산에서 혹은 북왕국 이스라엘의 벧엘과 단에서 섬겼던 금송아지 우상을 생각나게 해준다. 그러나 여기서는 그런 우상의 형상 사고는 없고, 단지 멍에 메지 아니한 송아지가 (렘 31:18) 껑충껑충 뛰노는 (렘 50:11, 말 3:20) 표상이다. 이렇게 뛰노는 주체는 레바논과 시리온 곧 헤르몬 산이니, 그 표상의 규모가 엄청나다. 그런데 더 놀라운 것은 하나님께서 레바논과 헤르몬 산을 그렇게 뛰놀게 한다는 것이다. 이는 시적인 표현이지만, 천지를 진동시키시고 자기 위엄을 드러내시는 하나님이 왕적인 권세와 능력을 강조해 준다.

한편 "그 나무를 송아지같이 뛰게 하심이여" (바이야르키뎀)는 "그가 그것들을 뛰게 하다"이지만, "그것들"이 5절에 나온 "백향목들" (아라짐)을 받는다고 이해한 번역이다. 그러나 단어 마지막에 붙은 "뎀"을 전접어 (enclitic) "뎀" (m)으로 떼어 내고 보면, "그가 레바논을 송아지 같이 뛰게 하시며/ 시론으로 들 송아지같이 (뛰게 하시도다)"로 병행법이 근사하게 이루어진다.

레바논과 시론으로 들 송아지 같이 뛰게 하시도다 (레바논 베시레욘 케모 벤-레에밈)— 시론(시리온)은 시돈 사람들이 헤르몬 산을 일컫는 명칭이다. 아모리 족속은 스닐이라 불렀다 (신 3:9, 아 4:8). 또한 바알-헤르몬 (사 3:3, 대상 5:23), 시온 (신 4:48) 등으로도 불렸다. 이 산은 해발 9200 피트 (2800 미터)에 달하며 팔레스틴 거주자는 눈을 북으로 향할 때 멀리 솟은 여러 개의 헤르몬 산봉우리들을 대하게 된다. 이런 고산(高山)도 하나님은 진동시키신다. 가나안 사람들은 이 고산을 신들의 거처라고 생각했을 법하다 (A. Weiser, *The Psalms I*, 264 참조). 이스라엘의 하나님은 이런 미신적 사고를 용납치 않으신다. 오히려 산들을 날뛰는 송아지같이 요동시키시고 나무를 번개로 박살내신다. 하나님의 권능과 위엄이 온 땅에 가득하다. 이는 그분의 왕적인 모습이다.

7절: 여호와의 소리가 화염을 가르시도다 (콜-야웨 호체브 라하보트 예쉬)— 작열하면서 하늘을 쪼개는 번개의 모습을 묘사한다. 필자의 경험에 의해도, 작열(灼熱)하는 번개는 어떤 지역에서는 (미국의 미시간 지역이나 캐나다 지역) 대단한 공포를 자아낸다. 그러므로 고대인들에게는 천둥, 번개는 엄청난 공포의 대상이 아닐 수 없었고, 그래서 신격화시켰던 것이다. 그러나 여기 시인은 천둥. 번개 등을 하나님의 행사(行事)로 노래한다. 이는 미신적인 생각이 아니라, 세상 만사가 하나님의 간섭 하에 일어난다는 믿음의 표현이다. 오늘날 우리가 말하는 과학적 분석은 사실 2차적 요인을 지적한 것에 불과하고, 그 근본 원인을 캐면 역시 하나님께로 소급된다. 시인은 바로 이 점을 말하고 있다.

한편 "여호와의 소리가 화염을 가르시도다" (콜-야웨 호체브 라하봇 에쉬)는 병행절이 생략되었다. 어떤 이는 9c절을 여기와 연관시키려 한다. 그리하면 "여호와의 소리가 화염을 가르시도다/ 그의 성전에서는 모두가 '영광!'이라 외치도다!'가 될 것이다.

8-9절: 광야에 나타난 하나님의 위엄

8절: 여호와의 소리가 광야를 진동하심이여 여호와께서 가데스 광야를 진동하시도다 (콜 야웨 야힐 미드바르 야힐 야웨 미드바르 카데쉬)—후반절의 "가데스 광야"를 어떤 이는 이를 가데스 바네아라 하고 (민 13:26, 20:1, 신 1:19, 46), 어떤 이는 오론테스 강변의 가데스 지역이라 생각한다. 어디를 염두에 두었건 간에 중요한 것은 하나님이 위엄과 통치가 미치지 않는 곳이 없다는 점에 있다. 한편 '광야'는 "사막"이 아니라, 사람들이 정착하여 살지 않는 초목지대를 지시한다. 우기(雨期)에는 풀이 자라지만 건기에는 황야(荒野)로 돌변한다. 그런데 "진동시키다" (야힐)란 말은 "산통을 일으키다"란 의미이나, 여기서는 "떨게 하다"란 의미이다.

9절: 여호와의 소리가 암사슴으로 낙태케 하시고 삼림을 말갛게 벗기시니 그 전에서 모든 것이 말하기를 영광이라 하도다 (콜 야웨 예홀렐 아얄롯 바에헤쇼프-에아롯 우브헤칼로 쿨로 오메르 카보드)— "암사슴으로 새끼를 낳게 하시고." "암사슴"은 1890년대까지만 해도 레바논 남부나 갈멜산 지방에 흔하게 보였지만, 1900년대 들어와서는 아주 희소하게 되었다 한다. 그렇다면 지금부터 수천 년 전에는 암사슴이 레바논 지방에 얼마나 흔했을 터인가?

한편, "암사슴으로 낙태케 하시고" (예홀렐 아얄롯)는, 후반절에서 "삼림을 말갛게 벗기시니"라 하므로, 완전히 새로운 의미를 전하는 "상수리나무들을 비트시고" (예홀렐 엘롯)(NIV, NAB) 혹은 "상수리나무들을 요동케 하시고" (NJB, NRSV)라 읽는다. 이는 사본상의 증거가 없고, 단지 현재 자음에 모음을 약간 변조시켜 "예일롯"으로 읽은 것이다. 그런데 다훗은 욥 39:1과 본 절은 너무나 흡사하여 현재 본문을 고수함이 좋을 것이라 판단한다 (M. Dahood, *Psalms I*, 179 참조; KJV, NASB, TNK). 그런데 한역은 어떻게 해서 "낙태하다"란 번역을 했는지 모르겠다. 직역하면, "암사슴들로 새끼를 낳게 하다" 혹은 "암사슴들로 산고를 갖게 하다"이다.

제3연 (10-11절): 여호와의 왕권

10절: 여호와께서 홍수 때에 좌정하셨음이여 (야웨 람마불 야샤브)– "홍수 전부터 좌정하셨음이여." 병행절에 비추어 볼 때, "홍수 전부터" 곧 "태고 적부터" 그분은 왕으로 좌정하신다 라고 이해된다. 이 경우, 전치사 (람)를 "전에"를 의미하는 악카드어 전치사 (람)의 상응어로 본다. 그런데 홍수 (마불)란 말은 창 6-11장에서만 사용되는 단어로, 이 시인은 여기서 노아 홍수를 염두에 두고 있을 것이다. 많은 물이 비록 흉용하고 파괴적이라 해도 하나님은 그것을 도구로 삼으시고 다스리신다. 온 세상이 홍수 같은 파괴적인 힘 앞에 두려움에 사로잡힐지라도 하나님의 백성은 그것보다 비길 수 없이 위대하신 하나님을 의지하고 찬양한다. 그분은 영원토록 왕으로 보좌에 앉으시어 통치하신다.

"홍수 때에" (람맙불)란 표현은 전치사 (라)와 "홍수" (마불)이 합쳐진 표현이다. 이 표현은 처소를 지시하는 것으로 이해하여 "홍수위에"로 번역하기도 하고 (KJV, NIV, RSV, NAB 등), 한역처럼 "홍수 때에"로 (NASB 참조) 번역되기도 한다. 전자의 경우, 홍수에 대한 통치나 지배를 의미하는 것으로 이해된다 (NIV, RSV 등). 이는 유가릿 바알 신화에서 폭풍 신 바알이 바다 혹은 홍수 신(mdb)을 제압하고 그 위에 통치자로 앉는 표상과 연관시킨 이해이다 (F. M. Cross, *Canaanite Myth and Hebrew Epic*, 147, n.4, 155). 크로쓰는 "(보좌에) 좌정하다" (야샤브 레킷세)란 표현을 근거로 (시 9:5, 132:12, 사 47:1, 삿 5:17 등) 사용된 표현 (야샤브 레)이 "홍수신 용"을 보좌 삼고 좌정한 모습을 표현한 것이라 생각한다. 그렇지만 여기서 문제는 유가릿 문헌에서 "홍수" (mdb)는 결코 바알이 정복하는 원수로 나타나지 않는다는 점이다. 바알의 원수는 강이나 바다 (나할/ 얌)일 뿐이다 (D. T. Tsumura, "The Deluge (*mabbul*) in Psalm 29:10," 352). 마찬가지로 구약에서 "홍수"는 결코 하나님의 대적으로 등장하지 않고, 노아의 홍수에서 보듯, 하나님께서 일으키시어 인류를 심판하는 도구로 나타날 뿐이다. 그렇다고 바벨론 신 마르둑이 패배 시킨 바다의 용 티아맛 위에 좌정하는 모습으로 나타나는 것도 아니다. 그런데 바벨론 창조 신화(에누마 엘리쉬)에서 가나안 신화에서 등장하는 엘에 상응하는 바벨론의 에아 신 (Ea)이 지하수 (압수)를 정복하고 그 위에 자기 처소를 세웠다고 진술한다 (I 71). 히브리어 "홍수" (마불)는 바벨론의 신화에서 마르둑 신이 자기 원수 티아맛을 공격하는 "홍수" (아부부; 에누마 엘리쉬 IV 49)에 상응될 것이다. 아닷, 네르갈, 앗수르, 마르둑 같은 신들은 번개를 가진 자, 홍수의 주(主)로 불린다. 이런 이방 신화들을 뒤져봐도 홍수가 어떤 신의 원수로 정복을 당하여 정복자의 보좌로 변화되는 모습은 없다. 따라서 혼돈(混沌)의 물신화 사고를 시 29편에 적용시켜 이해하고자 하는 시도는 근거가 없다.

델리취는 10절의 병행법은 아랑곳 않고, "홍수를 준비하시려 여호와께서 앉으신다"고 번역한 루터역을 언급하면서 (NJB 참조), "홍수를 시행하기 위해 (보좌에) 앉으신다"고 이해한다. 그리고 그 이후로 그분은 보좌에 앉으시어 영원히 왕으로 통치하시며 폭풍우가 일 때마다 우리는 그분의 이전 심판을 상기하면서 악인들에 대한 그분의 심판과 공의, 자기 백성을 향한 그분의 긍휼을 알게 된다고 했다. 10절 자체에 대한 해석으로는 합당치 않지만, 전체적인 분위기는 그의 지적대로 하나님의 엄위하신 통치를 말씀해 준다.

여호와께서 영영토록 왕으로 좌정하시도다 (야웨 예쉐브 멜렉 레올람) —하나님은 영원히 왕으로 보좌에 앉으신다. 사도신경에서 "하늘에 오르사 보좌 우편에 앉으시고"란 구절을 상기시킨다. "보좌 우편에 앉다"란 즉위하다 곧 왕으로 통치를 시작하다란 의미이다. 사용된 동사 (야샤브)는 1) 앉다 2) 거하다 란 두 의미를 지니지만, 왕과 연관하여 나타나면 일단 "보좌에 앉다" 곧 통치하다란 의미를 추정해 보아야 한다 (민 21:34, 신 1:4, 3:2, 4:46, 수 12:2, 4 등에서 다른 영역본들이 "왕이 xx에 '살았다'"고 번역할 때 NIV만은 "xx에서 '통치했다'"고 번역했다; 삿 4:2에서는 다른 영역본들도 NIV와 같이 "xx에서 '통치했다'"고 번역한다).

11절: 여호와께서 자기 백성에게 힘을 주심이여 (야웨 오즈 레암모 잇텐)—1절에서 "권능" (오즈)을 여호와께 돌리라고 했었다. 이제 시인은 그 권능을 하나님께서 자기 백성에게 주소서! 라고 노래한다 (기원법은 RSV, NAB 참조). 이는 성도들이 하나님의 택하신 족속이며, 제사장 나라, 왕 같은 존귀한 존재라는 사고이다 (출 19:4-6).

여호와께서 자기 백성에게 평강의 복을 주시리로다 (야웨 예바렉 에트-암모 바샬롬)— "평강" (샬롬)으로 복 주소서. 평강은 홍수가 휩쓸고 지나간 후에 하늘에 언약의 표지로 나타난 "무지개"와 같이, 세상의 소란이 휩쓸고 지나간 후에 성도들의 마음에 하나님께서 주시는 선물이다. 우주 만물을 통치하시는 그분, 그분의 권세를 믿는 성도는 위기 시에 오히려 평안을 느낀다.

시편의 적용

여호와의 음성은 위엄차고 힘있다 (4절)
마찬가지로 설교자들도 마땅히 기도로 준비하여 우레같이 천둥같이 말씀을 선포하여야 한다. 때로는 잔잔하게, 부드럽게 증거 할 수도 있지만, 벽력같이 터져 나오는 말씀의 권세에 압도되는 순간들도 있어야 한다는 것이다. 힘 있는 설교만큼 사람의 심령에 소망과 용기를 주는 것은 세상에 다시없다. 설교에서 우리는 하나님의 벽력같은 음성을 들을 수 있어야 한다.

자기 백성에게 힘을 주소서! (11절)
어느 중문학(中文學) 교수가 「공자가 죽어야 나라가 산다」는 제목의 책을 발표했다. 그는 한국사회가 여러 사회적 모순들에서 헤어 나오지 못한 원인이 유교 문화 속에 내재되어 있는 자체 모순 때문이며 사농공상(士農工商)으로 대표되는 신분사회, 가부장(家父長) 의식, 혈연적(血緣的) 폐쇄성, 스승 권위의 지나친 강조로 인한 창의(創意)성 말살 교육 등이 그 예라고 지적했다. 특히 여성에 대한 천대는 분출하는 에너지를 그냥 버린 것과 같다고 주장했다. 어떤 사람은 이 책을 읽고 왜 이제야 이런 책을 썼냐고 원망도 했고, 엎드려 절이라도 하고 싶은 심정이라고 반겼다. 이퇴계는 "여자가 글을 배우면 폐해가 무궁하다. 큰 소리 말고, 눈도 크게 뜨지 말라" 고 말했다 한다. 칠거지악(七去之惡), 삼종지도(三從之道), 시집 귀신, 벙어리 3년 등과 같이 여성들에게 가해진 굴레가 유교문화의 소산이란 지적이다. 그래서 공자가 죽고 대신 여성이 살아야 나라가 산다는 논리이다. "에헴" 문화는 이제 끝장나야 한다!

오늘날처럼 가치관이 혼란에 처해진 사회에서 유교의 좋은 요소들조차도 깡그리 비판할 수는 없다. 그렇지만 체면 차리고, 구태의연(舊態依然)하게 전통이나 따지는 식의 정신을 가지고는 이 시대에 살아남기 어렵다. 시편기자나 성경기자들은 하나같이 하나님 그분만을 바로 섬기도록 촉구한다. 자연계에 나타나는 하나님의 영광과 위엄을 통해서 시인은 하나님의 위대하심을 노래하고, 결론적으로 그분을 섬기는 백성도 권능과 평강의 복을 받는다고 지적한다. 유교건, 불교건 이런 사상은 없을 것이다. 권능이 무엇인가? 그것은 자연계나 우주 만물을 하나님의 피조물로 인식하고 하나님 중심으로 용기 있게 살아갈 수 있게 해주는 영적인 힘이다. 현대인들은 불안과 공포에 시달리고 있다. 그러기에 권능을 받아야 한다.

시 30편 부르짖으매 나를 고치셨나이다

1. 전체구조에서의 위치, 시의 유형과 삶의 자리

앞의 시편에서는 "하나님의 아들들"에게 찬양하라고 외쳤다면, 여기서는 주의 성도들에게 (하시다브, 그의 성도들) 찬양하라 외친다 (4절).

시인은 평안할 때에 요동치 않을 것을 믿었으나 (6절), 그것은 잘못된 생각이었음을 나중 깨닫는다. 그것은 평안할 때 누구나 보이지 않던 세상 쾌락(快樂)이 눈에 들어오고, 주님과의 관계가 부지(不知)중에 멀어져감으로 인하여 실패와 고통이 삶에 찾아왔기 때문이다. 시인의 이런 경험은 성도들이 일반으로 당하는 공통적 사항이다. 이는 사사기에서 나타나듯, 국가적인 구속 역사나, 아니면 여기 시인에서 볼 수 있는 개인적 구속 역사나 무론하고 공통적으로 나타나는 현상이다. 그래서 요한 웨슬레는 말하길, "부가 증가하는 곳에는 그와 정비례하여 신앙이 쇠퇴한다는 것이 무섭다. 그러므로 나는 사물의 성격상 참 신앙의 갱신이 어떻게 지속될 수 있을지 의문이다. 신앙은 근면과 검약을 가져오고, 이것들은 부를 창출하지 않을 수 없다. 그러나 부가 증가하면서 교만과 분노, 세상 사랑이 그 모든 면에서 증대되기 마련이다"라고 하였다.

이 시는 개인 감사시로 보통 분류된다. 시인은 어려움에 처했다가 하나님의 개입으로 구원을 받고 그 감격으로 감사 찬양을 드리고, 영원히 하나님께 감사하며 살리라고 다짐을 표한다. 시인이 어떤 어려움에 처했는지에 대해서는 "치료하셨다"(2절)는 말씀에 비추어 보건대, 질병으로 괴로움을 당했다고 추정할 수 있을 것이다.

그런데 표제는 다윗의 시, 성전 낙성가(落成歌) (미즈모르 쉬르 하눅카트 합바이트 레다빗) 라고 말해준다. 만약 이 시가 표제대로 다윗의 시이며, 성전 봉헌 시라면 삼하 24장 (대상 21장)의 사건에 나타난 성전 부지 선정과 제단 건축과 연관되었는지 모른다. 아니면 압살롬의 반란 이후에 성소를 다시 봉헌한 일과 연관되는지 모른다. 그것도 아니라면, 다윗이 시온 성에 건축한 자기 궁궐의 봉헌식과 연관되었는지 모른다 (삼하 5:11, 12). 70인역은 이 시의 표제를 "성전 낙성가"가 아니라 "다윗의 집의 봉헌가(奉獻歌)" (오데스 투 엥카이니스무 투 오이쿠 토 다빗)로 번역했다. 그런데 시의 내용은 병에서의 치료에 대한 감사이므로, 성전봉헌이나 "다윗 궁의 봉헌"이란 표제는 이 시의 후대적 용례를 반영하는 것인지 모른다. 한편 유대인들은 이 시를 마카비 시대의 성전 재봉 헌 절기 (하누카; 마카비 1서 4:52 이하)를 위한 시로 사용하였다 (소프림 18:2).

2. 시적 구조와 해석

이 시는 1-5, 6-12절 두 부분으로 나누어지고, 후반부는 구원의 사실적인 보고를 담고 있으며, 이는 12 하반절에 담긴 짧은 찬양 외침으로 나아간다. 1-3절에서 시인은 여호와를 찬양하리라는 결심을 선포하고, 왜 자신이 하나님을 높이는지 이유를 제시한다. 그 이유는 여호와께서 시인의 외치는 간청의 기도를 들으시고 구원해 주셨기 때문이다. 4-5절에서 우리는 여호와를 찬송해야 할 이유를 발견한다. 6-12절에서 시인은 자기의 곤경과 그런 곤경에 처하게 된 이유, 그리고 그 때문에 부르짖었으며, 또한 구원받은 사실을 보도한다. 시인은 여호와의 계속 찬양하리라는 결심으로 이 부분을 마무리 짓는다.

이 시는 1-3절에서 여호와를 찬양하리라는 결심을 선포하면서 시작하고, 4-5절에서 여호와를 찬양하라고 초청하며, 6-12절에서 여호와를 찬양하리라는 결심으로 결론을 맺는다. 찬양의 이유로서 시인은 자기가 처했던 곤경과 그로부터의 구원을 세 번이나 묘사한다 (1-3, 5, 6-12a).

6-12절의 일부는 시인이 곤경에 처했을 때 올렸던 그 기도를 담고 있다 (9-10절). 그것은 하나님께서 개입하셔야 할 동기와 (9절) 실제 기도 (10절)로 이루어졌다. 실제 기도는 짧지만 강력하다. 전체적으로 보면, 1-5절은 6-12절을 도입하는 도입부에 해당된다. 주목할 것은 9절에서 "어찌 진토가 주를 찬송하리이까?"라는 질문이, 후반부를 도입하는 전반부 (1-5

절)의 찬양을 특이하게 강조해 준다 (N. H. Ridderbos, *Die Psalmen*, 223).

이 시의 핵심어는 "감사 찬양하다" (*야다*)이며, 이 핵심어가 동시에 마무리 짓는 말이 되고 있다 (Ibid., 224). 그런데 또 다른 핵심어를 지적하자면, 3절에서 "나를 살리사" (*하야*)라는 말이다. 그는 죽음에서 건짐을 받았기에 구원자 하나님께 감사 찬양을 올리는 것이다. 그런데 시인은 시의 시작과 끝에서 찬양하리라 다짐한다 (1절에서 높이리라, 12 하반절에서 감사 찬양하리라; inclusio). 그리고 시의 중간 (4절)에서 성도들에게 찬양하라고 초청한다.

그런데 시인이 하나님께 호소하는 방식은 대단히 논리적이며 예리하다. 9절과 12 상반절, 1 하반절 등을 주목해 보라. 만약 하나님께서 시인의 곤경을 외면하시고 구원하지 않는다면 시인이 무덤에 내려가 진토에 묻힐 것이고, 그러면 그는 여호와께 찬양을 올릴 수가 없다 (9절). 그러나 여호와께서 구원하시니 시인은 잠잠하지 않고 찬양하리라 다짐한다 (12 상반절). 그리고 하나님께서 구원하시지 않는다면 그의 원수들, 동시에 여호와의 원수들이 기뻐 날뛰게 될 것이다. 그것이 하나님께 결코 영광이 될 수 없다. 이렇게 시인은 아주 논리적이고 설득력 있는 기도로 하나님께 자신의 사정을 아뢴다. 물론 기도가 이렇게 논리적이고 설득력이 있어야 하나님께서 응답하신다는 말은 아니다. 말이 둔하고 논리가 없어도 곤경에 처한 성도가 울부짖으면 주님은 우리 사정과 마음을 아신다.

구약은 전체에서 "하나님 중심적" (theozentrisch)이지만, 특히 이 시편은 하나님 중심적 성격을 아주 강력하게 보여준다. 삶의 모든 부분이 하나님의 간섭과 섭리 하에 이루어진다는 시인의 신앙 고백에서 우리는 인간의 피조물 됨과 하나님의 창조주 되심을 절감하며 동감하지 않을 수가 없다.

우리는 네 개의 연으로 구분한다:
제1연 (1-3절): 구원의 은혜를 감사
제2연 (4-5절): 성도들이여 찬양하라
제3연 (6-10절): 평안, 타락, 고통 그리고 부르짖음
제4연 (11-12절): 슬픔을 변하여 춤이 되게 하시는 주님

제1연 (1-3절): 구원의 은혜를 감사

1절: 여호와여 내가 주를 높일 것은(*아로밈카 야웨*) — "내가 당신을 높이리이다" 라고 선포한다. 이 표현은 시 118:28, 145:1, 사 25:1 등에서도 나타난다. 단 이사야가 드리는 감사의 노래는 과거에 행하신 하나님의 구원역사에 근거한 것이라기보다 미래에 전개될 구원을 바라보며 드리는 찬양이라는 점에서 이 시인의 찬양과 차이를 보인다. 선지서에서 두 가지 대표적 메시지가 심판 메시지와 구원 메시지라면 이 후자가 바로 찬양의 형식으로 자주 나타난다 (사 12, 26, 27장 등). 그런데 어떻게 여호와를 높이는가 하면, 그분의 이름을 찬양하

고, 송축함으로 그리한다 (사 25:1, 시 145:1).

나를 끌어 내사 (*키 딜리타니*)— 당신이 나를 끌어내셨다는 진술은 시인이 여호와를 높이는 이유를 제시해준다. 찬양은 이렇게 받은 은혜를 감사하는 성도의 마음에서 잉태된다. 예레미야는 깊은 수렁에 던져지는 고난을 당하기도 하였다 (렘 38장). 그렇지만 이 시인이 경험했던 그 구덩이는 예레미야가 경험한 그 구덩이와 약간 성격이 다르다고 할 수 있다. 왜냐하면 예레미야는 하나님의 말씀을 증거 하다가 그렇게 되었다면, 이 시인은 평안 중에 부패함으로 야기된 하나님의 징계의 구덩이에 떨어졌기 때문이다. 이렇게 보아야 할 것은 시인이 자신이 당한 고난을 하나님의 "노염" (5절), 주의 얼굴을 가리우심 (7절) 등으로 이해하고 있기 때문이다. 한편 여기 사용된 동사 (*달라*)는 원래 "물을 긷다"란 의미이나 (출 2:16, 19), 여기서는 "(깊은 데서) 끌어올려 건지다"란 의미이다.

내 대적으로 나를 인하여 기뻐하지 못하게 하심이니이다 (*벨로-심마흐타 오예바이 리*)— "나를 인하여"보다는 "내게 대하여" 기뻐하다 혹은 고소하게 여기다. 하나님은 원수들이 시인의 패배를 고소하게 바라보지 못하게 하신다. 그래서 시인은 하나님을 높인다. 시인이 질병으로 죽게 되자 그의 대적들은 정말 잘되었다고 기뻐하였을 것이다. 그렇지만 시인은 부르짖는 기도를 올림으로 죽음에서 구원을 받았다. 이때 원수들은 얼마나 좌절하였을까?

2절: 여호와 내 하나님이여 내가 주께 부르짖으매 나를 고치셨나이다 (*야웨 엘로하이 쉬바티 엘레카 밧티르파에니*) —시인은 하나님을 "내 하나님"이라 부르고, 자신이 부르짖었더니 그분이 "나를 고치셨다"고 고백한다. 이것이 체험신앙이다. 그분을 체험한 성도는 항상 그분을 친근하게 대하고 의지한다. 반면 형식적 신앙인은 이런 성도의 복된 상태를 도무지 알지를 못하고 구만리 창공 저 너머 어디엔가 계실 하나님께 응답 없는 기도를 주문 외듯 몇 마디 올릴 뿐이다. 그런데 "고치다" 곧 치료하다 (*라파*)란 말은 원래 상태로의 회복을 지시한다. 그러므로 이 시인이 반드시 죽을 '병'에 걸려서 치료를 받았다고 단정하기 어렵다. 원수에게 죽임을 당할 자리에서 회복을 받았는지 확실치 않다. 일단 질병에서의 치유라고 이해해 둔다.

고대에는 질병에 걸렸다 하면 십중팔구 생명이 위협하였다. 그 병이 무엇인지를 알 수 없었기에 모든 병은 신(神)이 보낸 처벌로 생각할 수밖에 없었다. 그래서 고대 중국에서는 여러 가지 건강을 위한 민간요법(民間療法)들이 생겨났고, 도교(道教)의 양생술 (養生術, 병에 걸리지 아니하도록 건강관리를 잘하여 오래 살기를 꾀함) 같은 이론들도 수립되었다. 오늘날 믿는 성도들은 질병을 대할 때 현대 의학적인 설명을 믿게 될 것이다. 그렇지만 의학적인 설명은 부차적 요인들에 대한 설명이요, 그 근원은 고대인들이 단순하게 생각했던 대로 하나님의 역사로 거슬러 올라가지 않으면 안 된다. 참새 한 마리도 하나님의 뜻이 아니면 땅에 떨어지지 않기 때문이다. 시인은 자기가 생명을 건지게 된 것이 하나님의 치료의 역사라고 고백하고 있다. 불 신앙인은 이를 우연히 명(命)이 길어서 나았을 것이라 말할 것이다. 여기서 한 가지 주목할 일은 하나님께 부르짖는 일이 이렇게 기적을 야기 시킨다는 사실이다.

3절: 주께서 내 영혼을 음부에서 끌어내어/ 무덤으로 내려가지 않게 하셨나이다 (헤엘리타 민-쉐올 나프쉬/ 히이타니 미요르다-보르) —동의 병행법으로 전반절에서는 하나님께서 시인을 음부 (스올)에서 '이끌어 올리신' 일을 진술했다면, 후반절에서는 "구덩이"에 내려가는 것으로부터 회복시키셨다 (하야 동사의 피엘형)고 노래한다. 결국 같은 사건을 시인은 이렇게 적극적으로 혹은 소극적으로 달리 묘사한다. 구덩이에 내려간다는 것은 무덤에 묻히는 것을 의미하고, 음부에서 이끌어 올리신 일은 시인이 죽음의 처소에 내려갔을 때 다시 소생시키신 것을 지시한다. 그런데 "음부에서 이끌어 올리다"란 표현은 오직 하나님만이 행하실 수 있는 일을 지시하며, 사실 하나님은 죽이기도 하시고, 살리기도 하시며 음부에 이끌어 내리기도 하시고 거기서 이끌어 올리기도 하신다 (삼상 2:6, 신 32:39). 한나가 하나님의 권능과 주권을 노래한 대목에서 눈여겨보면, 음부에서 이끌어 올리시는 일이 반드시 질병에 의한 죽음의 자리에서 고치셨다는 것만 지시하지 않는다는 것이 확실하다.

"살리다" (하야) 동사는 죽게 된 것을 소생시키는 모습을 지시한다. 하나님은 생명을 주시는 분이시다. 처음 생명만 아니라, 질병으로 생명이 위태할 때 다시 소생시키시거나, 질병이 아닌 어떤 이유로 죽어야 하는 상황에 처할 때에도 살 수 있도록 (창 45:7, 50:20) 상황을 변경시키시는 분이시다. 그리고 생명을 취하시기도 하신다. 어떤 분이, 첫 딸이 그렇게도 하나님을 사랑하였는데 교회에서 돌아오다 트럭에 치여 주님의 부르심을 받은 이후로는, 모든 것을 주를 위해 살리라 결심하게 되었고 먼저 부름을 입은 그 딸을 위해 장학회를 설립하여 주의 이름으로 선교한다 했다. 하나님은 죽이기도 하시고, 살리기도 하시는 분이시다 (신 32:29).

한편 "나를 살리사 무덤으로 내려가지 않게 하셨나이다"는 직역하면 "구덩이에 내려가는 자들에게서부터 나를 살리셨다" (RSV, NJB). 그러나 케레 독법으로 따라 "내가 구덩이에 내려가는 것에서 (미야르디, 전치사 [민 + 야라드 동사의 칼 부정사 연계형) 나를 살리셨다 (건지셨다)"로 읽는다 (NIV, NAB; 또한 KJB, NASB도 참조).

제2연 (4-5절): 성도들이여 찬양하라

4절: 주의 성도들아 여호와를 찬송하며 (잠메루 라도나이 하시다브) — "성도" (하시드)는 하나님의 언약 사랑을 체험한 자를 지시한다 (적용 참조). 이들은 하나님을 체험하고 그분을 전적으로 신뢰하는 성도들이다. 이들은 시인과 같이 하나님을 직접 체험했기에 타인의 간증을 들을 때 하나님께 찬송할 수 있다. 왜냐하면 타인의 신앙체험은 곧 나의 체험의 다른 형태에 불과하기 때문이다. 나는 타인의 신앙체험에서 나의 모습을 보고 하나님의 은혜를 상기하고 찬양을 올리게 된다. 그래서 시인은 자신의 체험을 근거로 감사하고 찬양하다가, 일반화시켜 성도들에게도 하나님을 찬양하고 감사하라고 권한다.

그 거룩한 이름에 감사할지어다 (호두 레제케르 카드쇼) —원문대로 직역한다면 "그의 거룩한 기념을 감사 찬양하라" 이다. 여기서 "기념" (제케르)는 하나님의 "이름"을 대신하는 말이다 (출 3:15, 시 97:12).

5절: 그 노염은 잠간이요 그 은총은 평생이로다 (키 레가 베압포 하임 비르쵸노) —앞 절의 이유를 도입하고 있다 (키). 직역하면, "왜냐하면 그의 진노(의 상태에서) 잠간이 (지나지만), 그의 은총(의 상태에서) 평생이 (지나기 때문이다)." 여기 사용된 전치사 (베)는 노염과 은총의 "상태"를 지시할 것이다. 그런데 다훗 (Dahood, *Psalms I*, 182)은 이 부분에서 반의 병행법을 의식하여 "그의 진노에는 죽음이/ 그의 은총에는 생명이 (있다)"로 이해한다. 즉 전통적으로 "잠간"으로 번역되는 말 (레가)을 "죽음," "멸망"의 의미로 취한 것이다 (그 근거로 다훗은 욥 26:12에서 rg` 동사를 '멸절하다' 란 의미로 취한다). 또 리델보스도 헹스텐버그 (Hengstenberg), 어드만 (Eerdmans) 등의 예를 지적하면서 "왜냐하면 갑작스런 재앙은 그의 진노로 말미암고, 생명은 그의 호의로 말미암기 때문이다" 라고 번역하고자 한다 (*Die Psalmen*, 223, n.1).

저녁에는 울음이 기숙할지라도/ 아침에는 기쁨이 오리로다 (바에레브 얄린 베키/ 벨라보케르 린나) —반의(反意) 병행법. 울음 (베키)은 소리 내어 울부짖는 통곡이다. 히스기야는 죽을병에 들어 이처럼 "통곡" 하였다 (왕하 20:3). 시인은 저녁에 통곡하다가, 아침에 기뻐 외치며 (린나) 찬양한 체험을 일반화시키고 있다. 통곡과 대조되는 "기쁨" 역시 외치는 기쁨의 소리이다 (사 14:7, 44:23, 48:20 등 참조).

시인이 울음이 저녁에 기숙한다고 진술한 것은 음울한 느낌을 잘 전달해준다. 통곡이 밤중에 그 집에서 손님으로 찾아와 잠을 잔다. 밤중에 울부짖고 괴로워하는 가정은 암울하기 그지없다. 그렇지만 성도들이 신앙으로 주님을 찾으며 부르짖을 때, 아침이 동트면서 광명한 빛과 함께 기쁨의 외침이 구원자로 집을 방문하게 될 것이다 (시 126:6).

제3연 (6-10절): 평안, 타락, 고통 그리고 부르짖음

6절: 내가 형통할 때에 (베샬비) —여기 사용된 "형통" (샬바)이란 말은 "평안" (샬롬)이란 말과 병행어로 사용된다 (시 122:7). 이 말은 또한 부정적인 의미에서 "안일"을 의미하기도 하기도 한다 (잠 1:32). 따라서 형통과 평안이 하나님의 축복으로 임하기는 하나, 그러한 때는 영적으로 안일하여 위험한 시기일 수도 있다. 왜냐하면 형통할 때는 하나님의 말씀이 귀에 잘 들어오지 아니하며 (렘 22:21), 식물이 풍족하여 교만하게 되어 가난하고 궁핍한 자가 보이지 아니하고, 오히려 하나님 앞에 가증한 일을 하게될 수 있기 때문이다 (겔 16:49). 한편, 문장 초두에는 "나에 관한 한" (바아니)이 위치하여, 시인 자신이 강조되고 있다.

내가 말하기를 영영히 요동치 아니하리라 (아니 아마르티 발-엠모트 레올람) — "내가 말하였다." NJB는 분위기를 살려 6절을 번역하길 "태평한 가운데, 나는 늘 생각하곤 하였다: '어떤 것도 나를 흔들 수 없지!' 평안할 때에는 자신의 평안과 안전이 영원할 것이라는 잘못된 착각에 빠진다. 이런 말은 악인이 교만한 생각에서나 (시 10:6), 혹은 성도가 주님과 교제를 지속하면서 세상 그 무엇도 자신을 흔들 수 없다는 확신을 표시하는 말일 수도 있다. 시인은 후자의 의미로 보다는 교만한 생각에서 이런 말을 했던 것으로 여겨진다. 제 아무리 권세가 강하고 물질이 풍성하다 해도 그것은 영원한 것이 못된다 (花無十日紅 열흘 동안 붉은 꽃은 없다; 權不十年 권세는 십 년을 가지 못한다). 성경은 "그런즉 선 줄로 생각하는 자는 넘어질까 조심하라" (고전 10:12)고 경고한다.

7절: 여호와께서 주의 은혜로 내 산을 굳게 세우셨더니 (야웨 비르촌카 헤에마드타 레하르리 오즈)—시인은 자신의 형통이 하나님의 은총임을 고백한다. "내 산" (하르리)을 굳게 세우다란 표현은 상징적인 표현이다. 시인이 강한 산처럼 견고하게 섰다, 곧 평안하고 든든하고 풍성하였다는 의미이다. 그런데 "내 산" (하르리)을 70인역에서 "내 영광" (칼레이 무)이라 번역되었다. 이 부분을 다훗은 "당신이 나를 강한 산들보다 더 견고하게 만드셨다"고 번역한다 (Psalms I, 183). 이는 "내 산"에 붙은 전치사 (레)를 "비교"의 의미 (lamedh comparativum)로 취했다. 하르리의 형태는 하라레- (의 산들)로 읽혀져야 한다 (GKC § 90n).

주의 얼굴을 가리우시매 (히스타르타 파네카) —하나님께서 얼굴을 가리우심은 진노의 표현이며 불쾌함의 표시이다 (시 10:11, 13:2, 사 8:17, 54:8, 64:7). 따라서 우리는 시인이 평안할 때 타락했다고 추정할 수 있다. 주님의 임재 (臨在)는 우리의 생명이다. 임재 없으면 밥도 먹지 말고, 잠도 자지 말라. 임재 없는 설교는 외식이며, 임재 없는 기도는 허공만 칠뿐이다. 임재 없는 신학은 적 그리스도를 만들뿐이다. 주님의 임재를 소멸시키는 악 (惡)은 그 모양이라도 버리라.

내가 근심하였나이다 (하이티 니브할)—당혹해하고 (dismayed, NIV, RSV, NASB), 공포에 사로잡히는 (terrified, NJB, NAB) 모습이다. 주님의 임재가 떠나면 성도는 작은 일에도 불안하게 되고 공포감에 사로잡히게 된다.

그런데 "내가 근심하였나이다" (하이티 니브할)에서, "니브할" 형태는 "니바할" 혹은 "니보할" 등의 다른 형태로도 나타난다 (잠 28:22). 이는 m, n, l, r, q, z, š, ś, ṣ 등의 자음 다음에 때로 "복합 쉐바"가 위치하는 현상 때문이다 (복합 쉐바는 "아" 혹은 "오"로 읽을 수 있다).

8절: 여호와여 내가 주께 부르짖고/ 여호와께 간구하기를 (엘레카 야웨 에크라/ 베엘-아도나이 에트한난) —동의 병행법. "여호와여, 내가 당신께 부르짖고/ 내가 주께 간구하나이다" (시리아역과 탈굼은 후반절에서 "당신께 내 주여, 내가 간구하나이다"). 하나님의 은총이 물러간 때에 성도가 취해야 할 조처는 회개의 부르짖음이다. 여기서 간구하다 (하난) 란 말은 은총을 간구하다 (plead for mercy)란 말로, 하나님의 자비에 자신을 맡기는 행위이다. 여기 사용된 두 동사들 (부르짖고/ 간구하다; 카라/ 하난)의 뉴앙스는 욥 19:16에서 식별된다. 그곳에서 욥은 자기 종을 '소리쳐 부르나' (카라) 그 종은 병든 욥을 무시하고 대답도 아니한다. 그러자 욥은 그에게 '애원한다' (하난).

9절: 내가 무덤에 내려갈 때에 (베리드티 엘-솨하트) —여기서 "무덤"은 원래 "구덩이" (pit)란 의미이다 (NIV, RSV, NASB; 무저갱, NJB).

나의 피가 무슨 유익이 있으리요? (마-베차아 베다미)—시인은 자신이 죽는다면 무슨 유익이 있겠는가? 라고 질문한다. "무슨 유익이?" 란 질문은 창 37:26과 말 3:14에서도 나타난다. 창세기에서는 유다가 자기 형제들에게 "요셉을 죽여 그의 피를 은닉한들 무슨 유익이 있을까?" 라는 대목에서, 말라기에서는 "우리가 여호와의 규례를 지킴이 무슨 유익이 있는가?" 라는 불신앙적 자조(自嘲)에서 나타난다. 그런데 "피"는 쏟아진 피, 곧 죽음을 상징한다. 여기 시에서는 폭력이나 질고에 의한 '죽음'을 암시할 것이다. 그래서 어떤 영역본들은 "내 '죽음'이 무슨 유익이 있나이까?" 라 번역한다 (NRSV, NJB, NIV 등). 이 전반절의 항의는 후반절에서 더 구체화된다. 한편, 크레이기는 궁켈을 따라 (*Die Psalmen*, 129) 여기 "나의 피" (다미) 대신 "나의 울음" (돔미)으로 읽는다.

진토가 주를 찬송하며/ 주의 진리를 선포하리이까? (하요데카 아파르/ 하야기드 아밋테카) —동의 병행법 (구문은 동사 + 주어/ 동사 +목적어 구조). 진토 곧 티끌은 죽음을 상징할 것이다 (창 3:19). 후반절의 사고는 "진리를 선포하다" 곧 사실을 보이다 (단 11:2)이다. 무덤은 암울한 처소로 찬송이 그치는 곳이다. 시인은 죽음을 대단히 두려워했다. 욥이 주님께 항변하면서 실토하는 내용도 죽음의 공포에 대한 것이다. 나무는 베임을 당해도 이듬해에 새 싹을 낼 수 있지만 (욥 14:7) 사람은 한 번 가면 다시 세상을 볼 수 없다는 절망감이 욥이나 이 시인을 다같이 사로잡은 공포감이었다. 생의 애착(愛着)은 누구에게나 강렬하다. 죽음의 문턱에 이르기 전에 우리는 주님의 일에 충성할 뿐이다. 그리고 그분이 부르시면 기쁘게 미련두지 말고 갈 수 있어야 하겠다.

10절: 들으시고 나를 긍휼히 여기소서/ 여호와여 나의 돕는 자가 되소서 (쉐마-야웨 베혼네니/ 야웨 헤예-오제르 리)— 우는 아이 젖 준다! 는 말대로, 성도가 부르짖을 때 하나님은 그 소리를 들으시고 긍휼을 베푸신다. 천지보다 위대하신 그 크신 하나님께서 해결하지 못할 일이 무엇인가? 그렇다면 부르짖어야 한다. "나의 돕는 자"는 하나님을 돕는 자로 제시한다 (시 54:6, 118:7; 출 18:4, 신 33:29). 하나님은 "고아"의 돕는 자이시다 (시 10:14). 아내가 남편의 돕는 자라고 (창 2:18), 그가 남편의 시녀라는 말이 못되는 것은 하나님께서 성도를 돕는 자이시기 때문이다.

제4연 (11-12절): 슬픔을 변하여 춤이 되게 하시는 주님

11절: 주께서 나의 슬픔을 변하여 춤이 되게 하시며 (하파크타 미스페디 레마홀 리)— "슬픔"은 독자를 잃은 모친의 부르짖는 애곡, 통곡과 같은 부르짖음의 슬픔을 가리킨다 (창 50:10, 렘 6:26, 겔 27:31). 사람이 중년에 사형선고를 받을 때, 하나님 앞에서 얼마나 통곡할 것인가? 이 시인은 통곡하다가 치유를 받고 춤을 추게 되었다. 이는 춤추며 주님의 이름을 찬양하며 소고와 수금으로 그를 찬양하라는 말씀 (시 149:2)을 생각나게 해준다. 하나님께서 주신 새 생명의 기쁨은 어느 것에 비길 수 없이 크다.

나의 베옷을 벗기고 기쁨으로 띠 띠우셨나이다 (핏타흐타 삭키 밧앗제레니 심하) —베옷은 죽음을 애도할 때 (창 37:34), 혹은 재난을 당하여 회개를 표시할 때 (왕상 21:27, 에 4:1) 등에 입는다. 시인은 죽을병에 처하여 베옷을 입고 하나님 앞에서 자신을 치면서 회개하며 통곡하였다. 치유의 역사가 나타나자 그는 베옷을 벗어 던지고 이제 건강을 회복하였다. 그리고 "기쁨"의 띠를 대신 허리에 둘렀다. 시인은 자신이 행한 행동이지만 하나님께서 행하신 일로 묘사한다. 하나님의 은총이 그 모든 행동의 원천에 있었기 때문이다.

12절: 이는 잠잠치 아니하고 (레마안 … 벨로 잇돔) —한역은 원문의 순서를 바꾸었다. 여기서 침묵을 지키는 것은 주를 찬송하는 것과 대조되고 있다.

내 영광으로 주를 찬송케 하심이니 (예잠메르카 카보드)— "영광"은 우리 인간의 가장 존귀한 부분 곧 '영'을 지시한다. 깊은 속사람이 하나님을 찬양한다.

여호와 나의 하나님이여 내가 주께 영영히 감사하리이다 (아도나이 엘로하이 레올람 오데카) — 시인은 영영히 감사 찬양하리라 다짐한다. 이러한 결심은 죽을 병에 걸렸던 히스기야의 결심이었다 (사 38:15). 필자도 죽음에서 여러 번 건짐을 받고 동일한 결심을 기록하였지만 건강할 때에는 그런 자세가 흐트러짐을 경험하였다. 건강한 자는 하나님의 심정을 살펴서 온전히 섬기기 어렵다. 건강에 자신을 갖지 못하는 성도는 모든 일에서 주님 중심으로 살피게 된다.

시편의 적용

남이 잘되기를 바라라 (1절)

시인이 병들어 죽게 되니 그의 원수들은 박장대소하며 참 잘되었노라고 기뻐하였다. 그렇지만 이런 행동은 하나님이 기뻐하지 않으신다. 우리는 다른 성도들이 정말로 잘되기를 기도해야 한다. 그러면 자신의 기도가 자기를 잘되게 만들 것이다. 남이 못되기를 바라는 마음은 이기적인 마음이며, 사탄의 마음이다. 마귀는 성도가 잘못되도록 늘 애쓰는 놈이며, 도적질하고 죽이고자 기를 쓴다. 택한 자라도 할 수만 있으면 넘어뜨려서 하나님과 멀어지게 만들고자 한다. 우리는 마귀를 늘 대적해야하고, 우리를 고소하고 모함하는 악한 자들을 기도로 대적하되 그가 성도라면 그가 진심으로 잘되기를 기도해야한다. 나를 모함하는 악한 입술을 막도록 기도하되, 그를 저주하지는 말아야 한다.

사울이 다윗을 시기하여 그렇게 죽이고자 한 것은 악령의 사주에 의한 것이었다. 그렇다면 우리가 타인을 해코자 하고 시기하는 일은 사탄의 사주 하에 그리한다고 추정할 수 있다. 그렇다면 우리 성도들은 악령에 이용당하지 않도록 얼마나 기도해야 할 것인가.

내 하나님 (2절)

성도는 누구나 하나님을 "내 하나님"이라 부를 수 있다. 자신이 체험한 하나님은 타인이 체험한 하나님과 다를 수 있다. 하나님은 무한히 크시고 위대하신 때문에 우리는 만 가지로 다양한 체험들을 가질 수 있다. 그렇기 때문에 혹 타인이 나와 다른 신앙관습을 가졌다 해도 섣불리 판단하여 정죄하려고 하지 말아야 한다. 철원에 위치한 대한 수도원에서 작고(作故)한 "전 진" 원장(院長)의 자서전을 한 권 주서서 읽어보니 은혜가 되었다 (기독교대한 수도원사 출판위원회, 「눈물이 강이 되고 피땀이 옥토되어」 [서울: 은혜기획, 1994]). 그녀는 감리교 신학교를 졸업하신 분인데 고생을 남달리 많이 하셨다. 그런데 그 수도원에서는 "안찰"을 한다. 그 '안찰'의 유래가 시작된 내력을 읽어보니 그것이 하등 이상할 것이 없었다 (166 페이지 이하). 하루는 정신 이상자를 무릎에 뉘여 놓고 찬송을 반복하며 쓰다듬어 주고 있을 때, 자기도 모르게 동작이 빨라지더니 두 손이 머리 위로 올라갔다 한다. 그리곤 그 손이 정신 이상자의 목을 가볍게 때리면서 말이 나왔는데, "이 인간을 하나님의 사랑의 줄에 매어놔야겠는데 네가 뭔데 이렇게 목을 매어놓았느냐?" 물론 마귀한테 하는 소리였다. 그러면서 목 부위를 때리니까 정신 이상자는 "아이고 시원하다, 시원해" 하였다. 그런데 때린 부위를 보니 무엇이 시커멓게 살갗으로 배어 나왔다. 이어서 다리 쪽을 탁탁 때리면서 추궁하길 "여호와 하나님께만 무릎을 꿇어야지 어느 신에게 이때까지 무릎을 꿇었느냐?" 그 정신 이상자의 집안은 불교신자들이었던 것이다. 그 다음에는 손이 정신 이상자의 몸의 왼쪽 부분으로 갔다가 오른쪽으로 갔다. 이것이 오늘날의 안찰 운동의 시작이었다. 또 이 수도원에서는 성령 춤이란 것도 춘다. 여기에 대하여도 그 책은 언급한다. 필자는 이런 체험들이 성령님에 사로잡힌 사람의 자연스러운 동작이라 믿는다. 시인이 "내 하나님"이라고 부를 수 있었던 것은 자신이 직접 하나님을 체험했기 때문이다. 성도들은 크시고 위대하신 하나님을 여러 모양으로 체험하고 반응을 보일 수 있다.

질병의 치료자 하나님 (2절)

하나님은 의사이시다 (출 15:26). 그분에게는 못 고치실 병이 없다. 그분의 주권 하에서 모든 질병은 발병한다. 필자가 결핵 투병생활을 통해서 얻은 결론이 그것이었다. 나의 부친이 나와 함께 같은 방에서 전염성이 강한 결핵균을 마셔도 결핵은 발병하지 않았다. 모든 질병은 하나님의 섭리 하에서 발병되고 치유된다. 그렇다고 현대의학을 배척하자는 것이 아니다. 그것은 이차적인 요인들이요 이차적인 치료법들이다. 근본적으로 모든 질병은 하나님의 손에서 움직인다.

구덩이에 빠지는 인간 (3절)

성도들은 평안할 때 타락하게 된다. 보이지 않던 골프장이나 보올링장이 보이기 시작하면서 영적인 일에 대한 관심보다는 자신의 육신적 쾌락과 즐거움을 추구하는 일에 관심을 기울이게 된다. 이런 일의 정도가 심화되면 이전에 가졌던 영적인 권세대신 세속적 관심과 놀이에 빠지는 자신을 보게 된다. 여기서 여러 가지 문제들이 엄습하게 된다. 하나님의 진노와 얼굴 가리우심이 시작된다. 성도는 이때에 즉시로 돌이켜야 하지만, 실상은 그렇지 못하다. 언제나 마지막 경고 등이 들어오기까지 상실한 영성을 회복하지 못하는 경우들이 허다하다. 그래서 하나님은 치명적인 질고(疾苦)를 보내기도 하고, 실패와 재난을 보내신다.

솔로몬의 경우가 그 전형에 해당된다 (왕상 11장). 하나님께서 주신 부와 지혜를 인하여 형통하고 번영하며 건강할 때, 그는 세속적 쾌락에 빠져들기 시작하였다. 이는 급기야 신앙적 타협과 배교(背敎)에로 연결되었고, 이에 하나님은 꿈을 통하여 여러 번 경고를 발하시었으나 그는 돌이키지 아니했다. 이것이 결국 나라의 비극을 초래하였고, 이스라엘의 남북 분단은 200년 이상 지속되었다. 지도자의 신앙적 실패는 이렇게 엄청난 비극을 초래하고, 개인의 신앙적 타락 역시 자신과 그가 속한 가정, 단체에 여러 가지 재난을 초래하게 된다. 이는 축복과 저주의 원리가 성도들에게 나타나기 때문이다 (신 28장).

새 언약 시대에 사는 우리 성도들 역시 예외가 아니다. 그리스도의 은혜 하에 있다하여 축복과 저주의 원리에서 제외되지 못한다. 믿음으로 구원을 받았지만, 그 이후의 삶에서 축복과 저주, 성공과 실패는 구약에 명기된 축복과 저주의 원리에 따라 부침을 거듭하게 된다.

그 거룩한 기념을 감사 찬양하라 (4절)

필자가 시카고에서 섬긴 교회의 2층 건물 교회당은 원래 '회당(會堂)' 이었는데, 그 건물 밖 벽에는 바로 이 글귀가 히브리어로 크게 새겨져 있었다. 하나님의 이름은 그분 자신이시다. 우리가 그분의 이름을 찬양하고 높이는 것은 그분 자신을 높이고 찬양하는 일이다.

세상에의 애착을 두지 말고 (7절)

사람은 젊은이나 늙은이나 생에 대한 애착이 대단히 강하다. 누구나 죽음을 싫어한다. 성도라 할지라도 죽음을 반기는 이는 없는 듯 하다. 이 세상에 살면서 애착을 심어놓았기 때문이다. 먼저 가족들이 가장 마음에 걸릴 것이다. 질병으로 고생하다가 죽는다는 일은 쉽지 않다. 아예 사람들에게 피해주지 않고 즉시로 주님께로 갈 수 있다면 좋을 것이다. 그렇지만 죽음의 방법도 우리 맘대로 택할 수 없다. 이 세상사는 동안에 미련을 남기지 말도록 하자. 이 세상은 잠시 거쳐 가는 여인숙이다. 여기에 장기 체류할 것이 아니라, 이 세상에 보내신 목적만 이루면 떠나야 한다. 주님도 30여 년의 짧은 생애를 마감하시고 아버지께로 올라 가셨다. 그분이라고 생의 애착(愛着)이 왜 없으셨을까? 그러기에 그는 겟세마네 동산에서 할만하시거든 이 잔을 내게서 옮겨달라고 아버지께 울부짖으셨다. 그렇지만 그는 이 세상에 오신 목적을 하나도 남김없이 이루셨고, 승리하시었다. 우리의 이 땅에서의 삶은 바로 그와 같이 보내신 사명 받들고 부르시면 기쁜 마음으로 아버지! 하고 천부께로 가는 것이다.

성도 (*하시드*)는 누구인가? (4절)

이 말은 "인자" (loving-kindness)로 번역되는 언약 사랑 (*헤세드*)와 연관된다. "헤세드"란 말은 70인역에서 "엘레오스" (긍휼 mercy)로 번역되고, 탈굼이나 시리아어역은 "선" (토브)의 친족어로 이해하였다. 유가릿어나 악카드어 등에도 친족어가 없었던 까닭에 이 말의 이해는 이런 역본들이 제시하는 것에 의존해야 했다. 그런데 최근 사전 (KB)은 이 말을 단순한 긍휼이나 사랑이 아니라, "함께 속한 자들의 상호 의무, 책임"이라 정의하였다. 이러한 정의는 1927년에 발표된 넬슨 글뤽 (Nelson Glueck) 논문 "성경에서의 헤세드"란 글에서 주장되기 시작한 일련의 경향을 반영해준다. 그의 논지의 골격은 하나님과 이스라엘 사이의 관계가 언약관계이므로, "헤세드"란 단순한 자비나 사랑이 아니라, 그 언약관계 안에서 양자가 서로 간에 보여야 할 책임감, 충성심, 헌신을 의미한다는 것이다. 그 뒤에 나온 글들 (W. F. Lofthouse," hen and Hesed in the Old Testament," 29-35; N. H. Snaith, *The Distinctive Ideas of the Old Testanient*, 94-130; H. W. Robinson, *Inspiration*; Ugo Masing, "Der Begriff Hesed' 등)은 기본적으로 이런 연구 경향을 반영해 주었다. 물론 이견이 없었던 것은 아니지만, 대개 언약 사랑으로 이해하게 되었다.

"헤세드"는 비단 신인관계만 아니라 인간대 인간의 관계에서도 나타나는 바, 아합과의 전쟁에서 패배한 아람 왕 벤-하닷이 이스라엘 왕들을 "헤세드의 왕들" (자비로운 왕들)로 알고 자비를 요청한 일 (왕상 20:31), 야베스 사람들이 사울이 패배하여 전사한 것을 알고 그의 주검을 취하여 장사지낸 일 (삼하 2:5), 라반이 자기 누이 리브가를 아브라함의 아들 이삭의 아내로 보낸 일 (창 24:50-51), 룻이 시어미 나오미에 대하여 행하는 그 헤세드는 무조건적 사랑이 아닌가? (룻 2:11-12, 3:10). 라합의 행동 (수 2:12), 롯을 향한 천사들의 자비 (창 19:16), 아비멜렉의 아브라함을 향한 헤세드 (창 21:23) 등은 어떤 기존의 언약관계에 근거한 사랑이라기보다, 인간 동정심이나 헌신의 자연스런 발로가 더 합당하게 보인다. 그렇지만 이스라엘을 향하신 하나님의 "사랑"은 언약관계에 근거함이 분명하다. 출 20:6, 신 5:10에서 묘사된 하나님의 사랑은 그러한 언약사랑을 의미하는 것이다. 언약관계 없는 무조건적인 사랑으로 하나님을 생각할 수 없다. 에덴에서도 마찬가지였다. 그분은 본질상 사랑이시란 것은 사실이나, 인간을 다루실 때는 분명한 관계 설정을 근거로 다루시므로, 그분의 인간을 향한 사랑은 관계적인 것이다 (신 4:31, 7:9, 삼하 7:15, 22:51, 왕상 3:6, 8:33, 시 8:23, 89:28, 34, 사 55:3, 미 7:20, 느 1:5, 9:32, 단 9:4 등).

그렇다면 "성도" (하시드)는 무엇인가? 이 말과 연관되는 "헤세드"가 언약관계에 근거한 사랑이라면, 성도란 이 언약사랑을 받는 자 혹은 언약 사랑을 실천하는 자란 의미가 아니겠는가? 수동적으로 보나 (성도들의 경우: 시 4:4, 12:1, 18:26, 30:4, 31:23 등), 능동적으로 보나 (하나님: 시 145:17, 렘 3:12) 그 의미는 결국 언약관계에 있는 자를 지시한다. 굳이 따지자면 하나님의 사랑을 받은 자로서, 하나님의 사랑을 실천해야 할 자, 혹은 하나님처럼 신실한 사랑을 베풀 자인 것이다. 그런데 신약에서 이 말에 근접하는 말은 "사랑하는 자" (호 아가페토스)일 것이다. 하나님은 예수님을 그렇게 부르셨다 (마 12:18, 17:5). 여기서 굳이 언약관계를 찾기란 어렵다. 본질상 삼위 하나님은 조화와 일치의 관계를 지니시기 때문이다. 본체론적 관계가 아니라, 경륜적 혹은 사명적 관계에서 아버지와 아들의 관계로 본다면, 하지만 여기서도 언약 관계를 찾을 수도 있다. 한편 사도 바울께서 로마 성도들을 부를 때 "로마에 있어 하나님의 사랑하심을 입고, 성도로 부르심을 입은 자들"이라 호칭하는 것은 분명 하나님의 언약 사랑을 받은 자들로 이해한 것이다 (롬 1:7). 여기서 우리는 성도에 대한 두 가지 호칭을 본다: 하나님의 사랑하심을 입은 자; 성도 (하기오스). 이 후자는 구약에서 성별된 자 (카도쉬, 코데쉬)에 근접한다. 세속에서 불러내어 하나님의 영광을 위한 도구로 성별된 성물과 같이 성도는 세상에서 구분되어 하나님께 바쳐진 자들인 것이다. 바울 사도는 엡 5:1에서 성도를 "사랑을 입은 자녀"라고 칭한다. 여기서도 우리는 하나님의 언약사랑을 입은 성도의 모습을 본다.

그 노염은 잠간이요 (5절)

시인은 자신의 삶에서 하나님의 "노염"은 "잠간이요" (사 54:7-8), 반면 "은총"은 "평생"이라 지적한다. 이것은 그분을 사랑하는 자들에게 주시는 은혜가 수천 대에 이르고, 반면 그를 미워하는 자에 대한 저주가 3-4대에 이른다는 축복과 저주의 원리의 다른 표현이다. 축복이 수천 대에 자동적으로 전달되거나 저주가 3-4대까지 자동적으로 전달된다는 사고가 아니다. 인간처럼 복합적인 인격체가 회개할 수도 있고, 조상 보다 더 큰 죄악의 구덩이에 떨어질 수도 있으므로, 기계적으로 이를 이해할 수는 없지만, 영계(靈界)의 원리는 대략 이렇게 말할 수 있다는 것이다.

시 31편 내 원수에게서 나를 건지소서

I. 전체구조에서의 위치, 시의 유형과 삶의 자리

앞의 시편 (시 30편)이 어려움에 처했던 성도가 하나님의 개입으로 구원을 받고, 감격하여 감사 찬양을 드리면서 영원히 하나님께 감사하며 살리라고 했다면, 이 시는 하나님께서 구원하셨다는 사실에 근거한 찬양의 분위기보다 끝까지 문제해결을 위해 간구하고, 굳게 서서 하나님만 기대하는 모습이다. 그렇지만 둘 사이에 유사점들도 있다. 곧 시 30편에서 성도들에게 찬양하라고 권고하는 말씀 (30:4)이 여기서도 유사하게 나타난다 (23절). 그리고 시 30:6에서 시인 자신의 생각이 표현되었듯이, 여기 22절에서도 그러하다. 또한 시 30:7에서 여호와께서 은혜로 "내 산을 굳게 세우셨다"고 했다면, 여기 8절에서는 "내 발을 넓은 곳에 세우셨다"고 한다.

이 시는 대개 "개인 탄식시"로 분류된다. 이 시인은 특히 원수, 교만한 자, 우상숭배자, 입술로 거짓 모함하는 자들을 경건한 자, 하나님만 신뢰하는 자, 그분을 피난처로 삼는 의인들의 무리와 구분하고, 하나님께서 이 둘을 분명히 구분하셔서 대우(待遇)하심을 확신하고 있다. 현재의 상황은 고통스럽지만, 시인은 자신의 운명이 원수의 손에 있지 아니하고, 하나님의 손에 달려있음을 고백한다.

이 시인이 처했던 고통의 정황이 구체적으로 무엇이었는지는 확실치 않지만, 추정컨대, 사울 왕에게 쫓겨 다니던 다윗의 모습에서 한 전형을 찾을 수 있을지 모른다 (표제는 "다윗의 시"). 다윗은 사울에게 쫓기면서 광야의 바위나 동굴에서 지낸 적이 많았다. 어려운 상황에서도 하나님을 신뢰하도록 스스로를 격려했고, 타인들도 격려하고 있다. 시인의 부르짖음은 응답된 것으로 나타난다 (22절). 이와는 달리, 바이저 (The Psalms I, 275)나 다훗은 모두 질병에서 구출된 상황을 배경으로 한다고 이해한다. 바이저의 말을 들어 보자.

이 시는 여러 해 동안 병으로 고통당하며 (9-10절), 교만한 원수들에게 비난과 핍박을 받고 (4, 18, 20절), 심지어 자기 친구들에게 따돌림 당하는 (11절) 자가 살인 위협에 직면하여 (5, 13절) 하나님께 피난처를 구하면서 드리는 탄식과 감사의 기도이다. 시 22, 28, 30, 41편 등에서처럼 이 기도는 응답된 이후에 (21절) 예배 공동체에서 낭송되었다고 생각해야 한다.

크라우스는 원래 제사장이 의식을 위해 작사해서 관례대로 반복 낭송하던 것이 세월의 흐름에 따라 개인 경험적 요소가 첨가되어 보다 구체화되었다고 가정한다.

시 31편에 우리는 다음을 추정할 수 있다: 생명이 약화되어 곤고한 상태이며 (9, 10, 12절), 욕을 당하고 (11절), 친구들이 등을 졌으며 (11절), 원수들이 일어나 거짓과 중상모략으로 (18, 20절) 치며, 그를 죽이고자 살인 모의가 있고 (4, 13절), 생명이 위험한 지경에 처해 있다 (5절). 이런 모든 진술들은 이 정형화된 문구들이 부당하게 기소당하여 성전에서 피난처를 찾아 여호와의 법적 도우심을 간청하는 무죄한 자를 위한 기도시로 작사되었다는 것을 암시해 준다 (H. Schmidt; W. Beyerlin 등 참조). 특히 1절은 하나님의 법적 중재 제도를 상기시켜 준다. 그렇지만 그런 제도적 색채는 아주 흐려져서 하나님의 법적 중재의 요소에 대한 언급은 희미하기만 하다. 그러므로 우리는 어떤 법적 행동을 묘사하는 시라기 보다 정형화된 하나의 수사적 진술들로 보아야 할 것 같다 (*Psalms 1-59*, 361).

또 어떤 이들은 이 시가 예레미야의 삶과 연결된다고 지적한다. 예컨대, 13절은 렘 20:10을, 9절은 애 1:20을, 10절은 렘 20:18을, 17절은 렘 17:28을, 22절은 애 3:54을 각기 상기시킨다. 이런 연관성에서 본다면, 이 시는 여러 면에서 역시 예레미야의 삶을 상기시키는 시 69편과 공통점이 많다 (특히 시 69:9, 33 참조). 시 31:1-3은 시 71:1-3에서, 22절은 시 116:11에서 반복되고 있다.

2. 시적 구조와 해석

리델보스는 이 시의 전체 구조를 두 부분이 병행되는 구조로 파악했다 (*Die Psalmen*, 225-26):
  I. A (1-2): 기도; 1, 2절 두 부분으로 나누어진다
    B (3-6): 신뢰를 표현; 3-4절 부분과 5-6절 부분으로 구분
    C (7-8): 감사 노래
  II. A (9-13): 탄식; 9-10은 시인의 신체 쇠약을 탄식; 11-13절은 수치와 적대심을 탄식
    B (14): 신뢰를 표현
    C (15-18): 기도; 15-16절과 17-18절 두 부분으로 구성
    D (19-24): 감사 노래; 19-20은 하나의 찬양으로 간주됨; 21-24절은 감사시 (도입 21a; 구원의 묘사 21bc, 22; 권고 23; 격려 24)

여기 개요에서 드러나는 바는 두 부분 모두에서 간구와 탄식으로 시작하여 감사로 나아간다는 것이다. "간구"가 응답되자 "감사"를 드린다고 이해할 수 있지만, 여기서는 그렇게 단순하지 않다. 왜냐하면, 시인은 "감사"에서 그치지 않고, 다시 "간구와 탄식"으로 나아가기 때문이다. 이런 현상은 비단 여기서만 아니라, 시 35, 38, 42-43, 59, 71, 86, 94, 102 편 등에서도 나타난다. 시 31편과 35편을 예컨대 비교해 보면, 두 시 모두에서 간구에서 감사로의 전환이 한 번 이상 나타난다. 시 35편에서는 첫 부분에 속하는 7절에서만 직접적인 탄식이 하나 나타나는 반면, 둘째 부분에서는 장문의 탄식이 다시 나타난다. 따라서 시 31편이나 35편에서 우리는 다음과 같이 말할 수 있을 것이다. 즉, 구원을 강렬하게 기대하면서 구원에 확신에 깊이 잠기는 정도에 정비례해서 (시 31:7-8, 35:9-10), 현재의 곤경이 더욱 심하게 느껴지며, 따라서 이 곤경을 하나님의 귀에 아뢰어야 할 필요를 시인은 더욱 절실하게

느낀다.

그렇다면 이런 현상을 어떻게 설명할 것인가? 이 시가 예배 의식을 위해 작사되었다는 "의식" 해석가들은 간구에서 혹은 간구와 탄식에서 감사로의 전환 (혹은 거꾸로 감사에서 간구로의 전환)은 예배 의식의 순서를 반영하는 것이라고들 한다. 예컨대, 6절과 7절 사이, 18절과 19절 사이에서 의식상의 변화를 암시해 준다고 한다:

6 내가 허탄한 거짓을 숭상하는 자를 미워하고 여호와를 의지 하나이다 ==)7 내가 주의 인자하심을 기뻐하며 즐거워할 것은 주께서 나의 곤란을 감찰하사 환난 중에 있는 내 영혼을 아셨고

18 교만하고 완악한 말로 무례히 의인을 치는 거짓입술로 벙어리 되게 하소서==) 19 주를 두려워하는 자를 위하여 쌓아 두신 은혜 곧 인생 앞에서 주께 피하는 자를 위하여 베푸신 은혜가 어찌 그리 큰지요

그런데 왜 한 번의 예배 의식에서 두 번이나 이렇게 간구 (와 탄식)에서 감사로의 전환이 일어나야 하는 것인가? 설명하기 곤란하다. 더구나 이런 분위기상의 전환은 두 경우 모두에서 아주 점진적으로 이루어지고 있다. 이런 사실은 이 시의 무드 변화를 단순히 의식(儀式)용 시이기 때문이라는 전제로 설명하기 어렵게 한다. 더 나은 설명은 이 시는 기도자의 감정 변화를 생생하게 제시하고 있다고 보는 것이다. 이 시가 원래 개인의 기도에서 유래하였으나 후에 예배 의식에서 사용되었다고 이해하는 바이저는 다음과 같이 말하고 있다:

우리는 고유한 개인적 요소를 담지 않은 순전히 문학적 도식으로 해석하는 킷텔의 입장을 배격한다. 이 시는 논리적으로 다듬어진 사고의 흐름을 보여주지 못하고 있다. 오히려 그 사고의 흐름은 기도자의 심리나 논리, 곧 실제 삶에서 찾을 수 있는 감정의 생생한 움직임이나 분위기나 사고의 변화, 좌절한 영혼이 하나님에게서 힘을 찾는 그런 움직임으로 결정되고 있다 (*The Psalms* I, 275).

앞에서 제시된 구조를 근거로 연을 구분한다면,
I A 제1연 (1-2절)은 하나님께 "간구"하는 기도이다.
제2연 (3-6절)은 하나님을 신뢰하면서 드리는 간구이다.
B 제3연 (7-8절)은 하나님께서 행하실 일을 확신하며 감사를 표한다.
II A 제4연 (9-13절)은 자신의 처량한 신세를 호소하고 도움을 간구한다.
마치 욥이 처한 상황과 유사한 처지를 보여준다.

제5연 (14-18절)은 신뢰하며 간구하는 모습을 보여준다.
원수는 거짓말로 모함하는 교만한 자임을 보여준다.
B 제6연 (19-24절)은 하나님의 선하심을 노래하며 감사한다.

제1연 (1-2절): 하나님께 "간구"

마치 아이가 어머니 품에 달려가 안기듯, 시인은 하나님께로 달려가 피난처를 찾는다. 물론 그가 피난처를 찾는 곳은 "성소"이거나, 아니면 기도에서 주님을 간절히 찾는 주님의 "응답의 확신"이다.

1절: 내가 주께 피하오니 (*베카 하시-티*)—이런 표현은 시편에서만 7번 이상 나타난다 (시 7:2, 11:1, 16:1, 25:20, 71:1, 141:8, 144:2 등). 이스라엘에서는 부지중에 살인한 자들이 도피성으로 피하면 피의 보수자의 보복을 피할 수 있었다. 또한 범죄자들이 성소에 도피하여 희생제물을 묶는 제단 뿔을 잡을 때, 보호를 받을 수 있었다 (왕상 1:50, 2:28 등). 여기 시인이 주께 피난처를 구함은 상징적인 의미로 취할 수 있다. 그는 기도함으로 하나님의 보호하심을 구하였다. 하나님은 자신에게 피하는 자들을 보호하신다. 그런데 "피하다" (*하사*, 1, 19절)란 말은 "신뢰하다" (*바타흐*, 6, 14절)란 말에 비하면, 보다 긴박한 상황에 처했을 때 취하는 행동을 지시할 것이다. 그러나 여기 시편에서는 동의어로 사용되고 있다. "피하다" 동사는 폭풍우를 피하여 숨을 때(사 4:6, 25:4, 욥 24:8)를 묘사하는데서 보듯, 아주 긴박한 처지에서 피난처로 피난하는 것을 지시한다. 이 동사의 명사형 (*마흐세*)은 피난처란 의미로, 요새 (*마오즈*), 높은 안전지대 (*미스가브*) 등과 동의로 사용된다. 이 시에서는 하나님을 "피난하는 바위와 구원하는 보장" (2절), "나의 반석과 산성" (3, 4절), "은밀한 곳," "장막" (20절), "견고한 성" (21절) 등으로 제시된다. 이러한 단어들은 이 시가 대단히 긴박한 처지에서 구원을 요청하는 상황을 반영한다는 것을 보여준다.

나로 부끄럽게 마시고 (*알-에보솨*)— 동사의 연장형(cohortative) 앞에 부정사 (negative) "알" 이 위치하여 "기원" (wish)의 주관적인 부정을 표현하고 있다. 연장형은 1인칭과 관련하여 명령, 소원을 표시한다. 시인은 하나님께 소원하길, "제발 내가 수치를 당치 말게 해주십시오!" 라 애원한다. 17절에서도 동일한 내용의 기도를 올리지만 (앞에서 전체 구조 참조), 거기서는 "내가 당신께 부르짖기 때문입니다" 라고 이유를 첨가한다. 수치는 오히려 악인들이 당해야 합당하다 (17절).

주의 의로 나를 건지소서 (*베치드카테카 팔레테니*) — "주님의 의"란 그분이 행하시는 '의로운 행사' 혹은 "공의"를 지시한다. 시 69:28에 의하면 원수들은 주님의 의로운 행사를 체험할 수 없다. 시인들이 자주 "당신의 의로" 구원해 주시라 기도하는 것은 (시 5:8, 71:2, 119:40, 143:1, 11), 자기 백성과 언약을 맺으신 신실하신 그 하나님께서 성도에게 '공의'를 시행해 주시라는 것이다. 18절에 언급된 기도 ("교만하고 완악한 말로 무례히 의인을 치는 거짓 입술로 벙어리 되게 하소서!")가 "당신의 공의" 시행에 해당될 것이다.
2절: 귀를 기울여 속히 건지시고 (핫테 엘라이 오즈네카 메헤라 핫칠레니)—시 102:2에서는 "주의 귀를 기울이사 내가 부르짖는 날에 속히 내게 응답하소서" 라고 한다. 부르짖음이 하나님의 신속한 응답을 가져오고, 그 응답이 곧 구원이다. 신앙은 위기 상황에서 하나님께 부르짖고 그분의 도우심을 체험하는 것에서 그 가치가 드러난다.
내게 견고한 바위와 구원하는 보장이 되소서 (헤에 리 레츄르-마오즈 레베트 메츄돗 레호쉬에니) — "견고한 바위"는 차라리 "피난처 바위" (츄르 마오즈, 피난하는 바위)이며 (시 71:3), "보장"은 험한 산정에 위치한 집, 곧 "요새"이다.

제2연 (3-6절): 신뢰하며 간구
시인은 하나님께 대한 자기 신앙을 고백하면서 도움을 호소한다.
3절: 주는 나의 반석과 산성이시니 (키 살리 우메츄다티 앗타) —이 표현은 확실하게 다윗의 시로 간주되는 삼하 22:2 (=시 18:3)에서 동일하게 나타난다. 오늘날에는 '반석'이나 '산성'이란 은유가 그렇게 실감이 나지 아니한다. 현대적으로 비유하자면, 도시생활에서 여러 가지 공해와 교통사고의 위험 하에 처한 우리에게 주님은 "나의 건강과 안전의 보장자"라 불릴 수 있을 것이다.
한편 이 문장의 초두에 놓인 불변사 (키)는 몇 가지로 달리 이해된다: 1) "실로" (NRSV) - 지시대명사적 강조적 용례 (불변사); 2) 아예 무시 (NJB, NAB); 3) "왜냐하면" (For, KJV, NASB; since, NIV). 이 마지막을 취한다.
그러므로 주의 이름을 인하여 나를 인도하시고 지도하소서 (울레마안 쉼카 탄헤니 우트나할레니)— 주님의 이름은 "야웨"이시다. 이는 구속의 하나님, 언약의 하나님의 이름이다. 자신이 직접 구속하시고, 언약을 맺으신 그 하나님은 자기 백성의 성공과 실패에 따라 자신의 성공과 실패도 세상에 알려지게 되는 위협을 감수(甘受)하셨다. 그렇기에 자기 백성들이 악하다 할지라도 주님은 즉시로 저들을 치시지 않으신다. 세상에서 주님 자신의 이름이 모욕을 당할 수 있기 때문이다. 시인은 이 점을 이용하여 자신의 구원을 호소한다. 한편 시인이 "나를 인도하시고 지도 하소서" (나하, 나할)라고 말할 때, 하나님을 "목자"로 비유하고 있다 (시 23:2, 3). 여기 사용된 두 동사는 양떼를 앞에서 인도하거나 (나하) 목장으로 조심스럽게 데리고 가는 것을 (나할) 가리킨다. 예컨대, 나하 동사의 경우 출애굽 때에 자기 백성을 양무리처럼 "인도" 하시는 하나님을 묘사하고 (출 13:17, 15:13, [32:34], 시 77:20 [양 무리처럼 모세와 아론을 통해 인도하시다]), 나할 동사의 경우 사 40:11, 49:10, 51:18, 시 23:2 등에서 보듯, 양 무리를 목장으로 혹은 물로 인도하는 목자의 모습을 묘사한다. 이 목자 표상은 1-4절에서 피난처, 산성, 피할 바위 등의 표상과 결합되고 있다.
4절: 저희가 나를 위하여 비밀히 친 그물에서 빼어 내소서 (토치에니 메레셋 주 탐누 리)—

'그물' 은 함정이요 덫이다. 이는 다니엘에게서 볼 수 있듯이 성도의 삶의 일부를 가지고 신앙을 시험하고 넘어뜨리고자 한다 (단 6:5).

주는 나의 산성이시니이다 (키 앗타 마웃지)—이미 시인은 2절 말미에서 여기서와 동일한 단어로 주님은 "보장" (保障)이라 언급한 바 있다. 주님은 우리가 피할 산성, 피난처이시다. 이 문장의 초두에는 "왜냐하면" (키)이 위치하여 3절과 유사한 구조를 보인다: "당신은 나의 산성이시니, (그러므로) 저희가 … 빼어 내소서!"

5절: 나의 영을 주의 손에 부탁하나이다 (베야데카 아프키드 루히)—"영"은 여러 가지 뉴앙스를 가질 수 있으나 (호흡, 공기, 바람, 미풍, 영), 여기서는 "목숨" (네페쉬)과 같은 의미로 사용된 듯 하다 (사 26:9, 1 143:6, 욥 7:11 참조). 시인은 자신의 "생명"을 주의 권능 하에 부탁한다. 그분의 손에 위탁하는 것은 그것이 모든 위험에서 최고로 안전한 보장이 되기 때문이다. 십자가에 달리신 주님은 마지막으로 숨을 거두시며 이 구절을 인용하여 외치셨다 (눅 23:46 참조).

진리의 하나님 여호와여 나를 구속하셨나이다 (파디타 오티 야웨 엘 에메트)—하나님은 "인자와 진리" (헤세드 바에멧)를 자신의 사신들로 보내시어 자기 백성들을 도우신다 (시 57:3). 이는 언약에 신실하신 하나님의 신실성을 지시 한다 (5절에서 "진리," 7절에서 "주의 인자하심"). "진리"는 헬라적인 추상개념이 아니라 이렇게 하나님과 언약 백성간의 관계를 표시하는 현실적이고, 구체적인 사고를 담고 있다. 우리 하나님은 자기 언약백성에게 '신실' 하셔서 저들을 어려움에서 구원하신다. 여기서 사용된 "구속하다" (파다)는 법적인 뉴앙스를 지니며, 종된 자를 값을 주고 해방시키는 것을 지시한다. 그런데 여기서 이 동사는 "완료형"이긴 하나, 문맥상 "간구적 완료형" (precative perfect)으로 이해해야 한다. 시인은 여기서도 간구를 올리고 있다: 나를 구속하소서!

6절: 허탄한 거짓을 숭상하는 자를 미워하고 (사네티 핫쇼메림 하블레-사베)— 허탄한 거짓 (하블레 솨베)은 "무가치한 우상들" (worthless, useless, vail idols)로 번역해야 한다. "허탄" (vanity)은 "우상"으로도 이해되기 때문이다. 이 우상들은 거짓되고 허탄하여, 신실하신 (에멧) 하나님과 비교할 수가 없다. 우상을 섬기는 자들은 우상처럼 헛된 생각, 헛된 자세를 취하게 된다. 그러므로 저들의 행동과 사고를 미워하고 배척하는 것이다. "숭상하는 자" (핫쇼므림)란 다른 문맥에서는 "파수꾼"을 지시할 수 있지만, 여기서는 우상에게 헌신된 자란 의미이다 (잠 27:18, 대상 12:30). 다훗은 여기서 "미워하다" 란 말은 우상숭배를 공적으로 배척하는 전문용어(terminus technicus)라 한다. 시인은 여기서 자기가 부당하게 우상 숭배 죄를 범했다고 기소하는 자들을 논박하고 있으며, 이스라엘에서는 우상 숭배 죄야 말로 질병이나 기타 다른 불행의 근본 요인이라 간주되었다 한다 (Psalms I, 188).

여호와를 의지하나이다 (바아니 엘-야웨 바타흐티) —"그러나 나에 관한 한, 나는 여호와를 신뢰하나이다." 우상을 섬기는 자와 달리 자기는 여호와를 신뢰한다고 고백한다.

제3연 (7-8절): 기대와 감사

이제까지 간구를 올린 시인은 이제 주께서 곤란 중에 있는 자기를 돌아보신 은혜를 회상하며 감사를 표현한다. 그런데 문제는 9-13절에서 다시 탄식한다는 것이다. 즉, 아직 문제가 다 해결된 것이 아니다. 그러므로 시인은 과거의 경험들을 회상한다기보다, 기도 중에 응답의 확신을 받고 미리 감사를 표현하면서 (7-8절), 다시 중단된 간구로 돌아가 (9-18절) 더 강하게 부르짖는다. 시인이 미리 감사하며 기대하는 것은 "기쁨"과 "넓은 공간"이다. 하지만, 현재 그는 "좌절"과 "사면초가"의 처지에 있다. 그렇지만 여호와께서 그런 상태를 제하실 것을 기대하며 확신한다.

7절: 내가 주의 인자하심을 기뻐하며 즐거워할 것은 (아길라 베에스메하 베하스데카) —그분의 "인자하심" (신실하심)은 자기 백성에 대한 불변 사랑으로 나타난다. 시 13:6에서 "내가 당신의 인자하심을 신뢰하고, 내 마음이 당신의 구원을 기뻐하나이다"라고 하였다. 하나님의 인자를 기뻐한다는 것은 그 인자하심이 구원을 이루는 원천이기 때문이다.

나의 곤난을 감찰하사 환난 중에 있는 내 영혼을 아셨고 (아쉐르 라이타 에트-오니 야다타 베챠롯 나프쉬) —그분은 자기 백성의 곤란을 "보시며," 환난 중에 있는 성도를 "아신다." 여기서 "곤난을 보다"란 표현은 창 29:32 (레아가 첫 아들을 낳고 "여호와께서 내 곤란을 보셨다"는 의미로 "르우벤"이라 작명), 창 31:42 (야곱이 외삼촌 라반에게 "하나님께서 내 곤란을 보셨다"고 지적할 때), 출 3:7 (출 4:31, 신 26:7, 느 9:9; 애굽에서 고통당하던 이스라엘의 곤란을 여호와께서 보셨다), 삼상 1:11 (무자한 한나가 자신의 고통 가운데서 기도할 때), 왕상 14:26 (범죄한 이스라엘이 처벌을 받아 곤고할 때, 하나님은 저들의 곤란을 보셨다고 할 때), 시 9:14 (시 25:18, 119:153, 애 1:9; 시인이 자기의 곤란을 보시라고 기도할 때) 등에서 보듯, 한 군데 (애 3:1)를 제하면 모두 "하나님께서" 자기 백성의 곤란을 보신다는 내용과 연관된다.

한편, "영혼을 알다"란 표현은 너희는 체류자의 '영혼'을 안다고 할 때 (출 23:9), 의인은 자기 짐승의 영혼을 안다고 할 때 (잠 12:10), 마음이 그 영혼의 쓴 맛을 안다고 할 때 (잠 14:10) 사용되었다. 이런 구절에서 "영혼"은 감정과 지각의 중심과 전달자로서 바램, 기가 죽은 사기 저하, 고통 (anguish), 감정, 의도 등을 지시한다. 그렇지만, 여기서 "영혼을 알다"란 표현은 "생명을 돌보다"란 의미일 것이다 ("알다" 동사는 주목하다, 들어서 알다, 관찰이나 묵상을 통해 알다, 돌보다, 경험하다 등 여러 의미를 가지나 여기서는 "돌보다" [take care of]란 뉴앙스).

그런데 "보고, 알다"라는 진술은 인간을 주어로 할 때 (삼상 18:28, 23:23, 사 41:20, 렘 5:1 등), 관찰을 통해 지식을 얻는 상황을 지시할 것이다. 그렇지만, 전지(全知)하신 하나님의 경우에 "보시고 알다"란 표현은 의인법적 표현으로 (창 18:21, 출 2:25) 이해되어야 한다.

의인법적 표현이라 해도, "보고 알다"란 표현은 하나님과 연관하여 사용될 때, 단순히 아시는 정도가 아니라, 곤경에 처한 자를 "보시고, 돌보신다" 즉, 그 사람의 곤경에서 건져 주신다는 구체적인 구원 행위를 암시해 준다.

8절: 대적의 수중에 금고치 아니하셨고/ 내 발을 넓은 곳에 세우셨음 (벨로 히스가르타니 베야드-오예브/ 헤에마데타 밤메르하브 라글라이)—반의 병행법을 사용하여 시인은 자신이 곤고함에서 해방되던 때를 회상한다. "넓은 곳"은 운신할 폭이 없는 좁은 처지, 곧 '곤란'과 대조되는 자유와 구원을 의미한다 (시 118:5). 좁고 험한 계곡의 산길은 위험하지만, 넓은 목초지는 안전하고 자유롭지 않은가? (호 4:16) 한편 "금고하다" (사가르)는 어떤 사람을 감옥에 가두듯 가두어 버리는 것을 지시하나, 여기서 처럼 히필형에서는 "누구의 손에 넘기다"란 의미이다 (수 20:5, 삼상 23:11, 12, 20, 30:15, 애 2:7; 한역은 "가두다"라 오역). 한편 다훗은 여기서 "대적"이 "죽음"을 지시하고 "넓은 곳"은 '저승'이란 의미라 주장한다: "당신은 나를 대적의 손에 붙이지 아니하셨고, 내 발을 넓은 곳에 세우지 아니 하셨다" (후반절의 "아니"는 전반절의 일석이조 기법 [double duty]에서 끌어냄).

제4연 (9-13절): 자신의 처량한 신세를 호소하며 구원을 간구

응답의 확신에 찼던 시인은 다시 더 강력한 간구를 위해 탄식을 쏟아낸다. 이 부분에서 쏟아진 탄식은 (9-13절) 이 후에 올릴 간구를 (15-18절) 위한 발판이 된다.

9절: 내 고통을 인하여 나를 긍휼히 여기소서 (혼네니 키 챠르-리)—"고통이 내게 있으니 내게 은총을 베푸소서!' 시인은 지금 고난 중에 처해있다. 그러므로 은총을 베풀어 달라고 간구한다.

내가 근심으로 눈과 혼과 몸이 쇠하였나이다 (아쉬솨 베카아스 에니 나프쉬 우비트니)—시인은 눈이 쇠약해지고, 안과 밖 (혼과 몸; 나프쉬 우비트니)이 모두 병약해졌다고 애원한다. 사용된 동사 (쇠솨)는 시 6:7, 31:10, 11 등에서 눈, 뼈 등을 주어로 하여 나타나며, 그 의미는 확실치 않다. 한역은 일률적으로 "쇠하다"로 이해하여, 내 눈이 쇠하며 (시 6:8), 눈과 혼과 몸이 쇠하다 (시 31:10), 내 뼈가 쇠하도다 (시 31:11). 그런데 다른 제안에 의하면 (KB³), "쇠약해지다" 외에도, "썩다", "붓다" 등의 의미가 추정된다. 자녀들이 건강할 때보다는 병약할 때 부모의 마음은 측은히 여긴다. 마찬가지로 주님은 성도들이 곤고한 처지에서 부르짖을 때 측은히 여기신다. 더구나 성도가 금식하고 괴로워할 때 눈여겨보신다.

10절: 내 생명은 슬픔으로 보내며/ 나의 해는 탄식으로 보냄이여 (키 칼루 베야곤 하야이/ 우쉐노타이 바아나하)—여기 사용된 동사 (칼라)는 원래 '끝장나다'란 의미이나, 여기서는 "사라지다" (vanish, fade away)를 의미한다. 시인은 자기 생명이 서서히 소멸되어감을 느낀다.

내 기력이 나의 죄악으로 약하며 나의 뼈가 쇠하도소이다 (카솰 바아보니 코히 바아챠마이 아쉐슈) —이 시인은 자신이 당하는 "처벌" (한역, "죄악" [아본)로 인하여 기력 (힘)과 뼈가 쇠약해진다고 묘사한다. 다윗의 다른 시에 의하면, 시인은 금식을 인하여 무릎이 약하고 육체가 수척하다 하였다 (시 109:24). 어쩌면 여기서도 시인은 금식하며 자신을 친 까닭에 이렇게 쇠약해졌는지 모른다. 그런데 어떤 영역본들은 "죄악"이나 "처벌"이란 번역대신, "곤란" (affliction NIV, NAB; misery NRSV, NJB)으로 읽는다 (유사하게 70인역은 "가난" [프토케이아]이라 읽었다).

11절: 내가 모든 대적으로 말미암아 욕을 당하고 내 이웃에게서는 심히 당하니 (믹콜-쵸레라이 하이티 헤르파 벨리쇼케나이 메오드)—대적들 때문에 시인은 이웃 사람들에게 극도의 경멸 거리가 되었다. 예레미야 선지자는 여호와의 말씀으로 인하여 종일토록 "치욕" (헤르파)과 "모욕거리" (켈레스)가 되었다 (20:8). 그리고 예레미야는 무리들의 비방과 사방의 두려움을 들어야 했다. 에스겔 선지자를 통하여 하나님은 이스라엘이 하나님의 진노와 처벌을 당함으로 둘러있는 이방인에게 "수욕" (헤르파)과 "조롱" (게두파), "경계" (무사르), 공포(메마)가 되리라 예고하셨다 (겔 5:15). 시인은 하나님의 진노를 인하여 수욕을 당해야 했다.

내 친구가 놀라고 길에서 그를 보는 자가 나를 피하나이다 (우파하드 림윳다아이 로아이 바후츠 나데두)—더구나 "나의 친구들" (메윳다아이)에게 조차도 그는 "두려움"이 되었다. 이는 시인이 너무나도 처참하게 보였기 때문일 것이다. 그리고 그를 길에서 보는 자는 놀라 도망한다. 욥이 환난 중에 있을 때의 모습이 그러했다 (어린아이들도 그를 업신여기고, 그의 호흡은 그의 아내도 싫어하고, 그의 가까운 친구들도 그를 미워하고, 사랑하던 사람들이 돌이켜 대적이 되었다, 욥 19:17-19). 그의 몰골을 보면, 피부와 살이 뼈에 붙었고 남은 것은 겨우 잇몸뿐이었다 (욥 19:20). 욥을 문안하러 왔던 세 친구는 멀리서 눈을 들어 보니 욥인줄 알기 어렵게 되었으므로 일제히 소리 질러 울었다 (욥 2:12). 또한 니느웨가 황폐케 되었을 때, 지나는 사람이 보고 그 모습에 놀라 도망하였다 (나훔 3:7). 마찬가지로 시인을 보는 자도 놀라 도망하였다.

이제 11절이 갖는 몇 가지 해석상의 문제를 언급해 본다. 우선, "모든 대적으로 말미암아" (믹콜-초레라이)는 약간 달리 이해되기도 한다: 1) "내 핵심 기관들 (vitals 심장, 폐, 뇌 등)이 소진되었나이다" (Dahood). 전치사 (민) 대신 전접사 멤으로 보고 앞 절의 마지막 말 (아쉐슈)에 붙이고, 자음은 "칼루" 동사로 읽는다; 2) 나는 내 모든 원수들의 (조소입니다)(NRSV, [I am the scorn] of all my adversaries; KJV 참조). 전치사 (민)를 약간 느슨하게 번역했다 (of).

다음으로, "내 이웃에게서 '심히' 당하니"에서 "심히" (메오드)를 달리 이해하기도 한다: 1) "공포" (마고르)로 변조시킴 (NRSV 내 이웃들에게 "공포"요); 2) "메오드"에서 첫 "멤"을 앞말에 붙여야 할 전접사로 처리하고, "재앙" (에드)으로 읽는다 (M. Dahood,

Psalms I, 189; Craigie, Psalms 1-50).
　끝으로, 11절 전체의 번역에서 이해가 제각기 다르다.
　1) "나는 내 모든 원수들의 조롱거리이며/ 내 이웃들에게 공포이며/ 내 친지들에게 공포의 대상입니다" (NRSV)
　2) "내 모든 대적들 때문에, 나는 내 이웃들의 극도의 경멸거리이며/
나는 내 친구들에게 공포거리이다" (NIV).
　3) "내 모든 대적들 때문에, 나는 '심지어' 내 이웃들에게 극도의 조소거리이고/
내 친지들에게 두려움이다" (필자). "내 이웃들에게" (*리쇼케나이*) 앞에 붙은 접속사 (*바브*)는 "강조적" 용례로 취한다.
　12절: 내가 잊어버린바 됨이 사망한 자를 마음에 두지 아니함 같고 (*니쉬카흐티 케메트 밀레브*) —시인은 죽은 자가 기억에서 사라짐같이 사람들의 기억에서 사라졌다. 과장법이지만, 시인의 비참한 처지가 오래되었음을 암시해준다. 애굽에 칠 년 풍년이 있었지만, 곧 이은 칠 년 흉년이 너무나 극심하여 풍년은 기억에서 사라졌다 (창 41:30). 이처럼 시인의 탁월함도 그의 처참한 몰락에 완전히 망각되어 버렸다. 전도서 기자는 죽은 자는 그 이름이 잊어버린 바 된다고 지적하였다 (9:5, 2:16 참조).
　파기(破器)와 같으니이다 (*하이티 키켈리 오베드*) —깨어지는 그릇 같다. 그릇이 깨어지면 던져 버리고 기억치 아니한다. 학교에서나 교회에서나, 회사에서나 아무리 유능한 사람일지라도 병들어 자리에서 물러나거나 죽으면, 그는 곧 잊혀져 버린다.
　13절: 내가 무리의 비방을 들으오며 사방에 두려움이 있나이다 (*키 샤마티 딥바트 랍빔 마고르 밋사비브*) —예레미야의 경험과 흡사하다 (렘 20:10). 바벨론이 예루살렘을 포위할 때, 선지자 예레미야는 바벨론에 항복함이 하나님의 뜻이라 외쳐야 했다. 이런 메시지는 그를 매국노로 만들기에 충분했다. 그래서 그를 죽이려는 원수들이 많았다. 이런 와중에서 사역하는 예레미야의 마음에는 공포심이 사라지지 아니했다.
　저희가 나를 치려 의논할 때에 내 생명을 빼앗기로 꾀하였나이다 (*베히바세담 야하드 알라이 라카하트 나프쉬 자마무*) — "의논하다" (*야사드* II)란 누구를 해하기 위해 함께 모이다, 음모를 꾸미다 란 의미로 정의된다. 이렇게 무죄한 자를 치고자 음모를 꾸민 대표적 사례는 단 6:6에서 나타난다 (시 2:2도 참조). 그리고 "꾀하다" (*자맘*)는 "악을 계획하다" 혹은 계획하다란 의미이다. 남의 생명이나 직위를 빼앗고자 음모를 꾸미는 일은 간사한 무리들 가운데서 빈번히 일어난다.

제5연 (14-18절): 신뢰하며 간구함
　이제 시인은 자신의 곤고한 처지를 묘사하는 것을 그치고 신뢰하는 신앙을 표현하고 기도한다. 3-6절 부분이 이와 유사하다.

14절: 여호와여 그러하여도 나는 주께 의지하고 말하기를 주는 내 하나님이시라 하였나이다
(바아니 알레카 바타흐티 야웨 아마르티 엘로하이 앗타)—그런 상황 하에서도 시인은 주님을 "신뢰"(바타흐)한다 (6절도 참조). "당신은 내 하나님이라"(엘로하이 앗타)는 고백은 하나님께 자신의 보호를 주장하는 강력한 신앙고백이다. 전능하신 하나님께서 "'내' 하나님이시라"는 고백은 실로 여러 번의 체험을 통해서 생겨나고, 위기시에 더욱 확고해진다.

15절: 내 시대가 주의 손에 있사오니 (베야데카 잇토타이) — "내 때들"(my times)을 어떤 영역본은 "내 생명의 매 순간"(every moment of my life)이라 번역하였다 (NJB). 다훗은 "내 생애의 단계들"(my life-stages)라 번역하고, 인간의 생애를 일곱 구분하는 사고는 유가릿 문헌에서 발견될 수 있다고 추정한다 (UT 67:1:20-21). TNK는 "내 '운명'이(fate) 당신 손 안에 있나이다"라고 번역했다. 주님이 시인의 생의 주관자이시다. 그러기에 그는 원수와 핍박하는 자의 손에서 건져달라고 기도하는 것이다. 주인의 손이 아니라 원수의 손이 자기를 주장하려고 덮치기 때문이다.

내 원수와 핍박하는 자의 손에서 나를 건지소서 (핫칠레니 미야드-오예바이 우메로드파이) — "원수"는 적대적인 자라면, "나를 핍박하는 자"는 "나를 추격하는 자"이다. 출 15:9에서는 원수가 말하길 내가 추격하리라, 내가 따라 잡으리라, 내가 전리품을 나누리라 라고 말했다. 원수는 애굽군이며, 저들이 추격하는 대상은 이스라엘이다. 이렇게 적대 세력이 추격하는 것은 죽이고자 함이다. 이런 상황에서 내 원수와 추격하는 자에 비하여 너무나 미약한 성도는 하나님께 도움을 구하지 않을 수가 없다 (시 7:5-6).

16절: 주의 얼굴을 주의 종에게 비취시고 (하이라 파네카 알-압데카) —민 6:25의 제사장 기도를 반영하고 있고, 다니엘도 "주의 얼굴빛을 주의 황폐한 성소에 비취시옵소서"라고 기도하였다 (9:17). 하나님과 주야로 대면했던 모세는 그 얼굴에서 강력한 광채가 났다 (출 34:29, 30; 눅 9:29 참조). 하나님의 얼굴은 의인법이지만, 그분에게서 광채가 나서 병든 자에게 비칠 때, 치료의 광선이 된다 (말 4:2). 주께서 진노하시면 얼굴을 가리우시지만, 그분이 은총을 베푸실 때면 얼굴빛을 성도에게 비추신다. 이것을 마음에 깨달으면 벌써 문제들은 하나님께서 해결해놓으신 것이다. 이처럼 문제해결은 하나님의 은총의 빛을 마음에 받는 일이다. 한편 "당신의 종"이란 칭호는 모세나 (수 1:1, 7) 여호수아 (수 24:29), 다윗과 (삼하 7:5, 8) 같은 지도자들의 칭호였다. 따라서 시인은 표제대로 다윗 왕일 것이다.

주의 인자하심으로 나를 구원하소서 (베하스데카 호쉬예니) —1절에서 시인은 주님의 "의"로써 자신을 건져달라고 기도한 바 있다. 여기서는 하나님의 언약 사랑 곧 "인자하심"에 근거하여 자기를 구원해 달라고 간구한다 (시 109:26). 하나님은 인자와 진리를 사신으로 보내어 성도를 구원한다 (시 57:4). 그러므로 성도는 "인자를 보이소서!"라고 기도할 수 있다 (시 17:7).

17절: 여호와여 내가 주를 불렀사오니 부끄럽게 마시고 (야웨 알-예보솨 키 케라티카)— 시인이 하나님을 향하여 부르짖었다는 증거는 2절, 22절에서도 나타난다. 부르짖는 기도에 하나님은 신속히 응답하신다. 수치를 당케 말아 달라는 기도는 원수가 자기를 이기어 개가를 부르지 못하게 해달라는 것이다 (시 25:2). 그런데 "불렀사오니"는 달리 "내가 부를 때에" (TNK, LSG, 다훗 등)로도 이해할 수 있다.

악인을 부끄럽게 하사 음부에서 잠잠케 하소서 (예보슈 레솨임 잇데무 리쉐올) —악인으로 수치를 당케 하사, 저들이 무덤에서 죽은 자가 되게 하소서. 이런 무서운 기도는 18절에서 언급된 대로 하나님의 공의의 심판을 간구하는 것이다.

18절: 교만하고 완악한 말로 의인을 치는 거짓 입술로 벙어리 되게 하소서 (테알람나 시프테 솨케르 핫도베롯 알-챠디크 아타크 베가아바 바부즈) —교만하게, 모욕적으로, 무례하게 의인을 치는 거짓 입술은 마귀적이다 (계 13:5-6). 의인을 중상모략하고 거만하게 비난하는 것은 결국 하나님께 욕이 돌려지기 때문이다. 그래서 까닭 없이 의인을 중상 비방하는 혀는 벙어리가 된다. 타인을 비방하고 중상하는 자들은 자신의 말로 함정에 빠지고 말 것이다. 하나님께서 싫어하시는 바들 중에서 거짓을 말하는 입술, 악독을 토해내는 혀, 피 흘리는 손 등이 현저하다 (사 59:3, 잠 12:22). 이런 것들은 우리와 하나님 사이에 담을 쌓아서 기도가 상달되지 못하게 만든다. 거짓된 입술과 궤사한 혀가 얼마나 무고한 사람을 많이 해치는 것인지. 그러한 혀에는 날카로운 화살과 로뎀 나무 숯불을 얹어주어야 한다 (시 120:3, 4). 그런데 참소하는 자는 사실 "미련한 자"이다 (잠 10:18). 악인은 궤사한 입술, 거짓말하는 자에게 귀를 곧장 기울인다. 어떤 단체 건 그 장 (長)이 아첨꾼이나 모함군의 농간에 놀아나면 망하는 길밖에 없다.

제6연 (19-24절): 하나님이 행하신 구원을 인하여 감사

시인은 자신의 곤경에 집착하던 시야를 넓혀 하나님께서 자기를 경외하는 자들을 위해 행하시는 은총이 얼마나 많은지를 찬양한다. 이는 첫 부분에서 (1-8절) 좌절과 협착한 입지에 처했던 상황에 비하면, 그가 구했던 "넓은 지경"을 심적으로 얻음과 같다. 19-20절은 보다 일반적인 견지의 찬양이라면, 21-22절은 개인 감사, 23-24절은 시인이 감사를 선언하는 자리에 모인 그 회중에게 여호와를 사랑하며 강하고 담대할 것을 요청하는 외침이다.

19절: 주를 두려워하는 자를 위하여 쌓아두신 은혜 (투브카 아쉐르 챠판타 리르에카) —주를 경외하는 자들을 위해 쌓아두신 당신의 은혜! 여기서 "은혜" (투브)는 사람이나 나라의 가장 좋은 것 (창 24:10, 45:18, 20, 23, 신 6:11 등)을 지시하거나 형통 (잠 11:10), 아름다움 (호 10:11), 행복이나 축복, 죄 사함 등 하나님께서 인생에게 베푸시는 좋은 것들을 지시한다 (고전 2:9 참조).

곧 인생 앞에서 주께 피하는 자를 위하여 베푸신 은혜가 (투브카 파알타 라호심 바크 네게드 베네 아담) —전반절의 주를 경외하는 자들은 "주께 피하는 자들" (호심 바크)이라 불린다. 주를 경외함과 그를 친근히 함은 동전(銅錢)의 양면과 같다. "주님을 경외한다" 라 함은 그분을 두려워하는 것이지만, 다른 면에서 보면, 그분을 지극히 친근히 하고 사랑하는 것이다. 이런 자들을 위하여 하나님은 전대미문의 은혜를 쌓아두시고 계신다. 그것은 사람이 눈으로 보거나 귀로 듣지 못한 은혜이다. 하나님께서 성도 각자에게 주시는 은혜는 각자에게 특이한 것들이다. 한편, "인생 앞에서"는 "베푸신 은혜"와 연결된다. 곧 주께 피하는 자를 위하여 인생이 보는 가운데 베푸시는 은혜. 그렇다면, "인생들" (*베네-아담*)은 누구인가? 이들은 하나님의 은혜를 받는 자들, 곧 경건한 자들과 대조되는 "세상 사람들"이다 (시 9:19 [*에노쉬*], 10:18 [*에노쉬 민-하아레츠* 참조). 이렇게 세상 사람들 앞에서 경건한 자들에게 은총을 베푸신다는 사고는 시 23:5에서 제시된 사고 곧 "원수의 목전에서 상(床)을 베푸신다"는 사고와 일맥상통한다. 즉, 하나님은 자기를 경외하는 자를 그렇지 않은 자와 구분하여 대우하신다 (말 3:13-18). 불경한 자들은 하나님께서 자기를 경외하는 자들에게 은총 베푸신다는 것을 목도할 때, 그분이나 그분을 경외하는 자들을 인정하지 않을 수가 없다.

어찌 그리 큰지요 (*마-라브*) — "얼마나 다양한지요?" (NJB) 혹은 "얼마나 풍성한지요?" (NIV) 시인은 이렇게 어조를 변화시켜 주님의 은총을 감사하고 찬양한다. 이제까지 탄식하던 자세와는 사뭇 다르다.

20절: 주께서 저희를 주의 은밀한 곳에 숨기사 사람의 꾀에서 벗어나게 하시고/ 비밀히 장막에 감추사 구설의 다툼에서 면하게 하시리이다 (*타스티렘 베세테르 파네카 메루케세 이쉬/ 티츠페넴 베숙카 메리브 레쇼놋*)— "주의 은밀한 곳"은 "당신 얼굴의 [임재의] 은신처"이다. 원수들의 비방이나 저주는 하나님의 임재 영역에서는 아무런 힘도 없어지는 것이다. 그분의 임재 앞에서는 세상의 요란도 불안도 사라지고 오직 평안과 확신만 충일하게 될 뿐이다. 그런데 20절은 사고상 전.후반절이 동의 병행법으로 구성되었다:

주께서 저희를 주의 은밀한 곳에 숨기사
"사람의 꾀들" (*루케세 이쉬*)에서 벗어나게 하시고/
주께서 저희를 비밀히 장막에 감추사
"구설의 다툼" (*리브 레쇼놋*)에서 면하게 하시리이다.

구조상으로도 구문 병행법을 이루고 있다:
동사(+동사 인칭접미어)+ 전치사구+ 전치사구/
동사(+동사 인칭접미어)+ 전치사구+ 전치사구.
이렇게 비교해 볼 때, 후반절의 "장막"은 "주님의 장막"이 될 것이다.

21절: 여호와를 찬송할지어다 (*바룩 야웨*)—이 문귀는 그리해야 할 이유를 보통 동반한다. **견고한 성에서 그 기이한 인자를 내게 보이셨음이로다** (*키 히플리 하스도 리 베이르 마쵸*

르) —찬송할 이유가 제시되었다. 여기서는 시인에게 그분의 인자하심 (헤세드)이 기적을 베풀어주심이 찬양의 이유이다. 그분의 신실하심이 놀라운 기적을 이루시어 구원을 베푸신 것이다. 그런데 여기서 "견고한 성" (이르 마쵸르)는 무엇인가? "견고한 성"이란 번역된 말은 합 2:1에서 "망대"와 병행어로 나타나며, 두 가지 의미를 다 지시할 수 있다. 하나는 "포위된 성읍"이고, 다른 하나는 "요새화된 성읍" (a fortified city)이다. 현대 번역본들은 이런 점을 반영해준다.

1) 내가 포위된 도성처럼 에워싸였을 때, 기이한 인자를 내게 보이셨다)(NRSV); 내가 포위된 도성에 있을 때, 기이한 인자를 … (NIV, NASB, NJB)

2) 내게 기이한 사랑을 보이셨고, 내게 가장 안전한 도성이 되셨다 (NAB); 내게 기이하게 신실하셨으니, 곧 참된 요새였다 (TNK)

3) 견고한 성으로부터 내게 기이한 사랑을 보이셨다 (M. Dahood); (전치사 베를 '-로부터' [from]라 번역하고, 이 성은 여호와의 '하늘 거처'를 시적으로 이르는 말이라 해석).

4) 기이한 은총을 베푸셨으니, 곧 견고한 성읍을 주셨다 (델리취); 견고한 성읍은 '시글락'일 것이라 가정한다. 사울 왕을 피하던 길고 험난한 시절에 시글락은 다윗에게 견고하고 안전한 안식의 요새를 제공했기 때문이라 한다. 그래서 다윗은 여기서 무의식중에 예언적으로 하나님의 은총의 표라 묘사한다. 다윗에게 시글락은 비하(卑下)와 승귀(昇貴) 사이의 전환점이 되었다 한다.

만약 이 시를 표제처럼 다윗의 것으로 이해한 다면, 다윗이 사울 왕을 피난할 때, 어느 시점에 체험한 하나님의 기이한 보호를 언급할 것이다. 이 시의 생생한 장면들은 이 시를 예배 의식을 위한 시로 순전히 허구적으로 작시되었다는 가정을 논박해 주는 듯 보인다.

22절: 내가 경겁한 중에 말하기를 (바아니 아마르티 베호프지)— 시인은 구원받은 후에 하나님을 찬송하는 와중에 지난 과거의 위험했던 순간을 회상한다. "경겁한 중에"란 두려움에 사로잡혀 성급하게 행동하던 때란 의미이다.

주의 목전에서 끊어졌다 하였사오나 (니그라즈티 민네게드 예이네카) —하나님께로부터 끊어졌다고 생각하던 그 순간을 회상한다. 다윗이 임시 처소로 정했던 시글락을 떠나 원정하고 돌아왔을 때, 곧 성이 불타고 그 처자들이 다 사라졌을 때의 정황을 암시하는지 모른다. 다윗은 이 때 크게 낙담하였다. 이제는 죽었구나! 라고 생각하였으나 "그 하나님 여호와를 힙 입고 용기를 얻었다" (삼상 30:6). 한편 여기서 "끊어지다" (니그라즈티)는 어떤 사본들이 "쫓겨나다" (니그라쉬티, 오리겐의 헥사플라 제2 칼럼 헬라어 음역에서)나 "끊어지다" (니그자르티, 애 3:54)로 읽는다.

내가 주께 부르짖을 때에 주께서 나의 간구하는 소리를 들으셨나이다 (아켄 샤마타 콜 타하누나이 베샤베이 엘레카) —부르짖으매 응답하시는 경우는 허다하다 (삼상 7:9, 시 3:4, 81:7, 86:7, 120:1, 사 30:19, 58:9). "위기"는 하나님을 체험하는 "기회"가 된다. 하나님은 우리에게 "너는 내게 부르짖으라 내가 네게 응답하겠고" 라고 약속하셨다 (렘 33:3). 여기서 부르짖다 (*솨바*)란 째지는 듯한 소리로 반복하여 외치는 것을 의미한다. 이는 다급한 외침이다.

한편, 21-22절은 개인적인 감사의 표현이라면, 23-24절은 시인이 자신의 구원 체험을 근거로 넓어진 마음에서 모든 성도들을 향하여 "여호와를 사랑하고, 강하고 담대할 것"을 외치는 호소이다.

23절: 너희 모든 성도들아 여호와를 사랑하라 (*에헤부 에트-야웨 콜 하시다브*)—시인은 하나님을 사랑하라고 성도들에게 격려한다. 이웃 사랑 (레 19:18), 여호와 사랑 (신 6:5, 10:12) 이 우리의 삶에서 실현되는 방식은 하나님의 율법을 지키는 일이다 (신 10:12, 11:1, 13, 22, 19:9, 30:6). 율법 (토라)은 유대인의 계산에 의하면 613개의 계명을 담고 있다. 그런데 이 계명들은 지킴으로 구원에 이르는 수단이 아니라, 구원받은 성도들에게 하나님께서 주신 하나님을 사랑하는 방법들을 가르쳐 준다. 다시 말해, 율법의 모든 계명의 요약은 '하나님 사랑' 이다. 그래서 하나님은 "이스라엘아 네 하나님 여호와께서 네게 요구하시는 것이 무엇이냐?" 물으시고, 스스로 답하시길, "네 하나님 여호와를 경외하여 그 모든 도를 행하고 그를 사랑하며 마음을 다하고 성품을 다하여 네 하나님 여호와를 섬기고 내가 오늘날 네 행복을 위하여 네게 명하는 여호와의 명령과 규례를 지킬 것이 아니냐?" (신 10:12-13) 하셨다. 하나님 사랑은 그분의 말씀을 지킴으로 드러난다 (요 15:10).

여호와께서 성실한 자를 보호하시고 교만히 행하는 자에게 엄중히 갚으시느니라 (*예무님 노체르 야웨 우메샬렘 알-예테르 오세 가아바*)—성도의 말씀준수는 보상이 늘 따른다. 그래서 여기서 시인은 여호와께서 "성실한 자" (*예무님*)를 보호하시고 교만히 행하는 자에게 엄중히 갚으시느니라 하였다. "엄중히 갚다" 란 표현은 "철저하게 갚으신다"는 의미이다 (삿 1:7 아도니 베섹, 시 62:12).

24절: 강하고 담대하라 (*히즈쿠 베야아메츠 레바브켐*)— 이 권고는 가나안 약속의 땅에 진입하던 이스라엘을 향하여 주신 격려의 말씀을 상기시켜 준다 (신 3:28, 31:6, 7, 23, 수 1:6, 7, 9, 18, 10:25 등). 주님을 사랑하는 자들은 늘 강하고 담대하지 않으면 안 된다. 사람을 무서워하는 것은 올무에 걸리는 일이 된다 (잠 29:25). 양심에 거리낄 것이 없다면, 하나님 앞에서나 사람 앞에서 우리는 늘 강하고 담대해야 하지 않겠는가? 기도 시에도 우리는 강하고 담대하게 부르짖어야 한다.

여호와를 바라는 너희들아 (*함야할림 라도나이*)— "바라다" (*이헬*)는 인내로 기다리며 (욥 6:11), 앙모하며 기다림을 말한다 (사 42:4, 겔 13:6, 시 33:18, 22, 69:4, 119:43 등). 그런데 하나님의 눈은 바로 그분의 인자하심을 앙모하고 기다리는 자들에게 향하신다 (시 33:18, 22). 그런 자들을 하나님은 기뻐하시며 (시 147:11), 그런 자들은 그러므로 기근 시에 생명을 얻게 되고 구원을 받게 된다 (시 33:19). 시인은 항상 주를 앙모하고 기다리며, 더욱 찬양하리라 고백하기도 하였다 (시 71:14). 우리는 또한 그분의 말씀에 우리의 소망을 두어야 한다 (시 119:43, 49, 74, 81, 114).

시편의 적용

주께 피하나이다 (1절)

다윗은 여러 번이나 사울의 추격을 받아 생명이 위태하게 되었다 (삼상 19:10-12, 19:19, 21:10, 22:3 등). 그 때마다 하나님은 그를 보호해 주셨지만, 때로는 믿음이 약해져서 블레셋 원수에게로 도피하기도 하였다. 남아공화국의 만델라 대통령이나 한국의 김대중 대통령 등은 정치 정적들에게 여러 번 죽임을 당할 뻔하였다. 이란 콘트라 사건의 주역이었던 미국의 올리버 노쓰 대령의 경우에는 월남전에서 여러 번 생사(生死)의 기로에 섰지만 그 때마다 불사조처럼 살아났었다. 그때에는 자신의 운(運)이 좋아서 그런 줄 알았지만 나중 회개한 후에 돌이켜 보니 모두가 주님께서 그의 생명을 보호해 주셨다는 것을 알게 되었다. 필자는 여러 번 생명을 위협하는 질고에 고통을 당했다. 그 때마다 주님은 긍휼을 베푸시어 새 생명을 주셨다. 특히 중학교를 졸업하고 결핵으로 몇 년간 투쟁할 때에 주님은 필자를 찾아오시어 영적인 훈련을 시키시고 주님과 교제하는 법을 가르쳐 주시었다. 그것이 나의 삶의 전환점이었다. 피난처는 주님이시다. 그분의 비밀한 장막에 피하는 자는 사람들의 구설수(口舌數)나 여러가지 위협들에서 보호를 받는다.

귀를 기울여 들으소서 (2절)

우리 하나님은 귀를 지으신 자로서 우리가 부르짖는 기도에 귀를 기울이시는 하나님이시다 (시 94:9). 우리가 부르짖으면 '반드시' 그분은 들으신다. 그렇지만 응답이 없는 듯 느껴짐은 왜인가? 그것은 우리와 하나님 사이에 죄악의 담이 가로막고 있기 때문이다 (사 59:1-2). 우리가 구하여도 얻지 못함은 정욕으로 잘못 구하기 때문이다. 구하라 주실 것이요 (마 7:7). 우리가 부르짖지 않으면 받지 못한다는 이 진리를 깨닫는 순간 얼마나 부지런히 밤새워 부르짖을 것인가? 어떤 사람은 무엇이 부족해서 저렇게 밤낮으로 부르짖는가? 의아해 한다. 그렇지만 기도는 터지는 순간부터 영적인 희열 속에서 성령님의 이끌림으로 하게 된다. 무릎이 꺾여지면 내 육의 소욕이 꺾여지고, 그 다음부터 성령님의 기름 부으심으로 우리의 기도는 하늘 보좌 앞으로 높이 상달되게 된다. 이것이 우리 성도가 가진 가장 강력한 무기요 자산이다. 이 부르짖음의 비밀을 깨닫는 자는 결코 궁핍하거나 결코 패할 수 없다. 패했다면 이 부르짖음에 시간을 쏟지 않았다는 증거이다.

나의 곤난을 보시고, 환난 중에 있는 내 영혼을 아셨다 (7절)

우리는 십자가에 달리신 주님을 묵상함으로 우리의 곤고함을 이길 수 있다. 거꾸로 우리가 고난 중에 있을 때 주님은 우리를 눈여겨보시고, 우리의 신음에 귀를 세밀히 기울이신다. 우리가 즐거워하고, 형통할 때에는 주님께서 우리를 그처럼 관심가지시고 보시거나 살피실 이유가 없을 터이다. 아기가 밖에 나가 놀 때 갑자기 울음소리가 터지면, 집안의 부모는 귀를 기울이고 온통 밖에서 무슨 일이 났는지에 신경을 곤두세움과 같은 이치이다. 그러므로 괴로울 때 주님을 쳐다보라. 그분은 자기 자녀의 고통을 보시고 아신다.

교만하고 완악한 말로 무례히 의인을 치는 자들 (18절)

어떤 교회에서 시무할 때 보니, 성도들이 서로 간에 교대로 고자질하면서 서로 비난하는 말을 했다. 처음에는 누구편이 옳은지 분간하기 어려웠다. 이 사람은 저 사람이 아주 교활하고 못 되다고 비난하고, 과거에 있었던 일들을 알려준다. 다른 사람은 방금 그 사람이 문제만 일으킨다고 중상한다. 우리 인간은 왜 이다지 썩었는가? 자신의 눈에 박힌 들보는 보지 못하고 타인의 눈에 박힌 티를 끄집어내겠다고 아웅다웅한다. 진실로 이런 자들은 고침을 받아야 한다. 타인에 대한 말은 입에서 완전히 제하라. 교회에서 문제가 생기는 것은 모두가 "말" 때문이다.

여호와를 바라는 너희들아 강하고 담대하라 (24절)

여호람 왕 시대에 아람 군이 사마리아를 포위함으로 여인들이 자기 아이를 삶아서 먹는 아사지경(餓死之境)에 떨어졌다. 그때에 여호람 왕은 엘리사를 잡아 죽이고자 사자들을 파송하여 엘리사에게 이르길 "이 재앙이 여호와께로부터 나왔으니 어찌 더 여호와를 기다리리요?" (왕하 6:33)라고 하였다. 이에 대하여 엘리사는 내일 이맘때에 사마리아 성문에서 밀가루나 보리가 엄청나게 싸게 매매될 것을 예고했다. 극한 상황에서 여호와를 기다리는 일은 시험을 받게 된다. 그러나 인간의 끝이 하나님의 시작이다. 여기서 여호와를 기대하고 바라는 자들은 평안할 때에 그리할 수도 있지만, 위기 시에 끝까지 믿음을 붙잡고 하나님을 기대하는 참 성도를 가리킨다. 엘리사의 말에 어떤 장관은 "여호와께서 하늘에 창문을 내신들 어찌 이런 일이 있으리요?" 라고 불신앙적인 말을 하였다. 믿지 아니하는 이런 자들에게 주시는 말씀은 "네가 네 눈으로 보리라 그러나 그것을 먹지는 못하리라" 는 것이다. 그 장관은 그 다음날 성문(城門)에서 사람들에게 깔려서 죽고 말았다.

시 32편 허물의 사함을 얻은 자, 복되도다!

I. 전체구조에서의 위치, 시의 유형과 삶의 자리

앞의 시편과 이 시편 사이의 관계를 살펴본다면, 둘 다, '내가 말하였다' 라는 표현으로 (시 31:22, 32:5) 과거의 영적 생활을 회상한다. 그리고 둘 다, 경건한 자들에게 권고하는 것으로 끝난다 (시 31:23-24, 32:11). 하지만 두 시편은 내용상 다르다. 전자는 고난 중에 부르짖는 시라면, 본 시편은 시인 자신이 범죄한 이후 통과해야 했던 그 심적, 육체적 고통과 그로 인한 회개와 죄의 용서를 돌이켜 보면서 모든 경건한 자들이 알아야 할 교훈을 자기 경험에서 찾고 있다. 이 시는 초대 교회가 이른 바 일곱 "참회시" (Psalmi paenitentiales)라 불렸던 바의 두 번째 시에 속한다 (시 6, 32, 38, 51, 102, 130, 143편). 그러나 정작 이 시는 참회(懺悔)시는 아니다. 참회시인 시 51편과 비교하건대, 시 51편은 시인이 아직 죄의 참상 하에 있을 때 발한 기도라면, 이 시는 이미 죄의 고통 중에서 회개하고 죄 용서를 받은 과거의 경험을 회고하면서 모든 경건한 자들이 배워야 할 교훈을 이끌어내는 경건한 묵상의 시이다. 다시 말해, 시 51편이 다윗이 범죄한 후 아직 용서받기 전의 갈등하는 모습을 노래한다면, 이 시는 용서받고 내적인 평정을 되찾은 이후의 모습을 보여준다. 루터는 이 시를 시 51, 130, 143편 등과 함께 "바울 사고를 담은 시"라 일컬었다. 그리고 어거스틴은 이 시를 참으로 좋아했다고 전해진다. 델리취는 "근본 지성은 네 스스로 죄인이라는 것을 아는 것이라" (intelligentia prima est ut te noris peccatorem)는 어거스틴의 말이 이 시의 모토라고 한다.

표제는 다윗의 시로, '마스길'이라 한다. '마스길'은 보통 교훈시라 이해되고 있지만, 마스길이란 표제를 지닌 열 세 개의 시편들 다수는 교훈시의 성격을 갖지 아니한다. 그래서 어떤 '마스길'이란 용어를 단지 경건한 묵상 정도로 이해한다. 시인은 범죄한 후에 하나님과의 관계가 깨어진 상태에서 겪었던 내적인 고통을 묘사하고 있다. 그러나 하나님 앞에 나아가 기도로 죄를 자백하고 죄 용서를 받았을 때의 그 환희와 해방감도 노래하고 있다. 이런 체험을 가진 시인은 성도들에게 혹시 범죄 했다면 속히 기도로 고백하고 죄 용서를 받으라고 권고한다. 그리고 하나님을 신뢰하고, 기뻐하는 성도들에게 주시는 하나님의 은총이 얼마나 귀한 것인지를 증거한다.

이 시는 보통 개인 감사시로 분류된다. 죄용서 받은 그 은혜를 감사하고 있다. 여기에 더하여 이 시에는 모든 성도들이 배워야 할 교훈을 시인 자신의 경험에서 이끌어 내고 있으므로, 지혜시의 요소도 담고 있다. 특별히 죄 사함 받은 자의 행복을 노래하는 이 시는, 모든 시가 영적 순례여행이라 할 수 있지만, 탁월하게 우리 성도들의 영적 여정을 묘사해준다. 세상에는 수 십 억의 사람들이 거주하고 있지만, 죄를 죄로 알지 못하고 자기 멋대로 행동하는 자들이 얼마나 무수한가? 그러나 하나님의 택함을 받고 그분의 백성이 된 자들이 그분과 특별한 관계를 가지고 살아가는 모습은 회개라는 요소로 특징지어진다. 회개와 죄용서, 이것은 성도만이 가질 수 있는 특권이다. 이것이 있는 한 성도는 소망을 가질 수 있다.

시인은 죄를 고백하는 것에서 야기되는 구원의 행복한 감정과 죄의 용서를 얻은 그 확신에 못 이겨, 자신이 죄를 고백하지 아니하였을 때 가졌던 그 고통과 갈등을 서술함으로 타인들이 경고를 받아 자신의 전철을 밟지 않도록 경고 하고있다. 경건한 자들은 죄를 범했을 때, 자신의 완고함에서 하나님의 은총을 거절하는 잘못을 범해서는 안 된다. 오히려 솔직하게 신뢰하면서 죄를 그분 앞에 고백해야 한다. 바이저는 이 점에 대하여 지적하길, 이런 시인의 행동은 심리적 견지에서 아주 이해할만하며 감사시의 스타일에 일치한다 (시 34:11 이하, 40:4)고 한다 (*The Psalms I*, 282). 따라서 이 시에서 내적인 원동력을 파악하고자 여러 다른 화자들을 가정할 필요는 없다. 더구나 바이저는 지적하길 "이 시의 특성과 영구적인 가치는 우리로 양심의 참된 의의에 민감하도록 만들어 주는 사실주의 묘사에서 나타난다"고 했다. 그런데 리델보스는 이 시에서 시인이 죄를 고백하는 이유를 단지 "양심의 고통" 때문이었다고 간주한 바이저나 이전 주석가들과 달리, 6절 이하에 비추어 보건대 "신체적 고통"도 있었다고 지적한다 (*Die Psalmen*, 232, n.1).

한편 여기 시에서는 범죄행위를 묘사하는 다양한 용어들이 사용되었음에도, 시인이 어떤 범죄행위를 했는지에 대하여는 전연 언급을 아니 한다. 구약 성도들에게는 율법 (토라)이 주어졌으므로, 계명을 범하는 일들이 모두 범죄행위에 해당되었고, 언약을 파기하는 일이었다. 이런 범죄자들은 깨어진 관계를 회복하기 위해서 속죄제나 속건제를 드려야 했지만, 여기서 보듯, 단지 외적인 의식만 아니라 내적인 죄용서의 경험을 결코 무시하지 않았다.

2. 시적 구조와 해석

리델보스는 이 시의 구조는 일정한 통일성을 드러내며, 두 구절씩 서로 연결되었고, 5절은 홀로 서지만, 이런 구조에 잘 들어맞고 있다는 바이저의 지적을 언급하고, 1-2, 3-4, 6-7, 8-9, 10-11절 (이 마지막 쌍은 다른 쌍보다 결합성이 떨어지지만) 등으로 결합되고 있다고 지적한다 (Ibid., 233). 그리고 8-11절이나 아니면 8-11절은 성전 수종자가 선언했을 가능성이 있다. 크라우스는 8-9절이 여호와께서 선언하신 말씀으로 생각할 수 있다고 간주한다 (*Psalms 1-59*, 368). 그런데 최근의 주석가들은 대개 이 부분 역시 기도자가 말하고 있을 것이라 간주한다.

이 시에서 3이란 수치가 중요한 기능을 한다. 우선 1-2절에서 "용서하다"란 의미를 지니는 세 용어들이 사용되었고 (네수이, 케수이, 로 야흐소브 로 아본), 5절에서 죄를 자백하다란 사고를 세 번 표현했으며, 8절에서 교훈하다란 사고를 세 번 반복하며, 11절에서 세 개의 명령형이 제시되었다. 1, 5, 8절을 함께 고려해 보면, 유사한 구조를 보인다. 한 사고가 세 번 반복되지만, 마지막 문장에는 새로운 요소가 도입되었다.

이 시는 크게 두 부분으로 구분되고, 다섯 개의 연으로 구분할 수 있다. 우리의 분석과 달리 바이저, 크라우스 (*Psalms 1-59*, 367) 등은 운율에 근거하여, 1-7절과 8-11절의 두 부분으로 크게 구분하기도 한다.

제 I 부 (1-5절): 시인의 체험
제1연 (1-2절): 죄 사함 받은 자의 행복을 노래

제2연 (3-5절): 시인이 1인칭으로 범죄하고 자백하지 않았을 때의 고통 (3-4절), 고백하고 죄 사함 받는 모습 (5절)

제II부 (6-11절): 시인의 체험에 근거한 찬양, 교훈, 권면
제3연 (6-7절): 구원을 찬양 (6-7절)
제4연 (8-9절): 성도들에게 교훈을 베풀다
제5연 (10-11절): 악인의 고통과 여호와를 신뢰하는 성도의 축복과 마지막 권면

제1연 (1-2절): 죄사함 받은 자의 행복

죄사함의 행복을 말할 수 있다는 자체가 언약 백성의 특권이었다. 인격적 하나님과 언약을 맺은 이스라엘은 언약 파기가 죄였고, 언약 관계로의 회복은 오직 죄 용서를 전제로 하였다. 죄 용서는 외적인 제사 의식으로 표현되었다. 1절은 행복의 선언으로, 감사시의 시작으로는 드문 일이다. 감사시의 시작은 본 시의 마지막 절 (11절)처럼 명령법으로 제시되는 외침이다. 내용상으로는 둘 다 여호와를 향한 기쁨의 표출이지만, 형식상으로 직설법의 진술이냐, 명령법적 외침이냐의 차이이다. 이 시의 시작은 감사시의 시작처럼 기쁨이 강력하게 분출되는 그런 기분이라기보다, 차분하게 죄용서의 행복이 진술된다.

1절: 허물의 사함을 얻고 (네수이 페쇼)— "허물" (페쇼)은 마땅히 섬겨야 할 주인을 배반한 반역, 반란의 의미를 지닌다. 그렇지만 그런 원래의 뉘앙스가 뒷전으로 물러나고 "죄"의 동의어로 자주 등장한다. 예컨대, 요셉의 형제들은 요셉에게 야곱의 입을 빌어서 "네 형들이 네게 악을 행하였을지라도 "그 허물과 죄" (페쇼, 하타아트)를 용서하라 (나사)" 고 전했다 (창 50:17). 여기서 "허물이 용서받다 라고 제시된 수동형 문장은 "하나님께 허물을 용서받다" 란 말이다. 죄 용서는 하나님만이 행하실 수 있었다 (시 103:3, 사 43:25, 렘 31:34, 마 9:3).

그 죄의 가리움을 받은 자 (케수이 하타아) —이 표현은 죄를 보이지 않도록 '덮다' (cover)는 사고를 표현한다. 그렇게 하는 주체는 하나님이시다. 하나님의 속성에 대한 고전구 (locus classicus) 출 34:6-7에서 하나님은 "인자를 천 대까지 베풀며 "악과 과실과 죄" (아본, 페쇼, 하타아)를 용서하" 시는 (나사) 하나님으로 나타난다. 그러므로 성도는 그분의 속성을 근거로 죄 용서를 간청할 수 있다 (민 14:18). 그런데 여기 사용된 동사(숨기다, 카사)가 5절에서 "내 죄악을 '숨기지' (덮다 cover up, NIV) 아니하였더니" 라는 표현에서 나타난다.

복이 있도다 (아쉬레-)— 이 표현은 원문에서 맨 처음에 등장한다. 따라서 다시 번역하자면, "복되도다. 허물의 사함을 얻고 그 죄의 가리움을 받은 자여!' 이다.

2절: 마음에 간사가 없고 (베엔 베루호 레미야)— "그 영에 간사가 없는 자." 원문에서는 이 부분이 맨 마지막에 나타난다. 이런 사람은 양심에 가책을 받을 일이 없는 자이다. "간

사" (레미야)는 주로 "거짓 입술"이란 표현이나 입과 연관된 진술에서 자주 나타난다 (시 52:4, 101:7, 120:2, 3, 미 6:12 등). 자기만 아는 자기 영에 간사함 혹은 거짓이 없다면 얼마나 순전한 사람인지!

여호와께 정죄를 당치 않은 자는 복이 있도다 (아쉬레 아담 로 야흐쇼브 야웨 로 아본)— 다수의 영역본들은 "여호와께서 그 죄를 그의 탓으로 돌리지 않는 자는 복되도다!" (Blessed is the man to whom Yahweh imputes no iniquity, RSV; NASB, NJB, NAB) 라고 번역한다. 한역의 "여호와께 정죄를 당치 않는 자는 복이 있도다!" 라는 문장과 내용은 같지만, 들리는 어감(語感)이 약간 다르다. 분명히 죄를 지었지만, 하나님께서 그 죄를 그 사람의 탓으로 돌리지 않는다면 이 사람이야말로 복된 자가 아닌가?

제2연 (3-7절): 자백하지 않았을 때의 고통 (3-4절), 고백하고 죄 사함 받는 모습 (5절)

3절: 토설치 아니할 때에 (키 헤헤라쉬티)— "내가 침묵할 때." 범죄하고도 침묵하면서 죄를 자복(自服)하지 아니할 때의 상황이 이제 묘사된다. 그는 내적인 평안을 상실하고 영적으로 체한 상태이다.

종일 신음하므로 (베쇼아가티 콜-하욤) — "신음" (쉐아가)은 주로 사자의 포효하는 소리를 지시할 때 사용된다 (사 5:29, 렘 2:15, 겔 19:7, 22:25 등). 그렇다면 가늘게 시인이 신음했다기 보다, 큰 소리로 끙끙거리며 괴로워했을 것이다. 욥은 먹기 전에 "탄식" (아나하)이 나며, "앓는 소리" (쉐아가)는 물이 쏟아지는 것 같다 하였다 (3:24). 욥의 경우에는 죄악을 인한 탄식이 아니라 치명적인 병으로 인한 고통에서 앓는 소리를 발했다지만, 이 시인의 경우에는 범죄로 인한 내적인 고통과 하나님의 처벌로 인한 육체적 고통이 함께 탄식을 만들어 내었을 것이다 (4절).

내 뼈가 쇠하였나이다 (발루 아차마이)— "내 뼈들이 쇠하였나이다." 여기 사용된 동사(발라)는 의복이 낡아 삭아지는 것처럼 (수 9:13, 느 9:21), 뼈가 부서지기 쉬운 (brittle) 상태가 되다란 의미이다. 애가 3:3-4 참조 (여호와께서 진노하셔서 "종일토록 손을 돌이켜 자주 나를 치시도다; 나의 살과 가죽을 쇠하게 하시며 나의 뼈를 꺾으셨고"). 시인 역시 다음 절에서 "주의 손이 주야로 나를 누르시오니" 라고 말하는 것으로 보아, 하나님의 진노의 처벌이 자기 몸에서 고통을 야기하는 것으로 이해하고 있다. 범죄한 자의 마음은 불안하기 그지없다. 몸에 일어나는 이상 징후는 우선 고통을 주므로 괴롭고, 다음으로 그 이상 징후가 내 생명의 끝장을 알리는 신호인지 의심이 가므로 괴롭다. 그러나 성도는 이런 고난의 고통을 너무나 쉽게 망각하고 죄악을 너무 심상(尋常)히 대한다.

4절: 주의 손이 주야로 나를 누르시오니 (키 요맘 바라엘라 티크바드 알라이 야데카) — "당신의 손이 내 위에 무겁다." 물론 주님은 문자적으로 우리에게 손을 대시지 않으신다. 그렇지만 그분이 사람에게 질병을 주시기도 제하시기도 하신다 (출 15:26, 신 7:15, 28:59; 혹은 욥 2:6; 하나님의 허락 하에 사탄이 병을 준다). 일반인들은 진찰을 하고, 병명을 밝히고 원인이 박테리아니 바이러스니 하겠지만, 근본 이유는 못된다. 그런데 고려 중인 표현이 블레셋 사람들이 취한 법궤와 연관하여 나타난다 (삼상 5:6, 11). 블레셋인들이 법궤를 빼앗아 아스돗 다곤 신전에 놓았더니 다곤 신이 궤 앞에서 엎드려져 있고, 아스돗 사람은 독종의 재앙으로 무수히 죽어갔다. 이 사건을 기자는 "여호와의 손이 아스돗 사람에게 엄중히 더하사" 라 표현하였다. 이는 직역하자면, "여호와의 손이 아스돗 사람을 무겁게 짓눌렀다"이다. 여호와의 손은 그분의 권능이며, 개인과 인류 역사를 움직이는 원동력을 지시한다. 성도는 세상만사에서 하나님의 손길을 느낀다.

내 진액이 화하여 여름 가물에 마름같이 되었나이다 (네헤파크 레샤디 베하르보네 카이츠) — "진액"이란 말은 아랍어 동사 "흡수하다", "빨다" (라사다)에서 파생된 명사로, 이전 사전은 "쥬스", "진미" (BDB)라 정의했다면, 최근 사전은 "(구운) 과자" (KB³)라 했다 (민 11:8에서 라쇼드는 "[구운] 과자"란 의미?). 그런데 현대 역본들은 대개 "내 힘" (NIV, NRSV, NAB, NASB)이라 번역한다. 한역의 "내 진액" (KJV "내 습기" my moisture)은 약간 의미를 연장시키면 "내 힘"이 될 것이다 (영어 juice가 액, 정력, 힘을 의미하는 점을 참조). 반면 크라우스나 크레이기 같은 이들은 "내 혀" (레샤니)라 읽는다. 한편, 여기 사용된 동사 (하파크)는 기본형에서 "뒤집다, 뒤집어엎다" (overturn, overthrow)란 의미이지만, 니팔형에서 "변화되다" (be changed), "기능을 하지 못하다"란 의미이다. 여기서는 몸에 물기가 빠지고, 손발이 말라서 기운이 하나도 없는 상태로 이해된다. 육신의 상태가 마치 중근동(中近東)의 건조기(乾燥期)에 바싹 마른땅과 같이 되었다.

5절: 내가 이르기를 (아마르티) —원문의 순서대로 제시하자면 5절은 다음과 같다:
a 내가 내 죄를 주께 아뢰고 (하타-티 오디아카)/
b 내가 내 죄악을 숨기지 아니하였더니(바아본니 로-킷시티)/
내가 말하였다 (아마르티)
c 내가 내 허물을 여호와께 자복하리라 (오데 알레이 페쇼아이 라도나이)
d 주께서 내 죄의 악을 사하셨나이다 (베앗타 나사타 아본 하타티)

시인이 여기서 세 개의 콜론으로 유사한 사고를 거듭 반복하는 것은 1-2절에서 세 콜론으로 제시된 사고를 그대로 반영한다. 1-2절에서 사용된 죄를 가리키는 단어들 (페쇼, 하타트, 아본)이 5절에서 그대로 등장한다.

"내 허물을 여호와께 자복하리라"-"내가 여호와께 내 허물을 고백하리라." 회개의 시작이다. 자신의 범죄행위를 자백하는 일은 공적(公的)인 자백(自白)일 수도 있으므로 수치(羞恥)가 동반될 수 있다. 그럼에도 하나님과의 관계를 회복하지 않으면 자신이 견딜 수 없다는 것을 알고 모든 것을 털어놓는다. 마치 예수님의 비유에서 집 나간 탕자(蕩子)가 이국(異國)에서 돼지를 치다가 일어나서 아버지께 가서 죄를 자복하고 용서를 받으리라고 결심하는 것과 같다 (눅 15:18, 21). 이 표현은 욥 13:23에서 "나의 허물과 죄를 내게 알게 하옵소서!" 라고 할 때도 나타난다.

주께 내 죄를 아뢰고 내 죄악을 숨기지 아니하였더니 — "내가 내 죄를 당신께 알게 하였다" (NJB). 미완료상이지만, 다음 콜론에 비추어 완료상으로 번역한다. 반면 "내가 여호와께 내 허물을 고백하리라" 는 콜론은 "내가 말하였다" 는 심중의 독백을 뒤따르므로 미완료상으로 처리한다. "내 죄악을 숨기지 아니하다" 란 "내 죄악을 덮지 아니 하였다" 란 의미로, 그리함으로 죄악을 보지 못하게 하는 대상은 하나님이시다. 물론 하나님은 죄를 덮어도 (숨겨도) 다 아실테지만 (시 139:1-4).

곧 주께서 내 죄의 악을 사하셨나이다 (나사-타 아본 하타-티)— "내 죄의 악" 은 "내 죄의 죄책" (my sinful guilt)의 의미로나 아니면 "내 죄악, 곧 내 죄" (인칭 접미어는 double duty로 이해)로 이해된다. "하나님은 죄를 자백하고 긍휼을 구하는 자에게 죄 용서의 은총을 주신다. 이런 은총을 받은 자들이 의인 (디킴)이다. 하나님과의 관계가 정상화되었기 때문이다.

제3연 (6-7절): 구원을 찬양

이제까지 시인은 자신이 범죄하고 고통스러웠던 과거와 죄의 자백으로 얻은 죄 용서의 확신을 표명했다면, 이제부터는 그런 경험에서 나타난 교훈과 권면을 진술한다. 6-7절에서 시인은 여호와께서 성도들에게 베푸시는 구원의 은총을 찬양한다. 6절은 보다 일반적인 사고라면, 7절은 시인 자신의 확신 표현이다.

6절: 이로 인하여 무릇 경건한 자는 [주를] 만날 기회를 타서 주께 기도할지라(알-좃 이트팔렐 콜-하시드 엘레카 레에트 메쵸 라크)-- "이로 인하여" 란 말 (알-좃)은 앞의 진술들에 근거하여 "그러므로" 혹은 "이런 이유로 인하여" 라고 결론을 유도한다. 자신의 범죄로 고통당하다가 죄 사함의 행복을 경험한 시인은 이제 범죄한 "성도들" 에게(콜-하시드, 경건한 모든 자) 하나님께 모든 죄를 자백하고 죄 사함을 받는 것이 좋다고 권면한다. 그런데 "(주를) 만날 기회를 타서" 라는 표현은 "(주께서) 발견될 때에 당신께 기도하게 하소서" (KJV, NIV, NASB)로 이해한다. 사 55:6-7에서 병행 사고를 찾을 수 있다: 너희는 여호와를 "만날 만한 때에" (베힘마츠오) 찾으라/ 가까이 계실 때에 그를 부르라.

반면, 이 부분을 달리 번역하기도 한다:
경건한 자는 누구나 당신께 기도를 드리게 하소서;
좌절의 때, [곧 큰물들이 넘칠 때 저들이 그에게 미치지 못하리라] (RSV); 당신의 신실한 자는 모두 좌절의 때에 기도해야 하나이다 (NAB; NJB도 참조).
리델보스는 이 부분을 "자신이 곤경을 발견할 때 (곧 곤경에 처했을 때)" 라고 번역할 것을 제안하고, "자신이 약한 것을 발견할 때"라고 번역한 어드만 (Eerdmans)의 번역도 소개한다. 이런 번역은 "오직" (only)을 의미하는 단어 (라크)를 창 41:19 이하의 용례 (형용사로서 "깡마른" thin, gaunt)에 비추어 해석한다. 고려 중인 표현 "주를 만날 기회를 타서" (레에트 메쵸 라크)는 직역하자면, "발견하는 때에만" (at a time of finding only)이다. 주어가 무엇인지 언급이 없다. 70인역은 "적절한 때에" (in a fit time)라 번역한다. 그런데 어떤 영역본들은 "좌절의 때에" (at a time of distress)라 번역한다 (RSV, NJB, NAB). 이는 히브리어 메쵸 라크를 한 단어로 만들어 번역한 경우이다 (마쵸크, 좌절).

진실로 홍수가 범람할지라도 저에게 미치지 못하리라 (레쉐테프 마임 랍빔 엘라브 로 야기우)— "진실로 큰물의 홍수에서도 그것들이 그에게 미치지 못하리라" (KJV, NASB). 홍수는 노아 홍수가 심판이었듯이 '징벌'의 상징이다. 회개하는 자에게는 징계의 손이 거두어진다. 범죄한 유다 왕국에 하나님은 흉용(洶湧)하고 창일(漲溢)한 큰 하수 곧 앗시리아 왕과 그의 모든 위력으로 그들 위에 덮으리라고 예고하신다. 곧 그 강물이 흘러 유다에 들어와서 창일(漲溢)하고 목에까지 미칠 것이었다 (사 8:8). 하나님과 바른 관계를 맺은 성도에게는 이런 홍수의 재난이 덮칠 수 없다.

7절: 주는 나의 은신처이오니 (앗타 세테르 리) --- "당신은 '나의 은신처시라'" (시 119:114)는 고백은 체험에서 우러나온 말이다. 하갈은 하나님을 "당신은 '엘 로이' 시라" (NJB; 나를 보시는 하나님)이라 불렀고 (창 16:13), 시인은 "당신은 나를 두르시는 '방패' 시라" (시 3:4), "당신은 '나의 주' 시라" (시 16:2), "여호와는 '나의 기업의 몫이라" (시 16:5), "여호와, 당신 '나의 도움' 이시여" (시 22:20), "당신은 '내 구원의 하나님' 이시라" (시 25:5), "당신은 '나의 요새' 시라" (시 31:5, 43:2), "당신은 '나의 도움'과 '나의 구원자' 시라" (시 40:18, 70:6), "당신은 '나의 왕' 이시라" (시 44:5), "당신은 '나의 의지' 시라" (시 71:5), "당신은 '나의 강한 피난처' 시라" (시 71:7, 91:9, 142:6), "당신은 '선하시나이다'" (시 86:5), "당신은 홀로 '하나님이시라'" (시 86:10), "당신은 '자비롭고 은혜로우신 하나님' 이사라" (시 86:15), "당신은 '나의 아버지시라'" (시 89:27), "당신은 '나의 하나님이시라'" (시 143:10), "당신은 '스스로 숨기시는 하나님이시라'" (사 45:15), "당신은 '우리 아버지시라'" (사 63:16, 64:7), "당신은 '우리 하나님이시라'" (렘 3:22) 고백했다. 말씀 때문에 동족에게 핍박과 위협을 당했던 선지자 예레미야가 "당신은 재앙의 날에 내 피난처시라" (렘 17:17)고 고백한 것은 시인들이 하나님을 나의 피난처시라 라고 고백한 것이 어떤 정황에서 되어진 고백인지를 짐작케 해준다.

환난에서 나를 보호하시고 (밋챠르 팃체레니)— 읽을 때, 유사한 소리를 내는 '말 유희' 기교가 보인다. 그런데 사용된 동사는 파수꾼이 보초를 서며 지키듯 지키다는 기본 의미이지만 "보호하다" (NIV), "보존하다" (NASB, RSV), "지키다" (NAB, NJB) 등 여러 뉴앙스를 지닐 수 있다. 셈족어에서 대응어의 의미를 보면 이런 점이 확인된다. 아랍어에서 "나차르"

동사는 "눈으로 보다 (인식하다), 돌보다, 돕다"이며, 이디오피아어는 "보다"이며, 악카드어는 "파수하다, 보호하다, 지키다"이다. 이렇게 셈족어들에서 기본 의미는 "보다"이다. 하나님은 우리의 환난을 보시며 아실뿐 아니라, 해를 당치 않도록 우리를 지키신다.

구원의 노래로 나를 에우시리이다 (란네 팔레트 데쇼베레니) —환난에서 하나님은 회개하는 성도를 보호하시고, 구원의 노래를 부르게 하신다. 시인은 10절에서 여호와를 신뢰하는 자에게는 그가 인자로 "두르신다"고 노래한다. 이런 축복은 오직 철저히 회개하고 살려고 몸부림치는 성도, 곧 하나님 앞에서 아름다운 참 성도에게만 임한다.

제4연 (8-9절): 성도들에게 베푸는 교훈

시인의 체험에 근거하여 성도들에게 교훈을 베풀고 있다 (앞의 시편 23절, 34:11, 욥 15:17 등 참조). 이런 교훈은 지혜시적 분위기를 풍긴다. 그렇지만 크라우스는 이 부분을 하나님의 말씀 선포로 이해한다. 그렇게 보는 이유는 "내가 네게 조언을 주리라," "내 눈이 네 위에 있다" (8절), "아무도 네게 가까이 아니할 것이라" (크라우스의 번역, 9절) 등의 표현들이다. 크라우스에 의하면, 개인 감사시의 경우, 그 모든 사고는 결론적인 하나님의 응답에서 취해진다. 그리고 시 16:11, 25편 등에서 여호와께서 개인에게 가야 할 길을 보이신다는 사고가 나타나며, "내 눈이 네 위에 있다"라는 약속은 하나님의 치료하는 임재가 간구하는 자 위에 있다는 의미라 (시 33:18) 한다. 그리고 그는 운율상으로 8-9절은 1-7절과 판이하게 다르다고 지적한다. 그렇지만, 시인은 이미 8-9절이 교훈하는 내용을 자신의 경험에서 얻은 것으로 나타난다 (1-7절). 또한 9절의 경우 "너희는 무지한 말이나 노새 같이 되지 말지어다"라고 2인칭 복수형을 사용하고 있다. 다훗 역시 크라우스처럼 8-9절이 여호와께서 시인을 향해 주신 말씀이라 이해하면서, 9절의 "너희는 –말지어다" (알-티흐유)라는 동사 복수형을 "보기에는 복수형처럼 보이나, 고어체 어미 '-유'를 가진 2인칭 단수형으로 이해된다"라고 주장한다. 부자연스러운 주장이다.

8절: 너의 갈 길을 가르쳐 보이고 (아스킬카 베오레카 베데레크-주 텔레크) — "내가 너를 교훈하고, 네가 마땅히 걸어야 할 그 길을 가르치리라." 시인은 이제 죄용서 받은 후에, 성도들에게 할 말이 많다. 자신의 체험에서 하나님의 교훈을 받은 것이다. 성도가 마땅히 걸어야할 그 길이 따로 있다는 것이다. 범죄에서 회복된 후에 보니, 너무나 많은 성도들이 '마땅히 걸어야 할 그 길'에서 벗어나 있다는 사실을 깨닫게 된 것이다.

너를 주목하여 훈계하리로다 (이아챠 알레카 에니)— "내 눈을 네 위에 두고, 내가 너를 권고하리라" (NRSV, NASB). 혹은 "내가 너를 조언하고 너를 주목하리라" (NIV, NAB, LSG). 여기서 사용된 동사는 모세의 장인 이드로가 모세에게 조언하듯 (출 18:19) "조언하다"란 의미이다. 잘못된 길로 행하는 자들은 자기들이 심상히 여기던 일들이 '죄'라는 점을 자각하지 못한다. 그래서 회개한 성도는 그들의 길을 주목하고 충고하지 않을 수 없다. 불의한 일에 대하여 침묵하는 것이 양심에 꺼림이 되기 때문이다.

9절: 무지한 말이나 노새같이 되지 말지어다 (알-티히유 케수스 케페레드 엔 하빈) —말이나 노새는 짐을 싣거나 (왕하 5:17, 대상 12:41), 사람이 타는 짐승들로 함께 언급되곤 한다 (왕상 10:25, 18:5, 대하 9:24). "노새" (mule, 페레드, 피르다)는 말과 나귀를 교배시킨 잡종이며, 두 종류가 있다. 하나는 암말과 수탕나귀 사이에 태어난 놈이고, 다른 하나는 암 나귀와 수말 사이에 태어난 놈이다. 이 중에서 전자를 흔히 "노새"라 부른다. 이 노새는 아주 내구력(耐久力)이 좋고 자빠지지 않으며, 말보다 두 배나 수명이 길지만, 반면 고집이 대단히 세다.

그것들은 자갈과 굴레로 단속하지 아니하면 너희에게 가까이 오지 아니하리로다 (베메텍-바레센 에드요 리블롬 발 케로브 엘레카)— 이 부분의 번역은 의견이 엇갈린다:

1) 그 성마름은 자갈과 굴레로 제어되어야 한다; 그렇지 않으면 그것은 네게 가까이 오지 않으리라 (NRSV, NAB, 다훗 [그러면 네가 그에게 가까이 할 수 있으리라]); 2) … 그것들은 자갈과 굴레로 제어되어야 한다; 그렇지 않으면 … (NIV); 3) (네가) 그것들의 턱뼈들을 자갈과 굴레로 제어해야 한다; 그렇지 않으면 … (LXX, KJV ["턱뼈들" 대신 "입"]); 4) 그 장식은 저들을 제어하는 자갈이나 굴레들을 포함한다 (NASB); 5) 그 힘은 자갈과 굴레로 제압해야 한다 (ELB, 모빙켈).

여기서 문제는 "성마름" 혹은 "턱뼈" 혹은 "힘" 등으로 이해된 히브리어 (아디, 장식, 보석 조각)에 대한 해석이다. (한역은 슬쩍 지나치고 있다) 말이나 노새 같은 짐승은 자갈을 먹이고, 굴레를 씌우지 않으면 제 갈 길을 알지 못하고 길길이 날뛰기 마련이다. 그런데 사람도 이런 짐승 같은 자들이 있다. 항상 징계를 받지 않으면 바른 길을 걸으려 아니한다.

제5연 (10-11절): 악인의 고통과 여호와를 신뢰하는 성도의 축복 (10절), 그리고 여호와를 기뻐하라는 구원받은 자의 외침 (11절)

10절은 두 길을 제시하니, 그것은 악인의 길과 의인의 길이다 (시 31:23도 참조). 9절에서 그림으로 제시된 의의 길로의 초청이, 10절에서는 직접 진술로 제시되고 있다. 시인은 이를 듣는 자가 다 의의 길을 택할 것을 기대하고 있다. 죄에 자주 빠지고 넘어지는 자들은 시인의 체험적 진술을 귀담아 들을 이유가 있다. 죄는 집요하게 우리를 유혹하고 성도는 자주 넘어진다. 그러나 죄의 쾌락은 순간이요, 즐거움은 풍선같이 부풀어 오르다가 순간에 뻥 터지고 남는 것은 쭈글쭈글한 마음, 수치심, 죄책감, 무기력감 등이다. 마지막으로 11절에서 시인은 여호와를 찬양하라는 권고를 성도들에게 외친다. 이런 외침은 감사시에서 종종 나타난다 (예컨대, 시 9:11 참조).

10절: 악인에게는 많은 "슬픔"이 있으나 (랍빔 마크오빔 라라쇼) —이는 일반적인 진술이다. 악인에게는 평강 대신에 고통과 재난이 있다 (사 48:22, 57:21). 물론 악인들이 형통하고 평안히 죽기도 한다 (시 73:3-5, 12). 그렇지만 악인의 종말이 평안한 듯 보여도, 그의 궁극적인 운명이 어떠함을 성도들은 알기에 (시 73:18-19) 결코 그런 자를 본받으려 아니한다.

여호와를 신뢰하는 자 (베합보테아흐 바도나이)—이들은 11절에서 의인들, 여호와를 기뻐하는 자들, 마음이 정직한 자들로 소개된다.

인자하심이 두르리로다 (헤세드 예소베벤누) —여호와를 신뢰하는 자는 결국 그분의 "인자"를 신뢰하는 것이다 (시 13:6, 52:10). 그렇게 여호와를 신뢰하는 자는 그의 "인자" 때문에 요동치 아니한다 (시 21:8). 주를 신뢰하는 자는 아침에 그의 "인자"를 듣게 될 것이다 (시 143:8). 곧 아침에 그분의 인자하심에 근거한 구원과 기적을 보게 된다 (출 14:24, 수 6:15, 시 46:5, 왕하 19:35). 이처럼, 그를 신뢰하는 자들은 항상 그분의 인자가 떠나지 아니한다.

11절: 너희 의인들아 여호와를 기뻐하며 즐거워할지어다 (심후 바도나이 베길루 차디킴)—성도들 곧 의인들의 특징은 마음에 기쁨과 평강을 지닌다는 것이다. 악인들에게 많은 슬픔이 있는 것과 대조된다 (10절 참조). 능치 못하심이 없는 하나님을 믿는 성도들이 왜 기뻐하지 아니할 것인가?

마음이 정직한 너희들아 다 즐거이 외칠지어다 (베하르니누 콜-이쉬레-레브) —이들은 영적인 기쁨을 가지며, 세상은 이를 알지 못한다. 성도의 특징은 그 영적인 즐거움과 기쁨에 있다. 이것을 알지 못하는 신앙은 잘못된 것이다. 이 영적인 기쁨과 소망에 이르지 못하는 기도는 절반의 기도에 불과하다. 이런 기쁨은 회개하고 하나님과 바른 관계에 선 성도들에게 주어지는 축복이다.

시편의 적용

죄를 끊는 것이 어렵지만, 끊어야 한다

본시를 표제대로 다윗의 시로 보고, 특히 그가 밧세바와 간음한 후에 기록한 시라고 전제하고 음란죄에 대하여 잠시 생각해 보자. 오늘날처럼 음란물이 범람하고 손쉽게 접근 가능한 시대는 다시없었다. 그래서 청소년들은 결혼 전에 여러 가지 음란물에 무방비 상태로 노출되어 있다. 인터넷에 이-메일 계정을 가진 자라면 매일처럼 음란성 쓰레기 편지에 골머리를 앓아야 한다. 누가 이것을 깨끗이 처치할 수가 없는가? 가장 좋은 것은 아예 인터넷을 절단시켜 버리는 일이지만, 그것도 세상을 등진 사람이 아닌 바에야 어렵다. 인터넷은 그 유용함과 편리함에도 불구하고, 그것은 무서운 괴물과 같다. 성도들의 영적 순결을 순식간에 앗아 갈 수 있기 때문이다. 인터넷에 올라온 성에 대한 솔직한 고민과 상담을 읽노라면, 현대 성도들의 고민이 얼마나 크고 현실적인지를 생생하게 느낄 수 있다. 어떤 사람 이렇게 썼다: "저는 40대입니다. 왜 성인 영화만 보려고 하는지 성적(性的) 중독(中毒)인가요?" 그렇다. 이 사람은 인터넷을 통한 성적 중독증에 빠졌다. 음란 사이트를 멀리 하고 끊을 수 없다는 호소, 반복해서 악에 빠진다는 호소, 죽고 싶다는 호소, 회개가 되지 않는다는 호소 등등. 그런데 이런 호소들에 대하여 죄를 단호히 끊으라는 다른 성도들의 격려의 글들이 우리를 감동시킨다. 거듭난 성도라면 죄와 싸워야 하고 (히 12:4), 죄를 이길 수 있고 이겨야 한다. 그래서 사도 요한은 이렇게 말씀 한다: "하나님께로서 난 자마다 죄를 짓지 아니하나니 이는 하나님의 씨가 그의 속에 거함이요 저도 범죄치 못하는 것은 하나님께로서 났음이라" (요일 3:6, 9, 5:18). 여기서 "범죄치 아니 한다"는 것은 습관적으로, 반복하여 같은 죄 짓지 아니한다는 의미이다. 회개를 철저히 하여 기쁨이 솟구칠 때까지 해야 한다. 그런데 회개가 터지지 않는다면 어떻게 할까? 그것은 근본적인 심각한 문제이다. 회개가 되지 아니한다면 하나님과의 관계는 없기 때문이다. 내가 하나님의 택한 백성이라는 확신이 있다면, 반드시 회개가 터질 때까지 기도하여 기쁨과 순결을 회복해야 한다. 그러기 전에는 기독인이라고 하기 어려울 것이다.

죄는 관계를 파괴하고 만다. 먼저 하나님과의 관계가 파괴된다. 그리고 가정에서 관계, 교회에서 사람들과의 관계, 이웃과의 관계 등이 모두 파괴된다. 직접 연관되지 않은 사람일지라도, 우리는 양심의 자유를 상실하고 행동에 제약을 느끼게 된다. 자유인으로 살지 못하고 속박을 당한 종노릇을 하게 된다. 이런 상태를 벗어나는 길은 먼저 하나님께 나아가 철저하게 고백하고 회개하는 것이다. 그리고 내 삶의 모든 부분을 재점검하고 철저하게 청소를 단행해야한다. 하나님께서 싫어 하실만한 모든 것은 제거해야 한다. 이러한 내적인 개혁은 우리의 영혼을 살리는 지름길이다.

회개는 우리의 삶의 개혁이 뒷받침될 때만 의미가 있다. 죄악에 투자했던 모든 시간, 물질, 정신을 이제는 온전히 주님과의 관계회복에 쏟아야 한다. 하나님은 사유하시기 기뻐하시는 분이심을 믿고 그분의 주실 회복의 은총을 기대하며 그분의 긍휼에 자신을 맡겨야 한다. 마음에 기쁨이 솟구칠 때까지 주님 앞에서 떠나지 말라.

여호와께 정죄를 당치 않는 자 (2절)

압살롬의 반란 사건 때 베냐민 지파인 시므이라는 사람이 도피하는 다윗을 괴롭힌 일이 있었다. 그런데 반란이 평정되고 다윗이 예루살렘으로 환도할 때, 시므이는 죽을 목숨이 되었다. 그래서 그는 다윗이 요단강을 건너려 할 때 시므이가 왕 앞에 엎드려 이렇게 말하였다: [내 주여 원컨대] 내게 죄주지 마옵소서! (삼하 19:19)(알-야흐샤브-리 [아도니] 아본). 시므이는 자신이 범죄하여 마땅히 죽어야 함을 알고 왕 앞에 나아가 "나를 죄 있다고 간주하지 말아 달라"고 간청했다. 다윗은 "네가 죽지 아니하리라"고 저에게 맹세하였다. 여기서 지적하고 싶은 것은 영역본들이 동일한 표현이 사용된 시 32:2와 삼하 19:19을 약간 달리 번역하고 있다는 점이다. 시므이의 말: "주께서 나를 죄 있다 간주하지 말아 주세요" (Let not my lord hold me guilty, NIV, RSV, NAB 등; NJB, NASB 등도 유사); 시 32:2: "여호와께서 그 죄를 그의 탓으로 여기지 않는 자가 복되다." 가장 중요한 차이는 두 구절에서 동일한 히브리어 표현 (하솨브 리[로] 아본)을, 시 32:2을 번역하면서는 "죄를 지우다" (-의 탓으로 하다; impute)로, 삼하 19:19에서는 "죄 있다 간주하다" (hold, consider)로 번역했다는 점이다. 이렇게 구분해서 번역한 것은 번역자들이 하나님과 인간 다윗을 구분하고자 했기 때문일 것이다. 흥미로운 일은 어떤 인간에게 죄 있다고 선고할 수 있는 위치에 있었던 다윗 왕이 하늘의 왕이신 하나님께 정죄를 받았다는 점이다. 또 지적할 수 있는 것은 죄인의 자리에 섰던 다윗이나 시므이 모두 죄를 인정하고 자백할 때, 용서를 받을 수 있었다는 점이다.

그런데 영역본들이 시 32:2에서 "여호와께서 죄를 그의 탓으로 돌리지 않는 자(는 복되다)" 라고 번역할 때, 죄를 지었으나 죄를 지은 사람의 탓으로 여기지 않는다는 사고는 자체에 모순을 내포하고 있다. 어떻게 죄인의 죄를 그의 탓으로 여기지 않을 수 있는 것인가? 70인역은 시 32:2에서 "로기조마이"란 동사를 사용하여 번역했다. 그런데 신약의 바울 사고에서 가장 핵심을 점하는 이신칭의(以信稱義) 사고에서 헬라어 "로기조마이"는 하나님의 구원 행위를 표현하고 있다 (롬 4:3 이하, 9 이하, 22 이하, 갈 3:6, 약 2:23 등에서 창 15:6이 인용되어 사용된다). 즉, 하나님은 죄인이 예수 그리스도를 믿을 때, 그 죄인을 죄가 없다고 인정하신다는 것이다. 여기서 토대가 되는 구절 창 15:6에서 아브라함이 하나님을 믿으매 그것을 그에게 의로 '여기셨다.' 곧 구원이 믿음과 연관되게 된다. 여기에 공적(功績)이 들어설 자리가 없다. 그럼에도 중세 로마교는 롬 1:17의 "'하나님의' 의"란 표현에서 속격인 "하나님의"를 주격적 속격으로 이해하여, 하나님의 의란 하나님께서 인간에게 요청하시는 의라고 해석했다. 하나님은 인간들이 스스로 할 수 있는 선행을 하는 자들에게만 가능케 하시는 은혜를 주시어 결국 구원의 은혜에 이르게 한다고 했다. 그러나 이런 해석에 의하면, 그 누가 과연 하나님 앞에서 구원을 받을 수 있겠는가? 어쩌면 로마교는 하나님의 의를 기독인의 전 생애의 과정을 지시하는 것으로 이해한 듯 보인다. 그러니까 칭의만 아니라, 중생, 성화 등까지 모든 과정을 통해 인간은 비로소 하나님 앞에 의롭게 인정받는 완전함에 들어간다는 사고이다. 이는 우리의 시편의 사고라고 할 수 없다.

로마교 전통에서 자란 루터는 개인적으로 로마교의 칭의 교리 때문에 많은 심적 갈등을 겪고 어거스틴의 저작들을 통하여 새로운 깨달음에 도달했다. 그것은 롬 1:17의 "하나님의 의"가 하나님 자신이 의로우신 그 의가 아니라, 하나님께서 인간을 의롭게 하시는 그 의로 이해하고, 그 의는 선물로 주어지며, 선물을 받은 자만이 선행을 할 수 있다는 것이다. 우리가 예수님을 믿을 때, 하나님은 예수님의 의를 우리에게 전가 (imputation) 하심으로 우리를 의롭다 선언하신다. 이러므로 하나님의 의는 루터에게서 우리 구원의 근거가 된다. 칼빈은 루터와 동일한 노선이지만, 더 나아가 선물로 주어진 하나님의 의는 결코 어떤 사람의 의로운 정도 (quality)가 아니라, 그리스도께서 아버지와 우리를 화목시키는 그 관계에 있을 때의 상태를 지시한다고 강조한다. 즉 하나님의 의는 어떤 객관적 실체로서가 아니라, 그리스도와의 관계에서만 가능한 관계적 성격을 지녔다.

이제 공관복음서에 묘사된 예수님의 행적에서 우리가 고려중인 말씀이 어떻게 실제로 적용되고 있는지 고찰해 보자. 막 2:1-12에 기록된 기사에서 예수께서 중풍병자에게 "소자여, 네 죄들이 사함을 받았느니라" (테크논, 아피엔타이 수 하이 하마르티아이) 라고 선포하실 때, 서기관들이 "하나님 외에 누가 죄를 사할 권세를 가졌는가?" 라고 생각을 했다 (7절). 예수님의 말씀은 수동태 문장으로 제시되고 있다: your sins are forgiven (네 죄들이 사해졌다). 이 말씀은 하나님에 의해 죄 용서가 되어졌다는 점을 선포한다는 것을 서기관들이 바로 알았기에 그렇게 수군대었던 것이다. 즉 하나님께서 네 죄를 용서하셨다! 라는 말이나 같다. 그렇다면, 이 말씀의 참된지 여부는 오로지 죄의 결과로 발생하였다고 간주된 (시 103:3, 요 9:2 참조) 그 중풍병의 치유로만 확증 될 수 있었다. 그래서 주님은 인자가 땅에서 죄를 사하는 권세가 있다는 것을 너희로 알게 하노라 하시고 내가 네게 명하노니 일어나 네 침상을 들고 집으로 가라! 고 명하신 것이다 (11절). 중풍병자는 벌떡 일어나 상을 메고 무리 가운데로 지나갔다. 주님의 말씀의 진실함이 입증되었다. 이는 사실 주님의 신적 본질에 대한 확증이었다. 그런데 여기서 주목할 것이 앞에서 우리가 언급한대로, 이 중풍병자가 죄 사함을 받은 것이 칭의(justification)라 한다면, 그것은 그가 주님을 믿었기 때문에 주어진 선물이었다는 점이다. 그와 주님과의 관계에서만 그의 의는 가능했다. 그가 아무런 행위를 하기 전에 믿으니 의롭다고 선언하신 것이다.

내가 너의 갈 길을 가르쳐 보이고 (8절)

시카고에서 어떤 목회자가 칠계(七誡)를 범하고 목사직에서 파직되고, 교회에서 쫓겨났다. 그는 새롭게 개척을 하였고, 교회는 그런 대로 유지되었다. 그러나 그는 설교 때마다 징징거렸다. 그는 때로 설교단에서 역설했다: 간음(姦淫)만이 큰 죄가 아니다; 하나님 앞에서는 모든 죄가 큰 악이라고. 그러나 그의 설교에서 이전의 그 활기는 사라지고 없었다. 그래서 한 장로는 그 목사에 대하여 말하길, "마치 이빨 빠진 사자와 같다" 라 했다. 이런 자들은 용서받고 주님과의 교제 혹은 성도들과의 교제에는 회복되어야 하지만, 지도자의 위치에는 복직 시키지 말아야 한다. 목사는 사람들이 걸어야 할 길을 가르치는 자이기에, 스스로 성적으로 타락하면 그 지도직에 다시 회복되기 어려운 것이다. 성 범죄자가 회개했다고 목사직에 회복되도록 하는 제도는 새롭게 고려해 보아야 한다. 성도의 교제에는 회복될 수 있겠으나, 목사직에 다시 복직된다면 그것이 곤란하다는 것이다 (보다 자세한 논의에 대하여는 필자의 「예언자에게 물어라」 7장 "참 선지자, 거짓 선지자" 참조).

너희 의인들아 여호와를 기뻐하며 즐거워할지어다 (11절)

당진의 어느 금식 기도원에는 "예수 안에서 불가능은 없다" 라는 글귀가 건물 벽에 씌어 있다. 불치병에 걸린 사람들은 자기 모습과 형편으로 인해 절망감에 곤두박질치듯 빠져들곤 하지만 벽에 새겨진 그 글귀를 읽으며 다시 일어나 기도한다. 우리의 생각은 긍정적이어야 하고, 할 수 있다의 자신감과 확신이 몸에서 배어나야 한다. 기도할 때도 우리는 부정적인 생각이 말끔히 제거되고, 확신과 기쁨이 올 때까지 부르짖어야 한다. 언제나 우리의 생각은 전능하신 하나님으로 기쁨과 환희가 넘쳐나야 한다. 이것이 참 성도이며, 이런 분위기가 지배하는 교회가 참 교회이다. 그렇지 못하고 좌절감과 부정적인 생각에 사로잡힌 사람이나 교회는 참 교회의 모습이 아니다.

시 33편 새 노래로 노래하라

1. 전체구조에서의 위치, 시의 유형과 삶의 자리

이 시는 시 32편이 종결되는 방식으로 시작되고 있다 (시 32:11과 시 33:1 비교):
32:11 너희 의인들아 여호와를 기뻐하며 즐거워할지어다
마음이 정직한 너희들아 다 즐거이 외칠지어다
33:1 너희 의인들아 여호와를 즐거워하라
찬송은 정직한 자의 마땅히 할 바로다

칼빈에 의하면, 시 33편은 성도들에게 하나님을 찬양하도록 고무시키고자 시인은 하나님의 일반 섭리, 곧 그분이 온 세상을 유지하고, 보호하시고, 통치하시는 일반 섭리에 찬양할 이유를 찾는다고 했다. 델리취는 20-22절에 근거하여 시 33편이 특정한 위기 상황이나 위험에서 구원받고 기록된 시라고 이해했다. 그러나 보다 최근의 주석가들은 이 시가 "절기 찬양시"라고 이해한다. 예컨대, 아더 바이저는 이 시편이 시작하는 그 방식(1절)에 근거하여 이 시가 예배 공동체 (의인, 정직한 자들)의 경배시에 수금, 열 줄 비파, 즐거운 외침을 동반하여 불려지도록 지어진 "절기 찬양시"라고 결론짓는다 (The Psalms I, 289). 그리고 이 시는 어떤 구체적인 정황을 거의 드러내지 않기 때문에 산헤립의 예루살렘 포위와 같은 위기시에 체험한 초자연적인 구원을 기념하는 시라고 보기 어렵다고 단정한다. 크라우스 역시 바이저와 유사한 사고를 견지한다 (Psalms 1-59, 375). 그에 의하면, 시 33편은 세상의 창조주이자 왕이신 여호와, 세상의 주이신 여호와 앞에 경배하는 문맥에서 나타난 "절기 찬양시"로 본다. 리델보스는 지적하길, 이 시를 일반적 찬양시로 고려한다고 해서, 이 시의 말미를 구성하는 20-22절을 절단시킬 필요는 없다 (N. H. Ridderbos, Die Psalmen, 236). 왜냐하면 시 19:13-14, 104:31-35, 139:19 이하 등도 유사한 구조를 보이기 때문이다. 그리고 이 시를 "감사의 시"로 본다고 해도, "구하는 일"이 감사와 항상 연합되므로, 20-22절은 이 시의 일부로 적절하다. 다른 몇 개의 감사시에서도 감사 다음에 간구로 되돌아 간다 (시 9:20-

21, 21:14, 138:8). 만약 이 시를 위기에서의 구출을 노래하는 시로 본다면, 1-19절에 묘사된 찬양은 기도의 동기를 제시하는 성격을 갖는다 (시 40, 89편 참조).

그런데 히브리어 사본에 없는 "다윗의 시"란 표제가 70인역이나 쿰란 사본 (4QPs)에는 나타난다. 표제가 없게 된 이유는 추정컨대, 시 32편의 마지막 부분 (32:11)과 유사한 말씀이 이 시의 첫 절에서 나타나므로, 시 33편이 앞의 시와 하나라는 생각 때문이었을 것이다. 왜냐하면 여덟 개의 히브리어 사본들에서는 시 32편과 33편이 하나로 제시되고 있기 때문이다 (Kennicott의 사본들). 그렇지만 내용상 두 시를 비교해 볼 때, 전자는 '참회의 시'라면, 이 시편은 '찬양시'로 간주된다. 따라서 두 개의 별개 시로 이해된다.

2. 시적 구조와 해석

사고의 흐름에 따라 다음과 같이 분해한다 (N. H. Ridderbos, *Die Psalmen*, 237 참조).
I 서론 (1-3절): 찬양하라
II 찬양 (4-19)
    1) 도입 (4-5): 일반적 진술
    2) 위대하신 하나님 (6-12):
    창조 (6-9)
    역사 (10-11)
    3) 하나님과 인간 (13-19):
    전지하신 하나님 (13-15)
    인간의 연약성 (16-17)
    은총을 찬양 (18-19)
III 간구 (20-22절)

모든 것은 이 시의 정점인 18-19절로 향하며, 18-19절은 20-22절의 간구의 근거를 제시해 준다. 실제 찬양 부분에서 (4-19절), 첫 부분과 둘째 부분 사이에는 사고의 상응이 나타난다. 창조에서 위대하심을 나타내신 하나님은 (6-9절) 전지하신 하나님이시며 (13-15절), 그분을 자기 하나님의 삼은 복된 백성에게 (12절) 그분은 은총을 베푸신다 (18-19절).

리델보스는 이 시의 저자가 시적인 재능이 풍부하다는 점을 부인할 수 없다고 지적한다. 특히 단어들을 반복 사용하는 기교는 다음 단어들의 반복을 살펴보면 수긍이 간다: 의인 (챠디크, 1, 5), 정직한 자 (야샤르, 1, 4), 말씀 (다바르, 4, 6, 9), 만들다 (아사, 4, 6, 15), 인자 (헤세드, 5, 18, 22), 땅 (에레츠, 5, 8, 14), 하늘 (솨마임, 6, 13), 거하다 (야샤브 8, 14, 14), 도모 (예차 10, 11), 이방 (고임 10, 12), 사상 (마흐쉐보트 10, 11), 백성 (암 10, 12), 마음 (레브 11, 15), 모든 (콜 13, 14, 15), 구원하다 (야샤 16, 17), 큰 (라브 16, 16, 17), 힘 (하일 16, 17),

구출하다 (나찰 16, 19), 앙모하다 (야할 18, 22), 영혼 (네페쉬 19, 20) 등.

I 서론 (1-3절): 찬양하라

형식적인 면에서 고찰하건대, 1-3절 부분은 아주 규칙적으로 조직되었다. 운율이 3/3으로 일정하고 병행법이 현저하다. 여섯 개의 서로 다른 찬양하라는 의미의 동사들이 사용되었고, 오직 1절 하반절에서만 찬양하라! 는 요청이 결여되고 있으나 '내용상' 으로는 사실상 찬양하라! 는 요청이다. 이러한 찬양 (하나님의 성품과 속성을 인정하고 선포하는 행위)은 강력한 열정의 표현으로 시인의 마음을 채우고, 그 열정이 타인들을 움직이고자 한다. 찬양의 요청을 받는 대상은 1절에서는 성소에 모인 회중들이라면, 2-3절에서는 성전의 악사들일 것이다.

1절: 너희 의인들아 여호와를 즐거워하라 (란네누 바도나이) — "여호와를 인하여 기쁨으로 노래하라" (NIV, NASB; NJB는 "기쁨으로 외치라"). 성도들 (의인들, 차디킴)에게는 기쁨의 외침이 있다. 이사야는 특별히 "즐거이 소리치라" 는 이 단어를 많이 사용하여 구원받은 성도의 즐거움을 묘사하고 있다. 구원을 체험한 백성들은 소리를 높여 외쳐야 한다. 외치며 "이스라엘의 거룩하신 자가 너의 중에서 크심이라" 고 말해야 한다 (사 12:6). 기쁨과 즐거움은 추수 때에도 있을 수 있지만, 영적인 기쁨은 그것에 비할 수 없이 크다 (사 16:10). 하나님의 위대하신 일들을 체험한 자들은 늘 소리 높여 그분을 찬양한다 (사 24:14). 부활 시에 우리는 얼마나 큰 소리로 외쳐야 할 것인가?(사 26:19) 메시아 시대에 구원받은 백성이 기쁜 노래로 즐거이 외치는 모습을 이사야는 광야와 메마른 땅이 기뻐하며 사막이 백합화 같이 피어 즐거이 외치는 것으로 묘사한다 (사 35:1-2). 또한 메시아 시대에 벙어리의 혀가 노래하리라 (라난) 하였다 (사 35:6). 누가 벙어리였나? 바로 구원을 알지 못하던 자들이었다. 신약성도들은 구약의 선지자가 대망 하던 그 축복에 참여하게 되었다.

찬송은 정직한 자의 마땅히 할 바로다 (라예샤림 나-바 테힐라) — "찬송" 은 우리 하나님께만 돌려져야 한다면 (출 15:11, 사 42:8), 정직한 자는 찬송을 마땅히 그분께 드려야 한다. 곧 찬양이 성도의 마땅히 해야 할 바이다 (시 147:1, 사 43:21). 하나님은 성도의 "찬송" 이시며 (신 10:21, 시 22:3 NIV "당신은 거룩하신 자로 좌정하시며, 이스라엘의 찬송이시다"; 시 109:1, 렘 17:14), 그분의 이름은 찬송 위에 높으시며 (느 9:5), 그분을 찬양함이 성도의 입술에 항상 있다 (시 34:2, 35:28, 71:6, 8, 14). 시온 곧 교회에서는 찬양이 하나님을 기다린다 (시 65:2, 102:22, 149:1).

한편 "정직한 자의" (라예샤림)를 다홋 (*Psalms I*, 201)은 전치사 (레)를 호격 유도사로 보고 "정직한 자들이여!" 라고 이해한다. 크레이기는 이 제안을 따른다. 이렇게 하면 전.후반절이 서로 병행될 것이다.

2절: 수금으로 여호와께 감사하고/ 열 줄 비파로 찬송할지어다 (호두 라도나이 베킨노르 베네벨 아소르 자메루-로) ---의미상 동의 병행법이며, 구조상 교차 병행법 (chiastic parallelism). 수금 (킨노르)이나 열 줄 비파 (네벨 아소르)는 구약시대 예배시에 사용된 악기들이다 (삼하 6:5, 왕상 10:12, 대상 25:1, 느 12:27 등). 물론 이런 악기들은 술좌석에서 여흥을 돋우기 위해서도 사용되었다 (사 5:12). 악기나 음악도 하나님을 영화롭게 하기 위한 도구로 사용될 때 그 기능을 다하는 것이다.

전.후반절의 동사들 (호두/ 자므루)는 "찬양하라/ 연주하라"로 번역할 수 있다 (NIV, RSV). 전자는 기본 의미가 "(죄를) 고백하다, 인정하다"라면, 여기서 의미는 "하나님의 성품과 하신 일들을 '공적으로 인정하다' 곧 '선포하다'"란 의미이다. 이것이 바로 "찬양하다"의 의미이다. 그래서 II와 III 부분에서 하나님의 창조와 그분의 전지하심 등이 노래되어지고 있는 것이다. 한편 후반절의 동사 (자마르)는 악카드어에서 "노래하다, 연주하다"란 의미를, 아랍어에서 오보에 (oboe) 일종의 악기를 "연주하다"란 의미를 지닌다.

3절: 새 노래로 그를 노래하며/ 즐거운 소리로 공교히 연주할지어다 (쉬루-로 쉬르 하다쉬 헤티부 낙겐 비트루아)— 후반절은 "즐거이 외치며, 공교히 (현악기를) 연주하라" (RSV)로 번역된다. 새 노래로 노래하는 일이나 공교히 연주함은 찬송이 '내용적으로' 하나님의 영광에 합당해야하고, 그 질(質)에 있어서 조잡(粗雜)하지 아니하고 정교(精巧)한 것이어야 함을 의미한다. "새 노래"는 내용이 하나님의 행하신 위대한 일들을 찬양하고, 그분의 속성을 노래하는 것이어야 하며, 시대마다 달리 찬양을 작사하고, 사람마다 자기의 심령이 새롭게 변화된 상태에서 찬양해야 할 것도 암시해 준다. "공교히 연주하다"란 말은 "아름답게 연주하다"로도 이해된다 (사 23:16, 겔 33:32, 삼상 16:17 참조).

II 찬양 (4-19)

1) 도입 (4-5): 일반적 진술

4절은 여호와의 말씀과 그분의 일을 찬양한다. 이하 사고에서 그분의 말씀과 행사가 노래의 주제를 이룬다. 눈여겨볼 것은 그분이 말씀하시는 행위 자체가 곧 일하심이며 (6, 9절), 그분의 말씀은 현실화된다는 사실이다. 5절에서 구약 여기 저기서 하나님의 행사와 성품을 찬양할 때 나타나듯이 (삼상 2:6-8, 암 4:13, 5:8 등), 분사형 동사를 만난다 (오헤브: 사랑하다; 7, 15절도 참조).

4절: 여호와의 말씀은 정직하며/ 그 행사는 다 진실하시도다 (키-야샤르 데바르-야웨/ 베콜-마아세후 베에무나) — "정직하다"란 말은 어떤 사물 (길)이 굽지 않고 바른, 곧은, (울퉁불퉁하지 않고) 평평한, 사람이 유능한, 정직한, 고결한 등을 의미하며, 윤리적으로, 신앙적으로 하나님이 보시기에 올바른 을 의미한다. 그런데 "여호와의 말씀"이 '정직하다' 는 것은 (시 19:8 참조), 그분의 행사가 완전하고 (타밈), 그의 모든 길들은 의롭고 (미쉬파트), 신실하신 하나님은 의로우시고 정직하시어 (챠디크, 야샤르) 어떤 그릇됨도 행치 않으신다 는 말씀 (신 32:4)에 비추어 볼 때, 그분의 마음의 표현으로서의 말씀이 그분의 성품과 같이 의롭다, 곧 불의하지 않다는 것을 의미한다. 곧 그분의 말씀 (그것이 예언이건 약속이건)이 변함없이 이루어지고, 믿을 만 하다, 효력을 갖는다. 말씀은 각기 다른 시대와 장소에서 성도 각자에게 임하나 (창 15:1, 4, 출 3:12, 4:28 등), 언제나 그대로 현실화 된다 (창 15:12-21이 후에 실현되는 것을 보라). 성경(聖經)은 성령께서 인간저자들로 기록케 하신 '하나님의 말씀' 으로 이 말씀은 완전하고, 확실하고, 정직하며, 순결하며, 정결하다 (시 19:7-9). 동시에 그 표현은 말씀이 인간 도덕과 삶의 기준이 된다는 의미로도 취할 수 있다. 그런데, 이 곧은 말씀으로 지어진 세상이기에 세상의 자연 질서 속에서 하나님의 성품인 정의와 공의, 인자가 느껴진다.

후반절은 직역하자면 그분의 "모든 행사 (콜·마아세)는 그분의 신실함 (에무나)에서 되어진다" 이지만, 그 의미는 "그가 하는 모든 일에서 그분은 신실하시다" (NIV)가 될 것이다 (신 32:4).

5절: 저는 정의와 공의를 사랑하심이여 (오헤브 체다카 우미쉬파트)— 정의와 공의는 이 세상 질서의 토대(土臺)를 이루는 요소들이다. 이는 하나님의 뜻의 표현이며, 하나님의 말씀에 인간들의 규범으로 제시된 사항들이다. 그분은 자신의 뜻의 표현이자, 세상 질서의 토대가 되는 이 정의와 공의를 집행하신다. 사랑한다 라 함은 그것들을 집행하시고 이루신다는 의미이다. 웃시야 왕은 "땅을 사랑했다"고 했다 (대하 26:10). 그래서 그는 거친 땅에 망대를 세우고 물웅덩이를 많이 파고 평야와 평지에 육축(六畜)을 많이 길렀고, 또 여러 산과 좋은 밭에 농부와 포도원을 다스리는 자를 두었다. 마찬가지로 하나님은 공의와 정의를 사랑하시므로, 그것들이 시행되어 사람들이 행복하고 기뻐하길 원하신다. 반대로, 하나님은 불의와 불법을 미워하신다 (사 61:8).

세상에 여호와의 인자하심이 충만 하도다 (헤세드 야웨 말레아 하아레츠)— 여호와의 언약사랑 곧 인애(仁愛)가 이 세상에 충만하다. 이 언약사랑은 비단 구속 백성을 위한 것도 있지만 (아브라함, 모세, 다윗, 새 언약), 모든 피조물을 위한 것 (창조, 노아 언약)도 있다. 우리는 이것을 구속은총 (특별은총)과 일반은총으로 구분해서 말할 수 있다. 성도에게만 신실하신 것이 아니라, 그분은 모든 피조물들에게도 이방신들처럼 기분 내키는 대로 화풀이나 하고, 아무렇게나 행하시는 분이 아니라, 자신이 말씀대로 세상을 운행하시고, 그것도 인간이 알아차리지 못하는 방식으로 은밀히 행하신다. 비를 악인에게나 의인에게나 골고루 주시는 일을 불신자들이 알기나 하는가?

4-5절은 하나의 사고를 구성하니, 그 주제는 하나님의 섭리라 할 수 있다. 4절 초두에 "키" (왜냐하면)라는 접속사가 붙어서 1-3절의 찬양의 이유를 제시해 준다. 하나님의 신실하신 섭리와 아름다운 속성을 인하여 찬양하라는 것이다.

2) 위대하신 하나님 (6-12):
창조에 드러난 위대하신 하나님 (6-9)

이 부분에서 우리는 창 1, 2장의 창조 기사에 대한 시적 재구성을 대하게 된다. 고대 이스라엘에서 "창조"라는 주제는 그것이 "이야기체"로 진술되던지, 아니면 여기서처럼 "시"로 묘사되던지, 아니면 잠 8장에서처럼 지혜문헌에서 "교훈"으로 제시되던지 하나같이 하나님의 위대하심을 찬양하는 목적을 지녔다. 세상은 우연 발생체가 아니라, 위대하신 하나님의 작품이다.

6절: 여호와의 말씀으로 하늘이 지음이 되었으며/ 그 만상이 그 입 기운으로 이루었도다 (비드바르 야웨 샤마임 나아수/ 우브루아흐 피브 콜-체바임) —이는 창세기 1장으로 우리를 인도한다. 하나님은 여덟 말씀을 발하셔서 (창 1:3 [빛], 6 [궁창], 9 [뭍과 바다], 11 [식물], 14 [광명], 20 [어족들과 새들], 24 [땅의 생물], 26 [사람]) 세상을 창조하셨다. 후반절의 "그의 입 기운" (루아흐 피브)은 입에서 나온 "말씀"의 병행어이다. 물론 이런 단어들은 하나님을 인간처럼 의인법으로 묘사한다. 말씀은 창조력을 나타냈고, 오늘날도 그분의 말씀을 믿고 행하는 자들에게 창조의 역사를 이룬다.

"그 만상" (체바암)이란 "그들의 만상"이므로, 하늘의 만상 곧 "별들"을 지시하며 (신 4:19, 17:3, 왕하 17:16, 사 40:26, 45:12 등), 창조 넷째 날에 만들어졌다 (창 1:15-18). 이 "만상"은 여호와 보좌를 둘러선 수종자들을 지시하기도 한다 (왕상 22:19). 또한 이 말은 하늘과 땅에 가득한 모든 것도 가리킨다 (창 2:1).

7절: 바닷물을 모아 "무더기같이 쌓으시며" (코네스 카네드 메 하얌) —앞 절에서 창조 사상이 언급되었으므로 여기서 바닷물의 언급은 창조시의 뭍과 바다를 구분하던 창조행위를 지시할 것이다 (창 1:9). 그런데 여기서 '무더기' (댐 dam)라 번역된 말은 출 15:8, 수 3:13, 16, 시 78:13 등에서 출애굽시의 홍해 바다를 가르신 이적과 요단강을 가르신 이적을 묘사할 때 사용된 말이다. 시인은 창조를 노래하면서, 구속사의 사건들을 암시하는 단어로 채용하여 ("무더기" 출 15:8, 수 3:13, 16) 창조를 새롭게 묘사하는지 모른다. 그렇지만, 전.후반절의 병행법에 비추어 본다면, 여기 "무더기"로 번역된 말은 "통"을 의미할 것이다.

여기서 "무더기같이" (카네드)란 표현을 70인역은 "병 (속에) 처럼" (호세이 아스콘, as [in] a bottle)이라 번역했다 (NRSV, NAB, NIV). 그런데 다훗은 유가릿어 knd에 근거해서 "무더기같이" (카네드)를 아예 "항아리, 단지" (케네드)로 읽는다. 그렇게 하면, 후반절과의 병행 사고가 근사하게 되겠지만, 문제는 유가릿어에서 knd가 과연 "항아리"를 의미하는지는 의문이 제기된다 (Peter Craigie, Psalms 1-50의 반론 참조). 고려중인 단어 (네드)는 수 3:13, 16, 시 78:13 등의 문맥에서는, 악카드어 "니두"에 비견되며, "다량의 물" 혹은 "댐"을 지시한다. 그런데 KB³이 지시하는 대로, 여기 문맥에서는 후대 히브리어 "노드"가 "가죽부대" (skin-bottle, leather bag)을 의미하듯, "통"을 의미할 수 있다 (Judderbos,

BZAW 117 [1972], 241 참조). 따라서 이 문장은 "그가 바닷물을 통 속에 모으다"라고 번역한다 (NIV).

그런데 사용된 동사는 분사형이다 (코네스). 하나님의 행동을 묘사하는 동사는 본 시에는 12번 나타나며, 이 중에서 5번은 분사로 (사랑하신다, 모으신다, 두신다, 감찰하신다, 지으시다 등), 나머지는 한정 동사 완료형으로 나타난다 (말씀하시다, 명하시다, 감찰하시다, 보시다, 하감하시다, 살게 하시다 등).

깊은 물을 곳간에 두시도다 (노텐 베오챠롯 테호못) —바다는 지구 표면의 70퍼센트를 둘러싸고 있다. 이렇게 지구는 표면에 물이 많이 있기에 "물의 행성(行星)"이라고도 불린다. 바다의 평균 깊이는 3,795미터이고, 가장 깊은 곳은 11,034미터에 달하는 필리핀 동편, 괌섬 아래에 위치한 "마리아나 해구"(Mariana Trench)이다. 이 해구는 길이가 2500킬로, 넓이가 69킬로에 달한다. 이 해구에서 1899년에 9660미터에 달하는 네로 심연 (Nero Deep)을, 그 후 30년 후에는 9813미터의 심연을, 1957년에는 소련의 탐사선 비트야즈 (Vityaz)호가 10,990미터의 심연을 발견했다. 그 후 최고의 깊이는 11,034미터까지 발견했다. 육지를 모두 밀어 바다에 쳐 넣는다면 육지는 물에 완전히 잠기고 말 것이다. 시인의 묘사는 창 1:9를 반영할 것이다.

8절: 온 땅은 여호와를 두려워하며/ 세계의 모든 거민은 그를 경외할지어다 (이르우 메야웨 콜-하아레츠/ 밈멘누 야구루 콜-요쉐베 테벨)—전. 후반절은 구문상으로나 (동사 +전치사구 +주어/ 전치사구 +동사 +주어), 내용상으로 병행법을 이룬다. 전반절에 사용된 동사 (경외하다; 야레)와 병행되는 동사는 "체류하다"를 의미하는 동사 (구르)의 동음이의어(同音異議語) "구르 III" 동사이다. 이 동사는 "두려워하다" 동사(야가르)와 연관될 것이다. 세상 거민들이 하나님을 경외하고 두려워해야 할 이유는 다음절 (9절)에 제시된다.

9절: 말씀하시매 이루었으며 명하시매 견고히 섰도다 (키 후 아마르 바예히 후-치바 바야아모드)—구문상으로나 의미상으로 병행법을 구성한다. "빛이 있으라" 말씀하시니 빛이 생겨났다 (창 1:3-5). 또한 "궁창이 있으라" 명하시매 그대로 생겨났다 (창 1:6-8). "천하의 물이 한곳으로 모이라" 명하시매 그대로 되었다 (창 1:9-10). "땅은 식물을 내라" 명하시니 그대로 되었다 (창 1:11-13). "궁창에 발광체가 있으라" 하시매 그대로 되었다 (창 1:14-19). 또한 "물에 기는 생명이 있으라" 하시매 그대로 되었다 (창 1:20-23). 또한 "땅이 종류대로 생물을 내라" 하매 그대로 되었다 (창 1:24-25). 인간의 경우에는 "우리가 우리의 형상을 따라 사람을 만들자"라고 권고형으로 말씀하셨다 (창 1:26). 따라서 인간은 단순히 말씀을 명하시매 창조된 존재가 아니었다 (창 2:7).

"명하시매 견고히 섰도다"란 말씀은 전반절에 비추어 볼 때, 창조의 말씀이 떨어질 때, 주님의 뜻하신 대로 이루어진 상황을 지시한다. 만물이 정하신 질서대로 운행함을 지시하거나, 아니면 명을 받은 대로 자신의 위치에 자리를 잡는 모습을 지시할 것이다. 한편 "견고히 서다"(아마드) 동사는 창조사역과 연관하여 사용된다 (시 119:90 "주께서 땅을 '세우셨으므로' [쿤] 땅이 '항상 있사오니" [아마드]).

=역사에 드러난 위대하신 하나님 (10-12)

하나님은 세상을 창조하시고 손을 떼시고 방관하시는 방관자가 아니시다. 오히려 역사의 물줄기를 자신의 뜻대로 바꾸시고 이끄시는 역사의 주관자이시다. 신약적으로 하면, 그분은 역사의 "알파와 오메가" "처음과 끝"이시다. 역사의 의미는 바로 그분의 섭리에서 찾아야 한다.

10절: 여호와께서 열방의 도모를 폐하시며/ 민족들의 사상을 무효케 하시도다 (야웨 헤피르 아차트-고임/ 헤니 마흐쉐보트 암밈) —10절 자체도 구조상 구문 병행법 (주어 +동사 +목적어/ 동사 +목적어), 사고상 동의 병행법을 구성하지만, 10, 11절도 서로 대조된다.

10 여호와께서 열방의 도모 (예차)를 폐하시며/
민족들의 사상 (마흐쉐봇)을 무효케 하시도다;
11 여호와의 도모 (예차)는 영영히 서고/
그 심사 (마흐쉐봇)는 대대에 이르리로다

이는 하나님의 뜻과 계획이 영원하고 효과적임에 반해서, 그를 인정치 않는 사람들의 뜻과 계획이 허무함을 극명하게 대조시킨다. 특히 열방 (고임), 민족들 (암밈)과 같은 복수형을 사용하여 온 세상 사람들의 헛된 계획과 사고를 하나님 사상과 대조시킨다. 세상이 전체로 하나님을 대적하며, 진화론, 무신론, 공산주의, 쾌락주의, 경제(물질) 제일주의, 여론 (민주) 제일주의 등으로 흐른다 해도, 그 사상이 결코 하나님 말씀을 이길 수 없다.

그런데 "도모" (예차)는 후반절의 "사상" (마흐쉐보트)과 병행된다. 전자는 보통 "조언"을 의미하나, (사람이나 하나님의) 여기서처럼 "계획"을 지시하기도 한다. 그리고 "사상"이란 (사람의), 사고, 의도, 계획, 고안을 의미한다. 그러므로 여기서 드러나는 바는 열방의 계획은 허무하게 무너지고 하나님의 계획이 영영히 선다는 진리이다. 성경이나 역사를 고찰해 보건대, 하나님의 계획은 복음 증거로 죄악에 빠진 인간을 "구원"하는 것이라면, 열방의 계획은 기술, 경제를 발전시켜 인간을 "행복"하게 한다는 것이다. 그러나 열방의 그런 포부는 죄의 문제를 해결하지 않는 이상 절대 성취될 수 없다. 기독인들 중에서 혹자는 문화명령과 선교명령을 성도들의 삶의 이대축으로 제시할지 모르나, 문화명령은 복음 선포에 종속되어 부수적으로 일어나는 현상으로 축소시켜야 한다. 기독교 문화 건설은 결국 '전인구원' 이란 복음의 우산(雨傘) 아래서만 고려될 수 있기 때문이다. 한편 전.후반절에 사용된 동사를 보면, 전반절의 "(도모를) 폐하다" (헤페르)는 "(언약을) 깨다, 폐기하다, (계획을) 좌절시키다"란 의미라면, 후반절의 "무효케 하다"(헤니) 역시 "(계획을) 헛되게 하다"를 의미한다. 이 동사의 조합은 여기서만 나타난다.

11절: 여호와의 도모는 영영히 서고 그 심사는 대대에 이르리로다 (아챠트 야웨 레올람 타아모드 마흐쉐보트 립보 레도르 바도르) — 10절의 사고와 완전히 대조를 이룬다. 열방의 도모나, 사상을 폐하시는 하나님이시므로, 자신의 도모나 사상은 영원할 것이 자명하다. 기독교 사상, 특히 칼빈주의라 일컬어지는 기독교 사상의 특징은 인간의 전적 타락과 하나님의 절대 주권을 강조하는 것이다.

12절: 여호와로 자기 하나님을 삼은 나라 곧 하나님의 기업으로 빼신바 된 백성은 복이 있도다 (아쉬레 하고이 아쉐르 야웨 엘로하브/ 하암 바하르 레나할라 로) — "여호와가 자기 하나님인 그 민족은 복되도다/ 그가 자기 기업으로 택하신 그 백성은 (복되도다!)" 구약 시대에는 "이스라엘"이 하나님의 선민(選民)의 지위를 누렸다 (삼상 10:24). 그러나 이제 예수님을 믿는 자들이 "새 이스라엘"이다. 그러므로 종족(宗族) 단위로 하나님의 선민(選民)이 존재하던 시대는 지났고, 따라서 우리는 "헬라인이나 유대인이나, 남자나 여자나, 자유자나 종이나 구분하지 않고 예수님을 믿는 그 자가 복되도다!" 라고 선포해야 한다. 그런데 전. 후반절은 동의 병행법으로, 전반절의 "복이 있도다"(아쉬레-)와 관계 대명사 (아쉐르)는 후반절에도 해당된다 (일석이조 기법 double duty).

3) 하나님과 인간 (13-19):

전지하신 하나님 (13-15): 하늘의 하나님은 인간을 주목하신다. 하나님은 모든 행위를 판단하시며, 모든 행위에 대한 재판장이시며, 재판장으로서 모든 사건에 또한 개입하신다 (시 11:4 이하, 102:20 등). 얼핏 보기에 그분이 재판장으로 세상사에 개입하신다는 사고가 결여된 듯하지만, 자세히 보면, 이 시는 그분이 창조하신 천지에서, 온 세상 거민이 그를 경외하라고 하며 (8절), 그분을 경외하는 자를 그분이 건지신다고 할 때 (19절), 그분이 열방의 도모를 폐하시고 (10절), 그분의 도모가 영영히 서리라고 할 때 (11절) 그분의 개입이 구체화되고 있다.

13절: 여호와께서 하늘에서 감찰하사/ 모든 인생을 보심이여 (밋솨마임 힙비트 야웨/ 라아 에트-콜-베네 하아담) — 동의 병행법으로, 전반절에서는 목적어가, 후반절에서는 장소표시와 주어가 각기 생략되었다. 따라서 생략된 요소는 일석이조기법 (double duty)으로 채워진다. 사용된 동사들은 모두 "보다"이다. 전반절의 동사 (힙비트)는 어느 특정한 방향으로, "바라보다"를 의미한다.

하나님은 "모든 인생"(콜 베네 하아담)을 하늘에서 내려다보시고 감찰하신다: "하나님은 사람의 길들을 주목하시며 사람의 모든 걸음들을 감찰하시나니" (욥 34:21). 이는 의인법적 표현이지만, 그분의 전지(全紙)하심과 인간에 대한 관심을 묘사한다. 하나님은 세상을 창조하시고, 시계태엽을 감아서 스스로 작동하도록 시계를 버려두는 것처럼 아니하시고 (理神論 deism), 관심을 가지시고 주목하시고 간섭하신다 (렘 32:19, 암 9:8). 그분은 초월자이시나 만물에 충만 내재하시다 (렘 23:24). 그분은 최소 13차원 이상의 존재시므로 (한 물리학자의 창세기 창조 연구에 근거하면), 3차원의 인간이 자신을 아는 것보다 더 잘 아시고, 인간 자신이 자신에 가까운 이상으로 우리에게 가까이 계신다.

14절: 곧 그 거하신 곳에서 세상의 모든 거민을 하감하시도다 (밈메콘-쉬브토 히쉬기아흐 엘 콜-요쉬베 하아레츠) —여기 동사는 앞 절에서 사용된 동사들보다 더 세심하게 비판적으로 바라보다, 주목하다를 의미한다.

여호와께서 하늘에서 감찰하사/ 그가 모든 인생을 보심이여/
보좌에 앉으신 그 처소에서 세상의 모든 거민을 하감하시도다

내용적으로 본다면, 삼중-콜론 동의 병행법에 해당된다 (시 78:55도 참조). 여기서 사용된 세 개의 동사들은 하나같이 하나님의 세상에 대한 관심을 제시한다. 그분의 처소는 하늘이며, 보다 구체적으로 "보좌에 좌정하신 거처" (RSV, NJB, NAB; 마콘 쉽토)가 그분의 처소이다. 그분이 감찰하시는 대상은 "모든 인생들" 곧 "세상의 모든 거민들"이다. 여기에는 예외가 없다. 그분의 섭리는 세밀하고도 정확하다.

15절: 저는 일반의 마음을 지으시며/ 저희 모든 행사를 감찰하시는 자로다 (하요체르 야하드 립밤/ 함메빈 엘-콜-마아세헴) —시인은 앞 절에서 감찰하신다고 한데서, 더 나아가 본 절에서 사람의 모든 마음을 지으시고, 저들이 행하는 모든 일들을 "아신다"고 지적한다 (시 139:1, 대상 28:9, 잠 24:12). "주만 홀로 인생의 마음을 아시며" (대하 6:30), 그분은 심장을 감찰하시며 (시 7:9), 마음의 비밀을 아시고 (시 44:21), 주에게는 흑암과 빛이 일반이며 (시 139:11-12), 음부와 유명도 여호와의 앞에 드러나거든 하물며 인생의 마음이리요? (잠 15:11) 한편, 후반절에 사용된 동사는 "이해하다," "주목하다, 고려하다"를 의미하는 동사 (빈)의 사역형이다. 그 뉴앙스는 번역본들이 각기 달리 제시한다: 주목하다 (RSV), 고려하다 (NIV), 이해하다 (NASB, NJB), 알다 (NAB) 등. 이 "이해하다" 동사는 "알다" (야다)와 동의어이면서도, '아는 것'에서 나오는 '통찰력'에 강조를 둔다.

인간의 연약성 (16-17)

왜 시인은 갑자기 인간의 연약성을 강조하는 것인가? 그것은 하나님의 위대하심을 생각할수록 인간의 무상함을 절감하기 때문일 것이다. 여기 13-17절에서도, 6-11절에서 그러했듯이, 하나님의 위대하심과 인간의 연약함이 서로 비교, 대조되고 있다. 이러한 자기 이해는 결국 하나님을 더욱 의지하라는 촉구를 낳는다. 인간이 스스로 말과 병거로 구원할 수

없다면, 구원자 하나님을 바라보아야 할 것이 아닌가?

16절: 많은 군대로 구원 얻은 왕이 없으며/ 용사가 힘이 커도 구하지 못하는도다(엔 함멜렉 노솨 베라브-하일/ 깁보르 로-인나첼 베로브-코아흐) —구문이나 내용면에서 전.후반절은 병행법을 이룬다. 전반절의 "군대"는 "힘, 재력, 군대"를 의미할 수 있다. 따라서 왕에게 있는 힘, 곧 군사력이나 재력을 망라한 힘으로도 구원을 얻지 못한다는 것이 강조점이다. 후반절에서는 왕이 "용사"로 대체되고, 그의 강력한 '힘'이 강조된다. 여기서 시인이 강조하는 바는 인간적인 세력과 힘이 하나님과 대조될 때, 얼마나 보잘 것 없는 것인가 하는 것이다. 이사야 선지자도 이 점을 역설한 바 있다:

   도움을 구하러 애굽으로 내려가는 자들은 화 있을진저
   그들은 말을 의뢰하며 병거의 많음과 마병의 심히 강함을 의지하고
   이스라엘의 거룩하신 자를 앙모치 아니하며 여호와를 구하지 아니하거니와 … 애굽은 사람 (아담)이요 신 (엘)이 아니며
   그 말들은 육체 (바사르)요 영 (루아흐)이 아니라
   여호와께서 그 손을 드시면 돕는 자도 넘어지며
   도움을 받는 자도 엎드러져서 다 함께 멸망하리라 (사 31:1, 3).

사람/ 신, 육체/ 영은 극명한 대조이다. 하나님은 흙으로 된 사람이 아니시며, 하나님의 신 (靈)은 깨어지기 쉬운 육체가 아니다.

17절: 구원함에 말은 헛것임이여/ 그 큰 힘으로 구하지 못하는도다 (쉐케르 핫수스 리테슈아/ 우베로브 헬-로 로 예말레트) —전반절의 의역하자면, "헛되도다! 말로 전쟁에서 승리를 얻고자 함은"가 될 것이다. "헛됨"이 문장 초두에 배치되어 극히 강조되고 있다. 전쟁의 승패는 여호와께 속하였기 때문이다 (삼상 17:47, 대하 20:15, 17). 애굽의 병거 부대는 오합지졸의 이스라엘 앞에서 대패했다 (출 14장). 왜냐하면 전쟁에 능하신 여호와께서 이스라엘을 위해 싸우셨기 때문이다 (출 14:14, 25; 신 1:30, 3:22, 33:7, 수 10:14, 42, 23:3, 10).

이스라엘의 "왕의 법" (신 17:16-18)에 의하면, 이스라엘의 왕은 말 (馬), 은.금, 아내 등을 많이 두지 말아야 한다. 이는 모두 하나님을 의지하는 신앙을 약하게 만들기 때문이다. 오히려 왕은 즉위하는 대로, 율법서를 복사하여, 평생 자기 옆에 두고 읽어서 하나님 경외하기를 배워 그 율법의 말씀대로 행해야 한다. 세상의 왕들과 정반대의 가치관과 행동 원리를 가지고 통치해야 한다. 고대 근동에서 '말과 군대'는 왕권을 지탱해주는 가장 근본적인 요소였다. 그렇지만 이스라엘은 이런 것들 대신 보이지 않는 하나님을 전심으로 의지해야 했다. 그것은 그분의 말씀을 읽고 준행하는 것으로 나타나야 했다. 16, 17절은 서로 긴밀한 연관을 갖고 있다:

많은 군대(로브 하일)로 **구원**얻은 왕이 없으며/
용사가 힘이 커도 (로브 코아흐) 구하지 못하도다
구원함에 말은 헛것임이여/
그 큰 힘(로브 하일)로 구하지 못하는도다 (17절)

은총을 찬양 (18-19)

6-19절의 찬양에서 12절과 18-19절은 중간 결론과 최종 결론을 제시해준다. 한편 18-19절은 16-17절과 사고상으로 강한 대조를 이룬다. 16절에서는 세상 사람들이 어떤 수단으로도 "구원받을 수 없다" (로-나찰)라고 했다면, 19절에서는 하나님은 성도들을 사망에서 "구원하신다" (레 핫칠) 라고 선언한다.

18절: 여호와는 그 경외하는 자 곧 그 인자하심을 바라는 자를 살피사 (힌네 엔 야웨 엘-예레아브 람야할림 레하스도)— "보라, 여호와의 눈은 자기를 경외하는 자 위에 있고/ 그의 인자를 소망하는 이들 위에 있도다." 경외하는 자, 인자를 바라는 자는 하나님의 언약백성으로 (시 34:15에서 "의인들") 그분의 언약에 근거하여 그분의 약속을 믿고 그분만 바란다. 그러므로 하나님은 이런 자들을 향하여 주목하시고 (예인 엘 — "눈을 –에 두다, 향하다"; 창 39:7에서 보디발의 아내가 눈을 요셉에게 두다), 사망에서 건지시고, 기근시에 살리신다 (19절). 이렇게 18절은 19절에서 완성된다. 주목하시는 이유가 성도들을 살리시고 건지시기 위함이다. 13, 14절에서도 하늘 보좌에서 인생들을 살피신다 하셨으나 그 이유는 언급치 아니했다. 여기서 이유가 제시되고 있으니, 성도는 살리시고, 악인은 심판하시기 위함이다.

19절: 저희 영혼은 사망에서 건지시며/ 저희를 기근시에 살게 하시는도다 (레핫칠 밈마베트 나프샴/ 울하요탐 바라아브)— 사망은 후반절에서 "기근" (라아브)으로 반복되었다. 기근 (饑饉)은 흉작(凶作)과 그로 인한 물자 부족과 배고픔이며, 이는 비단 '가뭄'으로만 나타나지 않고, 적군의 포위시나 여타 재난시에도 나타날 수 있다. 그런데 이 "기근"은 역병, 야수, 칼 (전쟁) 등과 함께 언약백성을 징벌하시는 도구로 작용한다. 그렇다면 참 성도 (남은 자)는 이런 징벌의 때에도 하나님의 보호를 받는다는 말씀이다. 16, 17절에서 세상적인 힘과 세력의 허무함을 역설한 시인은 이제 하나님께서 어떻게 성도의 생명과 축복이 되시는지를 말씀한다. 18, 19절은 20-22절과도 사고상 긴밀하게 연관된다. 그렇지만 우리가 구분한 것은 20-22절에서는 동사나 주어가 일인칭 복수형으로 되어있기 때문이다. 이는 3인칭 묘사로 된 18, 19절과는 대조된다.

III 고백과 간구 (20-22절)

이제 시인은 고백과 간구를 드림으로 시를 마무리 짓는다. 18절과 22절 사이에는 긴밀한 연관이 나타난다. 여호와께서는 자신의 인자하심을 "바라는 자"(메야할림)를 살피사 (18절) 구하신다면, 시인은 간구하길 "여호와여 '우리가 주께 바라는 대로'(카아쉐르 이할레누 라크) 주의 인자하심을 우리에게 베푸소서"라고 한다 (22절). 19절에서 "저희 영혼"(나프)을 사망에서 건지신다고 했다면, 20절에서는 "우리 영혼"(나프쉐누)이 여호와를 바란다고 한다.

==20절: 우리 영혼이 여호와를 바람이여/ 저는 우리의 도움과 방패시로다 (나프쉐누 힉케타 라도나이/ 에즈레누 우마긴네누 후)—"우리가 여호와를 바란다/ 그는 우리의 도움과 방패시다." "우리 영혼"은 우리의 내적인 존재를 지시할 수도 있으나 "우리"를 지시한다. 성도가 여호와를 "기다리고" 사모하는 까닭은 그분이 저들의 도움과 방패가 되기 때문이다. 여호와를 바란다는 것은 그분을 기다리고, 그분의 약속이 성취되기를 간절히 기대하며 인내로 사모함을 가리킨다 (사 8:17, 합 2:3 참조). 그를 바라는 자들은 누구나 복되다 (사 30:18). 약속이 더디 이루어져도 그것을 바라고 기다리라. 왜냐하면 반드시 이루어질 것이기 때문이다 (합 2:3). 그러나 하나님의 계획과 의도를 바라지 아니하고 욕심대로 행하면 파멸에 이른다 (시 106:13; 광야에서 이스라엘이 탐욕을 부려 하나님을 시험한 일).

도움과 방패 (에제르, 마겐) —시 115:9, 10, 1에서 세 번이나 연속하여 이 단어들이 나타난다. 그 문맥에서 시인은 "여호와를 신뢰 [의지]하라"(베타흐 바도나이)고 역설한다. 그 이유는 그분이 우리의 도움과 방패가 되시기 때문이다. 이 신뢰는 우리의 전심전력 기도로 나타날 수 있다.

21절: 우리 마음이 저를 즐거워함이여/ 우리가 그 성호를 의지한 연고로다 (키-보 이스마흐 립베누/ 키 베쉠 코드쇼 바타흐누)— 동의 병행법이자, 구문 병행법을 구성한다 (전치사구+동사+ 주어/ 전치사구+ 동사 [+주어]). 구조상 21절은 20절에 종속되며, 내용상으로도 여호와를 기다리고 사모한 결과 구원과 보호를 받은 까닭에 기뻐하고, 그분의 이름을 신뢰하는 모습을 제시하는 듯 하다. 동시에 22절이 아직 구원을 여전히 기다리는 인상을 주므로, 21절은 기다림의 상태에서도 성도의 마음이 여호와를 기뻐하고, 그분의 거룩한 이름을 신뢰하는 자세를 취할 수도 있다.

22절: 우리가 주께 바라는 대로 (카아쉐르 이할누 라크)—여호와를 바라고 기대함은 신앙이다. 이 신앙의 정도에 따라 하나님은 역사 하신다. 그래서 예수님도 "네 믿은 대로 될지어다"(마 8:13, 9:29, 15:28; 마 17:20, 막 7:29, 9:23, 요 4:50 등) 라고 자주 선언하셨다.

주의 인자하심을 우리에게 베푸소서 (예히 하스데카 알레누)—원문에서는 이 문장이 앞선다. 이렇게 전. 후반절이 하나의 사고를 구성하는 합성 병행법이라 할 만하다. 이 문장은 직역하자면, "당신의 인자를 우리 위에 있게 하소서." 여기서 인자 (헤세드)는 언약에 근거한 불변사랑이다. 하나님의 언약백성에게 언약의 불변사랑을 나타내소서! 라는 기도이다.

시인은 한 번도 자신의 어려움이나 문제를 가지고 호소하지 아니했다. 일반적인 하나님의 섭리와 창조를 노래하고, 성도는 하나님께 찬양해야 하고, 온 세상은 하나님을 경외해야 함을 역설할 뿐이다. 그런데 이 시의 마지막 연에서 "우리"에게 당신의 인자를 내리시고, 우리가 그분을 기다린다 하였다. 이는 간구는 아니지만, 간접적으로 그분의 도움과 보호하심을 간구하는 기도라 아니할 수 없다.

시편의 적용

기쁨으로 소리치라 (1절)

왜 저렇게 소리치는가? 조용히 예배드릴 수 없는가? 라고 물을 수 있다. 이 사람은 성도의 기쁨을 알지 못하는 사람이다. 시내산에서 이스라엘 백성이 모여 하나님과 언약을 체결할 때, 처음으로 제사장들을 위임하는 예식이 거행되었다 (레 9장). 아론이 처음으로 대제사장 직무를 수행하였다. 모세와 아론이 회막에 들어갔다가 나와서 백성에게 축복하매 여호와의 영광이 온 백성에게 나타나며 불이 여호와 앞에서 나와 단 위의 번제물과 기름을 살랐다 (레 9:23-24). 이에 온 백성이 이를 보고 "소리 지르며" (*라난*) 엎드렸다. 이때의 외침은 환희와 놀라움의 외침이었다. 하나님의 영광 (*케보드-야웨*)이 백성에게 나타나고, 불이 단 위의 번제물과 기름을 살라 버릴 때, 백성이 받은 충격과 기쁨은 형용하기 어려웠다. 예배는 바로 이러한 놀라움과 기쁨의 외침이 있어야 한다.

선지자들은 기쁨으로 크게 외치라 (*라난*)는 단어를 메시아 시대에 임할 구원과 연관하여 자주 사용한다 (사 42:11, 44:23, 49:13, 52:8, 9, 61:7, 65:14, 렘 31:12, 습 3:14 등). 구약 선지자들이 대망한 메시아 시대는 바로 지금 신약시대이니 이 구원의 축복에 참여한 성도들은 기뻐 노래할 이유가 있다. 그러므로 교회의 예배는 기쁨의 외침과 즐거움이 넘쳐나야 구속사적으로도 정상이다.

수금으로 여호와께 감사하고 (2절)

"감사하라" (호두)는 하나님의 탁월한 속성과 그분이 행하신 위대한 일들을 "인정하라," "공적으로 선포하라"는 요청이다. 시 136편에서 이 동사가 계속 나타나서, 그분의 탁월하심 (1-4, 26절), 그분의 창조 행위 (5-9절), 그분의 구속 역사 (10-22절), 그분의 섭리와 돌보심 (23-25절) 등을 인정하고 선포하라고 요청한다. 그런데 마 10:32-33에서 "누구든지 사람 앞에서 나를 '시인하면' 나도 하늘에 계신 내 아버지 앞에서 저를 '시인할' 것이요" 라는 주님의 말씀에서 "시인하다" 라는 말이 바로 우리가 고려중인 "야다"의 히필형에 해당될 것이다. 사람들 앞에서 주님을 시인하고 인정하는 행위가 찬양과 간증과 전도이다. 물론 우리의 삶도 주님을 부인하는 것이어서는 안 된다.

찬양의 선교학적 의의 (3절)

이사야 선지자는 찬양을 선교의 비전과 연관시켜 자주 사용한다. 예컨대, "나는 여호와니 이는 내 이름이라 나는 내 영광을 다른 자에게, 내 찬송을 우상에게 주지 아니하리라"고 하나님은 말씀하신다. 리그베다와 같이 잡신들을 찬양하는 찬양집에 매여 사는 사람들이나 여타 신들을 찬양하는 사람들은 이 말씀에 비추어 보건대, 모두가 선교의 대상이다. 이 말씀을 근거로 우리는 불교도, 유교도, 도교도, 이슬람교도, 힌두교도 등등에게 전도해서 저들로 하나님께 찬양과 영광을 돌리게 해야 한다.

이사야는 또한 "항해하는 자와 바다 가운데 만물과 섬들과 그 거민들아 여호와께 새 노래로 노래하며 땅 끝에서부터 찬송하라"고 한다 (42:10, 12). 원방의 섬들은 구약의 견지에서 이방 먼 나라들의 대표였다. 따라서 주님께서 예루살렘, 유다, 사마리아, 땅 끝까지 이르러 내 증인이 되라고 하실 때 (행 1:8), 땅 끝은 구약적으로 원방(遠方)의 섬들이었다. 이들도 하나님께 찬송을 돌리게 해야한다. 그리하려면 복음을 원방 백성들에게 전해야 하지 않겠는가?

이사야는 또한 "허다한 약대, 미디안과 에바의 젊은 약대가 네 가운데 편만(遍滿)할 것이며 스바의 사람들은 다 금과 유향(乳香)을 가지고 와서 여호와의 찬송을 전파할 것이며"라 하였다 (60:6). 메시아 시대에 이방인들이 주께로 돌아와 찬양할 것이 예고되고 있다. 이 일은 교회에서 지금 이루어지고 있으나 모든 이방인들이 다 주께로 돌이키도록 복음을 전하지 않으면 안 된다.

이사야는 또 말하길 "여호와께서 예루살렘을 세워 세상에서 찬송을 받게 하시기까지 그로 쉬지 못하시게 하라" (62:7)고 했다. 기도의 중보를 통하여 하나님의 선교사역이 열방에서 부지런히 이루어지도록 해야할 것을 촉구한다. 기도의 역사가 개종을 야기하고, 개종자들이 하나님께 찬양을 돌리게 될 것이다.

세상에서 가장 오래된 찬양집

산스크리트어로 기록된 인도의 소위 리그베다 (Rgveda Samhita)가 세상에서 가장 오래된 찬양집이라 한다 (주전 2000-1100년)(R. N. Dandekar, "Vedas," in *The Encyclopedia of Religion* [New York: Macmillan, 1987], 15:215; 또한 "Vedic religion," in *The New Encyclopedia Britanica*, 12:290 참조). 이는 1,028개의 찬양들로 구성되었다. 그 내용을 보면 리그베다는 대개 신화 (mythology)와 그 신화와 연관된 찬양들이나 기도들로 이루어졌다. 찬양의 대상들은 여러 자연현상들이나 우주적 현상들을 신격화시킨 것들로, 불 (*아그니* Agni), 태양 (*수르야, 사비트리* Surya, Savitr), 동틈 (dawn *우사스* Usas), 폭풍 (*루드라스* Rudras), 비 (*인드라* Indra), 영광 (*미트라* Mitra), 우주와 도적법의 집행자 (*바루나* Varuna), 창조 (*비쉬누* [Vishnu]의 도움으로 인드라 Indra) 등이다. 그러나 이런 잡신(雜神)들을 찬양한 아리안 족속은 참 하나님을 떠나자 허무한 각양 자연력들에 굴복하여 그것들을 찬양의 대상으로 섬기게 된 것이다. 이들은 썩어지지 아니하는 하나님의 형상을 썩어질 사람과 금수와 버러지 형상으로 바꾸는 자들이다 (롬 1:23).

새 노래 (3절)

죄 사함 받은 후 "새 사람" 되어서 주 앞에 서는 날 (195장 4절)
주 예수 내 맘에 들어와 계신 후 변하여 새사람 되고 (208:1)
이 좋은 날 내 천한 몸 새사람이 되었으니 (209:2)
새 사람 되기를 원하거든 네 구주를 영접하라 (327:1)
새 사람 되어 살려고 나 집에 돌아갑니다 (333:1)
내 사망 고통 면해 주사 새 사람 되고 새 힘을 주사 (396:4)
나 이제 주님의 새 생명 얻은 몸 옛 것은 지나고 새 사람이로다 (493:1)

등에서 "새 사람"이란 단어가 나타난다. 이런 새 사람이 부르는 노래가 "새 노래"이다.

여호와의 말씀은 정직하며 (4절)

비평가 요하네스 셈러 이래 (J. S. Semler, *Abhandlung von freier Untersuchung des Canon*, ed. Heinz Scheible, Texte zur Kirchen- und Theologiegeschichte 5 [Güersloher: Gerd Mohn, 1967]) 성경을 하나님의 말씀과 동일시 아니하려는 시도가 있어왔고, 이로 인한 비평신학의 발호로 교회가 입은 피해는 극심하다. 정직한 하나님의 말씀을 믿고 신앙하는 자들에게는 축복이지만, 비평하고 배척하는 자들에게는 오류투성이의 어리석은 고대 신화나 역사로밖에 보이지 아니할 것이다. 그러나 바른 신앙은 성경을 하나님의 정직한 말씀으로 믿는데서 출발한다. 성경관이 잘못되면 신앙이 잘못된다.

여호와의 말씀으로 하늘이 지음이 되었으며 (6절)

애굽의 멤피스 비문에 보면, 만물을 포괄하는 프타 신 (아몬)이 창조신 아툼의 심장과 혀가 된다. 프타 신은 마음에 한 생각을 품고 그 생각을 말로 선포한다. 그 선포된 명령이 창조를 이룬다. 이렇게 신들이나 세상은 혀로 명령된 바로 창조되었다. 그런데 클라우스 코크 (K. Koch)에 의하면, "창조의 말은 그 신 자체의 일부이며, 결코 화자로부터 완전히 분리되지 아니하고, 그 본질을 말로 생성되는 그 피조물에 이전 시킨다" ("Wort und Einheit des Schoephergottes in Memphis und Jerusalem: Zur Einzigartigkeit Isarels," *ZThK* 62 [1965], 264). 코크는 지적하길, 애굽의 창조신은 완전히 "인격적"이며, 만물의 원형적 지반 정도가 아니며 (260), 모든 생명은 한 신의 창조 말씀으로 생겨난다 (265). 그리고 코크는 말하길, 애굽의 창조 신앙이나 이스라엘의 창조신앙이나 모두 오랜 기간에 걸친 점진적인 사고 발전을 통해 형성된 것이며, 두 신앙은 유사하다고 한다.

반면 그레터 (O. Grether)는 멤피스 창조 신학에서 성경적 견해와 유사한 것들이 나타나긴 하지만, 창조와 세상 보존의 원리로서의 하나님의 말씀에 대한 고려에서 성경과 멤피스 신학 사이의 차이는 근본적이다 (*Name und Wort Gottes im Alten Testament*, 144). 성경에서 하나님의 주권의 무조건적인 인정과 참 이해가 창조 신앙의 기초를 형성하여, 창조 신앙은 하나님의 계시에 근거하고, 그 순수성을 보장하는 반면, 멤피스 신학에서는 그런 전제가 없고, 그 신은 일부는 주술적, 일부는 자연적, 일부는 범신론적 관계를 세상과 갖는다. 이런 차이는 그 말씀에도 그대로 나타난다. 성경에서 말씀은 하나님의 세상에 대한 주권을 드러내어 하나님을 강조하고 자연에 대한 그분의 주권을 보장하는 기능을 하는 반면, 멤피스에서는 말씀이 그 신의 유출 혹은 주술적이거나 자연적 위엄으로 간주되어, 그 신은 자연에 의지하거나 그것과 동일시된다 (이상의 논의와 인용은 크라우스, *Psalms 1-59*, 376 이하 참조).

크레이기는 시편 주석에서 멤피스 창조 신학과 성경의 창조 신학 사이의 유사성에 대하여 언급하면서, 성경 본문이 그 보다 이른 애굽의 창조 신학에 의존했다고 말할 수 없고, 사물이 이름이 불리기 전에는 존재하지 않는다는 공통 사고에서 여러 문화에서 각기 유사한 창조 신앙이 배태되었으리라 가정한다. 시 33편의 창조 신앙이나 멤피스 창조 신학이나, 헬라의 로고스 사상 등은 원래 독자적으로 발전되었으나 사물의 성격에 대한 특정한 근본적 사고에서 공통 요소를 지닐 수 있다는 것이다. 그러나 우리는 보다 확실하게 이 점에 대하여 말할 수 있어야 한다. 구약의 창조 신앙은 하나님의 계시에 의한 사고라면, 여타 이교도들이 가진 창조 신학이란 '완전한 계시'의 왜곡일 뿐이다. 이렇게 보는 것은 성경 계시가 역사적으로 사실로 입증되어온 사실과 성경 자체의 증언, 곧 성경이 하나님의 영감으로 주어졌다는 증언에 근거한다.

열방의 도모를 폐하시며 민족들의 사상을 무효케 하시도다 (10절)

무슨 거대한 사상이나 도모를 생각할 것이 아니라, 세상 사람들의 행동과 사고를 고찰하는 측면에서, 현대 청춘 남녀들 사이의 이성교제시의 행동이나 사고를 본다면, 열방의 도모나 민족들의 사상이란 것이 얼마나 부패했고 헛된 것인지 드러난다. 오늘날 대다수는 육체의 쾌락을 탐하는 일에 미친 듯이 몰두하고 있다. 혼전 순결이란 고리타분한 구시대의 유물일 뿐, 이성끼리 만나면 처음부터 키스고 스킨쉽(skinship)이다. 그 결과는 원치 않는 임신, 낙태, 성병, 정신적 공허와 황폐, 결혼 생활의 좌절, 이혼율 급증, 도덕적 타락, 사회 기강 와해 등으로 나타나고 있다. 하나님의 형상으로 피조 된 인간의 인간됨은 하나님과의 관계에서만 찾을 수 있다. 그분을 알지 못하니 모든 사람이 "짐승"처럼 행동하게 되었다. 주여 속히 임하시어, 이런 세상 풍조를 폐하시고 세상을 새롭게 하소서!

여호와가 자기 하나님인 그 민족은 복되도다 (12절)

구약 시대에는 "이스라엘"이 하나님의 선민(選民)의 지위를 누렸다 (출 19:5-6). 그러한 특별한 지위는 하나님 자신의 사랑의 "선택"에 의해 주어진 선물이었다 (신 7:6-8). 그러한 특수 지위는 사실 일부를 택하여 전체를 축복하시려는 (*pars pro toto* 전체를 위한 일부) 선택에서 기인되었다 (창 12:3). 즉 아브람을 택하여 그 후손을 통해 타락한 인류를 구원하고자 하신 것이다. 12절 후반절에서 "그가 자기 기업으로 택하신 그 백성은 복되도다" 라고 할 때, 하나님의 선택에 나타난 그분의 "주권"이 분명히 드러난다.

한편 엡 1:4에 "창세전에 그리스도 안에서 우리를 택하사"라고 할 때, 동사는 중간태 혹은 수동태 어형인 "에크레고마이"를 사용하였다. 이 동사의 능동태는 신약에서 70인역 (마카비 1서 9:25, 11:23 제외)에서 사용되지 않았다. 그런데 이 동사의 중간태는 "자신을 위하여 어떤 것을 선택하다" 혹은 "자기가 선택하다"란 의미를 지닌다. 예컨대, 노예, 조세, 지불 등을 스스로 선택했다는 것이다. 이 말은 구약에서 히브리어 "바하르"(선택하다)를 번역하기 위해 사용되고 있다. 그런데 구약에서 이 "선택하다"란 말은 164번 나타나는 중에 92번의 경우에 하나님을 주어로 나타난다. 즉, 하나님께서 선택하는 행동을 표현한다. 하나님의 선택 행위를 표현하는 암 3:2에서는 "땅의 모든 족속 중에서 내가 오직 너희만 알았다"라고 한다. 여기서 "알다" 동사는 "택하다"의 병행어로 이해된다. 하나님께서 이스라엘의 조상을 택하셨다고 할 때 그것은 여러 민족들이 있지만 그들이 아니라 이스라엘을 택하신 것이므로, 상대적으로 보면, 타 민족은 버림을 받은 것이다. 여기서 칼빈의 이중 예정 (곧 선택과 유기)의 사고가 시작될 것이다.

다시 엡 1:4로 돌아가면, 여기 표현된 바울의 사고는 롬 8:29-30절에서 제시된 예정의 사고를 토대로 한다 (미리 아신 자들로 [프로기노스케인]… 미리 정하셨으니 [프로오리조]… 부르시고 [칼레오]… 의롭다 하시고[디카이오오]‥ 영화롭게 하셨느니라 [독사조]). 바울의 사고는 복음 선포를 듣고 회개하는 자들의 운명을 영원 전으로 (창세 전에, 1:4) 소급시켜 제시하고 있다. 그런데 하나님의 선택의 목적은 부름 받은 자들이 하나님 앞에서 사랑으로 거룩한 삶을 영위하도록 하려 함이다. 여기에는 "전체를 위한 일부의 선택" 사고보다는 택함을 받은 자들의 책임성 있는 삶이 강조되고 있다. 반면 고전 1:27-29에서는 택함 받은 자들이 하나님 앞에서 자랑할 수 없다는 사실에 초점이 두어지므로, 그저 주신 은혜를 찬송케 하시려는 선택의 목적이 부각된다. 그런데 어떤 이들은 이런 예정론을 전통적인 설명과 달리 제시하고자 한다. 저들은 말하길, 오늘날 전도의 현장에서 믿음으로 반응하는 자들은 창세 전에 택하기로 예정이 되었다는 것이 예정론의 핵심이라 한다. 그러나 성경은 전도에 예정론을 결부시키지 않고, 오히려 구원받은 성도가 자기를 구원해 주신 하나님을 찬양하는 찬송의 문맥에서 예정론을 언급하고 있다 (엡 1:4). 이 찬송의 문맥에서 예정론은 하나님의 주권적인 선택과 호의에 초점을 두는 것이다. 그분의 호의를 입은 성도는 자신의 구원이 창세 전에 이미 작정된 였다는 사실을 들을 때 감격하지 않을 수 없다. 모든 것이 그분에게서 나오고, 그분으로 말미암고, 그분에게로 돌아간다 (롬 11:36)고 선포하는 바울에게 전도 현장에서 믿음을 표시한 사람을 택하기로 예정하셨다는 식의 이해는 맞을 수 없다. 오히려 그분이 택하셨기에 믿을 수 있었던 것이 아닌가?

마음을 지으시며 (15절)

여기서 사용된 동사 (야차르)는 원래 토기장이가 흙을 빚어 모양을 만들다 란 의미이며,

그 분사형 (요체르)은 인공물 (artifact)을 주조하거나, 새기거나 해서 만드는 장인(匠人)을 지시한다. 그런 원 의미를 살리기 위해 영역본들은 fashion (KJV, RSV, NASB, NAB), form (NIV), mould (NJB) 등으로 번역하고 있다. 하나님은 사람도 (창 2:7), 산도 (암 4:13), 육지도 (시 95:5), 리워야단도 (시 104:26), 짐승도 (창 2:19) 모두 만드셨다. 이 동사를 사용하여 강조하고자 하는 바는 하나님의 디자인과 의도대로 사람이나 산이 형성되었다는 것이다. 예레미야나 (렘 1:5), 여호와의 종 (사 49:1, 5, 8)은 복중에서 형성되던 때부터 택정을 입고 세움을 입었다. 시 139:16도 유사하게 말씀한다. 즉, 인생은 하나님의 디자인, 의도대로 형성되어 세상에 파송 되었다는 것이다. 그렇다면 그분의 의도와 디자인을 바로 파악하여 일함이 인생의 의미와 목적에 부합되는 일이다. 인생 전체는 모두 하나님의 영광을 드러내는 목적을 갖고 태어나지만, 그 공통의 목적을 어떻게 이루느냐?는 각자 다를 수 있다는 것이다. 각 개인을 향하신 하나님의 의장(意匠)과 의도가 다르기 때문이다. 시 33:15에서 시인이 사람의 "마음을 만드셨다" 고 할 때, 그런 의미를 담고 있을 것이다. 그리고 시 33:15 후반절에서 "모든 행사"를 아신다, 주목하신다고 할 때, "행사"는 인간이 행하는 "일," 그가 남기는 "업적, 성취" 등을 지시한다. 그러므로 하나님께서 인생의 모든 행사를 아신다는 것은 인간이 행하는 모든 것과 족적(足炙)을 익히 아신다는 것이다. 그래서 롬 2:6은 하나님께서 각 사람에게 그 행한 대로 보응하신다고 한다.

구원함에 맡은 헛것임이여 (17절)

앗시리아의 산헤립은 예루살렘을 포위하고 허풍을 떨었다. 히스기야는 새장에 갇힌 새처럼 포위되었다고. 그리고 어느 신이 자기 군대에게서 어느 민족을 구원해 낼 수 있었는가? 라고 자랑했다. 그렇지만 히스기야의 기도에 응답하신 하나님은 산헤립 대군 18만 5천명을 치셨다. 산헤립은 대군 (大軍)으로도 히스기야의 작은 성 하나를 성복일 수 없었다. 참 신앙은 언제나 궁극적으로 승리한다. 역사적으로 보건대, 여호와로 자기 하나님을 삼은 민족이 승리하였다. 그렇지만 군대를 의지하기 시작하면 그 강대국은 결국 약소국으로 전락하고 말았다. 현실적으로 말해 군대를 동원하면 국력을 엄청나게 소모시키므로 비생산적인 일인 때문이다. 영적으로 보면, 하나님 중심으로 나라를 지도하지 아니하고 군대의 힘을 위주로 나아갈 때 하나님은 그 민족을 기뻐하지 않으신다.

시편주석1(한국성경주석총서)

2006년 6월 30일 초판 발행

지은이 • 최 종 태
발행인 • 이 형 자
발행처 • 도서출판 횃불
등록일 • 1992년 6월 10일 제21-355호
등록주소 • 서울시 서초구 양재동 55번지
　　　　　횃불선교센타

전화 : 02)570-7030
팩스 : 02)570-7011

ISBN 89-5546-052-X 03230

ⓒ도서출판 횃불　　값 25,000원

ⓒ 저자와의 협약 아래 인지는 생략되었습니다.
이 출판물은 저작권법에 의해 보호를 받는 저작물이므로
무단전재와 무단 복제를 할 수 없습니다.

총판 : 두란노서원
주문처 : 두란노서원 영업부 02)749-1059